泉州年鉴

QUAN ZHOU NIAN JIAN

泉州市地方志编纂委员会 编

QUANZHOU YEARBOOK

2014

方志出版社
Publishing House of Local Records

图书在版编目（CIP）数据

泉州年鉴：2014 / 泉州市地方志编纂委员会编.--
北京：方志出版社，2014.12
ISBN 978-7-5144-1548-3

I.①泉… II.①泉… III.①泉州市-2014-年鉴
IV.①Z525.73

中国版本图书馆CIP数据核字（2015）第007783号

泉州年鉴（2014）

编　　者：泉州市地方志编纂委员会
责任编辑：刘方圆
出 版 人：冀祥德
出 版 者：方志出版社
地址 北京市朝阳区潘家园东里9号（国家方志馆四层）
邮编 100021
网址 http://www.fzph.org
发　　行：方志出版社发行中心
（010）67110500
经　　销：各地新华书店
印　　刷：福州三才印刷有限公司
开　　本：889×1194　1/16
印　　张：32
字　　数：944千字
版　　次：2014年12月第1版　2014年12月第1次印刷
印　　数：0001～1500册
ISBN 978-7-5144-1548-3/K·1267　定价：200.00元

ISBN 978-7-5144-1548-3

泉州市地方志编纂委员会
暨《泉州年鉴》编辑委员会

《泉州年鉴》总编室

编 辑 说 明

一、《泉州年鉴》是中共泉州市委、泉州市人民政府主办，泉州市地方志编纂委员会组织编纂的地方综合年鉴。

二、本年鉴以马列主义、毛泽东思想、邓小平理论、“三个代表”重要思想和科学发展观为指导，实事求是地记载泉州市经济、政治、文化和社会的建设发展状况，反映物质文明、精神文明、政治文明、生态文明建设的新成就、新经验以及出现的新情况、新问题，为社会各界和海外人士了解泉州、研究泉州、置业泉州、旅游泉州提供尽可能全面、翔实的地情资料。

三、本年鉴采用大编结构分类编辑。本卷设有卷首（含图说泉州、市情概况、特载、大事要闻、专记）、自然、政治（机构与职要）、经济、文化、教育、科技、城乡建设、社会生活、县（市、区）、人物·荣誉11个类目，类目下根据内容需要设1—4个层次的分（子）目，条目为内容的基本载体形式。

四、本年鉴创刊以来致力创新，力求贴近实际，增强实用性和科学性，突出地方特色，体现时代精神。

五、本卷记述的时限为2013年1月1日至12月31日，选介资料、相关链接及部分图表跨年度选编。

六、本卷文字、标点符号、计量单位均依国家现行规范（部分保留“亩”的旧称）；文中凡简称“党员”均指中国共产党党员，“省、全省”均指福建省，“市、全市”均指泉州市；人物所及男性、汉族均不注。

七、本卷统计数据采用《泉州统计公报》和《泉州统计年鉴》的数据；统计局统计范围之外的数据出自各供稿单位，因各单位统计口径不尽相同，个别数据可能有差异，读者引用时务请注意统计口径的不同。

八、本卷资料除了由全市各级机关、人民团体、企事业单位提供外，还有部分由编辑人员采编。限于经验和水平，可能存在错漏之处，请读者发现后给予指正，以便在下年度年鉴中予以勘正。

泉州市地图

图例
设区市行政中心
县级行政中心
乡、镇、街道
村委会、社区居委会
自然村
设区市行政区域界
县级行政区域界
高速公路
在建高速
出入口 枢纽
铁路及车站
在建铁路
G324 国道及编号
S201 省道及编号
其他道路
主要旅游资源
飞机场
自然保护区
审图号：闽S（2014）66号　比例尺：1:870 000
（注：本图行政区域界线仅作参考,不作划界依据。）
泉州市
德化县
永春县
安溪县
南安市
晋江市
石狮市
惠安县
鲤城区
丰泽区
洛江区
泉港区
泉州经济技术开发区
泉州台商投资区
金门县
三明市
福州市
莆田市
龙岩市
漳州市
厦门市
大田县
永泰县
仙游县
长泰县
同安区
翔安区
湖里区
莆田市
城厢区
荔城区
台湾海峡
金门岛
泉州晋江机场
晋江深沪湾海底古森林自然保护区
戴云山自然保护区

领导活动

4月26日，黄少萍会见侨商联合考察团。 （图/陈起拓）

6月15日，郑新聪会见法国友城代表团。（图/吴寿民）

4月28日，黄少萍看望一线劳动者。（图/陈起拓）

4月28日，郑新聪慰问省劳模熊小平。（图/李　亮）

11月19日，杨俊峰带队视察重点项目建设情况。（图/李德志）

11月20日，陈海基带队到永春县开展美丽乡村建设代表视察活动。（图/陈意鸣）

创新转型创业

1月11日，泉州市“二次创业”·产业集群发展大会召开，千名企业家齐聚一堂，围绕深化“二次创业”、壮大产业集群，共谋创业。省、市领导向获得第二批“泉州市功勋企业”的企业代表颁奖。会上还分发了省政府《关于推进泉州民营经济综合配套改革试验的若干意见》和市委市政府《关于推进产业集群发展的若干意见》等政策文件，向广大企业家展示了省、市进一步加大政策引导和扶持力度，以发展壮大产业集群为新突破口，努力实现泉州民营经济历史性跨越的信心与决心。

（本版图片/吴寿民）

3月6日，第八届泉州经济年会公布了2012年度泉州经济人物名单、金鼎奖名单，并颁发经济年会特别奖。会上，国家行政学院决策咨询部研究员、经济学博士王小广作了“增强忧患意识 推动长远发展”主题演讲，同时举办了“制度红利、产业升级和城市发展”的高峰论坛。（图/李芸生）

5月15—17日，海峡两岸茶业交流协会茶产业发展座谈会在安溪县召开，全省各设区市海茶会会长和部分茶专家、茶企负责人及相关部门负责人等100多人与会，共同分析全国茶产业面临的形势，探讨福建茶产业的转型升级之路。（图/郭冰德）

5月29日，惠普聚贤国际数字媒体产业基地启动仪式在安溪县举行。该基地由国际信息技术行业巨头——惠普公司与安溪聚贤科技投资有限公司合作建设，总投资78亿元，首期占地100公顷，是中国国际信息技术（福建）产业园引进的大项目之一。（图/郭冰德）

金改破局

4月20日，泉州市金融改革专家咨询委员会成立，审议通过《泉州市金融改革专家委员会章程》，部分委员代表围绕泉州金改工作提出意见和建议。（图/徐国伟）

6月27日，国家级泉州金改区重点金改项目——东南大宗商品交易中心落户鲤城。华侨大学作为中心的主办单位和发起股东，与鲤城区政府签署校地战略合作框架协议，并举行交易中心落户鲤城的签约仪式。（图/郭冰德）

7月31日，海峡股权交易中心泉州运营中心揭牌。揭牌仪式上，泉州运营中心与招商银行泉州分行、泉州银行等多家当地金融机构签订战略合作协议。（图/吴寿民）

综改出炉

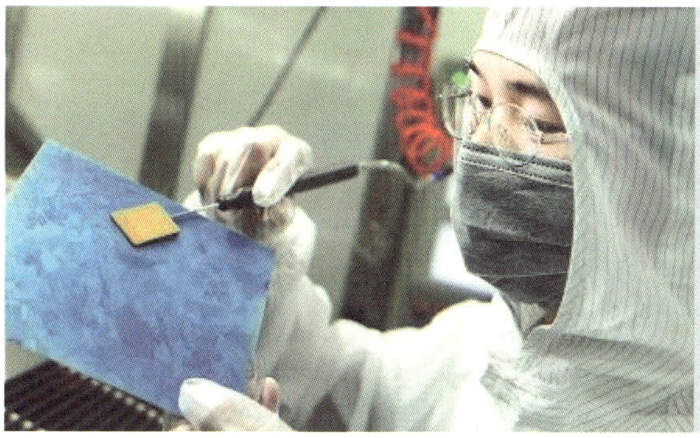

2013年，泉州市做强9大重点产业产业链，筛选生成185个重点项目，总投资2078亿元，全部纳入重点招商推介。图为在以建设千兆瓦级光伏产业链为主的泉州（南安）光电信息产业基地，一名三晶阳光电力有限公司的技术人员在测试镀膜太阳能硅晶片。（资料图片）

3月21日，丰泽区现代服务业综合改革试点方案经省发改委批复同意，成为省级服务业综合改革试点。图为丰泽区子燕轻工联合上海美术电影制片厂摄制的大型科幻系列动画片《燕尾侠》的动漫展示。（资料图片）

7月7日，石狮市全域城市化综合改革试点方案获省政府批复，将进行人口管理、产业布局、规划建设、土地管理、公共服务、社会保障、行政管理和城市管理“八个一元化”改革。图为石狮市城市新貌。（资料图片）

9月，德化县统筹城乡发展改革获批省级试点。图为德化县城一角。（图/陈志明）

项目对接

6月21日，市委、市政府检查组在台商投资区听取中国北车轻轨项目介绍。（图/陈起拓）

11月20日，泉港区石化项目招商推介会举行，20个石化项目实现对接签约，投资总额308亿元，涉及精细化工、基础化工、合成树脂、合成橡胶和化纤纺织等领域。（图/肖咸强）

炼化一体化项目青兰山30万吨原油码头（图/肖万元）

12月9日，世界贸易中心协会理事会全球主席加齐·阿布纳尔访问泉州世界贸易中心，为泉州世界贸易中心协会成立举行揭牌仪式，并对泉州滨江商务区的规划以及泉州世界贸易中心项目给予肯定。（图/陈燕霞）

12月10日，厦门海关、福建检验检疫局在泉州晋江围头港区启动关检合作“三个一”试点工作，系厦门关区、福建检区在全国率先跨检区联合开展“三个一”试点工作。（图/黄忠族）

繁忙的石湖港区（图/陈英杰）

特色展会

2月12—14日，第九届中国（南安）水暖泵阀交易会举行。372家企业参展，7500多名经销商与参展生产企业达成产销协议，成交额46.8亿元，创历届新高。（图/卓天然）

3月25日，泉州台商投资区百个重点项目开竣工暨招商项目签约仪式举行。其中，开竣工项目102个，总投资248.7亿元；招商项目15个，总投资261亿元。（图/郭冰德）

3月29日，“永春香道 千年流香”品牌推广行动在中国永春篾香产业城举行启动仪式，吸引了百余名国内外制香行业、文化界、企业界名人以及网友的共同参与。启动仪式介绍了永春香产业与香文化发展的概况和此次品牌推广行动的具体方案，现场还进行了香道表演。（图/姚德纯）

11月16日，中国香文化研究院成立授牌仪式泉州举行，文化部艺术发展中心主任胡克宣读成立中国香文化研究院的文件，并为研究院授牌，聘任沉瑜香董事长庄颜瑜为研究院执行院长。（图/郭冰德）

4月18—21日，泉州商品博览会暨第十五届中国（晋江）国际鞋业博览会举行。500多家企业参展，接待专业客商6万多人次，达成意向成交额133.1亿元，创历届新高。

（本版图片/李芸生）

4月18—21日，泉州商品博览会暨第十六届海峡两岸纺织服装博览会举行。940多家企业参展，接待客商与专业观众5.5万人次，达成意向成交额115亿元。（本版图片/吴寿民）

9月7日，第六届海峡两岸（泉州）农产品采购订货会举行。600多名客商参展，145家大陆专业采购商和42家台湾大型供应商进行对接洽谈，达成协议合作意向176笔，意向金额7.07亿元，实现现场销售2580万元。

10月11—14日，第四届安溪国际茶业博览会暨泉州茶文化旅游节举办。设展位1048个，300多家代表性茶企、涉茶品牌企业参展。

（本版图片/吴寿民）

11月8—11日，第十四届中国（南安）水头国际石材博览会举行。1500家企业参展，接待境外客商1400多人次和专业参展人员3500多人次，签订购销合同1530个，贸易总额84.8亿元，各项经贸成效均创历届之最。（图/吴寿民）

11月9—12日，第二届中国（惠安）国际雕刻艺术品博览会举行。250家企业参展，参观人数达11万人次，其中专业客商1.15万人次，经贸洽谈成交额13.45亿元。（图/吴寿民）

节庆活动

6月16—19日，第五届海峡论坛泉州系列活动暨2013年世界闽南文化节在泉州举行。该活动包括2013年世界闽南文化节、台湾特色庙会、台湾云林县推介会、海峡两岸金融合作与发展论坛等四大项目。2013年世界闽南文化节作为其中的重头戏，活动内容包括2013年世界闽南文化节开幕式暨《闽南风 四海情》文艺晚会、第二届世界泉州同乡恳亲大会暨泉州市海外交流协会成立大会、“世界闽南文化展示中心”开馆等13个项目。此次活动以传承闽南文化、促进对外交流、弘扬中华优秀文化为办节宗旨，进一步凸显发祥于泉州的闽南文化在沟通海内外闽南人的桥梁和纽带作用。

（本版图片/吴寿民）

6月15—19日，台湾特色庙会在泉州锦绣庄民间艺术园举行。来自台南、澎湖和泉州的旅行社、风味美食商户共95家、225人参加活动。（图/吴寿民）

6月17日，第二届世界泉州同乡恳亲大会暨泉州市海外交流协会成立大会在泉州影剧院举行，来自31个国家和地区的79个社团600多名泉籍乡亲参会。（图/吴寿民）

6月17日，闽南文化论坛在中国闽台缘博物馆举行。来自美国、韩国等国家和中国台湾、香港地区的100多名专家学者与会，分享海内外闽南文化的研究成果。（图/李芸生）

7月10日，海峡论坛·两岸金融合作（泉州）论坛在泉州迎宾馆举办。来自金融界的专家、学者、业界精英以及台湾金融高管共200多人出席论坛，围绕“借鉴两岸经验探索金融服务实体经济发展新模式”的主题集思广益，助力泉州“金改”，共话两岸金融合作前景。（图/徐国伟）

文都当选

8月26日，由文化部主办的首届“东亚文化之都”评选活动终审工作会在国家博物馆举行。泉州市委书记黄少萍带队参加终审工作会并登台做终审陈述和答辩。最终，泉州以88.92分的全场最高分，当选中国首届“东亚文化之都”。

（图/郑　文）

9月28日，第五次中韩日文化部长会议在韩国光州召开。会议正式决定把中国泉州、韩国光州、日本横滨定为首届“东亚文化之都”，同时举行授牌仪式。

（图/陈英杰）

展示交流

6月16日，为纪念《明刊闽南戏曲弦管选本三种》在欧洲被发现50周年，泉州南音乐团在泉州南音艺苑推出《明刊闽南戏曲弦管选本三种》古乐专场音乐会。

6月17日，世界闽南文化展示中心在泉州博物馆开馆。展示中心共展出2100多件文物、800余张照片，由主题馆、音乐戏曲展览馆、传统建筑展览馆、传统建筑石构件展示区组成。

6月18日，由德国莱茵兰—普法尔茨州州长国际关系事务代表恩勒特教授所著的《走进泉州》中文版首发式在泉州举行。书中引用大量欧洲和美国的文献资料，通过一位德国汉学家的视角，将泉州置于世界历史的大背景下，讲述不同历史时期的泉州，以及中国与西方的关系。　　（本版图片/吴寿民）

10月19日，泉州澳门两地书法名家笔会暨作品展举行。

6月18日，第十届泉州国际南音大会唱专场音乐会举行。

10月26日，泉州木偶剧《赵氏孤儿》获第十四届“文华奖”优秀剧目奖。

11月14日，永春县与泉州歌舞剧团联合创作的交响诗剧《乡愁》赴苏州参加由中国文联、中国戏剧家协会主办的第13届中国戏剧节展演并获优秀展演剧目奖。

（本版图片/吴寿民）

基地建设

11月21日，中国社会科学院文化研究中心闽南文化研究基地在泉州师范学院揭牌，市长郑新聪参加仪式并讲话。该研究基地下设六个学术研究团队，分别为闽南方言与闽南思想文化研究团队、南音研究团队、闽台戏曲与华文文学研究团队、闽南族群迁移与家族文化研究团队、闽台民俗文化与信仰研究团队和闽台民间美术研究与拓展团队。

2013年，泉州市培育工业设计、文化创意等78家产业示范基地，新增国家级工业设计中心2家，“领SHOW天地”国家广告创意产业试点园区建设加快推进。左图为“领SHOW天地”园区，右图为源和1916创意产业园。

（本版图片/吴寿民）

打造美丽乡村

永春田园风光（图/康庆平）

1月24日，以“游美丽乡村，赏田园风韵”为主题的“泉州美丽乡村游”启动。本次启动的旅游活动分两条线路：一是自驾游团队到德化国宝乡佛岭村、南埕镇南埕村、水口镇湖坂村；二是旅行社组织的旅游团队到永春岵山镇北溪村、五里街镇大羽村、苏坑镇嵩山村。（图/吴寿民）

小城镇建设

省级综合改革建设试点小城镇——晋江金井镇新貌

省级综合改革建设试点小城镇——惠安黄塘镇新住宅小区

市级综合改革建设试点小城镇——德化水口镇新街

2013年，21个省市小城镇改革试点镇实施项目730个，完成投资412.5亿元。

（图/李芸生）

3月11日，泉州市召开小城镇建设工作会议，全速推进小城镇建设。（图/徐国伟）

项目带动

12月31日，莆永高速泉州段和南石高速泉州段通车，图为莆永高速永春东收费站。（图/吴寿民）

2013年，泉州市引进2家世界500强企业，包括落户晋江的普洛斯物流园以及落户惠安泉惠石化工业区的梅塞尔气体有限公司；还对接了全国民企500强7个项目。图为国内已建成的某梅塞尔气体产品有限公司。（资料图片）

2013年，中化青兰山配套码头竣工投用。（图/吴寿民）

2013年，继续推进泉州湾跨海大桥建设。图为建设工地。（图/李芸生）

2013年，全市新增泉商回归项目125个，总投资1127亿元。图为当年召开的全市民营企业产业项目对接推介会，会上重点组织82个招商项目，向与会的200多名企业家推介，助力异地泉籍商人回归创业。（资料图片）

2013年，扎实推进海峡石化产品交易市场建设。图为2012年4月19日在晋江举行的福建海峡石化产品交易中心运营大楼开工仪式。（图/董 铭）

民生休闲

2月8日，桃花山公园（一期）正式开园。（图/李芸生）

2013年，滨江北路景观整治提升项目慢道部分路段全线启动。（图/李芸生）

2013年，全市建成131千米休闲绿道，初步形成泉州山水慢行系统。（图/吴寿民）

2013年，全市125个重点流域整治项目完成投资14.6亿元。图为永春桃溪流域综合治理石鼓段。（图/康庆平）

惠民保障

2013年1月起，厦漳泉医保卡陆续实现三地通用，意味着三市基本医疗保险进入“同城时代”。（资料图片）

8月28日，泉州居民赴台湾地区“个人游”启动仪式在泉州晋江机场举行，泉州244名旅客分乘两架飞机分别由泉州晋江机场、厦门机场直航台湾。（图/廖平和）

9月7日，泉州五中城东新校区正式招生。（图/吴寿民）

2013年，全市建设提升乡镇敬老院24所、社区居家养老服务站150个、农村老年活动中心20个，创建农村居家养老服务站24个。图为延年山庄老年公寓。（图/吴寿民）

2013年，泉州市第一医院城东院区全部投用。（图/吴寿民）

2013年，全市新开工保障性安居工程3.5万多套，配租配售8000多套。图为德化县城东保障房。（图/王双季）

生态建设

9月25日，以“保护生态环境，建设美丽泉州”为主题的2013年泉州市“全国科普日”广场活动在泉州府文庙广场举行。活动设置科普文艺演出、科普宣传咨询、健康义诊、科技体验、科普谜语竞猜、环保作品现场制作、环保企业高新产品展示、亲子互动环保绘画8大活动板块。 （图/吴寿民）

2013年，泉州市在全省率先启用”数字城管“系统平台。 （图/吴寿民）

2013年，全市矿山生态恢复治理74.7万平方米。（图/李芸生）

2013年，泉州市开展“两江”下游非法采砂堆砂专项整治。（资料图片）

市情概况

特 载

大事要闻

专 记

自 然

政 治

经 济

文 化

教 育

科 技

城乡建设

社会生活

县（市、区）

荣誉·人物

城市名片

中国首个东亚文化之都

全国著名侨乡

台湾同胞的主要祖籍地

古代“海上丝绸之路”的起点

全国首批历史文化名城之一

全国18个改革开放典型地区之一

国际花园城市

国家园林城市

最佳中国魅力城市

国家卫生城市

全国卫生先进城市

中国品牌之都

中国品牌经济城市

中国十大品牌城市

中国人居环境范例奖

建设创新型国家十强市

中国优秀创新型城市

国家环保模范城市

全国创建文明城市工作先进城市

全国综合配套改革试点城市

全国制造业信息化工程重点城市

全国技术创新工程示范城市

全国城市投资硬环境四十优之一

全国园林绿化先进城市

全国文化模范城市

中国优秀旅游城市

全国科技进步先进城市“八连冠”

全国双拥模范城“七连冠”

全国民族团结进步模范城市

全国社会治安综合治理优秀城市

全国法制宣传教育先进城市

国家知识产权示范城市

中国水环境治理优秀范例城市

全国十大市民最满意城市之一

感动世界的中国品牌城市

全国十佳和谐可持续发展城市

中国城市综合创新力50强

中国民族民间文化保护工程综合性试点城市

联合国教科文组织亚太地区遗产保护优秀奖

联合国“迪拜国际改善人居环境最佳范例奖”

全国综治最高奖“长安杯”获奖城市

中国大陆最佳商业城市

共和国60年中国最具投资潜力城市

国家商标战略实施示范城市

转型·2010年中国经济十大领军城市

全国法制宣传教育先进城市

全国文明城市提名资格城市

中国外贸100强城市

全国人防先进城市

基本市情

人口大市 泉州市辖11个县（市、区）和泉州开发区、泉州台商投资区，30个街道、107个镇、26个乡、420个社区、2061个村委会，常住人口836万（市区116万人），超过全省1/5（3774万，约22.1%）。土地11015平方千米，海域11360平方千米，海岸线541千米。

经济大市 2013年，全市实现地区生产总值（GDP）5218亿元，连续15年居全省首位，占全省比重23.8%。现有泉州开发区、台商投资区、高新区、出口加工区4个国家级开发区。晋江等5个县（市）连续多年为全国百强县（市）。

工业大市 2013年工业总产值突破1万亿元，约占全省1/3；规上工业增加值2487.69亿元，占全省27.81%。形成纺织服装、鞋业、石油化工3个超千亿产业集群，机械制造、建筑建材、食品饮料3个超500亿元产业集群。拥有民营工业企业3万多家，其中亿元工业企业1848家、上市企业82家、中国驰名商标124件。是中国18个改革开放典型地区之一，创造闻名全国的“晋江经验”和“泉州模式”。

文化名城 是古代“海上丝绸之路”起点，国家首批历史文化名城（全省唯一，1982年），首届“东亚文化之都”。被誉为“世界宗教博物馆”，现有世界级、国家级“非遗”名录4个和31个，国家级文物保护单位31处。其中，南音入选“人类非物质文化遗产代表作名录”，“木偶戏传承人培养计划”入选联合国教科文组织保护非物质文化遗产优秀实践名册，“海丝”“闽南红砖建筑”入选中国世界文化遗产预备名单。南音、南戏、南建筑、南拳、南派工艺，构成“五南”文化。

宜居城市 泉州是一座包容、开放的城市，历史上是中国对外通商重要港口，多个国家、民族的居民在泉州和睦共处。近年来，先后被评为国际花园城市、国家卫生城市、国家环保模范城市，获全国社会治安综合治理最高奖“长安杯”等称号。

数字泉州

综合　全年实现地区生产总值（GDP）5218.00亿元，按可比价格计算，比上年增长11.5%，经济总量连续15年保持全省第一。按常住人口计算，人均地区生产总值62679元（按年平均汇率折合10121美元），比上年增长10.2%。居民消费价格总水平比上年上涨2.5%。全市城镇新增就业人员15.6万人，2351名下岗人员实现再就业。城镇登记失业率为1.22%。培训农村劳动力5.63万人，转移就业6.26万人。

农业　全年农林牧渔业完成总产值300.83亿元，比上年增长2.2%。粮食种植面积218.04万亩，比上年减少2.22万亩。粮食产量75.28万吨，比上年增加0.02万吨。完成植树造林总面积31.18万亩，比上年下降11.6%。肉蛋奶总产量28.08万吨，比上年下降1.5%。水产品总产量103.21万吨，比上年增长1.7%。

工业和建筑业　全年全部工业实现增加值2892.55亿元，比上年增长12.6%，工业对经济增长的贡献率达62.6%。完成工业总产值10589.9亿元，其中规模以上工业9378.76亿元，分别比上年增长13.5%和13.9%。规模以上工业实现销售产值9084.86亿元，比上年现价增长10.6%。拥有超亿元企业1891家，比上年增加187家，其中超10亿元企业117家，比上年增加24家。全市工业用电量278.39亿千瓦时，比上年增长2.5%。全社会建筑业实现增加值334.48亿元，比上年增长13.4%。全市资质等级以上的建筑企业有466个，完成建筑业总产值965.93亿元，比上年增长24.4%。

固定资产投资　全年全社会固定资产投资2502.44亿元，比上年增长24.1%。全市306个市级在建重点项目全年完成投资899亿元，占全社会投资的35.9%。建成（或部分建成）投产111个项目，新开工100个项目。中心市区建成区面积达188.5平方千米。中心市区自来水供水总量13506.15万立方米。铺装天然气管道804千米。

对外经济　全年进出口总额达291.54亿美元，比上年增长16.2%。其中，出口164.9亿美元，增长33.3%；进口126.64亿美元，下降0.5%。批准设立外商直接投资合同项目111项，比上年增长4.7%，投资总额28.48亿美元，比上年增长12.1%；合同外资金额13.28亿美元，比上年增长10.1%；按历史可比口径统计，实际利用外资34.89亿美元，增长10.1%；按验资口径统计，实际利用外资13.91亿美元，比上年增长5.4%。

交通、邮电和旅游　全年新建、改建公路754.19千米。全市公路通车总里程15455.75千米，比上年增加754.19千米。全市汽车保有量78.77万辆，比上年增长16.8%。其中，私人汽车70.05万辆，比上年增长18.6%。全市营运汽车总数65152辆。拥有省际运输船舶226艘，总载重202万吨。港口完成货物吞吐量10804.51万吨，比上年增长4.2%。集装箱吞吐量完成170.06万标箱，比上年增长0.2%。完成邮电业务总量139.11亿元，比上年增长17.2%。局用固话交换机总容量446万门，移动通信交换机总容量1508万门。全市城乡固定电话用户239.25万户，移动电话用户1115.1万户。互联网用户797.08万户，其中宽带接入用户208.24万户。接待国内外游客3729.27万人次，比上年增长14.9%。实现旅游总收入446.96亿元，比上年增长18.8%，旅游创汇10.75亿美元，比上年增长18.5%。

财政和金融　全市公共财政预算收入346.41亿元，比上年增收52.96亿元，增长18.0%，加上上划中央“三税”收入303.15亿元，全市公共财政总收入合计完成649.57亿元，比上年增收77.14亿元，增长13.5%。财政收入占GDP比重为12.4%。公共财政预算支出420.90亿元，比上年增加64.45亿元，增长18.1%。地税部门组织各项收入347.1亿元，比上年增长16.7%；国税部门组织各项收入491.08亿元，比上年增长5.0%。年末，全市金融机构本外币各项存款余额5626.13亿元，比上年末增长20.0%。全市金融机构本外币各项贷款余额4287.88亿元，比上年末增长15.1%。全年证券市场通过发行、增发、配售股票筹集资金64.6亿元，比上年增加38.6亿元。全市保险业实现各项保费收入118.84亿元，比上年增长19.8%。

人口、人民生活与社会保障　年末全市常住人口为836万人，比上年末增加7万人。65岁及以上老年人口占6.52%。人口出生率12.3‰，死亡率6.0‰，自然增长率6.3‰。全市城镇化水平61.6%。全年城镇居民人均可支配收入35430元，比上年增长9.8%；城镇居民人均消费支出21670元，比上年增长8.1%。城镇人均住房建筑面积45.95平方米。农民人均纯收入13316元，比上年增长11.8%；农民人均生活消费支出9526元，比上年增长12.3%。农村人均住房居住面积54.52平方米。城乡居民家庭恩格尔系数（即居民家庭食品消费支出占家庭消费总支出的比重）分别为36.5%和42.5%，分别比上年下降1个和0.2个百分点。

市委十一届六次全体会议工作报告

黄少萍

（2013年12月30日）

今年来，在中央、省委的正确领导下，市委常委会认真学习贯彻十八大、十八届三中全会、习近平总书记一系列重要讲话精神和省委重要决策部署，推动经济、政治、文化、社会、生态文明建设和党的建设不断取得新成效。

一、深入贯彻中央、省委决策部署，着力谋划推动新一轮发展

始终坚持一任接着一任干，深入思考、贯彻省委对泉州发展的新要求，深入分析、把握泉州工业化、城镇化发展的阶段性特征，围绕加快创新转型主攻方向，立足当前、着眼长远，不断完善新一轮发展的思路、重点和举措。

（一）围绕增强“三个自信”，掀起学习贯彻系列重要讲话热潮。把学习贯彻系列讲话精神作为重大政治任务，按照省委“三个结合”要求，周密部署、精心组织，引导广大党员干部进一步加强对党史、国史、党章的学习，坚定理想信念和精神追求。今年来，我们多次召开全市领导干部专题学习会，并在市委常委会、工作会、基层调研等场合传达宣讲系列讲话精神。全国、全省党委秘书长会议召开后，立即召开市委学习会进行传达贯彻，提出了进一步统一思想认识、扩大学习覆盖面、提升学习实效等具体要求。坚持领导班子成员先学一步、学深一步，积极创新市委中心组学习方式，今年来，围绕学习贯彻系列讲话精神，组织了7场“华大讲堂”专题报告；市委班子成员还围绕学习“习总书记关于加强党的建设重要论述”主题，结合工作实践，谈体会、说心得，变“收音机”式的学习会为交流会。着力推动系列讲话精神进机关、进学校、进企业等，引导广大党员干部增强“看齐”意识，把系列讲话精神内化于心、外化于行。

（二）围绕加强薄弱环节，开展“增强忧患意识　推动长远发展”大讨论。把查找差距、补齐“短板”作为增强忧患意识的重要内容，要求全市广大干部深刻领会省委尤权书记“四个进一步”批示要求，坚决摒弃“故步自封、骄傲自满”的思想，认真学习先进、对标找差；要求各级各部门切实把自己“摆”进去，认真思考“泉州能不能继续保持较快发展速度、如何再造体制机制新优势、如何增强发展后劲”等现实问题。在5个多月的大讨论中，先后组织党政代表团赴厦门学习考察，召开先进城市发展经验学习会，系统借鉴上海、天津、杭州、温州、绍兴推动产业升级、科技创新、金融改革等的政策和做法，开展加快创新转型、突破重大项目引进等25个市级重点专题研讨。我们坚持开门搞讨论、充分集思广益，召开民主党派、民营企业界座谈会等，广泛听取方方面面的意见；老干部主动参与，围绕城镇化建设、人才引进、闽南文化保护与传承、民生改善等，提出76条建议；企业家们积极响应，表示要坚守实业、坚持创新，并提出800

多条问题和建议；新闻媒体精心组织宣传报道，开设“我为泉州献锦囊”“请为泉州发展献一计”等专栏，共征集“金点子”400多条。

（三）围绕加快创新转型，着力构建“1+X”政策体系。市委召开十一届五次全会总结转化大讨论成果，出台“加快创新转型 推动长远发展”的决定，提出实施加快打造泉州经济升级版、改革创新示范区、生态宜居幸福城三大战略，力争到2015年，全市GDP达6500亿元、公共财政总收入达900亿元。认真转化市级重点专题研讨成果，抓紧补齐创新转型的“短板”，先期出台6份配套政策，包括打造九大重点产业产业链、培育“科技小巨人”三年行动、加强重大项目工作、提升环湾中心城市综合服务功能、推动文化产业发展、“海纳百川”高端人才集聚等。推行政策制定、实施、评估、反馈“一条龙”责任制，把6份配套政策细化分解为工作计划、具体项目等。关于做强9大重点产业产业链，已筛选生成185个重点项目、总投资2078亿元，全部纳入重点招商推介；关于培育“科技小巨人”企业，已培育认定311家，1-11月，全市规上工业高技术产业增加值增长28.3%，高于规上工业14.9个百分点。关于加强重大项目工作，建立招商项目跨县域落户利益共享、按一定比例分成的机制，实施重大项目招商奖励政策等。

（四）围绕全面建成小康社会目标，加快推动扶贫开发、现代农业发展。在全面摸清全市人均年收入低于4000元的20万贫困人口情况的基础上，明确将贫困面较大的30个乡镇、300个村作为扶贫开发重点，每年安排1亿元资金分期分批推进。坚持把现代农业作为重要的富民产业，着力在打造现代农业示范园区、培育新型经营主体、改善农村金融服务、深化泉台农业合作等方面下功夫，计划两年内安排1.3亿元市级专项资金扶持现代农业发展等。

十八届三中全会、省委九届十次全会召开后，我们及时组织学习传达相关精神，认真领会省委关于“泉州跟在别人后面跑没有出路，要在发展上、创新上、改革上先人一步”等要求，积极总结我市改革开放做法经验，认真组织起草贯彻中央、省委《决定》精神的具体意见，为开好市委十一届六次全会做了充分准备。

二、坚持“保稳、求进、攻坚”，力促经济平稳健康发展

今年来，经济形势复杂严峻，我市部分传统支柱行业、大企业和沿海县域主动进行战略调整，经济下行压力较大。市委常委会认为，今年可能是泉州改革开放以来遇到困难较大的一年，必须坚持稳中求进总基调，必须增强信心、坚持年度目标不动摇，努力稳住经济发展大盘，加快创新转型步伐，为全省大局多作贡献。

（一）密切关注经济走势，不断升级应对措施。我们认真贯彻全省工作检查和尤书记、苏省长等省领导来泉召开的全省经济形势分析会精神，要求各级各有关部门落实稳增长政策、形成工作合力，力促经济运行企稳回升，为全省多作贡献。一是严格指标分解落实。一开年就把GDP、财政收入、三产等年度目标任务分解到各县（市、区）、相关市直部门，并逐月通报完成情况；6月中旬，组织开展全市工作检查，督促各地指标落实，促进各地相互交流帮扶企业、招商大会战、项目建设的思路和做法，并把上半年序时进度低于50%的指标作为强化跟踪督促的重点。二是加强运行监测调度。坚持“以旬保月、以月保季、以季保年”，每月召开一次经济运行分析会，每季度召开片区企业座谈会，及时研判形势、协调解决企业生产中的问题；继续实施领导挂钩联系重点企业制度，协调解决片区座谈会企业反映的问题1209个。三是发挥各级政策叠加效应。近年来，先后召开多场千名企业家大会，市、县两级累计设立年度专项资金超13亿元，支持企业技术改造、改制上市、自主创新、商业模式创新、抱团发展等。今年来，认真落实省政府稳增长“新6条”“5条补充措施”等，出台稳工业“8+10”等具体措施、新增配套资金2082万元。四是全力冲刺年度目标任务。针对形势变化，及时开展全市经济运行情况调研检查，提出强化责任意识、服务扶持、项目攻坚、创新转型、统筹协调的要求。密集走访、督促全市各级各有关部门按照“五个强化”要求，抓住全国、全省经济向好的有利时机，进一步分解目标、细化任务，密切跟踪产业重镇、产值负增长亿元企业，加强今年计划建成投产项目的服务保障，做细泉籍企业的产能回归、税收回归工作等。预计全年全市GDP达5250亿元、增长11.5%，公共财政总收入增长13.5%、预算收入增长18%；工业增加值增长12.5%，第三产业增加值增长10.2%；全社会固定资产投资2500亿元、增长24%，基本完成GDP增长11.5%一揽子经济指标。

（二）把稳增长与调结构结合起来，致力引导企业转型升级。一是大力支持化解产能过剩、市场开拓。今年来，产品订货量达到或高于正常水平的企业占比逐月上升，目前已提高至86%。组织实施“万家企业手拉手”三年行动，每年安排1亿元资金引导大中小企业互用产品、对接产能，已有1248家中小企业与180家龙头企业形成配套、对接产能420多亿元。出台通关便利化一揽子措施，启动关检“三个一”通关模式试点，支持外贸货物“就地通关”；1-11月，全市外贸出口146.2亿美元、增长32.8%，分别高于全国、全省24.5个、22.8个百分点。二是大力支持商业模式创新、电商发展。实施“两化融合示范企业三年行动计划”，新增国家级示范企业2家，全市规上制造业信息技术应用率达80%以上。拓展新经济平台建设、新经济业态培育，实施电子商务发展三年规划，促进“线上与线下结合、传统与现代并举”，加快建设电子商务集聚区，今年起每年安排1000万元扶持资金。加快推进研发设计、会展、中介、物流、专业市场等83个市级重点商贸项目，1-11月完成投资192亿元。总投资60亿元的“中国东南智能物流骨干网络核心节点”项目年底前将在泉注册公司；中兴外贸电子商务总部落户泉州，外贸电商平台投入试运行；引进民生电商全国“纺织、鞋服”事业部。1-11月全市电子商务交易额约913亿元、增长63.2%，超70%规上企业涉足电子商务。三是大力支持科技公共服务平台建设、技术改造。计划投入36.8亿元分批建设137个科技创新平台，“泉州科技云”平台基本建成，与香港生产力促进局合作共建产业企业升级转型一站通，首个国家级科研院所——中科院海西研究院装备制造研究所落地建设。与教育部合作实施“蓝火计划”，“6•18”对接项目643个、总投资149亿元，项目数、合同金额分别居全省第一、第二位。推进“五年千项”重点技改计划，1-11月完成投资486.4亿元、预计新增产能837亿元。

（三）加快先进产能引进建设，不断增强产业发展后劲。一是全力实施“五大战役”。全年安排“五大战役”项目1669个、年度计划投资1319.8亿元，深入推进“城市建设管理年”“第三产业发展年”活动和城乡基础设施建设“六项提升工程”，稳步扩大固定资产投资规模。1-11月，全市“五大战役”实现投资1613.4亿元、完成年度计划122.2%；324个“城市建设管理年”项目完成投资319.1亿元。二是致力推进招商大会战。针对大项目、好项目储备不足的问题，坚持招商引资“一把手”工程，要求市、县两级主要领导干部亲自抓项目洽谈引进，利用“两会”“春节”“五一”期间泉籍异地企业家回乡时机，主动登门拜访对接，并把招商工作融入参加泉籍商会、海外泉籍社团换届等活动中。广邀世界500强、民企500强、海外侨商来泉考察，积极组织参加全省民企对接会、首届侨洽会等重大活动。今年来，全市新洽谈、引进、推进的“三维”项目总投资3257亿元；1-11月，全市实际利用外资32.3亿美元，引进投资超5亿美元项目6个。三是建立重大项目协调调度制度。对重大项目实行“月嫂式”、全程审批代办等服务，将各县（市、区）、市直部门职能范围内难以解决的在谈、在建重大项目纳入调度会研究协调，重点解决项目引进、落地和建设过程中存在的审批、用地、融资等瓶颈问题。今年来共召开9次协调会、调度项目96个，216个节点目标有75个按时或提前完成。四是全力保障中化项目顺利实施，认真贯彻落实尤书记、苏省长等省领导的指示、批示要求，先后召开10多次专题会议作出部署，成立工作组进驻惠安开展工作。始终坚持“一把钥匙开一把锁”，分类分批做深做细群众工作；始终坚持依法依规处置，既坚决打击违法犯罪行为，又不站在群众对立面；始终坚持以保障中化项目顺利实施为出发点，加强新闻网络舆论管控和引导，把握好“不发生大规模现场冲突、不发生典型性事件、不节外生枝、依法打击不法分子”原则，有序推进中化大管廊项目全线接通，期间社会保持安定稳定。

三、紧抓重大机遇，推动“两项改革”开好局、起好步

我们十分珍惜中央、省里的宝贵政策支持，通过逐项梳理对接政策、项目化运作等方式，加大先行先试力度，不断积累经验、探索新路。

（一）深入推进金融服务实体经济综合改革。多次召开常委会、专题会研究金改工作，召开全市金改工作推进会等，研究金改推进重点、政策对接、具体项目等，抓好解决小微企业融资难题、规范发展民间融资、深化与台湾及港澳侨金融合作等六方面目标任务。围绕打通金融资本进入实体经济、民间资本进入金融领域“两个通道”，今年来，梳理对接中央部委政策42项，以及省直部门、金融机构政策94项，被银监会列入消费金融公司试点城市。完善配套政策和推进机构，出台鼓励金融业发展、促进股权投资等9份配套政策；国务院办公厅和“一行三会”派人来泉挂职，成立由央行研究局局长担任主任委员的金改专家咨询委员会；整合发改、经贸、财政部分职能，组建金融工作局。加紧策划实施一批具体项目，坚持项目化运作，实施金改项目67个，完成或部分完成43个，包括引进首家外资银行、揭牌运营海峡股权泉州交易中心、发行小微企业金融债、建设金融风险防控体系等。推动泉台金融合作，成功举办两岸金融合作（泉州）论坛，组织金融交流考察团赴台推介，初步达成意向合作项目10多个，关于设立泉台合资证券公司的方案已上报证监会。突出加大信用体系建设，分期建设“金融信息综合服务平台”，金融服务网站已建成投用；开展小微企业信用信息建档评级工作，加快建设全市中小微企业信用信息交换与共享平台。此外，积极改进金融监管手段，守住不发生区域性金融风险的底线。至11月末，全市金融业实现增加值175.9亿元、增长18%；银行业小微企业贷款（含个人经营性贷款）余额1589亿元、增长20.5%，高于各项贷款增幅5.4个百分点；信贷覆盖率达25%，较去年提高10个百分点。

（二）扎实推进民营经济综合配套改革试验。坚持市县联动实施10方面45项重点改革，丰泽、石狮、晋江、德化获批省级特色主题改革试点。企业纳税“按实征收”模式全面推行，营改增试点加快推进，截至11月底，累计为8092户企业减税2.59亿元。扎实推进城镇低效用地再开发利用、经济发达镇行政管理体制改革等国家级试点，在集体建设用地流转、“三旧改造”、城乡建设用地增减挂钩、重点小城镇扩权等方面继续先行先试。放宽民资市场准入，推出晋石、南石等4条高速股权转让，吸引民间资本3.25亿元投资公租房等。以国家级行政服务标准化试点为抓手深化行政审批制度改革，市级行政服务中心窗口当场办结率提高至54.1%，基本建设项目审批时限由最长需185天压缩至33天。

四、发挥文化资源优势，加快提升城市软实力

市委常委会认为，泉州文化资源丰富、特色明显，要充分发挥闽南文化核心区、富集区优势，推进文化与产业、科技、旅游融合发展，加快以文化促交流、促往来，推动泉州对外开放水平更快提升。

（一）打响闽南文化世界品牌。一是成功举办2013世界闽南文化节。来自六大洲36个国家和地区的4000多名嘉宾应邀参加；中国社科院闽南文化研究基地落户泉州，世界闽南文化展示中心正式开馆，闽南侨批入选世界记忆遗产名录。本次文化节的举办赢得各方广泛赞誉，10月15日，马英九专门复函表示“闽南文化绽放出更灿烂的花朵指日可待”。二是成功当选“东亚文化之都”。市委高度重视参选工作，多次召开专题会、文化专家讨论会，研究如何发挥闽南文化底蕴深厚、海内外侨亲众多等优势，做好首届“东亚文化之都”申报工作。在8月26日国家文化部举办的终审会上，泉州以全场最高分从苏州、杭州等10个初审入围城市中脱颖而出、成为中国唯一当选城市；于9月27-28日组织代表团赴韩国接受中日韩三国政府正式授牌，提线木偶戏《闹元宵》等5个节目参加“中日韩艺术节”演出。目前已成立建设发展委员会，研究制定明年建设发展规划及工作系列方案，认真筹备包括开幕式、闭幕式在内的100多场重大活动，启动古城文化复兴计划，实施古港转型升级行动，推动新区文化综合体建设，促进全域文化资源联动提升；以服务国家文化外交为目标，对接国家“建设21世纪海上丝绸之路”战略，积极打造一系列对外交流平台，发动民间社团广泛组织国际性交流活动，努力把泉州打造成为“影响东亚、面向世界的多元文化都市”。

（二）积极宣传推介泉州、扩大对外交流。致力推动、促进国内外知名媒体宣传泉州，今年来，继116家境内外媒体深度报道闽南文化节盛况之后，《人民日报》、新华社、中央电视台及省市、境外媒体又聚焦“东亚文化之都”泉州，持续开展报道；此外，凤凰卫视中文台《拯救“非遗”》专题，香港亚洲卫视《东亚文化之都：泉州》特辑，中国国际广播电台《圆梦中国•外国人的中国故事》专题，央视纪录片《园林》《舌尖上的中国》《汉》等15批媒体来泉采访摄制专题节目。进一步密切泉台交流，双向交流方面，共实施项目109项、接待来泉台胞13.6万人；直接往来方面，今年起泉金航线加密班次，1-11月共运送两岸旅客8.7万人、其中台胞6.5万人，正式启动赴台“个人游”，实现晋江机场包机直飞高雄，开通至台北空中客运航线。积极扩大对外交流合作，全市共组织参加42个港澳、海外泉籍社团换届联谊活动，邀请16个境外团组、261人来泉开展文化交流，法国埃罗省、德国诺伊斯塔特市、日本浦添市、土耳其梅尔辛伊尼塞市等国际友城纷纷率团来访，由德国著名汉学家恩勒特教授撰写的《走近泉州》中文版正式发行等，有力提升了泉州城市的知名度、影响力。

（三）推动文化事业、文化产业加快发展。以创建国家公共文化服务体系示范区为抓手，深入实施“万千百十”和“欢乐泉州”文化惠民工程，全市所有公共文化场馆免费开放，7个图书馆通过国家一级馆验收，乡镇（街道）综合文化站和公共电子阅览室、村“农家书屋”和文化信息服务点实现全覆盖。深化文化体制改革，坚持管办分离、事企分开，加快推进广播电台、电视台实质性整合。出台推动文化产业发展若干措施，加大财税、工商、土地、投融资、人才等方面扶持力度，前三季度全市文化产业增加值达171.6亿元、全省第一，占GDP比重5.1%；第六届文博会签约项目18个、合同金额33亿元。积极培育工业设计、文化创意等78家产业示范基地，新增国家级工业设计中心2家，“领SHOW天地”国家广告创意产业试点园区建设加快推进。以清源山主题邮票获准发行等为契机做足旅游文章，1-11月，全市游客接待量、旅游总收入分别增长15%、19.3%。在近期发布的“2013年中国休闲城市发展综合评价”中，泉州与北京、上海等城市一同荣获中国“十大最具特色休闲城市”称号，并获评“花园休闲之都”。

五、致力保障和改善民生，维护社会和谐稳定

坚持“守住底线、突出重点、完善制度、引导舆论”的民生工作思路，以创建国家文明、生态城市和卫生城市复审迎检为抓手，加快健全基本公共服务体系，不断提升城乡居民幸福指数。在省文明委组织的测评中，我市位居全省同类城市前列。

（一）办好各项惠民实事。30项为民办实事项目全面完成，1-11月全市与民生相关支出占财政支出总量71%。加快发展教育、医疗卫生事业，在全面实现“双高普九”基础上，7个区（市）通过国家义务教育基本均衡发展验收、数量全省第一，在全省率先实现“异地高考”；中心市区城东、东海、江南学园，一院城东院区、二院东海新院等优质资源加快建设或建成投用，全市新增城区中小学学位超1.8万个、医院床位2310张。就业和社会保障不断健全，全市新增城镇就业15万人、农村劳动力转移就业6万人，城乡居民养老保险参保率达

98.5%，覆盖城乡的居家养老服务站（中心）加快建设。保障性安居工程新开工1.9万套、新增配租配售5739套；实施城乡石结构房屋改造五年工作计划。“美丽乡村”建设扎实推进，六大工程完成投资26.7亿元，抓好20个市级新农村试点、20个扶贫开发工作重点村建设，实施造福工程危房改造、搬迁3200户；基础设施不断完善，全市实施水利项目88个、完成投资37.2亿元、争取上级资金10亿元，彭村水库、晋江防洪工程等16个重大项目顺利推进，36万农村人口饮水安全问题得到解决。

（二）提升生态市建设水平。召开生态市建设动员大会，提出2014年建成国家级生态市目标，坚持“百姓富”与“生态美”相统一，坚持环境和产业互动、城乡一体推进。今年9月通过省级生态市考核验收，3个县（市、区）通过国家级生态县（市）验收。严格落实年度淘汰落后产能计划，加快印染行业转型升级，基本完成建陶业LNG替代，全市实施节能重点项目141个、减排治理项目1177个、淘汰74条生产线，全面完成年度节能减排任务。继续深化水环境治理，通过全国节水型社会试点验收，125个重点流域整治项目完成投资14.6亿元，晋江、石狮跨境流域污染治理和山美水库流域综合整治等专项工作相继启动，“两江”下游非法采堆砂整治成效比较明显。加大“点线面”攻坚、造林绿化、水土流失治理力度，全市建成绿道131公里、新增绿地387.2公顷，初步形成山水慢行系统；实施市容市貌提升小战役，加快中心市区基础设施、景观项目建设步伐，投入1.2亿元开展市区防洪排涝整治，深化市政道路精细化管理，城市井盖防坠网加装工程被列为全省典型。

（三）力促社会和谐稳定。市委多次召开维稳工作会、视频会，对全国“两会”、十八届三中全会、全省工作检查等期间的维稳工作作出针对性部署，深入晋江、惠安开展调研，要求全市各级各有关部门守土有责、守土尽责，以强烈的大局意识、责任意识，全力做好各项维稳工作，努力为项目建设、城市更新、群众生产生活等营造良好的环境。今年5月再次被中央综治委授予“长安杯”称号。创新社会治理体制，流动人口居住证累计发放123万张、占全市流动人口36.8%，“信息化支撑、精细化管理、人性化服务”的社区网格化管理模式加快推广。完善“大调解”体系，加强矛盾纠纷排查化解，坚持领导干部定期接访等制度，严格按照“路线图”处理信访事项，1-11月全市信访总量下降9.2%。全面实施“六五”普法，深化依法治市工作。加快推进平安泉州建设，开展“打盗抢 保民安”等专项整治活动，1-11月全市刑事案件下降22.3%，其中“两抢一盗”下降27.7%。以创建“国家安全发展示范城市”为抓手，深入开展安全生产大检查，加强危险化学品、油气输送管道等安全整治，安全生产四项指数全面下降。加强防汛抗台工作的指导协调，有效防抗“苏力”等5个强台风。

六、围绕发展抓党建，不断提升党建科学化水平

认真贯彻十八大对党的建设的总体部署，致力落实党要管党、从严治党方针，召开全市党建工作会、宣传思想工作会等，高度重视解决“四风”方面存在的问题，进一步加强党的思想、组织、作风、反腐倡廉和制度建设。

（一）坚持总揽全局、协调各方。市委常委会注重谋大局、把方向、管大事，通过开展大讨论、专题研讨、学习考察等来团结带领各套班子和广大干部群众进一步解放思想、开阔视野、抓住机遇，凝聚发展合力。切实加强党对经济工作的领导，根据经济形势发展变化，及时研究对策、采取针对性措施；要求各级各有关部门在服务企业创新转型、生产性服务业培育壮大、重大项目协调调度、产业项目引进等方面着力加强薄弱环节，在保稳、求进、攻坚大局中找准位置、协同配合、发挥作用。注重加强自身建设，严格贯彻落实民主集中制，按规则议事和决策，班子成员定期沟通协调重大决策部署落实情况，相互尊重、相互支持、相互补台，发挥好市委的领导核心作用。支持市人大及其常委会依法履职，做好“十二五”规划中期评估报告审议，围绕社会热点问题开展专题询问，增强监督实效；注重通过发挥代表作用，保证人民当家做主。支持市政协围绕“两项改革”、产业集群、新型城镇化、高新区建设等方面调研视察、建言献策。进一步加强和改善对各民主党派、工商联和工会、共青团、妇联等人民团体的领导，广泛凝聚各方智慧力量。扎实做好统一战线工作，维护民族宗教领域和谐稳定，出台加强新形势下党外代表人士队伍建设意见，深入开展非公经济人士理想信念教育实践活动。重视加强对党管武装工作的组织领导，严格落实政策制度规定，深入研究新情况、解决新问题，积极推动军民融合式发展，国防动员工作受到南京军区表彰，实现新一届省级双拥模范城评比表彰“满堂红”，位居全省前列。

（二）加强意识形态工作。牢记“两个巩固”使命，强调做好意识形态工作的极端重要性，切实把宣传思想工作作为“硬任务”抓紧抓牢、把握正确舆论导向、增强文化自觉自信，着力构建全党动手的大宣传格局。深入开展中国特色社会主义和中国梦的宣传教育，致力巩固壮大主流舆论阵地，在全市组织开展1800多场宣传宣讲，《泉州晚报》、泉州广播电视台等主流媒体精心制作专题专栏，努力营造浓厚氛围、广泛汇聚正能量。坚持正面宣传为主，积极引导社会热点难点问题，召开两场新闻媒体座谈会，进一步规范互联网新闻信息传播，依法整治网上有害信息、网络谣言，健全互联网突发舆情应对处置工作机制，有效提升新闻舆论引导水平。

（三）严格落实八项规定。市委常委会及时传达中央、省委有关精神，迅速制定下发具体实施办法，以及节日期间切实加强廉洁自律和厉行节约工作的有关通知，在全市开展“厉行勤俭节约、反对铺张浪费”系列宣传教育活动。今年来，市级公务接待费用同比下降46%，因公出国（境）费用减少53%，全市性会议同比减少26%，市直机关制发文件减少2815份，文件篇幅得到有效控制，领导活动新闻报道数量、字数和时长严格按照规定执行。严禁公款送节礼、公款吃喝、公款旅游和奢侈浪费等行为，坚持每月督查、重要节日期间明察暗访，今年来，全市共发现和纠正违规问题161个，查处违反八项规定信访举报件47件，问责、通报、处理30人，给予党政纪处分15人。认真贯彻《党政机关厉行节约反对浪费条例》，深入开展全市公务用车、楼堂馆所专项治理活动，对存在问题加快自查自纠。启动市级公务卡结算制度改革。将八项规定纳入全市各县（市、区）党建工作绩效考评，量化考评内容、增加考评权重。加强机关作风建设，以破解“办证难”为重点开展“马上就办、办就办好”活动，进一步营造宽松、便捷、高效、简单的办事环境。

（四）深入开展“四下基层”活动。把“四下基层”作为贯彻党的群众路线的重要途径，召开全市动员大会，制订相关方案，完善领导干部下基层信访接待、现场办公、调查研究、宣传党的方针政策等制度，总结推广党员干部访民情、议民生、聚民力、办民事、请民评的群众工作“五步法”，推动各级干部深入基层、深入一线，在联系服务群众中带头转作风、办实事、促发展。工作开展以来，市党政领导干部每人“1对5”挂钩联系县（市、区）、薄弱村（社区）、贫困户、重点工业企业、省（市）在建重点项目等5种对象，每人每季度不少于1次到基层一线聆听群众诉求、解决问题，县级层面科级以上干部100%联村挂企帮户，办成一大批群众期盼的实事好事。

（五）大力加强领导班子和干部人才队伍建设。扎实推进大规模培训干部工作，今年来共培训党政干部5.2万人次。按照“好干部”标准完善干部综合评价体系，推广“四推一考”、干部考察“五步成像法”、“3+1”（自我总结3项最能体现成效的工作、1项最不满意或需要提高的工作）实绩公示制度等，建立经常性找干部谈心谈话制度，重新确定一批市管副处级后备干部，推进干部队伍年轻化、专业化。进一步加强党管人才工作，制定实施“海纳百川”高端人才聚集计划，积极创建民营企业人才聚集区，国家“千人计划”实现零的突破，新增国务院特殊津贴专家5人、省“百人计划”人才6人、院士专家工作站3家、博士后科研工作站4家，入选国家、省引智项目6个。市委作出开展向吴 心、陈其伟同志学习的决定，号召全市广大干部树立一心为民、无私奉献、清正廉洁的优秀品德。

（六）致力夯实基层基础。实施优秀村级党组织带头人培养计划，推行村（社区）干部异地挂职锻炼工作，着力解决基层党组织建设“能力”“资源”问题。开展非公有制企业党组织组建“百日攻坚行动”和“一地一特色”党建品牌培育工作，全市非公有制企业党组织组建率达69.3%，非公党建工作持续走在全国、全省前列。改进发展党员和党员管理服务工作，开展党员退出机制试点工作和党员微故事展评活动，建立“五必访五必谈”党内经常性关怀制度。以加强基层服务型党组织建设为重点，加快推广农村“168”、非公有制企业“三五”、社区“135”、机关“1263”、中小学校“156”等机制，进一步激发基层党组织活力。

（七）深化反腐倡廉建设。严格落实党风廉政建设责任制，认真按照“把权力和欲望关进制度笼子里”的要求，制定新一轮惩防体系建设五年规划，加强党风廉政教育，深化廉政风险防控工作。积极推进公共资源市场化配置，市公共资源交易中心完成整合、组建并投入使用。深化纠风专项治理，认真解决群众反映强烈的“办证难”、执行难和涉及“安征迁”等侵害群众利益的问题。坚决惩治腐败，保持查办案件力度，增强查办案件的社会效果。1-11月，全市纪检监察机关新立案586件，给予党政纪处分570人。

今年来，我们在工作中所取得的成绩，是全市上下方方面面共同努力的结果，各位市委委员、候补委员对市委常委会工作给予了大力支持。当前，泉州已进入创新转型的关键阶段，与发挥福建“东部”作用、争当排头兵的要求相比，发展中还存在一些亟待突破的薄弱环节，工作中还存在一些差距和不足。对此，我们将着力增强进取意识、机遇意识、责任意识，采取更加有力有效的措施，希望同志们对市委常委会的工作多提宝贵意见和建议。

市十五届人大四次会议政府工作报告

郑新聪

（2014年1月6日）

一、2013年政府工作回顾

2013年，在省委、省政府和市委的坚强领导下，我市各级政府深入贯彻落实科学发展观，全力以赴保稳、求进、攻坚，较好地完成市十五届人大二次会议确定的目标任务。

——经济运行健康平稳。面对复杂严峻局面，主要经济指标在高基数上实现较快增长。初步统计（下同），全市完成生产总值5250亿元、增长11.5%，公共财政总收入649.6亿元、增长13.5%，公共财政预算收入346.4亿元、增长18%，全社会固定资产投资2500亿元、增长24%，外贸出口158亿美元、增长27%。

——软硬实力明显增强。国家“金改区”建设有效推进。当选首届“东亚文化之都”。成功举办2013世界闽南文化节。新对接重点项目342个，总投资3257亿元。一批大项目、好项目建成投产。

——城乡建设协调推进。中心城区建成区面积188.5平方公里，城镇化率达61.5%。美丽乡村建设全面铺开。继续荣膺国家卫生城市、全国科技进步先进城市、全国综治“长安杯”等称号。

——民生保障有效加强。全市财政民生支出301.8亿元，占公共财政预算支出71.8%。30个为民办实事项目圆满完成。

一年来，主要工作和成效是：

（一）思忧患谋长远，发展思路更加清晰

在市委的直接领导下，深入开展“增强忧患意识　推动长远发展”大讨论活动。组织学习先进城市发展经验，广泛发动社会各界建言献策，高质量完成一批重点调研课题。认真落实市委《关于加快创新转型　推动长远发展的决定》，制定实施加强重大项目工作、推动文化产业发展等一系列政策文件。发展思路进一步提升，政策体系进一步完善，推动发展的正能量进一步汇聚。

（二）稳增长调结构，经济运行持续向好

应对困难有力有效。发挥政策叠加效应。狠抓各级政策兑现，出台稳工业“8+10”等措施，落实企业帮扶资金19.3亿元、结构性减税和税收奖励35.3亿元，减免行政事业性收费近2亿元。加强经济运行调度。每月召开经济分析会。定期分片区召开企业座谈会，协调解决问题近2000个。组织“万家企业手拉手”等9个专项行动，180家龙头企业与1268家中小企业开展配套协作，对接产能450多亿元。小微企业贷款余额1620亿元，增长24%，同比提高2个百分点。获批农用地转用和土地征收5.3万亩，有效保障项目用地。强化内外市场开拓。成功举办泉州商品博览会、“品牌泉州境外行”系列活动。组织实施鞋服企业去库存。外贸进出口额达280亿美元，口岸通关便利化服务水平评比全省第一。

产业升级步伐加快。突出工业支撑。出台推动产业集群发展的意见，安排超过5亿元财政资金支持百个重点转型项目。完成制造业投资912亿元，中化炼油、联合石化“脱瓶颈”、玖龙纸业等52个大项目建成投产或试产。规模以上工业企业利润增长18%，工业对经济增长贡献率达62.3%，亿元工业企业达1880家。深入开展“第三产业发展年”活动。382个项目完成投资551亿元。实现港口货物吞吐量1.1亿吨、集装箱吞吐量170万标箱；泉州晋江机场旅客吞吐量260万人次；新增3A级以上物流企业5家。国家广告产业园区获批建设，入选国家级工业设计中心2家。石狮获评国家级信息消费试点城市。完成旅游总收入447亿元、增长18.8%，获准赴台“个人游”试点，泉台空中直航实现常态化，成功举办茶文化旅游节，仙公山获批国家4A级旅游景区。

创新能力不断增强。强化科技创新。培育认定科技小巨人企业311家，新增国家级“两化”深度融合示范企业2家、高新技术企业53家、省级工程技术研究中心16家，引进并启动建设中科院海西研究院装备制造研究所。认真实施“蓝火计划”。“6·18”对接合同项目643个，同比增加108个。新增授权专利1.3万项，制订和修订标准62项。完成高新技术产业增加值650亿元，占地区生产总值比重提高0.9个百分点。强化商业模式创新。获批全国电子商务示范城市。实施电子商务“双推”工程，规划建设电商聚集区7个，设立淘宝网泉州运动品牌馆，全市电子商务交易额超1000亿元、增长60%。菜鸟智能物流东南核心节点项目落户晋江和台商区；中兴外贸电子商务在泉设立总部，跨境电商平台投入试运行；民生电商在泉设立全国纺织、鞋服网络金融事业部。强化人才支撑。列入国家、省引智项目8个，对接海外高级人才项目团队12个，新增博士后工作站4家。出台鼓励大学毕业生自主创业政策措施。

（三）抓调度促落实，重大项目强力推进

“五大战役”持续深化。完成投资1744亿元，占年度计划的

132%。莆永、南石高速建成通车，国道324线晋鲤段拓改、中化青兰山配套码头等竣工投用。泉州湾跨海大桥、海峡石化产品交易市场等扎实推进。国道324线丰洛段拓改、西气东输三线等开工建设。启动城乡基础设施六项“提升工程”。“三维”对接成效明显。深入开展招商大会战。新签约央企项目6个，总投资402亿元。“9·8”投洽会和侨洽会对接项目157个，总投资135.4亿美元，签订5亿美元以上合同项目6个，引进世界500强企业2家。第三届省民企对接会对接项目81个，总投资1343亿元，引进民企500强企业7家。新增泉商回归项目125个，总投资1127亿元。创新项目管理机制。建立重大项目每月一次的协调调度会制度，协调项目96个，绝大多数问题得到及时解决。建立招商项目跨县域落户利益共享机制，实施重大项目招商奖励政策。推行重点项目联合预审和审批代办，提供“月嫂式”服务。出台基本建设项目审批流程改革意见，企业投资项目审批时限压缩到33个工作日。

（四）激活力求突破，“两项改革”成效初显

“金改区”建设开局良好。认真落实12部委总体方案和省政府实施意见，出台9份配套文件。实施金改项目67个，完成或部分完成43个。获批消费金融公司试点城市，上报民营银行、泉台合资全牌照证券公司筹建方案。新设银行机构37家、升格2家，设立小微企业金融服务专营机构143家、准金融机构42家，高新区科技金融服务中心和民间借贷登记服务公司投入运营。新增上市企业5家，再融资企业2家，融资总额69亿元。海峡股权泉州交易中心揭牌运营，挂牌企业已达52家。发行债券126.3亿元。建设企业信用信息交换共享平台。成功举办两岸金融合作论坛。金融业实现增加值225亿元、增长18%。“综改区”工作有效推进。认真落实省政府若干意见，组织实施10个方面45项重点改革。出台打造九大重点产业链等政策措施。丰泽、晋江服务业和石狮全域城市化、德化统筹城乡发展改革获批省级试点。企业纳税自主申报、按实征收全面推行，“营改增”试点稳步推进。被列为全国城镇低效用地再开发利用试点城市。

（五）强基础重统筹，城乡面貌不断改善

“三农”工作进一步加强。出台推进现代农业发展、做好扶贫开发的政策措施。全市农林水支出46.6亿元，增长20.7%。加快建设美丽乡村。实施“六大工程”项目3474个，完成投资29.1亿元，实现村庄规划全覆盖，初步建立村庄保洁常态化机制。建设20个市级新农村示范村、20个扶贫开发工作重点村。实施造福工程危房改造3200户。大力发展现代农业。新增省级农民创业园和示范基地9个、设施农业3000亩、“菜篮子”基地11家、林下经济示范点41个和农民专业合作社648家。国家农业科技园获批建设。争取上级渔业补助9亿多元，获批远洋渔业项目2个。设立农业贷款风险补偿资金。完成粮食生产任务。完善农村基础设施。实施水利项目88个，完成投资40亿元。白濑水利枢纽工程前期工作取得进展，彭村水库、晋江防洪工程等16个重大项目扎实推进；治理河道90公里，新解决36.4万名农村人口饮水安全问题。建设升级电力农网1100公里。实施公路安保工程1350公里，改造农村公路265公里和危（病）桥142座。积极应对台风，加强森林防火，防灾减灾成效明显。

城市品位不断提升。深化“城市建设管理年”活动，324个项目完成投资351亿元。拓展城市空间。启动环湾县（市）新一轮城市总体规划修编。东海、城东、北峰丰州、晋江滨江、江南、万安、台商区等新区开发加快。实施城市改造更新项目65个，完成投资95亿元。中心市区安置房在建148万平方米，竣工70万平方米。优化景观环境。实施“点线面”攻坚项目85个，完成投资26亿元，建成131公里休闲绿道，初步形成泉州山水慢行系统。建成中心市区供水管网145.6公里。投入1.2亿元开展中心市区防洪排涝整治。持续推进城市内沟河截污。全市改造建设污水管网270公里，新建污水处理厂5座。改进城市管理。率先在全省启用“数字城管”系统平台。深化市政道路和卫生保洁精细化管理，城市卫生综合考评和井盖防坠网加装工程被列为全省典型。交通组织管理进一步优化。出台城市既有住宅增设电梯的指导意见，简化公共维修基金提取程序。深化违法建房专项治理。加快城镇发展。县城和南、北翼新城规划建设扎实推进。21个省市小城镇改革试点镇实施项目730个，完成投资412.5亿元。陈埭、水头两个全国经济发达镇行政体制改革试点顺利实施。

生态建设继续强化。成功获批省级生态市。启动重点用能企业能效对标行动，实施节能重点项目141个、减排治理项目1177个，淘汰落后生产线74条，较好完成节能减排任务。出台落实印染行业转型升级意见，加快推进集控区建设和企业整合。实施重点流域水环境整治项目125个，完成投资17亿元；启动晋江、石狮、南安跨境流域污染治理和山美水库流域环境综合整治专项工作；开展21条小流域“赛水质”活动。在全省率先实行最严格水资源管理制度，通过全国节水型社会试点验收。开展“两江”下游非法采砂堆砂专项整治。完成植树造林31万亩、水土流失治理31.6万亩、矿山生态恢复治理74.7万平方米。

（六）创特色集亮点，文化发展成绩斐然

精心做好首届中日韩“东亚文化之都”竞选工作，成功荣获这一世界级城市名片。精心举办海峡论坛泉州系列活动、第二届世界泉州同乡恳亲大会。完成闽南文化生态保护实验区“十百千基础工程”，建成世界闽南文化展示中心，成立中国社科院闽南文化研究基地。闽

南侨批入选世界记忆遗产名录。新增国家级文物保护单位11处、“中国历史文化名街”1条、“中国传统村落”6个。木偶剧获“文华奖”，南音、高甲、歌舞新剧目获国家级大奖，梨园剧团入选全国地方戏创作演出重点院团。城乡公共文化服务体系不断完善，木偶剧院竣工，国家一级图书馆增到7个，基层公共文化设施实现全覆盖。泉籍运动员在体操世锦赛和全运会上取得优异成绩。文博会签约项目18个、合同金额30亿元。新增文化产业示范基地21家，文化产业增加值269亿元、增长20%。

（七）惠民生增和谐，社会建设同步加强

不断健全社保体系。新增城镇就业15.1万人，农村劳动力转移就业6.1万人。城镇职工“五险”参加人数累计增加36.4万人次。城镇居民医保和新农合参保率分别达95.5%和99.9%，筹资水平和补偿标准进一步提高，实现厦漳泉城镇职工医保卡三地通用。城乡居民养老保险参保率达98.5%。建设提升乡镇敬老院24所、社区居家养老服务站150个、农村老年活动中心20个，创建农村居家养老服务站24个。新开工保障性安居工程3.5万多套，配租配售8000多套。新增归集住房公积金43.8亿元，发放贷款33.3亿元。新增平价商店34家，物价保持稳定。全市慈善组织到位善款5.9亿元，侨捐公益事业5亿元。优先发展教育事业。新改扩建公办幼儿园79所。7个区（市）通过国家义务教育基本均衡发展验收，义务教育标准化学校建设完成率达92%。城区中小学新增学位1.8万多个。五中城东新校区正式招生。福建农林大学安溪茶学院建成，福州大学石油化工学院正式招生，泉州工程职业技术学院获批设立。在全国率先实现外省籍学生在流入地参加高考。加快提升卫生事业。出台推进社会资本举办医疗机构的实施意见。全市乡镇卫生院、社区卫生服务中心和行政村卫生所实现药品销售零差率全覆盖。石狮公立医院改革试点经验在全国推广。落实方便群众就医措施。市第一医院城东院区全部投用，二院东海新院基本建成，全市新增医院床位2350多张。加强计生优质服务和“三高”综合整治，人口自然增长率7.9‰。全力保持和谐稳定。深化“平安泉州”建设，建立县乡村三级巡逻防控体系。深入实施“六五”普法。构建“大调解”工作体系。完善领导干部接访下访制度，认真落实信访“路线图”，信访总量下降9.3%。累计发放流动人口居住证124万张。创建国家安全发展示范城市，开展安全生产大检查、大整治，四项指数全面下降。食品安全专项整治成效明显。精神文明创建取得新成绩。扶持驻泉部队“两中心一基地”“四个一好”工程建设，驻泉部队官兵积极参与驻地抢险救灾、“平安泉州”和“美丽乡村”建设，省级双拥模范城命名表彰数量位居全省首位。民族宗教、防震减灾、国防动员、民兵预备役、海防、人防、支前、统计、审计、方志、气象、老龄、老干部、老区、残疾人、关心下一代等工作都取得新成绩。

（八）优服务提效能，依法行政深入推进

认真执行市人大及其常委会决定决议，自觉接受法律监督和工作监督，积极配合市人大常委会开展执法检查、人大代表视察及专项调研；把办理代表建议意见作为“法定作业”，切实回应代表关切，办理人大代表建议336件，满意和基本满意率相加达100%。支持市政协履行职能，主动接受政协民主监督；办理政协委员提案576件，满意和基本满意率达100%。开展国家级行政服务标准化试点，窗口即办率提高至60.4%。建立完善市级政府投融资体系，规范资金统筹和管理。设立市公共资源交易中心。启动市级公务卡结算制度改革。认真贯彻“八项规定”，着力整治“四风”，加强廉政风险防控、行政监察、机关效能、绩效考评等工作。

我们也清醒认识到，我市发展中还存在不少困难和问题。主要是：经济下行压力加大，工业增加值、社会消费品零售额、城镇居民人均可支配收入未能完成年度预期目标。转型升级任重道远，高新技术产业、现代服务业、新型业态规模偏小。重大项目支撑不足，好项目、大项目不多，融资、征迁、审批等保障不够到位，“落地难”问题还比较突出。企业经营困难增多，商业模式创新不快，市场开拓压力加大。城乡规划建设和管理水平有待提升，中心城区辐射不强、配套滞后，农业农村基础仍较薄弱。环境保护和生态建设任务依然繁重。民生事业人均保障水平不高。社会治理面临一系列新问题新挑战。政务环境仍需改进，少数公务人员担责意识和服务能力不强。对此，我们要采取更加有力的措施加以解决。

二、扎实做好2014年政府工作

2014年是实施“十二五”规划的关键一年。政府工作的总体要求是：高举中国特色社会主义伟大旗帜，以邓小平理论、“三个代表”重要思想、科学发展观为指导，全面贯彻落实党的十八大、十八届三中全会和习近平总书记系列重要讲话精神，坚持稳中求进、改革创新，加快经济转型、社会转型、城市转型、政府转变，实施“深化五大战役重点行动计划”，全力打造泉州经济升级版、改革创新示范区、生态宜居幸福城。

经济社会发展的主要预期目标是：地区生产总值增长10.5%左右，农业总产值持平，工业增加值增长12%；公共财政总收入增长12%，公共财政预算收入增长12%；全社会固定资产投资增长20%；外贸出口增长10%，实际利用外资（验资口径）持平；城镇登记失业率控制在2%以内；社会消费品零售总额增长14%，居民消费价格涨幅控制在3.5%左右；人口自然增长率控制在省下达指标之内；城镇居民人均可支配收入增长9%，农民人均纯收入增长

9.5%，完成年度节能减排任务。

实现上述目标，我们必须坚持解放思想求先行，创造性地贯彻落实上级决策部署；必须坚持大胆改革激活力，大力破除各种体制机制障碍；必须坚持创新转型促发展，推动经济提质增效；必须坚持民生优先创和谐，让发展成果惠及全市人民；必须坚持海纳百川增合力，充分调动广大干部群众建设现代化泉州的积极性和创造性。重点抓好以下八个方面工作：

（一）突出创新转型，打造经济升级版

拓展提升先进制造业。实施“产业转型升级行动计划”，加快培育纺织服装、鞋业、石化3个超2000亿元，机械装备、建筑建材、食品饮料3个超1000亿元，工艺制品、纸业印刷、光电信息3个超500亿元产业集群。坚持抓龙头、优增量，大力推进联合石化环氧乙烷及乙二醇、恒安智能化生产基地、荔丝化纤、百宏化纤、辉锐石墨烯制品等项目建设。实施“存量提升工程”，推动产品、工艺、品牌和管理创新；落实“五年千项”技改行动，年度技改投资610亿元以上。深化“万家企业手拉手”行动。加快“两化”深度融合，组织实施“数控一代”及自动化技术创新专项。推动文化创意、工业设计与制造业的有机结合。尽快推出石材价格和景气指数。建好各类国家级质检中心，争创全国质量强市示范城市。

做大做强现代服务业。深化“第三产业发展年”活动，培育壮大生产性服务业。物流业要重点抓好菜鸟智能物流、普洛斯物流园区等项目，应用信息化、网络化提升传统物流业。有效引导外挂车船回迁。商贸业要重点抓好各类全国性、区域性大型专业市场的规划建设和转型升级。旅游业要重点抓好清源山AAAAA级景区、惠安崇武半岛、台商区蓝色海湾、德化九仙山旅游度假区等项目，建设三大旅游精品，推进景区“串珠成链”。打造工业旅游品牌。信息服务业要重点抓好EC国际数据中心、泉州软件园、石狮纺织服装创新发展云等项目。

培育壮大海洋经济。积极发展海工基地、临港工业、港口物流、海洋生物医药。抓好华宝和万弘海洋生物科技、泉州船厂、嘉信游艇等34个项目。扶持发展海洋运输，支持开辟更多国际国内航线。推进海洋资源市场化配置。加快渔港建设提升，壮大远洋捕捞，发展现代渔业。

大力推进科技进步。建好国家高新区，壮大科技小巨人群体，加快发展战略性新兴产业。抓好中科院海西研究院泉州装备制造研究所、“泉州科技云”等创新平台建设。启动制造业关键共性技术“燎原计划”，成立市产学研促进会，建设海峡技术转移泉州中心。抓好国家知识产权示范城市工作。深入实施“海纳百川”高端人才聚集计划，发挥博士后工作站、院士专家工作站、留学归国创业人员联谊会等载体作用，培养引进更多高端人才。扶持发展人力资源服务业。进一步支持大学生自主创业和就业。

加快商业模式创新。鼓励企业大力发展电子商务，培育电商品牌、大众品牌。组织特色产品设立网上品牌专区，推动有条件的电子商务园区争创全国示范基地。引导企业立足细分行业，发展专业化的全国性电商平台。抓好中兴外贸电商、闽港跨境电商、两岸贸易电商等项目。推动制造业企业上下延伸、左右拓展，实现从卖产品到卖设计、卖服务等领域延伸，拓展增值空间。

提高对外开放水平。发挥2个国家级外贸转型升级示范基地和4个省级出口基地的作用，扩大“三自两高”产品出口，建设出口产品质量安全示范区。继续办好泉州商品博览会和“品牌泉州境外行”系列活动。用好外贸企业融资风险共担资金池、跨境贸易人民币结算、出口信保等政策，健全外贸风险预警体系。支持企业设立境外营销网点，开展国际商标注册和国际品牌并购，培育本土跨国企业。扩大先进技术、关键设备和零部件进口。推广关检合作“三个一”通关新模式，促进一批重点企业货源回归、就地通关。推动石井港区口岸对外开放。做好友城工作。积极参与丝绸之路经济带、21世纪“海上丝绸之路”建设，构建千年古港开放型经济新优势。

密切泉台港澳侨合作。紧密对接海峡两岸服务贸易协议，深化泉台经贸文化交流合作。大力推进台商区产业发展、城市建设、对台招商，力争在引进重大台资项目上取得新突破。支持发展对台空中、海上直航。认真做好“内地与港澳更紧密经贸关系安排示范城市”工作，借助港澳平台，扩大开放领域。充分挖掘侨力资源，关心侨亲事业，凝聚侨心，汇聚侨智，维护侨益。

（二）突出先行先试，打造改革创新示范区

深化金融改革。以服务实体经济作为改革的本质要求，坚持项目化运作，认真落实国家金改新政。引进银行业金融机构2家以上，实现村镇银行县域全覆盖。加快消费金融公司、泉台合资全牌照证券公司筹建，争取设立民营银行、金融租赁公司试点。加强金融产品创新，大力发展小微金融和互联网金融。建成用好金融信息综合服务平台。新增上市企业8家、发债企业8家以上，海峡股权泉州交易中心挂牌企业突破300家，支持企业进入“新三板”挂牌融资。积极稳妥发展准金融机构。建立民间融资网络登记备案制度，促进民间融资阳光化，防范金融风险。

拓展民综改革。出台加快民营经济综合配套改革等政策措施，积极争取获批国家发改委试点，打造民营经济发展乐园。支持民间资本进入基础产业、基础设施、社会事业领域。鼓励民营企业进行股份制改造，建立现代企业制度，开展兼并重组。启动千名企业家和百名管理者素质提升培训三年计划，引导做好代际传承工作。抓好工商登记制度改革省级试点，实行“先照后证”、注册资本认缴登记制等措施；进一步做好“个转企”工作，推动符合基本条件的无照企业开展工商登记，壮大经济群体。支持和指导各县（市、区）开展各具特色的主题改革。

推进新型城镇化。抓好与全省新型城镇化规划的对接，出台促进城镇化健康发展政策措施。设立环湾城市规划委员会和同城化专门协调机构，强化环湾区域规划、建设、管理、项目等方面的统筹。加快推进石狮、德化城镇化省级改革试点，抓好晋江新型城镇化等省级试点申报。深化小城镇和经济发达镇改革发展。加快实施石结构房屋改造五年计划，争取获得国家棚户区改造以及省政府一系列政策支持。完善流动人口居住证制度，有序推动农业转移人口市民化，加快推进基本公共服务均等化。

抓好其他改革。加快建立全口径的预算体系，加强政府性债务管理和风险防控。推进国有企业深化改革和做大做强，引入各类资本参与改制重组，完善国资监管体制。深化农村综合改革，加快农村集体土地确权登记发证工作，积极稳妥推动土地承包经营权流转，用好城镇低效用地再开发和城乡建设用地增减挂钩政策，推进建立城乡统一的建设用地市场。加快价格改革，进一步完善分类电价和阶梯式、差别化水价制度；抓好行政事业性收费改革，全面实施“阳光价费”工程。

（三）突出项目带动，增强长远发展能力

持续大招商招大商。加强招商力量，提升招商专业化水平。深化“三维”对接、“回归工程”，全力引进大型央企、知名民企、台湾百大、重点侨商和世界500强企业，主攻高端制造业、行业龙头、产业链重要环节和新型业态项目。建好用好4个国家级、10个省级开发区，加快泉州开发区官桥园区设施配套和招商工作。落实重大项目招商奖励和跨县域落户利益共享政策。坚持以落地检验成效，推广和谐征迁工作法，完善重大项目协调调度、跟踪服务、督查考评制度。谋划征集100项事关长远发展的战略性大项目，分期分批组织实施。

强化重点项目建设。安排重点项目486个，总投资8732亿元，其中在建项目320个，年度计划投资840亿元，确保建成100个、开工90个。坚持生产性、生财性项目优先，组织实施制造业和服务业重点项目193个，年度计划投资511.7亿元。实施“城乡基础设施提升行动计划”，安排项目312个，总投资2977亿元，为产业发展、民生改善提供强有力的支撑和保障。

完善立体交通网络。确保沈海复线泉州段、机场连接线建成通车，加快泉州湾跨海大桥、泉三高速安溪连接线等建设，力争厦沙高速泉州段上半年开工。加快湄洲湾南岸铁路支线、福厦铁路惠安站及配套工程等建设，抓紧吉永泉铁路泉州段前期工作。抓好肖厝5-6＃、石湖5-6＃、斗尾7＃、秀涂16#码头泊位和泉州湾深水航道二期等项目建设。做好泉州晋江机场改扩建扫尾。

（四）突出“三农”工作，推进城乡统筹发展

构建新型农业经营体系。推进标准农田建设，推广良种良法125万亩，稳定粮食生产。实施“现代农业加快发展行动计划”，市级财政今明两年安排1.3亿元资金扶持现代农业。建设国家级和省级农业科技园区、农民创业园、示范基地12个，扩大设施农业规模。新增专业大户、家庭农场、合作社、农业企业等新型农业经营主体500个，培育新型职业农民1000人。加强农产品质量安全体系、专业市场和冷链物流设施建设。深化泉台农业合作，加快台湾农民创业园、台湾农业技术交流推广中心建设，办好海峡两岸“农订会”。

不断提高农民生活水平。认真落实强农惠农富农政策。大力推进扶贫开发，每年统筹安排1亿元资金，扶持30个市级扶贫开发重点乡镇、300个市级重点村发展，实现年度脱贫5万人以上。全力支持安南永德争取中央苏区县政策。推动“老少边岛”地区加快发展。突出抓好新生代外来务工人员的就业帮扶，加强失地失海农民的就业技能培训，新增农村劳动力转移就业6万人以上。继续实施造福工程。盘活农村土地、林地、海域等资源，壮大村集体经济。

加强农村基础设施建设。认真落实美丽乡村建设五年行动计划，抓好5条市级示范线、5个示范乡镇和20个示范村，支持永春创建全省美丽乡村示范县。深入开展家园清洁行动，强化农村环境卫生长效管理。实施90个水利项目，推进晋江防洪、“七库连通”工程、山美水库湖泊保护试点等项目建设及白濑水利枢纽工程前期工作，抓好农田水利建设、中小河流治理、水库和海堤除险加固、水电站扩容增效及防灾减灾等工作。

（五）突出产城融合，打造宜居幸福城

开展“环湾规划建设年”活动。安排项目440个，年度投资441亿元。精心做好环湾区域城乡一体化、综合交通、城市建筑风貌等规划，推动中心城区单元控规全覆盖。全面推进环湾十大片区开发，抓好蟳埔—金崎新区改造、潘山启动区、百崎湖片区整治、世贸中心等项目及一批安置房建设。稳步推进“三旧”改造。出台中心市区安征迁补偿统一规范意见。鼓励建筑企业总部回归，支持建筑业发展壮大。

科学布局城市配套。完善中心城市内环、二环及环城高速等道路骨干网络。全力推进国道324线丰洛段改造、普贤路拓改、站前东西大道和站前大道鲤城段等建设。抓紧金屿大桥、北峰至城东通道、刺桐路北拓以及城市轨道交通、有轨电车等前期工作。加快城市公交线路加密、延伸和优化，科学规划建设机动车道、自行车道、步行道和停

车场设施，着力缓解“行车难”、“停车难”问题。抓好一批优质学校、综合医院、运动场馆。加强地下空间综合利用开发。实施新一轮内沟河截污及护栏安全加固改造。深化“点线面”攻坚，启动“三边三节点”景观塑造，加快城市绿道山线、泉州植物园等建设，开工观音山公园、滨海公园二期等项目。实施晋江、洛阳江两岸景观改造，打造泉州“外滩”。

积极促进产城联动。研究推进“都市型产业发展行动计划”。合理规划商务区、会展区、金融区，加快建设东海、鲤城、晋江等总部经济区及泉州会展中心，壮大总部经济、楼宇经济。积极引进国内外知名开发商参与开发，推动房地产业持续健康发展，建好一批城市和商业综合体项目，促进文化、旅游、健身、家政等服务消费，培育核心商圈。加快推进南、北翼新城规划建设，抓好泉港产城联动发展新城区、南安沿海“三镇”产城联动发展新城镇试点。

提升城市管理水平。深化精神文明创建工作，突出抓好公共环境、公共秩序、市民素质提升等关键环节，力争进入全国文明城市行列。加快建设“智慧泉州”，扩大“数字城管”覆盖面。进一步落实市、区、街道管理职责，完善城市管理长效机制，抓好城乡结合部、老旧社区、背街小巷、集贸市场等薄弱区域环境整治，巩固扩大创卫成果。深化城市道路精细化管理，落实临时占用挖掘道路审批公示制度。组织开展打击“两违”专项行动，坚决遏制“两违”。强化城市管理综合考评，进一步发挥市容市貌观察团作用。完善物业管理制度，规范新型社区服务。

（六）突出文化引领，建好“东亚文化之都”

打响文化品牌。实施古城文化复兴计划，全力办好“东亚文化之都”系列活动，打造影响东亚、面向世界的“多元文化都市”。改造提升泉州影剧院等演出场所，筹建泉州当代艺术馆、歌舞剧院、市图书馆新馆、工人文化宫等项目。抓好闽南文化生态保护区20个重点区域的整体性保护建设。积极推动“海丝”申报世遗工作。大力弘扬泉商文化。

壮大文化产业。坚持以文兴业、以文塑城，做大做强十大文化产业。做好历史街巷的保护性开发，推进西街保护整治。实施文化与旅游融合发展示范工程，抓好17个示范项目，推动文化融入旅游、旅游牵手文化。抓好国家广告产业园区、惠安雕艺文创园等建设，培育一批文化产业聚集区。促进文化与科技、金融、商贸深度融合，培育新型文化业态。

落实文化惠民。深入开展社会主义核心价值体系教育。深化文化体制改革，统筹发展城乡文化事业。围绕创建国家公共文化服务体系示范区，推进县、乡、村三级文化设施提档升级，创新文化服务模式，推动文化惠民项目与群众文化需求有效对接。加快第二轮修志工作。

（七）突出环保优先，创建国家生态城市

大力推进节能减排。实施100个重点节能项目，组织134家重点用能企业开展节能低碳行动，坚决淘汰落后产能。强化工业园区污染集中处理，突出重点区域、重点行业、重点企业污染减排治理，抓好污水处理厂及其配套管网建设和运营。加快建设石狮、晋江印染行业循环经济园区，促进印染企业重组整合和转型升级。抓好德化陶瓷国家循环化改造示范试点园区、海西再生资源产业园区及安溪LED照明产品推广应用示范县建设。

持续深化环境整治。加强饮用水源保护建设，继续推进中心市区供水管网改造，进一步解决好农村人口饮水安全问题。启动新一轮重点流域专项整治，深化石狮、晋江、南安跨境流域污染治理，抓好洛阳江综合整治开发规划，深化小流域“赛水质”活动。强化机动车尾气、施工扬尘、油烟、工业废气综合治理。加快工业固体废物处置等环保设施建设，加强化学品、危险废弃物处置和监管，防治重金属污染。推进新一轮农村环境综合整治。坚守环保底线，严厉打击各类环境违法行为。

创新生态建设举措。实施“宜居环境建设行动计划”，启动省级“森林城市”创建，确保通过国家生态市考核验收，打造“美丽泉州”。加快建立生态文明制度体系，启动排污权有偿使用和交易试点，做好污染源自动监控设施第三方运营维护工作，完善生态补偿机制。抓好永春桃溪流域生态经济试验区省级试点申报工作。实施山体、水域、海岸带生态修复工程，强化水土流失、“青山挂白”、工矿废弃地恢复治理，继续推进“四绿”工程，加强森林防护和生态景观建设。

（八）突出民生保障，健全公共服务体系

认真做好事办实事。实施“民生工程行动计划”，抓好城市卫生设施、防洪排涝、农村公路提级和危（病）桥改造、特困失能老人帮扶、残疾儿童康复救助、农民健康、低保家庭安居房建设、地质灾害危险点居民搬迁、“菜篮子”基地建设等33项为民办实事项目，从薄弱环节入手，集中力量解决一批事关群众切身利益的问题。

完善社会保障制度。建立经济发展和扩大就业的联动机制，大力培养高素质劳动者和技能型人才。抓好城镇职工“五险”、城乡居民养老保险、城镇居民医保和新农合等工作。发展养老服务事业和产业，鼓励居家养老，引导社会力量兴办养老服务机构。启动市社会福利中心建设，支持发展慈善、社会救助和残疾人事业，完善社会救助和保障标准与物价上涨挂钩联动机制，鼓励开展志愿服务活动。认真实施妇女儿童发展纲要，保障妇女儿童合法权益。抓好一批以公共租赁住房为主的保障性住房建设。

大力推进教育现代化。深化教育领域综合改革。启动第二轮学前教育三年行动计划。力争创建“教育强区”2个，通过义务教育发展基本均衡县（市、区）省级督导评估6个。加快城东、东海、江南学园建设，力争泉州实小洛江校区、晋光小学东海校区秋季正式招生；增加中小学学位1万个，努力完成义务教育标准化学校创建任务。建成泉州教育城域网。加快现代职业教育体系建设。支持办好华侨大学、泉州师院等高校，从体制机制上解决人才培养与需求“两张皮”问题，提升高校服务地方发展的能力。规范发展民办教育，扶持发展特殊教育、老年教育、继续教育和社区教育。做好关心下一代工作。

提升卫生服务水平。深化医改工作，扩大公立医院改革试点。加快市中医联合医院、光前医院扩建、晋江和石狮市医院新院等项目以及妇产、儿童、精神卫生等薄弱学科建设，全市新增医院床位2500张以上。强化乡镇、社区医疗卫生服务功能。抓好卫生人才队伍建设。大力发展中医药事业。深入开展爱国卫生运动，提高疾病防控、妇幼保健、公共卫生服务水平。落实人口计生政策，促进人口长期均衡发展，提高人口素质。开展全民健身活动，全力备战省运会。

创新社会治理机制。改进社会治理方式，强化系统治理、依法治理、综合治理、源头治理。深化“六五”普法，建设法治泉州。完善社会信用体系，建立守信激励、失信惩戒制度。创新有效化解社会矛盾机制，完善“大调解”机制和信访“路线图”，做好积案化解工作。深化国家安全发展示范城市创建工作，建立隐患排查治理体系，强化重点领域安全专项整治，提升标准化建设水平，加快建设石化安全生产应急救援中心，遏制重特大事故发生。建立最严格的食品药品监管制度，有效治理“餐桌污染”。完善社会治安立体防控体系，加强执法规范化建设，重拳整治社会治安热难点问题，整合各方面资源和力量，推行城乡社区网格化服务管理模式。促进民族团结、宗教和谐。抓好国防动员、民兵预备役、支前、人防等工作，推进军民融合深度发展，争创全国双拥模范城“八连冠”。

三、努力建设法治政府和服务型政府

加快转变政府职能，创新行政管理方式，提高政府有效治理能力，是时代的新要求，是人民的新期待！

我们要解放思想、锐意进取。始终牢记忧患、志在长远，进一步转化大讨论活动成果。以爱拼敢赢的锐气、自我革新的胸怀，坚决破除思维定势、体制障碍，在更高层面上推进泉州改革开放。全面正确履行职能，抓好市、县政府机构改革，推进事业单位分类改革，强化公共服务、市场监管、社会管理、环境保护等职责。完善发展成果考核评价体系，更加注重人的发展，更加注重有质量、有效益、可持续的发展。

我们要优化环境、提升效能。坚持有所为、有所不为，把该放的权力放彻底，把该管的事项管到位。推动行政审批事权继续向县级、重点乡镇下放；开展部门审批职权向社会中介组织转移试点。全面实施国家级行政服务标准化试点，推进标准化“四级”对接联动和县乡全覆盖，推行“一表式”全程网上审批。倡导雷厉风行、马上就办。严格问责问效，改进绩效评估。开展“阳光减负”专项行动，清理规范涉企涉农收费和各类检查评比。

我们要改进作风、务实为民。扎实开展群众路线教育实践活动，严格执行“八项规定”，坚决整治“四风”，着力解决人民群众反映强烈的突出问题。认真落实《党政机关厉行节约反对浪费条例》和《党政机关国内公务接待管理规定》等党纪党规，全面推行公务卡结算制度。始终坚持根基在人民、血脉在人民、力量在人民，大力推进“四下基层”，积极倡导“一线工作法”，多到困难大、矛盾多、条件差的地方去解决实际难题。

我们要依法行政、清正廉洁。牢固树立对人大负责的意识，坚决执行市人大及其常委会决定决议，及时向市人大及其常委会报告工作，依法接受法律监督和工作监督。进一步拓宽协商民主渠道，自觉接受人民政协的民主监督。广泛听取民主党派、工商联、无党派人士意见建议，主动接受媒体监督和社会公众监督。强化行政监察和审计监督。积极构建决策科学、执行坚决、监督有力的权力运行体系。进一步加强行政执法、政务公开、行政复议以及规范性文件审查备案工作。全体公务人员要胸怀大局，知行合一，心存敬畏，严守纪律，以自己的实际行动，促进干部清正、政府清廉、政治清明新风的形成。

新的一年，困难和挑战考验着我们，责任和使命激励着我们！让我们紧密团结在以习近平同志为总书记的党中央周围，在中共泉州市委的领导下，抓住机遇，趁势而上，开拓进取，奋发有为，为创造泉州更加幸福美好的未来而努力奋斗！

泉州市“二次创业”·产业集群发展大会召开

1月11日，泉州市第六场千企大会——泉州市“二次创业”·产业集群发展大会在泉州影剧院召开。省委常委、副省长张志南，市委书记徐钢，市委副书记、市长黄少萍，市人大常委会主任陈海基，市政协主席杨俊峰，市委副书记朱淑芳，省政府副秘书长张金铸，市领导沈耀钦、周银芳、许昆贞、翁祖根、刘卫国、陈庆宗、尤猛军、付朝阳等出席大会。张志南对泉州发展壮大产业集群提出要求：一、发展壮大产业集群，要更加注重抓龙头、铸链条。二、发展壮大产业集群，要更加注重创新驱动、“两化”融合。三、发展壮大产业集群，要更加注重发挥企业主体作用、调动企业家积极性。四、发展壮大产业集群，要更加注重政府营造环境、提供保障。徐钢指出，壮大产业集群，才能让泉州持续发展，才能更具竞争力。泉州发展正进入转型升级的新阶段，需要在技术创新基础上，顺应大工业发展规律，走集群化、专业化、信息化发展道路。壮大产业集群，党委、政府要有更大作为，因势利导、推波助澜。持续加强城市管理，提升公共服务水准，培育现代城市文明，让更多的创业者、高端人才、产业工人扎根泉州，合力建设美好家园。黄少萍主持大会并宣读相关表彰决定。黄少萍指出，2013年，是全面贯彻落实中共十八大精神的开局之年，面对新形势、新机遇、新要求，要把“产业集群发展”作为深化“二次创业”活动的突破口和着力点，提升泉州民营经济发展的质量和效益，让泉州民营经济先行一步，为全省多做贡献。希望企业积极参与泉州市产业集群发展，为“二次创业”再立新功。福建炼油化工有限公司董事长、福建联合石油化工有限公司董事长、总裁陆东，英良石材集团董事长刘良，福建海天轻纺有限公司总经理王国珍作专题演讲。

大会主席台　　（图/吴寿民）

新老领导交接班，图为徐钢（中）与黄少萍（右）、郑新聪（左）合影。 （图/吴寿民）

黄少萍任中共泉州市委书记

2月6日，全市领导干部大会召开，省委常委、组织部部长姜信治到会并讲话，副省长徐钢主持会议，省委组织部副部长杨国豪宣布省委决定：黄少萍任中共泉州市委书记，徐钢不再担任中共泉州市委书记、常委、委员职务；郑新聪任中共泉州市委委员、常委、副书记；尤猛军不再担任中共泉州市委常委、委员，泉州市副市长职务，另有任用。姜信治强调，泉州正在推动民营企业“二次创业”，各级党委政府要增强服务意识，为企业排忧解难，营造有利于企业发展的环境。弘扬“滴水穿石”精神，保持工作连续性，对切实有效的发展规划和思路，要扎扎实实地干，持之以恒地做，一抓到底，务见实效。 黄少萍表示，能够为泉州百姓多做事情，深感责任重大，将团结带领市委班子勤勉工作，奋发开拓，推进泉州各项事业开创新局面。将抓住金融服务实体经济综合改革试验区和民营经济综合配套改革试验区的时机，用改革激发潜力，释放红利；以创新驱动转型升级，破解难题，力争实现更长时间的更快发展。将把更多精力聚焦社会管理，把更多财力用到改善民生上，让人民群众的生活更美好。将执行廉政准则和“八项规定”，与市四套班子和全市人民一道，奋力拼搏，真抓实干，创造泉州新辉煌。

市十五届人大三次会议
选举郑新聪为泉州市人民政府市长

2月26—27日，市十五届人大三次会议在泉州影剧院召开。大会采用无记名投票方式，补选郑新聪为泉州市人民政府市长。郑新聪在接受采访时表示，将以泉州发展为己任，以实干实绩推进经济强市建设。增强忧患意识，抓住“金改”“综改”获批，抓住环湾、向湾、同城化格局进一步形成等机遇，深化民企“二次创业”，推进“五大战役”和“城市建设管理年”“第三产业发展年”等活动，狠抓项目，强化运作，以好项目、大项目的引进、落地、建设，带动促进泉州产业大转型、经济大发展、城市大提升。将从民生福祉出发，创造人民向往的美好生活。提升民生保障水平，从最突出、最薄弱的事抓起，把更多财力用在民生事业上，多谋民生之利、多解民生之忧，提升民生普惠性，维护社会和谐稳定。

黄少萍（右）与郑新聪（左）在会场　　（图/吴寿民）

座谈会现场　　（图/陈英杰）

尤权苏树林莅泉召开泉州金融综合改革试点工作座谈会

4月10日，省委书记尤权、省长苏树林在石狮召开泉州金融综合改革试点工作座谈会，省领导叶双瑜、张志南，泉州市领导黄少萍、郑新聪、翁祖根、付朝阳参加会议。泉州市和石狮市、泉州开发区负责人，以及金融机构、企业家、学者代表就做好金融综合改革试点工作提出建议。尤权指出，推进泉州金融综合改革试点工作，一要研究金融服务实体经济的难点和问题，明确改革的目标任务，围绕满足金融需求、降低融资成本、防范金融风险等问题开展调研，提出针对性举措。二要根据市场需求，创新金融服务形式，发展各类金融机构，特别是专门服务本区域中小微企业的地方金融机构，打通金融资本与产业对接通道，实现金融服务多元化。三要发挥民间资本作用，探索民间融资规范化和阳光化途径，制定民间融资管理办法，引导和规范民间资金有序进入实体经济。四要加强金融基础设施建设，构建社会信用体系，建立金融风险防范机制，维护地方金融稳定，营造良好金融环境，推动"金改"工作取得实效。苏树林就下阶段泉州试点工作提出要求：一要抓好政策落实，泉州市和相关部门、金融机构要按照责任分工，细化落实国务院方案，研究好、规划好金融创新的努力方向、工作重点、具体事项。二要抓好机构培育，加快引进、培育各类地方法人金融机构和准金融机构，扩大金融机构覆盖面。三要抓好服务指导，宣传好政策，指导帮助企业特别是小微企业用好用活金融政策、金融产品。四要抓好实践探索，打开金融资本进入实体经济和民间资本进入金融领域两条通道，在解决企业贷款难问题的同时引导民间资本规范运作。五要抓好风险防控，完善金融风险防控机制，提高防范与处置风险能力，促进民间融资健康发展，维护地方金融安全稳定。

省政府出台文件支持泉州“金改”

4月15日，省政府出台《关于贯彻落实福建省泉州市金融服务实体经济综合改革试验区总体方案的实施意见》（以下简称《实施意见》）。《实施意见》明确提出泉州“金改”的主要目标与任务，要求泉州市根据金融服务实体经济的本质要求，打开金融资本进入实体经济的通道，打开民间资本进入金融领域的通道，力争到2017年，金融业服务实体经济的水平进一步提升，全市金融业增加值占GDP和服务业增加值的比重分别达到6.5%和15%以上；实体经济发展更加健康、扎实，地区生产总值达8000亿元，民营经济总量达7200亿元。《实施意见》指出，泉州“金改”最具突破性的亮点在于一个“实”字。为此，要推动多元化金融组织体系建设，加大对小微企业及民生的金融支持力度，提升农村金融服务能力，加强泉台港澳侨金融合作，规范发展民间融资，扩大直接融资规模，提升保险服务水平，完善金融风险防控机制。这一系列新规，将为泉州转变经济发展方式提供强大助力，同时将为全国金融服务实体经济探索出一条新路。

省委省政府检查组到泉州开展工作检查

5月25日，省委书记尤权、省长苏树林带领省委、省政府检查组到泉州开展工作检查。省领导张昌平、于伟国、袁荣祥、杨岳、陈桦、姜信治、叶双瑜、苏增添、张志南、王蒙徽、徐谦、洪捷序、倪岳峰、陈荣凯、李红、徐钢、张燮飞，全省各设区市、平潭综合实验区党政主要领导和省直有关部门负责人参加检查。在市委书记黄少萍、市长郑新聪陪同下，检查组下基层、看项目、谈思路，了解泉州市加快转型升级，推动民企“二次创业”，持续改善民生，推进经济社会全面快速发展的情况。检查中，省领导对泉州市取得的成绩给予肯定，对泉州市发展前景寄予期望。在诺奇时装，省领导肯定诺奇创新商业模式的做法，希望泉州立足良好的制造业基础，增强创新驱动意识，推动企业开展多种形式的技术创新、管理创新和商业模式创新，提升产业集群的核心竞争力。在南安滨江机械制造装备基地，省领导指出，创新才能赢得市场、抢占高地。在突出企业主体地位的同时，各级各部门也要理顺机制，落实政策，优化服务，营造良好的创新环境。在泉州台商投资区玖龙纸业，省领导表示，纸业发展同样要走升级之路。希望企业推行循环经济，加大节能减排资金投入，以更先进的设备、工艺，实现清洁生产，树立企业形象，拉动地方经济发展，为全省相关产业提供更完善的产业链配套。在泉州信息职业技术学院，省领导希望泉州在激活民间资本参与办学的基础上，要鼓励将本土产业发展经验融入教育领域，做到产学研相结合，实现人才培养与社会需求同步。在泉州市水资源管理调度中心，省领导表示，泉州水资源利用管理创新在全省乃至全国都是一大特色，省委、省政府将在全省推广泉州经验。希望泉州探索建立用水效率控制制度，降低单位产值水耗，在水资源利用管理上创造更多新经验。

第二届世界泉州同乡恳亲大会举行

6月17日，第二届世界泉州同乡恳亲大会暨泉州市海外交流协会成立大会在泉州影剧院举行，来自31个国家和地区的79个社团600多名泉籍乡亲参会。市委书记黄少萍指出，改革开放以来，广大乡亲倾力回馈桑梓，为家乡发展提供宝贵的人才、资金、技术、市场支持，为泉州经济的起步、腾飞、跨越，注入源源不断的动力，推动全市经济总量连续14年居全省首位。希望海内外泉籍乡亲、社团要牢记“民族根”，坚守“文化魂”，共筑“中国梦”，让“世界泉州人”更加出彩。菲律宾菲华商联总会永远名誉理事长陈永栽代表海外乡亲致辞。市长郑新聪主持泉州海外交流协会成立大会。会上，新加坡福建会馆主席蔡天宝，全国政协常委、香港福建社团联会主席林树哲作社团工作经验交流。

大会现场　　（图/吴寿民）

市委十一届五次全体（扩大）会议召开

会议现场　　（图/吴寿民）

7月29—30日，中共泉州市委十一届五次全体（扩大）会议召开。会议贯彻中共十八大精神和省委、省政府重要决策部署，总结交流全市“增强忧患意识　推动长远发展”大讨论活动成果，研究部署加快创新转型、推动泉州长远发展的思路和举措。会议审议通过《中共泉州市委关于加快创新转型推动长远发展的决定》和中共泉州市委十一届五次全体会议决议。全会认为，历时5个多月的大讨论活动是一次解放思想、对标找差，集思广益、谋划长远，务实推动发展、保稳求进攻坚的过程，较大触动了思想观念、运作理念、体制机制等深层次问题，广大干部加快创新转型的认识更加清醒、行动更加自觉、精神更加振奋。全会认为，泉州要发挥好新时期福建“东部”的作用，必须认识“差距在哪、问题在哪、风险在哪、早作准备”。与全国先进城市相比，泉州存在发展水平、阶段、动力系统的差距；在当前发展中，传统产业增长受限、区域创新能力不强、中心城市首位度不高、体制和开放优势弱化等问题比较明显；在经济社会“双转型”时期，如果不重视和加快化解深层次问题，就有产业更替“空心化”、区域竞争“边缘化”、公共服务“低水平”等风险；面对新形势、新任务、新要求，要增强忧患意识，抓住国家金融服务实体经济综合改革试验区、全省民营经济综合配套改革试验历史机遇，加快经济转型、社会转型、城市转型、政府转变，努力开创科学发展新局面。全会提出，今后一个时期，泉州发展的总体要求是：以实施“两个加快”、推动跨越发展为主线，把握加快创新转型这一主攻方向，实施打造泉州经济升级版、改革创新示范区、生态宜居幸福城三大战略，力争到2015年，全市GDP达6500亿元、公共财政总收入达900亿元、民营经济增加值达5500亿元，率先基本实现全面建成小康社会等。加快打造泉州经济升级版，要坚持“四化”并举，加快实施“万亿集群计划”；坚持全产业链创新，加快突破产业发展瓶颈；坚持产城融合发展，加快壮大城市经济实力；坚持龙头项目带动，加快布局先进生产力，推动“泉州制造”向“泉州智造”转型。加快打造改革创新示范区，要优化金融服务、发展金融产业，改善行政服务、优化营商环境，支持县域经济特色发展、先行先试，引进高端人才、壮大人才总量，营造有利于人才、资金、项目等要素集聚的政策平台、服务环境、开放格局。加快打造生态宜居幸福城，要把生态文明理念贯穿经济社会发展全过程，把更多注意力聚焦到保障和改善民生、加强和创新社会管理上，完善城市功能，彰显文化实力，加强生态环境建设，优化公共服务配套，加快城乡一体化步伐，构建舒适、优美、宜居、和谐的城乡环境，让群众过上更加美好的生活。

第六届海峡两岸（泉州）农产品采购订货会举行

9月7日，第十七届中国国际投资贸易洽谈会重要活动之一——由海峡两岸经贸交流协会和泉州市政府、台北世贸中心等单位主办的第六届海峡两岸（泉州）农产品采购订货会（以下简称“农订会”），在南安市石井镇闽台农产品交易市场开馆。海峡两岸关系协会副会长蒋耀平，省人大常委会党组书记、副主任徐谦，省政协八届和九届副主席、省农产品市场协会名誉会长陈家骅，台湾农业合作社联合会理事主席张启盟，市委书记黄少萍共同启动开馆，市领导郑新聪、杨俊峰、翁祖根、洪泽生、陈荣洲、林万明以及海峡两岸的农产品供应商、采购商、企业家等数千名嘉宾客商参加开馆仪式。本届“农订会”吸引来自海峡两岸的农产品供应商、采购商、农贸协会代表、企业家等600多名客商参展。展会期间，145家大陆专业采购商和42家台湾大型供应商进行对接洽谈，达成协议合作意向176笔，意向金额7.07亿元，同比增长9.95%；实现现场销售2580万元，同比增长9.09%。本届“农订会”首开网上交易平台，闽台农产品电子商务平台浏览量达到近6万条（次），取得良好效果。“农订会”还开展台湾“十大伴手礼”和大陆“十大名优农产品”评选。经过客商、群众现场投票和评委投票，台湾育丞茶叶制茶厂等十家台企的产品当选“十大伴手礼”；泉州宏情食品有限公司等十家大陆企业的产品获“十大名优农产品”称号。

“农订会”开馆式 （图/吴寿民）

第四届安溪国际茶业博览会暨泉州茶文化旅游节举办

10月11—14日，由福建省政府、中国茶叶流通协会、海峡两岸茶业交流协会、中国画报协会主办，泉州市政府、省农业厅、省旅游局、福建农林大学协办，安溪县政府、市旅游局承办的第四届中国茶都安溪国际茶业博览会暨2013年泉州茶文化旅游节（以下简称“茶博会”）在安溪县举办。第十届全国政协副主席罗豪才、张克辉，中国侨联原主席庄炎林，省老领导庄先、叶家松、叶继革，中国画报协会执行会长段继文，市领导陈海基、杨俊峰、沈耀钦、林伯前、林万明、苏小青、陈铭福等参加开幕式。本届“茶博会”设展位1048个，参展茶品涵盖绿茶、红茶、乌龙茶（青茶）、黑茶、白茶、黄茶六大茶类。中国、印度、斯里兰卡、韩国等国家和中国香港、台湾等地区的300多家代表性茶企、涉茶品牌企业参展，展出涵盖各类名茶、保健茶、茶饮料、茶食品、茶包装、茶机械、茶器具、传统制茶工艺、生产加工新技术、茶文化创意、茶休闲旅游、茶叶检测、茶饮信息管理、科技延伸品等。与“茶博会”同时举办的2013年泉州茶文化旅游节，是呼应泉州“东亚文化之都”建设的重要举措。茶文化旅游节以“中国茶•中国梦”为主题，致力以茶为媒，拓展泉州和茶乡安溪文化优势，促进茶产业与旅游业融合发展，携手全国各产茶县，推动中华茶产业发展。“茶博会”期间，举行福建农林大学安溪茶学院落成庆典及捐资表彰、涉茶产品展览展销、中国茶叶质量安全与有机茶高峰论坛、首届中国茶叶标准化发展论坛、铁观音财富大会、“安溪铁观音•天猫秋茶节”、“千款名茶、万人品评”、全国画报和航空旅游杂志记者摄影采风活动、茶文化旅游、泉州旅游项目推介等活动。

开幕式

（图/吴寿民）

中共泉州市委十一届六次全体会议召开

12月30日，中共泉州市委十一届六次全体会议召开，审议通过《中共泉州市委关于贯彻党的十八届三中全会和省委九届十次全会精神全面深化改革的决定》。全会要求全市各级党组织学习贯彻十八届三中全会、省委九届十次全会精神，增强全面深化改革的决心和意志，把握全面深化改革的方向和重点，领会省委对泉州的要求和期盼，把思想和行动统一到中央、省委的重大决策上来。全会肯定2013年以来市委常委会的工作。一致认为，在省委正确领导下，市委常委会学习贯彻中共十八大和习近平系列讲话精神，团结带领全市干部群众解放思想、开阔视野、抓住机遇，开展“增强忧患意识 推动长远发展”大讨论活动，围绕加快创新转型主攻方向，制定实施《关于加快创新转型推动长远发展的决定》，加强发展薄弱环节；坚持“保稳、求进、攻坚”，力促经济平稳健康发展；推动国家级“金改区”建设、全省民营经济综合配套改革试验开好局、起好步，释放改革红利；提升文化软实力，举办2013年世界闽南文化节，泉州当选“东亚文化之都”；保障和改善民生，维护社会和谐稳定；提升党建科学化水平，落实中央“八项规定”，开展“四下基层”活动，全市经济、政治、文化、社会、生态文明建设和党的建设取得新成效。全会明确泉州市全面深化改革的总要求是，以邓小平理论、“三个代表”重要思想、科学发展观为指导，学习贯彻中共十八大、十八届三中全会、习近平系列讲话及省委九届十次全会精神，落实好中央、省委的重大改革措施，坚持社会主义市场经济改革方向，使市场在资源配置中起决定性作用和更好发挥政府作用。以促进社会公平正义、增进人民福祉为出发点和落脚点，结合泉州实际，坚定信心、凝聚共识，统筹规划、协同推进，先行先试、重点突破，进一步解放思想、解放和发展社会生产力、解放和增强社会活力，破除各方面体制机制弊端，为打造泉州经济升级版、改革创新示范区、生态宜居幸福城，为实现“百姓富、生态美”有机统一、全面建成小康社会提供强大动力和体制机制保障。到2020年，金融服务实体经济综合改革、民营经济综合配套改革、新型城镇化改革等若干领域走在全省、全国前列，把泉州建设成为富有创造力、充满活力的改革“排头兵”和“试验田”。全会还出台《中共泉州市委 泉州市人民政府关于加快推进现代农业发展的实施意见》《中共泉州市委 泉州市人民政府关于进一步做好扶贫开发工作的实施意见》。

开展“增强忧患意识 推动长远发展”大讨论

2月以来，按照省委关于泉州要继续发挥福建“东部”作用，增强忧患意识，比照全国先进城市发展历程，思考“差距在哪、问题在哪、风险在哪、早作准备”的要求，泉州以“增强忧患意识 推动长远发展”为主题，在全市开展为期5个多月的大讨论活动，并于7月29—30日召开市委十一届五次全体（扩大）会议，全面总结活动成效，转化运用研讨成果。

组织开展大讨论活动情况

大讨论活动分三阶段进行。2月底至3月中旬为动员部署阶段，召开动员大会，提出“泉州能否继续保持较快发展速度、再造体制机制新优势、解决发展后劲不足”三个重点思考问题，梳理形成25个市级重点研讨专题、13个县（市、区）特色研讨主题。3月中旬至5月底为学习研讨阶段，每个市级重点专题由1名市领导班子成员牵头组织，各参与部门开展调查研究，形成一批质量较高的研讨成果；13个县（市、区）提出打造“智造名城”、“东方米兰”、大师经济、百千亿产业集群等发展思路。6月初至7月底为成果转化阶段，按照“1+X”方式转化研讨成果、构建政策体系。“1”就是市委出台《关于加快创新转型推动长远发展的决定》，“X”就是在该决定框架下，按照补齐短板、着眼长远的原则，加紧配套出台政策、计划和措施，形成“组合拳”效应。针对25个市级重点专题研讨成果提出52项转化计划，出台打造重点产业产业链、加强重大项目工作、培育科技小巨人、提升环湾中心城市服务功能、促进文化产业发展、“海纳百川”高端人才聚集6份政策。

在大讨论过程中，主动“对标找差”学习先进。组织市党政代表团到厦门学习考察，召开先进城市发展经验学习会，系统研究借鉴厦门、上海、天津、杭州、温州、绍兴等地实施创新驱动、推动服务业发展、开展综合配套改革等的思路、政策和举措，开阔视野和眼界。结合“四下基层”开门搞讨论。市、县、乡三级党政班子成员到企业、村庄、群众倾听意见建议，市人大、市政协发挥联系广泛优势，积极建言献策，老干部主动参与；企业家们热烈响应，新闻媒体组织宣传报道，向市民征集“金点子”，形成党委、政府、企业家和群众紧密互动，共谋共促发展的局面。全年，收集各方意见建议1600多条，内容包括帮扶企业、环湾城市建设、文化产业发展、人才引进、闽南文化保护传承等。把完成全年目标任务作为检验活动成效的重要标志。面对2013年来更加困难的形势，贯彻全省工作检查和省委书记尤权、省长苏树林等省领导到泉州调研精神，开展全市工作检查，落实省里稳增长“新6条”“5条补充措施”等，帮助鞋服企业“去库存”，强化技术改造、电商和国际市场开拓、先进产能建设等措施；实施3批96个金改项目，狠抓“五大战役”“招商大会战”“第三产业发展年”“城市建设管理年”等活动，增强发展后劲。

明确创新转型主攻方向和战略重点

在为期一天半的市委全委（扩大）会上，市四套班子成员及各县（市、区）、部分市直单位负责人围绕发挥“东部”作用、加快创新转型等找差距、谈不足、提思路，统一思想、集思广益。

“差距在哪、问题在哪、风险在哪、早作准备。”通过大讨论，更加深刻认识到，泉州处在高基数上负重跨越的重要关口，传统产业根基较好，但创新发展后劲不足；工业化快速推进，但服务经济发展滞后；县域经济比较发达，但中心城市带动偏弱；投资创业氛围浓厚，但体制环境亟待优化；居民收入增长较快，但公共服务水平偏低，加快创新转型迫在眉睫。与东部先进城市相比，泉州的发展水平、发展阶段、发展动力还存在较大差距，东部先进城市人均GDP已迈进1.5万—2万美元“高收入阶段”，泉州仅为9076美元，差距在5年左右；全国GDP排名前十位城市中，重工业、高新技术占工业产值及服务业占GDP比重分别达50%、35%、42%，分别高于泉州10、11、8个百分点。差距背后的问题主要有，技术资本密集型产业成长缓慢，传统产业增长受限，占工业1/3强的纺织鞋服产业进入行业重整期，规模扩张放缓；区域创新体系不完善，人才技术基础薄弱、高校和科研院所偏少、城市创新要素集聚能力较弱，全市R&D投入仅为0.93%，分别低于全省、全国0.45个和1个百分点；中心市区首位度不高，人口、经济总量仅分别占全市的17.7%、22.7%，远低于30%通常标准，难以发挥辐射带动作用；体制和开放优势面临弱化，政府职能转变、营商环境优化等还需加大力度。如果不加快创新转型、解决好深层次问题，就会有产业更替“空心化”、区域竞争“边缘化”、公共服务“低水平”等风险，将对今后一个时期的经济稳定增长、社会和谐等造成趋势性影响。站在新历史起点上，全市要把增强忧患意识作为不可或缺的精神“钙质”，拿出当年开创“民办特区”的智慧和勇气，抓住国家级“金改区”和全省民营经济综合配套改革试验的历史机遇，坚持“在发展中调整”，发挥现实优势、转化潜在优势、培育新型优势，实现更好更快发展。

泉州今后发展的三个战略重点。今后一个时期，将把握加快创新转型这一主攻方向，实施打造泉州经济升级版、改革创新示范区、生态宜居幸福城三大战略，促进创新活力、城镇化潜力、改革红利同频激发，形成多点给力、多元支撑的赶超跨越新格局；力争到2015年，全市GDP达6500亿元、公共财政总收入达900亿元、民营经济增加值达5500亿元，发挥好福建“东部”作用。

打造泉州经济升级版。发挥民营经济优势，促进民企与外企、央企互动发展，围绕龙头项目梳理链条、开展招商、实施项目，加快构建现代产业体系，提升科技进步、成长型产业、结构调整对经济增长的贡献率。加快实施“万亿集群计划”，抓紧填平补齐产业链，力争2015年纺织服装、鞋业、石化3个集群均超2000亿元；机械装备、建筑建材、食品饮料3个集群均超1000亿元，工艺制品、纸业印刷、光电信息3个集群均超500亿元。加快建设现代服务业集聚区，实施服务业“百强企业”发展工程，建设全国电子商务示范城市，开展首个对台电子商务试点，推动文化创意、现代物流等生产性服务业发展，力争“十二五”末全市电商交易额超1800亿元，十大文化产业产值超千亿元，物流业增加值超800亿元，服务业占GDP比重近40%。加快全产业链创新，推动传统产业、民营企业加快技术、产品、商业模式和产业组织创新，注入新技术、新材料、低碳绿色、个性化等元素，培育“快时尚”品牌、大师经济、创意经济；实施“蓝火计划”“137科技创新平台计划”，高位嫁接国家级科研院所、专业化人才团队，争取重点产业技术水平跨越式提升；引导企业抱团发展，实施改制上市“121”工程、“万家企业手拉手”行动，力争至2015年培育15家百亿元企业及一批具有国际水准的代工企业；高新技术产业增加值占地区生产总值比重达12%，全市专利授权量达4.5万件以上、产业技术创新战略联盟达30个。加快品牌国际化，坚持内贸与外贸并重，支持龙头企业、骨干企业走品牌国际化、并购国外品牌的路子。开展“品牌泉州境外行”活动，支持企业到境外设立区域性营销中心，加快培育本土跨国公司。加快产城融合发展，探索工业园区与城市同步升级新模式，引导工业企业向园区集聚，改善老工业园区公共服务配套；以国家级高新区“一区八园”、重点小城镇等为依托，规划建设功能复合、产研住一体的高端产业综合体，把有条件的工业集中区建设成现代化城市新区。加快提升港口开放功能，制订提升口岸竞争力三年行动方案，优化港口、港后区和集疏运体系建设，力争2015年港口吞吐能力达1.18亿吨、外贸集装箱突破60万标箱。突破临港重化产业、海洋生物医药、海水综合利用等领域，力争2015年海洋生产总值达1800亿元。

打造改革创新示范区。大胆先行先试、开拓创新，营造有利于人才、资金、项目等要素集聚的政策平台、服务环境、开放格局。推进“金改区”建设，坚持打通“两个通道”改革导向，抓紧政策对接、项目滚动实施，加快各类金融机构的引进、升格、培育，建设泉台金融合作“桥头堡”等，力争通过五年左右的努力，全市金融业增加值占GDP比重达6%以上。抓住金融“国十条”“省九条”机遇，争取被列入全国扩大消费金融公司、个人境外直接投资等试点城市，争取开展互联网金融试点、设立民营银行和金融租赁公司等，加快打造一批金改“示范区、示范镇、示范村”，力争2017年小微企业信贷覆盖面提高35个点、达50%。改善行政服务、优化营商环境，加快行政服务标准化体系建设，规范行政自由裁量权，争取成为省级行政审批制度改革试点、国家“商事登记”制度改革试点，把泉州打造成全国行政审批项目少、审批效率高、服务质量优的城市。支持陈埭、水头开展全国经济发达镇行政管理体制改革试点，金井、永宁、水头、黄塘、湖头开展强镇扩权示范镇建设。引进高端人才、壮大人才总量，健全四级人才工作网络，建立市、县两级行政服务中心高层次人才服务专窗，打造“一县一人才品牌”，建设民营经济人才聚集区；加快引进领军人才，支持民办高校面向企业开展高级技师、高级工培训，实施“高校毕业生留泉创业行动”，吸引在泉高校毕业生、泉州籍大中专院校学生留泉州就业、回乡创业。

打造生态宜居幸福城。把生态文明理念贯穿经济社会发展全过程，把更多注意力聚焦到保障和改善民生、加强和创新社会管理上，构建舒适、优美、宜居、和谐的城乡环境，让群众过上更加美好的生活。坚持“百姓富、生态美”有机统一。按照全省主体功能区规划，加快优化生产力布局，加强重点区域、重点行业污染治理，探索低碳绿色增长模式，促进生产、生活、生态空间相协调。创建、维护国家级生态、文明、卫生、环保模范等城市荣誉，每年投入超20亿元开展“点线面”攻坚、“四绿”工程等，营造宜居宜业城乡环境；加快培育设施、创意、休闲等现代农业，支持专业合作社、家庭农场等发展，结合“美丽乡村”建设培育更多“一村一品”“一村一业”特色经济，力争2015年农业专业合作社超1500家、带动30万农户增收20%以上，力促城乡居民收入与GDP同步增长。完善环湾中心城市功能。加快构建环湾1小时经济圈、工作圈、生活圈，按照统一规划、统一标准，提升“两重环湾”快速路，打造若干个具有全省先进水准的示范片区，强化创意、总部、金融、会展等高端服务功能。发挥世界闽南文化节品牌效应，建好用好闽南文化展示中心、中国社科院闽南文化研究基地等。启动“古城复兴计划”，政府出资对6.7平方千米古城区民宅统一收储修缮、规划运作；引进具有整体开发、策划设计、营销推广等实力的文化龙头企业，重点发展文博、创意、影视、演艺和工艺美术等产业，打造好国家级广告创意产业试点园区，规划建设闽南文化展示和体验园等。加快中心城市“绿化、花化、彩化”，推进500多千米“慢线”系统建设等。加快统筹城乡、提升公共服务水平。以21个省、市重点小城镇为依托，加快城镇基础设施、公共服务向重点村、中心村延伸，推进农业转移人口市民化。抓好全国流动人口社会融合试点工作，力争2015年居住证覆盖270多万外来人口。顺应人口加速向城镇集聚趋势，扩大城镇和城市新区教育、医疗、住房、公共交通等公共服务资源总量，力争2015年公办幼儿园学位数占50%，每千人拥有卫生机构床位4张、达到全省平均水平等。

动员大会现场 （图/吴寿民）

获评首个“东亚文化之都”

黄少萍作陈述答辩 （图/郑 文）

8月26日，由文化部主办的首届“东亚文化之都”评选活动终审工作会在国家博物馆举行。文化部部长蔡武出席评审会并致辞。经过角逐，泉州以88.92分的全场最高分，在苏州、杭州、青岛、武汉、西安、黄山、济宁、咸阳、桂林等实力强大的初审入围城市中脱颖而出，当选中国首届“东亚文化之都”。

首届“东亚文化之都”评选，是为落实2012年5月中日韩三国领导人在第五次中日韩领导人会议上达成的重要共识和2013年6月韩国总统朴槿惠访华时与国家主席习近平共同发表的《中韩面向未来联合声明》以及2012年5月第四次中日韩文化部长会议签署的《上海行动计划》而开展的一项多边性文化活动，是国际文化交流与合作的一项创新。活动旨在本着“东亚意识、文化交融、彼此欣赏”精神，突出“共生·创新·和谐”共识，推动东亚文化的保护、传承、创新和发展。首届“东亚文化之都”评选，中日韩三国于2013年分别选出一国一城，即3个城市共同当选。三国文化部长于9月28日在韩国举办的第五次中日韩文化部长会议上为三个当选城市授牌。当选城市将在2014年一年内，以“东亚文化之都”名义开展形式多样的文化活动，重点通过文化交流与合作、文化产业合作、非物质文化遗产保护与传承、公共文化服务体系建设经验交流与共享，带动城市和市民参与东亚区域文化合作，实现以文惠民、以文兴城，带动城市文化建设，激发城市活力，扩大城市的国际知识度、美誉度。

文化部从4月启动这项评选工作。首先按照申报条件和评审标准，从各申报城市中选出十大入围城市，而后进入终审，由各入围城市领导（代表团团长）按抽签顺序做陈述并答辩。为保证评审工作“公开、公平、公正”，文化部从国家文化建设专家库抽取专家，成立由对外交流、公共文化建设和非物质文化遗产保护等领域的知名专家组成的评审专家委员会，在纪检监察部门监督下独立开展评审工作，采取百分制当场打分的办法，对十大入围城市从城市文化传统、硬件设施、软件发展、公共文化服务、非遗保护与传承、对外文化交流合作、弘扬东亚文化精神、城市文化建设、“东亚文化之都”活动实施方案、宣传报道计划、资金保障等方面进行量化评价和评审，得分最高者当选。

在省委、省政府的坚强领导和有力支持下，泉州市委、市政府高度重视首届“东亚文化之都”评选工作，成立由市委、市政府主要领导牵头的申报工作领导小组，做了大量认真细致的准备工作。8月26日，市委书记黄少萍带队参加终审工作会并登台做终审陈述和答辩。泉州用大量史实资料、数据图文，大跨度、多层次、全方位展示城市深远厚重的历史文化底蕴、鲜明独特的多元文化大观、丰富多彩的文化遗产、悠久广泛的对外交流、日臻完善的公共文化服务体系、欣欣向荣的魅力滨海环湾城市、爱拼敢赢的3000多万海内外泉州人的强大合力和精心策划的东亚文化交流方案，体现泉州高度的文化自信与文化自觉，赢得评审最高分。在文化部领导、专家评委、中央各大媒体、各入围城市代表团的见证下捧得中国首个具有区域国际意义的文化荣誉。黄少萍在接受中央电视台等媒体采访时表示，泉州市将以当选中国首届“东亚文化之都”为新起点，按照文化部要求，设立“东亚文化之都——泉州”组委会，落实专项保障资金，加快建设泉州图书馆新馆、泉州歌舞剧院等一批重点文化基础项目，创建国家公共文化服务体系示范区，围绕弘扬“东亚意识、文化交融、彼此欣赏”精神主题，凝聚海内外泉州人民合力，与日、韩当选城市互动，把东亚文化的交流合作、传承保护和创新发展推向新高潮，为增强中华文化的国际影响力做出贡献。

举办2013年世界闽南文化节

2013年世界闽南文化节于6月16—19日在泉州举行。本届文化节由文化部、海协会、中国侨联、台盟中央、全国台联、中国广播电视协会、福建省政府主办，由省文化厅、省台办、省侨办、省侨联、省体育局、省台盟、省台联、泉州市政府承办。

本届文化节以“弘扬闽南文化，增进合作交流”为主题，有13项主活动、5项承担海峡论坛分场活动、12项社会各界呼应活动。在历时10天的文化节期间（6月12—22日），共有活动项目（包括主活动中的子项目）37个，举办各类活动79场次。主活动有：开幕式暨《闽南风 四海情》文艺晚会、世界闽南文化展示中心开馆仪式、设立中国社会科学院文化研究中心闽南文化研究基地、闽南文化论坛（郑成功与闽南文化研讨会、泉州侨批暨侨亲钢笔画像展、闽台族谱暨姓氏源流展、闽南红砖建筑美术摄影展、《走近泉州》中文版首发式）、世界华文媒体闽南文化泉州行、南少林武术系列活动、第十届泉州国际南音大会唱、台湾特色庙会、戏曲精品剧目展演、第二届世界泉州同乡恳亲大会（泉州市海外交流协会成立大会、侨商投资项目招商推介会）、第七届闽台对渡文化节暨蚶江海上泼水节、“魅力瓷都”大型瓷艺展、参观考察闽南文化生态保护实验区示范点（示范园区）等。同时，根据第五届海峡论坛工作方案安排，泉州市还承担台湾云林县推介会、台湾台南市旅游推介会、海峡两岸关爱自然志愿者服务论坛、两岸生物多样性与森林保护文化研讨会和闽台“同名村心连心”联谊活动周等分场活动。

本届文化节邀请六大洲38个国家和地区的海内外嘉宾3000多人，参与活动的群众达60多万人次。十一届全国政协副主席张榕明出席活动并宣布2013年世界闽南文化节开幕。中国国民党副主席林丰正，文化部党组书记、部长蔡武，海峡两岸关系协会会长陈德铭，全国人大常委、中华全国台湾同胞联谊会会长、台盟中央副主席汪毅夫，省委副书记于伟国，国侨办副主任任启亮，文化部党组副书记、副部长、中华文化联谊会会长赵少华，中国侨联副主席乔卫，全国人大常委、台盟中央副主席苏辉，中国社会科学院党组成员、副院长武寅，中国广播电视协会副会长雷元亮，省人大常委会副主任张健，副省长李红，省老领导何少川、王耀华、叶家松，知名侨领陈永栽、林树哲、蔡天宝、杨孙西、许健康、陈明金、陈祖昌，台湾无党团结联盟主席林炳坤，国际友城法国埃罗省议会副主席、副省长亨利·卡巴内，土耳其梅尔辛伊尼塞市副市长穆罕默德·泽基·伊塞和海努拉赫·尤瑟苏伊，市领导黄少萍、郑新聪、陈海基、杨俊峰等参加开幕式。大会主礼嘉宾共同推动开幕式彩杆。开幕式上，武寅为中国社会科学院文化研究中心闽南文化研究基地授牌。市长郑新聪和2014年世界闽南文化节举办地澳门代表陈明金进行会旗交接。开幕式结束后，举行“闽南风 四海情”文艺晚会，向四海嘉宾展现闽南文化的独特魅力。

《闽南风 四海情》文艺晚会 （图/吴寿民）

推进金融服务实体经济综合改革试验工作

泉州金改区获批以来，在上级有关部门的关心支持帮助下，泉州市围绕金融服务实体经济的本质要求，大胆探索，攻坚克难，致力创新，加快推进金改区建设，推动金改工作逐步走上规范运作轨道。

贯彻落实央行等12部委总体方案和省政府实施意见，以解决小微企业金融服务为突破口，以打开金融资本进入实体经济和民间资本进入金融领域“两个通道”为抓手，以推进规范发展民间融资、扩大直接融资和加强泉台金融合作为重点，坚持建机制、打基础、争政策、推项目、找突破、求实效，推动金改开局之年起好步。2013年，全市金融业增加值226.91亿元，同比增长18.7%；入库银行业及其他金融业营业税15.75亿元，增长35.6%。2013年年底，银行业小微企业贷款余额（含个人经营性贷款）1601.1亿元，同比增长20.35%，高于各项贷款增幅5.21个百分点；小微企业贷款授信户数（含个人经营性贷款）9.2万户，比年初增加2.6万户；全市不良贷款率为0.58%。

建立健全工作机制 构建金改服务体系

探索地方金融职能部门的创新空间，构筑相对完善的金融服务体系。机构上，整合分散在相关部门的金融工作职能，组建市金融工作局，借用市直部门和金融机构专业人员建立金改团队；推动县（市、区）成立金融办，延伸金融协调管理服务网络。机制上，推动将金改工作列入绩效考评体系，建立与市直部门协同协作的金改推进工作机制，实施县（市、区）和金融机构推进金改量化指标体系考核办法，形成推进金改的联手联动机制。对接上，成立由央行研究局局长担任主任委员的金改专家咨询委员会，证监会、保监会派人挂职指导，建立向上对接争取通道和联系机制。保障上，争取省、市财政支持设立金融发展专项资金，从中安排设立小微企业信贷风险补偿共担资金、“助保贷”风险补偿资金、中小企业直接债务融资发展基金等为企业融资提供分险和增信支持；制定实施《高层次金融人才引进培养暂行规定》，聘用金融博士担任科技副局长，与相关高校和科研院所建立研究合作机制，构建有力的资金和人才保障。

加快建设基础平台 构建金改支撑体系

围绕构筑有利于金融业充分竞争的环境，从最顶端进行设计，从最基础开始干起，建设金融信息、信用和风控平台，构筑金融业加快发展的“底座”。建设信息平台。分期规划建设“泉州市金融信息综合服务平台”，构建集金融信息采集与发布、企业信息交换与共享、银企交易在线对接与咨询等服务功能一体化的系统平台，泉州金融服务网已建成投用。建设信用平台。加快小微企业信用信息建档工作，完成建档系统开发并导入2万多家小微企业信息基础数据。推进条块间企业信用信息交换共享，把涉及税务、工商、司法等部门的相关企业信息链接起来，使其互联互通，企业信用信息交换共享平台已完成调研、论证、设计等前期工作并抓紧建设。建设风控平台。制定金融应急处置预案管理规定，与新华社信息中心合作建设金融风险防控体系，推动金融风险监测、评估和预警体系建设，编制泉州金改统计指标体系，及时收集各个金融主体信息，实现风险可控制、可分析。

紧抓政策对接转化 构建金改政策体系

对央行等12部委总体方案和省政府实施意见等进行全面梳理、归类，持续加大向上争取力度，制定出台相关配套政策，初步形成多层次的金改政策支持体系。部委层面，梳理对接中央部委支持政策42项，获批消费金融公司试点城市，实行设立村镇银行特殊挂钩政策，上报泉台合资证券公司和民营银行试点组建方案。省级层面，梳理对接省直有关部门和金融机构支持政策43项，人行福州中心支行、福建银监局、经贸委、工商局等部门专门出台支持政策。市级层面，研究出台《鼓励金融业发展的若干意见》《鼓励股权投资业发展的若干意见》等9份金改配套政策文件；开展首批金改研究课题招标，完成《泉州市创新金融服务小微企业》《泉州市构建金融改革财税政策支撑体系》课题研究，进行《泉州金融业发展规划》编制和《加强泉州与台港澳金融合作》研究工作。

着力突破关键环节 构建金改项目化运作体系

以项目作为金改突破和推进的抓手，把政策支持和重要工作逐项转化为具体项目，推进实施两批项目67个，完成43个。初步构建外资、内资和村镇银行为一体的银行组织体系，菲律宾首都银行泉州分行开业，2家银行升格为总行直管分行，新设银行机构和基层网点37个，新设1家村镇银行并实现县域村镇银行规划全覆盖。初步构建专业化的机构、服务和方式为一体的小微金融服务体系，建立小微企业金融服务机构143个，创新近50项专门服务小微企业的金融产品，建立小微企业金融对接平台和重点小微企业融资项目库，小微企业信贷覆盖面比年初提高10个百分点。初步构建企业成长、重点产业全产业链和产业升转型级为一体的全过程金融服务体系，创新商圈金融合作、银村联姻和综合授信等金融服务模式，搭建11个融资合作平台，设立高新区科技金融服务中心、海洋产业金融中心，引导金融机构对电商企业、高新企业授信125亿元，引入民生电商发展互联网金融。初步建立股权交易、上市、发债为一体的直接融资体系，设立海峡股权泉州交易中心并挂牌企业52家，新增境外上市企业5家、发行债券126.3亿元，2支区域集优票据进入申请注册发行阶段，引进保险公司债券投资计划27亿元。初步形成设立准金融机构、股权投资基金和参股地方法人银行为一体的民间金融体系，新设准金融机构42家、注册资金超过80亿元，引进、设立各类股权投资基金10多家，规模超过200亿元，地方法人银行增资扩股累计向社会募集资金超过14亿元。初步形成经验、业务和项目合作为一体的泉台金融合作体系，举办第五届海峡论坛两岸金融合作（泉州）论坛，组织开展赴台考察、推介和洽谈活动，实现3家企业入岛挂牌上市。

履行地方金融管理职责
构建金融协同监管体系

依法规范管理金融行业，加快推进建立垂直金融监管部门主导、地方金融工作部门协同配合、企业加强自律的监管机制，确保金改可持续推进并取得预期实效。建立健全地方金融监管机制，加大对小额贷款公司、融资性担保公司、典当行、民间资本管理公司等准金融机构的准入、退出和日常监管力度，及时发现金融风险苗头和金融风险点，确保不发生系统性、区域性金融风险。建立健全金融行业自律机制，推动建立小额贷款公司、典当等行业协会，强化金融行业自律机制，做好防范高利贷、非法集资、地下钱庄等非法金融活动工作，确保地方金融规范运作。建立健全社会监督约束机制，以推进社会信用体系建设试点为契机，开展信用户、信用村、信用乡、信用县以及信用企业评级评定活动，构筑良好的社会信用环境和金融生态环境。

推进民营经济综合配套改革试验工作

推进民营企业改革创新

推动小微企业向“专精特优新”方向发展，至11月，泉州市1248家中小企业申报为180家龙头企业配套协作。推动品牌企业兼并重组，安踏体育以55%的比例控股泉州寰球鞋服有限公司，股权收购总价达2.54亿元，通过收购泉州寰球，安踏体育优化自身资产结构，提高供应链的执行效率，促进产业链向上下游的延伸发展。推动中小企业整合发展，在漂染行业，印染集控区外企业通过参与区内企业整合方式入区，石狮市66家印染企业整合到40家以内，实现印染企业100%入区发展。个体工商户、个人独资及合伙企业转制为公司，至11月，全市有71家转制登记。推广精益管理经验，2013年认定“泉州市管理创新示范企业”100家，举办卓越绩效管理模式等9期企业成长培训班，2000多人参加。推动商业模式创新，发展电子商务，设立鲤城网商创业园、丰泽电商基地、海西（石狮）电子商务产业园区、晋江洪山电子商务园、安溪茶多网电商基地、德化电子商务创业园等，与阿里巴巴、当当网、腾讯、凡客诚品、金蝶软件、环球鞋网等企业开展合作。加快创新平台建设，组建泉州市泉台果蔬产业技术创新战略联盟和永春香产业技术创新战略联盟，获批建设4家省级企业重点实验室，与麦肯锡领导力中心、台湾创意设计中心、台湾新事业促进协会、中纺院、中科院海西研究院泉州装备制造研究所、清华启迪科创公司、国家纺织服务检测中心签订入驻协议。强化企业人力资源培训引进工作，组织实施“送培训进企业”活动，重点开展10000名企业紧缺技术工种免费技能培训。

深化土地保障体制机制创新

鼓励民营企业建设品牌工业园、上市企业创业园，鼓励园区外工业企业“拆企并企、拆企入园”，并按企业的性质合理安排园区用地，至11月，全市出让开发区工业用地170宗，出让面积约7121.81亩。对民营企业利用现有厂区、厂房改造建设的，在不改变用途的前提下，不再增收土地出让金，至11月，全市办理该类用地申请8宗，面积约245.78亩。在符合城乡规划的前提下，允许工业企业利用自有的工业厂房用地发展信息服务、研发设计、创意文化、仓储物流以及其他新兴产业，至11月，办理该类用地申请9宗，土地面积约114.89亩。落户泉州市的工业项目，凡是符合规划和产业政策、符合节约集约用地要求的，新增建设用地指标由省国土资源厅统筹调剂、充分保障，至11月，获批工业用地17501亩。对符合条件的民营企业原划拨国有用地允许补办出让手续，至11月，全市办理民营企业原划拨国有用地补办出让手续53宗，土地面积约221.83亩，土地出让金总额约2556.53万元。在全市范围内开展“三旧改造”，完成“温陵商贸中心项目”“百脑汇商业中心项目”“滨江片区潘山启动区”等旧城改造项目的土地出让工作。开展城乡建设用地增减挂钩工作，至11月，泉州市向省国土厅先行核定增减挂钩指标1251亩，验收旧村复垦新增耕地2068亩。泉州市被国土资源部列为城镇低效用地再开发试点城市，试点方案报经市政府同意，送省国土资源厅审核转报国土资源部批准。安溪县开展茶园登记发证和流转试点工作，以联户发证的方式将茶园面积明晰到户，采用“林权转让、茶园返包”模式，茶农把茶园的林权转让给企业，企业再将茶园无偿返还给茶农经营。其中，大自然茶业公司通过林权流转，取得茶园林权38800亩，在香港借壳华丰集团上市。

推进县域特色主题改革试点

推动泉州市13个县域开展特色改革试点，明确鲤城区推进“科技金融”改革试点，丰泽区服务业综合改革试点，洛江区建立城乡土地统一市场改革试点，泉港区石化基地循环发展改革试点，石狮市全域城市化改革试点，晋江市现代服务业综合改革试点，南安市科技创新型城市改革试点，惠安县石雕产业转型升级试点，安溪县茶业经营体制改革试点，永春县农村集体建设用地流转改革试点，德化县统筹城乡推动城镇化健康发展试点，泉州开发区企业股权投融资服务平台建设试点，泉州台商投资区创新招商引资机制改革试点。丰泽、晋江现代服务业综合改革试点方案于3月21日经省发改委批复同意，成为省级服务业综合改革试点。丰泽将初步打造成金融服务产业集聚区、总部楼宇经济集聚区、闽南文化旅游示范区等，实现从“服务业大区”向“服务业强区”的跨越。晋江立足发展优势，将朝金融创新先导示范区、服务业外向合作专区和产业创新孵化引导区的方向迈进。石狮全域城市化综合改革试点方案于7月7日获省政府批复，将通过人口管理、产业布局、规划建设、土地管理、公共服务、社会保障、行政管理和城市管理“八个一元化”改革。在推进规划建设方面，启动

《石狮市生态控制线规划》和《石狮市更新改造规划建设空间指引》的编制工作；在推进人口管理方面，泉州市出台《关于实施流动人口居住证制度的意见》，深入推行流动人口居住证制度；在完善社会保障方面，推进城乡居民保险工作，推动跨县（市、区）异地就医新农合即时结报。德化县统筹城乡推动城镇化健康发展试点方案于11月2日获省政府批复，将打造集约、智能、绿色、低碳的新型魅力城市，形成紧凑城区、开敞乡村的城乡格局。

加强相关配套改革

推动户籍制度改革，实行流动人口居住证制度，放宽20项户口准入条件，建成居住证申报点185个，发放居住证125万余张，赋予获得居住证的外来人口与本地居民同等的24项公共服务。组建市级公共资源交易中心，泉州市公共资源交易中心于11月27日挂牌成立。泉州市纳入赴台湾本岛"个人游"试点城市，于8月28日启动。推动园区扩区升格，泉港石化工业区、泉惠石化工业园区分别获省政府批复，升格为省级经济开发区。鼓励引导民间投资，推出南惠、晋石、南石、双安高速采用股权转让，泉厦漳城市联盟路泉州段采用投资人招商，厦沙高速公路安溪段采用BOT等模式吸引民间投资；2013年，泉州市吸引民间资本投资建设公共租赁住房项目19个，建设住房5062套共21.73万平方米；制定出台《泉州市人民政府关于加快推进社会资本举办医疗机构的实施意见》，鼓励社会资本办医。

完善配套政策支持

研究出台新政策，包括《创建国家电子商务示范城市进一步加快推进电子商务发展的十条措施》《促进全市工业设计产业发展的九条措施》《关于贯彻落实福建省政府进一步推动工业稳增长促转型十一条措施的通知》《关于进一步拓展民营经济综合配套改革的若干意见》《关于推动商业模式创新的若干意见》《泉州市工商登记制度改革试点工作实施方案》《泉州市千名企业家和百名经济管理者素质提升培训三年计划》《泉州市人民政府办公室关于贯彻落实福建省政府办公厅进一步扶持小微企业健康发展九条措施的通知》等一系列服务于民营企业发展的文件。强化资金扶持，2013年，泉州市下发民企转型升级、现代服务业发展、产业集群发展、电子商务发展等扶持资金约6亿元，结构性减税33.3亿元、"两税"即征即奖近2亿元，减免行政事业性收费近2亿元。推进工商登记制度改革相关前期工作，省工商局出台《关于支持泉州金融服务实体经济综合改革及民营经济综合配套改革试验区建设的若干意见》，提出11条支持措施。制定《关于贯彻党的十八届三中全会和省委九届十次全会精神全面深化改革的决定》和《2014年全市深化重点领域改革方案》，拓展民营经济综改作为重点突破的领域。

建设环湾城市

2013年，泉州市按照市委、市政府的决策部署，围绕“环湾、向湾、同城化”工作思路，以建设“生态宜居幸福城”为目标，深化“城市建设管理年”活动，按照“建管并重，总体提升”的工作要求，聚精会神搞建设，一心一意谋发展，心无旁骛抓落实，环湾城市建设和管理取得积极成效。

规划引领作用突出 环湾规划体系成型

着重加大环湾区域控制性详细规划的编制力度，做好环湾区域控规的衔接，各层次规划逐步完善并形成体系；完成东海、城东、北峰、江南等片区单元控规的评审，指导晋江、石狮、南安、惠安进行总规修编，引导环湾各县（市、区）按照“环湾、向湾、同城”总体要求，主动向“两江一湾”靠拢，增强环湾城市的聚集力，推进环湾中心城市框架的形成，为泉州市城乡一体化发展打下基础。

环湾项目全力推进 城市发展更具张力

2013年“城市建设管理年”活动实施项目324个，年度计划投资343亿元。截至12月底，已完成投资351亿元，占年度计划投资比例102%，在建项目145个，完工项目105个。从项目分级管理分析，市直管理项目145个，已完成投资90亿元，占年度计划投资比例102%；县（市、区）级管理项目181个，年度计划投资255.39亿元，已完成投资261亿元，占年度计划投资比例102%。交通基础设施方面，泉州湾跨海大桥、站前大道鲤城段、晋江机场路工程等项目施工进度加快。公共配套项目方面，市交通系统四大科研中心已交付使用，二院东海新院区已完工，晋江滨江总部区、城东学园、江南学园等项目推进较快，市规划成就建设馆、市东海工人文化宫和东海会展中心等项目抓紧前期工作。城市更新项目方面，丰泽华大片区、晋江城北组团等城市更新项目稳步推进，浦西综合安置房、晋江人工湖安置房、鲤城江南新区高山片区危旧房改造等项目推进较快。环境景观整治项目方面，滨江北路景观整治提升项目慢道部分路段已全线启动，北峰段首开段500米景观开工建设，体育公园完成部分改造提升。

管理注重精细长效 市容市貌有效提升

深化管理提升工作。加强城市环境综合治理。纠正占道经营、夜市大排档违章行为，查处土方车“滴洒漏”现象，对城市“牛皮癣”广告采取停机和立案查处，督促建筑工地占道施工违规行为加强整改，对中心市区“两违”和户外广告进行综合整治。加强“数字城管”平台建设。数字化城市管理信息系统平台建成并投入试运行。组织对鲤城江南新区等区域实施数据普查，将中心市区“数字城管”覆盖范围扩展至建成区176.5平方千米。加强物业管理品质提升。物业管理新增2个全国示范小区，新增3家一级物业管理企业，公共维修基金提取简化了程序，使用管理取得实质性突破。加强城市管理综合考评。将卫生考评提升为城市管理综合考评，发挥市容市貌观察团、志愿者服务等作用。通过“泉州市政”微博、媒体有奖举报热线，拓宽市民参与城市管理的渠道。健全完善城市管理长效机制，确保各类市政设施损坏问题及时发现、及时处理。

加大市容市貌整治力度。抓好城市绿化的建设和管理。实施市级2处以上中心绿地、50处立体绿化工程以及中心市区等7条道路的景观整治提升，做好中心市区主干道道路绿化的养护、管理。抓好公园、景区的建设管理。对清源山景区、东湖公园、西湖公园等公园的景观、服务设施进行全面建设提升。抓好城市道路市政设施的改造和完善。实施滨水休闲绿道建设，完成坪山路、东湖街等道路沥青化改造，完成中心市区LED路灯改造、市区道路侧进式雨水口改造工程等相关项目。抓好中心市区精细化管理工作。开展中心市区市容市貌专项整治活动，精细化管理扩大至新门街、涂门街等“十一横六纵”道路。

加强交通综合整治力度。全面规范渣土车管理。制定并完善渣土车交通安全整治工作考评标准，推进渣土车整治工作。加强交通违规行为重点整治。中心市区查处各类交通违法行为669269起，查处违规经营客运班车3474辆次，违规经营出租汽车2199辆次、非法营运车辆292辆。加强重要交通节点的规划提升。完成城雕环岛、临漳门等多处交通节点的改造提升方案，并对中心市区公交线路进行优化，新增公交线路10条，优化公交线路13条。加强民生交通设施的完善。对中心市区交通设施进行全面排查，在市区交叉口增设424套指路标志，新施划机动车停车位1092位、非机动车停车位7811位，排查隐患路段28处，整改18处。加强营运车辆的规范创新。制定《泉州市出租汽车客运企业整合工作实施方案》，并通过市政府审定。加强难点热点问题的解决。恢复开元寺配套旅游停车场功能，推进中心市区电动车规范登记上牌，及时对东海行政中心周边公共交通进行配套调整。

建设“美丽乡村”

2013年，泉州市围绕“四美”总目标，以“强基础、上层级、树典型、提素质、促增收和求突破”为基本思路，精心谋划、科学统筹，全力组织实施六大工程建设，全市美丽乡村建设不断向前推进。

初步成效

推动生态文明建设。泉州市美丽乡村建设，以环境优美为主要目标，以创建生态县、乡镇、村为载体，建立晋江和洛阳江水资源保护补偿专项资金、加强“四绿工程”建设、深化近岸海域环境整治与生态修复等，凸显生态文明建设。全市已建成10个省级生态县，南安、德化、永春3个国家生态县（市）通过环保部考核验收，洛江、安溪国家生态县（区）通过环保部技术评估，建成132个省级以上生态乡镇，1659个市级以上生态村。

提升新农村建设水平。泉州市把建设“美丽乡村”作为统筹城乡一体化发展重要举措，以村庄秀美为建设目标，加强农村基础设施建设；以推进农村环境综合整治为抓手，从“一清一保一机制”入手，广大农村环境卫生有了根本性、历史性的好转。一批批不同级别的美丽乡村精品村、示范村、示范段、综合体初具雏形，2012年和2013年分别评选出10个美丽乡村和10个美丽乡村入围村，成为可看可学的社会主义新农村典型。

探索体制机制创新。泉州市实施美丽乡村建设五年行动计划，适应泉州市统筹城乡尤其是“三农”发展形势，在组织领导、探索推进、深化改革等方面，提出一系列创新内容。如在创新实施推进思路方面，首创将工作层级作“经”，“六大工程”作“纬”，五位一体协调跟进的工作思路。全市建设美丽乡村工作走在全省前列。

促进城乡互动发展。泉州市美丽乡村建设，将城市和农村作为一个规划整体，根据农村的未来发展方向，制定村庄的产业和空间布局，加大农村基础设施建设和公共服务设施建设的投入。同时，在农村鼓励发展休闲、旅游、观光农业，吸引城里人到农村消费。开展农村劳动力的护工、保姆和名小吃培训，引导农村劳动力向城市转移，美丽乡村建设有效地促进城乡资源要素的快速流动。

经验特点

用城市创卫的办法抓农村公共卫生管理。落实农村环境卫生的“投入、设施、队伍”三要素，推行农村垃圾“户分类、组保洁、村收集、乡镇中转和县处理”模式，市里实行每月“一评一奖一公布”，促进建立健全农村环境卫生“一清一保一机制”，实现全市农村生活垃圾处理全域覆盖。同时，因地制宜配套建设污水处理装置，推行生活污水无害化处理，全市村庄环境品味明显提升。

用发展工业的理念发展现代农业。从思考和解决谁来种田、谁来养猪入手，培育新型经营主体，发展种养大户、家庭农场、专业合作社和龙头企业。全市有各类农民专业合作社2435家、注册资金总额47.61亿元，注册成员总数14.35万人，带动农户35万多户，占全市农户总数的25%以上，联结基地面积67万亩，年为农户直接销售和代理销售农产品近20亿元。从提高土地产出率入手，发展设施农业、精品农业。以品牌农业为目标，提升特色农业的市场占有率。全市有国家级农业产业化重点龙头企业8家、省级32家，无公害农产品352个、绿色食品94个、有机食品12个；中国名牌农产品2个、福建省名牌农产品51个。

用城市综合体的做法培植美丽乡村建设示范。以开展环境整治为抓手，清除农村多年积存垃圾和一些卫生死角，拆除大量废旧建筑，填埋大量露天旱厕，增设一批公共绿地，实施房屋立面改造和围墙美化。同时，通过规划引导，使村庄空间布局更加合理，农民建房更加有序，农居风貌更加和谐。2013年以来，结合美丽乡村评选、社会主义新农村试点建设、点线面综合整治，打造美丽乡村示范段、综合体，使这些示范段、综合体体现“产业支撑、科技引领、文化凸显”，通过挖掘整合生态资源和人文资源，彰显村庄特色，一村一景、一村一品的韵味逐步显现。

用城市社区建设模式创新农村社区管理。从农村经济社会快速发展的实际出发，结合贯彻落实市委、市政府《关于进一步加强和改进社区建设工作的意见》，移植城市社区建设模式，创新农村社会管理。石狮市制定新型社区建设五年行动计划，加快推进全域城市化，提出以两优两创为主要抓手，深化体制改革和机制创新，提升社区服务质量，提高经济发展和社会管理水平。晋江市按照“全市一城，城乡一体”目标，重点在农村社区建设方面先行先试，探索建立“一村一社区”发展模式，把全市293个行政村纳入农村社区统筹建设，加快社区调整设置，完善社区配套设施，创新社区社会管理，2012年被评为全国农村社区统筹建设实验全覆盖示范单位。

主要做法

强化卫生考评，促进卫生保洁机制形成。制订考评方案，于2012年11月启动“美丽乡村”环境卫生考评工作，考评覆盖中心城区外的152个乡镇，每月抽评310多个村和60多段道路，组织观察团重点巡查和督促薄弱、后进的村改变面貌，同时开展县级财政环境卫生保洁经费落实情况专项检查，促进县（市、区）建立考评机制，形成长效卫生保洁机制。

强化环境整治，确保垃圾处理全域覆盖。各地按照市委、市政府总体部署，在元旦、春节期间开展农村环境卫生整治大会战。在落实“一清一保一机制”的基础上，以“三清两整一绿”为主要目标，深化环境综合整治，推动立面整治、绿化美化、道路硬化、污水治理、市政建设等方面的再提升。2013年，市、县两级财政安排农村环境卫生清洁保洁经费2.53亿元，按农村人口的1%—2‰配备保洁员，全市农村已聘用保洁人员1.44万人。推进农村垃圾处理城乡一体化，完善“户分类、组保洁、村收集、乡镇中转和县处理”模式，确保全市农村垃圾处理全域覆盖。

强化规划先行，提升美丽乡村建设层级。各地坚持以规划为先导，在全面完成村庄近期建设规划的基础上，结合城乡发展总体规划和土地利用总体规划，编制村庄建设规划、整治规划和近期集中建设区修建性详细三个梯次规划，以新市镇、新园区、新社区规划科学布局，促进农村工业向开发区集中、农民向中心村和社区集中、土地向规模经营集中。同时强化农村“两违”整治，建立“两违”巡查登记、检查监督、定期回访制度，开展“两违”整治专项督查和回头看等行动，全市实现397个村美丽乡村建设上层级。

强化宣传发动，动员社会力量参与。加大宣传推介力度，营造建设美丽乡村的氛围。市建设办开展首届“刺桐红”杯泉州美丽乡村摄影大赛、首届“泉州·美丽乡村”书画艺术节启动仪式和书画作品展、“活力泉州行”等主题宣传活动，印发《简报》32期，出版《美丽乡村行诗集》，在《农民日报》刊发《从一把扫帚抓起——福建省泉州市“美丽乡村”建设纪实》，启动“中国梦海西行”——走进泉州美丽乡村等宣传方案。各县（市、区）也从实际出发，开展舆论宣传、以各种形式发动社会力量，募集13.79亿元投入美丽乡村建设。

强化项目带动，加快推进美丽乡村建设。将美丽乡村建设列入市“民生工程战役”为民办实事项目，全年完成美丽乡村重点示范段建设、建立涉农小额贷款风险补偿基金及扶持林下经济、成片花卉美化彩化、造福工程建设等16个项目，下达项目经费5065万元。各县（市、区）积极响应，着力实施“六大工程”建设。2013年，全市计划实施项目3474个，完成投资28.61亿元，实际实施项目3563个，完成投资29.14亿元。

强化典型培育，发挥精品示范领跑作用。以评选第二批“泉州美丽乡村”为抓手，按照市委提出的美丽乡村建设“环境整治、保留改造、聚集发展、集中新建、古村保护”五种基本类型，通过典型引路、打造亮点，以点带线、以线促面，丰富美丽乡村建设内涵，提升创建品位，涌现出一批不同级别的美丽乡村示范村、示范段。此外，市委市政府召开4场拉练式工作推进会，以现场学习观摩的形式，推进美丽乡村示范段建设。同时，结合社会主义新农村示范村、“点线面”攻坚等工作，按照产业支撑、科技引领、文化凸显、创新机制的思路，整合资源、集中力量打造10条美丽乡村建设示范段，带动全市美丽乡村建设。

强化技能培训，提升农民综合素质。2013年，市财政安排150万元用于扶持农民素质提升和技能培训。成立“农业部农村实用人才培训基地”“泉州市家政服务培训基地”和“护工培训基地”，组织开展农村实用技术、实用人才带头人、阳光工程、家政服务、护工和风味小吃等培训，培训学员11.15万人次。

强化政策引导，出台美丽乡村配套政策。市、县两级出台建设美丽乡村配套政策，完善激励机制，支持美丽乡村建设。市里出台《泉州市农业贷款风险补偿专项资金管理规定》，市、县两级财政拿出2400万元设立农业贷款风险补偿资金，对缺乏抵（质）押物的一般农户、专业大户、家庭农场、农民专业合作社，实行单户贷款额度在30万—100万元的授信贷款，贷款期限1—3年。同时，各地出台农村土地配套政策，推进农村土地流转，发展农民股份制合作社，推进宅基地和其他村庄用地复垦。

强化生态优势，转变农村经济发展方式。立足加快转变农村经济发展方式，把生态优势转化为民生资本，加快发展生态农业、林下经济和“美丽乡村游”等休闲农业，提高农民收入水平。发展以农田为基础的粮经、粮肥轮作模式，优化品种配置和种植结构，发挥山地资源优势，推进山地综合利用开发，发展无公害食品、绿色食品和有机食品。发展以铁皮石斛和金线莲为主的林下经济。全市铁皮石斛和金线莲种苗种植面积1300亩，可供应能力达6000万株，产值3亿元。举办“美丽乡村游”启动仪式和“美丽乡村游”推介会，推出一批“美丽乡村游”线路。

[自 然]

栏目编辑
吴远鹏

自然

资源

【土地资源】　2013年，泉州市经营性国有建设用地使用权拍卖、挂牌出让236宗，出让土地面积710.18公顷。其中，市区拍卖、挂牌出让12宗地，出让土地面积47.2公顷。全市工业国有建设用地使用权拍卖、挂牌出让378宗，出让土地面积960.84公顷，其中，市区无工业用地出让。根据《福建省国土资源厅关于开展批而未用土地清理处置工作的通知》和《福建省国土资源厅关于开展批而未用土地专项检查工作的通知》，开展批而未用土地专项清理工作。经过2个多月的清理，批次用地批后未供面积减少1017.66公顷，批后供地率从66.3%提高到75.53%。开展新一轮基准地价修编工作。根据《福建省国土资源厅关于开展新一轮城镇基准地价修编工作的通知》，市国土资源局通过公开招投标方式确定福建大地评估咨询有限公司作为此次修编工作的作业单位。成果于2012年12月经省国土资源厅验收通过，并经市政府第24次常务会研究确定。2013年7月1日，修编成果正式对外公布实施。全市所有县（市、区、台商投资区）基准地价修编工作均已通过验收。2013年，全市各县（市、区）国土部门通过加大住房用地的供应量，确保土地市场不因供需矛盾而导致地价的不合理增长。全年全市住房用地供应面积453.68公顷，包括各类棚户区改造用地17.39公顷、公共租赁住房用地2.56公顷、限价商品住房用地27.45公顷、普通商品住房用地406.27公顷（其中中小套型用地334.44公顷）。

【矿产资源】　2013年，全市探矿权项目45个，年度勘查投资3443.07万元，其中中央资金1004.24万元，占29.2%，地方资金404.43万元，占11.76%，其他资金2030.5万元，占59.04%。完成钻探进尺33962.78米，槽探14853.36立方米，硐探605米，不同比例尺地质填图、磁法测量、激电测量面积共151.74平方千米，各类采样6326件，物理测井12472米。勘查项目均取得不同程度的进展，获得一批重要勘查成果。全市探明煤炭储量2193.36万吨，地热资源量5590立方米/日，铁矿资源量669.39万吨，金矿金属量30.52吨，银矿金属量35.21吨，钼矿金属量328吨，水泥用灰岩（大理岩）70548.38万吨。加大本市需求较大、又有一定资源保障的铁矿、水泥用灰岩、高岭土、陶瓷土（瓷石）的勘探开采力度；扶持壮大冶金、水泥、陶瓷产业规模，确保矿业经济保持稳定、略有增长。全面整合煤炭、水泥用灰岩、陶瓷土、建筑用石料等矿产资源的开发利用；集中建设煤、铁、金、水泥用灰岩、陶瓷土12个开发基地；分步淘汰关闭泉州市饰面石材矿山；全面优化矿产资源开发布局，全市建筑石料矿山重新布局，控制在59个矿山。改进和提高矿产资源采选加工技术，固体矿产采矿回采率提高2%—3%，选矿回收率提高1—3%。着力发展矿业循环经济，开展矿产资源综合利用的矿山比例提高到70%以上，主要矿山废弃物综合利用率达到20%以上。依法关闭污染严重矿山企业，开展矿山地质环境恢复治理和土地复垦。历史遗留矿山地质环境恢复治理率和土地复垦率达40%；新（扩）建矿山地质环境恢复治理率和土地复垦率达100%，矿山地质灾害点治理率达20%；主要矿区（矿山）污染物排放量符合省规定的控制指标；矿山地质环境恢复治理责任制全面落实，矿山地质环境恢复治理保证金征收面与征收率达100%，2013年，全市累计收缴矿山生态环境恢复治理保证金累计超过1.06亿元。全面加强和改善矿产资源行政执法，建立和完善动态巡查、案件查处的各项制度，无证开采、乱采乱挖和破坏性开采等违法现象基本消除；全面推广应用安全高效的先进开采技术和方法，着力在采矿密集区组建统一爆破服务队，矿山安全生产条件得到实质性改善，矿山安全生产事故显著下降；继续完善矿业权管理各项制度，培育规范矿业权市场，矿产资源管理宏观调控手段基本完善，微观监督管理全面到位，矿产资源管理机构精干高效。至年底，全市共有169个矿山企业。从业人员7627人，年产矿石总量878.51万吨，原矿工业总产值114933.47.05万元，综合利用产值7920.1万元，年利润总额10663.33万元。

【海洋资源】 泉州市海域面积11360平方千米，海岸线长541千米，岸线资源居福建省设区市第四位，拥有湄洲湾、大港湾、泉州湾、深沪湾、围头湾等五大海湾，适宜建港的岸线长达113.7千米，其中深水岸线57.2千米，可建各种泊位197个。湄洲湾南岸的肖厝港和斗尾港被誉为“世界不多、中国少有”的天然良港。全市共有500平方米以上的海岛168个，大部分处于自然状态。近海渔场面积50.6万公顷，其中，浅海适宜养殖面积约14953公顷，滩涂适宜养殖面积11473公顷。海洋生物种类627多种，其中鱼类291种，蟹类68种，头足类24种，贝类128种，其他116种。海洋矿产能源资源丰富，其中，玻璃砂储量约9600万吨、型砂储量8000万吨；海砂、花岗岩、高岭土等滨海非金属矿产总储量达26亿吨以上；沿海风能累年平均风速4.0—6.0米/秒，有效风能大于2500千瓦时；沿海潮汐能蕴藏量1.59亿千瓦时，可装机容量166万千瓦，年发电量可达5200万千瓦时。

【水资源】 泉州市境内溪流密布，发源于本市境内流域面积100平方千米以上的河流有34条。其中晋江水系15条，九龙江水系5条，闽江水系9条，单独入海5条。晋江、洛阳江为泉州市主要河流，全市多年平均水资源总量为96.79亿立方米，其中主要供水水源晋江为福建省第三大河，流域面积5629平方千米，河长182千米，多年平均水资源总量51.2亿立方米，洛阳江（含黄塘溪）流域面积371平方千米，河长39千米，多年平均水资源总量2.3亿立方米。全市已建成各类水利工程6万多处，其中，水库469座（大型2座、中型17座、小型450座），总库容达15.8亿立方米；泵站94处，水井工程2万多口，各类堤防总长525.57千米。

【林业资源】

林地、林木资源　泉州市现有土地总面积109.97万公顷，其中林业用地69.74万公顷，占全市土地总面积的63.4%，非林地40.23万公顷，占36.6%，森林覆盖率为58.7%。在林业用地面积中，有林地面积63.98万公顷，占林业用地面积的91.7%，疏林地1.51万公顷，占2.2%，灌木林地7938.2公顷，占1.1%，未成林造林地2.12万公顷，占3.0%，苗圃地34.93公顷，无林地1326.80公顷，占1.9%。在有林地面积中，用材林面积23.74万公顷，占有林地面积的34.0%，薪炭林1.55万公顷，占2.2%，防护林19.36万公顷，占27.8%，特用林3.26万公顷，占4.7%，经济林12.98万公顷，占18.6%，竹林3.09万公顷，占4.4%。在无林地面积中，宜林荒山荒地3714.87公顷，占28.0%，采伐迹地2218.53公顷，占16.7%，火烧迹地1693.67公顷，占12.8%，宜林沙荒地，44.4公顷，占0.3%，可封育成林的荒山荒地888.8公顷，占6.7%，林中林缘空地499.73公顷，占3.7%，暂未利用荒山荒地4208.8公顷，占31.7%。在林分优势树种面积中，杉木44.30万公顷，占优势树种面积的19.1%，马尾松108.08万公顷，占46.7%，阔叶树78.10万公顷，占55.7%，木麻黄1.12万公顷，占0.5%。全市区划生态公益林面积26.95万公顷，占全市林地面积的38.71%。建有省级以上森林、野生动物和湿地类型自然保护区4个，分别为德化戴云山国家级自然保护区和泉州湾河口湿地、永春牛姆林、安溪云中山省级自然保护区，面积2.47万公顷，占国土面积的2.26%。保护小区208个，面积1.24万公顷，占国土面积的1.1%。创建县级以上森林公园38个，面积3.93万公顷，占国土面积的3.58%，其中国家级森林公园1个，省级森林公园22个，市级森林公园1个，县级森林公园14个。全市林木总蓄积3633.87万立方米，其中用材林1735.39万立方米，占林木总蓄积量的47.8%，薪炭林45.89万立方米，占1.3%，防护林1369.98万立方米，占37.7%，特用林322.92万立方米，占8.9%，疏林地33.05万立方米，占0.9%，散生木114.36万立方米，占3.1%，四旁树12.27万立方米，占0.3%。毛竹株数5857.70万株。全市林分蓄积量3474.19万立方米，每公顷平均49.8立方米。其中，幼龄林120.64万立方米，占林分蓄积量的9.0%，中龄林287.16万立方米，占21.4%，近熟林311.93万立方米，占23.3%，成过熟林619.16万立方米，占46.2%。在林分蓄积量中，杉木（含珍贵针叶树）蓄积量585.09万立方米，占林分蓄积量的43.7%，马尾松513.63万立方米，占38.36%，阔叶树（含珍稀阔叶树、硬阔、软阔、桉树）224.54万立方米，占16.8%，木麻黄15.63万立方米，占1.1%。

野生动物资源　泉州市野生动物资源丰富，记录有两栖类2目7科32种，爬行类3目13科61种，鸟类19目51科260种，哺乳类6目14科32种。国家一级重点保护野生动物有鼋、蟒蛇、黑鹳、黄腹角雉、华南虎、豹、云豹、金斑喙凤蝶、中华白海豚、中华鲟、红珊瑚等11种。

国家二级重点保护动物有蛇雕、大灵猫、黑熊、穿山甲等57种。

野生植物资源 泉州市野生植物资源丰富，记录有野生维管束植物212科903属2201种（包括逸生和归化种），其中蕨类植物42科84属199种，裸子植物8科15属20种，被子植物162科804属1982种。其中，有国家一级重点保护野生植物有银杏、南方红豆杉、水松、伯乐树等4种。国家二级重点保护植物有半枫荷、花榈木、桫椤等17种，省级重点保护植物有油杉、长苞铁杉、福建青冈等11种。

【能源资源】

煤炭 2013年，泉州市各煤矿企业结合采矿许可证延期换证，进一步加强地质工作，加大矿区地质勘探，寻找新的含煤块段，煤炭资源储量管理取得一定成效，全年新增地质储量50.33万吨。至2013年年末，全市煤炭剩余保有储量共计6792.60万吨，其中天湖山能源公司年末剩余保有储量3907.86万吨。全市各类煤矿全年共生产原煤142.00万吨（其中：天湖山65.09万吨，地方煤矿76.91万吨）。煤矿监管部门继续推进煤矿整合技改工作，抓好矿井改造升级，坚决淘汰煤矿淘汰落后产能，全年共淘汰落后产能9万吨，注销落后产能矿井3对，提升集约化水平。全市煤矿各矿井建设依据《矿井初步设计说明书》，严格按照由上到下的开采顺序，在矿井储量核实后，重新委托福建省华厦建筑设计院编制《矿井开发利用方案》并实施。煤炭资源开采情况接受县、市国土资源局的核查，生产矿井采区回采率均在85%以上。全市有7家乡镇煤矿企业采矿许可证到期未能如期办理延期，共有20对矿井因“证照”不齐而被相关部门责令停止生产及建设，原煤生产受到极大限制。天湖山能源公司所属四对矿井均与周边的地方乡镇小煤矿存在平面范围重叠现象，各矿井留设边界保安煤柱，任何一方均不得越界开采。各矿井之间签订《安全生产协议书》，开展开采布局专项安全评价，专项安全评价报告由泉州市煤炭工业行业管理办公室组织专家评审通过，并报送福建省经贸委、福建煤监局备案。2013年，全市煤炭行业强化监管、落实责任，推进安全发展行业创建，深入开展煤矿安全生产大检查、重点整治百日行动、“打非治违”、安全质量标准化达标创建等工作，煤矿基层基础建设进一步夯实，安全生产形势持续稳定好转，全年实现安全生产。

水力 泉州市蕴藏着丰富的水能资源，全市已建成水电站主要分布在南安、惠安、安溪、永春、德化等县（市、区）。至2013年年底，全市共建成水电站797处，总装机容量79.39万千瓦，年发电量约32亿千瓦时。

环境

自然条件

【气候】

气温 2013年，全市年平均气温为20.9℃，比常年高0.5℃，比2012年高0.2℃。各县（市）年平均气温在19.0℃（德化）—21.9℃（南安、安溪）之间，气温距平为-0.1℃（永春）—0.7℃（晋江、安溪、德化）；异常度为-0.3（永春）—1.4（德化），其中崇武、永春正常，其余偏高。气温≥35℃的高温日数分别为晋江9天、南安29天、安溪44天、永春22天、德化2天。与常年相比，永春、德化正常，其余偏多。极端最高气温，主要出现在8月8日，分别为：崇武34.8℃（8月21日）、晋江36.2℃（8月1日）、南安38.2℃（8月8日）、安溪39.1℃（8月8日）、永春38.4℃（8月8日）、德化35.4℃（8月8日）。与常年相比，崇武偏高，晋江、德化正常，其余略高。极端最低气温，出现在2012年12月31日，分别为崇武4.3℃、晋江3.4℃、南安3.0℃、安溪2.8℃、永春0.0℃、德化-1.4℃。与常年相比，德化略高，南安、安溪正常，其余略低。

降水 2013年，全市平均年降水量为1375.3毫米，比常年和2012年少195毫米左右。各县（市）年降水量在1104.8毫米（崇武）—1580.2毫米（德化）之间，降水距平为-302.6毫米（南安）—-27.2毫米（崇武），降水距平百分率为-19%（南安）—-2%（崇武），属偏少—正常。出现大雨及以上的日数分别为：崇武10天，晋江17天，南安14天，安溪18、永春19天，德化20天。其中，暴雨日数分别为：崇武、晋江2天，南安6天，安溪、德化5天，永春4天；大暴雨日数分别为：崇武、德化1天，晋江2天。日最大雨量出现时间分散，分别为：崇武110毫米（5月16日）、晋江120毫米（7月13日）、南安98毫米（7月19日）、安溪89毫米（6月12日）、永春71毫米（6月12日）、德化133毫米（8月30日）。2013年雨季开始于4月30日开始（偏迟），结束于6月14日（偏早）。雨季降水相对集中时段为：4月30日—5月1日；5月15—16日、19—22日；6月9—13日。

日照 2013年，全市平均年日照时数为2011.9小时，比常年多189.7小时，比2012年多226.7小时。各县（市）年日照时数在1651.0小时（安溪）—2305.0小时（晋江）之间，日照时数距平为-9.6小时（安溪）—396.7小时（德化），异常度为-0.1（安溪）—2.7（德化），属正常—异常偏多。

【水文】 2013年，全市平均降雨量1615.5毫米，折合年水量175.53亿立方米，比多年平均值偏少1.3%，比2012年偏少9.5%，属平水年份。全市地表水资源量（即河川径流量）93.87亿立方米，比多年平均值偏少3.18%，与2012年地表水资源量99.97亿立方米相比，偏少6.1%。全市地下水资源量30.19亿立方米，占水资源总量的32.1%，扣除重复计算量，2013年全市水资源总量94.07亿立方米，人均拥有水资源量为1134.8立方米。全市主要河流和重要水源渠道设有水质监测的评价河（渠）总长239千米。水质符合和优于Ⅱ类标准的河长为83千米，占评价河长的34.7%；符合III类标准的河长为124千米，占评价河长的51.9%。水质劣于Ⅲ类标准的河长为32千米，占评价河长的13.4%。通过全年各河段水质监测评价分析，泉州市主要河流污染河段分别分布在大樟溪岭尾溪的凤洋河段，大樟溪岭尾溪评价河长32千米，全年水质均劣于III类标准，污染河长为32千米，占评价河长的100%，该溪河主要污染指标为氨氮，分布在凤洋河段；晋江东溪，评价河长98千米，全年水质符合和优于III类标准的河长为98千米，占评价河长的100%；晋江西溪评价河长42千米，全年水质符合和优于III类标准的河长为42千米，占评价河长的100%；晋江干流评价河长29千米，全年水质符合和优于III类标准的河长为29千米，占评价河长的100%。主要供水渠道水质现状评价：北干渠评价渠道长18千米，全年水质除铁、锰超标外其他项目均达III类标准；南干渠评价渠道长20千米，全年水质均达II类标准。

【海洋】　2013年，泉州市海洋环境质量状况总体良好。近岸海域符合第一类或第二类海水水质标准的面积比例为82.0%，比2012年提高5.7%；海洋功能区水质达标率为80.1%，比2012年提高0.6%。海洋沉积物质量符合海洋功能区划要求的站位比例为82.1%，海洋贝类质量保持稳定，海洋浮游生物和底栖生物种类丰富。海水浴场、海洋倾倒区和海洋保护区的环境质量能满足其功能要求。晋江入海污染物总量40514.7吨；全市13个重点入海排污口污水排放总量5.43亿吨，污染物排放总量6.54万吨。纳入监管的6个涉海工程项目均能严格落实海洋环保措施。

【地质】　2013年，全市排查有地质灾害点1373处，潜在地质灾害隐患点6368处；全市有地质灾害点或隐患点的县（市、区）均完成2013年度地质灾害防治方案的编制工作，并经同级人民政府批准后下发实施；全市122个乡（镇）、607个村（居）修编汛期地质灾害群众转移预案；确定地质灾害群测群防点2678处，群测群防人员5642人，发放地质灾害防灾明白卡8402张，避险明白卡10021张。年中，按照省国土资源厅《关于扩大地质灾害隐患排查和防范范围的紧急通知》部署，市国土资源局组织县、乡两级国土部门对房前屋后高陡边坡等地质灾害隐患进行再次排查。全市各乡镇累计排查出新增隐患点52处（晋江1处，南安9处，安溪40处，永春2处），删除隐患点3处（台投区），并将新增隐患点纳入群测群防体系，实施动态管理。实施37点65户293人的地质灾害危险点居民搬迁安置项目，共投入资金938万元，完成年度投资计划的131.19%，竣工建筑面积8001平方米，65户293名居民全部搬迁入住新房。开展地质灾害治理项目18个，市国土资源局做好南安市东田镇卫生院滑坡治理工程等4个重大治理项目上级补助资金的申报工作，完成4个项目的勘查、设计和概算等前期工作并报送省国土资源厅。

环境质量

【综述】　2013年，泉州市环境质量状况总体良好，市区空气质量优良率为98.9%，各县（市、区）空气质量持续保持优良水平；泉州市区及泉港、晋江、石狮等主要城区酸雨污染依然存在。晋江水系、洛阳江水系及12个县级以上集中式饮用水水源地水质均为优。山美水库总氮仍然超标；惠女水库总氮、总磷超标，水体呈轻度富营养状态。泉州市区内河水质功能区达标率达100%。近岸海域功能区水质达标率达84.6%。城市功能区、区域声环境质量和城市道路交通声环境质量总体保持较好水平。农村环境质量专项监测结果表明，监测区域内未出现明显的污染状况。

【水环境（质量）】　2013年晋江水系水质符合功能区标准，Ⅲ类水质达标率100%。13个省控水质监测断面中，Ⅰ类水质比例为11.5%，较2012年上升1.3个百分点；Ⅱ类水质比例为47.4%，较2012年下降1.3个百分点。洛阳江水质达标率为100%，与2012年持平。全市12个城市集中式饮用水水源地Ⅲ类水质达标率为100%，与2012年持平（泗州水库正进行大坝除险加固，暂停取水）。7月，对全市12个集中式饮用水源地取水口水质进行109个项目全分析，各项指标均符合Ⅲ类标准或限值要求。山美水库丰水期、平水期和枯水期3期监测均值评价：22个水质评价项目中，达Ⅰ类标准18项，达Ⅱ类标准3项，总体为Ⅱ类水质，但总氮仍劣于Ⅴ类水质标准；水质综合营养状态指数为42.2，较2012年上升2.7个单位，按营养状态分级标准仍属中营养状态。惠女水库3期监测均值评价：22个水质评价项目中，达Ⅰ类标准17项，达Ⅱ类标准1项，达Ⅲ类标准2项，达Ⅳ类标准1项（总磷），总体为Ⅳ类水质，但总氮达到Ⅴ类水质标准；水质综合营养状态指数为56.1，较2012年上升1.3个单位，按营养状态分级标准仍属轻度富营养状态。泉州市区内河四个省控监测断面六期水质监测结果均符合功能区标准，水质达标率为100%。泉州市区地下水省控点位于市区承天寺内，2013年水质监测结果均达到《地下水质量标准》（GB/T14848—1993）中的Ⅲ类标准；18个监测项目中，达Ⅰ类水质标准16项，Ⅱ类标准1项，Ⅲ类标准1项。泉州市近岸海域海水环境监测点位共14个，其中评价点13个，远岸点1个。监测结果表明，泉州市近岸海域13个评价点功能区水质达标率为84.6%，其中，晋江口活性磷酸盐、铅、无机氮超标，洛阳江口活性磷酸盐和无机氮超标；水质保护目标达标率为69.2%，崇武南、泉州湾晋江口、泉州湾洛阳江口、泉州湾外未能达到水质保护目标要求。

表1　　2013年晋江水系水质监测结果评价表

断面名称	功能区	水质类别						水质功能区（Ⅲ类）达标率（%）
		1月	3月	5月	7月	9月	11月	
晋0安溪桃舟	Ⅲ类	Ⅰ	Ⅰ	Ⅱ	Ⅰ	Ⅱ	Ⅰ	100
晋1安溪清溪桥		Ⅲ	Ⅲ	Ⅱ	Ⅱ	Ⅱ	Ⅲ	100
晋2安溪罗内桥		Ⅲ	Ⅲ	Ⅲ	Ⅱ	Ⅱ	Ⅲ	100
晋3南安霞东桥		Ⅲ	Ⅲ	Ⅲ	Ⅱ	Ⅱ	Ⅲ	100
晋4永春呈祥		Ⅰ	Ⅰ	Ⅱ	Ⅱ	Ⅰ	Ⅰ	100
晋5德化初溪桥		Ⅰ	Ⅱ	Ⅲ	Ⅱ	Ⅱ	Ⅱ	100
晋6德化冷水坑桥		Ⅱ	Ⅱ	Ⅱ	Ⅱ	Ⅱ	Ⅱ	100
晋7永春东关桥		Ⅱ	Ⅱ	Ⅲ	Ⅱ	Ⅱ	Ⅱ	100
晋8南安港龙桥		Ⅱ	Ⅱ	Ⅲ	Ⅲ	Ⅲ	Ⅲ	100
晋9南安康美桥		Ⅱ	Ⅱ	Ⅲ	Ⅲ	Ⅱ	Ⅲ	100
晋10石砻丰州桥		Ⅲ	Ⅱ	Ⅲ	Ⅲ	Ⅲ	Ⅱ	100
晋11浮桥		Ⅲ	Ⅲ	Ⅲ	Ⅱ	Ⅱ	Ⅱ	100
晋12鲟埔		Ⅲ	Ⅲ	Ⅲ	Ⅱ	Ⅲ	Ⅲ	100

表2　　2013年山美水库丰水期水质监测结果评价表

项目	监测垂线						全年综合评价		超标项目	
	水库进口		水库库心		水库出口					
	评价方法A	评价方法B	评价方法A	评价方法B	评价方法A	评价方法B	评价方法A	评价方法B	评价方法A	评价方法B
丰水期	劣Ⅴ类	Ⅱ类	劣Ⅴ类	Ⅱ类	劣Ⅴ类	Ⅱ类	劣Ⅴ类	Ⅱ类	TN	——
平水期	劣Ⅴ类	Ⅲ类	劣Ⅴ类	Ⅲ类	劣Ⅴ类	Ⅲ类				
枯水期	劣Ⅴ类	Ⅱ类	劣Ⅴ类	Ⅱ类	劣Ⅴ类	Ⅱ类				
全年均值	劣Ⅴ类	Ⅲ类	劣Ⅴ类	Ⅱ类	劣Ⅴ类	Ⅱ类				

说明：1.山美水库水质功能区执行《地表水环境质量标准》（GB3838—2002）中的Ⅲ类标准

2.“评价方法A”即采用《地表水环境质量标准》（GB3838—2002）进行评价

3.“评价方法B”即参照《地表水环境质量评价办法（试行）》进行评价

表3　　2013年惠女水库水质监测结果评价表

项目	监测垂线						全年综合评价		超标项目	
	水库进口		水库库心		水库出口					
	评价方法A	评价方法B	评价方法A	评价方法B	评价方法A	评价方法B	评价方法A	评价方法B	评价方法A	评价方法B
丰水期	劣Ⅴ类	Ⅴ类	Ⅲ类	Ⅲ类	Ⅲ类	Ⅲ类	Ⅴ类	Ⅳ类	TP、TN	TP
平水期	劣Ⅴ类	Ⅴ类	劣Ⅴ类	Ⅲ类	Ⅲ类	Ⅲ类				

续表3

枯水期	劣Ⅴ类	Ⅳ类	Ⅴ类	Ⅳ类	Ⅲ类	Ⅲ类	Ⅴ类	Ⅳ类	TP、TN	TP
全年均值	劣Ⅴ类	Ⅴ类	Ⅴ类	Ⅳ类	Ⅲ类	Ⅲ类				

说明：1.山美水库水质功能区执行《地表水环境质量标准》（GB3838—2002）中的Ⅲ类标准

2.“评价方法A”即采用《地表水环境质量标准》（GB3838—2002）进行评价；

3.“评价方法B”即参照《地表水环境质量评价办法（试行）》进行评价。

表4

2013年城市内河水质监测结果评价表

监测点位	功能区标准	水质类别						达标率%
		1月	3月	5月	7月	9月	11月	
西北洋	Ⅴ类	Ⅲ	Ⅲ	Ⅲ	Ⅳ	Ⅲ	Ⅲ	100
平原渠		Ⅴ	Ⅴ	Ⅴ	Ⅴ	Ⅴ	Ⅴ	100
浦西		Ⅴ	Ⅳ	Ⅴ	Ⅳ	Ⅴ	Ⅲ	100
破腹沟		Ⅴ	Ⅴ	Ⅴ	Ⅴ	Ⅴ	Ⅴ	100

说明：城市内河功能区标准执行《地表水环境质量标准》（GB3838—2002）中的Ⅴ类水质标准

表5

2013年城市地下水水质监测结果评价表

监测点位	评价内容	评价结果					
		Ⅰ类	Ⅱ类	Ⅲ类	Ⅳ类	Ⅴ类	超Ⅴ类
承天井	项目数	16	1	1	0	0	0
	比例，%	88.8	5.6	5.6	0	0	0

说明：城市地下水功能区标准执行《地表水环境质量标准》（GB3838—2002）中的Ⅲ类水质标准

表6

近岸海域水质监测结果评价表

站位编号	断面名称	水质评价结果	功能区标准	水质保护目标	功能区标准超标因（倍）
F30	湄洲湾内湾	二类	三类	二类	——
F31	湄洲湾峰尾	二类	三类	二类	——
F35	湄洲湾斗尾	二类	三类	二类	——
F36	崇武南	二类	二类	一类	——
F37	泉州湾（晋江口）	四类	一类	一类	活性磷酸盐(1.73)，铅(0.83)，无机氮(0.65)
F38	泉州湾（洛阳江口）	四类	二类	二类	活性磷酸盐(0.26)，无机氮(0.09)
F39	泉州湾祥芝	二类	二类	二类	——
F40	泉州湾外	二类	二类	一类	——
F41	泉州东部海区	一类	二类	一类	——
F42	晋江深沪湾	二类	二类	二类	——
F43	晋江柯任东	二类	三类	二类	——
F44	晋江安海湾	二类	四类	三类	——
F45	晋江围头湾	二类	二类	二类	——
F63	金井东部海区	一类	远岸点	远岸点	——
功能区达标率（%）			84.6%	水质保护目标达标率	69.2%

【土壤环境】 2013年,土壤环境质量监测点设于洛江区河市镇南塘村蔬菜种植区。监测指标包括土壤理化性质：土壤pH、有机质含量、阳离子交换量；无机污染物：镉、汞、砷、铅、铬、铜、锌、镍、钒、锰、钴、银和锑；有机污染物：六六六、滴滴涕、苯并[a]芘、氯丹、七氯。监测结果表明，洛江区河市镇南塘蔬菜种植区监测区域内土壤的无机项目镉、汞、砷、铅、铬、铜、锌、镍、钒、锰、钴、银、锑及有机项目六六六、滴滴涕、苯并[a]芘、氯丹、七氯浓度均达到相关标准或标准限值要求。土壤综合污染指数为0.473，达到《2011年福建省土壤环境质量例行监测实施方案》中的土壤综合污染指数分级标准表4的Ⅰ级水平，属清洁（安全）等级。

【大气环境（质量）】 2013年,泉州市区环境空气质量总体良好，首要污染物为可吸入颗粒物，主要指标二氧化硫、二氧化氮和可吸入颗粒物年均浓度分别为0.017毫克/立方米、0.023毫克/立方米和0.073毫克/立方米，均达到《环境空气质量标准》（GB3095—1996）规定的二级标准；空气污染指数（API）年均值为61，空气质量优良率为98.9%，其中空气质量优天数为97天，良天数为264天；轻微污染天数为4天，占实际监测天数的比例为1.1%；降尘平均值2.81吨/平方千米·月，优于全省统一推荐标准（8吨/平方千米·月），较2012年下降1.1个百分点。2013年第四季度起，泉州市区按照新的《环境空气质量标准》（GB3096-2012）开展环境空气质量监测，监测项目包括SO_2、NO_2、PM10、PM2.5、CO和O_3等6项，监测结果表明：2013年第四季度泉州市区SO_2、NO_2、PM10和PM2.5浓度均值为0.012毫克/立方米、0.025毫克/立方米、0.078毫克/立方米和0.038毫克/立方米；CO第95百分位值和O3日8小时最大值第90百分位值分别为1.1毫克/立方米和0.125毫克/立方米，PM2.5和PM10的平均浓度未能达到《环境空气质量标准》（GB3096—2012）年均值二级浓度限值要求，其他项目均能达到年均值二级浓度限值。空气质量指数（AQI）为23—134，均值67，首要污染物为PM2.5和PM10。环境空气质量优良以上天数为87天（其中12天优），占实际监测天数的比例为94.6%，轻度污染天数为5天。2013年，各县（市、区）空气质量均能达到《环境空气质量标准》（GB3095—1996）二级标准。其中，惠安、安溪、永春、德化县城环境空气质量优，其余均为良。2013年，全市降水pH值范围为3.59—7.48，均值为5.14，较2012年升高0.09个pH单位。泉州市区、惠安县城和德化县城的酸雨污染程度有一定程度的缓解，其降水的pH年均值较2012年均有不同程度的上升；南安市区降水的pH年均值与2012年持平；泉港区、晋江市区、石狮市区、安溪县城和永春县城降水的pH年均值较2012年有所下降。2013年，全市降水酸雨出现频率为45.7%，较2012年上升3.1个百分点。泉州市区酸雨频率最高，南安市区、安溪县城、永春县城和德化县城酸雨频率均低于40%，其中南安市区和永春县城全年均未出现酸雨。2013年，泉港区属于重酸雨区；泉州市区属于中酸雨区，晋江市区、石狮市区和安溪县城属于轻酸雨区，南安市区、惠安县城、永春县城和德化县城属于非酸雨区。

表7　**2013年各县（市、区）空气质量监测结果表**

时间	2013年				2012年			
项目	SO_2 毫克/立方米	NO_2 毫克/立方米	PM10 毫克/立方米	API值	SO_2 毫克/立方米	NO_2 毫克/立方米	PM10 毫克/立方米	API值
泉港区	0.020	0.020	0.072	60	0.018	0.030	0.067	58
晋江市区	0.031	0.022	0.076	62	0.028	0.015	0.069	58
石狮市区	0.021	0.029	0.063	55	0.025	0.026	0.073	59
南安市区	0.033	0.036	0.064	58	0.032	0.036	0.063	57
惠安县城	0.022	0.033	0.051	48	0.024	0.031	0.042	41
安溪县城	0.012	0.014	0.049	48	0.010	0.013	0.044	42
永春县城	0.025	0.025	0.046	46	0.024	0.026	0.039	39
德化县城	0.028	0.036	0.045	44	0.025	0.034	0.045	44

表8

2013年降水监测结果统计表

降水监测点			pH			酸雨频率(%)
区域	编码	位置	最小值	最大值	均值	
泉州市区	泉州K1	监测站	4.43	5.34	4.97	100
泉州市区	泉州K2	环保局	4.51	5	4.93	100
	泉州D	清源山	4.65	5.39	4.99	100
泉港区	泉港K	监测站	3.59	6.47	4.48	75.0
晋江市区	晋江K	监测站	5.13	6.35	5.38	59.5
石狮市区	石狮K	水厂	3.94	7.30	5.01	56.2
	石狮D	监测站	4.34	7.48	5.47	32.0
南安市区	南安K	监测站	6.17	6.80	6.46	0
惠安县城	惠安K	监测站	5.45	5.85	5.62	47.4
安溪县城	安溪K	气象站	5.10	6.13	5.59	27.3
永春县城	永春K	气象局	5.94	6.56	6.21	0
德化县城	德化K	监测站	5.16	6.24	5.88	14.6
全市			3.59	7.48	5.14	45.7

【声环境（质量）】 2013年，泉州市区功能区声环境质量昼间达标率为100%，与2012年持平；夜间达标率为62.5%，较2012年上升12.5个百分点。石狮市区和南安市区的功能区声环境质量昼间、夜间达标率均为100%，与2012年持平；晋江市区昼间达标率为83.3%，夜间达标率为33.3%，与2012年持平，超标主要集中在3类、4类功能区。全市城市（城区）区域声环境质量总体较好，其中泉州市区、石狮市区、南安市区和德化县城区域声环境质量达二级水平（较好），其余的城市（城区）均为三级水平（一般）。与2012年相比，石狮市区区域声环境质量由三级（一般）升为二级（较好），惠安县城由二级（较好）降为三级（一般），其余城市（城区）基本持平。泉州市区及各县（市、区）城市道路交通声环境质量均能达标。晋江市区、南安市区、安溪县城、永春县城、德化县城和泉港区的城市道路交通噪声强度等级均达一级水平（好），泉州市区、石狮市区和惠安县城的噪声强度等级为二级水平（较好）。与2012年相比，石狮市区和惠安县城的道路交通噪声强度等级由一级水平（好）降为二级水平（较好），其余县（市、区）基本持平。

表9

2013年城市区域声环境质量监测结果统计表

区域	2013年区域声环境质量总体水平		2012年区域声环境质量总体水平	
	平均等效声级，dB（A）	质量等级	平均等效声级，dB（A）	质量等级
泉州市区	54.5	二级（较好）	54.6	二级（较好）
晋江市区	56.1	三级（一般）	56.5	三级（一般）
石狮市区	54.8	二级（较好）	55.7	三级（一般）
南安市区	53.1	二级（较好）	53.2	二级（较好）
安溪县城	55.9	三级（一般）	55.6	三级（一般）
永春县城	55.2	三级（一般）	55.4	三级（一般）
德化县城	54.6	二级（较好）	54.8	二级（较好）
惠安县城	56.5	三级（一般）	54.0	二级（较好）
泉港区	55.6	三级（一般）	55.8	三级（一般）

说明：区域声环境质量等级按照《环境噪声监测技术规范城市声环境常规监测》（HJ640—2012）中的相关规定进行评价

表10 2013年城市道路交通声环境质量监测结果统计表

测点	2013年道路交通声环境质量		2012年道路交通声环境质量	
	平均等效声级，dB（A）	强度等级	平均等效声级，dB（A）	强度等级
泉州市区	68.2	二级（较好）	68.1	二级（较好）
晋江市区	67.5	一级（好）	67.7	一级（好）
石狮市区	68.7	二级（较好）	66.0	一级（好）
南安市区	66.4	一级（好）	66.5	一级（好）
安溪县城	66.4	一级（好）	67.0	一级（好）
永春县城	64.3	一级（好）	62.8	一级（好）
德化县城	67.5	一级（好）	67.6	一级（好）
惠安县城	69.5	二级（较好）	66.4	一级（好）
泉港区	67.8	一级（好）	67.2	一级（好）

说明：城市道路交通声环境质量强度等级按照《环境噪声监测技术规范城市声环境常规监测》（HJ640—2012）中的相关规定进行评价

【农村环境质量】 2013年，农村环境质量监测泉州市选取的村庄为永春县岵山镇北溪村，地处岵山镇南部，距永春县城15千米，全村总面积3.4平方千米，属亚热带山地气候区，水资源及林业资源丰富，土壤主要为水稻土、红壤及黄壤，区域内的溪流系晋江东溪流域的支流。村庄的主要产业结构以旅游业和劳务为主，旅游接待人数每年近10万人次，辖区内无工业企业污染源。监测结果表明，北溪村的饮用水源地水环境质量、地表水环境质量和环境空气质量均较好，未出现明显的污染状况。

【环境监测与监督管理】

完成省下达的重点减排项目 2013年，根据环保部减排核算结果，全市完成COD减排量8224吨，同比2012年，生活COD减排2.76%、工业COD减排5.06%、农业COD减排1.99%；完成NH3N减排量849吨，同比2012年，生活NH_3N减排0.76%、工业NH3N减排9.96%、农业NH_3N减排3.28%；完成SO_2减排量12608吨，同比2012年SO_2减排4.03%；完成NOx减排量13822吨，同比2012年NOx减排6.89%。减排各项指标均超额完成年度目标任务。完成5项国家重点项目；全市生活污水处理厂完成COD减排量5464吨、NH_3N减排量495吨，较好完成年度减排目标任务并实现“十二五”生活主要污染物排放总量由增排变减排，其中，中心市区管网建设和雨污分流、截污工作成效突出，北峰污水处理厂因进水浓度显著提高完成COD减排量1321吨、NH_3N减排量104吨，石狮市中心区污水处理厂提标改造和10万吨水回用工程建成投入运行完成COD减排量454吨、NH3N减排量20吨；晋江市、南安市建陶行业LNG替代工作得到环保部、省环保厅充分肯定，完成SO_2减排量4263吨、NOx减排量11013吨，在取得显著减排成效的同时极大地改善区域PM2.5指标；重点工业企业减排设施运行情况总体规范稳定；南安市浩瀚釉料有限公司水煤气发生炉硫黄回收、泉州台商投资区嘉禾食品有限公司20吨燃煤锅炉脱硫2项治理工程通过环保部减排核算，具有示范推广意义；老旧机动车和营运“黄标车”淘汰工作取得突破，机动车NOx指标首次实现减排；全市所有环境监测站通过标准化建设考核，主要污染物总量减排监测体系建设成绩突出。减排综合考核成绩名列全省第一。

重点流域水环境综合整治 继续抓好重点流域综合整治，加强对125个年度计划项目（总投资17.74亿元）的现场指导和督查推进。全年完成119个，完成投资17.03亿元，占96%（滞后项目主要为污水处理厂及其配套管网建设项目）。推动跨境流域整治，督促指导晋江、石狮开展跨境流域污染治理，并拓展到晋江、南安跨境流域。通过协调，石狮拟投入1.55亿元实施26个项目、晋江拟投入2.3亿元实施73个项目、南安拟投入0.5亿元实施24个项目。截至12月底，石狮完成投资9816万元、完成项目16个，晋江完成投资2.16亿元、完成项目40个，南安24个项目均已完成，通过治理，晋江与石狮5条跨境小流域、晋江与南安2条跨境小流域大部分监测断面水质均有不同程度改善，后面溪整治成效更为明显，第三季度起铜浓度明显下降，达到地表水III类水质标准。开展小流域“赛水质”活动，挑选21条污染比较严重的小流域开展“赛水质”活动，全年投入资金1.66亿元，河道清淤47.96千米，关闭搬迁违法企业118家。从市、县两级水质监测结果显示，大部分小流域水质较比赛前不同程度改善。强化饮用水源保护，确保饮用水源安全。组织开展市、县两级饮用水水源地环境状况评估；推动中心市区北高干渠饮用水源输水管道“明改暗”；进一步推进山美水库生态修复工程。12月18日，通过帮助和协调，山美水库获得环保部江河湖泊生态环境保护工作竞争性立项，成为全省第一个进入国家优先考虑支持的项目，将得到国家的技术资金支持。

加强执法监管　组织开展2013年整治违法排污企业保障群众健康环保专项行动、铅酸蓄电池专项整治、合成革行业专项整治、九十九溪流域建陶行业专项整治、选矿厂尾矿库专项检查、重点污染源专项检查、液氨行业专项检查、印染行业专项整治、河流型饮用水水源地专项检查、秸秆禁烧专项行动、重金属行业专项检查、黑烟整治、餐饮业油烟专项检查、集中式垃圾处置场所专项检查等专项执法检查和专项行动，加大对重点行业、重点项目、重点区域的执法巡查。2013年全市共出动执法人员34420人次、检查企业12685家次；立案查处环境违法案件461件，罚款2222.3万元；排污费征收入库9401.92万元（比2012年增加584.90万元，同比增长6.63%）；全市共受理群众投诉3792件（其中群众来信投诉163件、网站投诉152件、电话投诉3477件），办理3792件，办结3773件，办结率达99.50%。

坚守环保底线　把握“环评审批可以容缺预审，但绝不能把降低环保要求作为招商引资优惠条件”的原则，严把项目环境准入关，确保“旧污逐减、新污不增、项目严把、责任落实、不出乱子”。抓好规划环评，推动14个省级以上开发区（含22个园区）、30个重点区域、重点行业产业规划环评的修编和落实，为大项目、好项目落地创造前提条件。已完成10个省级开发区（含14个园区）、21个规划环评的修编，其他正抓紧推进中。完成玖龙纸业、中化重油等一批重点项目的总量调剂，确保项目顺利落地。将全市重点建设项目、重点扶持项目逐项列出，涉及环评审批的提前介入、做好服务。全年共受理140件环评审批，82件竣工环保验收，全部按时或提前办结，提前办结率达95%以上。其中，办理市重点建设项目环评审批51件，总办件时间73个工作日，比承诺时限缩短286个工作日，提速84%。严把环境准入，全年对近10个不符合规划或不符合规划环评要求以及周边居民反映较强烈的项目，分别给予暂缓或不予受理环评审批。

监测站标准化建设　调剂市劳动就业中心的办公大楼5749.15平方米作为市环境监测站用房，并进行必要的实验室改造，改善监测实验条件。核增市环境监测站事业编制20名，加大监测队伍建设。根据《福建省重金属污染综合防治“十二五”规划2011年度实施方案》，结合实际需要，购置19台套重金属监测仪器，拓展重金属监测能力范围。县级环境监测站在监测用房、人员结构和仪器设备方面也得到不断的充实和完善。截至2013年12月，全市12个环境监测站均通过省环保厅标准化验收。

细颗粒物（PM2.5）监测　按照环保部办公厅《关于印发<空气质量新标准第二阶段监测实施方案>的通知》的要求，组织市区空气自动监测仪器设备的采购和安装调试工作，并于2013年10月1日起在全国城市空气质量实时发布平台发布监测数据，10月8日起在市环保局官方网站向市民实时发布市区环境空气质量监测数据。

应急能力建设　2013年，着重从环境应急预案体系建设、环境应急机构标准化建设、环境安全隐患排查、加强环境应急演练和环境应急物资储备库建设等方面入手，全面推进市县两级环保部门环境应急工作开展。全市共发生一般突发环境事件6起，均及时得到妥善解决，未发生较大级及以上级别的突发环境事件，市本级开展环境应急演练1次；完成首批环境应急物资储备库建设，选定泉州市防汛仓库、金鸡拦河闸管理处、山美水库管理处、石壁水库管理处、福建湄洲湾氯碱工业有限公司等5处作为建设地点，并建立环境应急物资储备、调拨和紧急配送保障机制。

【污染源监测与耗能监测】　2013年，共完成国控、省控重点废水污染源监督性监测231家次，达标率为97.7%；完成国控、省控重点污水处理厂监督性监测92家次，达标率为97.8%；完成国控、省控重点废气污染源监督性监测70家次，达标率为94.3%。

【海洋污染监测】　2013年，晋江入海口蟳埔断面主要污染物入海通量分别为：高锰酸盐指数5469吨、氨氮1119吨、总氮6001吨、总磷260吨。全市直排入海的工业企业废水排放总量为8155.6万吨，化学需氧量排放总量为5255.0吨，氨氮排放总量为243.1吨，总磷排放总量为12.08吨。

【饮用水源水质监测与管理】　2013年，全市12个城市集中式饮用水水源地III类水质达标率为100%，与2012年持平（泗州水库正进行大坝除险加固，暂停取水）。7月，对全市12个集中式饮用水源地取水口水质进行109个项目全分析，各项指标均符合III类标准或限值要求。2013年，市环保局进一步强化饮用水源保护工作，组织开展市、县两级饮用水水源地环境状况评估；推动中心市区北高干渠饮用水源输水管道“明改暗”；进一步推进山美水库生态修复工程。山美水库获得环保部江河湖泊生态环境保护工作竞争性立项，成为全省第一个进入国家优先考虑支持的项目，将得到国家的技术资金支持。

灾害

【气象灾害】

概况　2013年，泉州市气象灾害种类较多，其中热带气旋、强对流、干旱、暴雨对泉州影响较大，强冷空气（寒潮）、雾、高温也造成一定影响。

热带气旋　2013年，共有5个热带气旋影响泉州市，与2012年持平，但其影响较2012年重，全年因热带气旋造成经济损失3.99亿元。

强对流　2013年的强对流主要发生在4—8月，4月发生4次冰雹，并造成严重的灾害，4月11日南安、4月12日安溪、4月14日德化、4月30日德化出现冰雹，7月下旬—8月午后对流天气频繁。其中：4月11—12日受切变线和冷空气影响，山区午后对流强盛，11日德化、永春、南安、洛江部分乡镇出现6—8级雷雨大风，12日德化、南安、安溪部分乡镇出现雷雨大风和短时强降水，12日凌晨1点30分左右，安溪县北部感德、桃舟、剑斗、祥华四个乡镇出现冰雹。强雷暴、雷雨大风天气造成南安市卓厝、马迹村电力和通讯中断，瓦房顶和农作物受损严重；永春县湖洋镇遭雷电击死亡1人；诗山镇出现树被风刮倒的现象。安溪县剑斗镇房屋受损243座，公路塌方5处；桃舟乡房屋受损174座，受灾农作物33.33公顷，公路塌方11处，经济损失4785万元；感德镇茶园受灾面积12385亩，经济损失12114万元。南安市6个乡镇受灾，受灾人口2654人，农作物受灾面积86公顷，一般损坏房屋间数1418间，农业损失63万元，基础设施损失40万元，家庭财产损失318万元，共计直接经济损失421万元。4月14日16—17时德化县汤头乡出现冰雹，多处民房屋顶受损。4月29日夜里对流发展，德化北部出现短时强降水，5个区域自动站出现暴雨，其中水口74.1毫米最大。30日14—15时德化县春美乡出现冰雹，多处民房屋顶受损。

干旱　2013年泉州市降水时段集中，旱涝转换快，全年共有2次明显的干旱过程：自2013年1月1日起泉州市持续少雨天气，至3月15日，全市降水异常偏少，市降水量仅25.4（崇武）—67.2（德化）毫米，较历史同期（平均146.7—238.5毫米）偏少8成左右，全市均达旱春重旱。3月24—28日泉州及时开展人工增雨作业，发射增雨弹50枚，旱情解除。自8月底起至11月初，泉州市进入持续少雨阶段，全市大部分地区连旱日数达37天以上，达到中—重旱的气象条件，其中重旱主要出现在沿海地区。11月24日受高空槽东移，低层切变南压影响，泉州市气象局抓住有利形势在德化、安溪及南安开展人工增雨作业，发射增雨弹32枚，全市自北向南普遍出现小雨到中雨，有效缓解旱情，除崇武外其他地区旱情解除。全年人工影响作业增雨量0.56亿吨，经济效益1500万元。

暴雨　4月5日，沿海出现全市首场暴雨。2013年雨季开始于4月30日（偏迟），结束于6月14日（偏早），雨季降水日数较多，降水总量正常。4月5日，受低涡切变以及地面倒槽的共同影响，全市降水明显，山区出现大雨，沿海出现全市首场暴雨。4月30日—5月1日受高空槽和低层切变影响，4月30日安溪、永春、德化出现暴雨，5月1日永春出现暴雨，标志着泉州市进入雨季（较常年偏迟）。5月16日，受西南急流和低涡切变影响，沿海有大暴雨，南安有暴雨。5月20日，受西南气流加强以及高空槽和低层切变共同影响，德化有暴雨。6月9—13日，高空槽东移南压，低涡切变南压并维持，降水明显，其中10日南安暴雨，12日安溪、永春、德化、南安、崇武暴雨，该次暴雨为雨季最后一场暴雨。8月2日，受季风云团影响，德化出现暴雨。

强冷空气（寒潮）　2013年，较强冷空气过程出现在2012年12月30日—2013年1月1日；2013年2月6—9日、18—20日；4月30日；11月25—26日、29—30日。其中，影响较大的有：2012年12月30日受西路强冷空气影响，自西向东出现明显的大风降温天气，沿海出现7—9级的大风；30日—2013年1月1日最低气温过程降温幅度10℃—14℃，全市达寒潮标准；过程极端最低气温出现在31日凌晨，这也是泉州市2013年冬季的最低气温，晋江3.4℃，南安3.0℃，安溪2.8℃，永春0.0℃，德化-1.4℃。德化、永春有霜冻和结冰，安溪有霜冻。30日早晨九仙山出现雾凇，31日早晨九仙山出现结冰。2月6—9日东路强冷空气影响泉州市，过程最低气温出现在9日凌晨，最低气温过程降温幅度达8℃—9℃。2月18—20日受冷空气影响，气温明显下降，最低气温过程降温幅度7℃—10℃。

雾　2013年泉州市雾主要出现在2—5月，较明显的雾出现在：3月16—18日，另外4—5月崇武多次出现大雾。其中：3月17日全市出现雾，崇武（00:31能见度为400米）大雾，其中南安（06:28能见度仅40米）、永春（08:00能见度仅100米）出现浓雾。受大雾影响，泉州境内的三条高速（沈海高速、泉南高速、南惠高速）相继关闭，动车晚点18班、泉金航线停航4班、客运车辆停班20多趟。3月18日南安有雾，崇武（17日23:41能见度400米）大雾，其中晋江（06:38能见度仅100米）出现浓雾。4月13日崇武大雾（17:42及23:45能见度400

米）；4月24日崇武大雾（21:48能见度400米）；4月30日崇武大雾（7:30能见度400米）；5月1日崇武出现大雾（06:20能见度400米）；5月9日崇武出现大雾（03:15能见度400米）。

高温　2013年全市气温≥35℃高温日数分别为：晋江9天、南安29天、安溪43天、永春22天、德化2天，主要出现在6月2日、8日、18—21日、26—30日、7月3—5日、11—12日、22—24日、28—31日、8月1日、4—12日、18—21日、26—29日、9月14日。年极端最高气温分别为：崇武34.8℃（8月21日）、晋江36.2℃（8月1日）、南安38.2℃（8月8日）、安溪39.1℃（8月8日）、永春38.4℃（8月8日）、德化35.4℃（8月8日）。

【风灾及水灾】　2013年，有5个热带气旋影响泉州市：第7号热带风暴"苏力"于7月8日08时在西北太平洋洋面上生成。7月10日02时加强为超强台风。7月13日03时在台湾省新北市与宜兰县交界处登陆，13日16时在福建省连江县黄岐半岛沿海再次登陆，登陆时中心最大风力12级。全市12个县（市、区）159个（乡、镇）1.64万人不同程度受灾。因洪涝灾害造成的直接经济损失1.37亿元。第8号热带风暴"西马仑"于7月17日08时在西北太平洋洋面上生成，位于吕宋岛北部沿海向西北方向移动，于18日20时30分在福建省漳浦县赤湖镇登陆，登陆时强度为热带风暴，中心附近最大风力8级。受"西马仑"影响，7月18日8时到19日8时，全市出现明显降水过程，过程累计平均雨量42.4毫米，有4个站点过程雨量超过100毫米。第12号热带风暴"潭美"于8月17日08时在台湾以东洋面上生成，20日20时加强为台风，22日02时40分在福清沿海登陆，登陆时中心附近最大风力12级。8月20日20时到23日12时，全市普降大到暴雨，局部特大暴雨。有25个站点过程雨量超过100毫米。有3个水文水位站点超警戒水位，均发生在8月21日。全市12个县（市、区）158个乡（镇）8.43万人不同程度受灾。倒塌房屋25间。因洪涝灾害造成的直接经济损失0.63亿元。第15号热带风暴"康妮"于8月26日14时在菲律宾以东洋面上生成，28日02时加强为强热带风暴，擦过台湾岛向北移动，并于30日凌晨4时转向东北方向移动，逐步远离福建省。受南下冷空气和第15号强热带风暴"康妮"共同影响，从8月29日下午开始，全市出现长时间、大范围、高强度的暴雨到大暴雨过程，部分乡镇出现多场短时强降雨过程。据29日08时至31日08时统计，全市共有35个站点降水量超过100毫米，最大为德化汤头233毫米。暴雨导致山区河流水位暴涨、山洪暴发。8月30日13:10，安溪湖头站洪峰水位99.08米，超警戒水位0.48米；15:20，德化风洋站洪峰水位463.29米，超警戒水位1.09米；17:20，安溪水文站洪峰水位41.48米，接近警戒水位。8月30日19:15，金鸡拦河闸开闸泄洪，洪峰流量2100立方米/秒。8月30日19:30，石砻水文站洪峰流量2650 立方米/秒。全市共4个县（市、区）64个乡（镇）2.42万人不同程度受灾。被水围困人数26人；倒塌房屋123间。直接经济损失0.65亿元。灾情以德化县为最重，受灾损失占全市74.36%。第19号热带风暴"天兔"于9月17日02时在菲律宾以东的西北太平洋洋面上生成，19日17时加强为超强台风。受"天兔"外围影响，沿海共有5个站点出现12级以上的东北大风。"天兔"影响期间恰逢农历八月十五天文大潮，泉州大桥潮位站9月22日23时50分最高潮位4.48米，超警戒水位0.68米。全市普降中到大雨，局部暴雨，据22日08时至23日08时统计，全市平均降雨量35.7毫米，有14个站点雨量超过50毫米。全市共有12个县(市、区)81个乡（镇）1.25万人不同程度受灾。倒塌房屋33间。因洪涝灾害造成的直接经济损失0.51亿元。

【地质灾害】　2013年，全市发生地质灾害10起（泉港1起，南安1起，安溪2起，永春5起，德化1起），其中滑坡7起，崩塌3起，共造成4死2伤，直接经济损失96万元。

【地震灾害】　根据福建省地震台网测定，闽台及邻近地区自2013年1月至12月共发生ML3.0级以上地震126次，其中大于6级地震3次。2013年泉州市行政区域内未发生有感地震。本年度波及泉州市的6次有感地震分别为2013年3月27日台湾南投6.4级、6月2日台湾南投6.6级、8月23日莆田仙游4.5级、9月4日莆田仙游5.0级、10月30日莆田仙游4.6级和10月31日台湾花莲6.7级地震。

【海洋灾害】

台风风暴潮　2013年，泉州市没有正面登陆的台风（热带风暴），对泉州市影响较大的台风有3个，分别是7月中旬的强台风1307号"苏力"、8月下旬的1312号台风"潭美"和9月下旬的超强台风1319号"天兔"。几次台风均使泉州市出现大风暴雨天气，局部地区出现洪涝灾害。台风风暴潮灾害共造成泉州市直接经济损失2.51亿元，其中农业直接经济损失1.18亿元，工业交通业直接经济损失0.43亿元，水利工程损毁直接经济损失0.75亿元，灾情较2012年严重。

赤潮　5月16—18日，泉州有2处海域发生赤潮，持续时间3天，影响面积约3.8平方千米。其中一处在惠安县小岞海域，海水颜色呈浅绿色，面积约2.3平方千米，优势种最初为丹麦细柱藻（Leptocylindrus danicus），后来演替为短角弯角藻（Eucampia zodiacus）；另一处在惠安县杜厝近岸海域，面积约1.5平方千米，优势种为短角弯角藻。本年度发生的2处赤潮均无毒，未造成经济损失。与2012年相比，赤潮发生面积明显下降。

溢油　2013年，泉州海域发生2次溢油事故，分别是：2月27日，在泉州台商投资区浮山村附近海域，2艘无船名的铁壳船触碰礁石后发生漏油，导致约5千米海岸和12平方千米海域受到石油类污染；7月18日，惠安县东岭镇西埔村海域发生石油类污染，面积约3平方千米。溢油污染事故发生后，相关部门及时组织海面和岸滩污染物清理，油污及时得以清除，两次溢油事故均未对海洋环境造成较大损害。

海水入侵　6月和8月，在泉港区后龙镇和界山镇各设一条断面开展海水入侵监测。后龙镇断面6月和8月各有20%的测井为轻度海水入侵（微咸水）；界山镇断面6月有25%，8月有50%的测井受到轻度海水入侵。与2012年相比，泉港区后龙镇和界山镇断面海水入侵程度明显减弱。

【农业灾害】　2013年，全市各种农作物病虫草鼠害发生560.38万亩次，防治884.4万亩次，分别比2012年减少64.46万亩次和119.61万亩次。其中，农作物病虫害发生410.77万亩次，防治723.36万亩次，挽回粮食损失33611.52吨。

【林业灾害】　全市林业有害生物发生面积3.89万公顷（松突圆蚧2.82万公顷、松毛虫4200公顷、木毒蛾126公顷、毛竹叶螨80公顷、松墨天牛5380公顷、黑翅土白蚁246公顷、桉树枝瘿姬小蜂50公顷、毛竹枯梢病133公顷、松材线虫病519公顷），防治面积3.77万公顷（常发性有害生物3.18万公顷，松材线虫病及其媒介昆虫—松墨天牛5899公顷），清理松枯死树10.76万株。全市成灾面积1593公顷，成灾率2.87‰。

【动物灾害】　2013年，全市全年下发禽流感疫苗1918.5万毫升、猪口蹄疫疫苗896.5万毫升、牛羊口蹄疫疫苗130.09万毫升、高致病性猪蓝耳病疫苗228.2万头份、猪瘟疫苗500.4万头份。全市储备高致病性禽流感疫苗180.7万毫升、牲畜口蹄疫疫苗71.3万毫升、猪瘟疫苗128.2万头份、高致病性猪蓝耳病疫苗71.32万头份，消毒药品22.63吨（升），防护服3810件、防护眼镜1610副、防护手套13577副、防护口罩19912个、防护鞋1790双、喷雾器170台、动物尸体袋23720个。全市各级落实动物防控经费1203万元，其中：春防768万元、秋防435万元。市本级落实动物防控经费332万元（其中监测经费30万元、疫苗配套140万元、应急物资储备20万元、防控工作经费30万元、动物卫生监督与检疫管理费10万元，动物防疫员保障和工作考评经费10万元，H7N9防控经费92万元），比2012年增加92万元。全年监测高致病性禽流感（H5亚型）血清样品33266份，合格数30596份，合格率为91.97%。监测H5亚型病原样品2021份，结果未发现可疑。监测动物H7N9禽流感样品15346份，其中畜禽血清12344份、棉拭子样品2531份、野鸟粪便样品305份、环境样品166份。结果均未发现可疑。全年监测猪牛羊血清样品10534份，合格数9225份，合格率为87.57%。2013年，全市未发生重大动物疫情。

【森林火灾】　2013年，全市继续落实《森林防火条例》，强化守土有责意识，盯紧重要时段和重点部位，强化专项检查、巡山巡查和火源管控，严厉打击森林火灾案件，清除各种火灾隐患。及时调整森林扑火队伍和巡山护林员，加强森林消防队伍能力建设，提升森林消防队伍的战斗力。逐步建立护林员电子网络定位监控系统，加大对巡山人员的监管力度。完善防火应急预案，有效处置火情，实现森林火灾的“打早、打小、打了”。加大资金投入，规划建设生物防火林带，完成生物防火林带建设571.3公顷，占任务500公顷的114.3%，全力提高生物防控水平。泉州市获得2012年度全省森林防火目标责任状考核第一名。全年共发生森林火灾14起，火灾发生率为2.06次／万公顷，未突破省控68起指标。全市森林火灾受害面积为85.7公顷，森林火灾受害率为0.13‰，未突破省控662.5公顷指标。没有发生森林火灾恶性事故。

[政　治]

栏目编辑
陈雄南　谢晓艺
周　芸　陈建强

中共泉州市委员会

综述

【力促经济平稳健康发展】 坚持稳中求进总基调，坚持年度目标不动摇，稳住经济发展大盘，加快创新转型步伐，力促经济运行企稳回升，为全省多做贡献。2013年，全市生产总值增长11.5%，公共财政总收入增长13.5%、预算收入增长18%，规模以上工业增加值增长13.4%。

关注经济走势，升级应对措施 严格指标分解落实。年初及时把GDP、财政收入、固定资产投资等年度主要目标任务分解到各县（市、区）、相关市直部门，逐月跟踪通报完成情况；6月中旬，组织开展全市工作检查，督促各地指标落实，促进各地相互交流帮扶企业、招商大会战、项目建设的思路和做法，并把上半年序时进度低于50%的指标作为强化跟踪督促的重点。加强运行监测调度。坚持“以旬保月、以月保季、以季保年”，每月召开一次经济运行分析会，每季度召开片区企业座谈会，及时跟进研判形势，及时跟进研究对策，及时跟进协调解决企业生产中的问题；继续实施领导挂钩联系重点企业制度，协调解决175场片区座谈会企业反映的问题近2000个。发挥各级政策叠加效应。近年来，先后召开多场千名企业家大会，市、县两级设立年度专项资金超13亿元，支持企业技术改造、改制上市、自主创新、商业模式创新、抱团发展等。落实省政府稳增长“新6条”“5条补充措施”等，出台稳工业“8+10”等具体措施、新增配套资金2082万元，全市落实结构性减税33.3亿元、帮扶资金19.3亿元，减免各级行政事业性收费近2亿元。全力冲刺年度目标任务。及时开展全市经济运行情况调研督查，提出强化责任意识、服务扶持、项目攻坚、创新转型、统筹协调的要求，针对存在问题，调整出台相应的措施和办法。密集走访、督促全市各级各有关部门按照“五个强化”要求，抓住全国、全省经济向好的有利时机，分解目标、细化任务，跟踪产业重镇、产值负增长亿元企业，加强2013年计划建成投产项目的服务保障，做细泉籍企业的产能回归、税收回归工作等。

把稳增长与调结构结合起来，引导企业转型升级 支持化解产能过剩、市场开拓。组织实施“万家企业手拉手”三年行动，每年安排1亿元资金引导大中小企业互用产品、对接产能，已有1248家中小企业与180家龙头企业形成配套、对接产能420多亿元。产品订货量达到或高于正常水平的企业占比逐月上升，提高至86%。出台通关便利化一揽子措施，减收检验检疫费9200多万元，启动关检“三个一”通关模式试点，支持外贸货物“就地通关”；全市外贸出口164.9亿美元，同比增长33.3%。支持商业模式创新、电商发展。实施“两化融合示范企业三年行动计划”，新增国家级示范企业2家，全市规上制造业信息技术应用率达80%以上。实施电子商务发展三年规划，每年安排1000万元扶持资金，拓展新经济平台建设、新经济业态培育。加快推进研发设计、会展、中介、物流、专业市场等83个市级重点商贸项目，全年完成投资202.6亿元。总投资60亿元的菜鸟公司“中国智能骨干网（泉州）”项目落户泉州；中兴外贸电子商务总部入驻泉州并开通外贸电商平台；引进民生电商全国“纺织、鞋服”事业部。2013年，全市电子商务交易额超过1000亿元，同比增长60%以上，超70%规上企业涉足电子商务。支持科技公共服务平台建设、技术改造。投入36.8亿元分批建设137个科技创新平台，“泉州科技云”平台基本建成，与香港生产力促进局合作共建产业企业升级转型一站通，首个国家级科研院所——中科院海西研究院装备制造研究所落地建设。与教育部合作实施“蓝火计划”，“6•18”对接项目643个、总投资149亿元，项目数、合同金额分别居全省第一、第二位。推进“五年千项”重点技改计划，全年完成投资500亿元，预计新增产能1200亿元。

加快先进产能引进建设，增强产业发展后劲　全力实施“五大战役”。全年安排“五大战役”项目1669个、年度计划投资1319.8亿元，推进“城市建设管理年”“第三产业发展年”活动和城乡基础设施建设“六项提升工程”，扩大固定资产投资规模。全市“五大战役”实现投资1744亿元、完成年度计划132%，324个“城市建设管理年”项目完成投资351亿元。推进招商大会战。针对大项目、好项目储备不足的问题，按照“抓龙头、铸链条、建集群”要求，围绕产业链延伸、补齐，做好招商项目的策划、储备。坚持招商引资“一把手”工程，要求市、县两级主要领导干部亲自抓项目洽谈引进。广邀世界500强、民企500强、海外侨商到泉州考察，组织参加全省民企对接会、首届侨洽会等重大活动。2013年，全市实际利用外资（验资口径）13.91亿美元，同比增长5.4%，实际利用外资（历史可比口径）34.9亿美元，同比增长10.1%，引进投资超5亿美元项目1个、世界500强企业2家、台湾百大企业1家，新洽谈、引进、推进的“三维”项目总投资2600亿元。建立重大项目协调调度制度。推行重点项目联合预审和审批代办等服务，建立招商项目跨县域落户利益共享机制，将各县（市、区）、市直部门职能范围内难以解决的在谈、在建重大项目纳入调度会研究协调，重点解决项目引进、落地和建设过程中存在的审批、用地、融资等瓶颈问题。召开10次协调会、调度项目96个，216个节点目标有75个按时或提前完成，基本建设项目总审批时限压缩至33个工作日。全力保障中化项目顺利实施。贯彻落实尤权、苏树林等省领导的指示、批示要求，召开10多次专题会议作出部署，成立工作组进驻惠安开展工作。坚持“一把钥匙开一把锁”，分类分批做深做细群众工作；坚持依法依规处置，既打击违法犯罪行为，又不站在群众对立面；坚持以保障中化项目顺利实施为出发点，加强新闻网络舆论管控和引导，把握好“不发生大规模现场冲突、不发生典型性事件、不节外生枝、依法打击不法分子”原则，有序推进中化大管廊项目全线接通，期间社会保持安定稳定。

【推动“两项改革”开好局、起好步】　珍惜中央、省里的政策支持，通过逐项梳理对接政策、项目化运作等方式，加大先行先试力度，不断积累经验、探索新路。

推进金融服务实体经济综合改革　以抓项目的手段、方式，推进建设工作。多次召开常委会、专题会研究金改工作，召开全市金改工作推进会等，研究金改推进重点、政策对接、具体项目等，抓好解决小微企业融资难题、规范发展民间融资、深化与台湾及港澳侨金融合作等六方面目标任务。围绕打通金融资本进入实体经济、民间资本进入金融领域“两个通道”，梳理对接中央部委政策42项，以及省直部门、金融机构政策94项，被银监会列入消费金融公司试点城市。完善配套政策和推进机构，出台鼓励金融业发展、促进股权投资等9份配套政策；国务院办公厅和“一行三会”派人到泉州挂职，成立由央行研究局局长担任主任委员的金改专家咨询委员会；整合发改、经贸、财政部分职能，组建金融工作局。加紧策划实施一批具体项目，坚持项目化运作，实施金改项目67个，完成或部分完成43个，包括引进首家外资银行、揭牌运营海交中心泉州公司、发行小微企业金融债、建设金融风险防控体系等。推动泉台金融合作，举办两岸金融合作（泉州）论坛，组织金融交流考察团赴台推介，初步达成意向合作项目10多个，关于设立泉台合资证券公司的方案已上报证监会。突出加大信用体系建设，分期建设“金融信息综合服务平台”，其中金融服务网站已建成投用；开展小微企业信用信息建档评级工作，其中，晋江、南安已完成辖区小微企业全覆盖；加快建设全市中小微企业信用信息交换与共享平台。此外，改进金融监管手段，守住不发生区域性金融风险的底线。截至年底，全市金融机构本外币各项存款余额5626.13亿元、贷款余额4287.88亿元，分别同比增长20%和15.13%；信贷覆盖率达25%，较2012年提高10个百分点。

推进民营经济综合配套改革试验　坚持市县联动实施10个方面45项重点改革，丰泽、石狮、晋江、德化获批省级特色主题改革试点。企业纳税“按实征收”模式全面推行，营改增试点加快推进，全年为8136户企业减税2.827亿元。推进城镇低效用地再开发利用、经济发达镇行政管理体制改革等国家级试点，在集体建设用地流转、“三旧改造”、城乡建设用地增减挂钩、重点小城镇扩权等方面继续先行先试。放宽民资市场准入，推出晋石、南石等4条高速股权转让，吸引民间资本3.25亿元投资公租房等。以国家级行政服务标准化试点为抓手深化行政审批制度改革，市级行政服务中心窗口当场办结率提高至54.1%，基本建设项目审批时限由最长需185天压缩至33天。

【加快提升城市软实力】　发挥闽南文化核心区、富集区优势，推进文化与产业、科技、旅游融合发展，加快以文化促交流、促往来，推动泉州对外开放水平更快提升。

打响闽南文化和“东亚文化之都”品牌 举办2013年世界闽南文化节。来自六大洲36个国家和地区的4000多名嘉宾应邀参加；中国社科院闽南文化研究基地落户泉州，世界闽南文化展示中心开馆，闽南侨批入选世界记忆遗产名录。本次文化节的举办赢得各方赞誉。10月15日，台湾地区领导人马英九复函表示“闽南文化绽放出更灿烂的花朵指日可待”。成功当选“东亚文化之都”。发挥闽南文化底蕴深厚、海内外侨亲众多等优势，做好首届中日韩“东亚文化之都”申报工作，在8月26日国家文化部举办的终审会上，泉州以全场最高分从苏州、杭州等10个初审入围城市中脱颖而出，成为中国唯一当选城市；于9月27—28日组织代表团赴韩国接受授牌，提线木偶戏《闹元宵》等5个节目参加“中日韩艺术节”演出。成立“东亚文化之都”建设发展委员会，研究制订2014年系列方案，抓紧筹备包括开幕式、闭幕式在内的100多场重大活动，启动古城文化复兴计划，实施古港转型升级行动，推动新区文化综合体建设，促进全域文化资源联动提升；以服务国家文化外交为目标，对接国家“建设21世纪海上丝绸之路”战略，打造一系列对外交流平台，发动民间社团广泛组织国际性交流活动，把泉州打造成“影响东亚、面向世界的多元文化都市”。

宣传推介泉州、扩大对外交流 致力推动、促进国内外知名媒体宣传泉州，继116家境内外媒体深度报道闽南文化节盛况之后，《人民日报》、新华社、中央电视台及省市、境外媒体又聚焦“东亚文化之都”泉州，持续开展报道；此外，凤凰卫视中文台《拯救“非遗”》专题，香港亚洲卫视《东亚文化之都：泉州》特辑，中国国际广播电台《圆梦中国•外国人的中国故事》专题，央视纪录片《园林》《舌尖上的中国》《汉》等15批媒体到泉州采访摄制专题节目。进一步密切泉台交流。双向交流方面，实施项目114项、接待到泉州台胞13.6万人，直接往来方面，泉金航线加密班次，全年运送两岸旅客9.85万人、其中台胞7.4万人，启动赴台“个人游”，实现晋江机场包机直飞高雄，开通至台北空中客运航线。扩大对外交流合作，组织参加42个海外泉州籍社团换届联谊活动，邀请16个境外团组、261人到泉州开展文化交流，法国埃罗省、德国诺伊斯塔特市、日本浦添市、土耳其梅尔辛伊尼塞市等国际友城纷纷率团来访，由德国著名汉学家恩勒特教授撰写的《走近泉州》中文版正式发行等，提升泉州城市的知名度、影响力。

推动文化事业、文化产业加快发展 以创建国家公共文化服务体系示范区为抓手，实施“万千百十”文化惠民工程，全市所有公共文化场馆免费开放，7个图书馆通过国家一级馆验收，乡镇（街道）综合文化站和公共电子阅览室、村“农家书屋”和文化信息服务点实现全覆盖。深化文化体制改革，坚持管办分离、事企分开，加快推进广播电台、电视台实质性整合。出台推动文化产业发展若干措施，加大财税、工商、土地、投融资、人才等方面扶持力度，全年文化产业增加值预估值为269亿元，同比增长20%，占GDP比重的5.1%；第六届文博会签约项目18个、合同金额33亿元。培育工业设计、文化创意等78家产业示范基地，新增国家级工业设计中心2家，“领SHOW天地”国家广告创意产业试点园区建设加快推进。以清源山主题邮票获准发行等为契机做足旅游文章，全市游客接待量、旅游总收入分别同比增长14.9%、18.8%。在近期发布的“2013年中国休闲城市发展综合评价”中，泉州与北京、上海等城市一同获中国“十大最具特色休闲城市”称号，并获评“花园休闲之都”。

【维护社会和谐稳定】 坚持“守住底线、突出重点、完善制度、引导舆论”的民生工作思路，以创建国家文明、生态城市和卫生城市复审迎检为抓手，加快健全基本公共服务体系，提升城乡居民幸福指数。在省文明委组织的测评中，泉州市位居全省同类城市前列。

办好各项惠民实事 30项为民办实事项目按序时推进，全年与民生相关支出301.8亿元，占财政支出总量的71.8%。加快发展教育、医疗卫生事业，在全面实现“双高普九”基础上，7个区（市）通过国家义务教育基本均衡发展验收、数量全省第一，在全省率先实现“异地高考”；全市新增城区中小学学位超1.8万个、医院床位2310张。就业和社会保障不断健全，全市新增城镇就业15.6万人、农村劳动力转移就业6.26万人，城乡居民养老保险参保率达98.5%，覆盖城乡的居家养老服务站（中心）加快建设。保障性安居工程新开工1.9万套、新增配租配售5739套；实施城乡石结构房屋改造五年工作计划。推进“美丽乡村”建设，六大工程完成投资29.14亿元，抓好20个市级新农村试点、20个扶贫开发工作重点村建设，实施造福工程危房改造、搬迁3200户；完善基础设施，全市实施水利项目88个、完成投资41.6亿元、争取上级资金10亿元，彭村水库、晋江防洪工程等16个重大项目顺利推进，36万农村人口饮水安全问题得到解决。

加快推动扶贫开发、现代农业发展 在全面摸清全市人均年收入低于4000元的20万贫困人口情况的基础上，明确将贫困面较大的30个乡镇、300个村作为扶贫开发重点，每年安排1亿元资金分期分批推进。坚持把现代农业作为重要的富民产业，在打造现代农业示范园区、培育新型经营主体、改善农村金融服务、深化泉台农业合作等方面下功夫，计划两年内新增1.3亿元市级专项资金扶持设施农业发展等。

提升生态市建设水平 坚持“百姓富”与“生态美”相统一，坚持环境和产业互动、城乡一体推进，提出2014年建成国家级生态市目标。2013年9月通过省级生态市考核验收，3个县（市、区）通过国家级生态县（市）验收。落实年度淘汰落后产能计划，加快印染行业转型升级，基本完成建陶业LNG替代，全市实施节能重点项目141个、减排治理项目1177个、淘汰74条生产线，全面完成年度节能减排任务。继续深化水环境治理，通过全国节水型社会试点验收，125个重点流域整治项目完成投资17亿元，晋江、石狮跨境流域污染治理和山美水库流域综合整治等专项工作相继启动，“两江”下游非法采堆砂整治成效比较明显。加大“点线面”攻坚、造林绿化、水土流失治理力度，全市建成绿道131千米、新增绿地387.2公顷，初步形成山水慢行系统；实施市容市貌提升小战役，加快中心市区基础设施、景观项目建设步伐，投入7000多万元开展市区防洪排涝整治，深化市政道路精细化管理，城市井盖防坠网加装工程被列为全省典型。

力促社会和谐稳定 做好各项维稳工作，5月再次被中央综治委授予“长安杯”称号。创新社会治理体制，流动人口居住证累计发放124万张，占全市流动人口37%，“信息化支撑、精细化管理、人性化服务”的社区网格化管理模式加快推广。完善“大调解”体系，加强矛盾纠纷排查化解，坚持领导干部定期接访等制度，按照“路线图”处理信访事项，全年信访总量同比下降9.33%。实施“六五”普法，深化依法治市工作。加快推进平安泉州建设，开展“打盗抢 保民安”等专项整治活动，全市刑事案件同比下降10.2%，其中“两抢一盗”下降51%。以创建“国家安全发展示范城市”为抓手，开展安全生产大检查，加强危险化学品、油气输送管道等安全整治，安全生产四项指数全面下降。加强防汛抗台工作的指导协调，有效防抗“苏力”等5个强台风。

【提升党建科学化水平】 贯彻中共十八大对党的建设的总体部署，落实党要管党、从严治党方针，召开全市党建工作会、宣传思想工作会等，重视解决“四风”方面存在的问题，加强党的思想、组织、作风、反腐倡廉和制度建设。

坚持总揽全局、协调各方 市委常委会注重谋大局、把方向、管大事，通过开展大讨论、专题研讨、学习考察等，团结带领各套班子和广大干部群众进一步解放思想、开阔视野、抓住机遇，凝聚发展合力。加强党对经济工作的领导，根据经济形势发展变化，及时研究对策、采取针对性措施；要求各级各有关部门在服务企业创新转型、生产性服务业培育壮大、重大项目协调调度、产业项目引进等方面着力加强薄弱环节，在保稳、求进、攻坚大局中找准位置、协同配合、发挥作用。注重加强自身建设，贯彻落实民主集中制，按规则议事和决策，班子成员定期沟通协调重大决策部署落实情况，相互尊重、相互支持、相互补台，发挥好市委的领导核心作用。支持市人大及其常委会依法履职，做好“十二五”规划中期评估报告审议，围绕社会热点问题开展专题询问，增强监督实效；注重通过发挥代表作用，保证人民当家作主。支持市政协围绕“两项改革”、产业集群、新型城镇化、高新区建设等方面调研视察、建言献策。加强和改善对各民主党派、工商联和工会、共青团、妇联等人民团体的领导，凝聚各方智慧力量。做好统一战线工作，维护民族宗教领域和谐稳定，出台加强新形势下党外代表人士队伍建设意见，开展非公经济人士理想信念教育实践活动。重视加强对党管武装工作的组织领导，落实政策制度规定，研究新情况、解决新问题，推动军民融合式发展，国防动员工作受到南京军区表彰，实现新一届省级双拥模范城评比表彰“满堂红”，位居全省前列。

加强意识形态工作 牢记“两个巩固”使命，强调做好意识形态工作的极端重要性，把宣传思想工作作为“硬任务”抓紧抓牢，把握正确舆论导向，增强文化自觉自信，构建全党动手的大宣传格局。开展中国特色社会主义和中国梦的宣传教育，致力巩固壮大主流舆论阵地，在全市组织开展1800多场宣传宣讲，《泉州晚报》、泉州广播电视台等主流媒体制作专题专栏，营造浓厚氛围、汇聚正能量。坚持正面宣传为主，引导社会热点难点问题，召开两场新闻媒体座谈会，规范互联网新闻信息传播，依法整治网上有害信息、网络谣言，健全互联网突发舆情应对处置工作机制，提升新闻舆论引导水平。

落实八项规定 及时传达中央、省委有关精神，制定下发具体实施办法，以及节日期间加强廉洁自律和厉行节约工作的有关通知，在全市开展“厉行勤俭节约、反对铺张浪费”系列宣传教育、贯彻落实、督促检查活动。全年市级公务接待费用同比下降46%，因公出国（境）费用同比减少53%，全市性会议同比减少26%，市直机关制发文件同比减少2815份，文件篇幅得到有效控制，领导活动新闻报道数量、字数和时长严格按照规定执行。严禁公款送节礼、公款吃喝、公款旅游和奢侈浪费等行为，坚持每月督查、重要节日期间明察暗访，全市发现和纠正违规问题161个，查处违反八项规定信访举报件47件，问责、通报、处理30人，给予党政纪处分15人。贯彻《党政机关厉行节约反对浪费条例》，开展全市公务用车、楼堂馆所专项治理活动，对存在问题加快自查自纠。启动市级公务卡结算制度改革。将八项规定纳入全市各县（市、区）党建工作绩效考评，量化考评内容，增加考评权重。加强机关作风建设，以破解“办证难”为重点开展“马上就办、办就办好”活动，营造宽松、便捷、高效、简单的办事环境。

开展“四下基层”活动 把“四下基层”作为贯彻党的群众路线的重要途径，完善领导干部下基层信访接待、现场办公、调查研究、宣传党的方针政策等制度，总结推广党员干部访民情、议民生、聚民力、办民事、请民评的群众工作“五步法”，推动各级干部深入基层、深入一线，在联系服务群众中带头转作风、办实事、促发展。市党政领导干部每人“1对5”挂钩联系县（市、区）、薄弱村（社区）、贫困户、重点工业企业、省（市）在建重点项目等5种对象，每人每季度不少于1次到基层一线聆听群众诉求、解决问题，县级层面科级以上干部100%联村挂企帮户，办成一大批群众期盼的实事好事。

加强领导班子和干部人才队伍建设 推进大规模培训干部工作，全年培训党政干部5.2万人次。按照“好干部”标准完善干部综合评价体系，推广“四推一考”、干部考察“五步成像法”、“3+1”实绩公示制度等，建立经常性找干部谈心谈话制度，重新确定一批市管副处级后备干部，推进干部队伍年轻化、专业化。加强党管人才工作，制定实施“海纳百川”高端人才聚集计划，创建民营企业人才聚集区，国家“千人计划”实现零的突破，新增国务院特殊津贴专家5人、省“百人计划”人才6人、博士后科研工作站4家、院士专家工作站3家，入选国家、省引智项目6个。开展向吴一心、陈其伟学习的活动，号召广大干部树立一心为民、无私奉献、清正廉洁的优秀品德。

致力夯实基层基础 实施优秀村级党组织带头人培养计划，推行村（社区）干部异地挂职锻炼工作，解决基层党组织建设“能力”“资源”问题。开展非公有制企业党组织组建“百日攻坚行动”和“一地一特色”党建品牌培育工作，全市非公有制企业党组织组建率达69.3%，非公党建工作持续走在全国、全省前列。改进发展党员和党员管理服务工作，开展党员退出机制试点工作和党员微故事展评活动，建立“五必访五必谈”党内经常性关怀制度。以加强基层服务型党组织建设为重点，加快推广农村“168”、非公有制企业“三五”、社区“135”、机关“1263”、中小学校“156”等机制，激发基层党组织活力。

深化反腐倡廉建设 落实党风廉政建设责任制，按照“把权力和欲望关进制度笼子里”的要求，制定新一轮惩防体系建设五年规划，加强党风廉政教育，深化廉政风险防控工作。推进公共资源市场化配置，市公共资源交易中心完成整合、组建并投入使用。深化纠风专项治理，解决群众反映强烈的“办证难”、执行难和涉及“安征迁”等侵害群众利益的问题。坚决惩治腐败，保持查办案件力度，增强查办案件的社会效果。

重要决策和工作部署

【掀起学习贯彻系列讲话精神热潮】 把学习贯彻习近平系列讲话精神作为重大政治任务，按照省委“三个结合”要求，组织党员干部加强对党史、国史、党章的学习，深化对中国特色社会主义和中国梦的认识，坚定理想信念和精神追求。突出领导干部带头学习，要求领导班子成员先学一步、学深一步，不断深化对习近平新思想、新观点、新论断的认识。突出扩大学习覆盖面，推动系列重要讲话精神进机关、进学校、进企业等，引导党员干部增强“看齐”意识，把讲话精神内化于心、外化于行。突出理论联系实际，要求各级各有关部门结合学习活动，把工作重点更多放在加强薄弱环节和补足发展“短板”上，使学习活动成为解放思想、完善创新转型思路、破解发展难题、推动体制改革的过程。

【在新起点上谋划更好更快发展】 组织开展为期5个月的“增强忧患意识 推动长远发展”大讨论，引导全市干部认识到，忧患意识是泉州新一轮发展不可或缺的精神“钙质”。按照“差距在哪、问题在哪、风险在哪、早作准备”要求，深入思考“泉州能不能继续保持较快发展速度、如何再造体制机制新优势、如何增强发展后劲”等现实问题。比照全国先进城市发展历程，系统研究借鉴厦门、上海、天津、杭州、温州、绍兴等地发展思路和做法。思考破解制约泉州长远发展的体制机制障碍，开展加快创新转型、突破重大项目引进等25个市级重点专题研讨。在此基础上，召开十一届五次全会总结转化大讨论成果，出台“加快创新转型 推动长远发展”的决定，提出实施加快打造泉州经济升级版、改革创新示范区、生态宜居幸福城三大战略，力争到2015年，全市GDP达6500亿元、公共财政总收入达900亿元。构建加快创新转型“1+X”政策体系，先期出台6份配套政策，包括打造九大重点产业产业链、培育“科技小巨人”三年行动、加强重大项目工作等，推行政策制定、实施、评估、反馈“一条龙”责任制，把6份配套政策细化分解为工作计划、具体项目等。

【研究推进全面深化改革工作】 落实好中央、省委重大改革措施，召开市委十一届六次全会，出台泉州全面深化改革的决定，提出把泉州建设成富有创造力、充满活力的改革“排头兵”和“试验田”，力争到2020年，若干领域改革走在全省、全国前列；制定《深化重点领域改革方案》，推开11个方面51个年度重点领域改革事项，力争在发展上、创新上、改革上先人一步。“金改区”建设方面，围绕打通金融资本进入实体经济、民间资本进入金融领域“两个通道”，抓好解决小微企业融资难题、规范发展民间融资、深化与台湾及港澳侨金融合作等六方面任务，并加快完善配套政策、组建工作机构。民营经济综合配套改革方面，重点在工商登记制度改革、企业纳税“按实征收”、城镇低效用地再开发利用、重点小城镇扩权等方面加大探索，并争取国家试点。新型城镇化方面，把提升环湾城市集聚辐射功能与加快产业替代、优二进三，相关县（市）主导产业培育结合起来，支持石狮、德化等围绕人口进城、产业培育、土地盘活、规划管理推进特色主题试点。

【加快提升软实力】 争取“东亚文化之都”桂冠。把“文都”评选作为展示城市形象、增进交流交往、彰显泉州文化底蕴的重大机遇，以高度的文化自觉、文化自信，策划运作申报工作。当选后，迅速成立建设委员会，筹备开幕式等100多场框架内活动，加快创建国家公共文化服务体系示范区，启动古城文化复兴、古港转型升级、新区文化综合体建设等工作，促进全域文化资源联动提升，把泉州打造成为“享誉东亚、面向世界的多元文化都市”。借助“文都”品牌效应，争取“21世纪海上丝绸之路先行区”，提升城市对外开放水平。打响闽南文化世界品牌。发挥闽南文化发祥地和富集区优势，办好2013年世界闽南文化节，推动闽南文化节由两岸分别举办走向共同合办、轮流举办。以文化节活动为契机，推动中国社会科学院闽南文化研究基地落户、世界闽南文化展示中心开馆，提升闽南文化世界影响力。注重以文化为纽带，密切泉台经贸合作，加快把对台优势转化为现实生产力。推动文化产业发展。出台相关措施，加大财税、土地、投融资、人才等扶持力度，培育引进文化集团、投资机构、领军人物。结合实施“第三产业发展年”活动，发展与文化相关的特色产业、工业设计、创意园区、历史街区、民俗风情、旅游服务等。2013年，全市文化产业产值占GDP的比重突破5%，成为支柱产业。

【加快扶贫开发、现代农业发展】 全面摸清全市人均年收入低于4000元的20多万贫困人口情况，每年安排1亿元资金实施精准扶贫，分期分批推进贫困面较大的30个乡镇、300个村扶贫开发，确保重点村农民人均纯收入增幅高于所在县（市、区）平均水平。把现代农业作为重要的富民产业，两年内安排1.3亿元市级专项扶持资金，在打造现代农业示范园区、培育新型经营主体、改善农村金融服务、深化泉台农业合作等方面下功夫；加快实施村庄环境综合整治工程、农民素质提升等“美丽乡村”六大工程，力争农民人均纯收入与GDP同步增长，实现“百姓富、生态美”。

部门工作

市委办公室

【文稿服务】 紧贴领导思路，贴近工作实际，主动介入、提前准备；采取集体议稿制，总结“先观点后框架”等10条稿件撰写经验。2013年，起草修改各类讲话稿、汇报材料、考察报告、贺电致辞等近300多篇，100多万字，完成全市大讨论动员大会、市委十一届五次和六次全会、千人企业家大会、“四下基层”等重要会议文稿的起草工作；起草的关于泉州市大讨论活动情况、中化泉州石化大管廊项目建设相关工作的报告和全市经济运行情况调研检查报告获省、市领导批示。围绕市委“加快创新转型”这一主攻方向，梳理学习先进城市发展经验的方向、重点和政策举措，起草25个市级重点专题的研讨方案，督促跟踪责任单位按时完成，并做好推动成果转化的相关工作。根据市委主要领导指示要求，牵头组织市发改、经贸等部门开展前三季度全市经济运行情况调研检查，到各县（市、区）、行业协会、重点企业等了解情况，梳理全市经济运行中存在的困难问题，提出确保完成年度目标、做好2014年经济工作的意见建议，形成比较有分量的调研报告。起草市委、市政府向省委、省政府关于中化泉州石化大管廊项目建设相关工作的报告，总结推进工作的方法、经验和规律。抓好《党政机关公文处理工作条例》的贯彻落实，规范公文审办工作流程，先审后办，严把公文政治关、法律关、文字关、格式关和程序关；按规定做好规范性文件备案工作，率先使用二维码系统，精简文件简报，较好发挥关口和闸门作用。制发市委文件96份、市委办文件106份，办理文件2000多份，精简文件工作取得重大进展，办文基本实现“零差错”。

【综合协调】 坚持早介入、早谋划、早准备，重点抓好党委重大决策制定和实施过程、市委重要会议活动、自然灾害和公共突发事件处置的协调。中共十八届三中全会召开前夕，落实市委主要领导指示要求，推动成立改革研究工作小组，组织力量研究国家、先进城市改革动向，提出泉州市新一轮改革的方向和重点。省委九届十次全会召开后，组织市委政研室、市发改委等部门起草贯彻中央、省委决定精神的具体意见，并安排召开县（市、区）、老干部、党外人士等多场征求意见会，确保市委十一届六次全会成功召开。贯彻落实中央八项规定及省、市实施意见，按照“认真、细致、周密”工作要求，完成中央领导到泉州视察、全省全市拉练工作检查、省委领导到泉州调研等重要活动的服务工作；组织协调市党政代表团赴三明、南平开展山海协作，到厦门学习考察等重要活动，并做好市党政代表团赴先进城市学习考察活动的一系列前期筹备工作，做好市委领导开展“金改”、“五大战役”、“四下基层”、城市建设管理等专项调研活动的协调、安排和服务工作。按照“会前协调充分、会中服务规范、会后落实到位”要求，落实“会议活动安排协调组织流程图”“市委大中型会议会务工作”等制度，较好地完成2次市委全委会、5次市委常委扩大会、22次市委常委会议、5次全市领导干部大会以及“二次创业”大会、“大讨论”活动动员大会、先进城市经验学习会、世界闽南文化节等全市性重要会议的组织、协调、服务工作。

【专项服务】　各职能科室立足岗位，主动服务市委领导开展涉及农业农村、纪检、党建、组织、统战、侨务外事、人口和计生、双拥以及工会、共青团、妇联、科协等方面工作的会议安排、调研活动、文稿审核工作，以及做好市委领导分管工作的督促检查。全程跟踪市委1号文件、加快现代农业发展、做好扶贫开发工作、石结构房改造、“美丽乡村”建设等涉农政策意见的制定出台以及相关工作的分解立项。有效开展全国非公党建联系点工作，做好城市建设管理年、小城镇改革发展战役、“四下基层”等专题调研检查，促进相关工作落实。做好政法综治和维稳工作专题会议组织服务，协调推进社会管理创新、综治维稳重点工作落到实处。做好市委中心组学习的协调、安排，组织市委中心组学习成员参加“华大讲堂”8场次和两场中心组专题学习，收集整理印发习近平系列讲话、公开发表的文章和相关报道的汇编，协调组织服务各种宣传、报道、演出等活动。

【发挥信息主渠道作用】　注重拓宽信息渠道，完善信息直报点工作制度、信息约稿制度和信息表彰评比制度，注重深入挖掘更多趋势性、预警性、深层次、有分析的信息。特别是在《侨区快讯》正刊、增刊等刊型的编辑过程中，及时对市委重要决策部署、重点工作等，以设立专栏、专题约稿等方式予以反映。编发《泉州信息》266期，《侨区快讯》正刊248期、增刊235期、专报25期，其中获市委主要领导签批的就有16期。及时向上报送全市重点工作成效，紧跟大讨论节奏，以“泉州市开展大讨论活动”“泉州市民营企业家增强忧患意识谋划转型发展”等为主题，在省委《八闽快讯》刊发增刊或专报件；上报信息获中央领导批示4次、省主要领导批示7次、其他省领导批示10次，均为各设区市首位。信息工作在全省设区市委办公室排名第一。

【健全督查督办机制】　坚持以推动中央、省委、市委重大决策和重要工作部署落实为工作主线，对市委工作要点、为民办实事项目及市委常委会、市委专题会议、现场办公会议、经济分析会等重要会议决定事项，及时进行分解立项，及时通报落实情况，并按规定时限抓好涉及经济发展、保障和改善民生等重大事项的督查反馈。创新督查机制、整合督查方式、强化督查权威，注重抓好专项督办、限期督办、联合督办，对事关全局的大事、久拖不决的难事、突发性强的急事、领导批示件、领导交办的要事一查到底。办理中央、省委和市委领导批示116件，有9件获市领导批示表扬。

市保密委员会办公室（市国家保密局）

【保密检查】　组织全市保密大检查、涉台单位专项保密检查、政府信息公开保密审查专项检查、涉密测绘成果跟踪检查4次全面性和专项性保密检查，范围从党政机关扩大到企事业单位和保密资质民营企业。晋江市国家保密局联合机要、公安、国家安全部门，组成精干技术力量，对各乡镇（街道）、市直各单位进行拉网式检查。南安、安溪、洛江保密部门组织对废品回收站进行突击检查，防止涉密文件资料流失。盯紧保密管理链条的每一节点，对保密要害部门部位全方位检查。市国家保密局检查计算机1091台，其中涉密机61台，内部机395台，外网机635台，并对2台疑似感染特种木马病毒的计算机进行封存检测。检查不发通知、不打招呼、不听汇报，更多地采用突击查、随机查、现场查，防止受检单位做表面文章、搞盆景效应。对落实整改情况实行全程督查，对违反保密规定的行为进行责任追究。下发整改通知书71份，责成向市国家保密局写出书面检查的113人，在单位内部点名批评的159人，初步改变保密规定有令不行、有禁不止的状况。

【系统建设】　发挥内网保密监管系统作用。市直保密监管系统阻断7个单位8台次内部计算机违规外联，发生违规外联次数下降65%。市国家保密局督促责任单位进行核查，查明违规外联计算机性质、发生原因及当事人责任，并举一反三，落实整改，建立保密管理长效机制。启动保密技术专用防护系统建设。完成涉密计算机调查摸底工作，“三合一”防护系统开始在市直单位和晋江、惠安安装，并逐步在全市铺开。推进涉密信息系统测评审批前期工作。摸清全市涉密信息系统建设运行情况，做好测评审批前期工作。同时，按照缩口子、管口子要求，做好党政机关互联网IP接入统计工作，请示省国家保密局与省通管局沟通协调，力争尽快实现对市直机关单位互联网接入集中监管。

【教育培训】　基本完成全员培

训。根据全国保密干部全员培训统一部署，精心组织，精心实施，务求实效。实行全覆盖，把市县区保密部门人员和机关单位保密干部全部纳入培训范围；实行分级抓，在市县区保密部门人员按要求参加全省培训并全部取得合格证书的基础上，分级组织实施本级机关单位保密干部培训，举办集中培训11期，2826人参加；实行“五统一”，实行统一教材、统一课件、统一命题、统一考试、统一证书，严肃培训纪律，加强培训管理，确保有序进行。落实中期督导。根据“六五”保密法制教育中期督导要求，从领导机制、工作落实、保障措施等方面进行量化评分，及时掌握“六五”保密法制教育规划落实情况，发现存在的不足和难点，明确下一步工作措施和主要着力点。办好保密讲座。以市委党校这个保密教育基地为依托，开展保密形势教育和保密知识讲座。市委党校在处科级领导干部、初任公务员培训等主体班次开设保密课36课时，受训人员1100多人。晋江、惠安、泉港和泉州市公安局党委中心组举办保密工作专题学习会，市委政研室、市委台办、市法院、市国土局、市林业局和鲤城区委党校等举办保密讲座，参加人员1980多人。市国家保密局主要负责人应邀为6个县（市、区）、35个市直单位授课。

【保密普查】　根据全省统一部署，组织历时两个多月的保密普查，这次普查要素多、数据庞杂、工作量大、时间要求紧，市国家保密局制订方案，环环相扣，扎实推进。市国家保密局组织有各县（市、区）国家保密局领导、市直单位有关人员参加的全市保密普查培训，讲解普查统计要素和普查软件操作，制作下发普查软件500套，保密普查资料2000多份。市国家保密局组织技术力量到晋江、惠安、安溪等地指导普查培训，深入12家涉密事项和涉密人员数量多、普查难度大的市直单位进行现场辅导。按照普查时间节点要求，及时掌握进展情况，有针对性地督促落实。对703家机关单位报送的12452份普查表中每个数据，严格把关，反复审核，确保质量，凡数据不准确、填报不规范的一律退回重做。对普查中出现的疑难问题，及时向省国家保密局请教。通过这次普查，摸清保密工作家底，找出薄弱环节，为保密管理科学化提供依据。

【综合管理】　突出重点，综合防范，实现保密管理法制化、科学化。各地各单位涉密载体管理以零差错为目标，严格规范，严防死守。特别重视把好最后关口，确保销毁环节万无一失。2013年，全市定点销毁单位共销毁纸介质120吨，销毁计算机硬盘481个，其中涉密硬盘282个，没有出现纰漏。加强国家统一考试保密管理，制订考试保密安全突发事件应急处置预案，做好试卷保密室的检查验收。加强公务员录用考试保密管理，确保考试保密措施落实。做好市直机关（二期）搬迁中的保密工作，深入搬迁单位检查指导，防止搬迁过程发生泄密。做好海峡论坛、闽南文化节活动保密工作，指导主办单位制定落实保密措施。

市委政策研究室

【调查研究工作】　抓住一些事关经济社会发展全局的重大问题和市委领导关注、人民群众关心的热点难点问题，深入调研，谋划泉州新一轮的发展定位、发展方向和发展布局和泉州在海西“两个先行区”建设中挑大梁、走前列的思路和举措，积极提建议、谋对策，主动地为市委科学决策服务。围绕市委中心工作及阶段性工作要求，开展战略性和超前性的调研，形成的文稿有《商业模式创新的途径与泉州实践》《关于提高泉州市对台招商引资水平的调查与思考》《泉州市构建金融改革财税政策支撑体系的研究》《关于提高泉州市对台招商引资水平的调查与思考》《加快机械装备产业发展的调查与思考》《高职教育服务产业发展需要帮扶的几个问题》《提升咨政服务水平的研究》等一批调研报告，为市委市政府决策提供依据，有的已被转化成市委市政府的决策。其中，参与起草的《泉州市金融服务实体经济改革试验区的实践与思考》《从数量经济向质量经济转变——泉州实施品牌提升工程加快转型升级》《从“服装制造”到“时装制造”——石狮推动服装产业升级的主要做法》在省委政研室《调研内参》《调研文稿》刊发。市委政研室把优化配置全市调研资源作为一项重要工作来抓，发挥组织协调作用，创新工作思路，整合全市政研资源，发挥单位部门专业人才的作用，构建“大调研”工作格局，提升全市课题调研的研究能力。《加快推进泉州新型城镇化建设进程的对策思路》《加快建设泉州闽南文化生态保护试验区的建议》刊发在省委政研室《调研文稿》。同时，与石狮、泉州台商投资区等县（市、区）政研室，以及企业和街道办事处开展联合调研，形成一批专题调研报告。

【贴近中心搞好服务】　紧贴市委工作中心，为市委领导工作提供服务，做好组织协调工作。做好市委“增强忧患意识　推动长远发展”大讨论活动的组织协调工作。市委政研室承担市委“增强忧患意识　推动长远发展”大讨论活动的组织工作，对市直各单位上报的119个课题进行反复梳理，从中筛选并确定25个重点专题，起草《中共泉州市委办公室关于组织开展“增强忧患意识　推动长远发展”大讨论重点专题研讨活动的通知》。承担市委书记黄少萍指导的大讨论活动重点专题“谋划创新转型 推动长远发展”调研综合报告。在制订专题调研方案中，对上报的52项成果转化计划，按照“1+X”（一项综合指导意见+若干政策措施或行动方案）要求，从中遴选出20项成果转化计划进行先期转化，起草《中共泉州市委办公室关于切实做好“增强忧患意识推动长远发展”大讨论重点专题成果转化工作的通知》。及时跟踪、促进大讨论活动成果的转化。起草《全市开展“增强忧患意识推动长远发展”大讨论活动总结》。编发黄少萍主编的《增强忧患意识推动长远发展——2013年泉州市开展大讨论活动重点专题成果汇编》一书。市委政研室以求真务实的工作作风，组织协调好各项工作。做好市委重要文件的起草，发挥参谋助手作用。做好市委贯彻中共十八届三中全会决定的工作调研和文件起草。在中共十八届三中全会和省委全会召开前夕，组织对泉州市十七届三中全会以来推进改革的主要做法、成效进行调研，总结十七届三中全会以来的改革经验，分析改革中存在的问题，提出泉州市当前需改革的对策措施，形成《泉州市十七届三中全会以来推进改革情况汇报》并报省委政研室。根据市委和市委常委、秘书长翁祖根的指示，市委政研室与市政府发展研究中心牵头组织市直各相关部门，组成泉州改革研究工作小组，在调研基础上形成《泉州新一轮改革重点领域研究》。做好市委十一届六次全会文件起草工作，组织起草《中共泉州市委关于贯彻党的十八届三中全会精神全面深化改革的决定》及决定起草说明。做好市委领导文稿的起草。起草市委书记黄少萍接受新华社“晋江经验”访谈文稿提纲《“晋江经验”的新拓展》，市委书记黄少萍的署名文章《创新泉州模式：深化民营经济综合配套改革》在《求是》杂志上发表、《打造泉州民营经济生态特区》刊发在中央政研室主办的《学习与研究》。起草《居安恩危谋发展转变提升破难题——泉州民营企业踊跃参与忧患意识大讨论活动》在《八闽通讯》刊发。牵头组织起草市委市政府重要政策文件。牵头组织起草《关于进一步打造重点产业产业链的若干意见》《关于在泉州推行“定制公交”的建议》《推进惠南工业区“五个提升工程”的实施意见》等。起草《中共泉州市委泉州市政府关于促进泉州台商投资区开发建设的若干意见》。起草的《实施市区“公共自行车租赁服务”项目的建议》被市政协作为重要提案，市长郑新聪作出批示。起草《泉州市加快机械装备产业发展三年行动计划》《泉州市机械装备产业发展规划（2014—2020年）》，已经专家评审通过。

【办好《泉州通讯》《泉州调研》《决策参考信息》】 发挥《泉州通讯》《泉州调研》《决策参考信息》三个内刊的主渠道作用，增强精品意识，打造探讨理论问题、交流调研成果的重要平台，及时组织编发一大批观点新、分量重的信息，供领导决策参考。全年编发《泉州通讯》7期、《泉州调研》19期、《泉州调研》呈阅件2期、《决策参考信息》36期。《决策参考信息》围绕“增强忧患意识推动长远发展”大讨论，及时编发一些企业界、老干部对推动泉州长远发展的思路和建议，同时，刊发一些本市基层对市委市政府工作的一些建设性意见。及时为市委、市政府提供省内外调研成果和经济社会发展动态信息。

市接待办

发挥职能作用，完成市委、市政府的各项公务接待任务。高质量完成中央领导到泉州视察、参观接待任务。做好各级、各地到泉州检查、考察的接待工作任务。完成各地党政代表团接待任务，合理安排考察地点、行车路线、住宿饮食，制定服务指南，保证考察活动顺利进行。接待中央电视台、新华社、人民日报社等新闻媒体，以及到泉州投资考察的国内外重要客商和知名商会，在接待中注重介绍泉州产业、经济发展情况，以及泉州市推进金融服务实体经济和民营经济综合配套改革实验等一系列举措，展示泉州经济发展的活力和潜力，吸引海内外客人到泉州投资。做好市委、市政府大型会议活动的后勤服务保障工作，包括民营企业产业项目对接推介会、2013年世界闽南文化节、“6•18”中国海峡项目成果交易会、“9•8”中国国际投资贸易洽谈会以及与三明、南平市的山海协作活动等。完成泉州市领导及党政代表团赴厦门、深圳等地参观考察、招商引资的前站联络和全程服务保障工作。

市委党史研究室

【党史征集研究编撰】 2013年，以社会主义时期党史研究为重点，深化党史征编研工作。开展泉州市革命遗址遗迹成果转化工作。完成全市“红色旅游”普查，并将普查成果上报；完成《泉州市革命遗址通览》初稿进一步修订。完成上级布置的党史专题业务工作。按时完成《福建社会主义时期党史专题文集（1949—1978年）》征稿工作；完成《福建海防斗争史》资料征集工作。开展党史二卷正本相关工作。修订完善泉州地方党史二卷编写大纲；修订《中共泉州市历次代表大会文献汇编》与《泉州地方史大事记（1992—2005）》两书初稿；协助安溪、南安、永春、德化四县（市）完成申报中央苏区县资料征集与申报相关工作。参加泉州华侨革命历史博物馆布馆资料征集审定工作、纪念叶飞诞辰100周年筹备工作；完成泉州党史工作年鉴条目；开展泉州市委组织志相关工作；完成审核泉州地区英烈名单，为省委党史研究室拟出版的3卷本大型图书《八闽英烈》提出补充意见，建议增加泉州地区英烈25人。

【党史宣传教育】　开展安南永德苏维埃政府成立80周年纪念活动。在8月25日《泉州晚报》上刊登纪念安南永德苏维埃政府成立80周年专版。学习贯彻全省党史研究室主任会议精神，完成全市第三批省级党史教育基地授牌。组织全市党史系统进行学术交流活动。组织全市党史系统工作者参加泉州市第五届社会科学优秀成果奖评选；8月，与市社科联、市新四军研究会举办“泉州市红土地文化精神传承与时代创新”学术座谈会。配合省委党史研究室完成全省党史门户网站升级改版工作。

【县（市、区）党史工作】　征编研方面：鲤城区室出版《中共泉州市鲤城区历次代表大会文献选编（1956—2011）》《2006—2011年鲤城区委大事记》；惠安县室出版《中共惠安县历次党代会报告文献汇编》；晋江市室出版《晋江重要文献选编》第十一辑、《映山红——晋南永边区革命斗争故事选编》；安溪县室出版《安溪革命历史辑录》（下）；永春县室出版《中共永春地方画史（新民主主义革命时期）》。宣教方面：各县（市、区）委党史研究室以学习贯彻中共十八大精神为主线开展党史宣传工作，配合各级党委及有关部门开展工作，如石狮《闯出一条开门办史新路》刊登在中央党史研究室《党史工作简讯》上；开展党史网络宣传、党史知识竞赛、党史征文，举办图片展览、拍摄宣传片、印制宣传册等；办好《鲤城党史》《晋江党史》《石狮党史》《南安党史》《安溪党史》《洛江党史》等党史期刊，巩固党史宣传教育阵地。

市档案局（馆）

【提升服务大局能力】

服务经济建设　下发《关于做好2012年重点建设项目档案工作的通知》和转发《省档案局关于开展重点项目档案执法检查的通知》两份文件，加强监管，开展重点建设项目档案登记和开展档案专项验收，全年在建重点建设项目登记率达91.5%，完成福建湄洲弯氯碱工业有限公司BDO项目、LNG泉港分输站、晋江气电项目、晋江机杨改扩建工程项目、泉惠风电项目、泉州医高专项目等多个项目的档案专项验收。与市国资委联合制发贯彻实施10号令的意见，并举办贯彻10号令专题培训班；服务小微企业，指导小微企业建立信用信息档案；德化县召开民营企业档案管理业务培训会；石狮、永春开展民企建档业务上门指导、服务；鲤城重点建设项目登记率达100%。

服务政治建设　主动服务市委市政府二期搬迁工作，加强监督指导，确保搬迁单位档案管理的规范性并顺利移交进馆；配合市人大开展档案法及省档案条例执法检查审议意见研究处理情况进行调研；完成对各县（市、区）档案局（馆）档案收集范围的审批，以两办名义下文贯彻落实国家档案局第9号令；与市法制办联合开展行政执法案件档案调研活动；晋江市委下发《中共晋江市委关于进一步加强新时期档案工作的意见》。

服务文化建设　保护、开发地方特色文化档案。市档案局开展文化档案征集活动，征集到“文华奖”剧目《素馨花》原谱等文化档案；石狮对闽台对渡节暨蚶江海上泼水节、永宁古庙文化节等特色文化活动开展档案等级、指导。开展对外对台档案文化交流。市档案局在新加坡举办“家书抵万金：新加坡侨批文化展”巡展；在2013年世界闽南文化节期间，举办侨批暨侨亲钢笔画像展。泉州市局组织各县市区档案局赴台湾开展两岸资讯应用及档案科技管理交流活动；鲤城区档案局征集整理两岸民俗文化档案，开设闽台妈祖文化交流展；晋江出版《闽台风情档案》作品册。

服务民生建设　市县档案部门主动加强与涉民部门配合，加强服务民生档案工作，市档案局联合省局督导处开展非遗项目及移民档案管理调研，草拟《泉州市大中型水库移民档案管理暂行办法》；出台《泉州市房屋征收补偿档案管理暂行规定》被省档案局作为示范性文件在全省进行转发；取消利用档案收费，开通查档“绿色通道”，设置专门便捷查档窗口，为群众查档提供优质便利服务；指导相关单位建立外来工健康档案，建立食品安全信用档案；石狮、德化加强对涉及民生单位档案指导，提高民生档案规范化管理水平；惠安新增5种涉及民生的专门档案。

积极服务生态建设　加强对生态环境专业档案的调研、指导与监督，市档案局联合市林业局下发关于加强林业档案工作的通知，对其下属开展林业档案专项执法检查；结合“美丽乡村”建设，抓好新农村建设档案工作，洛江下发《关于做好“美丽乡村”建设档案管理工作的通知》；德化以点带面确定三个试点单位开展社会主义新农村建设档案工作；惠安做好水利普查档案的指导工作；永春做好涉农部门档案规范化管理评估工作；安溪整理市政专门档案1000多卷，为生态县城建设服务。

【扩大档案工作影响】

“侨批档案”成功申遗　市档案局作为福建省“侨批档案”主要

收藏单位积极配合申报工作，年初“侨批档案”申报世界记忆遗产项目再一次被写入市政府工作报告；1—5月在新加坡举行“家书抵万金：新加坡侨批文化展”巡回展；6月在世界闽南文化节上举办“两地书•家乡情——闽南百年侨批文化展”侨批展；开展信局遗址及侨批口述档案的踏访、收集、抢救，为侨批保留更多的史料；开展侨批馆藏价值研究，筹备侨批档案家族编辑出版；对馆藏“侨批档案”进行认真整理、著录、扫描，充实专题数据库，参与推动“侨批档案”申报《世界记忆遗产名录》工作。

开展法制宣传活动　组织全市各单位的相关人员参加省档案局组织的档案普法知识网络测试，并提供相关咨询服务；联合市档案学会到南安市丰州镇参加泉州市科协牵头组织的“义诊、科普、普法”下乡活动，开展档案普法宣传活动；组织全市开展“6•9”档案馆日活动，各地积极响应，开展内容丰富多样的档案宣传活动，市档案馆开展六大项活动，鲤城区举办“创•动泉州”摄影及档案法制宣传图片展，丰泽区举办作家、书法家、美术家作品捐赠仪式和档案有奖知识竞答，南安市开展“档案在你身边”馆藏老照片展，德化县举办“家庭建档”专题讲座。

【扎实档案工作基础】

优化档案信息资源　依法开展到期档案的接收，丰富档案馆馆藏档案信息资源，全年接收各种档案767卷、5381件，照片16131张；推进馆藏档案数字化工作，2013年，市馆馆藏档案全文扫描131万页，并和目录数据完成挂接，原文数据库总量达550万页。加强重大活动档案接收征集工作，征集市委、市政府各种重要会议及市主要领导参加各项重大活动照片15874张，使得馆藏照片总量翻番。加强地方特色档案征集接收，首度联合新闻媒体开展民间珍贵档案征集评奖活动，获赠12件珍贵民间侨批及“文华奖”剧目泉州歌剧《素馨花》总谱原谱等特色档案。开展境外档案征集工作，到新加坡及中国台湾地区等地征集新加坡档案资料51种、印尼资料图书19册，以及部分菲律宾、中国台湾地区档案资料图书，填补馆藏境外档案资料的空白，丰富馆藏资源。丰泽区举办作家、书法家、美术家作品捐赠活动；鲤城区征集鲤城本土知名作家作品及闽台两岸宗教民俗风情档案。

提升档案开发利用水平　全市各综合档案馆为社会公众提供政府信息查阅利用服务，2013年，泉州市档案馆政府信息公开查阅中心正常运作，接收、整理43个单位的政府公开信息128批、纸质文本1032件，电子文本和目录索引全部转换为PDF格式，导入管理系统和网络查询系统。发挥档案馆爱国主义教育功能，市馆展厅完成重新布展方案，进入招投标程序；晋江馆成为全省各市、县中首家全国中小学档案教育社会实践基地，起到典型示范作用；鲤城馆对展厅进行更新扩展，开设“东亚文化之都”主题展；石狮更新展厅，开设“石狮老照片告诉我们”环廊展览。挖掘利用馆藏档案资源，市档案局编辑出版《许书琏家族侨批汇集》《泉州市馆藏公务礼品档案介绍》两书；鲤城馆编印《鲤台妈祖文化交流图册》《记忆中的泉州老民俗》；晋江馆利用馆藏资源出版《图说老晋江》《闽台风情档案》以及侨批宣传邮册。

强化档案安全保障　全市12个国家综合档案馆完成电子数据集中进行异地备份，完成福建省分布式档案基础数据库（二期）建设任务并通过省局验收。市档案局实行局馆分离，随市委、市政府搬迁至东海行政中心办公，以利于加强对市直各单位的档案业务指导；与监察局、人力资源和社会保障局、公务员局制发《关于贯彻实施〈档案管理违法违纪行为处分规定〉的通知》，贯彻落实监察部第30号令，开展档案违法违纪行为调查；开展全市档案安全管理专项执法检查，抽查市直单位12家，推动市直单位档案安全管理工作。南安以政府办名义下发文件，开展全市档案档案安全检查；鲤城开展消防知识讲座，组织全体干部职工参加消防演练。

完善档案馆库设施　全市档案馆库建设取得新进展，将市档案馆新馆建设提上政府议事日程；丰泽区档案馆新馆进入选址阶段；晋江新馆已投入使用；安溪馆库随行政中心搬迁，新馆建设进入可研报告阶段；泉港区档案馆1000多平方米临时过渡性用房已投入使用，新馆建设已纳入区委区政府议事日程；洛江区档案馆新馆已被列入区政府行政中心建设规划。晋江市、南安市档案馆获评“国家一级综合档案馆”，至此，全市有国家一、二级档案馆各4家，为全省最多。

市委组织部

【培训干部工作】　发挥党校、行政学院的主渠道主阵地作用，以学习中共十八大、十八届三中全会和习近平系列讲话精神为重点，办好各类主体班次，完成上级调训任务，多渠道、多层次、多形式抓好各级干部轮训工作。主动对接“二次创业”和“金改区”建设等热点工作，在党校主体班次中设置“壮大产业集群　深化二次创业”“抓住机遇推动‘民营经济综合改革试验区’建设”“推进泉州闽南文化生态保护区建设”等课程，举办领导干部“金改”专题研讨班，优化干部知识结构，提高干部能力素质。推进干部教育培训改革创新，完善培训计划生成机制和干部教育培训协调会商制度，开展培训需求调查，分类按方向开设培训班次，科学设置培训课程，加强师资队伍和培训基地建设，改进学员管理，提高培训的针对性和实效性。全市培训党政干部5.2万人次、专业技术人员9.22万人次、企业经营管理人员1.88万人次。

【领导班子思想政治建设】 抓好中国特色社会主义理论体系特别是习近平系列讲话精神的学习，加强对各级领导干部的理想信念教育、宗旨教育和党的群众路线教育。抓住干部任职前集体谈话和任职宣布等重要时机，教育引导各级党员领导干部加强党性修养，模范遵守廉洁自律的各项规定。落实以民主集中制为核心的领导班子内部制度建设，完善工作决策和运行机制，推动思想政治建设常态化、长效化。建立经常性的找干部谈心谈话制度，成立谈心谈话工作组，由市委组织部相关领导干部与全市处级干部逐一进行谈心谈话，掌握领导班子运行状况和领导干部工作、思想状况，做好思想引导工作，鼓励干部奋发有为。开展谈心谈话1200多人次，形成谈心谈话报告100多份。

【领导干部“四下基层”】 制发《关于进一步推进领导干部“四下基层”工作的实施意见》及六个配套方案，召开全市推进领导干部“四下基层”工作会议，部署和推进“四下基层”活动深入开展，并及时做好经验总结和宣传推广，推动干部工作作风转变，促进全市经济社会发展。市、县两级领导班子成员到163个乡镇（街道）、298个在建重点项目调研指导、现场办公，落实扶持项目4460个、帮扶资金7.1亿元，办成一批群众期盼的实事好事。群众路线“五步走”工作法在省委办公厅《八闽快讯》专期刊发。开展提高基层领导干部做群众工作能力等相关课题调研活动，总结泉州市中共十八大以来的作风建设情况，组织开好以“转变作风，服务群众”为主题的民主生活会，增强领导干部的宗旨意识。

【领导班子配备】 在保持县处级领导班子相对稳定的前提下，针对个别地方或单位出现的职位空缺，及时向市委提出任免意见建议，并做好干部任免调配的有关工作。打破干部部门化，推进市直与县（市、区）、县（市、区）之间、市直单位之间的干部交流，激发干部队伍活力。全年调配处级干部138名，其中提拔27名，占调配总量的19.5%；交流35名，占25.4%。经过调整充实，全市县处级领导班子各方面结构更加合理，形成干事创业的良好氛围。开展处级领导班子和处级干部年度述职工作，了解换届调整后领导班子、领导干部的履职情况和德才表现，强化对领导班子和领导干部的平时考核。制定出台《关于加强对市管重要国有企业领导人员管理的意见》，完善国有企业领导人员分类分层管理办法。

【干部综合评价体系】 结合领导班子和领导干部年度述职，推广个人自我推荐、群众民主推荐、“一把手”署名推荐、分管领导署名推荐以及组织集中考察“四推一考”办法和自我画像、晒绩亮像、测验评像、印证修像、会审定像“五步成像法”，通过开展“3+1”实绩公示、卡特尔16种人格因素测验、性格测评等，组织填报干部适岗信息表，改进干部推荐考察方式，加强对干部的适岗分析，提高干部考察材料质量，持续构建反映干部素质特征和培养使用方向的信息库，为实现人尽其才、量才用人提供准确依据。

【年轻干部的培养使用】 制定后备干部推荐考察方案，对后备干部的年龄、学历、性别、民族、党派等结构指标提出明确要求，首次按“五步成像”干部综合评价办法推荐考察市管副处级后备干部，考察确定市管副处级后备干部293名。有意识、有计划地把年轻干部、后备干部放到艰苦地区、复杂环境和基层一线锻炼，让他们在实践中砥砺品质、丰富阅历、增长才干。先后选派31名年轻干部、人才参加新一批援藏、援疆工作，选派50名年轻干部参与泉州台商投资区建设工作，选派5名民主党派机关干部到乡镇（街道）挂职，抽调20名优秀年轻干部到市级重点帮扶村驻村担任党组织第一书记。

【干部监督管理】 落实干部选拔任用工作“四项监督”制度，组织开展“一报告两评议”工作，对2010年3月以来全市“带病提拔”科级干部选拔任用过程进行倒查。加强举报平台建设，开通县级“12380”举报电话，畅通干部群众反映问题渠道。做好“12380”举报的受理查核工作，全年收到举报件93件。综合运用举报查核结果，分类对干部进行谈话教育或告诫提醒。执行干部日常管理监督制度，开展领导干部报告个人有关事项工作。执行领导干部离任经济责任审计制度，探索开展领导干部任中经济责任审计，组织开展经济责任审计结果整改情况检查。注重加强对领导干部“四风”问题的监督，严格因公出国（境）人员政审管理。

【干部队伍宏观管理】 组织开展事业干部培养选拔和管理工作专题调研。执行科级干部任前审批制度，做好市管干部兼任社团领导职务、省部属驻泉单位协管干部审批、处级干部到龄免职、干部统计等工作，全年安置27名团职以上军转干部。开展干部人事档案审查和补缺补漏工作，举办全市干部人事档案工作业务培训班。做好选调生和大学生村官分配安排、教育培训、调动管理、期满考核、分流安置等工作。举办新录用人员初任培训班和面试考官培训班，组织党群机关公务员考试录用工作，在面试环节实行“两全程”“双隔离”“五抽签”办法，全年招考录用202名公务员。指导市直机关单位规范开展公务员遴选、竞争上岗及交流轮岗等工作，稳妥推动市直机关干部合理流动。办理62批次128名干部职工调配手续、39批139人次科级职数审核手续、1342人次工资变动审批、25名干部学历更改手续和411名公务员正常登记手续。做好公务员信息库的更新、审核和会审工作，成功采集全市20689名公务员的学历、工资、家庭等22项信息。

【农村基层组织建设】 制发《关于实施优秀村级党组织带头人培养计划的通知》，采取选优—确定重点培养对象、选任—推选兼任乡镇党委委员、考核—建立奖优汰劣管理机制、考录—定向招聘事业编制人员等“双选双考”方式，建立一支388人的市级优秀村级党组织带头人队伍，相关做法在《中国组织人事报》刊发。总结安溪县开展村干部异地挂职锻炼的做法，制发《关于在全市开展村干部异地挂职锻炼工作的通知》，按行政村数10%的比例，从具备一定发展条件、但苦于找不到发展路子的村选派一批村主干到先进村挂职锻炼。2013年，全市选派250名村干部参加跨市、跨县、跨乡镇挂职锻炼，接收安排三明、南平109名村干部到泉州州市挂职锻炼。做好下派干部驻村任职工作，总结推广不适应村和经济欠发达村整顿转化“五个一”措施（即制定一份转化规划、明确一批帮扶部门、落实一笔启动资金、培育一个“带富”班子、探索一条发展路子）和资源促增收、资产促增收、投资促增收、借力促增收、服务促增收等村集体增收“五条渠道”，提高整顿转化工作实效。2013年，全市144个重点帮扶村的集体经济收入、农民人均纯收入增长都在50%以上。

【非公企业党建工作水平】 开展“百日攻坚行动”活动，探索规模以下企业“村（社区）党组织帮建、重点企业领建、工业园区联建、产业链条统建、行业协会共建、专业市场合建、商业楼宇组建、商贸区域联建”等有效方法，扩大非公企业党组织覆盖。全市19409家非公企业中，已组建党组织4790个，覆盖企业数12482家，党组织组建率达69.27%。开展“一地一特色”非公企业党建品牌培育和评选工作，指导各县（市、区）立足本地特色和优势，按照强化队伍建设、强化工作指导、强化经费保障、强化作用发挥的要求，重点培育非公企业党建特色点，打造一批各具特色、初具成效的非公企业党建品牌。加强非公有制企业党建的理论研究，党建读物出版社出版市委组织部编写的《“三五”机制——非公有制企业党建工作实践与探索》一书。全国党建研究会、中组部研究室、《求是》政治编辑部联合调研组在《求是》杂志刊发《党建强 发展强——泉州市非公有制企业党建工作调研》文章。

【激发党员队伍生机活力】 开展党员“微故事”展评活动，发动基层党员群众讲述自己身边优秀共产党员的小故事，宣传一批无私奉献、爱岗敬业、热情为民、崇德向善、积极带头践行社会主义核心价值观的基层党员先进事迹，凝聚党内正能量。相关做法在《福建支部生活》《福建组工信息》《泉州晚报》上刊载。出台《关于加强新形势下发展党员和党员管理工作的实施意见》，推行征求执纪执法部门意见制度和流动人员入党“两地联审、两地公示”制度，全年发展党员7318名，晋江市被中组部确定为发展党员工作联系点。出台《中共泉州市委组织部关于健全党内激励关怀帮扶工作机制的意见》，落实“五必访五必谈”等党内关怀机制，各县（市、区）普遍成立党员互助协会和互助资金，筹集党内互助资金4260多万元，帮扶困难党员1.78万人次。探索建立党员退出机制，指导晋江、石狮等地开展试点工作，相关做法在《福建组工信息》上刊发。制发《关于试行乡镇党代会年会制的通知》，指导各县（市、区）开展乡镇试行党代会年会制试点工作，积极发展党内基层民主。强化党员远程教育站点管理，拓展远程教育服务领域，全市3部作品获全省第三届党员远程教育课件观摩交流活动一等奖。

【基层党建工作典型】 推广农村“168”、非公“三五”、社区“135”、机关“1263”党建工作机制和流动党员双向管理机制、“六要”群众工作法，统筹抓好机关、社区、国有企业、学校等领域党建工作。实施“211”典型培育工程（即200个示范村和社区党组织，100个示范企业党组织，100个其他领域示范单位党组织），培育一批各领域的先进典型。采取“发现—总结—试点—宣传—推广”步骤，总结推广晋江市党员关怀“十必访”和非公党建“二带十”、永春乡镇党委“五三”工作法、德化“驻进帮”等做法。南安市蓉中村被中组部确定为全国先进典型。

【创建“民营企业人才聚集区”】 以民营企业家、职业经理、专业技术人才、高技能人才为主体，抓好民营企业人才队伍建设。深化重点民营企业高级联络员制度，开展高级联络员培训，提高民营企业人才工作者队伍素质。在晋江市、南安市等地开展试点，探索完善“365”人才工作机制，引导人才向民营企业集聚。在晋江、南安召开全省人才强县推进会、全市人才工作现场会，推动各县（市、区）加快建设具有区域特色的产业人才聚集基地。继续加大高端人才载体建设力度，依托行业研发中心、高新技术孵化和产业化基地、博士后工作站等载体，推动民营企业与科研机构产学研联合，全市新增院士专家工作站3个、博士后创新实践基地3个、省级技能大师工作室5个。

【加快集聚各类高端人才】 出台

进一步加强党管人才工作的实施意见，加强党对人才工作的领导。开展《创建民营企业人才聚集区、促进民营企业长远发展》重点专题调研，调研报告在《泉州调研》上刊发。转化调研成果，制订出台“海纳百川”高端人才集聚计划，形成“1+25”人才政策体系，成为市委大讨论活动先期转化的六项成果之一，并协调3000万元资金保障项目实施。组织18人申报国家“千人计划”、67人申报省“百人计划”，曾福泉博士入选第十批国家“千人计划”创业人才（待公布），6人入选“百人计划”，新增享受国务院政府特殊津贴专家5人。

【重点人才工程】 实施特色专业领军人才培养工程，发文确认首批231人为泉州市特色专业领军人才培养对象，通过采取六方面具体支持措施，开展年度培养支持工作。实施上市企业人才素质提升工程，依托海外知名培训机构开展战略企业家培训，提升企业国际化、专业化运营水平。实施专业技术人才知识更新工程，通过改进继续教育、强化公益性培训、引导社会力量开展培训等方式，提高专业技术人才技术创新、产品研发的能力。实施“567”高技能人才培养工程，扶持一批高技能人才培养示范基地，引进、培养一批泉州市紧缺急需的高级技师。

【提升人才服务平台】 改版完善“泉州市高层次人才网”，组建高层次人才评审专家库，开发高层次创业创新人才项目网上申报和评审系统，完善海内外泉州籍优秀人才基本信息库，提升人才服务信息化水平。表彰第五批泉州市优秀人才118人，发放首批621份泉州市高级人才证，组织开展免费体检，做好高级人才的服务工作。开展泉州市优秀人才培养专项经费资助，投入175.5万元资助76个人才项目。选派1位高级人才到武夷新区挂职锻炼，抓好16名赴平潭挂职干部的跟踪服务管理。制作“爱泉州、重人才”年度人才公益宣传片，在泉州电视台4个频道滚动播出。邀请各县（市、区）委书记及部分市直单位“一把手”在泉州电视台“名城群英会”录制“一把手谈人才”节目，营造“一把手”抓第一资源的氛围。

市委宣传部

【把握宣传思想工作根本任务】

组织开展习近平系列讲话精神的学习宣传贯彻 市委常委会带头学习，召开专题学习会，原原本本学习习近平“8•19”讲话内容，研究部署贯彻意见。召开全市宣传思想工作会议，对贯彻落实习近平系列讲话精神和全国、全省宣传思想工作会议精神，做好全市宣传思想工作进行具体部署。市委中心组围绕学习贯彻系列讲话精神，组织听取8场“华大讲堂”专题报告；市委班子成员还围绕学习“习总书记关于加强党的建设重要论述”主题，结合工作实践谈体会、说心得，变“收音机”式的学习会为交流会。在市委带头下，各地各部门党委（党组）依托讲堂、讲座、论坛、培训等平台，开展系列讲话精神学习宣传贯彻，引导党员干部坚定理想信念、增强“看齐”意识，把系列讲话精神内化于心、外化于行。制定下发《党的十八届三中全会精神宣传工作方案》《党的十八大以来形势宣传报道方案》《关于深入做好学习贯彻习近平总书记系列重要讲话精神宣传报道的方案》，组织市直主要媒体开设专题专栏，推出一批通讯综述和言论评论，及时报道泉州市各地各部门贯彻落实情况。组建市委党的十八届三中全会宣讲团赴各地开展集中宣讲，市委宣讲团及各地宣讲团共开展集中宣讲超过400场次，直接受众近30万人次。组织一批学习贯彻习近平“8•19”讲话精神学习体会，在《泉州晚报》理论版刊发，营造浓厚的学习宣传贯彻氛围。

开展中国特色社会主义和“中国梦”宣传教育 围绕中国特色社会主义和中共十八大精神的学习宣传，举办7期县处级干部、2期市直宣传系统科级干部学习贯彻中共十八大精神培训班；组织全市开展学习贯彻中共十八大精神知识竞赛活动，发动15万多名干部群众参加竞答活动，加深对中共十八大精神的理解和把握。南安、永春、德化组织开展“学习贯彻中共十八大精神”理论征文活动，推动中共十八大精神的宣传普及。制定《“中国梦•我的梦”百姓宣讲活动实施方案》，组建百姓宣讲团；举办“‘八闽共筑中国梦’暨‘东亚文化之都’美丽泉州新篇章大型图片展”，吸引20多万干部群众前往参观。设计30多个专题宣讲“菜单”，开展各类宣讲1800多场，受众近37万人次，引导干部群众加深对中国特色社会主义和中国梦的认识，增进对党的理论路线方针政策的理解和认同，打牢团结奋斗的共同思想基础。

开展“增强忧患意识 推进长远发展”大讨论活动 市委在全市开展“大讨论”活动，问计全市、问路发展，回答如何在全省持续引领发展、勇挑大梁的时代命题。市委宣传部以“七问九讨论”为主要内容，深入开展学习讨论，广泛征求意见，收到120多条建议意见；拟定12个调研课题，完成12个调研报告并汇编成册。其中，推动文化产业发展被列入市委重点课题，并作为市委重点专题成果转化的6个政策类文件之一印发。组织开展“大讨论”活动宣传报道，发动社会各界广泛参与“大讨论”，征集“金点子”。协调《福建日报》、福建电视台等省级媒体开展宣传报道，并专题采访市委书记黄少萍，扩大“大讨论”活动的影响。市直媒体

刊发相关报道1000多条次，征集意见建议380多条，营造浓厚氛围，推动全市“大讨论”活动深入开展。

【围绕服务中心工作大局】

市直媒体强化中心工作宣传　组织市直新闻单位在主要版面和黄金时段推出专栏、专题、特刊、时评等，对学习贯彻中共十八大精神、全国和省市“两会”精神、中共十八届三中全会精神及推进民营企业“二次创业”、美丽乡村建设、产业集群发展、增强忧患意识大讨论、“金改区”、“综改区”、2013年世界闽南文化节、“东亚文化之都•泉州”、创建文明城市、卫生城市、生态城市等主题活动进行集中宣传，为推进各项工作提供舆论支持。

省级以上主流媒体持续给力　《人民日报》刊发《泉州金改区初见成效》《泉州“金改”惠及七千小微》，新华社刊发《福建泉州成第三个国家金融综合改革试验区》《企业家信心回暖　软实力变身“红利”》，中央电视台、中央人民广播电台专访黄少萍《探讨民营经济再破题》专题，《福建日报》头版刊发《成绩面前找差距　新起点上谋跨越——泉州增强忧患意识积聚新一轮发展正能量》等报道。2013年，中央、省级主流媒体刊登（播）泉州市各类重头新闻报道稿件500多篇（条），仅《福建日报》头版就刊登50多条，巩固壮大主流思想舆论，扩大宣传效应。

网络媒体加强正面宣传　协调组织人民网、新华网、新浪网、腾讯网等国内知名网站及东南网、泉州网，围绕中心工作，开展网上正面宣传。协调开展以“贯彻全国‘两会’精神　推动福建生态文明建设”为主题的报刊台网大型联合宣传报道活动，推出市委书记黄少萍的专访报道。联合新浪网、海都网等网站组织“2013年世界闽南文化节”微访谈活动，举办“新浪泉州微博之夜•闽南文化专场”，向网友宣传、推介泉州文化。组织泉州网开展“泉籍知名文化人访谈”活动，推出“泉籍知名文化人访谈”专题，为泉州的文化发展建言献策。

突发舆情事件有效掌控　制定出台《关于进一步加强和改进新闻宣传工作的意见》《突发事件新闻管理和舆论引导应急预案》，增强应对突发新闻网络舆情预警能力。主动加强与中宣部新闻局、国信办、省委宣传部、省委网络办的沟通联系，畅通与中央、省级重要新闻媒体的联络渠道，强化协同协作机制。全年共向省委网络办报送16148条舆情信息，编印64期《网络舆情专报》。稳妥处置20多起突发事件的新闻网络舆情。

【开展两大文化展示活动】

举办2013年世界闽南文化节活动　作为主要牵头单位，积极协调、策划、参与2013年世界闽南文化节系列活动，制订活动方案，全力组织实施。办好闽南文化论坛，共有130多名专家学者参加，收到论文69篇。协调配合中国社会科学院文化研究中心在泉设立闽南文化研究基地；协调完成世界闽南文化展示中心展馆布馆工作。组织开展“世界华文媒体闽南文化泉州行”活动，共有10个国家和地区的22家新闻媒体前来采访；中央、省级主流媒体和驻泉新闻单位共116家媒体350多名记者，密集报道活动盛况，中央电视台、人民网专程采访市委书记黄少萍。各级媒体刊发报道1000余篇（条），网络报道转载1000多篇，营造浓厚氛围。2013年世界闽南文化节的举办，集中展现闽南文化独特魅力、闽南文化在两岸的深厚渊源、闽南文化在海内外的广泛影响，拉近海内外尤其是两岸乡亲距离，凝聚各方力量，扩大泉州影响力，提升城市文化软实力和综合竞争力，推动海峡两岸交流合作。

开展“东亚文化之都•泉州”宣传活动　8月26日，在首届“东亚文化之都”评选活动中，泉州从苏州、杭州、青岛、武汉、西安、桂林等10座城市评比中脱颖而出，成为中国首个“东亚文化之都”，这是泉州获得分量最重的荣誉，引起海内外极大反响。市委宣传部第一时间组织市直新闻媒体宣传报道泉州市当选首届“东亚文化之都”，对泉州市的文化资源、特色进行全方位的深入解读，推出系列报道，开辟“东亚文化之都•泉州”专栏，以“体验+解读”的方式，全方位聚焦泉州文化的形成、发展、传播以及在东亚和世界的地位，探讨泉州建设发展“东亚文化之都”的新做法、新模式，制作系列宣传片在各主要时段滚动播出。主动与中央、省级主流媒体沟通联系，深度报道泉州当选“东亚文化之都”，《人民日报》长篇报道《泉州何以成“文都”》，中央电视台新闻频道以《聚焦东亚文化之都评选，中国评选结果揭晓，泉州当选》为题，进行4分多钟的报道。《中国文化报》头版报道《泉州当选首届“东亚文化之都”》，光明日报、中国新闻网、人民网、福建日报、省广播影视集团等省级以上主流媒体和网络媒体也进行多角度、多层次的宣传报道。协调成立“东亚文化之都•泉州”建设发展委员会及办公室，制定“东亚文化之都”发展目标和实施方案，重点做好2014年“东亚文化之都•泉州”系列活动开、闭幕系列活动筹备工作，以及古城文化复兴计划、古港转型升级行动、新区城市文化综合体建设、全域文化资源联动提升方案四个建设发展规划的前期准备工作，为2014年“东亚文化之都•泉州”系列活动的开展打下基础。

【争创全国文明城市】

推进公民道德建设　出台《泉州市关于进一步推进“我推荐、我评议身边好人”活动的若干措施》，组织参加福建省“最美基层人物”评选活动，市中医院主任医师苏稼夫被评为福建省“最美医生”，石狮市青年志愿者分会会长王东育、市峻德教育咨询有限公司行政人员李娟分获福建省“最美志愿者”、福建省“最美农民工”提名奖；组织开展“最美泉州人”系列评选活动，评出10名“最美泉州人”和10名“最美泉州人”提名奖获得者。开展第三届泉州市道德模范和美德少年评选表彰活动，评选出市道德模范25名和首届美德少年100名；组织参评第四届全国道德模范和第三届福建省道德模范评选表彰活动，院士林俊德被评为第四届全国敬业奉献模范，毛碧华获第三届全省孝老爱亲模范和第四届全国孝老爱亲模范提名奖，王国珍获第三届福建省诚实守信道德模范。组织37场道德模范故事汇基层巡演活动和10场道德模范基层巡讲，推动学习宣传道德模范常态化。组建泉州市千家企业道德讲堂联盟和全市道德讲堂宣讲员队伍，推动学校道德讲堂和道德讲堂生活化试点建设。石狮市打造“百家企业道德讲堂联盟”品牌；丰泽区、德化县实现市级以上文明单位、文明学校、文明乡镇、文明社区道德讲堂全覆盖。

提升志愿服务工作 举办“雷锋精神在福建”图片展，召开泉州市“弘扬雷锋精神 倡导文明新风”座谈会，开展“‘雷锋’们的一天”大型主题报道等活动，推进学雷锋活动常态化开展。组织开展未成年人“网上祭英烈”“学习雷锋 做美德少年”签名寄语活动，分别有55万和200万人次参与，参与人数居福建省第一位。落实中央、省委文明办部署的志愿服务重点工作项目，开展“情暖返乡路”“免费游泉州”“心手相牵•感受泉州——结对农民工子女城市行”“‘一元微公益’志愿者在行动募捐”“公益泉州之‘寻找泉州最美助老志愿者’评选”等志愿服务活动。泉州开发区实验学校“爱心家教进企业”志愿服务项目获“第二届福建省学雷锋优秀志愿服务项目”称号。举办海峡两岸关爱自然志愿服务论坛，签订泉台志愿服务组织合作意向书，搭建泉台志愿服务工作交流平台。

组织开展重大先进典型宣传 推出吴一心、陈其伟重大先进典型，吴一心先进事迹报告会先后在人民大会堂和福建会堂举行，随后报告团到广东、安徽、陕西、湖北、天津等省市作巡回报告。根据市委决定，组建陈其伟先进事迹报告团，制作《大山深处的领路人——陈其伟》专题片，赴各县（市、区）和市直机关开展巡回宣讲，引起基层干部群众的积极反响。

巩固提升文明创建活动 召开市创建全国文明城市工作推进会，组织开展对鲤城、丰泽、洛江、泉港四个区创建全国文明城市工作模拟测评。较好完成全国、全省公共文明指数和未成年人思想道德建设指数测评的迎检工作。特别是在全省测评中，泉州市测评成绩位居全省同类城市全国文明城市提名资格城市前列，石狮市获全省县级市第一名，鲤城区获全省全国文明城市提名资格城市所辖城区第一名，德化县获全省县城类第一名。受省文明委委托对33个参赛行业优质服务指数进行测评，15个行业系统获满分，成绩位于全省前列。组织开展文明单位与农村建制村结对共建活动，共有180个省级以上文明单位结对帮扶村（社区）特困户，348个市级文明单位与309个村（社区）结对共建。

加强未成年人思想道德建设 组织开展“做一个有道德的人”等主题系列活动，举办“百校千师”骨干教师和社区未成年人心理辅导志愿者培训，推进中小学心理健康辅导站建设，全市150所乡村（城市）学校青少年宫实现全覆盖。

【推进文化事业产业发展】

推进国家公共文化服务体系示范区建设 全市乡镇（街道）综合文化站、公共电子阅览室，行政村“农家书屋”覆盖面均达100%。文化信息资源共享工程走在全国前列，建成文化信息基层服务点3567个，实现村级服务点100%覆盖，全市所有公共文化场馆均实现免费开放。洛江美术创作基地、泉港北管音乐创作基地、南安贵峰诗词创作基地、安溪清水祖师民俗文艺基地入选第三批福建省特色文艺示范基地。惠安县被中国民间文艺家协会授予“中国雕刻艺术传承基地”称号，这是国内设立的首个中国雕刻艺术传承基地。石狮市永宁古街入选“中国十大历史名街”。南安市图书馆、惠安县潮乐村农家书屋、德化县电影公司3家单位被评为全国第五届服务农民、服务基层文化建设先进集体。

文艺精品创作不断呈现 组织优秀文艺作品参加第七届福建省百花文艺奖、“八闽丹青奖”、首届省美术书法双年展等省级以上各类比赛、大展及各类评奖活动。南音演唱《枫桥夜泊》、独舞《开元飞天》、提线木偶戏《闹元宵》、梨园戏《陈三五娘•大闷》、茶艺•石雕•舞蹈《蓝蓝泉州湾》五个节目，在“东亚文化之都”授牌仪式上演出。《悠悠南音情》获全国曲艺优秀节目展演和中国民族器乐民间乐种组合展演一等奖，提线木偶戏《赵氏孤儿》获“第十四届文华奖——优秀剧目奖”和优秀集体表演奖、舞美设计奖、灯光设计奖等3个单项奖。泉州广播电视台《泉州财经报道》获中国新闻奖二等奖，另有54件广播电视作品在全省评奖中获奖，居全省前列。

群众性文化活动广泛开展 组织开展“新春走基层、送欢乐下基层”、元宵节“古城新韵”文化系列活动。打好“欢乐泉州”惠民文化活动品牌，全年开展100多场（含基层），“欢乐泉州”首次走进高校。举办2013年国际标准舞（体育舞蹈）全国公开赛暨CBDF“中国杯”国际标准舞巡回赛，这是新中国成立以来福建省举办的最高规格和最大规模的舞蹈盛会。全年举办各类群众文化活动300多场，丰富群众精神文化生活，扩大民间文化交流与影响。

提升文化产业竞争力 协调推动把文化产业发展纳入经济社会发展计划，纳入政府绩效考核和领导干部政绩考核。建立健全市文化产业发展联席会议制度，出台泉州市推进文化与科技融合发展、文化与旅游融合发展的实施意见，推动文化与科技、旅游的融合发展。7个项目获省文化产业发展专项资金530万元补助，补助项目数和资金量位居全省前列。顺美集团被授予“2012年福建省文化企业十强”称号；晋江国际文化创意设计研发中心和中国包装印刷产业（晋江）基地被列入省十大重点文化产业项目。泉州市国家级文化产业示范基地1家，福建省文化企业十强1家，省级文化产业示范基地13家，省级重点扶持的广告企业9家，2家文化企业被确定为省重点上市后备文化企业。泉州市被省文改办评为全省先进地区。举办首届泉州市工艺美术大师评选活动，评出首批市级工艺美术大师97名。惠安县举办首期福建乡土文化能人——工艺大师高级人才研修班，组织开展“大师文化企业”星级评选，首批命名17家雕艺大师文化企业。清华大学雕塑学院在泉州工艺美术学院设立实训基地，开设大师培训班。

市委统战部

【凝聚服务大局共识】 把学习、宣传、贯彻中共十八大、十八届三中全会和习近平系列讲话精神作为思想建设和理论武装的重要内容，作为推动统一战线建设的一项重要政治任务抓紧抓好。召开部中心组（扩大）学习会、座谈会等，传达学习中共十八届三中全会和习近平系列讲话精神及省委、市委有关贯彻部署意见。引导统一战线成员把理论学习作为巩固统一战线团结奋斗共同思想基础的重要内容。把贯彻落实中共十八大和十八届三中全会精神与服务全市经济社会发展相结合，在推动经济社会发展中体现积极作为。贯彻市委有关工作部署及上级重要会议精神。市委、市政府高度重视统战工作，市委常委会专题听取统战工作汇报，研究2013年统战工作。围绕全国、全省统战部长会议精神及市委工作部署，召开2013年全市统战工作任务交办会，对全年工作提出要求。会议对《2013年全市统战工作要点》进行分解立项，做到精神部署到位、工作要求到位、具体措施到位，推动全年工作目标全面落实。开展非公经济人士理想信念教育实践活动。成立以市委常委、秘书长、统战部部长翁祖根为组长，市政协副主席许连捷为第一副组长，市委组织部、宣传部、统战部等相关部门负责人组成的领导小组，及时出台实施意见。各县（市、区）相应成立领导小组，组织开展活动。以“三动三促”（以创新驱动促转变提升，以龙头带动促集群发展，以内外互动促市场开发）为抓手，创新活动载体，凝聚思想共识。结合市工商联成立60周年纪念大会，组织系列活动，拓展深化教育实践活动。举办全国泉属异地商会理想信念教育实践活动交流暨党建工作交流会，对信念教育实践活动进行集中的再宣传和再部署。加强典型选树工作，建立非公经济人士理想信念教育实践和思想政治工作的长效机制。其经验做法在全省非公经济人士理想信念教育实践活动大会上被肯定和推广，并在《中华工商时报》刊登。纪念“五一口号”发布65周年，开展践行“同心”思想活动。市委统战部牵头举办“继承光荣传统，坚定理想信念”主题讲座；组织各民主党派市委会参加省委统战部征文比赛，多篇文章获奖。各民主党派市委会采取多种形式开展纪念活动，并在各自网站、刊物上开辟专栏进行宣传报道，引导民主党派成员坚定走中国特色社会主义政治发展道路的信念。晋江市、石狮市开展征文、民主党派专题展和登山比赛等系列活动，引导统一战线成员继承老一辈坚定的理想信念和高尚的政治风范。

【服务科学发展】 抓住“四个环节”，开展大讨论活动。市委统战部组织各民主党派、工商联、职教社围绕市委提出的六方面重点问题，通过召开全委会、学习务虚会、研讨会等形式，开展学习讨论，调研考察，确定六个研究方向和30多个研究课题。各县（市、区）委统战部也组织统一战线人士开展大讨论活动。市委书记黄少萍走访市民主党派机关，召开座谈会，听取各民主党派对大讨论活动的意见和建议，鼓励各民主党派发挥优势，服务大局；召开民营企业界代表人士座谈会，听取民营企业界代表人士对泉州市经济社会发展的意见建议，问计全市，问计发展，问计长远。翁祖根到鸿星尔克、海天轻纺、铂阳精工等企业了解企业生产经营情况，征求企业家对推动泉州经济持续健康发展的意见建议，探讨帮助企业解决存在困难的办法和措施。市委统战部利用清明节海外、港澳乡亲、异地泉州籍企业家回乡扫墓之机，开展走访活动，收集整理意见建议17条，形成2份专报件上报市委、市政府。市委统战部牵头经贸委、台工办、工商联、侨联等单位完成《促进海内外泉商回归的新途径》重点调研专题，结合调研报告提出5条成果转化设想上报市委、市政府。引导各民主党派、工商联、职教社、新阶联围绕大讨论活动完成40个调研课题，并形成《泉州党外人士建言献策文集——“增强忧患意识 推动长远发展”大讨论成果汇编》。收集整理汇总民主党派、民营企业界代表人士2场座谈会的有关意见建议，涉及13个方面55条，交由市委督查室分解立项到各部门督查落实，迅速转化成果。支持各民主党派参政履职，同心服务大局。全市各民主党派成员向各级“两会”提交议案、提案1354件，其中在市政协大会的提案273件，占当年提案总数的47.4%。在全国“两会”上，全国政协委员、市政协副主席、台盟市委会主委骆沙鸣提交80件提案，6件提案被全国政协列为重点督办件（全国91件）；全国人大代表、民建市委会主委戴仲川参加国家相关政策的研讨，特别是在财政政策方面，提出有针对性的建议，引起委员们和媒体的关注。致公党市委会、台盟市委会分别被致公党中央和台盟中央评为参政议政先进集体。指导民主党派市委会做好常委、委员的增补工作及基层党派组织换届工作。推动台盟中央支持福建、泉州发展。协助民革市委会开展纪念成立60周年系列活动，民进市委会承办民进华东六省一市工作会议。做好有关特约人员的推荐、管理工作。助推“金改区”建设。加强企业家培训。市委统战部、市工商联等单位联合举办金融知识系列培训活动，聘请专家为企业家做金融知识辅导，共有600名企业界人士参加培训。结合泉州籍商会活动，做好“金改区”政策的宣传解读。举办“泉商资本投资与泉州‘金改区’发展高峰论坛”，市领导向与会的企业家详细阐述泉州“金改区”的政策措施。学习借鉴温州市通过“金改”服务企业的做法，协助推动港丰集团设立“海西（泉州）民间借贷交易登记中心有限公司”，服务实体经济的发展。打造金融服务小微企业新平台。由市工商联作为主管，民生银行泉州分行具体参与，共同成立泉州市小微企业经济促进会，为小微企业提供全方位的金融支持。推动泉台经贸交流。协调对接台湾金融业工会联合总会到泉州就泉台金融合作进行考察交流，探索引进台资银行。晋江市组织30家企业赴台与台湾企业进行对接合作，组织10个团赴台开展乡镇对接交流活动。参与民营企业产业项目对接活动。市委统战部、市工商联组织100多位异地泉州籍商会会长及泉州本土企业家参加民营企业产业项目对接会议。组织泉籍企业家参加“6•18”交易会和民企对接会，引导非公企业和异地泉籍商会参与“三维”项目对接。完善公共服务体系建设，促进中小微企业发展。搭建商事调解平台。商事调解员参与化解案件纠纷522起，调解成功481件，调解成功率达92.1%。搭建行业公共服务平台。市纺织服装商会推进纺织服装创新基地建设，建设纺织服装产业公共服务平台——全省纺织服装行业唯一获省经贸委认定的“福建省中小企业公共服务示范平台”。搭建基层商会服务平台。引导各级商会组织搭建各具特色、功能各异的公共服务平台，在税源回归、项目落地和人才培训等方面发挥作用。

【促进社会和谐稳定】　推动民族团结进步。与市委宣传部、市民宗局和泉港区政府举办泉州市第六个民族团结进步宣传月暨泉港区第七届少数民族文化节活动。市委统战部、市委宣传部、市民宗局在洛江区厝斗畲族村开展民族政策、法律法规宣传活动。各地开展各种宣传活动，营造民族团结的良好氛围。加强城市少数民族流动人口管理工作探索，丰泽区被国家民委确定为全国第四批少数民族流动人口服务管理体系建设试点单位，是福建省首个也是唯一试点单位。各级统战、民宗部门以“海西（桐江）春雨行动——支援民族乡村新农村建设”活动为抓手，调动各方资源支持民族乡村发展，全市民族乡村基本形成“一乡一业、一村一品”的产业格局，少数民族群众收入居全省前列。维护宗教领域和谐稳定。推动宗教界深入开展以“教风”为主题的和谐寺观教堂创建活动。全市816处宗教活动场所中有687处通过考评验收达到创建相关标准，占总场所的84%。承天寺和石狮城隍庙被中央统战部、国家宗教局授予“第二届全国创建和谐寺观教堂先进集体”称号。做好宗教教职人员认定备案工作，全市符合条件的1080名人员全部完成认定备案。开展贯彻落实国家宗教局等十部委《关于处理涉及佛教寺庙、道教宫观管理有关问题的意见》专项工作，推进宗教活动场所管理法制化、规范化。引导宗教服务社会，全年宗教界捐赠慈善公益事业达1400多万元。协调化解宗教领域矛盾纠纷，妥善处理涉及宗教教产、场所管理等群众来信来访。围绕宗教领域的热点难点问题建言献策。促进海内外同胞关系更加和谐。密切与海外、港澳社团的联系，做好海外、港澳台访问团接待工作，组织庆贺团参加海外、港澳社团庆典活动。重视港澳新生代工作，邀请澳门晋江青年联合会等社团回乡考察交流。召开第九届全国侨代会泉籍代表、海外委员座谈会，激发侨胞的爱国爱乡热情，助推家乡新一轮发展。落实涉侨维权工作衔接互动机制。鲤城、洛江、南安、惠安、永春侨联与当地法院联合建立涉侨维权工作衔接互动机制，成立法顾委或聘请法律顾问，开辟涉侨法律咨询热线。开展“百侨助百村活动”，挂钩村居103个，侨捐帮扶项目170个，全市侨捐帮扶资金到位3.59亿元。加强与台湾、金门交流，推动泉台（金）两地经贸文化合作，促进泉台（金）两地人员往来。台商投资区搭建对台文化交流、雕艺产业交流、宗亲姓氏交流、职业教育交流四个平台，推动两地交流交往常态化。

【加强党外代表人士队伍和工商联、侨联组织建设】　推动中发4号文件精神的贯彻落实。制定出台《关于加强新形势下党外代表人士队伍建设的实施意见》，指导县级党委做好实施意见的制定出台工作。完善市委同各民主党派市委的政治协商制度，坚持协商于决策之前和实施之中。召开党外代表人士座谈会征求对市委《全面深化改革的决定》《全市深化重点领域改革方案》的意见建议。修改完善党员领导干部与党外代表人士联谊交友制度和联谊交友安排方案。及时向党外代表人士通报市委常委民主生活会查摆问题整改情况，征求对市委民主生活会意见。收集整理市政协委员相关信息，加强与市政协协商，完成市政协委员调整增补工作。加大党外代表人士培养锻炼力度。市委统战部会同市委组织部成批选派5名民主党派市委会机关科级干部到洛江区河市镇等5个乡镇挂职任镇长助理，并注意跟踪了解挂职工作生活情况。在市社会主义学院举办党外科级干部、民主党派骨干、工商联干部以及新阶联、留联、非公经济人士暑期读书班等7个培训班，培训235人次。推荐市民宗局1名科级干部到台商投资区百崎乡挂职。协助民主党派做好引进人才工作，充实后备干部队伍。指导民进、农工党、致公党完成常委和委员增补工作。推进部分市级宗教团体换和市新阶联、留联换届筹备工作。制定出台《泉州市支持留学人员优秀创业项目评选暂行办法》，开展首届项目评选。加强工商联、侨联组织建设。按照“一个设立五个有”标准，全面贯彻落实中央、省、市加强工商联工作实施意见，夯实工商联工作基础。市工商联被国家人社部和全国工商联评为“全国工商联系统先进集体”，为福建省唯一获此荣誉单位。晋江市工商联被评为“全国县级工商联建设示范点”（全省2个）。加强对侨联工作的指导，把侨联工作纳入年度统战绩效考评内容，推动侨联工作开展。市侨联被评为“全国侨联系统先进集体”，晋江、石狮和永春仙夹镇侨联被评为“全国侨联系统先进组织”。

市委政法委员会

【维护社会稳定】 树立“稳定压倒一切”的思想，强化维稳责任，落实维稳措施，保障国家安全和社会政治稳定。拓展情报信息来源和渠道，组织协调各方面的情报力量，加强情报信息综合研判，研究各种应对措施，做到超前预警、及早预防。针对全国、省、市“两会”和中共十八届三中全会等重大会议以及海峡论坛、“9•8投洽会”、“石博会”、“鞋博会”等重大活动安保工作，完善各类安保预案，细化各个环节，严密各项措施，确保重大活动、重点时期的绝对安全。

【服务保障发展】 把握服务大局的重要使命，结合政法职能，探索创新服务“二次创业”，增强服务和保障跨越发展的实效。在年初确定27项服务大局和经济发展的重点工作，逐个分工立项、落实责任，组织专项调研组开展督促检查。强化司法职能，开展打击涉众型经济犯罪、打击商业贿赂犯罪与打击串通投标行为等整治工作，及时查处一批涉案金额巨大、危害严重的经济犯罪大要案，规范和保障市场经济秩序。推进“六五”普法和依法治市工作，继续开展法律“六进”活动，先后开展“深化法制教育、助推‘二次创业’、服务产业集群”、综治平安建设、新人口计生条例、构建和谐交通、社区矫正、争创全国文明城市等主题宣传活动，以及“12•4”全国法制宣传日系列活动，营造浓厚的法治氛围。开展第四个五年依法治市规划调研，起草《泉州市2013—2017年依法治市规划》，经市委常委会研究通过，并由市委印发。省“三五”依法治省规划和“六五”普法中期督导组到泉州督导工作，对泉州市有关工作给予肯定，泉州市被福建省推荐申报为“全国‘六五’普法中期先进城市”。

【强化排查整治】 建立健全党和政府主导的维护群众权益机制，坚持关口前移、源头治理，积极化解各种矛盾，社会大局保持和谐稳定。建立以人民调解为基础、行政调解为疏导、司法调解为保障，相互衔接配合的“三调解”工作体系，构建县乡村三级联动的大调解工作平台。执行《泉州市重大事项社会稳定风险评估规定》，从源头上避免、缓解和减少矛盾纠纷发生。拓宽各类维权诉求渠道，在矛盾集中、纠纷多发的部门、行业和领域成立交通事故、医患纠纷、劳动争议、消费维权、法院诉讼等各类行业性、专业性调委会，建立完善调处机制，探索引入第三方开展纠纷调处工作和法律援助工作，推动社会热点矛盾纳入法制化轨道解决。全市已建立各类调委会2878个，2013年受理调处各类民间纠纷22037件，调解成功21561件，成功率达98%。

【社会管理创新】 探索创新社会管理服务的新思路、新办法，通过边试点、边总结、边完善、边推广，服务和管理水平有新的提升。推行流动人口居住证制度，全市所有流动人口达到2000人以上的乡镇（街道）均已建成居住证发放点，偏远山区乡镇也通过整合至中心乡镇发证的方式实现居住证的申领，发放居住证122万余张。全面推广流动人口信息社会化采集模式，建立流动人口“一站式”服务管理所（站）599个，有8281家企事业用工单位开通流动人口综合信息管理平台、6386家规模企业安装“二代证”读卡器；累计采集录入流动人口信息334万余人、出租房屋信息21.3万余户。2013年全市流动人口案前登记率为79.47%，流动人口网吧上网人员登记率为85.69%，流动人口娱乐场所从业人员登记率为97.32%，达到省公安厅评定的“全覆盖”等级，位居全省前列。加强对特殊人群的教育、服务和管理，多形式帮教，多渠道安置。全市建成县级“中途之家”4个，2013年新设立4个安置帮教基地，通过市劳动就业中心开发适合刑释解教人员安置的岗位2500个，提供免费就业指导培训560人，帮助特殊人群更好地回归社会、融入社会。推进党建、综治、群团组织进非公企业，在大型企业建立警务室，实现规模企业综治机构或联络员全覆盖。构建和谐劳动关系，各类企业职工劳动合同签订率达96%。

市委教育工作委员会

【提升学校党建工作】 首次开展“全市教育系统党建工作先进单位”“市直中小学校先进五好党组织”评选，建立对县（市、区）委教育工委和市属学校党建工作定期考评奖励制度。总结完善中小学“156”党建工作机制，在全市建设38个“156”示范点。评选表彰泉州市教育系统先进基层党组织56个、优秀党务工作者55名、优秀共产党员100名。对生活极为困难党员每月发放200元定额补助，全年发放慰问金和定额补助金8.34万元。市属学校发展党员1409名。

【提高思想政治教育】 组织学习贯彻中共十八届三中全会、习近平系列讲话精神，省委教育工委、市委宣讲团到泉州市多所高校开展宣讲活动，市委教育工委选派一名副书记参加市委宣教团，深入有关县区和高校进行宣讲。加强网络思想政治教育，督促高校建立网络思政教育工作队伍，组织高校围绕“中国梦”主题开展形式多样的校园文化活动和社会实践活动，成立泉州市高校思想政治理论课教学协作中心，举办第三届高校思想政治理论课教学比赛、第九届教学观摩活动，组织参加全省高校思想政治教育理论课教学比赛获优秀组织奖。组织评选50名全市高校优秀辅导员、班主任和100名优秀大学生。

【夯实高校校园稳定】 开展“学校安全标准化建设三年行动”暨创建“平安先行学校”工作考评，市属高校均已通过考评。督促高校落实定期排查和台账制度，结合“下基层”“三访三创”等活动，开展5次“大走访、大排查、大调处”活动，解决关系师生利益的实际问题，2013年校园保持稳定，市教育主管部门被省委省政府评为社会管理综合治理先进单位。

【提升教育科学发展水平】 组织全市教育系统深入开展“增强忧患意识 推动长远发展”大讨论活动，“培育均衡优质教育资源 提升教育公共服务水平”被市委确定为重点调研课题，市委常委、宣传部部长、教育工委书记陈庆宗在市委第十一届五次全会上作题为《推动高等教育转变提升，更好服务经济社会长远发展》的发言，《提升教育服务泉州经济社会发展能力》《打造高教“升级版” 助力发展“加速度”——泉州高等教育转变提升势在必行》等多篇调研文章在有关报刊刊发。组织高校党外人士开展“我为泉州长远发展献一策”活动，全市教育服务泉州民营企业“二次创业”和“金改区”、“综改区”、“文化之都”建设发展能力持续增强，多项教育发展指标排在全省前列，鲤城、丰泽、洛江、泉港、泉州开发区、石狮、晋江7个区（市）通过国家“义务教育发展基本均衡”评估认定，通过认定的数量居全省首位；在全国率先实现异地高考；泉州师范学院获批为福建省硕士学位培育单位，泉州信息职业技术学院、泉州理工职业学院通过升本考察评估，泉州工程职业技术学院获省政府批准设立。

市委台湾工作办公室

【经贸合作】 2013年批准台资企业21家，投资总额1.70亿美元，其中合同台资1.05亿美元，实际使用台资（历史可比口径）2.76亿美元。泉州台商投资区组团赴台推介洽谈，走访14家企业，举办1场产业推介会。深化泉台金融交流合作，泉州市金融交流考察团赴台交流拜会15家台湾金融机构，重点推介泉州金改区政策和项目，初步达成意向合作项目10多个；举办第五届海峡论坛两岸金融合作（泉州）论坛，12家台湾金融机构参加。对接落实《海峡两岸服务贸易协议》准备工作有序推进，推动泉台电子商务合作先行先试，加快与台湾5家台湾电商企业和团体沟通对接。办好涉台经贸活动，举办第16届海博会、第15届鞋博会和第6届农订会，参与“9·8”投洽会活动，突出对台深度合作。涉台农业合作平台建设取得新成效，惠安台湾农民创业园已落户台资涉农企业8家，总投资1.17亿元，实际利用台资1130万美元，年产值1.13亿元；台湾农业技术交流推广中心加快推进“福建省对台合作引种创新基地”建设，获科技部批准为“国家农业科技园区”；闽台农产品市场获财政部等多个部委支持设立台湾农产品直销市场。推动17个经贸考察团组赴台，促成多个行业协会赴台开展交流合作考察。召开市委、市政府与台资企业协会座谈会并开展深入台资企业走访活动。

【对台宣传】 审核把关涉台宣传报道131篇。推动“刺桐花开”宣传项目入岛。1月，台湾《两岸好康月刊》派记者到泉州采访。4月，台湾广播网络媒体“美丽福建”联合采访团一行30人到泉州采访2013年世界闽南文化节的筹备工作情况及石井闽台农产品市场有限公司。5月，台湾《联合报》、台湾中天电视台一行对泉州台商投资区采访报道。同月，台湾中华电视公司到泉州少林寺拍摄专题片《武与舞的科学》。2013年世界闽南文化节期间，台湾媒体记者参加世界华文媒体闽南文化泉州行活动，并出席泉州市对外新闻媒体协作网成立仪式。9月，台湾新闻记者福建参访团一行23人到泉州参访，与台资企业交流转型升级、拓展内销、避免双重扣税、企业党建等问题。12月，两岸关系杂志社泉州记者站揭牌成立。

【直接往来】 全年泉金客运航线运行2683航次、运送两岸旅客98454人次，其中台胞73939人次。从元旦起，泉金航线从3进3出6个班次增加为4进4出8个班次。8月28日，泉州启动赴台“个人游”，首发团254名游客分别从海、空双线出发，其中168名市民从晋江机场包机直飞高雄。11月26日，开通泉州—台北空中航线，实现泉台空中直航常态化，至年底共飞12个航班，运送两岸旅客2436人次，其中台胞201人次。2013年，泉台海上货运直航768航次，货运量达39.84万吨，货值14058.80万美元；全市接待来靠小额贸易台轮677艘次、3617人次，贸易额8382.16万美元；渔工劳务输出954人次、合同金额399.76万美元。配合做好晋江向金门供水前期工作。

【联络交往】 全年接待台胞13.6万人次。举办云林县推介会。全市各级台办（侨台外事局）接待和处理台胞台属的来信来访100多人次；在高考期间为台胞出具台籍证明43份，为台胞更改户籍出具台湾省籍证明210份。开展涉台数据库基础信息采集和上报工作；做好泉台“同名村”调查摸底工作。

市委机构编制委员会办公室

【行政管理体制改革】 加快推进全国经济发达镇行政体制改革试点建设。根据中央编办等六部委和省政府的部署要求，加大晋江陈埭、南安水头两个全国经济发达镇行政管理体制改革试点推进力度，指导制定和督促组织实施试点工作方案，并在“一级政府一级财政”、选人用人机制以及用地、项目和金融扶持等方面大胆创新突破，体现泉州特色。深化全省小城镇机构改革试点。在加强跟踪指导，逐步完善相关配套政策，增强试点成效的同时，开展小城镇机构改革试点工作总体评价，并在现有16个小城镇试点镇（全省25个）的基础上，上报争取扩大泉州市试点范围，为推动城乡一体、促进县域经济社会发展发挥更大作用。推进其他体制机制改革。调整完善泉州台商投资区、泉港石化工业区等省级以上开发区管理体制和运行机制；参与研究完善金融服务体制机制，争取并获批设立泉州金融工作局；协调配合推进行政审批制度改革、小城镇综合行政执法体制改革、公安综合警务改革，促进政府职能转变和行政效能提高，推动地方经济社会发展；推进公园管理体制改革、公共资源交易管理体制改革和文化、医药卫生等行业体制机制改革，较好地促进经济社会全面发展。学习贯彻“全国地方政府职能转变和机构改革电视电话会议”精神，迅速启动新一轮政府机构改革各项前期准备工作。推进事业单位分类改革。研究制定出台《泉州市分类推进事业单位改革实施意见》，确定分类改革的指导思想、基本原则、总体目标、主要任务和具体要求，并协调相关部门抓紧研究制定事业单位分类改革相关配套政策。在全面完成事业单位清理规范和模拟分类工作的基础上，借鉴全国试点省市经验，按照上级制定的分类指导目录进行事业单位预分类，确保按期完成事业单位的分类工作。

【机构编制管理】 贯彻落实中央和省委、省政府《关于严格控制机构编制的通知》精神和“财政供养人员只减不增”要求，围绕“严格控制机构编制总量”和“优化行政资源配置”，贯彻执行机构编制管理各项政策规定，加强和规范机构编制日常管理。加大监督检查力度，提升事业单位登记监管水平，强化与纪检监察、组织人事、财政等部门机构编制管理综合约束机制，坚持从源头上防止机构编制膨胀。加快健全完善“严控总量、盘活存量、优化结构、动态调整、增减平衡”的机构编制监管调控体系和工作机制，做到控住、管好、用活机构编制，机构编制科学化、规范化管理水平持续提升，机构编制资源得到合理配置，在保证经济社会发展对机构编制需求的同时实现对机构编制的有效控制。全市党政群机关、政法机关和事业单位继续实现整体缺编，全市财政供养人员与总人口之比为1:63，财政负担为全省最低，体现较佳的编制效益，有效控制政府行政成本，促进“廉价政府”建设。

市直机关工作委员会

【深化思想政治工作】 开展中共十八大、十八届三中全会和习近平系列讲话精神的学习宣传贯彻活动，通过组织知识竞答、举办各类培训班、开展优质党课教案评比、组织宣讲报告和辅导报告等措施，统一思想认识。组织“增强忧患意识，推动长远发展”大讨论活动，开展讨论、调研，形成一批调研成果。开展“强化学习、强化服务、强化创新、强化效能”活动，动员和引领机关党组织及党员干部围绕市委工作大局，建设一流机关、打造一流队伍、培育一流作风、创造一流业绩。

【落实党建工作机制】 推进“1263”机关党建工作机制建设，机关覆盖面达100%。省直工委在晋江召开全省县级机关“1263”党建工作机制建设现场推进会，对泉州市机关党建工作给予肯定，晋江“四特”模式的经验做法在会上得到推广。落实中央条例，全市11个县（区、市）全部出台实施方案。召开第五次党组书记党建工作汇报会，落实市委分管领导听取部门党组书记汇报党建工作制度。收回发展党员预审权限，全年发展新党员197名。组织对103个创建单位进行考评并向市委常委会汇报，以市委名义对第五轮36个机关党建工作先进单位进行表彰。开展第六轮（2013—2015年）创建党建工作先进单位和第十一轮（2013年1月—2014年12月）建设“五好”党支部活动。开展全市机关特色党建竞赛活动，推动机关党建创出特色、打造品牌。

【改进机关作风】 贯彻落实中央“八项规定”，厉行节约、反对浪费。在市直机关开展贯彻落实“八项规定”检查活动，推动“八项规定”落到实处。率先在全省牵头开展市直机关“百名优秀科长”评选活动，对机关117名优秀科长进行表彰。持续开展“五评机关”活动，督促有关单位抓好落实提高。组织市直党群系列绩效管理，及时跟踪督查，采取分组集中办法开展年终绩效目标考评工作，提高绩效管理工作质量和水平。

【推进机关精神文明建设】 举办泉州市直机关干部职工“翰墨丹青庆五一”书画精品展，创办市直书法家协会内部刊物《书品》，开展书法家走基层活动，举办“颂歌献给党，同铸中国梦”泉州市直机关庆“七一”文艺汇演，举办文化讲堂活动，丰富活跃机关文化。培育和弘扬机关文明新风，推动市直机关学雷锋活动常态化，举办“市直机关道德讲堂”专场活动，开展关爱社会志愿服务活动。参与“创城”“创卫”工作，召开市直机关推进迎接国家卫生城市复审和全国城市文明程度指数测评工作动员会，组织调研督查组对各单位及有关公共场所的创城创卫迎检情况进行全面检查。推进文明单位创建活动，组织开展新一届省级文明单位初评和第十三届（2011—2013年度）市级文明单位的评选推荐工作，营造机关文明创建工作氛围。

【强化机关党风廉政建设】 在市直机关开展“清廉勤俭转作风 为民务实求发展”为主题的教育学习月活动，举办市直机关廉政主题演讲比赛和“廉政文化进家庭”知识竞赛，制作发放廉政优盘，召开泉州市领导干部“廉内助”座谈会，加大反腐倡廉宣传教育力度。查处和审理党员违纪案件9起，给予开除党籍处分 9人。通过抓好案件查处和整改工作，增强机关党员干部的法制观念。

【加强机关干部队伍建设】 开展“荐书读书活动”，推荐第六批阅读书目15本。推进学习型党组织建设，确定3个市级学习型党组织建设示范点。举办4期“机关大讲堂”，听众达1500人次。健全学习培训制度，依托市直党校举办各类培训班11个班次，调训党员、干部1217人次。建立市直党校山美水库培训基地和市直机关工委“国防教育基地”。加强机关党建重点课题研究，2013年市直工委多篇调研论文获全省机关党建研究会年度重点课题调研论文一等奖及市委2013年度党建重点课题优秀调研成果二等奖等多个奖项。

【推进服务基层、服务机关工作】 组织基层党组织学习贯彻中央关于开展党的群众路线教育实践活动的有关精神，做好党的群众路线教育实践活动的前期准备工作。做好工委机关“四下基层”工作，多次到南安市眉山乡观山村调研，帮助推进“美丽乡村”建设。推进和谐机关建设，开展“职工之家”创建活动，为职工维权、服务。举办“大爱无疆，祈福雅安”书画作品慈善拍卖会，拍得善款24.8万元。

市委农村工作领导小组办公室

【重大农村政策调研】 围绕“加快发展现代农业”“全面推进美丽乡村建设”“深化农村综合配套改革”等6个重点课题开展调研，撰写调研报告，转化调研成果。落实市领导指示，组织开展村内企业税收返还、家庭农场、休闲农业、壮大村集体经济和“三农”工作机制等热点问题调研，研究提出较具针对性和指导性的建议措施。在调研基础上，研究制定政策措施，起草市委1号文件和《农业贷款风险补偿专项资金管理规定》《进一步做好扶贫开发工作的若干实施意见》等政策文件。

【美丽乡村建设】 全年完成“六大工程”项目3563个，总投资29.14亿元。市财政筹措安排下达美丽乡村建设奖补资金5065万元。市、县两级财政落实安排农村环境卫生清洁保洁经费2.32亿元，推进农村垃圾处理城乡一体化。集中力量打造10条美丽乡村建设示范段。同时，开展“中国梦•海西行”——走进泉州美丽乡村等系列宣传活动，发动社会力量参与美丽乡村建设，募集13.79亿元投入美丽乡村建设。

【新农村建设与扶贫开发】 20个市级新农村建设试点示范村，筹措落实捆绑扶持资金1000万元，实施建设项目228个，完成投资1.15亿元，全面完成年度新农村建设试点示范工作。20个市级扶贫开发工作重点村，筹措落实捆绑扶持资金1000万元，驻村干部到村任职开展帮扶工作。同时，支持11个省派驻点扶贫村实施帮扶项目，筹措帮扶资金超亿元，实施帮扶项目300多个，农民年人均纯收入平均增长2倍以上，村集体年收入平均增长10倍以上，全部如期实现脱贫脱困目标。加强泉州与南平、三明山海协作，抓好本市范围内山海协作对口帮扶工作，安排100万元，重点扶持12个市级山海协作项目。

【造福工程危房改造项目】 2012年度危房改造任务超额完成。截至8月29日，已落实农村危房改造任务7189户，落实率123%。完成2013年度省级造福工程危房改造任务指标3200户，市级“造福工程”搬迁任务4000人。5个省级重点扶持造福工程集中安置区配套基础设施建设完成投资929万元；10个市级重点扶持集中安置点完成基础设施配套项目36个，总投资1154万元。

【现代农业建设项目】 每年安排100多万元资金，从各县申报的现代农业扶持项目中选取有典型示范作用的项目给予重点扶持。特别是禽流感期间，选择一些比较成规模的企业，给予适当的资金扶持，帮助其渡过难关。通过扶持企业引进新品种、新技术，带动周边农民仿效和学习，起到示范带动作用，推动现代农业的发展。

【泉台农业合作与交流】 加快推进3个国家级重点项目建设，推进台湾农业技术交流推广中心“福建省对台合作引种创新基地”建设，争取福建闽台农产品市场获批为“台湾农产品直销免税市场”。筛选10个泉台农业合作示范点进行重点扶持。深化对台农业交流，9月23日，组织16家农业企业赴台考察，与台湾农会、农业合作社、果树推广站等举办座谈会，达成农产品深加工、蛋鸡合作、树葡萄种苗引进等6个合作项目意向。举办2013年海峡两岸（泉州）名优农特产品展传统地方文化响宴暨年货大街活动，60多家台农、台商参加，台湾农产品销售额达500万元。组织50多名农业经营者参加第五届海峡论坛的推介活动和农订会。

【农业产业化】 根据农业产业发展布局，围绕园艺、水产、林业、畜牧四大主导产业，经过认真推荐与严格审核和认定，评选出第七轮农业产业化市级重点龙头企业200家。申报第七轮农业产业化省级重点龙头企业14家，推荐晋江市申报第二批国家农业产业化示范基地。加大对农业产业化扶持力度，组织开展2013年泉州市农业产业化重点项目、泉州市品牌农业金奖企业、泉州市农业产业化龙头企业技术品牌创新项目等申报评审工作，下拨扶持资金500万元。

【农村劳动力就业培训】 市财政安排150万元用于扶持农民素质提升和技能培训。全市已开展农村实用技术远程培训12期，参加培训超过10万人次，比原计划的3万人超233%；完成阳光工程培训3414人，超额完成省农办下达的3370人的培训任务；成立“泉州市家政服务培训基地”和“护工培训基地”，举办4期家政服务和8期护工培训班，培训学员689名；举办4期240人参加的泉州风味小吃公益性培训。经跟踪回访调查，第一期参训学员有6人独立经营餐饮企业，28人在各餐饮企业中担任技术骨干，15人着手筹划独立创业项目。

【农村工作机制改革】 创新农村金融服务机制。根据金改区总体方案，制定配套的农村金融服务政策，起草《泉州市农业贷款风险补偿专项资金管理规定》，市县两级财政拿出2400万元设立农业贷款风险补偿资金，对缺乏抵（质）押物的一般农户、专业大户、家庭农场、农民专业合作社等对象，实行单户贷款额度在30万—100万元的授信贷款，贷款期限1—3年，风险补偿金放大倍数20倍以上，实现贷款规模4.8亿元。同时，对为农户提供生产性贷款担保的担保公司提供风险补偿金。开展乡镇“三农”服务中心规范化建设。确定晋江内坑镇、南安丰州镇、德化赤水镇、惠安东岭镇、安溪城厢镇、永春外山乡6个省级试点乡镇，在服务场所、服务设施、服务内容、制度建设、运行机制五个方面进行规范化建设。基本完成建设任务，通过省农办验收考评。

市委老干部局

【深化“两项”建设】 离退休干部思想政治建设方面，市、县两级老干部工作部门通过举办老干部读书班、学习中共十八大精神专题报告会、经济形势通报会、研讨会等，加强老干部的理想信念、政治理论、形势政策和政治纪律教育；组织老干部参加5次全市性重要会议，在市委开展“增强忧患意识、推进长远发展”大讨论和泉州首获“东亚文化之都”活动中，老干部提出73条意见建议，推动活动深入开展。离退休干部党支部建设方面，举办第14期全市离退休干部党支部书记培训班，召开市直离退休党支部联席工作会议、加强离退休干部党支部建设和老干部思想政治建设工作经验交流会，表扬一批先进党组织和先进个人事迹，发挥示范带动作用，提升离退休干部党支部建设水平。

【落实生活待遇】 在常态化开展“三帮三在”挂钩服务活动的基础上，推进“四下基层、四送四解”“我与老干部拉家常”等主题实践活动，开展为失能老干部提供钟点、保洁、家电维修、物品代购等购买服务，走访慰问老干部573人次，收集意见建议57条，解决问题和办实事83件；召开全市利用社区资源服务老干部工作研讨会、工作推进会，规范和优化社区“四就近”老干部服务工作，被省委老干部局评为全省“关爱老干部•共筑中国梦”十二件实事之一。

【筑强涉老阵地】 推进老年远程教育，全市2340所基层老年学校中有1716所开通老年远程教育网络。深化“以文强校，以学促为”活动，组织开展7场“老年大学文化惠民走基层”活动，弘扬闽南优秀文化，丰富老干部、老年人精神生活，泉州老年大学等3所老年大学（学校）获首批“省一级示范校”称号。坚持以“管理规范、服务优质、环境优秀”为标准，加强各级活动中心软硬件建设，举办泉州市第六届老年文化艺术节，市老干部活动中心获省、市级“敬老文明号”称号，市老干部活动中心、市老年活动中心、县（市、区）8所活动中心被评为省级示范活动中心。

【引导老有所为】 发挥涉老组织联席会的统筹协调作用，依托关工委、经济顾问组、老科协、老体协、老促会、扶贫开发协会等涉老组织平台，引导老干部参与“八闽夕阳红•共筑中国梦”“老少手牵手•共筑中国梦”等主题活动，在宣传中共十八大精神、关心下一代、参与社会管理创新、文明创建等方面贡献余热。市关工委推进第二批20个“青少年社会教育活动中心”建设，开展创“五好”和“基层工作年”活动。市老科协、市老年大学、市农业局离退休干部党支部、市农体协等先进事迹得到省委老干部局关于宣传“八闽夕阳红•共筑中国梦”先进典型事迹情况的表彰通报。

市委精神文明建设办公室

【文明城市创建工作】 全国文明城市创建工作注重与落实市委、市政府重大决策部署相结合，实行创文明城工作“条块结合、以块为主”组织领导机制，推动创建工作常态化。完成市“十二五”期间精神文明创建工作规划实施情况中期评估。2013年省文明委组织的测评中，泉州市总体成绩较2012年有较大进步。在福建省的全国文明城市提名资格城市中，泉州市位列三明市、漳州市之前，由2012年第三名前进为第一名。在福建省争创全国文明城市的县级市中，石狮市、晋江市分别继续保持第一名、第二名。在8月中央文明办组织的测评中，泉州市城市文明程度指数测评重点工作的成绩得分率较2012年提高7.51个百分点。泉州文明网在中央文明办组织的中国文明网联盟网站季度考评中，成绩均在全省同类城市前列。

【公民道德建设工程】 组织参与第四届全国道德模范、第三届福建省道德模范评选活动。泉州市林俊德被中央文明委授予全国敬业奉献道德模范称号，毛碧华获全国孝老爱亲道德模范提名奖；王国珍、毛碧华分别被授予第三届福建省诚实守信道德模范、孝老爱亲道德模范称号。常态化组织开展“我推荐、我评议身边好人”活动，全市各有7人入选中国好人榜、福建好人榜。开展道德领域突出问题专项教育和治理活动，在食品、药品行业、社会服务和公共秩序等领域深化道德教育。开展“讲文明树新风”公益广告制作、传播活动，在报纸刊发公益宣传广告80多个版面，电视台、电台各播出约1万分钟；电讯运营商发送以“讲文明、树新风”为主题的公益短信、彩信90万多条；在中心市区公共场所设置“讲文明　树新风”“中国梦”主题公益广告及“遵德守礼”提示牌。设立泉州市、县（市、区）道德讲堂总堂，组建泉州市千家企业道德讲堂联盟。评选一批“文明餐桌”示范街、点（店），发挥示范作用，全市约有6000家企业、学校、食堂参与活动。以“中国梦”和做“谦恭有礼的泉州人，为东亚文化之都添光彩”为主题，开展“厅堂悬挂家训”征集传播、千家企业文明礼仪知识竞赛和“最美泉州人”“十佳家庭”“最美公交司机”评选等活动。完成《泉州市民文明公约》修订工作，编辑出版《道德之光（三）》《美德少年》《泉州礼数》等书。以“摒弃丧葬陋俗、倡导文明新风”为抓手，解决人民群众反映强烈的突出问题。常态化开展“我们的节日”系列主题活动，传承民俗传统文化，展示东亚文化之都人文魅力。

【群众性精神文明创建】 组织对702个福建省第十二届（2012—2014年度）文明村镇、文明单位（学校、社区、风景旅游区）申报对象进行初评；开展泉州市新一届（2011—2013年度）精神文明建设各类先进评选工作。推进农村精神文明创建活动，组织348个市级文明单位与309个村（社区）结对共建，协调180个省级以上文明单位结对帮扶特困户或向省志愿服务基金会捐款。受省文明委委托对32个参赛行业的优质服务指数进行测评，15个行业系统测评获满分。引导文明单位、文明行业参与全国文明城市创建工作。

【学雷锋志愿服务工作】 举办《雷锋精神在福建》图片展，召开泉州市“弘扬雷锋精神　倡导文明新风”座谈会，开展“‘雷锋’们的一天”大型主题报道，弘扬“学习雷锋、奉献他人、提升自己”的志愿服务理念。开展“暑期第三课堂”“情暖返乡路”“心手相牵•感受泉州——结对农民工子女城市行”“‘一元微公益’志愿者在行动”募捐等关爱他人志愿服务活动；开展服务“世界闽南文化节”、“遵守交通秩序，人人有责”公共文明引导、“垃圾不落地　文明我做起”等关爱社会志愿服务活动；开展“美丽泉州　美丽心灵——关爱山川河流”自行车环城骑行环保宣传、“保护水资源　北渠健步行”关爱母亲河以及保护红树林、关爱泉州湾等关爱自然志愿服务活动。承办、联合举办中央文明办确定在福建省举办的全国保护山川河流志愿服务活动重点项目——保护泉州湾红树林志愿服务活动、保护山川河流暨关爱台湾海峡海洋环保志愿服务活动启动仪式。组织泉州市精神文明建设研究会成员到台湾学习考察志工管理、运作经验。承办海峡论坛•海峡两岸关爱自然志愿服务论坛，搭建两地志愿服务工作学习交流平台。在册志愿者数量突破17万，9名志愿者被评为福建省“学雷锋优秀志愿者”、3人被评为福建省“学雷锋优秀志愿服务工作者”、3个组织被授予福建省“学雷锋优秀志愿服务组织”、2个项目被评为福建省“学雷锋优秀志愿服务项目”。

【未成年人思想道德建设工作】 全市50所乡村（城市）学校少年宫建设项目列为市委、市政府2013年30件为民办实事项目之一，全市投入建设资金1060.2434万元，实现全市153所乡村（城市）学校少年宫全覆盖目标。召开社区创建全国文明城市示范点建设现场会。建立泉州市级未成年人心理健康教育指导中心，加快学校、社区未成年人心理辅导站建设。举办三期全市“百校千师”未成年人思想道德建设骨干教师培训班，600多名中小学教师参加培训。优化学校周边秩序和学生学习环境，净化荧屏声频。在全市中小学校开展洒扫应对、认星争优、日行一善等“做一个有道德的人”主题活动。组织开展未成年人“学习雷锋 做美德少年”“网上祭英烈”“向国旗敬礼 做一个有道德的人”网上签名寄语活动，全市分别有200万、55万、380万人次参与，参与人数位居全省前列。组织开展“童心向党”歌咏比赛、“我们的节日•中秋”全市中小学生经典诵读比赛等活动。参与全国、全省优秀童谣征集推荐活动，1篇入选全国（全省4个）优秀童谣，2篇作品获全省一等奖、1篇获二等奖，市委文明办被评为优秀组织奖。组织参与第二届福建省美德少年评选表彰活动，推荐上报7名候选人，1人入选第二届福建省美德少年。

市委党校

【干部教育培训】 实行“一班一策”“一班多策”，开发出“泉州经验”“二次创业”“非公党建”等一系列特色课程。加大教育培训力度，举办各类培训（进修）班88期，培训各级各类干部8118人。

【教学品牌】 举办首届全市党校系统精品课评选活动。采用研究式教学、案例教学、互动式教学、现场教学、异地办学等方式方法，邀请一批部门领导和专家学者来校举办专题讲座。与市中级法院合作设立依法行政实践基地，组织主体班学员观摩现场庭审，

【合作办学】 协同有关部门开展业务培训。承办科级任职班、公务员初任班、全省广电系统培训班、烟草系统十八大培训班等50期，培训5600多人次。开辟对外合作办学新业务。承接对外合作办学13个班次，包括南平市拆迁培训班、陕西省宝鸡市工商联培训班等。

【学科建设】 成立学科建设工作小组，制定并印发《学科建设年活动实施方案》《学科建设三年规划》和《学科建设年度计划》。实施教学专题带动，推出37个专题，初步形成包括80多个教学专题、10多个一级学科的学科体系。选拔10多名骨干教师作为一级学科建设负责人，夯实学科建设的人才基础。

【学员管理】 采取量化考勤、屏蔽教室手机信号、设立学员意见箱、评选优秀学员、加强重点学员的跟踪管理与服务等措施，从学习、考勤、党性锻炼等方面强化学员管理。

【咨政作用】 强化科研为教学服务的基础作用和为党政决策服务的咨政作用，校院获各级课题立项41项，在各级各类CN刊物上发表文章51多篇，一批调研课题进课堂、进咨政，科研和咨政水平持续保持在全省党校系统领先地位。

市委讲师团

【理论宣讲工作】 开展“点菜送学、辅导服务”活动，向全市各市直单位和各县（市、区）发布一年两次的宣讲培训菜单。内容包括基本理论、执政能力建设、市情市策、新知识四大板块，40多个专题。在此基础上，开展“学习贯彻党的十八大精神”“学习贯彻党的十八届三中全会精神”“高举旗帜，实现‘中国梦’”“党的光辉历程和基本经验”“认真学习党章，严格遵守党章”“落实中央八项规定，加强作风建设”“深入开展党的群众路线教育实践活动”“增强忧患意识，推动泉州长远发展”“提高市民素质，建设文明城市”等重要课题的宣讲和学习辅导活动。全市讲师团系统（含南安市委讲师团、业余讲师团）到机关、企业、部队、学校、乡（镇）、村（社区）宣讲3200多场次，受众110多万人次。此外，坚持“大宣讲”理念，加强与泉州广播电视台、《泉州晚报》、泉州网—学习在线、泉州机关党建网、泉州文明网等“声、频、报、刊、网”媒体的互动，开辟专栏、设立专题、撰写评论、组织专题访谈，增强理论宣讲工作的吸引力和感召力。

【理论调研工作】 组织调研并撰写《增强忧患意识，推进泉州长远发展》《推进泉州“金改区”建

设，服务产业集群发展》《提高做好新形势下意识形态工作能力的思考》《增强忧患意识，主动服务大局，大力推进泉州市讲师团系统建设》《加强基层宣讲阵地建设，推进理论进基层工作》《以新型城镇化为契机，加快建设海西泉州环湾中心城市》《泉州市21个省市级综合改革试点小城镇建设的做法及启示》《发挥工会主导作用，积极关爱和保障外来务工人员权益》8篇调研文章，其中《增强忧患意识，推进泉州科学发展》《推进泉州“金改区”建设，服务产业集群发展》2个课题被纳入2013年度福建省中国特色社会主义理论体系研究中心立项课题；完成与市政协开展《以新型城镇化为契机，加快建设海西泉州环湾中心城市》和《泉州市21个省市级综合改革试点小城镇建设的做法及启示》等课题调研并汇编成册，其中《泉州市21个省市级综合改革试点小城镇建设的做法及启示》在市政协工作会议上作汇报发言，为市委、市政府科学决策提供理论支持和决策参考。全团有10多篇理论文章在各级报刊、杂志上刊发。

【指导业余讲师团工作】 坚持加强对基层业余讲师团的工作指导，通过集体备课会，探讨如何创新形式、创新载体，推进理论进基层宣讲工作。建立健全联动机制，选派理论骨干参与基层开展的主题宣讲活动，提升基层业余讲师团理论宣讲的整体水平。以推动建立乡镇（街道）业余讲师团为契机，整合全市讲师团系统力量，开展市、县、乡三级宣讲队伍的组织网络体系建设，壮大党在基层的宣讲声音。加强对基层理论骨干的学习培训和锻炼提升，提高宣讲艺术、提升宣讲水平，以适应不同层次干部群众的理论需求。全市业余讲师团到机关、企业、部队、学校、乡（镇）、村（社区）宣讲2500多场次，受众达70多万人次。

中共泉州市纪律检查委员会

【查办案件】

保持查办案件高压态势 全市纪检监察机关受理群众来信来访4077件（次），组织初查658件；新立案619件，给予党政纪处分611人，其中处级干部12人，科级干部56人，移送司法机关处理48人；涉案总金额5902.01万元，通过办案挽回直接经济损失1071.68万元。

加强办案工作规范化建设 梳理案件线索，做到线索管理“不流失、不积压、不泄密”。转变办案方式，抓好案件初查初核，做到“快进快出”，主要问题查清后及时移送司法机关处理。注重办案过程监督，组织对全市办案点安全管理、监控设备使用进行专项检查或个别抽查15次，落实整改措施38个。依法依纪审理案件，保证案件处理的政治、法纪和社会效果。

督促做好案后整改工作 剖析重大典型案件，查找发案原因和制度上的漏洞，向发案单位下发整改通知书或纪检监察建议书，督促抓好整改落实，防止类似问题再次发生。全年剖析典型案件34起，提出整改建议99条，督促建章立制186项。

【党风廉政建设】

贯彻落实“八项规定” 下发《关于2013年元旦春节期间切实加强廉洁自律和厉行节约工作的通知》，制定《开展“八项规定”执行情况明察暗访工作方案》，及时跟进中央、省委部署，采取措施严禁公款送月饼、订制台历、购买贺卡、公款吃喝、公款旅游等奢侈浪费不正之风。坚持日常检查和重点督查相结合，紧盯元旦、春节、中秋、国庆等重要时间节点，加强监督检查、严格执纪问责，派出检查组185个，发现和纠正违规问题161个，问责处理30人。在全市范围内实名通报4批12起违反八项规定精神的典型问题，并在媒体公开曝光。2013年，全市“三公”经费同比明显下降，其中公务接待费下降42.62%、因公出国（境）费用下降50.83%、公务用车运行维护费下降5.93%；全市共减少各类工作会议290多场，简报2815份；5月底以来，全面停止新建、扩建、迁建楼堂馆所项目审批，各县（市、区）主动停建11个项目。

落实民主生活会制度 10月，会同市委组织部下发《关于以“转变作风服务群众”为主题开好2013年度全市县以上党和国家机关党员领导干部民主生活会的通知》，对全市相关工作进行部署。制定《市纪委监察局党员领导干部参加各单位民主生活会方案》《纪委派员参加县处级以上单位党员领导干部民主生活会的安排意见》，坚持派员到会指导，突出重点，严格程序，督促党员领导干部积极开展批评和自我批评，提高民主生活会质量，发挥其重要的监督作用。

落实党内监督有关制度 会同组织部门落实党员领导干部报告个人有关事项、述职述廉、诫勉谈话、任前廉政谈话等制度。全市开展领导干部述职述廉702人次，诫勉谈话59人次，任前廉政谈话739人次，纪委负责人同下级党政主要负责人谈话235人次。抓好《关于领导干部报告个人有关事项的规定》和《关于配偶子女均已移居国（境）外的国家工作人员加强管理的暂行规定》两项法规的贯彻落实。

【惩防体系建设】

推进廉政风险防控工作 制订工作方案，组织召开动员会、推进会，在全市机关单位部署开展廉政风险防控工作。在《泉州晚报》开辟《反腐倡廉防控风险》专栏进行宣传指导，及时刊发报道各级各部

门的经验做法。聘请32位专家，加强检查指导和对风险点排查、防控措施制定等的审核把关。确定17个廉政风险防控先行单位，以点带面推进工作开展。全市梳理职权目录48211项，绘制权力运行流程图20622幅，排查风险点219152个，制定防控措施218049条，健全完善制度机制19374项。推进预警处置机制、风险评审机制、案件倒查机制、动态管理机制四项机制建设，加强廉政风险防控常态化管理。将廉政风险防控工作纳入党风廉政建设责任制和年度绩效评估内容，作为问责和奖惩的重要依据。

深化公共资源市场化配置　推动成立泉州市公共资源交易中心，对分散在财政、国土、交通、水利等部门的交易平台进行整合优化，营造公开、公平、公正的交易环境。首次采用电子竞价方式挂牌出让海域采砂临时用海使用权，增值率达82%。推动出台《泉州市城市户外广告设施设置管理规定》，督促市区500辆公交车身广告经营权在充分竞争下交易，取得良好的经济效益。《中国纪检监察报》专题报道泉州市经验做法。

抓好重点领域预防腐败工作　协调制定《市级政府投资项目代建制管理规定》，探索推进投资体制改革；协调出台市级预算单位实行公务卡制度工作方案，全面推行市级公务卡结算制度改革。开展制度廉洁性审查工作，对近年来出台的规范性文件进行廉洁性评估。检查通报办事公开标准化建设制度落实情况，完善各专项公开流程“路线图”。总结推广晋江市非公企业防治腐败工作经验，建立13家非公企业联系点，七匹狼集团公司、特步（中国）公司分别被确定为国家和省级工作联系点。

【执法监察】

开展生态市建设监督检查工作　分别于5月和8月组织对各县（市、区）和市直有关部门推进生态市建设的情况进行重点督查。截至11月底，市、县两级监察机关开展生态市监督检查75次，检查项目实施现场233个，发现问题409个，纠正问题353个，提出工作建议129条，发出监察建议书1份，促进泉州市生态市建设工作的深入开展。

开展依法行政综合监察工作　市县两级监察部门分别对财政行政主管部门2011年、2012年的依法行政情况开展综合监察，检查行政行为1308件，发现问题284个，提出整改意见和建议123条。印发《关于开展依法行政综合监察“回头看”工作的通知》，梳理2008年以来综合监察反馈报告中所列问题，提出书面审查意见。在此基础上，市监察局组织对市林业局、环保局等8个部门综合监察“回头看”进行督查，促进问题整改、制度建设、行政管理等工作的落实。

开展专项监察工作　印发《关于开展水利改革发展政策措施贯彻落实情况监督检查的实施方案》，对各县（市、区）政府及行政主管部门执行水利改革发展政策及开展水利建设项目检查情况进行督查。会同安监、公安、工会等部门对2012年度发生的20起生产安全事故责任追究落实情况进行专项督查，确保事故责任追究落实到位。会同发改、法制办等部门，对8月前出台的招投标规范性文件进行清理；查处工程建设领域的违纪违法案件，2013年，全市受理举报和移送涉及工程建设领域的案件线索16件，立案调查18件，给予党纪政纪处分7人，移送司法机关处理21人。加强对国家公务员、事业单位招考录用工作的监督，配合有关部门开展燃气专项整治、市政府第二届质量奖评选、环保整治、墓地生态建设等工作，对法规、规章和规范性文件进行审核把关，发挥执法监察职能作用。加大生产安全责任事故和行政执法案件查处力度，调查处理失职渎职人员。立案调查安全生产责任事故7起，结案2起，处分25人；移送审理5起，涉及行政管理责任人39名。

【纠正部门和行业不正之风】

抓好纠风专项和热点治理　抓保障性住房配置环节中存在的问题，持续完善保障性住房长效监管机制。2013年，全市保障性安居工程开工19132套，开工率达126.95%，基本建成率达155.73%，租配售率达92.07%，超额完成目标任务。搭建高效廉洁信息平台，按照出台《泉州市保障性住房建设和管理规定》，重新定义审核流程，建立社区、街道、区“三级联动”的审核公示机制和审核联席制度，通过审核，注销不符合条件的保障家庭245户，追缴违规领取的租赁补贴资金55.23万元。出台《保障性住房配租配售流程图》，结合“政风行风热线”“政风行风直通车”，在市区丰泽广场组织“关注保障性住房建设与管理”现场大型咨询活动，通过“面对面”及广播和电话、短信相结合的形式解答群众咨询，取得良好社会反响。与市住房和城乡建设局牵头，以电视直播的形式在泉州影剧院举办保障性住房申请家庭公开摇号选房，对2701户申请市区8个小区1876套保障房进行现场摇号，以公开、公平、透明的形式确定选房顺序，受到市民一致好评。开展医改、新农合、城镇医保、社保等资金投入和使用情况的监督检查，解决盗刷医保卡问题，纠正截留、挤占、挪用、虚报冒领等行为，查处医疗服务中的不正之风4起；治理教育乱收费，纠正查处各类学校乱收费问题8个；纠正查处公务员考录和国有企业单位招聘中的不正之风1个，电信收费行为14个；开展民营企业减负“九条禁令”落实情况的专项检查；深化减轻农民负担、强农惠农资金及农村土地承包经营监管工作，维护农民利益。治理公路“三乱”、食品药品安全和环境保护领域的突出问题及公职人员“吃空饷”问题等。开展热点问题清理，对基层反映征订报纸杂志摊派严重问题开展专项调研、按照规定予以规范。对社会反映的中心市区部分社区开具电动自行车证明时搭车收费进行清理纠正，通过媒体通报结果，受群众欢迎。对群众反映机动车驾驶员培训收费问题开展调研，督促相关部门进行调整。全面清理规范考核检查评比表彰项目和节庆、论坛、展会活动。

深化民主评议政风行风工作　市县两级纠风办和参评单位选聘评议代表7483名，发放问卷调查表13346份，召开各类座谈会866场，走访群众10万多人次，组织明察暗访362次。下发《深化和规范县级民主评议政风行风工作指导意见》，规范县级民评工作。加强对2012年度民评中三个类别后二名的6个单位整改情况的跟踪督查。

创新纠风工作形式　首次举办政风行风“面对面”评议活动，市公安局、城市管理行政执法局、卫生局主要领导与专家学者、社会各界代表300多人现场对话交流，取得良好效果。改版升级“泉州市政风行风网”，完善投诉渠道，纳入民评工作日常考评的重要内容。构建8万多群众参评员数据库，举办90期政风行风热线和45期政风行风直通车，推出关注保障性住房建设与管理、春运、医保、社保、殡葬、中考中招以及高考高招等专题节目，组织“关注保障性住房建设与管理”及政风纠风热线走进永春、安溪、南安、洛江、鲤城、德化等6场现场服务群众大型活动，社会反响强烈。

加强纠风工作理论研讨　市纠风办、监察学会出版《党风廉政研究》纠风调研论文专辑；6月14日中纪委内网“廉政理论研究”、6月6日省纪委内网“纠风之窗”分别刊用泉州市保障性住房的经验做法；9月4日中纪委监察部内网“华东之窗”刊用泉州市《当前纠风工作在服务群众，促进发展中存在问题及对策》的经验做法。

【效能建设与监督】

推行“马上就办”　制定《关于开展“马上就办、办就办好”专项活动的方案》，把群众反映强烈的房产证、土地证、社保卡和机动车驾驶证办理难、办理慢作为破解重点，督促相关部门落实整改措施。推进行政审批制度改革，市本级取消20个审批项目、19项准入限制、94项申请材料，削减51个审核环节；压缩审批时间2340天，对110个简易事项改为当场即办，市行政服务中心当场办结率从38.9%提高至60.4%。推动制定《泉州市基本建设项目审批流程改革的实施意见》，企业投资项目审批时限从185个工作日压缩至33个工作日。推进行政服务标准化建设，市行政服务中心编制服务标准1055项，6个县级行政服务中心向社会发布行政服务标准，乡镇便民服务中心和村（居）便民代办点建设率分别达77.9%、76.2%。

抓好绩效评估　抓好2012年度泉州市绩效评估工作，完善奖惩激励机制，取消6个单位14名干部职工绩效工资。推进2013年度绩效评估工作，健全评估指标体系，对县（市、区）政府实行共性指标和差异指标考评，增加市级人大代表和政协委员作为市直部门公众评议调查样本，增加“综改区”“金改区”等市委、市政府重大决策部署作为察访核验内容，实行绩效评估“一票否决”。

强化效能问责　开展效能问题专题调研，规范问责对象、方式和程序。市、县两级开展机关作风建设明察暗访283次，及时发现机关作风存在的问题，给予党政纪处分6人，效能告诫129人，诫勉教育142人，通报批评128人，组织处理16人。加强电子综合监察，受理并办结效能投诉704件，给予效能告诫81人、诫勉教育96人、通报批评4人、组织处理3人、移送司法机关立案2件。对被省效能办察访核验发现的4名违规人员给予政纪处分，对所在单位分管领导给予效能告诫，责成单位主要领导作出书面检查，并在全市进行通报。

【信访举报工作】　拓宽信访举报渠道，运用现代通信、网络技术为群众信访举报提供便利，市、县两级开通网络举报平台6个，为群众信访举报提供更安全便捷的服务。发挥信访举报工作职能，全年提供案源线索878条，转立案210件，给予党政纪处分206人，移送司法机关53人，挽回经济损失1302万元；开展直查快办265件，转立案64件，给予党政纪处分89人，挽回经济损失907万元；开展信访监督156件，其中信访约谈108件，信访通知书48件。给予立案5人，批评教育和其他处理21人。化解矛盾纠纷，全市开展领导接访206次，接待群众729人次，协调解决问题198件次；排查矛盾纠纷223件，化解182件；排查信访积案152件，化解105件。做好信访信息分析工作。《农村基层信访举报热点问题分析》被中央、省有关部门采用。全年报送信息138条，得到领导批示7条，被上级机关采用46条；撰写调研文章16篇，被上级机关采用6篇。

【党纪廉政教育】　加强反腐倡廉舆论宣传，在《中国纪检监察报》等报刊上稿140多篇。泉州通联站再次被中国纪检监察报社评为优秀通联站。推出18个廉政文化建设示范点，在全市开展“倡廉洁、树清风”优秀廉政公益广告展播和“读书倡廉、和谐农家”活动。办好泉州反腐倡廉网，应对网络舆情信息，承办“八闽清风”廉洁视频网络创作活动。以泉州当选中国首个“东亚文化之都”为契机，创作廉政题材的提线木偶、高甲戏等文化精品。制作《正本清源刺桐红——泉州市2008—2012年惩防体系建设掠影》宣传邮册，宣传泉州市推进惩防体系建设的成效。加强市、县两级警示教育基地建设。召开“廉内助”座谈会，举办市直机关廉政文化建设“进家庭”知识竞赛。组织学习《党的十八大反腐倡廉精神系列辅导读物》等廉政教育读本。在全市青年文明号集体中开展“争当勤廉表率、推进二次创业”主题实践活动。深化纪检监察干部培训工作，开展学报用报活动。

泉州市人民代表大会及其常委会

综述

【围绕改革关注先行先试】 在市委十一届五次会议、市人大常委会会议、市人大常委会与市政府联席会等会议上，提出增强改革勇气、胆识和智慧，破除体制机制弊端，争取在重要领域率先突破，续创泉州新经验、新模式。组织部分省、市人大代表对“金改区”“综改区”的情况进行调研视察，强调要把握机遇，敢于攻坚，在设立民营金融机构、解决小微企业融资难、规范发展民间融资、推进民营企业集聚发展等方面取得新进展。牵头完成市委重点课题《关于建立健全泉州民营经济综合配套改革推进机制的研究》，提出加强引导民间资本进入公共服务领域、激发市场主体创造活力、统筹指导各县（市、区）搞好综合改革试点等一系列建议。围绕加快政府职能转变、创新山海协作机制、完善环境整治和生态修复制度等方面深入探讨，为市委出台全面深化改革的决定提供参考依据。

【围绕发展督促创新转型】 组织各级人大代表和机关干部参加“增强忧患意识　推动长远发展”大讨论活动，对市人大代表提出的210条意见，综合整理成七个方面的建议报送市委，有关部门予以研究处理。开展加快转变发展方式系列调研，督促政府正视泉州市产业结构不够合理、科技创新相对薄弱、服务业发展滞后等问题，立足创新驱动，补齐服务业“短板”，继续推进“五大战役”，夯实发展后劲，提高成长型产业及战略性新兴产业的增速和占比，加快构建现代产业体系。开展城乡规划法和省实施办法执法检查及制止违法建设情况调研，督促市政府增强规划的前瞻性和科学性，整合各种资源要素，强化中心城市功能，提高新型城镇化质量，保证规划执行的严肃性。市政府按照审议意见要求，建立环湾中心城市统一规划管理体制，加快规划编制进度，提升环湾城市的带动力和竞争力。常委会重点检查泉州台商投资区总体规划和桃花山生态保护利用规划的年度实施情况，促使泉州台商投资区不断完善各层次规划编制工作，桃花山北入口公园一期和绿道建设基本完成。听取和审议《泉州生态市建设“十二五”规划》年度实施情况及加快造林绿化、推进“森林泉州”建设情况等报告，对重点流域（含近海水域）环境污染综合整治情况进行视察，要求市政府下大力气突破创建难点，强化水、大气、土壤等污染防治，打击违法排污行为，推进“四绿”工程，致力绿色循环低碳发展，确保如期实现国家级生态市创建目标。

【围绕民生保障社会和谐】 加强对政府预算决算的审查监督，听取和审议2012年市本级决算、2012年市本级预算执行和其他财政收支的审计工作、2013年1—7月国民经济和社会发展计划执行情况、2013年1—7月预算执行情况等报告，审查批准2012年市本级决算，要求做好财政资金统筹安排，加强民生保障，促进社会和谐。审查批准2013年市本级预算调整方案，预算调整的70.8%用于民生方面支出，地方政府债券转贷资金主要用于安居工程、交通路网建设等。调研检查群众关注的教育、卫生、计生、住房等热点问题，督促市政府提高教育支出比重，规范教育资金管理；整改行政村卫生所实施国家基本药物制度存在问题，减轻群众用药负担；加强对社会抚养费征收使用监管，促进计生事业健康发展；加快安置房建设，提升物业管理水平，维护被征迁群众权益。对农民专业合作社发展情况和“美丽乡村”建设进行调研，督促有关部门加大扶持力度，把专业合作社建成农民增收的重要载体，打造一批特色鲜明、生态优美、经济发达的美丽乡村。

【围绕法治维护公平正义】 关注“六五”法制宣传教育决议的执行情况，按照法治泉州建设的规划要求，部署学习宪法和法律，增强全社会维护宪法和法律权威的自觉性。听取市中级法院执行工作情况报告，要求健全执行工作机制，提升执行效率和透明度，维护司法公信力。调研市检察院反渎职侵权工作情况，听取反贪污贿赂工作汇报，要求坚持标本兼治、惩防并举，及时查处贪污受贿、渎职侵权等职务犯罪案件，发挥检察机关在反腐倡廉建设中的职能作用。对泉州市执行妇女权益保障法及省实施办法的情况进行检查，督促有关部门打击侵害妇女权益的违法行为，完善妇女权益保障工作机制。全市妇女人均1元工作经费已被列入2014年度财政预算草案。听取和审议市政府关于社区矫正工作报告，提出强化保障举措、提高教育质量等审议意见。有关部门制定加强县级社区矫正经费保障工作办法，市级“中途之家”即将投入使用。对市政府报备的92件规范性文件进行备案审查，维护法制的统一性和严肃性。推动有关部门依法加强宗教场所管理，创建“和谐寺观教堂”。

做好人大信访工作，重视初信初访、实名信访的处理，加大重复来信来访督办力度。全年受理群众来信813件，接待群众来访421批582人次，常委会领导批示件的办结率达100%。

【实打实专题询问】 开展调查研究，选择市政公用事业管理和法院“执行难”等社会热点问题，制订工作方案，开展专题询问，有20名组成人员就破解市区停车难、户外广告管理、污水处理厂运行、“执行难”难在哪里、“老赖”处理、加强执行监督等问题发问，分管副市长、市中级法院院长及有关方面负责人认真回应。通过“问”“答”互动，共同探讨问题症结及破解之道。市政府和市中级法院对询问的问题及时研究，部署有关部门逐一分解、抓好整改。市政府、市中级法院已分别向常委会报告办理情况，多数问题得以推进和解决。新闻媒体对专题询问过程及办理情况连续推出系列报道，向社会展示“一府两院”由人大产生、对人大负责、受人大监督的宪法理念，引起积极反响。

【多视角开展评估】 高度重视泉州市国民经济和社会发展第十二个五年规划实施情况中期评估报告的审议。成立6个调研组，与各县（市、区）人大常委会上下联动，围绕现代产业体系培育、区域协调发展等17个重点，了解规划纲要和21个专项规划实施的具体情况；召开11场座谈会，听取专家、学者和相关业界人士对规划实施的意见；首次委托专家团队开展第三方评价；组织泉州调查队向470名市人大代表、400名企业家和300名城乡居民进行问卷调查，形成内容翔实、论证充分、客观公正的综合评价报告，有针对性地提出五大方面审议意见。要求政府对发展目标、主要任务、重大项目进展情况予以重视，千方百计完成目标任务。市政府正在研究常委会意见，采取完善相关政策、强化责任考核落实等措施，推动“十二五”规划的执行。

【全过程跟踪问效】 通过视察、调研、听取专题工作报告等方式，持续跟踪人代会决议、常委会审议意见的执行办理情况。关注泉州白濑水利枢纽工程规划建设情况，要求市政府做好科学论证，克服困难加快项目推进。该项目已被列入国务院《全国大型水库建设总体安排意见（2013—2015）》，市政府加紧研究和推进库区移民安置、公路铁路改复建等前期工作，力争早日上马。跟踪泉州市旅游业发展情况，督促市政府加快旅游管理体制改革，推动重点旅游项目建设，抓住当选首届“东亚文化之都”契机，促进旅游与文化、旅游与城市形成互动融合发展格局。跟踪检查市政府2011年度社保基金审计发现问题的整改情况，两次听取专项报告，推动解决社保基金征缴、支付、管理环节存在的问题。常委会还对环境保护法、档案法等执法检查作出的9个审议意见的落实情况，进行督办跟踪，推动有关部门改进工作。

【搭建代表履职平台】 组织、安排本届人大二次、三次会议，营造民主氛围，确保代表深入审议、认真表决、依法选举，参加行使国家权力。围绕壮大产业集群、加快金融改革、推进小城镇综合改革建设等重点工作，组织代表开展异地视察、专题调研，形成调研报告23篇。邀请代表80多人次列席常委会会议，390多人次参加执法检查和委员会相关活动，扩大代表对常委会工作的参与。协助省人大做好在泉省人大代表任前培训，组织40多位新当选的省人大代表到厦门参加专题培训，委托县（市、区）开展市人大代表培训，提升代表履职能力。运用常委会会议通报、泉州人大网站，向代表提供市人大常委会和“一府两院”的工作情况，定期向代表寄送《中国人大》《人民政坛》《泉州人大》等刊物，保证代表知情知政。

【督促代表建议办理】 继续完善常委会领导分工督办代表建议重点办理件制度，从336件代表建议中筛选5件事关发展大局、关乎民意民生的建议作为重点督办件。创新督办制度，采取单件面对面督办、分类召开会议督办等方式，让领衔代表与承办单位当面沟通，直接推动建议办理落实；建立“月报”制度，每月汇总通报建议办理进展情况；开展代表建议办理工作集中视察活动，协调各方，积极互动，解决一批群众反映强烈的热点问题。如城区群众住院难、上公办幼儿园难得以缓解，住宅专项维修基金管理得以加强，市区提供原水的北渠封闭式管道得以建设，普查市区消防栓建设、城市抗灾能力得以提高。代表建议办理“答复率高、解决率低”的老问题得到改进，所提问题“已经解决”和“正在解决”的比率达85.4%，较往年有所提升。代表对答复表示“满意”占71.7%、“基本满意”占28.3%，满意率和基本满意率达100%。

【促进代表规范履职】 在全省率先制定市人大代表履职请假制度，保证代表出席市人代会、参加闭会期间活动有章可循。实行代表履职情况年度通报制度，激发代表执行职务的积极性。针对个别人大代表涉嫌犯罪和违纪行为，及时发出通知，引导全体代表严格自律，当好表率，以良好形象赢得人民群众信任。

【以主题实践汇聚正能量】 学习贯彻中共十八大、十八届三中全会和习近平系列讲话精神，坚定中国特色社会主义道路信念，树立社会主义核心价值观，把握人大工作正确政治方向。深化“增强素质、强化服务”主题实践活动，提高法律素养和政策理论水平。制定、修订常委会履职和机关管理制度，推动各项工作有序有效。引进、招录一批高学历干部，培养、提拔一批德才兼备干部，激发人大机关干事创业活力。开展人大制度研究，围绕“进一步发挥代表作用”“扩大公民有序政治参与”等课题，组织市、县两级人大结合实践撰写文章，全市人大系统7篇论文入选省人大专题研讨会并获奖。

【以改进作风塑造新形象】 贯彻落实中央“八项规定”，纠正“四风”问题。常委会领导成员集体到西柏坡学习，重温“两个务必”；人代会厉行节约，削减开支；规范公务接待和外出考察活动，按要求完成清车任务，“三公”经费明显下降。坚持“四下基层”，常委会领导、各委（室、局）负责人280多人次到各挂钩县（市、区），走访重点企业和贫困村、示范村、试点村，指导工作、排忧解难，人大工作的群众基础和社会基础得到夯实，树立人大机关践行宗旨、清廉务实的良好形象。

【以争先创优提振精气神】 开展“五型机关”创建活动，提高“读、说、写、做”能力。抓好机关党建工作，全面推行“1263”工作机制，市人大常委会机关获泉州市机关特色党建竞赛二等奖，4篇论文获泉州市2013年党建重点课题调研奖。推进机关绩效考评工作，实施《市人大常委会机关创建省十二届（2012—2014年）文明单位的工作要点和规划》，通过省级文明单位创建届中检查。重视做好离退休干部工作，落实离退休老干部政治和生活待遇。发挥机关工会、妇委会作用，丰富机关文体活动，干部职工保持良好精神面貌。常委会获评全国“维护妇女儿童合法权益先进单位”、省级“模范职工之家”。常委会自觉接受省人大常委会的指导和监督，协助做好全国人大、省人大组织开展的立法调研、执法检查、代表视察等工作。通过邀请列席常委会会议、召开市县两级人大常委会主任座谈会、举办全市乡镇人大主席（街道人大工委主任）培训班等形式，密切与县（市、区）人大的工作联系，加强对县（市、区）人大工作的指导和监督。注重人大宣传工作，改版《泉州人大》，提高办刊质量，密切与新闻媒体的沟通联系，为人大工作营造良好舆论氛围。

人民代表大会会议

【市十五届人大二次会议】 泉州市十五届人民代表大会二次会议于2013年1月5—10日举行，主要议程有：听取和审议泉州市人民政府工作报告；听取和审议泉州市2012年国民经济和社会发展计划执行情况及2013年国民经济和社会发展计划草案的报告，审查和批准泉州市2012年国民经济和社会发展计划执行情况的报告及2013年国民经济和社会发展计划；听取和审议泉州市2012年预算执行情况及2013年预算草案的报告，审查泉州市2012年预算执行情况的报告及2013年预算草案，批准泉州市2012年市本级预算执行情况的报告及2013年市本级预算；听取和审议泉州市人民代表大会常务委员会工作报告；听取和审议泉州市中级人民法院工作报告；听取和审议泉州市人民检察院工作报告；选举泉州市第十五届人民代表大会常务委员会个别委员；选举福建省第十二届人民代表大会代表。

【市十五届人大三次会议】 泉州市十五届人民代表大会三次会议于2月26—27日在市区举行，大会采用无记名投票的方式，补选郑新聪为泉州市人民政府市长。

常委会会议

【市十五届人大常委会第八次常委会议】 于2月19日召开。市人大常委会主任陈海基主持会议，副市长陈荣洲，市中级法院、市检察院相关负责人列席会议。会议传达学习省十二届人大一次会议精神。审议通过人事任免事项，决定接受黄少萍辞去泉州市人民政府市长职务的请求；决定接受尤猛军辞去泉州市人民政府副市长职务的请求。报泉州市第十五届人民代表大会第三次会议备案。审议通过市人大常委会代表资格审查委员会关于个别代表的代表资格的审查报告；审议通过市人大常委会关于召开泉州市第十五届人民代表大会第三次会议的决定；审议通过市十五届人大三次会议的日程安排（草案）及各项建议名单，决定分别提交市十五届人大三次会议预备会、主席团会议表决；决定于2月26—27日召开泉州市第十五届人民代表大会第三次会议。审议通过市人大常委会2013年工作要点；审议市人大常委会内司委2012年度规范性文件备案审查情况的书面报告。

【市十五届人大常委会第九次常委会议】 于4月25日召开。市人大常委会主任陈海基主持会议，市委常委、副市长林伯前，市中级法院院长林贻华，市检察院有关负责人列席会议。会议听取和审议市政府关于2012年社会保障资金审计发现问题的整改情况报告，并通过相关审议意见。会议认为，市政府高度重视社会保障资金审计发现问题的整改工作，个人账户管理不规范、资金存款未执行优惠利率等问题已基本整改，其余问题还在继续整改中。会议要求，要抓好存在问题整改工作，加快建立健全社会保障工作机制，强化社会保障资金监督管理，加快推进社会保障信息化建设，提高社会保障服务和管理水平。听取和审议市政府关于社区矫正工作情况专项报告，并通过相关审议意见。会议提出，2006年以来，泉州市推进社区矫正法制化规范化建设，取得明显成效。针对存在的不足，会议要求，必须加大宣传，创新工作机制，强化各项保障，加强队伍建设，形成全社会支持参与社区矫正的良好环境，提高社区矫正工作质量和工作水平。审议通过泉州市人大代表履职请假规定，审议通过有关人事任免事项。

【市十五届人大常委会第十次常委会议】 于6月25日召开。市人大常委会主任陈海基主持会议。副市长林锐，市中级法院、市检察院有关负责人列席会议。会议听取和审议市政府关于加快造林绿化、推进“森林泉州”建设工作情况的报告；听取和审议市政府关于2012年市本级决算草案的报告、关于2012年市本级预算执行和其他财政收支的审计工作报告，审查批准2012年市本级决算。审议通过有关人事任免事项；表决通过关于罢免泉州市个别省十二届人大代表的代表职务的决议；审议通过市人大常委会代表资格审查委员会关于个别代表的代表资格审查报告。

【市十五届人大常委会第十一次常委会议】 于8月27—28日召开。市人大常委会主任陈海基主持会议，副主任洪泽生、潘燕燕、陈全顺、王远东、张建生，秘书长吴春林参加会议。市委常委、常务副市长林伯前，副市长周真平、李建辉，市中级法院负责人、市检察院检察长欧秀珠及有关负责人分别列席会议。会议听取和审议市政府关于1—7月泉州市国民经济和社会发展计划执行情况报告、关于1—7月预算执行情况报告、关于2013年地方政府债券转贷收支相应调整市本级预算的议案，审查批准市本级预算调整方案。分别听取和审议市人大常委会检查组关于妇女权益保障法和省实施办法执行情况的检查报告、关于城乡规划法和省实施办法执行情况的检查报告。审议通过市人大常委会代表资格审查委员会关于个别代表的代表资格审查报告，审议通过有关人事任免事项。听取和审议市政府关于公用事业管理工作情况报告，并开展专题询问。

【市十五届人大常委会第十二次常委会议】 于10月30日召开。陈海基主任主持会议。副主任洪泽生、潘燕燕、陈全顺、张建生，秘书长吴春林参加会议。市人大常委会党组副书记陈万里，市委常委、常务副市长林伯前，副市长林万明，市中级法院、检察院负责人列席会议。会议听取和审议市政府关于泉州市国民经济和社会发展第十二个五年规划实施情况的中期评估报告和市人大常委会调研组有关调研报告。会议审议提出，要更加注重规划引领、质量效益、区域统筹、夯实内生动力、改善民生，打造泉州经济升级版、改革创新示范区、生态宜居幸福城。听取和审议市政府关于重点流域（含近海水域）环境污染综合整治情况的报告。审议意见要求，要强化宣传教育，强化责任意识；加快环保基础设施特别是管网配套建设；加大监督考核，确保年度整治任务完成；要及早筹划，科学制定明年工作计划。听取和审议市政府关于2013年市本级预算调整方案的议案，审查批准调整方案；书面听取市政府关于《泉州市人大常委会关于旅游业发展情况的审议意见》研究处理情况；审议通过有关人事任免事项；听取和审议市中级法院执行工作情况报告，并开展专题询问。

【市十五届人大常委会第十三次常委会议】 于12月3日召开。市人大常委会主任陈海基主持会议，副主任洪泽生、潘燕燕、陈全顺、王远东、张建生出席会议，副市长陈荣洲，市中级法院和市检察院相关负责人列席会议。会议决定于2014年1月6日至9日在泉州市区召开泉州市第十五届人民代表大会第四次会议。审议通过人事免职事项，决定免去林锐的泉州市人民政府副市长和泉州市公安局局长职务。

【市十五届人大常委会第十四次常委会议】 于12月31日召开。市人大常委会主任陈海基主持会议，副主任洪泽生、潘燕燕、陈全顺、王远东、张建生，秘书长吴春林参加会议。市人大常委会党组副书记陈万里，副市长李建辉，市中级法院、市检察院负责人列席会议。会议听取和审议市政府关于市十五届人大二次会议代表建议、批评和意见办理工作的报告和市人大常委会视察组有关视察报告，书面听取市中级法院、市检察院各自关于市十五届人大二次会议代表建议、批评和意见办理工作的报告。听取和审议市人大常委会代表资格审查委员会关于个别代表的代表资格的审查报告；审议市十五届人大四次会议的日程安排（草案）及各项建议名单；补选省十二届人大代表；审议通过人事免职事项。审议通过泉州市人大常委会工作报告；书面听取市政府关于《泉州市生态市建设“十二五”规划》年度实施情况。

主任会议

【市十五届人大常委会第12次主任会议】 于1月17日召开。市人大常委会主任陈海基主持会议。会议讨论市人大常委会2013年工作要点（草案）。会议提出，2013年，市人大常委会将深入贯彻中共十八大精神，加强和改进监督工作，依法行使重大事项决定权，发挥代表主体作用，提升履职能力；关注中央一系列改革政策措施在泉州市的推动和落实，以及其他关系改革发展稳定大局和群众切身利益、社会普遍关注的问题，增强监督实效；讨论决定重大事项，依法做好人事任免工作；加强常委会及人大机关的自身建设，落实中央和省、市委关于改进作风建设的规定，造就一支高素质的人大干部队伍。讨论研究如何贯彻市委关于二次创业•产业集群发展的工作，以及如何关注民营经济综合配套改革试验区、金融服务实体经济综合改革试验区的实施。

【市十五届人大常委会第13次主任会议】　于2月18日召开。市人大常委会主任陈海基主持会议。会议传达学习省十二届人大一次会议精神；讨论人事任免事项；听取市人大常委会代表资格审查委员会关于个别代表的代表资格的审查报告；讨论市人大常委会关于召开泉州市第十五届人民代表大会第三次会议的决定（草案）；讨论市十五届人大三次会议的日程安排（草案）及各项建议名单；讨论关于2012年度规范性文件备案审查情况的报告稿。会议决定将以上议题提交市十五届人大常委会第八次会议审议。讨论市十五届人大二次会议代表建议重点办理件督办安排（草案）；确定市十五届人大常委会第八次会议的召开日期和建议议程；提出第十四次主任会议建议议题。

【市十五届人大常委会第14次主任会议】　于3月22日召开。市人大常委会主任陈海基主持会议。会议传达学习十二届全国人大一次会议精神；讨论泉州市人大代表参加本级人民代表大会会议以及闭会期间活动请假暂行规定（草案），并决定将该草案提交市十五届人大常委会第九次会议审议；讨论确定市人大常委会关于对社会保障资金审计发现问题的整改情况的专题调研方案、关于社区矫正工作情况的专题调研方案。提出市十五届人大常委会第十五次主任会议建议议题，初定市十五届人大常委会第九次会议的召开日期和建议议题。

【市十五届人大常委会第15次主任会议】　于4月12日召开。市人大常委会主任陈海基主持会议。会议听取市人大常委会调研组关于2012年社会保障资金审计发现问题整改情况的调研报告，讨论市人大常委会的相关审议意见稿；听取市人大常委会调研组关于全市社区矫正工作调研报告，讨论相关审议意见稿。决定将上述两份审议意见稿提交市十五届人大常委会第九次会议审议。讨论市人大常委会关于加快造林绿化、推进“森林泉州”建设情况的专题调研方案；讨论人事任免事项。

【市十五届人大常委会第16次主任会议】　于5月27日召开。市人大常委会主任陈海基主持会议，副主任洪泽生、潘燕燕、陈全顺、吕竞、王远东、张建生，秘书长吴春林出席会议。市人大常委会党组副书记陈万里等列席会议。会议听取市人大常委会检查组关于环境保护法和省环境保护条例执法检查审议意见整改情况的跟踪检查报告。会议指出，市政府高度重视审议意见的研究处理，把整改落实情况纳入2012年度县（市、区）长环保目标责任书检查考核内容，采取措施有力，整改成效初显。针对存在问题，会议建议加强宣传教育，拓宽渠道并鼓励群众参与监督，营造全民环保的氛围；突出工作重点，以创建生态市为契机，重点解决污水管网建设滞后问题；加强环保能力建设，提高环保技术装备水平，配足环保专业管理人员和执法队伍；依法开展环保监管，严格执行环评和“三同时”制度，加强污染源在线监控设施建设，继续严查，依法处罚，坚决控制住污染源。讨论市人大常委会关于妇女权益保障法和省实施办法执行情况的检查方案、关于城乡规划法和省实施办法执行情况的检查方案、有关人事任免事项和个别代表职务罢免议案（草案）。

【市十五届人大常委会第17次主任会议】　于6月17日召开。市人大常委会主任陈海基主持会议，副主任洪泽生、潘燕燕、陈全顺、吕竞、王远东、张建生，秘书长吴春林出席会议。市人大常委会党组副书记陈万里列席会议。会议讨论市人大常委会关于加快造林绿化、推进“森林泉州”建设工作情况的审议意见稿；关于2012年市本级财政收支决算报告与2012年市本级预算执行和其他财政收支审计工作报告的审议意见稿；关于对市政公用事业管理工作情况开展专题询问的工作方案。书面听取市人大常委会调研组关于泉州湾规划部分区域的违法建设及制止情况的专题调研报告。讨论市人大常委会代表资格审查委员会关于个别代表的代表资格的审查报告；讨论有关人事任免事项。

【市十五届人大常委会第18次主任会议】　于7月26日召开。市人大常委会主任陈海基主持会议，副主任洪泽生、潘燕燕、陈全顺、王远东、张建生，秘书长吴春林参加会议。市人大常委会党组副书记陈万里列席会议。会议讨论市人大常委会关于审议泉州市“十二五”规划实施情况中期评估报告的工作方案，明确审议的总体要求、主要内容、方式步骤等。讨论关于开展法院执行情况专题询问的工作方案。市人大常委会教科文卫委书面报告市政府落实档案法及省条例执法检查审议意见研究处理工作的调研情况，市人大常委会华侨委书面报告泉州市创建和谐寺观教堂工作的调研情况。

【市十五届人大常委会第19次主任会议】　于8月22日召开。市人大常委会主任陈海基，副主任洪泽生、潘燕燕、陈全顺、王远东、张建生，秘书长吴春林参加会议。市人大常委会党组副书记陈万里，市检察院检察长欧秀珠列席会议。会议讨论市人大常委会关于妇女权益保障法和省实施办法执法检查报告和执行情况的审议意见稿；关于城乡规划法和省实施办法执法检查报告和执行情况的审议意见稿；关于1—7月泉州市国民经济和社会发展计划、预算执行情况的审议意见稿；关于2013年地方政府债券转贷收支相应调整市本级预算的初步审查报告。书面听取市人大常委会专题调研组关于市区安置房建设情况的调研报告。报告指出，“十一五”以来，中心市区建成安置房建筑面积近300万平方米，在建200多万平方米。但安置房建设仍存在建设进度滞后、建设成本增加、补偿标准不统一、空置率高等问题。建议通过出台政策规范市区房屋征收补偿工作，减少安置房建设压力和房屋征收成本。同时，在安置房质量和配套上严格要求，在建设中加强协调力度，力争安置房按要求完工。讨论市人大常委会代表资格审查委员会关于个别代表的代表资格事项及有关人事任免事项。

【市十五届人大常委会第20次主任会议】　于9月23日召开。市人大常委会主任陈海基主持会议，副主任洪泽生、潘燕燕、陈全顺、张建生，秘书长吴春林参加会议，市人大常委会党组副书记陈万里列席会议。会议讨论关于重点流域（含近海水域）环境污染综合整治情况的专题调研方案，定于10月中旬对泉州市重点流域（含近海水域）环境污染综合整治情况进行调研，重点是调研石狮市、晋江市整治情况。讨论市人大常委会关于市十五届人大二次会议代表建议、批评和意见办理工作的视察方案（草案），确定于10月下旬听取市政府对《建议市政府主管部门要加强对物业管理公司的监管》《关于改善泉州市区饮用水质的建议》等市十五届人大二次会议代表建议重点办理件、部分反映群众关注热点问题建议件等办理情况的汇报。提出第二十一次主任会议建议议题；初定市十五届人大常委会第十二次会议的召开日期和建议议程。

【市十五届人大常委会第21次主任会议】　于10月24日召开。市人大常委会主任陈海基主持会议。副主任洪泽生、潘燕燕、陈全顺、张建生，秘书长吴春林参加会议，市人大常委会党组副书记陈万里和“两院”负责人列席会议。会议讨论市人大常委会关于泉州市国民经济和社会发展第十二个五年规划实施情况的中期评估的调研报告、专家组的评估报告及市人大常委会组成人员的审议意见稿，关于重点流域（含近海水域）环境污染综合整治情况的审议意见稿，讨论财经委关于2013年市本级预算调整方案的初步审查意见。听取市人大常委会调研组《关于加快规划建设泉州白濑水利枢纽工程的决议》执行进展情况的调研报告。白濑水利枢纽工程于8月入选国务院《全国大型水库建设总体安排意见（2013—2015）》，作为C类项目。报告提出市政府要抓紧论证，为争取报批创造条件。听取调研组关于《泉州市人大常委会关于旅游业发展情况的审议意见》研究处理情况的调研报告。报告认为，审议意见得到较好办理，建议加大旅游法宣传，将实施意见落实到位，推动旅游业健康发展。市人大常委会研究室书面报告泉州市小城镇改革发展战役进展的调研情况。报告认为，泉州市试点小城镇工作取得明显成效，建议强化领导、加大强镇扩权和要素保障、加强历史文化名镇名村保护，推动小城镇改革建设。

【市十五届人大常委会第22次主任会议】　于11月29日召开。市人大常委会主任陈海基主持会议。副主任洪泽生、潘燕燕、王远东、张建生，秘书长吴春林参加会议，党组副书记陈万里、市检察院检察长欧秀珠列席会议。会议传达学习中共十八届三中全会和习近平近期系列讲话精神，要求领会精神，创新工作思路和方法，履行好人大职能。讨论市政府关于规划建设泉州国家农业科技园区总体规划（草案）的汇报，认为该规划切实可行，建议进一步完善，认真组织实施。听取市检察院2012年以来反贪污贿赂工作情况的汇报。会议指出，全市检察机关加强和改进反贪污贿赂工作，取得良好成效，要加强对新形势下市情、民情的研究，创新机制，提升能力，保障和促进经济发展和社会和谐。讨论市人大常委会关于召开泉州市第十五届人民代表大会第四次会议的决定（草案），讨论有关人事免职事项，确定市十五届人大常委会第十三次会议召开日期和建议议题。

【市十五届人大常委会第23次主任会议】　于12月26日召开。市人大常委会主任陈海基，副主任洪泽生、潘燕燕、陈全顺、王远东、张建生，秘书长吴春林参加会议。市人大常委会党组副书记陈万里列席会议。会议听取市人大常委会调研组关于《泉州市生态市建设“十二五”规划》年度实施情况的调研报告。讨论市人大常委会视察组关于市十五届人大二次会议代表建议、批评和意见办理工作的视察报告。讨论市十五届人大四次会议的日程安排（草案）及各项建议名单、市人大常委会工作报告稿，确定市十五届人大常委会第十四次会议的召开日期和建议议程，提出第二十四次主任会议建议议题。听取市人大常委会代表资格审查委员会关于个别代表的代表资格审查报告；讨论人事免职事项及补选省十二届人大代表事项。

代表工作

【概况】　市人大常委会第九次会议审议通过《泉州市人大代表

履职请假规定》，首次以制度规范市人大代表履职请假审批程序，促进代表按时出席市人民代表大会会议和参加闭会期间活动。加强代表建议督办工作，市十五届人大二次会议期间代表提出建议336件；各承办单位办复率达100%，代表对建议办理工作的反馈率达100%，代表对建议办理工作表示满意和基本满意率达100%。完善市人大常委会领导及各委室分别挂钩督办重点督办件制度，5件重点督办件办理成效明显；推行“面对面”督办制度，使代表与承办单位达成共识，推进建议办理落实；建立建议办理“月报”制度，及时通报建议办理落实进展情况；开展集中视察活动，协调不满意件重办工作，提高办理质量。发挥代表主体作用，引导代表参政议政。发动市人大代表参与市委开展的“增强忧患意识、推动长远发展”主题大讨论活动大讨论活动，主动为泉州经济社会长远发展建言献策，收到145名代表意见建议210条，得到市委重视。强化代表培训工作。举办在泉州的省人大代表任前培训；各县（市、区）人大常委会也以举办学习培训班、召开座谈会等多种形式，加强对市人大代表的培训，提高人大代表履职能力。组织代表调研视察活动。委托各县（市、区）人大常委会、泉州军分区政治部组织开展市人大代表年中异地调研和年终视察；组织泉州市的省人大代表年中调研和年终异地视察；承办福建省部分全国人大代表到泉州开展专题调研活动。拓宽代表活动渠道。组织人大代表列席省、市人大常委会会议，安排36位市人大代表列席市人大常委会会议，14位省人大代表列席省人大常委会会议；邀请60多位省、市人大代表参加忧患意识大讨论、窗口单位效能明察暗访、评选全国道德模范以及惩防体系建设、公交事业发展、规范电动自行车管理、省政府工作报告征求意见等活动，发挥代表在表达群众意愿、参与监督工作、讨论决定重大事项中的作用。

调查研究与宣传工作

【开展财政教育经费依法投入情况调研】 3月19—21日，市人大常委会副主任张建生带领调研组，到市区、鲤城、丰泽、南安、安溪等地，开展财政教育经费依法投入情况调研。

【开展社区矫正工作情况专题调研】 3月26日，市人大常委会副主任洪泽生带领调研组，到市直有关部门，开展社区矫正工作情况专题调研。

【开展社会保障资金审计发现问题整改情况专题调研】 4月1—3日，市人大常委会副主任陈全顺带领调研组，到市直有关部门及石狮、德化等地，开展社会保障资金审计发现问题整改情况专题调研。

【开展农民专业合作社发展情况调研】 4月16—17日，市人大常委会副主任潘燕燕带领调研组，到永春、德化等地，对泉州市农民专业合作社发展情况进行调研。

【开展加快造林绿化、推进“森林泉州”建设情况调研】 5月7—8日，市人大常委会副主任潘燕燕带领调研组，到惠安、泉港、洛江等地，开展加快造林绿化、推进“森林泉州”建设情况调研。

【开展村卫生所实施国家基本药物制度工作情况调研】 5月15—17日，市人大常委会副主任张建生带领调研组，到洛江、泉港、晋江、南安、永春等地，开展村卫生所实施国家基本药物制度工作情况调研。

【开展创建“和谐寺观教堂”工作情况调研】 5月23—24日，市人大常委会副主任陈全顺带领调研组，到晋江、永春等地，开展创建“和谐寺观教堂”工作情况调研。

【开展违法建设情况专题调研】 5月29—30日，市人大常委会副主任王远东带领调研组，到鲤城、丰泽、洛江、台商投资区等地，开展违法建设情况专题调研。

【开展档案法及省档案条例执法检查审议意见研究处理情况调研】 6月18—19日，市人大常委会副主任张建生带领调研组，到鲤城、丰泽、石狮、德化等地，开展档案法及省档案条例执法检查审议意见研究处理情况调研。

【开展中心市区市政公用事业管理工作情况调研】 7月3日，市人大常委会副主任王远东带领调研组，开展中心市区市政公用事业管理工作情况调研。

【开展计生社会抚养费征收管理使用情况调研】 7月17—18日，市人大常委会副主任张建生带领调研组，到泉港、南安、惠安、安溪等地，开展计生社会抚养费征收管理使用情况调研。

【开展1—7月国民经济和社会发展计划、预算执行情况调研】 7月16—19日，市人大常委会副主任陈全顺带领调研组，到丰泽、晋江、永春、德化、泉州开发区等地，开展1—7月国民经济和社会发展计划、预算执行情况调研。

【开展市区安置房建设情况调研】 7月31日，市人大常委会副主任王远东带领调研组，到市区安置房有关建设场地，对市区安置房建设情况进行调研。

【开展法院执行工作整改落实情况调研】 9月26日，市人大常委会主任陈海基，党组副书记陈万里，副主任洪泽生、潘燕燕、陈全顺、吕竞、王远东、张建生、吴春林带领调研组，对法院执行工作整改落实情况进行调研。

【开展旅游业发展情况审议意见研究处理情况调研】　9月23日，市人大常委会副主任陈全顺带领调研组，对旅游业发展情况审议意见研究处理情况进行调研。

【开展执行“加快规划建设泉州白濑水利枢纽工程决议”进展情况调研】　9月底，市人大常委会副主任潘燕燕带领调研组，到泉州白濑水利枢纽规划地区，开展执行“加快规划建设泉州白濑水利枢纽工程决议”进展情况调研。

【开展“美丽乡村”建设情况调研】　9月25日，市人大常委会副主任潘燕燕带领调研组，到南安、石狮等地，组织对“美丽乡村”建设情况进行调研。

【开展重点流域（含近海水域）环境污染综合整治情况专题调研】　10月15日，市人大常委会副主任张建生带领调研组，到洛江、晋江、石狮等地，开展重点流域（含近海水域）环境污染综合整治情况专题调研。

【开展2013年为民办实事项目（社会事业方面）落实情况调研】　10月16日，市人大常委会副主任张建生带领调研组，到洛江、泉港等地，开展2013年为民办实事项目（社会事业方面）落实情况调研。

【开展《泉州市生态市建设“十二五”规划》年度实施情况专题调研】　11月21日，市人大常委会副主任王远东带领调研组，到鲤城、南安、惠安等地，开展《泉州市生态市建设“十二五”规划》年度实施情况专题调研。

【开展2013年计划、预算执行情况和2014年计划、预算编制情况调研】　12月11—12日，市人大常委会副主任陈全顺带领调研组，组织对泉州市2013年计划、预算执行情况和2014年计划、预算编制情况进行调研。

【人大新闻宣传工作情况】　组织第七届“宣传人大制度好新闻”评选，市人大常委会研究室宣传信息科一位工作人员参与采写的“福建省各级人大常委会提高监督实效系列报道”和由其单独采写的作品《盯紧群众“养命钱”》分别获得福建省第二十二届人大新闻奖二等奖和三等奖；全年出版《泉州人大信息》28期；《泉州人大》杂志改版成功，出版杂志6期；及时维护、编辑和更新泉州人大网；研究室宣传信息科一位工作人员被省人大常委会评为《人民政坛》优秀通讯员。

【人大制度理论研究】　牵头完成市委重点课题《关于建立健全泉州民营经济综合配套改革推进机制的研究》，报告收入市委办公室编纂的《增强忧患意识　推动长远发展——2013年泉州市开展大讨论活动重点专题成果汇编》。抓好省人大常委会重点课题“进一步发挥人大代表作用”调研工作，市人大常委会课题组撰写的《间接选举的人大代表密切联系群众的思考》和研究室撰写的《代表履职时“代表性”问题探讨》分别获得二等奖和优秀奖。

人事任免

市人大常委会全年任免和批准任免地方国家机关工作人员57人（次）。

2月19日，泉州市第十五届人大常委会第八次会议决定接受黄少萍辞去泉州市人民政府市长职务；决定接受尤猛军辞去泉州市人民政府副市长职务。

4月25日，根据泉州市中级人民法院院长林贻华的提请，泉州市第十五届人大常委会第九次会议任命林德育为泉州市中级人民法院审判员、刑事审判第一庭庭长；任命陈灿彬为泉州市中级人民法院立案庭副庭长；任命黄小丹为泉州市中级人民法院立案庭副庭长；任命连小彬为泉州市中级人民法院立案庭副庭长；任命许新明为泉州市中级人民法院刑事审判第一庭副庭长；任命李翔峥为泉州市中级人民法院民事审判第一庭副庭长；任命黄海清为泉州市中级人民法院民事审判第二庭副庭长；任命林玮珊为泉州市中级人民法院民事审判第三庭副庭长；任命黄海瑞为泉州市中级人民法院民事审判第四庭副庭长，免去其泉州市中级人民法院立案庭副庭长职务；任命黄川龙为泉州市中级人民法院执行庭副庭长；任命董耿瑜为泉州市中级人民法院生态资源审判庭副庭长；免去洪完明的泉州市中级人民法院刑事审判第一庭庭长职务；免去郭建华的泉州市中级人民法院执行庭副庭长职务。

4月25日，根据泉州市人民检察院检察长欧秀珠的提请，泉州市第十五届人大常委会第九次会议免去吴珺莹的泉州市人民检察院检察员职务。

6月25日，根据泉州市人民政府市长郑新聪的提名，泉州市第十五届人大常委会第十次会议决定任命李清景为泉州市金融工作局局长。

6月25日，根据泉州市中级人民法院院长林贻华的提请，泉州市第十五届人大常委会第十次会议免去骆景风的泉州市中级人民法院审判委员会委员、审判员职务；免去吴彰哲的泉州市中级人民法院审判员职务；免去丰兰的泉州市中级人民法院审判员职务。

6月25日，根据泉州市人民检察院检察长欧秀珠的提请，泉州市第十五届人大常委会第十次会议免去陈国平的泉州市人民检察院副检察长、检察委员会委员职务。

8月28日，根据泉州市人民政府市长郑新聪的提名，泉州市第十五届人大常委会第十一次会议决定任命林万明为泉州市人民政府副市长；免去付朝阳的泉州市人民政府副市长职务；任命吴友才为泉州市人民政府秘书长，免去其泉州市人民政府办公室主任；任命廖国文为泉州市人民政府办公室主任；免去吕炜民的泉州市人民政府秘书长职务。

8月28日，根据泉州市中级人民法院院长林贻华的提请，泉州市第十五届人大常委会第十一次会议免去林明容的泉州市中级人民法院民事审判第二庭庭长、审判员职务；免去洪志强的泉州市中级人民法院审判监督庭庭长、审判员职务；免去郑碧宗的泉州市中级人民法院审判员职务。

8月28日，根据泉州市人民检察院检察长欧秀珠的提请，泉州市第十五届人大常委会第十一次会议任命孙志平为泉州市人民检察院副检察长；任命张维劲为泉州市人民检察院检察员、检察委员会委员；任命朱永峰为泉州市人民检察院检察员、检察委员会委员；免去苏耀群的泉州市人民检察院检察委员会委员职务。

10月30日，根据泉州市中级人民法院院长林贻华的提请，泉州市第十五届人大常委会第十二次会议决定撤销吴小军的泉州市中级人民法院审判员职务；任命方汉阳为泉州市中级人民法院审判员；任命陈忠俊为泉州市中级人民法院刑事审判第二庭庭长，免去其泉州市中级人民法院审判监督庭副庭长职务；任命黄祥彪为泉州市中级人民法院民事审判第一庭庭长；任命魏献平为泉州市中级人民法院审判员、民事审判第二庭庭长；任命杨金顺为泉州市中级人民法院民事审判第三庭庭长，免去其泉州市中级人民法院民事审判第四庭庭长职务；任命吴泰雄为泉州市中级人民法院民事审判第四庭庭长，免去其泉州市中级人民法院生态资源审判庭庭长职务；任命林锡平为泉州市中级人民法院审判监督庭庭长，免去其泉州市中级人民法院民事审判第三庭庭长职务；任命连晓东为泉州市中级人民法院生态资源审判庭庭长，免去其泉州市中级人民法院刑事审判第二庭庭长职务；任命郑玲玲为泉州市中级人民法院审判员、民事审判第四庭副庭长；免去郭志荣的泉州市中级人民法院民事审判第一庭庭长职务。

10月30日，泉州市第十五届人大常委会第十二次会议批准张维劲辞去泉州市丰泽区人民检察院检察长职务；批准朱永峰辞去泉州市泉港区人民检察院检察长职务；批准许金约辞去安溪县人民检察院检察长职务。

10月30日，根据泉州市人民检察院检察长欧秀珠的提请，泉州市第十五届人大常委会第十二次会议任命丁灿辉为泉州市人民检察院检察员；任命李晓玫为泉州市人民检察院检察员；任命郑小玲为泉州市人民检察院检察员；任命温振伟为泉州市人民检察院检察员；任命朱启明为泉州市人民检察院检察员；任命吴婉碧为泉州市人民检察院检察员；任命郭爱琼为泉州市人民检察院检察员；任命傅昉明为泉州市人民检察院检察员；任命吴碧育为泉州市人民检察院检察员；免去黄清源的泉州市人民检察院检察员职务；免去胡激洋的泉州市人民检察院检察员职务。

12月3日，根据泉州市人民政府市长郑新聪的提请，泉州市第十五届人大常委会第十三次会议决定免去林锐的泉州市人民政府副市长、泉州市公安局局长职务。

12月31日，根据泉州市人民检察院检察长欧秀珠的提请，泉州市第十五届人大常委会第十四次会议免去陈诚颖的泉州市人民检察院检察员职务；免去蔡文昭的泉州市人民检察院检察员职务。

泉州市人民政府

综述

【概况】 2013年，全市各级政府贯彻落实科学发展观，全力以赴保稳、求进、攻坚，推动经济运行健康平稳，软硬实力明显增强，城乡建设协调推进，民生保障有效加强；开展“增强忧患意识 推动长远发展”大讨论活动，落实市委《关于加快创新转型 推动长远发展的决定》，提升发展思路、汇聚发展能量，2013年全市完成生产总值5218亿元、同比增长11.5%；公共财政总收入649.6亿元、同比增长13.5%；城镇居民收入35430元、农民人均纯收入13316元，分别同比增长9.8%和11.8%，完成市十五届人大二次会议确定的目标任务。当选首届“东亚文化之都”，继续获国家卫生城市、全国科技进步先进城市、全国综治“长安杯”等称号。

【应对困难形势】 面对复杂严峻局面，发挥政策叠加效应，狠抓各级政策兑现，出台稳工业“8+10”等措施，落实企业帮扶资金19.3亿元、结构性减税和税收奖励35.3亿元，减免行政事业性收费近2亿元。加强经济运行调度，每月召开经济分析会，定期分片区召开企业座谈会，协调解决问题近2000个；组织“万家企业手拉手”等9个专项行动，180家龙头企业与1268家中小企业开展配套协作；小微企业贷款余额1620亿元，同比增长24%，同比提高2个百分点；获批农用地转用和土地征收5.3万亩，有效保障项目用地。强化内外市场开拓，举办泉州商品博览会、“品牌泉州境外行”系列活动；组织实施鞋服企业去库存；外贸进出口额达280亿美元，口岸通关便利化服务水平评比全省第一。

【加快结构调整】　突出工业支撑，出台推动产业集群发展的意见，完成制造业投资909.06亿元，中化炼油、联合石化“脱瓶颈”、玖龙纸业等52个大项目建成投产或试产，规模以上工业企业利润增长10.3%，工业对经济增长贡献率达62.6%，亿元工业企业达1891家。突出三产发展，开展“第三产业发展年”活动，382个服务业重点项目完成投资551亿元，全市第三产业增加值1819.94亿元，同比增长10.2%，第三产业占地区生产总值比重为34.9%；实现港口货物吞吐量1.08亿吨、集装箱吞吐量170.06万标箱，泉州晋江机场旅客吞吐量263.44万人次；完成旅游总收入447亿元，同比增长18.8%，获准赴台“个人游”试点，泉台空中直航实现常态化。突出创新引领，培育认定科技小巨人企业311家，新增国家级“两化”深度融合示范企业2家、高新技术企业53家；新增授权专利1.3万项，制订和修订标准62项；完成高新技术产业增加值650亿元，占地区生产总值比重提高0.9个百分点；强化商业模式创新，获批全国电子商务示范城市，全市电子商务交易额超1000亿元，同比增长60%；强化人才保障，列入国家、省引智项目8个，对接海外高级人才项目团队12个，新增博士后工作站4家。

【推进重大项目】　持续深化“五大战役”，完成投资1744亿元，占年度计划的132%，莆永、南石高速建成通车，国道324线晋鲤段拓改、中化青兰山配套码头等竣工投用，泉州湾跨海大桥、海峡石化产品交易市场等扎实推进，国道324线丰洛段拓改、西气东输三线等开工建设。深化“三维”对接，开展招商大会战，新对接重点项目342个，总投资3257亿元，其中新签约央企项目6个，总投资402亿元；“9•8”投洽会和侨洽会对接项目157个，总投资135.4亿美元，签订5亿美元以上合同项目6个，引进世界500强企业2家；第三届省民企对接会对接项目81个，总投资1343亿元，引进民企500强企业7家；新增泉商回归项目125个，总投资1127亿元。创新项目管理，建立重大项目每月一次的协调调度会制度，协调项目96个；建立招商项目跨县域落户利益共享机制，实施重大项目招商奖励政策；推行重点项目联合预审和审批代办，提供“月嫂式”服务；出台基本建设项目审批流程改革意见，企业投资项目审批时限压缩到33个工作日。

【深化“两项”改革】　实现“金改区”建设良好开局，落实12部委“总体方案”和省政府“实施意见”，出台9份配套文件，实施金改项目67个，完成或部分完成43个。获批消费金融公司试点城市，新设银行机构37家、升格2家，设立小微企业金融服务专营机构143家、准金融机构42家。新增上市企业5家，再融资企业2家，融资总额69亿元。海峡股权泉州交易中心揭牌运营，挂牌企业已达52家。发行债券126.3亿元。建设企业信用信息交换共享平台。成功举办两岸金融合作论坛。金融业实现增加值221.80亿元，同比增长18.5%，小微企业贷款余额1620亿元，同比增长24%。推进“综改区”工作，落实省政府若干意见，组织实施10个方面45项重点改革。出台打造九大重点产业链等政策措施。丰泽、晋江服务业和石狮全域城市化、德化统筹城乡发展改革获批省级试点。企业纳税自主申报、按实征收全面推行，“营改增”试点稳步推进。被列为全国城镇低效用地再开发利用试点城市。

【加强农业农村工作】　出台推进现代农业发展、做好扶贫开发的政策措施，全市农林水支出46.6亿元，同比增长15.4%。加快建设美丽乡村，实施“六大工程”项目3474个，完成投资29.1亿元，实现村庄规划全覆盖，初步建立村庄保洁常态化机制；建设20个市级新农村示范村、20个扶贫开发工作重点村；实施造福工程危房改造3200户。大力发展现代农业，新增省级农民创业园和示范基地9个、设施农业3000亩、“菜篮子”基地11家、林下经济示范点41个和农民专业合作社648家，国家农业科技园获批建设。完善农村基础设施，实施水利项目88个，完成投资40亿元，白濑水利枢纽工程前期工作取得进展，彭村水库、晋江防洪工程等16个重大项目扎实推进；治理河道90千米，新解决36.4万名农村人口饮水安全问题。建设升级电力农网1100千米。实施公路安保工程1350千米，改造农村公路265千米和危（病）桥142座。

【推进环湾城市建设】　深化“城市建设管理年”活动，324个项目完成投资351亿元。拓展城市空间，启动环湾县（市）新一轮城市总体规划修编，东海、城东、北峰丰州、晋江滨江、江南、万安、台商区等新区开发加快；实施城市改造更新项目65个，完成投资95亿元，中心市区安置房在建148万平方米、竣工70万平方米；中心城区建成区面积188.5平方千米，城镇化率达61.6%。优化人居环境，实施“点线面”攻坚项目85个，完成投资26亿元，建成131千米休闲绿道，建成中心市区供水管网145.6千米，投入1.2亿元开展中心市区防洪排涝整治，全市改造建设污水管网270千米、新建污水处理厂5座。改进城市管理，率先在全省启用“数字城管”系统平台，深化市政道路和卫生保洁精细化管理，城市卫生综合考评和井盖防坠网加装工程被列为全省典型。加快城镇发展，推进县城和南、北翼新城规划建设，实施21个省市小城镇改革试点镇项目730个，完成投资412.5亿元，陈埭、水头两个全国经济发达镇行政体制改革试点顺利实施。

【提升生态建设水平】　获批省级

生态市。推进节能减排，启动重点用能企业能效对标行动，实施节能重点项目141个、减排治理项目1177个，淘汰落后生产线74条。出台落实印染行业转型升级意见，加快推进集控区建设和企业整合。实施重点流域水环境整治项目125个，完成投资17亿元；启动晋江、石狮、南安跨境流域污染治理和山美水库流域环境综合整治专项工作；开展21条小流域“赛水质”活动。在全省率先实行最严格水资源管理制度，通过全国节水型社会试点验收。完成植树造林31万亩、水土流失治理31.6万亩、矿山生态恢复治理74.7万平方米。

【全面发展社会事业】 发展先进文化，举办2013世界闽南文化节；完成闽南文化生态保护实验区“十百千基础工程”，建成世界闽南文化展示中心，成立中国社科院闽南文化研究基地；闽南侨批入选世界记忆遗产名录，新增国家级文物保护单位11处、“中国历史文化名街”1条、“中国传统村落”6个；木偶剧获“文华奖”，南音、高甲、歌舞新剧目获国家级大奖，梨园剧团入选全国地方戏创作演出重点院团；木偶剧院竣工，国家一级图书馆增到7个，基层公共文化设施实现全覆盖；文化产业增加值269亿元，同比增长20%。优先发展教育事业，新改扩建公办幼儿园79所；7个区（市）通过国家义务教育基本均衡发展验收，义务教育标准化学校建设完成率达92%；城区中小学新增学位1.8万多个，五中城东新校区正式招生；福建农林大学安溪茶学院建成，福州大学石油化工学院正式招生，泉州工程职业技术学院获批设立；在全国率先实现外省籍学生在流入地参加高考。加快提升卫生事业，出台推进社会资本举办医疗机构的实施意见；全市乡镇卫生院、社区卫生服务中心和行政村卫生所实现药品销售零差率全覆盖；石狮公立医院改革试点经验在全国推广；市第一医院城东院区全部投用，二院东海新院基本建成，全市新增医院床位2350多张；加强计生优质服务和“三高”综合整治，人口自然增长率为7.9‰。泉籍运动员在体操世锦赛和全运会上取得优异成绩。

【保持社会和谐稳定】 健全社保体系，新增城镇就业15.1万人，农村劳动力转移就业6.1万人；城镇职工“五险”参加人数累计增加36.4万人次；城镇居民医保和新农合参保率分别达95.5%和99.9%，筹资水平和补偿标准进一步提高，实现厦漳泉城镇职工医保卡三地通用；城乡居民养老保险参保率达98.5%；建设提升乡镇敬老院24所、社区居家养老服务站150个、农村老年活动中心20个，创建农村居家养老服务站24个。新开工保障性安居工程3.5万多套，配租配售8000多套。新增归集住房公积金43.8亿元，发放贷款33.3亿元。新增平价商店34家，物价保持稳定。全市慈善组织到位善款5.9亿元，侨捐公益事业5亿元。实施“六五”普法，构建“大调解”工作体系，完善领导干部接访下访制度，落实信访“路线图”，信访总量下降9.3%。发放流动人口居住证124万张。创建国家安全发展示范城市，开展安全生产大检查、大整治，四项指数全面下降。食品安全专项整治成效明显。精神文明创建取得新成绩。

【加强政府自身建设】 执行市人大及其常委会决定决议，接受法律监督和工作监督；支持市政协履行职能，接受政协民主监督。办理人大代表建议336件，办理政协委员提案576件，满意和基本满意率均达100%。开展国家级行政服务标准化试点，窗口即办率提高至60.4%。建立完善市级政府投融资体系，规范资金统筹和管理。设立市公共资源交易中心。启动市级公务卡结算制度改革。全面完成30个为民办实事项目。贯彻“八项规定”，着力整治“四风”，加强廉政风险防控、行政监察、机关效能、绩效考评等工作。

【召开系列重大项目协调调度会】 为加大重大项目招商、建设力度，及时协调解决项目推进中存在的困难和问题，确保重大项目早落地、早开工、早投产，市政府建立重大项目协调调度制度，包括信息旬报制、月调度制、督查通报制。2013年，市长郑新聪召开重大项目协调调度会10场，协调调度项目96个，绝大多数问题得到及时解决。同时，出台实施《关于加强重大项目工作的若干意见》，对重大项目认定、强化重大项目工作统筹协调、实行联合预审和审批代办、建立利益共享机制、优化要素保障、完善目标考核激励机制等方面做出规定。为细化《关于加强重大项目工作的若干意见》，完善招商项目跨县域落户利益共享机制，推动招商引资工作，市政府研究制定《泉州市重大项目招商引资奖励实施暂行规定》《泉州市招商引进项目税收收入分成暂行规定》两份文件。

【创建全国文明城市】 以争创全国文明城市为目标，以建设社会主义核心价值体系为根本，推进精神文明创建各项工作，实现公共文明指数和未成年人思想道德建设指数居全省前列。推进公民道德建设。组织参与道德模范、“身边好人”评选，开展学习、关爱公民道德建设先进人物活动，加强道德领域突出问题专项教育和治理，刊播“讲文明树新风”公益广告，规范道德讲堂建设，公民道德建设的实效性不断增强。开展群众性精神文明创建。组织对省市精神文明建设各类先进进行考评，强化文明单位社会责任意识，开展窗口行业精神文明创建活动，夯实各类基层基础。提升志愿服务工作。着眼于健全机制、完善队伍、推进常态，弘扬“学习雷锋、奉献他人、提升自己”理念，组织开展关爱他人、关爱社会、关爱自然等主题系列志愿服务活动，探索搭建泉台志愿服务工作交流平台。加强未成年人思想道德建设。组织开展“做一个有道德的人”等主题系列活动，举办“百校千师”骨干教师和社区未成年人心理辅导志愿者培训，推进中小学心理健康辅导站建设，全市150所乡村（城市）学校青少年宫实现全覆盖。

执行人大议案决议

2013年，泉州市第十五届人民代表大会第二次会议期间，代表提出议案21件，其中审议结果为议案21件，审议结果为转建议21件；收到大会代表建议314件，闭会会期间代表建议1件，合计336件。建议均在规定时间内办理完毕，按时办复率达100%，代表对建议的满意和基本满意率达100%。

为民办实事项目

【概况】 2013年，市委、市政府为民兴办实事项目30项，涉及教育、医疗、住房、交通、养老、公共基础设施等多个领域，全部完成。

【实施城镇中小学扩容1万个学位】 已完成。年度计划投资6500万元，已完成投资6950万元，完成年度计划的106.9%；计划扩容1万个学位，已完成扩容人数10253人，占年度计划的102.5%。其中，竣工项目11个、竣工面积21846平方米，超额完成年初计划。

【扶持30所公办幼儿园新、改、扩建工程】 已完成。年度计划投资8000万元，已完成投资8350万元，完成年度计划的104.4%；30个项目均已竣工，竣工建筑面积50013平方米，超额完成年初计划。

【实施“美丽乡村”建设项目】 已完成。市财政计划配套补助5000万元，已下达项目经费5065万元，占101.3%。村庄环境综合整治工程：投入资金1350万元，其中“美丽乡村”卫生保洁工作投入1300万元，已形成每月对150个乡镇（街道）卫生考评常态化；花卉美化彩化投入50万元，已完成种植工作。规划指导与建设管理工程：投入资金1500万元，其中，完成10条美丽乡村重点示范段建设项目，投入资金600万元；实施重点示范项目建设，投入资金200万元；开展新农村建设，补助改旧建新、村容整治、完善基础设施等项目，投入资金700万元。体制改革与机制创新工程：该工程7月底提前完成，投入资金1200万元。其中，建立涉农小额贷款风险补偿基金累计投入800万元，市级农民专业合作社示范社评选项目投入400万元。现代农业发展工程：投入资金600万元。其中，完成扶持休闲观光农业项目，投入资金100万元；完成扶持10家森林人家项目，投入100万元；完成扶持林下经济项目，投入200万元；完成福建农民创业园重点示范园建设，投入200万元。农民素质提升工程：投入资金85万元，其中，美丽乡村游启动仪式投入35万元；农民专业合作社示范社培训项目，投入资金50万元。社会和谐促进工程：投入资金330万元，其中，完成36个造福工程项目，投入资金200万元；完成十佳“美丽乡村”评选工作，投入资金100万元；完成扶持贫困户购买名贵树种项目，投入资金30万元。

【建设50所“乡村（城市）学校少年宫”】 已提前完成。50所学校少年宫已全部建成，投入建设资金1060.2434万元。

【改善农村就医条件，实施特殊群体健康关爱工程】 组织百医进百村义诊、巡诊。23家二级以上医院已分别派出主治以上医师挂钩每个村，并完成对102个村全年的义诊、巡诊工作。加强农村卫生院医疗设施建设，提高服务水平。项目单位共45家，总投资900万元，其中，市级补助资金607万元，其他由县（市、区）配套，已完成投资1100万元；配套设施建设项目和设备采购项目已全部完成。建设居民“健康自测小屋”，引导居民健康生活。市、县两级项目资金9月底全部到位，5家社区卫生服务中心“健康自测小屋”完成场所装修，统一标志，设置指引牌、健康宣传栏和使用须知等，经过调试和试运行，该项目已全部完成。

【实施300名贫困残疾儿童康复救助工程】 已完成。救助经费已下达各县（市、区），由各县（市、区）按规定发放康复救助经费，做好项目收尾、总结工作。

【继续实施“关爱女孩”五项工程】 已完成。其中，“安居工程”：全市计划帮扶645户，投入资金1549万元，已100%落实到位，竣工建筑面积111815平方米；“成才工程”：全市计划帮扶和减免25335人次，投入资金1123.7万元，已100%落实到位；“致富工程”：全市计划帮扶2120户，投入资金416.5万元，已100%落实到位；“亲情工程”：全市计划帮扶53062人次，投入资金274.1万元，已100%落实到位；“保障工程”：全市计划帮扶229750人次，投入资金1844.58万元，已100%落实到位。

【为307户农村低保家庭建设安居房】 已完成。计划投资1074.5万元，已全部下达，其中市级补助资金614万元、县级补助资金460.5万元（市级财政184.2万元、市级福彩公益金429.8万元、洛江区37.5万元、泉港区75万元、泉州台商投资区9万元、南安市84万元、惠安县45万元、安溪县105万元、永春县60万元、德化县45万元）。市慈善总会已下拨市级慈善资金30.7万元用于补助低保安居房装修，307户低保安居房已全部竣工，其中已迁入新居的174户，已完成装修的133户，并将于2014年春节前全部迁入新居。

【建设20个农村老年体育活动中心】 已提前完成。第四季度，市老龄办到各县（市、区）查看农村老年体育活动中心使用情况，并对申报2014年农村老年体育活动中心建设项目的场所进行检查。

【建设20个青少年社会教育活动中心】 已完成。计划投资400万元，已完成投资620万元，占155%；20个项目已全部建成，修缮、完善室内外活动场地面积15617平方米。

【为1800名特困失能老人提供政府购买服务】 已完成。全年市、县（市、区）共投入资金648万元，整合了居家养老服务站协议服务单位、老年协会或邻居（亲友）近5000人，为1800名特困失能老人提供助餐、助洁、助医、助行、助急等方面的服务。

【实施150个社区居家养老服务站提升工程】 已完成。计划投资600万元，已全部到位，150个社区居家养老服务站在服务设施、服务队伍、服务资源、服务成效方面均得到大幅度提升。全市增加日间照料室140间、日间照料床位数349张；签订服务协议机构2342家，比提升前增加953家；享受居家养老政府购买服务老人数1158人，比提升前增加446人；惠及老年人数56705人，比提升前增加19470人。

【建设50家规范化基层职工服务站】 已完成。计划投资1000万，已投入建设资金1560万元，占156%；50家职工服务中心（站）已建成并验收合格。

【搬迁安置地质灾害危险点37点65户293人】 已完成。计划投资715万元，至11月底投入资金938万元，占131.19%；竣工建筑面积8001平方米，65户293名居民全部搬迁入住新房。

【实施土地整理示范项目20734亩】 已完成。27个土地整理项目已全面完工，实施土地整理面积21285亩。

【扶持30家市级农民专业合作示范社】 已提前完成。评选出30家市级示范合作社并下拨300万元补助资金。同时，从农业局工作经费中拨出45万元扶持9家办得好的合作社，超额完成年度任务的15%。

【在137个乡镇实施农村有线广播县乡村三级联播联控】 已完成。计划投入339.9万元，全年投入340万元，完成10个县级机房、137个广播室的安装建设及已联网行政村的联调工作。

【实施农村电影放映工程】 已完成。计划投资493.92万元，在全市2058个行政村完成农村电影放映24696场次（其中商业片放映12348场）。投入资金494.544万元（其中省级补助336.48万元，市级补助资金78.72万元，县级补助资金79.344万元），完成农村电影放映24705场（其中放映商业片任务12580场），占年度放映任务的100.03%，实现一村一月放映一场数字电影目标。

【新购置100部新能源公交车】 已完成。已采购并投入新能源公交车128部，其中：20部公交客运车辆作为通勤专线车辆已于7月投入运行；2部油电混合动力新型新能源公交车已于10月投入试运行；新购置32部区域新能源公交车，开通5条线路，覆盖泉州开发区和泉州台商投资区等区域，已于11月前投入运行；新增环湾新能源公交车辆74部，开通7条线路，覆盖泉州高铁站和市区至周边县（市、区）及经济重镇，已于12月前投入运行。此外，2013年购置计划中的80部10.5米系列新能源公交车已于10月由市政府采购中心组织公开招标，已完成招标工作。

【扶持副食品基地建设】 已完成。全市“菜篮子”工程项目计划投资9500万元，完成投资11495万元，完成年度计划的121%。新增无公害蔬菜基地6个，完成任务的200%；优化无公害蔬菜基地31个，完成任务的124%；新增无公害畜禽基地5个，完成任务的167%；优化无公害畜禽、水产养殖基地30个，完成任务的120%；挂牌新建基地直销点8个；在7个副食品调控基地试行推进食品安全追溯体系建设；对12个定点屠宰场进行改造提升。

【实施新一轮农网建设升级改造和市区电能质量优化工程】 已完成。计划投资29122万元，已完成投资29122万元，完成全年投资的100%。其中：新一轮农网建设升级改造工程累计完成投资27622万元，307个项目已全部竣工；市区电能质量优化工程累计完成投资1500万元，已提前完成。

【实施中心市区积水内涝整治工程】 已完成。津淮街（温陵路—东干渠）、东湖街（刺桐路—温陵路）、湖心街（温陵路—坪山路）、温陵路（涂门街—宝洲路）、温陵路（东湖街—少林路）等市政道路附属排污设施更换统一标识检查井盖及安装防护网项目和泉秀路（温陵路—后渚大桥）约11千米的排污设施清淤、CCTV检测评估及管线测绘等项目施工已全面完工，正进行竣工验收，均已完成年度计划投资额各150万元。南环路经贸学院门口路面积水整治工程、南环路万祥商城路段管道清淤工程、石头港沟渠清淤改造工程和笋江路污水管道地泵工程已全面完成，总投资185万元。圣湖路和雅园路排水排污系统改造工程已提前完成。东海隧道津淮街出口积水整治工程和后续增加的津淮街东段积水节点改造工程已全部完成并完成初验，正进行正式验收。

【实施市区供水管网改造及水质优化工程】 已完成。计划投资2300万元，已完成投资2300万元。其中：万虹市政道路拓改二期给水工程投资约760万元，于11月底完工；普贤路立交段给水工程投资约1020万元，已连通完工；圣茂街给水改造工程投资约100万元，已于7月完工通水；城中村给水改造工程投资约420万元，已于8月完工通水。

【改造一批农村公路危（病）桥】 已完成。年度计划投资3700万元，全年完成危（病）桥改造25座，完成投资约4500万元，占计划的121.6%。

【实施500千米农村公路安全保障工程】 已完成。年度计划4000万元，全年完成农村公路安保工程750千米，完成投资约5000万元，占计划的125%。

【实施农村公路提级改造100千米以上】 已完成。年度计划5000万元，全年完成农村公路提级改造130千米，完成投资约6100万元，占计划的122%。

【进一步提升泉州市消防应急能力】 已基本完成。泉州市119调度指挥中心建设工程已完成并投入使用，680万元建设资金已全部到位。泉州市城东消防站建设工程计划2013年开工，现已基本具备开工条件，拟待东海消防站完成前期准备工作后采用捆绑BT建设模式同时BT开工建设。泉州市丰泽消防指挥中心暨东海消防站建设工程计划2013年开工，现已取得方案设计文本审批，地质勘探工作已经接近尾声，已完成二次装修设计招标工作，用地批复已经报批，正待批复。10月29日丰泽区政府与省五建公司签订拆迁协议，并于11月11日交付征迁补偿款1542.2097万元，省五建三分公司搬迁工作已结束，丰泽区正拆除原有建筑物，待地块腾空后即与城东消防站捆绑进行BT建设。

【新增光纤接入覆盖用户82万户以上】 已完成。三大运营商合计完成投资57981万元，占年计划的101.7%，新增光纤接入覆盖用户834400户，Wi-Fi建设AP26600个。其中，电信泉州分公司完成投资26181万元，完成比率为100.7%，新增光纤接入覆盖用户40.7万户，AP数量10200个；移动泉州分公司完成投资13800万元，完成比率为106%，新增光纤接入覆盖用户12.74万户，AP数量15500个；联通泉州分公司完成投资18000万元，完成比率为100%，新增光纤接入覆盖用户30万户，AP数量900个。

【建设泉州市城市安全信息系统（二期）】 已完成。全市各地已按合同要求完成首付款支付，完成当年建设资金的投入；点位勘测、前端基础建设、摄像机安装等工作已基本竣工，其中前端基础建设2915个，完成率为100%，摄像机安装5499个，完成率为100%；“一库三系统”的相关功能也已基本完成。

【帮助驻泉部队建设“两中心一基地”、“四个一好”项目55个】 已完成。55个项目投入资金910万元，其中市财政拨款470万元，各县（市、区）配套440万元，完成年度计划的100%。55个项目已全部完工并验收达标，各项目均已投产并产生效益。

部门工作

市政府办公室

【服务全市发展大局】

督促兑现惠企政策　参与年初“二次创业”•产业集群发展大会各项组织筹备工作，牵头或促进出台推动产业集群发展、稳工业“8+10”措施、“万家企业手拉手”等一系列配套扶持政策文件，督促兑现百个重点转型项目专项扶持资金5亿元，落实企业帮扶资金19.1亿元、结构性减税和税收奖励35.3亿元。

健全落实“三个一”工作机制　协助市政府主要领导每月组织召开经济分析会，对滞后指标进行分析，并研究针对性举措，促进经济运行持续向好。协助市政府主要领导每月组织召开一次重大项目协调调度会，全年召开10次，协调项目96个，梳理提出节点问题217个，其中绝大多数问题得到及时解决。协调指导市、县两级每季度召开分片区企业座谈会，帮助解决企业经营过程中存在的困难问题，全年组织175场，协调解决问题近2000个。

加大项目推进力度　作为民生工程战役的总牵头负责单位，做好实施方案制定、任务分解、执行监督、目标考核等工作，每月汇总一次进展情况，并对进度缓慢、实施有难度的工程，及时组织专题会议协调解决。根据市政府主要领导及分管领导安排和要求，协助抓好重大项目的跟踪、接洽、协调、服务和推进工作，牵头抓好与中石化、中化、北车、神华、中交建、中节能、中国人保等企业的对接洽谈。督促解决中石化森美公司油库置换等多个久拖未决问题，促成中化（福建）石油销售公司总部迁入泉州，引进人保福建泉州跨海大桥债权投资资金27亿元。

【提升机关工作效能】

提升“三办”水平　对文电工作进行再梳理、再规范、再完善，规范涉及公务活动的文电办理制度，改版升级电子公文管理系统，提高收文办文效率。全年办理市政府及市府办各类发文1713件、收文5941件、文电交换77579件、电子公文传输16408件。高质量完成《政府工作报告》、市政府全体会、全市经济分析会等大型会议的重要文字材料400多篇。制定出台市政府常务会、市长办公会议题呈报相关制度规定，增设OA系统“议题管理”模块，便于议题材料的保存和管理。全年组织筹备市政府全体会议、专题会议、常务会议、市长办公会、专题会等各类会议285场次。同时，参与2013年度千人企业家大会等大型会议的筹备工作，为会议圆满成功作出贡献。抓好重大活动组织保障工作，协调做好中央和省里领导到泉考察调研相关工作；服务保障市政府领导外出考察、下基层调研等，特别是及时调整市政府主要领导调研活动保障机制，形成人秘科、综合科及市政府督查室分工配合、各司其职的机制。

推进政务公开 每季度做好全市政府信息公开情况的数据统计、汇总、审核和上报等工作，并编制和发布全市政府信息公开工作年度报告。完成《泉州市人民政府公报》编辑、出版、发行13期。编发《要事专报》信息58期，其中领导批示27期；专报省办信息1213期，其中省办采用161期，省领导批示4期；《泉州要讯》及增刊246期，完成任务数154%。加强单位政务网站建设和管理。

注重督查实效 及时将2013年《政府工作报告》目标任务分解成182项，明确具体责任、时间节点，定期跟踪反馈，确保各项工作落到实处。及时分解督办市政府常务会、市长办公会、现场办公会等重要会议议定事项，办理省市领导批办件453件，办结率达100%。开展人大代表建议、政协委员提案办理以及为民办实事项目督查等，办理人大代表建议336件、政协委员提案576件，满意和基本满意率均为100%。督促2013年30项为民办实事项目圆满完成，做好2014年33项为民办实事项目的征集、筛选和推荐工作。

增强应急能力 健全和完善突发事件信息报告机制，推动建设县（市、区）国家标准地震应急避难所39处。完善应急预案体系，推进基层应急演练。提高突发事件信息报送效率，全年接报突发公共事件信息1819条（次），上报《突发公共事件呈报件》795期，编发《值班快报》53期，向省里报告58条（次），应报率达100%。

加强后勤保障 做好行政中心二期搬迁各项工作，按照规范做好物业管理、保安、通勤车服务及后勤设施设备采购的招投标，每年可为市财政节约经费1200万元，在1个月左右的时间内保障178家单位完成搬迁入住。健全会务接待、公车和财务管理等制度，规范机关食堂、医疗所的管理，加强卫生保洁、安全保卫、设备保养维护等，确保整个机关后勤工作有序运转。

市口岸工作办公室

【深化口岸大通关建设】 常态化走访口岸查验部门，注重加强与海关、国检、边检、海事等查验单位的沟通与联系，主动谋划、统筹协调、密切配合，破解地方与中央、省直驻泉查验单位业务交叉，协调配合不到位的难题，推进口岸“大通关”和“电子口岸”建设，启动进出口分类通关改革，拓宽“属地、多点报关”适用范围，落实企业类别差别化管理等措施，优化泉州口岸通关服务环境。特别是5月3日市长郑新聪召开“提升口岸综合竞争力、促进外贸进出口货物就地通关”专题会后，第一时间组织起草并出台《泉州市人民政府关于进一步提升口岸综合竞争力，促进外贸进出口货物就地通关若干措施的通知》，同时协调海关、国检、边检、海事等口岸查验单位从落实“一对一”帮扶、建设示范区、减少环节、提高效率、优化服务等方面为“泉州货”就地通关量身打造一揽子有效的便利化措施，提升泉州口岸综合竞争力。

【推动口岸规模化发展】 协助跟踪落实玖龙纸业每年约2万集装箱进口原料从泉州口岸就地通关的有关事宜，协调泉州海关、泉州出入境检验检疫局为玖龙纸业量身制定通关政策，做大做强泉州港口岸外贸吞吐量；坚持和落实港口与口岸设施同步建设机制，推动泉港区口岸联检大楼、晋江市围头通关中心项目、惠安县斗尾联检大楼建设，向中央争取预算内建设资金3405多万元；帮助肖厝边检站争取市县两级政府160万元资金，解决梅沙3G无线验放系统，确保肖厝港区内新增作业点顺利开放；协调泉港6家码头业主单位共同组成船舶污染联防体，推动防污联防提建设；在泉州晋江航空口岸获准对外开放基础上，协调争取开通香港地区、澳门地区及菲律宾等多条地区、国际航线，推动晋江机场国际货运查验监管设施建设，泉州晋江机场出入境旅客已突破40万人次，国际货运分布实施方案按进度组织实施；发挥陆地港整合航线的平台功能，推行“一条龙”“一站式”服务，发挥“货物集散中心”作用，实现陆地港、集装箱场站与港口集装箱运输联动发展。2013年泉州海港口岸吞吐量持续壮大，空港口岸国际（地区）航班成倍增长，陆地港贸易额翻翻。截至11月30日，全市港口外贸进出口吞吐量完成2168.34万吨，同比增长7.49%；集装箱进出口完成101640.5标箱，同比增长17.04%；晋江机场临时航空口岸进出飞机3458架次，出入境旅客累计401290人次，同比增长98.4%。晋江陆地港总贸易额18.06亿美元，货运量49万吨，创下历史新高。

【深化对台三条通道建设】 协调口岸各查验单位克服因晋江机场航空口岸业务量激增而导致的查验人员不足的困难，争取各查验单位做好航班保障工作，跟踪落实并获批泉州首条定期对台直飞航班；协调检验检疫采取"风险管理、科学验放、高效服务、联防联控"和"人员、技术检测、视频监控"三位一体的新查验模式，将"泉金航线"每航班通检时间压缩至10分钟左右，每100名旅客入境时间则缩短约5分钟，实现"旅客与客轮通检零待时"；协调海事部门实行"泉金航线"特事特办，坚持5+2工作制和24小时全天候办理两岸直航船舶进出港手续，落实"一个窗口、一站式、一条龙、一次性"对外服务承诺，为直航船舶开通"绿色通道"；协调边检单位针推出"团出散进"验放模式，免去旅行团单通道查验的烦冗程序，较传统查验模式缩短33%的时间；深化对台客运、货运和小额贸易三条口岸通道建设，努力新开、增开对台集装箱直航的航线航班，巩固提升对台货运和对台小额贸易，把泉州口岸建成大陆对台直航的黄金通道；

【优化口岸通关环境】　厦门关区范围内率先启动"一次申报、一次查验、一次放行"的"三个一"新型通关模式试点，成为全国首例跨区域关检合作，促使泉州口岸大通关模式改革取得重大突破；协调各查验单位指导中化公司完善中化泉州1200万吨炼油项目的各项查验监管和安全配套设施，推动项目报批报审工作顺利进行，在超常不违规和确保码头安全生产万无一失的情况下，主动担当，积极运作，争取省口岸办支持，两次采取特事特办的方式以"一船一报"的特殊审批方式，同意3艘共计17.5万吨原油货轮进港装卸，确保省重项目如期投入试生产；以"特事特办、个案审批""一船一批"的方式服务企业，临时批准同意联合石化青兰山、东港石化、肖厝港4号和11号泊位等以临时外贸作业点方式进行外贸运营，全年办理"一船一报"56艘，组织泰山石化码头通过新增外贸作业点省级验收并获准对外开放。

市海防委员会办公室

【全面动员部署】　沿海各县（区、市）及涉海职能部门将平安海域建设工作列入议事日程，作为长期的、经常性的工作来抓。各级政府和各涉海职能部门，认清海上治安形势，认识持续深化"平安海域"建设的重要性、紧迫性，营造和谐稳定的海上治安环境，维护海上治安稳定。围绕海防管理工作中心任务，定期召开海防委成员联席会议及联络员会议，研究探索新时期海防管理工作出现的热点、难点问题，总结分析平安海域工作中出现的新情况、新思路、新举措。利用春节及伏季休渔期间大批船舶、渔船民返港的时机，举行集中走访暨安全防范宣传等专项活动。围绕"全线巡航、重点管控、打防并举"的方针，开展重点海域专项治安整治行动，分析海域情况和走私、偷私渡、沿海船舶管理等工作实际，分别划定18个反走私、4个反偷私渡、6个防范船舶"越界"生产及7个海上刑事、治安案件多发的重点海域。研究制订专项整治方案，组织开展"泉金海域"海上治安专项整治行动。针对海上渔排、海产品养殖业及该行业相关外来从业人员管控不够到位的实际情况，加强对有严重违法犯罪嫌疑、发生过涉外及涉台事件的船只和人员的重点查控，严防曾参与偷渡的人员转变为偷渡活动的组织者、策划者，密切掌握动态，将工作做在前面。强化管控措施，确保做到对辖区船舶、渔船民底数清、情况明。

【注重联勤联动】　强化联勤协作，提升管控能力，打击整治各类海上违法犯罪活动。发挥驻泉州边防部队区域协作优势，市边防支队、海警二支队、泉州边检站、肖厝边检站、总队医院等驻泉州边防部队共同协商，建立泉州港口岸锚地共管机制，签订《泉州港口岸锚地联合执法协议》，开展口岸锚地联合执法暨重点海域治安联合整治。加强市边防支队、海警二支队、海洋与渔业、海关、海事、工商等相关职能部门的沟通联系，完善警力配置、行动协作、情报交流、业务互补等工作机制，推动沿海管防综合治理。市边防支队和市海洋与渔业局、海警二支队联合发文，部署开展2013年春节及"两会"期间渔船安全管控专项行动，采取海上执法巡查、集中治理的方式，加强防范渔船越界生产，严厉打击渔船参与偷渡、走私和电、毒、炸鱼活动，严禁渔船从事非法改造、非法载客等违法行为。围绕"和谐、共建、共享、共赢"的目标，深化警地共建"平安海域"活动。

【细化分类管理】　注重对辖区船舶和异地挂靠船舶的分类管理，特别是进一步加强对异地挂靠船舶的管理。市海洋与渔业局和市边防支队下发清理外挂渔船通知，即《关于进一步强化全市异地停靠船舶摸排管控工作的通知》，加强摸底核查，细化工作措施，将异地停靠船舶列为重点船舶，进行分类分层次管理，组织人员，全面排查外省渔船挂靠本地的情况，建立外省挂靠渔船基本情况登记表，同时动员渔船经营人主动将渔船转出。同时建立跨省、跨地区重点边防派出所点对点联系渠道，健全信息互通、情报共商、资源共享、协同管控、联勤协作等工作机制，加强异地船舶的协同管理。

【整治海上非法采砂活动】　针对泉州海域非法采砂活动多发的现状，海警二支队、市边防支队、海洋与渔业、泉州海事局等涉海部门协作开展联合整治行动。年初，专门组织相关人员到晋江、石狮等地沿海村镇调研，摸清泉州海域非法采砂的主要采砂区域、参与人员、船舶状况、作业特点、造成的危害等，并在调研基础上形成专题报告

《关于对泉州海域非法采砂活动调查情况的报告》上报市政府。加大对泉州海域非法采砂的整治力度，1至11月，涉海部门开展联合整治非法采砂行动9次，出动执法船艇37艘次、出动警力1000余人次，查处涉嫌非法采砂船只14艘，行政处罚45人，发放各类宣传单1000余份，整治成效明显。

【做好海防基础设施建设工作】 精心组织，周密安排，明确任务，确定责任单位、责任人和完成任务时限，加强检查指导，严格程序，加强监督，经常深入海防基础设施建设项目现场，了解建设进展情况，加强沟通协调，坚持做好每月一报（进度情况）制度，注意跟踪、掌握动态、上下联动、狠抓落实，推动项目建设顺利实施。在省海防办统一协调下，对泉州市2014年尚要建设的海防基础设施建设项目具体地点、建设数量、建设条件及预算造价等情况，进行前期再勘察、论证，并要求项目所在的县（区、市）海防办，按照上级通知要求先上报工程设计方案与经费预算，做到更加规范、科学、合理。制定《泉州市海防委员会办公室关于上报2014年度海防基础设施建设计划》，并上报省海防办。落实2013年度海防基础设施建设任务，总投资950.4万元，建设项目有：一个县级中心惠安县边防大队，投资300万元，已建成并投入使用；三个视频监控站，投资318.4万元（泉港区的峰尾边防所、晋江市伍堡边防所、台商投资区浮山边防所）；4条6千米的海防执勤道路，投资332万元（南安市石井溪东村、泉港区峰尾诚平村、惠安县小乍镇前峰村、净峰镇松村）。根据省海防办《关于编制“十三五”海防基础设施建设规划的通知》的文件要求，及时把文件精神通知到各县（区、市）海防办。并于12月16—19日会同省海防办对各县（区、市）拟报的海防规划项目进行勘察。同时，要求各县（区、市）要准备一份行政区域图，标示已建基础设施的位置、规模、数量以及“十三五”时期拟建基础设施位置、数量等。

市支援前线办公室

【为部队办实事办好事】 2013年，市委、市政府安排帮助驻泉部队建设“两中心一基地”和“四个一好”为民办实事项目55个（实际完成76个项目），均已建成并投入使用，总投资910万元，其中，市财政投入470万元，各县（市、区）配套440万元，市、县两级分别比上年增加11.9%和15.8%。还专项帮助某部第二次无偿改造穿越其特种射击靶场上空的民用高压线路（电缆地下化处理）；帮助某站筹集建设预备役军官教育中心资金150万元；帮助海军某部引接3.19千米自来水管线于3月完工并投入使用、整修2.9千米道路于11月通过验收。此外，还注重帮助解决与部队官兵日常生活密切相关的洗澡难、用电难、晾衣难等项目，并注意节能降耗减排项目的帮助。

【支前保障体系建设】 支前物资供应站建设管理方面，安排鲤城区、丰泽区、南安市、永春县支前物资供应站结合部队驻训、演练、海训等进行实务演练。鲤城区支前物资供应站因城市改造建设，及时调整泉州市消防特勤保障大队合作建站并举行新站建站演练。11月上旬，丰泽支前办结合福建陆军预备役后勤保障旅油料营的演习及时启动支前物资供应站。支前快速食品供应点建设方面，2月开展年度支前快速食品供应点的整顿工作，各县（市、区）支前办对所有快餐供应点进行重新摸底和签约，抓好动态管理，按照卫生、价格、质量、数量、交通便捷等要求，于4月完成快速食品供应点的整顿工作，新确定快速食品供应点34个，总供应量达51000份/次。支前动员数据库建设和预案修订方面，根据南京军区国动委工作部署和省国动委《关于组织开展国防动员潜力统计调查的通知》及省支前办《关于做好国防（支前）动员潜力统计调查工作的通知》要求，市支前办牵头协调经贸、工商、统计、粮食、农业、卫生、林业、供销等部门，全面开展年度支前动员物资潜力调查，加快建立支前动员数据库，确保统计数据全面、客观、翔实，为决策提供科学依据。同时，根据各地实际和保障任务需要，及时修订各类保障预案，完善支前动员物资潜力信息数据库。

【军民共建“三挂钩”活动】 全市现有军民共建“三挂钩”对子553对。根据形势发展和部队实际需求，军民共建“三挂钩”活动突出地方为部队办实事的特点，为主开展科技支前、智力支前、文化支前、法律支前、企业支前，全市投入3300万多元支持部队科技强军项目及“四项设施”建设，帮助部队组织两用人才培训班24期，培养军地两用人才2656人，赠送科普图书6000余册。

市信访局

【畅通群众诉求渠道】 推进落实市、县、乡三级党政领导干部每月15日和每周一定时定点定人接访制度，各级党委、政府向群众敞开大门，领导干部主动贴近群众、倾听民声、体察民情、了解民意、汲取民智，解决群众反映问题。同时，主动下基层解决问题，结合“四下基层”等活动，变“上访”为“下访”，到矛盾比较集中、问题比较复杂、历史遗留问题比较多的地方，帮助基层排查化解矛盾纠纷。全市各级党政领导参加接访31254人次，接待群众来访6054批18140人次，其中市级党政领导参加接访106人次，接待群众840批1864人次；县级党政领导参加接访2657人次，接待群众2254批6252人次；乡级党政领导参加接访28491人次，接待群众2969批10024人次。全市党政领导接访受理信访事项5458件，其中当场解决2581件、落实责任单位3822件、落实领导包案1372件。此外，还完善“网上信访”工作机制，对“省长信箱”及国家投诉办网站、“人民网地方领导留言板”中涉及泉州市的信访事项，完善办理规范，逐件按照“路线图”办理答复。对“市长信箱”处理系统进行升级完善，实现网上无纸化办公，并以市政府办公室名义下发文件规范办理程序、明确办理要求、缩短办理期限，提高办理质量和效率。受理省长信箱来邮2359件，同比下降9.5%；市长信箱来邮781件，同比上升135.9%。

【深入矛盾纠纷排查调解】 坚持关口前移，推行风险评估办法。完善重大事项社会稳定风险评估机制，把更多精力用于事前防范，特别是事关人民群众利益的重大决策和重点建设项目等，先进行社会稳定风险评估，从源头上避免、缓解和减少矛盾纠纷的发生。健全网络，开展矛盾纠纷大排查。坚持“每月一排查、一交办、一化解”制度，开展矛盾纠纷排查活动，及时有效排查化解矛盾纠纷。同时，结合“下基层、解民忧、办实事、促发展”活动，对疑难复杂信访事项，实行领导包案，定人、定任务、定时间开展化解工作。全市排查矛盾纠纷11376件，已化解11097件，化解率达97.5%。完善工作体系，致力矛盾纠纷“大调解”。各乡镇（街道）完善综治信访维稳中心建设，整合综治、司法、国土、建设、民政等有关部门资源，发挥人民调解、行政调解、司法调解、信访调解在化解群众矛盾纠纷中的作用，做到一个窗口受理、一次性告知、一个主体办理、一站式办理，构建“四位一体、整体联动”的调解体系，形成强有力的大信访、大调解、大治理格局。各职能部门坚持调解优先的原则，形成多部门联动机制，共同预防、化解信访问题。

【推进积案化解】 省里交办222件信访积案，泉州市自行排查交办178件信访积案，各县（市、区）自行排查交办254件信访积案。各县（市、区）四套班子领导逐一进行包案化解，按照“事要解决”和息诉息访的标准开展化解工作。市、县两级联席办联合各行政主管部门着力强化跟踪督查，通过召开专题会议进行研究分析、协调处理，组成督导组深入乡镇（街道）开展督导检查，对有关职能部门、基层单位进行政策指导、协商化解办法等，有效推动化解。各责任单位和包案领导探索实施用群众工作统揽信访工作的方法，深入基层、深入一线、深入群众，直接与信访人面对面交流、沟通，做政策解释和疏导化解工作；注重发动信访人的亲属、朋友，及所在村（社区）干部、商会、老人协会、离退休干部和人大代表、政协委员，共同做好信访人教育疏导工作，特别是结合泉州侨乡的特点，发挥华侨、海外侨亲、侨联组织等的作用，给予信访人思想疏导和困难救助；对情况复杂、解决难度大的重大疑难问题，召开听证会、通报会等，将处理情况向社会公开，多渠道促进信访问题的化解，取得明显成效，各级交办的信访积案已化解469件。同时，开展依法终结工作，向省联席会议上报终结案件12件。

【做好重大活动及节庆期间信访工作】 在全国、省、市“两会”及中共十八届三中全会和海峡两岸论坛等重大活动期间，加强组织领导，制定信访工作方案，精心安排部署，强化矛盾纠纷排查化解，为各项活动的顺利举办营造良好社会氛围。在活动举办前，加强事前排查化解和稳控工作，及时掌握信访动态，加强情报信息的核查与研判，组织负责教育疏导工作的责任单位定期走访重点对象，加强疏导稳控工作，并采取有力措施，把重点人员稳控在当地。活动期间，抽调精干力量组成信访工作组进驻重要活动地进行值班驻守，开展信访维稳工作。同时，完善应急处置预案，按照预案果断稳妥、快速有效地进行处置，顺利完成各项重大活动期间信访工作任务。全国“两会”期间泉州市信访维稳工作成绩在全省排名靠前，实现“三无”目标，即无进京集体访、无进京过激访、无负面炒作事件，没有出现进京非正常上访。在清明节、“七一”、“八一”等节日，注重信息掌控和传递，按照“属地管理”的原则，主动靠前，强化对对越参战退役人员的人文关怀和疏导稳控，确保敏感群体的安定稳定。

【完善工作机制】 健全信访值班备勤制度。及时总结经验，对旧行政机关大门口应急处置预案进行修改完善，协调推动出台《处置市行政中心群体聚集上访事件应急预案》，明确各级各部门的工作职责，健全统一指挥、反应灵敏、协调有序、运转高效的应急处置机制。市信访局配套出台《市行政中心大门口值班及群众上访处置工作制度》，明确全局干部职工工作日非上班时间和节假日值班安排及职责要求，形成全天候、无缝衔接的值班备勤制度，较好维护机关办公秩序。持续信访宣传机制。市信访局、市依法治市办联合开展信访法规宣传月活动。采取市局、县局、社区三级联动的模式，在市区、城镇繁华地段设立信访知识宣传点，通过悬挂标语、摆放信访知识宣传板，发放信访知识宣传单、现场解答信访问题等方式方法，宣传贯彻“路线图”，向群众倡导“依法、文明、有序”的信访理念，增强群众法律意识和守法意识。全市设立信访知识宣传点13处，悬挂标语约50条，发放信访知识单1万多份。强化违法查处机制。针对进京非正常上访行为，抓好信访人违法行为的处置工作，将违法信访人移送公安机关依法处理，追究其违法行为责任。信访部门书面移送公安机关查处违法信访人案件113件129人次，其中公安机关处以警告89人次、行政拘留40人次。

市发展和改革委员会

【履行参谋助手职能】 加强经济运行监测分析。围绕年度目标任务，加强对国际经济形势和国家宏观调控政策走向的分析研究，跟踪监测全市经济运行，重点监测宏观环境变化、主要指标变动、重点项目推进、政策措施落实等情况。及时提出针对性对策建议，每月向市委、市政府报告。抓好规划编制和实施工作。开展“十二五”规划中期评估工作，形成《泉州市国民经济和社会发展第十二个五年规划纲要实施情况中期评估报告》，并经市人大常委会审议通过。按照生态市创建工作要求，完成《泉州市生态市建设“十二五”规划》修编工作。加强调查研究。结合市委开展的“增强忧患意识推动长远发展”大讨论活动，牵头开展“建立健全民营经济综合配套改革推进机制”“加快第三产业发展”“引导上市募集资金回归”“引进重大项目，增强发展后劲”“做大做强国有企业”等专题调研活动。加强宣传报道。及时向侨乡快讯、泉州要讯，省级相关媒体报送信息；门户网站主动、依申请对外公开信息；网站互动接收主任信箱、在线咨询和建言献策。在《泉州晚报》开辟《泉州综改进行时》栏目，宣传“综改”推进工作，取得很好反响。

【夯实经济社会发展基础】 推进现代农业发展。2013年，争取中央、省预算内农林水利基建投资50089.05万元。有13个在建重大水利项目，总投资76.29亿元，年度计划投资21.7亿元，完成投资23.4亿元，完成年度投资的107.83%。白濑水利枢纽工程列入国务院批准的《全国大型水库建设总体安排意见（2013—2015年）》C类项目；支持泉州国家农业科技园获批建设。推动工业转型升级。11个项目获中央预算内资金补助4281万元。做好泉惠石化工业区与中化泉州公司发展规划衔接工作，牵头开展中化乙烯项目产品市场需求调研，推进泉州船厂造船项目招商引资工作，与中国交建、神华集团、振戎集团等对接洽谈；做好中化泉州炼油、联合石化“脱瓶颈”中下游项目工作。推进新能源发展。晋江市经济开发区（10兆瓦）、泉州永春县工业园（10兆瓦）、福建南安阳光（20兆瓦）、南安豪华（12兆瓦）4个光伏并网金太阳示范项目已被列入国家发改委光伏发电金太阳示范项目，并完成发电并网。推动海洋经济发展。初步建立海洋经济重点项目库和园区库，55个海洋经济项目（前期20个、在建35个）纳入省海洋经济重大项目建设盘子。力促服务业加快发展。制定出台《泉州市2013年深化“第三产业发展年”活动实施方案》和《泉州市社会信用体系建设实施方案》，牵头起草《关于加快建设现代服务业集聚区的若干意见》和《关于推进东海片区滨海总部楼宇二次招商工作若干政策措施》，全年382个第三产业重点建设项目完成投资551.27亿元，完成年度计划投资的108.8%。6个项目获国家投资补助1040万元，12个项目省级预算内投资补助1090万元。晋江市和丰泽区入选福建省首批7个省级现代服务业综合改革试点区域，石狮全域城市化、德化做强城关统筹城乡推动城镇化健康发展成为省级试点。服务民营企业“二次创业”。做好年度民营企业产业引导资金安排工作，扶持项目42个，安排资金3960万元，其中先进制造业项目23个、安排2080万元，战略性新兴产业项目19个，安排1880万元。推进创新能力建设。深化“6•18”平台功能，推动产学研对接。第十一届“6•18”泉州市对接合同项目643项，总投资149亿元，数量居全省第一，投资总额居全省第二。对接的643个合同项目已投产187个、开工310个，开工投产率为77%，有20个项目获国家、省产业技术开发专项和“6•18”成果转化资金2940万元。

【加快推进项目建设进程】 牵头打好“五大战役”。全年1716个“五大战役”实施项目完成投资1804亿元，完成年度投资计划的136.4%，全面超额完成各项任务。306个在建项目完成投资899亿元，完成年度计划的115.5%，同比增长17.6%，新开工建设项目100个，超额完成年度新开工任务；建成（或基本建成）投产项目111个，完成年度竣工任务的111%；“新增长区域发展战役”方面，完成固定资产投资2259.2亿元，完成年计划的120.2%。推进“三维”对接。跟踪管理的央企对接合作项目16项，总投资985.99亿元，年度计划投资123.42亿元。已开工项目14个，完成投资430.21亿元，全年完成投资194.55亿元。协助做好民企、外企对接招商工作，全市对接民企产业项目81个，总投资1343亿元，引进全国民企500强企业7个，“9•8”投洽会和侨洽会对接项目157个，总投资135.4亿美元，签订5亿美元以上合同项目6个，引进世界500强企业2家。开展“民企参军”。6家企业与车民融合研究院签订战略合作框架协议，2家企业与航天101所科技集团雷特公司签订产品生产合作协议。全市取得军工证书的企业6家，正在办理保密和资质认证的企业5家，进入部队产品采购目录企业13家，17家民营企业启动申请进入军工领域。抓好厦漳泉同城化发展项目落地。组织实施的同城化第一批18个启动项目中，涉及泉州市项目有17个，11个项目已完成或基本完成；加快实施同城化第二批39个项目建设中，涉及泉州市项目23个，已有16个项目开工建设。推进项目前期工作。吉永泉铁路规划项目已获国家发改委、国家铁路总公司的初步认可，有望列入“十二五”铁路网规划修编；泉州市城市轨道交通前期工作，已完成《泉州市城市轨道交通线网规划》修编。做好政府投资项目建议书工可、评审、概算审核、节能评审等工作。拓展社会稳定风险评估工作，完成项目246个，总投资643.6亿元。

【推进发展方式加快转变】 制定全市改革任务。牵头制定《2013年全市深化重点领域改革工作要点》，具体部署2013年泉州市6大重点改革领域39项改革任务。推进综改区建设。制定下发《2013年泉州市民营经济综合配套改革重点工作计划》《泉州市民营经济综合配套改革宣传工作方案》，经过努力，泉州市民营经济综合配套改革有望列为国家发改委综合改革试点。推进医改工作。研究出台《泉州市“十二五”期间深化医药卫生体制改革规划暨实施方案》《进一步完善城乡居民大病保险工作实施方案》《泉州市2013年深化医药卫生体制改革实施方案》等医改相关政策文件，城乡医疗卫生服务体系进一步健全，全市城镇居民医保、新农合参保（合）率分别达95.5%和99.9%，筹资水平和补偿标准进一步提高，新增医院床位2350多张。组建泉州市公共资源交易中心。牵头起草《关于组建泉州市公共资源交易中心的实施方案》，9月27日挂牌运行以来，交易中心交易1839宗，为市政府节约和增值6.4亿元。启动基本建设项目审批流程改革。做好2013年取消和下放企业核准事权的承接工作，承接的下放事权39项，其中取消核准改为备案13项，下放核准26项。

【推进经济社会协调发展】 加大公共服务设施建设支持力度。争取中央、省预算内资金1.24亿元，重点支持教育、卫生、旅游、民政等领域的50个项目建设。加大生态环保工作力度。争取2013年中央预算内投资计划补助资金1620万元。德化、南安、永春3个县（市）通过国家级生态县（市）考核验收。建成10个省级生态县（市、区），87个国家级生态乡镇。推动安南永德申苏工作取得突破。10月，国家发改委牵头编制的《赣闽粤原中央苏区振兴发展规划（征求意见稿）》明确将南安市纳入其中，安南永德三县一市全部列入规划范围。做好经济动员工作。组织全市经动系统开展11个大项的潜力调查统计工作，做好征集军队物资候选供应商工作。抓好数字泉州建设。平稳完成行政中心交通科研楼178家搬迁单位信息网络的连接互通工作；建成泉州市“12345”政务服务热线并通过项目初验；完成泉州市政务外网（含数据中心）项目前期工作，已签署合同，进入开工建设阶段。

市经济贸易委员会

【加强工业运行分析调度】 坚持“日监测、旬分析、月调度”制度，加强煤电油气等要素监测，及时跟踪主要行业、重点企业、重点项目等动态情况，确保各项指标按时序进度有序推进。市级召开春、秋、冬季分片区企业调研座谈会20场，304家企业提出579个问题和建议，已协调解决541个，解决率93.4%；市、县两级召开企业调研座谈会175场次，收集企业反映的问题和建议2126个，已协调解决和逐步解决的1945个，占91.5%。加强要素保障，建立泉州市企业资金应急处置联席会议制度，加强对良性经营企业暂时性资金周转困难的帮助协调、应急处置工作；制定天然气传导方案及配套政策，全年向省里争取到6.498万吨的天然气优惠气量；协调做好福海粮油三期等一批企业用地保障。

【推动惠企政策落实】 收集、梳理、印制各类政策宣传资料3万多册，组织政策宣讲、培训40多场次，发送短信12万多条，市、县两级政策服务热线接收政策咨询4500多条（次），答复率在98%以上。狠抓各级政策兑现，兑现各级扶持资金约1.5亿元，减免各级行政事业性收费约2亿元，兑现企业房产税、土地使用税“即征即奖”3.997亿元。帮扶企业开拓市场，帮助鞋服企业去库存120多亿元。强化企业商业模式创新，推动电子商务发展，截至年底，全市有淘宝网店10万余家，实现电子商务交易总额超1000亿元，同比增长60%。同时多措并举，推行工业设计应用。

【推进企业技术升级】 加大技改工作力度。2013年，征集1000万元以上技术改造项目394项，纳入市级重点技术改造项目库231项；推荐190项申报福建省“百项千亿”技改储备项目库，有99项纳入省级重点技术技术改造项目。15个项目获省技改专项资金3523万元扶持，下达市级技改专项资金2325万元。加快创新驱动发展。全年新增省级企业技术中心9家、市级企业技术中心16家；21个新产品经过省级鉴定，推荐5家企业申报省级品牌培育试点企业和省级质量标杆企业，组织35家企业项目申报省“两化”深度融合五年行动重点建设项目库，2家企业获国家级“两化”融合示范企业称号（全省3家）；全市17个项目获省级企业技术创新和软件产业发展专项780万元补助，3家企业获省“两化”深度融合专项资金240万元补助。

【推动企业提升管理水平】 举办"商业模式设计与创新"等10期企业成长培训班，3000多位企业家参加培训；举办"泉州市企业管理创新名家讲坛"3讲，1500多位企业家及高级管理人员参加活动；举办9期"卓越绩效管理模式"推广巡回培训活动，近3000位企业家参加。200家企业利用网络培训平台组织培训近1930场次，培训时间达2890多个课时，培训人数达7.7万人次；鼓励和支持管理咨询机构为企业实施管理咨询服务，完成41个管理咨询项目；组织做好省级企业成长培训项目、企业管理咨询诊断项目和企业管理提升活动项目的申报材料工作，9个项目获省里补助；开展10个项目管理咨询义诊活动；开展认定"泉州市管理创新示范企业"活动，有效推动企业提升管理水平。

【加快推进产业结构调整】 培育壮大战略性新兴产业。推进33家省战略性新兴产业骨干企业发展壮大，加快实施30个省战略性新兴产业重点项目；创建各级新型工业化示范基地，推荐19个项目申报省工商发展资金战略性新兴产业专项资金，其中6个项目获省级480万元补助。加大淘汰落后产能。完成以水泥、建陶、造纸等六个行业为重点的503家工业企业落后产能普查工作。制订落后产能淘汰计划，拆除34家企业的74条落后生产线（设备），完成年度目标任务。开展"万家企业手拉手"三年行动。全市1268家中小企业为180家龙头企业建立配套协作关系，市、县两级龙头企业与中小企业配套协作产值超450亿元。

【推进民企项目对接】 抓住一切机会开展"大招商、招大商"，第三届民企对接项目签约81项，总投资1343亿元（其中协议项目1项，总投资45亿元），居全省第二。对接上海复兴集团、奥克斯集团、修正药业等全国民企500强企业7项（其中民企100强企业4项），投资161亿元。"6•18"后又新对接合同项目16项，总投资142.05亿元。推进签约项目落地、开工、建设、投产，我委跟踪服务的复星集团商贸物流项目、菜鸟科技"泉州（中国东南）智能骨干网络核心节点项目"、中兴通讯"产城融合示范区"和"外贸电商总部"项目各项对接工作顺利进行。截至年底，2011年、2012年合同项目开工率93.95%，2013年合同项目开工率为70%。

【推行节能降耗工作】 推进节能工作。启动涉及15项强制性地方标准的造纸、啤酒、日用陶瓷、大豆油4个行业13家重点用能企业能效对标行动；落实134家列入国家"万家企业"名单的重点用能企业能源利用状况报告制度；利用省节能（循环经济）专项资金管理改革的利好政策，加大工业企业节能技改力度，有 92个节能（循环经济）重点项目获1860.5万元省、市节能（循环经济）专项资金奖励。推进循环经济建设。跟踪落实德化陶瓷产业园区循环化改造进程，获国家第二批奖励资金6850万元，福建海西"城市矿产"基地、石狮循环经济示范县获国家命名。1—3季度，泉州市万元GDP能耗同比下降4.68%，比"十二五"目标值（2013至2015年年均下降2.95%）高出1.73个百分点，预计可以超额完成省市下达的年度节能目标任务。

【抓好安全生产和对口援建工作】 落实安全生产责任。2013年，全市经贸部门组织检查277次，检查企业1506家，发出整改通知书394份，排查隐患2234项，已整改2177项，全市经贸系统标准化达标率为100%。开展煤炭安全生产工作，推进42对矿井改造提升工作。同时，抓好民爆行业安全管理，开展"打非治违"、安全生产大检查、"百日安全生产专项整治"等专项行动，确保行业安全生产。做好区域和对口支援工作。落实闽西南五市和闽粤赣十三市党政领导联席会议确定的各项任务，推进厦漳泉同城化制造业融合发展工作；泉州市在闽西南五市区域间达成合作项目52个，投资金额706亿元；在闽粤赣十三市区域间达成合作项目55个，投资金额748亿元；推进援藏、援疆、援宁、援三峡库区对口援建工作，投入援建资金6257万元，狠抓39个援建项目建设进度，完成全年各项任务。

【抓好市场供应保障】 完成为民办实事项目。2013年，全市"菜篮子工程"完成投资11495万元，完成计划的121%。6月，泉州市在全省"菜篮子工程"工作考核中位居第三名，受到省政府表彰。抓好副食品调控基地建设。全市已建立省、市级副食品调控基地115家，其中16家被列入省级示范基地，位列全省第一。推动建立储备制度。争取1个中央冻肉储备库、2个省级生猪活体储备库指标，全市落实生猪活体储备6.82万头（其中市本级1.2万头）、冻肉储备900吨。做好元旦、春节等主要节假日副食品市场供应工作，确保市场繁荣稳定。加强屠宰行业管理。泉港区肉品追溯系统建设通过验收，洛江区、德化县肉品追溯系统建设试点扎实开展。全市开展屠宰执法检查986次，查处违法案件36起，移交公安机关案件5件，取缔私宰窝点16个，查获非法肉品3957.2公斤，罚没金额7.3万元。推进商务行政执法工作。泉港区、南安市商务行政执法工作通过商务部验收，洛江区、德化县、石狮市商务行政执法试点建设积极推进。商业预付卡管理有效开展，全市备案企业17家，备案数量全省第二名。

【加快发展商贸物流】 推动大型专业市场建设。加快推进晋江海峡化工产品交易中心等大型商贸服务业项目建设，做好晋江国际鞋纺城、石狮国际轻纺城等省上重点项目的跟踪服务，确保工程项目序时推进。2013年，全市在建83个商贸服务业重点项目，实现投资202.6亿元，完成年度计划的116%。推进现代物流业发展。配合省物流协会完成晋江陆地港等7家物流企业等级评定和全市物流企业统计。2013年，全市3A级以上物流企业达27家。配合市发改委，核拨AAA以上物流企业扶持资金630万元，扶持环宇物流（晋江陆地港）、狮鑫物流、安讯物流等10多家重点物流企业和物流项目建设，对物流项目资金扶持力度为位居全省前列，并申报物流三年行动方案和冷链物流项目，获省级扶持资金130万元。抓好商贸流通管理。提出市区农贸市场改造升级实施意见和创建文明集市实施方案，推进农贸市场标准化建设；做好会展业管理，引导会展业充分发挥资源，举办各种类型的展销会、博览会，协助做好海博会、石博会、农订会以及鞋博会等，安排下发省政府给予300万元补助资金，从资金上支持展会发展。开展汽车市场专项整治，规范汽车市场秩序，全市出动2790人（次），检查1160多家企业，查处无证经营维修店152家；加强报废回收汽车管理，回收拆解报废车1070部，并发放补贴资金76万元。同时，抓好早餐工程、再生资源回收、酒类流通、成品油、拍卖业、老字号等监督管理工作。

【保障食品安全】 组织治理指标检测。2013年，全市开展生猪产销环节“瘦肉精”等37个主要食品治理指标监测16.69万份/次，检测出不符合食品安全标准样本158份/次。开展主要食品治理。组织病死猪肉及其制品等专项整治行动。2013年，全市出动执法人员8.37万人次，开展执法检查2.63万次，查处各类食品安全违法违规案件2471起。开展宣传培训活动。以6月全省食品安全宣传月为契机，做好相关食品安全宣传培训工作。6月21日，在鲤城区府文庙广场举行泉州市食品安全广场宣传咨询活动，参与咨询的群众达3000多人次。同时，牵头组织鲤城、丰泽、洛江、泉港等四个区食品药品协管员开展培训。

市教育局

【提升基本公共教育服务水平】 全市实现义务教育初步均衡发展，鲤城、丰泽、洛江、泉港、泉州开发区、石狮、晋江7个区（市）的“义务教育发展基本均衡”工作，全部通过国家的评估认定。推进义务教育标准化学校创建。泉州五中城东新校区正式招生。外省籍学生一视同仁参加中考录取，226名外省籍在泉学生率先在全国实现异地高考。开展学前教育三年行动计划专项督导。推进普通高中多样化有特色发展。泉州五中、南安国光中学、安溪沼涛中学被省教育厅确定为省普通高中多样化发展改革实验备选学校。全市高考上本一线人数连续三年超过全省平均水平。

【提升教育社会服务水平】 创建国家级中等职业教育改革示范校3所。首批全国职业院校民族文化传承与创新示范专业1个。省级公共实训基地2个；确认首批5所中职学校的5个专业为市级技能型紧缺人才培养基地；培训国家级和省级专业骨干教师333名，中职“双师型”教师比例达48%。南安市参评国家级农村职业教育和成人教育示范县。组团参加全省职业院校技能大赛，取得较好成绩。市政府出台《关于进一步支持高校加快发展的实施意见》。泉州师院获批福建省硕士学位培育单位。泉州信息职业技术学院、泉州理工职业学院通过升本工作的省级考察评估。福建农林大学安溪茶学院落成，福州大学石油化工学院正式招生。泉州工程职业技术学院获批建校。16所高校与近300家年产值亿元以上企业建立校企战略合作关系。成立泉州市职业技术教育研究会。永春师范即将并入泉州幼高专。

【提升教育惠民水平】 继续解决进城务工人员随迁子女就学，争取到国家、省里有关城区中小学扩容建设资金1.282亿元。新、改、扩建79所公办幼儿园全部动工建设，342个小学附属幼儿班秋季开学前全部竣工投入使用。争取校安工程补助资金7961万元。农村义务教育薄弱校改造工程建设基本完成。落实国家助学政策。全市约有8.42万人次中职学生享受免学费政策。出台更换非专用校车的市级补贴方案，解决长期以来困扰学校安全的校车许可证办理问题，全市更换156部非专用校车；全市中小学基本实现“校校通”，80%的中小学接入泉州市中小学远程教育平台和省教育信息化数据中心。

【提升办学质量和校园和谐稳定水平】 德育工作有新成效。承担并完成创建全国文明城市先决条件的未成年人思想道德建设任务。开展“我的梦•泉州梦•中国梦”主题教育活动；加强中小学校园文化建设，建成基本覆盖全市的中小学生校外实践基地；举办首批心理健康教育实验学校心理教师培训，初步建立覆盖全市的市、县、校三级中小学心理健康教育网络；完善网络德育基地，打造网络德育平台。加强体卫艺工作。推动中小学生每天一小时校园体育活动的落实；推进南音进课堂，在全市中小学推广南少林五祖拳健身操；举办市中小学生体育联赛田径比赛等体音美各项活动。深化教育对外合作交流。培元中学与法国埃罗省塞尔维亚中学签订友好协议。深化闽西南五市教育交流，主办厦漳泉大都市区同城化中学生合唱比赛、教科研论坛、中职学生技能联赛和教师联合培训活动。重视和支持语言文字教育、特殊教育、民办教育和终身教育。

创建19所省级语言文字规范化示范校、4所省级规范汉字书写教育特色校；开展经典诵读和规范汉字书写比赛。举办硬笔书法师资培训班。安溪明德特教学校被确认为省特教标准化学校。市教育局、民政局和物价局联合制定实施《泉州市民办非学历教育培训机构设置管理暂行规定》。创建首批“福建省社区教育品牌”4个，全市各县（市、区）均成立社区学院，初步构建终身教育体系。维护校园安定稳定。推进“标准化建设三年行动”和“平安先行学校”创建；启动中小学安全发展学校创建活动；全市校园保持和谐稳定。市教育局被省委、省政府表彰为全省“社会管理综合治理先进集体”。

【提升教师教育教学能力】 举办第六届校长读书班活动；完善8个名师工作室，加快实施名校长、名教师、名班主任培养工程，51名校长被确定为省骨干校长培养人选，开展第二届名班主任、教育世家评选；制定《关于中小学教学名师、学科教学带头人、骨干教师的管理办法（试行）》，对全市中小学教学名师、学科带头人、骨干教师实行动态管理；组织“特级教师讲学团”巡回讲学。

市科技局

【强化科技创新环境营造】 培育产业龙头科技小巨人企业。市委十一届五次全会出台《泉州市重点培育科技小巨人企业的若干意见》等政策文件，支持12个产业领域，培育认定首批316家科技水平高、竞争实力强的产业龙头、骨干型科技小巨人，评选十大最具成长力科技小巨人企业。组织开展首届市政府企业创新奖。对获评“泉州市政府企业创新奖”称号的企业，在全市千人企业家大会上进行表彰并一次性给予50万元奖励。2013年，组织评选市政府创新奖3家、科技奖59家、专利奖27家，奖励731万元。争取科技资源支持。帮助全市重点行业、重点产业、产业技术创新战略联盟和龙头企业、骨干企业提升科技创新水平，争取136个项目列入省级以上科技计划，获省级以上科技研发经费支持7226.25万元，其中，入选国家科技计划项目58个。加强科技惠企政策宣传和落实。举办“企业研究开发费用税前加计扣除”等科技政策运用培训11期，吸引1000多家科技型企业参加培训活动。组建“科技服务宣讲团”帮助企业掌握和运用相关科技创新政策。

【创新科技管理体制机制】 实施产业创新转型“燎原计划”。梳理数控装备控制技术与集成技术开发等11类产业创新转型发展需求，征集技术解决方案，并对方案进行评估后，面向产业界实施竞争性招标，促成技术解决方案与具体项目对接，建立技术需求和项目备选库，解决重大技术创新瓶颈问题。建成“泉州科技云”创新管理服务平台。运用现代信息技术手段，建设集中整合全市科技型企业科研项目管理服务、创新成果转化、技术转移、创新技术和创新产品推介、科研经费监管、科技资讯服务、科技统计分析、泉州智库等诸多服务功能的“科技云”创新管理服务平台。建立院（校）地协同创新机制。建立“校（院）地协同创新委员会”，设立“协同创新专项资金”，建立政府、企业、科研单位三方良性互动的联合攻关机制，举行国家高新区、国家大学科技园泉州产学研对接暨“蓝火计划”项目推进大会，征集高校、科研院所科技成果1001项、专利技术176项，组织专家评审筛选出280项技术需求，通过与教育部科技发展中心共同实施的“蓝火计划”平台，向50多家国内重点高校发布对接信息。推进科技项目经费管理改革。通过向全国公开征集行业技术解决方案后面向泉州产业企业公开招标，确定科技资金支持的领域和项目。

【强化企业创新主体地位】 推进科技创新“五清零、六提升”专项行动。强化企业自主创新主体地位，745家企业实现一项以上“清零”，201家企业实现五项“清零”，纳入“清零提升”的企业研发投入和技术成果转化资金、企业研发投入同比增长18%。新增省级重点实验室5家、市级以上行业技术中心和工程技术研究中心34家、企业研发机构75家。企业自主创新三年行动取得阶段性成效。全市新增科技型备案企业2074家、国家火炬计划重点高新技术企业6家、高新技术企业53家、省级创新型企业39家。获国家科技进步奖1项、省科技进步奖26项，获奖数比增17%。知识产权创造和运用水平持续提升。2013年，全市专利申请量和授权量分别达18448件和13267件，同比增长36.46%和36.14%，年度专利数量继续位居全省首位。截至12月，全市万人发明专利拥有量达1.58件，同比增长46.94%。累计获国家专利奖9项、省专利奖20项，新增国家专利奖3项。新增鲤城高新区、石狮高新区等2个国家知识产权试点园区和晋江市、南安市、鲤城区等3个国家知识产权示范培育（试点、强县工程试点）城市（县区）。制定出台《2013年泉州市实施专利信息分析利用能力提升计划工作方案》，联合知识产权中介服务机构开展中小企业知识产权托管工作，引导企业贯彻执行《企业知识产权管理规范》。

【强化科技服务体系建设】 推进中科院海西研究院泉州装备制造研究所筹建工作。全市首个国家级科研院所——中科院海西研究院泉州装备制造研究所落地建设，首期建设用地100亩，已完成研究所立项、法人注册，征地拆迁任务也基本完成，并无偿提供3000平方过渡办公用房。抓紧制定园区发展规划、研究所建设方案。探索推动新型科研机构建设发展。引导社会民营资本转为创新资本，推动民营骨干企业联合重点高校、科研院所按“实体办院、投管分离、市场化运营”等创新方式，围绕新一代数字通信技术、物联网、工业设计和高端装备制造等重点领域，投资建设新型科研机构，首期投入支持资金600万元，扶持微波技术研究院等6家新型科研机构建设发展。实施“137科技创新平台计划”。针对科研平台载体比较薄弱的状况，征集确定137个科技创新平台作为市级重点项目建设，实行重点项目管理服务和动态监督，已投入建设资金5.1亿元。加强对外科技交流合作。开展与独联体国家在电子信息等优势创新领域方面的技术成果对接与合作，举办“俄罗斯、白俄罗斯、乌克兰电子信息技术项目推介会”，推介54项符合泉州企业技术需求的项目，5家企业提出合作需求并达成合作意向。与香港生产力促进局签订合作备忘录，建立区域战略合作关系，围绕重塑生产力、重点产业调研、企业转型升级一站通和跨区域培训考察等方面，开展咨询、诊断、培训、评估和专项辅导等活动。引进台湾精密机械中心等台湾诸多产业技术研发单位，以及台湾海洋大学等8所大学育成中心到泉州设立联合办事处。建成海峡（泉州）技术转移中心。以虚拟组合方式设立海峡（泉州）技术转移中心，实施泉州科技创新产品应用推广计划，建立科技创新技术产品推介发布机制，举办多期科技创新技术产品发布会，展示20家科技型企业20个科技创新产品，举办3期在线技术对接会，实现技术对接213次，产生意向128次，达成意向33次。2013年全市技术合同交易成交金额新增5.5亿元，同比增长49.2倍。推进科技孵化器建设。制定出台《关于加快科技企业孵化器建设与发展若干措施的通知》，支持建设和发展数字微波通信产业技术科技孵化器、育成基地科技孵化器等8个具有明确产业指向和区域特色的专业孵化器，推动3家孵化器获省级孵化器称号，获补助奖金166.93万元。加强科技创新联盟和行业协会建设。成立全省首个国家级联盟——数字微波通信产业技术创新战略联盟，新组建泉州市泉台果蔬产业技术创新战略联盟等3家技术创新联盟，累计组建联盟27家。成立泉州市科技创新联合会，吸引239个科技型团体会员企业（单位）和260名科技专家入会，覆盖全市13个县（市、区、管委会）和10多个支柱产业及新兴产业。

【创新科技金融融合发展】 建成全省首个国家高新区科技金融服务中心。已有包括海峡科技银行在内的20多个科技金融机构进驻运营，与兴业银行泉州分行等金融机构展开合作，对全市高新技术企业授信50亿元，为高新技术企业提供各类融资和服务产品。推进知识产权质押贷款试点工作，引导推动10多家企业与银行签订专利权质押贷款合同，授信贷款额度8840万元。创造性地结合金融产业和科技产业引导民营资本转为创新资本。支持红桥、深创投等科技型创投机构以股权投资的方式支持企业成果转化和技术创新。制定出台《关于推动泉州高新技术产业开发区非上市企业进入全国中小企业股份转让系统挂牌工作的若干意见》，推动民营科技企业进入全国中小企业股份转让系统挂牌上市。

市民族与宗教事务局

【民族乡村经济社会全面发展】 全年争取中央、省级各类民族扶持资金497.26万元，市级民族补助款330万元。市民族工作协调委首轮帮扶活动圆满结束，帮助13个民族村（社区）筹集帮扶资金210多万元，并启动第二轮帮扶活动，帮扶规模扩大到21个民族村（社区）；市政协组织到南安市和德化县民族村召开帮扶现场会，筹得157万元帮扶资金；截至年底，全市少数民族群众人均年收入达9849元，接近全市平均水平的11953元，居全省少数民族群众收入前列。在泉港区和台商投资区百崎回族乡等13个市级民族团结进步创建活动试点单位，开展创建活动进社区、进校园、进机关、进部队等活动，采取多种形式，开展第六个民族团结进步宣传月活动。丰泽区被确定为国家民委第四批城市少数民族流动人口服务管理体系建设试点单位，也是福建省唯一试点单位；鲤城区、晋江市被确定为市级城市少数民族流动人口服务管理体系建设试点单位。

【党的宗教工作方针全面贯彻落实】 在场所规范管理方面，晋江市安海龙山寺实现从村民管理向僧人管理的平稳转变，成为全省依法管理、规范管理的典型，并在全国宗教工作会议上作经验交流。在教风建设方面，开展“教风年”活动，做好教职人员认定备案工作，严格认定程序，严格审核把关，全市符合条件的944名宗教教职人员全部完成认定备案。泉州市道协长期坚持“玄门讲经”活动，成立讲经团，促进信仰及道风建设。在场所安全工作方面，开展宗教活动场所安全工作，并取得明显成效，国家宗教局多次专题刊发泉州市民族宗教局的主要做法。在场所财务监督管理工作，全市90%以上的场所财务管理水平明显提高，基本开通对公账户。在和谐寺观教堂创建方面，全市816处宗教活动场所，已有687处通过验收达到考评标准，占场所数的84%，其中15个场所、2个团体、2名个人被全国或全省表彰。在民间信仰试点管理工作方面，探索新形势下民间信仰管理的新举措，承办全省民间信仰管理工作研讨会，全市被确定为省、市、县（市、区）三级试点场所达76处。

市公安局

参见“军警机构•泉州市公安局”

市民政局

【重点项目建设】 被列为省级为民办实事续建项目的晋江市社会福利中心文化康乐大楼已封顶，医疗护理大楼、行政餐饮大楼、养老楼正进行基础施工；泉港区社会福利中心，一期的救助站大楼已投入使用，医疗保健大楼和福利院大楼完成主体结构，正在外墙装修；投资1.19亿元新改建24所乡镇敬老院，10所已竣工、6所在建、8所正在筹建。泉州老年公寓主楼即将装修，江南老年颐乐园正全面装修，进行运营准备。泉州市各类养老服务机构（包括福利院、福利中心、敬老院、老年公寓等）增加到140多家，比2012年相比增加27.3%；养老床位数增加到12000多张，与2012年增加35%。民政基础设施的不断完善，有力提高为民服务的水平。泉州市为民办实事项目全部完成。投资1074.5万元新建307户低保户安居房建设任务已全部完成，改善特困家庭的住房条件，让困难群众“住有所居”。下拨泉州市级补助金129.6万元为1800名特困失能老人提供政府购买服务。10月底，又为1800名特困失能老人提供重阳节慰问经费90万元。投资300万元为150个社区居家养老服务站进行提升工程、投资1600万元建设20个农村老年体育活动设施工程建设全面完成。此外，泉州市社会福利中心（新址）项目筹建进展顺利，已投入资金1196.87万元，正办理征地手续。

【社会救助体系建设】 市委编办同意设立“泉州市城乡居民经济状况核对中心”，加挂在泉州市救助管理站，承担泉州市跨县（市、区）的救助家庭经济状况核对和申请救助家庭经济状况核对信息平台的建设管理工作。建立完善城乡低保标准自然增长机制，全面调整提高城乡低保标准和补助水平。1月起，全面调整提高城乡低保标准和农村五保供养标准。调整后，泉州市城乡低保标准最高的为480元，城市低保标准最低为370元、农村低保标准最低为220元；农村五保标准最高为650元、最低为410元。全年为13.4万城乡低保对象发放低保金28000万元。筹集城乡医疗救助专项资金3857万元，救助城乡困难群众16.67万人，发放医疗救助资金4700万元。全面推进医疗救助“一站式”即时结算服务体系建设，通过“一站式”即时结算系统享受医疗救助的共3.31万人次，支出医疗救助资金1437.5万元。探索外来务工人员临时救助制度，解决部分外来务工人员临时性、突发性的生活困难，提高临时救助资金的实效性，救助城乡困难群众10384人次，发放临时救助金1108多万元。城市生活无着的流浪乞讨人员救助管理工作规范化水平不断提高，全市救助受助人员9780人次。

【社会福利工作】 7月9日，出台《泉州市人民政府关于加快社会养老服务体系建设和支持社会力量兴办养老服务机构的实施意见》，鼓励、引导村（社区）通过村民筹资、华侨投资、村财投入、民营企业捐献、政府帮扶等形式，多渠道筹措资金兴建村级敬老院或托老所，探索建立各具特色、形式多样的新型农村养老服务模式，每年扶持50个乡镇或村级敬老院。全市已建成及在建的村级敬老院已达20多个，为农村老年人提供日间照料和短期托养，配餐等服务，实现农村老年人老有所养、老有所乐目标署。提高孤残儿童福利水平，为泉州市1446名孤儿发放基本生活费1010万元。做好福利企业生产管理服务工作。加强福利彩票销售管理，完成各类福利彩票销售额11.55亿元，筹集公益金3.35亿元，其中泉州可直接使用公益金9353万元，位居全省第二。投入7759.17万元开展“慈善助困、慈善助学、慈善助医、慈善助残、慈善公益”五大品牌公益慈善资助活动，社会反响良好。开展防灾减灾和灾害救助工作，抗击台风和洪涝灾害，积极转移群众117419人次；及时下拨冬春灾民生活救助资金和自然灾害救助应急资金805万元，帮助受灾群众解决实际困难。加强基层灾害应急管理体系建设，完善社区应急预案，推荐鲤城区新门、西湖、后坑和晋江市江头、赤塘五个社区参与创建全国综合减灾示范社区。做好支援四川芦山地震灾区抗震救灾工作，在泉州市范围内举办“珠江桥义卖”、“特步义卖”、市直机关书画名家作品赈灾拍卖会等活动。泉州市募集善款2333万元（含慈善总会），民政渠道募捐的616.77万元。原救灾仓库因建库时间久，存在墙体部分脱落、潮湿等问题，6月投资近21万元进行修缮。平战结合、使用面积达10000平方米的救灾物资储备仓库抓紧库房支护施工。

【社会治理水平提升】 在推进省级16个社区服务站建设的同时，争取泉州市财政支持，投入100万元新建20个市级城乡社区服务站。负起牵头抓总责，推进全市“点线面”攻坚计划中城乡社区环境综合整治项目46个，年度计划投资3.23亿元，完成投资5.94亿元，占年度计划184%，提升城乡社区建设水平，改善社区居民群众的生产生活环境。开展民政部及省级先进县（市、区）、示范街道、示范社区创建活动，其中2个市（区）被评为全省社区建设先进县（市、区）、2个街道被评为全省社区建设示范街道，21个社区被评为全省社区建设示范社区。推荐1个县（市、区）、1个街道、2个社区参选全国和谐社区建设示范单位。开展127个社区星级"智慧社区"创建工作，提高社区信息化建设水平。组织915名社区工作者参加岗位培训，如期完成泉州市20名招募高校毕业生服务安溪、永春和德化等县的城镇社区计划，充实社区工作力量。出台《关于进一步加强社会工作专业人才队伍建设的意见》，推动泉州市社会工作发展。606人取得职业资格证书，其中助理社工师427人、社工师179人，发展成立13家民办社工机构。开展优秀人才遴选活动，提高社工尊严和地位及市民对社会工作的认知度。民政、团委、妇联等向社工机构购买社区综合服务、居家养老服务、救助服务、青少年社会工作服务、企业社会工作服务等项目，购买经费300万元。

【双拥工作"升级版"】　研究制定《关于推进泉州市双拥工作创新发展的意见》，就增强"双拥两促进"共识、构建跨区共建平台、开展"四进"军营活动、解决双拥热点问题、强化双拥制度建设等方面提出新的要求和措施。承办全省科技拥军工作推进会，总结推广泉州市科技拥军经验和做法。围绕市委、市政府主要领导到师旅部队科技拥军现场办公确定的项目和市科技拥军资金扶持项目，督促资金到位，做好项目技术对接，扎实推进项目建设，培植科技拥军典型。成立由126家成员单位组成的泉州市企业拥军协会，设立"拥军优属专项资金"，开展文化拥军、科技拥军、亲情拥军和优属等活动，为驻泉部队、复转军人提供关怀和帮助。做好双拥创模工作，分析双拥创模工作面临的困难和问题，破解双拥创模"瓶颈"，推进省级双拥模范城（县）创建工作，再次获省级双拥创模范城（县）"满堂红"，市民政局等9个单位被评为"省级爱国拥军模范单位"、6名个人被评为"省级爱国拥军模范"，命名表彰数量位居全省设区市之首。按照全国双拥模范城（县）考评条件和要求，做好各项工作的落实，取得显著成效，受到全国双拥模范城中期考评组的肯定。清明期间，泉州市党政军主要领导率领市、区干部职工和部队官兵祭扫革命烈士陵园活动，规格之高在立碑后尚属首次。做好"泉州舰"命名工作，海军司令部已将某新型导弹护卫舰命名为"泉州舰"。

【服务水平提升】　出台《关于进一步培育发展和规范管理社会组织的实施意见》，改革社会组织登记形式和范围，实行直接登记、提倡一业多会、扩大登记范围、采取双轨办法等；重点培育发展行业协会商会、科技类、公益慈善类、社区服务类社会组织，推动社会组织健康有序发展。建立健全社会组织评估工作机制，对150家参评的社会组织进行等级评估，加强对社会组织的监督管理。规范社会组织审批程序，全市登记新成立社会组织652个。深化婚姻收养登记规范管理，提高工作质量和工作效率。办理内地居民结婚登记80920对、离婚登记9069对，涉港、澳、侨、台结婚登记318对、离婚登记71对；办理内地收养登记81件，涉港、澳、侨、台收养登记8件。推行困难群众殡葬火化基本服务费用减免政策，减轻群众经济负担。泉州市殡管所殡仪服务标准化建设通过民政部和民政厅的考评。严把墓地生态建设整治"五道关口"，整治任务圆满完成。完成高速公路、铁路（高铁）沿线两侧专项整治坟墓3928个，植树披绿种植树苗81150棵，政府财政专项总投资377.3万元，已完成墓地生态建设整治工作任务的100%。安南永德四县申苏工作取得关键性突破，中央党史研究室7月23日明确泉州市安溪、南安、永春、德化视同中央苏区享受有关政策，将极大推动泉州市老区各项社会事业全面发展。泉州市福彩公益金投资200万元实施老区跨越发展工程；每年有近百个老区村得到挂钩帮扶，享受中央优惠政策得到的配套资金达5亿元；争取老区帮扶资金579万元（省老区办244万元，市财政335万元）帮扶4个市级重点帮扶村、老区社会事业和革命遗址修缮项目近150个；抓好泉州市级老区重点帮扶村工作，落实泉州市级帮扶资金200万元；组员参加福建省老区办科技示范项目扶持、农村实用技术培训；"五老"人员各种待遇得到较好落实，生活补助金自然增长机制已经形成，确保"五老"人员生活标准不下降，实现老有所养、老有所医；认真做好革命老区信息宣传，获全国老区宣传工作"二等奖"。全面完成全市地名"二普"试点和地名"二普"工作，普查53864条地名。加强界线管理和平安边界建设，做好泉州与福州市间县域界线（德化与永泰线）联检工作及平安边界共建工作，同时，做好市内3条县级界线和64条乡级界线的联检工作以及平安边界共建工作。

市司法局

【社会治理创新】　"大调解"工作体系基本建成。泉州在全省率先全面推行派出所设立人民调解室和加强道路交通事故损害赔偿纠纷多元调解工作，推动落实"公调对接"。成立人民调解员协会。全市各级人民调解委员会受理调处民间纠纷22037件，调解成功21561件，成功率达98%；调解案件录入率达100%。特殊人群帮扶教育持续创新。全市接收社区矫正人员10386人，解除6042人，正在矫正的人员4344人。2013年新回归社会的刑释解教人员6477名，安置率为99.9%，帮教率达100%。市级"中途之家"开工建设。丰泽区、石狮市试点社区矫正中心建设项目完成装修。泉州市在全省率先举办社区矫正法律文书评比活动。启动实施第四个五年依法治市规划。市依法治市办与44家行政执法机关、司法机关签订“谁执法谁普法”责任状。“泉州司法在线”及“泉州微普法”官方微博开通。法制动漫《小明和你一起来学法》获第十届全国法制漫画动画微电影作品征集活动三等奖。建成11个规模较大的法治文化广场（公园、长廊）；另有2个在建。泉州市和市司法局分别被省上推荐申报“全国‘六五’普法中期先进城市”“全国‘六五’普法中期先进单位”。鲤城区被评为“全国法治县（市、区）创建活动先进单位”，泉州市和永春县、石狮市、洛江区被评为“全省法治城市、法治县（市、区）创建先进单位”。

【**提高法律服务水平**】 法律服务管理进一步创新。泉州在全省率先建立律师事务所诚信等级评定工作体系。公证绩效工作试点经验在全省公证工作会议上作典型发言。全省司法鉴定专项检查工作现场会在泉州召开。2013年，国家司法考试首次实行考生和考卷的电子化管理试点工作，合格上线人数287人，合格率达19.64%，在全省考评中位列第一名。法律服务业务进一步拓展。全市现有律师事务所94家、律师1040人，办理各类案件28026件；司法鉴定机构15家，执业司法鉴定人90人，办理各类鉴定28472件。全市公证处办结各类公证38702件。全市基层法律服务所代理案件3026件，代写法律文书3378份。法律服务作用进一步发挥。开展“百所千企”结对服务和“法律体检”活动，为民营企业“二次创业”提供法律服1012件次，提出法律意见和建议436件，审查合同536件。出台《服务金改区建设暂行规则》和《公证工作服务全市重点培育“科技小巨人”企业的实施意见》。开展“法律援助便民服务”主题活动，全市法律援助中心窗口一层临街率达到75%，数量居全省之首。全市指派办理法律援助案件4940件，同比增长11.9%，受援人数6297人次。“12348”法律服务专线电话接受群众电话法律咨询9971人次，接待来访咨询3345人次。

【**加强司法行政保障**】 全市163个司法所建设任务全面完成。自2009年以来，省、市、县、乡四级合计投入5712万元建设司法所业务用房，总建设面积达41402平方米，所均面积254平方米。全市已配备副科级司法所长132名，配备率为81%。全市有司法助理员专项编制371个，配备345名，编制使用率为92.99%；获省编办新增16个司法助理员专项编制。全市有专职人民调解员262人，比2012年年底新增聘用91人。各县（市、区）采取政府购买服务方式招聘207名司法协理员，招募1379名社区矫正村级协管员和3041名志愿者。鲤城区、丰泽区、洛江区、石狮市、永春县5个县（市、区）的司法所达到规范化率为100%，其他县（市、区）40%的司法所达到规范化。全省基层司法行政总结表彰暨司法所规范化建设推进会在泉州召开。鲤城、洛江、石狮等地司法局被省司法厅评为基层建设先进司法局。

市财政局

【**稳定收入增长**】 2013年，财政收入稳中有进，圆满完成年初确定的收入目标。全市公共财政总收入完成649.6亿元，同比增长13.5%；公共财政预算收入完成346.4亿元，同比增长18%；基金收入301.5亿元；国有资本经营预算收入0.5亿元。市本级公共财政总收入完成96.2亿元，同比增长13.2%，公共财政预算收入完成54.9亿元，同比增长15.2%。财政收入占GDP的比重为12.4%，比上年提高0.2个百分点。

【**推动科学发展**】 助力产业转型，推进综改区建设。全市投入外经贸扶持资金1.7亿元，全年出口免抵退税额113.5亿元；落实企业帮扶资金19.3亿元，促进民营企业转型升级和民营经济乐园建设，推动综改区建设。加大扶持力度，推进金改区建设。市本级安排财政资金2.2亿元，设立中小企业直接债务融资发展基金、外贸企业贷款风险补偿金、农业贷款风险补偿专项资金和金融发展专项资金，发挥财政资金引导作用，提高金融服务实体经济能力。落实资金保障，推进环湾城市建设。2013年，市本级完善政府投融资体系和资金统筹机制，筹集“城市建设管理年”活动项目资金253.7亿元，推动全市“五大战役”项目完成投资1744亿元，推动环湾城市建设再上新台阶。

【**强化民生保障**】 2013年，全市公共财政预算支出421.7亿元，比上年增长18.3%；基金支出299.8亿元；国有资本经营预算支出0.5亿元。用于民生方面的支出301.8亿元，占公共财政预算支出的71.8%。财政资金投向最急切、最需要、最基本的民生保障方面，使人民群众得到更多实惠。“三农”投入方面：全市农林水事务支出46.9亿元，比上年增长21.7%，重点推进水利建设、“四绿工程”建设、美丽乡村“六大工程”建设和农业、渔业综合生产等方面工作，促进城乡统筹发展。生态文明投入方面：全市节能环保支出9.7亿元，比上年增长68.3%，重点开展两江流域上游环境治理、重点流域水环境整治、污水管网建设、太阳能光伏发电、路灯LED节能改造等，推动生态文明建设。社会保障投入方面：全市社会保障和就业支出31.6亿元，落实城乡居民养老保险制度，落实促进就业的财政政策，提高城乡居民最低生活保障标准。教育事业投入方面：全市教育支出91.9亿元，比上年增长18.9%，落实义务教育“三免一补”和免费中等职业教育等惠民政策，新改扩建79所公办幼儿园，推进中小学扩容建设，支持高等学校加快发展。科学技术投入方面：全市科学技术支出9.2亿元，比上年增长24.7%，鼓励和支持科技自主创新，提高科学技术水平。医疗卫生投入方面：全市医疗卫生支出34.2亿元，比上年增长19.7%，提高城乡居民基本医疗保险政府补助标准，扩大医疗卫生保障覆盖范围，推进公立医院改革。文体事业投入方面：全市文化体育与传媒支出6.6亿元，支持重大文化体育设施建设，发展文体事业，建设东亚文化之都。此外，全市保障性安居工程完成投入94.2亿元，基本建成26573套。投入1.2亿元，促进公交事业发展。

【完善财政管理】 加强资金管理。落实市级财政专项资金管理规定，出台民营企业转型升级产业引导资金使用管理等具体规定；建立100万元以上的部门专项资金和为民办实事项目财政资金绩效目标监控体系；规范资金统筹工作规则和流程，完善市级政府投融资项目资金管理。推进财政改革。有序开展市级国有资本经营预算管理；出台公务用车配备使用管理和因公出国经费管理规定，推进公务用车治理；启动实施市级公务卡结算制度；实行批量集中采购，合理降低政府采购成本。强化债务风险防控。加强政府性债务风险动态监测，完善风险预警机制，强化债务管理，建立偿债准备金制度，落实偿债资金来源。

市人力资源和社会保障局

参见“社会生活•劳动和社会保障”

市公务员局

【人才工作】 工作思路更清晰。贯彻市委大讨论活动的部署要求，组织开展“泉州市人力资源服务业发展对策”课题调研，探索引进民营资本发展人力资源服务业，该课题被列入市委大讨论活动的20个先期转化成果之一。会同市委组织部制定出台《泉州市“海纳百川”高端人才聚集计划（2013—2017年）》，形成“1+25”的人才政策体系，人才环境进一步优化。人才引进培养有新突破。新增国务院特殊津贴专家（高技能人才）5人、“百千万人才工程”省级人选1人。新建博士后科研工作站4家、博士后创新实践基地3家，引进博士后科研人员28人。推荐曾福泉博士入选第十批国家“千人计划”创业人选，国家“千人计划”实现零的突破。承办“海外人才创业周”，承接“海外博士海西行”，组团参加“第八届台湾专业人才与项目对接会”等活动，对接海外高级人才项目团队12个。组织开展第一批引进高层次创业创新人才评选，20名高层次人才通过专家评审，正上报市委人才工作领导小组审批。人才服务水平有新提升。在市行政服务中心设立“高层次人才服务窗口”，为高层次人才提供“一站式”服务。落实人才优惠待遇，协调解决11位高层次人才子女入学问题，兑现高层次人才专项奖励资金1430万元，首次为621名高层次人才颁发高级人才证。实施泉籍优秀人才回归工程，“海内外泉籍优秀人才信息库” 得到充实完善。开展“一把手”谈人才专题宣传活动，营造爱才重才氛围。

【公务员队伍建设】 考录工作更加规范。完成公务员招考任务，新录用公务员和“参公”人员665人。建立考务工作通报会制度，主动邀请部分人大代表、政协委员、行评代表和特邀廉政监督员全程参与督促指导，考务工作公信力得到提高。公务员队伍能力不断提升。完成“服务型政府”教育培训工程，市直机关事业单位干部轮训比例达100%。“四类培训”规范开展，培训人员415名。公务员管理逐步完善。加强科级职数审核和任职资格审查，审核科级任职资格255人次。严格进行公务员及参公人员登记，登记人员601人。建成全市公务员信息数据库，采集公务员及参公人员信息2万多条。完成年度考核工作，为市直机关155名连续三年年度考核优秀的公务员记三等功，考核激励作用增强。绩效考评工作创新推进。基本完成2013年度绩效考评工作，推动市委、市政府各项工作任务的落实。

【人事制度改革】 事业单位人事制度改革进展顺利。全市公开招聘事业单位工作人员3000多人，实现聘用和岗位管理制度全覆盖，办理市直事业单位专业技术职务聘任2890人（次）。职称制度改革继续深化。加强评审组织建设，批准组建、换届中级评委会3个。非公职称评审力度加大，服务县域经济发展，指导惠安建筑、雕艺，安溪制茶，德化瓷雕，永春制香等非公企业人员职称评审。开展建筑业职称工作调研，建议“放宽建筑业中级公有制职称评审条件”（该建议被采纳进“省政府支持建筑业发展壮大十条措施”中）。开通在泉州台湾居民职称申报“绿色通道”，在泉台湾居民周骏声通过农业专业高级职称评审，实现泉州市台湾居民获得大陆农业技术高级任职资格“零”的突破。工资制度改革稳步推进。公务员津补贴进一步规范，事业单位绩效工资制度不断完善。探索工资待遇向基层一线倾斜的政策，指导支持部分有条件的县（市、区）适当提高公务员津补贴标准。

【毕业生就业和军转安置任务】 毕业生就业工作扎实推进。报请市政府出台《关于鼓励和扶持高校毕业生自主创业的实施意见》，每年安排500万元专项资金用于扶持高校毕业生自主创业，以创业带动就业，高校毕业生就业率达90%以上。加大就业见习基地建设力度，新增就业见习基地20家。开展高校毕业生创业项目资助申报和创业孵化基地创建工作，获省级资助资金84万元。完成“泉州人才市场网”升级改版工作。举办公益性招聘会 42场，提供岗位近5万个。实施“服务基层项目计划”，招募“三支一扶”、大学生村官等高校毕业生255名。举办第三届厦漳泉人才交流大会，完成新疆昌吉高校毕业生到泉州实习与西藏高校毕业生到泉州就业岗位征集任务。军转安置任务圆满完成。实行“阳光安置”，接受安置军转干部123名，近92%的计划安置军转干部安置到机关和“参公”单位。自主择业军转干部管理服务不断加强，企业军转干部继续保持总体稳定。

市国土资源局

【深化土地使用管理制度改革】 探索农村集体建设用地流转制度，因地制宜开展城乡建设用地增减挂钩旧村复垦、耕地开发、高标准基本农田建设、“三旧”改造等，促进“美丽乡村”建设，被国土部列入城镇低效用地再开发试点。2013年，全市经省国土厅先行核定挂钩指标1029亩，已交易1228亩；全市上报旧村复垦项目163个，项目总规模13518亩，先行核定指标9408亩，已交易8793亩，已完成房屋拆除8405亩，复垦耕地7462亩，竣工6031亩，通过验收4300亩。全面完成农村集体土地所有权登记发证，通过国土资源部抽检。

【培育健康稳定的土地市场】 2013年，经营性用地和工业用地招拍挂出让成交614宗，面积25065.3亩；上报农用地转用和土地征收216批次，面积48398亩，涉及农用地34394亩、耕地18342亩；全年供应保障性安居工程用地711亩。

【推进农村土地综合整治】 与市、县两级政府签订《2013年度耕地保护政府目标责任书》，完成补充耕地15855亩；批准46个高标准基本农田建设项目，总规模43186亩，预计新增耕地6562亩；全面完成市委市政府2013年度为民办实事土地整理27个项目面积21285亩。永春县获首届全国国土资源节约集约模范县（市），泉港、安溪、德化作为泉州市第二批创建活动重点联系单位积极开展创建工作。

【推进矿山生态治理工作】 2013年，分年度开展“三区两线”矿山复绿行动，计划治理矿山复绿点18个，面积74.67万平方米。已完成治理面积64.655万平方米。安溪县官桥—龙门“青山挂白”连片治理列入国土部地质环境治理示范点，首期工程通过国土部检查组评估核查，获国土部核拨二期补助费用9000万元。

【做好地质灾害防治和移民安置工作】 2013年，持续推进城市地质调查；组织编制31处市级、306处县级重点地质灾害防治方案，完成市委、市政府2013年度为民办实事地灾危险点居民搬迁项目37点65户293人；全面完成49704个移民2973.645万元直补资金和争取移民项目补助资金5120万元。

【加强基础测绘工作】 2013年，全面完成泉州市城市总体规划区2980平方千米测量控制网改造和扩充建设；全面完成“数字泉州”地理空间框架项目建设试点，推进“数字永春”“数字晋江”地理空间框架项目建设。

市住房和城乡建设局

参见“城乡建设•城市建设”
与“城乡建设•村镇建设”

市城乡规划局

【环湾城乡规划编制】 中心市区全年安排规划经费约4000万元，完成26个规划编制项目。围绕加速推进城乡一体发展，完成泉州市城镇化近期发展规划、泉州市城市综合交通规划修编、泉州市城市产业园区空间布局规划、泉州市村庄布局规划等规划编制；围绕提升城市基础设施水平，开展空港新区概念性规划、社区公共服务设施布局规划、行人过街立体设施布局规划、城市防洪排涝规划修编等专项规划编制，完善环湾区域市政交通基础设施和公共服务设施建设；围绕提升城市景观风貌，完成刺桐路北拓片区、普贤路两侧、后渚港片区概念性城市设计，各层次规划逐步完善。按照新一轮城市总体规划的要求，晋江、石狮、南安、惠安等环湾县（市）区，抓紧总规修编和环湾区域20个以上的控规编制，并将城市建设主动向环湾地区靠拢。

【城乡环境综合整治】 全市城乡环境综合整治“点线面”攻坚计划项目85个，年度计划投资18.633亿元，实际完成投资26亿元。继续开展中心市区滨水休闲绿道一期、清源山至滨海公园绿道一期等共4条约47.2千米绿道的规划建设，全市建成131千米休闲绿道，初步形成泉州山水慢行系统。在全省考核评比中，泉州市获2012年优秀设区市，南安和永春获优秀县（市）。

【名城名镇名村保护】 主动参与首届中日韩“东亚文化之都”竞选筹备工作，落实“古城文化复兴计划”，实施古城文化复兴计划一期工程建设，做好“东亚文化之都”2014年泉州活动年开幕式活动筹备工作。开展国家级传统村落和中国历史名街申报工作，6个村庄被列入第二批中国传统村落名录，石狮市永宁镇永宁老街入选第五届“中国十大历史文化名街”。

【村镇规划编制】　指导全市6个省级、15个市级综合改革建设试点小城镇总规、控规和各主要专项规划的编制和技术审查工作。推进“美丽乡村”建设，实施《泉州市建设“美丽乡村”五年行动计划（2012—2016年）》及“六大工程”，抓好一批“美丽乡村”示范村，新增2个省级村镇住宅小区建设试点，有5个村庄被省住建厅列为村庄环境综合整治（美丽乡村）示范典型。完成全市270个村庄规划的报批工作，推进1999年前编制规划的村庄开展规划修编和规划提升，并按照建设“美丽乡村”五年行动计划要求，组织编制全市村庄布局规划，引导村庄建设具有地域特色的“美丽乡村”。试点小城镇规划和村庄规划的编制工作继续走在全省前列。

【提升规划服务质量】　在开展项目策划和服务招商引资的过程中，建立起涵盖各类招商项目的项目资料库，入库项目约40个，并实行动态更新，为开展招商引资提供便利。做好东海企业总部项目建设中的协调服务工作，推动中心市区项目改造和用地优化。筛选三批56宗“三旧”改造项目，已通过两批23宗“三旧”改造项目，用地面积约300亩。

【规划审批改革】　落实市委、市政府“马上就办”工作要求，制定“马上就办”实施方案。探索规划技术性审查和行政审批相对分离试点工作，开发电子信息技术平台，制定《行政审批服务规范化工作方案》和相关制度，将城乡规划审批、备案项目由原来的38大类、52小项缩减为24大项、43小项，删减16项需申请人提供的申报材料，把审批环节从现行的8—9个环节优化到5个以内。新增《选址意见书延期》等5个窗口即办件，窗口即办率由3%提高至21%，现行的24个大类43个小类的规划审批事项均从法定的20—30工作日压缩到4—8个工作日，远低于法定时限的40%，合计比法定时限缩短538日。

【信息化建设】　以OA建设为起点，建设规划管理一站式服务平台。完成2010年泉州中心城区（480平方千米）的1:500、1:2000比例尺的地形图建库GIS数据及1：2000比例尺缩编数据（CAD格式）的基础地理信息数据建库，为2014年推进“一张图”成果数据库的建设打好基础。

市市政公用事业管理局

参见“城乡建设•市政建设”

市城市管理行政执法局

【探索城市管理机制】　组织大讨论调研课题47个，开展晋江市“城市综合管理”试点工作，深化石狮市城管、环卫管理体制改革，构建“大城管”工作格局；健全市、区城管办工作制度，探索城市管理监督和执行分工协作机制。

【加大环境整治推进“创卫”】　围绕创卫、创城中心工作，以户外广告、夜市大排档、占道经营、城市“牛皮癣”、土方车“滴洒漏”等为重点，加大专项整治力度，纠正查处占道经营、流动摊点208826处、夜市大排档12761处，拆除简易搭盖1136处，查处建材运输车辆“滴洒漏”2150部，拆除户外广告、路牌招牌17187块，清理城市“牛皮癣”31.3万张，报请电信部门对“牛皮癣”提供的电话号码给予停机处理13248部，制止查处违规开挖路面、窨井盖缺失、破坏绿地、倾倒垃圾等行为2185起，查处工地违规施工噪声扰民行为486起。

【开展“两违”整治活动】　组织开展全市违法建房整治，会同市公用事业管理局建立清源山执法联席会议制度，组建城市“两违”督查组，全市发现制止违法建房14822宗（总量同比2012年下降9.3%），面积2113399平方米；拆除7995宗（拆除率同比2012年上升57.6 %），面积914927平方米，其中，中心市区拆除违法建设1518宗，面积156335平方米。

【依法办理行政执法案件】　做好市人大常委会关于公用事业管理质询，专题就户外广告管理质询进行现场答复，完成承办市人大建议4件、市政协提案34件，全部反馈满意；落实“110”社会联动服务，受理群众咨询投诉3446起；参与“政风行风热线”接线，全市受理信访案件3901件，办结3875件，办结率达99%，其中，领导批示件270件办结265件，部门转办件916件办结905件，群众信访件2715件办结2705件；全市城管执法系统办理案件2684件，收缴行政罚款1316万元，没有发生行政复议和提起行政诉讼。

【平稳试行数字城管平台】　启动中心市区“数字城管”系统平台建设，覆盖鲤城、丰泽、洛江和开发区86.52平方千米范围，涉及14个街道、128个社区和62个市直部门（单位），实行“一级监督、二级指挥、三级考评、四级网络”运行模式；市“数字城管”平台上报各类城市管理案件75086件，立案69249件，立案率92.23%，结案45723件，结案率68.45%，案件平均处理时间从原来的20小时缩短为12小时。

【解决城市难点问题】　组织调查中心市区临街工地80处，督促整改存在占道施工工地42处；联合市住建局、规划局、公用局、交警支队制定《关于进一步加强泉州中心市区占用城市道路施工管理的通知》，对占道施工（含围墙和户外广告设置）的审批、公示、监督和处理做出明确规定；采取“疏堵结合”措施管理占道经营，按照“主干道严禁、次干道严控、背街小巷规范”的原则，重新规划设置43处2174个便民摊点；制定《中心市区建筑工地施工噪音污染整治工作方案》，在中考、高考期间开展夜间“零点行动”，全面禁止建筑工地违规超时施工；推动行政指导活动，全市发放行政指导意见书21530份。

【加强执法队伍建设规范】 加强城管执法队伍执行力建设，修订《城管执法日常行为督查》等5项机制，建立中心市区市容市貌整治定期检查制度；执行《政府信息公开条例》，依法发布行政执法政务信息293条；推进执法队伍廉政建设，加大廉政教育、宣扬廉政文化、建设廉政走廊、编发廉政短信，探索廉政风险防控机制，梳理职权目录35项，排查岗位风险点567个，修订完善《物品采购及管理规定》等9项工作制度。

市交通运输委员会

【推进基础设施建设】 拓展融资渠道，应对交通工程建设融资难度加大等多重困难，加大横向协调和向上争取力度，落实银行机构信贷规模，全年净增高速公路贷款55.9亿元，到位项目资本金20.03亿元。探索引进民间资本，完善《泉州市引进社会资金投资高速公路建设方案》。发挥统筹调度机制，突出资金向通车项目、农民工工资、原材料采购预付和安全设施倾斜。全年完成固定资产投资166.97亿元，占年度计划的119.27%，居全省第一位。《国家公路网规划（2013—2030年）》确定泉州普通国道由原来的1条增加到5条。编印实施《泉州市农村公路网县道规划》，规划县道67条，规划总里程2161.66千米。完成《泉州市“十二五”完善综合交通体系专项规划》中期评估。全市在建高速公路里程212千米，建成通车南石高速、莆永高速双永段、仙永段3个项目135千米，通车总里程497千米。厦沙高速公路泉州段投资模式取得重要进展。建成福厦铁路晋江站快速疏解道路等2个国省道项目39.43千米，新开工建设横九线晋江金井至东华等8个项目，实施国道324线泉港段水泥路面重铺16.07千米、省道206线安溪城关至龙门等路段“白改黑”工程53.69千米，推进 “镇镇有干线”项目、全社会投资公路项目建设。在建秀涂16号泊位等泊位和航道项目16个，泉州湾航道二期工程开工建设。推进泉州晋江机场改建工程，在建安溪汽车总站等4个客运场站项目。

【提升公共服务能力】 在全市交通运输系统开展为期3年的 “创文明、强管理、重服务、提水平”活动。抓好十项工作、百日攻坚、千人行动和万次检查的“十、百、千、万”整治行动。出台出租汽车最高承包指导价等4项出租汽车行业管理政策措施。修订完善2项公交发展规划。启用驾培行业培训学时管理系统，确定47家标准化精品驾培机构。实行出租汽车违规经营举报奖励办法和交通运输经营行为奖惩十条措施。启动新一轮道路运输从业资格证换证工作。推行公路科学养护、精细化养护和预防性养护管理。加强常规管理工作督导，强化督促、检查、指导和落实力度。开展质量信誉考核，评出AAA级货运企业3家、客运企业8家、出租汽车企业13家、驾培机构19家、维修企业33家。加快农村公路建设，新改建265.65千米。完成提级改造185.37千米。实施公路安保工程，完成国省道安保工程227.9千米，农村公路安保工程1385千米，改造危（病）桥142座。完善农村客运体系，新增更新农村客运车辆62辆。完成石狮市城乡道路客运一体化试点工作。坚持公交优先发展，全市新增更新公交车辆127辆、新开通公交线路11条、延伸优化线路13条；新投入出租汽车运力200辆。发展交通物流，泉州市被列入全国二级物流园区布局城市，高铁泉州北站综合交通枢纽、晋江陆地港列入交通运输部“十二五”综合客运枢纽和公路货运枢纽（物流园区）建设中期调整规划。发展甩挂运输，新增牵引车185辆、挂车245辆。晋江陆地港列入国家级第三批甩挂运输试点项目。全市完成公路客运量1.34亿人次、旅客周转量71.23亿人千米，公路货运量9833.44万吨、货物周转量102.15亿吨千米，总周转量增幅15.6%居全省第一。落实省、市扶持航运业发展政策，减轻企业经营负担。鼓励外挂船舶回迁，新增入籍和回迁船舶26艘31.52万载重吨，货船单船平均吨位达8880载重吨，居全省第一。培育龙头企业，全市运力规模达10万载重吨及以上航运企业4家。新开通内贸集装箱航线11条和外贸航线1条。全市完成水路货运量7369.41万吨、货运周转量1173.37亿吨千米，2项指标均居全省第一。泉州港口完成货物吞吐量1.08亿吨、集装箱吞吐量170.6万TEU。加密泉金客运航线航班，开展航线优惠活动；推进石井客运码头二期工程建设，实施原栈桥式码头岸基改造，完善码头配套设施；出台政策扶持泉金航线发展。全年完成运送两岸旅客9.85万人次，同比增长8.1%。出台泉台集装箱班轮运输扶持政策，保障泉台货运发展。对金马澎海上直航货运完成40.89万吨，对台本岛海上直航货运完成19.19万吨、集装箱班轮运输完成1.11万TEU。泉台空中直航取得新进展，开通泉州至高雄包机航班、泉州至台北定期航班。

【推进改革创新】 重新梳理行政执法职权438项，修订行政自由裁量权基准制度及其配套制度，开展行政执法评议考核，落实交通行政执法责任制。组织开展多层次的法制教育和普法活动。完成交通综合行政执法形象“四统一”建设。规范行政审批流程，制定交通审批项目办理规程和行政服务岗位工作标准，推进证照办理电子化建设，行政审核审批事项即办率达90%，提前办结率、群众满意率均达100%。推进“四绿”工程建设，完成绿色通道1.07万亩、绿色屏障2.13万亩、水土保持3600亩。推广天然气汽车应用，全市拥有CNG、LNG公交车145辆、出租车981辆、客运班车246辆、货车116辆、教学车225辆。引导传统货运业向现代物流业转型，发展甩挂运输。督促企业淘汰“黄标”车辆172辆，淘汰老旧船舶18艘、8.33万载重吨。推广营运车辆应用北斗卫星定位终端，完成营运车辆卫星定位安全服务系统县级工作站建设（除石狮市）。推进市、县、基层站三级联网的综合执法信息平台建设。

【提高安全保障水平】 建立健全安全生产制度，形成以“一岗双责”为基本制度、20个配套制度为辅的安全生产制度体系。推进“平安交通”建设，创建安全发展行业。推进部颁标准化创建，完成699家小微企业考评达标发证工作。开展道路交通安全综合整治“三年行动”、 安全生产大检查、重点整治百日行动、“打非治违”等专项行动。全市排查安全生产隐患7381处，投入整改资金698.5万元，全部落实整改；整治道路隐患路段123处、低标路段754处。全年被列入“不适岗”名单驾驶员38名，同比下降66%。履行内河水上交通安全监管职责，开展安全检查78次。内河水上交通、公路养护实现零事故。全市交通运输安全生产形势总体平稳，完成市政府下达的安全生产管理目标。制定《泉州市交通运输系统防台防汛应急预案》《泉州市交通运输突发事件信息速报制度》等制度，建立健全防汛减灾和应急处置体系。组建应急救援队伍，强化应急通信、交通工具等保障。开展应急抢险演练，分别在安溪、晋江举行贝雷钢桥实地架设演练。建立委安全生产应急处置专家库，聘请31位专家。加强春运安全执法监管，实行24小时轮班执勤。开展中心市区出租汽车专项执法行动36次、暗访行动121次，查处违规出租汽车2091辆次。开展道路客运专项执法行动43次，查处违规客运车辆4219辆次。每月组织全市治超统一行动，查处超限车辆3912辆次、各类路政违法案件11401件。与公安部门开展联合执法16次，查处“黑车”332辆次。做好“五一”等节假日内河水上执法监管。

市农业局

【农民专业合作社】 2013年，全市经工商登记的农民专业合作社达2556家，比2012年新增648家，注册资金达50多亿元，带动农户48.2万户，占全市农户总数的33.9%，联结基地面积65万多亩。合作社为农户直接销售和代理销售农产品近20亿元。创办家庭农场89个。有18家获农业部等12部委颁发的首批示范社称号，有6家获省级农民专业合作社示范社称号，扶持30家市级农民专业合作社示范社。成立泉州市农民专业合作社联合会。组织3期农民专业合作社负责人和财务人员培训，共计300多人次。

【泉台农业合作与交流】 2013年，组织5家农民专业合作社与台湾5家农业产销班，参加在厦门举行的农民合作组织发展交流会。组织举办休闲农业点相关人员180人参加的“泉台设施农业与家庭农场研习班”，先后组织生态茶园建设考察团一行20人、农民合作社考察团一行18人赴台考察交流生态茶园建设、台湾农民产销班的运营管理经验。

【农产品市场】 2013年，组织参加“第十一届全国荔枝龙眼产销对接会”“第六届海峡两岸（泉州）农产品采购订货会”“第七届海峡两岸茶业博览会”“第十一届中国国际农产品交易会”。组建“泉州市名优特农产品展销中心”，设置“中心”营业窗口，开展品牌农产品展销推介。在丰泽广场举办“农业特色旅游产品展销会”；开办“泉州农民专业合作社特产总汇”营业窗口，推进农产品产地直销。

【农业生态建设】 2013年，组织申报农业部“美丽乡村”创建试点工作，有6个村纳入农业部公布的全国“美丽乡村”创建试点乡村。完成109家规模养殖场全过程综合治理，全市农业COD新增削减量613.9吨，氨氮新增削减109.2吨。发展农村清洁能源，完成2012年全市新增中央预算内投资农村沼气项目，其中户用沼气630户，养殖小区和联户沼气工程162处、供气农户3080户，乡村沼气服务网点5个。建设14个沼气示范村、16个生态示范场和13个示范服务站。

【省级农民创业园（示范基地）】 2013年，全市有省级安溪县农民创业园和8个农民创业示范基地获省政府审定并予公布，有33个重点项目获省级财政补助资金2100万元，市级财政配套资金360万元（其中：省级农民创业园200万元、每个农民创业示范基地20万元）。主导产业涵盖茶叶、蔬菜、食用菌、水果、畜禽等优势特色农产品。完成全市第一、二批福建农民创业园（示范基地）2013年建设项目验收和绩效考评工作。全市有“一园五基地”所在乡镇2013年农民人均纯收入高于各创建县（市）人均纯收入10%以上。

【农业安全保障】　2013年，农业安全保障方面重点加强市场监管，开展蔬菜农残检测，样品合格率达97%；进行“瘦肉精”、莱克多巴胺、沙丁醇胺检测，合格率达100%。开展农产品质量安全流动监测工作，进行蔬菜快速检测，合格率达97%。新增农业“三品”认证30个产品。加大农资市场监管力度，全市检查各类涉农门店1450家，整顿农资市场244个，出动执法人员5414人次，立案查处种子案件6起；肥料案件5起；农药案件28起；兽药（含渔药）案件27起；全市立案79起，挽回各类经济损失92.7万元。

【强农惠农富农政策】　2013年，全市农机购置补贴共补贴机具41115台套，占用中央资金5399.681万元，省级资金69.932万元。全市农作物良种补贴预拨款2276.01万元，通过“一折通”发放给种植水稻等农作物农户。继续推荐南安市入选生猪良种补贴项目县，申请80万元补贴。全年水稻种植保险承保面积115.16万亩，签约保费1381.95万元，农户承担20%自缴保费272.16万元。累计理赔水稻受灾面积近7万亩，赔款800万元。签约能繁母猪21194头，签约保费127.164万元，签约育肥猪12.04万头，签约保费30.1万元，全市能繁母猪和育肥猪签约保费428.164万元。

市林业局

【造林任务全面完成】　完成造林绿化美化面积2.08万公顷，占任务的106.4%。“四绿”工程建设、重点生态修复工程等取得新进展，全市完成沿海基干林带修复提升48.5千米，修复沿海防护林433.3公顷，其中晋江市实施沿海防护林景观提升和风障工程22千米，完成造林面积200.3公顷；在出海口补植新造红树林95.2公顷。森林城市创建取得新突破，晋江市和德化县、永春县获评省级森林城市（县城），全市省级森林城市（县城）达到4个。

【林业项目稳步发展】　林下经济：加快实施“千万林农增收千元工程”，重点扶持铁皮石斛等药用花卉发展，拓宽森林资源非木质利用渠道。全市培育铁皮石斛90公顷、金线莲66.6公顷，年可供应药用花卉苗木1700万丛。中央电视台7套《绿色时空》栏目组专题到泉州市采访拍摄林下种植铁皮石斛情况，节目在中央电视台播出后，反响热烈，全国各地纷纷来电咨询合作事宜。花卉苗木：续永春、南安之后，洛江被列入泉州市第三个省级现代花卉项目县，将连续3年每年获省财政200万元资金扶持和政策帮扶。安排专项资金500万元重点扶持23家花卉苗木企业发展设施花卉，全市设施花卉面积达74万平方米，辐射带动作用明显。开通“泉州花卉苗木电子商务平台”，拓宽花卉流通渠道。营造林：德化县被列入省级竹业发展项目县，每年将获省财政补助300万元；新造油茶353.3公顷，全市现有油茶1.05万公顷，年产量达1250吨，产值1.4亿元。2013年，全市评选市级农民林业专业合作社示范社10家，补助资金100万元；林下经济项目41个，补助资金250万元；评选森林人家示范点10家，补助资金100万元；评选市级林业产业化重点龙头企业50家。

【资源管护扎实有效】　强化森林公安队伍、执法队伍等建设，落实目标责任管理，推进基层派出所建设，提高林业执法水平。开展非法占用林地和破坏森林资源专项活动，森林公安、林政、林业执法支队等联合执法，打击各类涉林违法活动，确保森林资源安全。全市查处各类案件776起，其中刑事案件立46起、破49起（含3起往年积案），查处治安林政案件730起，处理违法人员1118人，查处率100%，挽回经济损失800多万元；查处违法占用林地802起，面积181.3798公顷，已全部整改到位。建立健全县级森林资源目标责任制，完成全国第八次资源清查调查工作。在全省率先通过林地落界数据融合。开展第二次全国野生动植物资源调查，加强自然保护区、湿地保护管理与建设，完成湿地资源调查，启动湿地宣教中心项目建设。

【林改水平不断深化】　总结德化县统筹城乡发展、做大做强林业产业和安溪县建立茶园林权流转平台的经验做法，探索推进林权流转、盘活森林资源资产的方法和模式，流转林地2020公顷，流转成交价值1540万元。加强与金融、保险部门的沟通协调，加大金融支农力度。2013年，全市办理林权抵押贷款97宗，面积1600公顷，发放抵押贷款8300万元。全市生态公益林全部参加森林综合保险，商品林参保面积26万公顷，占应参保商品林面积27万公顷的96.2%，全年已决森林保险赔款48起，到位金额347.55万元，化解林业发展风险。执行采伐限额和木材生产计划，推行林木采伐指标电脑抽签的“三公”分配机制改革，采伐量未突破采伐限额指标。

市水利局

【水利建设】　全年实施水利项目97个，完成投资41.6亿元，项目数量和投资规模全省第一，实现2011年以来的“三连增”。在全省率先启动以“七库连通工程”（总投资54亿元）为龙头的区域水网建设，成为全省开展连通工程的试点市。12月，山美水库生态保护作为全省唯一试点赢得全国竞争立项，成为全国首批15个重点支持湖泊之一，将获超5亿元中央资金补助。白濑水利枢纽工程历经3年努力，被列入全国“十二五”时期大型水库C类项目。在全省率先建成市级农村饮水水质检测中心，经费从市级财政列支；南北两渠修建洗衣房，破解“入渠洗衣”难题，被《中国水利报》专题报道。水库海堤除险加固全面完成，获水利部稽查工作组好评。

【防汛抗灾】　面对入汛以来“苏力”等5个台风和12场强降雨袭击，市委、市政府领导亲临指挥，各级各有关部门通力协作，合力抗灾，有效降低灾害损失，避免人员伤亡，实现全年平稳平安。同时，坚持防汛抗旱并举，做好水库蓄水保水工作。全市19座大型水库蓄水总量为6.3亿立方米，占正常库容的65%，比多年同期增加8600万立方米，山美水库蓄水量3.6亿立方米，占正常库容的77%，保障下阶段生产生活用水需求。

【水资源管理】　泉州市水资源综合管理改革工作持续走在全国、全省前列，尤其是水资源动态管理系统等得到不断完善和提升，受到国家水利部、省委、省政府领导肯定。5月25日，市水资源监控调度中心作为泉州市的5个项目之一，接受省委、省政府拉练检查。同时，全国试点工作顺利推进，3月，通过全国水资源综合管理试点中期评估；10月，以高分通过全国节水型社会建设试点验收。

【水生态文明建设】　永春桃溪流域综合治理在全省树起标杆，在其带动下，晋江、洛江、南安、德化等地涌现出一批“集防洪、排涝、生态、景观、人文为一体”的流域综合治理示范工程；水库水源地保护得到加强，晋江、洛阳江等流域水葫芦治理成效明显；水政执法工作取得实效，“两江”下游非法采堆砂得到有效遏制，晋江入海口河滩地18个非法堆砂场全面取缔；安溪、德化等地水土流失治理力度空前，一些经验做法得到肯定。2月24日，《福建日报》头版刊登专题报道《泉州：统筹施策治理水土流失》。5月，德化县被命名为“国家水土保持生态文明县”。

【水利科技创新】　在全国率先建成水利工程监管平台和电子招投标交易平台，实现水利工程进度、质量、安全控制和资金使用、工程验收等全流程在线监管，以及水利项目网上招投标。其中，泉州市水利工程监管平台获“福建省科技进步奖”。

【水利工程建后管理】　在全省率先制定《公益性农村小型水利工程建后管理办法》，并以德化县为试点，推行“管好最后一千米”建后管护机制，德化全县落实渠系管护人员、公益性水库管理人员404人，落实财政专项管护资金200万元/年，小型水利设施管护工作取得突破性进展。

市海洋与渔业局

【海洋经济】　组织编制《泉州市海洋经济发展总体规划（2013—2020）》，经市政府常务会审议通过并印发实施。会同发改、财政部门制定《泉州市海洋经济发展补助资金管理暂行办法》《泉州市海洋经济发展补助资金项目申报指南》，安排2174万元扶持海洋新兴产业、远洋渔业、品牌建设、冷库建设、海洋生物食品、海洋相关规划6个方面海洋产业发展。会同市委组织部出台《泉州市高端海洋人才引进培养暂行规定》《泉州市引进高层次创业创新人才（团队）申报与评审暂行规定》，安排75.4万元扶持涉及海洋核心人才、海洋骨干人才、课题研究、海洋高技能人才培训等4类项目。拟订并报请市政府与省海洋与渔业厅签订《共同推进泉州海洋经济强市建设战略合作框架协议》，为泉州海洋经济发展争取政策支持和倾斜。实施海洋经济重点项目带动战略，做强海洋经济发展载体，前期征集海洋经济重点项目113个，海洋经济重点产业园区35个，总投资1876亿元。其中，2013年度被列入省海洋经济在建重大项目35个，总投资385.6亿元；列入省海洋经济重大前期项目20个，项目估算总投资307.3亿元。争取将华宝生物医药等5个项目被列入首批国家海洋经济区域示范项目，获国家项目补助资金5230万元。石狮海洋生物高科技园区被评为省级示范园区和省现代渔业产业园区，石狮市华宝海洋生物化工有限公司被评为省级海洋产业“十佳”龙头企业，泉港金燕海洋生物科技等11家企业获选“福建省海洋产业龙头企业”。组织评定“市海洋产业龙头企业”15家、“市十佳海洋产业龙头企业”10家，评选“泉州市海洋产业示范园区”1个。2013年，全市海洋经济总产值预计1085亿元，同比增长17.8%。

【海域管理】　服务全市中心工作，做好重点项目用海服务保障。中化黄干岛30万吨原油码头及海底管道工程、石湖作业区5号—6号泊位工程等7个项目用海获国务院或省政府批准，确权海域面积228公顷，其中填海面积173　公顷。完成石狮市循环经济物流仓储项目、泉州湾跨海大桥秀涂互通配套、厦漳泉城市联盟路泉州段用海等19个项目用海预申请的审查并转报省厅。南安金橡机电基地填海工程、晋江金井科技园区配套标准厂房、华锐风电设备基地填海工程等12个填海项目通过省海洋与渔业厅组织的竣工验收，验收项目填海面积合计334.88公顷。争取国家海洋局及东海分局的支持，惠安外走马埭围垦工程填海竣工验收获通过。开展海岛立碑工作，完成惠安县、石狮市20个无居民海岛的立碑；大坠岛入选“福建十大美丽海岛”。海域资源市场化配置工作实现零的突破，围头湾海域采砂临时用海海域使用权通过网上挂牌竞价方式出让。争取申报“中国海洋产权交易中心”，晋江市成立全省首个海域储备中心。组织全市“涉海藏品”征集工作，支持国家筹建海洋博物馆。开展东亚海海岸带管理示范区工作，编制泉州市首份海岸带状况报告，制订东亚海计划第四期项目实施方案。

【海洋环保】 推进海洋生态环境整治修复。下达资金80万元，补助16个示范点开展海漂垃圾治理工作；推进泉州湾滨海湿地生态修复工程，投入300万元治理互花米草1600亩、种植红树林350亩；完成青山湾、西沙湾2个海湾沙滩修复工程前期工作（工程已开工）；投入350万元推进泉港惠屿海岛整治与修复项目；完成安海湾海域环境整治方案的编制报批工作，协调晋江市、南安市政府与中节能公司就整治前期工作合作进行谈判；推进海洋工程生态损害补偿试点，督促4个海洋工程项目落实海洋生态补偿措施。推进海洋生态文明示范区创建。晋江市获首批“国家级海洋生态文明示范区”称号，深沪湾海底古森林遗迹国家级自然保护区管理处获“全国自然保护区工作先进集体”称号，崇武国家级海洋公园选划论证报告通过国家海洋局组织的专家评审。建立健全跨部门、跨区域的海洋环保联动工作机制。与厦门市海洋与渔业局签订《关于建立海洋环境保护联动工作机制协议书》，与市环保局召开2013年海陆一体化海洋环境保护工作联席会议。落实海洋环保责任目标制度。组织开展2012年度沿海县（市、区）海洋环保责任目标考核工作，迎接省政府对泉州市2012年度海洋环保责任目标考核；创新海洋环保责任目标考核方式，在全省率先将沿海县（市、区）、泉州台商投资区海洋环保责任目标纳入沿海县（市、区）长、泉州台商投资区管委会主任环境保护目标责任书进行考核，并在全省首次将考核分数计入县（市、区）长、主任环保责任总分。强化渔业生态环境保护。在主要海湾放流海水鱼、虾、鲎苗种近1亿尾，在内陆流域淡水苗种70万尾；大港湾人工鱼礁建设项目顺利完工，永春县湖洋溪黑脊倒刺鲃国家级水产种质资源保护区建设工作稳步推进。开展海洋与渔业环境监测，编制发布2012年度海洋环境状况公报。

【现代渔业】 2013年，申报省级以上现代渔业项目19个（国家级项目10个，省级9个），获省级以上渔业扶持资金8.67亿元。推进渔船技术更新改造，投资6.3亿元更新改造大吨位大马力钢质渔船126艘。开展机动渔船燃油补助申报工作，落实国家惠渔惠民政策，兑付中央财政机动渔船油价补贴7.78亿元（比2011年增加0.71亿元）。推动远洋渔业发展，全市4家远洋企业获批建造远洋捕捞渔船24艘、远洋辅助船2艘，获国家远洋渔船更新改造补助金4800万元。编制完成《泉州市海水养殖水域规划》，规范全市海水养殖生产；推进精品设施渔业建设，新建农业部示范健康养殖基地和农业部“菜篮子”基地各1家；发展生态、可持续的休闲渔业，淼鑫水乡渔村被评为“全国休闲渔业示范基地”，龙门滩水库等3个项目被评为省级“水乡渔村”；推进现代水产苗种体系建设，组织评定3家市级首批良种场（其中2家被评为省级苗种场）。引导加工企业由粗放生产方式向精深加工方式转型，推进渔业加工企业的规模化和产业化发展，推进渔业加工企业品牌建设。34家水产加工企业被评为市级农业产业化龙头企业；石狮华宝明祥食品有限公司获中国驰名商标，晋江力绿食品有限公司等5家水产加工企业获得福建省著名商标，“晋江紫菜”列入省渔业“十大品牌”（年加工坛紫菜产量4万多吨，全国市场占有率达到80%）。正源水产科技有限公司与高校合作的“鱼糜加工研发中心”被认定为省级科技研发中心（成为全市首家由企业独立建设的水产科研中心）。水产冷链物流建设成效明显，新华洲水产批发市场建成投产（投资额2.3亿，年交易额可达100亿元，规划建设冷库库容可达20万吨），已成为福建省主要的专业水产品批发市场，也是华东、华南地区重要的水产品集散地和东南亚国家水产品进出口贸易枢纽；全市新建成和正在建设的水产品冷库有4个（库容量都在万吨以上），全市水产品冷藏能力比2012年提高8万吨。加强水产品质量安全监管，组织对中心水产品批发市场例行监测、水产品产地监测、苗种场检测231批次，抽查合格率100%；组织开展水产品质量安全可追溯试点工作和水产养殖场规范建设垂直管理。2013年水产品总产量103.2万吨，同比增长1.66%；渔业总产值109.34亿元（占农业总产值36.3%），同比增长1.5%；渔业经济总产值237.84亿元，同比增长10.34%；渔民人均纯收入15817元（比农民人均纯收入高2501元），同比增长16%。

【防灾减灾】 加强渔船减灾防灾基础建设，泉港诚峰、石狮梅林一级渔港获农业部审批，争取上级补助1.12亿元。开展渔业安全生产宣传教育活动，开展渔船安全隐患排查和整治工作。开展打击渔船非法载客专项行动，清理全部外籍地挂靠渔船25艘。组织开展金井镇围头湾采沙船倾覆溢油应急监测，处置小岞镇近岸海域赤潮灾害和张坂镇浮山村近岸海域船舶溢油污染事故。加强365天24小时应急值班制度，编发安全预警信息78次近20万条。组织防抗多个影响泉州市的台风，做到渔民无一伤亡。组建35艘群众性海上渔业应急救助队伍，组织海事救助96起，救回渔民1032人次，挽回经济损失2.4亿元。组织开展CDMA和AIS等船用终端数据信息核对和清理工作。培训渔业船员2250人次，其中培训二、三等职务船员人数再创新高（达1175人次）。做好政策性渔业保险工作，全市2927艘渔船、21805名渔民投保，缴纳保费4448.49万元（居全省首位，占全省总量的1/3），为渔民承担94.48亿元风险保障，为渔民办理小额贷款、抵押贷款8.5亿元（占全省80%），解决渔民融资困难的问题，促进渔业发展、渔民增收。

【综合执法】 加大海洋监察力度，组织岸线巡查459车次、行程2.7万千米，海域巡航401航次、航程1.4万海里，检查用海项目1650个次，发现并有效制止违法行为65起。四级海监机构在泉州市联动开展中国海监2013福建海岛联合执法行动。报请市政府出台整治海上非法采砂工作方案，提高处罚标准，两次联合海事、边防、海警开展专项执法，扭转无序开采海砂的局面。建立海洋环保海陆一体化联合执法机制，联合环境监察机构开展海陆一体化专项执法行动2次，联合市、县两级海洋环保部门突击检查涉海工程。联合海警开展海底输油（气）管道设施保护专项行动。联合环境监察机构和莆田支队开展湄洲湾海底管线保护联合执法，加强湄洲湾海底管线保护工作。查处海洋与渔业行政处罚案件131起，收缴罚款321万元。组织实施伏季休渔监管工作，持续开展“护渔2013”执法行动，联合开展清理整治违规渔具专项行动，拆除并销毁违规渔具423套、网片7600多米。组织开展第31届“爱鸟周”和第23届“水生野生动物保护宣传月”执法和宣传工作。严把渔船检验质量关，完成新船下水检验发证211艘、营运检验签证5327艘，加强渔船修造企业监管，推进全市渔船无线电通讯设备配备工作。

市对外贸易经济合作局

【招商推介】 组织参加第17届“9•8”投洽会和首届侨洽会，泉州市分团对接项目157个，其中合同项目143个，投资总额120.72亿美元，合同外资28.6亿美元，有6个项目的投资总额超过5亿美元，侨洽会成果位居全省第一，投洽会成果位居全省第二。结合海外泉州籍社团换届、“世界闽南文化节”以及“品牌泉州境外行”，精心策划36场以侨资项目为重点的招商推介活动，参会人数超万人。

【项目落地】 加强对各县（市、区、管委会）走访调研，全面梳理在谈项目、在建项目、在产项目，建立完善重大外资项目跟踪服务责任制，借助全市重大项目协调调度会等工作平台及时协助解决项目落地过程中遇到的外汇管理、用林用地等问题，联合督查室、效能办等部门持续加大对利用外资工作的预警、通报和督查力度。2011年以来8场重大经贸活动签约的498个项目中，全年有91个履约落地，合同外资额9.66亿美元，实际利用外资额5.1亿美元，促进合同外资和实际利用外资的恢复性增长。

【载体建设】 泉州市现有国家级经济开发区4个，省级开发区10个。增强开发区吸引力和承载力，发挥招商引资主战场、主平台和主引擎的作用。加大对污水集中治理设施建设工作滞后的泉州出口加工区、南安经济开发区等8个工业园区的督促检查力度，完成全年3个绿色园区创建任务。建立健全开发区信息报送制度和动态管理网络。支持泉州经济技术开发区扩区、晋江经济技术开发区升格为国家级开发区。

【拓展国际市场】 组织1743家次企业参加以“品牌泉州境外行”为重点的34场境外展销活动和以广交会为重点的境内展销活动，展位数3290个，现场及意向成交额约12亿美元。其中，参加境外展销活动的企业达637家次，展位数1014个，现场及意向成交额约2.5亿美元，参展规模和参展实效均好于往年。开展外贸电子商务运用，联合商务部电子商务中心举办线下跨国采购洽谈会，来自拉美、亚洲以及欧美地区22个国家的56家跨国采购商到场，实现意向成交金额6400万美元。

【发展新型贸易模式】 推广匹克国际化运营，嘉晟供应链管理、新亚鞋服电子商务等新型外贸业态，引导企业创新贸易模式，扩大出口。发挥出口加工区、陆地港作用。晋江陆地港全年进出口额20.5亿美元，同比增长167%，泉州出口加工区全年进出口贸易额28.35亿美元，同比增长81%，平台作用日益凸显。推动德化陶瓷、南安石材2个国家外贸转型升级专业型示范基地发展，鼓励安溪藤铁、南安水暖厨卫申报第三批国家外贸转型升级专业型示范基地。做好安溪茶都、水头石材城、晋江鞋纺城申报国家、省内外贸结合商品市场认定工作。加强4个省级出口基地建设，发挥行业商协会的桥梁和平台作用。推动加工贸易转型升级，发挥石狮市富贵鸟鞋业有限公司等4家省级加工贸易转型升级示范作用。组织中国（福建）信息产业园区申报福建省服务外包示范园区，培育6家文化出口重点企业发展，推动现代服务业发展。

【搭建对台港澳经贸合作平台】 组织25家企业到香港开展第四届“品牌泉州香江行”活动，展位数50个，发动26家企业到澳门参加第十七届澳门国际贸易投资展览会并举行“葡语国家—福建—澳门经贸交流酒会”，泉台港澳合作平台不断丰富，互动交流日趋频繁，合作成果显著提升。全年新批港澳台资项目99个，合同港澳台资额11.24亿美元，实际利用港澳台资（历史可比口径）26.59亿美元。

【保障政策落实】 2013年，泉州市遭遇13个国家（地区）对泉州市启动的19起贸易救济调查，案件涉及51家企业，2966.8万美元。制定出台《泉州市促进外经贸发展若干措施》等多份政策文件；加强政策宣传，对超过2000余家外经贸企业进行培训指导，累计印发政策简编近2500册；深化审批制度改革，优化流程，简化环节；改善投资软环境，主动公开审批窗口人员联系方式，企业可随时预约非上班时间办理业务；建立健全外商投诉协调机制，全年协调处理外商投诉件8件，结案率达100%；编辑整理进出口公平贸易简报12期，发布各类贸易预警信息逾百条。鼓励百宏聚合纤维实业有限公司积极应诉土耳其对中国聚酯合成长丝纱线反倾销一案。指导企业应对欧盟对中国人造石反倾销案。6月，在德化举办“两反两保”应对培训会，组织近百家企业参会。在欧盟对中国陶瓷餐厨具反倾销调查案中，由于各方组织得力，企业应诉积极，泉州市54家应诉企业在终裁中获17.9%的加权平均税率。在美国商务部对中国金刚石锯片反倾销案第二次年度复审终裁中，泉州众志金刚石工具有限公司获零税率。

市文化广电新闻出版局

参见“文化•文艺”、“文化•文物博物”、“文化•报刊图书”与“文化•广播电视”

市卫生局

【推进医疗资源建设】 创新项目建设投融资渠道。采取城市组团内片区土地平衡的办法，按照新区组团土地平衡的原则，在划拨173亩建设用地的同时，由医院辖区政府无偿提供150亩土地用于融资，解决项目建设资金不足问题。另外，利用政府部门集中到行政中心办公的时机，将价值数亿元的建设大厦无偿调剂给市儿童医院，作为发展儿科床位使用。探索制度化财政投入机制。市政府明文规定城市新区建设或旧区改造必须把社区卫生服务中心建设纳入片区土地使用成本，由业主按标准建设后交卫生部门使用。晋江市医院和石狮市医院建设资金18亿元全额由财政承担。晋江市市政府明确社区卫生服务中心和镇卫生院的建设资金分别由市、街道按5:5和市、镇、单位按4:4:2的比例分担投入，从体制上解决建设资金问题。放大资源使用效能。在加快资源建设的同时，利用“医保”经济杠杆作用，通过“实施差异化补偿政策、提高住院费用补偿受惠水平和报销比例、门诊先检查后住院治疗、构建城乡医疗联合体、开展城乡医院对口支援工作”等措施，提高医疗资源利用效率，既保障优质资源的快速扩充，又让投资同步产生效益。

【鼓励引导社会资本办医】 出台新政扶持发展。制定并实施《关于加快推进社会资本举办医疗机构的实施意见》，创新举措，从融资、土地、税收、补助、人才培养、技术准入等方面制定系列优惠政策，按照“非禁即可”的原则，支持社会资本举办医疗机构，年底建成投入使用的泉州德诚医院，规模1000张床位（一期500张），投资5亿多元。另有在建三级医院2家（泉州滨海医院、安溪祥和医院），总投资近10亿元。加强对民办医院协作指导。制定《泉州市公立医院与民营医院对口协作指导意见》，采用选派公立医院的卫技人员或管理人员到民营医院挂职业务副院长，允许公立医院专家延长退休年龄到民办医院传帮带，鼓励公立医院符合条件医师到民营医疗机构多点执业，对口帮扶支持民营医疗机构争创等级。创新人才管理机制。给予民营医疗机构登记为事业单位，给予二甲以上民营医院一定比例的事业编制，用于解决高学历高职称和紧缺专业卫技人员的招聘与引进；允许公立、民办不同所有制卫技人员互相流动，解决民办医院“两头大、中间小”、人才留不住、与公办医院人才交流渠道不通畅等人事政策壁垒。允许民办医院引进的高级人才行政关系挂在公立三甲医院，指定公立医院优势特色专科对口帮扶民办医院。落实优惠政策。在发展上将民营医院发展纳入规划大盘，统筹考虑，在结构布局、学科设置、人才队伍建设等面给予倾斜，为民办医院预留发展空间；在管理上与公立医院一视同仁，批准43家民营医院为医保定点医院、11家为新农合定点服务单位，评审6家民营医院为“二级医院”，吸纳5家具有一定规模的民营医院成为泉州市“120急救指挥网络”。

【深化医药卫生体制改革】 推进公立医院改革。石狮市出台《公立医院改革管理委员会章程（试行）》等7份配套文件，巩固发展石狮市县级公立医院改革试点经验。市政府制定实施《关于进一步支持市属公立医院改革发展的实施意见》和《关于推行方便群众就医实施意见的通知》，在人员招聘、人才队伍建设、岗位管理、机构编制、绩效工资、政府投入、扩充医疗资源、医疗服务价格改革等方面给予市属公立医院更多的优惠政策，赋予医院更大经营管理自主权，提高市属公立医院的发展内涵。推进方便群众就医系列措施。推广“医疗自助服务”，实行“无假日门诊”，开设“午间、夜间门诊”，在二级及以上医院设立“医院服务中心”，推行预约诊疗服务和优质护理服务，2013年全市医院“12320”预约诊疗50多万人次，位居全省首位。成立护工服务中心，制定并施行《泉州市医院陪护工管理办法（试行）》，推行护工签约服务，把便民惠民服务落实到位。

实施“改善农村就医条件，实施特殊群体健康关爱工程”为民办实事项目，建成一批社区卫生服务中心“健康自测小屋”，免费向城乡居民开放；组织全市23家二级以上医院的主治以上医师，每季度到102个贫困、边远乡村为孤寡老人、长期卧床患者、居家治疗的重性精神病患者义诊、巡诊。

【加强卫生人才队伍建设】 推进实施“百千万”人才工程，制定紧缺急需人才引进指导目录，对符合目录条件的人员采取直接考核方式予以补充。通过“对部属10所医药卫生高等院校医（药）专业毕业生采取直接考核录用、加大招聘频次、放宽招考条件、放宽岗位开考比例、放宽紧缺专业招聘条件、加大调剂力度或适当放宽学历”等措施，加大卫生人才招聘力度。全年新增卫技人员3777人，其中市直医疗卫生单位新增457人。改善卫生技术人员待遇。在市属公立医院，建立低年资医师岗位津贴制度，对低年资的研究生和紧缺专业本科生分别给予2000元/月•人和1000元/月•人的补助，对妇产、儿科、重症室等学科紧缺人员，由财政每人每月补助500－1000元不等，稳定医疗卫生队伍，加强薄弱学科建设。对基层卫技人员继续按规定发放基层工作补贴，按全日制本科、大专学历每人每月分别给予1000元和500元补助。加大高层次人才培养，开展“泉州市优秀健康卫士”评选活动，对每年入选者给予3万元奖励。加强医院与国内外著名高校的科研合作，每年遴选一批具有较高学术水平、较强创新能力的中青年骨干进行重点培养。实施基层卫生人才培养“四个一批”工程，加强基层卫生人才队伍建设。

【提高医院管理效率和医疗服务质量】 完善医疗服务体系。全市三级医院数量达到11家，其中三甲5家，居全省前列，所有县（市）医院均达到二级甲等医院及以上水平。泉州市中医院、市正骨医院通过国家中医药管理局“三级甲等中医（专科）医院”评审，南安市中医院、永春县中医院、德化县中医院成为“二级甲等”中医医院。提高医疗服务水平。加强重点学科建设，创建8个省级中医重点专科建设项目、7个省级农村特色专科建设项目、6个省级农村医疗机构中医特色优势重点专科。市政府对获国家级和省级重点专科分别给予每个100万元和500万元的奖励。鼓励开展医学科研，2013年系统获市科技进步奖13项，项目总数位居全市各行业之首。建立三级医院与基层医疗卫生机构分工协作机制。由6家三级医院对口帮扶8家县级医院，25家县级及以上医院对口帮扶48家乡镇卫生院，促进优质资源下沉基层，有效缓解住院难问题。

【加强基层医疗卫生体系建设】 加强基层医疗卫生机构达标建设。把“加强农村卫生院医疗设施建设”列为民办实事项目，完成投资1100万元，重点加强45所乡镇卫生院环境改造和设施设备建设；加强社区卫生机构内涵建设，鲤城区浮桥街道、丰泽区北峰街道2家社区卫生服务中心成为全国示范，4家社区卫生服务中心成为全省示范。推广社区医生签约服务模式。组建278个社区卫生服务团队，签约家庭12.37万户，签约45.03万人，在洛江、泉港、台商、石狮、南安、永春等县（市、区）的65家乡镇卫生院、1229所村卫生所开展乡村医生签约服务，建立相对稳定的契约服务关系，组建服务团队480个，签约家庭220244户、签约87万人，其中签约重点人群20.18万人。提高新农合保障水平。2013年，全市参合人数达560.98万人，参合率达99.89%。新农合政策补偿比、实际补偿比继续居全省全列。住院补偿封顶线（含大病补充补偿）达30万元，政策补偿比达76.8%，居全省第二位。

【加强公共卫生服务】 加强重大疾病防控。1月全市报告人感染H7N9禽流感疫情后，市委、市政府迅速反应，立即启动预案，加强卫生应急监测，强化医疗救治，部门协同协作联防联控，开展各项防控工作，自2月4日以后，全市未再报告新的H7N9禽流感病例。其他重点传染病防控工作有效落实，传染病发病率优于全省平均水平。推进公共卫生服务均等化。人均基本公共卫生服务经费提高至30元，拓展和深化12项基本公共卫生服务内涵，全市建立居民健康电子档案758.46万份，电子建档率为92.38%。深化卫生城镇创建，推进创卫迎复检各项工作，泉州市继续获“国家卫生城市”称号，德化县获“国家卫生县城”称号；全市拥有4个国家级的卫生城镇，所辖的县（市）均为省级及以上卫生城市（县城），同时以城带乡，城乡联动，创建一批省级卫生乡镇、卫生村。全市拥有国家卫生县城2个、国家卫生镇1个，省级卫生乡镇14个、省级卫生村121个，分别占全省的16.3%、19.1 %，城乡创卫走在全省前列。

市体育局

【全民健身活动】 组织体育场地设施建设。建设社区多功能运动场24个和拆装式游泳池1个，建设“百村百座”老年活动中心20个。第六次全国体育场地普查试点工作基本结束，除教育系统外，泉州市体育场地的总数为7391个。开展全民健身活动。全年举行各类全民健身活动3000多场次，市老体协等8个单位获全国群众体育先进单位，7人获全国群众体育先进个人。经初评确认丰泽、晋江、南安、石狮4个县（市、区）达福建省全民健身先进县创建标准，向省提交申报材料。加强体育组织建设。调整充实泉州市全民健身领导小组成员，批准成立泉州市“三老”联谊会和泉州实验篮球健身俱乐部。举办二级社会体育指导员培训班3期，444人取得二级资格，另有20人和8人分别参加一级和国家级社会体育指导员培训并全部取得相应资格。南安、丰泽、石狮、晋江成立社会体育指导员协会。推进青少年体育工作。主动配合教育部门，开展“阳光体育工程”，举办田径、篮球、排球、足球、乒乓球市级中小学生体育联赛，组队参加省中学生体育联赛。完成2013—2016年度市级体育传统校命名，并派队参加全国传统校联赛。德化县浔中中心小学、安溪县沼涛实验小学获批国家级青少年体育俱乐部。

【竞技体育工作】 全运会、国际赛场成绩斐然。65名运动员参加第十二届全运会田径、击剑等15个项目的角逐，获5金4银13铜。林超攀在2013年世界体操锦标赛勇夺双杠项目冠军。第六届东亚运动会上，陈冰冰与刘咏诗分获女子花剑第一、二名，并助中国军团摘得女子花剑团体冠军；施嘉洛获男子花剑个人金牌。杨淑婷在第二届亚洲青年运动会获女子撑竿跳高第二名。队伍建设全面加强。完成575名运动员网络注册工作，接受各县（市、区）1500余名运动员的注册，举办11项市少年儿童锦标赛。泉州市体育运动学校和南安市少体校通过本周期“国家高水平体育后备人才基地”的认定。组队参加31个项目的省锦标赛，获9枚团体金牌并带入第十五届省运会。举办跆拳道、羽毛球、乒乓球、篮球等项目裁判员培训班，94人晋升二级裁判员。大型赛事组织任务圆满完成。承办“宝珊杯”2013年国际女子网球巡回赛（泉州站）、2013年“乐虎杯”全国青少年羽毛球选拔赛、石狮海峡两岸马拉松比赛、全国沙滩排球巡回赛（晋江站）、中国•晋江自行车公开赛。完成福建省青少年网球、篮球（甲组、乙组、儿童组）等4项锦标赛以及中学生篮球联赛（初中组、高中组）组织任务。完成福建（泉州市）男子、女子足球队组建并投入训练。

【保障体育事业健康发展】 体育彩票销售量持续增长。新增竞彩标准店34个，截至10月31日，全市销售体育彩票10.8432亿元，同比增长16.47%，销量继续领跑全省。协同财政局，做好2013年省体育产业专项资金申报工作，其中A类15项4180万元，C类8项740万元。

市人口和计划生育委员会

【夯实基层基础工作】 举办《福建省人口与计划生育条例》培训111期，1.5万多人参训。泉州市3期“计生幸福家庭”专题片在央视一套《人口》栏目播出，2篇作品获评第16届福建人口新闻奖二等奖。开展“生育文明•幸福家庭”闽南童谣家家秀等宣传服务活动20多场。全市出生清理核查补报往年出生人口31087人。完善市级数据中心硬件建设，建立人口基础数据核查平台。在全省首创发展政务外网“村村通”建设，全市已有1290多个村居（过半）实现光纤接入政务外网。提升便民服务能力，在丰泽试点网上办理独生子女父母光荣证，简化一孩办证流程和市直机关单位计生审批手续。

【综合治理“三高”问题】 在全省率先制定综合治理“三高”（自然增长率、出生人口性别比和出生人口缺陷率偏高）问题的工作意见。2013年，泉州市打击“两非”案件例数占全省一半以上，涉案人员给予刑事处罚人数占全省近90%；“两非”结案587件，查处“两非”窝点263个、“两非”违法行为708例、非法出售药物67例；处理涉案人员404人，开除公职1人，判刑29人，批捕4人，刑事拘留23人。全市免费孕前优生健康检查111613人，检查覆盖率为108.18%。

【推进计生依法行政】 制定《关于实施计生依法行政“五大工程”的意见》，得到省人口计生委肯定并在全省转发推广。“阳光政务”工程，所有县、乡两级重点通过便民服务大厅、互联网等形式和渠道进行公开；“法律服务”工程，全市律师挂牌驻局办公受理案件319件，培训79期，培训计生干部3254人次；“依法征收”工程，全市计生巡回法庭已办理案件1479件；“诚信建设”工程，全市852个村（社区）开展计生基层群众自治示范活动，有34个村（社区）被评为“全国计生基层群众自治示范村”，有515个村（居）开展计生民主听证制度；“群众满意”工程，所有乡镇（街道）计生办证服务窗口使用满意度评议信息系统。全市有全国计生依法行政示范乡镇（街道）38个。

【提升流动人口服务管理水平】 推进流动人口服务均等化工作。开展流动人口社会融合试点工作，参加3次全国相关工作研讨会，召开2次工作研讨推进会。在省外市外建立“双查”区域协作点409个，市平台通报“双查”信息8.9万条。在全省率先开展流动人口网上一孩生育服务登记，共办理113例。拍摄《幸福在泉州》专题片，编印均等化征文集《泉州——我们的第二故乡》2000册。

【完善利益导向机制】 关爱女孩行动“安居、成才、致富、亲情、保障”“五项工程”连续9年被列为市委、市政府为民办实事项目，市县两级财政共完成投入6962.52万元，受益群众348091人（户）。其中“安居工程”帮扶668户，“成才工程”帮扶和减免32518人次，“致富工程”帮扶2883户，“亲情工程”帮扶64761人次，“保障工程”帮扶247261人次。独生子女伤残、死亡家庭每人每月补助标准从400元提高到1000元，2013年全市特殊计生家庭奖励扶助金发放229人。全市生育关怀基金筹集2.86亿元，新筹集资金4660万元；“紧急救助”特困计生家庭3261户，发放救助款444万元。

市审计局

【财政审计】 以部门预算执行审计为基础，加大对涉及政府投资建设、保障改善民生等重点项目及资金的审计力度，摸清市县两级公共财政资金规模和收支结构。完成预算执行审计（调查）单位62个，揭示预算编报、批复、调整和资金用途等方面存在的问题，查出问题金额69.4亿元。以构建公共财政资金审计大格局为目标，开展财政决算审计、节能环保、水利工程建设和扶贫救灾等专项资金审计、财政投资预决算审计和行政事业单位财政财务收支审计。组织开展市县两级政府综合财力专项审计调查、11个县（市、区）政府性债务审计以及会议费和“三公”经费开支专项审计。全市完成财政决算审计（调查）单位38个，行政事业财政财务收支审计（调查）单位130个，专项资金审计（调查）单位55个，固定资产投资审计（调查）单位120个，国有企业审计（调查）单位20个。查出问题金额88.47亿元，揭示了项目资金管理、财政支出绩效、国有资产管理等方面存在的问题。盘活存量资金，防范财政和金融风险，促进公共财政资金使用效益不断提高。

【固定资产投资审计】 全市审计机关围绕服务重大项目攻坚提速的目标要求，开展政府投资项目审计，加大跟踪审计力度，把投资数额大、社会关注度高的重点建设项目纳入审计范围。全年审计和审计调查120个投资项目，查出多计工程款、违规变更调整预算、资金滞留闲置、违规使用发票、资金未到位、挤占建设成本等问题，核减投资额7318万元，并完成767个建设项目预决算审计，送审造价29.4亿元，核减造价2.36亿元。市县两级审计机关广泛开展重点建设项目全过程跟踪审计，加大事前事中介入力度，从项目招投标、合同签订、工程变更、计量计价支付、工程质量、材料采购等环节入手，及时发现并纠正项目建设过程中出现的问题并督促有关单位整改，取得明显成效。南安市采取四项措施转变投资审计环境，全年完成政府投资建设项目竣工结算审核项目235个，审核资金达8.69亿元，核减建设资金7175万元；晋江市审计局联合监察、财政，以政府办名义出台《进一步加强财政投资项目评审监督管理的通知》，建立财政投资项目常态化审计机制，每年按不低于上年度评审审结投资额10%的比例抽查审计财政投资评审项目。

【经济责任审计】 狠抓经济责任审计工作的制度化、规范化建设。完善经济责任审计工作机制。研究制定《泉州市审计局经济责任审计项目操作规程（试行）》，为规范领导干部经济责任审计工作提供了制度保障；联合市纪委、市委组织部研究制定《泉州市经济责任审计结果执行及整改情况联合督查暂行办法》，加强经济责任审计结果执行及整改工作，使一些整改难度大和久拖未决的问题得到解决，提升经济责任审计工作的作用。探索改进经济责任审计的方式方法。把经济责任与财政、企业、政府投资和专项审计等相互衔接起来，探索一次进点、协同审计、成果共用、分别报告等组织方式，提高经济责任审计工作效率。发挥经济责任审计对权力运行的“紧箍咒”作用。2013年，全市对132位领导干部开展经济责任审计，其中任中审计21人，离任审计111人。审计查出管理不规范金额3.1亿元，提出审计建议373条，被采纳165条。

【专项审计调查】 开展综合财力专项调查，促财政高效运行。基本摸清市县两级政府综合财力规模及资金管理、运行状况。发现市县两级财政运行中存在的两大矛盾，提出建议，得到市领导的重视和批示。加强对市委、市政府重大经济决策部署落实情况的审计监督，加快产业转型升级。组织开展市国有资本运行和中小微企业扶持政策执行情况专项审计调查，揭示国有企业资产管理方面的问题，以及政府监管部门和中小微企业在执行相关扶持政策中均存在的诸多问题和困难，有针对性地提出加强和改进工作的建议。开展民生资金管理情况专项审计调查，促社会治理出实效。为市、县政府及时发现问题、化解矛盾、平息事态提供参考。各地紧扣群众关心的热难点问题开展多个涉民专项审计调查，服务于当地党委政府决策。

【全国政府性债务审计】 根据审计署统一部署，全市抽调近百名审计人员，按“上审下”原则对11个县（市、区）和133个乡镇开展政府性债务审计，涉及政府部门和机构、经费补助事业单位、公用事业单位、融资平台公司等单位472个。通过审计核实查清2011年以来各县级政府性债务总体情况，摸清地方政府性债务规模，分析债务结构、投向和形成原因，为政府性制定决策、完善制度提供依据。同时，也揭示债务管理使用中存在的主要问题，提出加强债务管理、防范财政风险的建议，促进债务管理体系的建立和完善，防范财政风险。

市统计局

【统计“四大工程”建设】 全市统计系统按照先易后难、逐步推进的原则，对全市“三上”企业一套表联网直报实施并轨，国家首次将重点服务业企业一同纳入直报平台，至此全市“四上”联网直报企业数量达7374家，联网直报系统已全面实现单轨顺畅运行，各期直报率均达到100%，实现统计报表无纸化、数据采集电子化、传输处理网络化和业务流程规范化，企业报送数据更加方便快捷，统计工作流程更加规范透明，统计源头数据更加及时准确。建立健全部门联动和信息共享机制，梳理整合部门资料，重新核实变更注销单位。加强对各统计专业数据间逻辑性、匹配性联合审核，督促基层统计部门和企业及时修正错误和异常数据，提高联网直报数据质量。同时，专门成立一支由工业、建筑、批零住餐、房地产和重点服务业等专业骨干组成的监督服务队伍，开展基本单位名录库、企业一套表联网直报数据质量和贯彻落实“四大工程”建设情况等三个方面的工作检查。抽查走访全市9个县（市、区）的乡镇统计机构和156家属地企业，通过查阅企业财务报表、出入库台账等原始财务资料，对企业联网直报相关统计指标和综合数据进行重新核实，确保统计数据的真实可信，全面巩固“四大工程”建设成果。

【统计监测预警】 完善GDP核算体系，推行核算全过程公开。GDP核算前，加强与部门的信息交换，在市级层面上统一搜集财政、地税、交通、国土部门和银行、保险、证券行业基础数据资料，连同规模以上工业、房地产业、限额以上批零住餐等专业指标反馈给各县（市、区）统计局，保证GDP相关数据来源的统一性，确保核算依据准确。GDP核算时，根据国家最新制定的《中国非经济普查年度国内生产总值核算方法》，优化GDP收入法台账模板和支出法台账模板，增加审核模块，增强使用模板的便捷性，提高GDP核算工作的规范性和效率。GDP核算后，坚持执行数据评估制度。加强重点耗能企业跟踪监测。建立重点用能企业走访制度，结合日常基础工作检查、执法检查等工作，督促企业建立能源统计台账。在掌握大量一手企业能耗资料的扎实基础上，有针对性地建立重点耗能企业综合能源消费量时间序列审核机制，通过序时消费量控制异常数据，科学评估重点耗能企业的能源消费统计数据，并每月将该数据提供经贸部门，为加强企业节能监管，升级产业结构，淘汰落后产能，实现“十二五”规划能耗约束性指标提供统计支撑。强化文化产业统计工作。围绕全市文化产业发展规模、产业结构、整体效益等基础数据和情况，建立文化产业统计机制，甄别整合文化产业基本单位名录库，督促文化产业单位如实填报统计报表。探索电子商务统计途径。为贯彻市委、市政府有关“发展新型业态，提升第三产业”的战略部署，提高泉州市限上商业比重，多次到各地鞋服、水暖、石材、陶瓷等专业网商市场调研，走访网络平台运营商和行业主管部门，探索新型业态统计办法，力求将达到标准的限上电商、专业市场纳入直报范围，2013年新纳入联网直报的电子商务和专业市场单位数有20家。

【统计服务体系】 强化精品意识，提高统计分析水平。2013年，撰写统计分析文章83篇，其中调研文章10篇；发表并被采用经济信息190条次，其中被市委、市政府“两办”采用168条次。强化服务意识，细化统计服务标准。服务政府及部门方面，坚持每月5日，出主要经济指标匡算数，为市领导及时掌握经济动态，加强运行调度提供基础数据信息。先后为市“两办”和其他部门整理与核对民营经济、产业集群、物流业、生产性服务业、生态市、小微企业发展情况、设区市和县（市、区）月度指标排名等各类统计分析、信息、数据资料500多份。各地统计局也创新服务方式，提升服务水平，得到党政领导肯定。服务社会公众方面，主动公开公布统计数据信息资料，统计年鉴、月报、手册进入市档案馆，方便公众查阅；实时更新“泉州统计信息网”、“中国泉州”门户网站统计数据、分析、报表制度等内容；开通泉州市统计局官方微博；建设“企业一套表”联网直报短信平台。通过来访、信函、电话、短信、网站等多种方式接受公众统计数据和信息咨询，全年接受现场数据查询近百批次，电话咨询1000多人次，答复网络咨询46人次，提供统计数据和相关信息超1万条。

市环境保护局

【重点流域水环境综合整治】 抓好重点流域综合整治。加强对125个年度计划项目（总投资17.74亿元）的现场指导和督查推进。全年完成119个，完成投资17.03亿元，占96%（滞后项目主要为污水处理厂及其配套管网建设项目）。推动跨境流域整治。督促指导晋江、石狮开展跨境流域污染治理，并拓展到晋江、南安跨境流域。通过协调，石狮拟投入1.55亿元实施26个项目、晋江拟投入2.3亿元实施73个项目、南安拟投入0.5亿元实施24个项目。截至12月底，石狮完成投资9816万元、完成项目16个，晋江完成投资2.16亿元、完成项目40个，南安24个项目均已完成，通过治理，晋江与石狮5条跨境小流域、晋江与南安2条跨境小流域大部分监测断面水质均有不同程度改善，后面溪整治成效更为明显，第三季度起铜浓度明显下降，达到地表水III类水质标准。创新开展小流域“赛水质”活动。挑选21条污染比较严重的小流域开展“赛水质”活动，2013年投入资金1.66亿元，河道清淤47.96千米，关闭搬迁违法企业118家。从市、县两级水质监测结果显示，大部分小流域水质较比赛前不同程度改善。强化饮用水源保护，确保饮用水源安全。组织开展市、县两级饮用水水源地环境状况评估；推动中心市区北高干渠饮用水源输水管道“明改暗”；推进山美水库生态修复工程。协助山美水库开展环保部江河湖泊生态环境保护工作竞争性立项，12月18日，通过帮助和协调，山美水库获得竞争性立项，成为全省第一个进入国家优先考虑支持的项目，将得到国家的技术资金支持。

【执法监管】 组织开展2013年整治违法排污企业保障群众健康环保专项行动、铅酸蓄电池专项整治、合成革行业专项整治、九十九溪流域建陶行业专项整治、选矿厂尾矿库专项检查、重点污染源专项检查、液氨行业专项检查、印染行业专项整治、河流型饮用水水源地专项检查、秸秆禁烧专项行动、重金属行业专项检查、黑烟整治、餐饮业油烟专项检查、集中式垃圾处置场所专项检查等专项执法检查和专项行动，加大对重点行业、重点项目、重点区域的执法巡查。全市出动执法人员34420人次、检查企业12685家次；立案查处环境违法案件461件，罚款2222.3万元；排污费征收入库9401.915万元（比2012年增加584.90万元，同比增长6.63%）；全市共受理群众投诉3792件（其中群众来信投诉163件、网站投诉152件、电话投诉3477件），办理3792件，办结3773件，办结率达99.50%。

【环评审批】 把握“环评审批可以容缺预审，但绝不能把降低环保要求作为招商引资优惠条件”的原则，严把项目环境准入关，确保“旧污逐减、新污不增、项目严把、责任落实、不出乱子”。抓好规划环评。推动14个省级以上开发区（含22个园区）、30个重点区域、重点行业产业规划环评的修编和落实，为大项目、好项目落地创造前提条件。已完成10个省级开发区（含14个园区）、21个规划环评的修编。做好总量调剂。完成玖龙纸业、中化重油等一批重点项目的总量调剂，确保项目顺利落地。抓好审批服务。把市委、市政府确定的重点建设项目、重点扶持项目逐项列出，涉及环评审批的提前介入、做好服务。全年受理140件环评审批，82件竣工环保验收，全部按时或提前办结，提前办结率95%以上。其中，办理市重点建设项目环评审批51件，总办件时间73个工作日，比承诺时限缩短286个工作日，提速84%。严把环境准入。全年对近10个不符合规划或不符合规划环评要求以及周边居民反映较强烈的项目，分别给予暂缓或不予受理环评审批。

【监测站标准化建设】 提升环境监测能力水平。调剂市劳动就业中心的办公大楼5749.15平方米作为市环境监测站用房，并进行必要的实验室改造，改善监测实验条件。核增市环境监测站事业编制20名，加大监测队伍建设。根据《福建省重金属污染综合防治“十二五”规划2011年度实施方案》，结合实际需要，购置19台套重金属监测仪器，拓展重金属监测能力范围。县级环境监测站在监测用房、人员结构和仪器设备方面也得到充实和完善。截至12月，全市12个环境监测站均通过省环保厅标准化验收。

【细颗粒物（PM2.5）监测】 按照环保部办公厅《关于印发<空气质量新标准第二阶段监测实施方案>的通知》的要求，组织市区空气自动监测仪器设备的采购和安装调试工作，并于10月1日起在全国城市空气质量实时发布平台发布监测数据，10月8日起在市环保局官方网站向市民实时发布市区环境空气质量监测数据。

【应急能力建设】 全市围绕环境应急管理工作需要，以保障环境安全最大化为目标，着重从环境应急预案体系建设、环境应急机构标准化建设、环境安全隐患排查、加强环境应急演练和环境应急物资储备库建设等方面入手，全面推进市县两级环保部门环境应急工作开展。2013年，全市共发生一般突发环境事件6起，均及时得到妥善解决，未发生较大级及以上级别的突发环境事件，市本级开展环境应急演练1次；完成泉州市首批环境应急物资储备库建设，选定泉州市防汛仓库、金鸡拦河闸管理处、山美水库管理处、石壁水库管理处、福建湄洲湾氯碱工业有限公司等5处作为建设地点，并建立环境应急物资储备、调拨和紧急配送保障机制。

市物价局

【稳控物价】 2013年，泉州市价格总水平累计上涨2.5%，明显低于市政府提出的3.5%左右的控价目标，比全国低0.1个百分点，与全省持平。加强市场价格监测预警。对粮、油、肉、蛋、菜等主副食品实行日监测、日报告制度。同时采取相应的对策措施抑制部分商品价格过快上涨，出台缓解生猪价格波动调控预案实施办法、突发价格异常波动事件应急预案等。深化平价商店建设。印发《泉州市平价商店管理实施意见》，加大政策扶持力度，稳价惠民。2013年，新增34家，全市现有平价商店138家。做好基金的征管用。2013年，市级征收价调基金5359万元，支出1428万元，主要用于扶持农产品生产、节日储备供应、农超对接、食品安全检测等，春节、重阳节分别向全市近16万低保对象等困难群体每人发放一次性价格补贴50元，向全市1800个失能老人发放一次性价格补贴每人500元。

【推动发展】　落实涉企价费优惠政策。2013年，可为3000多家进出口企业减负近8500万元。完善天然气价格调整会商机制。发挥牵头作用，加强供需企业之间的沟通联系，协调供气公司按进价销售天然气，扶持陶瓷企业完成清洁能源替代，减轻陶瓷企业成本负担上亿元。落实公路通行费优惠政策。落实鲜活农产品运输绿色通道和重大节假日小型客车通行费的免费政策，全年免征车辆424.04万辆次，免征金额1.53亿元。推进医药卫生价格改革。理顺医疗服务项目比价关系，鼓励县级以上公立医疗机构降低加价率销售，推进村卫生所实行药品零差率改革。规范教育收费行为。出台教育收费“十条禁令”，杜绝教育乱收费行为。科学合理制定旅游价格。探索景区门票联票制度，在重大节假日期间实行门票优惠政策，对受季节性影响较大的游览参观点，引导实行淡、旺季门票价格管理。优化出租车运价结构方案。在大量调查研究的基础上，拟订出租车运价初步方案，并召开听证会吸纳听证参加人意见、建议，形成优化方案上报市政府研究通过后出台实施。助推产业结构调整和转型升级。出台中心市区重污染耗水行业差别水价政策，组织实施泉州中心市区居民生活用水阶梯式计量水价政策，帮助15家已经实施转型转产项目的石材加工企业剔除执行差别电价。

【价格监管】　查处价格违法案件13件，实行经济制裁金额306.95万元。开展窗口单位专项巡查。重点检查车站、码头、参观点等单位的价格情况，并对农贸市场推行明码标价制度，做到一摊一牌。开展涉农价费专项检查。结合城镇化建设，重点开展城市道路占用费和中小学社会实践基地食宿费等价费执行情况。开展热点收费专项检查。重点检查殡葬服务收费、机动车停放和清障施救服务收费、中介组织收费、医疗价格和教育收费的执行情况。加强价格举报工作。发挥“12358”投诉举报平台作用，实行24小时值守制度，及时处理群众反映的价格问题。

【价格服务】　推进“阳光收费”工程。在全省率先将各收费单位行业主管部门的收费公示监管责任列入纠风工作责任制考核内容，并要求收费单位将收费管理工作纳入本单位绩效目标考评体系，率先完成全国收费动态监管系统管理建设任务。开展成本监审与调查。对经济适用房、小水电上网电价等成本进行监审，监审总金额达5.48亿元，核减不合理成本6510万元。开展农产品成本调查，掌握农产品生产成本、收益变动情况。开展价格认证工作。全年受理认证业务150件，价格鉴定标的总额8.97亿元。重点抓好涉案、涉纪、涉税财物价格鉴定，全面铺开涉税物价格认定工作，防止发生偷漏税现象。加强价格信息宣传工作。运用各种主流媒体，宣传法律、法规、政策和工作成效。针对群众关注的热点价格问题，建立价格舆情信息工作制度。开展“价比三家”活动，并在网络、报纸等平台发布，引导群众理性消费，促使经营者合理定价。

市旅游局

【“东亚文化之都”品牌效应】媒体宣传取得突破。首次在央视一套和新闻频道投放泉州城市形象片《东亚文化之都——泉州》，播出效果反响很好。开展节庆活动宣传推介。举办2013年泉州茶文化旅游节，国内外旅行商、投资商1000多人参会，投资金额总数达34.7亿元的4个旅游旅游项目在旅游节期间签约。组织泉州“541千米海岸线”自驾游活动，启动“泉州美丽乡村游”和“泉州人游泉州”活动，撬动本地游市场。加强区域旅游协作。借助“向莆”“厦深”高铁开通，参加省旅游局在南昌、广州等地举办“高铁自由行•清新福建”的推介活动，联手厦门、漳州、龙岩、金门、基隆等地到广州、深圳举办闽南金三角“海峡旅游”推介会。德化承办2013年戴云山脉旅游区区域联盟年会，推进打造戴云山旅游品牌。

【政策扶持】　制定落实扶持措施。出台《泉州市财政局 泉州市旅游局关于鼓励旅行社开展地接业务的通知》，对2011年出台措施进行延续，并提高奖励额度，降低奖励门槛，调动旅行社开展地接业务的积极性和主动性。争取相关政策支持。经过争取，泉州被列为第三批大陆居民赴台湾地区“个人游”试点城市，并于8月28日举办“赴台个人游”启动仪式，同时启动“万名泉州居民游台湾”活动；石狮市假日国际旅行社晋升为赴台游组团社，晋江机场首次开通直飞台湾定期航线，为发展对台旅游提供新机遇。推动企业提升品牌核心竞争力。石狮荣誉大酒店被国家商评委、商标局认定为“中国驰名商标”，实现泉州市旅游产业领域中国驰名商标数零的突破。继“马哥孛罗”之后，世界十大酒店管理公司的法国雅高集团入驻石狮市明昇伯尔曼酒店。

【旅游商品和特色美食】　加大特色美食和旅游商品研发力度。发挥泉州风味小吃同业公会和名厨协会作用，挖掘美食和商品购物资源，研发具有地方特色的美食和工艺品，推动大型美食和购物商场、街区的落地建设。征集伴手礼标识和制定认定标准。开展泉州伴手礼LOGO征集，确定并发布使用泉州伴手礼LOGO图样，制定《泉州伴手礼认定标准（暂行办法）》。开展伴手礼征选及展销展示活动。确定70种（类）产品入选泉州伴手礼名录，并分别于2013年春节前夕、闽南文化节、泉州茶文化旅游节期间举办泉州特色伴手礼展销展示活动。

【旅游发展环境】 宣传贯彻旅游法。对全行业分级分层全面进行旅游法宣贯培训和举办知识竞赛，抓好法规制度配套建设，营造学法、普法、依法、守法的良好氛围。保障旅游安全运行。加大安全生产宣传教育力度，深化安全生产标准化建设“三年行动”“打非治违”“安全生产月”等活动，开展安全生产整治百日行动暨安全生产大检查，全年没有发生旅游安全责任事故。规范旅游市场秩序。加大旅游市场日常检查和联合执法力度，开展节假日市场整顿和旅行社经营专项检查，加强行业监管信息服务平台建设，开展文明旅游宣传引导活动，及时、认真、公平、高效受理旅游投诉。抓好人才队伍建设。开展财政资金直补酒店服务技能培训鉴定工作，组织参加全省旅游行政管理人员培训。举办“黄金海岸•永宁印象”导游之星电视大赛、泉州第二届学生小导游电视大赛、2013年海峡两岸导游之星大赛以及泉州旅游饭店服务技能大赛，组团参加省旅游饭店服务技能大赛。

市粮食局

【落实粮食储备任务】 全市粮食储备规模29万吨（含应急储备大米1万吨）。另食用植物油储备规模4000吨，全部落实到位。2013年，市政府同意新增市级粮食储备1万吨，分三年到位，使市、县两级粮食储备规模达到30万吨。全年检查74个站（库），仓房332座，仓容402621吨，粮食296934吨，库存管理数量真实，质量完好，管理规范。

【开展粮食产销协作】 组织企业参加省内粮食产销协作洽谈会，组织企业参加“7•16”九省粮洽会，签订粮食购销合同64万吨。截至12月31日，履约56万吨，履约率达87.5%。鼓励和支持骨干粮食企业多调粮，调好粮，引导支持民营粮食龙头企业到省内外产粮区建立粮食生产基地，多渠道引粮入泉。2013年推荐泉州市金穗米业有限公司和晋江市振盛米业有限公司申报省级引粮入闽奖励资金，两家企业获省补助183万元（2012年度）；推荐泉州市直属粮库、泉州市粮油储运中心和泉州市粮油贸易公司三家企业申报市级引粮入泉奖励资金，三家企业获市补助30万元（2012年度）。

【抓好粮食订单收购】 2013年首次启动早籼稻最低收购价执行预案，早籼稻最低收购价每50公斤132元，中晚籼稻135元，分别比上年增加12元和10元，价外补贴每50公斤12元，比上年增加2元。执行这一政策，使售粮农民得到实惠。各粮食收购仓、点为售粮农户提供茶水、药品，延长服务时间，增设收购网点，做到随到随收随结算。2013年，完成订单收购入库早晚籼稻13500吨，兑现价外补贴款324万元。

【完善粮食安全应急体系】 全市确认粮油应急骨干加工企业18家，应急供应骨干粮店70家，建立一条日产150吨的大米应急加工生产线，提升应急加工和供应的能力。开展社会粮食流通统计，做到粮食流通统计数据入统企业全覆盖，统计数据真实、可靠，数量准确。做好市场粮油价格监测，日常情况下每周一报，价格异动和重大节假日期间实行每日一报，随时掌握市场粮油价格动态。做好政策性粮油质量监测，保证粮油质量安全。

【推进仓储设施建设】 全年安排100万元资金用于老旧粮食仓库维修维护。规划新建鲤城、台商投资区、晋江、南安、惠安、安溪等现代化中心粮库，石狮市5万吨仓容中心粮库投入使用。

【依法管粮】 制订实施治理“餐桌污染”、建设“食品放心工程”工作方案。引导和帮助企业创品牌。福建顺成面业发展股份有限公司获全国“放心粮油示范加工企业”称号，晋江市金谷粮油经营部获全国“放心粮油示范销售店”称号。开展专项检查，全市组织5次专项检查，检查站、点、厂86个，抽取样品238份，合格234份，合格率为98.3%。5月2日，会同市粮食行业协会在安溪举办2013年泉州市粮食科技周宣传活动，发出“爱粮节粮从我做起”倡议书，接受消费者对粮油质量辨别方法的咨询和质量问题的投诉。

市外事侨务办公室

【服务经济社会发展工作】 抓好全省侨商投资项目对接洽谈会准备工作，在厦门“9•8”侨洽会期间，泉州市有144个侨商投资项目对接成功，总投资129.3亿美元，位居全省第一。推介APEC商务旅行卡，放宽申报条件，降低门槛，简化手续，举办四场APEC商务旅行卡推介会。主动推行赴港澳通行证签注和APEC商务旅行卡“续办直报”、企业邀请外国入境审批“直通车”制度。利用国际组织、国际友城、外国驻华使领馆等渠道，举办经贸推介活动，积极为企业“走出去”提供咨询和服务。组织APEC商务协会会员企业到澳大利亚、新西兰考察市场，开拓国际市场。

【加大国际友城交往力度】 联络邀请各国际友城组团参加第三届世界闽南文化节，举办土耳其文化年活动，举行《走进泉州》中文版首发式，巩固和发展与友城的友好关系。组织泉州市青少年代表团赴土耳其访问交流，接待德国诺伊施塔特市青少年代表团到泉州与泉州市中学生进行“1+1”住家式交流，促进青年一代增进相互了解。组织筹划泉州•浦添市缔结友城关系25周年纪念活动，浦添市新任市长松本哲治首次率领74人的大型团组对泉州市进行友好访问，深化两市友好交往。做好重要外宾团组以及外国驻华使领馆官员的接待工作。接待来访外宾团组31批360人次、外国驻华使领馆团组12批53人次。

【强化因公出国（境）管理】 根据中央“八项规定”精神，及时制定泉州市实施意见，并提请市委常委会专门听取汇报，进行专题研究。加强对因公出国（境）管理的整体把握，对工作中出现的问题，及时研究提出应对措施，党政干部因公出国（境）团组调控取得较好成效。调整压缩出国（境）人数35批62人次，全年党政干部因公出国（境）团组比2012年减少17%。泉州市的做法及对策建议多次被中纪委、监察部主办的《党风廉政创新成果展示平台》《廉政理论研究》《华东之窗》等刊物给予刊发。在严格审核审批领导干部出国申报的基础上，支持有实质性的出访任务，主动做好市领导率团赴外参加侨务庆典、友城交流、商务活动以及“东亚文化之都”系列活动等团组的报批工作，确保出访任务顺利完成。

【加强涉外事务管理】 注重部门之间的协调沟通，了解掌握涉外热点、敏感点问题，及时制定相关应对措施，讲究策略，妥善处理18起涉外案件和突发事件，维护涉外安全稳定。针对管理工作纳入全省的综治考评，及时制订工作方案，明确职责分工。在全省率先开展县级小范围协调机制试点工作，将管理工作延伸到有条件的县、市。宣传普及涉外安全和领事保护基本知识，建立海外领事保护求助系统，为海外泉籍公民和机构提供必要协助，维护其合法权益。发挥外国记者采访协调机制作用，确保敏感时期外国记者在泉采访平稳有序。

【加强与“两新两重”的海外联谊】 举办第二届世界泉州同乡恳亲大会，成立泉州市海外交流协会，进行世界泉州青年联谊会换届，推动侨务工作可持续发展。重视海外侨胞和港澳同胞的接待工作，接待来访团组30多批800多人次，增进海外乡亲对家乡的情谊。利用港澳及海外重点社团庆典、经贸活动时机，组织50多批260多人次赴外参加庆典、开展侨务考察访问等活动，达到联络乡谊，增进感情目的。成立泉州市华文教育工作领导小组，推进海外华文教育发展，全市举办28期夏（冬）令营，人数、规模位居全省第一。推进泉港泉澳交流。

【解决贫困归侨民生问题】 实施“关爱工程”，重视解决贫困归侨的住房、就业、扶持生产、生活困难补助等问题。抓好侨务信访、人大政协建议提案的办理，落实“三侨子女”就学政策，及时开展华侨到泉州定居办理工作，维护归侨侨眷合法权益。指导各县（市、区）建设侨捐资料库并走在全省前列，加强对侨捐项目的协调和服务，主动做好侨捐表彰工作。全市接受侨捐达5.01亿元，位居全省第一。推进华侨农场非归难侨危房改造工作，泉州市三个华侨农场85套侨居房全部建成，基本解决他们的居住问题。

市人民防空办公室

【人防工程建设与管理】 推进“结建”审批工作。紧贴泉州经济发展形势，落实“结建”审批政策，杜绝减、免、缓问题发生。围绕省、市支持企业“二次创业”有关精神，出台《泉州市人防办开展“增强忧患意识、推动长远发展”大讨论活动方案》，配合行政服务标准化试点工作，实施“马上就办”，下放审批事权，梳理办事规程，压缩审批时限40%以上，促进人防结建工程建设的快速发展。全市新批防空地下室178个，建筑面积859831平方米，竣工验收53个，建筑面积259261平方米，收取易地建设费94687248元。狠抓结建工程质量管理。针对结建工程建设领域建管脱节现象，把2013年确定为质量建设年，狠抓结建工程建设的设计审核、防护（化）设备安装、监理队伍、竣工验收、使用管理五个环节，把严质量关。公共人防工程建设得到加强。市本级0703工程建设主体结构基本完成，正进行配套设施的完善，晋江市率先建设3000平方米战时急救医院，施工图设计已通过审查，正抓紧施工前准备工作。德化县验收首个专业队隐蔽工程，为县（市）区开展一等人员隐蔽部建设开好局。推进地下空间的开发。组织精干力量开展地下空间开发综合调研，推动地下空间开展工作进市委、市政府议事日程。丰泽广场开发利用项目已引起市委、市政府重视，初步方案设计已上报市政府研究论证之中。五台尾山隧道工程兼顾人防的设计工作抓紧展开。

【人防指挥通信与相关业务工作】 加大推进指挥所建设和管理力度。市本级指挥所各项制度不断完善，维护管理责任落实到具体人，保障指挥所管理规范化。随着通信技术的发展，开展设备升级改造工作和各类综合信息接入工作。市本级指挥所设备设施运转正常，“三网”稳定，与省（市、县、区）两级指挥所的无线、有线联络通畅，保持良好的战备状态。同时加大县（市、县、区）指挥所建设指导力度。开展厦漳泉大都市同城化信息联网，构建人防指挥一体化，实现无线通信、空情信息、音视频联网共享。石狮市人防办依托指挥所平台，实现人防超短波通信市区全覆盖，为防空防灾通信指挥打下基础。开展《防空袭方案》修订工作。在省人防办指导下，严格按时间节点，有步骤地开展方案修订工作，召开全市方案编制人员会议，以会代训，提高编写组的综合能力。组织专家对县（市、区）的方案进行指导性会审，面对面指导全市《方案》的编制工作。抓好疏散地建设，在全市开展选址、普查、调研的基础上，初步确定在台商区梅岭村、永春岵山镇开展疏散基地建设。台商区梅岭村已征地50多亩，投入500多万元改善道路和民居，挂牌工作正在筹备之中。警报建设和疏散演练指挥能力不断增强。全市安装警报226台，完好率达96%以上，音声覆盖达95%以上。新安装两台多媒体多功能警报系统，实现人防警报数字化。人防疏散指挥能力不断加强。结合第16次防空警报试鸣活动，组织开展全市30万人参加的疏散演练。晋江市、南安市、洛江区、台商投资区通过中学生疏散演练探索整合现有消防、地震、人防演练，建设统一演练平台，确立中学生民防疏散演练长效机制。

【人防宣传教育】　更新升级人防网，做强网上人防窗口，提升网站点击率。3月，市人防网站在全市考评中连续第三次被评为全市第一。注重人防（民防）教育馆平台发挥，依托已建成的人防教育馆，开展“5•12”防灾、减灾活动及国防教育日活动，定期向市民和学生开放参观，提升全民人防（民防）意识。注重结合警报试鸣开展形式多样的宣传活动，在丰泽广场开展宣传咨询活动，发放宣传材料2000多份。南安市、台商投资区组织志愿者走街串户开展人防宣传，晋江市人防办组织防化部队开展“三防”演练教育，取得较好效果。注重末端人防宣传，推进人防进社区、进厂区。石狮市建立人防部门与乡镇宣传联动机制，推进人防知识进村入户。台商区在工业园区、美丽乡村示范点、在镇区在街道建设人防宣传栏，德化县在闹市区发放印制人防知识的宣传扇，推动人防宣传普及到市民，拓展人防宣传教育渠道。

【人防执法与平战结合工作】　开展人防行政执法工作。2013年，组织对19家单位（企业）开展执法工作，其中执法办理17家单位（企业）追缴人防易地建设8650891元，责令两家企业补建人防工程面积8123.8平方米。开展已建工程管理模式探索。组织力量对全市已建工程进行梳理摸查，召开人防工程使用管理会议，召集开发商、社区居民参加的座谈，征求对人防工程的使用与管理的意见和建议。组织人员考察学习兄弟省市的管理经验，在此基础上，拟制《泉州市结合民用建筑修建防空地下室工程使用管理暂行规定》，明确提出人防地下室管理主体、管理责任、资金来源。开展人防工程质量大检查工作。根据省人防办统一部署，6—7月组成3个人防工程检查小组分别对各县（市、区）人防工程建设情况进行检查，结合泉州市人防工程建设现状，开展质量检查工作，对主管部门、中介机构履职情况、工程质量情况进行全面摸排，查找薄弱环节，督促相关责任单位、责任人制订周密整改方案，做到整改责任人、整改时限、整改内容三落实。

市信息化局

【夯实信息化基础设施】　编制“智慧泉州”发展专项规划。结合泉州市实际情况，在《“十二五”“智能泉州”建设专项规划》的基础上，开展“智慧城市”建设课题调研，组织编制“智慧泉州”发展专项规划，为全市信息化科学发展提供规划依据。推进基础设施建设。结合落实办理为民办实事项目和贯彻落实省“数字福建•宽带工程”的部署要求，提出加快建设泉州市宽带工程的工作措施。2013年，确定新增光纤接入覆盖用户82万户以上，新增Wi-Fi网络AP2.69万个，光纤接入覆盖率城区达100%、乡镇镇区达90%以上，城区具备100M、农村具备20M接入能力。推动第四代移动通信(4G)网络建设工作，泉州市列入工信部4G网络建设试点城市。加快实施广电网络双向化改造，推进“三网融合”。

【提升企业信息化水平】　推进“两化”深度融合。组织召开泉州市“两化”融合推进交流会，交流研讨“两化”融合项目建设经验和做法，并组织服务提供商与企业进行现场对接；征集“两化”融合解决方案，首批征集27家“两化”融合示范企业的信息化技术解决方案并组织编印《泉州市信息化和工业化融合示范企业范例汇编》，促进发挥示范企业的引导作用；开展“两化”深度融合发展专项行动，组织新一轮“两化”融合示范建设创建活动，推动各县（市、区）开展“两化”深度融合发展专项行动。研究确定100家重点培育企业推荐名单，推动各地各行业“两化”深度融合示范建设活动全面开展；探索出台“两化”融合评价指标体系，提出《泉州市“两化”深度融合示范企业认定管理办法》；组织信息化专家进企业开展技术咨询诊断活动，并采用“1+N”的方式开展结对子指导工作。加快发展电子商务。牵头组织编制《泉州市电子商务发展规划（2013—2015年）》，推动出台《关于加快推进电子商务发展的意见》；结合泉州市传统产业集群，启动开展电子商务业态调研，探索创新电子商务商业模式；配合开展“电子商务在行动”，　培育网络营销和个人网店，评选一批电子商务示范企业、领军人物和创业青年；集聚发展，重点打造几个上规模的电商园区。

推动泉州领show天地、鲤城网商创业园、晋江鞋都电子商务中心、石狮电子商务创业园、安溪茶博汇、德化陶瓷电子商务产业园的建设，推进泉州成为国家级电子商务产业基地。

【壮大信息产业发展基础】 做好产业项目对接。配合推动安溪EC产业园建设，协调电信、移动、联通三家电信运营商，提出安溪EC产业园通信基础网络接入需求方案，满足园区的通信基础网络需求。同时，推荐泉州市重点信息化项目率先应用EC产业园数据中心；推进与IT国企的项目对接，主动与央企联系，近期与中国华录集团达成投资合作意向，将合资成立泉州信息产业公司，引入中国华录产品溯源和电子安防两个产业总部入驻泉州，启动智慧交通、城市“一卡通”、产品溯源三个示范项目建设；参与菜鸟网络公司的洽谈项目，推动智能物流骨干网络核心节点落户泉州。拓展信息化项目应用。推动数字城管项目建设，完成项目一期建设并投入运行，实施范围包括鲤城、丰泽、洛江和开发区共86.52平方千米，日均处理案件约600多条；推进卫生信息化，完善居民健康信息系统，通过政务外网联接市、县、乡三级公立医疗卫生单位组建卫生专网，并实现诊疗信息和预防接种信息共享；推动城市交通智能化，泉州市国营出租车部分已有500辆出租车安装电召系统，民营出租车电召系统建设正起步建设。联合泉州广电、泉州交运集团、市政公用事业局等部门协同推动智能电子站牌建设，先期启动建设东海大街电子站牌；配合泉州市金融工作局建设泉州金融信息综合服务平台；推动社区信息化建设和应用，实现100%社区开通信息化平台，启动第二批星级智慧社区创建活动。启动人口数据库和电子证照库建设，开展前期调研，初步提出项目建设意见。

市安全生产监督管理局

【落实“一岗双责”】 市委、市政府分别多次召开市委常委会和市政府常务会，研究部署安全生产工作。市安委会下设19个专项领导小组把安全生产与业务工作一起同研究、同部署、同检查、同落实。各级党委都将安全生产工作列入议事日程，每年专题研究不少于1次，研究解决安全生产工作中的重大问题。

【建设安全发展示范城市】 建立联席会议制度、宣传培训制度等六项制度，明确各级各部门创建工作职责；设立产业安全发展、淘汰落后产能与技术工艺升级等10个重点工作推进小组；组织各县（市、区）创建办工作人员举办业务培训，开展业务培训1122期，参训人员达86190人次；出台21个优化产业结构调整政策，建立20个工业园区，淘汰“十五小”企业92家，淘汰“五小”企业125家，申报11个项目获中央预算内补助资金4281万元，提升城市本质安全水平。

【推进安全标准化建设】 加强信息沟通，协调配合，严格落实各项奖惩措施，引导督促企业持续抓好安全生产标准化巩固、改进、提升工作。全市参加标准化建设的企事业单位（含个体工商户）共91811家，其中企事业单位22198家，全部完成三级以上达标（一级806家、二级5774家、三级15618家）；个体工商户69613家，2012年底全部达标。

【开展大检查和重点领域专项整治】 深入基层、企业一线，组织全覆盖明察暗访、检查督查，及时发现治理一大批突出问题和隐患，推动安全生产大检查扎实深入，推动道路交通、消防、尾矿库、燃气、危险化学品、建筑施工、煤矿、液氨、油气、城镇燃气、危险化学品输送管道为重点的行业（领域）专项整治向纵深发展。全市排查隐患46379条，下达隐患整改通知书18514份，已整改44170条，整改率达95.2%，投入整改资金6233万元，责令停产停业、停止建设483家，处罚10569.94万元。

【持续开展“打非治违”】 持续“打非治违”专项行动，通过抓住重案要案，严查重处，震慑各类非法违法行为。全市关闭非法违法企业298家，立案查处无照经营案件5492起，罚没款1681.31万元。此外，严格责任追究。查处28起生产安全事故，建议对47人给予党政纪处分，29人给予追究刑事责任，8人给予效能告诫，1人给予通报批评，26人给予其他处理，事故行政处罚103.82万元。

【深化宣传教育工作】 结合“安全生产月”活动，利用广播电视、宣传车、宣传栏等宣传媒介，全面开展全民宣传教育工作，普及基本常识。全市制作宣传广告牌1998面，印发宣传资料2791万份，设置宣传专栏1373个，举办安全生产宣传文艺晚会46场，举办相关竞赛比赛436场次，营造浓厚社会氛围。市安委会在《泉州晚报》刊登3封《致全市人民的一封信》，并翻印宣传资料达258万份；在《泉州晚报》开设专栏，每周报道创建安全发展城市的动态情况，推广先进典型，曝光存在隐患的单位。每天的泉州新闻联播，都可见到安全生产公益广告。

市政府法制办公室

【做好规范性文件的审查工作】 2013年，共审查拟以市政府或市政府办名义出台的规范性文件85件，出具法律审核意见60份，确保泉州市出台的规范性文件与政策及法律法规规章的统一。

【开展规范性文件年度清理和专项清理工作】 4月17日，政府办下发《泉州市人民政府办公室关于清理2013年度到期行政机关规范性文件的通知》，对清理工作作出具体安排。清理工作全部完成，经市政府常务会研究通过后，现行有效的规范性文件目录对外公布。还按照《泉州市人民政府办公室关于开展2013年度行政机关规范性文件清理工作的通知》要求，开展专项清理工作，并按程序将整体清理情况行文向上级汇报。

【做好法律意见征求工作】牵头组织《福建省非机动车管理办理（草案送审稿）》及《福建省机关效能建设工作暂行条例（草案）》等16份文件的法律意见征求工作，及时汇总各方意见形成书面材料向上级政府反馈。

【做好规范性文件审查、备案工作】 对各县（市、区、管委会）报备的176份规范性文件备案材料进行审查。同时，向省政府、市人大报送97份规范性文件备案材料。

【做好执法监督工作】 完善对行政机关依法行政的绩效评估，细化绩效评估标准，重点加强对各部门行政执法案卷的评查。办理行政复议案件。配合协助国务院法制办、省政府法制办行政复议的调查取证工作。与国务院法制办、省政府法制办加强沟通交流，共同化解案件矛盾。2013年，收到行政复议申请204件，其中受理189件，不予受理15件。

【加强与市中级法院的良性互动，做好行政应诉工作】 做好2012年度立案但未审结的行政应诉工作，及时与市中级法院沟通联系，表明市政府的立场和观点，促使案件得到公正解决。办好领导交办的法律事务，审查领导批示件、行政合同共37件，出具32件法律意见。市政府法制办的意见基本都得到领导采纳。

市国有资产监督管理委员会

【保增长惠民生】 促进国有经济稳定增长。截至年底，系统资产总额702.80亿元，同比增长13.12%；所有者权益366.48亿元，同比增长4.18%。纳入汇总的所出资企业累计实现营业收入148.06亿元，同比增长10.43%；利润总额11.04亿元，同比增长18.67%；已交税费5.62亿元。推进重点项目建设。超额完成“供水管网改造”和“100部新能源公交车采购”为民办实事项目，实现投资1.15亿元。策划生成一批改造项目（涉及土地630亩，建安投资15亿元），已明确首批推进项目，并列为2014年城市建设项目。提供融资服务。利用债务融资工具为市重点建设筹资184亿元，助力全市经济发展。推进国有资本收益收缴。会同市财政部门下发国资收益收缴办法，审核国资收益情况并督促企业上缴近3700万元的收益。处理历史遗留问题。做好2011年和2012年国企职教幼教退休教师生活补贴发放工作；会同有关部门，制定《泉州市属原国有企业非在册困难人员参加养老和医疗保险补助办法》。

【优化国有经济布局】 推进集英集团整合工作。完成产权界定工作，推动保安服务公司纳入监管。开展接收市本级公安系统其他经营性资产工作，支持集英集团延伸经营链条、拓展盈利空间。谋划组建金融控股集团。完成组建方案，初步确定整合范围，为全市建立健全金融组织体系奠定基础。做优增量。引导闽侨公司等5家企业出资9000元参与认购泉州银行增资扩股配售股份4500万股，推动设立台商投资区公交公司以及工程类项目公司等。经过整合和优化，60%以上的企业主业分布在基础设施、民生保障等关键领域中。

【深化国资监管工作】 完善监管体系。会同市委组织部，起草《泉州市市管国有企业领导人员管理有关问题的意见》，明确市管国有企业人员管理体制、任免程序等内容。初步构建企业领导人员“五位一体”测评体系。制定《企业内部审计管理暂行规定》等4份内审文件，推动内审工作制度化、程序化和规范化。落实经营目标责任。同15家监管企业签订年度经营目标责任书，落实国有资产保值增值责任。开展2012年度和2010—2012年签订责任书企业任期考核工作，按结果核定兑现企业负责人绩效薪酬。服务企业发展。开展市中侨药业公司二次招商工作，引入战略投资者，高起点建设现代化医药企业。完成市湄南供水公司股比调整工作，并协助启动中化原水专线项目。抓好安全生产维稳节能工作。对各阶段安全生产工作任务进行布置，重点开展安全生产大检查和重点行业整治百日行动，督促企业加强安全生产工作。强化信访维稳机制，做好信访积案排查化解，受理来信18件次，来访42批288人次。抓好节能环保工作，在卫生城市、低碳节水和环境模范城市创建与复核中发挥表率作用。

【强化国企党建保障作用】 强化基层组织建设。组织参加中共十八大和十八届三中全会精神相关培训班等。全面推行“4567”企业党建工作机制，培育典型示范点5个。完成19家党组织集中换届选举工作。成立团委会和妇委会，构建系统团妇组织体系和运行机制。部署开展特色党建创建工作，评选表彰党建项目12个。组织“党员微故事”展评活动。加强领导班子和干部队伍建设。调整充实企业领导人员20人（次），公开考试招聘69名企业管理人员。会同市委组织部在复旦大学举办第4期企业领导人员高级研修班。推进企业“三定”工作，第一批企业精简机构51个，压缩人员编制417名。深化精神文明创建。做好全国文明城市测评迎检工作，开展企业文化“六个一”工程创建活动。指导企业做好文明单位创建工作，开展志愿服务8500余人次。市出租车公司获全国“五一”劳动奖状，成为全省首家获此荣誉的出租汽车客运企业。

【推进惩治和预防腐败体系建设】 加强作风转变。落实中央八项规定，全面开展自查清理，深入开展“四下基层”活动。以“改进工作作风，促进廉洁从业”为主题，开展反腐倡廉主题教育活动。研究制定《泉州市国资委关于深入开展廉洁国企活动的实施意见》，加强廉洁国企长效机制建设。开展风险防控。完成岗位职责梳理、工作流程图编制、风险点查找及等级评定工作，系统1006个岗位参与风险排查，梳理职权585项，绘制流程图724幅，查找风险点5017个，废除、修订、新出台制度315项。规范资产进场交易。加强对市产权交易中心及进场交易项目监督检查，保障国有资产“阳光交易”。加强源头预防。突出专项工作，围绕企业工程招投标、物资采购等重要环节确定33个效能监察项目。开展2007—2012年企业对外投资专项督查，督查投资项目58个，投资总额约10亿元。

金融工作局

参见“专记•推进金融服务实体经济综合改革试验工作”

市政府驻北京联络处

【跟踪服务工作】 做好泉州市重点项目前期联络协调及后续跟踪等服务工作。配合市委、市政府重大决策部署，抓好重点项目和专项规划申报，泉州市基础设施、环境保护、经贸流通、社会事业等项目申请中央专项资金以及申请发行企业债券等工作的跟踪落实，配合省发改委向国家发改委申报泉州市民营经济综合配套改革，争取列入综合改革试点。同时，配合做好泉州市“金改区”有关后续工作，配合完成市领导交办的各项工作任务。泉州白濑水利枢纽工程已获国务院审批通过，被列为《全国大型水库建设总体安排意见（2013—2015）》C类建设项目。泉州市民营经济综合配套改革争取列为国家发改委综合改革试点。安溪、永春、南安、德化已纳入闽赣粤原中央苏区振兴发展规划，获批全国电子商务示范城市。向国家发改委、财政部争取中央专项资金，2013年泉州市争取中央预算内资金8.4亿元，申请发行企业债券17亿元。推进“三维”对接工作。加强与全国工商联、国资委部分央企、泉州籍在京企业家的联络和信息沟通工作，做好央企、民企的对接工作，并协助做好央企、民企到泉州考察的对接服务工作。跟踪服务的央企对接合作项目16项，总投资985.99亿元，已开工项目14个，开工率达87.5%，菜鸟智能物流东南核心节点项目落户晋江和台商区。

【信访工作】 坚持依法按政策解决问题，维护群众合法权益。对来京上访群众反映合理合法的问题，与所在地政府沟通，依法按政策解决；对群众要求合理但没有明确的法律法规和政策规定的，或因客观条件不具备难以解决的，主动向群众说明解释清楚；对群众不合理的要求，耐心做好说服、教育和引导工作。在国家法定节假日、全国“两会”、中共十八届三中全会等重要会议期间，保持与国家信访局、北京市公安局治安总队紧密联系，及时协调处理泉州市群众进京上访问题，提前做好信访工作预案，做到思想不放松，工作不放松，发现来京上访人员，做好耐心细致的思想工作，及时劝返。平时注意加强与国家有关部委信访办和北京市有关部门的联系，确保在接到有泉州市群众来京非正常上访的信息后，第一时间迅速到位，对来京上访人员进行说服、疏导和劝返，妥善处置。

【信息编报】 加强与信息来源部门的工作联系，与北京相关信息部门开展联络活动，扩大和完善信息收集渠道，围绕以国家政策、经济发展和社会反映的热点、难点内容为中心，多层次、多范围、多渠道采集所需有益信息。把好信息筛选、编辑、报送等各个工作程序中的质量关，在提高信息质量上下功夫。多期采集报送关于环保治污、食品安全、人才引进、惠民工程、科技发展、社会管理、经济建设、养老医疗等有关国家政策、各地城市管理先进经验和城市建设要情等内容的信息，争取及时报送有分析、有建议、有特色的信息，确保报送信息的质量。

【接待服务和对外联络工作】 按照接待标准，根据“热情、细致、周到、节约”的接待工作要求，提高接待服务能力和水平。通过与北京相关部门进行沟通联络，签订合作协议争取各种优惠有利条件，为来京客人提供便利和节省费用。做好每一次接待任务的活动安排、车辆保障、食宿联系等后勤保障工作，保证每次接待工作有序开展。接待市领导和有关部门 200多人（次），行车里程7.5万千米。开展对外联络，扩大对外宣传。走访各兄弟驻京办事处和北京泉州商会及各相关商会，进一步加强联系。

平时注重加强和北京泉州籍乡亲的联系，拜访看望、慰问在福建和泉州工作过的领导和泉州籍老领导。承办好“两会”期间市委、市政府召开的泉州籍全国人大代表、政协港澳委员座谈会。指导、帮助泉州各驻京商会开展各项活动，为在京泉企及乡亲提供服务。参与北京闽南文化创意产业商会成立大会、北京石狮商会成立暨慈善捐赠大会、北京晋江商会周年庆典、北京茶业商会换届庆典、北京南安商会2013年会以及惠安泉港台商投资区商会周年庆典等活动，协助做好北京福建省企业总商会2013年年会暨慈善颁奖晚会活动，参加北京平潭等兄弟商会活动等。通过各种渠道努力牵线搭桥，引导在京泉商支持家乡的经济建设。利用在京商会的各种活动和市政府在京举办的各项推介活动，引导其寻找商机回归创业，促成更多“回归工程”的建设。此外，做好2013年家庭生活困难的泉籍大学生申请京华公益事业基金会爱心助学金的工作，联系泉州教育局提供有关学生名单，经耐心细致的工作，有七位贫困学生获基金会爱心资助，让有困难的在京学子顺利完成学业。

市政府驻上海联络处

【发挥好桥梁纽带作用】　在上海广泛宣传泉州外引内联的优惠政策、投资环境、旅游资源等，让上海及在沪的国内外投资商认识泉州、了解泉州，提高泉州知名度。同时，为沪泉两地的经济协助、政务工作、人员往来提供热情、细致、周到的优质服务。多次协助市领导及有关部门到国家上海土地督察局和华东民航管理局汇报工作和开展慰问活动。帮助上海的基金公司赴泉州投资提供咨询和联系对口部门。为上海国际茶文化节组委会联系安溪县政府作为新一届国际茶文化节合办单位。对于泉州市及各县（市、区）到上海和周边城市的招商引资、学习考察活动，都能周密地做好配合保障工作。4月，市党政代表团拟赴上海和江浙考察，联络处全力以赴，积极配合，在前期筹备工作中，协助联系考察城市、踩点、安排行程、住宿、车辆，发挥联络处熟悉长三角情况的优势，以周到细致的服务，为做好前期筹备工作发挥重要作用。建立和巩固上海重点医院医务人员的联系网络，接待数十批泉州市机关干部和家属到上海看病治疗，帮助联系医生，安排住宿。

【提高信息工作质量】　把信息工作作为一项重要工作来抓，扩大信息收集渠道，与上海市信息中心、上海市政府研究室．上海市综合经济研究室等单位建立密切的联系渠道。把信息工作的落脚点放在驻地的特色和亮点工作上，突出收集报送其最新的发展动态和探索经验，及时将上海及长三角地区的新举措、新思路及经济建设和社会发展的新成就，特别是浦东自贸区的政策措施编辑成特色信息和精品信息，全年发送信息100多篇，供市领导决策参考。

【支持泉州籍企业发展】　围绕泉州改革开放和经济建设大局，加大对泉州籍在沪乡亲的乡情亲情宣传力度，经常与泉州籍乡亲沟通联系，拜访看望，组织联谊活动，帮助部分乡亲子女联系学校，争取就学指标，帮助解决老家房产纠纷等事宜，加深感情，调动泉州籍乡亲的爱乡热情。与上海泉籍商会一起组织3场乡亲联谊会，宣传介绍泉州经济和社会发展的成就。在联络工作中，加强对外联络力度，既联络在沪乡亲，也联络周边长三角城市的泉籍商会和乡亲，并主动同上海有关部门进行沟通联系，广交社会各界朋友，争取社会各界对泉州市经济建设的支持。协助上海泉州商会开展会务活动，出谋划策，研究解决商会发展中遇到的困难和问题。对有回乡投资意向的企业积极协助与有关部门联系，协调有关事宜，促成项目落地。协助上海泉州商会举办世界泉州籍商会会长联谊会暨东亚文化之都的传承与经营高峰论坛。

市政府驻深圳办事处

【招商引资工作】　加强联络，凝聚乡情乡谊，指导商会搞好会务工作。开展多种形式、多渠道的联络活动，经常性与企业乡亲互通音信，增进乡谊；采编信息简报寄送在粤乡亲企业，宣扬泉州市改革开放，经济建设成就；联络走访深圳及广东各地市政府相关部门，部队转业在粤工作的一些老领导，在粤机关、企事业单位的闽籍工作人员，在粤的企业乡亲，通过联络，与闽籍企业乡亲以及深圳、广东各地各界相关人士建立广泛联系和深厚情谊。加深乡亲感情，凝聚乡亲力量，激励其爱乡、支乡热情。协助洛江商会、安溪商会、永春商会、广东泉州商会、佛山泉州商会等商会的成立。推动成立深圳泉州商会慈善基金会、成立商会党支部、签约三大银行战略合作协议、推动深圳泉州商会对泉州银行扩股认购3000万股、9000万元，发展深圳泉州商会新会20多名，资金百余万元。指导深圳泉州商会开展会务工作，指导商会编写会讯，开展文体活动，外出商旅考察活动，协助组织举办商会理监事会，春茗会等。注重为家乡来粤人员和在粤的闽籍乡亲及港澳同胞提供帮助，联系有关部门帮助数十家企业及香港闽籍港澳人士解决一些实质性的问题，得到乡贤一致好评。加大宣扬力度，为招商引资发挥桥梁作用。积极宣传泉州，尤其是在泉州获“东亚文化之都”后，在深圳举办第一次南音演唱会，进一步扩大影响力。走访台商会、港商会、厂商会及乡亲企业，有意向、有选择性地分发泉州市情VCD影碟、泉州出口加工区、泉州台商投资区及泉州市重点招商项目等的宣传图册，介绍泉州市经济建设成就、科技文化、投资环境及优惠政策，鼓励商会组织企业到泉州考察，激励乡亲返乡投资经商，推动家乡发展；并适时地通过其他各种渠道（如高交会、新闻媒体等），加大对泉州的宣扬，营造良好社会舆论，增强家乡知名度和市政府驻深办的地位，为招商引资起到桥梁作用。8月20—23日，组织邀请深圳、东莞、香港、台湾等10家企业一行12人到泉州投资考察。项目包含电子、服装纺织、化工、地产、食品等，拟投资金额约44.5亿元。

【协调和服务保障工作】 为到粤、港的政府代表团提供服务。在广交会、文博会、高交会等期间，事先准备、做好接待工作方案，及时与深圳市会务主管单位联系沟通，掌握会议议程和其他相关情况，迅速报告给政府代表团，落实各项服务保障措施。如到机场接送、预订酒店客房、线路采点、参展企业情况、参展方位、资料（证件）领取等项工作，做到认真细致，万无一失。在泉州市来深考察前海经验时，与深圳市政府、前海管理处多次联络、交流，沟通，并多次探讨考察的项目和讲解的内容等，特别是关于金改区的建设发展问题做了深入学习，为泉州市“金改区”“综合改革试验区”的发展发挥应有作用；下半年，市主要领导带队来深考察中兴通讯、中国安防，引导企业回泉发展总部经济建设智慧城市，办事处与多方联络、协调，保障活动顺利进行。同时为搞好泉州市领导及相关部门来粤的各项公务、商务活动，还推动驻深办加挂泉州市政府驻广州办事处的成立工作，为泉州市的政务、经济发展提供助力。为泉州各级政府来深招商推介全程服务。春节后，泉州市委、市政府决定利用深圳市泉州商会举办春茗联欢会、泉州•深圳侨商投资项目推介会、香港泉州慈善促进总会、香港泉州同乡会、泉州侨乡投资推介会等契机，到深圳开展“泉州市民营企业二次创业项目推介”活动。办事处第一时间与市政府相关部门联系协商，同时主动与深圳泉州商会、香港泉州慈善总会、香港泉州同乡会的领导沟通协调取得支持。办事处还主动协调联系深圳有关部门，福建省政府及各地政府驻深办、在粤闽籍商会等，落实来宾、客商的邀请，资料分发，介绍说明项目和推介会事宜，协助做好会场布置等会务工作。许多泉州籍在深圳、在港澳的知名人士，港澳和在粤泉州籍商会代表等参加会议。

【信息收集、交流】 贴紧市政府中心工作，贴紧海西经济区建设，贴紧市领导关心的经济和社会重点、热点、难点问题，提高信息的质量和价值，为领导决策提供参考，发挥好参谋和助手作用。拓宽信息来源渠道，避免信息报送的盲目性，增强时效性，编报大量准确、及时、有效的政务信息和媒体信息摘报。参与深圳市经贸信息委系统组织开展各项活动，及时沟通两地信息，与全国驻深圳单位信息联谊会建立密切关系，参加信息交流，经验介绍，各种座谈会议。与驻地政府信息部门建立良好关系，经常性与福建省政府驻广办、驻深办信息处做好信息交流与学习，探索质量高、层次深、具有前瞻性的信息。跟踪深圳及泛珠三角经济区改革开放的新动向、新探索。严把质量关，提高信息的价值。

市政府驻福州办事处

【做好各项联络、联谊工作】 适应新形势发展需要，拓宽联络渠道，建立与省委、省政府及省直相关部门的联系沟通关系，发挥距离近、联系方便的优势，千方百计做好联络工作。主动联络泉州籍在福州工作的领导和曾经在泉州工作过的副厅级以上领导，通过他们的引荐，认识更多的省直部门领导。采取见缝插针的方法，适时跟随市领导及相关部门向省领导汇报泉州良好的社会和经济发展情况，让省领导及时了解泉州，掌握泉州经济和社会发展现状，为泉州市委、市政府及各部门与省直各部门开展政务工作建立畅通的渠道，确保联络成效显著。做好泉州在福州乡亲的联谊工作。采取走出去，请进来的办法，经常走访广大乡亲，向他们表示慰问，关心他们的生活，做些力所能及的服务工作。

【提高信息捕捉和收集能力】 加强信息工作，采编“精品”信息。根据泉州市委办和市政府办信息科的要求，经常召开信息工作分析会，明确阶段性工作重点，提高信息采编的针对性和时效性；拓宽信息工作渠道，与有关单位建立良好合作关系，最大限度地整合各种资源，收集、整理和分析政治、经济、社会、文化等方面的热点和重点信息，以信息来源的多样性确保信息工作质量的稳定性；完善激励机制，形成信息工作合力，坚持把信息工作列入目标管理的重要内容，明确现任，注重实效，并且提出“人人关心信息源，人人都是信息员”的要求，鼓励大家关注信息工作，营造开展信息工作的良好氛围。

【做好信访劝返工作】 主动走访省信访局、省委和省政府保卫部门、屏山派出所、华大派出所，建立良好关系，主动掌握信访信息，了解信访情况，做到心中有数。一接到上访信息，马上组织人员第一时间赶赴现场，耐心细致做好劝导工作。在处理每次每批的信访工作中，能把处理群众来福州上访的过程，变成为群众排忧解难的过程，变成党和政府密切联系群众的过程。对重复上访的“钉子户”坚持做到时刻不放松，派专人做其工作，给他讲政策，讲道理，进行劝解，动之以情，晓之以理，稳定其情绪。对较活跃的重点人员进行正面接触，开展谈话，指出问题，并对其采取相应管理措施。对提出无理要求的上访人员，除做好解释工作外，坚决予以拒绝。通过定期联络（定期与市信访部门进行联络，了解是否有上访的苗头）；现场督办（对上访群众进行现场调处、现场督办并确保成功劝返，维护稳定）；信息报送（及时准确地将劝返上访的情况回馈到市信访部门），确保上访劝返稳定工作的新局面。

【做好接待工作】　学习中央和国务院新制的《党政机关公务接待管理规定》，厉行勤俭节约，反对铺张浪费，坚持接待程序化、服务规范化、操作标准化，接待水平有进一步提高，基本做到让领导、客人乘兴而来，满意而归。为泉州市领导和各部门到福州办事、开会的同志，创造和谐、卫生、整洁、文明的环境，提供优质服务。在多次重大的活动中，特别是“5•18”、“6•18”以及省两会期间，克服人员不足等实际困难，做了大量的接待、服务、协调工作，较好的完成各项接待任务。2013年，完成各种接待任务134批251人次。

市政府驻厦门办事处

【抓好协调服务】　把握重点环节、做好联络协调服务。为更好地为泉州各界来厦门特别是各级领导出入厦门机场、火车站提供通道礼仪方面的便利条件，不断开拓联络渠道，形成较完善的工作网络，具备较强的办事能力。在巩固与厦门相关单位的传统关系外，着重发展与厦门机场公安分局、厦门边检、机场海关的直接关系。通过帮助边检子女联系泉籍企业就业、与机场公安多次开展联谊活动、每逢节假日开展慰问等方式，增进双方友谊。各种联络沟通渠道的建立，为泉州市来厦各界及领导在贵宾通道、通行证件、会议场所、参观考察等提供便利条件。

【开拓信息渠道】　发挥《厦泉快讯》平台作用，采集各类信息917条，全年出刊信息80期。把信息采集范围拓展到漳州甚至全省其他区域，为市领导和有关部门全面了解闽南三地市发展态势特别是厦漳泉大都市的发展动态提供参考。利用自身优势，帮助厦门市泉州商会做好《厦门泉商》编辑与发行工作；协助各泉籍商会在《厦门日报》《海峡生活报》等刊登泉州籍企业家创业风采，提高泉州籍企业知名度。

【做好接待工作】　为更好地做好接待服务工作，修订和补充接待服务的程序、规范和标准，组织工作人员学习经常性的礼仪和业务知识；实行接待程序化、服务规范化、操作标准化的管理，推进人性化的服务理念。

【为泉州籍企业提供服务】　加强业务指导，引导泉州籍商会规范运行。坚持以异地社团的相关规定指导在厦泉州籍商会运行，督促商会合法开展各种活动；要求商会严格遵守章程，完善议事规则；支持会员之间通过沟通和对话，增进彼此团结；为商会建言献策，促进商会健康发展；鼓励泉州籍企业参加商会组织，抱团取暖，共同克服金融危机；加强与市委统战部、工商联合会、厦门市经发局、民政局联系，及时汇报泉州籍商会运行动态。发挥桥梁和纽带作用，帮助泉州籍企业进一步发展。通过协助、参与组织厦门市泉州商会以及泉州在厦门的12个社团组织开展活动，为泉州籍企业寻找投资商机、扩大投资视角提供机会。利用异地商会开展各种联谊活动的机会，宣传家乡泉州改革开放取得的成就、建设规划、投资政策、措施；动员泉州晚报在驻厦办所在办公大厦设立工作站；帮助台商投资区成功地在厦开展投资推介活动；协助泉港、惠安在厦举办春节慰问活动，为在厦泉籍企业回乡创业做好舆论宣传，提供各种服务。

市政府驻成都办事处

【协调“4•20”雅安地震灾后重建善后工作】　在“4•20”雅安地震中，第一时间向四川省闽南商会、成都市南安商会等提出倡议，发动在川泉籍企业、经商的乡亲，尽自己所能向灾区灾民捐物捐款。4月23日，协同成都市南安商会在成都举行募捐活动，在3个小时内捐款达100余万元，收到捐赠物资500余万元。收到捐赠后，立刻从全国各地购买灾区急需的太阳能帐篷、户外运动衣、消防灭火器、手摇充电帐篷灯等物资，运送到重灾区龙门乡。

【收集信息资源】　继续加强信息采集上报工作，广辟信息渠道，开发信息资源，最大限度地采集成都以及四川省境内的全方位信息，主动沟通成都市信息协会和四川省经济信息中心，及时、准确和有针对性的收集、整理信息提供给市委、市政府。

【为在川泉籍企业、经商人员服务】　以“诚信、服务、依法、勤政”为工作准则，致力求真务实，做到“维权为乡亲所行，利益为乡亲所谋，情结为乡亲所系，回报为家乡所图”。多次到四川各地的在川泉籍企业，了解企业经营状况，帮助解决遇到的困难，转达市委、市政府的关怀和慰问，为在川泉籍企业维权、协调相关事宜。

市政府发展研究中心

【提升以文辅政水平】 做精做深市委大讨论课题。按照市委年初"增强忧患意识，推动长远发展"大讨论活动的统一部署，完成由市长郑新聪指导的《引进重大项目增强发展后劲——关于泉州市突破重大项目引进的若干思考》课题，同时配合市委政研室、市金融局、市经贸委做好《在创新转型中推动泉州长远发展》《泉州市构建金融改革财税政策支撑体系的研究》《完善产业链条做强优势产业集群的研究》《积极引导泉州上市募集资金回归的研究》等其他大讨论课题，为制定出台相应政策打下基础。完成推动先进制造业实现新突破课题。根据省长苏树林在全省工作检查点评会上对泉州的要求，在分析实施产业升级"四化"工程（传统产业高端化，成长型产业集群化，战略性新兴产业规模化，服务业现代化）现状及面临挑战的基础上，研究分析今后一个时期制造业发展规律和趋势，探索新形势下发展先进制造业的突破路径，完成课题《关于泉州推动先进制造业实现新突破的调研报告》，为制造业转型升级、创新发展提供理论依据。围绕热点、焦点、难点问题开展专题研究。按照市长郑新聪在调研市区教育事业发展工作座谈会上的指示精神，牵头相关部门开展调研，召开3场由市区教育、公安、人社等部门以及部分中小学校长参加的研讨会，形成《关于居住证制度与市区外来随迁子女就学问题的调研报告》；根据市政府东海片区专题协调会议精神，在调研基础上，完成《发展楼宇经济推动东海片滨海总部区建设的调研和建议》；根据常务副市长林伯前在台商投资区调研会精神，与泉州台商投资区、市金融局联合开展泉州台商投资区筹融资课题，提出对泉州台商投资区筹融资工作的对策建议；针对国家密集出台光伏产业政策所形成的热点进行调研，召集光伏重点企业座谈会，传达各级扶持光伏产业健康发展的政策意见，听取企业对产业发展和政府服务的意见建议，完成《落实国家光伏产业新政策的若干意见与建议》。在前期调研的基础上，完成《泉州市人民政府关于加强重大项目工作的若干意见》《泉州市人民政府关于推动商业模式创新的若干意见》的起草。对接国家构建"21世纪海上丝绸之路"战略，在市委、市政府统一部署下，起草"21世纪海上丝绸之路"先行区建设总体方案等文件，相关请示经市政府主要领导签署，呈请省政府予以支持转呈国务院审批。协助省、市部门开展政策研制工作。参与《关于贯彻党的十八届三中全会和省委九届十次全会精神全面深化改革的决定》《关于推动泉州跨境电子商务发展的实施方案》《关于进一步打造重点产业产业链的若干意见》《泉州高新技术产业开发区发展规划纲要（2011—2015）》等重要文件起草工作，并对50多篇省、市起草的政策文件征求意见稿提出修改意见。

【增强参谋助手能力】 组织全市性重要活动。牵头负责组织相关部门参加市长郑新聪赴石狮、晋江片冬季企业座谈会，并根据座谈情况将企业提出的问题，形成任务分解表提交市经贸委。牵头组织德化片秋季企业座谈会，整理并提交企业所提出的问题。按照市委统一部署，作为泉州市委中共十八届三中全会宣讲团成员，起草完成学习贯彻中共十八届三中全会精神报告会宣讲稿及PPT制作，并赴鲤城区委中心组解读宣传，受到当地领导干部一致好评。创新突破信息情报工作。为更好地策应中央、省上密集出台的政策，自我加压延展服务空间，经过谋划和筹备，创办《政策动态研究》，在4个月时间，经分析整理后及时汇编3期，提高服务领导决策的针对性和时效性。按照"紧扣中心、唱响主题、特色鲜明"的要求，注重多层面、多角度捕捉有价值信息，拓宽《信息动态》办刊思路，挖掘基层诉求、横向比较、借鉴经验等，及时收集国内外经济发展动态和政策走向信息。多渠道转化深化调研成果。围绕市委、市政府决策意向，注意多层面、多角度转化调研成果。通过编发、汇编《泉州发展研究》，及时反映全市调研工作情况，多层面、宽领域地反映市内外经济社会发展的重大问题、好的经验和做法，总结分析发展中存在的问题，提出对策与建议，为领导从不同角度掌握上情、了解外情、知晓内情，做好决策，发挥重要作用。研究提出全国"两会"、省"两会"议案提案。为泉州市代表参加全国"两会"、省"两会"，研究提出《关于批准泉州市为"较大的市"的建议》《关于启动泉州市部分行政区划调整的建议》《关于中央财政转移支付向农业转移人口流入地倾斜的建议》等。以信息形式多角度宣传转化调研成果。基于鞋服企业去库存调研课题，以本单位的《信息动态》和省政府办公厅《今日要讯》《政讯专报》等形式报送泉州市帮助企业去库存的成效做法及泉州鞋服企业在行业洗牌中逆势做强的相关情况，传递行业发展正能量，提振企业发展信心。跟踪市政府主要领导关注的新经济业态发展趋势，拟写《商业模式创新的四种模式和六条途径》，以信息形式报送市政府领导参阅。构筑"大调研"协作网络。发挥全市政府系统研究机构的组织协调职能，联合市级有关部门、各县（市、区）政府研究机构，建立信息交换机制，加强研究成果的交流共享，共同开展关于泉州新一轮发展的几点思考、关于泉州市专利事业中长期发展规划的前期研究、关于泉州台商投资区筹融资的对策建议、关于泉州市率先突破民营资本设立银行的思考与建议、泉州市构建金融改革财税政策支撑体系的研究等10多个课题，基本形成开放式加紧密型的研究网络体系。深化对外交流平台建设，加强与国务院发展研究中心、省政府发展研究中心的交流和对接，加强与湖南长沙、山西晋城、广西柳州等同类城市研究机构的合作和交流，拓宽干部职工的研究视野、战略思维。同时，采取专家请进来、走出去考察访问、接待考察团等方式，增强干部职工与“思想库”“智囊团”专家学者的互动交流。

市行政服务中心管理处

【推进基本建设项目流程和公共资源整合改革】 推进基本建设项目审批流程改革。对基本建设项目审批分为政府投资和企业投资两大类，从简化程序、合并环节、减少材料、缩小审批范围几方面入手，构建以牵头部门负责、相关部门同步审批的新型协调机制，推进行政审批与技术审查分离，使审批大幅提速，改革后政府投资审批时限压缩至35个工作日，企业投资审批时限压缩至33个工作日，比原来提速5倍以上。实施公共资源整合改革。为规范和深化公共资源市场化配置工作，在上级部门推动下，于9月组建泉州市公共资源交易中心，下设3个科室及政府采购站、工程交易所2个事业单位。同时，进驻纳入公共资源交易中心管理监督，推进管办分离，构建规范高效交易平台。

【践行“马上就办”】 梳理“马上就办”事项，优化拓展审批服务。针对房地产发证等百姓普遍反映较集中的“办证难”问题，配合纪委效能办重点突破，整合流程、减少环节、简化申请手续，原来办一本房产证需走7到8趟，整合后只需走2趟即可办成。推动部门落实“马上就办”，如市交通委对5项进驻项目削减分管领导审批的环节，直接授权道管处、水运处领导签批，规划局将原有5个承诺件直接改为即办件，市公用事业局对4项进驻项目的申报材料简化一张申请表。深入调研督促，推动县（市、区）中心落实“马上就办”。市效能办、中心管委会领导带领相关工作人员到县（市、区）对中心建设、运行、管理进行调研推动。健全“月嫂”式重点项目、重点企业服务机制。对重点项目实行专窗收件、专人跟踪；设立重点项目、重点企业代办服务中心，聘用3名人员全程负责重点项目、重点企业的审批事项代办、协调跟踪。把全市重点项目划分为三个片区，由中心和窗口包片挂钩，成立工商注册登记、项目立项、用地（林、海）审批、建设前期四个审批服务协调组，调研摸清项目落地急需解决的审批服务问题。建立重点项目“月会商”联审制度，每月拉网式解决项目审批的疑难问题。

【健全中心服务体系】 全面推行“114”预约服务。推广工商局“114”预约经验，建立起涵盖进驻中心39个部门窗口（除一楼发证处外）的“114”电话预约服务。申办人在任意时间拨打“114”电话或登录中心外网网站进行预约服务，即可凭系统预约号在预约时间提前10分钟到窗口办事，免予排队等候。完善三级中心网上联动服务体系。中心依托覆盖至全市13个县（市、区）行政服务中心的网上审批信息平台，向上联接省级网上审批平台，向下联接各县（市、区）行政服务中心，对11个部门、41项县市联动项目，企业报件、上传下达均通过网上完成，办好的证照通过邮政快递送至企业手中。完成电子证照建设一期工作并启动二期建设。推行全省电子证照建设试点工作，通过建立证照数据电文共享平台，将电子证照与电子批文应用到行政审批流程中，首期选择市发改委、国土局、工商局、质监局四个试点单位初步建成电子证照应用框架功能，证照拥有者可通过中心网站查看、打印、下载已生成的电子证照。二期建设已经启动，将分批选择部门在一期基础上，选择市安监局等10个单位进行建设。推动市、县、乡、村行政服务中心标准化建设。5月，市行政服务中心召开全市行政服务中心工作座谈会，传达全省行政服务中心标准化工作会议的精神，对县级及镇级行政服务标准化建设工作进行部署。会后，各县（市、区）迅速启动，召开工作动员大会，制定方案，推进标准化建设。为督促标准化建设落到实处，市效能办、行政服务中心、民政局于10月组织到部分县（区、市）、乡镇、村检查行政服务中心标准化建设工作。

【构建阳光、公开、透明服务中心】 以开展行风评议活动为抓手，由中心主任带队上电台“政风行风热线”，在线和民众对话，倾听群众对办事窗口的意见建议，并抓好整改。发挥行政电子综合监察系统的作用，加大对审批服务全程实时监管，营造按规范办事、生人熟人一个样的办事环境。加大办件回访处理，畅通群众和企业反映诉求的渠道，及时受理和查处涉及行政服务的投诉和举报问题。健全季度红黄旗窗口绩效评比办法，树立“奖优罚劣”的干事创业氛围。

市住房公积金管理中心

【推动提质增效升级】 突出窗口服务。落实“马上就办”工作机制，优化审批事项，将归集、转移、提取等30个审批项目改为即办项目，32个审批项目共缩短审批时限90个工作日；拓展工行冲还贷业务，泉州市2010年开通建行逐月提取冲还贷后，2013年工行逐月提取冲还贷业务也正式运行；开通官方微博和“12329”电话服务热线，热线以7小时人工服务和24小时语音服务的形式，向社会公众提供咨询、查询服务，受理投诉建议；以住房公积金建制20周年为契机，勤走基层促扩面，推行预约服务、上门服务和民营企业直通直达服务。

【严控资金流动性风险】 完善管理制度。重新修订《泉州市住房公积金管理规定》及配套实施意见，出台《泉州市住房公积金资金使用应急预案》，保证职工资金使用需求；制定《廉政风险防控实施方案》，成立廉政风险防控小组，将防范风险工作前移。强化贷款关口管理。完善住房公积金贷款信用管理办法、规范收入审核。关注资金安全。提升会计集中核算制度成效，动态管理资金的流动性，加强对定期存款、贷款资金等大额资金的科学调度与使用，确保资金保值增值；关注住房公积金流动性情况，实行资金流动性日报制度，增强资金预警、调度和风险防控能力。提升信息化建设。推行联名卡发行，为跨行冲还贷业务的试运行做准备，全市发行联名卡14.8万张，全面升级公积金信息管理系统，以先进的管理手段带动整体服务水平的提升。

市地震局

【提升地震监测、管理和分析水平】 加强地震监测台网建设，优化前兆台网，跟踪地震监测技术的发展，加强新建台站的运行管理和仪器更新换代，结合“十二五”规划，强化对鲤城、丰泽、洛江、德化、晋江、南安等10个台站的管理，优化新型前兆设备的管理应用。发挥实时传输和高采样率的优势，及时有效地采集到多次地震的水震波资料。采用新型数字化地下流体前兆设备对惠安东关、洛阳、净峰三个老旧台站进行升级改造，提高采样率，实现数据传输的网络化、分析管理的信息化。针对台网多种设备同步运行的情况，推进对“十五系统”的科学管理力度，制定管理制度，增强对数据库维护和备份，坚持数据和日志每天11点前完成报送。加强前兆台网仪器维护、维修工作，建立配件备份制度，泉州市前兆仪器的运行率保持在90%以上，在全国全省资料评比中均名列前茅。同时，加强对前兆资料的分析力度，按时完成每周、月的地震趋势会商报告。

【加快泉州市地震烈度速报台站建设】 针对不同烈度区域的具体情况，制定科学合理的进度表，按照各时间节点推进基于土层的地震烈度速报台建设。台站勘选工作已通过省地震局组织的验收，观测室的建设工作基本完成。同步建设的泉州市地震烈度速报中心，将实现全市强震动观测台网、地震速报台网的联网。逐步建设完善速报中心数据线路和相关配套设备，与省地震局协商实现地震数据速报的图文显示，提高地震速报和烈度速报的准确率，已通过信息专网传输速报信息，实现震时的地震烈度速报及监测数据的实时图文显示。并通过专用线路接入市政府应急办应急指挥平台，主动融入地震应急模块的建设。

【做好防震减灾科普宣传工作】 3月、4月，分别与市委宣传部、教育局联合发文，要求开展防震减灾宣传教育“进机关、进学校、进企业、进社区、进农村、进家庭”，向公众普及地震防、抗、救知识。根据省政府关于“5•12”防震减灾活动周工作安排，制定《泉州市“5•12”防震减灾活动周前后宣教活动方案》，并组织开展实施。活动周期间，与市教育局开展全市中小学防震减灾宣教及应急疏散演练工作，要求全市两千多所中小学校在“5•12”前后开展一次应急疏散演练，并向市直中小学校分发防震减灾宣传材料，鼓励引导各学校开展防震减灾宣传活动。5月10日，由市地震局、市科学技术协会、市教育局主办的“科学防灾减灾，你我共参与”主题活动在市科技馆举办。活动过后，还联合市科协、市教育局对本次活动的获奖征文进行合订印刷。

【开展救援队伍培训演练】 为提升地震灾害紧急救援队伍实战能力，贯彻落实泉州市“5•12”防震减灾活动周工作安排，与市消防支队下发《泉州支队地震应急救援演练工作方案》，要求市、县两级地震灾害紧急救援队在“5•12”期间开展一次地震应急救援演练。5月14日，2013年泉州市破坏性地震应急救援演练在鲤城延陵社区举行。参演单位包括市本级、鲤城、洛江、晋江、石狮等地的地震灾害紧急救援队，参演人员100余人，出动救援车16辆。同时，石狮、永春、德化等地也组织大型综合演练。此外，还组织鲤城、丰泽、泉港、晋江、石狮、永春、德化等县（市、区）开展社区志愿者队伍的应急演练与培训。

【推进地震应急避难场所建设】 制定《全市地震应急避难场所建设方案》并提交市政府。多次召开全市地震系统工作会议，研究部署地震应急避难场所建设工作，并成立地震应急避难场所业务指导组协助各县（市、区）开展工作。第一期32个应急避难场所的选点已全部完成，建设方案也完成意见征求工作。

【建设完善泉州市防震减灾信息化管理系统】 配合中国地震局关于“泉州市防震减灾信息化管理系

统”项目成果在全国的推广工作，针对系统存在的不足进行梳理分析、找准应对措施，升级完善该系统。已开始进行系统2.0版本的升级更新工作，升级后的系统加强对地震异常落实和会商意见结果方面的应用管理，增加实用功能，健全数据库，不断创新运用该系统精细管理市县工作的新思路和新经验，夯实全国地震系统的信息化管理基础。

【强化市县两级地震远程会商视频系统的管理应用】 运用泉州市防震减灾信息服务网络，在全省率先建设市县两级地震远程会商视频系统，与省地震局会商视频网络实现无缝连接，建立视频、图文信息实时双向互动传输显示的泉州市防震减灾远程会商视频系统。该系统平时能实现泉州市日常地震前兆异常的判别、地震趋势的快速远程分析预报和例行周月会商图文显示、地震遥测速报波形实时传输显示。一旦发生震情，可通过该系统启动中国地震局专家决策系统，实现地震趋势国家、省、市、县四级地震部门远程会商，为省、市政府的决策提供平台。为确保该系统的正常运行，建立完善远程会商视频系统运行管理机制，每周对系统进行测试，编写专门的培训教材，对工作人员进行培训，发挥系统在提升泉州市监测预报会商和震时的地震应急响应、趋势判定、应急指挥综合能力等方面的作用。

【做好应急指挥中心系统的日常工作】 树立震情观念，做好防震减灾应急指挥中心的设备维护、检查及运行管理工作。应急对讲机每月充放电一次，全市卫星通讯网络每季度试通话一次，每季度对发电机试发电一次，确保相关地震应急设备工作状态良好。同时，每天2次对信息节点网络联通性进行测试，及时进行维护，每周统计报表。确保省、市、县三级信息传输专网的正常运行。修订完善《泉州市地震系统地震应急预案》《泉州市地震突发事件信息报告纪律》，在泉州市及邻近地区发生有感地震时，全局人员均及时到位，开展地震应急工作，在规定时限内通过政务网报送地震参数，同时将震情三要素报告市委、市政府，并通报有关单位和新闻媒体。建立地震短信发送平台，可直接向广大市民发送地震信息和地震科普宣传短信。开通泉州市地震局官方微博，搭建起与社会公众之间便捷的沟通平台。

市地方志编纂委员会

【二轮修志】 《泉州市志》（续志）篇目大纲3月形成初稿后，围绕篇目门类合理、归属得当、层次分明、排列有序，突出时代特点和地方特色问题，通过网络向社会各界征求意见和多次召开内部讨论会后形成讨论稿，7月又下文向各市直单位征求意见，70多个单位共提出189条修改意见；10月组织召开专家咨询会，综合各方意见后，于12月形成《泉州市志》（续志）篇目大纲暂定稿。《泉州府志（乾隆版）》完成点校工作。《泉州方志志》完成大纲拟定工作并已下达分编任务。加强与市直部门及各县（市、区）志办之间的沟通和联系，及时了解指导各地各单位修志工作。《泉州市教育志》《泉州老干部工作志》《泉州晚报志》《泉州市工会志》等部门志书已开编，《泉州市烟草志》《泉州市科学技术协会志》《泉州市统计志》等部门志完成审改、批复工作。

【年鉴编纂】 在上半年出版《泉州年鉴》2012卷的基础上，对《泉州年鉴》2013卷大纲进行结构性调整，增设专记、大事要闻、聚焦泉州等栏目，对各大部类也都进行不同程度的调整，使其更具实用性和可操作性。2013卷参编单位195个，原稿字数600万，为历年最高，且首次未聘专家审稿，采用交叉审校法，六易其稿，保证较高质量；目录首次采用中英文对照，向《地方综合年鉴编纂业务规定》靠拢。《泉州日记》保持良好的时效和质量，与《泉州年鉴》配套出版，在纪事的深度、广度上取得新突破，在质量方面提高要求，拓宽资料渠道，灵活编排方式。《泉州年鉴》及《泉州日记》分册于年底出版。

【服务社会】 做好《泉州月志》编发。《泉州月志》继续对每日大事要事资料进行采集，发挥泉州地方志系统上情下达的全景窗口的作用。按月编发并实时编录地情资料，为编年鉴、修志书打下基础。开发利用方志资源。市、县两级方志办注重地方志资源的开发利用和方志学术交流，服务本地经济社会发展。组织指导姓氏宗亲民间组织编纂“泉州姓氏丛书”，泉港、晋江、安溪等地配合宗亲组织开展与台湾、海外宗亲的联谊、寻根活动，打造对台开展方志文化交流的平台。市方志委与市委党校举行市情研究合作协议签约仪式，按照优势互补、资源共享、深化合作、扩大影响的原则，向市委党校赠送《泉州市志》《泉州年鉴》《泉州月志》《泉州日记》和地情丛书及县（市、区）地方志等相关资料，推动地方志书刊进党校；与泉州师院签订合作协议，依托泉州师院图书馆，联合设立“泉州市方志书库”，既实现地方志资料的专业化管理，又节省市方志委在资料室场地建设、人员管理等方面的投入。方志信息化建设力度加大。建设地情资料报送平台，做好地情文字、图片、视频信息收集、处理。截至年底，入网文字资料达12万字，图片354张，视频1024兆。“泉州通”网站继续升级改版，更直观体现泉州地情风貌、侨乡特色、品牌地位、泉台交流等，地情信息容量进一步扩大，日访问量150多人次，至今访问量已超37万人次。地情文献数字化加工完成1000万字近10000个页面。地情研究成果丰硕。组织编纂《泉州六十年记忆》《泉州民间信俗文化志》《铿锵戏曲绎人生》等地情书，与市委党校举办市情研究专题研讨会和优秀论文评选。这些地情读本和研究成果在发挥资政功能、开展地情教育、宣传历史文化名城等方面起到很好作用。

市城镇集体工业联合社

【服务工艺美术行业发展】 组织开展全市工艺美术人才调查并建立信息资料库，制定出台《关于加强工艺美术大师服务管理的实施意见》，确定在全市设立百个工艺美术大师工作室、组建大师创作团队、储备百名工艺美术大师后备队伍、补贴百名工艺美术大师带徒授艺的三年工作计划。2013年度，命名卢思立等30个大师工作室和王向荣等4个大师创作团队。出台《泉州市抢救保护传统工艺美术濒危品种技艺三年行动方案》，计划利用三年时间对17个濒危艺种进行抢救保护。2013年，确定授予江碧峰木偶头雕刻等15个工作室为泉州市传统工艺美术传承保护单位。开展第一批永春漆篮、竹藤编技艺、改良竹编、金苍刺绣、蓝印花布5个濒危艺种的抢救保护。修改完善《工艺美术大师带徒授艺培训补贴实施细则》，对承担濒危艺种抢救保护的大师和艺人带徒授艺实行双向补贴，名额由3名放宽至5名。会同市财政局、人社局核准84名工艺美术大师带徒273人、享受培训补贴163.2万元，比上年度增加大师44名、徒弟154名、补贴90.72万元。组织召开泉州市工艺美术大师评选暨工艺美术创新设计“天工奖”大赛颁证颁奖大会。市政府研究同意市联合社、教育局、财政局提出的培养工艺美术专业人才方案，泉州农校自2013年秋季起开设木雕工艺、陶瓷艺术、玉石雕加工三个专业，秋季完成招生38名。与华侨大学联办“海峡两岸工艺美术发展与产业创新”高级研修班，全市158名大师参加。组织参评中、高级工艺美术专业技术职务，获评高级4人、中级7人；组织申报参评省漆艺大师，2人获评省漆艺大师、2人获评省漆艺名人。组织全市工艺美术从业人员参加第十四届中国工艺美术大师作品暨国际艺术精品博览会等各类展会11次、参加企业353家、获评各类金奖308项。联合市委宣传部、市文联、闽台缘博物馆常年举办“天工荟萃”——闽台工艺美术大师优秀作品联展，已举办3期，参展作品197件、参观人数约28.9万人。惠安县举办第二届中国（惠安）国际雕刻艺术品博览会，参展企业250家、作品近万件、总价值6亿元、参观人数11万人次。首次落实市级年度传统工艺美术保护发展资金100万元，制定出台《泉州市传统工艺美术保护发展专项资金管理规定》。2013年，全市工艺美术规模以上企业完成增加值137.82亿元，同比增长34.5%，出口交货值307.74亿元，同比增长38.4%。

【城镇集体企业改革】 指导直属17家企业完成厂房竞租，共63个标的，面积1.12万平方米，成交金额284.1万元，比原租金增加86.5万元，提高43.8%；比招租底价增加19.1万元，提高7.2%。指导市丝钉厂完成厂房竞买，成交价1100万元，召开职工大会依法选举厂长并成立分流改制领导小组；指导市二轻供销公司做好店面资产评估并进入市产权交易中心公开拍卖。

【企业职工社会保障】 解决市属集体企业职工住院医疗保险转为基本医疗保险问题，全市受益企业44家、职工3284名，协助企业解决办理转险种过程中遇到的困难和问题。建立直属困难企业职工无力自费缴交医疗、社会保险补助制度，2013年对市皮件服装厂等8家企业的85名困难职工兑现补助资金6.1万元。做好企业困难职工调查摸底和慰问工作，建立重点挂钩帮扶制度，开展对职工重病慰问、节日慰问等送温暖活动，“两节”期间会同劳动、工会等部门慰问困难企业3家、困难职工746人、总金额50.25万元。协助高龄低保和特殊困难人员办理社会保障，协助直属16家集体企业符合条件退休人员55人申报老年生活保障金，获批42人，协助22家集体企业61人办理特殊困难人员参加城镇职工基本保，获批61人。完成2013年度36家困难集体企业3013名职工参加医保情况调查摸底，经认定预计可争取补助资金57.42万元。

市港口管理局

【港口生产】 2013年，全市港口完成货物吞吐量10804.51万吨，同比增长4.17%，其中外贸货物吞吐量完成2389.06万吨，同比增长8.05%。集装箱170.06万标准箱，同比增长0.22%。其中，外贸集装箱吞吐量完成11.36万标准箱，同比增长17.94%；内贸集装箱吞吐量完成158.70万标准箱，同比下降0.85%。泉金客运航线接送旅客98454人次，同比增长8.11%。其中，进港52835人次，出港45619人次。对台货运量累计完成84.47万吨，同比下降22.41%。全年新开11条内贸集装箱航线和1条外贸航线。

【港航建设项目】 2013年全市港口水运工程在建项目19个，完成投资247714万元，完成年度投资计划的134.26%；其中泉州港（不包括湄洲湾南岸的港区）港口水运工程在建项目8个，完成投资50585万元，完成年度投资计划的109.96%。在建的中化配套码头、惠安电厂配套码头、斗尾作业区7号泊位、斗尾作业区10号泊位、秀涂作业区16号泊位、泉州湾航道二期工程进展顺利；外走马埭作业区1号—4号泊位、斗尾作业区3号—6号泊位、锦尚作业区1号泊位、石湖作业区4号泊位后方堆场、新锦江特种油码头1号泊位技改工程等基本完工。按照“竣工一批，续建一批，建设一批，储备一批”的原则，做好项目储备和前期工作。石湖作业区5号—6号泊位工程初步设计获交通运输部批复；秀涂作业区4号—7号泊位工程使用港口岸线获交通运输部批复；泉州湾航道二期工程（大坠航道）初步设计获省交通厅、发改委的批复，石井作业区16号—19号泊位工可研报告通过省发改委审查，围头湾石井航道二期工程工可研报告通过审查；石井客运码头1号泊位技改工程初步设计获市港口局批复；围头作业区后方堆场二期工程项目获晋江发改局核准，锦尚作业区4号泊位工程、石湖作业区堆场扩建工程、梅林作业区梅林码头改造工程、石狮市一轩船务货运有限公司工作船码头和船舶污染应急抢险反应基地工程、泉州内港港务有限公司陆岛旅游码头工程等通过预审，正开展工程可研工作。

【行业管理】　开展泉州港口总体规划修编前期工作，对秀涂、石井、梅林、锦尚等作业区的控规进行调整修编；做好石湖作业区4号泊位后方堆场工程、锦尚作业区1号泊位工程、新锦江码头技改工程、深沪堆场工程的交工验收及鸿山热电厂专用码头竣工验收工作；宣传贯彻和落实省、市有关涉港政策和工作部署，推动港口管理创新转型；开展“泉州港集装箱运输发展现状、存在问题与对策分析”“货主码头社会化、专业码头公用化——关于提升泉州业主码头公用服务能力”等课题调研；与市交通运输委一道形成《加快泉州港口发展的调研报告》和《促进泉州港口集装箱加快发展暂行办法（征求意见稿）》上报市政府审批出台；向上争取资金和及时落实优惠扶持政策，全年争取省上项目资金补助近1亿元，及时审核支付港口扶持奖励资金；协助企业解决生产经营中遇到的困难，发挥内贸集装箱运输枢纽作用，全年新开11条内贸集装箱航线和1条外贸航线；加强与台湾港航界的沟通交流，拓展泉台海上直航和港口物流业务；抓住玖龙纸业投产时机，主动与中外运集运福州分公司和丰泽船务等航运企业探讨开辟台湾航线以及与台南市安平港合作的可行性；为进出港船舶提供便捷高效的引航服务，引航站坚持24小时集装箱班轮的引航服务，全年安全引航3013艘次；全力服务“五大战役”项目审批和推进“民企二次创业”，重新梳理“五大战役”项目和“民企二次创业”项目的审批清单，11项审批项目上压缩审批时限19个工作日，全年完成网上审批共1906件，完成70多家企业的港口经营许可证和附证的年审换证工作；加强航道的日常巡查和执法，筹集资金对辖区115.8千米航道进行维护疏浚，保证辖区内航道的畅通和船舶的航行安全。2012年港区危化品企业的库区监管职能由安监局移交市港口管理局后，通过加强一线监管、主动培训、引进专业人员和建立危险货物安全管理专家库等措施，提高安全监管职能，确保港口生产安全、有序；按照“一岗双责”的要求制定安全生产目标管理，签订综治责任书；开展港口安全检查工作、“六个严查”专项整治活动和　“打非治违”专项行动，全年组织专项行动11项，抽查、督查次数318人次，受检单位数343个次，发出整改通知书34份，已整改82项，整改率达92%，消除各种安全隐患；推动部颁安全生产标准化建设，为提高安全监管人员专业素质，全年派出150多人参加“压力管道巡检维护作业人员、特种设备操作人员、危险货物岸上管理人员、港口保安”等资格证书培训；督促企业建立健全安全隐患排查治理机制，做好辖区危化企业《安全现状评价》《重大危险源评估报告》《安全生产事故应急预案》编制、审查、备案等工作；完成12家港口企业的特定船型船舶靠泊码头论证的验收工作；做好引航安全生产工作，树立“安全是引航第一生命”的观念完善安全管理体系，全年为特殊船舶靠离泊制定418份引航方案，实现安全引航全年零事故；加强水运工程建设质量安全监督行业管理，质监站到场检查40多次，发出监督意见书8份，对发现的50多条工程质量问题及安全隐患均督促整改到位；做好港口防汛防台工作，配合市安监局、晋江市政府等部门及时有序地处置晋江东石石化公司“5•16”罐区淹水事件，清除一大安全隐患。

市供销合作社

【基层组织】　下发《关于进一步加强基层工作的通知》《全市供销社系统基层社恢复重建实施方案》，加强对基层工作的指导，并设立市级基层组织发展专项资金；组织开展基层社示范社评选活动，洛江区马甲供销社等11个基层社被评为2013年度全省、市级“示范基层社”。各县（市、区）社加快推进乡镇空白基层社恢复重建工作，全系统完成23个基层社的恢复重建，完成省社计划的121%。

【为农服务体系建设】　全系统新发展农民专业合作社56家；新成立行业（专业）协会12个。组织推荐参评各级农民专业合作社示范社，泉港区惠屿海水养殖专业合作社等2个社被全国总社评为示范社；石狮市萌芽蔬菜种植专业合作社等8个社分别被评为省级、市级示范社。农村社区综合维修服务体系“扩面提升工程”扎实推进，新建乡镇维修站23个、村级维修点47个、示范点3个。农产品信息服务覆盖面进一步提高，新建信息服务站（点）20个，规范建设信息站21个。推进综合服务社发展，新建和改造农村综合服务社115个。

【农资保障供应服务】 2012—2013年度，全市系统冬储化肥16.21万标吨，完成市发改委下达冬储计划的150.1%，确保春耕及全年农业生产供应。全系统供应各种化肥32.99万吨，同比增长29.51%；农药5412吨，同比下降1.58%；农膜422吨，同比增长11.05%，做到主要化肥、农药、农膜等农用物资供应不断档，不脱销。同时，开展便民优质服务和科技下乡活动。与南安市政府联合在诗山镇开展“送化肥、送科技、送信息下乡”活动，受到农民群众欢迎。

【项目建设】 全市各地供销社树立“项目兴社”理念，积极谋划、实施建设项目。2013年，全系统实施建设项目21个，计划投资8595万元，实际完成投资14769万元，完成年度投资计划的171.82%。协同各地争取中央、省级“新网工程”建设项目扶持资金。全市系统有23个项目获各级扶持资金727万元。同时，做好项目入库申报工作，申报86个项目为省社入库项目，筛选推荐3个项目预申报2014年度中央“新网工程”重点项目。一批建设项目相继竣工投入使用。

【经营网络建设】 落实《市政府工作报告》分解的任务，制定《关于深化“新农村现代流通经营服务网络工程”的实施方案》，提出加快经营网络建设的总体要求和目标任务，并进行分解抓落实，推进“新网工程”建设。全系统新建成日用消费品配送中心4个，日用消费品经营网点33个；农资配送中心3个，农资连锁经营网点65个；农产品交易市场1个；烟花爆竹配送中心1个；再生资源交易市场1个。按照全国总社行业标准改造提升日用消费品经营网点25个、农资经营网点20个。

【系统指导和管理工作】 完善对县级社领导人的考评制度，修订下发《2013年度县级供销社领导人考评实施细则》。市、县二级社强化对社有资产运营和管理的监督，确保社有资产保值增值，全系统资产总额、所有者权益和利润总额均大幅提升。全市系统推进全市系统安全发展行业创建和安全生产标准化建设提升工作，按计划完成年度安全生产各项目标任务。举办创建安全发展行业业务培训，组织开展安全生产大检查和“安全生产月”活动，强化安全隐患排查治理工作，落实企业安全生产主体责任和“一岗双责”，实现全系统的安全稳定。

政协泉州市委员会

综述

【服务创新转型】

促进综合配套改革 围绕“推动金改区、综改区和产业集群建设，促进泉州持续发展”课题开展调研，形成39篇调研报告。就加快建设金融改革创新先导示范区、提升民营经济产业层次、突出集群发展构建现代产业体系、完善民间投融资扶持政策、加快泉台金融合作步伐等方面进行专题协商。总结交流政协服务金改区、综改区和产业集群建设的主要做法，综合各地的意见建议，形成《市政协关于助推金改区、综改区和产业集群建设的建议》，报送市委、市政府。督办《关于加强金融改革创新，服务我市实体经济转型升级的建议》重点提案，提出的用好用活用足国家政策资源、深化重点领域改革、推动项目攻坚突破等意见建议，引起有关部门重视。提交《促进异地商会与金改区建设互动双赢》调研报告，供有关部门参考。

服务产业转型升级 完成市委关于“完善国土资源政策，保障产业转型、城镇建设需求”重点课题调研，许多建议被市委《关于加快创新转型推动长远发展的决定》所采纳。二次全会围绕“二次创业”、转变提升、绿色发展进行主题发言，许多建言引起市委、市政府领导的重视，并批转有关部门吸收采纳。组织企业界委员围绕企业创新转型等问题开展交流讨论。组织高新区建设发展情况调研，提出创新立园等意见建议。开展“加快发展现代服务业，促进泉州经济长远发展”重点课题调研，提出有针对性的对策建议。配合全国政协、省政协开展“深化科技体制改革，促进新型研发组织发展”“深化财政体制改革，增强基层公共服务能力”等课题调研，结合泉州实际，提出参考意见。

助力新型城镇化建设 组织市各民主党派、各县（市、区）政协、市直有关部门、政协委员积极开展围绕推进新型城镇化建设专题调研，形成54篇调研报告。围绕“推进新型城镇化建设”议题提出100多条意见建议。组织视察小城镇与美丽乡村建设提出建议。配合省政协开展“推进我省城镇化建设”专题调研，并在省政协常委会上就“加快产业转移步伐，推动城镇化建设”作专题发言。《积极稳妥推进新型城镇化建设》专报件被全国政协办公厅采用。

【助推民生改善】

深入基层反映民意 制定《市政协机关关于贯彻落实市委开展“四下基层”活动的意见》，市政协领导和机关干部挂钩联系的重点工业企业、在建重点项目、新农村建设试点示范村、扶贫开发重点村以及贫困户。编发《社情民意》专报180多件、《政协信

息》36期，其中，77件被省政协采用，省市有关领导先后在《修订茶叶稀土项目检测标准的建议》等21件专报中作出批示。《加强我省公共文化服务体系建设的建议》等4条信息被评为全省政协系统优秀社情民意信息。

积极开展监督建言 围绕"'五大战役'重点项目""城市道路建设与交通管理""城市污水处理系统建设与管理""旅游景区建设与管理""人感染H7N9禽流感疫情防控""特殊教育发展情况"等事关民生的工作，开展调研视察并提出建设性对策建议。创新民主监督形式，组织委员对上年度《关于多措并举加快泉州市医疗卫生床位数等普惠性建设的若干建议》和《关于进一步加强晋江、洛阳江下游河道环境整治修复，保护泉州湾河口湿地生态环境》两件重点提案办理落实情况，进行追踪视察，推动问题解决。确定《关于加强我市二次供水质量管理的建议》等9件提案为重点提案，由市政府与市政协领导联合领衔督办。配合全市中心工作，参加创建全国文明城市、全国卫生城市、小城镇建设等工作督查。推动政协委员参与司法调解和法院诉讼调解工作，组织委员听取市纪委、法院、检察院工作情况通报，就维护社会公平正义、加强法制建设、推进反腐工作等方面提出建议。组织监督员、政风行风评议员视察窗口单位开展"马上就办、办就办好"专项活动和公安监管场所工作情况，提出监督意见。

主动为民多办实事 落实市政协领导挂钩联系和帮扶基层单位的制度，牵头组织有关部门到相关挂钩村调研指导新农村建设，筹集资金近1000万元支持挂钩联系村解决饮用水安全、道路交通、生活困难等方面的问题。市政协领导班子成员经常到在建重点项目和重点工业企业协调解决一些实际困难。筹集资金扶持南安市铺前畲族村部分项目建设。《人民政协报》报道泉州市政协持续开展帮扶民族村的经验做法。组织医卫界、宗教界委员到贫困山区开展义诊、送医送药等公益活动，诊治病患3000多人次。

【广泛凝聚力量】

搭建参政议政平台 支持各民主党派、工商联、人民团体和无党派人士通过政协全体会议、常委会议、主席会议等议政平台，发表见解和主张。市政协领导落实联系民主党派、工商联制度，为他们知情明政、履职建言创造条件。全年联合开展各类履职活动30多次，提交调研视察报告167篇、发言材料151篇，提交党派团体提案156件。《关于支持加快闽南文化生态保护实验区建设的建议》等5件提案，被列为全国政协十二届一次会议重点督办件；《以"五位一体"总要求构建海上中国的若干政策建议》在"中国海洋发展战略"座谈会上作交流发言，得到专家肯定。以界别为单位，组织委员小组开展40多场次小型多样的调研视察活动，发挥委员主体作用。建立"政协委员履职信息库"，健全委员履职的考核、评比、激励和约束机制。

打造团结联谊平台 组织港澳台侨委员参加市委、市政府有关会议，组织港澳台侨委员到省外学习考察，召开港澳委员座谈会，利用泉州市举办重大活动的时机，加强同港澳台同胞和海外侨胞的联系，接触海外重要社团和侨亲，加强联络交往。扩大与台湾有关人士和民间团体的联系交往，与台湾云林县议会开展双向交流活动。发挥泉台民间交流协会作用，开展"提高对台招商引资水平的研究"专题调研，为提升对台招商引资水平建言献策。组织台商特邀委员视察泉州台商投资区，鼓励他们投资创业。围绕"看海西•爱泉州"主题，组织华侨大学境外新生开展"东亚文化之都——泉州文化之旅"活动。配合全国政协开展"发挥海峡西岸经济区先行先试作用，进一步深化两岸经贸文化交流与合作"课题调研，就发挥闽南文化在推动两岸交流合作方面的作用提出建议。

拓展联系沟通平台 参加异地泉籍商会重要活动，宣传家乡经济社会发展情况和"回归创业"的优惠政策。发挥泉商发展促进会的作用，加强与各地泉商的联络联谊。组织泉商交流创业经验，引导他们抱团发展、参与金改区综改区建设、支持家乡慈善事业。组织民族宗教界委员，到少数民族贫困地区开展专题调研和帮扶活动，提出工作建议；密切与宗教界人士的联系，听取并反映他们的意见建议；组织视察"创建和谐寺观教堂"工作情况，开展宗教政策落实情况专题调研。组织文化艺术界委员为推动"东亚文化之都"建设出谋划策。发挥刺桐书画院、诗词学会联谊交友、创作交流的平台作用，组织系列活动。

【加强机关建设】

自觉转变工作作风 贯彻落实中央八项规定和省委、市委《实施意见》，制定《泉州市政协贯彻落实改进工作作风、密切联系群众八项规定的实施办法》，规范《政协信息》编发工作，取消机关一般性工作简报。市政协领导和机关干部下基层轻车简从，减少基层负担。机关接待费、会议费、外出考察费明显下降。

扎实做好宣传工作 组织开展第五届泉州市政协好新闻评选表彰活动。办好《泉州政协》期刊，发挥其宣传政协、服务委员履职的作用。与主流新闻媒体协作配合，先后在《人民政协报》《中国经济社会论坛》《政协天地》《泉州晚报》《泉州政协》以及泉州广播电视台等刊物和新闻媒体，宣传委员履职情况，刊发委员提案、委员建言等文章200多件次，展示委员服务经济社会发展所发挥的作用。组织编写《泉州政协志》，征编泉州市国家级非物质文化遗产项目及其传承人专辑，完成省政协《赴台文化交流》史料征集工作。在省《政协天地》刊发《一座闪烁东方海洋文明之光的城市》，编辑出版《见证泉州》大型画册。

提升机关服务效能 通过落实“1263”党建工作机制，开展创先争优活动，完成新一轮省级文明单位初评迎检工作。举办“道德讲堂”，开展网络文明志愿服务、结对帮扶、义诊救助等学雷锋主题实践活动。加大干部培养力度，选派机关干部参加省委、市委党校学习培训和基层挂职锻炼。市政协机关再次被评为绩效评估暨“五大战役”考评先进单位。

全委会议

【十一届市政协二次会议】 于1月4—7日在泉州举行，市政协副主席吴共湖主持开幕大会。受泉州市政协第十一届常委会的委托，市政协主席杨俊峰作工作报告。报告从六个方面阐述一年来十一届市政协常委会的工作特色和显著业绩：紧扣主题主线，积极议政建言；创新服务形式，助推“二次创业”关注民生改善，促进社会和谐紧盯热点难点，增强监督实效；突出团结民主，凝聚发展合力；加强自身建设，提高履职能力。市政协副主席骆沙鸣向大会作提案工作情况的报告，各专门委员会向大会提交书面工作报告。会议审议通过主席杨俊峰所作的十一届市政协常委会工作报告和副主席骆沙鸣所作的市政协十一届一次会议以来提案工作情况报告。会议期间，与会委员列席市十五届人大三次会议，讨论并赞同市长黄少萍所作的《政府工作报告》和会议的其他报告；听取市“两院”工作情况通报。会议听取市政协十一届二次会议提案初审情况的报告，审议通过《中国人民政治协商会议第十一届泉州市委员会第二次会议决议》。市领导徐钢、黄少萍等出席大会祝贺。

常委会会议

【十一届市政协常委会第六次会议】 于1月7日召开。市政协主席杨俊峰，副主席吴共湖、苏小青、骆沙鸣、陈铭福、王祖耀、李冀平、王瑞强、陈益，秘书长洪川夫参加会议。会议听取各组讨论十一届市政协二次会议决议（草案）的情况，审议通过十一届市政协二次会议决议（草案），决定将决议（草案）提请市政协十一届二次会议闭幕大会进行表决。

【十一届泉州市政协常委会召开第七次会议】 于3月27日召开。市政协主席杨俊峰，副主席吴共湖、骆沙鸣、王祖耀、王瑞强、陈益，秘书长洪川夫参加会议。会议传达学习全国政协十二届一次会议和省委、市委常委扩大会议精神，协商通过《泉州市政协常委会2013年工作要点》，围绕“增强忧患意识 推动长远发展”展开专题讨论，建言献策。

【十一届市政协常委会第八次会议】 于6月21日召开。市政协主席杨俊峰，副主席吴共湖、苏小青、骆沙鸣、陈铭福、王祖耀、李冀平、王瑞强，秘书长洪川夫参加会议。副市长周真平应邀出席，24个市直部门负责人列席会议。会议围绕“推动‘金改’‘综改’和产业集群建设，促进泉持续发展”议题协商建言。12位委员作调研成果发言。

【十一届市政协常委会第九次会议】 于9月26日召开。市政协主席杨俊峰，副主席吴共湖、苏小青、骆沙鸣、王祖耀、王瑞强，秘书长洪川夫参加会议。副市长周真平作相关工作情况说明。与会人员围绕“推进新型城镇化建设”主题协商议政。会议提交54份调研报告。

【十一届市政协常委会召开第十次会议】 于12月5日召开。市政协主席杨俊峰，副主席吴共湖、陈铭福、王祖耀、王瑞强、陈益，秘书长洪川夫参加会议。会议学习贯彻中共十八届三中全会精神，协商通过市政协十一届三次会议相关事项，决定会议于2014年1月5日—8日举行。

【十一届市政协常委会第十一次会议】 于12月27日召开。会议由市政协主席杨俊峰主持，副主席许连捷、吴共湖、苏小青、骆沙鸣、王祖耀、李冀平、王瑞强、陈益，秘书长洪川夫参加会议。副市长陈灿辉到会通报市政府关于市政协十一届二次全会以来提案办理情况。常委会讨论修改《十一届市政协常委会工作报告（讨论稿）》和《提案工作报告（讨论稿）》，协商通过部分委员调整变动名单和市政协十一届三次全会有关事项。

主席会议

【十一届市政协第六次主席会议】 于1月7日召开。市政协主席杨俊峰主持会议，市政协副主席吴共湖、苏小青、骆沙鸣、陈铭福、王祖耀、李冀平、王瑞强、陈益，秘书长洪川夫出席会议。会议十一届市政协第二次会议各组召集人汇报小组讨论十一届市政协二次会议决议（草案）情况，同意提交十一届市政协第六次常委会审议。

【十一届市政协第七次主席会议】 于3月21日召开。市政协主席杨俊峰主持会议，市政协副主席许连捷、吴共湖、苏小青、骆沙鸣、陈铭福、王祖耀、李冀平、王瑞强、陈益，秘书长洪川夫出席会议。会议决定3月27日举行十一届市政协常委会第七次会议，确定议题为传达学习全国政协十二届一次会议精神，围绕“增强忧患意识 推动长远发展”建言献策；讨论修改《泉州市政协常委会2013年工作要点（草案）》，同意提交十一届市政协第七次常委会协商通过，研究确定《关于加强金融改革创新，服务我市实体经济转型升级的建议》等9件提案为十一届市政协二次会议重点提案。

【十一届市政协第八次主席会议】 于5月13日召开。市政协主席杨俊峰主持会议，市政协副主席许连捷、吴共湖、苏小青、骆沙鸣、陈铭福、王祖耀、李冀平、王瑞强，秘书长洪川夫出席会议。会议协商决定，根据《中国人民政治协商会议章程》有关规定，暂停吴辉芳、杨树青、辜永毅履行政协第十一届泉州市委员会委员职责。

【十一届市政协第九次主席会议】 于6月21日召开。市政协主席杨俊峰主持会议，市政协副主席许连捷、吴共湖、苏小青、骆沙鸣、陈铭福、王祖耀、李冀平、王瑞强，秘书长洪川夫出席会议。会议协商决定十一届市政协常委会第九次会议建议方案；确定围绕“推动‘两区一群’建设，促进泉州持续发展”议题建言献策。

【十一届市政协第十次主席会议】 于9月26日召开。市政协主席杨俊峰主持会议，市政协副主席吴共湖、苏小青、骆沙鸣王祖耀、王瑞强，秘书长洪川夫出席会议。会议协商决定十一届市政协常委会第十次会议建议方案；确定围绕“推进新型城镇化建设”议题建言献策。

【十一届市政协第十一次主席会议】 十一届市政协第十一次主席会议于12月5日召开。市政协主席杨俊峰主持会议，市政协副主席吴共湖、陈铭福、王祖耀、王瑞强、陈益，秘书长洪川夫出席会议。会议协商决定十一届市政协常委会第十次会议建议方案，确定议题为学习贯彻中共十八届三中全会精神；协商确定政协第十一届泉州市委员会第三次会议召开时间、议程等事项。

【十一届市政协第十二次主席会议】 于12月27日召开。市政协主席杨俊峰主持会议，市政协副主席许连捷、吴共湖、苏小青、王祖耀、李冀平、王瑞强、陈益，秘书长洪川夫出席会议。会议协商决定十一届市政协常委会第十一次会议建议方案；讨论修改《常委会工作报告（讨论稿）》和《提案工作报告（讨论稿）》；协商通过部分十一届市政协委员调整变动名单；协商通过十一届市政协第三次会议有关建议事项，同意提交十一届市政协常委会第十一次会议表决通过。

泉州市中级人民法院

【加强执法办案】 全年收案108155件，结案101432件，均居全省法院首位。其中，中级法院受理10137件，结案8976件。审理涉及“五大战役”项目建设案件303件，标的额3498万元，保障重点工程项目顺利推进，为“金改”制度建设提出20余项法律意见。全市法院一审审结刑事案件12693件16718人，分别同比上升15.3%和12.8%。一审审结民商事案件57459件，标的总额91.6亿元，调解撤诉率为67%。推广“一二三四”商事调解员制度，在全国法院商事审判工作座谈会上作经验介绍，商事调解员队伍获“泉州经济年度人物特别奖”。 一审审结行政诉讼案件398件，审查行政非诉执行案件2299件。执结案件21835件，涉及标的额65.9亿元。强化运用执行强制措施和联动威慑机制，对拒不履行法律义务被执行人保持高压态势，依法限制出境584人次，公开曝光2161人次，将434名失信被执行人列入“黑名单”给予信用惩戒，移送公安机关查处4人。提升审判质效，全市法院一审服判息诉率达93%。推进全年均衡结案，8个均衡结案指标全部优于全省均值，结案均衡度达0.91，同比增加0.27。综合审判质效位居全省前列，在考核全市两级法院的29项指标中，20项指标同比向好，20项优于全省法院均值。

【维护社会公平正义】 加大诉讼权益保障力度，落实司法便民利民举措，创新完善便民诉讼体系，深化司法公开民主机制。拓展审判职能，促进社会管理格局创新。加强涉诉矛盾化解，完善司法建议推进依法治理，拓宽宣传教育面等，发挥司法审判法制宣传教育功能。坚持从严治院，提升司法公信形象。开展专项整顿活动，加强警示教育，建章立制推动责任落实，创新管理激发队伍活力，夯实基层基础建设等，全市法院有16个集体、22名个人受到省级以上表彰，其中2名法官被评为“全国优秀法官”，1名干警被评为全国法院先进工作者。中级法院获评全国法院庭审和裁判文书评查活动先进单位。中院刑一庭在第六次全国刑事审判工作会议上获先进集体称号，系全省唯一获此荣誉的中级法院。自觉接受监督，确保法院工作不断向前发展。全市法院邀请人大代表1181人次协助调解案件4810件，调解成功4550件，邀请政协委员131人次协助调解案件441件，调解成功433件，实现接受监督与解决纠纷的双重效果。自觉接受新闻媒体及社会各界监督，全市法院聘请社会各界人士59名担任执行监督员，配备专兼职廉政监察员97名，主动回应社会关切，不断改进工作。

【依法履职服务发展大局】 围绕发展大局和中心工作，提升司法站位，强化司法职能，以法治方式服务保障泉州“五位一体”建设。全市法院妥善审理涉及“五大战役”项目建设案件303件，标的额3498万元，保障重点工程项目顺利推进。依法审理金融改革创新中出现的新类型案件，参与金融风险防范机制和征信体系建设，推进与金融监管部门、金融机构信息共享，为“金改”制度建设提出20余项法律意见。鲤城法院开辟民间借贷诉讼“绿色通道”；丰泽法院成立全市首个“服务金融改革合议庭”并为信贷诚信系统建立提供司法数据支持；晋江法院在民间借贷登记服务中心设立巡回法庭；南安法院开展金融监管共建，促进社会征信体系完善，并成立“服务城区建设法律宣传小组”。针对宏观经济形势变化对实体经济的影响，开展“进百企、调百案、促发展”活动，用好诉讼和解手段，慎用诉讼保全等强制措施，缓解涉诉企业经营困境。加强知识产权司法保护，审结相关案件668件，依法保护非物质文化遗产；推动德化法院获准管辖部分知识产权案件，服务国家知识产权示范城市和“东亚文化之都”建设。完善生态资源审判机制，建立环保执法联席会议，支持政府部门加强环保执法，依法审结破坏资源环境案件186件，判决复植补种林木285亩，其中永春法院依法受理新民诉法实施后全省首例环保公益诉讼案件。依法维护国防利益和军人军属合法权益，审结涉军案件32件，其中惠安法院司法拥军工作得到市双拥工作领导小组肯定。

【打击犯罪活动】 全市法院一审审结刑事案件12693件、16718人，分别同比上升15.3%和12.8%。依法严惩涉黑、涉毒、抢劫、绑架等严重危害社会治安犯罪，审结相关案件1531件。审结交通肇事、危险驾驶、危害食品药品安全、盗窃抢夺、电信诈骗等犯罪案件7667件。审结走私、非法集资、制售假冒伪劣商品等破坏市场经济秩序犯罪案件621件，判决挽回经济损失9607万元。依法惩治腐败，审结贪污、贿赂、渎职等职务犯罪案件147件160人。落实宽严相济的刑事政策，在已生效的判决中，依法对被告人判处五年以上有期徒刑直至死刑1727人，判处缓刑、管制等非监禁刑2167人，免于刑事处罚62人。中院刑一庭在第六次全国刑事审判工作会议上获先进集体称号，系全省唯一获此荣誉的中级法院，也是继2008年后连续第二次获该项表彰。

【妥善化解民商纠纷】 全市法院一审审结民商事案件57459件，标的总额91.6亿元，调解撤诉率67%。维护伦理亲情、安定和谐，依法妥善审理婚姻家庭、继承纠纷案件6595件，权属、侵权纠纷案件9313件，依法审结涉老、涉妇女儿童权益纠纷案件7064件。维护公平有序、互利双赢、诚信高效的市场秩序，依法审结货物买卖、建设工程、加工承揽等合同案件5400件，股东权益、股权转让等公司诉讼案件96件，民间借贷、金融借款、抵押担保、证券票据等纠纷案件14327件。推广“一二三四”商事调解员制度，在全国法院商事审判工作座谈会上作经验介绍，商事调解员队伍获“泉州经济年度人物特别奖”。新聘17名台籍台商特邀调解员，健全涉侨维权联动机制。审结涉港澳台侨及涉外民商事纠纷案件946件。加强地区司法协助，帮助港澳台法院开展司法调查，送达法律文书60件次。

【加强行政审判协调】 全市法院一审审结行政诉讼案件398件，审查行政非诉执行案件2299件。加强具体行政行为合法性审查，保障行政管理相对人合法权益，监督和支持依法行政。推动行政机关领导出庭应诉，行政部门负责人出庭应诉案件56件。开展行政申诉案件异地交叉复查。探索行政争议实质性解决途径，推行诉前、立案、判前协调机制，搭建双方当事人有效沟通平台，力促被诉机关主动自查自纠，原告自愿撤诉息访，丰泽法院推行认定工伤不服等行政诉讼建议程序试点工作，洛江法院在全省率先建立党委政府参与的诉前行政化解工作制。全市法院以协调方式化解行政案件140件，以圆桌方式审理行政案件371件，及时有效化解矛盾。

【坚决制裁“赖账”行为】 全市法院执结案件21835件，涉及标的额65.9亿元。强化运用执行强制措施和联动威慑机制，对拒不履行法律义务被执行人保持高压态势，依法限制出境584人次，公开曝光2161人次，将434名失信被执行人列入“黑名单”给予信用惩戒，移送公安机关查处4人。建立涉民生案件快速执行机制，优先执结追索赡养费、抚养费、人身损害赔偿金、劳务工资等案件3000余件，标的额2.68亿元。开展全市涉困难群体专项执行活动，发放农民工工资3488余万元。加大涉金融债权案件执行力度，为金融机构收回贷款8亿余元。重点推进“点对点”网络执行查控机制建设，与20家银行业金融机构建立财产快速查控系统，财产查控效率裁判自动履行率、实际执行率、执行标的到位率分别提高6.83个、1.78个、3.15个百分点。中级法院制定执行案件督办、执行款物管理等规定，强化执行规范和执行监督。

【切实提升审判质效】 发挥审判委员会和二审程序监督指导职能，全面推进量刑规范化，开展案件瑕疵错误分析通报、新类型和疑难复杂案件法律适用指导。全市法院一审服判息诉率达93%。推进全年均衡结案。8个均衡结案指标全部优于全省均值，结案均衡度达0.91，同比增加0.27。加强审判监督，审查申诉、申请再审案件196件，依法再审29件，再审改判、发回重审17件。

以涉诉信访、改判发回重审等案件为重点，开展案件质量评查，强化评查结果运用。中级法院被评为全国法院庭审和裁判文书评查活动先进单位。加强案件流程管理，预警催办临近审限案件，严格审批延长审限申请。着力提高诉讼效率，依法适用简易程序、小额速裁程序审结民事案件44976件，适用简易程序审理刑事案件9046件。

【加大诉讼权益保障力度】 实施新修订的刑事诉讼法，加大二审开庭审理和证人出庭作证保障力度，二审开庭率提高9.67个百分点。落实排除非法证据、侦查人员出庭、强制医疗制度，依法保障被告人、律师行使诉讼权利。保障刑事被告人诉讼权利。更加注重依法严格审查案件证据，按照疑罪从无原则，判处4名被告人无罪。依法保障被告人、辩护人行使诉讼权利，为符合法定条件的被告人及时通过法律援助机构指派律师辩护。坚持教育为主、惩罚为辅，注重采取庭前调查、庭审教育及轻罪记录封存等方式，开展未成年人刑事审判工作，推进适格成年人参加未成年被告人庭审，依法判处111名未成年被告人非监禁刑。鲤城法院协调关工委派员参加未成年人刑事案件庭审。

【落实司法便民利民举措】 推行预约立案、远程视频审理、电子邮件送达、诉讼材料一次性告知等便民措施，为困难群众提供上门立案、调解、送达等服务。推进诉讼服务中心暨立案信访窗口建设，加强立案调解、诉前化解工作，全市法院立案、诉前化解5511件。抓好司法救助工作，全市法院批准经济确有困难的当事人缓减免交诉讼费158万元，为120名特困申请执行人、刑事被害人、涉诉信访人落实救助金226.9万元。鲤城法院推行“十五分钟立案”机制，诉讼服务文明建设被中央电视台专题报道；丰泽法院立案庭被表彰为“全国巾帼文明岗”；中级法院诉讼服务中心被授予市级“青年文明号”“敬老文明号”；泉港法院创新举措方便外地申请人领取执行款；石狮法院设立“维护老年人合法权益法律联系点”。

【创新完善便民诉讼体系】 构建符合地域特征，具有本地法院特色的便民诉讼体系和司法服务措施，形成各具特色的惠安“渔民法庭”、安溪“茶季法庭”、永春“赶墟法庭”等，全市法院在66个乡镇设立法庭、巡回审判点、驻村联络点322个，因地因时制宜就地化解纷争。泉港法院参与创建“青少年零犯罪村（居）”，石狮法院联合居委会成立“和谐共建工作站”，惠安法院推行“包村法官”制度，洛江、永春法院建立林区、矿区法律保护工作站及时化解生态资源纠纷，安溪法院加强巡回审判服务“无讼茶都”建设，德化法院创建“综治维稳工作室”。晋江法院未成年人企业帮教基地建设获最高法院肯定推广，惠安法院青少年法制教育基地获团中央调研组肯定。晋江、惠安法院少年庭被评为2012—2013年度省级青少年维权岗创建单位。

【深化司法公开民主机制】 落实审判公开原则，加强诉讼指导、庭审释明、裁判说理、判后答疑，保障当事人知情权、参与权、监督权。加大提审调查、听证公示力度，依法办理减刑假释案件2158件。推进两级法院司法评估拍卖集中管理、公开摇号，确保公正透明。落实人民陪审员制度，人民陪审员全年参审案件15115件，上升26.6%，占一审普通程序审理案件的89.9%，新选任人民陪审员48人，全市法院共有陪审员487人。加强诉讼调解与非诉调解的有效衔接，参与指导、培训人民调解员957人次，依法确认500件人民调解协议的法律效力；南安法院借助“人民陪审员之家”增强矛盾化解合力，深化“群众回声台”建设，增强与民意互动。落实司法文书公开机制，网上公开法律文书2769份。各法院均设立电子告示，公开诉讼制度和案件排期。中级法院面向工会组织、武警官兵、院校师生等举办多场法院开放日活动，邀请各界代表500余人次旁听庭审。开通法院官方微博，公开法院领导网络邮箱，全市法院收到群众来信1510件，接待群众来访1026次。中级法院及时解决并答复网上咨询、问题反映70条。

【加强涉诉矛盾化解工作】 强化排查预警，依法及时介入、妥善化解商品房买卖、劳动争议等群体性纠纷5187件。推动大调解体系建设，完善交通事故、保险纠纷等多元化解机制。石狮法院成为泉州首个保险纠纷诉调对接机制试点单位。畅通信访渠道，开展司法走转改、四下基层活动，加大院领导定期接访、带案下访力度，其中带案下访531人次，约访信访人903人次，帮助涉诉信访人解决非诉讼要求实际困难61件次。全市法院涉诉信访下降35%。建立信访通报制度，分解交办上级法院督办案件175件。加强矛盾化解排查，维护社会稳定。在全国“两会”期间，泉州法院进京访案访比全省最低，得到省高院通报表扬。

【司法建议推进依法治理】 全市法院结合诉讼个案反映出的普遍性问题，认真分析研判，提出司法建议52条，已得到落实反馈40条，为推动泉州社会治理创新和提升党委、政府及相关部门依法行政水平，有效预防化解苗头性、倾向性问题隐患发挥了积极作用。其中，多条司法建议获市委、市政府主要领导批示肯定。开展发送行政审判白皮书工作，发送行政审判情况通报，与市委党校联合设立依法行政教研实践基地。主动深化司法与行政良性互动，司法建议促进规范城市管理执法工作，推动公安机关开展非法爆炸物专项整治活动。泉港法院司法建议促进整改计生执法过程中的问题，南安法院司法建议推动完善银行征信系统管理，安溪法院司法建议促进加强“新农合”统筹基金使用的审批及监督，德化法院司法建议促进强化户籍管理。

【积极拓宽宣传教育面】 注重以案释法，开展司法进机关、进校园、进企业、进社区、进军营活动，走访企业617家，以培训、讲座、咨询等多种形式，为企业发展出谋献策，提供法律咨询972次，发挥司法审判法制宣传教育功能。完善社区矫正，回访考察缓刑犯1381人次。中级法院开展“暖春帮扶”活动，创建农村“法律图书角”。鲤城法院开通妇女儿童维权热线，洛江法院助力“省级法治先进区”建设。全市法院选派85名法官兼任中小学法制副校长，帮助24名失足青少年复学。

【专项整顿加强警示教育】 两级法院少数干警因违纪违法被立案调查，中级法院党组本着“不回避、不遮丑，直面应对、严抓深查”的认识，在配合纪检、检察机关严肃查办案件的同时，决定立即开展为期三个月的廉洁司法专项教育整顿活动。组织全体干警就廉洁问题进行查摆报告，签订廉洁司法承诺书；开展廉政提醒谈话，组织审判、执行重点岗位干警到监狱接受警示教育。以“零容忍”的态度深入核查违纪违法线索，对经查实严重违纪的干警坚决清除，对涉嫌犯罪的依法移送有关部门处理，绝不姑息袒护。通过教育整顿，强化廉政风险防控、规范执法办案。

【建章立制推动责任落实】 制定实施办法，落实中央“八项规定”、省委“四下基层”及“马上就办、办就办好”要求，开展违规配置使用公车、违规经商营利专项治理及会员卡清退等活动，严明纪律、改进作风。中级法院党组出台覆盖机关全体工作人员的7条问责措施，同时加大司法巡查、审务督察、效能检查力度，增强问责制度威慑力和可操作性。全市法院对违反廉政纪律和机关效能规定的责任人，均视情节给予严肃问责。

【创新管理激发队伍活力】 适时开展审判、执行部门分工调整和交流轮岗，防范廉政风险，锤炼司法能力。全市法院推行院领导带头包案、具有审判职称的后勤行政人员参与办案制度，办结各类案件653件，缓解一线办案压力。优化司法人才队伍建设，制订“四个人才工程”计划，确定58名高层次审判专门人才培养对象。中级法院建成业务培训基地，建立培训师资库，实施全员、全面培训计划。建立青年干警“传帮带”导师制和高层次审判后备人才库，对534名青年干警进行定人定向培养。全市法院干警本科学历以上占91.5%，同比上升0.17个百分点。中级法院10名法官被华侨大学聘为校外导师，支持18名青年干警在职攻读法律硕士；推行公开竞岗，严把干部选任素质关、民主推荐关和组织考察关，严格选任中院中层正职领导1人、中层副职领导11人，解决干警科级待遇30人，推荐到基层法院担任院长、副院长5人；优化队伍结构，对同一岗位工作10年以上的6名中层正职进行轮岗，试行全市法院青年法官纵向交流挂职和以合议庭的形式横向交流挂职办案。

【夯实基层基础建设】 贯彻市委开展“增强忧患意识推动长远发展”大讨论活动部署。落实1263机关党建工作机制，推进各业务部门和人民法庭建立党支部，中院机关党委完成换届选举。加强经费、人员、精力等资源向办案和基层一线倾斜，2个基层法院迁入新址办公，3个人民法庭改建揭牌落成，4个人民法庭被评为省级优秀人民法庭。在党委重视和代表呼吁下，设立泉州台商投资区人民法院前期工作有序推进。加强法院文化建设，改版院刊《刺桐法槌》，创办《清源风》手机报，发挥法官协会及工、青、妇组织纽带作用，定期举行法官宣誓、道德讲堂、学术研讨、读书会等活动，激发干事创业热情。全市法院有16个集体、22名个人受到省级以上表彰，其中2名法官被评为“全国优秀法官”，1名干警被评为全国法院先进工作者。

泉州市人民检察院

【发挥审查批捕、起诉等职能】 批捕各类刑事犯罪案件6531件9311人，提起公诉12627件16656人。突出打击严重刑事犯罪，批捕涉嫌故意杀人、故意伤害、强奸、绑架等严重暴力犯罪嫌疑人1633人，提起公诉1972人；批捕“两抢一盗”、诈骗等多发性侵财犯罪嫌疑人4037人，提起公诉4347人；批捕组织、领导、参加黑社会性质组织犯罪嫌疑人49人，提起公诉27人；批捕“黄赌毒”等破坏社会风气犯罪嫌疑人1867人，提起公诉2519人。

【加大贪腐惩治力度】 坚持有案必查、有腐必惩，突出查办大案要案，保持惩治腐败犯罪的高压态势，立案侦查职务犯罪案件176件220人，人数同比上升15.2%，其中贪污贿赂犯罪152件184人、渎职侵权犯罪24件36人，涉及县处级干部4人、科级干部36人，为国家挽回直接经济损失1270万余元。坚持“老虎、苍蝇”一起打，立案侦查农村基层组织人员57人。以专项工作为依托，加大职务犯罪查办力度，增强反腐威慑力。开展查办和预防发生在群众身边损害群众利益职务犯罪、查办和预防扶贫开发领域职务违法犯罪等专项行动，立案侦查上述领域职务犯罪32件45人。推进商业贿赂、工程建设领域突出问题专项治理，立案侦查商业贿赂案件28件28人、工程建设领域职务犯罪32件35人。开展查办生态文明建设领域职务犯罪专项工作，立案侦查该领域职务犯罪21件23人。研究行业性职务犯罪特点和规律，坚持“挖窝查串、重点治理”，查办医疗、教育、司法、电力等领域窝串案23起76件99人。如泉港区院查办医疗卫生领域套取国家医保款职务犯罪窝案11人。针对“司法不公”“执法不严”等群众反映强烈问题加大职务犯罪查处力度，立案侦查司法人员23人、行政执法人员68人，促进依法行政和公正司法。贯彻落实中央、省委关于加大惩治和预防渎职侵权犯罪工作力度的部署要求，把查办渎职侵权犯罪工作作为办案的重中之重，依法及时介入重大责任事故调查，立案查处“两违”和重大生产安全事故背后的渎职犯罪案件9件13人。

【优化营商法治环境】 关注经济领域犯罪新动向，参与整顿和规范市场经济秩序，营造法治化的营商环境。依法批捕走私、传销、偷税漏税等破坏社会主义市场经济秩序犯罪嫌疑人366人，提起公诉850人。净化金融生态环境，批捕非法吸收公众存款、集资诈骗、高利转贷等破坏金融管理秩序犯罪嫌疑人55人，提起公诉39人。加大对自主知识产权的司法保护力度，批准逮捕制假售假、假冒商标等侵害知识产权犯罪嫌疑人72人、提起公诉154人。

【对接配套综合政策】 主动对接泉州市“金改区”总体方案和“综改区”政策，市检察院领导带队走访相关部门和企业，开展服务“金改区”、“综改区”建设系列调研活动，征求多方意见，制定出台《关于为泉州市金融综合改革试验区建设提供司法保障的若干意见》，保障和服务泉州市金融综合改革和区域金融创新工作。市检察院通过调研形成关于民间借贷融资引发严重刑事犯罪的专题分析报告，得到省院、省委的转发，市领导作出批示。

【加强民生问题整治】 配合有关部门开展“打击食品犯罪保卫餐桌安全”专项行动和深化“打四黑除四害”工作，从严从重打击私设生猪屠宰场、贩卖私宰生猪肉等危害群众身体健康和生命安全的犯罪，市检察院对一批危害食品安全、假劣药械、污染环境犯罪重点案件进行督办，全市批准逮捕制售伪劣食品药品、化肥农药犯罪嫌疑人57人，提起公诉87人。从群众反映强烈的病死猪肉制品流入市场问题入手，立案侦查贩卖病死猪肉等食品安全事件背后的渎职侵权犯罪案件3件5人。开展危害民生刑事犯罪专项立案监督活动，监督公安机关立案8件10人。

【开展检察长接待日活动】 应对涉法涉诉信访工作改革，完善下访巡访、定期接访、约期接访、日常接访等制度，市检察院制定意见改进和完善院领导接待群众来访工作，推动领导干部接访工作规范化、制度化。石狮市检察院推行群众来访“马上就办”和检察长即时接访制度。全市开展检察长接待日活动343次，接待来访及接待咨询293件400人次，两级院均获评“全省检察机关文明接待室”称号。重视运用QQ、微博、微信等网络新兴传播媒介，搭建联系群众、服务群众新平台，惠安、永春县院开通QQ远程视频接访、QQ举报便民通道，增强检察工作亲和力，提高群众满意度。

【注重司法人文关怀】 关注农民工、贫困刑事被害人等弱势群体，支持农民工等弱势群体提起诉讼131件，帮助讨回工资、获得赔偿款565万余元。完善刑事被害人救助制度，开展刑事被害人救助52件，救助金额12万余元。

【促进生态保护】 开展“服务生态经济建设美丽泉州”专项监督活动，服务和保障生态文明建设，批准逮捕破坏非法占用农用地、非法采矿、盗伐滥伐林木、污染环境等破坏生态资源犯罪嫌疑人18人，提起公诉98人。组织开展林业行政处罚案件专项检查，梳理排查2012年以来林业行政处罚案件832件，针对执法不规范等问题发出检察建议2份，督促相关部门整改。创新工作方式方法，推动生态环境综合治理，针对失火毁林案件探索开展“以植代赔”工作，促进山林复绿，督促“补植复绿”958亩。洛江、永春、德化等地出台服务“美丽乡村”建设意见，结合办案发出检察建议，推动完善生态环境监管制度。安溪县院就蓝溪部分河段存在生活垃圾及污泥淤积严重等问题，向市公共事业管理局和县水利局发出检察建议，促成查处典型案件3起，下发违法行为通知书7件。与林业、国土、水利、环保等环境资源管理部门加强协作，在重点林区乡镇、林场和风景区设立检察联络点，加强法律宣传及犯罪预防。德化县院探索林区新型综治管理机制，聘任36名林业检察联络员，覆盖全县18个乡镇。市检察院组织两级林检部门与福州、三明、莆田等兄弟县市开展林检工作交流，就如何有效打击跨县涉林刑事犯罪、维护交界地带林区秩序、建设和谐林区进行探讨，形成生态环境保护合力。

【推进社会矛盾化解】 贯彻落实修改后刑事诉讼法关于刑事和解的规定，建立健全工作机制，洛江、南安、惠安等地加强与公安、法院、司法局的协作配合，联合出台检调对接相关规定，引入基层人民调解组织力量，推进检察环节刑事和解，妥善化解当事人矛盾，全市促成刑事和解128件155人。安溪县院建立刑事和解案件跟踪回访机制，确保和解效果。针对修改后民事诉讼法关于民事申诉新规定对检察工作带来的信访压力，两级院做好案件风险评估和释法说理工作，引导当事人达成民事和解97件，促进息诉罢访。

【转变执法办案理念】 改变“构罪即捕、一押到底”的传统办案模式，探索逮捕必要性审查、羁押必要性审查等机制。市检察院制定《羁押必要性审查工作办法》，探索建立侦监、公诉、监所部门具体审查，技术、案管部门予以配合的羁押必要性审查机制。鲤城、泉港、洛江、南安、惠安等地结合实际出台相关工作机制。两级院通过开展羁押必要性审查建议有关部门释放或变更强制措施235人，有关部门采纳建议释放或变更强制措施226人。探索开展不捕直诉工作，促进轻微刑事案件快速办理，减少不必要羁押，办理不捕直诉案件1855件2929人。

【落实未成年人特殊保护制度】 落实修改后刑诉法和高检院关于未检工作的特别规定，受理未成年人刑事案件553件719人，其中不捕92人，附条件不起诉72人。市检察院出台未成年人刑事检察工作意见及考评办法，各基层院创新完善制度，与企业、社区、学校合作建立涉案未成年人“非羁押诉讼帮教基地”，引入心理辅导机制，加强对涉案未成年人的引导帮教。

【提升侦查办案水平】 加强规范办案意识。贯彻落实修改后刑诉法在加强人权保障、严格证据标准等方面的新要求，树立以证据为中心的办案观，完善侦查措施审批、证据内部审查、司法会计介入等制度，执行讯问犯罪嫌疑人全程同步录音录像、安全预案、风险评估、医疗保障等办案安全制度，加强对办案工作区看管、审讯等重点环节的监督管理，实现办案安全“零事故”。转变侦查执法模式。加强对职务犯罪特点、规律和发案趋势的研究，更加注重初查工作，实行由证到供和以供促证相互补充，提高自行发现犯罪的能力，自行组织查办并突破案件118件148人。发挥群众和媒体网络对反腐败工作的助推作用，安溪县院加强舆情信息收集，从中立案侦查贪污窝案7人，涉案金额29万元。建立全市贪污贿赂犯罪线索信息库，加强线索集中管理；与移动、联通、电信等部门建立公共信息快速查询机制，24小时开放侦查信息查询平台，完善信息引导侦查机制，提升侦查能力。形成内外协作合力，对内与控申、预防等部门密切联系，加强举报宣传，发动群众参与举报，拓展案源渠道；结合修改后刑诉法要求，查找制约侦捕诉衔接工作顺利开展的问题，修订、完善《职务犯罪案件侦、捕、诉衔接规定》，理顺侦、捕、诉之间衔接配合关系。对外加强与行业主管、监管部门和执纪执法部门的沟通协作，建立健全案件信息、线索共享和移送机制，从相关部门查办违法违纪案件过程中发现线索，加强办案合力。

【构建综合预防体系】 加强系统化预防，建立健全与有关行业、系统的联席会议制度，促进行业、系统健全预防机制。市检察院与市国税局、市烟草专卖局及市金融部门、部分银行等不同行业系统召开预防职务犯罪联席会议，制定出台相关工作意见，加强职务犯罪预防方面的协作配合；联合市委党校出台《关于联合开展预防职务犯罪工作的实施意见》，将预防教育纳入党员干部培训班教学计划。开展专业化预防，发挥检察机关预防工作的专业优势，开展预防调查，围绕被调查对象制度建设、执法规范等方面存在的问题，发出预防检察建议，帮助建章立制。突出社会化预防，开展警示教育讲座207场次，提供行贿犯罪档案查询申请4010件，提高预防工作的社会影响力。创新预防宣传模式，在全社会营造廉政文化氛围。市检察院预防处与公用事业管理局合作在市区街道、公交车设置LED灯箱广告及预防宣传标语。

【加强侦查活动监督】 加强刑事立案监督，向侦查机关发出《要求说明不立案理由通知书》117份，侦查机关立案104件128人。对于侦查机关不应当立案而立案侦查的，发出《要求说明立案理由通知书》101份，侦查机关主动撤销95件，通知公安机关撤案1件。加大对涉案人员的监督力度，审查是否存在已经涉嫌犯罪有逮捕必要而侦查机关却未报捕的事实，及时进行追捕。全年发出《应当逮捕犯罪嫌疑人建议书》71份，追捕240人。其中，通过开展“另案处理”专项检查，审查“另案处理”人员1744人，从中追捕179人。加强侦查活动违法监督，履行对拘留、逮捕、搜查、扣押、冻结等强制措施和强制性侦查措施的监督，发出纠正违法通知书140份，促进公安机关规范执法。推进“两法衔接”，健全完善“两法衔接”平台建设及运行管理，建议行政执法部门移送涉罪案件59件67人，公安机关立案57件65人。与相关行政执法部门召开联席会议、举办培训班，及时解决执法信息录入不及时、不规范等问题。市检察院、惠安县院联合政府法制办对联席会议成员单位联络人员开展信息录入技术培训，邀请软件设计技术人员进行点对点指导，推动两法衔接平台顺利运作。

【加强审判活动监督】 探索简易程序出庭新模式，落实修改后刑诉法要求，探索简易程序出庭方式，形成类案专办、集中办案、委托出庭等办案模式。在确保案件质量的基础上，通过与法院、辩护人的沟通协调，适当简化庭审程序，提高效率。全市简易程序案件出庭9477件，出庭率达到100%。规范庭前会议程序。探索建立公诉案件庭前会议制度，保障庭审活动顺利有序进行。完善量刑建议工作，市检察院将量刑建议纳入庭审控辩程序，加强对法院判决的审查监督，两级院向法院提出量刑建议6830人，被法院采纳6375人，量刑建议采纳率为93.3%。加强抗诉职能，对认定事实及适用法律错误、量刑畸轻、畸重等问题依法支持抗诉8件34人，法院改判4件28人，维护司法公正。推进检察长列席审委会工作，两级院检察长或分管副检察长列席法院审委会讨论重大、疑难、复杂案件10次，讨论案件29件33人并发表意见，法院采纳24件26人。规范二审出庭工作，受理被告人上诉的刑事二审案件279件664人，出庭252件623人，对其中事实不清、证据不足的，建议法院发回重审17件52人，建议改判38件116人。市检察院制定《关于刑事二审案件办理指南（试行）》，加强上下级工作衔接配合，形成由二审承办人主导、一审承办人协助的办案机制。与中院、公安、看守所等部门充分协调，就二审开庭多项程序事项达成共识，提高案件审理效率和质量。

【加强刑罚执行监督】 加大监管活动监督力度，组织开展罪犯交付执行与留所服刑专项检查、监外执行检察基础数据专项调查等活动，规范监管执行和监外执行活动，依法发出纠正违法通知书52份、检察建议44份。完善刑罚变更执行同步监督机制。加强对罪犯减刑、假释、暂予监外执行的全程同步监督，审查执行机关呈报减刑、假释案件1698件、保外就医案件20件。市检察院要求监狱将当月拟提请减刑假释的有关文书提前10日移送驻监检察室审查，规范逐案审查工作流程和机制。探索看守所羁押表现纳入量刑建议措施，探索加强财产刑执行的审查监督，确保财产刑执行依法、规范进行，探索强制医疗执行监督。

【加强民事行政检察监督】 加大民行工作宣传力度。注重扩大民行工作的宣传覆盖面，提高民行工作的社会知晓度。加强与法院的协作配合，市检察院与市中级法院会签《关于建立行政审判与行政诉讼监督协作配合机制的若干意见》，增强协作配合和良性互动。探索诉讼违法调查。运用修改后民诉法赋予检察机关的调查核实权，发出诉讼违法调查检察建议74件，均被采纳；查办虚假诉讼案件5件；移送犯罪线索21件24人，自侦部门从中立案3件4人，公安机关从中立案16件16人。发挥督促起诉职能，明确督促起诉重点，围绕国有及集体资产流失等群众关注问题，督促有关国家机关、国有企事业单位提起民事诉讼111件，挽回经济损失940万余元。加强民事执行监督，向法院提出民事行政执行监督检察建议213件，法院采纳202件。

民主党派和工商联

中国国民党革命委员会泉州市委员会

【参政议政】 在2013年各级“两会”期间提交议案（提案）、意见和建议211件。在1月召开的政协泉州市十一届二次会议和泉州市第十五届人大二次会议上，提交大会发言1篇及集体提案21件，其中《关于强化农产品质量安全源头监管的建议》被市政协列为重点提案。民革南安、晋江市委，鲤城、丰泽工委，永春、石狮总支等基层组织在县（市、区）“两会”上皆有1件提案被列为重点或优秀提案。

【统一工作】 发挥泉州与台湾密切的“五缘”关系，结合自身特点，多渠道、多形式开展海外联谊活动，做好到泉州探亲访友、观光旅游、考察洽谈的台胞接待工作。9月，祖统工作委员会召开中秋座谈会，邀请市台办有关领导参加，就为两岸交流拓展新领域、开辟新渠道、构建新平台、创建新形式方面进行沟通与交流。民革南安市委主委李清安利用南安国际凤山文化旅游节举办之机，鼓励台商到南安投资兴业，并接待台湾朱康生等6位退役将领。南安水头支部组织党员到金门，加强两地联谊。石狮总支部老主委王济民以王审知学术研究会秘书长身份，参加香港晋江沙塘同乡会换届及金门世界王氏恳亲联谊大会，做好对外、对台联谊工作。党员阮传发联系台湾爱国爱乡人士，促成台湾庄亨岱产业管理中心资助泉州市培元中学100万元。由党员林清阔牵头开展的“闽台对渡文化节暨蚶江海上泼水节”在海峡两岸产生深远影响，被国务院公布为第三批国家级非物质文化遗产名录，还被列为第三届和第四届海峡论坛—闽南文化节系列活动之一，并被评为“中国最具地方特色民俗节庆”。

【社会服务】 按照民革省委文件部署，成立“伸出博爱之手——民革基层组织牵手困难群众”活动领导小组和办公室，并下发《民革泉州市委关于开展“伸出博爱之手——民革基层组织牵手困难群众”活动的通知》，要求民革地方组织、市直基层组织要认真部署，从实际出发，结合泉州市民革组织已在有关地区开展的捐资助学、送医送药等活动，采取灵活多样、行之有效的帮扶措施，以民革力量与引导社会资源相结合，经常性帮扶与集中性帮扶相结合的方式，为困难群体办实事、办好事。主委樊美清、专职副主委郑云梅带领民革泉州市委机关一支部、企业支部的部分党员到惠安县东岭镇彭城村开展牵手困难群众献爱心活动，为困难群众送去慰问款13500元。南安市委党员陈章津家族助学基金会举行2013年度助学金发放仪式，为13名贫困大学生发放助学金6.5万元。南安市委第三支部与南安市爱心志愿者协会开展“2013年金秋圆梦助学行动”，慰问5位高校入学贫困新生，并发放每人1000元助学金。永春总支部到残疾人家庭开展“助残献爱心”活动，为每个残疾人家庭带去1000元慰问金。石狮总支部连续五次举行“牵手困难群众、开展金秋助学”活动，党员积极响应，捐资54400元；石狮总支部党员蔡清淳捐资50万元倡议设立孝道基金会。在全市民革各级组织和党员的努力下，泉州的牵手活动产生良好社会反响，影响力不断提升。

【组织建设】 3月，民革惠安总支部成立。4月，中央组织部到石狮调研，石狮总支部召开工作情况汇报暨总支部扩大会，中央组织部副部长但昭颖、民革省委专职副主委柳红等各级与会，对石狮总支部的工作给予肯定。6月，召开泉州市区支部组织工作会议，会议总结交流2012年市区支部党员发展和组织活动情况，布置2013年基层组织工作任务。民革泉州市委1月获评泉州市直机关2010—2012年度（第五届）文明单位。7月，举办“道德讲堂”活动，邀请全国无偿献血奉献奖金奖获得者、省优秀志愿者、感动泉州市十大人物、民革党员吴佳色做专题讲座，市委统战部系统党委专职副书记黄子榕、统战系统各单位有关负责人及泉州市民革党员共70余人参加。一年来，发展党员40人。至此，民革泉州市委员会共有2个县级市委会、2个区工委会、4个总支部、38个基层支部、1个小组，党员780人。党员中有民革中央委员1人；民革省委副主委1人、常委1人、委员6人；处级干部16人，科级干部33人，副高以上职称128人；有各级人大代表25人次、各级政协委员72人次。

中国民主同盟泉州市委员会

【参政议政】 2013年，在泉州市级“两会”上提交的建议、提案、大会发言等共75件，其中集体提案19件、个人提案53件。其中，盟市委提交的《关于加快市区对外快速通道建设的建议》被定为2013年市政协重点督办提案。政协常委会发言材料《打造泉州海洋文化旅游品牌，构建知名旅游目的地城市》《泉州老城区文化创意产业发展建设的思考》《以城促乡，提升美丽乡村建设水平的思考》《关于构建市域城镇体系规划的研究》得到与会领导一致肯定。参加市人大常委会“十大”督办件系列走访视察，市政协“晋江和洛阳江下游河道整治”等重点提案的考察活动，市公用事业局等单位召开的人大、政协议案提案办理工作现场会。全年向各级部门反映社情民意信息120余件，获“民盟福建省2012年度社情民意信息工作组织二等奖”，2人获“先进个人”。获市委统战部信息工作综合组二等奖，1人获先进个人。泉州当选首届“东亚文化之都”后，盟市委围绕市委、市政府有关宣传、落实“东亚文化之都”的工作重点，发挥民盟的特色和优势，围绕以文惠民、以文强市，就推动泉州经济、社会与文化互动发展、古城复兴等开展调研，提交《泉州民盟对泉州当选“东亚文化之都”后相关工作的若干建议》等建议。举办盟员书画作品展，助力“东亚文化之都”建设。

【调查研究】 向各级部门报送统战理论论文5篇。牵头或协助完成盟省委交办的课题——《关于发展我省海洋装备制造业的思考与建议》《中华文化对外传播存在的问题及对策和建议》《关于大力发展我省滨海旅游的若干建议》，以及《泉州如何越过“中等收入陷阱”，进入“高收入地区”行列的对策”》《泉州金融服务实体经济综合改革试验区研究》《加快培育泉州新兴文化业态的思考》等23个调研课题。其中，《关于发展我省海洋装备制造业的思考与建议》获第九届“全面推进海峡西岸经济区建设•建言献策论坛”优秀论文评审一等奖，并作为民盟福建省委参加2014年度福建省“两会”的政协大会发言。

【社会服务】 发挥盟员的智慧力量，勇于创新，奉献爱心，开展社会服务工作。四川雅安芦山地震后，盟市委响应中央、省委会关于支援四川雅安抗震救灾工作的倡议，各级盟组织纷纷开展捐款捐物和各种援助活动，抗震救灾捐款近25万元。在“大爱无疆，祈福雅安——泉州市直机关书画名家作品赈灾拍卖会”上，盟员书画家踊跃捐献作品，拍卖达7万余元，全部捐献给灾区。文化方面，发挥盟员智力密集和联系广泛的优势，开展文化惠民，做好招商引资、海外联谊等工作。民盟晋江市委会、惠安县委会组织盟内书画家开展赠送春联活动。民盟泉港区总支组织开展文化助残活动，到泉港特殊教育学校慰问演出。盟员尤希圣配合有关部门争取侨亲捐资公益事业188万元。在扶贫济困方面，盟市委在“三八”妇女节来临之际，组织盟员到晋江市磁灶镇大埔村捐资慰问困难户、计生二女户和贫困独生子女户，并组织13位医术精湛的医卫界盟员到大埔村开展义诊送药活动。盟员洪少培企业发动100多名员工参与无偿献血，献血量达15000毫升。各县（市、区）盟组织也组织开展义诊送药活动，取得良好社会反响。

【组织建设】 至12月底，共有盟员1740人，中高级职称盟员占68.2%，教育文化科技界别占

71.2%，盟员平均年龄49.3岁。盟员任处级干部20名，任市有关职能部门实职8名。共有各级人大代表、政协委员124人次。其中，各级人大代表22人次（常委4人，女性8人，全国人大代表1名），各级政协委员102人次（常委22人，女性23名，省政协委员2名）。在组织规范建设方面，制度化、规范化召开主委会、主委民主生活会、常委会、全委会，明确和强化组织工作的相关制度。在发展新盟员的过程中，确立集体审批制度。在组织发展工作上，把好入盟关，在求质保量的同时，优先考虑新入盟员的参政议政能力和服务社会能力。全年发展新盟员80名，发展率为4.8%，净增率为4.5%，其中教育界30人（高教5人，普教25人）、医疗卫生界6人、文化艺术5人、新社会阶层人士27人，平均年龄37.2岁。在思想宣传工作上，推进泉州民盟修志工作；加大对重大盟务活动、参政议政重要成果、盟员先进事迹的宣传力度；加强与媒体沟通合作，拓展宣传工作的渠道，提高宣传工作的质量和时效。出版《2012年参政议政提案及调研论文选编》1册，《2013年泉州市民盟基础教育研讨会论文集》1册。出版《泉州民盟》刊物4期，内容围绕市委、市政府中心工作，开辟“增强忧患意识 推动长远发展”大讨论专栏、东亚文化之都——泉州、四川雅安芦山地震抗震救灾专栏、纪念“五一口号”发布65周年专栏。

中国民主建国会泉州市委员会

【参政议政】　2013年，各级组织在“两会”上提交提案和建议200余件。主委戴仲川在第十二届全国人大一次会议上提交议案议案4件和建议7件。其中有关于制定和修改法律的议案，也有涉及加强法律实施的“三农”问题。在市政协十一届二次会议上围绕市政协关于组织开展“积极稳妥地推进新型城镇化建设”的专题调研活动，报送《加强城镇各类规划（产业发展、土地利用、交通发展、新村建设和城镇化建设规划）衔接提升泉州城镇化发展水平》《建立符合新型城镇化发展的行政管理新体制》两篇调研文章。其中《建立符合新型城镇化发展的行政管理新体制》作为市政协发言。参与并发动会员参与统战部的课题调研，选送3篇理论调研文章送市委统战部，6篇调研文章参加市委统战部建言献策论坛。

【社会服务】　面向贵州资助贫困中职学生，在贵阳市、安顺市、铜仁石阡县招收30名贫困学生，分别免费就读泉州电子科技学校、泉州泉中职业中专学校、福建经贸学校。10月，贵州省石阡县智力支边办组织到泉州考察，探望当地学生，并表示希望继续开展合作。6月，组织十几名会员参加由民建省委、厦门市发展现代物流产业协调小组、省交通集团和台湾全球运筹发展协会等单位主办的“第六届（2013）海峡物流论坛”。4月，组织20多名企业家会员参加中国风险投资有限公司在泉州举办的推介会，取得良好效果。参与抗震救灾及捐资助学。雅安灾情发生后，会员迅速行动，积极捐款捐物。据统计，各级组织会员向雅安灾区捐赠款物3000万元，其中善款300多万元、赈灾物资2675万元。民建市委常委陈荣聪捐款200多万元资助贫困大学生；7月，副主委吕少阳到南安英都第三中学，将25000元交给五位受资助的学生，帮他们完成大学学业；8月，泉州信息学院支部到南安福利院送上1万元现金及2000多元物资；10月，石狮第三支部成员购买5000多元学生用具及玩具到石狮仁爱特教学校慰问师生。5月3日，福建省奔狼服饰有限公司董事总经理董玉雄、帝牌（中国）有限公司总裁吕锜、福建诺奇股份有限公司董事长丁辉获第三届“泉州市十大杰出青年企业家”称号。市委委员、匹克集团副总经理李志鹏获省级劳动模范。福建福泉集团总经理洪德钦获优秀青年企业家称号。副主委吕少阳被慈善总会授予“慈善贡献奖”称号。林常德新发明的“PVC微胶囊发泡剂新技术研发及应用”获“2012年第七届海峡两岸职工创新成果奖”金奖。石狮总支会员蔡文革获省“光彩事业贡献奖”。民建市委常委、丰泽工委副主任林栋梁任晋江市法院人民陪审员。特步集团公司总裁丁水波当选第二届世界泉州青年联谊会会长。

【参与泉州市委大讨论活动】　在市政协关于开展“推动‘两区一群’建设促进泉州持续发展”专题调研活动中，围绕“两区一群”即泉州金融服务实体经济综合改革试验区、泉州民营经济综合配套改革试验区和泉州产业集群，报送《加强金融改革创新，服务二次创业》《推动泉州产业转型升级的思考》两篇调研文章。其中，副主委庄天怀撰写的《加快金融改革创新，服务民企转型升级》被列为市政协重点提案并在十一届八次常委会上作专题发言。撰写的在泉州设立风险投资基金并由市政府出资作为引导基金，中国风投参与基金的设立并对设立的风险投资基金进行管理和运营的建议，得到市长郑新聪批示。在市委统战部开展的大讨论活动中，报送6篇调研报告。

【组织建设】　至年底，全市民建会员1288名。本年度发展新会员59名，其中经济界人士43人，占新入会会员总数的70.4%，平均年龄34.4岁。大专以上52人，中高级职称12人，市、区两级人大代表、政协委员2人。本年度完成市直城建支部、工贸支部、财经金融支部换届工作。民建泉州市委下属2个县（市）委员会，2个区工委、3个总支，16

个市直支部，共有会员1288名。会员平均年龄50.1岁。大专以上文化程度程度占64.3%，有专业职称的占49.8%，经济界人士占76%，担任各级人大代表和政协委员的会员共152人，其中各级人大代表39人、政协委员113人。

中国民主促进会泉州市委员会

【参政议政】 年底，市委会集体提案《关于加大企业上市力度做强做大泉州经济的提案》获泉州市第五届社会科学优秀成果荣誉奖，受到市政府表彰，这是民主党派提案首次获得此项荣誉。2013年，在各级“两会”提交并被立案的人大代表建议和政协提案、大会发言总数达180件。在1月泉州市十五届人大二次会议上，市人大常委、市委会主委张锦川提交的《关于推广全民健身活动的建议》被市人大常委会确定为5件重点办理的代表建议之一。在1月召开的市政协十一届二次会议上，市委会提交23件集体提案，内容涉及社会民生、科技经济、教育文化等方面，其中22件被立案，1件转为社情民意。《关于推进环泉州湾生态城市建设、创建中国生态宜居城市的提案》被选为九篇重点提案之一，在《泉州晚报》等媒体报道宣传。2013年，完成省市调研报告32篇、市政协全委会和常委会专题发言12篇（其中重点大会发言4篇）、第六届党外人士建言献策论坛论文5篇。编印《民进泉州市委会2013年政协提案和办理成效汇编》和《民进泉州市委会2013年调研成果汇编》。市委会机关发动各工委会、总支、支部、小组参与调研，提交课题。精选17个课题上报会省委，其中《历史村镇的保护与发展——关于福建省建设“美丽乡村”的几点思考》《泉州民营经济产业层次提升研究》《在忧患中探索建立审批项目动态清理工作机制　提升社会管理水平》《城市安全容量、防灾减灾体系建设研究》《破解养老困局　加快社会养老服务事业发展步伐》《国外小城镇建设和管理经验的启示与借鉴》《减少“垃圾”论文，节约社会资源》《以“规范退休养老保险金的认证管理工作”为抓手，加强老年人群体的社会化管理与服务》8个课题获立项并通过会省委专家组验收评审。围绕“增强忧患意识　推动长远发展”“金改区”“综改区”和产业集群建设，推进小城镇建设等主题，提交8篇调研报告参与市政协第一、二、三季度常委会的专题调研发言，被编入调研报告汇编。参与市委开展的“增强忧患意识　推动长远发展”大讨论活动，《强化城市“毒地”综合整治　保障城市居住环境安全》《论民主党派在加强与创新社会管理中的作用》《创新优化城市管理体制　落实全面提高城市管理水平》《民营中小企业融资难原因及其对策建议》《关于解决暴雨后产生城市内涝问题的研究》5篇调研论文入选“泉州市第六届党外人士建言献策论坛文集”。

【社会服务】 持续开展“四联建”活动。11月，市委会联合台商投资区党工部、福建隆盛轻工有限公司到张坂镇崧山村开展“四联建”活动。市委会捐赠2万元（其中晋江总支5000元、南安支部5000元）给崧山小学建设多媒体互动阅读教室，台商投资区和隆盛公司配套分别捐赠2万元。助推民企“二次创业”。市委会负责人到南安、晋江、石狮等地10家会员企业开展调研，为会员企业“二次创业”出谋献策，排忧解难。11月，福建民进经济界会员联谊会举行换届大会，许维蓄当选为名誉会长，林成基、丁瑞珊、王志典、许经波、刘永康、林清丛、李祎山当选为副会长。各基层组织和会员开展社会公益、义诊和助学等活动。年初，许维蓄捐赠50万元建设安溪县茶学院，被省政府授予“襄教树人”称号，被省慈善总会授予“慈善贡献奖”称号。9月，王志典捐赠200多万元，为梅岭街道双沟社区泽沟村建设一幢老人活动中心、修筑水泥路、安装路灯。林巧艺连续13年不间断参加现场捐款，资助特教事业。庄玮琳捐款8000多元，帮助4名学生完成小学及初中学业。5月，会员杨一鸿、郭巧红参加“大爱无疆，祈福雅安”——泉州市直机关书画名家作品赈灾拍卖会，为四川雅安地震灾区奉献爱心，2件作品拍得价值6000元。4月，民进石狮总支向永宁中学捐资1万元，资助10名家庭贫困生。12月，民进泉港小组慰问界山镇清莲庵孤儿院，向工作人员了解孩子们的情况以及存在困难，并赠送20套保暖服和7000元慰问金。同月，泉港小组到泉港一中为五位品学兼优的贫困学生发放助学金计5000元。民进南安支部持续关注社会弱势群体，于3月到南安市儿童福利院看望、慰问被遗弃的孤儿和残疾儿童，送去价值1.15万元的儿童生活用品。11月，南安支部参加由南安市委组织的帮扶东田镇介凤村工作，支助该村1万元。

【组织建设】 全年发展新会员29人，其中中高级职称15人，泉州市政协委员1人。至年底，共有会员628人，其中大学以上文化程度369人，中高级职称409人，女性251人，平均年龄47岁。

中国农工民主党泉州市委员会

【参政议政】 在市“两会”期间，报送大会发言材料3篇，集体提案20件。形成一批优秀的理论研究成果和调研成果，合计报送省委会9篇、市政协4篇、统战部7篇。5篇被选入市政协常委会调研报告汇编，其中，《推动在泉州建立国家水下文化遗产保护基地》被选定为十一届泉州市政协常委会第三次会议作大会发言；两篇调研文章分获农工党省委2012年优秀调研论文二等奖和三等奖。此外，报送的《关于加强我省公共文化服务体系建设的建议》被省委会采纳并转化为集体提案报送省政协十届五次会议，该提案被省政协选编为《重要提案摘报》，得到省领导重视，省长苏树林，时任省政协主席梁绮萍，省委常委、副省长陈桦作重要批示。《加快推进我市公共文化服务体系建设》被选定为市政协第十一届二次会议上作大会发言，《关于加快推进我市公共文化服务体系建设的建议》集体提案被确定为市政协重点提案。

【社会服务】 组织党员200多人次开展义诊、扶贫、科普等社会服务活动20场（其中举办讲座1场），受益群众超过6000人，捐款捐物价值超过10万元（其中资助贫困大学生、贫困家庭及孤寡老人1万元）。晋江市委会被农工党中央评为“社会服务工作先进集体”，2名党员被评为“社会服务工作先进个人”。开展中国环境与健康宣传周活动。6月，联合市环境保护局、市教育局在市区丰泽广场开展2013年“中国环境与健康宣传周”暨生态市创建广场宣传活动，相关市领导及市民近500多人参加活动。现场通过文艺汇演、知识有奖问答和环保图片展示等形式对市民进行环保知识宣传，倡导绿色低碳生活。开展第二十五届国际科学与和平周活动。面向社会，依靠基层组织，开展多领域、多形式的“国际科学与和平周”活动，取得良好的社会效果。第二十五届“国际科学与和平周”活动期间，发动各级组织开展各项社会服务活动。据统计，全市各级组织举行义诊10余场次，开展扶贫慰问活动1场、科普讲座1场，活动受益群众超过3000人，赠药、捐款价值超过30000元。开展“四联建”活动。与安溪县西坪镇松岩村、福建魏荫名茶、安溪县茶叶职业技术学校结对子。先期组织到挂点村庄、企业、学校调研，与相关人员座谈，确定帮扶方案，根据该村的经济社会发展情况，遴选出一批事关该村经济社会发展项目，向上级争取项目资金。为松岩村向市林业局、农业局申请项目经费计6万元。10月，组织医卫界的20名专家党员到西坪镇松岩村为村民开展义诊活动，当天接待义诊群众120多人，免费发放药品价值五千元。活动现场，为松岩村的13名贫困中小学生、大学生送上10000元扶贫助学资金。

【组织建设】 全年发展党员68人。其中，中高级职称23人，占33%；大学以上学历38人，占55.1%；平均年龄34.5岁。至12月，全市党员1279人。

中国致公党泉州市委员会

【参政议政】 市委会围绕“增强忧患意识，推进长远发展”大讨论活动开展调查研究。召开常委会布置相关课题调研，并开展专题调研，完成《关于推进基层医疗卫生工作发展的几点建议》等15个调研课题。在市政协十一届二次会议上提交政协大会发言材料3篇、党派团体提案14件，其中，《应对老龄化社会挑战，加快养老产业化进程》的集体提案被列为市政协重点提案，副市长陈荣洲、市政协副主席王瑞强参加督办活动。本党界别政协委员及本党党员中的人大代表、政协委员在本年度市“两会”提交《关于泉州城市标识系统建设的建议》《关于加强泉州中心市区停车场规划建设管理的建议》等议案、提案30余篇。其中《应对老龄化社会挑战 加快养老产业化进程》《关于进一步加强我市液化石油气检测监管的提案》《关于新一轮“菜篮子”工程建设要从“菜园子”抓起的提案》3件提案被大会秘书处列为“重要提案摘报”，呈市委、市政府主要领导。一年来，共参与三次常委会专题协商会，提交5篇大会发言材料，副主委林丽华、丁毓玲分别在市政协专题协商会上作《二次创业需要泉州提升现代服务业国际化水平》《深化完善民间投资扶持政策再创民营经济转型发展新优势》《关于助推银行金融服务城镇化建设的几点建议》专题发言。2013年市委会完成“一支部一提案”调研文章47篇，收集反映社情民意信息198件，其中被省委会及上级部门采用53件，《加快环卫产业化步伐 提高城市管理水平》和《加强我省交通干线手机信号覆盖的建议》《拟上市企业资金链断裂引发官司亟待重视》等三件信息被省领导批示。在全省统战部长会议上，市委会关于《农村精神病患者救助体系建设亟待加强》《建立适合中低收入灵活就业人员的社会保障机制》等2篇信息，获评“全省统战系统年度好信息”。2013年度，市委会被致公党中央评为“致公党参政议政工作先进集体”，被省委会评为“反映社情民意信息工作先进集体”；连阿军被致公党中央评为“致公党参政议政工作先进个人”，张镜涵被致公党中央评为“致公党机关参政议政优秀工作者”；黄春毅、施由森被评为致公党福建省提案和调研工作先进个人，庄从福、方慧云被评为致公党福建省社情民意信息工作先进个人。

【社会服务】 市委会向菲律宾中国洪门致公党募集资金50万元支持德化盖德镇盖德小学综合楼建设，为德化龙塔村筹集帮扶资金46万元，支持新农村建设。妇委会为省委会挂钩扶贫单位政和县的贫困妇女儿童捐款2000元；青委会募集1万元为边远山区学校捐建多媒体教室一间；到南安雪峰华侨农场、惠安中新公园开展义诊送药活动；开展“四联建”为台投区洛阳镇梅岭村孤寡老人送去慰问金物品近1万元。

【对外及对台联谊】 年初，主委陈铭福代表泉州市出访菲律宾、新加坡，出席世界永春社团联谊会庆典仪式，市委会组团出访菲律宾参加中国洪门致公党总部、第一、二、五支部的换届就职典礼；接待台湾“国际洪门中华总会创会”理事长刘沛勋博士、理事长韩台玉等六位同仁到泉州参观考察。11月下旬，经主委陈铭福与台湾“国际洪门中华总会”联系，台湾金融业工会联合会理事长林万福一行五人到泉州考察，就泉台金融合作达成初步意向。

【组织建设】 陈铭福当选新一届省政协常委、港澳台侨和外事委员会副主任。丁毓玲、叶维新、吴端雅、张其聪、谢珊红当选省十二届人大代表。吕振利获全国归侨侨眷先进个人，李白燕、黄华春获福建省劳动模范。张勇、黄明超被评为泉州市优秀青年企业家。叶维新、吴端雅、柯吉熊获闽商建设海西突出贡献奖，柯文托、叶维新、黄华春获福建省非公有制经济人士捐赠公益事业突出贡献奖。一年来发展新党员66人，净增4.8%，平均年龄35.1岁；具有中、高级职称的34人，占51.5%。至12月底，全市党员1322人。市十届四次全委会增补李白燕为常委，占珠花、连阿军、张勇为市委委员。惠安县委会和市直建设系统基层委员会完成换届改选工作，增补严捍东为华大总支副主委。新成立市直通信科技支部和留学生归国支部。

九三学社泉州市委员会

【参政议政】 发动和组织社员为泉州的科学发展、跨越发展、长远发展建真言、出实招。完成《关于强化科技金融合作 促进中小微科技型企业发展研究》（海西论坛三等奖）等调研课题。撰写、提交15件集体提案，其中《关于加强二次供水质量管理的建议》被评为市政协十一届二次会议重点提案；《加强生态文明建设 打造泉州美丽家园》《加快农村道路升级改造 助推泉州“美丽乡村”建设》《积极实施创新驱动发展战略 促进民营经济稳步健康发展》被列入市政协十一届二次会议发言材料。《关于提高新农合政策执行力的建议》作为社中央提案送交全国政协十二届一次会议，《关于加强居民休闲空间建设的建议》作为社省委提案送交省政协十一届一次会议。班子成员和社内人大代表、政协委员等出席党委、政府、政协举行的协商会、谈心会、座谈会，另有57人次担任各类特约人员，参与民主监督活动。被社省委授予“2012—2013年度参政议政先进集体”称号。

【社会服务】 参与“海西（桐江）春雨行动”、金秋助学活动、“1元微公益”、“四联建”活动等，联合市预防医学会、盐务局等开展“防治碘缺乏病日”宣传活动，获第24届中国“国际科学与和平周”活动突出贡献奖。社中央科普委副主任王永教授分别为泉州七中、泉州五中师生作“月球探测与载人航天”科普讲座。社员积极参与雅安赈灾和湿地保护、社区医疗、法律援助、设计审查、网上咨询等志愿服务。全年扶贫济困金额达20.88万元，捐物7.1万元，赠书500余册，举办义诊施药18次、咨询18场、讲座33场、展览1次。许多社员在科技、教育、经济、文化等领域取得成绩，如陈燊年的《一种描述电路与电磁场的统一理论》刊载在《中国科学•技术科学》，张认成的《液压智能控制技术在混凝土机械设备的应用研究及产业化》获省科技进步奖二等奖，李升才在Structural Engineering and Mechanics等刊物上发表学术论文10余篇，许庆水被评为“中国陶瓷行业杰出经理人”，杜成维的《妇产科医生》获省第26届优秀文学作品奖，杨锦凉评为第四届“十佳美丽晋江人”（敬业奉献）。

【自身建设】 学习领会、宣传贯彻中共十八大和十八届三中全会精神，参与“五一口号”发布65周年纪念活动和市直统战系统机关道德讲堂，开展文明餐桌行动、文明传播行动，加强理想信念、道德风尚培育，推进社会主义核心价值体系学习教育活动，夯实思想建设。学习《九三学社章程》《九三学社中央关于进一步加强组织建设的若干意见》《九三学社中央关于落实改进工作作风、密切联系群众八项规定的实施意见》《九三学社福建省委贯彻改进工作作风、密切联系群众八项规定的实施办法》，强化组织工作和班子建设制度。基层组织及社员采用“九三学社组织管理系统”进行管理。组织社员参加社省委举办的暑期读书班、委员培训班、“同享艺术美 共筑中国梦”摄影采风暨文化艺术骨干培训班，市社院举办的民主党派基层组织骨干培训班。社市委表彰2012—2013年度“参政议政先进个人”17名和“热心社务先进个人”20名。德化小组完成换届。落实“八项规定”精神，加强机关建设。办好《泉州九三》刊物及网站，协助社省委《福建省九三学社简史（1983—2013）》编撰工作。

台湾民主自治同盟泉州市委员会

【参政议政】 盟市委会中的政协委员在全国政协会上提交大会发言12件、联组发言1件、党派提案1件、委员提案80件及联名提案4件；

向省、市政协提交大会发言9件、党派提案22件、委员提案54件。其中6件提案被评为全国政协重点提案，《关于促进我国稀土工业可持续发展的提案》获第九届福建省科技工作者优秀建议奖，《关于加快海洋经济强市战略步伐打造“海上泉州”的提案》被列为市政协年度重点督办提案。围绕泉州市“新型城镇化、‘两区一群’、经济文化建设”等方面向市政协常委会提交发言材料11篇，其中4篇被指定为大会口头发言。全年形成较高质量的调研文章32篇，其中10多篇调研报告刊登在《中国政协》《中国经济社会论坛》《政协天地》等刊物上；围绕“增强忧患意识，推动长远发展”大讨论活动，形成《加快我市“城市矿山”建设步伐推动循环经济长远发展的思考》等4篇调研文章。《弘扬福建精神　进一步加强与创新我省慈善文化建设的对策与建议》获2012年度全省统战理论研究优秀成果优秀奖和全市统战课题三等奖。盟市委及时向上级有关部门报送社情民意信息158件，其中有26件被中央级采用、46件被省级采用，《关于加快我省“三群”科学联动的若干意见》等3件信息分获2012年度全省统战好信息奖和2011—2012年度全省政协系统优秀信息奖。盟市委多次围绕“改造闽东南石结构危房”进行呼吁，促成省政府出台相关支持政策，市政府安排专项补助资金对全市的老旧石结构房屋进行改造；主委骆沙鸣受邀参加全国政协重点提案《关于支持加快闽南文化生态保护实验区建设的提案》调研，该提案的落实，推动福建省《闽南文化生态保护区总体规划》获国家文化部批准同意，还拨出2000多万元专款支持闽南文化生态保护区建设。同时，围绕将泉州市列入赴台湾本岛个人游试点城市、将教师节纪念日改为孔子诞辰日和将闽东南石结构危房列入棚户区改造项目等，通过提案形式连续呼吁，对相关问题的落实起到推动作用。

【对台工作】　按照“专、精、深、久”的工作方针，拓展平台，加强上下联动，对台交流与宣传有新突破。与台盟中央两岸文化交流会委员举办泉台设施农业与家庭农场研习班，邀请4名台湾农业专家传经送宝，社会反响良好；主办“郑成功与闽南文化”研讨会；与台湾工党中央委员会等举办海峡两岸纪念毛泽东诞辰120周年书画巡展（泉州站），增强两岸人民的文化认同和文化自觉。书画巡展取得预期效果，参观人数达5000多人，网上点击量达2万多人次。此次巡展还印制成册，扩大对台宣传效果。发挥各专委会作用，开展台情研究和联谊工作。围绕“依托祖地文化　拓展两岸民间交流”开展台情研讨会；组织华大台生参观鞋博会；与泉州市台资企业协会妇联会开展联谊交流活动；组织骨干盟员参与2013年世界闽南文化节台湾嘉宾志愿服务工作。

【社会服务】　把社会服务与台盟市委会自身建设结合起来，加强与对口挂钩单位联系，争取各方面支持，提升社会服务实效。一年来，组织台湾专家到善坛村指导该村发展休闲观光农业；组织医疗专家到德化县宝美村开展“四联建”义诊和关爱留守儿童活动，接诊病人200多人次，向当地群众赠送价值5000多元的药品，向20名贫困留守儿童赠送价值约4000多元的学习用品；组织文化教育委员会两位骨干老师到该村开展学前教育送教活动，为当地20多名幼儿和教师举办音乐示范观摩课，并举办“开展表演游戏的经验分享”专题讲座。发挥盟员的主体作用和专业优势，推动泉州市科技工作者为泉州市市级科技思想库建设献策出力；为弘扬“奉献、友爱、互助、进步”的志愿精神，联合马甲镇开展新春“下基层送春联”活动，为该村村民送春联300多幅评；在3月5日学雷锋纪念日组织青年志愿者开展“学雷锋扶贫助学”活动，为泉州第十中学17名贫困外来工子女赠送崭新的书包和文具等学习用品；盟市委还组织到挂钩扶贫的少数民族村——安溪官桥镇善坛村“海西春雨同心林”开展学雷锋义务植树活动，为美化善坛村村容镇貌、丰富“美丽乡村”建设内涵贡献力量。2013年，盟市委组织盟员向四川雅安灾区捐资、向宝美村、善坛村、泉州第十中学捐资助学金共3万多元。

【自身建设】　为提高盟员综合素质，增强盟组织的凝聚力和履职能力，继续举办盟员暑期培训班暨读书报告会。以提高可读性为重点，加强盟刊采编工作。及时更新网站，加大宣传报道基层盟组织活动开展情况和盟员的思想动态，提高网站的时效性、实效性和点击率。开展纪念“五一口号”发布65周年征文活动。市委会机关还承办市直统战系统机关“道德讲堂”。坚持保证质量、优化结构、严格程序、稳中推进组织发展原则，稳步发展新盟员。全年发展新盟员4名，其中本科3名、大专1名。全体盟员继续在本职岗位上踏实工作，创造佳绩。台盟中央常委骆沙鸣任台盟中央两岸文化交流委员会主任。苏耿聪等3人分别任盟省委专委会正、副主任。廖立行等2位盟员在参加省委统战部的征文中分获二、三等奖。

泉州市工商业联合会（泉州市总商会）

【提升科技创新水平】　开展“2013年度全国工商联科学技术奖”申报推荐工作，推荐福建恒安集团有限公司蚕丝、珍珠纤维水刺非织造关键技术及用即弃卫生产品应用等4个项目申报科技进步奖；福建鸿星尔克体育用品有限公司等1家企业申报科技创新企业奖；百宏聚纤科技有限公司“熔体直纺涤纶长丝纺丝工程模拟计算系统及工艺优化项目”获“2013年中华全国工商业联合会科技进步优秀奖”。组织开展第四次民企军民两用高新技术及产品研发生产情况专项调查，推荐信和涂料等3家企业参评。扩大非公人才队伍，为技术创新提供人才支持，组织30多名青年企业家到泉州社会主义学院学习培训；做好高级职称材料的报送工作，通过市人事局预审91份；按计划完成三批次中级职称评审，已完成一批次综合类，二批次建筑类的评审工作，通过评审440人，其中中级职称254人、初级186人。

【搭建经济服务平台】 根据《泉州市企业金融知识培训方案》的时间节点要求，市工商联与市金融办等部门邀请北京大学汇丰商学院、华侨大学工商管理学院教授举办4场金融知识讲座，完成企业家金融知识培训阶段性工作任务。开展“万家企业手拉手”活动，市工商联主席、副主席、常执委企业带头实施龙头企业与中小微企业“大手”拉“小手”，引导产业链整合和再分配，实现共赢。共有1200家中小企业申报为175家龙头企业配套协作，年协作配套产值近300亿元。此外，市县两级工商联还搭建各具特色、功能各异的服务平台，更好地服务民企“二次创业”。石狮市工商联牵头成立全省首家“企业服务事务所”协助208家企业完成设立登记注册手续。惠安工商联协助石雕石材同业公会向省国税局申请，调整部分石雕石材产品增值税征收办法，减轻企业负担。

【推进产业项目对接】 配合市委、市政府召开民营企业产业项目对接推介会，组织100多位异地泉籍商会会长及本土企业家参加会议；利用异地泉商清明返乡时机，配合市政协召开座谈会，推介产业集群发展项目及解读相关政策；协助市政府做好泉州•深圳侨商投资项目推介会暨香港泉州慈善促进总会第五届董事局、香港泉州同乡会第十二届理监事会联谊活动。4月，按照市政府统一部署，带领督查组到县区了解民企产业项目落地、进展工作情况；组织企业参加第四届世界闽商大会、第三届民企产业项目洽谈会、第十一届“6•18”项目成果交易会以及“9•8”、宜昌—泉州农业项目合作洽谈会等活动。一年来，全市实现项目回归125个，总投资1127亿元。其中，上海泉州商会与市政府签订泉州会展中心项目合同，总投资15亿元。长沙泉州商会参与鲤城区站前大道建设、旧城改造等项目，总投资15亿元。

【密切片区互动内外联动】 在全国191家泉州籍异地商会的基础上，分地域设立5个泉州籍商会片区联谊会，通过举办主题不一的论坛，建立片区互动模式，促进交流合作，引导泉商回归创业。5月，在武汉举行中西部片区泉州籍异地商会联谊会暨“泉商资本投资与泉州‘金改区’发展高峰论坛”；8月，在安徽合肥举行泉属异地商会“非公有制经济人士理想信念教育实践活动”暨党建工作交流会。定期召开驻泉异地商会季度恳谈会、联谊会，推动异地商会间抱团合作、共同发展。组织参加市政府到河南郑州开展的劳务交流活动，参与泉州项目推介，为海外工商社团发送近百份元旦、春节贺函。主动请进来考察，接待江苏泰州、湖南长沙、西藏林芝、陕西固原、河北承德市工商联等地经贸考察团到泉州考察投资环境，并与泉州本土企业交流洽谈。2013年以来，异地商会在泉投资签约项目4个，总投资272亿元，意向投资项目6个，拟投资额近200亿。

【参与金改工作】 与民生银行筹备成立“泉州市小微企业经济促进会”，确定副会长以上人选33名，已发展39家小微城市商业合作社，会员企业达3000多家，并于8月2日召开筹备会议，完成有关登记手续，取得民政局关于同意成立泉州市小微企业经济促进会的批复。协助港丰集团设立“海西（泉州）借贷交易登记中心有限公司”有关工作的协调和调研、论证工作。4月18—19日，与市金融办等有关部门到温州考察学习民间登记管理做法。5月3日，会同市金融办邀请人民银行泉州分行等相关市直部门召开论证协调会，形成《关于召开筹建海西（泉州）借贷交易登记中心论证会的情况报告》并会同市金融办呈报市政府，得到市领导批示同意。

【履行社会公共责任】 引导非公经济人士投身海西（桐江）春雨行动、金秋助学、光彩公益等活动。30名企业家当选福建省第四届光彩会理事；许连捷获2007—2013年度福建省“光彩事业突出贡献奖”；三盛集团林荣滨、福源食品蔡金垵等13个组织和个人获“光彩事业贡献奖”。2013年，泉州有85位非公经济人士近三年捐赠超1000万元，获“福建省非公经济人士捐赠公益事业突出贡献奖”。开展“粉红丝带行动”活动，配合医保中心对20名经济困难的女职工重病患者进行审核、报批。四川雅安地震，各地泉商迅速行动，参与抗震救灾工作，捐款捐物总值过亿元。在“爱心助医行动”中，市工商联副主席以上企业及泉州籍异地商会累计捐赠3200万元。

【推进行业商（协）会建设】 配合市经贸委、民政局对市工商联所属行业商会进行考核，通过加强对行业协会的规范化、科学化管理，支持行业协会在市场开拓、行业规划、协作配套等发挥更大作用。推动泉州市物流商会（已成立）、泉州市家用电器行业商会、家居建材商会、泉州市卫生用品行业成立筹备工作。市鞋业商会举办淘宝泉州运动品牌馆开幕暨推动鞋业发展“第三次变革”高峰论坛。市纺织服装商会推进创新基地建设，建设纺织服装产业公共服务平台，系全省纺织服装行业唯一获省经贸委认定的“福建省中小企业公共服务示范平台”。年初，鞋业商会联合晋江市纺织服装协会对阿迪达斯发起“三条杠”之争，最终获得胜诉，成为中国首例行业协会为整体产业利益联手对抗跨国公司的成功案例。

【提高参政议政水平】 撰写《支持引导民营企业应对整合经济的思考》调研报告，在市政协十一届二次会议作大会发言，并作为大会发言摘报呈送市主要领导。提交政协提案4件，其中由许连捷提交的《关于引导民营资本进军海洋经济的建议》被列为市政协重点提案。全年完成《发挥民营经济在城镇化建设中的作用》等5篇调研报告送市政协。其中，《加大市域产业转移力度 推动新型城镇化建设》在第三季度政协常委会上发言，《发挥优势抢抓机遇 促进泉商回归发展》《建设服务性政府 促进民企转型升级》等4篇入选泉州第六届党外人士建言献策论坛文集，《政府转变职能服务民企的建议》《加大市域产业转移力度，推动新型城镇化建设的若干意见》分别被《泉州政协》第42、44期采用。

人民团体和社会团体

泉州市总工会

【工运事业长远发展思路清晰明确】 学习贯彻中共十八大、十八届三中全会特别是习近平“4•28”“10•23”讲话精神，学习中国工会十六大精神，把思想和行动统一到党中央精神上来，明确工作思路。开展“增强忧患意识 推动长远发展”大讨论活动，分层面召开研讨会，召开全市工会领导干部务虚会，编撰《泉州工会工作研究》第一辑，研究制定《泉州市总工会关于全面实施“五项建设”推动泉州工会工作长远发展的意见》。

【发挥工人阶级主力军作用】 以“建功二次创业•服务产业集群发展”为主题，在各行各业广泛开展创建“工人先锋号”劳动竞赛活动，全市开展较大规模劳动竞赛357场，命名市“工人先锋号”174个，被授予省“工人先锋号”34个。举办第六届全市职工技能运动会，组织技能大赛24场，涉及工种68个，3万人参加市级竞赛，培育一批技术能手。弘扬新时期劳模精神，全市被省委、省政府表彰劳模58人、先进工作者24人，4个班组被命名为“全国工人先锋号”。全市创建劳模创新工作室111家，考评验收100家，其中技术创新型72家，管理创新型17家，服务创新型11家。开展“千家企业联盟道德讲堂活动”，全市举办职工道德讲堂150场。组织24项职工发明成果参加法国巴黎等国际发明博览会，获5金8银6铜和5项列宾竞赛奖；组织239项成果参加2013年省海峡两岸职工创新成果展，获64金34银44铜奖，22项技术成果实现对接落地转化，项目总投资3.24亿元。获省科技进步奖3项、全国职工优秀成果奖2项。

【构建和谐劳动关系】 把和谐企业创建活动作为构建企业和谐劳动关系的总平台，全市9352家企业单独签订工资专项集体合同，签订区域性工资集体合同273份，签订行业性工资专项集体合同27份，市总工会被评为“全省工资集体协商工作先进单位”。培育建设“职工书屋”590个，举办千家企业文明礼仪知识竞赛，市总工会连续8年获全国“安康杯”竞赛优秀组织奖。授予411家企业市“和谐企业”，其中45家被授予省“和谐企业”。召开市政府与市总工会第11次、第12次联席会议，帮助职工解决职业培训、住房保障等问题，推动完善县、乡政府与同级工会的联席会议制度。成立市劳动关系研究中心，劳动关系三方协商机制建设进一步加强，职代会、厂务公开工作走向制度化、规范化。市总工会获全省“会员评家”工作先进单位。全年受理信访件1383件，涉及信访职工1532人次，其中求决类信访件923件，办结919件，办结率达99.5%。

【拓展工会服务职工工作长效机制】 探索“分类定级、晋位升级”推进基层工会组织建设，全市基层工会3.2万家、会员250多万人，组建率和入会率分别为96.5%和96%，获评“省工会女职工组织规范化建设示范单位”16家。实施乡镇工会、非公企业工会工作三年行动，召开全市乡镇工会工作现场交流会、产业工会建设研讨会，加强市直工会“十有”建设。市总工会获全国“模范职工之家”、全国工会基层组织建设创新成果一等奖。职工服务站建设纳入市为民办实事项目，设计规划，市、县两级工会投入专项资金1500多万元，完成计划的156%，建成规范化职工服务站50家。全市350多家职工服务站基本形成“十分钟职工服务圈”。泉州市职工服务站建设进入中央领导和全国总工会的决策视野，相关工作探索被写入中国工会十六大报告。建立起多渠道的工会帮扶资金来源机制，“两节”期间全市筹集1300万元，慰问万名困难职工，两项均比上年提高30%；参加职工医疗互助活动56.8万人次，补助8184人次、1371万元；金秋助学活动筹集资金492万元，资助2572名困难职工子女就学；开展“百万真情关爱新泉州人”活动，开通全国首趟农民工返乡动车专列。

共青团泉州市委员会

【拓宽青少年实践教育】 组织开展“网上祭英烈”、残障少年儿童展能节、“青春年华沐书香”、红领巾假日农庄“劳动伴我成长”、少年军校等活动，举办5期市民文化大讲坛，用先进思想文化吸引和教育青少年，营造奋发有为、健康向上氛围。深化马克思主义者培养工程，开展青年分类引导工作，打造“团队一体化分层教育体系”，提升青少年思想教育的针对性和实效性。

【加大新媒体对青少年的正面引导力度】 围绕“美丽泉州 有爱青春”“青春打包 拒绝剩宴”“劳动·创造·奋斗——我的青春故事”“我志愿、我参与、我快乐”等主题，开展“微视频、微平面、微动漫”作品征集推广等符合青少年特点、体现社会主义核心价值体系内涵、合理体现共青团标识的青少年创意文化产品。制作推广《我的中国梦—青春泉州》励志宣传片，引领全市各战线团员青年以实际行动助推泉州长远发展。同时，运用QQ群、团务领航、微博等现代网络手段，用青年喜欢的沟通、联络、交流、聚集方式吸引、凝聚青少年。

【开展“增强忧患意识 推动长远发展”大讨论活动】 以“增强忧患意识 推动长远发展”为主题，开展“泉州发展青年说”系列活动，思考促进青年就业创业、推动泉州籍青年“回归创业”、吸引汇聚青年人才、服务社会民生、深化青年文化行动、提高行业青年服务质量六个方面重要课题；组织调研组到市直单位、基层街道、镇村、企事业单位、学校等74个基层团组织开展调研，采取召开座谈会、实地走访等形式，多层面、多角度掌握基层实际情况，形成7篇调研文章。完成团省委“走进青年、转变作风、改进工作”大调研工作。

【推进青年志愿者工作】 组织青年志愿者近2万人次，完成市委、市政府交办的闽南文化节、鞋业博览会、服装博览会以及创建文明城市、卫生城市等志愿服务工作。开展青年志愿者“三关爱”系列活动、“绿动青春•美丽泉州”保护母亲河植绿护绿系列活动、“共青团关爱农民工子女志愿服务行动”以及志愿者助老、助困、助残、环保和志愿服务欠发达地区工作，推进青年志愿服务的常态化。同时，加大对基层青年志愿者组织的服务和指导，选树一批优秀青年志愿服务集体、个人和项目，建立一支具有较高素质的专业青年志愿者骨干队伍，推进青年志愿服务的专业化。

【开展“青春建功战役”】 联合市委组织部开展“泉州市青年拔尖人才”遴选活动，从生产、科研等一线选拔一批高层次青年拔尖人才队伍。开展争创“青年文明号—勤廉示范岗”活动，引导各行业、窗口单位青年提升服务水平，优化服务环境。深化青年文明号优质服务示范月活动，全年开展下基层、进社区、入万家活动382场次，结对子416对。紧扣“青春奉献在海西、重点工程立新功”主题，开展“青心同行”活动和青年职业道德教育、技术竞赛、技能培训、岗位能手赛等活动，提高青年员工素质和技能。加强“青”字号品牌的选树、推荐和表彰工作，推荐61个集体和个人参与国家及省级青年文明号、青年突击队、青年岗位能手、青年安全生产示范岗、“最美青工”的创建评选；表彰69个市级青年文明号、30个“勤廉示范岗”和32名市级青年（杰出）岗位能手。探索服务机关单身青年的有效载体，创建首个由共青团组织与媒体单位联办的公益性婚恋社交网站——“团缘网”，吸引全市91家单位的1000余名单身青年加入。开展“劳动•创造•奋斗——我的青春故事”活动，用身边青年鲜活的事例鼓舞斗志，提振全市青年投身泉州长远发展的信心和决心。

【拓展对台对外青少年交流合作】 开展泉台青少年夏令营、两岸“快乐小天使”活动营等联谊互动活动，拓展交流领域。发挥青联、青商会优势，组织青联委员、青商会员到台湾参加高雄青创会换届大会，与台湾高雄等地青创会建立友好协作关系。举办“千名台湾青少年福建行——东亚文化之都•文化寻根之旅”首届海峡两岸高校大学生记者挑战赛，邀请台湾高校大学生记者组团到泉州访问，搭建两岸未来媒体人的交流平台。依托世界泉州青年联谊会等平台，加强与内地及港澳台地区青年社团、海外泉州籍青年的联络联谊，鼓励他们返乡回归创业。

【开展“青春创业战役”】 启动“青创圆梦”工程，实施“青企创投计划”“素质提升计划”“公益奉献计划”，帮助小微企业青年创业。开展“见习助就业•牵手毕业生”等活动，促进见习基地与青年对接。全年225家见习基地企业参与全市各级团委开展的对接活动19场，提供见习岗位2764个，见习基地上岗人数851人。组织开展“我的中国梦”百场青年创业典型报告会系列活动22场，覆盖青年数近9000人次；举办“泉州市高校毕业生就业创业政策宣讲报告会”，开展农村青年就业培训、进城务工青年“订单式”培训、职业生涯规划培训、青年就业创业小额贷款等，引导青年树立正确的就业观念，提升青年就业能力。全年为325名农村青年发放创业小额贷款1330万元，直接带动就业770多人。

【实施青少年维权工程】 实施

"青春和谐战役"，发挥市预防青少年违法犯罪工作领导小组办公室职能作用，推进以"贫困应急、就业创业、成长引导、权益维护"为主要内容的"四帮扶活动"；开展"共青团与人大代表、政协委员面对面""为了明天—预防青少年违法犯罪工程""未成年人零犯罪社区""青少年阳光自护"等活动，帮助反映青少年诉求，维护青少年合法权益。开展"轻松备考12355与您同行"、"假期第三课堂"、青少年素质培养公益培训、青少年法律等青少年事务社会工作"三进"（进学校、进社区、进家庭）活动，帮助考生保持良好身心。及时做好泉州市重点青少年群体排查摸底工作，掌握全市重点青少年群体的底数。

【开展"希望工程 圆梦行动"】 组织开展"泉州优秀青年楷模爱心结对行动"，募集善款73万多元，结对大学生200多名；全市各级团组织募集社会资金195万多元，帮扶955名贫困学生，扩大希望工程帮扶群体的覆盖面。协调爱心企业，为贫困小学建设希望书库、多媒体室、捐赠电脑等募集资金50万元，取得良好社会效果。

【提升基层团队组织工作活力】 实施"青春再出发"乡镇团委书记能力激励计划。推行乡镇直属团组织工作联席会议制度，编发《泉州市乡镇、街道团组织指导性工作项目菜单》，选树培育联席会典型31个。优化基层团组织工作环境，联合市委组织部制定出台《进一步加强新形势下基层党建带团建工作的意见》，推出多项措施支持基层工作，推动每个乡镇3万元团工作经费政策落实，激发基层团组织工作活力。全面推进少先队活动课，实现中小学校少先队活动课每周一课时100%进课表，承办全省少先队活动课试点工作研讨会，取得良好效果。

【夯实团的基层组织建设】 引导各级团组织学习借鉴"168"党建工作机制，推广"跟党走、增才干、作奉献"主题教育活动成效。围绕"三好"目标、"五化"发展，全面实施以"目标＋项目＋资源"为核心的团建OPR工作机制。推进"达标创优"和"六个一"活动，科学指导企业团组织开展活动，全市新建团组织达标率超90%。在全面推广"四联四分"工作法的基础上，强化区域共建、阵地联用、经费互筹、人员协作、联合培训等措施，规范和活跃企业青年工作。全市拥有"两新"团组织5296个，联系覆盖全市50多万青年，新组建"两新"团组织623个，全面完成团省委布置的工作任务。开展乡镇（街道）团组织格局创新和实体化"大团委"建设"回头看"工作，巩固直属团组织4220个。建立以街道团组织为核心的城市团的基层组织体系，建立团组织1088个、活动阵地117个、覆盖团员数54222人。开展"村村联建""村企联建""村校联建"试点工作，活跃农村区域团的组织建设。实现人均一元团队工作经费及村团支部书记100元津贴。推动驻外团组织和外省驻泉团组织建设，2013年成立驻京团工委等10家驻外团组织，指导每个县市区成立1家驻外团工委。

【加强团属事业建设】 2013年市青少年宫培训青少年超1.9万人次，青少年宫少儿舞蹈团、少儿民乐团、少儿合唱团、少儿文学社等艺术团队多次参加省市级演出和对外交流活动。按照品牌化、多元化、社会化的思路，开展"开心农场"、"跳蚤市场"、启明星爱心班、新泉州子女体验闽南非遗文化之旅、新年欢乐嘉年华、万人游园等活动，活跃校外活动阵地。加大基础建设投入，对青少年宫硬件设施进行全面改造升级。泉州青年报出刊758期，发挥团属舆论阵地的功能，作用和影响进一步提升。

泉州市妇女联合会

【举办"增强忧患意识 巾帼服务发展"主题报告会】 3月6日，市妇联在泉州影剧院举办"增强忧患意识 巾帼服务发展"纪念"三八"妇女节主题报告会，响应市委"增强忧患意识 推动长远发展"大讨论活动部署。会议表彰一批泉州市"三八"红旗集体和市"三八"红旗手、市先进妇女之家示范点和市妇联系统先进工作者、市维权工作先进集体和市维权先进工作个人、市巾帼文明标兵岗和市巾帼建功标兵，部分先进代表作主题报告。启动市直机关女性"奋发工作，幸福生活"文化节，该活动历时一年，旨在提升市直机关妇女组织活力，提高机关女性综合素质。

【成立市女法律工作者联络中心】 3月7日，市妇联在市妇女儿童活动中心举行泉州市女法律工作者联络中心揭牌暨"三八"维权月启动仪式。聘请许昆贞、洪泽生、欧秀珠等3位领导担任顾问。市中级法院副院长陈慧瑛在揭牌仪式上宣读倡议书，向全市女法律工作者发出《维护妇女儿童合法权益，从女法律工作者做起》的倡议。

【成立市家政服务培训基地】 3月7日，泉州市家政服务培训暨美丽家庭巧主妇培训基地在市妇女儿童活动中心揭牌。市委副书记朱淑芳参加揭牌仪式。市家政服务培训暨美丽家庭巧主妇培训基地是市委农工办、市妇联提高城乡待业女性的就业技能和家庭妇女的理家能力，提升市民居家品质，推进"美丽乡村""美丽家庭"建设的一项惠民举措。

【推进"美丽家庭"创建活动】 召开"美丽家庭"创建活动现场推进会，表彰百户"美丽家庭"示范户，为120户示范户送去1200多株苗木。举办“寻找身边的美丽家庭”摄影展活动，多角度展示创建成果，营造创建氛围。开展“美丽工厂（企业）”评选活动，发动市县女企联成员企业开展“洁美企业我先行”环境卫生整治行动和植绿护绿活动，延伸创建内涵。

【做实做深和谐家庭文章】 联合市委文明办评选表彰100户“五好文明家庭”，开展首届“感动泉州十佳美德家庭暨家庭美德人物”评选活动，倡导妇女争当慈母、孝女、贤妻、善邻典范。开设“刺桐花讲堂”公益讲座，打造社区文化品牌。举办市直机关“廉政文化进家庭”知识竞赛，达到以赛促学、以学促廉效果。举办由市直机关处级领导干部家属参加的“家庭助廉”座谈会，向全市领导干部家属发出《竭力营造廉洁家庭 携手共建和谐社会》倡议书，倡导家庭美德，共筑家庭拒腐防线。普及家庭教育，家教“进学校、进基层、进企业”讲座557场，受益人数17万人次，开展家庭教育理论研究活动，探讨解决前瞻性家教问题。以微博的形式征集体现泉州元素和特色的“家庭好词句”787条，激发家庭参与热情，以家庭和美促进社会和谐。

【丰富双学双比活动内涵】 开展“专家快车农村行”实用技能培训，组织4批次巾帼示范基地、合作社负责人参加国家、省级调训，全市举办农村妇女实用技术培训203场次2.5万多人次。推进巾帼示范基地建设，全市建立巾帼示范村（示范基地）465个。

【提振巾帼建功热情】 组织对市级以上巾帼文明岗进行复查，全市建有43个全国级、235个省级和257个市级“巾帼文明岗”。举办“增强忧患意识•巾帼服务发展”主题报告会，评选表彰市级巾帼文明岗51个、巾帼文明标兵岗13个、巾帼建功标兵20名，促成169个“巾帼文明岗”和52个机关妇委会与农村结对帮扶，帮扶资金145.55万元。

【扶持妇女创业就业】 依托市妇女儿童活动中心成立泉州市家政培训基地和从业资格鉴定站，举办公益性家政服务员培训班4期，免费培训农村妇女211名。推进妇女创业小额贷款惠民项目，全市发放妇女小额担保贴息贷款1068.39万元，177名创业妇女受益。联合劳动部门举办“春风送岗位”招聘会，举办招聘会148场次，提供就业岗位30978个，帮助12357名城乡女性就业。

【服务巾帼企业发展】 指导市女企业家联谊会加强自身建设，开设女性领导力和心理调试、修身养性、塑造幸福人生和商务礼仪等课程，组织专家为相关巾帼企业“把脉义诊”。组织巾帼企业参加中国•海峡项目成果“6•18”交易会，申报技术需求、项目成果及对接项目10个。

【推进妇女维权“三制”】 建成妇女议事会4507个，参与妇女人数33782人，解决问题2661个。建立信访代理/协理工作室1730个，发展村、社区妇女信访代理/协理员队伍，妇女信访代理协理员3016名，协助各级党和政府化解涉及妇女权益的矛盾纠纷。全市组建形式多样的妇女互助组3075个，参与互助妇女人数37772人，受益妇女人数48530人，妇女维权“三制”成为维护好妇女群众利益的重要抓手，泉州经验在全省推广。

【形成源头维权、司法维权、社会化维权格局】 坚持妇女儿童合法权益联席会议和联合调研制度，制定市妇联维权服务工作线路图，成立女法律工作者联络中心，配合市人大常委会开展“实施妇女权益保障法”执法检查，推动落实市、县妇女人均“一元钱”专项工作经费和各县（市、区）妇儿工委办编制，为妇女儿童工作开展提供有力保障。市政府常务会议专门听取“两纲”实施情况汇报，并对相关部门落实情况立项督办。做好妇女信访接待、登记、统计、分析工作，发挥“12338”维权热线电话和家庭暴力报警点作用，市县两级妇联全年共受理来信、来访、来电683件。

【开展关爱贫困母亲活动】 “母亲节”期间，举办“母亲健康1+1”现场募捐活动，全市各级妇联募捐善款46多万元。春节、母亲节期间全市各级妇联走访慰问贫困妇女1800名，慰问资金80多万元。推动实施第二轮国家农村妇女“两癌”检查项目和城乡低保妇女常见妇女病检查项目，分别为24162名和4480农村妇女进行“宫颈癌”和“乳腺癌”免费检查，为11831名城乡低保妇女进行常见妇女病检查。

【持续实施“春蕾计划”行动】 举办第六届“在关爱中成长”春蕾夏令营和“爱心献春蕾”暑期培训班活动，援建春蕾幼儿园2所、春蕾幼儿班3个，争取捐赠援建、配套资金35万元，筹集春蕾助学金额近106万元，资助贫困生1039人。

【打造关爱留守流动儿童活动品牌】 举办“我们与留守流动儿童在一起”主题活动，招募50个“爱心家庭”、60名“爱心妈妈”和“爱心家长”与留守流动儿童结对，通过“微爱认领”让留守流动儿童切实感受到家庭和社会的温暖，关爱活动得到《泉州晚报》《海峡都市报》等主要媒体的系列报道，受到社会的关注与好评。

【铺开“争六好、创特色”主题活动】 召开全市妇联系统“争六好、创特色”活动现场推进会和工作成果观摩展示暨检查总结会议，增进基层妇联的工作交流借鉴，夯实妇联基础工作，培育一批特色工作项目，工作经验被《中国妇女报》报道。

【服务女性成长成才】　完善妇联系统科级干部和市直机关优秀妇女人才资料库，及时掌握优秀妇女人才情况。选派各级妇女干部参加各层次培训班6期54人次，举办2013年乡镇（街道）妇联主席岗位培训班，妇干队伍素质进一步提升。召开市直机关妇女工作“一系统一品牌”创建活动现场推进会，启动市直机关女性文化节，机关女性文化生活不断活跃。

【拓展妇联基层组织网络】　推进“先进妇女之家”创建工作，开展全市妇女之家创建专项督察活动，新建市级“先进妇女之家”示范点2批104个，其中26个示范点被命名为省级示范点，争取省妇联创建经费19.5万元。夯实机关妇女组织基础，推动市属大中专院校妇女组织建设，市直机关系统妇委会的覆盖率95%。

泉州市归国华侨联合会

【侨商投资项目对接洽谈和侨商培训活动】　为促进“三维对接”中的外企侨企对接，根据《福建省侨商投资项目对接工作总体方案》以及省侨联、市委、市政府领导要求，召开侨商会、青委会会长办公会，了解侨商的投资意向、投资需求，动员他们参与此次对接活动；配合省侨联、市委、市政府做好中国侨商会会长许荣茂等重点侨商到泉州考察接待工作。为加强对侨商投资的政策指导，市侨商会举办“服务新时期经济”培训班，邀请国家行政学院中国特色理论教研室主任、博士生导师李拓，复旦大学经济学首席教授、经济管理研究所所长、博士生导师苏东水和市发改委主任吕刚为侨商举行经济形势讲座和投资政策解答。

【“百侨助百村——共建美丽乡村”活动】　活动于市第七次侨代会上在全省率先启动，活动引导侨亲慷慨解囊，助力新农村建设，明确帮扶主体、挂钩村居103个，侨捐帮扶项目170个，全市侨捐帮扶资金4.73亿元，到位3.59亿元。侨捐工程包括乡村公园、文体中心、老人活动场所、路灯工程、绿化工程、现代农业等实体项目，又有扶贫助困、助学、文明乡风建设等基金项目。

【“两岸侨界交流周”活动】　由中国侨联指导，省侨联、金门县政府主办，以“两岸侨界手携手，共建美丽好家园”为主题的第二届“两岸侨界交流周”活动于6月23—29日在台湾、金门举行，市侨联组织交流团入岛开展“探亲访友走亲戚，进村入户续乡谊”活动，与台湾基层民众进行宗亲联谊、武术表演和城隍文化交流，拜访数十个台湾社团、乡会；组织“邮票上的华侨史”及“百家姓楹联”两个展览到金门交流，参与“闽南红砖建筑”摄影艺术展。承办“金门夜•海西情”2013年两岸侨界联欢晚会。

【华侨大学境外生“美丽泉州行”活动】　组织泰国、印尼、马来西亚、新加坡、缅甸、朝鲜、厄瓜多尔等10多个国家的80余名华侨大学2013级海外侨生参观华侨历史博物馆、开元寺、锦绣庄民间艺术园、晋江五店老街，以及晋江规划馆，使海外侨生在感受泉州传统文化魅力的同时，增进对泉州“东亚文化之都”的认知与了解，加深对祖籍国、故乡、家园的感情。

【“华昇杯”福建省第23届侨界业余羽毛球邀请赛】　来自全省各地市侨联、有关侨商、侨青组织和华侨大学的17支代表队，及菲律宾等4支境外代表队约270名运动员参赛，是侨界羽毛球比赛中人数最多、规模最大的一次盛会。比赛以“球”联侨，以“球”会友，为海内外侨界人士增进共识、拓展联谊架设平台。

【惠侨爱心行动】　响应中国侨联、省侨联号召，发动市侨联全体干部职工参加365侨爱心捐赠，每人每天捐1元钱用于慈善公益事业。全年募集侨爱心365行动资金超20万元；争取市慈善总会王水九慈善基金6万元用于帮扶贫困归侨侨眷，其中扶助尤扬祖子女2万元；争取“黄仲咸教育基金会”扶助款12.64万元，用于春节慰问316户贫难侨户。发动市侨联青委会委员捐资助学、奉献爱心，捐助德化一中18万元，用于资助30名高一学生，连续资助三年，直到高中毕业；举行第五次“海西春雨•侨青助学”活动，募集8万元资助贫困归侨侨眷子女高中、大学生80人。争取“骏马育才”基金、省侨联公益基金、陈祖昌助学金等助学款11万元开展扶贫助学活动；开展送法律送医药送科技活动，市侨联率部分医务人员和法顾委律师到菲律宾义诊，这是福建省首次出境开展义诊和法律服务活动。组织到泉州台商投资区洛阳镇屿头村开展“爱心惠侨”义诊暨送法律送科技三下乡活动，向侨乡群众免费赠药近3000元，赠阅科普材料，提供法律咨询服务。

【华侨文化建设工程】　参与2013世界闽南文化节筹备和接待工作，协助邀请中国侨联为主办单位，省侨联为承办单位。并利用文化节加强与海内外侨亲的交流，拓展外联工作。选送闽南特色节目参加中央电视台2013年“祖国惦念你——中国侨联春节联欢晚会”，展示“东亚文化之都”的文化底蕴，在侨亲中引起反响。于春节期间组织到台湾台南举办“泉州花灯展”，这是连续第三年到台湾举办“花灯展”，规模不断扩大。率泉州文艺人员随省侨联团组到印尼、马来西亚参加“亲情中华”文化演出，与当地侨亲进行交流互动。发挥“一馆（华侨历史博物馆）一会（华侨历史学会）一报（泉州乡讯）”作用，加强华侨文化交流、研究、传播。与黎明大学举办“著名侨领梁披云先生遗稿《雪庐诗稿集外钞》首发式”。

【“公共服务示范点”活动】 省侨联将泉州确定为“公共服务示范点”，为发挥侨联组织优势，参与公共服务，促进社会管理创新，做好示范工作。做好侨情民意反映工作，利用中国侨联法顾委、省侨联法顾委到泉州调研之机，就华侨农场改革与发展、侨联资产保护、归侨职工生活补贴、侨房拆迁、侨捐工程管理和保护、留学生维权等涉侨维权问题，向调研组提出不少建设性的意见、建议，传递侨声民意。10月，在全省率先设立“侨界群众来访接待室”，做好来信来访接待工作，了解侨界情况和诉求，协调有关部门妥善处理台胞王渊华房屋搬迁、华侨黄祖辉侨校合并、丁顺清与基督教会房屋纠纷、吴宗凤祖厝宅基侵权等涉侨涉台矛盾纠纷。与市中级法院召开首次“泉州市涉侨维权工作联席会”，落实涉侨维权工作衔接互动机制。服务寻根问祖，晋江侨联联手协助台胞蔡氏兄弟找到失联200年的根脉，《东南早报》、泉州网等媒体以《家族故事口耳相传200年台湾兄弟一天成功寻根》给予报道。到南安洪梅、安溪官桥等地，为马来西亚李宗伟、新加坡林水金等海外乡亲寻根，对接上族源关系。开展志愿服务活动，春节期间组织多位书法家在华侨历史博物馆为侨界群众义写春联，参加市直机关工会组织的“翰墨丹青庆五一”书画精品展，并参与义拍书画，支援灾区活动等，拓展参与公共服务和社会管理的空间。

泉州市台湾同胞联谊会

【协办第五届海峡论坛“同名村•心连心”联谊活动】 6月17日，由市台联协办的第五届海峡论坛活动系列活动之一的闽台“同名村•心连心”恳亲活动在惠安崇武大岞村举行，来自台湾13个市县28个乡镇、村、里的60多位台胞和厦、漳、泉同名村的乡亲聚集大岞村，共叙亲情，台湾基隆惠安同乡会乡亲返台后特意寄来感谢信。活动前期，市台联走遍全市与台湾同名的13个乡村，了解村情、搜集图片资料，组织促成泉州8个同名村代表与台湾同名村长签约结对。

【配合做好2013年世界闽南文化节活动工作】 举荐台湾“中华文化教育交流协会”作为闽南文化节协办单位；配合做好闽南文化节筹备工作和有关台湾嘉宾的联络、接待、服务工作，陪同接待到泉州出席活动的嘉宾，如全国人大常委、全国台联会长汪毅夫，省人大常委会副主任张健，省台联党组书记蔡尔申，台湾“中华文化教育交流协会”会长陈景榕、理事长黄春林等。

【挂钩帮扶困难台胞】 市台联勤下基层，主动开展“走街串巷看台胞”活动，了解台胞生产生活情况，帮扶困难台胞，发放慰问金3万元；协助省台联发放扶贫助困专项资金18.72万元、老龄台胞生活补助金48.84万元、困难台籍助学金2.5万元；单位和干部职工捐资12000元，扶助泉港区台籍孤儿大学生刘梅琴。

【严格台胞身份认定】 完善老台胞、困难台胞档案，完成55名重大疾病或遭受灾祸的定居台胞的摸底工作；到台商投资区、安溪县等15个乡镇46户台胞家庭，核实拆户及人口变更情况，添加登记第三、四代台胞270多人；按照文件规定，开具更改台籍证明169份，中考、高考台籍子女证明54份。

【密切宗亲交流】 接待泰国华侨协会参访团、台湾中华生产党主席卢月香、台湾高雄闽南同乡会恳亲访问团、高雄晋江同乡会探亲团等到泉州考察交流的台胞团体和人士21批次256人次。

【到台湾交流】 支持晋江台联组织老台胞探亲团到台湾寻根谒祖；配合北京台联组织泉州进士后人施祖钧、黄荣国、黄世辉及专家学者到台湾参加“科举制度在台湾”活动，促进泉台民间互动。

【加强与台籍学生的交流】 与华侨大学在台生联谊、交流交往方面加强联系，赞助华侨大学台湾同学会中秋茶话会，组织开展新台生“牵手泉州•台湾新生同乐汇”系列活动等；促成台湾基隆八斗高级中学与惠安三中开展双向交流。

【增强台商交流】 走访台商、台企，特别是中小企业台商，引导他们参与地方经济建设，为在泉台商“乐业”做好服务。推荐在泉台商依凌服饰有限公司郑宇辰、富邦食品有限公司吴宏澧为省台联青委会委员、郑宇辰为省台联名誉理事。

【加强联络协作】 与厦门、漳州台联签署《厦漳泉大都市同城化台胞服务工作协作》；做好台胞界别人大代表、政协委员的推荐工作，会长陈严辉当选省台联七届理事会副会长；组织泉州台胞参加省台联第七次台胞代表会议及全国台联第九次台胞代表会议；组织市区女台胞开展庆祝“三八”妇女节活动；组织台籍大学生参加2013年海峡两岸台胞青年夏令营活动等。

【加大宣传力度】 编写、印刷出版《泉州市台湾同胞联谊会志》；组织撰写多篇介绍台胞、台商事迹文章发表于《海峡瞭望》《台湾工作通讯》等杂志；参与信息采集工作，多次在全国台联 “台胞之家”、省台联“福建台胞之家”网站上，发布主要工作信息。

泉州市科学技术协会

【加强院士专家工作】 推动院士专家工作站建设管理纳入“海纳百川”计划，为院士专家工作站的长远发展提供支撑和保障；强化院士专家服务管理职能，对原来成立的14家院士专家工作站展开调研，了解掌握各工作站的运行情况，为更好服务、管理提供参考；促使院士合作项目出好成果，建站企业有38个项目获国家、省、市级立项，有2个项目申报国家“863计划”；推动新组建3家院士专家工作站，柔性引进3名院士，使泉州院士专家工作站跃升至17家，并全部获市政府认定授牌。“6•18”期间，推动4个院士项目签约，数量居全省首位，总投资3150万元；促成3个院士项目在第十三届福建省科协年会上签约；发挥中国科协“海智”计划福建基地泉州工作站作用，促成5个“海智”（台湾）项目与泉企对接。组织市科协委员考察锦兴皮革、福源食品与院士项目合作情况，推动企业与院士更好合作。做好来访院士的接待服务工作，全年接待院士20多人次；承办“第十三届院士专家八闽行—纺织•食品•环保院士泉州行”活动，举办8场企业座谈交流活动、1场科技报告会及1场市、县座谈反馈会。泉州（北京）院士专家协会在省科协年会上授牌，构建异地院士专家智力服务平台。

【推进科技智库建设】 承办第十三届省科协年会，围绕“实施创新驱动 加快福建发展”开展交流研讨；首次举行项目签约仪式，促成3个院士合作项目、3个“海智”（台湾）合作项目成功对接；收集编译发布17项国外最新技术；特邀相关专家在“新材料新能源”和“海洋经济”两大方面与市直有关部门进行探讨，为泉州市经济发展出谋献策；举办好第十一届市科协年会，设立1个主会场16个分会场，组织2000多名科技工作者围绕“建设生态文明城市，打造和谐美丽泉州”主题进行探讨，交流论文689篇。开展泉州市科技工作者优秀建议评审活动，评出优秀建议10份，在中国科协会员日座谈会上进行交流、表彰。实现社会办科普零的突破，引导文创科技股份有限公司设立“文创科技创新奖”，从是年起每年出资10万元奖励10名优秀科技工作者，连续奖励10年，激励科技人员的创新创造热情；引导泉州贤銮福利基金会设立“泉州市青少年贤銮科技奖”，从是年起每年出资5万元奖励50个优秀学生科技创新项目、5名优秀科技辅导员和2个优秀科技教育学校，培养未来创新人才。邀请20多名院士专家到泉州，开展13场专题学术报告会、观摩会和研讨会，有2000多人次参加，拓宽科技人员的视野。

【实施科学素质工程】 推动及时调整市全民科学素质工作领导小组及其办公室成员，以加强对纲要实施工作的领导。组织召开纲要办成员现场经验交流会，总结部署纲要工作，推动全民科学素质纲要深入实施。推荐24个科普基地、农技协和7名科普带头人参评全国、全省“基层科普行动计划”表彰项目，有6个科普基地、1个农技协和2名科普带头人获全国“科普惠农兴村计划”表彰，2个科普示范社区获全国“社区科普益民计划”表彰，获中央财政奖补资金190万元；有13个科普基地、农技协和4名科普带头人获省级“科普惠农兴村计划”表彰，获奖补资金73万元。开展社区科普工作调查，指导县（市、区）开展“科普进社区”活动，举办H7N9等传染病防治讲座、“流动科技馆”进社区、科普谜语竞猜、气象科普、计生咨询、义诊、防灾减灾科普图片展览等活动，营造社区科普氛围，推动文明城市创建工作。组织编撰《蔬菜主要病虫害综合防治技术》《无公害蔬菜栽培技术》《无公害乌龙茶生产技术手册》等农村实用技术优秀乡土培训教材；以农函大为依托，推动各地开展在乡农民实用技术培训。在市区府文庙广场举办主题科普活动，组织5个省级学会、7家环保企业及31个市（区）全民科学素质成员单位和市级学会的90多名科技工作者、80名科普志愿者参加活动，分发科普资料74种8000多册（本），受益公众达5000多人次。

【加强青少年科教工作】 开展以“节约粮食，从我做起”为主题的科学调查体验活动，发放《活动手册》5720册、科普挂图208幅，有142所中小学校5500多名学生参与。开展小学生“探索•科学百科”知识竞赛、科普专家进校讲座等活动，吸引5万多名小学生参与。组织40名高中生参加全国高校科学营活动。科技馆利用寒暑假、节假日举办电脑机器人、科技小制作、电子百拼、少儿科技启蒙等培训班30期，培训学员600多人次。推行科技副校长选派制度，新选派科技副校长38名。举办5期科技教师创新教育培训班，邀请5位省级创新大赛资深评委授课，有375名科技教师参训；选派76名优秀科技教师分别参加全国、全省科技创新、科学DV、科学调查、机器人竞赛辅导培训，提高科技教师业务素质。举办以“科学教育促进科技创新后备人才培养”为主题的第九届青少年科技教育论坛，征集论文192篇。与市教育局联合开展“2011—2013年泉州市青少年科技教育工作先进集体和个人”评选表彰活动，表彰10所青少年科技教育先进学校，给予每校5000元经费补助；表彰20名优秀校外兼职科技副校长，给予受派学校每校3000元经费补助。落实《泉州市青少年科技创新大赛奖励办法》，对2011—2013年度在青少年科技创新大赛中获奖的项目及个人进行奖励，发放奖金5.6万元。在第28届省青少年科技创新大赛中，泉州获12金13银12铜，金牌数及奖牌总数均居全省第二，有6个学生创新项目、1个科技实践活动、3个科技辅导员创新项目、1名优秀科技辅导员获卢嘉锡科学教育基金奖。

【加快科普场馆建设】 开展科技馆新馆建设调研，细化科技馆新馆建设方案设计、资金筹备方式、布展方案设计等环节，形成《泉州市科技馆新馆建设初步设想》。开展“基层科普能力建设项目”资助工作，拨出110万元资助县（市、区）建设35个社区科普活动中心、青少年科学工作室、企业科普场馆、科普教育（示范）基地和示范性农技协。争取到福建省流动科技馆巡展项目210万元（全省4个），购置55个展项、58件展品、100面展板、一座移动球幕影院，设“科学探索”“科学生活”“科学实践”3个主题和9个分主题展区，到永春、德化、洛江等地巡展。同时，协助基层争取到省级专项建设资金109万元，用于基层科普场馆、科普惠农服务站建设，提升基层科普服务能力和科普教育功能。推动鲤城区加快整合区科普文体活动中心，伍堡科普活动中心打造“全省科普活动场馆”示范点；丰泽区少林社区科普活动中心凸显科普群体与社区文化活跃的特色，被列入区级社会事业科技项目；洛江区科技馆完成选址进入规划设计，方案已获区政府批准；泉港区石化科普馆正在布展装修；晋江市科技馆建成4D动感影院并对外开放；南安建成占地3500平方米的辉煌水暖集团科技文化馆；惠安科技馆建设纳入县政府议事日程，崇武海洋环境监测站海洋科普馆、张文裕院士故居科普馆在规划设计；永春佛手茶文化科普馆完成主体工程进入布展设计，五里街建成球形智能温室大棚；德化生态科技馆建成对外开放，湿地科普园正在规划设计。提升科普场馆的展教实效，市科技馆坚持节假日免费对外开放，并利用“五一”、“5•12”、“六一”、国庆等节假日举行科普游园活动，通过播放科普宣传片和科幻电影、开放地震模拟体验台、有奖竞猜等活动，接待观众5.9万人次；举办防震减灾、心理科学、防核辐射等公益科普讲座20场次，近4000人次参与；充实流动科技馆的展示内容，组织到丰泽、洛江、泉港、惠安、安溪、永春、德化等地18所中小学、农村、社区巡展，接待公众5.4万人次。

泉州市文学艺术界联合会

【开展重大文艺主题活动】 围绕市委市政府工作大局，精心组织2013年世界闽南文化节系列活动，举办闽南红砖建筑美术摄影展等7项活动。围绕泉州当选首届东亚文化之都，精心组织系列文艺活动。启动泉州市创建“中国书法名城”工作，开展创建的具体工作。

【加强文艺创作和人才培养】 打造文艺精品有成效，提线木偶戏《赵氏孤儿》获“第十四届文华奖——优秀剧目奖”和3个单项奖。在中书协主办的赛事上，21人获优秀作品奖（最高奖），另有60人入展。培养和壮大文艺骨干队伍，2人被中国书协评为2012年度“中国书法进万家”活动先进个人，永春县书协被评为先进集体。1人被中国美协水彩画艺术委员会聘为委员（全省首位）。对台对外文艺交流活动进一步加强，举办第五届海峡两岸电视主持新人大赛等展事；承接中国音协、中国作协等赴泉州采风及培训活动；组织艺术家到澳门、金门书画联展暨笔会交流。

【开展文化惠民活动】 成立福建省首支文艺志愿服务队，推动文艺志愿服务活动深入开展。举办在全国有影响的大型活动，与中国国标舞总会联办福建省规格最高、规模最大的2013年国际标准舞（体育舞蹈）全国公开赛暨CBDF“中国杯”国际标准舞巡回赛，举办第三届中国海西书画大展赛。组织开展纪念毛泽东《在延安文艺座谈会上的讲话》发表71周年系列文艺活动、“欢乐泉州”基层宣传文化活动、“画家走基层，丹青绘泉州”、第二届巴金文化节及各种艺术展览和艺术活动几十场次，丰富人民群众文化生活。

【重视文联组织自身建设】 加强特色文艺示范基地建设，四个基地被授予省第三批特色文艺示范基地，入选数量居全省首位。加强基层文联建设，成立泉州市公安文联和罗溪镇文联。办好国内外公开发行的《泉州文学》纯文学月刊，在省期刊协会举办的“2013年期刊优秀封面”评选中获金奖。

泉州市社会科学界联合会

【组织实施好三年一届的市社科成果最高奖项的评审工作】 修订《泉州市第五届社会科学优秀成果评奖实施意见》及《泉州市第五届社会科学优秀成果评奖工作方案》，组织社科界积极申报，来自73个单位的成果352项参与评审，成果申报量比上届增加51.72%。评审工作坚持以专家为主体、公平公正公开原则，完成初评、复评、复议、终评等工作。组织市社科研究成果参评省第十届社科优秀成果奖，25项成果进入授奖名单，其中二等奖4项、三等奖21项。

【承担市委“海纳百川”人才工作计划之哲学社会科学领军人才遴选工作】 配合市人才工作领导小组，拟定《泉州市哲学社会科学领军人才计划暂行办法》，制订申报、评审工作的有关方案，2013年市哲学社会科学领军人才申报工作完成，走在全省“海纳百川”人才工作的前列。

【规范社科研究规划课题】 组织召开市社科规划领导小组工作会议，科学规划项目管理工作，讨论通过《泉州市哲学社会科学研究规划课题管理办法（试行）》，使项目管理进一步科学化、规范化、制度化。调动专家学者积极性，吸纳社科界智慧，围绕市委、市政府中心工作，组织开展年度社科研究规划项目管理工作。在35个单位组织申报的301项课题中，经专家评审，规划领导小组审批，立项125项，提供课题研究经费78万元。研究内容更加贴近中心工作，突出“金改区”“综改区”等热点焦点问题；课题研究经费在市财政专项拨款只有22.4万元的困难局面下，想方设法开拓课题研究经费来源渠道，从委托单位和合作单位中筹集资金55.6万元。通过委托课题调研的方式为地方党政部门、企事业单位等13个单位解决“热点”“难点”问题献计献策，部分课题完成研究初稿，获有关部门好评。组织市社科界申报国家、省社科研究项目、社科成果奖。有14项课题获国家社科基金项目立项，达到历史最高水平；有56项课题获省社科研究规划项目立项，创下年度课题立项数量新高。

【社科普及宣传工作】 组织市社科普及宣传周活动，成立组委会，市委常委、宣传部部长、教育工委书记陈庆宗担任主任。并于10月19日举行启动仪式，市委常委、宣传部部长陈庆宗，人大副主任张建生，副市长周真平等、12位离退休原厅级干部和市直十几个部门的负责人出席仪式。本年度参加活动的人数比往年更多，活动的内容比往年更丰富，取得的成效比往年更明显，活动的前后期均有媒体报道跟进。指导4个省级、12个市级社科普及基地因地制宜，创造性地开展工作，举办世界闽南文化展示、诗情画意访古船等主题展览，向市民宣传闽南文化，取得良好社会影响。中国闽台缘博物馆、泉州海外交通史博物馆2个基地获全国优秀人文社科普及基地表彰。办好“泉州市民文化大讲坛”。与团市委、市青联举办“泉州市民文化大讲坛”，充实专家及讲题。在没有财政专项经费拨款的情况下，突出公益，立足基层，面向市民，提升市民文明素质，为创建全国文明城市发挥作用，成为泉州市与“华大讲坛”并列的重要学习品牌，迄今举办64期，本年度举办5期。

【提升社科社团工作活力】 结合经济社会发展实际，指导成立社科社团，服务地方发展。结合泉州经济社会发展需要，指导成立市社会发展协会、资本运作研究会、保险学会、嗓音艺术学会、演讲与口才协会、市职业技术教育研究会7家社科社团，酝酿筹备成立中华道商（泉州）协会等社科社团，其中社会发展协会、资本运作研究会为福建省首家市级相关社团，市保险学会系全省第二家市级保险学会。规范社团年度检查工作，组织社团参加评估，促进社团加强自身建设。举办首期社科类社会组织青年骨干培训。邀请省社科联学会部主任李道兴、市委党校教授等熟悉社团管理工作和相关法规政策的专家作专题讲座，有37个社团的主要负责人参加业务培训。组织开展社科活动资助项目申报、立项评审工作，经评审立项18项，提供活动经费6万元，为各基层单位开展社科活动提供有力支持。

【会刊、网站、主题学术研讨齐头并进】 出版《泉州学林》（季刊）正刊3期，增刊1期，适时推出“金改区”“综改区”“东亚文化之都”“学习十八届三中全会”等专栏。与台湾首府大学、泉州轻工职业学院等单位举办“两岸高职课程开发论坛”，教育部、中国劳动关系学院、东北师范大学以及台湾的名家教授到会演讲。与市社会发展协会开展“2013年社会发展论坛”，联合泉州市俞大猷研究会等举办“弘扬俞大猷精神研讨会”。与市教育局、市孔子学会组织“国学与素质教育”研讨会。

【重视交流协作】 配合做好中国社会科学院闽南文化研究基地设立相关工作。世界闽南文化节期间，按市委部署做好中国社科院领导到泉州考察调研的接待陪同工作，实现闽南文化研究基地在泉州授牌，这是中国社科院首次在福建省设立研究基地。9月，承担省委书记尤权指定的省社科重点课题《福建民营经济续写精彩“第二季”的对策建议》专家组到泉州调研的组织协调工作。11月，接待中国社科院西亚非洲研究所中东研究室“中国对中东战略”创新项目组到泉州开展复兴“海上丝绸之路”专题调研。承接市金融办金改课题招标工作。发挥社科联桥梁纽带作用，配合市金融办召开专家评审会，评出金改课题候选中标团队。

泉州市残疾人联合会

【加强和改进工作作风】 通过开展各类主题活动，强化全市残联系统干部的服务意识和大局意识，完善各项工作机制，改进机关作风，提高服务能力。出台《泉州市残联开展“马上就办、办就办好”活动实施方案》，梳理自查行政审批事项和一般办理事项，简化程序，缩短时限，提高工作效率。开展领导干部“四下基层”活动，通过下基层挂钩帮扶、信访接待、现场办公、调查研究、宣传政策等，帮助残疾人解决生活生产困难；开展下乡义诊、现场咨询、现场办证、慰问走访等各种形式助残服务，贴近群众开展服务；开展“相互学习同进步，对标找差促发展”基层残疾人工作调研活动，调研18个特色项目（点），交流13篇工作典型经验，召开12场座谈会，形成推动残疾人事业科学发展的思路。开展“增强忧患意识，推动长远发展”大讨论活动，针对服务设施建设和使用情况进行调研，并形成具有指导意义的调研成果，科学谋划未来发展蓝图。

【抓好重点项目和工程】 全年投入6000多万元使11万多人次残疾人得到康复、就业、教育、扶贫、社会保障等多种扶助。完成国家“七彩梦行动计划”、彩票公益金项目，省、市为民办实事项目，市县两级慈善助残“复明、助行、助听”工程项目和市县“福乐家园”建设工程等。全市有6000多名残疾人得到康复救助，1840名智力、精神和重度残疾人得到托养服务，172000多人次残疾人享受基本生活保障，8000多人次残疾人得到就业扶助。拓展服务阵地，完成全省地市级规模最大、占地50亩的泉州市残疾人服务中心（福乐家园）一期1万平方米的综合楼建设，二期7700平方米培训楼即将动工建设；新购建的泉港区、永春县各3000多平方米“福乐家园”已投入使用；石狮市1600平方米的综合服务中心重新装修，设置新项目。列入省级为民办实事项目的南安、惠安、安溪“福乐家园”在抓紧内装修。

【实施“强基育人”工程】 实施残疾人组织建设 “强基育人”工程，按照工程方案要求的9个大项40个小项的评估标准，开展自查评估工作，夯实残疾人基层组织建设基础。市残联举办全市乡镇街道残疾人联络员岗位资格培训班，对全市215名乡镇级联络员进行综合培训，提高联络员骨干队伍的业务素质和履职能力。

【开展第二十三次“全国助残日”活动】 5月19日是第二十三次“全国助残日”，全市开展以“帮扶贫困残疾人”为主题的扶残助残活动。市残联在市区工人文化宫举行广场庆祝活动，开展现场政策咨询、康复义诊、听力测试、助听器选配、健康咨询和家电维修等便民服务，活动当天30多名志愿者为残疾人提供帮助，近百名群众接受便民服务。

【残疾人康复】 加强对残疾人定点康复机构的业务指导和规范化建设管理，全市新增7个定点康复机构和2家儿童矫治手术定点单位，市本级和晋江市残联创建省级“福乐幼儿园”，泉州市盲聋哑学校创办泉州市首个公办自闭症教学点，市县两级残疾人康复中心建设得到进一步整合。巩固和加强社区康复站建设，推进“康复进社区，服务到家庭”服务，举办全市残疾人康复指导员培训班；做好残疾预防工作。全面完成国家“七彩梦行动计划”、彩票公益金项目，省、市为民办实事“贫困残疾儿童康复救助工程”项目，市县两级慈善助残“复明、助行、助听”工程项目和其他康复专项工作。全市2700多名白内障患者重见光明，200多名听力障碍残疾人回到有声世界，700多名低视力患者配备助视器，720名残疾人安装假肢、矫形器，700多名脑瘫、听力、智力残疾及孤独症儿童得到康复训练救助。全市全年发放辅助器具2000多件。中央、省、市、县四级投入康复救助金1800多万元。

【残疾人社会保障】 实施省级为民办实事“残疾人托养服务”项目，扶持在“福乐家园”机构托养的困难残疾人500名，补助贫困重度残疾人居家养护1000名。全市投入556万元对贫困智力、精神和重度残疾人集中托养和居家养护进行每人每年2000—5000元的补助。全市40000多名贫困残疾人纳入城乡低保和农村五保，基本实现“应保尽保”。22300多名重度残疾人每月领取30—300元的救助金。38517名持证残疾人享受每人每年300元生活保障金。71454名残疾人免费获得意外伤害保险，提高抵御风险的能力。为全市1380多名贫困残疾人发放燃油补贴35.88万元，投入86.8万元改善868户残疾人的家庭无障碍环境。开展慰问活动，全市走访慰问贫困残疾人1000多户，发放慰问金100多万元；投入679万元开展残疾人“安居工程”“造福工程”和“旧房改造”；做好残疾人小额信贷工作；政府投入、慈善机构捐款和社会热心人士支持600多万元，资助3000多名贫困残疾学生和残疾人家庭子女就学。

【残疾人就业】 实施省级为民办实事“扶持300名残疾人家庭开展就业创业”项目，投入150万元，每户给予资金补助5000元。各级残联举办专场招聘会13场，帮助1920名残疾人与用人单位牵线搭桥；开办各类型培训班40多期，免费培训残疾人4055人次，通过“爱心小店”等形式安置残疾人就业1800多名。福建省残疾人岗位精英职业技能竞赛中，泉州残疾人黄色山获烹饪项目第一名，代表福建省参加全国岗位精英职业技能竞赛获创意作品奖。巩固市级和晋江、安溪等9个县（市、区）残疾人就业服务机构规范化建设，优化残疾人就业服务各项建设指标，提升机构的服务能力。

【残疾人宣传和文体活动】 通过在“全国助残日”“国际残疾人日”等残疾人重大节日开展主题助残宣传活动，发动报刊、广播、电视、网站等各种媒体积极播报泉州残疾人工作，宣传残疾人自强模范先进事迹和社会各界扶残助残事例，营造扶残助残氛围。全年省级及以上媒体播报泉州残疾人工作300

多篇。全市建设有残疾人“福乐书屋”“福乐健身站”和残疾人活动室，活跃残疾人的文体生活。泉州市6篇文章参加省“我的助残故事”征文比赛，获1篇一等奖、1篇二等奖、3篇优秀奖，并获组织奖。泉州市参加省第九届残疾人艺术汇演获2个一等奖、3个二等奖、9个三等奖和组织奖，其中选送3个节目参加第八届全国残疾人艺术汇演获1个一等奖、1个二等奖。泉州市参加省第五届特奥会获17金20银7铜，并获体育道德风尚奖。

【残疾人信访维权】 宣传《福建省实施〈残疾人保障法〉办法》，营造维护残疾人合法权益的社会氛围。各级残联为残疾人办理法律援助案件200多件，其中市级30件。市残联下发《关于开展全市残联领导干部下访接访活动的通知》，建立领导干部解决信访问题工作机制。各级残联加强与司法、公安、信访部门的沟通联系，及时解决残疾人的信访问题。全年全市处理信访信件140多件，接待来访900多人次，未发生集体上访事件。

泉州市金门同胞联谊会

【两岸往来】 全年接待和参与接待到泉州的金门和台湾乡亲13团1540人次；自行组团到金门、台湾交流2团21人次。2013年市金联对台（金）交流呈现“四多”：团组多、数量多、类型多（包括宗教朝圣、同乡联谊、经验学习、文化交流、族谱展示等）、重要人士多（包括台湾政界人士杨应雄、李沃士、王再生，台湾乡镇市民代表会联合总会秘书长刘冠雄等）。

【金门宗教文化交流团到泉州拜谒关帝庙】 2月28日—3月1日，金门县政界人士李沃士、王再生带领金门县关圣帝君宗教文化交流团一行近1300人，到泉州通淮关岳庙晋谒关帝，受到泉州各界的欢迎和呼应。

【组团赴台交流】 首次单独组团拜访旅台金门同乡会。5月10—16日，组团到台湾、金门交流，在7天内拜访13个社团和单位。

【文化交流】 由金门县议会和泉州泉台民间交流协会主办的“翰墨飘香——两岸书画联展”于9月25日在金门县开幕，展出90位书画家的113幅作品，市金联首次组织金胞书法爱好者张鑫雨、陈庆晓及书法老师陈志生、李世权4人10幅作品参展。

【走访慰问】 组织人员到永春、南安、石狮、市区等地进行春节慰问。组织人员看望部分老金胞并为未能参加重阳节座谈会的老金胞送去重阳节敬老金。11月23日，到鲤城探望慰问金门乡亲；发放春节慰问金8人2600元，重阳节发放吴芳檀敬老金60人19100元；发放吴芳檀大学奖学金2人7000元，代省金联发放2013年度奖学金2人600元。

【对内联谊】 邀请鲤城片区43位乡亲在华侨大厦举行2013年春节片区座谈会；8月8—9日，举行2013年青少年夏令营，23位金胞学子参加活动；10月7—8日，在泉州市金山老干部招待所举行2013年重阳节老金胞座谈会，在泉州年满60周岁以上的金门籍乡亲和金胞遗偶近80人参加，并举行义诊活动。

【发放“两补”金】 2013年，全市应发放“两补”专项资金74人次107400元，其中符合1947年12月31日前出生条件的老龄金胞62人，困难金胞12人。于12月27日通过银行汇入受惠金胞账户。

【参政议政】 金门籍的人大代表和政协委员积极参政议政，其中《关于简化公维金管理使用程序的建议》被列为市政协2013年重点提案；《关于继续扶持乡镇公办幼儿园的建议》《关于推进心理健康教育进社区的建议》被市人大教科文卫委列为重点督办建议；《关于多渠道发展养老服务体系的建议》被市人大财经委列为重点督办建议。

泉州市计划生育协会

【加强组织建设】 推进协会“四联创”活动，以市人口计生领导小组下发《关于深入开展计生协会“四联创”活动的实施意见》为契机，全面部署推进“四联创”工作，并通过抓调研、树典型，推进基层协会创先争优活动。全市创建先进乡镇（街道）协会79个，占乡镇(街道)协会总数的48.5%；一流村（社区）协会1063个，占村(社区)协会总数的42.8%，合格村（社区）协会1125个，占村(社区)协会总数的45.3%，两类合计87.6%；五好协会小组13232个，占协会小组总数的70%。加大流动人口和企业计生协会建设力度，专门召开全市流动人口和企业计生协会建设工作推进会，总结交流经验，研究部署工作。全市建立流动人口和企业计生协会2949家，覆盖流动人口育妇98.6万人。推进人口计生基层群众自治工作，全市852个村（社区）开展人口计生基层群众自治万村示范活动，其中有34个村（社区）被评为全国人口计生基层群众自治示范村。

【加强宣传教育】 在元旦、春节、母亲节、“5•29”会员活动、“7•11”世界人口日、“12•1”世界艾滋病日等重大节假、纪念日组织10场大型宣传活动；连续7年在《泉州晚报》刊载“关爱坚强母亲行动”系列报道，为42位坚强母亲筹款35.7万元；连续7年与市科技局等部门联合举办泉州市农业技术和营养健康知识远程培训。开展计生

“三演”（演出、演唱、演讲）活动，组织宣讲团到基层开展学习宣传中共十八大精神暨倡导“生育文明•幸福家庭”巡回演讲活动。各级协会踊跃向省《协会信息》和《计生协会小组》投稿，刊用数位居全省首位。市协会编辑刊发32期《协会信息》，更新协会网站内容，反映基层协会动态、交流工作经验。

【深化和拓展生育关怀行动】 新筹集生育关怀资金4500万元，567个村(社区) 和244个企业成立生育关怀基金，分别筹资1836.5万元、4513万元。各个服务项目持续发展，巩固提升。推进计生特殊家庭关爱行动项目。争取市委、市政府提高“特扶”标准，并把计生特殊家庭关爱行动纳入市委市政府2014年为民办实事项目；以市人口计生领导小组专门发出《关于深入开展计生特殊家庭关爱行动的通知》，号召各级各有关部门在全市范围内开展计生特殊家庭关爱行动，并提出具体要求。推动全市所有县（市、区）都分别以党委政府或人口计生领导小组、生育关怀行动领导小组名义出台文件，加强组织领导，划拨专项资金，提出具体措施。通过开展关怀慰问活动、加大经济扶助力度、实施再生育、收养关怀和医疗救助、组织志愿者服务、探索养老保障机制等措施，开展计生特殊家庭关爱活动，取得显著成效。

中国国际贸易促进会泉州市支会

【围绕开拓市场做好展览服务】 发挥组织企业出国（境）展览的主渠道作用，实施“品牌境外行系列活动”，引导企业到境外参展，开拓“泉州货”的国际市场。全年组织189家企业参加30个国（境）外展会，展位数245个；组织15家企业、31个展位参加境内国际展会，力求内外并举，争取更大实效。参展企业在寻找国际买家、获取订单上有较大收获，全年参展企业接待采购商3500多人次，与采购商现场达成意向合同6600多万美金，58%的企业通过展会平台在参展国寻找到合作伙伴。新兴市场占比明显增长且专业性项目逐步占据主导，全年新兴市场出展项目数21个，占全年项目数的70%；展位数178个，占全年展位数的73%。拓宽组展渠道，形成以自主组展为主，与系统内联合组展和择优与组展机构合作组展为辅的主辅相济、两翼共进的组展工作新格局，并形成国别多元化、展品多门类、展项多层次的国际展览项目资源。与中展集团、福建世创商务展览、厦门盈拓展览、新天会展等优质组展机构开展业务合作，与中国贸促会、福建省贸促会及周边省、市贸促系统联合组展工作均呈现优质发展，良性互动，奠定组展工作持续健康发展的基础。

【围绕提升企业竞争力做好法律服务】 通过走访企业、下厂宣传、分发材料、开通网络服务平台等方式，开展释疑解惑、政策解读等工作，并在洛江区和晋江陆地港分别新增设2个签证联络点，在方便企业办证的同时，拓宽出证认证的业务渠道。全年帮助企业签发原产地证43441份、优惠产地证503份、商事证明2308份，代办领事认证3992份，新增注册企业84家，协助企业办理必维检测业务120多件，帮助协调涉外贸易纠纷案件4宗，案值80多万美元。在服务过程中，变被动为主动，从“坐窗口”到“下企业”，坚持每月安排6—8场小型法律业务培训，向企业印发法律服务宣传材料600多册，设立开通出证认证服务QQ群，百家企业加入平台。贯彻落实《国家财政部、发改委关于免征小型微型企业部分行政事业性收费的通知》要求，为643家小型微型企业减免了原产地证办证费用71万元，减轻小型微型企业负担，促进企业持续健康快速发展。针对产地证、单据认证、商事证明书等法律服务，坚持做到“当日即办、当日办结”，针对周末、节假日等特殊时间段，开通周末、节假日预约服务，实行“5个工作日，7天服务制”，凡是企业急需办证、领证，做到“随叫随到，随到随办”，尽可能满足企业的需求，帮助急需办理业务的企业解决难题。

【围绕平台搭建做好联络服务】 联络接待世界贸易中心协会主席一行、美国泉州联合总会（北美经贸促进商会）、匈牙利福建明溪商会、印度尼西亚印中商务理事会、泰国商务部外贸厅、美国驻广州总领事、匈牙利亚洲中心等国（境）外代表团来访，计15个团组85人次；以“4•18”“5•18”“6•18”“9•8”等重大经贸活动为契机，承办或协办“美国泉州联合总会与泉州企业座谈会”、香港投资推广署驻粤办泉州旅游及食品行业高管午餐座谈会、中国（福建）企业跨境并购与投资项目对接会、“立足英国•迈向国际”研讨会、“中国（福建）—东盟中小企业合作论坛”、“厦门—美国企业洽谈会”、匈牙利亚洲中心信息发布会等活动；组织、推荐福建福山轴承有限公司、三青无患子生物科技有限公司等83家企业分别参加台北“2013年全球采购伙伴大会”、“‘善用香港优势•开拓海外市场’（2013年福建厦门香港周）投资研讨会”、“5•18”第九届国际商协会领导人会议暨服务贸易国际对接会、“6•18”澳门贸易投资促进局福州联络处揭牌仪式暨澳门经贸代表团欢迎午宴等活动。注重与境内外商协会机构建立合作机制，帮助企业开拓海外市场。与希腊经济商会、土耳其梅尔辛工商会、土耳其中华总商会、菲律宾福建总商会、以色列以华通集团咨询公司、希腊—中国工商会、匈牙利福建明溪商会、印度尼西亚印中商务理事会8个商协会机构签订合作谅解备忘录，并在匈牙利、印尼设立泉州国际商会海外联络处；与澳大利亚国际商会建立信息交流、资源共享的联系机制。以在北京举办的“4•18”中国（福建）企业跨国并购与投资项目对接会为牵引，做好参与活动组织联络工作，促进项目对接。

【围绕聚集合力做好商会建设】 做好泉州国际商会二届三次会议和泉州国际商会常务理事会暨全市贸促工作总结交流会等筹备工作，向会员企业报告2012年度国际商会工作情况和财务执行情况。举办“海外应收账款的成因、防范及追收”知识讲座，70多家会员企业参加，引导企业防范各类风险，推动企业发展壮大。推荐38家企业作为拟换届的福建国际商会理事会成员单位。推荐泉州匹克体育用品有限公司等9家企业加入由中国贸促会牵头设立的中国自主品牌建设促进工作联系机制，为泉州品牌企业走出国门，开拓国际市场，打开新途径。拓宽信息传递渠道，关注国内外最新经贸时政，有针对性地引导企业用足、用好国内外相关经贸政策，帮助企业正确把握形势、及时调整产品结构、提高抗风险能力。

军警机构

泉州军分区

【坚定官兵职工的理想信念】 抓住举旗铸魂、坚定信念这个根本，推进党的创新理论武装，官兵职工向“听党指挥”聚心。采取集体议学、领导带学、个人自学、交流互学、参观见学等方式，学习贯彻中共十八大、十八届三中全会精神特别是习近平系列指示，推开“读经典、学哲学”活动，重在深化理解党的创新理论上求深入。按照系统学习、专题辅导、集中研讨、转化成果的步骤，抓好以强军目标为核心的两项重大教育和改进作风专题教育，引导官兵职工牢记强军目标、坚定强军信念、投身强军实践。区分不同阶段，扭住敏感问题，坚持弘扬正气，纠正思想偏差，引导党员干部处理好党性与个性、自律与他律、有为与无为的关系。坚持正题切入、正向发力、正面引导，在围绕强军目标和中心工作宣传中，汇聚正能量、传递好声音，增强新闻报道的穿透力、感染力、影响力。军分区政治部和石狮市人武部被省军区表彰为新闻报道先进单位。

【提升国防动员支前能力】 按照姓战、为战、能战、胜战的要求统领作战准备，研究制定贯彻两级军区党委1号文件的12条措施，形成聚焦抓准备的鲜明导向。修订完善2个主案、27个配套方案计划，结合指挥所演练，抓好泉港、惠安、石狮、晋江人武部作战准备中期检验评估。推进战备“三化”建设，通过组织指挥民兵分队参加防抗台风、森林灭火等行动，遂行任务能力得到提升。石狮、鲤城、惠安人武部被省军区评为规范化建设达标先进单位。采取抓头练官拓展练、教学骨干经常练、重难点课题攻关练、指挥所演练研讨练、专武干部集中练的组训模式，聚焦“三项重大军事工作”。集智攻关民兵网络分队战法创新，获省军区评审三等奖；泉港民兵高炮连参加省军区防空兵群实弹战术演习，受到省军区通报表扬。着眼应战、统筹应急，调整压缩民兵数量，吸纳新型企业人员，编实建强应急、支援、储备三支队伍。南安市民兵整组工作接受南京军区检查验收，得到充分肯定。适应征兵季节调整变化，按要求完成新兵征集任务，大学生比例占39.3%，确保优质廉洁征兵。

【全面建设现代化后勤】 按照常态保持、精准高效、配套完善、机制规范要求，使保障能力在创新、精确、纠偏、改善上求突破。指导泉港、惠安、南安、石狮、安溪、永春人武部展开试点成果推广普及，突出抓好后勤保障信息化建设，规范“四室一库一食堂”建设标准。全面展开后勤动员潜力核查，重点掌握信息技术领域潜力，勘察食品、装备、木材“三个储备中心”，为战时征用摸清底数。结合开展“两项普查”活动，核实界定军产，组织空余房产清理清查，清退不合理占房，纠治租赁不规范等问题。筹措资金1000多万元用于翻建机关公寓楼，按时绿化美化军营环境，及时防控H7N9禽流感，改善官兵职工的工作生活条件。

【提高规范化建设水平】 贯彻以上率下、敢于较真、持续推进的要求，引领部队转变作风抓管理，提升规范化建设水平。把中央“八项规定”和上级改进作风措施作为铁律，肃正风气、树好形象，形成上下联动、改进作风的良好局面。把维护军事机关军人军车良好形象作为加强作风建设的落脚点，从严格秩序、严谨作风、严肃查纠入手，抓好“人、车、枪、弹、密”的日常管理，部队工作生活秩序正规。落实每季度安全管理形势分析制度，组织重大安全隐患排查整治、保密大扫除和民兵武器装备普查等活动，排查深入，纠治见底，防范有力。狠抓公务用车专项治理，更换新式军车号牌46副，落实车辆派遣报批手续，严抓驾驶员整训和违规整改，军车违章抄告起数较往年下降81%，军车运行秩序明显改观。

【党管武装和双拥工作】 着眼双重领导、双向兼职特点，建立健全军民融合式发展的长效机制，确保党管武装和双拥工作真正落到实处。在全省率先完成国防教育办公室移交、落实合署办公制度和组建国防教育讲师团；开展国防教育日活动，对全市35家国防教育基地示范学校进行调研，全民国防意识得到加强。筹划第一书记履职见面会、国动委主任现场办公会、军政座谈会、过军事日等活动；组织召开市委议军会、国动委工作例会、第一书记述职报告会，经验做法被省军区转发；牵头组织党管武装绩效考评，强化地方各级领导和主抓部门的责任意识。研究制定出台“2个意见1个细则”（《关于进一步加强市县两级国动委规范化建设运行的意见》《关于加强乡镇街道专武干部配备使用管理的意见》《泉州市军人子女教育优待实施细则》），推动军民融合步入法制化轨道。发挥军地桥梁纽带作用，牵头驻泉部队开展拥政爱民活动，响应军地关切在抢险救灾、扶贫帮困、军转安置、军属子女就业入学等方面均取得新成绩，所辖县（市、区）实现“全省双拥模范城”满堂红。

【重难点攻关与战法创新活动】 着眼贯彻习近平“能打仗、打胜仗”总要求，根据两级军区赋予的6个重难点攻关课题和2个战法创新课题任务，制订《重难点攻关和战法创新活动实施计划》，成立由区部两级13名骨干和5名地方有关单位、科研院校技术专家、教授组成的研究攻关小组，细化区分任务，明确标准要求，集中组织研究攻关。攻关小组还专题到省军区机关有关部门、省交战办、经动办、军区航务军代区及厦门交战办等有关单位收集相关材料。军分区从党委经费中划出30万元，作为重难点攻关与战法创新专项经费，各人武部均落实不少于5万元的专项经费，为研究攻关提供了坚强的财力保障。11月中旬，参加省军区集中组织的作战重难点攻关方案暨战法创新研究评审会，军分区民兵网络分队作战运用获三等奖，民兵网络分队作战运用展板被选送军区党委扩大会布展。

【民兵组织整顿】 市民兵组织整顿工作坚持按照“突出应战、统筹应急”要求，在2012年抓试点的基础上，压减组织规模、调整建设分类、优化结构布局、改进编组方法，推进“四项”改革，构建数量规模适度、布局结构合理、人员素质优良、管理指挥有力的民兵组织体系，推进民兵调整改革工作落实。整顿工作从3月1日开始至5月15日结束，突出抓潜力核查、规模论证、任务分解、整组部署、全程指导、检查验收、整改完善、总结梳理等环节。

【征兵工作】 市征兵工作坚持以实现“强国梦、强军梦”的目标为指导，突出以兵员质量为核心，以“大学生征集”为重点，以控制初中毕业生为底线，发挥地方政府主导作用，在“早、实、好”上下功夫、求实效，军地合力、领导靠前，走实“十个步骤”，从严把好“六个关口”，高标准、超员额完成上级赋予的征集任务，实现市政府明确的“五保”（保质、保量、保廉、保安全、保满意）目标。大学生新兵比例与控制初中生新兵比例远远超出国家和军区提出的兵员质量指标。

【党委七届十四次全体扩大会议】 1月17日，军分区召开党委七届十四次全体扩大会议。市委书记、军分区党委第一书记黄少萍到会指导并作讲话。会上传达学习两级军区党委扩大会议精神，军分区党委书记刘卫国作工作报告，统一思想、理清思路、明确具体抓手和目标责任。军分区党委副书记林俊其作“把使命任务刻在心头，以确保打赢的精气神，加紧推进军事斗争准备落到实处”的讲话。会议期间，表彰一批先进单位和个人，军分区与各县（市、区）人武部、干休所签订党风廉政建设责任书、“两防”工作目标管理领导责任书。

【各县（市、区）党管武装第一书记述职报告会】 4月15日，市委、市政府、军分区组织召开各县（市、区）人武部党委第一书记述职报告会。市委、市政府主要领导，军分区党委常委，市国动委领导及全体成员、市国动委各办专职副主任，各县（市、区）委书记、人武部党委第一书记，各县（市、区）人武部部长、政治委员，军分区机关各科长参加会议。会上，各县（市、区）人武部党委第一书记进行述职；市委常委、军分区政治委员、党委书记刘卫国讲评县（市、区）人武部党委第一书记履职情况并就下步党委武装工作提出要求；市委书记、军分区党委第一书记黄少萍出席会议并讲话。会议达到统一思想、明确责任、交流工作、借鉴经验、相互促进、共同提高的目的，强化人武部党委第一书记的国防、使命、责任意识，开拓和理清党管武装的工作思路。

【协调召开泉州市委常委专题议军会】 7月15日，军分区协调召开市委常委专题议军会。会议传达学习军委、总部、两级军区关于加强国防后备力量建设有关文件精神，军分区司令员林俊其汇报2012年以来推动国防后备力量建设和作战准备、市委议军会决议落实情况，提出需要会议解决的泉州市国防教育办公室移交后的经费保障、市县两级国动委机构运行机制建设、专武干部队伍建设等问题，并审议通过。会后，军分区依据市委议军会研定问题的决议精神，协调市委市政府相关部门，按照计划和职能分工，重点抓好市国防教育办公室的交接运行、国动委机构规范化建设、专武干部队伍建设、泉州市洛江国防教育主题公园建设论证等工作的落实。

【开展军事日活动】 7月19日，市国动委为庆祝建党92周年和建军86周年，组织市四套班子、国动委各办领导到驻军空军开展军事日活动。通过组织示范教学、模拟训练、实弹射击等活动，融洽军地关系，促进泉州市国防教育工作深入开展，激发各级党政领导兴武装、管武装、促武装的工作热情。

【召开泉州市企业家拥军协会成立大会】 正值延安双拥运动70周年之际，泉州市60余家企业利用1年时间，自发组建市企业拥军协会。1月25日，企业拥军协会召开成立大会。会上，介绍协会筹建情况，宣布协会第一次理事会选举结果，宣读协会登记批复，并向拥军协会会长授牌、授印。市企业拥军协会会长张富英发表讲话，市双拥工作领导小组副组长、副市长陈荣洲，市委常委、市双拥工作领导小组副组长、军分区刘卫国政委分别致辞。协会的成立，将展示企业拥军独特优势，打造泉州拥军品牌，推进泉州市双拥工作向更高层次发展，为泉州取得全国双拥模范城“八连冠”贡献力量。

泉州市公安局

【刑事侦查】 全市公安机关全面推行刑侦、技侦、网侦、图侦“四侦”同步上案、合成作战的侦查破案机制，打好信息战、科技战、合成战、证据战，快侦快破黑恶案件、严重暴力案件和其他有广泛社会影响的案件，提高破案打击效能。全年破获刑事案件32239起，抓获犯罪嫌疑人19034名，分别同比上升16.8%、12.26%。抓获在逃人员4445名，同比上升16.3%。全市侦破命案、打拐、追逃、打击电信诈骗等工作战绩位居全省第一。

【经济犯罪案件侦查】 全市公安机关开展了多个经济犯罪领域的专项打击整治行动，保持了对各类经济犯罪活动的严打高压态势。全年共立经济犯罪案件2085起，破获1813起（其中公安部督办案件42起，自侦大要案件266起），涉案总值15.9亿元，抓获犯罪嫌疑人1228名，挽回经济损失1.85亿元；抓获互联网上通缉的在逃经济犯罪嫌疑人316名，其中历年在逃人员104名。

【禁毒工作】 全市公安机关依法从重从快打击毒品犯罪活动。全年破获毒品案件1179起（其中19起部级、3起省级毒品目标案件），抓获涉毒犯罪嫌疑人1426名，分别同比上升37.5%、29.8%，缴获毒品1526.23千克，同比上升248.5%。

【治安管理】 全市公安机关深化“打四黑除四害”专项行动，推进“打击食品犯罪保卫餐桌安全”专项行动。在全省治安管理工作考核中，泉州市深化“打四黑除四害”深度打击制售假冒伪劣商品犯罪工作位列全省前列。全年侦破“黑害”刑事案件5096起，查处“黑害”治安案件34800起，抓获违法犯罪人员62121人。

【户籍管理】 全市公安机关全面推行流动人口居住证制度，推进流动人口同城化、市民化，全年共建成居住证申报点185个、发放居住证125万余张。深化创新流动人口管理专项活动，完善流动人口信息社会化采集模式，全年采集录入流动人口信息327万余人、出租房屋信息21.3万间，流动人口案前登记率、网吧上网人员登记率、娱乐场所从业人员登记率分别达79.47%、85.69%、97.32%，达到省厅评定的“全覆盖”等级。泉州市流动人口服务管理工作绩效排名全省第一。

【出入境及往返港澳台管理】 全市公安机关树立“人本、专业、安全、便捷”的服务理念，改革创新，锐意进取，真抓实干，业务量创历史新高。全年批准公民出国（境）562637人次，首次突破50万人次，同比增长14.32%。其中，为公民办理普通护照86925人次；批准公民往返港澳地区427546人次；前往港澳地区定居2022人；办理大陆居民往台46144人次。为外国人办理各类签证、通行证6621人次；为台湾居民办理各类证件及签注2488人次；为从石井口岸入境的台湾居民办理一次性台胞证5002人次，办理往返大陆落地签注9307人次。

【交通管理】 全市公安机推进交通安全综合整治“三年行动”，开展“大排查、大教育、大整治”货车违法行为、渣土车百日整治、酒后驾驶和工程运输车交通违法集中整治等专项行动以及创建安全发展城市、平安畅通县市区、文明交通示范公路等活动，全力防事故、保平安、保畅通，中心市区和晋江市在省“畅通工程”初评中达到C类城市一等管理水平。全年发生道路交通事故1464起，造成1576人受伤、474人死亡、直接财产损失358.68万元，分别同比下降25.8%、29.01%、16.84%、43.56%，未发生一次死亡3人以上（含3人）交通事故。

【消防工作】 全市公安消防部门开展“清剿火患”战役和消防安全“大排查大整治”活动，从源头上消除火灾隐患，确保全市消防安全形势保持平稳。全年发生火灾事故4875起，同比上升119.59%，造成14人死亡，同比增2人。“清剿火患”战役、消防安全“大排查大整治”活动和消防产品专项工作等绩效均排名全省第一。

武警泉州市支队

【加强班子自身建设】 落实党委中心组学习制度，抓好“学习贯彻党章、弘扬优良作风”教育活动和

"树立正确理念、明辨是非界限"学习讨论。抓好课题研究和个人自学，每逢上级有重大决策指示，都及时组织"一班人"先学一步，统一思想，确保理论上清醒、政治上坚定、行动上自觉。贯彻民主集中制要求，按照"十六字"原则规范党委议事决策，把是否符合上级指示精神、是否符合支队建设长远发展、是否符合广大官兵意愿作为党委决策的三条硬标准，确保党委依法科学民主决策。注重改进作风，树立良好形象。把心思和精力放在抓基层建设上，组织开展"蹲连住班、下连当兵"活动，党委成员能够按照活动要求端正角色定位，实行"五同"，实现感情上的"近距离"、交流上的"零距离"，摸清基层建设的实际情况。贯彻党风廉政建设有关制度规定，执行《加强和改进支队党委机关作风建设十项措施》，在狠抓五种不良风气和"五超"问题整治中，接受组织和群众监督。组织签订《廉政承诺书》，以良好的自身形象带动部队弘扬清风正气。支队综合治理"五超"经验做法被总队转发。制定《畅通基层风气建设民主渠道实施办法》和"139"处理机制，确保基层处理热点重点问题公平公正。

【思想政治建设】 坚持紧跟党的理论创新步伐抓武装。着眼如何"学习贯彻十八大精神"这条主线，按照凝聚思想力量"学起来"、突出重点环节"深进去"、紧贴职责使命"用起来"的思路，采取领导串讲、录像辅导、重温誓词、党章测试等方法，推动学习贯彻向深度广度拓展。注重抓好经常性的时事政策学习教育，落实"三个半小时"，让官兵在倾听主流声音、辨析时事热点过程中认清形势，增长见识，在政治上思想上做到绝对忠诚、绝对纯洁、绝对可靠。坚持紧密联系部队实际抓教育。在总队部署会的基础上，支队专门召开主题教育现场会，进行部署动员，开展备课示教。教育中，做到"三个突出"：突出理论灌输、突出制度落实、突出吸收转化。坚持主要领导亲自备课授课，采取大课主导、小课辅导、讨论疏导、活动引导和汇编印发应知应会常识、心得感悟等多种方式，增进官兵对党的领导的理论认同和行为认同。为提高基层中队小课辅导的质量，区分阶段设置10项教育配合活动，支队汇编印发《我们可爱的第二故乡》画册，开辟网上教育专栏，组织板报、摄影和指导员授课比赛以及主题征文、演讲等活动，采取推门听课、每月点将上课、对教育情况进行检查通报等形式，推进教育活动的开展。支队2人参加总队"四会"优秀政治教员授课比赛，分获三等奖和优秀奖。4篇抓好主题教育的经验材料分别被总部、总队转发，其中《紧贴"三个教会"抓教育，不断增强主题教育实效性》被《武警政治工作通讯》转发。坚持紧贴官兵思想心理变化抓引导。坚持每季度召开官兵思想分析会，查摆一人一事隐患，开展工作经验交流。运用"三互""双四一"等有效载体，在部队开展大谈心活动，采取隐私性问题专人做、心理疾患问题疏导做、反复性思想问题经常做的办法。新兵入营后，开展"安心服役、爱心带兵、尽心履职"活动，组织密切内部关系教育和政治考核，确保新兵安心服役。完善支队"了解干部、关爱干部"措施，为5名家庭受灾患病干部发放困难补助10万元，为21名随军家属解决未就业补助，为12名干部子女解决入学入托问题，使干部感受到组织关怀。紧扣时代主旋律抓熏陶。挖掘驻地"侨乡文化""闽南文化"等丰富资源，抓好警营文化，做到每个中队都有1—2个保留节目。结合学习宣传中共十八大、纪念延安双拥运动70周年，组织演讲、征文、书画和文艺比赛等系列活动，支队选送的美术类作品《抗震救灾》、摄影作品《枪口》分获总队书法美术摄影展评比二等奖、三等奖。下大力抓基层荣誉室和营区政治环境建设，建立网上警史馆、荣誉室，完善拓展支队刺桐政工网功能，让官兵在健康向上的网络环境中，提升境界和修养。搞好新闻舆论的宣传报道，及时反映部队的新人新事新风貌。

【提升履行职责任务能力】 把从严训练作为根本途径，坚持大抓军事训练，严格训风、演风、考风，营造训练氛围，提升部队实战化练兵备战能力。搞好专勤专训，召开"三员一兵"训练观摩会，围绕"三会"（会正规的执勤动作、会熟练操作手中武器、会综合使用信息化执勤手段）"三能"（能及时发现、能准确判断、能正确处置复杂情况）要求，开展勤务大练兵，执勤官兵能力得到明显提升。组织"卫士—13"演习、野营拉练、勤训轮换、特战比武和教练员评选等大项军事活动，特别是"卫士—13"演习，按实战化要求组织实施，受到总部副参谋长黄海辉的表扬。通过"考、比、拉"等方式，使各中队组训执勤、应急响应和反恐能力得到提升。把信息强警作为有力保障。年初，投入50余万元完成网管中心建设试点任务，为总队网管中心建设提供样板和经验。推进重大临时勤务动态管控系统建设，升级超短波数字集群网，协调公安指挥信息网和道路监控信息接入作战指挥中心，实现动态勤务视频、音频、数据"三通"目标，提升部队指挥通信保障能力。与市、县两级公安局建立短信联通，驻地遇有重大情况可通过警务平台第一时间通知对应支队、大队、中队主官。根据一线执勤实际，投入90万元研发"哨位集成箱"。把推进"五种力量"建设作为突破口，注重在加强"五种力量"建设上持续用劲。5月，协调市委常委召开议警会议，专题研究支队"五种力量"建设事宜，从政策上明确驻地各级党委、政府将支队执勤目标纳入地方平安建设体系。地方每年安排30万元用于抢险救灾救援和应急保障力量建设；每年安排市本级30万元、县级10万元的反恐突击和处突维稳力量建设经费。总队以传真电报的形式摘转支队的做法。投入80.9万元为特战排和应急班补充破门器、攀登梯、金属探测器等反恐装备器材，集中各中队应急班骨干进行强化训练和比武竞赛，提高专业训练质量。针对反恐维稳、抢险救灾等任务特点，完善兵力抽组预案，与市公安局建立联动机制，与防汛部门开展抗洪抢险救灾联合方案演练。“两节”、“两会”期间，支队应急力量全时全员全装在位，6次组织全要素拉动，保持良好战备态势。把完成任务作为最终目的，突出经常性执勤这个重心，固定勤务突出抓“站哨”环节管理、周边环境管控、执勤编班组织等重点，临时勤务突出抓好“审批、部署、检查、讲评”四个环节。加大对执勤隐患治理，在总队执勤正规化等级评定交叉检查的基础上，开展为期40天的执勤隐患大排查活动，采取领导挂钩、上层推动、警地互动的办法，对发现的执勤隐患和不规范的问题，7次与目标单位召开联席会，逐个目标确定治理方案，制定整改落实时间表，促使目标单位自觉对照隐患抓紧整治。全年支队完成各类临时勤务359起，出动兵力4593人。

【依法从严治警】　组织开展“指出问题为了谁，出了问题害了谁，纠治问题救了谁，安全发展依靠谁”的安全大讨论，把历年来支队内部发生的各类事故案件分类整理，编印成册，下发到每名官兵手中，引导官兵从事故案件中析原因、论危害、敲警钟、记教训，打牢“保安全就是保生存，保安全就是保发展”的思想基础。在部队营区设置安全警示标语灯箱，每周给干部发送安全警句短信，营造安全文化氛围。落实“辽宁会议”“高岭集训”精神，在抓好硬件建设的同时，注重提升精细化管理水平。结合实际制定完善《安全工作责任制》《督察检查实施方案》《私家车辆管理规定》等13项规章制度，把落实安全工作绩效同个人福利待遇、成长进步相挂钩，提升各级抓管理促正规的质量。在全支队推广“精细化”管理，从细节入手，以有序的标准抓规范，形成人人守纪、事事正规、时时如一的局面。运用信息化建设成果，通过警地协作，投入50余万元在支队机关和部分新建中队建设数字化营区，实现对各类军用物资和水电气等物联网数字管控。加强对车辆安全的管控，对公务车辆加装北斗定位系统，确保实时掌控车辆使用情况。在总部“四平台一系统”框架内，丰富“信息化综合管理平台”实质内涵，达成对基层执勤、训练、管理、教育和保障等多方面综合管控，形成正规有序的安全管理体系。坚持关口前移，主动预防，组织“安全大检查”，围绕总队明确的12项273条内容排查检查，逐人、逐库、逐室、逐哨进行拉网式排查，对排查出的64处隐患，梳理建账、逐个销号。采取支队值班干部电话抽查、网络监控员视频巡查和督查组现地检查的办法，每月通过电视会议系统进行情况通报，确保部队秩序正规。组织新兵“三查一除”，在政治复查和体检复查环节，清退不合格人员（含补兵）17人次，确保新兵质量。

【坚持工作重心放在基层】　贯彻武警党委1号文件部署要求，坚持把重心放在基层，把心思用在为官兵服务上。修订完善支队《蹲点、调研、帮建暂行规定》和《“双争”考评实施细则》等8项制度。把考察帮建作为有效载体，组织7批116人次下基层蹲点和蹲连住班、下连当兵，抓好帮建支部、帮带干部、帮解难题工作。党委机关坚持做到“一知道”（知道基层需要什么）、“两跟上”（工作指导要跟上、服务保障要跟上）、“三不准”（不准压制基层民主、不准插手基层敏感事务、不准干扰基层正常秩序），在领导和机关下基层检查指导中形成具体的量化措施。在干部使用上，坚持基层干部优先、先进中队的干部优先，营造良好氛围。以“练好四个基本功”为切入点，组织实施“强素质、促能力”活动。开展党支部班子岗位练兵，3次组织基层主官到先进中队参观见学，通过召开优秀支部书记经验介绍会，组织“四会”政治教员授课、主官执勤理论、方案讲解、司务长后勤业务等竞赛评比，基层党委（支部）思路不清晰、眼界不开阔、解决难题没有招的问题得到有效解决。对7个主官有调整的中队，采取大队领导靠前帮带、前任主官延期离岗、业务股长定期施教的方式，使他们较快熟悉情况，胜任工作。针对青年学员逐年增多的实际，采取“士兵—班长—排长”的岗位历练，新毕业学员前半年统一佩戴下士警衔，履行班长职责，使他们更好溶入基层工作生活。在全面排查、综合评估的基础上，制定《2013年帮建计划》，按照“常委、机关股室和基层中队”三挂钩的帮建机制，坚持每季度进行“双争”考评和干部讲评，做到机关与基层成绩共享、责任共担。对多年未进入先进的一中队、警勤中队和基础相对薄弱的惠安中队、石狮中队、安溪中队，在配强主官的基础上，进行重点帮扶，提高中队自建能力。运用“同层次竞争、按比例升降”的机制，使各个层次的中队都有“站排头、争第一”的机会，营造公平竞争环境，激发争先创优的内在动力。注重用好奖惩机制，按照《支队安全工作责任制》和《工作绩效奖励规定》，全年有46人次因工作不认真或被上级通报批评扣发安全奖共计18600元，也有43人次因工作绩效明显而被奖励共计25800元。坚持在福利待遇上向基层倾斜，中队主官的月安全奖比机关股长高，年终安全奖比支队主官还高。

【现代后勤建设】　承办总队现代后勤观摩点任务。支队党委对承办总队现代后勤观摩点任务高度重视，克服时间紧、任务重的困难，围绕“四化一提高”的总目标，投入近190余万元用于机关、基层配套建设，完善会计账务系统、现金出纳系统、预算编制系统、保险基金系统和财务可视管理系统，新建机关后勤“三室一库”、数字化营区和智能停车场、油料库、军械仓库、卫生队库室等设施，高标准实现库室馆所的功能化、标准化和配套化。争取地方政府经费保障。保持同地方党委政府的良好关系，加强请示汇报，主动作为。特别是市委议警会后，各级主官依据会议纪要争取地方党委政府和用兵单位的支持。完善“四项设施”配套建设。把“四项设施”配套建设作为保中心、保生活的大事来抓，投入1199.33万元（其中支队机关本级投入391.71万元、基层自身投入317.31万元、支队投入基层490.31万元）用于“四项设施”配套建设，机关、基层“四项设施”基本配套率达100%，部队整体面貌焕然一新。按照“先行租借，等值置换”的方案，帮助落实机关近10亩建设用地，并先期拨付270万元，解决规划、设计、青苗补偿、“三通一平”、围墙、绿化等基础设施建设问题。

福建省公安边防总队海警二支队

【概况】　全年出海执勤总航程12562海里，总航时2135小时，化解海上矛盾纠纷10起；救助遇险船舶5艘、群众8人，挽回经济损失2000多万元；查办各类案件70起（其中刑事案件3起、治安案件4起、船舶案件14起、成品油案件49起，抓获涉案人员97名，治安拘留2人），缴获涉案成品油2644.54吨、白糖1697.65吨，总案值约3100余万元，打击走私成品油成效继续位列海警部队首位、走在全省前列。

【开展海上安全保卫工作】　海警二支队坚持“以防为主，防范在先”的原则，内外结合、点面结合，周密部署，贯彻落实“两会”安保工作措施。重点解决晋江海域非法采砂问题。联合晋江国土、海事、农业部等门，在晋江东石至围头一带海域部署开展打击非法采砂专项行动，遏制晋江海域非法采砂活动。处置解决台商投资区海域漏油事件。协调泉州海事局、海洋与渔业局、台商投资区农林水局等部门开展油污清理等工作，事件得以圆满解决。重点解决海上渔船安全问题。联合市海洋与渔业执法支队、边防支队部署开展“两会”期间渔船安全管控专项行动，重点打击海上渔船非法捕捞、非法载客及劝阻渔船越界捕捞。其间，支队投入警力500余人次、出动执法船艇60多艘次，检查各类船舶180余艘，走访沿海村居30处，港澳口28个，收集各类情报信息10条，发放宣传资料1000余份，查获走私成品油案件6起，查获走私成品油400余吨，确保“两会”期间泉州海域的治安稳定。

【开展“净海风暴”“雷霆治爆”两项行动】　12月9日，海警二支队部署开展“雷霆治爆”“净海风暴”两个专项行动，根据辖区治安管防特点和成品油走私动态，拟定行动方案，部署船艇出海执勤，并通过密切与泉州涉海部门的联勤协作，推动两个专项行动深入开展，同时以广泛宣传为突破口，利用警务微博等网络资源，公布专项行动内容、举报方式和奖励办法等，制作行动宣传单，发动群众参与，提高群众对走私危害的认识，为开展打私专项行动奠定群众基础，遏制辖区海域高发的走私态势。专项行动开展以来，支队出动船艇29艘次，警力762人次，航时84小时42分钟，航程855.40海里；检查各类船舶21艘，渔船民135人次；与莆田市海关、海监、渔政等涉海部门开展联合巡逻检查3次；检查重要港口、码头8处，走访船舶20余艘，渔民50余人次。获取有价值线索8条，查获无合法手续成品油案件1起，查获涉案船舶1艘，缴获无合法手续成品油约4吨，案值约3.2万元。

【开展口岸锚地联合执法暨重点海域治安联合整治全线巡航活动】　1月29—31日，海警二支队牵头泉州公安边防支队、泉州边检站、肖厝边检站、边防总队医院4家驻泉州公安边防单位，在泉港肖厝至石井海域沿线开展口岸锚地联合执法暨重点海域治安联合整治全线巡航活动。联合执法行动投入警力300余人次、执法船艇9艘次，检查各类船舶69艘，查获海上非法采砂船舶5艘，劝离可能越界作业船舶7艘，发放海上“110”宣传资料800余份，为渔船民义务巡诊50余人次，通过联合执法行动，打击海上各类违法犯罪活动，净化泉州海上治安环境，也得到驻地各级政府职能部门和群众的好评，为建设泉州平安和谐海域打下群众基础。

【开展“下基层、面对面、接地气”机关干部下基层调研活动】　11月，海警二支队部署开展为期1个月的“下基层、面对面、接地气”机关干部下基层调研活动，机关干部到各大队、基层艇队开展调研活动，与官兵实行“五同”，了解基层实情，利用岗位知识帮助基层解决困难和问题，助推基层各项建设。其间，支队机关33名干部按照广接“地气”、增添“底气”目标，分4批次到一线船艇驻点调研，召开各类座谈会8场，发放从优待警意见征求表、海警体制改革问卷调查表118份，梳理基层官兵反映问题、意见和建议26条，解决实际问题11个，健全完善机关基层工作制度11项，完成工作调研报告33篇。为支队掌握基层工作现状，改进工作作风，提升服务基层的能力，推进2014年支队工作的开展奠定基础。

【查获特大走私白糖案】 1月9日12时许，根据举报，海警二支队在石狮市锦尚镇华锦码头查获一起涉嫌特大走私白糖案，抓获广西钦州籍“全顺兴”号货船1艘、船员13人，查获涉嫌走私白糖1700吨，案值约1000万元。该案案值达千万，系福建省海警部队组建以来查获的单案案值最大一起涉嫌走私案件之一。全年侦办走贩私案件47起，缴获无合法手续成品油2380余吨、白糖1700余吨，总案值约2900万元，有效打击海上走私违法行动。

【防抗第7号超强台风“苏力”】 第7号台风“苏力”于7月8日8时在菲律宾以东太平洋洋面生成。为做好防台工作，海警二支队超前谋划，集中力量，按照“群众第一、服务到位”的工作原则，主动联系泉、莆两地防汛办、海事局等部门，及时向地方党委政府汇报防台工作，并组织官兵到辖区港澳口、沿海渔村、海上渔排等重点区域，运用广播、宣传单等方式，提醒渔船民做好防台准备工作，督促海上作业船舶进港避风、渔排养殖人员及时撤离上岸。其间，支队出动船艇16艘次，总航程73海里，总航时20小时15分钟，向渔船民发放台风信息宣传单255份，帮助渔船民加固船舶15余艘次，劝说正在海上作业的渔船20余艘次、船民86人次进港避风，排除安全隐患5处，圆满完成防台工作。

【夺得总队军事业务岗位技能练兵竞赛第一名】 8月28—30日，福建边防总队军事业务岗位技能练兵竞赛海警业务类竞赛在海警二支队莆田秀屿驻地举行，来自全省3个海警支队、6个边防支队和福州、宁德边检站等11个单位的107名选手参赛。比赛为期3天，分海警支队、边防支队船艇大队、边防派出所和检查站三大类，设置业务理论、实用技能和军事体能3个大类24个实战科目。经过角逐，海警二支队获海警组支队团体第一名，并获海警组14个竞赛项目中船艇长、教导员、机电长、航海兵、枪帆兵等7个单项第一。

市公安边防支队

【爱民固边战略】 泉州边防支队创建全省首个爱民固边模范高校和民族团结模范乡，并联合市委农工办下发《深化创建爱民固边模范村助推“美丽乡村”建设实施意见》，全方位构建以“模范侨乡、模范社区、模范渔港”为载体的模范创建综合体系。全年新增爱民固边模范村56个、乡镇3个，创建比率分别为67.8%、39.3%，提前超额完成任务。把三级主官“进班子”工作列入重点项目库和为基层办实事项目，主动协调、全力攻坚，实现三级主官100%“进班子”。开展“三访四见”活动，年内走访群众163554万户次544023万人次，实现对辖区实有人口“走一遍”的目标；联合团市委部署关爱青少年“一对一”结对帮扶行动，确立“一对一”结对帮扶对象40人，开展“送温暖”等活动56次，为困难青少年做好事、办实事、解难事110余件，捐款捐物20余万元。推动民警村官全部纳入地方党务、村务培训，提高群众工作水平，4人获评福建省优秀边防民警村官。

【平安建设】 开展“保平安创满意促和谐”、打击盗抢、“破案会战”和“清网行动”等专项行动，整治突出治安问题，确保沿海社会治安持续平稳。各级接处警29976起，立刑事案件2808起、破2052起，受理治安（行政）案件14610起、查结14074起；刑事、治安案件实现“一降三升”，即刑事案件立案数同比下降37.2%，刑事现案破案率，治安案件查处数、查处率同比分别上升8%、28.5%、1.5%；破经济案件22起，查获假冒注册商标鞋5.37万双、服装1.25万件，涉案金额6350余万元。

【基层基础】 着眼软硬件齐头并进，以“基础建设年”为契机，坚持高起点谋划、高标准推进，推动市局党委出台《加强全市公安边防派出所建设的意见》，从政策上支持派出所建设；细化日常业务基础工作绩效考评办法，将公安业务考评情况作为绩效考核重点，推动各项工作走在当地公安机关前列，在各县公安机关11项业务考评中，石井等6个所考评进入前三名；加强和创新社会管理，推广矛盾纠纷风险评估机制，深化群体性事件等级管理，辖区落户54个重点建设项目，年内未发生影响稳定的重大群体性事件和社会反映强烈的重大恶性案件、治安灾害事故；以“法制大讲坛、警所校共建、以案说法”为载体，建立官兵学法长效机制；率先研发办案进度管理系统，实现从网上实时监控案件办理进度、涉案物品寄存和移交动态；坚持科技引领实战，将信息化建设与部队安全、辖区管防、执法执勤、应急指挥等相融合，构建“视讯会议、营区管控、治安监控、应急指挥”四大系统，完成后渚等4个所勤指中心建设，在全省率先建成哨位智能集成系统，提升机动部队内部防范和应急处突能力。

【部队管理】 立足实际，引入差异化理念，采取分类指导、分步实施、分项突破、分层定责的“四分”方法，激发队伍活力，提升管理水平；举行军事、业务、机要、政工、后勤岗位大练兵活动，举办法制、船舶、摄影、警务实战、财务等培训班8期356人次，队伍素质较大提升；坚持从严治警与，开展条令学习月等5场事关部队安全工作的活动，出台集中警示教育等3个管理机制，落实安全形势分析等2项制度，实现常态化、精细化管理，开展作风纪律整顿活动，确保部队高度集中稳定；建立机动大队，完成处置惠安东桥地区大规模群体性事件、涉疆维稳集训等重大勤务。

【思想政治工作】　从抓支队、大队党委自身建设、作风建设入手，建立决策权、执行权、监督权“三位一体”、适度分离、合理制约的党委运行机制，做法在部局研讨会上作交流；修订干部日常绩效考评办法，推行营职以下领导干部调整免职办法和后备干部退出机制，日常绩效考核做法在全省公安现役部队会议上作交流；以党的群众路线教育实践活动为契机，组织开展基层评议机关和机关干部“五个一”基层体验实践活动，出台并落实《党委常委联系点工作制度》，做法被公安部政治部交流推广；支队结合主题教育活动、推进党的群众路线教育实践活动，成立“清源智库”，举办“刺桐古港铸忠诚”摄影展，开设“侨乡边防访谈秀”，组织策划“为阿里藏胞打口井”大型警媒互动宣传，塑造良好公共形象。

【综合保障】　福建边防闽南（泉州）部队营房开工建设；惠安机动分队“样板”单位建设，完成新建附属楼、攀登楼、400米跑道等训练、生活设施建设；晋江大队部暨机动分队综合楼工程建设，完成主体结构施工及部分室内装修；东岭所营房顺利开工建设，台商大队部征地得到当地党委、政府的支持，取得突破性进展；支队各级新办土地证12.03万平方米，房产证4.68万平方米。

市公安消防支队

【部队正规化管理】　采取蹲点指导、定期检查和随机督察相结合的方式，抓好部队一日生活、请假销假、值班执勤等制度的执行；年初与各大队主官签订责任状，每季度分析总结部队管理形势，督促各级落实管理责任。抓基础工作，在永春大队召开正规化建设推进会，坚持“一个标准、一个模式”原则，规范大、中队两级单位基础台账，目前9个大队已完成达标任务。2013年支队将各大队二、三、四中队纳入年终考核评比，增强大队抓中队的责任感。抓重点人群，支队将休假的干部、个人意愿未达到的干部、家庭困难的干部以及个性化的干部等作为重点人群，加强管理，层层落实责任；专门派出工作组到基层蹲点调研，组织召开座谈会20余次，及时将苗头性和倾向性问题解决在萌芽状态。抓关键环节，围绕人、车、酒、赌等重点环节，抓实抓牢各个重点时期的部队管理教育，层层签订遵守“五条禁令”责任状，制定出台《私家车管理规定》、值班加班函告家属等规定。

【强化基层指挥员队伍建设】　分2期对全市84名基层指挥员进行轮训，组织150名营以下干部开展体能考核，组织108名拟任攻坚组成员开展培训，组织预提班长的战士和带兵骨干到武警8714部队训练，提高基层指挥员组织指挥能力。1名干部在全省基层指挥员考评中综合总分排名第一。强化专业救援队伍建设，推进化工、地震和地质灾害等专业队伍建设，已成立2支地震救援重型搜救队和13支县级救援队，部队训练模式实现由单一向训战一致、以训促战、整体增效方向转变。强化装备人才队伍建设，不定期派人到兄弟支队学习和邀请技术人员授课相结合，利用每月装备巡检和厂家检修车辆的时机，对装备技师进行培训，促进人与器材装备的有机结合，提升部队作战效能。强化实战练兵工作，结合水源调查和装备测试工作，修订预案920余份、开展支队级演练8次、大中队级演练1600余次。5月14日，支队成功举办近年来全市规模最大的地震应急救援演练，。

【抓好信息化应用建设】　按照“建、管、用”并举的思路，开展全省灭火救援指挥系统试点工作，采集基础数据，拓展系统功能，搭建泉州历史上首次消防警情“大集中”接处警平台，并通过部局考核验收。协调市公安局、应急办、地震局等单位提供共享联动数据资源，实现与公安一体化实战警务平台、警用地理信息系统、道路监控系统和集群通信系统等资源共享，开通2000余个道路监控权限，在PGIS图层添加3类消防专用标识。灭火救援指挥系统投入实战以来，处警5945次，平均接处警时间从原来的1分30秒减少到45秒，未发生警情受理延误和调度错误。特别是在“8•18”天然气泄漏事故中，利用行政区域主动辨识、三方通话等功能，第一时间调动消防、公安、安监、高速公司等力量到场处置；利用3G图传查看事故现场情况，远程指挥调整力量部署，为成功处置灾害事故提供信息化支撑。

【提升消防保障水平】　推进消防安全责任制落实。提请市政府下发“清剿火患”战役、“大排查大整治方案”等7份文件，市领导先后对消防工作作出5次批示，召开2次消防工作联席会议，市领导与各县区政府主要领导签订年度消防工作责任状。推动消防安全网格化管理，提请市政府出台《全市乡镇街道消防安全网格化管理工作标准》，建立消防工作服务室、企业“消防警务室”。规范“户籍化”管理档案，实施“点对点”精细化管理，1231家重点单位实现户籍化管理。优化消防安全环境。部署开展各类专项整治，全市整改火灾隐患和消防违法行为31325处，临时查封256家，责令“三停”300家，罚款997万元，拘留49人，67家隐患单位销案摘牌。狠抓“三合一”场所综合治理，排查整改3341家，清理人员17926人。以引导全市群众参与消防宣传为目标，开展“消防安全开学第一课”等“七项联合活动”，社会化消防工作呈现全方位、立体式发展态势。提升消防服务质量。制定出台便民利民措施，落实为民营企业“二次创业”“十二项”服务措施，完善“消防绿色通道”，缩短审批时限，服务泉州社会经济建设。主动上门服务，成立消防执法便民服务队，到100余个在建工地和企事业单位进行访察，提供250余条消防技术服务；建立460个重点建设项目数据库，实施定人、定期执法服务指导。接受群众监督，落实支队领导“周接待日”，参加“政风行风热线”直播访谈节目，接受咨询200余人次，解决企业疑难问题500余条，全市无一起行政复议和行政诉讼案件。

【思想政治建设】 加强经常性思想工作，建立“三互”小组和“双四一”工作机制，及时化解官兵现实思想问题。加强心理疏导，建立心理工作骨干队伍，健全官兵个人心理健康档案，特别是在新兵入伍、补兵退伍等重要期间加强心理干预，全年500人次接受心理辅导和咨询。发挥先进典型的模范表率和凝聚警心作用，在全市部队开展“优秀警官”和“优秀基层干部”评选活动，一批作风正派、模范带头的干部得到表彰奖励。联合各级媒体专题报道泉州“最美消防员”白晓闯、晋江灭火救援勇士何志文事迹，激发官兵崇尚荣誉、争创一流的精神。在全市部队开展“坚定信念，筑牢警魂”和党的群众路线教育实践活动等主题教育活动。与泉州华侨历史博物馆共建“思想政治教育基地”，在洛江大队建立按纲施教示范点；组织政工干部精心制作教案课件，开展“精品课堂”评比活动，1个课件获部局经常性思想政治教育教案课件评比“优秀奖”；开展“最佳建言、最美消防员、最酷瞬间、最炫板报、最棒广播”“五最活动”，提高教育的感染力和渗透力。结合正规化建设工作，推进星级俱乐部达标升级，推动大队建立“星光影院”“阳光书苑”“警营广播”“灯光球场”；抓好软件提升，指导各大队加强文艺骨干培训，鲤城大队微电影《囧年》获总队微电影三等奖；参与新浪福建“微镜头微故事”赛事，惠安大队《天花板上伸出一只手》《男子倒挂万伏高压电杆》作品分别被评为达人组二等奖、三等奖。举办第一届春季干部体能竞赛、第三届“侨乡卫士杯”篮球赛和“镜头下的红门卫兵”主题摄影比赛等群众性文化活动。

【后勤保障工作】 全市争取消防业务经费8457.87万元，其中机关本级1331.55万元、基层大队7126.32万元，分别同比增长34.28%、59.83%。同时，支队抓住闽财行98号文件出台的契机，加强请示汇报，年内全市部队全部达到标准要求，并且市县两级财政部门已基本确定2014年严格按98号文件落实。依法广开财源，年内争取“四个一好”“科技拥军”等经费1019.59万元，筹集预算外资金1652.76万元投入营房、装备建设和改善官兵执勤生活条件。年内支队还将全市政府专职消防员经费列入年度预算，政府专职消防员经费总量达2487万元。争取消防站基建专项经费7000万元，新增营房土地面积278亩，新增建筑面积为57886平方米。在原有27个消防站的基础上，启动21个营房站点项目建设。特别是在“十五”“十一五”消防规划一直未得到落实的南安梅山消防站、丰泽东海、城东消防站，2013年得到政府确定并动工建设。8个消防站建设列为市县两级党委政府为民办实事项目，6个消防站列为地方政府交钥匙工程。安溪指挥中心等10个项目已建成投入使用，其他11个营房站点建设任务均按工作进度有序开展。争取消防车辆专项经费3195万元，消防器材专项经费1492万元，地震救援装备专项经费2916.3万元，其他专项经费1520.35万元。新增各类消防车19辆，超额完成省政府三年规划任务数6辆，年底全市执勤消防车达到154辆，数量居全省前列。采购39733件（套）装备器材配备基层部队，一线主战车辆全部由原来的普通水罐车更换为压缩空气泡沫车，全市消防装备建设在质和量上都得到新突破。着力建章立制，从经费使用审批、车辆维修、公务接待等方面，制定和完善《经费管理审批规定》等规章制度。抓好后勤队伍建设，全市财务岗位全部由干部担（兼）任，通过举办业务培训班及跟班学习等方式，提高财务人员业务工作能力。强化战勤保障能力，与交通、电力等社会单位修订保障协议8份，对全市消防车辆装备进行现场检查、测试。

泉州边防检查站

【概况】 全年检查出入境人员611530人次，同比增长65%。其中，旅客544890人次，同比增长71.5%；员工66640人次，同比增长26.2%。

【加强网络公关服务】　自主编导拍摄文明使者微电影《心桥》，叙述"海西"建设浪潮中官兵的对台特色服务，被泉州门户网站"泉州网"首页推广，并被省公安厅评为文化惠警"百佳实事"。开发、应用服务对象自助咨询系统，开展24小时咨询服务，自动答复出入境检查网络问题，年内为群众答疑解惑2000余次。加强服务微博、边检警务微信等平台建设，宣传边检服务工作，年内新增粉丝10000余人，我站微博粉丝数排名全国现役边检第三，信息发布数量第一。

【加强口岸管理创新】　依托诚信管理体系及"三员共管"机制，与13家旅行社签订"双员共管"协议，用企业自管辅助口岸管防。深化区域警力协作，与驻泉州边防部队开展联合处突演练及锚地联合巡查，编发预警提示18份，保障口岸安全。建设实战型指挥中心，综合业务指导、勤务组织、现场督导、网上督察等功能，成为全站勤务组织指挥及日常管理的统一平台。开发旅客流量实时监控系统和勤务数据分析软件，使一线指挥更为直观。为基层配发电信天翼3G对讲系统，实现单兵图像实时回传、GPS定位等功能，使指挥调度衔接更加紧密。制定重点国家证件防伪指引、重点人员查控指引共8期，编订12份重点国家地区证研专刊，编印《百国证件图集》《空港常见边检业务差错汇编》等学习资料，方便官兵进行查阅。加强对口岸的综合风险分析和业务流量分析，协调航空公司提高API申报质量，拓宽口岸查控范围。年内开展包括处置群体性事件、口岸闯关、防汛抗灾等各类处突演练17次。

【服务地方经济建设】　在辖区3个口岸开展"百名群众评边检"活动，收集群众意见建议50条，并根据意见推出边检服务措施13条。响应地方需求，出台《促进口岸通关便利化、提升口岸综合竞争力11项措施》，重点从便利措施、通关服务、业务基础、执法监督四个方面强化一线服务工作，年内，为1300余艘次船舶提供便利服务，代理报检时间减少30%。

【举办全国现役边检首个"警营开放日"活动】　5月4日，泉州边检站在全国262家现役边检机关中第一个举办边检警营开放日活动。邀请地方领导、泉州优秀企业家、服务对象、官兵家属、微博粉丝走进警营，感受部队职业文化、公共关系建设成效，得到国家、省、市级30多家新闻媒体的集中宣传。

【承办全省边检长效机制建设工作会议】　7月24—25日，泉州边检站承办总队边检长效机制建设工作会议。省边防总队政委李伍军、副总队长彭志平、政治部主任袁斌、司令部副参谋长谢庆灿、后勤部副部长姜霄寰及机关相关处室人员，各边检站站长、参谋长、政治处主任，总队驻平潭边检筹备组业务负责人，全省部分边检业务骨干50人参加会议。会议组织观摩莆田边检站秀屿执勤点、莆田边防支队东庄边防派出所以及泉州边检站晋江机场执勤现场、分站机关，听取莆田边检站关于开展公共关系建设的情况汇报。福州、福州机场、泉州、肖厝边检站围绕激励维权、监督评价、教育培训机制建设以及勤务创新四个方面重点工作，在会上进行专题交流。

【公安部边防局副局长欧洛布穷少将到泉州边检站调研】　12月30日，公安部边防局副局长欧洛布穷少将到泉州边检站调研。欧洛布穷查看现场勤务指挥中心、智能验证台、综合会议培训中心、边检飞机船舶检查仿真系统、移动执勤车等信息化项目及瑜伽室、茶室等警营文化设施，调研复合型边检站在分区域执勤模式下的部队管理、业务工作、教育培训、职业文化建设及后勤保障等工作情况。听取关于提高边检服务水平工作的汇报，并就提升信息化建设、推进士官适任边检执勤执法岗位等工作作出指示。

肖厝边防检查站

【概况】　全年检查出入境（港）船舶654艘次、出入境员工11868人次、货物2058万吨，验放货物量占全市进出口货物总量的85.36%，完成以边防检查为中心的各项工作任务。

【提高边检服务水平】　深化边检长效机制建设，建立"二三四"培训体系（依托海港综合训练室、电教室"两个平台"，实施科领导、业务骨干、新任检查员"三级培训"，落实定期考核、评价分析、档案管理、结果运用"四项制度"），队伍专业素质大幅提升，出台《边检业务工作奖惩实施办法（试行）》，修订"边检文明使者"评选方案，出台《勤务监控日报制度》，动态监控勤务规范运行，注重外部评价监督，推行警务公开，每季度召开监督员座谈会，年内窗口服务和一线执法执勤保持零投诉。深化"一提二跟三同步"和重点企业边检联络员特色工作法，助推福建联合石化青兰山30万吨码头、肖厝港物流码头4号泊位、东港石化码头通过市级验收，泰山石化10万吨码头通过省级验收，主动跟进驻地远洋捕捞渔业发展，指导企业开展备案审核及报检办证。在辖区码头改造及新建"亲情会面厅"，向船员及家属提供"亲情会面""视频会亲"等服务。"8•19"集中开展"中国边检•阳光国门"主题宣传暨"边检警营开放日"活动。

【创新边检管理】　推行扁平化指挥，出台《实战型指挥中心建设方案》《关于进一步加强指挥中心分析研判的规定》，建成新增外贸作业点边检勤务室，统一调度警力资源，快速处置突发事件，构建"分片驻勤+码头巡查+综合警务室+移动警务平台”为核心的科队联勤工作机制。以泰山石化码头为试点，研发建设“海港口岸限定区域智能管理系统”，该系统具备无人值守、无障碍通关和自动识别报警等功能，实现口岸限定区域智能化管控、立体化检测和层次化管理。对接电子口岸服务平台，推行边检业务和服务流程网上一体化运行报检新模式，实现“数据跑步，人不跑腿”，搭建3G无线验放网络平台，升级改造勤务指挥中心公安网、视频监控、无线语音对讲设备及AIS、DMS等系统，实现勤务指挥远程化、船舶监管数字化、应急处置可视化。依托《肖厝口岸管控跨警种合作框架协议》，健全“锚地联合执法”“情报信息共享”等合作机制，牵头驻泉州部队签订《泉州港口岸锚地联合执法协议》，与泉港海事处签订《湄洲湾海上联合执法协议》。年内组织锚地联合执法5次。组建边检协管队，出台《边检协管员管理实施细则》，与国际航行船舶签订《在港船舶自管责任书》，三方共管职责更加明确、共管措施落实更加有力、边检主导作用更加突出。实施《肖厝口岸码头分类管理实施办法（试行）》，完善船舶风险评估机制，配套出台《口岸信誉管理工作实施办法（试行）》，口岸管控效能明显提升，全年未发生违法违规案件。

【爱民固边工作】 健全“三级分层”走访机制，深化“爱民固边模范港区”创建经验，开展“法制宣传进港区”“边检110”宣传等各类活动，对口岸企业、代理公司和和共建单位进行全面走访，了解涉外企业服务需求，全面掌握口岸易发矛盾点及动态信息，每名官兵都当起走访员、宣传员和调研员，主动访问民意、访察民情、访排民忧。年内组织官兵慰问困难群众36人次，义务献血4500毫升，与驻地特殊教育学校开展助残文艺汇演和爱心接力活动，帮助4所共建学校5150名新生开展军训；与“省级文明村”凤阳村开展党建成果交流，组织村容美化和爱民义诊活动，支援“美丽乡村”建设。

国家部委与省直驻泉机构

中国闽台缘博物馆

【参观接待】 全年接待观众95万余人次，其中台湾同胞近9万人次。开馆以来接待观众644多万人次，其中台湾同胞50多万人次。

【主办首届海峡两岸民间谱牒文化交流大会】 7月13—14日，主办国台办对台重点交流项目“首届海峡两岸民间谱牒文化交流大会”，台湾文化艺术界联合会理事主席、海峡两岸和谐文化交流协进会会长陆炳文，以及来自海峡两岸的姓氏宗亲、专家学者、谱牒文史工作者100多人出席大会。其中，台湾嘉宾27人，浙江、四川、广东、安徽嘉宾12人。与会嘉宾向中国闽台缘博物馆捐赠族谱文献资料484册，其中纸质族谱364册、电子版族谱文献120册。同时，专设闽台谱牒文献展馆，举行闽台谱牒文献资料的展示、对接与交流；展示中国闽台缘博物馆重要馆藏谱牒文献120多种4000多册，以及与会嘉宾所提供的闽台谱牒文献资料400多册。为祝贺大会召开，萧万长题写“谱系两岸”转赠中国闽台缘博物馆。

【推进宣传入岛】 联合台湾彰化县福兴乡公所、闽台粘氏大宗祠、台湾彰化县粘姓宗亲会在台湾彰化福兴乡图书馆举办“闽台粘姓历史文化巡展”，展期一个月。中国闽台缘博物馆联合两岸关系杂志社、社团法人台南市文化协会在台湾大学举办“海峡两岸交流基地暨许寿裳与光复初期台湾的社会文化重建图片展”，200多幅历史图片全面展示许寿裳为光复初期台湾社会文化重建所做的贡献。

【主办“闽台同名村 心连心联谊周活动】 联合省台联主办“第五届海峡论坛•闽台同名村 心连心联谊周活动”，通过书画联展、座谈签约、恳亲联谊、参观考察等形式，加强与台湾最基层民众的交流交往。台湾新北、台南、彰化、嘉义、基隆、高雄、花莲、新竹、南投等13个县市26个乡、镇、村、里的负责人及村代表共62人参加活动，与泉州、漳州、厦门祖籍地宗亲开展“同名村”对口恳亲交流，19对闽台同名村签署友好交流合作意向。其间，闽台同名村宗亲代表到泉州惠安大岞村参加恳亲联谊活动。

【主办“闽南文化论坛”】 参与主办2013年世界闽南文化节主要项目之一——闽南文化论坛。全国人大常委会委员、中华全国台湾同胞联谊会会长、台盟中央副主席汪毅夫，中国社会科学院副院长武寅，省人大常委会副主任张健，省老领导何少川、王耀华，市领导陈庆宗、陈万里、陈铭福、李冀平、王瑞强、陈益等与130多名海内外高校、研究机构的专家学者与会，分享闽南文化研究成果。作为闽南文化论坛系列活动的“济济一堂——闽台族谱暨姓氏源流展”“笔底情深——泉州侨批暨侨亲画像展”“闽南红砖建筑美术摄影展”“瓷国明珠——陈明金先生捐赠瓷塑五百罗汉特展”同期举办。

【举办“情系闽台缘——流动的博物馆”系列社教活动】 中国闽台缘博物馆发挥博物馆宣教功能，主动与社区、学校等单位合作，把学校教育、基层文化活动与博物馆结合起来，举办“情系闽台缘——流动的博物馆”系列社教活动，开展闽南传统手工艺DIY体验、五缘巡展巡讲、传承与保护闽南文化及社区服务等项目发挥基地优势。

【基地共建】 中华全国台湾同胞联谊会决定在中国闽台缘博物馆设立研习交流基地。中华全国台湾同胞联谊会会长汪毅夫宣读决定，并向中国闽台缘博物馆颁发“中华全国台湾同胞联谊会闽台缘研习交流基”牌匾。全国社会科学普及工作经验交流会组委会向中国闽台缘博物馆馆颁发“全国人文社会科学普及基地”牌匾。中国闽台缘博物馆扩大全国爱国主义教育基地工作成果，与福建农林大学、福建中医药大学签订合作共建协议，并与厦门大学、福建师范大学、华侨大学、泉州师范学院等高校开展合作，实行优势互补。

安全局

（内容略）

国家统计局泉州调查队

【贯彻上级工作部署】 贯彻落实全国、全省统计工作会议精神。全国、全省统计工作会议后，随即召开队长办公会和全体干部职工会议，及时传达学习，并结合工作实际，集思广益，对2013年调查工作进行全面部署。围绕福建调查总队2013年工作要点开展各项工作，确保上级部署落到实处。贯彻落实省政府办公厅文件。省政府办公厅《关于进一步加强抽样调查统计工作的通知》下发后，全系统组织学习，及时与有关部门沟通，在人力、物力、财力保障方面取得初步成效。做好第三次全国经济普查工作。根据《国务院关于开展第三次全国经济普查的通知》精神及全国、福建省第三次全国经济普查方案要求，推进各项工作，及时成立泉州市第三次全国经济普查个体经营户抽样调查工作办公室，组织干部职工学习全国、福建省第三次全国经济普查实施方案和第三次全国经济普查个体经营户抽样调查方案，与地方政府、财政部门沟通，做好普查经费预算工作，并督促各县（市、区）争取经普个体抽查预算经费，为全市经济普查提供保障。

【提高数据质量】 开展基层基础和数据质量检查，在全市开展2013年度第一轮基层基础和数据质量检查工作，检查结束后，把存在问题以文件形式在全市范围内通报，并要求限期整改。第二轮检查重点对第一轮检查中存在问题及整改情况进行跟踪和督查。创新培训方式，尝试跨县交流培训模式，消价科组织采价员到德化参加跨县域交流培训，改变以往由各县（市、区）独立培训采价员的模式；尝试培训现场前移新模式，探索业务培训现场进工业园区、进企业、进田间地头的新模式。完善激励表彰机制，提高调查补贴标准；健全考评表彰机制，探索对辅助调查员和记账户考核评比和表彰激励办法，开展优秀辅助调查员和优秀记账户的评选表彰活动，全年评选出优秀辅助调查员和优秀记账户200名。探索网络沟通新方式，针对调查员、调查对象以年轻人为主，其通讯工具以网络为主的特点，探索网络、QQ、微信等沟通的新方式。采购经理专业收集企业填报人手机号码和QQ、电子信箱等信息，创建QQ群，90%样本企业填报人加入该群。

【推进调查改革工作】 抓好城乡一体化改革工作，永春、石狮两个非国家样本调查县住户调查一体化工作全面展开，通过整合城镇和农村调查基础信息，形成统一规范的信息库，采取“旧网点新方案”办法，完成小区核实、摸底和开户等工作。推进规下工业调查改革，为提高调查数据质量，在抽取调查样本时，重点考虑在确保精度要求下的样本分布，通过反复抽选样本，从中挑出符合“市、县样本数量及行业配比”的最优抽取结果，使得抽取的新样本尽可能与省点重合，最终重合率为92.1%，降低工作量，减轻基层负担，调查数据比较准确地反映规下工业实际。推进限下商业调查改革。2013年，福建省限下商业调查进行方法制度改革，鉴于改革方向是执行全国统一的商业季度抽样方案，为满足地方GDP核算资料需要，在季度间月份增加小样本调查，并执行新方案、新程序。推进服务业调查改革，服务业调查由原来的部分服务业调查改革为小微服务业监测，行业调查范围由过去的12个行业大类扩展到30个，调查范围更广、要求更高，有效推进服务业改革工作。

【做好统计服务和新闻宣传工作】 坚持为国家服务和地方服务兼顾的原则，树立国家队意识，围绕服务大局，服务党委、政府中心工作，在做好进度分析和完成总队约稿的同时，做好领导和社会各界关注的热点、难点问题的重点调研，提供优质服务。参与地方党委、政府中心工作，参政议政水平明显提升。组织开展全市分县（市、区）社会治安公众安全感电话调查、市直机关“基层五评机关”活动和绩效评估公众评议调查等工作，参与文明城市模拟测评、文明行业测评和文明县城的测评工作。对统计新闻宣传工作内容和要求进行重点部署，把重点放在解读调查数据和统计知识宣传方面，特别是“两个收入”“三个价格”等重要经济指标。

【改善统计调查环境】 实施统计调查行政义务告知制度，提升基层调查对象配合程度。利用布置报表、入企调研、基础工作检查等时机，向企业发送《统计调查行政义务告知书》，明确调查对象要严格履行报表报送职责，对有拒报、虚报、瞒报等违法行为的企业，依法追究其法律责任。开展“统计法规及调查技能学习月”活动，提升干部职工综合素质。开展形式多样的普法宣传，将“中国统计开放日”“世界统计日”以及统计法颁布30周年纪念日作为一个宣传周期，开展发送短信、宣传品和统计法发放、观看宣传片、举办演讲比赛等多种形式的宣传活动。推进统计法和全国经济普查条例知识竞赛组织工作，提高统计调查的法制意识。

市国家税务局

【税收收入保持稳步增长】 全市国税系统坚持依法征收，通过纳税评估、税收稽查、强化管理等措施堵漏增收，克服泉州市部分重点企业、重点县、市税收下滑影响，税收收入总量与质量稳步提升。全年组织税收收入367.76亿元，同比增收31.63亿元，增长9.41%，税收增幅排在全省第四位，完成省局年初下达任务的100.5%，超收1.96亿元。完成市财政总收入342.59亿元，同比增收30.79亿元，增长9.8%，占全市649.6亿元财政总收入的52.7%。在企业经济不景气的形势下，各征收单位发挥主观能动性，收入亮点频现，全市12个征收单位首次全部超5亿元；晋江市局突破100亿元大关，成为全省首个组织收入破百亿的县市局；丰泽区局、南安市局分别突破50亿元、30亿元大关，收入再上新台阶；泉港区局、开发区局等7个单位组织有方、措施有力，在逆境中实现两位数增长，为全市完成任务做出贡献。

【服务经济建设】 树立税收服务服从于经济发展的大局观，税收职能充分发挥，改革红利有效释放。优化出口退税服务，在管得住的前提下力争退得快，及时为企业“输血”，帮助实体经济渡过经济寒冬。全年办理出口退（免）税113.5亿元，同比增长2.53%，其中直接退税84亿元，同比增长5%。促进企业自主创新、转型升级，扶持中小企业发展，全年办理各类税收减免30.68亿元，其中，固定资产进项实际抵扣税款19.22亿元，3.7万户个体工商户及其他个人受惠增值税起征点提高，减免增值税1.06亿元；暂免征收部分小微企业增值税30万元，免收税务发票工本费101万元。推进“营改增”试点工作，总体减税效果明显，全年减轻试点纳税人负担2.83亿元，减税面97.4%，新办企业户数增长157%，较试点首月确认的户数增加5204户。

【推进税收征管改革】 深化税收征管改革，日常税源监控更加到位，在征管改革“回头看”调研中，找准管理薄弱环节，补齐日常税源管理“短板”，明确县级局作为税源日常监控和风险应对的主体地位，督促税源管理分局在开展风险应对的同时，通过申报比对、开票分析等方式加强行业税源监控，及时提醒、督促企业如实申报。大企业管理实现突破，经过两年的摸索与历练，摆脱“就账查账、调账评估”的传统评估模式，转变为“不调账、少下户、重案头、深分析、找突破”的评估方式，全年开展评估74户次，入库评估税款1.62亿元，同比增长25.5%。“一个分析，四个应对”的闭环管理发挥作用，纳税评估方式、方法不断创新。全市评估补税6.08亿元，占直接收入的2.36%（全省平均占比2.3%），同比增加2.07亿元，增长51.6%。

【征纳双方实现良性互动】 把“努力为纳税人提供满意的服务”作为出发点和落脚点，优化纳税服务，满足纳税人合理需求。强化办税服务厅的服务主阵地功能，开展星级办税服务厅和“纳税服务之星”评选活动，提升办税服务厅规范化、标准化建设水平。各基层办税服务厅探索优化纳税服务，如晋江市局、洛江区局分别推出官方微信平台、容缺即办、网上预审批等一系列创新举措，丰富服务内容。丰泽区局实行“双人导税”引导纳税人按需排号，缓解窗口拥堵局面；泉港区局、德化县局试行国地税联合办税，纳税人“进一家门办两家事”；鲤城区局到集贸市场为商户集中办理税务登记手续；南安市局、安溪县局等单位设置纳税人维权中心，实行局领导办税厅轮值制度，畅通投诉渠道，快速响应纳税人涉税诉求。通过开展全市纳税服务需求调查，及时回应纳税人关切，获得纳税人肯定。

市地方税务局

【规范税收执法】 科学组织收入，贯彻组织收入原则，依托数字信息中心提高税收分析预测水平，开展收入质量评价，做到在保目标基础上的把握好力度，实现求质量基础上的持续增长。2013年，全市系统组织各项收入347.1亿元，同比增长16.7%。组织公共财政预算收入203.95亿元，同比增长18.2%。拓展“两个空间”，结合市委、市政府“增强忧患意识　推动长远发展”大讨论活动，重点开展对产业集群发展、科技创新、金融改革、小额贷款公司、电子商务、网络金融、第三方支付以及各种新兴实体的税收问题调研。制定《税收课题调研管理办法》，规范调研工作。推进依法行政，制定2013年依法行政工作要点和落实措施，争创依法行政示范单位（项目）。清理税收规范性文件263份，全年减免各项税费逾3

亿元。清理历年稽查未结积案。强化税费征管，加强“营改增”后续管理，强化存量房交易税收征管，中心市区和8个县级局上线运行存量房交易纳税评估系统。及时配合有关部门兑现房产税、土地使用税即征即奖政策，开展“以地控税”试点工作，规范土地增值税管理。推广所得税查账征收，企业所得税查账征收率比2012年提高24个百分点。

【完善征管机制】 深化完善征管改革，抓好完善明晰征、管、查及税源分析各序列的机构职能职责和岗责体系的重点工作，同时启动优化业务流程的税源管理运行新机制建设。完善规范化的税源管理岗责运行机制和法制化的稽查管理流程。出台《日常管理岗工作指南》《纳税评估工作规程》《稽查工作管理办法》《税务稽查文书及取证操作规范》等制度，明确机构职能和岗位职责，部门之间和岗位之间的配合更加协调、互动更加良性。探索建立信息化支撑的服务决策机制，建立“统一、规范、高效、动态”的数据信息分析应用集成平台，开发4个基本模块，完成涉税资料管理系统数据迁移。数字信息中心的建设分别得到市领导的肯定和协调支持。健全完善市区“四位一体”税源管理体系。建立工作协调联席会制度，形成市局自上而下的统筹协调、区局和各序列自下而上的参与对接的良性互动机制。

【提升服务质效】 依据相关法律法规、规范性文件和泉州市地税标准化办税服务的要求，构建标准化办税服务体系，还责于纳税人，夯实纳税人自行申报制度的基础。统筹标准化建设，出台《标准化办税服务体系》等系列文件，统一操作规范，完善服务制度。优化业务流程，将大部分办税事项前置到办税服务厅，按照办税事项风险等级，实行分类即时办结。着手构建纳税服务综合平台。

市工商行政管理局

【服务泉州“金改区”“综改区”建设】 促请省工商局在省直机关第一个出台《关于支持泉州金融服务实体经济综合改革及民营经济综合配套改革试验区建设的若干意见》，市政府办公室全文转发省工商局“十一条意见”及市工商局的贯彻落实措施，搭建全省首个“政银信息共享平台”。促成市政府设立泉州市广告文化创意园区，并获批国家级产业园区。指导领SHOW天地广告创意产业园获得首批“省级广告产业试点园区”称号。

【市场主体实现增量提质】 全市新增各类市场主体66907户，实有各类市场主体310792户，位居全省首位。指导1264户个体工商户转型升级为企业，位居全省首位。助企融资88.19亿元。其中，利用股权出质的股权数额42.54亿元，是上年同期的2.59倍。全市商标专用权质押融资累计7.965亿元。

【商标品牌工作实现新跨越】 全市有国家工商总局认定的驰名商标105件，约占全国的2.3%、全省的35.4%，位居全国地级市首位；拥有马德里商标国际注册633件，居全国地级市第三位，其中2013年新增63件，分别占全国、全省新增总数的3.7%、50.8%。此外，全市新增注册商标1.5万件，分别占全国、全省新增总数的2%和41.3%，全市有效注册商标总数突破15万件，数量位居全国地级市第二位。国家工商总局商标局与泉州市签署支持企业商标国际注册工作备忘录入选2012年度全国知识产权保护10件重大事件之一。建成全国首个以展示商标品牌为主的专业展馆。

【加强执法办案力度】 全市立案11362件，罚没款5377万元。其中，查处罚没5万元以上大要案件71起，市场违法案件606件，罚没款492.66万元，食品案件1007起，案值230.17万元，罚没385.26万元。加大食品抽检力度，全市开展食品抽样检验685批次，合格率为95.6%，开展食品快速检测35584批次，合格率99.7%。巡查各类食品企业10806户，巡查商品数542634批次。

【加大维权力度】 全市受理消费者咨询、申诉、举报69604件，为消费者挽回经济损失约1619.58万元。出台“12315”诉转案工作暂行规定》，办理“诉转案”案件76件，成立全市首个网络消费维权站（石狮市电商产业园“12315”维权站）。

【持续推进网络监管】 协助总局查办首起（利乐）反垄断案件，及时将严重侵权涉嫌犯罪的328家淘宝网店线索资料，通报市公安局，市公安局根据市工商局提供的案件线索分三批次，向公安部提起查处假冒伪劣商品集群战役申请。与厦门美亚柏科公司签订战略合作协议，重点建设“中证司法鉴定中心工商行政管理工作站”“网络商品监管新技术研发应用基地”及“工商行政执法电子取证培训实践基地”，为全国工商系统远程协助取证中心的建立奠定基础。

【开展综合整治】 全面升级无证无照信息抄告平台，全市查处无照经营案件5666起，罚没款1812.54万元。

市质量技术监督局

【提升质量管理水平】 推动“建设质量强市”成为市委决策部署、市人大决议共识、市政府工作重点；起草并经市政府印发《泉州市贯彻实施质量发展纲要2013年行动计划》；协调推进质量强市工作，出台《泉州市产品质量提升工作实施方案》，新增5个县（市、区）政府出台建设质量强县工作意见，累计8个。完成第二届泉州市政府质量奖评审组织工作，副省长郑晓松、市委书记黄少萍在泉州市“二次创业•拓展民综改革”大会上分别为获得2011年度省政府质量奖、获得第二届市政府质量奖企业颁奖，各级政府对获得政府质量奖等质量管理奖励资金近1000万元。主办“闽南文化引领泉州品牌发展”研讨会，推进“全国水暖卫浴知名品牌创建示范区”建设和运动鞋服类“全国知名品牌创建示范区”申报，126项产品获2012年福建名牌产品，占全省总数的21.3%。工业产品省级监督抽查合格率为90.57%，同比提高1.82个百分点，与市公安局、市工商局做好市区电动自行车销售上牌登记目录管理。

【做实做深质量基础】　60家企事业单位参加62项各级标准的制修订，参与制修订的3项国际标准、27项国家标准、20项行业标准、12项地方标准获批准发布，完成首个联盟标准《熏香》的制定和备案；省级伞具标委会秘书处成立；指导1个国家级和1个省级服务标准化试点、1个国家级和4个省级农业标准化示范区项目建设，7家企业通过省级“标准化良好行为企业”，组织45家企业73人参加“标准化良好行为企业”专业研讨会，280多人在泉州参加标准化人员资格培训；永春漆篮通过国家地理标准产品技术审查。各级政府补助标准化专项资金947.5万元。重点用能企业加强能源计量工作纳入政府节能目标责任评价考核内容；与市卫生局联合发文，医疗机构计量器具监督管理纳入医院评审评价的权重内容；全市检定计量器具约26.3万台（件），同比增长11.5%，其中免费检定计量器具22834台件，计免收费119.2万元，优惠检定计量器具127894台件，计优惠收费198.4万元，免费和优惠收费317.6万元，定量包装商品净含量监督合格率为96.5%。国家茶检中心通过国家认监委、认可委监督评审、扩项评审；省发改委配套补助国家水暖洁具产品质检中心建设1000万元，国家石材建陶产品质检中心、省香产品质检中心获批筹建；协助国家纺织服装产品质检中心晋江分中心建成挂牌，争取当地政府拟支持资金1000万元，已到位500万元；惠安县、德化县检测综合大楼投入使用；筹集检验检测机构能力提升支持资金3000多万元；筹建市食品安全技术服务平台列入市重点项目。

【强化质量安全责任】　开展保障特种设备安全、创建安全发展示范城市工作，深化安全生产标准化三年行动；完成公共领域499家1976台电梯专项整治，通过省政府验收，起草并经市政府办印发《关于进一步加强全市电梯安全管理工作的通知》；启动建立工业、民用气瓶及天然气车用气瓶动态信息平台，试行气瓶数字化管理；开展安全生产大检查和重点整治“百日行动”等工作，立案查处特种设备违法案件92起，取缔土制设备35台，开展特种设备安全宣传22场次，新增注册登记特种设备8573台件，完成各类特种设备检验91231台，作业人员培训6818人次，保障特种设备安全运行。规范食品生产许可审查准入工作，依法提请吊销、撤销、注销许可证117张；组织辖区10家百人以上食品企业开设“道德讲堂”，增强企业社会责任意识；打击食品生产违法行为，立案查处违法案件248起，全年抽查食品3027批次，合格率为96.8%，同比提高0.8个百分点，全市未出现行业性、区域性、系统性的加工食品质量安全事故。创建依法行政示范单位，清理规范性文件，决定废止318件、宣布失效13件，立案查处582起，现场处罚803起，申请法院强制执行3起，“12365”投诉举报指挥系统共答复业务咨询1298起（其中有效1113起），受理质量申诉163起、假冒伪劣举报123起，已办结250起。

【优化保障质量服务】　制定出台《关于服务产业集群发展的实施意见》，协助和指导市行政服务中心国家级行政服务标准化试点项目，行政服务标准体系建立并发布，质监窗口业务办理规程作为42个进驻单位的示范文本；落实“马上就办，办就办好”，审批事项全部压缩至4个环节以内，承诺时限缩短到法定时限的40%以内，其中新承接的食品生产许可证审批较法定时限压缩61%，首创在中化泉州石化和福建联合石化项目挂牌设立特种设备使用登记办事处，全年受理57346件，占行政服务中心总受理数的35.78%，办理“绿色通道”项目99件，免费为915家进出口企业提供“海关电子口岸”代码在线审核服务，四个季度均获红旗窗口，被行政服务中心评为“2013年度优秀服务窗口”，13家企业送来锦旗或致感谢信，服务对象满意率达100%。开展“质量月”、“计量日”、“标准化日”主题宣传、“电梯安全宣传周”、“实验室开放日”、“走进政风行风热线直播间”、新闻媒体单位座谈会、走进高校品牌文化宣传、“质监邀你看企业”等活动，省级以上媒体宣传报道917篇次。开展学习贯彻中共十八大和十八届三中全会精神活动，全面推广“1263”党建工作机制。

市食品药品监督管理局

【加强安全保障体系建设】　开展专项整治，集中力量开展打击保健食品“四非”、非法经营进口药品、利用互联网销售假药、非法生产经营医疗器械、药品“两打两建”等10多个专项整治行动，全年出动执法人员13486人次，检查“三品一械”生产、经营、使用单位12418家次，受理举报投诉127件，当场处罚48起，责令整改457家次，立案557起，案值146.93万元，罚没款498.62万元，罚没款连续4年居全省食品药品监管系统首位。健全长效执法机制，联合公安部门建立“提前介入、联合调查、共同追查”的协作办案机制，加大假劣药械打击力度和案件移送力度，全年移送公安部门案件21件；参与行政执法与刑事司法信息共享平台建设，实现与同级公安机关、检察院之间的信息共享，落实行政执法与刑事司法无缝衔接。健全日常监管机制，整合执法资源，推行日常监管精细化、合成化管理。实行日常监督检查与专项检查相结合、与换发证验收相结合、与监督抽样检验相结合、与宣传培训整改提高相结合，通过专项整治、联合检查、突击检查、飞行检查、电子监控、培训约谈等多种方式，保障日常检查的针对性、有效性和覆盖面，实现对“三品一械”生产、流通全程监管和全覆盖检查。对药品生产、经营企业逐步实施新修订GMP（药品生产质量管理规范）和GSP（药品经营质量管理规范）认证管理，对药品使用单位实行规范药房药库建设，健全完善药品长效管理制度。

【严格“三品一械”风险防控】完善“三品一械”检验检测工作。完成市药检所保健食品、化妆品检测扩项，发挥检验检测、信息技术等作用，为日常监管和行政执法提供技术支撑和服务保障。结合专项整治行动，加大对县以下农村基层单位、高风险品种、投诉举报反映较多品种、违法广告品种的抽验力度。全年完成“三品一械”抽样、检验1130批次，不合格107批次；开展快速检验2300批次、化妆品监测性抽样29批次。加大药械安全监测工作力度。全年上报ADR（药品不良反应监测报告）报表7650份，同比增长32.2%，新的、严重的报表1426份；上报可疑医疗器械不良事件985例，同比增长38.9%，药物滥用监测报表722份。组织开展“三品一械”安全生产专项检查。结合各类专项检查工作，开展本市“三品一械”安全生产大检查和重点整治百日行动，督促辖区“三品一械”生产经营企业按照相关法律法规、规程规范和技术标准要求，对企业安全生产工作进行大检查，落实动员部署全覆盖、全面检查全覆盖、整改落实全覆盖，完善制度，堵塞漏洞，确保系统安全稳定。

【加强科学监管机制建设】完善电子监管体系，构建更加准确、便捷、高效的跟踪和追溯体系，实现对基本药物、高风险药械及重点产品的生产、经营、使用环节全程监控，持证企业品种在线监控全覆盖，保健食品、化妆品生产环节中非法添加或滥用添加剂问题可监控，高风险医疗器械生产、流通及使用全程可追溯。至年底，电子监管平台采集药品批发企业进销数据1900多万条，保健食品业务数据4.2万条，植入性医疗器械经营、使用信息2269条，形成企业信息可查询、产品流向可追踪、日常监管信息可分析的监管机制。完善行业诚信体系，采取在“制度上规范、对问题进行约谈、在承诺中落实”的方式，完善行业诚信建设。通过深化“三品一械”信用等级分类管理和实行药学技术人员“警示名单”制度、质量通报和约谈制度、企业安全倡导和诚信承诺制度，强化企业及药学技术人员责任意识，变被动监管为主动诚信经营，推进行业自律，加快行业信用体系建设。深化监督网络建设，开展第三届食品药品质量安全协管员换届选聘工作，聘请协管员2663名，成立乡镇协管办164个，建立完善协管员培训记录、协查记录、举报记录、协查管理等一系列制度，到乡镇开展协管员教育培训30场，实现协管员培训全覆盖。通过评先选优，确定一批工作扎实、成绩突出的乡镇和行政村，通过资金支持、硬件配备、专人现场指导等形式，树立典型，打造亮点，实现示范引领。推广示点工作，开展保健食品基层监管网建设试点工作，分别在晋江、永春、石狮推行保健食品示范企业、基层监管网、化妆品经营企业监管试点工作。晋江市确定20家示范企业并予以授牌；石狮市实行化妆品经营企业星级评定制度，评出化妆品示范单位三星级5家、二星级4家，并打造“化妆品监管试点一条街”。省食品药品监督管理局在泉州市推行保健食品基层监管网建设试点及保健食品示范企业试点工作。

【加强服务体系建设】简政放权，完善服务发展工作机制，将第二、三类医疗器械经营许可行政审批项目部分环节委托至县（市）局组织实施。2013年，全市受理药械企业申请许可变更1208家次，换发证473家次，行政审批在承诺期限内办结率和群众满意率达100%。政策引导，支持企业做大做强，推行“容缺预审”、压缩审批时限，支持企业“二次创业”。对许可证到期换证企业经营场所不变的，仓储面积标准沿用原有准入标准；推动单体药品零售企业转型为药品连锁企业，帮促民营企业做大做强。智力支持，提升医药人才队伍素质，全年全市组织药品监管相对人培训教育78期，培训受众4800多人。开发、启用药品从业人员岗位培训与考试管理系统，在全省食品药品监管系统内率先实行药品从业人员网络在线学习和计算机标准化考试，解决药品从业人员工学矛盾。300多人通过该管理平台取得岗位证书。深化普法宣传，增强群众科学合理用药意识，结合医药科技下乡、食品药品安全进社区、“3·15”维权投诉咨询、食品安全宣传月等活动，深入乡镇（街道）、村（社区），全市组织开展或参加大型现场宣传活动37场，举办讲座和现场咨询27场，发放宣传材料25000多份，放映食品药品公益电影124场次，发送“三品一械”相关安全宣传信息5万多条。

泉州海关

【快步发展重点业务】 推进关区常规业务、特色业务和新型业务的快速发展，各项业务指标保持健康向上的发展态势。全年审核报关单65866份，同比增长57.99%，监管进出口货物2388.19万吨，同比增长4.24%，监管进出口货值170.62亿美元，同比增长16.81%；监管泉金航线进出境旅客98426人次，同比增长8.08%，监管晋江机场进出境旅客44.63万人次，同比增长96.93%。面对2013年税收工作诸多不利因素，坚持“量质效”并举，在完善综合治税机制、加强税源调研、支持重点项目、拓展区域通关等方面下功夫，全年征收税款128.31亿元，同比下降5.88%，完成全年税收任务；落实税收优惠政策，全年办理减免税备案112份，审批减免税款6.86.3万元，同比分别下降10.4%、31.92%；优化保税监管模式，落实加工贸易内销便利化措施，全年加工贸易进出口总值25.98亿美元，同比增长34.6%，办理加贸合同备案558份、10.34亿美元，分别同比下降3.79%、0.2%；加强涉台业务规范化监管，全年监管对台贸易货物70.29万吨、货值5.4亿美元，同比分别下降26.73%、增长42.48%，其中对台小额贸易货物10.6万吨，货值1.92亿美元，分别同比增长27.64%、16.09%。

【夯实监管基础提升效能】 发挥机构整合组建的集约优势，增强全关区业务执法的集中统一和业务改革的协调推进，发挥武警协勤监管作用，加强废塑料、大宗散货、台杂货、特殊监管区域等监管风险较大货物的物流监控，加大正面监管力度；通过推广应用新舱单系统、油气系统等科技手段，加强实际监管。抓好监管场所整顿规范工作，推动石湖港建设启用固体废物专用查验区、深沪港和围头港海关监管区域整治、晋江陆地港卡口值守监控等工作，推动福建泰山石化10万吨级码头、东港石化码头、福建泉州肖厝港有限责任公司4号泊位分别通过省级、市级口岸验收；配合完成与总关通关指挥中心视频监控联网准备工作和视频监控升级改造等相关工作，形成本关过渡性三级通关指挥中心的建设方案；探索建立关区稽查、风险、企管“三位一体”的后续管理机制，完善“三查合一”配合机制，做好稽核查引入中介工作并取得初步成效；加大对台小额贸易规范整治力度，开展关区对台小额贸易管理专项检查，推动各现场执法尺度统一，落实监通处“十项规定”，提升整体监管效能并取得阶段性成效；落实执行旅检“新政”，引导正面舆论，界定防范与打击重点，加强全员培训，调配人力资源，制订突发事件应急预案，旅检现场监管总体顺畅有序。

【继续保持打私高压态势】 推进“绿篱”专项行动、打私联合行动，加强对关区打私工作的统一组织领导，在重大、重点时期，针对关区重点口岸、重点商品，组织开展阶段性打私专项行动，汇集打私合力，形成高压态势。制定下发《泉州关区绿篱专项行动工作方案》和《泉州关区加强进出境旅客行李物品监管的工作方案》并组织部署落实，加大整治监管场所、强化物流监控和实际查验的力度。配合总关稽查处统一行动，组成6个稽查小组，对关区11家废塑料进口企业开展“绿篱”专项稽查。强化与国检部门的协作配合，针对围头口岸固废进口业务启动“三个一”试点。建立案件移交和查办案件反馈等联系配合机制，推进以运输工具、舱单、监管场所、查验为支撑的“四位一体”物流监控系统建设。各单位、各条业务战线加强协作配合，统一行动步调，各项监管措施和严打措施均落实到位。全年在货运渠道查获进口废塑夹藏走私案件5起，货物495吨，查获走私进口直升机、摩托车、高档红酒等在全国有影响的大要案；通过专项稽查专项行动查发固废案8起，涉及废塑料2.31万吨；非涉税旅检渠道查获并移交缉私行政立案29起。继上年后渚口岸查获枪案后，2013年石井口岸再次查获夹藏走私进境枪支48支；组织开展泉州关区打击对台小额贸易渠道“洋奶粉”走私专项行动，查获案件3起；推进打私综合治理和联合行动，履行海关反恐、维稳、禁毒职责，维护国家政治稳定和经济安全。

【深化通关改革促进外贸】 按照国务院、海关总署关于促进外贸稳增长、调结构的决策部署，深化通关作业改革，实现进出口分类通关全覆盖。成立专门工作小组，加强内外沟通协调，推动关检“三个一”试点有序推进，于12月10日在晋江启动试点工作；制定支持促进外贸进出口货物就地通关九项举措，提升口岸通关便利化水平，增强关区口岸吸引力和竞争力；以“临时开放、个案审批”方式便利福建联合石化、泉州中化、东港石化等重点项目投入运营；支持加工贸易转型升级，推动闽南最大保税仓库恒安保税仓库和本关区唯一液体化工品保税仓库福建泰山石化保税仓库设立运营，扶持出口加工区飞机轮胎维修检测等高端加工业务，推动泉州首家陆地港棉花交割仓库良性运作；在业务繁忙现场实行“5+2”工作制和24小时预约通关服务。开辟ECFA货物报关窗口及专用通道，推动石井口岸发展为台湾农水产品进入大陆市场的主要集散地；主动参与、积极建言，为地方政府发展跨境电子商务提供参考；

整合调配人力支持泉州晋江国际机场大幅新增济州岛、仁川、台北国际航线及加密航班。落实差别化管理，设立AA类、A类企业优先办理窗口，引导培育更多守法企业进入高信用企业行列中，年内新增5家AA类企业、68家A类企业。发挥海关统计监测预警作用、定期编发工作专报和外贸统计分析，为地方政府的经济运行研判和调控决策建言献策。

泉州出入境检验检疫局

【提升工作和产品质量】 以严格执法把关维护企业权益。检验鉴定助企业对外索赔568万美元，质检总局为此发布警示通报6次。出口产品被国外通报、退货批次同比下降4%，辖区未发生区域性、系统性、行业性质量安全问题。以培育龙头企业促进质量提升。指导匹克公司在全国首获品牌免验资格，提高品牌国际竞争力。帮扶恒安集团在全省首家试点首席质量官制度成效明显，获全省现场会推广经验。帮促福海粮油等12家企业获“中国质量诚信企业”称号。以创建示范区带动产业升级。帮促安溪茶叶、永春柑橘示范区获“国家级出口食品农产品质量安全示范区”称号，市政府已将建设经验拓展到“菜篮子”基地、无公害蔬菜基地建设。推动德化建成全国首个出口陶瓷质量安全示范区（省级）。以质量分析服务地方决策。编报泉州及12个县市（区）主要进出口产品质量分析，连续6年做好每年两次泉州茶产业农残普查和综合分析，首次承担并完成泉州13个县市（区）食品和晋江机场航食质量安全抽检工作。

【保障检验检疫安全】 提升口岸核心能力，力促晋江机场、肖厝港以高分通过口岸核心能力建设达标验收，泉州局在福建局唯一被列入全国5个口岸核心能力建设先进单位之一。指导泰山仓储10万吨级码头、沙格港区7万吨级码头对外开放和5个集中查验场所通过省级验收。强化疫情疫病防控，检出泉金航线首例入境甲型H3亚型病例，确保口岸H7N9禽流感和新型冠状病毒疫情零输入、零传出。保障泉台首次实现空中直航常态化。截获检疫性有害生物同比增长43.84%。主动防范食品安全事件，应对输日乌龙茶命令检查、台湾“毒淀粉”等事件影响，检出2批次进口台湾食品色素超标并被总局食品局下发风险预警通报。

【提高发展服务水平】 降低企业通关成本，落实减免费政策，直接为企业减负9200万元。签发优惠原产地证可为企业减免国外关税约7245万美元。实现泉州检区、厦门关区进出境货物通关单无纸化，整体通关效率同比提升40%以上。各类通关便利化举措为企业节约通关46万小时、费用3000多万元，连续两次获全省通关便利化测评检验检疫系统第一。创新监管模式提高通关效率，推动省局与厦门海关在围头启动全国首个跨关、检区“三个一”（一次申报，一次查验，一次放行）模式试点。在福建局率先实施进口全申报新模式，实现口岸检验检疫电子闸口全覆盖，试点实施入境集装箱检验检疫监管新模式。探索跨境电子商务零售出口检验监管新模式。帮扶企业扩大进出口，出台《支持泉州市产业集群发展做大品牌经济促进扩大出口措施》等举措。引导玖龙纸业等企业货物就地通关回流。先行先试服务泉台贸易发展，帮促泉州对台小额贸易额近2亿美元，成为大陆最大对台小额贸易口岸。保障泉金航线出入港旅客近10万人次。最大限度提供优质服务，为重点项目100%提供“领导挂钩、一项一案”等服务，晋江陆地港进出口货值占全省四大陆地港外贸总值近80%，力促泉州首家特殊监管区内分装进口酒类生产企业落地。

泉州海事局

【加强海上安全监管】 开展安全生产大检查、“打非治违”、渡口渡船整治“回头看”等专项活动，部署开展“雾季防范”“防抗台风”“冬季大风防范”等季节性安全工作。针对辖区砂船、施工船事故多发的形势，与相关部门配合开展联合治理行动，综合整治突出问题，解决砂船非法违法作业、林齿礁炸清除工程、白沙—石井非法载客、滨海海上游等重大安全隐患。完善“协同管理”模式，加强与相关部门和各行业协会配合，推动福建海事局与泉州市政府建立海上交通安全联席会议制度，将海事监督与政府管理、市场准入、行业自律、融资保险等有机结合起来，形成齐抓共管的局面。健全安全信誉管理制度，推进企业安全生产标准化建设，推动落实安全生产主体责任。组织开展泉州海事局“一枢、两翼、三带”安全监管责任区建设研究，推广应用船舶船员协同管理系统，健全船舶动态报告制度，推进“危防规范管理年”活动。

【提升海事服务水平】 改善渡口渡运安全状况，制定客渡船安全监管8项工作制度，保障人民群众出行安全、便捷，做好重点能源民生物资运输的安全保障工作。全年保障35艘超大型原油轮和55艘大型液化天然气船舶安全进出港，保障重点民生物资运输7600万吨。加强与船东行业协会的合作，拓宽船舶融资渠道，培育泉州航运龙头企业，融资额21.9亿元。落实《促进泉州港航经济发展实施意见》和《支持和促进海洋经济发展实施意见》，开展落实泉州市“三规划一方案”工作调研，为泉州中心港区建设、区域经济发展及航运经济复苏出谋划策。完善《重点项目安全监管指南》，实行“一项目一指南”制度，加强泉州湾跨海大桥、湄洲湾航道工程、中化泉州炼油项目等重点项目安全监管与服务，推动市政府出台《泉州湾跨海大桥建设期间桥区水域交通安全与防污染监督管理规定》。做好肖厝11号泊位、肖厝4号泊位、东港石化3万吨及2000吨码头、青兰山原油码头和鲤鱼尾成品油码头5—8号泊位、泉州船厂修造船码头、中化泉州石化青兰山码头、晋江围头港务2号泊位等辖区开放水域新增作业点口岸验收工作，帮助推动南安石井口岸对外开放，协助解决哈德森制造厂游艇出口问题。开展基于泉州界面台湾海峡船舶交通流量统计分析工作，推进海峡安全监管责任带的建立，推动泉台校企合作“3+1”办学模式，促成两岸航海院校开展师生交流活动。打造泉金客运平安航线品牌，全年安全运营2686航次，运送旅客98454人次。

【完善海上救援机制】 开展“科学搜救年”活动，建立海上搜救力量数据库，修订完善《泉州海事局防抗台风工作预案》，推进《泉州市防治船舶及其有关作业活动污染海洋环境应急能力建设规划》编制工作，完善海上搜救应急和巡航救助一体化机制。建立海上救援专家库，成立全省首支海上污染应急志愿者队伍，有针对性地开展各类海上应急演练7场次。成功处置海上险情15起，救助遇险人员147人，水上人命救助成功率达98.7%。

【规范海事综合管理】 实行执法督察和执法考评机制，组织开展执法案例评查，首次开展船舶安全检查案例评析，起草《执法监督管理规定》。推进海事公约履约体系建设，跟踪国际公约修正动态，推进《泉州海事局海事履约体系建设及履约活动方案》实施。实行效能约谈，加强效能督察督办。持续加强局综合管理体系建设，健全体系运行月度自查制度，组织体系年度内审及管理评审，完成综合管理体系（5.0版）修订工作，并于9月1日运行。强化执行力，开展季、年度目标责任考核，确保全局各项工作按序时进度推进。完善规费稽查管理，实行港口建设费征收、审核、现场稽核三分离，保证规费应征不漏，全年上缴规费2577万元、港建费15916万元。

泉州气象局

【提高气象服务能力】 强化气象监测预报预警。2013年，针对影响泉州的6个热带气旋、5月16日—5月22日”持续暴雨天气过程，加强监测预警，气象信息服务公众600万人次。高质量完成春运、闽南文化艺术节等18项重大专题气象保障服务。全年实施人工增雨作业26批次，发射人影弹82枚。推进气象工作政府化，健全气象灾害防御机制，建立人工影响天气联席会议制度，成立由政府主导的气象灾害防御和人工影响天气工作机构的基础上，将气象防灾减灾工作纳入政府工作绩效考核；与国土局联合申报地质灾害气象监测预警项目通过市政府组织的专家论证。完善气象灾害监测预报体系，建设泉州精细化地质灾害气象预警预报系统、公共气象信息服务平台及乡镇气象信息服务平台。暴雨山洪灾害风险评估投入业务运行，中小流域防汛精细化预报服务开展顺利。打造预警信息发布通途，健全与广电、电信、移动等通讯运营商的合作，在全市布设310台“电视气象传媒”；推广应用“IPTV”数字电视频道、移动公司手机气象网和电信公司天翼手机“爱城市”泉州气象。提高公共气象服务能力，德化、安溪、南安完成中国气象局“三农”气象服务试点任务，两个体系建设进一步延伸，开展高敏感行业气象灾害风险评估，拓展气象科技服务领域。

【加快气象台站建设及改造】 全市6个项目进入建设阶段，2个项目在争取阶段。紫帽山雷达站完成设备吊装，进入雷达设备试运行阶段。雷达信息处理保障中心竣工验收、装修造价即将完成。大坪山气象观测站投入使用。

【推进县级气象机构综合改革】 推进县级气象机构综合改革。完成7个县（市）气象局管理机构、业务机构设置及县局直属事业单位法人登记。调整业务布局，促进资源整合。推进信息发布平台的集约化发展，组织开展“电视天气预报”节目自动配音的技术研发，减轻基层负担。2013年，有19人次获“百班”“250班”无错情表彰，获评4个“优秀测报股”。

【加强行政审批与执法管理】 全市各级行政服务窗口共受理防雷行政许可事项1600件，与上年持平。全市完成《气象探测环境保护规划》的编制，查处危害气象探测环境保护及伪造防雷竣工验收等案件。市政府召开全市气象现代化建设推进会及气象探测环境保护协调会，宣传贯彻《气象设施和气象探测环境保护条例》。

泉州邮政局

【架构外联网络】 拜访市人大、政协、纪委和市直40多个部门和单位。联合有关部门推动出台10份政策性文件，为行业“提速”开辟道路。融入综合交通运输平台，将泉州邮政业规划相关内容纳入《泉州市完善综合交通运输体系规划（送审稿）》，推动泉州交通运输和邮政业融合发展。牵头建立政企沟通平台，注重加强与市邮政公司、邮储银行和邮政速递公司的联系，构建邮政政企联席会议制度。尝试推动泉台邮政交流，与市台办、交通委、泉州晋江机场沟通，提出开通泉台直接邮路和直达快件渠道等泉台通邮政策需求建议。协助筹备成立市快递行业协会。组织召开快递行业协会成立大会及第一次全体会员大会。 加大机构宣传力度。刊发《泉州邮政政务信息》44期，向国家级报刊和国家局、省局网站等媒介报送稿件，登载率居全国前列。

【优化发展环境】 推进邮政基础设施建设，加快空白乡镇网点建设。泉州15个空白乡镇网点指标，为全省最多。推进城镇居民楼信报箱建设。协调住建、规划等部门出台城镇住宅信报箱建设维护管理意见。解决快递车辆通行停靠难问题。与公安交巡警、交通运输等部门综合协调，印发《关于做好泉州市快递车辆便捷通行保障工作的通知》。破解快递企业用地难问题。协调市经贸委和晋江市政府、泉州市经济技术开发区管委会，推进快递物流园区建设用地事宜，初步意向将晋江磁灶现代物流中心第二期用地或永和物流园区规划为快递物流园。推进快件绿色通道建设。联合晋江机场、市铁路建设办公室出台《关于支持建设泉州市快件绿色通道的意见》。推动快递企业与电商协作发展。泉州市政府出台电子商务发展规划和意见，支持快递企业在泉布局建设、协同发展。推动快递企业人才队伍建设。搭建校企合作平台，组织四次1473人参加快递业务员职业技能鉴定考试。

【完善保障体系】 到全市11个县（市、区）、2个开发区及163个乡镇（街道）的220个网点开展调研，形成《泉州市邮政普遍服务调研分析报告》。履行监督职责，备案设置邮政场所7处，调整营业时间8处，局所地址搬迁9处，恢复开办汇兑8处。建立社会监督网络，完成年度监督员调整工作，续聘监督员1名，新聘监督员5名，实现县（市）全覆盖。

【坚持规范引导，促进有序发展】 重视行业安全生产，全年制定下发安全生产文件8份、安全工作明传电报5份，到全市13个县（市、区）部分邮政网点、69家快递企业、12个分拨中转中心，对企业进行全面检查。加强执法监督检查，开展执法检查123次，完成全市69家快递企业、16家邮政用品用具企业许可年检，完成许可实地核查26次。规范邮政市场秩序，推动市委办、市府办下发《关于进一步规范机关公文寄递工作的通知》。与工商局、质监局出台《关于加强邮政市场监督管理的通知》，对快递业务经营许可、邮政用品用具市场、集邮市场推进邮政市场规范化建设和管理。保障旺季服务安全顺畅。下发《关于加强快递业务旺季服务保障工作的通知》，部署旺季服务保障工作。

泉州烟草专卖局

【优化卷烟经营市场环境】 构建“政府主导，多方联合，社会参与”的打击制售假烟防控体系，制假重点地区建立县乡村三级联络机制，落实县级政府打假工作责任制。健全制售假烟案件档案及后期管理制度，加强特情耳目布建，开展边界乡镇联合监管，强化重点区域、重点对象的严查严管。强化与公、检、法沟通，解决案件疑难问题，严抓重判，震慑制假分子。更新全市非法经营大户档案资料，加强情报收集经营，组织跨区域大户交叉检查，查处非法经营大户案件93起，取消经营资格3户，转化2户。建立综合性专卖管理信息平台，试点手机终端巡查新模式。实行重点整治区域挂点、“三长结对子”巡查工作制，开展专项整治行动，推进重点区域整治。完善内管体系文件，建立健全内管工作考评体系，推动内管长效机制建设。开展“以案说法，廉洁执法”主题教育活动，强化专卖人员廉洁从业意识。

【优化卷烟营销网络】 深化星级真实性专项维护和客户细分工作，强化内外规范经营。动态管理定点客户，实时跟踪进销存，抓好高端烟培育。制定信息采集规范，参与建设全省精准营销系统，夯实精准营销信息基础。完善订货系统，引导规范提报需求，推进满足率课题实践。提高驻店考评的科学性和合理性，深化驻店助销工作。开展“凝聚价值 共绽精彩”专项活动，推进紧密型客户关系网络建设。发挥终端形象展示和宣传促销功能，发放立式柜台、旋转展架，制作“通系列”中国结、挂画，结合各地特色打造9条终端精品线，营造品牌宣传、展示和体验的氛围。发挥终端产品销售和品牌培育功能。制订培训方案，推进现代终端轮训，开展培训100场、4000户次。搭建互动交流平台，开展现代终端品牌培育经验交流，促进终端品牌培育能力的共同提升。发挥终端信息采集和消费跟踪功能。强化网上订货、网上配货跟踪指导，网上订货销量占比提高到86%，网上配货占比提高78%。分批推进POS真实扫码销售工作，示范型POS真实扫码销售客户增长50%以上。出台营销管理人员深入基层、基层营销人员绩效考核等方案，推动营销队伍执行力提升。建立营销培训库，开展技能鉴定、驻店助销等培训，提高营销队伍理论素养。开展技能竞赛、课题研究等活动，强化营销队伍实战技能。

【提高物流服务效率】 提高市场服务能力，开展纸托盘联运19批次1.4万件卷烟，启动省内卷烟空烟箱回收循环利用工作，回收烟箱14万只。印发卷烟交接差错处理、次损卷烟控制等规定，强化对关键环节的质量控制，卷烟破损率下降87%，基本实现零差错配送。提高精细管理水平，建立物流客户关系管理机制和服务体系，拓宽客户投诉渠道，建立分类限时办结快速反应机制，推进“顾客与市场”卓越绩效课题模块。建立“12346”全员绩效考评体系，提升物流绩效管理水平，推进“测量、分析与改进”卓越绩效模块。提高系统运作能力，配合全省物流智能决策系统和OTM运输管理信息系统建设，完成全市客户地理信息采集工作。将物流信息系统使用纳入考核，深化物流信息系统的应用。测定备品备件安全库存，与漳州建立备品备件和技术经验共享机制，加强设施设备分类分级管理。开展技改创新活动，设备分拣效率提升25%。激发队伍活力，建立奖励机制，推进“四小”创新和一点课程活动，全年提报“四小”提案184项、一点课程教案90篇。组建兴趣小组，开展中、高级物流师和设备操作培训，打造物流管理人员、技术专家和操作人员三支队伍。

泉州电业局

【保障安全生产】　强化安全管控，深化“安全管理提升”活动，落实各级生产责任制和“一岗双责、党政同责”。深化安全风险管理，加大现场执规检查，加强干部到岗到位和员工“十项禁令”管理，违章率下降16%。设备隐患排查治理整改率为95%。制定58份方案，深化电网风险预控。查处窃电38户，制止消除电力隐患346处，线路外破故障跳闸同比下降50%。开展调度大楼消防、地震疏散实战演练和防农村人身触电专项安全监督整治。开展县公司变、配电专业安全管理诊断分析。防抗“苏力”“天兔”等超强台风，支援福清、南平抗台抢修。完成世界闽南文化节等重要活动保电任务。深化生产管理，推进“调控一体化”，实现对所有开关的远方遥控操作，调控业务流程成功切换至省地一体OMS调度管理系统；变电站10千伏馈线开关间隔调度权下放县（配）调管理。城区抢修业务平稳移交北峰供电所。严格配网异动及图实一致管理。完成直供区108户双电源用户调度协议签订；全面实施状态巡视、标准化作业、作业风险管控等精益化生产管理。“变电运维一体化”有效运作，完成82项典型项目的目标；开展地县一体“红旗站”检查评比，促进县公司变电站规范化建设。惠安运维站获得“国网公司优秀班组”称号。推行继电保护状态检修；强化保护通信通道安全管理，完成地区183套220千伏线路光纤保护通道一致性核对；开展设备隐患排查治理，完成56条主设备隐患整改、334户业扩工程用户图实不符整改，完成3578个用户自备电源排查和系统标识。优化电网运行，首家完成调控智能操作系统开发和实用化上线应用；建成地区备用调度系统，地区变电站由调度数据网第二平面接入备调系统，实现与主用调度系统的冗余互备；完成77个非统调电厂采集装置的安装和调试；实行监控信号“六化”制度；落实迎峰度夏38个重点建设项目和132项技术保障措施，实现“不拉闸、不限电”目标。加强电网安全风险预警，首次开展黑启动带负荷实地试验。开展电网多层次综合反事故演习，应对6级及以上电网风险263次。

【推进电网建设】　主动促进将电网发展规划纳入政府发展规划，推动各级政府主导开展片区电网设施布局规划。完成500千伏南安、惠安变电站选址工作。浦西（沉洲）、东海（桃花）输变电工程等重点、难点前期工作均取得进展。取得省发改委核准34个项目，完成全年计划113%，前期工作年度完成率109%。参与“四个一”工作协调机制，实施“1+7”管理，发挥县公司整体优势，解决105处工程受阻难题。全年建设110个输变电工程，数量位列全省第二；投产45个工程，创历年最多。获四面基建流动红旗，首次获国网公司“流动红旗”。22项工程获国网公司“优质工程”，15项工程获省公司“达标投产”工程。新调度大楼完成地下二层和地上三层建设。农网改造升级工程高分通过省发改委验收。启动县域配电网发展诊断分析，2013—2020年配电网滚动规划通过省公司审查。规划新建及改造配网线路10698.44千米、配变12751台。石狮公司开展全域城市化现代配电网规划试点，建成全省首个智能配电网示范村。安溪公司全省试点开展配网差异化规划工作。10个配网自动化DA环投入全自动运行。

【提升服务质量】　夯实营销基础，实行双周工作例会制，加强营销指标全地区“一盘棋”管控。开展线变户基础数据和用户档案“三档合一”核查，现场核查补档260.5万户低压用户，完善档案信息7281条，整改现场缺陷19.87万处。业扩服务时限达标率为100%，红外抄表率为59.41%，全市抄表机抄表户数比例为99.85%。安装智能电表193.8万只，安装和采集覆盖率分别为69.69%、69.14%，采集成功率为95.47%。电费回收率为99.995%。落实服务举措，开展用电满意提升工程，举行“零违诺”百日服务竞赛，拉动电量增长6.2亿千瓦时。集中整治抄表催费等突出问题，下半年投诉量同比下降23.18%。按照省公司要求，试点综合建设快响中心，组建配电抢修指挥中心，实现“四快”核心业务定位和目标要求。推行高压业扩接火限时并网，实施配网供电能力按月发布制和城区低压业扩“一岗制”作业。居民和低压无工程项目从受理到装表接电，分别比规定时限减少1个和5个工作日。开展农电管理，实施县供电企业管理“抓两头、带中间”提升活动和乡镇供电所同业对标。分两期完成59个乡镇供电所驻点督导。

【加强经营管理】　加强融合优化

重组，完成大营销体系中间管理层的职责整合和一体化管理。绩效管理月度合约签订、考评和复评率均100%。完成地区会计集中核算、前端属地管理的工作接轨。完成省公司内部控制体系试点的风险信息库、岗位匹配表差异化比对及成果的推广应用。深化财务业务预算精益化管理。规范仓储建设，实现物资“零积压”。依法治企规范管理，2013年依法治企现场迎检问题整改率为96%。

泉州水文分局

【水文业务工作】　立足防汛，落实汛前准备工作。年初，按照省里做好汛前准备工作的要求，从思想教育、制度建设、措施方案、设施安全检查落实方面，抓好防大汛、抗大洪的各项准备工作，主要检查各种测验设备设施的运行情况，各项规章制度的健全完善情况，测报预案、应急预案的可行性情况以及职工对水文规范、水文测报任务书、测报预案和出现大洪水时的应急措施是否熟悉，岗位分工、职责是否明确等。对检查中发现的问题和隐患，及时督促各测站迅速落实整改。加强水文测验管理，确保水文测验整编成果质量。按照现行规范、规定等技术标准和技术要求开展工作。每位水文职工能严格执行现行规范、规定等技术标准和技术要求开展水文监测工作。执行《测站水文测验任务书》、“四随”、“在站整编”等有关工作制度。要求测站对各项资料做到“日清月结”和“一制二校”，次月中旬完成上月的整编推流工作，推流成果上报分局站网科。站网科对推流成果的合理性进行检查分析，每月通报各测站测验、整编工作完成情况，并不定期下测站检查指导“四随”工作执行情况，对发现的主要问题督促其及时整改。加大水环境监测建设，提高水质监测服务水平。新增原子吸收光谱仪、流动注射仪等仪器。强化责任，力求及时、准确、高效水情信息服务。全年向省水文局发送汛电215854份；向防汛部门报送时段雨量94份、暴雨通报93份、特殊雨情通报3份、水情通报9份，水文旬月通报30份、阶段雨水情总结21份。逐旬向防汛部门提供降水量、各主要江河来水、各大中型水库蓄水量分析报告。

【重点项目建设】　推进中小河流水文监测系统建设。完成12个新建水位站、3个改造站点的建设工作，正进行合同验收。完成8个新建水文站的征地工作，正进行设施工图纸设计。泉州水文巡测基地建设初步方案已定并上报审批。安溪水文站搬迁重建工作有新进展。安溪县政府同意在原站址下游划拨用地，建设安溪水文站生产办公用房，正办理有关手续。凤洋水文站搬迁重建工作进展顺利。德化县政府同意在凤洋水文站断面上游1千米处划拨用地，建设凤洋水文站生产办公用房，已开始办理用地手续。做好国家地下水监测系统工程前期工作，参与福建省地下水监测站网规划工作。

【服务地方经济建设】　根据“对外有声音、有地位，对内有实效、有成就”的水文发展目标和方向，发挥水文站点多、分布广、资料齐全等优势，围绕水资源合理开发利用、管理和保护，通过内抓管理、外抓服务，开展与当地经济建设密切相关的水文分析计算工作，拓宽水文服务领域。完成洛江区罗溪镇供水工程水资源论证、2012年水资源公报编制、后渚大桥附近潮位分析计算、洛阳江流域水量分析等工作。

【安全生产和综治工作】　年初与各测站、科室签订“社会治安综合治理、安全生产工作责任书”，层层落实安全生产责任制。6月，开展以“强化安全基础、推动安全发展”为主题的“安全生产月”活动，宣传科学发展、安全发展理念，健全各项安全生产制度，并开展安全隐患排查活动。6—8月，为贯彻落实水利部安全生产电视电话会议、省水利厅安全生产视频会议、省水文局安全生产视频会议精神，根据《福建省水利厅关于开展全省水利安全生产大检查的通知》的要求，开展水文安全生产大检查，结合实际情况重点从组织领导和责任的落实、中小河流水文监测系统在建工程施工安全、危险化学品和高压气瓶等安全使用、车辆和驾驶人员的管理、汛前检查中查出的安全隐患的整改落实情况、水文测报和应急监测的安全、“安全生产月”活动开展情况七方面进行检查，检查中未发现重大安全隐患。

市盐务局

【规范食盐市场秩序】　制止废转盐田复晒，联系南安市经贸局，多次到水头镇政府协调，要求镇政府对已废转的水头江崎外围盐场私自复晒现象给予强制制止；向南安市政府报告，及时与石井镇政府联系沟通，对已废转的石井老港盐场、溪东盐场私自复晒现象给予制止，南安市政府批复同意对溪东、老港盐场的复晒现象进行强制制止；联合石井镇政府及有关部门组成政策法规宣传队伍到海峡生态城范围内私晒私销的原溪东盐务所属溪东盐场、前坂盐场对村民进行宣传教育、化解矛盾；组织盐政人员加强对沿海复晒盐场执法巡查，同时要求镇政府协同溪东边防所加强对已废盐场的巡查，打击私晒盐场的贩卖食盐现象。打击涉盐违法行为，协调各职能部门，严查大要案，根据群众举报线索，查处许文灿非法经营食盐案。完善驻场员考核制度，加强对定点生产盐场的监督和指导，指导盐场履行生产企业安全责任，指导盐场进行安全生产，提高产品质量和产品出场质量，严格盐场产品出场按照食盐准运证规范管理。加强食品加工用盐厂家用盐的规范管理，要求全市各食品用盐厂家要规范经营、守法经营。

【加大多品种盐促销力度】　执行《中国慢性病防治工作规划（2012—2015年）》，承担社会职责，积极开展行动，推广低钠盐，普及科学用盐知识，提倡低钠膳食。组织业务培训，特邀行家对客户经理和盐政人员进行业务培训，介绍国内外低钠盐推广情况，讲授推广低钠盐的意义和目的，指导宣传与销售，增强员工销售低钠盐的信心。开展低钠盐推广宣传活动，组织在工人文化宫广场举办“惠民生低钠盐推广公益宣传活动”，开展向市民赠送低钠盐的活动。经常组织工作人员到社区、村镇、大型超市等，分发宣传单，介绍科学食盐知识，宣传健康食盐理念，引导群众养成科学食盐的习惯。会同工商、技监、食安委、新闻媒体等单位，利用食品安全宣传月时机，开展宣传活动。

泉州监狱

【保持安全稳定工作态势】　把安全稳定作为首要任务，落实部、厅、局关于安全稳定的系列重大部署，贯彻落实部35条，加强“五项机制”和“四道防线”建设。推行监管安全精细化管理，坚持前期一系列有效安全做法和经验，重点在强化民警安全心防意识、落实监管制度、狱情收集和隐患排除、安防硬件建设方面下功夫，完善落实《罪犯考核奖惩实施细则》《短刑犯分级处遇实施细则》《监管安全精细化管理指导意见》等制度，强化民警执法规范化，开展各类安全竞赛、安全隐患百日排查整治、执法监督检查等活动，与各级领导和民警签订安全稳定责任状，严格监管安全、生产安全、行政安全工作责任制。

【教育质量年活动取得成效】　落实“首要标准”“纲要”和“8511”制，拓展让罪犯“希望中改造”工程，开展好“三课”教育、个别教育、心理健康教育、重点罪犯攻坚转化、心理矫治、监区文化建设等各类教育改造基础工作。结合教育质量年活动，开展中华魂、弟子规、“四防”教育等主题教育，实行个别谈话“网格制”“公示制”“回访制”三举措，深化民警进号房听诉求和片警制。依托社会资源开展电大远程教育和技术教育培训，探索循证矫治、恢复性司法、志愿者认辅活动，落实心理健康和医疗卫生门诊、巡诊、会诊制度，建立完善“教育改造专家库”“心理矫治专家库”和“教学授课专家库”。以“一季度一主题”“一监区一特色”为主要载体开展监区文化活动，办好《升华在线》频道，利用孝道、道德、国学、文化文艺、闽南文俗活动、微电影等灵活方式陶冶罪犯情操。开展创业培训和刑释人员回归社会情况回访调查，与泉州海峡人才中心合作为罪犯提供就业信息和指导。开展亲情帮教和开放日活动。抓好罪犯合法权益保障，保持罪犯伙食生活水平不下降，做好夏季防暑降温和冬季防寒保暖工作，有病及时医治。

泉州司法强制隔离戒毒所

【挂牌成立】　泉州司法强制隔离戒毒所贯彻落实上级关于劳教制度改革转型的部署要求，一方面做好劳教人员的教育转化工作，一方面做好场所转型收治强制隔离戒毒人员的各项准备工作。5月，省编办批复同意泉州劳教所加挂泉州司法强制隔离戒毒所的牌子，12月开始收治强制隔离戒毒人员，标志泉州劳教所实现向泉州司法强制隔离戒毒所的转型。

【应对劳教制度改革】　3月18日起，泉州劳教所停止收容劳教人员，对剩余劳教人员严格考核奖惩，一切工作照常开展，稳妥有序地做好劳教人员解教工作，实现所党委提出的“平平安安解除最后一名劳教人员”的目标，以崭新姿态迎接场所的转型改革。同时做好收治强制隔离戒毒人员的准备。软件方面，加强学习培训，采取以考促学的方式，使全体民警职工尽快熟悉掌握戒毒法律法规规章和相关制度规定；分批组织民警到省内兄弟强制隔离戒毒场所挂职跟班学习。硬件方面，加快场所安全设施修缮步伐，做好戒毒人员生活区、宿舍区、习艺区的改造工作，做好大队民警办公室、值班室及前移科室办公室的修缮工作。资质方面，做好聘请医护人员及协调办理《麻醉药品、第一类精神药品购用印鉴卡》，争取尽快取得戒毒医疗服务资质。

【抓好维护场所安全稳定工作】　落实整改整治，抓住事关场所转型、安全稳定中存在的突出问题，投入60多万元修缮改造硬件，消除安全隐患，确保场所的持续安全稳定，为接收戒毒人员打下牢固的安全基础。开展安全排查和防控，强化人防、物防、技防三道防线，夯实维稳基础。

【深化教育质量年活动】　深入动员部署，将活动任务指标分解到具体部门、具体人，做到分工明确、责任到人。开展“学雷锋，做个文明学员”活动，开展“我的中国梦”专题教育活动。深化实施“中华魂”主题教育活动，与日常教育、辅助教育、课堂化教学有机结合，形成一项重要的常规性教育工作。

【推进生活卫生标准化建设】 重视生卫设施的完善和环境的优化，注重伙食品质和调剂，把好饮食卫生关，无发生食品卫生安全方面的事件。定期组织传染病筛查，加强所内门诊、巡诊工作；注重规范生活服务站管理，实行服务部由超市承包规范经营方式。

泉州无线电管理局

【加强频率台站管理】 开展台站规范化管理专项活动。在台站核查成效上，全面清理B库，台站总数9272个，包括广播电台、校园广播、岸台、数传、ETC、微波、WLAN、卫星地球站和1.8G移动通信系统等，其中注销停用9267个，清理比例为99.9%；开展在用设备检测，应检测800台，实检测850台，其中广播电视设备31台、专业通信设备83台、公众通信基站设备743台，有7台公众通信基站设备不合格，在限期内完成整改。立案查处违规行为4起，罚款15000元。规范生产管理，服务数字对讲机产业发展。规范审批流程，严格型号核准制度；健全企业信息数据库，落实生产备案制；规范出口和代工生产管理，落实产品备案制；打击非法生产和冒仿行为；推动泉州数字对讲机标准出台；完善检测服务，实现资源共享；发挥协会作用，加大典型宣传，树立泉州数字对讲机品牌。2013年，受理并转报生产数字对讲机型号核准企业5家、新型号6种。规范公众移动通信基站管理。严格审批程序，做好重要地点电磁辐射测试和电磁环境测试；落实设备型号核准，规范基站审批验收；完善台站数据库，开展ID路测，加强监管与实地核查。简化审批手续，及时查处干扰，开展查处私设基站的专题执法和宣传活动；规范重要地点无线宽带接入台站管理，落实台站备案，消除互相干扰，优化覆盖效果；督促电信小灵通清频退网，规划4G建设；规范会议保密机使用管理，消除对公众通信的干扰；推进共站共享和集约化管理，服务城市智慧小区建设。

【加大执法检查力度】 开展未年检台站清理工作。梳理出67家未按时缴纳频占费和年度核验执照的设台单位，在泉州晚报和局门户网站公告予以注销无线电台站执照，加强现场核查，针对未及时办理核验和未办理注销的两种情况分别查处，加以法规宣传、教育。清理公安系统对讲机，市公安局联合印发清理通知，到鲤城、丰泽、晋江、南安、安溪等12个县区开展公安系统对讲机清查，清查登记对讲机和中转台184台、340兆图像传输基站10台、350兆集群通信网基站32台，全部办理设台手续，并纳入有效管理。排查无线电干扰，查干扰投诉13起，查处一起非法设置1.8G无线宽带数据通信专用网案。

【保障无线电安全】 防范无线电作弊考试保障座谈会。职责，建立沟通机制，推行购置防作弊设备，规划建设标准考场，实行购买技术服务等措施。全年完成各类考试保障12起，发现作弊信号3个，压制1个、查处1个。开展人事考试环境综合治理。根据省局和市公务员局等七部门的通知要求，制订工作方案，建立联动机制，加大考试环境巡查力度，对无线电发射设备销售市场和考点周边设台单位进行监督检查。做好高考无线电保障。联合市教育局、公安局和鲤城工商局，到泉州商品街、九一街、益华电子商城等主要销售场所和设台单位进行检查。巡查和摸底各重点考点，开展电磁环境测试，掌握地理环境和电磁环境，开展考前模拟演练，净化考点周边电磁环境。完成闽南文化节无线电安全保障。与世界闽南文化节筹备办、广电、公安、卫生、电业等部门沟通协调，书面征集频率保护需求，确定应急备用频率；对开幕式主办地海峡体育中心进行电磁环境测试，现场组建无线电监测网络，进行监测演练，排除干扰隐患；通过筹备办平台发布公告，要求相关设台单位严格遵守无线电管理相关规定，净化电磁环境，营造盛会氛围。

【注重信息宣传】 开展特色无线电宣传月活动，开展纪念对讲机模数转型两周年宣传活动，与晋光小学科普教育基地联合开展科普宣教，联合公安、工商、质监等部门，整治地下“黑厂”，开展无线电管理开放日体验活动。会同公安现场查处3起当地居民私设直放站行为，将查处的直放站设备在活动现场展示。开展“世界无线电日”宣传活动。

【加强无线电监测检测】 监测48.5—72.5兆赫、76—84兆赫 、167—223兆赫 、470—566兆赫 、606—798兆赫频段，监测到22个合法在用信号及3个来自金门的电视信号，建立电视频率占用数据库。监测137—167兆赫和403—423.5兆赫频段，发现不明信号并警示，清理对讲机频段。发现泉州移动GSM下行频段超带宽问题，监测1815—1820兆赫、1850—1860兆赫、2100—2130兆赫、2145—2170兆赫频段来自金门的信号。组织学习《在用无线电台（站）发射设备测试要求及方法（试行）》，提高检测水平。除台站规范化专项检测外，检测发射设备95台，其中运营商基站设备69台、车载台1台、对讲机25台。

【推进技术设施建设】 完成管理局办公大楼智能化改造项目，该项目包括背景音乐与紧急广播系统、闭路监控系统、防盗报警系统、电子巡更系统、一卡通门禁与停车场管理系统、无线寻呼系统、环境监控报警系统（水禁报警、温湿度报警、烟感报警）等功能，实现办公大楼智能化管理。完成远程固定监测站防雷系统升级改造项目，完成石鼓山站、灵秀山站、泉港站、大坪山站四个固定监测站的防雷改造。完成公共检测平台（二期）项目的到货验收，完善检测公共服务平台建设，提高检测能力，促进产业发展。完成泉州市数字对讲机试验网建设。完成便携监测测向系统、信号快速侦测系统和泉州市网格化监测实验网三个项目的可行性研究。

【加快检测平台建设】 申报6个项目资金，向省信息化局申报公共技术服务平台补助资金，经专家评审，在16个单位中位居第四；向市科技局申报科技计划项目扶持资金，将检测平台列入2013、2014年建设项目；争取工信部规划司关于公共服务平台项目资金支持，起草平台运行情况典型案例材料，经省经贸委报送国家工信部。深入调研与合作，拓宽服务领域。到北峰、新世纪、飞捷等30多企业调研，了解企业需求，征求服务意见。邀请先创、科立讯、万华等20多家企业领导及技术人员到实验室参观、座谈、洽谈业务，推介平台，拓展业务。开展产学研合作，与华侨大学信息科学与工程学院、华侨大学工学院签署合作协议，与福建省众欣智能工程有限公司签署战略合作框架协议和调试检测协议，草拟签署各项协议15份。

泉州银监局

参见“经济•第三产业•金融业•银行监督管理”

人民银行泉州市中心支行

【落实稳健货币政策】 贯彻泉州“金改”方案，制发《关于贯彻福建省泉州市金融服务实体经济综合改革试验区总体方案的意见》，助推泉州金改区建设。联合市经贸委、市科技局、市知识产权局组织开展“泉州中小微企业金融服务提升年”专项行动。推进区域集优票据融资模式，与泉州市政府、中债信用增进公司签订有关合作协议和监管协议。执行差别准备金动态调整政策，引导辖内法人金融机构新增贷款实现合理增长。推进人民币跨境结算业务扩面增量，实现全辖外汇指定银行开办跨境人民币结算业务的全覆盖。

【加强金融风险防范与监测】 起草并由市政府印发实施《泉州市金融应急处置预案管理规定》，协助完善金改区金融风险应急处置建设。加强对民间融资和非法金融活动以及小额贷款公司、融资性担保公司、典当行等融资性中介机构的监测，增强金融风险防范处置能力。

【推进外汇管理改革】 落实货物贸易外汇管理改革措施，促进贸易便利化。简化外商来华直接投资外汇管理，促进投资便利化。推进外债管理改革，支持企业通过外债形式缓解融资难题。支持有实力、守信用、有竞争力的泉州企业到境外上市。联合市外经贸局、金融工作局举办小额外保内贷银企签约会，助力泉州金改区建设。推行外商投资企业外汇年检代理制和境外投资外汇年检网上申报制度。采取措施，防范异常跨境外汇资金流入风险。打击地下钱庄等外汇违法犯罪活动，开展打击虚假转口贸易专项行动，对其中8家涉嫌违规的企业进行立案查处。

【推进金融服务现代化】 率先在全省开发小额贷款公司、村镇银行等小机构统计报表在线填报系统，为上级行和地方政府提供准确数据参考。完成第二代支付系统和电子汇票系统上线运行。推广助农取款服务点的转账、缴存社保金以及公共事业缴费等功能应用，实现泉州1589个金融服务空白行政村全覆盖。推动公务卡应用，泉州、惠安分别为全省第一个预算单位公务支出实行公务卡结算的地级市和县（市）。推进国库信息化建设，设计、开发海关税票销号系统和国库收支存信息对账系统。改进货币发行服务，提升货币发行管理工作水平；推进冠字号码可查询工作，1—12月收缴假人民币383.79万元。

泉州市党政军群机构领导名录

中共泉州市委员会

书　记　徐　钢（至2013年2月）
黄少萍（2013年2月任）
副书记　黄少萍（至2013年2月）
郑新聪（2013年2月任）
朱淑芳（至2013年3月）
周银芳（2013年4月任）
常　委　陈沈阳（2013年10月任）
沈耀钦
周银芳（至2013年4月）
许昆贞
翁祖根
刘卫国
陈庆宗
尤猛军（至2013年2月）
付朝阳（至2013年7月）
林伯前（2013年4月任）
秘书长　翁祖根
副秘书长　苏汉庭
张甘荔
张荣宝
吴达平
邓安娜
刘曙庆
黄文捷（2013年8月任）
郑少波（2013年8月任）

办公室
主　任　苏汉庭
副主任　杨建辉
周顺安
郭从容
管东辉

系统党委
书　记　李艾克
专职副书记　郭建鹏

机要局
局　长　管东辉

市委保密委员会办公室（市国家保密局）
局　长　黄万成

市委政策研究室
主　任　刘曙庆
副主任　许友烈
陈辉煌

接待办
主　任　吴达平
副主任　罗亚扬
庄玉龙

市委党史研究室
主　任　侯小莹
副主任　叶芬蓉
高友土

市委档案局（档案馆）
局　长　夏丽清
副局长　黄跃进
陈若波

市委组织部
部　长　周银芳（至2013年11月）
陈沈阳（2013年11月任）
常务副部长　曾　巍
副部长　张翼翔
庄玉海
系统党委专职副书记　陈晓蓉
非公企业工委专职副书记　江振平

市委宣传部
部　长　陈庆宗
常务副部长　王松柏
副部长　李培德
郑国防（2013年8月任）
林炯泉
张甘荔（至2013年7月）
叶燕民（2013年8月任）
许旭明
吴建生（2013年8月任）
系统党委专职副书记　庄仁哲

市委网络文化建设和管理办公室
主　任　张甘荔（至2013年7月任）
林培煌（2013年8月任）

市委统战部
部　长　翁祖根
常务副部长　杨国昕
副部长　蔡文良
王庆祥
系统党委专职副书记　黄子榕

市委政法委员会
书　记　许昆贞
常务副书记　蒋启林
副书记　徐义平
王连生（至2013年8月）
何敬锡（2013年8月任）

综治办
主　任　徐义平

610办
主　任　何敬锡
副主任　陈家祥

政治部
主　任　谢晓章

市直政法系统党委
书　记　周炳忠
专职副书记　汪祖培

市委教育工作委员会
书　记　陈庆宗
副书记　郑文伟
常务副书记　陈少华
副书记　徐昌裕
纪工委书记　陈进兴

市委台湾工作办公室
主　任　林建春（至2013年12月）
副主任　庄劲民
黄兴顺

市委机构编制委员会办公室
主　任　李元巍
副主任　黄振良
叶舒城

市委直属机关工作委员会
书　记　沈耀钦
常务副书记　黄春淮
副书记　郑天文
陈炯仁
委　员　王志强
林明义
吴志宏
谢江山（2013年1月任）

市委农村工作领导小组办公室
主　任　魏山国
党委书记　黄双九
副主任　吴晓雄
高志宏
钱瑞峰
傅伟林
系统党委专职副书记　傅旺隆

市委老干部局
局　长　周文心
副局长　林丽燕
陈政实

市委文明办
主　任　林炯泉
副主任　吕宝贝
陈庆宗
洪金炼

市委党校
校　长　周银芳（至2013年11月）
陈沈阳（2013年月11任）
常务副校长　干松柏
副校长　彭丽花
陈毅生
黄雄彪

教务处
主　任　詹碧英

总务处
主　任　张益和

办公室
主　任　林昭永

组织处
主　任　庄锡耀

党史党建室
主　任　林常颖

继续教育处
主　任　郑燕波

公务员培训处
主　任　陈建文

哲学教研室
主　任　陈彩珍

经济教研室
主　任　施美萍

市委讲师团
团　长　朱林果

中共泉州市纪律检查委员会

书　记　沈耀钦
副书记　郑建清
江显木
林志建
正处长级干部　秦潇湘（至2013年4月）
常　委　吴清水
张加萍
黄国庆
苏双喜
林开通
秘书长　苏双喜

监察局
局　长　郑建清
副局长　林振约
苏耿聪

办公室
主　任　陈泉木

监察综合室
主　任　朱仁雄

第一纪检监察室
主　任　李岩华

第二纪检监察室
主　任　黄荣峰

案件监督管理室
主　任　苏文笔

案件审理室、申诉复查室
主　任　黄志强

信访室
主　任　黄金土

执法监察室
主　任　刘炳祥

宣传教育室
主　任　郑进锡

政策法规研究室
主　任　许振煌

党风廉政建设室
主　任　庄稼祥

纠风工作室
主　任　梅　永

干部管理室
主　任　洪冬青

效能监察室
主　任　廖丽芬

泉州市人民代表大会及其常委会

主　任　陈海基
党组副书记　陈万里（2013年4月任）
副主任　洪泽生
潘燕燕
陈仝顺
吕　竞
王远东
张建生
秘书长　吴春林
副秘书长　廖伏树
苏进发
陈力平
兰　菁

办公室
主　任　廖伏树
副主任　陈云毅

研究室
主　任　王伟明
副主任　叶睿葆

人事代表委
主　任　郑玉宝

副主任　刘　刚

财经委
主　任　傅天富

内司委
主　任　齐清秀
副主任　郭少梅

环城委
主　任　许华生
副主任　叶朝阳

农经委
主　任　庄金平

教科文卫委
主　任　吴新文
副主任　胡佩玉

华侨委
主　任　吴若萱
副主任　庄丽雅

信访局
局　长　蔡碧毓

泉州市人民政府

市　长　黄少萍（至2013年2月）
郑新聪（2013年2月任）
常务副市长　尤猛军（至2013年2月）
林伯前（2013年4月任）
副市长　陈荣洲
付朝阳（至2013年8月）
周真平
林　锐（至2013年12月）
李建辉
陈灿辉
林万明（2013年8月任）
秘书长　吕炜民（至2013年8月）
吴友才（2013年8月任）
副秘书长　吴友才（至2013年8月）
廖国文
舒　琳（至2013年8月）
黄文胜
傅春添
林琪伟
刘林霜
李国坤
黄瑷文

市政府办公室
主　任　吴友才（至2013年8月）
廖国文（2013年8月任）
副主任　黄文成
杨永裕
郑志勇
杨猛猛
纪检组长　黄清瑜

系统党委
书　记　苏文雅
专职副书记　张希件

督查室
主　任　廖良结

市支援前线办公室
主　任　许礼哲
副主任　吴连金
陈洪生（2013年1月任）

市信访局
局　长　黄文胜
副局长　陈丽琨
庄谓聪
吴志耕

市发展和改革委员会
主　任　吕　刚
党委书记　叶舒扬（至2013年4月）
副主任　李清景（至2013年7月）
林合龙
黄朝阳（至2013年5月）
陈小宝
纪检组长　马立星
副主任　陈招平
傅少明
王克思
系统党委专职副书记　肖印章

市经济贸易委员会
主　任　黄国富
党委书记　邱少煌（至2013年8月）
副主任　魏建谊
纪检组长　杜认真
副主任　洪良泉
吴金埔
王洪海
陈德庆
科技副主任　林　源（2013年4月任）
系统党委专职副书记　王春阳

市协作办
副主任　刘建鸣

市教育局
局　长　郑文伟
副局长　孙银聪（至2013年6月）
王瑞钦
陈飞鹏（至2013年12月）
曾文汉（至2013年5月）
纪检组长　陈进兴
副局长　刘殊芳
毛伟雄

市科技局
党组书记　吴中培
局　长　颜志煌
副局长　张育凯
陈建兴
黄珍霞
纪检组长　郑兴波

市民族与宗教事务局
局　长　胡晓泉
副局长　黄尚模
兰德志

市公安局
局　长　林　锐（至2013年11月）
副局长　柳新群
林水湖（至2013年9月）
曾志敏
纪委书记　林　冰
副局长　卓庆忠
王连生
邱军炼
党委委员　刘尔钊
陈建新
马运根
赖建玲
副局长　庄文斌
陈文荣
总工程师　王仙龙
监察室主任　黄进乐

市打私办
主　任　曾志敏
副主任　马运根

市直公安系统
党委书记　刘尔钊
专职副书记　傅维明

办公室
主　任　陈建新

政治部
主　任　赖建玲

警务督察支队
支队长　陈俊杰

警务保障处
处　长　郑庆奎

国内安全保卫支队
支队长　蔡永义
政　委　陈　健

治安支队
支队长　万建平
政　委　傅庆生

刑事侦查支队
支队长　林元益
政　委　陶崇隆

经济犯罪侦查支队
支队长　方贞群
政　委　吴志锋

技术侦察支队
支队长　白建胜
政　委　易小克

禁毒支队
支队长　肖珍怀
政　委　李　群

公共信息网络安全监察支队
支队长　林起煌
政　委　吴天进

特警支队
支队长　陈万兴
政　委　张建才

交通巡逻警察支队
政　委　谢希圣

出入境管理支队
支队长　李清洗

法制支队
支队长　黄建民

反恐怖支队
支队长　陈少贤

劳动教养工作办公室
主　任　朱德宏

打击走私工作处
处　长　张友平

市民政局
党组书记　丁金碧
局　长　蒋耕霆
副局长　周振强
杜朴生
蔡永升
纪检组长　刘玉珊
副局长　薛文新
何志宏（2013年1月任）
胡晓玲

市老龄办
主　任　胡晓玲
副主任　商黎霖

市司法局
局　长　郑建辉
副局长　赵运军
政治部主任　郭惠昆
副局长　黄惠聪
柯秀丽
纪检组长　张永忠

市财政局
局　长　李健康
党组副书记　苏诺民
副局长　任秀斌
纪检组长　杨水永
副局长　陈昌隆
洪进星
庄尧森
林文革

市人力资源和社会保障局
局　长　邱银富
纪检组长　黄志捷
副局长　陈学东
刘炳华
骆靖宇
邓　雨

市公务员局
局　长　陈伟平
副局长　张庭侠
纪检组长　谢　斌
副局长　陈希远
颜细财
李锦枝

市国土资源局
局　长　赖开族
副局长　刘敏坚
杨文龙
戴全福
吴河安
黄鑫全
郑建南
纪检组长　杨戈辉
总规划师　苏远红

市库区移民开发局
局　长　陈能语

市国土资源监察支队
支队长　何　伟
政　委　李启泽

市住房和城乡建设局
局　长　钟文成
党委书记　苏庆福
纪检组长　郭木棍
副局长　王卫红
王惠萍
陈进平
张志铭
庄绍宁
总工程师　陈拥军
科技副局长　陈　希（2013年7月任）
系统党委专职副书记　郑葆飞

市城乡规划局
局　长　黄世清
党组书记　陈泽荣
副局长　刘文发
张春权
纪检组长　王建国
副局长　刘克华

市市政公用事业管理局
局　长　王天祥
党委书记　庄建宁
党组副书记　黄环生
纪检组长　曾伟平
副局长　陈大庆
系统党委专职副书记　黄金华
副局长　吴家琅
总工程师　邱达敏
副局长　周金火
党组成员　王森江

市城市管理行政执法局

局　　长　黄建奇
党组书记　陈志勇
副 局 长　李祖国
　　　　　郭文田
　　　　　林宇杰
纪检组长　罗放军

市交通运输委员会

主　　任　刘志平
党组书记　林晋炼
党委书记　郭建生
交战办主任　许笃慧
党组副书记　吴永德
水运处处长　庄赞才（至2013年7月）
副 主 任　许吉平
　　　　　吴福荣
纪检组长　庄木才
副 主 任　黄俊杰
　　　　　潘新雅
　　　　　杨琦伟
总工程师　傅远辉
副 主 任　高黎明
系统党委专职副书记　吴福铭
党组成员　林达贤
　　　　　洪小明（2013年2月任）

市公路局

局　　长　郭根才
党委书记　陈理明

市道路运输管理处

主　　任　林达贤

交通战备办公室

副 主 任　洪小明（2013年2月任）
　　　　　方向明

市交通综合行政执法支队

支 队 长　郑怡中

市农业局

局　　长　曾焕楷
副 局 长　陈振荣
　　　　　张忠义
纪检组长　李益萌
副 局 长　万文伟
总畜牧兽医师　陈德利

市农科所

所　　长　李锦泉
书　　记　黄建洪

市农机总站

站　　长　黄振辉

市林业局

局　　长　林华伟
党组书记　李经建（至2013年4月）
　　　　　林华伟（2013年5月任）
副 局 长　李丽玲
纪检组长　黄全承
副 局 长　黄衍庆
　　　　　傅国建
　　　　　林建真（至2013年5月）

市森林公安局

局　　长　黄海清（至2013年5月）
　　　　　林建真（2013年5月任）
政　　委　陈自力

市水利局

局　　长　张一申
党组副书记　章金良
党委书记　王惠明
总工程师　曾向明
副 局 长　苏杭生
系统党委专职副书记　郑耀忠
纪检组长　江　渊
副 局 长　黄桂元
　　　　　谢招南

市政府防汛抗旱指挥部办公室

主　　任　谢招南

市海洋与渔业局

局　　长　陈文堃
副 局 长　庄　慧
纪检组长　郭介炮
副 局 长　黄前程
　　　　　郑碧钦
　　　　　王松青（2013年1月任）
机关党委专职副书记　林金辉

海洋与渔业执法支队

支 队 长　郑碧钦

市对外贸易经济合作局

局　　长　刘明亮
党委书记　张　良
副 局 长　黄金跋（2013年5月任）
　　　　　郑金福
纪检组长　黄珊珊
副 局 长　黄庭瑜
　　　　　刘惠煌（至2013年5月）

　　　　　粘学清
系统党委专职副书记　简国红

市文化广电新闻出版局

局　　长　张镇国
党委书记　庄灿霞
副 局 长　黄景生
　　　　　戴源水
　　　　　陈惠平
　　　　　林育毅
　　　　　出宝阳
纪检组长　杨春煌
副 局 长　丁毓玲

市卫生局

局　　长　蔡丽静
党委书记　郑英兰
副 局 长　曾奕民
　　　　　苏培聪
　　　　　吴鹭阳
系统党委专职副书记　蔡黎明

市体育局

党组书记　王珊珊
局　　长　王家声
副 局 长　吴永江
　　　　　谢文华
纪检组长　黄礼智

市人口和计生委

党组书记　蒋德明
主　　任　黄振奋
纪检组长　傅蔚茹
副 主 任　吴宗桥
　　　　　陈仲阳
　　　　　吴达辉

市审计局

局　　长　蔡思红
副 局 长　曾细川（至2013年6月）
纪检组长　蔡正确
副 局 长　骆振军
总审计师　李锦忠
副 局 长　徐情根

市统计局

局　　长　李跃民
纪检组长　刘舒蓉
副 局 长　李植聪
　　　　　施能宗
　　　　　纪华宗

市环境保护局
局　　长　郑志忠
总工程师　林榕加
副 局 长　黄　华
　　　　　温双庆
纪检组长　廖德信
副 局 长　连益梅
　　　　　郑天助

市物价局
局　　长　施国宾
总经济师　黄巧丽
副 局 长　黄明土
　　　　　王宗锋
　　　　　刘建军

市旅游局
局　　长　张锡坤
副 局 长　苏　悦
　　　　　陈庆凤
　　　　　孙少磊

市粮食局
局　　长　李　铭
副 局 长　陈锦霞
　　　　　郑华江

市外事侨务办公室
主　　任　李卫平
副 主 任　郑志强
　　　　　倪景云
　　　　　温锦辉
纪检组长　林志彬

市人防办
主　　任　李建芳
党组书记　林田平
副 主 任　崔　健
　　　　　蔡永生
　　　　　谢文生（2013年12月任）
党组成员　许和平

市信息化局
局　　长　陈向荣
副 局 长　黄建福（至2013年6月）
　　　　　傅文星（2013年8月任）
　　　　　张文卫
纪检组长　涂志斌

市安全生产监督管理局
局　　长　洪顺昌
副 局 长　杨良木
　　　　　刘烨明
　　　　　戴天圣

纪检组长　倪怡方

市法制办
主　　任　林庆扬
副 主 任　林荣奇
　　　　　柳　璟

市国有资产管理委员会
党委书记　黄铃芳
主　　任　庄鸿卿
副 主 任　李双莺
　　　　　叶怀远
　　　　　黄珊珊（至2013年7月）
纪委书记　孙　斌
政治部主任　汪亚彬
总会计师　李维芳

市金融工作局
局　　长　李清景（2013年6月任）
副 局 长　赵旭强（2013年8月任）
科技副局长　徐　悦（2013年7月任）

驻北京联络处
主　　任　黄汉川
副 主 任　吴炳煌
　　　　　陈招平

驻上海联络处
主　　任　张宁滨

驻深圳办事处
主　　任　王志明

驻福州办事处
主　　任　陈万全

驻成都办事处
主　　任　经志远

市政府发展研究中心
主　　任　胡毅雄
副 主 任　蒋建国

市行政服务中心管理处
主　　任　李德雄
副 主 任　陈灿招
　　　　　许玉斌

市住房公积金管理中心
主　　任　黄金顺
书　　记　郭希纯

市地震局
局　　长　傅剑国
副 局 长　叶　威

市地方志编纂委员会
主　　任　郑新聪
副 主 任　陈庆宗
　　　　　陈荣洲（至2013年12月）
　　　　　林万明（2013年12月任）
　　　　　吕炜民（至2013年12月）
　　　　　吴友才
　　　　　苏汉庭
　　　　　廖国文（2013年12月任）
常务副主任　张惠评
副 主 任　林龙海
　　　　　许晓松

市城镇集体工业联合社
主　　任　郑金尧
副 主 任　余碧海
　　　　　蔡文雄

市港口管理局
党组书记　齐永洁
局　　长　蒋少怀
副 局 长　刘健民（至2013年8月）
纪检组长　阮其如

市供销合作社
主　　任　吕少俞
副 主 任　林宗清
　　　　　吴开元

泉州市中级人民法院

院　　长　林贻华
副 院 长　吴俊民
　　　　　沈毅青
　　　　　高智辉
　　　　　陈慧瑛
　　　　　韩天明
政治部主任　潘丰源
纪检组长　苏子凡
执行局局长　谢希鹏
党组成员　洪完明（2013年8月任）
　　　　　李小兴（2013年8月任）

泉州市人民检察院

检 察 长　欧秀珠
副检察长　樊美清
　　　　　叶少风
　　　　　邓世章
　　　　　陈国平（至2013年6月）

纪检组长　赵永奇
副检察长　陈世炎
政治部主任　齐丹璇
副检察长　孙志平（2013年8月任）
党组成员　苏耀群（至2013年8月）
刘锡杰（2013年8月任）
张维劲（2013年8月任）
邱仲华（2013年8月任）

政协泉州市委员会

主　席　杨俊峰
副主席　许连捷
吴共湖
苏小青
骆沙鸣
陈铭福
王祖耀
李冀平
王瑞强
陈　益
秘书长　洪川夫
副秘书长　田恭灿
陈振坚
许冬原

办公室
主　任　田恭灿
副主任　陈小民

研究室
主　任　李德志
副主任　侯守水

提案委
主　任　许耀明
专职副主任　郑瑞鑫

经济委
主　任　颜清平
专职副主任　黄清安

社会和法制委
主　任　李天居
专职副主任　王木生

教科文卫体委
主　任　黄聪吟
专职副主任　王忠华

港澳台侨和外事委
主　任　骆志成
专职副主任　张月娥

民族宗教委
主　任　郭萍萍
专职副主任　吴绥莹

人口资源环境委
主　任　洪南福
专职副主任　林鸿扬

文史和学宣委
主　任　梁云南
专职副主任　黄丽红

机关党委
专职副书记　方生才（至2013年7月）

委员工作室
主　任　黄阳辉

民主党派与群团

中国国民党革命委员会泉州市委员会
主　委　樊美清
专职副主委　郑云梅

中国民主同盟泉州市委员会
主　委　陈建通
专职副主委　李荣生（至2013年9月）

中国民主建国会泉州市委员会
主　委　戴仲川

中国民主促进会泉州市委员会
主　委　张锦川
专职副主委　黄金钟

中国农工民主党泉州市委员会
主　委　陈　益

中国致公党泉州市委员会
主　委　陈铭福
专职副主委　林丽华

九三学社泉州市委员会
主　委　王祖耀
专职副主委　李长江

台湾民主自治同盟泉州市委员会
主　委　骆沙鸣

市工商业联合会
主　席　许连捷
党组书记　蔡文良
副主席　黄振骞
傅玉波
陈　晖

市总工会
主　席　周银芳（至2013年12月）
陈沈阳（2013年12月任）
常务副主席　赖畅水
副主席　江永清
纪检组长　黄金铭
副主席　王毅扬
陈宝芳

共青团泉州市委员会
书　记　林培新
副书记　李毓文
纪检组长　黄俊荣
副书记　吴艺晖（2013年6月任）
林曙铭（2013年6月任）

市妇女联合会
主　席　梁玉华
副主席　苏淑勉
丁为华
李小玲
纪检组长　陈少青
党组成员　杨文忠

市归国华侨联合会
主　席　陈晓玉
副主席　陈海涛
王巧丽
李荣生（2013年9月任）

市科学技术协会
主　席　骆沙鸣
党组书记　陈永宝
副主席　陈永宝
魏隆福
郑华生

市台湾同胞联谊会
会　长　陈严辉

市文学艺术界联合会
主　席　许旭明
副主席　肖一鸣

市社会科学界联合会
主　席　吴少锋

市残疾人联合会
理 事 长　吕安娜
副理事长　郑　虹
黄长春
陈纳新

中国国际贸易促进会泉州市支会
会　长　黄岩平
副 会 长　庄国欣
胡丽珍

市计划生育协会
常务专职副会长　白碧英
专职副会长　黄凤南

地方军警机构

泉州军分区
司 令 员　林俊其
政　委　刘卫国
副 司 令　段　伟
参 谋 长　王统志
政治部主任　樊晓本
后勤部部长　刘　华

武警泉州市支队
支 队 长　宋小峰
第一政委　林　锐
政　委　吴　军
副支队长　孙广周（至2013年3月）
姚双清
黄智武（2013年3月任）
副 政 委　许培宁（至2013年11月）
参 谋 长　万小强
政治处主任　陈桂兵
后勤处处长　陈小发

福建省公安边防总队海警第二支队
支 队 长　杜　健
政　委　杨　鹏
副支队长　叶　昇（2013年4月任）
黄培渊
副 政 委　兰久威

泉州市公安边防支队
支 队 长　石启桓（至2013年12月）
政　委　孙鸿滨（至2013年1月）
钟国建（2013年3月任）
副支队长　林俊杰
张延龄（至2013年3月）
蒋贵临（2013年3月任）
副 政 委　林小波
参 谋 长　黄　嵩
政治处主任　喻　亮
后勤处处长　陈国栋

泉州市公安消防支队
支 队 长　陈长征（至2013年3月）
黄日全（2013年4月任）
政　委　朱　峰
副支队长　陈君振（至2013年3月）
黄田溪（2013年6月任）
周俊杰（至2013年4月）
黄建伟（2013年6月任）
副 政 委　黄知金（至2013年5月）
罗生达（2013年6月任）
参 谋 长　徐恩飞
政治处主任　罗生达（至2013年6月）
熊军华（2013年6月任）
后勤处处长　黄田溪（至2013年6月）
陈维悦（2013年6月任）
监督处处长　姚雷鸣（至2013年6月）
林启荣（2013年6月任）

泉州边防检查站
站　长　王喜东（2013年2月任）
政　委　林志强
副 站 长　许一峤
吴诚忠
副 政 委　常　洁（2013年3月任）
参 谋 长　蔡东晓
政治处主任　赵良红（2013年3月任）
后勤处处长　刘晓华（2013年3月任）

肖厝边检站
站　长　谢庆凤（2013年3月任）
政　委　黄文勇
副 站 长　向　丽（2013年3月任）
段　林（2013年3月任）
办公室主任　庄铭源（2013年3月任）

泉州警卫处
处　长　唐良元

国家部委与省直驻泉机构

中国闽台缘博物馆
书　记　谢清海（至2013年6月）
黄衆问（2013年7月任）
馆　长　杨彦杰（至2013年6月）
林建春（2013年11月任）
副 馆 长　朱定波
陈建鹰
粘秋生

国家统计局泉州调查队
队　长　潘诗耀
副 队 长　林秋元
洪幼松
纪检组长　何惠忠

市国家税务局
局　长　林　滇
纪检组长　苏　虎（至2013年11月）
何卫东（2013年11月任）
副 局 长　朱国彬
邱鹏亮（至2013年11月）
施维天
王　彬（2013年11月任）
牛志江（2013年5月任）
王　烈（至2013年7月）
总经济师　黄育文
总会计师　王庆福
稽查局局长　林保成

市地方税务局
局　长　黄小平
副 局 长　骆跃建
余清雄
黄雄伟（至2013年12月）
黄松青
颜伟宏（2013年12月任）
总经济师　周志望
纪检组长　江柏旺（至2013年12月）
林　清（2013年12月任）
总审计师　林丽珠
总会计师　颜伟宏（至2013年12月）
王连拱（2013年12月任）
稽查局局长　洪建家

市工商行政管理局
局　长　许瑞察（至2013年5月）
陈开基（2013年5月任）
副 局 长　陈开基（至2013年5月）
许青海（至2013年10月）
柯法胜（至2013年5月）
朱海滨（至2013年5月）
王新新（2013年5月任）
林梓杰（2013年5月任）
张榕军（2013年5月任）
苏秀梅（2013年10月任）
纪检组长　李金育（2013年7月任）

市质量技术监督局
局　长　叶华生
副 局 长　郑乙全

庄冰心
纪检组长 陈经文
副局长 林志良
陈志华

市食品药品监督管理局
局长 李志生
副局长 蔡锦忠
朱跃斌
纪检组长 徐文福

泉州海关
关长 齐忠平
副关长 黄榕
黄光荣
张美景

泉州出入境检验检疫局
局长 林光龙
副局长 李寿崧
纪检组长 刘建亚
副局长 欧阳钦芬
许克忠

泉州海事局
局长 王玉宝
党委书记 吴清平（至2013年6月）
政委 王瑞琅（2013年6月任）
副局长 吴蔚（至2013年6月）
郑乃龙（2013年6月任）
庄洪程（2013年6月任）
吴展

人民银行泉州市中心支行
行长 俞敏（至2013年11月）
阮玉盼（2013年11月任）
副行长 刘以和（至2013年3月）
纪委书记 陈明安
副行长 陈东方
谢仲庆（2013年7月任）

泉州银监局
局长 汪其臻
副局长 方良川（至2013年5月）
吴式达
纪委书记 林育新
副局长 颜国涛（2013年5月任）

泉州气象局
局长 李棠华
副局长 张夏林
李宏图
纪检组长 许德福

泉州市邮政管理局
局长 高黎明

泉州烟草专卖局
局长、经理 詹小强
副经理 张军
纪检组长 江晟
副经理 李春发

泉州电业局
总经理 谢志坚（至2013年12月）
王智敏（2013年12月任）
党委书记 胡建旗
副总经理 郭国文
纪委书记 林红
副总经理 刘强（2013年3月任）
朱宗毅（2013年3月任）
吴荣章（2013年3月任）
郑皆得（至2013年3月）
总会计师 郑建江

泉州水文局
局长 陈丽辉（至2013年9月）
郭树山（2013年9月任）
书记 黄诗晓（至2013年9月）
陈丽辉（2013年9月任）

泉州市盐务局
局长 陈兴明
副局长 蔡启辉
黄伟

泉州监狱
监狱长 洪泉阳
党委副书记 孙耀扬
纪委书记 陈志强
副监狱长 范群武
政治处主任 俞太洪
副监狱长 陈国书

泉州司法强制隔离戒毒所
所长 杜心得
政委 李香平
党委副书记 梁长铜
副所长 张建华
政治处主任 张爱民
纪委书记 林青

泉州无线电管理局
局长 田伏鹏
副局长 黄白苇

各县（市、区）

鲤城区

区委
书记 苏庆赐
副书记 黄阳春
郭成宗
常委 刘汉升（至2013年8月）
康景彪（2013年8月任）
上官春安
张少前
陈劲松
黄天凯
陈恬波
费森平
王夏阳（至2013年6月）
汪国庆（2013年6月任）
正处级干部 周龙隆（至2013年8月）
刘汉升（2013年8月任）

区人大常委会
主任 林建扬
副主任 蔡清泉
陈建通（至2013年8月）
林友竹
王白瑜
党组成员 吴建星
谢青山

区政府
区长 黄阳春
常务副区长 陈劲松
副区长 章新华
陈财水
洪奕蓉
黄向阳
陈燕飞
林希妍
党组成员 苏子卿
高云飞（至2013年8月）
吴志明

区政协
主席 吴金球
副主席 黄绍芒
黄志煌
曾朝阳
叶传勇

区法院
院长 黄继业

区检察院
检察长　程和平

高新区党工委
书　记　康景彪（至2013年8月）
　高云飞（2013年8月任）

高新区管委会
主　任　吴保忠

丰泽区

区　委
书　记　林万明（至2013年9月）
　许文贵（2013年9月任）
副书记　许文贵（至2013年9月）
　朱启平（2013年9月任）
　黄景春（2013年8月任）
　柯跃峰
常　委　黄景春（至2013年8月）
　黄黎波
　廖春园
　上官蓝波
　陈伟群
　刘建兴
　吴毓舟
　谢立新
　骆　红
　谢正辉
　蔡亚航
正处级干部　杨继志
　蔡立民（至2013年8月）
副处级干部　林世川

区人大常委会
主　任　郑进发
副主任　许贻菲（至2013年8月）
　刘圣树
　高炳州
　李木火
正处级干部　丁灿辉
　许贻菲（2013年8月任）

区政府
区　长　许文贵（至2013年9月）
　朱启平（2013年12月任）
常务副区长　上官蓝波
副区长　韩卫华
　胡祥辉
　张刺治
　杨昌文
　骆春玲
科技副区长　徐寅生（2013年8月任）

区政协
主　席　叶　恒
副主席　张维斌
　王远曦
　许景南
　戴在平
正处级干部　张福龙
　孔繁湘

区法院
院　长　方汉阳（至2013年8月）
　杨武能（2013年8月任）

区检察院
检察长　张维劲（至2013年8月）
　许金约（2013年8月任）

洛江区

区　委
书　记　郑　灵
副书记　洪飞跃
　黄碧煌
常　委　王进足（至2013年11月）
　许仰东
　蔡永生
　王伊景
　尤剑国
　林志强
　黄清凯
　赖根连

区人大常委会
主　任　朱清辉
副主任　宋爱华
　黄永固
　吕剑文
　林少槐
党组成员　王华西

区政府
区　长　洪飞跃
常务副区长　蔡永生
副区长　余庆锋
　杨文格
　王明元
　黄少山
　杜韶山
　金玲珊
　李垂举
　陈国钦

区政协
主　席　江贻万
副主席　廖志芳
　林新平
　许　鹏
　王诗榕
党组成员　周碰金
　王泽淮
　关裕平

区法院
院　长　蔡建南

区检察院
检察长　甘泽阳

泉港区

区　委
书　记　洪自强
副书记　吴礼源
　颜朝晖
常　委　林荣川
　陈守川
　肖庆聪
　林天虎
　朱云鹏
　张继红
　胡龙生

区人大常委会
主　任　吴建民
副主任　赵琼花
　周允明
　林志成
　林锦聪
正处级干部　朱合兴（至2013年1月）

区政府
区　长　吴礼源
常务副区长　林荣川
副区长　肖惠中
　钟海平
　郭荣华
　吕火渠
　王晓莺
　苏少波
　杨凤翔
　马郁葱
党组成员　陈山东
副处级干部　陈国才
区长助理　张玉峰（2013年4—12任）

区政协
主　席　连启明
副主席　黄胜富

陈龙津
庄一鸣
陈庆堂
副处级干部 郭厚宝

区法院
院　长 胡志南

区检察院
检察长 朱永峰（至2013年10月）
黄清源（2013年10月任）

石狮市
（以2013年12月31日在职者为准）

市委
书　记 张永宁
副书记 张贻山
梁炳辉
常　委 许锦聪
林自育
上官跃进
刘德旺
张桂森
李伯群
龚志阳
方章成

市人大常委会
主　任 陈贻萍
副主任 郭丽莲
陈贤明
丁东福
许赞成

市政府
市　长 张贻山
常务副市长 刘德旺
副市长 陈元生
杜举胜
庄宝玲
张鸽翔
张永安
蔡天守
张慧君

市政协
主　席 李丽月
副主席 黄章煌
施心新
吴清木
吕培榕

市法院
院　长 林明容

市检察院
检察长 张温龙

晋江市

市委
书　记 陈荣法
副书记 刘文儒
曾清金
常　委 张文贤
林仁达
陈坤生
吴清滨
陈晋永
许宏程
王金战
林惠玲
黄世界
正处级干部 王景星
洪学谋
罗　云
薛宗炎
副处级干部 许天祥
陈云腾（2013年7月任）

市人大常委会
主　任 陈健倩
副主任 林庆峰
连泉富
姚志强
庄天怀
党组成员 罗　云
正处级干部 丁聪枝（至2013年8月）
副处级干部 黄小闽

市政府
市　长 刘文儒
常务副市长 许宏程
副市长 曾献礼
黄敬前
丁　峰
王茂泉
李自力
张淑语
张朝阳
史思泉
党组成员 林长衍
副处级干部 黄少伟（2013年7月任）

市政协
主　席 周伯恭
副主席 朱永远
叶荣宗
洪元程
施能坑
党组成员 王庆芬（至2013年4月）
副处级干部 林贻达

市法院
院　长 李小兴

市检察院
检察长 邱仲华

福建深沪湾海底古森林遗迹自然保护区管理处
主　任 苏文伟

南安市

市委
书　记 黄南康
副书记 王春金
林荣忠
黄泽寰（2013年2—4月任）
常　委 丁瑞金
张艺斌
杨远志
许勤荣
何定梵
蔡龙群
黄文福
吴跃达

市人大常委会
主　任 黄永俊
副主任 林建辉
张国进
陈文举
叶维新
党组成员 傅金山

市政府
市　长 王春金
常务副市长 蔡龙群
副市长 李清安
张瑞平
吴　勇（2013年3月任）
薛建明
黄景阳
张小红
黄辉灿
陈国全
陈相成
科技副市长 郭　宁（2013年3月任）
党组成员 吴世木

陈巧英
市长助理 范红梅（2013年9—12月任）
党组成员 刘利庆（至2013年3月）
张树武（2013年5月任）

市政协
主　席 戴景胜
副主席 谢连树
林树哲
周建宣

市法院
院　长 李瑞阳

市检察院
检察长 陈凤华

惠安县

县　委
书　记 肖汉辉
副书记 洪于权
黄春辉
常　委 林振海
张培坤
赖清正
蒋向群
谢丽华
陈海涛
欧阳其满（2013年6月任）
阮海鹰
正处级干部 黄国明
林应欣
副处级干部 林振枝

县人大常委会
主　任 曾玉山
副主任 曾伟民
谢秀玲
黄育聪
黄泉福
正处级干部 刘忠民

县政府
县　长 洪于权
常务副县长 赖清正
副县长 辜惠钦
黄松友
许贞丽
吕建成
汪水永
陈国栋
副处级干部 黄怀忠
县长助理 马锦泽（2013年9—12月任）

县政协
主　席 蔡荣清
副主席 陈锦满
刘宗斌
康丽红
张其聪

县法院
院　长 陈韫哲

县检察院
检察长 许金标

安溪县

县　委
书　记 朱团能
副书记 高向荣
陈文聪
常　委 刘锦川
黄文捷（至2013年8月）
梁金良
许锦青
吕春香
苏松炎
何万生
陈文杰
陈宜大
正处级干部 陈春买
副处级干部 谢志攀

县人大常委会
主　任 谢保家
副主任 卢宜牯
苏志雄
黄明哲
陈剑宾
副处级干部 洪爱读

县政府
县　长 高向荣
常务副县长 黄文捷（至2013年8月）
副县长 林荣超
郑清花
王金章
李建文（至2013年5月）
庄永智
丁建铭
施金洋
正处级干部 龚培毓
副处级干部 徐斌辉
县长助理 杨文福
党组成员 王三华

县政协
主　席 廖皆明
副主席 陈木根
袁霖辉
林毅敏
林秀成
正处级干部 苏宇霖
许建辉

县法院
院　长 胡金琪

县检察院
检察长 许金约

永春县

县　委
书　记 林锦明
副书记 蔡萌芽
郑显章
常　委 林　强
陈洪生（至2013年1月）
林金电
林海鸥
张金发
颜丽明
郑文良
高金全
徐联生（2013年4月任）

县人大常委会
主　任 林金星
副主任 余永坚
陈发源
颜松龄
郭美西

县政府
县　长 蔡萌芽
常务副县长 郑文良
副县长 余金南
王超万
颜一鹏
陈坚宏
陈伯熙
黄宝玲
庄亚界

县政协
主　席 康思坚
副主席 张传统
张敏辉

周少华
张特炉

县法院
院　长　陈水深

县检察院
检察长　陈　林

德化县

县委
书　记　吴深生
副书记　欧阳秋虹
　　　　王传敬
常　委　陈金忠
　　　　汪国庆（至2013年3月）
　　　　吴顺情
　　　　温文英
　　　　黄金跋（至2013年5月）
　　　　叶长青
　　　　方建生
　　　　曾宪堡
　　　　王志安（2013年5月任）
　　　　张圣忠（2013年7月任）

县人大常委会
主　任　涂健圻
副主任　黄耀昆
　　　　徐明侃
　　　　张秋英
　　　　连继续
正处级干部　林华武

县政府
县　长　欧阳秋虹
常务副县长　吴顺情
副县长　王志安（至2013年5月）
　　　　陈祥端
　　　　林祖传
　　　　许华忠
　　　　苏毅君
　　　　翁坤海
　　　　苏锡培
　　　　刘惠煌（2013年5月任）
党组成员　沈俊旭（2013年7月任）

县政协
主　席　苏兴羽
副主席　陈明灿
　　　　李金鼠
　　　　刘志阳
正处级干部　吕素珠（至2013年12月）
　　　　梁丁云
　　　　李文建

县法院
院　长　杨武能（至2013年8月）
党组书记　洪志强（2013年8月任）

县检察院
检察长　林建平

福建戴云山国家级自然保护区管理局
局　长　涂青云

泉州开发区（出口加工区）

党工委
书　记　朱启平（至2013年9月）
副书记　叶一帆
　　　　王岳平
委　员　黄华强
　　　　李连生
　　　　连志富
　　　　吴忠溪
　　　　傅国明
　　　　许长春
　　　　陈　斌
　　　　吴福来

管委会
主　任　叶一帆
副主任　黄华强
　　　　李连生
　　　　连志富
　　　　吴忠溪
　　　　林群英
　　　　傅国明
　　　　陈　斌
　　　　吴福来
　　　　卢红鹏（2013年3月任）
科技副主任　徐　悦（2013年8月任）

党务工作部
部　长　许长春

纪工委
书　记　吴忠溪

泉州出口加工区管委会
主　任　薛宗炎
副主任　黄溪洪

泉州台商投资区

党工委
书　记　吴汉宗
副书记　李永远
　　　　郭鸿荣
委　员　邱经良
　　　　黄斌专
　　　　李文生
　　　　林清泉
　　　　陈家强
　　　　骆育敏
　　　　丁尚光
　　　　陈爱民

管委会
主　任　李永远
副主任　邱经良
　　　　黄斌专
　　　　李文生
　　　　骆育敏
　　　　丁尚光
　　　　郭永梅

纪工委
书　记　陈家强

办公室
主　任　林清泉

党群工作部
部　长　李文生

经　济

栏目编辑
陈雪娥　陈建强
郑燕红　郑泽虹

经　济

综述

经济运行概况

【稳增长，经济发展更加协调】

经济总量连续15年保持全省第一　2013年，泉州市实现地区生产总值5218亿元，连续15年保持全省第一。全年经济总体呈现逐步企稳态势，增速从一季度的12.4%、上半年的11.8%回落至1—3季度和全年的11.5%。与全省比，全市全年走势基本与全省一致，每月增速保持高于全省0.3个百分点以上，上半年基本保持在全省第5位，下半年上升至第4位，全年与福州、漳州并列第3位。

财政收入突破600亿元　2013年，泉州市公共财政总收入达649.57亿元，增长13.5%，增速居全省第6位，比2012年提升2位。全市实现公共财政预算收入346.41亿元，增长18%，增速分别比第一季度、上半年和1—3季度提高4.8个、2.8个和1.6个百分点。主要税种增长平稳，增值税同比增长15.7%，营业税同比增长8.3%，企业所得税同比增长8.1%，个人所得税同比增长12%。

物价水平保持平稳　2013年，随着市场需求减弱和国际大宗商品价格回落，全市居民消费价格总水平和工业生产者出厂价格总体保持在相对较低水平。全年居民消费价格同比增长2.5%，涨幅比2012年低0.1个百分点，各月累计涨幅保持在2.5%左右，物价水平保持稳定。全年工业生产者出厂价格同比下降0.4%，从全年各月走势看，除1月同比持平外，其他各月PPI累计指数均低于100%。

就业形势保持稳定　全市登记失业率保持较低水平，全年新增城镇就业15.1万人，农村劳动力转移就业6.1万人。规模以上工业企业从业人员比较稳定，4月以后保持在130万人左右，全年平均从业人数达135万人，同时季节性用工短缺、技术结构性用工短缺依然存在。

【重实体，经济发展更有动力】

农业生产平稳发展　2013年，全市实现农林牧渔业总产值300.83亿元，同比增长2.2%，增幅比上年高0.5个百分点。主要农产品实现丰收，全年茶叶产量6.67万吨，同比增长10.5%；食用菌产量6.02万吨，同比增长6.2%；肉蛋奶产量28.08万吨，同比下降1.5%；水产品产量103.21万吨，同比增长1.7%。粮食产量75.28万吨，持平。

工业大盘保持稳定　2013年，全市规模以上工业实现增加值2487.69亿元，同比增长13.4%，增速自下半年以来基本保持这一水平。出口交货值率有所上升。全市规模以上工业出口交货值达1620.77亿元，出口交货值率为17.8%，同比提高1.1个百分点。大部分行业实现增长。全市37个工业大类中，30个行业规上工业增加值实现增长，其中13个行业增加值增长超过20%。民营企业带动明显。全市规模以上民营工业企业4230家，同比增加236家，实现规模以上工业增加值2269.67亿元，占全市规上工业增加值的比重由上年的89%提高至91.2%。其中，民营亿元以上工业企业达1848家，完成产值6989.77亿元，占全市规上工业企业产值的74.5%，同比增长17.8%，增速比全部亿元以上工业企业高3.5个百分点。传统产业生产加快。全市五大传统产业实现规上工业增加值1730.21亿元，同比增长14.3%，增速比上半年和1—3季度均提高1.3个百分点。其中，纺织鞋服、建筑建材、机械制造、食品饮料、工艺制品产业增加值分别同比增长10.8%、11.1%、18.5%、22.2%和34.5%。企业效益有所好转。全市规模以上工业经济效益指数达到242.85，同比提高10.74

点。规上工业企业实现利润总额610.1亿元，同比增长10.3%，增幅比全省平均水平高0.9个百分点。企业亏损面仅为2.6%，居全省最低水平，分别比福州和厦门低6.4个和21.4个百分点。亏损企业亏损额39.52亿元，同比下降6.3%。

第三产业加快发展　全市第三产业实现增加值1819.94亿元，同比增长10.2%，增速创四年来新高，比上年提高0.4个百分点。大部分行业发展加快。交通运输仓储邮政业、住宿和餐饮业、金融业、房地产业增加值增速分别比上年提高1.7个、0.9个、1.3个、2.6个百分点。旅游业发展取得显著成效。获首届中日韩"东亚文化之都"称号，获准赴台"个人游"试点，泉台空中直航实现常态化，成功举办茶文化旅游节，仙公山获批国家AAAA级旅游景区。全年接待游客3729.27万人次，同比增长14.9%；完成旅游总收入447亿元，同比增长18.8%。房地产市场供销两旺。全市商品房竣工面积达655.16万平方米，同比增长54%，增速比上年提高75.8个百分点；商品房销售面积908.73万平方米，同比增长64.1%，销售额达624.82亿元，同比增长71.1%，增速分别比上年提高49.4个和64.1个百分点。金融改革顺利推进。全年新设银行机构37家、升格2家，设立小微企业金融服务专营机构143家、准金融机构42家，高新区科技金融服务中心和民间借贷登记服务公司投入运营。新增上市企业5家，再融资企业2家，融资总额69亿元。海峡股权泉州交易中心揭牌运营，挂牌企业已达52家。年末，金融机构本外币存款余额5626.13亿元，同比增长20%，贷款余额4287.88亿元，同比增长15.1%。金融业实现增加值221.80亿元，同比增长18.5%。

【扩需求，经济发展更具活力】

出口需求快速增长　2013年，全市进出口总值达291.42亿美元，同比增长16.2%，增速居全省第三位。其中，出口商品总值164.9亿美元，同比增长33.3%，增速居全省第一，比全省高24.4个百分点，比全国高25.4个百分点，比2012年高18.5个百分点。各县（市、区）出口全面增长。全市13个县（市、区）出口全部实现增长，其中增长最快的永春完成出口7.59亿美元，增长115.8%。主要出口市场全面复苏。占全市出口份额前四的亚洲、欧洲、北美洲、非洲市场出口分别达77.56亿美元、35.38亿美元、22.17亿美元和14.18亿美元，分别同比增长49.9%、26%、23.2%和37%，增速同比分别提高20.4个、31.4个、7个和20.6个百分点。传统优势商品保持较快增长。全市纺织鞋服箱包类商品出口102.64亿美元，同比增长31.9%，增速比上年提高22.1个百分点；机电音像类商品出口12.71亿美元，同比增长42.9%；陶瓷产品出口3.29亿美元，增长22.7%，增速比上年提高11.6个百分点；食品饮料类商品出口1.35亿美元，同比增长9.2%。

投资需求高位企稳　2013年，全市完成全社会固定资产投资2502.44亿元，同比增长24.1%，增幅比全省高2.1个百分点。第三产业投资占比提高。在"第三产业发展年"活动带动下，全市第三产业完成投资1412.02亿元，同比增长29.5%，增速比全社会固定资产投资高5.4个百分点，占全社会固定资产投资的比重由上年的54%提高到56.4%。其中，房地产业投资848.76亿元，占第三产业投资的60.1%，同比增长42.5%。工业投资增长较快。全市完成工业投资1010.59亿元，同比增长19.6%，增速比上年提高0.1个百分点。民营投资快速增长。全市民营投资1671.26亿元，同比增长28.2%，增速比上年提高4.6个百分点，对全社会固定资产投资增长的贡献达75.7%，比上年提高19.3个百分点。

消费需求逐步趋稳　2013年，全市社会消费品零售总额达1896亿元，同比增长14%，增速居全省第四位，分别比一季度、上半年和1—3季度回落0.4个、0.5个和0.2个百分点。消费热点频现。全市限额以上食品、衣着、汽车、珠宝首饰类商品零售额分别同比增长32.1%、37.8、22.2%、115.4%。乡村市场消费增长快于城镇。全市乡村市场零售额达243.78亿元，同比增长15.9%，增速比城镇市场高2.2个百分点。

【促转型，发展后劲更加厚实】

产业结构不断优化　2013年，全市三次产业结构由2012年的3.4:61.5:35.1调整为3.3:61.8:34.9。高技术产业不断壮大。2013年，全市规上高技术产业实现增加值36.01亿元，同比增长28.4%，增速比全市规上工业平均水平高15个百分点，同比提高11.3个百分点。

城市辐射功能增强　中心城区建成区面积188.5平方千米，城镇化率达61.5%。2013年，全市实现港口货物吞吐量1.1亿吨、集装箱吞吐量170万标箱；泉州晋江机场旅客吞吐量260万人次；铁路旅客发送量704.81万人次，同比增长22.8%；新增高速公路里程135千米，实现大多数乡镇在半小时、边远乡镇在1小时内上高速。

生态建设成效明显　获批省级生态市。启动重点用能企业能效对标行动，实施节能重点项目141个、减排治理项目1177个，淘汰落后生产线74条，较好完成节能减排任务。2013年，全市万元规模以上工业增加值能耗0.80吨标准煤，同比下降9.5%，下降率同比扩大0.6个百分点。

【惠民生，人民生活更加美好】

城乡居民收入稳步提升　2013年，全市城镇居民人均可支配收入35430元，居全省第2位，同比增长9.8%。农民人均纯收入达13316元，居全省第2位，同比增长11.8%。城乡居民收入差距有所缩小，收入比由上年的2.71缩小为2.66。工资性收入仍是城乡居民收入的主要来源，城镇居民人均工资性收入20970元，占可支配收入的82.5%；农民人均工资性收入8214元，占纯收入的61.7%。农村居民消费支出增长快于城镇居民，城镇居民人均消费支出21670元，同比增长8.1%；农民人均消费支出9526元，同比增长12.3%。

社保体系不断健全　2013年，全市财政社会保障和就业支出30.93亿元，占公共财政预算支出的7.3%，占比同比提高1.7个百分点。城镇居民医保和新农合参保率分别达95.5%和99.9%，筹资水平和补偿标准进一步提高，城镇职工医保卡实现厦漳泉三地通用。城乡居民养老保险参保率达98.5%。全年新开工保障性安居工程3.5万多套，新增配租配售8000多套。

农业经济

2013年，全市各级各部门深入贯彻落实中央、省农村工作会议精神，紧紧围绕“三农”工作中心，积极落实各项惠农政策，加大对农业基础设施的投入，继续优化农业生产结构和布局，狠抓各项支持农业发展各项政策措施的落实，促进了农业和农村经济的持续健康发展。全年农林牧渔业完成总产值300.83元，比上年增长2.2%。其中，农业实现产值115.66亿元，同比增长4.3%；林业实现产值3.99亿元，同比下降7.1%；畜牧业实现产值64.76亿元，同比下降0.5%；渔业实现产值109.34亿元，增幅为1.7%。

工业经济

【概况】　2013年，泉州工业生产增速虽比上年有所回落，但仍保持稳步增长趋势。全市规上工业企业实现工业增加值2487.69亿元，增长13.4%，增幅比全省平均水平高出0.2个百分点。从分行业情况看：全市37个行业大类有30个行业实现正增长，有25个行业实现两位数增长，有13个行业增速在20%以上。其中，燃气生产和供应业增长51.9%、文教工美体育娱乐用品制造业增长43.1%、农副食品加工业增长35.8%、纺织业增长25.4%。从产销衔接情况看：2013年，全市规上工业企业产品销售率为96.87%，比一季度、上半年和前三季度分别提高0.32个、0.06个和0.09个百分点，呈上升态势；实现销售产值9084.86亿元，同比增长10.6%，12月，全市规上工业实现销售产值850.60亿元，月度销售产值继11月之后再超850亿元，达全年次高水平，稳定的市场销售有力支撑企业生产保持平稳运行。从经济效益综合指数方面来看，2013年，全市经济效益综合指数为242.85，比上年提升10.74个百分点，在福建三大中心城市中居第二位。全员劳动生产率18.61万元/人，同比增加2.3万元/人，对全市工业经济效益综合指数的贡献点数达到112.79点。从盈利方面看，全市规上工业企业实现利润总额610.1亿元，同比增长10.3%，增幅比全省平均水平高0.9个百分点。全市37个行业大类中，36个行业实现盈利，其中26个行业利润同比增长。企业亏损面仅为2.6%，位于全省最低水平，分别比福州和厦门低6.4个和21.4个百分点。亏损企业亏损额39.52亿元，同比下降6.3%。

【工业内部结构持续优化】　2013年，泉州工业产业结构不断优化。六大高耗能行业增加值占全市工业总量23.5%，比上年下降2.5个百分点，其中，石油加工炼焦和核燃料加工业、化学原料和化学制品制造业、非金属矿物制品业占比下降较快。传统资源型产业占比为1.2%，较上年下降1.1个百分点。其中，黑色金属矿采选业、煤炭开采和洗选业和非金属矿采选业分别下降0.6个、0.2个和0.2个百分点。高技术产业生产增速加快。全市规上高技术产业完成增加值36.01亿元，同比增长28.4%，增幅同比提高11.3个百分点，比规上工业平均水平高15个百分点。其中，电子及通讯设备制造业同比增长25.1%，拉动规上高技术产业同比增长16.9个百分点；电子计算机及办公设备制造业同比增长35.1%，拉动规上高技术产业同比增长3.2个百分点。

【民营企业带动明显】　全市规上民营工业企业实现工业增加值2269.67亿元，占全市规上工业增加值的比重由上年的89%提高至91.2%，增幅高于全市平均水平1.6个百分点，而上年民营企业增幅仅高于全市水平1.0个百分点。其中，民营亿元以上工业企业达1848家，完成产值6989.77亿元，占全市规上工业企业产值的74.5%，同比增长17.8%，增幅比全部亿元以上工业企业高3.5个百分点。

【传统产业生产加快】　全市五大传统产业实现规上工业增加值1730.21亿元，同比增长14.3%，增幅比上半年和1—3季度均提高1.3个百分点。纺织鞋服、建筑建材、机械制造、食品饮料、工艺制品产业增加值分别同比增长10.8%、11.1%、18.5%、22.2%和34.5%，其中，纺织鞋服增幅比上半年和1—3季度分别提高2.1个和1.4个百分点，工艺制品增幅比上半年和1—3季度均提高2.5个百分点，食品饮料增幅比上半年和1—3季度分别提高5.0个和2.9个百分点。

【产值超亿元企业支撑作用显著】　2013年，全市产值超亿元工业企业1891家，比上年多187家，累计完成产值8155.06亿元，现价增长14.3%，占全部规上工业产值比重为87%，占比同比提高1.3个百分点。分产值段看，全市亿元企业中10亿元以上117家，累计完成产值3193.51亿元，现价增长9.5%；5亿元—10亿元231家，累计完成产值1572.70亿元，现价增长16.0%；2亿元—5亿元725家，累计完成产值2211.30亿元，现价增长19.5%；1亿元—2亿元818家，累计完成产值1177.55亿元，现价增长16.7%。

【新增长点项目增势喜人】 2013年，全市省级新增长点项目累计实现增加值95.83亿元，同比增长23.2%，比全市平均水平高出9.8个百分点，对全市增速的贡献率为5.7%。其中，有71家企业实现产值超过亿元，完成增加值93.12亿元，同比增长23.4%。

【中等规模企业带动作用突出】 2012年产值5000万元—2亿元的企业2013年实现增加值650.10亿元，占全市规上工业增加值的26.1%，增长16.5%，增幅高于全市规上工业增加值平均增幅3.1个百分点，对全市规上工业增加值增长贡献率达31.2%。

【两项资金占用双双回落】 2013年年底，两金占用（应收账款和产成品库存占流动资产的比重）为36.2%，分别比一季度、上半年和三季度回落1.6个、0.5个和1.0个百分点，比上年回落2.1个百分点。其中，应收账款938.30亿元，同比增长7.4%，占流动资产的比重为26.4%，同比回落1.4个百分点；产成品库存347.32亿元，同比增长5.0%，占流动资产的比重为9.8%，同比回落0.7个百分点。两金占用的回落表明企业资金压力有所缓解，运营状态总体向好。

【当前工业经济运行存在的问题】

大型企业增长乏力　2013年，全市规上中小微企业实现工业增加值1823.22亿元，同比增长17.7%，增幅快于规上工业平均水平4.3个百分点，对全市规模工业增长的贡献率为93.3%，比上年提高9.2个百分点。与中小微企业快速增长形成鲜明对比的是大型企业增长明显乏力，2013年，全市大型企业实现工业增加值664.47亿元，同比增长3.1%，增幅低于中小微企业14.6个百分点，实现利润总额133.05亿元，同比下降7.4%。156家大型工业企业中有41家减产，减产面达26.3%，累计减产208.62亿元，其中2家企业减产逾10亿元，25家企业减产超过1亿元，大型皮革毛皮羽毛及其制品和制鞋业企业减产尤为严重，共有19家企业出现减产，占该行业大型企业数的34.5%。

新兴产业的拉动作用尚不明显　近年来，全市新兴产业发展已取得初步成效，但新兴产业要成长为支柱产业需要较长培育时间，目前其对经济增长的拉动作用还不够强大。2013年，五大新兴产业实现规上工业增加值326.99亿元，同比增长8.3%，增幅同比回落6个百分点，对全市规上工业增长的贡献率为8.6%，同比回落4.5个百分点；占全市规上工业增加值的13.1%，占比同比回落1.8个百分点。

鞋服产业消费需求领域略显低迷　作为泉州传统支柱产业的纺织鞋服业所涉及的行业中，原材料工业领域和消费需求领域反差明显，原材料工业领域产销两旺，部分消费需求领域略显低迷。位于上游的纺织业和化学纤维制造业这两个原材料生产行业2013年增加值比上年分别增长25.4%和14.3%，分别比全市规上工业平均水平高12个和0.9个百分点。而与消费者关系最为紧密的纺织服装服饰业、皮革毛皮羽毛及其制品和制鞋业这两个行业工业增加值同比分别增长6.8%和10.9%，分别比全市规上工业平均水平低6.6个和2.5个百分点；纺织服装服饰业利润总额比上年下降6.8%，皮革、毛皮、羽毛及其制品和制鞋业比上年增长2.6%，分别比全市规上利润增长平均水平低17.1个和7.7个百分点。

第三产业

2013年完成第三产业增加值1819.94亿元，同比增长10.2%，增速创四年来新高。其中：交通运输、仓储和邮政业实现增加值346.11亿元，同比增长6.5%；批发和零售业实现增加值482.40亿元，增长10.0%；住宿和餐饮业实现增加值69.26亿元，同比增长6.5%；金融业实现增加值221.80亿元，同比增长18.5%；房地产业实现增加值250.84亿元，同比增长16.7%；营利性服务业实现增加值218.68亿元，同比增长9.9%，非营利性服务业实现增加值230.85亿元，同比增长5.5%。

固定资产投资

【概况】 2013年，泉州市全社会固定资产投资2502.44亿元，比上年增长24.1%。其中：项目投资2858.06亿元，同比增长18.5%；房地产开发投资585.45亿元，同比增长48.0%；农户投资58.94亿元，同比增长10.6%。

【优化投资结构】 在固定资产投资（不含农户）中，第一产业完成投资9.95亿元，比上年回落9.7个百分点；第二产业完成投资1021.55亿元，同比增长18.5%，占固定资产投资（不含农户）的比重达41.8%；第三产业完成投资1412.02亿元，同比增长29.5%，占固定资产投资（不含农户）的57.8%。

【项目进展顺利】 2013年全市306个市级在建重点项目完成投资899亿元，占全社会投资的35.9%。全年建成投产或部分建成投产111个项目，新开工100个项目，其中莆永高速、南石高速、中化配套青兰山码头、福建医科大附属二院东海分院等一批项目建成或部分建成；国道324线丰洛段、晋江恒安生活用品智能化生产基地等一批项目开工建设。

【房地产平稳发展】 房地产开发投资585.45亿元，同比增长48.0%；商品房实际销售面积908.73万平方米，同比增长64.1%，实际销售额624.82亿元，同比增长71.1%；商品房竣工面积655.16万平方米，同比增长54.0%；年末待售房面积为188.01万平方米，同比增长32.6%。

消费市场

在国家拉动内需、促进消费等一系列政策的推动下，全市2013年实现社会消费品零售总额达1945.57亿元，同比增长14.0%，增速比上年同期下降2.7个百分点。消费集聚趋势明显，城乡消费品市场差距缩小。1—12月，城镇市场实现零售额1662.61亿元，同比增长13.7%，占全市社会消费品零售总额的比重达85.5%；乡村市场实现零售额282.95亿元，同比增长15.9%，城乡消费品零售额增速差距由1.3个百点扩大到2.2个百分点。

对外经贸

全年进出口总额达291.54亿美元，比上年增长16.2%，增速居全省第三位。其中，出口164.9亿美元，比上年增长33.3%，增速居全省第一；进口126.64亿美元，比上年下降0.5%。全年批准设立外商直接投资合同项目111项，比上年增长4.7%，投资总额28.48亿美元，比上年增长12.1%；合同外资金额13.28亿美元，比上年增长10.1%；按历史可比口径统计，实际利用外资34.89亿美元，比上年增长10.1%；按验资口径统计，实际利用外资13.91亿美元，比上年增长5.4%。新批外商投资超千万美元（含增资）的项目由上年的59家下降到54家。在新签利用外资合同中，投向第二产业的合同金额8.8亿美元，比上年增长2.8%。外商投资企业当年累计开业投产93家。全年共签订对外经济技术合作合同金额3014万美元，比上年下降53.9%；共完成营业额3989万美元，比上年增长13.5%；全年派出劳务人员5469人，年末在外劳务人员共有4526人。批准境外投资企业8家，境外投资总额5996万美元，其中，中方投资5996万美元。

居民生活

全年城镇居民人均可支配收入35430元，比上年增长9.8%；城镇居民人均消费支出21670元，同比增长8.1%。城镇人均住房建筑面积45.95平方米。年末城镇每百户家庭拥有彩色电视机125台、洗衣机87台、电冰箱109台、空调器167台、家用电脑90台、微波炉77台、汽车31辆、移动电话249部。农民人均纯收入13316元，比上年增长11.8%；农民人均生活消费支出9526元，比上年增长12.3%。农村人均住房居住面积54.52平方米。年末，农村百户家庭拥有彩色电视机125台、摩托车111辆、电冰箱97台、洗衣机66台、固定电话70部、移动电话255部。城乡居民家庭恩格尔系数（即居民家庭食品消费支出占家庭消费总支出的比重）分别为36.5%和42.5%，分别比上年下降1个和0.2个百分点。

财政收支

全市公共财政预算收入346.41亿元，比上年增收52.96亿元，增长18.0%，加上上划中央“三税”收入303.15亿元，全市公共财政总收入合计完成649.57亿元，比上年增收77.14亿元，增长13.5%。财政收入占GDP的比重为12.4%。公共财政预算支出420.90亿元，比上年增加64.45亿元，增长18.1%。其中：教育支出92.24亿元，比上年增长11.6%；科学技术支出9.51亿元，比上年增长28.6%。另外，基金收入280.12亿元，基金支出282.70亿元。税收收入稳定增长。地税部门组织各项收入347.1亿元，比上年增长16.7%，其中，地税税收收入269.44亿元，比上年增长16.9%；国税部门组织各项收入491.08亿元，比上年增长5.0%，其中，国税税收收入376.76亿元，比上年增长9.4%。

金融运行

年末全市金融机构本外币各项存款余额5626.13亿元，比上年末增长20.0%，其中人民币各项存款余额5409.18亿元，比上年末增长19.9%。全市金融机构本外币各项贷款余额4287.88亿元，比上年末增长15.1%，其中人民币各项贷款余额4015.80亿元，比上年末增长13.8%。人民币贷款中，个人消费贷款余额696.78亿元，当年新增126.67亿元，其中住房贷款余额467.33亿元，当年新增95.74亿元。“金改区”建设开局良好，获批消费金融公司试点城市。新设银行机构1家，升格2家，设立小微企业金融服务专营机构143家、准金融机构42家。全年证券市场通过发行、增发、配售股票共筹集资金64.6亿元，比上年增加38.6亿元。其中，本年境内没有新发行A股（包括增发及可转债）；境外上市公司增发及可转债1只，筹集资金43.3亿元。截至2013年年末，累计境内上市公司数量14家，市价总值482.53亿元，比上年增加6.40亿元；累计境外上市公司数量由上年末的63家增加到68家。全市保险业实现各项保费收入118.84亿元，比上年增长19.8%，其中，财产险保费收入39.66亿元，比上年增长15.2%；人身险保费收入79.18亿元，比上年增长22.2%。赔款支出35.50亿元，比上年增长33.3%，其中财产险理赔支出20.06亿元，比上年增长22.1%。人身险各项给付支出15.44亿元，比上年增长51.2%。

经济运行中存在的问题

【工业提速增效难度大】 2013年，全市规模以上工业企业主营业务成本增长11.1%，增幅高于主营业务收入1.2个百分点。与此同时，2013年来全市工业生产者出厂价格指数（PPI）不升反降，企业利润空间受限。2013年，全市产值超亿元企业实现产值8155.06亿元，同比增长14.3%，增速同比回落4.7个百分点，企业带动作用弱化。2013年，五大新兴产业实现规上工业增加值326.99亿元，同比增长8.3%，增速同比回落6个百分点；占全市规上工业增加值的13.1%，占比同比回落1.8个百分点，新兴产业对经济增长的拉动作用还不够强大。

【内需仍未明显回升】

投资需求后劲不强 2013年，全市全社会固定资产投资增速基本呈逐步回落趋势，由一季度的27%、上半年的27.5%和1—3季度的25.5%回落至全年的24.1%。企业投资信心仍显不足。2013年第四季度工业企业景气调查结果显示，下季度企业固定资产投资计划同比减少的比例由三季度的14.6%提高至15.2%，企业投资信心尚未恢复。基础设施投资增长缓慢。全市基础设施投资473.56亿元，同比增长9.0%，增速同比回落6.8个百分点，占全社会固定资产投资比重由上年的21.5%降至18.9%。

消费需求仍未有效恢复 2013年，全市全社会消费品零售额增速由上年的16.7%回落至14%，消费增速呈回落趋势。住宿餐饮业仍较低迷。全市住宿业营业额36.58亿元，同比增长10.1%，增速比上年回落5个百分点；餐饮业营业额195.13亿元，同比增长15.3%，增速比上年回落0.8个百分点。高档酒店回落更为明显，限上住宿业营业额仅增长6.6%，同比回落7.7个百分点，餐饮业营业额增长9.4%，同比回落22.1个百分点。大型商超零售不容乐观。全市大型超市销售额仅增长2.8%，比全市零售业销售额平均增速低13.3个百分点。城镇消费持续回落。全市城镇市场实现零售额1652.23亿元，同比增长13.7%，增速同比回落3.2个百分点。

年度经济形势评析

【经济社会保持平稳发展】 地区生产总值5250亿元（预计，下同），同比增长11.5%；人均地区生产总值63063元，同比增长10.6%；公共财政总收入649.6亿元，同比增长13.5%；公共财政预算收入346.4亿元，同比增长18%；农业总产值310亿元，同比增长2%；全社会固定资产投资2500亿元，同比增长24%；实际利用外资（历史可比口径）33.9亿美元，同比增长7%；外贸出口158亿美元，同比增长27%；居民消费价格涨幅2.5%；农民人均纯收入13345元，同比增长12%；城镇化率61.5%；城镇登记失业率为1.2%；每千人医生数1.67人（按户籍人口计算）；每千人病床数3.8张（按户籍人口计算）；高中阶段教育毛入学率为91.8%；高等教育毛入学率为33.8%；人口自然增长率7.9为‰；万元生产总值能耗完成省下达计划；二氧化硫、化学需氧量、氮氧化物、氨氮排放量四项减排指标完成省下达计划。

【转型升级取得新进展】 2013年，全市围绕创新转型主攻方向，加快构建现代产业体系，推进城乡统筹协调发展，致力拓展内外需求，结构调整步伐持续加快。产业结构加快调整。三次产业结构由2012年的3.4:61.5:35.1调整为3.3:61.5:35.2，高新技术产业增加值占GDP比重达12.4%，比2012年提高0.9个百分点；亿元工业企业达1880家，比2012年增加176家；完成工业技改投资510亿元，同比增长28.3%。“第三产业发展年”活动成效显著，382个重点项目完成投资551亿元，第三产业增加值1847亿元，同比增长10.2%，第三产业对经济增长的贡献率比2012年提高2.4个百分点。现代农业发展步伐加快，新增农业产业化省级重点龙头企业14家、农民专业合作社648家、农业“三品”认证30个，泉州国家农业科技园获批建设。自主创新能力持续提升，培育认定科技小巨人企业311家，新增高新技术企业53家、国家火炬计划重点高新技术企业6家、省级创新型企业39家、省级工程技术研究中心16家、企业技术中心16家、授权专利1.3万项，制定、修订各级标准62项，新获批筹建国家级质检中心1家；新增博士后科研工作站4家、院士专家工作站3家；签订第十一届“6·18”对接项目643项。城乡建设全面推进。环湾、向湾、同城步伐加快，环湾区域建成区面积188.5平方千米；实施环湾建设项目324个，完成年度投资351亿元；小城镇建设稳步推进，21个省市试点小城镇实施项目730个，完成投资412.5亿元。美丽乡村建设有序推进，村庄环境综合整治、规划指导与建设管理、现代农业发展等“六大工程”完成投资29.1亿元，基本实现农村垃圾处理全域覆盖；实施“造福工程”危房改造搬迁14467人，解决36.4万名农村人口饮水安全问题。需求拉动持续强化。投资持续较快增长，项目建设成为拉动内需的主动力，1669个

“五大战役”项目完成投资1744亿元；306个市级在建重点项目完成投资899亿元，111个项目建成或基本建成。外贸进出口规模稳步做大，进出口总额达280亿美元，新增出口超亿美元企业6家。利用外资结构不断优化，签订5亿美元以上合同项目6个，引进世界500强企业2家。新型消费业态加快发展，推动批零住餐企业“限下”转“限上”，新增限额以上批零住餐企业357家。生态文明建设成效显著。启动重点用能企业能效对标行动，规模以上工业企业万元工业增加值能耗0.81吨标准煤，同比下降8.9%。淘汰落后产能水泥80万吨、造纸29.9万吨、印染20600万米、煤矿9万吨、铅酸电池350万千伏安时。实施减排项目1177个，完成投资13.4亿元；实施重点流域（含近海水域）水环境整治项目125个，完成投资17亿元；全面启动PM2.5监测；生态市创建有序推进，在全省设区市中率先通过省级生态市验收。

【改革创新迈出新步伐】 2013年，全市以推进国家级金改区、省级综改区建设为抓手，持续深化重点领域和关键环节改革，改革实效日趋显现。金融改革试验扎实推进。“引金入泉”工程取得进展，菲律宾首都银行泉州分行开业，中信银行泉州分行、招商银行泉州分行升格为总行直管分行，兴业银行首设社区银行，惠安中成村镇银行开业；获批消费金融公司试点城市，设立泉台合资全牌照证券公司组建方案上报证监会；创新金融产品和服务，实体经济资金保障力度持续加强，小微企业信贷覆盖率同比提高10个百分点；扩大企业直接融资，新增上市企业5家，与中交建集团签订在泉设立产业投资基金框架合作协议。土地利用新机制加快构建。获批国土资源部城镇低效用地再开发试点城市；在全市范围内开展“三旧改造”、城乡建设用地增减挂钩工作，向省国土厅先行核定增减挂钩指标1029亩，验收旧村复垦新增耕地2265亩。行政管理改革持续深化。取消审批项目17个，减少审批环节150个，压缩审批时限218个工作日，全面推进国家级行政服务标准化试点工作，完成进驻行政服务中心全部审批服务项目的业务办理规程标准及工作人员岗位标准的标准化体系编写工作；深化公共资源市场化配置改革，泉州市公共资源交易中心挂牌成立；推进全国经济发达镇行政管理体制改革试点工作，出台晋江陈埭镇、南安水头镇行政管理体制改革试点方案。社会管理体制持续完善。实行流动人口居住证制度，进一步放宽20项户口准入条件，建成居住证申报点182个，发放居住证124万张，赋予获得居住证的外来人口与本地居民同等的24项公共服务。县域特色改革全面推开。13个县（市、区、管委会）均确定一个特色改革主题，石狮全域城市化综合改革、德化县做强城关统筹城乡推动城镇化健康发展试点方案获省政府批复，丰泽、晋江被列为省级服务业综合改革试点。

【社会民生达到新水平】 2013年，全市以民生实事为抓手，着力推动各项社会事业发展，社会保持和谐稳定。就业形势继续向好。全市新增城镇就业15.1万人，下岗失业人员实现再就业2300人，农村劳动力转移就业6.1万人，培训各类劳动者25万人；城镇登记失业率为1.2%，继续保持全省设区市最低。社会保障不断加强。推动城镇职工“五险”和城镇居民医保、新农合继续提质扩面，参加职工基本养老、医疗、失业、工伤和生育保险人数分别达120万人、100万人、60万人、87万人和87万人；城乡居民养老保险参保人数362.5万人，参保率达98.5%，续缴率达95.2%，继续走在全省前列。保障性安居工程建设有序推进，开工建设3.5万套，新增配租配售8000多套。社会福利和救助事业加快发展，建设提升乡镇敬老院24所、社区居家养老服务站150个，发放城乡低保金2.8亿元。文化体育事业加快发展。当选首届“东亚文化之都”，举办2013年世界闽南文化节，建成世界闽南文化展示中心，城市文化品牌形象进一步提升；文化遗产保护工作有序推进，闽南文化生态保护实验区“十百千基础工程”基本完成，新增国家级文物保护单位11处、省级文物保护单位20处；木偶戏《赵氏孤儿》获第十四届文华奖优秀剧目奖；文化产业加快发展，文化产业增加值居全省首位，建成文化产业示范基地78个。建成社区多功能运动场24个、“百村百座”老年活动中心20个，泉州籍运动员参加第十二届全运会获5金4银13铜。教育事业持续发展。新增义务教育标准化学校219所，新改扩建公办幼儿园79所；创新异地高考制度，226名外省籍考生在泉州参加高考；组建泉州五中教育集团，实行中等职业教育免学费政策，区域内高校与350多家亿元企业建立校企战略合作关系。医疗卫生事业稳步推进。所有县（市）医院均达到二级甲等医院及以上水平，所有乡镇卫生院全部达到国家建设标准和省级设备装备标准；全市所有政府办基层医疗卫生机构和2059家村卫生所实施药品零差率销售，基本药物制度覆盖所有行政村卫生所。保供稳价工作有序开展。新建平价商店34家、“菜篮子”基地11家，对城乡低收入群体发放临时食品价格补贴870万元。

经济体制改革

【培育发展金融机构】 制定出台《关于鼓励金融业发展的若干意见（试行）》，对银行业金融机构加大信贷投放、金融产品创新应用以及新引进的金融机构和金融配套服务机构等实行资金奖励，并在用地、人才引进政策方面予以一定优惠。落实“引金入泉”工程，菲律宾首都银行泉州分行已开业运营，恒丰银行获批在泉州设立分行；惠安中成村镇银行获批开业，其他县域已确定主发行并上报筹建规划；台湾统一证券公司、连捷投资集团和泉州开源公司拟发起设立泉台合资证券公司，筹建方案已上报福建省政府并转报证监会；七匹狼集团已形成设立财务公司的可行性报告，与福建省银监局沟通协调；泉州市开展设立自担风险的民营银行、金融租赁公司、消费金融公司试点筹备工作，试点申请已分别上报国务院和福建省政府。此外，中交建集团、上海光明食品集团等拟在泉州设立产业投资基金。

【金融机构升格和增设】 在金融机构升格方面，支持有条件的银行争取机构升级，辖内已有民生银行、平安银行、兴业银行、中信银行、海峡银行、厦门银行泉州分行6家银行业机构的泉州分行成为总行的直管分行。在机构增设方面，立足辖内各具特色的产业特点，设立特色支行，同时在金融服务较为薄弱地区增设分支机构。农业银行泉州分行被其总行确认为产品创新试验行，其管辖的晋江支行、丰泽支行被确立为产品创新直联行；海峡银行泉州分行设立科技支行已获批筹建；民生银行泉州分行在南安设立总行直管的石材产业金融事业部，在石狮成立纺织布料专业支行、在晋江设立体育鞋服专业支行等，筹建晋南支行近期获准试营业；兴业银行首设社区银行，晋江池店支行筹备开业；交通银行泉州分行获准设立国际业务部，惠安支行已正式开业；招商银行泉州分行获得1个网点建设指标，已在惠安开展前期选址等工作；邮储银行泉州分行获准设立区域审批中心、区域票据中心；泉州农商行南安、惠安、安溪、德化支行已开业。

【提升小微企业金融服务能力】 设立小微企业贷款专营机构方面，泉州市银行业机构建立小微企业金融服务机构143个，基本覆盖所有县域，小微企业贷款授信户数（含个人经营性贷款）比年初增加1.01万户；成立商会、行业协会的“小微合作社”近40家。创新金融产品和服务，大力推动金融机构创新发展适合泉州经济转型和产业特色的金融产品和服务。农行泉州分行探索建立“千户小企业培育工程”“产业集聚区金融服务站”；民生银行泉州分行首创“伞业特色支行”，探索“银村联姻”融资新模式，首创“商圈销售链”品牌，创新“卫星式”融资新方案，推出“流水贷”；建行泉州分行推出小微企业“助保贷”，招商银行泉州分行推出小微企业“信用贷”，浦发银行泉州分行创新“1+N”小微企业金融服务方案，泉州银行推出“无间贷”，华夏银行泉州分行推出小微企业年审制贷款，邮政储蓄开办“养殖贷”“茶叶贷”“芦柑贷”，平安银行推出“共同基金”产品及自雇人士“新一贷”。开展直接债务融资工作，设立1亿元的中小企业直接债务融资发展基金，与中债公司签订《区域集优票据发行合作框架协议》，首期发行1.6亿元已完成尽调工作；泉州银行成功发行20亿元小微企业金融债，并作为福建省首家在北京金融资产交易所挂牌交易的地方法人银行，完成首笔委托债券投资业务交易1.08亿元；2013年，泉州市获批发行路桥公司等9支共97.5亿元企业债券，目前还有7家企业拟发债84亿元申请上报国家发改委待批，6家企业筹备发行企业债券。

【开展小微企业“产业链全过程金融服务创新试点”工作】 拟定《产业链全过程金融服务创新试点方案》，并推动有关金融机构积极探索，先行先试。创新行业产业金融发展模式。推动各类金融机构对接行业商会，探索发展行业产业金融。如民生银行通过吸纳同行业产业链各段的小微企业为会员，创新开展“小微企业合作社”金融模式，截至**，泉州市已经成立小微合作社36家，会员达2600余户。创新全产业链金融参与方式。研究设立产业投资基金、产业互助合作基金等创新金融模式，采取金融机构、社会资金投资、入股、参股等多种方式进行资金投放，助推行业快速发展。泉州市正在抓紧研究设立食品行业投资基金、市政建设投资基金等产业基金；依托民生银行泉州分行成立了涉及石材、布料、服装、印刷包装、工艺石雕等行业的10支互助合作基金。此外，泉州高新区科技金融服务中心已于9月底揭牌运行，现有银行、证券、担保、税务等30家机构入驻，为园区企业提供全方位、量身定做的一站式金融服务。

【发展场内外交易市场】 推动企业上市融资。2013年，已有1家企业在香港联交所主板借壳上市，2家企业获准向香港联交所提交上市初步申请；107家企业被列入福建省重点上市后备企业资源库，其中2家企业已通过证监会发审委审核待挂牌上市，4家企业在证监会待上会审核，7家企业在福建证监局辅导备案。七匹狼发行短期融资券融资5亿元，恒安集团发行三年期可转股债券融资43.3亿元。做好新三板企业挂牌储备工作。收集归纳场外交易市场挂牌后备企业61家，设立红桥、深创投、申银万国投资3家科技型创投机构。建设海交所泉州营运中心。海峡股权交易中心泉州运营中心已于7月31日挂牌运营，截至**有挂牌企业30家，储备挂牌后备企业60家。与10家银行业金融机构签订战略合作协议，总授信额度达120亿元。建设天津股权交易所泉州运营中心。挂牌企业已达16家，企业融资总额超过1亿元。其中，晋江市挂牌8家，融资额近5000万元。建设泉州股权投融资服务中心。引进乾辉股权投资、博文股权投资、宇茂创业投资、颖源创业投资等14家具有独立法人资格的创业、股权投资机构，注册资本4.9亿元，另有5家机构筹建，已为泉州市25家企业引进创业投资、股权投资资金2.52亿元；引进中和评估、正昊财务咨询等2家具有独立法人资格的中介服务机构。此外，组织20余家企业开展知识产权质押融资，已有3笔专利权质押获得授信3590万元，放贷2390万元，另有9家企业与有关商业银行达成专利权质押融资意向，并完成专利权质押评估工作。

【深化行政管理体制改革】 完成《2013年泉州市进一步深化行政审批制度改革、简政放权的实施方案》初稿，启动新一轮的行政审批制度改革。推进国家级行政服务标准化试点工作，制定实施《泉州市行政服务中心国家级行政服务标准化试点工作实施方案》，完成进驻中心38个部门所有进驻项目的业务办理规程标准及进驻人员岗位服务标准的编写审核工作，准备进入试运行阶段。推进事业单位分类改革工作，制定出台《泉州市分类推进事业单位改革实施意见》，完成事业单位模拟分类。

【推进城镇化体制机制改革】 深化小城镇综合改革建设试点工作，做好泉州市21个小城镇综合改革建设试点开展综合行政执法工作，除德化县外，其余县（市、区）均在试点镇设置行政执法中队。推进全国经济发达镇行政管理体制改革试点工作，印发《晋江市陈埭镇行政管理体制改革试点方案》和《南安市水头镇行政管理体制改革试点方案》。深化小城镇机构改革试点工作，在继续保留泉州市第一、二批16个小城镇机构改革试点镇的同时，增加推荐16个条件较为成熟的镇为新一轮福建省深化小城镇机构改革试点镇。

【推进医药卫生体制改革】 推进公立医院改革，继续巩固石狮市县级公立医院改革，出台《石狮市公立医院改革管理委员会章程（试行）》《石狮市公立医院管理办法（试行）》等7份实施文件。推进实施基本药物制度，扩大基本药物制度实施范围，在泉州市所有公立基层医疗卫生机构基础上，扩大到2059所行政村卫生所，行政村覆盖率达100%。加强项目建设扩充医疗资源，2013年上半年，泉州市新增医疗机构床位1070张，其中，泉州市第一医院城东新院1000张床位已全面投入使用，床位使用率达100%。巩固完善新农合制度，提高新农合保障水平，2013年泉州市新农合参合人数达560.98万人，参合率达99.89%，各级政府补助标准提高到每人每年280元以上。

【推进文化事业建设】 泉州木偶剧院累计投入4100多万元，正进行内装修；泉州歌舞剧院累计完成投资500万元，完成立项、建筑方案论证和设计等工作；加快推进洛江区“两馆”、泉港区文体中心、晋江市文化中心和晋江五店市传统文化街区、石狮市图书馆新馆等一批县级文化设施建设，截至11月，泉州市共有公共图书馆 11个、文化馆（艺术馆）11个、各类博物馆（纪念馆）70多个；在13个县（区）137个乡镇实施农村有线广播县乡村三级联播联控，加快35个群众性文化激情广场示范点建设；实现泉州市乡镇（街道）综合文化站、公共电子阅览室、行政村“农家书屋”覆盖面均达100%以及所有公共文化场馆免费开放。

2013年泉州市公共财政预算收入完成情况表

表11 单位：万元

预算科目	全市	市本级
一、税收收入	2816867	380744
增值税	548006	77138
营业税	689246	95947
企业所得税	478475	58326
企业所得税退税	——	——
个人所得税	139233	19367
资源税	15536	1635
城市维护建设税	171711	28889
房产税	132415	15585
印花税	47809	5612
城镇土地使用税	145726	8759
土地增值税	246870	46152

续表11

预算科目	全市	市本级
车船税	28468	3525
耕地占用税	43852	397
契税	129520	19412
烟叶税	——	——
其他税收收入	——	——
二、非税收入	652212	107331
专项收入	91036	14255
行政事业性收费收入	190127	51334
罚没收入	117493	19637
国有资本经营收入	32568	5973
国有资源(资产)有偿使用收入	166642	11797
其他收入	54346	4335
本年收入合计	3469079	488075

2013年泉州市公共财政预算支出完成情况表

表12　　单位：万元

预算科目	全市	市本级
一、一般公共服务	497352	61601
二、外交	——	——
三、国防	11305	4399
四、公共安全	288957	86476
五、教育	919227	93443
六、科学技术	92275	15472
七、文化体育与传媒	66176	24124
八、社会保障和就业	315607	24330
九、医疗卫生	341939	38897
十、节能环保	97341	15194
十一、城乡社区事务	434176	50159
十二、农林水事务	469320	46741
十三、交通运输	112349	24706
十四、资源勘探电力信息等事务	225738	9840
十五、商业服务业等事务	49938	19674
十六、金融监管等事务支出	4000	4000
十七、地震灾后恢复重建支出	——	——
十八、援助其他地区支出	1818	1417
十九、国土资源气象等事务	40254	3231
二十、住房保障支出	64244	2499
二十一、粮油物资储备事务	12498	1237
二十二、国债还本付息支出	19690	19353
二十三、其他支出	157945	16158
本年支出合计	4222149	562951

说明：本表根据2013年度年终决算数填报

财政

【预算收支执行情况】 全市公共财政总收入完成649.6亿元，比上年增加77.1亿元，增长13.5%。全市公共财政预算收入完成346.4亿元，比上年增加53亿元，增长18%。全市公共财政预算支出420.5亿元，比上年增加64.1亿元，增长18%。全市基金收入301.5亿元，支出299.8亿元。

【本级预算收支执行情况】 市本级公共财政总收入完成96.2亿元，比上年增加11.2亿元，增长13.2%。市本级公共财政预算收入完成54.9亿元，比上年增加7.2亿元，增长15.2%。市本级公共财政预算支出65.4亿元，比上年增加13.8元，增长26.7%。市本级基金收入80.5亿元，支出48.5亿元。市本级国有资本经营预算收入0.5亿元，支出0.5亿元。

税收

国税

【概况】 全年组织税收收入367.76亿元，同比增收31.63亿元，增长9.41%，税收增幅排在全省第四位，完成省国税局年初下达任务的100.5%，超收1.96亿元。完成市财政总收入342.59亿元，同比增收30.79亿元，增长9.8%，占全市649.6亿元财政总收入的52.7%。在企业经济不景气的形势下，各征收单位发挥主观能动性，收入亮点频现，全市12个征收单位首次全部超5亿；晋江市局突破100亿大关，成为全省首个组织收入破百亿的县市局；丰泽区局、南安市局分别突破50亿、30亿大关；泉港区局、开发区局等7个单位在逆境中实现两位数增长。

【服务经济建设】 全年办理出口退（免）税113.5亿，同比增长2.53%，其中直接退税84亿，同比增长5%。促进企业自主创新、转型升级，扶持中小企业发展，全年办理各类税收减免30.68亿元，其中，固定资产进项实际抵扣税款19.22亿元，3.7万户个体工商户及其他个人受惠增值税起征点提高，减免增值税1.06亿元；暂免征收部分小微企业增值税30万元，免收税务发票工本费101万元。推进"营改增"试点工作，总体减税效果明显，全年减轻试点纳税人负担2.83亿元，减税面高达97.4%，新办企业户数增长157%，较试点首月确认的户数增加5204户。

【税收征管改革】 深化税收征管改革，日常税源监控更加到位，通过申报比对、开票分析等方式加强行业税源监控，及时提醒、督促企业如实申报。石狮市国税局推行网络巡查和户籍管理，对

表13

2013年各项收入情况统计表

单位：万元

项目	市局税收收入计划	累计入库			
		年度累计	比上年同期		
			上年累计	增减额	（+-）%
一、国税税收总收入		4910845	4675010	235835	5.04%
（一）国税税收收入	3658000	3677600	3361306	316294	9.41%
其中：联合石化国税税收收入	606000	626929	583112	43817	7.51%
其中：非联合石化国税税收收入	3052000	3050671	2778194	272477	9.81%
1.直接收入		3382600	3054306	328294	10.75%
（1）增值税		1822638	1606553	216085	13.45%
其中：营改增		35662	2684	32978	1228.70%
（2）消费税		535910	526379	9531	1.81%
（3）企业所得税		846745	775532	71213	9.18%
其中：内资企业所得税		447086	333272	113814	34.15%
其中：涉外企业所得税		399659	442260	−42601	−9.63%
（4）利息所得税		109	227	−118	−51.98%
（5）车辆购置税		177198	145615	31583	21.69%
2.免抵调库		295000	307000	−12000	−3.91%
附：工业增值税		1825254	1700047	125207	7.36%
附：商业增值税		250475	205392	45083	21.95%
（二）海关代征		1233245	1313704	−80459	−6.12%

续表13

二、其他收入		6505	1052	5453	518.35%
三、出 口 退 税		−1135000	−1107000	−28000	2.53%

2013年各县（市、区）收入情况表

表14 单位：万元

单 位	税收收入（含免抵调库收入）				其中免抵调库收入	
	累计入库情况					
	年度累计	上年累计	增减额	（+−）%	本月数	累计数
全 市	3677600	3361306	316294	9.41	46018	295000
鲤 城	165074	174721	−9647	−5.52	3000	32700
丰 泽	512575	467045	45530	9.75	3012	27250
其中：扣除车辆购置税	419799	358237	61562	17.18	3012	27250
洛 江	54199	53814	385	0.72	1300	18300
惠 安	197515	174013	23502	13.51	2804	23000
其中：台商投资区	62209	56660	5549	9.79	1003	9400
晋 江	1032287	979530	52757	5.39	13600	72900
石 狮	271975	246063	25912	10.53	4450	23250
南 安	333793	280959	52834	18.80	4250	32250
安 溪	136737	121855	14882	12.21	2000	12400
永 春	66539	60076	6463	10.76	2000	11800
德 化	51063	47876	3187	6.66	901	6700
泉港合	700470	634354	66116	10.42	400	400
1.泉港	73541	51242	22299	43.52	400	400
2.炼化	626929	583112	43817	7.51	0	0
开 发 区	155373	121000	34373	28.41	8301	34050
其中：扣除车辆购置税	135171	121000	14171	11.71	8301	34050
丰泽开发区车辆购置税	112978	108808	4170	3.83	0	0

税负明显偏低的纳税人及时实施风险应对，在第四季度开展“网络巡查促收入”专项工作，增收近亿元。行业风险应对有序开展，税收风险管理从原先对单户企业的评估检查，扩展到对全行业的监控评估。丰泽区局开展服装行业评估，召开全行业纳税人座谈会，辅导企业自主补税，公平税负、规范行业税收管理，纳税人心悦诚服地接受，和谐税企关系；南安市局、永春县局等单位分别选取石材、制香和房地产行业实施评估，成效明显。大企业管理实现突破，摆脱“就账查账、调账评估”的传统评估模式，转变为“不调账、少下户、重案头、深分析、找突破”的评估方式，全年开展评估74户次，入库评估税款1.62亿元，同比增长25.5%。“一个分析，四个应对”的闭环管理发挥积极作用，纳税评估方式、方法不断创新。全市评估补税6.08亿元，占直接收入的2.36%（全省平均占比2.3%），同比增加2.07亿元，增长51.6%。

地税

【概况】 全市现有纳税人12.17万户，社保五险实际缴费企业14.95万户。全市地税系统全年累计组织各项收入347.1亿元，同比增收49.6亿元，增长16.7%。

【创新完善各项工作机制】 建立规范化的税收执法新机制。继续开展依法行政示范单位（项目）争

创工作，清理税收规范性文件263份，组织开展2013年税收执法督察工作。落实各项税收优惠政策，及时兑现相关税收“即征即奖”政策。推进应用房地产估价技术，全市已有中心市区和8个县级局上线运行存量房交易纳税评估系统。开展“以地控税”试点工作，规范土地增值税管理，全年组织入库24.69亿。建立标准化的纳税服务新机制。加强全市办税服务体系标准化、规范化建设，全市系统共建设12个标准化办税服务厅。出台《标准化办税服务体系》等系列文件，规范办税服务工作职责、岗位职责、评价管理等6个方面工作，将大部分办税事项前置到办税服务厅分类办结，并按照“马上就办，办就办好”的要求实行即办服务。推行电子导税平台，实现全省“12366”纳税服务热线国地税互联互通。2013年，全市地税系统共联系扶持193家重点税源企业，建立大企业税收风险特征库，引导和帮助企业建立健全税务风险内控机制。建立科学化的税收征管新机制。建立规范化的税源管理岗责运行机制。出台《日常管理岗工作指南》，从工作流程、工作时限、工作标准要求、政策法规依据4个

2013年度各项收入情况统计表

单位：万元

表15

年度	各项收入	税收收入	同比增长	中央级税收	省级税收	市本级税收	县区级税收
2013	3470958	2694393.149	16.90%	467659	233325	267807	1993409
年度	企业所得税	个人所得税	营业税	城建税	房产税	土地使用税	地方级教育费附加收入
2013	428363	348082	865381	205178	132414	145726	167717
年度	资源税	印花税	车船税	土地增值税	——	——	——
2013	15535	47810	28467	246869	——	——	——

2013年各县（市、区）收入情况表

单位：万元

表16

县区	税收收入					
	年度计划	累计入库	占年度计划%	上年同期入库数	增减	%(+.-)
全市	2581600	2694393.149	104.4	2304305	390088.1491	16.9
鲤城	45800	45070	98.4	42263	2807	6.6
丰泽	114300	101343	88.7	105547	-4204	-4.0
洛江	76700	80370	104.8	65103	15267	23.5
清濛	33100	33122	100.1	30145	2977	9.9
直属	372600	388859	104.4%	332710	56149	16.9
涉外	101800	100796	99.0%	91717	9079	9.9
惠安	186600	192134	103.0%	169602	22532	13.3
泉港	106800	107685	100.8%	100225	7460	7.4
晋江	659500	682261	103.5%	584684	97577	16.7
石狮	228000	255543	112.1%	202687	52856	26.1
南安	336500	358989	106.7%	299136	59853	20.0
安溪	139500	154747	110.9%	118084	36663	31.0
永春	67300	73652	109.4%	59676	13976	23.4
德化	71500	76024	106.3%	65819	10205	15.5
台投	41600	43798	105.3%	36907	6891	18.7

方面，梳理出日常管理岗10类84个工作事项。制定《纳税评估工作规程》，规范评估工作程序，加强评估发起和终结管理。建立完善法制化的税收稽查管理流程。制定《稽查工作管理办法》，明确市县两级8类稽查岗位工作职责、工作步骤、程序时限和形式标准，规范17项稽查业务流程，确定23个稽查管理重点，编写《税务稽查文书及取证操作规范》，细化15种税费稽查取证范围和标准。健全完善市区“四位一体”税源管理体系。2013年下半年开始，在市区建立每季季首15日召开的工作协调联席会制度。围绕“转换职能、明晰职责、优化流程、完善体系”的目标任务，市局整体设计、区局主动参与，形成市局自上而下的统筹协调、区局和各序列自下而上的参与对接的良性互动机制，为全市提供参考借鉴的样板。

【信息化建设逐步推进】 建成市局数字信息中心，初步建立“统一、规范、高效、动态”的数据信息分析应用集成平台，开发“经济税源分析、专题应用分析、征管质量评估和税收风险管理”四个基本模块，提升地税数据服务决策、服务管理的综合效能。

产业集群

【概况】 全市形成21个产业集群，实现产值8201.74亿元，占全市工业总产值87.48%。其中，年工业总产值百亿元以上的有服装、纺织、石化、机械、电子、雨伞、造纸及纸制品、食品饮料、钢材、水暖器材、工艺日用陶瓷、建陶、石材、包袋、鞋业这15个产业集群；家具、树脂工艺、雕刻工艺等产业集群超30亿。产业集群深度的产业分工和完善的协作体系，为龙头企业通过实施贴牌生产、委托生产、特许加盟、品牌一体化的经营策略做大做强提供了条件，同时造就众多中小企业独特的专业优势和核心竞争力。

【集群产业选介】

纺织服装产业集群　纺织服装业是泉州第一大支柱产业，规模以上纺织服装企业实现工业产值1706.35亿元，同比增长11.9%，规上企业476家（其中亿元以上企业170家）。

制鞋产业集群　泉州是全国重要的三大制鞋基地之一，是世界旅游运动鞋主要生产基地，在国内外具有较高的知名度和影响力。全市生产企业超过4000家，从业人数80多万人，亿元以上企业251家，2013年实现规上企业工业总产值1495.87亿元，同比增长11.9%，占全市工业总产值16.47%。

箱包产业集群　全市箱包业工业总产值158.57亿元，现价增长35.7%。其中，规模以上企业204家，从业人员42810人，亿元以上企业43家。出口交货值94.39亿元，现价增长19.4%。

建筑材料（包括水暖）产业集群　全市规模以上建材工业总产值959.85亿元，同比增长78.29%。其中，石材374.93亿元，建筑陶瓷295.04亿元，水泥与水泥制品11.71亿元，水暖器材141.03亿元。全行业规模以上企业803家，从业人员15.47万人，出口交货值110.5亿元。

工艺制品产业集群　泉州工艺美术行业以雕刻工艺品、美术陶瓷、树脂工艺品、民间工艺品、藤铁工艺品为主，产品种类繁多。2013年，泉州市工艺美术产业工业总产值约455.17亿元，同比增长41.24%；规模以上企业499家，出口交货值约200.12亿元。

修船造船产业集群　全市船舶修造规上企业共有3家，亿元企业有1家，2013年规模以上船舶修造企业实现产值2.79亿元，出口交货值8.49亿元。

汽车制造产业集群　2013年，全市汽车制造产业规模以上工业总产值80.34亿元，现价同比增长33.7%。其中，规模以上企业100家，出口交货值9.74亿元，同比增长101.3%。产销率为98%。

生物医药产业集群　2013年，全市生物与新医药产业实现规模以上企业14家（其中产值亿元以上企业4家），工业总产值25.48亿元，同比增长21.7%，工业销售产值24亿元，同比增长24.41%。

机械制造产业集群（不包括汽车及配件、修船造船）　2013年，机械制造产业（不含汽车及配件、修船造船）中规模以上企业329家（亿元以上企业107家），实现出口交货值43.96亿元，同比增长25.8%。

电子信息产业集群　2013年，规模以上企业82家（亿元以上企业22家），完成产值124.14亿元。出口交货值22.25亿元，产销率为91%。

食品饮料产业集群　2013年，其中规模以上工业企业248家（亿元以上企业92家），实现产值656.48亿元，同比增长18.9%。泉州食品产业以休闲食品为主，包括焙烤食品、方便食品、饮料茶叶、果蔬加工、调味品、水产品加工六大类，产品主要有糖果、果冻、膨化、饼干、饮料、调味品、蜜饯、炒货、罐头、糕点、水产品、果蔬加工、方便面、紫菜、微波食品、纯净水等品种。主要分布在晋江、惠安、石狮、南安、泉港、安溪和永春。

石油化工产业集群　完成工业总产值1328.59亿元，同比下降0.4%，其中规模以上企业360家（亿元以上企业122家），出口交货值33.49亿元，累计同比增长8.4%。

循环经济

【概况】 2013年，推进134家列入国家“万家企业”名单的重点用能企业节能低碳行动；启动涉及15项强制性地方标准的造纸、啤酒等4个行业13家重点用能企业能效对标行动，并对涉及水泥、钢铁和合成氨三个高耗能行业的4家企业开展单位产品能耗专项能源审计；同时，利用省节能专项资金管理改革的利好政策，加大工业企业节能技改力度，147个项目，其中有 92个节能重点项目获1860.5万元省、市节能专项资金奖励；淘汰34家企业的74条落后生产线，完成省下达任务；推进循环经济示范试点单位建设，2013年，福建海西再生资源产业园被国家发改委、财政部命名为国家“城市矿产”示范基地，石狮市被国家发改委命名为国家循环经济示范城市（县）。2013年，全市规模以上工业企业万元增加值能耗同比下降9.5%。

【节能重点项目建设】 2013年，泉州市已投产并实现并网发电的垃圾发电厂有5家，总装机容量为10.4万千瓦；风力发电企业2家，总装机5.4万千瓦；光伏发电企业4家，总装机1.72万千瓦。随着金井风电和小岞风电相继实现并网发电，晋江金保利、惠安绿谷金太阳等4家光伏电站投产，泉州能源结构正逐步由传统的火电、水电，向风电、光电等新能源电力延伸。

高新技术产业

【概况】 泉州高新区自2010年11月升格为国家高新区以来，按照国家高新区的战略定位和发展导向，围绕“发展高科技，实现产业化”发展目标，贯彻落实科技部督查意见，把发展高新技术产业作为泉州高新区的首要任务，推动泉州高新区发展由生产要素驱动向创新要素驱动转变。2013年， 泉州高新区在学习借鉴天津滨海新区等先进地区高新区建设管理先进经验的基础上，制定下发《关于加快泉州高新区建设近期工作意见》，加强对各园区的建设指导，建成启用泉州高新区门户网站，出台《泉州高新技术产业开发区发展规划纲要》。全市实现高新技术产业增加值650亿元，占全市生产总值比重提高0.9个百分点，高新区工业增加值首次高于原56家国家高新区平均水平，取得较大幅度提升。科技招商成效显著。组织高新区民营企业、产业技术创新战略联盟组成多个科技招商小分队到北京、上海、山东、广东等地高校、科研院所开展科技招商对接活动，促成对接项目168个，总投资额18亿元，有效提升园区科技创新整体实力。建成全省首个国家高新区科技金融服务中心。已有包括海峡科技银行在内的20多个科技金融机构进驻运营，与兴业银行泉州分行等金融机构展开合作，对全市高新技术企业授信50亿元，为高新技术企业提供各类融资和服务产品。推进知识产权质押贷款试点工作，引导推动10多家企业与银行签订专利权质押贷款合同，授信贷款额度8840万元。

【发展产业集聚和创新型产业集群】 在微波通讯、纺织鞋服、先进装备制造三大主导产业稳定发展的基础上，培育新一代信息技术、新材料、太阳能光伏、轨道交通装备等战略性新兴产业，并推进现代金融服务业发展，各园区产业集聚特点明显。如主园区形成的机车产业，软件园形成的信息化产业，南安光电信息园形成的光伏电子信息产业，石狮园形成的纺织鞋服产业，晋江五里园形成的新型纤维、新型产业机械、生物医药产业。鲤城园微波通信、清濛园电子信息、南安光电信息园等获批国家级特色产业基地建设。主导产业和部分新兴产业已形成对工业经济增长较高的贡献率。推进数字微波通信国家创新型产业集群建设，培育先创、雷克、泰克、泽仕通、火炬电子等一批国内知名的龙头骨干企业和450多家微波通信企业，集群年产值已达710多亿元。微波通信产业已形成“新材料—功能模块—通信整机—系统优化”的产业链，并在国内微波通信产业中占有重要位置。通信设备功能模块销售额占全国市场总量的70%；片状独石电容、瓷质电容、碳膜电阻三种元件产量在全国排名第二位。因其示范效应，2013年全国数字微波通信创新型产业集群发展工作座谈会在泉州高新区举办。

【重点项目建设】 启动建设晋江创新创意创业园、国际信息园数据中心等大型产业载体项目。晋江创新创意创业园占地3600亩，计划总投资150亿元，培育50家企业设计研发中心和200家创意创新增值服务机构。已有中纺院泉州分院、清控科创公司、诺亚时装设计等8家机构入驻三创园服务中心；国际信息园数据中心总投资20亿元，由国际信息技术行业巨头、世界500强HP、IBM公司提供人才技术设备及管理支撑，将建设成华东南最大的高可用数据中心，建成后可安装4500个标准机柜，容纳5万台以上的服务器。

【招商引资】 泉州高新区作为海峡两岸科技交流合作的重要载体，凭借独特的政策、机制和区位优势，成为海峡两岸科技交流合作的先行先试平台。已有创辉光伏太阳能、铼士达光电照明科技、晶蓝光电等一批台资高新技术项目在泉州高新区落地。南安光电信息园与台湾电机电子工业同业公会共建南安海峡两岸科技产业合作基地，开展多方面、多层次的交流合作，引导台商企业入驻基地，构建海西光电信息产业资讯服务平台；与台湾国立中央大学共建海西光电技术研发中心。该园区被科技部认定为“国家级海峡两岸科技产业合作基地”。石狮园区坚持高标准建设海峡两岸科技孵化基地，为台资企业、科技型中小企业、高新技术成果转化、开展科技创业等提供孵化培育的发展平台，已引进技术研发企业20多家。

产业园区建设

泉州开发区

【**概况**】 泉州开发区创建于1996年，系由市委、市政府直接开发建设的市本级开发区，2010年6月升格为国家级经济技术开发区，功能定位为泉州高新技术产业开发区、新的经济管理体制示范区和新的经济增长点。泉州开发区规划面积32平方千米，其中国家级经济技术开发区面积12.5平方千米（包括清濛园区9.5平方千米、国家级泉州出口加工区3平方千米），汽车基地4.5平方千米，以及与南安市政府合作开发的官桥园区15平方千米。

【**经济体量**】 2013年泉州开发区实现工业总产值397.57亿元，其中规模以上工业产值383亿元；完成财政总收入16.1亿元，同比增长11%；其中地方级财政收入6.2亿元，同比增长9.2%。

【**产业结构**】 泉州开发区借助体制优势和产业基础，加快转变经济发展方式，推动园区功能转型和产业升级，产业结构进一步优化。企业实力显著增强。全区产值亿元企业41家，其中产值5亿元以上企业11家；税收超千万元企业29家，其中超亿元企业3家。企业资本板块初步形成。全区已有特步、九牧王、至和织造、三宏再生资源、泰亚鞋业、诺奇、红孩儿7家企业先后分别在沪市A股、深市A股、香港及新加坡、澳大利亚等证券市场上市；上市后备企业11家，其中4家企业完成股改。品牌带动富有成效。现有“中国驰名商标”7件，“国家免检产品”9项，“国家出口免验产品”2项，“商务部重点扶持的出口名牌产品”2项，“福建著名商标”33件，“福建省名牌产品”19项，“泉州市知名商标”38件。特步获福建省质量奖，为全市第二家。新兴主导产业稳步发展。电子信息、生物医药、机电一体化等新兴产业集群占工业总产值比重超13.7%，东南医药物流、汽车工贸企业等第三产业税收占税收总收入的20.44%。开发建设集约度高。泉州开发区每平方千米实现工业产值和财政收入分别达到41.2亿元和1.5亿元，单位产出位于全国开发区前列，已成为泉州市土地集约开发和产业结构优化的重要载体。

【**创新能力**】 泉州开发区全面推进创新型开发区建设，加快推进新型工业化步伐，组织实施火炬计划，组建泉州市数字视听产业技术创新战略联盟，建立国家级纺织检测中心福建分中心。全区高新技术产业产值占工业总产值的51.3%。拥有国家火炬计划重点高新技术企5家、获认定高新技术企业25家、国家火炬计划项目11个、国家863计划1项、国家973计划1项、国家级行业技术中心1个、国家级工程研究中心1个、省级工程技术研究中心2个、省级行业技术中心2个、省级企业技术中心8家、省级创新型企业6家、创新型试点企业11家；企业作为主要起草单位参与国家、行业标准15个。2013年，全区专利申请量425件，专利授权254件，其中发明专利18件，实用新型专利197件。

【**城市建设**】 截至年底，泉州开发区已投入70多亿元高标准建设基础设施，完成首期8.5平方千米的道路、通信、供水、供电、排污、排水、宽带网、有线电视等8个网络建设。开发区还通过创建ISO 14001环境管理体系，实施“美化、绿化、亮化、净化、有序化、人性化”工程，不断提升环境建设和管理水平。

【**管理体制**】 泉州开发区作为泉州市新的经济管理体制示范区的标杆效应不断凸显。如推行“一路通”“一站式”服务体系，设立行政服务中心和“马上办”办公室，承担、代理企业筹建、生产中所需一系列服务项目；深化审批制度改革，在全省率先推出企业登记“一审一核”“直接登记”“先照后证，告知承诺”等创新体制，变前置审批为后置审批，使行政审批更科学、更到位。

泉州台商投资区

【**概况**】 泉州台商投资区位于泉州市中心城区东部，涵盖惠安县洛阳镇、东园镇、张坂镇、百崎乡4个乡镇和惠南工业区(省级开发区)，面积约200平方千米，包括78个行政村，常住人口23万人。2013年，全区实现地区生产总值179亿元，同比增长12%；规模以上工业产值382.5亿元，同比增长13.4%；规模以上工业增加值108.45亿元，同比增长14.5%；社会消费品零售总额43.35亿元，同比增长13.7%；全社会固定资产投资117.6亿元，同比增长31.2%；实际利用外资（历史可比口径）2.35亿美元，同比增长34.3%；实际利用外资（验资口径）4825万美元，同比增长17.8%；公共财政总收入11.63亿元，同比增长16.14%；公共预算财政收入6.61亿元，同比增长24%。全区经济社会各项事业都实现新的发展。

【**龙头带动，打造现代产业体系**】 完善优化产业布局，打造“五大百亿集群”，促进产业转型升级。加大企业扶持力度。实行领导挂钩重点企业制度，每月召开现场调度会，帮助企业解决实际困难。落实“民营企业转型升级扶持行动计划”，制定出台扶持民营企业“二次创业”、产业集群发展、科技体制改革等一系列政策措施，出台鼓励就业十项措施，综合运用财政补贴、贴息等多项优惠政策，对重点民营企业实施“一企一策”，扶持民营企业“二次创业”。区本级累计兑现补助和奖励企业技改、科技创新、企业参展、创建品牌、税收增收、发展航运等资金2100多万元；落实兑现省市政府关于房产税、土地使用税“即征即奖”政策5600多万元。统筹调度资金4000万元，设立区级重点产业龙头企业资金链应急保障专项资金。加快龙头企业发展。确定30家区级产业集群龙头企业，玖龙纸业、北车基地、晋亿物流等项目投产，有效发挥龙头企业带动作用。规划建设绿色智能交通产业园、力达机电产业园、晋亿物流园等，加快培育高端装备制造产业集群、光电信息产业集群、现代物流产业集群等。加大科技创新力度。加快高新区主园区发展，完善机构编制，提升主园区发展规划。搭建科技创新平台取得突破，中国科学院海西研究院装备制造研究所、省特种设备检验研究院泉州分院和泉州台商投资区产业孵化基地签约。实施品牌质量战略，引导社会资金、生产要素向名牌产品生产企业流动和聚集，新增省著名商标6个，省名牌产品2个。推动企业技术改造，15个项目列入省市工业技改项目库。推动正大集团、力达机电、文松彩印等企业加快改制上市步伐。加快发展新兴产业。2013年，在建服务业项目11个，其中晋亿物流、庄佳物流、金冠酒店、福隆花园房地产等5个项目顺利竣工。加快发展海洋经济，完成海洋经济产业园区总体发展规划和海洋产业发展规划编制。以泉州成为“东亚文化之都”为契机，发展雕艺文化，完成雕艺文化园概念规划编制，推动雕艺展览城、产业园和上塘雕艺一条街加快规划建设。

【项目推动，加快产城同步发展】 153个“五大战役”项目完成投资111.3亿元，完成年度计划110%，其中35个省市在建重点项目完成投资62.9亿元，完成年度计划122%，全市排名第三。深化规划设计工作。完成蓝色经济培育区、临港物流园区、金融商务区、古镇风貌区、百崎乡、张坂生活片区的控制性详规编制工作和世茂蓝色海湾、圣莎拉商城、滨海路等37个项目的规划建筑方案设计审查与报批工作，良机、普洛斯、德润等39个招商项目和区卫生综合大楼等12个民生项目完成用地论证与选址。健全项目领导管理机制。落实领导挂钩项目责任制，成立项目指挥部推进项目建设，强化项目协调管理和跟踪服务，出台《关于进一步加快重点建设项目暨“五大战役”项目推进速度的暂行规定》等，建立项目分管领导包干管理机制和一线推进、快速反应、定期通报、调度例会、考核表彰等工作制度，开展项目建设回头看和 “五大战役”工作拉练检查，拉清单、对账单，找问题、下药方、割尾巴，推动“征迁零障碍、施工零干扰、协调零过夜、落实零拖延、服务零距离、失责零容忍”工作机制。全面推进基础设施项目。杏秀路拓改工程已基本完成，南北主干道一期全线贯通；金屿大桥、百崎大桥征地拆迁工作同步推进；东西主干道、通港公路、张青公路等拓改工程及惠南引水工程等项目加快推进，市政管线同步下地达86千米。溪庄、凤浦、锦厝、玉坂等安置房小区和管委会公租房项目完成投资4.45亿元，后港、秀涂、下宫等11个安置房项目前期工作有序开展。杏田片区、东园工业片区、张坂工业片区的“七通一平”和百崎湖整治及防洪排涝等市政工程建设顺利推进。2.5万吨污水处理厂、8万吨级尾水排海工程已竣工。加快城市建设步伐。按照“项目设计、征地拆迁、安置房建设、手续报批、招商引资、项目建设、配套设施建设”七同步原则，启动百崎湖东片区、秀涂片区两个城市生活配套区建设，加快片区内各种业态交叉建设。金屿大桥等项目配套安置区设计方案评审已完成；海湾国际、金融超市、马来西亚IOI、贝壳酒店、中熙城市综合体、圆山饭店及台湾城、海西文化艺术走廊等11个项目抓紧方案设计工作。

【创新思路，招商选资成效明显】 强化招商团队建设，完善招商机制，实行“七天24小时”服务承诺制和“月嫂式”服务，出台鼓励台资企业入驻等政策。坚持上门招商，全年共组织6轮赴台招商，并多次到北京、上海、重庆、江苏、广东等地开展招商推介。积极参与省、市组织的民企对接会、“9•8”贸易投洽会等各项招商活动，圆满完成省市下达的招商任务，全年共签约项目20个，投资总额233.87亿元，引进了菜鸟智能骨干物流网络、德润电子、普洛斯物流、世茂、良机等项目，其中台资项目6个，总投资额19.8亿元；在谈项目47个，总投资额超700亿元。

泉州出口加工区

【概况】 泉州出口加工区发挥国家海关特殊监管区（保税区）的政策、功能优势，服务地方外向型经济的持续发展，以促进加工贸易及保税物流发展为工作重心，推动“一个基地、两个中心”建设（即打造进口商品集散基地，建设进口食品及酒类商品展示交易中心及工业原材料供应及配送中心），加大对适区项目的招商引资力度，提高企业服务质量，抓好项目落地建设，推动加工区持续健康发展。

【招商引资】 截至年底，全区引进项目62个（包括围网内保税区项目32个及围网外配套区项目30个，其中已投产项目31个），项目总投资规模约26亿元，外资项目9个，合同外资10590万美元。项目涉及航空修造、高端印刷、光电电子、陶瓷喷墨机械、检测研发、酒类食品、棉纱纺织、保税仓储及进出口贸易等多个行业。同时，随着对外宣传力度的不断加大，以及加工区招商引资工作的深入开展，部分重大招商项目抓紧洽谈中。

【加工贸易】　2013年，全区实现规模以上工业产值58亿元，同比增长92%。其中，区内势必锐、邓禄普两家太古航空维修企业发展前景看好，订单持续增加，全年分别实现工业产值8200万元及5500万元，同比增长191%、216%；金鹰印刷企业获海关总署特批，作为全国试点企业开始承接国内委托加工业务；2012年以来引进的金莎珠宝及全福珠宝两家贵金属加工项目已陆续投产，推动加工区对外贸易规模的持续攀升。

【保税物流】　贯彻落实加工区打造“一个基地”、建设“两个中心”的工作目标和发展思路，利用加工区特殊政策功能优势，推进商贸物流的快速发展。2013年，进出口货物总量约8.3万吨，同比增长39%；货物进出口总额约达28亿美元，同比增长81%；保税物流进出口总额6.2亿美元，同比增长53%；实现海关征收税款1.6亿元，同比增长84%。

鲤城高新区

【概况】　泉州市鲤城高新技术产业开发区位于泉州市鲤城区，2001年11月开园建设，2003年7月经省政府批准确认为省级开发区，2010年11月升格为国家高新技术产业开发区，是国家级泉州高新区的核心区。先后被国家和省有关部门确定为“国家火炬计划泉州微波通信产业基地”“中国汽车工程机械配件产业基地”“全国先进科技产业园”“国家知识产权试点园区”“福建省科技成果转化推广重点示范区基地”“福建省‘十一五’计划重点信息产业园区”“省级和谐劳动关系工业园区”“省级安全园区”。园区规划面积6平方千米，已开发建设4.67平方千米，现有入驻企业765家，其中上市企业6家、高新技术企业35家，规模以上企业130家。2013年，实现工业总产值255亿元、工商总税12.05亿元，其中规模企业工业总产值229亿元，高新技术企业工业总产值117亿元，产值亿元以上企业达到42家。鲤城高新区工业用地亩均产值超过430万元、亩均税收超过25万元，高新技术产值、税收占比超过40%，土地集约利用评价综合分值达96.46%，位居全市各类开发区首位。

【产业集聚发展】　多年来，鲤城高新区坚持高新技术产业发展方向，围绕主导产业、重点企业、优势产品，引进和整合上下游企业，有目的地将产业和产品向产业链两端延伸，形成研发、制造、营销各个环节紧密衔接的完善的产业链条，壮大产业集群，实现企业发展的倍增效应。传统产业方面，发挥鸿星尔克、海天轻纺、伯源机械、奇星机械等龙头企业的带动效应，通过技术改造、设备更新、提升知识产权服务，加快纺织鞋服、机械汽配产业产品优化升级；微波通信产业方面，依托“国家火炬计划（泉州）微波通信产业基地”，在骨干企业铁通电子、泰克通信、雷克光微等的带动下，业内企业发起成立了国家级微波通信产业技术创新战略联盟，实现企业的抱团发展。光伏产业方面，在铂阳精工、钧石能源、文创科技等一批骨干企业的带动下，新能源新材料和绿色照明产业技术水平和研发能力快速增长，尤其是在“非晶硅薄膜太阳能电池”的研发和市场化方面位居全国前列。

【科技金融结合】　在全省首创“一站式”科技金融服务平台，致力服务实体经济发展。通过金钥匙控股集团创新实行“以商引商”的新模式，带动引进关联机构20多家；引进福建省最大的国有金融控股集团入驻设立华兴集团泉州金融服务中心；引进福建海峡银行入驻设立全市第一家科技支行；引进鲤城区第一家融资租赁公司金钥匙（中国）融资租赁公司；在全省首创由政府自行开发的科技金融网络平台，7月12日上线运行。科技金融服务中心于9月27日挂牌运营，首期运营面积11000平方米，引进各类金融机构和类金融机构36家，其中24家完成装修开业运营、3家在装修、6家在办理报批手续，“聚集效应”初步显现。金融中心先后举办建设银行、泉州银行、“新三板”细则解读、科技保险入企宣贯等对接活动，帮助企业取得融资累计已达2.3亿元，促成蓝蓝高科、晶彩光电等5家企业达成“新三板”挂牌合作意向，2家企业签约产权质押贷款。

【建立健全创新体系】　鲤城高新区坚持产业与科研的深度对接，完善产学研合作体系，基本形成以企业为主体，以自主创新为核心，以科技成果产业化为目标，以公共服务平台为支撑的科技创新体系。现有17家省级创新型企业、28家创新型试点企业、45家知识产权试点示范单位，组建7个国家和省市产业技术创新联盟、4个院士专家工作站、3个博士后科研工作站和国内第一个国家级微波通信产业基地、第一个“创新基金产业集群”试点。引进并建成国家级专业实验室1个、检验检测机构2个、国家和省市级工程技术研究中心25个、国家和省市级行业技术开发中心22个。入驻企业已申请专利2859件、拥有授权专利2463件，发明专利拥有量127件，每万人口发明专利拥有量达18.14件，5月被国家知识产权局确定为“国家知识产权试点园区”。

石狮高新区

石狮国家高新技术产业开发区（以下简称“石狮高新区）始建于1997年4月，2010年11月经国务院批复升格为国家高新技术产业开发区，是泉州高新技术产业开发区“一区八园”的重要组成部分，2013年5月，石狮高新区被批准为国家知识产权试点园区。高新区规划范围总面积为23.20平方千米，规划形成“六园区三市场”，“六园”即港后物流园、新材料产业园、机械装备园、五金印刷园、纺服科技园、电子信息园；“三市场”即石材交易市场、钢材交易市场、建材交易市场。经过多年的开发，高新区建成区面积5.6平方千米，初步形成以“仓储物流、精细化工、电子科技、纺织服装、五金机械”等为主的支柱产业，引进佳龙石化、通达集团、日盛化工、昇邦电子、永信电脑、华联等一批企业。园区建有国家运动休闲面料织造开发基地、中国流行色建筑涂料色彩应用示范基地、国家级生产力促进中心、中国纺织工业协会辅料（福建）创新中心。聚焦科技自主创新方面，园区创新服务平台带动效应凸现，建有全省县级市示范科技孵化基地（海峡两岸科技孵化基地），该基地内配套研发中心、中试厂房、专家公寓和员工宿舍，先后引进入孵企业23家，中介服务机构5家，重点支持纺织机械、缝制设备、生物化工、电子信息、节能科技等高新技术项目的研发及中试。2012年，孵化器中试生产总产值1.76亿元，缴纳税收达到415.35万元。创新主体加速集聚，拥有省级星火行业技术创新中心4家，省级工程技术研究中心2家，市级工程技术研究中心3家，市级行业技术开发中心5家，创新型试点企业3家，知识产权试点单位3家，检测检验机构1家，专利授权量336项，中国驰名商标3件，国内注册商标69件，境外注册商标5件。至上半年，高新区入驻企业61家，其中已投产企业27家，在建企业34家。拥有高新技术企业8家，上市公司3家，另有5家企业在筹备上市，产值超亿元企业15家。2012年，园区规模以上工业产值118.9亿元，同比增长17.03%；税收收入3亿元；完成固定资产投资10.65亿元，同比增长54.65%。2013年1—9月，高新区规模以上工业产值89.54亿元，同比增长25.03%；上缴税收2.87亿元，同比增长12.71%；完成固定资产投资9.22亿元，同比增长76.29%。

农业

综述

【概况】 2013年，全市各级各部门贯彻落实中央、省农村工作会议精神，围绕“三农”工作中心，落实各项惠农政策，加大对农业基础设施的投入，继续优化农业生产结构和布局，狠抓各项支持农业发展各项政策措施的落实，促进农业和农村经济的持续健康发展。2013年，全市实现农业总产值300.83亿元，同比增长2.2%，其中种植业总产值115.66亿元，同比增长4.3%，牧业总产值64.76亿元，同比下降0.5%；农民人均纯收入13316元，同比增长11.8%。全年粮食播种面积218.04万亩，总产75.28万吨，与2012年持平；水果总产44.27万吨，增长1.2%；茶叶产量6.67万吨，同比增长10.5%；蔬菜总产124.03万吨，同比增长2.3%；食用菌总产6.02万吨，同比增长6.2%；肉蛋奶总产量28.08万吨。2013年，全市有建制镇（乡）133个，常住人口为761.62万人，比2012年下降1.5%。

【农业资源】 2013年，开展全市休闲农业资源和休闲点调查，下发休闲农业经营主体统计表和资产500万元以上休闲农业企业登记表等调查表到各县（市、区）调查，完善休闲农业项目库。重新调整充实泉州市农业区划委员会及其技术顾问组成员。晋江市出台农业区划与休闲农业奖励政策。对纳入晋江市农业资源合理利用保护和生态休闲农业规划的单位，经泉州市级以上科研院校（所）或具有生态农业、旅游规划设计资质的机构规划的乡村、综合农场或示范区，按规划费50%的比例给予补助，每个规划点补助最高限额5万元；每年扶持3—5个市级农业资源可持续利用示范项目，每个项目补助3万元。

【农田建设】 永春县玉斗镇和湖洋镇2012年被列入福建省省级标准农田建设项目，省级财政资金投入160万元，建设标准农田1700亩。2013年验收，完成沟渠建设3367米，田间机耕路建设3110米，农业科技培训250人次，完成省批复的建设任务。

【粮油高产创建】 2013年，南安市承担2个省级早稻万亩示范片高产创建任务，涉及4个乡镇20个村。其中位于中部的溪美、柳城万亩示范片面积10025亩，涉及农户数8217户。主推扬两优6号、东联5号等高产优质品种，平均亩产557.9公斤，与2012年同片田比亩增16.8公斤，同比增长3.1%，比非示范区亩增52.1公斤，同比增长10.3%；位于东部的罗东、码头万亩示范片面积10056亩，涉及农户数8243户。主推Ⅱ优6号、泉珍10号、特优009等高产优质稻品种，平均亩产535.5公斤，与2012年同片田比亩增18.2公斤，同比增长3.5%，比非示范区亩增55.7公斤，同比增长11.6%。两个万亩示范片平均亩产544.5公斤，与2012年同片田比平均亩增17公斤，同比增长3.2%，比非示范区平均亩增53.9公斤，同比增长11%。永春县建立2个省级万亩早稻高产创建示范片，分布在东南部双季稻种植区的湖洋镇、桃城镇和岵山镇实施。示范片面积20063亩，涉及3个镇，31个村，278个村民小组，农户13436户。建立核心示范户250户。位于湖洋示范区，面积10003亩，平均亩产453.8公斤，比2012年同片田亩产436.0公斤，亩增17.8公斤，同比增长4.1%。位于桃城镇、岵山镇示范区，面积10060亩，平均亩产489.7公斤，比2012年同片田亩产468.5公斤，亩增21.2公斤，同比增长4.5%。两个万亩示范片平均亩产471.8公斤，亩增19.5公斤，总增稻谷39.1万公斤，增产显著，超额完成省定水稻高产创建示范区的指标任务。德化上涌镇建立1个省级万亩中稻高产示范片，总面积10198亩，分布在上涌镇的17个村，涉及农户4000多户。主推品种为宜优673、福两优366、闽丰优3301、泰丰优2098等4个高产优质品种。示范片平均亩产669.9公斤，与2012年同片田亩增4.2公斤，同比增长0.6%。高产创建示范片超过亩产600公斤的创建目标，总增稻谷71.28万公斤。按2013年中稻每公斤收购价3元计算， 示范片总增产值213.84万元，达到增产增收效果。晋江市建立1个省级万亩早稻高产创建示范片，安排在农田基础较好、科技应用水平高的陈埭镇和磁灶镇，面积10437亩。示范片内共有种粮大户39户，平均每户种植面积267亩，涉粮农民专业合作社一家。示范片平均亩产488.55公斤，超过目标产量38.55公斤，与上年同片田比亩增17.89公斤，同比增长3.8%；比非示范区亩增47.22公斤，同比增长10.7%。惠安县的辋川、黄塘两个乡镇创建1个省级万亩花生高产示范区10150亩，涉及14个村，5500个农户。示范区推广闽花6号、泉花7号、汕油71等优质品种。平均亩产鲜果324.8千克。取样烘干，平均晒干率为53.6%，折合平均亩产174.1千克，比2012年亩增产5.03%，基本达到预期目标。

【粮油高产核心示范片】 2013年，泉州市建立粮油高产核心示范片24个，面积6500亩。其中：水稻12个，面积4200亩（早稻6个，2400亩，中稻1个，300亩，晚稻5个，1500亩）；甘薯5个，面积800亩；马铃薯4个，面积900亩；花生3个，面积600亩。辐射推广面积60万亩。示范片早稻2400亩，平均亩产597.3公斤，同比增长89.4公斤，增幅17.6%；中稻300亩，平均亩产669.9公斤，同比增长87.5公斤，增幅15.0%；晚稻1500亩，平均亩产566.5公斤，同比增长90.1公斤，增幅18.9%；甘薯800亩，平均鲜薯亩产3126公斤，比非示范片亩增364.5公斤，增幅13.2%；马铃薯900亩，平均鲜薯亩产2596.4公斤，比非示范片亩增707.9公斤，增幅37.5%，亩产值增708元，产品优质率达95%，商品率达85%；花生600亩，平均亩产256.4公斤，比非示范片亩增22.2公斤，增幅9.5%。

【休闲农业】 8月，由市农业区划委员会办公室主编的《泉州休闲农业交通图》由福建省地图出版社出版发行，该图收录休闲农业点110个，重点介绍全国休闲农业示范点香草世界度假村和省级休闲农业示范点尤俊农耕文化园、武陵生态休闲农场、泉港绿笛山庄、恒山休闲农庄、风雅颂休闲山庄、岱仙湖休闲渔村、田格里拉生态园、围头战地文化渔村、海峡蓝天生态庄园、国宝云龙谷以及市级休闲农业示范点北溪生态旅游村、中闽魏氏庄园、龙岭农家乐休闲村等60多个较大规模的休闲农业点。对重点推介的休闲农业点的主景照片、地理方位、联系方式等做了简要介绍，推荐3条泉州休闲农业体验线路。第一版印制10000份，免费赠送市直部门、各县（市、区）、乡（镇）党委、政府及各休闲农业点。精选泉州休闲农业宣传标语。与泉州晚报合作开辟“大力发展美丽农业，推动农业休闲观光”专栏，每周报道一次，在泉州农业信息网设置“休闲农业”专栏。南安市蓬华镇、永春县呈祥乡、安溪县龙涓乡被评为“福建省休闲农业示范乡镇”；“晋江市运伙村休闲基地、惠安县在水一方•鼎模农场、南安市雾湖休闲山庄、泉港区红星生态园、永春县金斗洋生态茶园”被评为“福建省休闲农业示范点”。 全市有省级示范乡镇6个，省级示范点16家。在2013年度泉州市休闲农业示范点评选活动中，市政府对“恒山休闲农庄、海峡蓝天生态庄园、绿笛山庄、雾湖休闲山庄、在水一方•鼎模农场、安溪县中小学生社会实践基地、东溪大峡谷休闲农业项目区、红星生态园、农业部台湾农业技术交流推广中心、茗山茶村”等10个泉州市休闲农业示范点进行命名和授牌，并且每个示范点奖励10万元。晋江市每年开展休闲农业示范点评选活动3—5家，每家奖励5万元。南安市开展第二批（2013年度）休闲农业示范点评选活动，评选10家，每家奖励3万元。在2013年中国最有魅力休闲乡村推荐活动中，永春县北溪村获“2013年中国最有魅力休闲乡村”称号。有4家休闲农业点获全国休闲农业与乡村旅游星级企业（园区）称号，占全省一半。其中，恒山休闲农庄获四星级企业（园区），泉绿生态休闲农庄、深沪镇运伙五环体育文化休闲村、围头海峡人家休闲渔庄等3家获三星级企业（园区）。组织推荐“安溪铁观音与茶文化系统”申报2013年中国重要农业文化遗产项目，组织挑选推荐“安溪铁观音茶园景观”和“永春县北溪桃花谷”农事景观参加“中国美丽田园推介活动”，组织参加全国休闲农业创意精品推介活动。

种植业

【粮油作物】 2013年，全市粮食播种面积218.04万亩，平均亩产345公斤，总产75.28万吨。油料作物播种面积33.03万亩，平均亩产169公斤，总产5.58万吨，其中花生面积32.97万亩，平均亩产169公斤，总产5.56万吨。全市春收粮食作物种植面积31.07万亩，占全年14.25%，平均亩产231公斤，总产7.18万吨，占全年9.36%；夏收粮食作物67.13万亩，占全年30.79%，平均亩产367公斤，总产24.63万吨，占全年32.72%；秋收粮食作物种植面积119.84万亩，占全年54.96%，平均亩产363公斤，总产43.46万吨，占全年57.73%。油料作物以春花生为主，播种面积29.34万亩，占花生播种面积88.98%。粮食作物播种面积最大是南安市的49.57万亩，占全市粮食作物播种面积的22.73%，总产18.84万吨，占全市总产的25.02%。其次是永春县37.59万亩，占全市17.24%，总产13.48万吨，占全市17.91%。其三是惠安、安溪和德化县，分别为37.0万亩、35.39万亩和22.16万亩，分别占全市的16.97%、16.23%和10.16%，总产分别为11.13万吨、10.97万吨和8.65万吨，分别占全市的14.78%、14.57%和11.49%。以上5个县（市）粮食作物播种面积占全市的83.33%，总产占全市的83.78%。油料作物中花生主要分布在惠安县和南安市，占全市花生播种面积的66.37%，其次是晋江、泉港、安溪占全市花生播种面积的28.22%。粮食作物以水稻为主，播种面积123.04万亩，占全年粮食作物播种面积的56.43%，总产48.32万吨，占全年粮食总产的64.99%；其次是甘薯，播种面积53.19万亩，占全年粮食播种面积的24.39%，总产17.22万吨，占全年粮食总产的22.87%；其三是马铃薯，播种面积22.82万亩，占全年粮食播种面积的10.46%，总产5.09万吨，占全年粮食总产的6.76%；玉米、大豆、大小麦、高梁、杂豆和其他杂粮播种面积分别为7.36万亩、6.41万亩、2.40万亩、0.87万亩、1.69万亩和0.26万亩。油料作物以花生为主，占油料作物播种面积的99.81%。

【蔬菜】 2013年，全市蔬菜播种面积107.09万亩，同比增长2.7%，产量124.03万吨，同比增长2.4%。

【花卉等园艺作物】 全年花卉播种面积2.96万亩，同比增长33.9%。鲜切花产量886万枝，同比增长1.1%；盆景园艺576.79万盆，增加73.79万盆。

【水果】 2013年，全市水果总面积96.48万亩，比2012年减少1.65%，总产量44.27万吨，比2012年增加1.3%。其中，柑橘面积23.01万亩，比2012年增加0.48%，产量26.18万吨，比2012年减少0.08%；龙眼面积33.89万亩，比2012年减少5.07%，产量5.02万吨，比2012年减少1.18%。

【中药材】 2013年，全市中药材播种面积4323亩，产量842吨。

【食用菌】 2013年，全市食用菌总产量60200吨，比2012年增长5.20%。

【茶叶】 2013年，全市茶叶总面积69.13万亩，年产量6.67万吨，当年新植6.06万亩。毛茶年产值28.6亿元。以生产乌龙茶为主，其余绿茶、红茶，年产量分别为17吨、2吨，主要在本省的厦门、福州、泉州销售，省外主要销区为广东、上海、北京等地，全国各大中城市都有安溪铁观音销售，中、高档铁观音供不应求。是年，全市茶叶出口总量为7000多吨，主要销往日本、东南亚、欧洲、非洲等30多个国家与地区，创汇2000多万美元。安溪中国茶都批发市场是全国最大的乌龙茶专业批发市场。

畜牧业

2013年，全市生猪存栏151.33万头，同比减少3.84%；出栏239.15万头，同比减少4.96%。家禽存栏1387.30万羽，同比减少8.71%，出栏2466.15万羽，同比减少3.77%；牛存栏13.00万头，同比减少0.84%，出栏6.04万头，同比增加3.07%；羊存栏23.64万头，同比增加2.56%，出栏31.14万头，同比增加4.50%。

渔业

全年水产品总产量103.21万吨，比上年增长1.7%。其中，淡水产品产量2.13万吨，比上年增长3.9%；海水产品产量101.07万吨，比上年增长1.6%。淡水产品产量中，淡水捕捞0.27万吨，淡水养殖1.87万吨；海水产品产量中，海洋捕捞69.37万吨，海水养殖31.71万吨。

林业

全年完成植树造林总面积31.18万亩，比上年下降11.5%，其中，荒山造林10.24万亩，同比增长81.6%，人工促进天然林更新面积0.32万亩，同比下降45.3%。全年完成幼林抚育作业面积11.16万亩，同比下降55.4%。年末，实有封山育林面积35.17万亩。全部木材产量28.43立方米，同比增长0.9%。

工业

概况

2013年，泉州工业生产增速虽比上年有所回落，但仍保持稳步增长趋势。全市规上工业企业实现工业增加值2487.69亿元，同比增长13.4%，增幅比全省平均水平高出0.2个百分点。从分行业情况看：全市37个行业大类有30个行业实现正增长，有25个行业实现两位数增长，有13个行业增速在20%以上。其中，燃气生产和供应业增长51.9%、文教工美体育娱乐用品制造业增长43.1%、农副食品加工业增长35.8%、纺织业增长25.4%。从产销衔接情况看：2013年，全市规上工业企业产品销售率为96.87%，比一季度、上半年和前三季度分别提高0.32个、0.06个和0.09个百分点，呈上升态势；实现销售产值9084.86亿元，比上年增长10.6%。

采掘业

【煤炭开采和洗选】　2013年，全市规模以上铁矿企业11个，实现工业总产值8.17亿元，工业销售产值7.98亿元，工业增加值4.64亿元，利润总额1.43亿元，利税总额3.31亿元。

【黑色金属矿采选】　2013年，全市规模以上黑色金属矿企业16个，实现工业总产值41.20亿元，工业销售产值39.38亿元，工业增加值8.99亿元，利润总额3.90亿元，利税总额6.77亿元。

【有色金属矿采选】　2013年，全市规模以上有色金属矿企业7个，实现工业总产值6.73亿元，工业销售产值6.73亿元，工业增加值7.42亿元，利润总额0.84亿元，利税总额1.33亿元。

【非金属矿采选】　2013年，全市规模以上非金属矿采选企业10个，实现工业总产值19.76亿元，工业销售产值19.34亿元，工业增加值8.42亿元，利润总额3.05亿元，利税总额3.80亿元。

制造业

五大传统产业

【纺织鞋服】　2013年，全市规模以上纺织鞋服企业1612个，实现工业总产值3201.87亿元，工业销售产值3096.55亿元，工业增加值962.46亿元，利润总额242.17亿元，利税总额347.64亿元。

【食品饮料】　2013年，全市规模以上食品饮料企业225个，实现工业总产值656.77亿元，实现产值639.41亿元，利润总额53.46亿元，利税总额82.31亿元。

【建筑建材】　2013年，全市规模以上建材企业702家，从业人员13.47万人，资产总额631.69亿元。实现工业总产值960.33亿元，利润总额81亿元，利税总额约116.93亿元，产品出口总额145.86亿元。

【机械制造】　2013年，全市机械制造产业完成工业总产值762.84亿元，其中规模以上企业389家，工业增加值206.63亿元，利润总额58.80亿元，利税总额81.24亿元。

【工艺制品】　2013年，全市工艺美术产业工业总产值约463.29亿元，规模以上企业262家，产值455.17亿元，出口值约307.74亿元，利润总额30.79亿元，利税总额44.09亿元。泉州工艺制品以雕刻工艺品、美术陶瓷、树脂工艺品、民间工艺品、藤铁工艺品为主，产品种类繁多。

五大新兴产业

【石油化工】　2013年，全市企业完成工业产值1328.01亿元，其中规模以上石化企业307家，完成工业产值1290.06亿元，工业增加值269.44亿元，利润总额9.71亿元，利税总额88.86亿元。

【修船造船】　2013年，全市规模以上企业4家，实现工业总产值2.8亿元，工业增加值0.4亿元元。

【汽车制造】　2013年，全市规模以企业74家，完成工业总产值80.34亿元，工业增加值19.61亿元，利润总额3.95亿元，利税总额6.27亿元。

【电子信息】　2013年，全市规模以上企业62家，实现工业总产值124.20亿元，出口值19.64亿元，利润总额11.64亿元，利税总额15.31亿元。

【生物医药】　2013年，全市生物医药业实现工业总产值25.48亿元，规模以上企业14家，利润总额2.66亿元，利税总额3.97亿元。

其他制造业

【家具制造】　2013年，全市规模以上企业30个，实现工业总产值52.13亿元，工业销售产值50.98亿元，工业增加值17.02亿元，利润总额4.58亿元，利税总额6.40亿元。

【造纸和纸制品】　2013年，全市规模以上企业131个，实现工业总产值380.32亿元，工业销售产值335.11亿元，工业增加值103.38亿元，利润总额32.77亿元，利税总额51.96亿元。

【文教、工美、体育用品和娱乐用品制造】　2013年，全市规模以上企业205个，实现工业总产值365.62亿元，工业销售产值359.76亿元，工业增加值98.21亿元，利润总额27.65亿元，利税总额36.50亿元。

【石油加工、炼焦和核燃料加工业】 2013年，全市规模以上企业4个，实现工业总产值591.97亿元，工业销售产值587.10亿元，工业增加值78.26亿元，利税总额45.17亿元。

【非金属矿物制品业】 2013年，全市规模以上企业788个，实现工业总产值1092.77亿元，工业销售产值1079.26亿元，工业增加值304.07亿元，利润总额86.99亿元，利税总额128.30亿元。

【电气机械和器材制造】 2013年，全市规模以上企业59个，实现工业总产值170.56亿元，工业销售产值166.52亿元，工业增加值49.61亿元，利润总额13.56亿元，利税总额17.71亿元。

【计算机、通信和其他电子设备制造】 2013年，全市规模以上企业52个，实现工业总产值115.71亿元，工业销售产值104.43亿元，工业增加值24.68亿元，利润总额10.94亿元，利税总额14.32亿元。

【专用设备制造】 2013年，全市规模以上企业126个，实现工业总产值185.74亿元，工业销售产值176.11亿元，工业增加值42.52亿元，利润总额16.27亿元，利税总额21.91亿元。

【通用设备制造】 2013年，全市规模以上企业118个，实现工业总产值304.56亿元，工业销售产值295.91亿元，工业增加值73.24亿元，利润总额24.59万元，利税总额33.99万元。

盐业

2013年，全市原盐产量同比增加，山腰盐场增产弥补晋江盐场停产的产量；存盐量同比相应增加；食盐销量同比基本持平，小包装碘盐销量下降；非盐商品销售有较大幅度增长；但由于小包装销量减少和价格调整，税利同比下降幅度较大。原盐产量96350吨，同比增产11804吨，同比增长13.96%；放运量103365吨，同比减30100吨，减幅22.55%；月末存盐量52358吨，同比减7016吨，减幅11.82%。其中，山腰盐场原盐产量84339吨，同比增幅43.84%；放运量78673吨，同比减幅7.99%；月末存盐量44496吨，同比增长14.59%。食盐销量78333吨，完成年计划96.3%，总量比2012年同期增长2.15%。食盐中小包装碘盐实现销售28776吨，完成年计划88.54%，同比降幅8%，其中多品种盐实现销售5831吨，完成年计划的97.18%，同比减幅为11.04%。食盐中食品加工用盐销量49556吨，完成年计划101.47%，同比增长9.15%。非盐商品实现销售收入572.91万元，比上年同期429.89万元增加143.02万元，增幅达33.27%。实现利润总额888.57万元，比2012年同期1205.82万元减少317.25万元，降幅达26.31%。完成年计划1170万元的75.95%。实现各种税收及附加税费576.69万元，比2012年同期786.31万元减少209.62万元，降幅26.66%。

电业

全年完成电网投资35亿元；全社会用电量395.5亿千瓦时，同比增长3.87%；最高负荷649.67万千瓦；城市配网供电可靠率达99.978%。截至年底，实现连续安全生产3481天。首家完成调控智能操作系统开发和实用化上线应用；建成地区备用调度系统，地区变电站由调度数据网第二平面接入备调系统，实现与主用调度系统的冗余互备；完成77个非统调电厂采集装置的安装和调试；实行监控信号“六化”制度；落实迎峰度夏38个重点建设项目和132项技术保障措施，实现“不拉闸、不限电”目标。加强电网安全风险预警，首次开展黑启动带负荷实地试验。开展电网多层次综合反事故演习，应对6级及以上电网风险263次。参与“四个一”工作协调机制，实施“1+7”管

表17

2013年全市完成电力生产供应情况统计表

指标名称	计量单位	全年生产情况	比增（%）
全地区用电量	万千瓦时	3955001	3.87
全地区发电量	万千瓦时	592066	-0.64
供电量	万千瓦时	2474942	4.67
售电量	万千瓦时	3433720	4.76
其中：趸售电量	万千瓦时	2660627	5.55
直供电量	万千瓦时	814315	1.88
全市供电最高负荷	万千瓦	649.67	8.12
其中：网供最高负荷	万千瓦	600.91	9.9

说明：本表发电量不含南埔火电厂、LNG电厂及鸿山热电厂数字

2013年各县（市、区）公司完成电力生产供应情况统计表

表18　　单位：万千瓦时，%

单位	供电量		售电量	
	完成数	比增	完成数	比增
国网石狮市供电公司	370218	3.64	356352	3.8
国网晋江市供电公司	1203069	5.75	1177394	5.89
国网南安市供电公司	614899	3.93	583162	4.11
国网惠安县供电公司	235860	5.81	225012	6.54
国网安溪县供电公司	292485	10.77	272333	11.14
国网永春县供电公司	106550	−2.27	99097	−1.78
国网德化县供电公司	115959	7.36	108828	7.7

理，发挥县公司整体优势，解决105处工程受阻难题。全年建设110个输变电工程，数量位居全省第二；投产45个工程，创历年最多。获四面基建流动红旗，首次获国网公司“流动红旗”。22项工程获国网公司“优质工程”，15项工程获省公司“达标投产”工程。变电站10千伏馈线开关间隔调度权下放县（配）调管理。城区抢修业务平稳移交北峰供电所。严格配网异动及图实一致管理。完成直供区108户双电源用户调度协议签订，全面实施状态巡视、标准化作业、作业风险管控等精益化生产管理。“变电运维一体化”有效运作，完成82项典型项目的目标；开展地县一体“红旗站”检查评比，促进县公司变电站规范化建设。惠安运维站获“国网公司优秀班组”称号。推行继电保护状态检修；强化保护通信通道安全管理，完成地区183套220千伏线路光纤保护通道一致性核对；开展设备隐患排查治理，完成56条主设备隐患整改、334户业扩工程用户图实不符整改，完成3578个用户自备电源排查和系统标识。

建筑业

【概况】　2013年，建筑业实现较快发展。全社会建筑业增加值334.48亿元，比上年增长13.4%。全市资质等级以上的建筑企业有466家，完成建筑总产值965.93亿元，比上年增长24.4%。全市建筑房屋施工面积8528.22万平方米，比上年增长24.1%，其中实行投标承包面积6645.35万平方米，比2012年增长39.2%，招投标率达77.9%。房屋竣工面积2545.12万平方米，比2012年增长13.8%。全市建筑业总产值达到亿元及以上的建筑企业146家，其中5亿元及以上的企业39家。

【房屋工程建筑】　资质等级以上的房屋工程建筑企业186家，完成建筑业总产值762.68亿元，比上年增长29.9%。

【土木工程建筑】　资质等级以上的土木工程建筑企业88家，比上年增加21家，完成建筑业总产值122.94亿元，比上年增长25.7%。

【建筑安装】　资质等级以上的建筑安装企业51家，比上年减少7家，完成建筑业总产值28.94亿元，比上年增长41.3%。

【建筑装饰】　资质等级以上的建筑装饰企业92家，完成建筑业总产值49.42亿元，比上年增长0.2%。

城镇集体工业

【工艺美术行业】　2013年，全市工艺美术规模以上企业完成增加值137.82亿元，同比增长34.5%，出口交货值307.74亿元，同比增长38.4%。

【城镇集体企业改革】　指导直属17家企业完成厂房竞租，共63个标的，面积1.12万平方米，成交金额284.1万元，比原租金增加86.5万元，提高43.8%；比招租底价增加19.1万元，提高7.2%。指导市丝钉厂完成厂房竞买，成交价1100万元，召开职工大会依法选举厂长并成立分流改制领导小组；指导市二轻供销公司做好店面资产评估并进入市产权交易中心公开拍卖。加强农贸市场卫生整治工作，通过采取调整市场负责人、成立整改整治工作小组、召开工作协调会、会同相关部门联合整治等措施，开展为期3个月整改，彻底改变新门市场卫生面貌；同时，督促抓好龙宫市场卫生管理，确保在创卫暗访检查中不丢分，为全市创建工作做出应有贡献。

第三产业

概况

2013年完成第三产业增加值1819.94亿元，同比增长10.2%，增速创四年来新高。其中：交通运输、

仓储和邮政业实现增加值346.11亿元，同比增长6.5%；批发和零售业实现增加值482.40亿元，同比增长10.0%；住宿和餐饮业实现增加值69.26亿元，同比增长6.5%；金融业实现增加值221.80亿元，同比增长18.5%；房地产业实现增加值250.84亿元，同比增长16.7%；营利性服务业实现增加值218.68亿元，同比增长9.9%，非营利性服务业实现增加值230.85亿元，同比增长5.5%。

交通运输业

【概况】 2013年，全市有道路客运企业62家，货运企业388家，出租汽车企业37家，公交企业15家，一、二类维修企业306家，驾校110家；车辆14439辆（其中，客运班车2880辆，旅游客车408辆，出租汽车3190辆，公交车1881辆，教学车辆6080辆），货运车辆58741辆（其中危险货运车辆571辆）。客运站47个，其中：一级站4个、二级站12个、三级站8个、四级站13个、五级站10个；中心市区有公交场站7个，用地17.79万平方米。公交首末站67个，用地1.85万平方米。全市有经营资质水运企业59家。其中，国内水路运输企业58家（货物运输企业57家，旅客运输企业1家），海峡两岸直航客运企业1家。全市运力规模达10万载重吨及以上航运企业有4家。全市拥有营运船舶238艘（货船228艘，客船10艘），货船载重吨202.48万吨，居全省各地市运力规模第二位，同比增长12.15%；集装箱箱位70991标准箱，同比增长19.60%。货船单船平均吨位达8880载重吨，同比增长9.20%。万吨以上营运货船82艘132.95万载重吨，5000—9999载重吨营运货船77艘45.93万载重吨。5000载重吨以上船舶数占全市营运货船总数的69.74%，载重吨占全市总载重吨的88.35%。

【铁路运输】 全年铁路完成客旅客发送量704.81万人次，比上年增长22.81%；完成铁路货物运输量596.73万吨，货运周转量140417.9万吨千米，分别同比下降6%和6.5%。2013年，泉州铁路有限责任公司运输收入34275.35万元，完成年度预算的87.69%，主要是泉汉客车自9月26日停运，同比减少96天的客运收入，以及集装箱清算和行李车清算收入减少，致使客运收入及提供服务均未能实现预计的增运增收，较上年同期减少4606.97万元，降低11.85%。公司账面利润总额-3396.09万元（含汇兑收益3761.82万元），较盈利预算目标减亏4443.91万元。剔除汇兑收益，完成利润-7157.91万元，较盈利预算目标减亏682.09万元，超额完成利润指标任务。在银行贷款期限内，偿还银行借款本金37025.77万元，完成年度还贷任务。至年末，公司资产22.20亿元，负债12.46亿元。

【城市公交】 2013年，拥有运营车辆895部（折合955.9标台），营运线路60条，全部为空调、无人售票线路（其中夜班线路20条，政府指令性线路34条），线路总长度1180.55千米。站场面积17.8万平方米，员工1777人，资产总额4.17亿元（土地评估值未计入），固定净资产2.23亿元。完成行驶里程4537.58万千米，年客运量为10440.8万人次，营运收入1.44亿元，上缴税收851.7万。该年度，公司被中国交通企业管理协会评为“2013年全国交通运输企业科技创新成果二等奖”；被中国土木工程协会城市公共交通学会评为2013年“宇通杯”全国公交驾驶员节能技术大赛“优秀组织奖”；被中国交通企业管理协会评为“全国交通运输节能减排贡献企业”；被市交委评为“泉州市交通运输系统安全生产管理先进单位”。另外，办证中心被省总工会授予“省工人先锋号”；第二维修车间被市总工会授予“市工人先锋号”；泉州公交发展有限公司公交大厦站（南）等22个中途站被市政公用事业局评为“2012年度城市卫生管理先进公交候车亭”。2013年，拓展公交支线，开通301、302、303、503、701路、43路和K301路，实现仰恩大学和丰海路通公交；配合市行政中心二期搬迁，取得通勤接驳资格，专营通勤包车业务。

【道路运输】 2013年，全年完成公路客运量1.34亿人次、旅客周转量71.23亿人千米，公路货运量9833.44万吨、货物周转量102.15亿吨千米，总周转量增幅15.6%居全省第一。

【水路运输】 全年完成水路货运量7369.41万吨、水路货运周转量1173.37亿吨千米，水路货运量和水路货运周转量均位全省地市级第一。

【航空运输】 全年完成航班起降2.51万架次，同比增长18.3%，完成年度计划的109.1%；实现旅客吞吐量263.44万人次，同比增长22.6%，完成年度计划的114.5%；货邮吞吐量3.88万吨，同比增长8.6%，完成年度计划的104.8%。在当年全国180个定期航班通航机场中，航班起降架次排名59位，旅客吞吐量排名45位，货邮吞吐量排名38位。2013年机场主业实现收入1.34亿元，同比增长25.2%，实现利润845.4万元（含投资收益）。全年辅业完成总营业收入4.4亿元，同比增长17%，实现利润335.2万元。其中，物流公司积极引进航空地面代理人，启用顺丰配送中心新货机专用仓库；油料公司加大对外协调工作，实现就近供油，积极应对航油市场价格波动大和10—12月福炼设备停产检修，把握时机，调整库存，规避风险。全年完成航油运输5.2万吨，飞机加油4.9万吨，营业收入4.01亿元；电子公司积极拓展外部业务，全年实现营业收入519万元(其中对外业务营业收入91万元)；贵宾公司挖掘新航站楼贵宾服务区域的市场价值，完成4家冠名企业的进驻，完成贵宾区域扩建项目的前期设计方案。全年保障VIP旅客出港7.1万人次，完成营业额1093万元，同比增长100.2%，完成年度指标的124.2%；开发公司谋划转型发展，加大新航站楼商业招商力度，提升商业品质，与物业公司、电子公司联合争取到泉州市交通科研楼物业管理服务和泉州市行政服务中心二期物业管理项目，项目合同金额为966万元；食品公司实现营业收入650万元。

邮政业

【概况】 泉州市邮政管理局于2012年10月成立。新组建的泉州市邮政管理局系公务员机构，主要负责对快递市场、邮政普遍服务、集邮市场以及邮政业用品用具市场等的服务和监管工作。2013年，泉州邮政业持续快速发展，业务总量累计完成33.86亿元，占全省的比重为29.67%，业务收入（包括邮政公司、邮政速递及快递企业，不包括邮政储蓄银行直接营业收入）完成24.46亿元，占全省比重24.8%。其中，完成邮政总收入6.45亿元，同比增长10.93%；快递业务量1.56亿件，增幅达100%以上，居全国第十二位，占全省的35.02%；快递业务收入18.08亿元，居全国第十四位，占全省29.38%。四项指标均列全省第一。

【邮政公司】 全市有7个县（市）邮政局、1个区局、4个分局，邮政服务网点4097个，其中自办邮政网点167个、各类代办网点3930个（邮政代办所47个、“三农”服务站330个、便民服务站3553个），城乡投递邮路1022条。邮政用品用具企业16家。

【邮政速递】 泉州邮政速递近五年来保持年均两位数以上的增幅，预计2013年收入规模达3亿元，实现4年翻一番的目标。现有员工1500名，设有市场、网运、计财、综合与人力四个部室，邮件处理、客服两个中心，辖8个县（市、区）分公司（营业部）和市区2个直属揽投部，建有国际业务、电子商务、政企（礼仪）3个专业营销团队。全市建有清濛、晋江两个邮件处理主中心，及各县（市）邮件处理分拨中心，年处理进口邮件600万件，出口邮件1200万件，日均处理进出口邮件5万件，已发展为福建邮政速递省内邮件集散中心和全省辐射华中的陆运集结中心。

【快递企业】 近三年来，泉州市快递业以每年100%左右的速度增长，成为泉州经济增长的“黑马”、第三产业发展的亮点。泉州已成为快递发展大市，预计未来10年，泉州快递业仍将保持较快增长势头。全市有快递法人企业77家，涵盖EMS、顺丰、申通、圆通、中通、国通、汇通、联邦快递FEDEX、敦豪DHL等国有、民营、外资各类品牌30个左右，省级快件中转中心12个，营业网点400多个，快递车辆逾1000部，从业人员逾万人。

【发行《桃花》特种邮票】 3月16日，《桃花》特种邮票首发式在永春县北溪文苑风景区举行。该套特种邮票一套12枚，其中包括2枚80分面值、9枚1.2元面值以及1枚1.5元面值邮票，图案包括单粉、白碧桃、二色桃、菊花桃、碧桃、绯桃、五宝桃等，是继1999年发行《民族大团结》邮票之后，国内发行枚数最多的一套邮票。

【发行《千年古港——泉州》原创手绘闽南文化明信片】 6月1日，《千年古港——泉州》原创手绘闽南文化明信片首发式在泉州西湖邮局举行。该套明信片一套12枚，精选九日山、天后宫、崇武古城、姑嫂塔、洛阳桥、浔埔、多元宗教、中山路骑楼、中国闽台缘博物馆、郑成功塑像、南少林、南音、泉州海外交通史博物馆、惠安女、蚶江海上泼水节、蔡氏古民居、提线木偶、火鼎公婆等最能反映闽南文化和“海丝”文化的节点，以闽南文化和“海丝”文化为内容，融合动画与多媒体设计理念，展示泉州的历史文化和地域特色，为泉州旅游打造出一张“城市的明信片”。同时，泉州市邮政局还将手绘明信片与历年发行的具有海洋、闽南文化主题相关的邮票组成，设计出邮票明信片珍藏册，获2013年中国国际旅游商品大赛铜奖，这是福建省推荐参赛的最高奖项。

【速递物流】 泉州EMS是泉州区内唯一的一家经营快递行业的大型国企，主要经营国内、国际的文件型和物品型快递业务，除普通寄递服务外，业务范围还拓展了代收货款、收件人付费、鲜花礼仪、同城寄递、仓储配送等各类增值服务，通达范围涵盖全国31个省（自治区、直辖市）的所有市县乡镇及全球200余个国家和地区，合作行业涵盖政府、机关、银行、通讯、贸易、制造、企业等，形成泉州区内辐射至各县市（区）及各乡镇，对外直通全国乃至世界各国的邮政速递运营网络。2013年，实现速递业务收入2.5亿元。泉州EMS在泉州区内已建成89个揽投服务网点、开通26条区内快速转趟邮路、组建749名的揽投人员队伍；在全国范围内已形成从泉州始发直达南京、上海、武汉、长沙、南昌、广州等大中城市和省内各地市汽车邮路15条，日均载邮100多吨的航空邮路95条；近期还投入资金建成日均处理进出量10万件、面积近5000平方米的泉州清濛邮件集散中心，随着南京全国集散中心的投产，全国EMS网络时限再提速，泉州EMS实现了与全国73个重点城市互寄次日递。在科技方面积极推进网站（www.ems.com.cn）、短信、客服热线“11183”、手机APP、微信平台、QQ群等多渠道的实时管控系统，满足广大用户对邮件寄递、查询需求，提升满意度。

电信业

【中国电信泉州分公司】 2013年，中国电信泉州分公司实现全业务经营收入34亿元，上缴税收3.81亿元。城乡电话用户总数超210万户，天翼用户超220万户，宽带用户近150万户，企业业务收入和用户规模规连续多年保持全省第一。助力建设全市政务内网和外网，已有19大类智慧应用，覆盖25个系统。助力东海行政中心建成智慧政务应用标杆，建设信息点2万多个，提供光纤到桌面的宽带服务。与市城市管理行政执法局联合建设泉州数字城管平台，已与全市8个县（市、区）联合建设了数字城管平台。打造“智慧海渔”方案，推进渔业安全应急指挥、海岸视频监控、渔政执法等信息化项目。全市13个公安分局全部使用“警务e通”，使用量超过2000部。在智慧经济方面，已有15个大类智慧应用，覆盖42个行业。联合市信息化局开展“万家智慧企业”建设，已为恒安、七匹狼、特步等近2万家企业制定实施“智慧企业”方案。在智慧民生方面，已有11个大类智慧应用，覆盖15个行业。推进智慧卫生建设，居民电子健康档案系统已完成建设。与市民政局联合推进“智慧社区”为民办实事项目，“智慧社区”平台已覆盖全市所有社区，并加载综治功能，建成近20个综治网格。建成“智慧泉州•爱城市”手机门户，登录用户达42万户，构建起“随时、随地、随需”的信息服务体系，为市民提供政务、交通、便民等190多项信息服务。通过翼支付平台为天翼用户提供手机支付业务。并与福建银联等单位合作，联合推广天翼银宝业务。与国立华侨大学、泉州师范学院、闽南理工大学等各大高校共建“智慧校园”；与省教育厅共建教科网，全市近1000所中小学已接入；为全市500多所中小学提供“三通两平台”信息化服务。在基础网络建设方面，全年投资3亿元推进光网城市发展。全市新建各类光节点近2.6万个，新增覆盖FTTH光纤到户40万户，光纤接入设备能力突破130万，网络规模位居全省第一、全国前列。投资2000多万元，建成4000多个3G基站和近20000个WIFI网络AP。Wi-Fi无线宽带网络覆盖全市所有三星级以上酒店、大中专院校、二级以上医院、车站码头、大型商业广场及对外服务窗口，打造泉州无线城市的立体覆盖，提供无缝、高速率的上网服务。新增近400个天翼站点和6000多个Wi-Fi AP，采用IC卡亭、全球眼杆、增强型AP等创新建站方案，攻克热区覆盖难题，在三大运营商中率先完成无线宽带城市建设，网络指标位列全省前茅。在云服务方面，已建设有2个数据中心，已有腾讯、新浪、凤凰、奇艺、土豆等全国知名互联网企业进驻。在服务方面，实现越级申诉“量、率”双降，并保持“全国用户满意电信服务明星企业”和“全国通信行业用户满意企业”称号。

【中国移动泉州分公司】 2013年，中国移动泉州分公司保持良好发展态势，公司客户达590万。全年完成2023个4G站点的建设开通，并于12月26日率先举行4G正式商用发布会，成为泉州最快实现4G商用的通信运营商。在不断完善3/4G网络覆盖的基础上，开展多方合作，全面升级本地电子信息产业，推动城市信息化水平不断提升。以提升客户满意度、忠诚度为出发点，巩固和延伸服务领先优势。改善垃圾短信、透明消费、热线一次解决率等客户投诉最多、感知最差的服务质量短板，针对性治理数信业务、市场营销、通信费用、流量计算等投诉重点问题；完善社会渠道网点建设，组建集团客户经理专属团队，配备集团客户专区专席，针对重点、大型企业引入24小时自助终端，持续提升对集团、企事业单位服务质量；推动各项业务在自有网站、短信、电话、自助终端、“10086”上实现，打造电子渠道便捷服务通道。创新构建渣土车管控平台，通过对工程车安装GPS监控系统，为交管大队提供实时在线的综合性管理服务，实现违规工程车上路管理、执法从“被动式”向“主动式”转变，助力政府强化路面安全整治“源头”管理，并得到政府支持在全省推广。打造全国首个针对纺织服装行业的专业性云平台，可为全省乃至全国几十万家纺织服装企业提供基础支撑、信息管理、业务处理、决策分析和访问渠道等服务。同时，借助其辐射效应，建设规模扩展、灵活调度、快速支撑、安全保障的云计算数据中心，服务可延伸到鞋业、陶瓷、食品、建材、茶叶等多个行业，推动地方产业集群的转型升级。加快构建服务民生平台。加快建设“掌上公交”ICT综合信息化服务项目，项目含车辆定位、行车轨迹跟踪、智能化实时监控和调度、自动报站、手机实时查询车辆到站情况等功能，已覆盖市区1000多辆公交车，该项目WAP网站访问量突破上百万次，为本市100多万人提供出行便利。12月，泉州分公司联合市委宣传部、市总工会，启动“双百工程献真情”活动，将已连续举办八年的“百万真情”活动从大众市场延伸到集团市场。活动锁定全市422家企业集团，以“实惠进百企”“信息助百企”两大工程为主要内容，为百家企业员工赠送保险、话费及购机优惠，为企业提供包括产品销售、员工招聘、基础网络建设、通信信息优惠、信息化解决方案等在内的“一揽子”综合信息化解决方案，服务外来工及泉州企业。

【中国联通泉州市分公司】 2013

年，中国联通泉州市分公司宽带网络能力新增35.1%，3G网络规模提升11%。全网16M带宽提供保障率达90%。3G网络质量满意率达66.6%，宽带网络质量满意率达81.46%，在集团网优评测中，网络公司纵向考核名列全省第一。“数字泉州宽带工程”建设完成宽带项目投资近3000万元，覆盖超1000个行政村，全部具备4兆以上宽带提供能力。宽带端口总数超过50万个，用户数达到30万户，宽带端口能力提升32%。城市光网小区占比超过80%，农村光纤覆盖950个行政村，光网小区达2500个，光网覆盖家庭120万户。全业务客户满意度81.3分，较全省平均水平高1.3分，较2012年提升9.5分，客户口碑影响力排名全省第二。聚焦公共信息服务平台及行业信息化应用的开发和推广，以一卡通和班班通为重点核心，助力泉州信息提升工程建设。泉州七中、泉州一中、晋江361、特步、南安毓元中学、厚德中学等在内的各大企业、学校均已成为联通“手机一卡通”信息服务平台的客户。以“共享型教学资源平台”为核心，以互联网和WCDMA3G应用技术为依托的“班班通”教育信息化平台，已与丰泽区、洛江十一中学、泉州七中、惠安螺城中学小学整体签约，并完成丰泽区、泉州十一中等28所学校452个班级的建设启用工作。为鲤城区公安局开通“警务通”系统，为恒安集团建立“销售管家”营销管理系统，为晋江国土局开发“智慧国土”信息应用平台。在城市管理、医疗、安全生产等多个行业领域不断取得实质性突破。6月1日，联合通信、金融、支付、传媒及移动应用等领域首批代表企业签订“公约”，成立沃商联合会，并对社会力量进行跨界整合，打造本地“沃K”移动互联商平台。召开百企千商启动大会，参与泉州电视台《品牌泉州》沃商峰会专题的录制，筛选并凝聚首批50个各行各业的共建合作理事单位和500个优质商圈。

批发零售业

【概况】 2013年，全市限额以上批发零售业法人企业达到1771家，比上年增加259家，实现消费品零售总额672.69亿元，比上年同期增长21.6%。

【农畜产品批发及零售】 限额以上农畜产品批发业法人企业1家，从业人员10人，年销售总额6853.5万元。

【食品饮料批发及零售】 限额以上食品饮料批发及零售业法人企业276家，从业人员11934人，年销售总额102.73亿元。

【纺织品服装及用品批发及零售】 限额以上纺织、服装及日用品批发及零售业法人企业597家，从业人员12907人，年销售总额748.07亿元。

【文化体育用品及器材批发及零售】 限额以上文化、体育用品及器材批发及零售业法人企业33家，从业人员608人，年销售总额32.63亿元。

【医药及医疗器材批发及零售】 限额以上医药及医疗器材批发及零售法人企业39家，从业人员2991人，年销售总额41.04亿元。

【矿产品、建材及化工产品批发及零售】 限额以上矿产品、建材及化工产品批发业法人企业185家，从业人员4433人，年销售总额463.74亿元。

【机械设备、五金交电及电子产品批发及零售】 限额以上机械设备、五金交电及电子产品批发法人企业45家，从业人员1535人，年销售总额86.83亿元。

【汽车、摩托车、燃料及零配件批发及零售】 限额以上汽车、摩托车、燃料及零配件零售法人企业235家，从业人员12526人，年销售总额379.80亿元。

【烟草批发及零售】 限额以上烟草批发及零售法人企业2家，年末从业人员1214人，年销售总额98.79亿元。

物流业

全年完成公路货物运输量9833.44万吨，货物周转量1021520万吨千米，同比分别增长16.1%和16.8%；完成水路货运量7369.41万吨，货运周转量1173.37亿吨千米，同比分别增长8.9%和9.0%。年末，全市汽车保有量达到78.77万辆，比上年增长16.8%，其中私人汽车70.05万辆，比上年增长18.6%。全市有营运汽车总数65152辆，其中客运班车6411辆（含出租车3123辆），货运汽车58741辆。年末拥有省际运输船舶226艘，总载重202万吨。全年铁路货物发送量596.73亿元，同比回落2.0个百分点；机场货邮吞吐量完成38771.70吨，同比增长8.6%。全年港口完成货物吞吐量10804.51万吨，比上年增长4.2%；集装箱吞吐量完成170.06万标箱，比上年增长0.2%。

住宿餐饮业

【概况】 2013年，全市住宿餐饮业稳定发展，健康便捷成主流。通过连锁经营和特许经营等多种方式大力发展便捷化大众餐饮，满足居民餐饮消费需求，餐饮市场规模不断扩大。2013年，全市限额以上住宿餐饮业法人企业实现餐费收入和商品销售收入共26.06亿元，比上年同期增长4.3%。

【旅游饭店】 限额以上旅游饭店法人企业99家，从业人员18128人，年营业额24.57亿元。

【一般旅馆】 限额以上一般旅馆法人企业45家，从业人员2075人，年营业额3.47亿元。

【餐饮店】 限额以上餐饮法人企业105家，从业人员6208人，年营业额8.81亿元。

【星级酒店】 2013年，全市新评定五星级饭店2家、四星级饭店2家、三星级饭店2家。至年底，全市有星级酒店98家，其中五星级酒店11家、四星级酒店33家、三星级酒店52家、二星级酒店3家，星级酒店总数和高星级酒店（四星级以上）数量均位居全省第一。

金融业

综述

【概况】 至年底，全市银行业机构本外币各项存款余额5626.13亿元，同比增长20.01%，比年初增加939.63亿元，同比多增77.81亿元；本外币各项贷款余额4287.88亿元，同比增长15.14%，比年初增加543.28亿元，同比少增30.94亿元。至年底，全市人民币各项存款余额为5409.18亿元，同比增长19.96%，比上年同期回升0.66个百分点，比年初增加899.94亿元，同比多增168.88亿元。全市人民币各项贷款余额4015.8亿元，同比增长13.18%，比上年同期回落4.27个百分点，但全年增速总体平稳，比年初增加467.79亿元，同比少增38.92亿元。至年底，全市金融机构外汇存款余额35.58亿美元，同比增长26.19%，比上年同期回落256.04个百分点，比年初增加7.38亿美元，同比少增13.44亿美元。全市金融机构外汇贷款余额为44.63亿美元，同比增长42.72%，比上年同期回落9.98个百分点，比年初增加13.35亿美元，同比多增2.56亿美元。

【银行业】 至2013年年底，泉州银行业金融机构及分支机构网点1194个，从业人员1.78万人；全市银行业机构资产总额达6511.71亿元，本外币各项存款余额5626.13亿元，本外币各项贷款余额4287.88亿元。泉州市银行业组织体系较为健全，按机构类别分，现有各类银行业金融机构32家，其中政策性银行市级分行1家（农发行泉州市分行）；大型商业银行市级分行7家（工、农、中、建、交行泉州分行及建行晋江、石狮分行）；股份制商业银行市级分行8家（兴业银行、中信银行、招商银行、民生银行、平安银行、光大银行、华夏银行、浦发银行泉州分行）；城市商业银行3家，其中法人机构1家（泉州银行），分行2家（福建海峡银行、厦门银行泉州分行）；邮政储蓄银行市级分行1家；农村中小金融机构9家，其中农村商业银行4家（泉州、晋江、石狮、南安农商银行），县市联社4家（惠安、安溪、永春、德化农村信用联社），新型农村金融机构2家（安溪民生村镇银行、惠安中成村镇银行）；外资银行分行1家，即（菲律宾）首都银行（中国）泉州分行，外资银行代表处1家（厦门国际银行泉州代表处）。

【保险业】 全年全市保险业实现保费收入118.8亿元。其中，财产险保费收入39.7亿元，同比增长15.20%；人身险保费收入79.1亿元，同比增长22.22%。财产险全年各项总赔款20亿元，同比增长22.14%；人身险全年各项赔款与给付累计15.4亿元，同比增长51.19%。至年末，全市保险公司主体达45家，其中产险21家，寿险24家。

银行监督管理

【引导增加有效信贷投入】 引导辖内各银行业机构各银行业机构紧抓“泉州金改”有利时机，向上级行争取信贷资源，有效拓宽融资渠道，对实体经济的支持力度持续加大。加大表内贷款投入。全市银行业各项贷款余额4287.88亿元，新增543.28亿元，同比少增30.94亿元（全省2013年同比仅多增5.22亿元，其中多增的大头在福州，同比多增221.9亿元，有6个地区同比均少增），增长14.51%(全国13.89%、全省15.77%)。拓展表外融资业务。全市银行业表外融资余额1813.27亿元，新增493.95亿元，同比多增125.25亿元，增长37.44%。拓宽“类信贷”其他渠道融资。2013年，通过发行信贷资产理财产品、银保合作、信贷资产证券化等渠道向实体企业提供类似于贷款的融资总额达224亿元，比2012年的71.8亿元增加152.20亿元（3.12倍）。争取域外信贷资源。异地上级行和国开行等在泉州没有分支机构的省级分行以及厦门等地银行直接对泉州企业及项目发放的、但未统计进泉州银行业报表中的贷款435.02亿元，比年初增加64.81亿元。合并以上四块资金，2013年银行业投入泉州的信贷资金总量6760.17亿元，全年增量达1254.24亿元，比2012年多增246亿元，为历年之最。

【推动信贷结构优化】 引导各银行业机构合理配置信贷资源，加大对泉州市支柱产业、重点项目、小微企业等领域的支持力度，信贷结构进一步优化。重点行业、重点项目支持有力。泉州市制造业、批发零售业等五个重点行业新增贷款413.16亿元，占各项贷款增量的73.31%，其中制造业新增贷款占各项贷款增量42.07%。全市银行业对138个重点建设项目授信558.5亿元，贷款余额219.39亿元，比年初增加39.23亿元。小微企业金融服务工作持续推进。出台加强小微企业金融服务工作意见，组织召开创新座谈会、工作推进会，组织开展小微企业金融服务宣传月活动和大型融资对接活动，建立小微企业贷款“两个不低于”监测和通报制度和考核指标体系。年末，全市银行业小微企业贷款余额（含个人经营性贷款）1601.10亿元，同比增长20.35%，高于各项贷款增幅5.21个百分点；新增270.71亿元，同比多增13.24亿元；小微企业授信户数9.20万户，新增2.60万户，实现小微企业贷款“两个不低于”和增户扩面的目标。出台加强农村金融服务十条工作意见，在全省率先建立“三大工程”月度监测考核机制，纵深推进“三大工程”，此做法得到福建银监局的肯定并推广到全省；安溪农信社创新推出“乡村助管小组模式”和南安农商行开展信息建档二期升级工程的工作经验在福建银监局“三大工程”经验交流会上做介绍；永春联社创新推出“农机具贷款”的做法得到省政府领导批示肯定。年末，全市涉农贷款余额2536.75亿元，新增375.19亿元，同比增长17.32%，高于各项贷款增速2.18个百分点。

【完善银行业服务体系】 “做大做强泉州银行”“引银入泉”“建立中小微企业信息系统”“设立小微企业信贷风险补偿基金”等项目被纳入市政府金改重点项目，协助市政府制定系列金改工作政策文件，协助、推动建立泉州市小微企业信贷风险补偿共担资金、农业贷款风险补偿专项资金管理制度，代拟上报民间资本发起设立中小银行、消费金融公司、金融租赁公司试点组建方案，泉州获批全国第二批消费金融公司试点城市。在全省率先开展还款方式创新，年初决定在泉州银行开展试点，推出小微企业续贷无需还本的“无间贷”还款方式创新，引起社会各界良好反响，累计办理226笔，金额4.61亿元，为158户企业节省资金695万元。在全省率先开展担保方式创新，指导银行改变过度依赖抵质押的做法，民生银行泉州分行在全省率先创新推出“流水贷”无抵押信用贷款产品。召开泉州银行业小微企业还款方式与担保方式创新推广座谈会，晋江农商行、华夏银行、兴业银行等创新推出“年审制”“续贷通”“连连贷”“积分贷”等。推动创新银行业组织形式，在省内较早试点组建社区银行和全省首创试点建设农村中小金融机构金融便利店，探索实行错峰经营、延时服务、贴近社区的服务新模式，推动组建20家社区支行、2家金融便利店。惠安中成村镇银行正式开业，南安、石狮、永春村镇银行正抓紧组建，其余县（市）村镇银行确定主发起银行并上报。新设基层银行网点43个，泉州农商行新设县域支行7家。支持法人银行向外拓展，泉州银行在漳州、龙岩新设异地分、支机构3家，4家农商行启动在省内外批量发起设立22家村镇银行。

【实现银行业安全稳健运行】 信贷资产质量保持良好，在全省不良贷款余额、不良率连续16个月持续双升和在经济下行压力加大、大额信用风险多发的严峻形势下，泉州银行业机构实现不良贷款“双控”目标。至年末，全市不良贷款余额24.95亿元，新增4.37亿元，不良贷款率为0.58%，比年初略升0.03个百分点，比全省的1.28%低0.7个百分点，成为全省不良率最低的地区之一（仅次于莆田0.47%）。法人机构风险防控和抵御能力有效提升，年末泉州银行和农村中小金融机构的资本充足率分别为12.49%和17.14%，贷款损失准备充足率分别为507.73%和774.41%，拨备覆盖率分别为279.51%和368.71%，均优于监管标准要求。金融秩序保持稳定，2013年全市银行业继续保持“零发案”良好态势，实现连续6年“零发案”。配合打击处置非法集资，国家部际联席会议挂牌督办的泉港闽林公司非法吸收公众存款案、南安李志扬涉嫌非法集资案上报结案，辖区无非法集资陈案或新案。

中国人民银行
泉州市中心支行

【金融市场管理】 根据《泉州市金融服务与管理指引（试行）》《中国人民银行泉州市中心支行综合执法检查实施办法》《泉州市金融机构综合评价办法》等相关制度，开展对中信银行泉州分行等7家银行机构综合执法检查，并对部分银行机构的违法违规行为依法进行行政处罚，促进规范经营。规范辖内人民银行金融管理和服务的行为和标准。创新和改进央行管理与服务方式，做好辖内42家新设金融机构央行管理与服务申报项目的接洽和核准工作，引导完善内控制度、规范业务行为。加强对金融机构重大事项报告管理，收到辖区金融机构重大事项报告358件，并对中信银行泉州分行、泉州银行开展重大事项报告制度建设和执行情况检查和评估，有效督促落实重大事项报告工作。对辖内地方法人金融机构的信贷投放实行按日监测、按月调控，同时适时适度进行预调微调，督促引导按月用好用足适度新增贷款。做好中小微企业和涉农信贷政策导向效果评估工作，督促引导各银行机构加大贷款投放力度。

【金融融资工作】 2013年，全市金融机构贷款总量平稳增长，信贷结构持续优化。截至12月末，全市金融机构人民币各项贷款余额4015.8亿元，同比增长13.18%，其中人民币短期贷款余额为2520.65亿元，同比增长16.36%；中长期贷款余额1452.47亿元，同比增长

9.13%；票据融资余额为23.6亿元，同比下降25.92%。按行业投向看，新增公司类贷款主要投向制造业、批发和零售业、交通运输、仓储和邮政业、建筑业。全市中小微企业人民币贷款余额2072.74亿元，占全市企业贷款余额的81.84%，比年初新增171.19亿元，占企业新增贷款的86.4%。其中，中型、小型、微型企业人民币贷款余额分别为1146.09亿元、856.47亿元和70.18亿元，分别占全市企业贷款余额的45.25%、33.82%、2.77%；中型企业贷款比年初新增68.72亿元，小型企业贷款比年初增加98.28亿元，微型企业贷款比年初增4.18亿元。

【金融信用工作】 中国人民银行泉州市中心支行创新建立泉州市农村信用体系建设工作联席会议制度，建立健全持续推进农村信用体系建设的工作机制。印发《泉州市农村信用体系建设工作指导意见》，推动涉农金融机构为各类农村经济主体建立电子信用档案，建立适合农村经济主体特点的信用评价体系。至年末，为2.12万户中小企业建立信用档案，约占全市企业的30%，其中有4086户取得银行授信。全市完成272个信用村、13个信用乡（镇）的创建工作；全市各农村金融机构共为99.56万户农户建立信用档案，并为48.22万户的农户评定信用等级，占已建农户信用档案数的48.43%，累计为已建档农户发放715.09亿元贷款，有效缓解农户贷款难问题。

【农业信贷与金融扶持】 至年末，全市涉农贷款余额达到2500亿元，同比增长18.04%。加强地方法人金融机构信贷投向监测，引导调整优化信贷结构，做好中小企业和涉农信贷政策导向效果评估工作，督促引导各银行机构加大对中小微企业和涉农的贷款投放力度。引导金融机构配合政府开展共担农业贷款风险损失的涉农贷款试点，采取市级财政引导、县级财政配套的方式，共同出资设立农业贷款风险补偿资金，为缺乏抵（质）押物的一般农户、农业大户、家庭农场、农民专业合作社等提供担保，引导合作金融机构按风险金的20倍以上额度安排发放农业贷款，促进降低农业贷款门槛。推进“农村两权”抵押贷款业务。积极引导辖内涉农金融机构开展林权抵押贷款业务，鼓励辖内涉农金融机构探索开展农村土地承包经营权和宅基地使用权抵押贷款新方式。全面推广助农取款服务点的转账、缴存社保金以及公共事业缴费等功能应用，重点推动南安市成为全国、全省首批服务点取款金额上限提高及收费标准调整试点地区之一。

【行政执法】 组织对辖区金融机构同业拆借、金融统计、征信管理、国库经收、反洗钱、反假货币、个人金融信息保护情况等开展57次专项执法检查。其中，组织对中信银行泉州分行开展综合执法检查；对12家银行业金融机构开展征信执法检查；开展打击虚假转口贸易专项行动，对8家涉嫌违规的企业进行立案查处；完成对全辖123家银行业金融机构、49家证券期货业金融机构和98家保险业金融机构2012年度的非现场监管评估工作；组织对2家银行业金融机构和1家保险公司开展反洗钱履职检查；组织对建设银行泉州分行、滨城支行、田安支行3家金融机构开展支付结算现场综合执法检查和专项检查等。

中国工商银行泉州市分行

全年拨备后利润同比增加18793万元，增幅为11.31%。全辖本外币全部存款（含同业）余额比年初增加33.36亿元，增幅为6.64%。其中，储蓄存款增加22.02亿元，增幅为8.04%；对公存款增加11.34亿元，增幅为4.96%。全辖本外币各项贷款余额比年初增加77.93亿元，增幅为15.41%。其中公司贷款增加44.18亿元，增幅为10.78%；个人贷款增加33.64亿元，增幅为35.70%。在中国工商银行福建省分行2013年度服务工作考评中，泉州工行位居全省第一。泉州工行营业部获省工行系统内和泉州银行业唯一的“中国银行业文明规范服务百佳示范单位”称号。

中国建设银行泉州市分行

【概况】 至年底，各项存款余额达551亿元，当年新增58.97亿元；各项贷款余额418.24亿元，当年新增28.75亿元，不良贷款率为0.47%，存、贷款总量继续位居当地同业第一。实现账面利润14.46亿元，实现中间业务净收入7.39亿元。

【创新客户服务渠道】 坚持以客户为中心的经营理念，推出金银仓、小企业信用贷、助保贷、香港投资移民、信用卡分期业务、善融商务等新业务，以更多个性化、差异化的金融产品满足客户多样化的金融需求。构建全方位、多平台的服务格局，加快物理网点和自助渠道建设，扩大在重点县域、富裕乡镇的网点辐射范围，当年新增营业网点3个，完成网点原址装修项目6个，新增设自助银行7个、自助服务区2个，新投放自助设备46台。同时，整合网点功能，推进网点综合化建设，有19个对私网点开办对公业务，14个对公柜台办理对私业务柜台数达到57个，提升客户服务能力。

【支持泉州经济社会发展】 成立支持泉州金改试验区建设工作推进小组，争取上级行的支持将泉州作为全省信贷资源重点倾斜地区，加大对泉州重要基础设施建设、战略性新兴产业、特色优势产业、民生工程、城市化建设和中小企业等领域的支持力度，为泉州实体经济发展提供优质金融服务。探索服务渠道向农村延伸的方式方法，加快在经济发达乡镇增设营业网点、自助银行，使服务触角延伸到乡镇和发达乡村，并通过对私网点的改造新增网点开办对公业务功能，以更好地服务乡镇中小企业。加大推广适合农村金融需求的产品和业务，例如“助保贷”、电商、城镇化建设贷款等。创新小微企业金融产品和服务方式。针对不同类型、不同发展阶段的小微企业特点，建立起“成长之路”“速贷通”“小额贷”“信用贷”四大产品体系和40多项标准化产品，为小微企业量身定做金融产品和服务，满足各类企业的不同融资需求，实现对中小微企业贷款增速高于全部贷款增速的目标。助推企业升级，从区域集优票据业务入手，为企业拓展融资渠道，帮助企业走向直接融资市场，更好地服务泉州实体经济发展。承办金改项目，与政府有关部门正式建立首个“助保贷”政府合作平台，通过借助政府信用增信，降低小微企业获得贷款的门槛和成本，建行“助保贷”业务已被列入泉州市人民政府关于泉州金改区重点项目责任分解目录。

中国农业银行泉州市分行

【概况】 至年末，各项存款余额821.26亿元，比年初增加166.47亿元，同比多增76.88亿元。其中：个人存款余额522.05亿元，比年初增加50.32亿元；对公存款余额299.21亿元，比年初增加116.15亿元。人民币各项存款余额747.03亿元，比年初增加113.82亿元，同比多增42.22亿元，本外币各项存款、人民币各项存款、本外币对公存款、人民币对公存款、外币存款等5项增量指标居同业四大行首位，经营业绩连年位居全省乃至全国农行系统前列。

【提升核心竞争力】 制订详细工作方案，对接政府各项政策措施，抓住创新机制产品一条工作主线，全面提升核心竞争力。创新产品服务实体经济发展，创新推出一系列契合地方经济发展重点、适应市场需求的产品，如：小企业标准厂房按揭、船舶按揭贷款产品、县域法人客户应付账款融资、“存付通”、“存贷通”、进口项下“赢付通”组合产品、跨行合作“保贷通”等产品和服务。运用小城镇综合改造贷款等农行专属产品对接城镇化、新农村建设等项目，研发推出农户住房装修贷款，发放全省农行系统首笔支持农村地区采用“三集模式”建房的新农村住房建设贷款；推出“电商分销宝”等支持新兴业态的创新产品服务。持续推进网点硬软转型，推进立项营业网点转型建设进度，在网点高标准导入文明规范服务，加强网点软转非现场检查，开展年度晨会竞赛，提升网点文明服务能力。并在全辖开展星级柜员考核评定，组织部门、业务技术能手到网点一线手把手指导督促，开展全行柜员参加业务技能竞赛，提升一线柜员的职业素养和综合技能。

【服务“三农”】 根据地方经济特色，制定并推广海洋渔业、永春芦柑、洛江花卉等特色农业金融服务方案；试点开办农户住房装修贷款，扩大农家乐贷款业务试点；推广应用县域应付账款融资业务、县域“商户通”贷款等产品。同时创新担保方式，以农产品质押、渔业船舶抵押等担保方式，解决区内农户和涉农企业抵押担保不足问题，助力该村成为远近闻名的富裕村、文明村。探索服务“三农”新模式，依托“惠农通”服务点建设，扩大银行卡助农取款服务，建立金穗“惠农通”工程金融服务点1247个，其中助农取款服务点346个，实现电子机具对金改区内2059个行政村的全覆盖，支持农民创业致富。

【提升小微金融服务能力】 落实“四单”管理，完善内部管理制度，针对小微企业生产经营特点，制定出台《小企业信贷管理办法》《小企业信贷评级、授信管理办法》《小企业业务发展工作指引》等专门针对小微企业的信贷管理制度。从基本制度、综合管理制度、信贷产品制度三个层面为小微企业量身打造一套专门的信贷政策制度，支持小微企业加快发展。优化小微企业授信审批流程。对小微企业客户评级、客户分类、授信审批等进行精简，缩短信贷流程。小微企业仅办理简式快速信贷业务、应收账款质押融资等标准化信贷产品时，直接进行授信并同时办理单笔信贷业务。推进小微企业“批量授信、工厂化运作”模式。针对具有共同特征和金融需求的商圈、产业链（供应链）、产业集群等小微企业客户群体，实行批量授信，批量上报、批量处理，工厂化运作，提高小微企业运作效率。至年末，小微企业贷款余额89.03亿元（本外币、自营、含贴现口径，含小型、微型企业、个体工商户贷款以及小微企业主贷款），比年初增加27.35亿元，增量高于上年同期23.2亿元，小微企业贷款增速达44.34%，高于全行各项贷款平均增速24.9个百分点，全面实现银监会“两个不低于”的监管要求。

中国银行泉州市分行

【概况】 至年末，全辖本外币存款余额折人民币425.47亿元，比年初时点新增43.26亿元，日均新增46.47亿元；全辖本外币贷款余额折人民币395.91亿元，比年初新增31.64亿元。实现考核税后净利润7.77亿元。

【各项业务协调发展】 精选重点项目，发展中型客户，设立中小企业新模式二级“信贷工厂”，并试点小微企业授信模式，提高信贷审批效率，加大对涉及民生的重点项目、产业和中小微企业的信贷投入。紧抓核心存款增长，发挥多元化经营优势，强化业务联动，取得行政事业存款拓展的重大突破，同时紧抓“结算＋清算”渠道建设，依托产品，留存资金，提升存款稳定性，实现存款规模稳步增长。发挥外汇业务优势，全年完成国际结算量84亿美元，外管口径市场份额31.47%，比2012年年底上升0.42%，居当地同业第一。全行完成跨境人民币结算量48.43亿元，市场份额39.1%，比上年提升4.51%。同时，通过投资银行渠道为泉州重点领域、当地成长性企业提供直接融资金融服务。全年贷款新增量和市场占有率在当地同业中名列前茅。

【提升创新水平】 利用投行、基金、保险、投资、租赁等多元化平台的协同效应，加强金融衍生产品研究，引入境外低成本的资金和汇率保值工具，帮助外向型企业优化财务成本、规避人民币汇率风险。投产中小企业“石雕通宝”“布料通宝”和“陶瓷通宝”。另外，在全省率先突破“中银集采通宝”及首笔专利权质押贷款，有效满足特色产业集群的融资发展需求。试点“中银惠付”电商平台，依托于该平台，华侨大学缴费通、闽品汇供销平台、浩沙商城在线融资业务等创新产品陆续上线。尝试“财融通”新型业务，与中银香港及南洋商业银行密切配合，满足高端客户理财需求。

【增强服务能力】 将小企业授信、银行承兑汇票等业务下沉到乡镇网点，推进业务流程优化整合和远程集中授权运行完善，提高服务效率，控制操作风险。贯彻落实总行“担当社会责任，做最好的银行”战略部署，宣导文明优质服务精神，加强技能练兵，促使员工素质得以提升，增强服务能力。

【规范内部管理】 执行“三个办法、一个指引”，加强风险预警和售后管理，确保资金流向符合监管要求。秉持积极谨慎的态度发展授信业务，加强重点行业风险管控，强化授信资产盘存，仔细衡量各授信项目实际情况，对不良苗头采取果断退出或改善担保等措施，同时紧抓不良清收。至年底，全辖不良余额9222万元，不良率为0.23%，优于当地同业平均水平。推进“八项重点环节”治理工作，通过深入传导、专项检查、落实整改等措施，使基层长期存在的一些突出问题得到初步遏制。加强网点内部安全管理，落实各项制度措施，加强安全教育，创新防案手段，有效防范银行卡、网银等外部欺诈案件，堵截多起案件，为客户挽回损失。

兴业银行泉州分行

【概况】 至年末，分行总资产584亿元，本外币各项存款余额498.67亿元，各项贷款余额436.96亿元。

【加大金融资源投入】 争取到总行超过5亿元的“海西专项规模”以及超过10亿元小企业专项信贷规模，支持泉州基础设施建设和小微经济发展。在支持泉州市基础设施建设方面，支持包括泉州机场、泉州浦西安置房、石狮服装城、石狮经济适用房、官桥粮食城等在内的一批省市重点建设项目和城市交通建设项目。以金改为契机，结合项目实际需求，开展金融产品与服务改革创新，通过多元化融资手段较好地满足一批实体企业融资需求。运用绿色金融、金融租赁等新型业务品种加大对地方建设的支持。至年末，兴业银行泉州分行在能源、建筑、冶金、建材等领域办理绿色金融业务接近12亿元。

【服务小微企业】 提升对小微企业的融资支持力度，为更好提供对泉州小微企业的营销服务和信贷支持，开展小企业运营模式试点改革，在泉州市区、晋江、南安、石狮、安溪各成立1个小企业专营机构，完成南安水头石材产业和安溪涉茶产业两个重点市场开发方案的制订工作，推出“流水贷”“连连贷”“易速贷”等小微融资产品，丰富小微产品线，更好地服务小微企业的融资需求。至年末，分行国标小微企业（含小型微型企业贷款和小型微型企业主贷款、个体工商户贷款）表内外信用业务余额年初增加50.88亿元，其中贷款余额178.44亿元，小微企业贷款占分行全部贷款比重为40.84%，当年小微贷款累计投放186亿元，小微企业贷款增速（3.20%）高于各项贷款平均增速(2.55%)。

【提升核心竞争力】 创新产品服务模式，通过私人银行渠道，促成20亿元城市建设投资基金项目（类产业基金）在晋江进入实际运作阶段，这既是金改区迎来的首单城镇化建设基金落地，也是福建省内第一笔此类型业务，将为晋江市贯彻落实国务院提出的城镇化改革发展目标提供有力支持。创新银保业务合作，为泉州路桥公司引入人保资金27亿元。资金的引入将为泉州交通基础设施建设提供有力的资金保障，促进泉州的区域经济社会协调发展。而在促进泉州产业转型升级方面，兴业银行探索和运用如技改项目融资、知识产权质押等新型业务来缓解项目融资难的问题。以创新推出的技改项目贷款为重点产品、依托总行与省经贸委、财政厅共同建立的“省级重点技改项目贷款（融资）风险补偿”合作机制，帮助泉州区域技改企业开展项目融资，促进企业提高节能减排、技术改造成效。

【践行普惠金融路线】 泉州首家社区银行——兴业银行泉州西湖社

区支行于6月对外营业，运行半年来支行各项金融服务工作进展顺利，达到预期的目标。借助社区银行这一全新的网点服务模式，兴业银行完善便民、利民服务，尤其是更快捷更有效地服务社区周边的个体工商户、小微企业，真正实现金融惠民。至年末，兴业银行在泉州区域开设2家社区支行。通过发展银银平台业务，践行普惠金融。“银银平台”是兴业银行在国内率先推出银银合作品牌，以“共建、共有、共享、共赢”的合作精神，全面推进各项银银合作业务，致力于成为中小金融机构银行服务专业提供商，在市场上处于领先地位。继与省联社、泉州银行实现柜面互通，兴业银行泉州分行又与泉州农商行签订科技输出合作服务方案备忘录。银银平台业务已由最初代理支付结算业务，发展成为包括财富管理、科技输出等内容的多方位金融服务方案。通过银银平台，兴业银行面向广大合作银行终端客户提供综合财富管理服务，把兴业的产品优势与广大合作银行的渠道和网点优势紧密结合，丰富中小银行产品线，实现送优秀金融产品下乡，使不发达地区和广大农村能享受到现代化的金融服务。

泉州银行

【概况】 至年末，泉州银行资产总额433.35亿元，比上年末增加117.37亿元，增长37.15%；各项存款总额281.58亿元，比上年末增加74.64亿元，增长36.07%；各项贷款总额145.27亿元，比上年末增加24.16亿元，增长19.95%；实现拨备前经营利润5.85亿元，同比增加0.82亿元，增长16.25%；实现净利润3.81亿元，同比增加0.50亿元，增长15.18%。年末不良贷款率为0.9%，资本充足率为12.46%，贷款拨备覆盖率为279.51%，资产利润率为1.02%，资本利润率为13.28%。纳税总额2.26亿元。至2013年年末，全行小微企业贷款客户2627户，占全行企业户数的88.01%；小微贷款余额77.38亿元，占企业贷款的59.89%，较年初增长27.50%，其中单户小于500万元（含）小微企业贷款余额32.41亿元，较年初增长36.60%。全行小微贷款增量高于上年同期增量6.74亿元，小微贷款增速高于全行贷款平均增速为7.55%，实现两个“确保”即“两个不低于”监管要求。

【提升市场竞争力】 至年末，泉州银行在泉州存款市场占比为4.76%，中间业务收入增幅124.46%；中间业务收入比率为5.55%，比上年提升2.59个百分点；不良贷款率为0.90%，控制在1%目标内。推出“无间贷”业务模式、开展委托债权投资业务、回批地贷款等在泉州金改区具有首创意义的产品或业务模式；完成20亿元小微金融债发行。2013年，泉州银行开业及获批筹建网点51个（包括7家社区支行/小微支行），比上年新增14家（包括1家分行、6家支行、7家社区支行/小微支行）。

【完善产品体系和业务模式】 在全国首批、全省首家推出“无间贷”，实现小微企业续贷无需还本创新模式；公务卡迅速拓展，发卡量突破1.5万张，全年消费额近4亿元；成为石狮市“回批地”贷款试点银行，创新解决具有较高价值的集体用地融资难的问题。与4家台湾同业建立合作渠道，与北金所委托债权投资业务、武金所业务合作、向上争取信贷规模等，缓解信贷供需矛盾，其中经市政府助力协调，获批央行新增合意贷款规模5亿元。小微业务在继续实现“两个不低于”的同时，单户500万元以下小微企业贷款客户占全行小微企业贷款户数的85.80%，比上年增加479户，“微”覆盖面拓宽；新设中心、理财业务、智能通知存款等拓展存款增长内涵，打破以往较为单一的增长模式。

【提高整体内控水平】 关注集群风险、产能过剩行业、担保圈客户和多头担保客户等年度重点风险领域，推动相关部室建立授信预警名单共享机制、关联关系库、不宜贷款客户名单、集团及关联客户名单等；优化支行风险等级评定体系，强化授权管理；成立行领导分管挂靠的不良清收组，召开定期清收分析会，提升不良风险化解实效。推动建立分行“审批官”派驻制；推动授信审批规范化，授信管理部先后实行审批情况公开制、退否情况公开制、审批标准公开制等措施。推动新增、修订和完善各项规章制度144份；督促落实监管部门《内控执行情况检查意见书》《2012年监管意见》中提出问题的整改进度；加强新设机构的后评估、中层管理人员的离任（任职）审计。每季度召开季度案防分析例会，强化案件事前防控；在2013年银行业安全评估达标验收中，获得98.6分的高分。

华夏银行泉州分行

【概况】 至年底，辖有分行营业部、南安支行和7家自助银行，全行员工人数89人。年末，资产总额46.86亿元，比年初增加6.88亿元，增长17.2%，其中各项贷款余额20.92亿元。负债总额33.16亿元，比年初增加6.54亿元，增长24.6%。一般性存款余额31.89亿元，比年初增加7.94亿元，增长33.17%；日均存款新增6.1亿元，占全省增量的25.42%。实现考核利润5653万元，较2012年增加807万元，增长17%。不良贷余额565万元，比6月末净压降1410万元、下降71.4%。不良占比仅0.27%，低于全市同业平均水平（0.58%）和全国系统平均水平（0.9%）。存款市场占有率为0.57%，比6月末和年初的0.5%提升0.07个百分点，存款增量为7.94亿元、存款增速为33.17%，首次超过招商银行的12.65%、兴业银行的15.53%和中信银行的24.16%，位居泉州市八家股份制银行的第五，解决泉州银监对分行2012年监管意见提出的存款增速低于全市八家股份制银行平均水平18.9个百分点的问题，2013年监管评级也由2012年的二级C档跃居至二级B档，提升在泉州同业的形象和社会影响力。与此同时，2013年反洗钱工作及支付结算工作分别获得当地人行颁发的“反洗钱A类行”和“支付结算A类行”称号。

【提升金融服务水平】 创新各项产品和服务，推出同业首创平台金融业务模式，强化小企业年审制贷款、快捷贷、循环贷、商圈贷和宽限期还本付息贷，以及结构化融资、个人中高端客户连环保消费贷、城镇化建设贷款、跨境人民币、贸易融资风险参贷等产品运用，提升创新服务水平，强化银企合作，并取得明显成效：营销恒安集团债券质押担保外汇融资业务等授信额度9500万美元，成为同业首家办理该业务的分行，置换出“恒安集团”的贷款规模近5.8亿元，腾出更多的信贷规模支持实体经济发展。与渤海信托合作，通过资产管理类信托计划产品募集资金3.8亿元对接泉州实体经济项目；与东兴证券合作、通过中小企业私募债发行3亿元对接泉州实体经济项目。

【稳健拓展资产业务】 找准自身发展定位，贴近市场，服务泉州小微企业和实体经济发展。以夯实客户基础、优化客户结构和业务结构为切入点，做好优质项目储备工作，推进发展方式转变，深化业务结构调整。在信贷规模趋紧的形势下，按照省行的投放进度要求，根据客户资源、项目储备的实际情况，科学把握投放节奏，资产业务均衡有序增长。为防范信贷风险，坚持标本兼治、处置和预防并重的原则，建立起防控信贷风险的长效机制，从源头上遏制问题和不良贷款的产生与蔓延，强化信贷管理，提高风险管控能力。经过努力，清收、处置和转化问题贷款工作在较短的时间内取得有效突破，不良贷款也得到控制。

【践行“普惠金融”理念】 履行社会责任，推动金融服务进社区工作，践行“普惠金融”理念，将金融服务触角延伸至市民生活的“最后一公里”。加快推进宝珊花园、江南高新技术产业园等社区（小微）支行的设立工作，致力于为辖内城乡居民、小微企业及其他客户提供更全面、更便捷、更高效的服务，使“普惠金融”政策惠及更多民众。加快机构建设和服务渠道步伐，向上级行申请筹建晋江支行，并精选合适的分行营业办公楼用地，向上申报建设分行营业办公楼，以提升品牌形象。

房地产业

2013年房地产业实现平稳发展。全市资质等级以上的房地产企业有562家，资产总计2523.35亿元，全年主营业务收入449.42亿元，营业利润74.55亿元，全部从业人员平均数14625人。全年完成投资额达585.45亿元，比上年增长48.0%，其中住宅投资383.44亿元，比上年增长57.2%。全市房屋施工面积5091.92万平方米，比上年增长33.5%。房屋新开工面积1451.15万平方米，比上年增长54.3%，房屋竣工面积655.16万平方米，比上年增长54.0%。全市商品房待售面积188.01万平方米，比上年增长32.6%，其中住宅待售面积93.10万平方米，比上年增长58.6%。

旅游业

【概况】 2013年全市接待游客3729.27万人次，旅游总收入446.96亿元，同比分别增长14.86%和18.84%。其中，接待境外游客186.01万人次，旅游外汇收入10.75亿美元，同比分别增长15.82%和18.45%；接待国内游客3543.27万人次，国内旅游收入381.38亿元，同比分别增长14.81%和19.07%。

【项目建设稳步推进】 2013年有27个旅游项目成功签订意向协议或正式合同，总投资额达474.66亿元，其中签订合同旅游项目14个，总投资额达250.91亿元；重点项目建设稳步推进，14个省、市在建重点旅游项目全年累计投资19.71亿元，完成年度计划106.37%。其中，6个省在建重点旅游项目投资11.61亿元，完成年度计划100.96%。纳入省旅游“六大工程”的27个项目全年累计投资25.35亿元，完成年度计划110.02%。

【旅游品牌质量提升】 全面实施“山海画廊·人间福地”行动计划，推动惠安县培育旅游品牌县，打造“闽南古韵一日游”精品线路，建造一批高档次饭店和开展一批旅游宣传营销活动。安溪县被省旅游局命名为“优秀旅游县”。深化“三大提升工程”，酒店提星方面，新增2家五星级饭店、2家四星级饭店和2家三星级饭店，星级饭店总数和高星级饭店总数继续保持全省首位。旅行社提质方面，新增AAAAA级旅行社3家、AAAA级5家，全市共有A级旅行社15家，其中AAAAA级5家，AAAA级10家。景区提A方面，新增AAA及以上景区4家，其中仙公山获评AAAA级景区，惠安净峰寺、南安山美湖、天柱山获评AAA级景区。推进旅游产业融合发展。启动编制《泉州市文化旅游发展专项规划》，联合市委宣传部等单位出台《加快推进文化和旅游融合发展的实施意见》，推出文化和旅游融合六大示范工程，重点打造一批重点项目。新增7家省级工业旅游示范点，5家星级乡村旅游经营单位。晋江积极创建福建省工业旅游示范市。

商务服务业

【律师服务】 2013年，全市新增律师事务所6家，共有律师事务所94家，其中合伙律师所70家，个人所24家；新增执业律师92人，同比增长9.7%，全市执业律师达1040人，其中专职律师819人、兼职律师42人、公职律师139人、公司律师15人、法律援助律师25人。一年

表19　**2013年泉州市境外及港澳台重点扶持展会方案**

展会名称	组团单位	展会时间	地点	展出内容	参加对象
第四届品牌泉州香江行	市政府 省外经贸厅	1月16—19日	中国香港	纺织服装	有关企业
印度班加罗尔国际石材及石材机械展览会	市外经贸局	1月31日—2月3日	印度班加罗尔	石材及制品、机械设备等	有关企业
欧洲运动用品采购展	市外经贸局	2月3—6日	德国慕尼黑	户外用品、运动用品、运动鞋等	有关企业
德国柏林亚洲服装及配饰博览会	市外经贸局	2月19—21日	德国柏林	男女装、童装，面料配饰等	有关企业
台湾照明科技展	市外经贸局	3月26—29日	中国台北	家用、商业、工业、办公照明、LED技术、照明生产设备等	有关企业
香港家庭用品展览会	市外经贸局	4月20—23日	中国香港	陶瓷、工艺品、家居用品等	有关企业
巴西体育用品展	市外经贸局	5月1—5日	巴西圣保罗	体育、户外用品、休闲服装、运动鞋、运动用品	有关企业
阿尔及利亚国际建筑机械及建筑材料展	市外经贸局	5月6—10日	阿尔及利亚阿尔及尔	建材、石材、卫浴、建筑技术、新型材料及工程机械类配件	有关企业
卡塔尔国际建筑建材博览会	市外经贸局	5月6—9日	卡塔尔多哈	建筑材料、建筑机械及设施、电力设备产品、照明卫浴及空调	有关企业
韩国首尔国际食品展	市外经贸局	5月14—17日	韩国首尔	各类糖果、茶叶、休闲食品、海产品、有机食品、干品	有关企业
印尼工程机械展览会	市外经贸局	5月28—31日	印尼雅加达	工程机械、矿山机械、建材机械、建筑材料	有关企业
俄罗斯工程机械展览会	市外经贸局	6月4—8日	俄罗斯莫斯科	工程机械设备、轴承、零部件等	有关企业
世界茶业博览会	市外经贸局	6月7—9日	美国	茶叶及制品、茶具及机械等	有关企业
泰国国际汽车配件博览会	市外经贸局	6月20—23日	泰国曼谷	各种汽车配件	有关企业
俄罗斯国际石材及技术展	市外经贸局	6月25—28日	俄罗斯	石材及制品、设备等	有关企业
南非约翰内斯堡国际五金博览会	市外经贸局	6月30日—7月2日	南非约翰内斯堡	日用五金、工具五金、建筑五金、其他五金等	有关企业
印度新德里国际鞋类及皮革配饰展	市外经贸局	7月4—6日	印度新德里	鞋及鞋材、机械设备、时尚配件及皮革箱包等	有关企业

续表19

法国巴黎国际服装及纺织品定牌贸易展览会 印度国际面料及织物博览会	市外经贸局	7月7—9日 7月4—6日	法国巴黎 印度金奈	服装及配饰、鞋帽、箱包、家纺、皮革/面料、织物	有关企业
巴西圣保罗国际礼品家庭用品展览会	市外经贸局	8月17—20日	巴西圣保罗	家具、装饰品、礼品文具、箱包、钟表	有关企业
巴西圣保罗国际混凝土设备展览会	市外经贸局	8月28—30日	巴西圣保罗	混凝土搅拌运输车、泵车、泵及配套产品、混凝土砌块等	有关企业
中国工业产品（委内瑞拉）展览会	市外经贸局	9月5—8日	委内瑞拉	机械设备、农业机械、汽车及零部件、电子家电、建材、卫浴、轻工业品等	有关企业
法国巴黎国际服装采购展 暨中国纺织品服装贸易展览会	市外经贸局	9月16—19日	法国巴黎	男式服装、女式服装、儿童服装、服装饰品等	有关企业
南非国际建筑机械、 建材机械、 矿山机械及工程车辆展	市外经贸局	9月18—21日	南非约翰内斯堡	工程设备、建材、安全设备及元件、各种电机、轴承、零部件等	有关企业
俄罗斯莫斯科秋季国际消费品展 莫斯科国际玩具及婴童用品展	市外经贸局	9月24—27日	俄罗斯莫斯科	日用消费品、家纺、礼品装饰品、户外用品	有关企业
首届品牌泉州俄罗斯行（文具及办公设备展/食品展/鞋展/消费品展/服装、纺织面料及家纺展/玩具及婴童用品展）	市外经贸局	9月10—27日	俄罗斯莫斯科	消费品、玩具及儿童用品、纸制品及办公用品、纺织及设备、食品等	有关企业
巴西国际纺织采购展览会	市外经贸局	10月23—25日	巴西圣保罗	各类纺织品	有关企业
古巴哈瓦那国际博览会	市外经贸局	11月4—10日	古巴哈瓦那	机械、建材、五金、轻工用品等	有关企业
波兰国际石材及石材机械展	市外经贸局	11月6—9日	波兰	石材及制品、石材施工设备等	有关企业
澳大利亚纺织服装展	市外经贸局	11月13—15日	澳大利亚墨尔本	服装及家纺、礼品机消费品类、轻工类	有关企业
品牌泉州东盟行（东盟曼谷中国进出口商品博览会）	市外经贸局	11月15—17日	泰国曼谷	机械、建材、轻工用品等	有关企业
中东（迪拜）国际甜食与休闲食品展览会	市外经贸局	11月17—19日	阿联酋迪拜	巧克力制品、糖制品、焙烤类食品、饼干、休闲食品等	有关企业
墨西哥中国投资贸易博览会	市外经贸局	11月27—29日	墨西哥	机械制造业，矿业，厨具，五金工具，电力，太阳能，塑料、纸制品等	有关企业
非洲中国商品、技术与服务展	市外经贸局	12月	埃塞尔比亚	轻工消费品、工艺礼品、家用电器、电子消费、机械产品	有关企业
印尼国际灯饰、LED照明技术应用展	市外经贸局	11月6—9日	印尼雅加达	国际灯饰、LED照明	有关企业

来，全市律师办理各类案件28026件，同比增长20.8%，其中民事案件18778件、刑事案件6488件、行政诉讼544件、非诉讼1775件、仲裁案件441件；担任法律顾问2231家，代写法律文书3146件，解答法律咨询21168件；全市律师行业业务创收14747.49万元，同比增长13.8%。

【公证服务】 全市办结各类公证38702件，收费2107.13万元，同比分别增长22.7%和14.8%。

会展业

2013年，市贸促会组织189家企业参加30个国（境）外及港澳台展会，展位数达245个；组织15家企业、31个展位参加境内国际展会。市外经贸局组织参加第17届“9·8”投洽会和首届侨洽会，泉州市分团成功对接项目157个，其中合同项目143个，投资总额120.72亿美元，合同外资28.6亿美元，有6个项目的投资总额超过5亿美元，侨洽会成果位居全省第一，投洽会成果位居全省第二。结合海外泉州籍社团换届、“世界闽南文化节”以及“品牌泉州境外行”，策划36场以侨资项目为重点的招商推介活动，参会人数超万人。

其他产业

【拍卖业】 2013年，全市拍卖成交额508104.83万元，成交场次335场，主营业务利润3177.56万元，企业所得税457.41万元。按照拍卖法和省拍卖管理相关规定，做好新增拍卖企业上报材料的初审核实和上报工作，做好已设立的拍卖行日常监管检查、24家拍卖企业及26家拍卖分支机构年度核查和清理整顿工作，督促按期报送表报。

对外经济贸易与合作

进出口贸易

【概述】 2013年，全市新批外商投资企业111家，同比增长4.7%，投资总额28.5亿美元，同比增长12.1%，合同外资13.3亿美元，同比增长10.2%；实际利用外资历史可比口径34.9亿美元，同比增长10.1%，实际利用外资验资口径13.9亿美元，同比增长5.4%。全市外贸进出口总值291.54亿美元，同比增长16.2%；其中出口164.9亿美元，同比增长33.3%，进口额126.64亿美元，同比下降0.5%。

【贸易与摩擦应对】 2013年，全市共遭遇13个国家（地区）对全市启动的19起贸易救济调查，案件涉及全市51家企业，2966.8万美元。制定出台《泉州市促进外经贸发展若干措施》等多份政策文件；加强政策宣传，对超过2000余家外经贸企业进行培训指导，印发政策简编近2500册；深化审批制度改革，优化流程，简化环节；改善投资软环境，主动公开审批窗口人员联系方式，企业可随时预约非上班时间办理业务；建立健全外商投诉协调机制，全年协调处理外商投诉件8件，结案率达100%；编辑整理进出口公平贸易简报12期，发布各类贸易预警信息逾百条。鼓励百宏聚合纤维实业有限公司积极应诉土耳其对中国聚酯合成长丝纱线反倾销一案。指导企业应对欧盟对中国人造石反倾销案。6月，在德化县举办“两反两保”应对培训会，组织近百家企业参会。在欧盟对中国陶瓷餐厨具反倾销调查案中，由于各方组织得力，企业应诉积极，全市54家应诉企业在终裁中获得17.9%的加权平均税率。在美国商务部对中国金刚石锯片反倾销案第二次年度复审终裁中，全市泉州众志金刚石工具有限公司获得零税率。

利用外资与招商

结合海外泉州籍社团换届、“世界闽南文化节”以及“品牌泉州境外行”策划36场以侨资项目为重点的招商推介活动，通过一系列招商推介工作，在第十七届“9·8”投洽会和首届福建省侨洽会上，签订对接项目157个。其中，合同项目143个，投资总额120.72亿美元，合同外资28.6亿美元，并签订投资总额超过5亿美元项目6个。加大签约项目的后续跟踪推进工作力度，2011年以来8场重大经贸活动签约的498个项目中有91个在2013年履约落地，合同外资额9.66亿美元，实际利用外资额5.1亿美元，促进合同外资和实际利用外资的恢复性增长。全市纳入“三维项目”动态管理信息系统的外企对接项目116个，其中2013年新增项目38个，新增投资总额34.49亿美元。116个项目中已批88个，已建成投产项目31个，已开工建设项目38个，项目开工率为59.5%，累计完成投资14.92亿美元。

对外经济技术合作

全市外经业务完成营业额3659万美元，同比增长14.1%，外派劳务人数4223人次；新批8家企业赴境外投资，投资总额5996万美元，开展境外投资企业普查工作，摸清历年来全市境外投资企业发展状况，全年组织72家境外企业参加境外投资企业联合年检。

对港澳台经济贸易与合作

【概况】 2013年，批准台资企业21家，投资额1.70亿美元。其中，合同台资1.05亿美元，实际使用台资（历史可比口径）2.76亿美元。泉州台商投资区组团到台湾推介洽谈，走访14家企业，举办1场产业推介会。深化泉台金融交流合作，泉州市金融交流考察团到台湾交流拜会15家台湾金融机构，重点推介泉州金改区政策和项目，初步达成意向合作项目10多个；举办第五届海峡论坛两岸金融合作（泉州）论坛，12家台湾金融机构参加。对接落实《海峡两岸服务贸易协议》准备工作有序推进，推动泉台电子商务合作先行先试，加快与台湾5家台湾电商企业和团体沟通对接。办好涉台经贸活动，举办第16届海博会、第15届鞋博会和第6届农订会，参与“9·8”投洽会活动，突出对台深度合作。组织25家企业到香港开展第四届“品牌泉州香江行”活动，展位数50个。发动26家企业到澳门参加第十七届澳门国际贸易投资展览会并举行“葡语国家—福建—澳门经贸交流酒会”。泉台港澳合作平台不断丰富，互动交流日趋频繁，合作成果显著提升。全年新批港澳台资项目99个，合同港澳台资额11.24亿美元，实际利用港澳台资（历史可比口径）26.59亿美元。

【直接往来】 全年泉金客运航线运行2683航次，运送两岸旅客98454人次，其中台胞73939人次。从元旦起，泉金航线从3进3出6个班次增加为4进4出8个班次。8月28日，泉州启动赴台“个人游”，首发团254名游客分别从海、空双线出发，其中168名市民从晋江机场包机直飞高雄。11月26日，开通泉州—台北空中航线，实现泉台空中直航常态化，至年底共飞12个航班，运送两岸旅客2436人次，其中台胞201人次。2013年，泉台海上货运直航768航次，货运量39.84万吨，货值14058.80万美元；全市接待来靠小额贸易台轮677艘次、3617人次，贸易额8382.16万美元；渔工劳务输出954人次、合同金额399.76万美元。配合做好晋江向金门供水前期工作。

【泉台农业技术合作】 涉台农业合作平台建设取得新成效，惠安台湾农民创业园已落户台资涉农企业8家，总投资1.17亿元，实际利用台资1130万美元，年产值1.13亿元；台湾农业技术交流推广中心加快推进“福建省对台合作引种创新基地”建设，获科技部批准为“国家农业科技园区”；闽台农产品市场获财政部等多个部委支持设立台湾农产品直销市场。推动17个经贸考察团组到台湾考察，促成多个行业协会到台湾开展交流合作考察。2013年，组织5家农民专业合作社与台湾5家农业产销班，参加在厦门举行的农民合作组织发展交流会。组织举办休闲农业点相关人员180人参加的泉台设施农业与家庭农场研习班，组织生态茶园建设考察团一行20人、农民合作社考察团一行18人到台湾考察交流生态茶园建设、台湾农民产销班的运营管理经验。

口岸管理服务

综述

截至11月30日，全市港口外贸进出口吞吐量完成2168.34万吨，同比增长7.49%；集装箱进出口完成101640.5标箱，同比增长17.04%；晋江机场临时航空口岸进出飞机3458架次，出入境旅客累计401290人次，同比增长98.4%。晋江陆地港总贸易额18.06亿美元，货运量49万吨，创下历史新高。2013年，泉州晋江机场机场稳中求进，全年完成航班起降2.51万架次，同比增长18.3%，完成年度计划的109.1%；实现旅客吞吐量263.44万人次，同比增长22.6%，完成年度计划的114.5%；货邮吞吐量3.88万吨，同比增长8.6%，完成年度计划的104.8%。在当年全国180个定期航班通航机场中，航班起降架次排名59位，旅客吞吐量排名45位，货邮吞吐量排名38位。

港口建设

【概况】 2013年，全市港口外贸进出口吞吐量完成2389.06万吨，其中进口2328.27万吨、出口60.78万吨，同比增长8.05%；集装箱进出口完成113630.5标箱，其中进口69406.5标箱、出口44224标箱，同比增长17.94%；对台进出口吞吐量完成84.47万吨，同比下降22.41%。泉金客运航线共接送旅客98454人次，其中进港52835人次、出港45619人次，同比增长8.11%。

【项目建设】 2013年泉州市港口水运工程在建项目19个，完成投资247714万元，完成年度投资计划的134.26%。其中，泉州港（不包括湄洲湾南岸的港区）港口水运工程在建项目8个，实际完成投资50585万元，完成年度投资计划的109.96%。重点开发建设肖厝、斗尾、石湖、秀涂、石井等作业区。2013年泉州港在建水运工程19个，包括：肖厝作业区5号—6号泊位工程、肖厝作业区11号泊位后方堆场改建工程、福建富源石化仓储发展有限公司石化码头仓储工程、福建泰山石化码头及仓储工程，鲤鱼尾作业区4号泊位；中化泉州石化有限公司外走马埭化工码头1号—4号泊位工程、中化泉州石化有限公司外走马埭化工码头5号—8号泊位工程，斗尾作业区3—6号泊位工程、斗尾作业区7号泊位工程、斗尾作业区10号泊位工程，小岞作业区5万吨级散杂货码头工程；崇武闽台贸易码头改扩建工程（一期），秀涂作业区16号泊位及贯彻国防要求工程，石湖作业区4号泊位后方堆场工程、石湖作业区5号—6号泊位工程，锦尚作业区1号通用泊位工程，围头作业区后方堆场二期工程，围头湾湾口十万吨级航道工程，泉州湾航道二期工程。2013年，泉州港航项目基本完工的有10个，即中化泉州石化有限公司外走马埭化工码头1号—4号泊位工程、斗尾作业区3—6号泊位工程、泉州湾锦尚作业区1号通用泊位工程和石湖作业区4号泊位后方堆场工程。新增年通过能力1217万吨，堆场面积26万平方米。截至年底，泉州港已建成投产码头泊位86个，其中万吨级以上泊位24个，泊位总长14619米，年设计吞吐能力为10006.2万吨（其中集装箱123.63万标箱）。按专业功能来分，件杂货泊位44个；液体化工泊位34个；专用集装箱泊位6个，最大靠泊能力5万吨级；客货合用泊位2个，基本形成以肖厝、斗尾和泉州湾为中心港区，大中小码头泊位优势互补、配套设施比较完善、分工比较明确的码头群体。

海关

【通关监管】 2013年，泉州海关审核报关单65866份，同比增长57.99%，监管进出口货物2388.19万吨，同比增长4.24%，监管进出口货值170.62亿美元，同比增长16.81%。按照国务院、海关总署关于促进外贸稳增长、调结构的决策部署，深化通关作业改革，实现进出口分类通关全覆盖。成立专门工作小组，加强内外沟通协调，推动关检“三个一”试点有序推进，于12月10日在晋江办启动试点工作；制定支持促进外贸进出口货物就地通关九项举措，提升口岸通关便利化水平，增强关区口岸吸引力和竞争力。在业务繁忙现场继续实行“5+2”工作制和24小时预约通关服务。

【保税监管】 优化保税监管模式，落实加工贸易内销便利化措施，全年加工贸易进出口总值25.98亿美元，同比增长34.6%，办理加贸合同备案558份10.34亿美元，分别同比下降3.79%、0.2%。支持加工贸易转型升级，推动闽南最大保税仓库恒安保税仓库和本关区唯一液体化工品保税仓库福建泰山石化保税仓库设立运营。

【税收征管】 全年征收税款128.31亿元，同比下降5.88%，完成全年税收任务；落实税收优惠政策，全年办理减免税备案112份，审批减免税款6.86.3万元，同比分别下降10.4%、31.92%。

【企业管理】 落实差别化管理，设立AA类、A类企业优先办理窗口，引导培育更多守法企业进入高信用企业行列中。年内新增5家AA类企业、68家A类企业。关区共有A类企业400家、AA类企业26家，分别占厦门关区的25%、40%。

【行邮监管】 监管泉金航线进出境旅客98426人次，同比增长8.08%，监管晋江机场进出境旅客44.63万人次，同比增长96.93%。整合调配人力支持泉州晋江国际机场大幅新增济州岛、仁川、台北国际航线及加密航班。

【对台经贸】 加强涉台业务规范化监管，全年监管对台贸易货物70.29万吨、货值5.4亿美元，同比分别下降26.73%、增长42.48%，其中对台小额贸易货物10.6万吨，货值1.92亿美元，分别同比增长27.64%、16.09%。开辟ECFA货物报关窗口及专用通道，推动石井口岸发展为台湾农水产品进入大陆市场的主要集散地。

【打私工作】 全面统筹推进“绿篱”专项行动、打私联合行动，加强对关区打私工作的统一组织领导，在重大、敏感时期，针对关区重点口岸、重点商品，组织开展阶段性打私专项行动，汇集打私合力，形成高压态势。制定下发《泉州关区绿篱专项行动工作方案》和《泉州关区加强进出境旅客行李物品监管的工作方案》并组织部署落实，加大整治监管场所、强化物流监控和实际查验的力度。全年在货运渠道查获进口废塑夹藏走私案件5起，货物495吨，查获走私进口直升机、摩托车、高档红酒等在全国有影响的大要案；通过专项稽查专项行动查发固废案8起，涉及废塑料2.31万吨；非涉税旅检渠道查获并移交缉私行政立案29起。继2012年后渚口岸查获枪案后，2013年石井口岸再次查获夹藏走私进境枪支48支；组织开展泉州关区打击对台小额贸易渠道“洋奶粉”走私专项行动，查获案件3起；推进打私综合治理和联合行动，履行海关反恐、维稳、禁毒职责，维护国家政治稳定和经济安全。

出入境检验检疫

【概况】 2013年检验检疫出入境货物15.87万批，货值168.17亿美元，同比下降22.64%和8.59%，分别占福建局检验检疫进出口批次、货值的33.35%和41.30%。2013年，出口欧盟、美国26.52亿美元，占比47.53%；俄罗斯自2012年加入世界贸易组织后，已跃居成为泉州出口第五大贸易国家，出口1.95亿美元；出口非洲、中东、东盟等新兴经济体货值分别是3.69亿美元、3.34亿美元、5亿美元，共占比达21.57%。全年检出1298批不合格货物，其中出口221批、进口1077批。出口抽检批次不合格率0.16%，同比增长0.1个百分点；进口抽检批次不合格率6.13%，同比下降0.52%。2013年查验出入境人员64.13万人次，同比增长60.94%，健康体检8880人次，同比增长15.85%。发现病例及阳性体征4037人次，同比增长10.33%。

【检测技术实力】 拥有鞋类、纺织品、茶叶等3个国家级检测重点实验室，石油化工、陶瓷及矿产品2个区域性中心实验室以及泉州国际旅行卫生保健中心，设备仪器808台（套）、总值6523万元，涵盖全市进出口商品及主要产业检测需求。

边防检查

【概况】 泉州边检站全年检查出入境人员611530人次，同比增长65%。其中，旅客544890人次，同比增长71.5%；员工66640人次，同比增长26.2%。肖厝边检站全年检查出入境（港）船舶654艘次、出入境员工11868人次、货物2058万吨，验放货物量占全市进出口货物总量的85.36%。

【服务地方经济建设】 泉州边检站在辖区3个口岸开展“百名群众评边检”活动，收集群众意见建议50条，并根据意见推出边检服务措施13条。响应地方需求，出台《促进口岸通关便利化、提升口岸综合竞争力11项措施》，重点从便利措施、通关服务、业务基础、执法监督四个方面强化一线服务工作，全年为1300余艘次船舶提供便利服务，代理报检时间减少30%。

海事

【概况】 2013年，辖区进出港船舶45312艘次，同比增长2.7%。其中，国际航行船舶7346艘次，同比增长2.2%，国内航行船舶37966艘次，同比增长2.8%。港口货物吞吐量7642.6万吨。其中，外贸货物2297.6万吨，同比增长7.7%，内贸货物5345万吨；危险品货物吞吐量3151.5万吨；集装箱吞吐量149.3万标箱。处置海上险情15起，救助遇险人员147人，水上人命救助成功率达98.7%。实施行政处罚635件，行政强制67件。签发各类船员证书12900本，举行船员计算机考试512期，参加人数达15755人。上缴规费2577万元，港建费15916万元。

【海事服务】 改善渡口渡运安全状况，制定客渡船安全监管8项工作制度，保障人民群众出行安全、便捷，继续做好重点能源民生物资运输的安全保障工作。2013年，保障35艘超大型原油轮和55艘大型液化天然气船舶安全进出港，保障重点民生物资运输7600万吨。加强与船东行业协会的合作，拓宽船舶融资渠道，培育泉州航运龙头企业，2013年融资额达21.9亿元。发挥船员服务行业协会作用，搭建船员就业平台，促进泉州船员产业发展。2013年，签发各类船员证书12900本。落实《促进泉州港航经济发展实施意见》和《支持和促进海洋经济发展实施意见》，开展落实泉州市“三规划一方案”工作调研，为泉州中心港区建设、区域经济发展及航运经济复苏出谋划策。做好肖厝11号泊位、肖厝4号泊位、东港石化3万吨及2000吨码头、青兰山原油码头和鲤鱼尾成品油码头5—8号泊位、泉州船厂修造船码头、中化泉州石化青兰山码头、晋江围头港务2号泊位等辖区开放水域新增作业点口岸验收工作，帮助推动南安石井口岸对外开放，协助解决哈德森制造厂游艇出口问题。推动泉台校企合作“3+1”办学模式，促成两岸航海院校开展师生交流活动。打造泉金客运平安航线品牌，该航线船舶全年安全运营2686航次，运送旅客98454人次。

【海上救援】 建立海上救援专家库，成立全省首支海上污染应急志愿者队伍，有针对性地开展各类海上应急演练7场次。2013年，处置海上险情15起，救助遇险人员147人，水上人命救助成功率达98.7%。

[文 化]

栏目编辑
郭延杰

文 化

综述

【文化体制建设】 继续推进非时政类报刊改革，《泉州广播电视报》转企改制，完成改版，重新定位，贴近市场"开门"办报，打造覆盖主流人群的都市生活报；开展泉州晚报印刷厂改革工作摸底调查工作，推进内部机制改革；按照事业单位企业管理的模式，采取"公开职位、公开条件、公开程序、公开竞争"的选聘办法，推动泉州广播电视台实质性整合。继续深化文化事业单位"三项制度"改革，完善六个传承中心的绩效考评办法。2013年，泉州市被评为全省文化体制改革工作先进地区，泉州广播电视报有限责任公司、南安市图书馆被评为全省文化体制改革工作先进单位。

【文化公共服务体系建设】

全市公共文化服务体系 市木偶剧院新址和洛江区"两馆"、泉港区文体中心、晋江市文化中心和晋江五店市传统文化街区、石狮市图书馆新馆等一批县级文化设施建设加快推进。泉州木偶剧院竣工。全市有公共图书馆 11个、文化馆（艺术馆）11个、各类博物馆（纪念馆）70多个。全市乡镇（街道）综合文化站、公共电子阅览室，行政村"农家书屋"覆盖面达100%。全市村级文化广场总面积150多万平方米。建成文化信息基层服务点3567个，实现村级服务点100%覆盖。全市所有公共文化场馆均实现免费开放。依托世纪之村农村信息服务平台，搭建泉州市数字文化惠民服务平台，推进公共数字文化工程建设。35个群众性文化激情广场示范点建设被列为省委省政府2013年为民办实事项目。南安市图书馆、惠安县潮乐村农家书屋、德化县电影发行公司3家单位被评为全国第五届服务农民、服务基层文化建设先进集体。

开展群众性文化活动 成立福建省首支文艺志愿服务队。推动实施"万千百十"文化惠民服务工程，全年举办1000多场活动。深入开展文化科技卫生"三下乡"活动，全市举办"三下乡"示范专场活动60多场，共募得捐款金额和物品价值212.2万元。持续开展"欢乐泉州"进基层宣传文化活动，全市开展100多场，覆盖各县（市、区）乡镇、企业、各高校等文化阵地，其中市级10多场。组织闽南传统文化群众活动，举办"闹元宵•闽南文化周"、"我们的节日"系列、"威远楼"戏剧节、"府文庙之夜"广场活动、第十届国际南音大会唱、民间音乐（布袋戏）邀请赛等300多场主题鲜明的活动。

【文化产业发展情况】 2013年，泉州市文化产业增加值269亿元，同比增长20%，占GDP比重约5.14%。福建恒安集团有限公司卫生用品工业设计中心、泉州迪特工业产品设计有限公司2家工业设计服务公司入选国家级工业设计中心。福建佳美集团、顺美集团2家企业入选"2013—2014年度国家文化出口重点企业"。领SHOW天地获评国家广告产业试点园区，源和1916创意产业园入选2013年度中国文化创意产业最受关注的十大园区。"惠安石雕"入围2013年中国文化品牌排行榜50强，惠安被授予"中国雕刻艺术传承基地"，系国内设立的首个中国雕刻艺术传承基地。鲤城区再次被授予"中国民间工艺品之都"称号。福建顺美集团入选省文化企业十强，晋江国际文化创意设计研发中心和中国包装印刷产业（晋江）基地入选省十大重点文化产业项目，泉州市兴世纪旅游文化有限公司和晋江正扬科技有限公司获评省级文化产业示范基地。福建海西广告产业园（泉州园）、福建太古广告有限公司的3M-RPF背投广告视频系统研发生产项目、石狮雪峰广告有限公司的“今日促销”网项目等3个项目列入省2013－2015年重点建设的十大广告项目，福建太古广告有限公司等9家广告企业列入全省2013—2015年重点扶持发展的50家广告企业名录。工艺美术业持续增长。全市工艺美术规模以上企业完成产值453.56亿元，同比增长33.3%，增加值137.82亿元，同比增长34.5%，出口交货值307.74亿元，同比增长38.4%。在工艺美术界有“奥斯卡”之称的2013年“百花杯”中国工艺美术精品奖评选中，泉州市有39件作品获奖，其中金奖6件，占全省的2/5。出版印刷业增添新动力。作为第二大支柱产业的印刷业有企业1200多家，产值超过140亿元，同比增长超过10%，超亿元的企业25家，形成较为完整的印刷产业链。省文化产业重点项目中国包装印刷产业（晋江）基地有27家包装印刷企业入驻，投资总额达25亿元。成立九州出版社海西分社、上海文化出版社泉州分社等2家出版单位，填补泉州市无本土图书出版机构的空白。《泉州晚报》入选“全国百强报纸”，是地市级晚报唯一的一家。组建工艺美术品版权鉴定专家库，引导工艺美术企业和个人做好版权登记和保护工作。广播影视业方兴未艾。新增数字影院4家，影厅18个，全市电影票房总收入1.2亿元，同比增长47%。新成立“泉州闽台新视界文化传播发展有限公司”，一批融入泉州文化元素的电影《鸳鸯村的故事》《龙舞金瓶》《柠檬的爱情》等公映；一批反映泉州文化的影视作品投入摄制，如反映泉州非物质文化遗产的电影《木偶传奇》，反映德化陶瓷的数字电影《瓷魂》《瓷都的春天》，及动画片《瓷燚》和《妞妞和牛牛》，反映永春武术文化的动画电视剧《永春白鹤拳》，反映泉州历史风貌的神话动画片《洛阳桥传奇》、水墨动画片《郑成功》、剪纸动画片《妈祖》，以及融入泉州市美丽乡村和陶瓷文化的公益电影《最美的乡村医生》等；启动闽南第一部以家族为题材的百集电视纪录片《闽南世家》的摄制。文化旅游业焕发生机。2013年，全市旅游总收入447亿元，同比增长18.8%。仙公山景区晋升为AAAA级景区，净峰寺旅游区、天柱山休闲旅游区、山美湖旅游区获批AAA级景区，永宁老街入选第五届“中国历史文化名街”。实施《泉州市推进文化和旅游融合发展示范工程行动计划》，明确六大类工程共17个文化和旅游融合示范重点项目。在央视黄金时段投放“文化泉州”“东亚文化之都•泉州”城市形象宣传广告。启动首届泉州市特色伴手礼暨特色小吃征选活动，推动泉州特色旅游商品和特色餐饮市场发展。动漫产业渐露锋芒。走出一条有泉州特色的动漫产业与传统产业结合路子，开创品牌授权对接实体产业的发展模式，得到省信息化局的肯定。如子燕轻工的自主品牌“燕尾侠”产品销售收入达1800多万元。泉州功夫动漫公司制作的两部动漫作品《卡西龙之寻龙记》与《小顽皮》在央视和六大省级卫视等机构播出。原创动画片《燕尾侠之重装出击》在新加坡电视台播出，《可可乐乐之童趣乐园》在央视和泰国东盟卫视播出。推出自主投拍的全国首部推广城市文化的动画微电影《泉州漫游记》和首部3D微动画连续剧《笨笨鼠》。全国十大动漫企业神画时代文化产业集团在泉州设立分公司。广告、会展、演艺娱乐、文化创意等行业继续保持稳步的发展态势。其中，广告业有各类广告经营单位2508户，同比增长22.7%。

【文化交流与合作】 开展对外文化交流活动，组织做好“泉州市代表团赴深圳参加香港泉籍社团就职交接仪式暨举办招商推介会”等重要经贸文化活动的对外宣传报道工作。完成央视军事•农业频道《农广天地》栏目组《泉州提线木偶制作》《泉州花灯制作》专题，央视阿拉伯语频道《话说中国》栏目组《福建回族穆斯林》专题，福建海峡电视台《金榜强强滚》摄制组的《泉州古城石雕》《闽南文化节》专题，闽台广播网络媒体“美丽福建”采访团联合采访活动，凤凰卫视《社会能见度》栏目组《福建非物质文化遗产保护》专题，央视纪录频道纪录片《园林》《我们的汉》《舌尖上的中国》摄制组、中国国际广播电视台西非地区传播中心《圆梦中国•外国人的中国故事》节目组、海峡卫视《市长谈信息化》专题、香港亚洲电视《东亚文化之都：泉州》特辑、中央电视台电影频道纪录片《中国通史》摄制组、中央电视台电影故事片《遗情书（快递）》摄制组等媒体记者15批130人次到泉州采访摄制工作。全年共邀请境外16个团组261人到泉州，组织13个文化团体181人赴外开展文化交流，台湾组织8个团组70人到泉州，组织4个团组42人赴台交流，宣传推介泉州丰富的人文特色和文化底蕴，增强泉州对外影响力和吸引力。市委宣传部与森田传媒有限公司联合拍摄的儿童电影《魔幻魅力》（又名《机器人班长》）获教育部办公厅、国家新闻出版广电总局办公厅第32批向全国小学生推荐的优秀影片第一名。

社科

综述

【市社科联召开第四次代表大会】 1月16日，泉州市社会科学界联合会第四次代表大会在泉州市区军分区礼堂召开。大会共设正式代表190人，特邀代表50名。大会审议并通过市社科联第三届理事会工作报告；修改并通过市社科联章程；选举产生市社科联第四届委员会委员109名、常务委员30名、主席1名、副主席15名、秘书长1名。吴少锋当选为新一届委员会主席。

【泉州市被授予“中国社会科学院文化研究中心闽南文化研究基地”】 2013年世界闽南文化节于6月16—19日在泉州举办。在16日晚开幕式上，中国社会科学院副院长、党组成员（副部长级）武寅向泉州市颁授“中国社会科学院文化研究中心闽南文化研究基地”牌匾。泉州市正式与中国社会科学院建立闽南文化方面的学术联系。经商议，“中国社会科学院文化研究中心闽南文化研究基地”在泉州师院挂牌。

【泉州市社科联被评为全国先进社科组织】 9月24—27日，全国大中城市社科联第24次工作会议在四川省绵阳市召开，泉州市社科联被评为“全国先进社科组织”。全国大中城市社科联工作会议是在中宣部的指导下，以“交流经验信息、共谋工作发展”为主旨的一年一次的专门会议。该次大会的主题是“繁荣发展哲学社会科学、实现中国梦社科篇章”，有来自全国大中城市社科联、社会科学学会组织的600多名代表参加会议

社科研究与学术动态

【泉州市老年学学会第二届三次理事会暨老年学学术研讨会召开】 3月14日，市老年学学会召开第二届第三次理事会暨老年学学术研讨会。会议总结2012年工作情况，部署2013年工作任务，聘请市政府原市长林大穆为学会顾问，增选市民政局党组成员、老龄办主任兼民政局副局长胡晓玲为副会长，同时增补8位理事。市老年学学会顾问、理事和老龄工作者、论文作者100多人参加会议。涂瑞南会长代表学会向大会作工作报告并布置2013年老年学学会工作。市政府副市长、市老龄委主任陈荣洲到会讲话。6位论文作者代表在会上作发言交流。

【泉州市“国学与素质教育”研讨会举行】 10月12日，由市教育局、市社科联、市孔子学会联合主办的“国学与素质教育”研讨会在泉州海外交通史博物馆举行。市人大常委会原副主任、泉州师院原党委书记、市孔子学会会长洪辉煌，市社科联主席吴少锋，市直宣传系统党委专职副书记、市社科联副主席庄仁哲，市教育局副处级调研员曾文汉，孔子学会常务副会长傅火儒、苏文普，秘书长丁灿辉以及来自华大、泉州师院和全市中小学近50名教授、老师参加研讨会，10多位论文作者作交流发言。该次研讨会围绕“党的十八大关于建设社会主义文化强国，必须‘建设优秀传统文化传承体系，弘扬中华优秀传统文化’”，推进泉州市国学与素质教育相结合的中心议题进行研讨，从征集到的160多篇论文中精选35篇汇编成《国学与素质教育研讨论文集》。

【《嗓音生理与嗓音保健》讲座】 10月25日，泉州市嗓音艺术学会联合泉州市图书馆的“温陵讲坛”，共同举办一场题为《嗓音生理与嗓音保健》的讲座。讲座邀请中华医学会会员，福建医科大学耳鼻咽喉头颈外科学硕士，现任福建医科大学副教授，泉州第一医院耳鼻咽喉头颈外科主任医师、院门诊部副主任、党支部书记，福建省医师规范化培训基地副主任林伟年，就如何科学发声为泉州市嗓音艺术爱好者做知识宣传，百余位嗓音艺术爱好者参与听讲。

【中国社科院项目组到泉州市调研“海上丝绸之路”】 11月22日，中国社科院西亚非洲研究所中东研究室主任、“中国对中东战略”创新项目组首席研究员唐志超等一行6人，到泉州市开展复兴“海上丝绸之路”专题调研。22日上午，市社科联组织项目组专家与市部分专家学者、相关单位进行座谈。中国闽台缘博物馆副馆长、研究馆员陈健鹰，市文广新局副局长、海外交通史博物馆馆长、研究馆员丁毓玲博士，市博物馆馆长、研究馆员陈建中，泉州学研究所所长、高级编辑林少川，市文物保护研究中心原主任、研究馆员陈鹏鹏以及来自市委政研室、市委宣传部、市民宗局、市外经贸局、市文广新局、市旅游局、市外事侨务办、市政府发展研究中心、市方志委、市港口局、泉州海关等部门的相关负责人与项目组专家围绕泉州市“海上丝绸之路”的资源情况、优势与条件，泉州市在推动“复兴丝绸之路”方面的战略与设想，泉州市在推动“复兴丝绸之路”方面所采取的政策，泉州市在推动“复兴丝绸之路”方面所面临的困难与问题等主题进行交流。22日下午，市社科联主席吴少锋陪同项目组专家实地考察洛阳桥、伊斯兰教圣墓、海上交通史博物馆、开元寺、蔡清祠等海上丝绸之路的重要史迹。

【泉州市社会发展协会2013年年会暨泉州市社会发展论坛召开】 12月1日，由泉州市社会科学界联合会、泉州市社会发展协会主办，华侨大学工商管理学院协办的泉州市社会发展协会2013年年会暨泉州市社会发展论坛在华侨大学陈嘉庚纪念堂召开。市社科联主席吴少锋，市直宣传系统党委专职副书记、市社科联副主席庄仁哲，市民政局副局长蔡永升、市工商联副主席陈晖，市委党校教务处处长詹碧英，华侨大学公共管理学院院长林怀艺，泉州市社会发展协会专家、会员、泉州市民营企业家以及华侨大学公共管理学院MPA师生等100多人参加论坛。该次论坛认以“社会组织与泉州民营经济发展”为主题，特邀北京师范大学政府管理学院副

院长施雪华，与华侨大学研究生院院长王丽霞、中共泉州市委党校陈莲凤、华侨大学公共管理学院徐晞，以及昆明泉州商会会长、泉州市山川钻具发展有限公司总经理杨元林共同探讨社会组织与泉州民营经济发展的相关问题。

社科活动

【泉州市2013年社科活动资助项目立项】 4月28日，泉州市社科联下发2013年社科活动资助项目立项申报的通知。在有效申报期限内，共收到申报项目31个。6月9日，经市社科联组织来自高校、党校、社团、党政部门等多方专家共同组成的评审组审阅后，评出泉州市2013年社科活动资助项目18项，其中学术交流类6项，普及宣传类12项。“2013年泉州市社会发展论坛”“泉州市民文化大讲坛”等9个项目被评为重点项目；“国学与素质教育研讨会”“林健民外文原版赠书中的藏书票展览”等9个项目被评为一般项目。

【泉州市社科联组织规划专家赴永春呈祥调研】 7月22日，泉州市社科联主席吴少锋陪同华侨大学旅游学院院长黄远水教授，鲤城大酒店总经理、华侨大学旅游学院客座教授吴俊伟等理论界、实业界专家学者以及社科联机关干部一行11人，到基层联系点永春县呈祥乡调研，帮助呈祥乡探索经济社会发展规划，破解产业发展瓶颈的新思路。调研组详细了解呈祥乡针对休闲旅游、生态保护、美丽乡村所作的规划设计，询问产业发展的有关数据，提出将呈祥乡产业发展融入全市文化旅游大盘，把该乡几个景点串联打造精品，引进生态环保的实体经济等初步思路。

【泉州市2013年社会科学普及宣传周活动】 10月19日，为期一周的泉州市2013年社会科学普及宣传周活动在市区府文庙启动。科普周围绕“学习社科知识，建设美丽泉州，共享幸福生活”的主题，在全市开展社会科学普及宣传活动。19日上午，科普周开幕式在市区府文庙举行。到开幕式现场的专家学者，高校师生，省、市社科普及基地负责人，社科工作志愿者以及新闻媒体、广大市民群众近300人。开幕式结束后，与会嘉宾观摩现场的科普、咨询活动，如“东亚文化之都”摄影展、社科知识有奖竞答、档案知识咨询、老年养生知识宣传、金融理财知识宣传、保险知识咨询、税收政策宣传、房地产法律知识咨询、人口计生知识咨询、心理咨询体验、闽南茶文化展示、闽台五缘图片展、楹联知识宣传、德化陶瓷品牌宣传、泉州市“非物质文化遗产”知识宣传等。

社科成果与奖励

【泉州市哲学社会科学研究规划2013年项目立项】 9月29日，经专家评审并报泉州市哲学社会科学研究规划领导小组同意，该年度哲学社会科学研究规划项目确定，批准立项125项，提供课题研究经费78万元。该年度课题申报期内，共收到来自35个单位的有效申报课题301项，申请资助经费169.5万元。申报数量首次突破300项。确定立项课题中，委托项目28项、社团项目6项、重点项目8项、一般项目21项、青年项目19项、合作项目43项。由于财政专项研究经费不足，市社科规划办探索委托项目和合作项目的工作机制，从委托单位和合作单位中筹集到课题研究经费56.4万元。

【泉州市第五届社会科学优秀成果评奖结束】 12月30日，《泉州市人民政府关于表彰泉州市第五届社会科学优秀成果奖的通报》发布，授予《建设美丽乡村 推进新农村建设上新台阶——永春县美丽乡村建设实践对泉州市城乡统筹发展的启示》等10项成果为泉州市第五届社会科学优秀成果一等奖，授予《劳动密集型产业转型升级与持续竞争优势》等20项成果为泉州市第五届社会科学优秀成果二等奖，授予《企业智力资本入股实施研究》等50项成果为泉州市第五届社会科学优秀成果三等奖，授予《中国通货膨胀成因分解研究》等20项成果为泉州市第五届社会科学优秀成果佳作奖，授予《关于加快发展海洋型服务业的建议》等19项成果为泉州市第五届社会科学优秀成果荣誉奖。第五届社科成果奖自2013年5月6日至6月5日受理申报，经市评奖办严格审核，共有352项成果参评，其中经济•金融企管类96项，政法•哲学社会类104项，人文•科教文史类152项，申报总数量比上届增长51.72%。市评奖办于6月25日至11月21日先后组织学科评审组对申报成果进行初评、复评、复议，并及时向市评委会报告评审意见。12月2日，市第五届社科优秀成果奖终评会，以无记名投票和民主评议方式，评选出市第五届社科优秀成果一、二、三等奖，佳作奖和荣誉奖拟授奖成果。12月4—18日，评审结果在《泉州晚报》和泉州社会科学网进行公示。

学会建设

【泉州市社会发展协会成立】 1月12日，泉州市社会发展协会成立暨第一次会员代表大会在泉州师院召开。来自泉州市高校、党校、党政机关、社会工作机构等单位的会员代表近60人参加会议。大会通过泉州市社会发展协会章程，选举产生协会第一届理事会理事、常务理事、秘书长、副会长、会长。泉州师院政治与社会发展学院副院长刘玉生当选为第一届理事会会长，协会聘请泉州市社科联主席吴少锋为荣誉会长。

【泉州市资本运作研究会成立】 4月28日，泉州市资本运作研究会成立大会在泉州万达文华酒店举行。泉州市政府经济顾问组组长、原泉州市政府副市长、泉州市政协巡视员王文泰，泉州市诚信促进会会长、原泉州市人大常委会副主任周子澄，泉州市社科联主席吴少锋等出席会议。大会通过泉州市资本运作研究会章程，选举产生第一届理事会。泉州市匹克集团总经理许志华当选泉州市资本运作研究会首任会长，泉州师院陈守仁工商信息学院院长、哈佛93届博士、博导欧阳钟辉教授和辅导安踏、利郎、奥康等企业上市的泉州市恒润财务咨询有限公司董事长倪忠森当选为首任执行会长。研究会共吸引机构顾问20家、传媒顾问8人，成员223人参加。

【泉州市保险学会成立】 5月7日，泉州市保险学会成立大会暨第一届全体会员代表大会召开。学会全体会员代表以及福建保监局、福建省保险学会、市民政局、市社科联等单位相关领导出席会议。与会代表、嘉宾听取《泉州市保险学会筹备工作报告》；代表审议通过泉州市保险学会章程及会费管理办法，选举产生学会理事、常务理事、会长、副会长及秘书长。

【泉州市嗓音艺术学会成立】 5月18日，泉州市嗓音艺术学会在泉州华侨大厦召开成立大会暨第一次会员代表大会。会上，大会筹备组主要成员林薇作泉州市嗓音艺术学会筹备工作报告；市社科联主席吴少锋宣读《泉州市社会科学界联合会关于同意筹备成立泉州市嗓音艺术学会的审查意见》并作讲话。大会通过泉州市嗓音艺术学会章程，选举产生泉州市嗓音艺术学会第一届理事会。第一届理事会第一次会议选举产生常务理事、会长、副会长、秘书长。泉州师院副教授林薇当选为泉州市嗓音艺术学会第一任会长。

【泉州市演讲与口才学会成立】 5月19日，泉州市演讲与口才学会在洛江区灵感文化公社成立。该学会由耿永泉、林江涛、王勇卫、何杰、傅志雄等共同发起。参加成立大会的有来自泉州市演播界、教育界、新闻界、企业界以及边防武警部队等社会各界的100多位演讲爱好者代表。耿永泉代表学会作《筹备工作报告》。大会通过《泉州市演讲与口才学会章程》，并选举产生学会首届理事会。耿永泉当选学会首任会长，王家声、王勇卫、陈国成、何杰、吴素明、林江涛、喻亮、赖东升等当选副会长，傅志雄当选秘书长。

【泉州市职业技术教育研究会成立】 10月25日，泉州市职业技术教育研究会成立大会在泉州轻工职业学院学术报告厅举行。泉州市社科联主席吴少锋、泉州黎明职业大学校长林松柏、泉州市民政局陈丽娜、泉州轻工职业学院董事会执行董事王树生、泉州黎明职业大学副校长余大杭、福建电力职业技术学院副院长李启煌等和全市各大中专职业院校校长及相关负责人参加成立大会。泉州轻工职业学院院长茆政吉主持成立大会。泉州市职业技术教育研究会由泉州轻工职业学院牵头，泉州市10多所职业院校参与组建。大会表决通过《泉州市职业技术教育研究会章程》和研究会顾问、会长、副会长名单。王树生当选为研究会会长。

【中华道商（泉州）协会成立】 11月5日，中华道商（泉州）协会成立大会暨第一次会员代表大会在清源山游客中心多功能厅顺利召开。与会代表们听取、审议中华道商（泉州）协会章程、《中华道商（泉州）协会会费收取标准》。杨继志当选协会第一届会长、黄环生当选协会第一届常务副会长兼秘书长。

学术交流合作

【近百年泉州宗教学回顾暨纪念吴文良诞辰110周年学术研讨会召开】 由中国社会科学院文化研究中心闽南文化研究基地、泉州市社会科学界联合会主办的“近百年泉州宗教学回顾暨纪念吴文良先生诞辰110周年”学术研讨会于11月23日在泉州师院行政楼学术报告厅举行，来自省内外的专家学者等100多人出席研讨会。开幕式上，泉州师院党委书记游小波在讲话中回顾泉州宗教学之肇始，即20世纪20年代厦门大学国学院的泉州访古活动。泉州市社科联主席吴少锋在讲话中高度评价吴文良的筚路之功。研讨会期间，与会者就多元宗教何以能在闽南泉州上和谐共处展开讨论。

【“郑成功与闽南文化”研讨会闭幕】 6月18日，闽南文化论坛子项目“郑成功与闽南文化”研讨会开幕式暨《郑成功研究》公开发行发布会在泉州世贸中心酒店举行。该次研讨会由台盟中央两岸交流工作委员会、泉州市政协文史和学习宣传委员会、台盟泉州市委员会和泉州郑成功研究会联合举办。来自台湾、北京、上海等地的专家、学者，兄弟地市研究会的同行和本会理事会员250多人参会。会议分“郑成功与闽南文化”研讨会开幕式、《郑成功研究》公开发行发布会和研讨交流会3个阶段。研讨会共收到各种论文34篇，会上交流11篇。到会台湾嘉宾8人，国内专家学者33人。发布会上，主办方向台湾延平郡王祠代表赠送《郑成功研究》首期刊物。《郑成功研究》以侨刊乡讯正式刊号公开出版发行，成为国内唯一专门刊发郑成功研究学术论文和学术成果的重要刊物。

【2013世界闽南文化节举办泉州名人暨李贽宣传活动】　6月16—18日，2013年世界闽南文化节活动内容之一泉州名人暨李贽宣传系列活动在泉州举办。该活动由国家城乡小康发展福建中心、泉州市李贽学术研究会、台南市文化协会石狮市陇西文史研究会联合举办。16日下午，宣传系列活动启动仪式在泉州市西湖公园举办，全国侨联副主席李欲晞、城乡小康发展福建中心主任陈联真、泉州市副市长陈荣洲、市政协副主席骆沙鸣、台湾文化界人士郑道聪、高国英、蔡金安等出席活动，海内外嘉宾360多人与会。

文艺

综述

【概况】　2013年，全市拥有各类艺术表演团体13个，分别是福建省梨园戏实验剧团、泉州市高甲戏剧团、泉州南音乐团、泉州歌舞剧团、泉州市木偶剧团、晋江市掌中木偶剧团、晋江市高甲戏剧团、惠安县掌中木偶剧团、惠安县高甲戏剧团、安溪县茶文化艺术团、安溪县高甲戏剧团、永春县高甲戏剧团、南安市高甲戏剧团。

【文艺院团体制改革】　其中，市直5家，县级7家国有文艺院团划转为传承中心。南安市高甲戏剧团撤销转企，组建南安市高甲戏剧团有限责任公司。晋江市杂技团撤销。至8月，基本完成涉改文艺院团改革任务。全市演职人员共675人，剧（院）场5座，座位2549个。各文艺院团坚持开展下乡及剧场演出。其中，市直5家剧团，全年共演出633场，创收经济效益503.48万元。

【重大文艺主题活动】　启动泉州市创建“中国书法名城”工作。开展“文艺惠民”活动。组织开展纪念毛泽东《在延安文艺座谈会上的讲话》发表71周年系列文艺活动，联办“欢乐泉州”基层宣传文化活动，开展“画家走基层，丹青绘泉州”大型系列活动，传统节假日期间举办各种艺术展览和艺术活动几十场次。

【对台对外文艺交流活动】　举办各种文艺交流活动20多场次，增进与其他省市的交流与合作。举办2013年国际标准舞（体育舞蹈）全国公开赛暨CBDF“中国杯”国际标准舞巡回赛、第三届中国海西书画大展赛等大型活动。

【文艺创作和人才培养】　书法创作一批优秀作品获文华奖（文化部主办）、第二届中国“翁同龢”书法奖（中国书协主办）等奖项。林景辉、赵炳坤被中国书法家协会评为2012年度“中国书法进万家”活动先进个人，永春县书协被评为先进集体。郭宁被中国美协水彩画艺术委员会聘为水彩艺委会委员，是福建省首位进入该艺委会委员。

【基层文联建设】　成立泉州市公安文联，是泉州继农行文联后成立的第二个系统文联；洛江成立泉州第二个镇级文联——罗溪镇文联。泉港北管音乐创作基地、南安贵峰诗词创作基地、安溪清水岩祖师民俗文艺基地、洛江美术创作基地被省委宣传部、省文联、省财政厅授予第三批福建省特色文艺示范基地。

文艺活动

【对内文艺活动】　2月20—25日，举办“古城新韵”音乐戏曲展演活动，向广大市民呈现多台经典剧目，如泉州市木偶剧团展演4场《赵氏孤儿》；省梨园戏实验剧团举办元宵节精品剧目演出周，献演剧目有《冷山记》《吕蒙正》选场《陈三五娘》《丁兰刻木》《苏秦》及传统折子戏；泉州南音乐团的“古城新韵”元宵南音会唱以及由泉州交响乐团和民族交响乐团分别呈献的交响音乐会、民族交响音乐会，共吸引近5000名观众到场观看。办好2013年新年音乐会和市委新春团拜会。2013年8月9日至2014年2月20日，每周六或周日19：30，市直五家国有剧团开展低票价演出惠民活动共计52场，让人民群众共享艺术发展成果。

【对外及港澳台文化交流】　全年共组织13个文化团体181人往法国、德国、葡萄牙、土耳其、韩国、新加坡、日本、印尼等国家演出；组织4个团组42人次赴台文化交流；邀请16个外国和港澳地区的文化团队261人次到泉州参加闽南文化节及洽谈往欧洲演出事宜；邀请8个台湾文化团体70人到泉州参加闽南文化节、举办诗情画意访古船展览及洽谈艺术教育合作事宜。

社会文化

【公共文化设施建设】　推进泉州市图书馆新馆建设，完成“泉州市图书馆工程岩土勘察项目”招标工作，完成“泉州图书馆新馆初步设计评审”。35个群众性文化激情广场示范点建设被列为省委省政府2013年为民办实事项目，每个群众性文化激情广场示范点获得省级财政补助3万元。推荐鲤城区浮桥街道综合文化站、洛江区马甲镇综合文化站、泉州台商投资区洛阳镇综合文化站、安溪县湖头镇综合文化站等4个点参加省优秀文化活动点评选。

【群众文化活动】　举办2013年元宵泉州灯会。正月十三至正月十六

（2月22—25日）在中心市区举办2013年元宵泉州灯会，历时4天，设中心展区、分展区。中心展区设在新门街西段，分展区设在后城文化街、锦绣庄民间艺术园。中心市区的中山路、打锡街、东街、涂门街、天后宫、威远楼、真武庙等主要街区均做到门前张灯。共展出花灯2000多盏，评出9盏最佳花灯、14盏优秀花灯。鼓励全市广大中小学生传承泉州花灯传统技艺，灯会组委会首次增设“校园薪传奖”，有30盏花灯的制作者及其指导教师荣获“校园薪传奖”。各展区观灯人数达50多万人次。组织80盏花灯赴台湾参加台南花灯展。举办第六届泉州民间音乐邀请赛、第四届民间布袋戏邀请赛、第24届“威远楼”戏剧节、第23届中小学生南音演唱演奏比赛、“欢乐泉州——才艺大比拼”、“府文庙之夏”广场活动、“温陵讲坛”等群众品牌文化活动。举办泉州市第五届少儿普通话朗诵艺术大赛决赛暨2012年少儿舞蹈大赛颁奖晚会。泉州市第5届普通话朗诵大赛评出小学高年级组金奖3名、银奖7名、铜奖10名；小学低年级组金奖5名、银奖10名、铜奖15名；幼儿组金奖8名、银奖12名、铜奖20名以及优秀辅导老师奖16名。举办泉州非物质文化遗产专题展演、迎十八大、学习十八大、感动中国人物展、“你选书，我买单”、全市中小学生大型科普知识竞赛等主题鲜明的群众文化活动。

【图书馆事业建设工作】　开展全国第5次图书馆评估定级工作，对全市9个设有公共图书馆的县、市、区进行实地评估，完成初评工作。市图书馆购书12000册，订报刊1500种，完成分编入库；完成古籍修复1000页；建立福厦高速公路有限公司职工书屋；建立视障阅览室，充实盲文图书和有声读物；建立触摸读报系统。市图书馆完成读报系统、电脑等设备的招投标工作；完成业务管理自动化系统升级、调试工作；数字资源不断充实，增加1.5TB视频资源，增加11TB中国学术期刊库资源；完成非遗拍摄制作10部。

【基层文化队伍建设】　举办2013年全省村级文化协管员培训班（泉州片），共有来自12个县（市）、区的48名优秀村级文化协管员参加。有关专家学者就农村文化市场监督、农村文化活动的组织、农村非物质文化遗产保护等专题进行辅导，舞蹈干部还对学员进行广场舞蹈传授示范教学。

【闽南文化生态保护区建设】

非物质文化遗产展示　以重大节庆活动为契机，开展形式多样的非物质文化遗产活动：举办2013年泉州元宵灯会，展示泉州花灯、泉州闹元宵习俗、泉州（李尧宝）刻纸三大国家级非物质文化遗产；举办“古树新芽”泉州南音晚会、“文化启航——闽南非遗DIY体验之旅”等泉州市2013年“文化遗产日”系列活动。泉州非物质文化遗产专题展演在福州三坊七巷省非遗博览苑举行，分静态非遗项目展示和动态非遗项目展演两部分。静态非遗项目展示有泉州漆线雕、德化瓷雕、惠安石雕、泉州锡雕、泉州花灯、泉州竹编、惠安木雕、江加走木偶头雕刻、陈天恩彩扎、李尧宝刻纸、林存忠纸扎等十余个项目和百余件展品；动态非遗展演有泉州提线木偶、掌中木偶、南音、南少林武术、惠女服饰表演等。

闽南文化生态保护区“十百千基础工程”工作　完成第二批非遗展示馆（2个）、传习所（30个）、展示点（300个）的申报、认定、命名工作，共计建成10个非遗展示馆、100个传习所、1000个展示点，完成“十百千基础工程”工作。

项目申报工作　开展第四批泉州市级非物质文化遗产项目申报工作，共有51个项目申报，涉及民间文学、传统美术、传统技艺、传统医药和民俗等五大类。8月20日，市政府公布泉州市第四批市级非物质文化遗产保护名录新增项目36个和第一、二、三批市级非遗项目新增保护单位5项。向省文化厅推荐陈三五娘传说、泉州剑狮等11个项目申报第四批国家级非物质文化遗产代表性项目，其中4个项目进入省推荐名录。

传承人工作　开展泉州市第五批非物质文化遗产代表性传承人评审工作，共有136人进行申报，涉及民间文学，传统音乐，传统戏剧，传统体育、游艺与杂技，传统美术，传统技艺，传统医药和民俗等8大类。经非遗专家评审组评议及公示，公布第五批市级非物质文化遗产项目代表性传承人105人。

泉州南音记录工程　筹集110万资金装修录音棚、购置录音设备，计划用3年时间把视为南音“教科书”的65套“指”“谱”和选择1000首优秀的“曲”录制成DVD，抢救与记录濒于消亡的“过支曲”“什锦过支曲”“循环套曲”等。

闽南文化（非遗）进校园工作　南音进培元中学；泉州六中的省教育科学“十二五”规划2012年课题《泉州市非物质文化遗产（美术类）校园传承研究》举行开题研讨会，其子课题“泉州江加走木偶头雕刻技艺校园传承研究”在泉州三中举行；泉州北管、五祖拳等在校园进行传播；《非物质文化遗产校园传承与创新研究——基于丰泽区湖心实验小学的实践》省级课题在湖心小学开题，主要研究南音、妆糕人等；《泉州掌中木偶制作校园传承研究》在南安毓英中学展开。

【2013年世界闽南文化节系列活动】　举办闽南红砖建筑美术摄影展、海峡两岸闽南语电影展映周、泉州风情美术精品展、闽南文化书法展、闽南画派精品展暨闽南画派作品街展、惠女风情名家作品展、中新南音薪传音乐会等7项活动，在《泉州晚报》开辟“泉州文化人

访谈”栏目，连续刊登20多期，梳理展示海内外泉州文化名人和文化战线代表人物。6月16—27日，由市委宣传部、中国闽台缘博物馆、市文联共同主办的“闽南红砖建筑美术摄影展”，作为第五届海峡论坛泉州系列活动暨2013年世界闽南文化节的活动项目之一，在中国闽台缘博物馆展出。展出优秀美术作品90件、摄影作品80幅，并组织对入展摄影作品进行评选，评出一等奖1名，二等奖5名，优秀奖74名；对入展美术作品进行评选，评出10名优秀奖。展览期间有海内外嘉宾及本地观众近万人前往参观。

【庆祝泉州当选首届东亚文化之都系列文艺活动】　举办中国摄影报走进“东亚文化之都——泉州”影友联谊活动，“天工荟萃——闽台工艺美术大师优秀作品联展”中国工艺美术大师郑国明、徐才提、郑君亮专场及“中秋书法家联墨笔会暨品读文化泉州论坛”、“惠风潆月2013秋季雅集”系列文化活动、“泉州市文艺家印象西街采风活动”。

【举办活动服务“美丽乡村”建设】　参与组织“泉州美丽乡村”评选，协办“刺桐红”杯走进“美丽乡村”主题摄影大赛，举办“走进美丽乡村”大型主题采风活动摄影展及书画摄影展，在《泉州晚报》开辟专栏刊登采风优秀作品。

【联办“欢乐泉州”基层宣传文化活动】　举办“欢乐泉州 走进梅山”春节慰问演出、“欢乐泉州 走进中国北车”——泉州市“推进二次创业 产业集群发展”及“欢乐泉州 走进军营”“欢乐泉州 走进泉州师院”等文艺演出。

【传统节假日期间举办艺术展览和艺术活动】　举办泉州市书法家义务写春联活动、第七届“党报送祝福 春联抒真情”活动、“泉州市80后青年书法提名展”、“迎新春 庆佳节”2013年书画摄影作品展、迎春楹联展、吴金填陈世哲作品展、董酒杯“山与海的情怀”征文大赛等。

【开展对港澳台及对外文艺交流活动】　举办俄罗斯列宾美术学院当代著名画家作品展、两岸画家福建作品展、“擎天艺术——福建、台湾水墨画”艺术联展、第五届海峡两岸电视主持新人大赛、唐山先生暨闽台画家佛教题材作品展、海峡两岸纪念毛泽东诞辰120周年书画巡回展、“中国梦泉澳情”泉州澳门两地书法名家笔会暨作品联展、关乃平教授画展、沈一丹书画作品展、朱以撒书法展、金隆《毛泽东诗词》书法作品展等展事；承接中国音协、中国作协、遵义文化界、青岛市北区文联到泉州采风活动和台湾新北市体育总会体育运动舞蹈委员会一行到泉州交流研讨活动，承接省文联到泉州开展“一县一品”特色文艺示范基地建设情况调研活动和省影协到泉州开展电影行业调研活动；承办中国国际标准舞总会全国拉丁舞、摩登舞教师与评审培训考级工作，承办中国民协等单位在惠安举行的工艺大师高级研修班；组织作家赴贵州遵义采风，组织艺术家赴澳门参加两地书法家作品联展暨笔会交流，赴金门举办“翰墨飘香——两岸书画联展”，拓宽视野，提升创作水平。

【举办2013年国际标准舞（体育舞蹈）全国公开赛暨CBDF“中国杯”国际标准舞巡回赛】　7月，与中国国标舞总会、市委宣传部联合主办，是新中国成立以来福建省举办的最高规格和最大规模的舞蹈盛会，来自全国各地专业院校及国内顶尖高手及舞蹈爱好者3000多人参赛，亚洲摩登舞冠军、包揽第16届亚运会国标舞比赛五枚金牌的冠军选手杨超/谭轶凌，赵亮/苏薇塔•波瑞索娃、何艟/单菁等中国冠军选手悉数登场参赛，并邀请世界拉丁舞冠军迈克尔•马林托斯基和乔安娜•兰尼斯表演。

【举办第三届中国海西书画大展赛】　大赛历时数月，共收到全国各地和海外华人参赛作品6072件，共评出7件优秀奖作品，25件获得提名奖作品、100件入展作品、151件入选作品。获奖和入展作品结集出版作品集，12月在中国闽台缘博物馆第三届中国海西书画大展赛作品展暨中国书画名家海西邀请展。大赛还组织现场创作比赛、情满海西全国中青年书法家创作交流笔会、泉州古城文化采风活动，并举办作品展，出版作品集。

专业艺术

【音乐】　泉州市南音传承中心（泉州市南音乐团）分别在2月、6月参加“古城新韵”元宵南音会唱和2013年世界闽南文化节活动，并协办第十届中国泉州国际南音大会唱。在9月举办“庄丽芬南音独唱音乐会”，并赴韩国光州，参加中日韩“东亚文化之都”艺术节演出。在10月分别赴中国台湾参加清雅乐府成立60周年庆典系列活动和赴印度尼西亚雅加达参加第二届世界南音联谊会暨东方音乐基金会成立30周年系列活动。

文艺活动及赛事　6月1日，市音协古筝专业委员会在清源山天湖举办“惠风和畅，筝韵天湖”百人古筝齐奏会。7月，“泉州市第二届青少年钢琴比赛暨第五届卡丹萨中国作品全国比赛福建厦门赛区选拔赛”举办，选送30名选手参加省赛，获奖率为65%。9月，泉州市第九届合唱节举办，来自各县（市、区）和市直学校的45支大、中、小学生合唱代表队共两千多名学生参加决赛。

音乐创作成果　5月，美声、民族、流行三种唱法的优秀选手参加由省音协主办的第二届“金钟花奖”声乐比赛。其中，王蒙获民族组银奖、林育权获三等奖；黄宝杰获美声组优秀奖；张立获流行组优秀奖，获奖等次及获奖面均超过第一届。市音协获“优秀组织奖”。同月，泉州老年大学合唱团赴台湾参加首届海峡两岸老年合唱节比赛获金奖。6月，晋江合唱团、泉州老年大学合唱团、鲤城实小“刺桐合唱团”参加省文化厅主办的纪念中国合唱百年、福建省合唱协会成立十周年“五优”表彰大会获福建省优秀合唱团，陈世友、李育强、林莉、黄斌获福建省优秀合唱团指挥，高秀莲获优秀合唱团长。11月，南音表演唱《枫桥夜泊》《春光明媚》参加中国曲艺家协会等单位主办的“2013年海峡两岸欢乐汇展演”分获一、二等奖。市教育局、文化局编，由曾家阳主编、李文胜译谱、郑国权合成的《泉州南音基础教程》获市政府主办的第五届社会科学优秀成果奖一等奖。

学术研讨和艺术交流活动　2月22—24日，作为泉州元宵节文化系列活动之一的“古城新韵——2013年泉州市闹元宵南音会唱”在泉州南音艺苑举行，活动由泉州市文广新局和世界南音联谊会主办，泉州南音乐团和市曲艺家协会承办，回乡探亲的南音弦友及澳门南音社、厦门市南乐团、厦门市南乐研究会、漳州市南音协会、三明市南音协会弦友齐聚泉州。6月16日，第十届泉州国际南音大会唱在泉州南音艺苑拉开序幕，来自海内外40多个南音社团共唱千年雅乐，举行隆重的“祀郎君”仪式。该次活动依传统拜祀规制和参照2008年3月3日在首都国家大剧院举行的祀郎君规制进行，以传统的形式向南音的始祖孟昶表达敬意。随后举行别开生面的《明刊三种》古乐专场音乐会，演奏演唱四百年前的七首古曲。该次南音大会唱规模创历届之最，吸引菲律宾南乐崇德社、新加坡传统南音社及中国台湾鹿港聚英社南乐团等前来交流。当日下午，他们分赴南音艺术研究院、泉州市南音协会、府文庙南音乐府、泉州师院南音学院、泉州艺术学校、泉州老年大学等处进行交流会唱。同日下午，中新南音薪传音乐会在泉州南音艺苑举行，泉州培元中学与新加坡湘灵音乐社的学生携手演唱12个曲目，展示中新两国南音艺术传承的新成果。7月，邀请福建省著名钢琴家教育家杨弋夫在南风文化城举办钢琴大师班。10月29日—11月9日，应印尼东方音乐基金会的邀请，市音协、市南音协会组织相关人员赴印尼参加第二届世界南音联谊会暨印尼东方音乐基金会成立三十周年庆典活动。11月18日，邀请省音协副主席魏德泮到泉州讲学，为泉州师院音乐与舞蹈学院的师生以及社会音乐爱好者作题为《歌词作品的艺术标准》的讲座，并向学院图书馆赠送其歌词理论专著《歌词美学》。11月19—21日，“晋江市东石镇南音社成立三十周年同澳门南音社联谊五周年暨‘五社’联谊18周年庆典活动”在东石镇古寨文化中心举行。11月30日，市音协钢琴艺术专业委员会与国际少年儿童艺术教育学会在厦门共同主办“走进大师——2013年ICAEI钢琴教育论坛暨国际钢琴家JANE COOP音乐会”，同时邀请著名钢琴演奏家、中央音乐学院钢琴系主任、中国音协钢琴学会会长吴迎，著名钢琴教育家但昭义举办钢琴教育论坛。12月1—6日，应中央音乐学院邀请，晋江市安海雅颂南音社一行12人由晋江市安海镇政府相关领导和泉州市曲艺家协会南音专委会副会长、安海雅颂南音社社长陈育才率领，携南音名谱、曲《梅花操》《因送哥嫂》《暗想暗猜》等曲目参加在首都北京由中央音乐学院主办的“2013中央音乐学院弹拨艺术节”活动。

南音艺术保护　3月，在德化县浔中中心小学成立泉州市南音传承基地；暑期在市艺术馆举办南音免费培训班；8月，“泉州市第二十三届中小学生南音演唱演奏比赛”举办。10月，以民间文化交流的形式，联合泉州丰泽区南音艺术家协会，派遣民间泉州南音教师蔡卷志，前往胡志明市福建二府会馆南音社，进行为期三个月教习泉州南音活动。越南胡志明市福建二府会馆古乐组与泉州市丰泽区南音艺术家协会缔结姐妹社。录制出版DVD《苏诗咏南音专辑》，做好南音录音记录工程。

【戏剧】

福建省梨园戏传承中心（福建省梨园戏实验剧团）　2013年，传承、排演《王魁》《胭脂记》《朱寿昌》三个精品传统剧目。国家舞台艺术精品剧目《董生与李氏》参加文化部第二届优秀保留剧目全国巡演活动，前往无锡、南京、上海、杭州、北京、廊坊、天津、西安及东南大学、上海戏剧学院、南京大学、江南大学、中国戏曲学院等城市与高校进行巡演，并参加北京南锣鼓巷国际戏剧节。《睇灯》《井边会》《玉真行》《十朋猜》等精品传统剧目赴厦门参加海峡两岸民间艺术节。精品传统剧目《陈三五娘》选段，前往韩国、印尼等地演出。

泉州市高甲戏传承中心（泉州市高甲戏剧团）　排演高甲戏《凤仪亭》《虎丘记》《西施》《樊江关》《杨门女将》《高阳公主》《公瑾祠》等传统剧目，演出近130场。传统经典剧目《连升三级》之“数罗汉”片段参加由中宣部、文化部主办的2014年新年戏曲晚会。5月，赴德国参加鲁尔艺术节，演出传统小戏《管甫送》和新编高甲儿童剧《渔夫和金鱼的故事》，是泉州高甲首次踏上欧洲土地展示高甲艺术，同时赴台湾进行文化交流演出活动。

泉州市提线木偶戏传承保护中心（泉州市木偶剧团）　创作演出大型傀儡戏版《赵氏孤儿》参加在山东举行的“第十届中国艺术节·木偶戏皮影戏优秀剧目展演”活动

和在山东举行的“第十届中国艺术节”暨“第十四届文华奖”大赛。并于昌邑及高密两地进行专场演出。创演节目《欢天喜地闹新春》赴北京参加中央电视台“直通春晚”节目的彩排及现场直播。抽调主要演员参加由上海电影制片厂、福建玉川文化产业投资有限公司合拍的电影《木偶奇遇记》。分别赴印尼、日本、葡萄牙、澳大利亚及中国香港、澳门、台湾等国家和地区进行文化交流活动。

泉州市闽南民间歌舞传承中心（泉州歌舞剧团） 交响诗剧《乡愁》，作为展演剧目，参加在苏州举行的“第十三届中国戏剧节”活动。创作演出具有民族民间特色的舞蹈《蓝蓝泉州湾》《茉莉花》，赴韩国参加首届“东亚艺术节”；与“天籁时空”文化传播有限公司共同创演儿童剧《机器人爸爸妈妈》，筹备新年音乐会、元宵音乐会。完成市委市政府多场专题演出活动任务。赴日本、韩国、菲律宾、印尼等地区进行文化交流活动。

【文学】

文学创作成果 泉州作家在《中国作家》《诗刊》《散文》等省级以上文学刊物发表作品近500余篇（首），出版作品集30余部。河北省作协主办的《散文百家》第5期推出丰泽区6人散文小辑及陈志泽的短评《乡土的滋养与文体的引领》。潇琴的长篇小说《军营浪漫的岁月》、林筱聆的长篇小说《王的密码》、王炜炜的长篇小说《蝶舞》、施伟的长篇小说《佛生日》、李集彬的长篇小说《刀锋》、高寒《高寒中短篇小说集》入选福建省文联文艺创作题材库。10余位作家、诗人获得全国、省、市各级文学奖项，杜成维长篇小说《妇产科医生》获省第26届优秀文学作品奖暨第8届陈明玉文学奖，高寒短篇小说《三叔 女人 老屋》获中国小说学会举办的2013年“中国当代小说奖”。

文学活动 评选2012年度泉州市优秀文学奖。4月，市文联与市作协举行“逢时杯”2012年度泉州文学奖评奖活动，共评出10件年度优秀作品。6月，由省作协、《福建日报》理论文艺部、泉州市文化广播新闻出版局、泉州市文联等单位联合举办的“逢时杯”文学征文颁奖晚会在泉州府文庙广场举办，主办单位领导、海外华人代表和获奖作者等百余人参加颁奖仪式。2012年度“逢时杯”征文活动由海内外散文奖、第七届《福建日报》新人新作奖、2012年度“逢时杯”泉州文学奖组成。“茶杯里的中国梦”安溪铁观音2013年主题诗会暨作家诗人茶文化采风活动10月在安溪举行，活动由福建省作家协会、安溪县文联主办。举办泉州市女作家“三八”联谊座谈活动、“创意、文化、休闲”作家体验活动、世界读书日之“人文刺桐•书香古城”首届读书文化周、“公益责任•爱在海西”第二届海西公益文化节“中秋赏月赋诗会”及多场作家进校园文学活动。

采风、笔会活动 8月，2013年《星光》评刊会暨围头湾笔会、晋江市青年文学协会2013年笔会在晋江举行。作家出版社总编辑、文艺评论家张陵，民盟中央宣传部部长、群言杂志社社长、中国作家协会散文委员会委员吴志实，福建省文学院副院长刘志峰，福建省作协副主席朱谷忠，秘书长张冬青，泉州市作协主席戴冠青、副主席蔡芳本出席。组织“泉州海丝景点考察采风”及走进山美水库、石狮、安溪金谷、泉港区前黄镇、永春锦斗采风暨研讨座谈会等文学采风活动。

文学理论研讨交流培训 通过青创会、研讨会、改稿会、高研班等形式的交流学习。5月，由泉州市作家协会主办，泉州市作家协会青年创作委员会、泉州市作家协会校园文学创作委员会、泉州市作家协会诗歌创作委员会承办的“泉州市校园文学与青年文学创作研讨会”。同月，泉州清源山采风暨泉州青年作家座谈会在清源山风景名胜区举行。同月，晋江法院作家庄马炮随笔杂文集《望春风》出版座谈会在晋江举行。6月，菲律宾知名华文作家温陵氏、林鼎安，应丰泽区文联、区作家协会的邀请，与丰泽区的部分作家进行文化交流与座谈。7月，由泉州市作家协会诗歌创作委员会主办的“数学诗人”蔡天新作品座谈会，在风雅颂书局举行。9月，由《星星》诗刊主办，泉州市作家协会、福建方圆建设集团协办的《星星•散文诗》福建创作座谈会在泉州方圆建设大厦举行，是《星星•散文诗》创刊以来首次在四川省外举行创作座谈会。“散文诗创作艺术”（陈志泽主讲）等三次文学讲习所讲座活动举办。9月，林筱聆参加由中国作家协会和共青团中央共同举办的全国青年作家创作会议。10月，施伟、李集彬参加由福建省文联、福建省作家协会、福建省文学院等联合主办的福建小说家群作品研讨会。同月，林筱聆、施伟、李相华参加在武夷山举行的福建文学第七届高级文学讲习班（小说改稿会）的学习。11月，福建小说家高级研修班在福州南后街八闽书院举行，泉州作家高寒、王炜炜、施伟、涂元伟、吕亦涵、范云英、杜开春参加此次研修班学习。

【美术】

展示美术作品 1月，“红砖古韵——陈立德漆画艺术作品展”在泉州市桑莲居艺术馆隆重开幕。1月，“一叶悠然”君宁花草小品展在厦门举办。3月，泉州大开元寺扶贫救灾公益协会、泉州画院、泉州市美术家协会、泉州市书法家协会等单位共同举办“慈善之夜”新春助学书画义卖活动，泉州20多位画家捐赠出自己的作品参加义卖。4月，“刻度171——泉州师范学院美术与设计学院2013届毕业生作品展暨人才推介会”在泉州海外交通史

博物馆举行。5月，由福建省美术家协会、晋江市政府主办的“美丽福建、人文晋江——福建省著名画家进晋江暨写生作品展”在晋江五店市举行。5月3日，由泉州市文广新局、泉州画院主办，泉州市美术家协会、泉州博物馆协办的“泉州画院新画师作品展”在泉州画院二楼展厅举办，展出金程斌、蔡笃取、刘宗益、蔡鑫、王暾晖、许自典、施俊雄、黄文中、吴允铁等9位新特聘画师的50多件美术精品。6月1—5日，由华侨大学美术学院、泉州市美协、石狮日报社主办的“华侨大学美术学院2013届绘画系国画油画毕业创作作品展”在石狮日报社一品堂艺术馆举行。6月15—20日，由泉州市文广新局、泉州市文联主办，泉州市美协、泉州画院承办的“泉州风情美术精品展”，在泉州画院二楼展厅举行。展出30多位画家的50件精品佳作。6月15—20日，由泉州市文广新局、泉州市文联、鲤城区政府、泉州市美协举办的“闽南画派作品展”在源和堂创意园举行。6月15日，由福建省美协、福建省书协、泉州市美协、泉州市书协、泉州画院和泉州晚报社联合主办的“洪志雄风狮爷百印展”在泉州华侨历史博物馆举行。7月11日，由福建省文化厅主办，福建省博物馆、福建省美术馆承办的“薛行彪、张立平、郭宁三人油画展”在福建省博物院展出。7月27日，由泉州市美术家协会、泉州画院和中国海西艺术网联合主办的“泉州首届青年画家国画提名展”在泉州桑莲居艺术馆开幕，展出余晓泉、赖兴才、胡键平、林聪云、蔡又子、陈怀贵、郑良婷、林亚红、王爽、吴国忠、吴跃华、王翔宇等12位优秀作者的50余幅精品佳作。10月1日，由福建省美术家协会、泉州市美术家协会、泉州画院和泉州市博物馆主办的“远方的风景——郭宁欧洲行写生画展”在泉州画院拉开帷幕，海内外两百多位嘉宾参加开幕式。该次画展共展出郭宁近几年来5次赴欧洲写生的110幅作品。11月15日，泉州市委农工办、泉州市建设“美丽乡村”领导小组办公室、泉州市美术家协会、泉州市书法家协会、泉州刺桐阁书画院共同举办2013年泉州首届“美丽乡村”书画作品展。12月，由福建省美术家协会，泉州市美术家协会、石狮日报社主办的“乡土情怀——蔡建昌作品展”在石狮日报社一品堂艺术馆开展，展出蔡建昌木版年画、版画、漆画作品48幅。

参加画展赛事　郭宁作为福建省代表参加中国美术家协会第八次全国代表大会。苏上舟、戴毅强加入中国美术家协会。1月，郭宁的水彩画《侗寨女孩》应邀参加由中国美协主办的“中国美术世界行——中国当代美术作品展”。5月，苏佑辉的《五谷丰登》、吴跃华的《心系》入选中国美协主办的“第四届全国中国画展”，苏佑辉的《缘》、吴跃华《夏》入选中国美协主办的“相聚宜兴”全国工笔画作品展，苏佑辉的《余》入选中国美协主办的“泰山之尊”全国中国画作品展。8月，苏佑辉《祥云》获中国美协主办的“吉祥草原，丹青鹿城”全国中国画作品展优秀奖。10月，王绍昌的水彩《古雷渔港》、陈阳辉的水彩《茶余饭后》、姚波的水彩《艕舶滋息》、黄曦农的水彩《拍照手机》入选“第十届中国艺术节•全国优秀美术作品展览”。11月，蔡笃取《余热》、欧阳涛《守望》入选中国美协主办的实干兴邦——第二届全国（大芬）中青年油画展。12月，孙宏图漆画《净佑天心》，江文佳、欧阳涛《洪荒之轮回》入选中国美协主办的2013年中国（厦门）漆画展。

采风写生交流活动　4月14日，英国根西岛“艺术及离岛基金会”（Art and Island Foundation）创办董事Eric Snell、信托人John Stares、专员Catriona Stares、艺术委员会艺术发展主任Joanna Littlejohns 、项目统筹Rebecca Clegg 等一行8人到泉州画院交流访问。4月27—5月11日，由欧洲•中国当代艺术与文化国际协会、法国斯特拉斯堡努道孚大教堂、法国文苑、法国文化部DRAC ALSACE、中国驻斯特拉斯堡总领事馆等单位共同举办的“抽象的建构——君宁与洛朗的联展”在法国斯特拉斯堡努道孚大教堂举办。6月24日，由华侨大学、台湾“中央研究院岭南美术馆”、福建省美协、泉州市美协主办的“擎天艺术——福建台湾水墨画艺术联展”在泉州文庙惠风堂举办。7月26—31日，由中国闽台缘博物馆主办，泉州市美术家协会等单位协办的“俄罗斯列宾美术学院当代著名画家作品展”在闽台缘博物馆举办。8月，市美协与泉州晚报社、泉州画院等单位共同开展“画家走基层——丹青绘泉州”系列活动走进泉港，活动通过下乡写生，举办展览，出版画册，泉州晚报专版发表作品，画展10月在峰尾第二届文化艺术节期间在峰尾镇诚峰村举办。9月25日，由金门县议会、泉州泉台民间交流协会主办，金门县美术家协会、泉州市美术家协会、泉州市书法家协会、泉州市金门县联谊会承办的“翰墨飘香——两岸书画联展”在金门举行。郭宁等人应邀赴金门参加为期一周的文化交流活动。9月29日，中国闽台缘博物馆、泉州市文联、台北市国际文物学会主办，泉州市美术家协会、闽台书法交流中心等协办的“禅释之美”——唐山先生暨闽台画家佛教人物作品联展在闽台缘博物馆三楼展厅展出。

创作基地建设　2月，“福建省现代民间绘画创作实践基地”“晋江市美术馆”揭牌仪式在晋江市文化馆举行。省、泉州市、晋江市相关领导以及作者代表、学生代表等200多人出席揭牌仪式。9月，洛江区（奕聪）美术创作基地成立，900多平方米的洛江区（奕聪）美术馆开馆，举办“锦绣罗溪”油画诗歌作品展，展出100件油画作品。

【书法】

开展“书法进万家”活动 响应中书协“中国书法进万家”的号召，组织书法骨干进社区、进校园、进军营、进农家、进企业。永春县书协被中国书协评为2012年度“中国书法进万家”活动先进集体，林景辉、赵炳坤被中国书协评为先进个人。春节前夕，组织书法家进农村送春联活动。

开展各种主题书法展赛活动 元宵节期间，市文联、市书协在泉州海交馆伊斯兰陈列馆举办“迎春书展”；“五一”期间，市书协、市直机关书协联合举办“翰墨丹青庆五一”泉州市直机关干部职工书法作品展；5月下旬，为纪念毛泽东同志《在延安文艺座谈会上的讲话》发表71周年，市委宣传部、市文联、市书协联合举办“五月风——泉州市中青年书法作品展”；5月，市书协与市直机关书法家协会举办“泉州书法名家作品雅安赈灾义拍”活动，为灾区人民献出一份爱心。6月15—20日世界闽南文化节在泉州举办期间，以闽南文化为主题的“闽南文化书法展”在泉州海外交通史博物馆举办。

推动书法名城、书法之乡创建工作 泉州市政府启动创建“中国书法名城”工作，制订下发工作方案，成立领导小组开展创建的具体工作。惠安县启动申报“中国书法之乡”工作，永春县开展“福建书法之乡”创建工作。

举办多场书法展览、创作和理论研究成效显著 先后举办80后青年书法提名展等多个重要展览，举办朱以撒、林汉宗、黄鸿琼、张文佑等个人书法展览和“行草书三人行”——刘锡海、梁碧龙、颜素珠书法联展等多场展览，多位书法家在专业网站上举办个人书法展。青年书法作者开展艺术创作实践和理论探索研究，作品在全国及省市的重要书法展赛中获奖或入展。由中国书法家协会主办的国家级书法篆刻大展中，泉州书协会员有27人次获奖、157人次入展，出版个人书法集近10册。书法理论研究文章先后在《中国书法》《书法》《书法报》《书法导报》《中国书画报》等专业报刊上发表。

开展对外文化艺术交流活动 深化与东亚港澳台的艺术交流。受文化部之邀，组织5件书法作品参加在韩国光州举办的书法艺术展，9月底，市书协副主席杨条砻随文化部、泉州市政府赴韩国进行中日韩三国多边性文化活动和书法艺术交流，以“东亚文化之都”名义开展文化交流与合作。10月19日，以“中国梦——泉州情”为主题的泉州澳门两地书法名家笔会暨作品联展在源和1916文化创意园拓文画廊举行。两地40多名书法名家汇聚泉城，挥毫泼墨。12月中旬，赴澳门举办泉澳两地书法展。推动厦、漳、泉三地文化交流。2013年春节期间市书协应邀赴厦门与厦门书协开展联谊活动。

重视教育普及，夯实书法发展的群众基础 大中专、中小学校普遍开设书法课，社会上的各种业余书法学校和书法教育培训机构如雨后春笋。全省唯一设立书法教育专业的泉州师院招收8届书法教育专业的本科生。“翰墨青春”书法进高校活动，6月走进泉州黎明职业大学开展系列书法活动。

【摄影】

第十一届泉州市摄影艺术节举办 5月，第十一届泉州市摄影艺术节在德化戴云山举行，300多名摄影家与嘉宾参加，在戴云山设立摄影基地，在德化赤水镇举办德化专题摄影作品展。

开展对外宣传 与新华社华东分社、海峡都市报、东南早报等联合举办“美丽乡村”主题摄影大赛，并多次组织摄影家进行“美丽乡村”摄影创作。

配合市委市政府收集展现泉州文化的摄影图片 当泉州获得首批“东亚文化之都”称号后，举办中国摄影报走进“东亚文化之都——泉州”系列联谊活动，举行相关专题的摄影比赛，并以专题摄影作品展的形式庆祝，通过中国摄影报向外界宣传“东亚文化之都”。

组织摄影采风创作活动 内容涉及文化宣传、自然风光、城乡面貌、民俗民风、人文纪实、人像抓拍、文物史料、动物植物等多个方面，足迹涵盖福建、江西、广东、浙江以及四川、新疆、西藏等，通过采风提高摄影水平。

【舞蹈】

编创节目配合重大文艺活动 编排舞蹈作品参加文化部、海峡两岸关系协会、中国侨联、台盟中央等主办的2013年世界闽南文化节“闽南风　四海情”文艺晚会；编排舞蹈作品参加由中国侨联组织的、福建省侨联、金门县主办的亲情中华2013年两岸侨界联欢晚会“金门夜　海西情”；组织队伍参加第三届海峡两岸青少年国际标准舞公开赛暨第十三届福建省国际标准舞锦标赛。

加强及对台交流 编排舞蹈作品参加由中国侨联主办的“亲情中华”艺术团赴印尼慰问演出，创编舞蹈《蓝蓝泉州湾》代表文化部参加东亚三国在韩国釜山的东亚文化之都演出。10月28—31日，台湾新北市体育总会国标舞委员会至泉州进行学术交流，并启动一年一次的海峡两岸国标舞交流活动。

获奖作品和论文 《闽南小戏迷》参加中国文联、中国舞蹈家协会联合主办的第七届“小荷风采”全国少儿舞蹈展演获最高奖“小荷之星”金奖。创作的舞蹈作品《嗦啰连》获“魅力校园”第八届全国校园文艺汇演节目征集编导指导一等奖。选拔3支队伍代表福建省参加由国家体育总局体操运动管理中心、全国排舞运动推广中心在杭州举办的2013年“舞动中国-排舞联赛”总决赛获得六金三银的好成绩。7月24—25日，参加2013年国际

标准舞（体育舞蹈）全国公开赛暨CBDF“中国杯”国际标准舞巡回赛泉州分站赛获得多个奖项。《泉州踢球舞的美学特征及其影响》《城市广场舞对群众文化发展的影响探讨》《闽南民间宗教舞蹈探微及个案研究》《从道具的演变追寻闽南民间舞蹈的足迹》《中国版“舞林争霸”所引发的思考》《浅谈电视舞蹈特质的凸显》等20多篇舞蹈论文在本科学院CN及各类刊物发表。课题《福建省少儿培训市场现状与发展研究》获2013年福建省教育厅中青年教师教育科研项目(社科A类)立项。

“海西情”第三届福建省国际标准舞公开赛举办　4月20日，2013年“海西情”第三届福建省国际标准舞公开赛在泉州农校体育馆开赛，来自福州、厦门、泉州、漳州、龙岩等地的22个代表队的600多名参赛选手共1000多人次参加比赛，参赛选手们按照年龄、舞种等类别被分为101个单项进行激烈角逐。该届公开赛由泉州市文联、东南早报、市工人文化宫主办，泉州农校协办，泉州市国际标准舞协会、文化宫群艺国标舞艺术培训中心承办。

全国教师与评审培训考级工作举办　中国国际标准舞总会首次在泉州举办全国教师与评审培训考级工作。4月21—25日，由中国国际标准舞总会主办，泉州市国际标准舞协会、文化宫群艺国标艺术培训中心承办的CBDF（中国国际标准舞总会）全国拉丁舞、摩登舞教师与评审培训考级工作在泉州举办，共有来自海南、福建等地的48名教师与评审参加培训和各级别晋级考试。CBDF（中国国际标准舞总会）高级考官、IDTA(英国国际舞蹈教师协会)国际级考官王永刚担任考官，世界职业拉丁舞新星组冠军陆宁、张丁芳，中国摩登舞九年冠军李兆林、李小媛担任授课教师。

【工艺美术】　中国(开封)首届民间工艺美术展，泉州市有10件作品分获金、银奖。12月，由中国文联、中国民协主办的第十一届中国民间文艺山花奖颁奖，德化陈明良的《志在书中》获山花奖•民间工艺美术奖。中国民间文艺山花奖是经中宣部批准的全国民间文艺界最高奖项，每两年一届。在由中国民协等多家单位联合举办的第五届民间艺人节中，泉州市刘国文获“十佳民间艺人”称号，辛美丽获“最有影响的民间艺术家”称号，周文虎获中国民间艺术产业示范奖。

体育

竞技体育

【全运会、国际赛场成绩】　65名运动员参加第十二届全运会田径、击剑等15个项目的角逐，获5金4银13铜。林超攀在2013年世界体操锦标赛勇夺双杠项目冠军，是中国体操队第66个世界冠军，也是福建省体操队第一个世界冠军。第六届东亚运动会上，陈冰冰与刘咏诗分获女子花剑第一、二名，并助中国军团摘得女子花剑团体冠军；施嘉洛摘得男子花剑个人金牌。杨淑婷在第二届亚洲青年运动会取得女子撑竿跳高第二名。

【备战省运会】　完成泉州市575名运动员的网络注册工作，组队参加31个项目省锦标赛，共获得9枚团体金牌并带入第十五届省运会。泉州市体育运动学校和南安市少体校通过该周期“国家高水平体育后备人才基地”的认定。举办田径、篮球、游泳、羽毛球等18项市少年儿童锦标赛，做好优秀运动苗子的招生和选拔。

【承办重大赛事】　承办“宝珊杯”2013年国际女子网球巡回赛（泉州站）、2013年“乐虎杯”全国青少年羽毛球选拔赛、南安国际青年女篮四国挑战赛、石狮海峡两岸马拉松比赛、全国沙滩排球巡回赛（晋江站）、中国•晋江自行车公开赛等赛事。完成福建省青少年网球、篮球（甲组、乙组、儿童组）等4项锦标赛以及中学生篮球联赛（初中组、高中组）组织任务。完成福建（泉州市）男子、女子97组及99组足球队组建并投入训练。

群众体育

【全民健身活动】　全市全年共举行全民健身活动3000多场次，尤其是“两节”系列体育健身活动、“欢乐泉州　全民健身”泉州市第三届广场舞大赛、第十八届百队千场广场篮球赛、全民健身日系列活动等传统赛事参与人数再创新高，首届泉州市全民健身自行车骑行活动展示泉州湾优美自然环境和独特人文环境。2013年，全市经常参加体育锻炼人口比例达35%。

【完善群众体育组织网络】　做好省委省政府、市委市政府为民办实事项目，建设24个省级社区多功能运动场和1个拆装式游泳池，建设“百村百座”老年活动中心20个。筹措资金打造群众身边体育健身场所，其中晋江市新建室外健身路径100套，泉港区建设文体示范点7个，台商区建设农民体育健身工程29个，石狮市建设塑胶灯光篮球场20个和室外健身路径30套，永春对仓满体育场和棣兰体育馆进行升级改造。调整泉州市全民健身领导小组成员，批准成立泉州市“三老”联谊会和泉州实验篮球健身俱乐部，配合民政部门对全市体育类社团、民办非企业单位进行年检。加强社会体育指导员建设和培养工作，举办二级社会体育指导员培训班3期，444人取得二级资格，另有20人和8人分别参加一级和国家级社会体育指导员培训并全部取得相应资格。晋江市和泉港区分别培训三级社会体育指导员415名和600人，泉州市级、南安、丰泽、石狮、晋江成立社会体育指导员协会。部分企业自觉捐资或冠名全民健身赛事，政府主导、部门（单位）协同、全社会共同参与的“大群体”工作格局逐步形成。

【加强青少年体育工作】 与市教育局联合举办市级中小学生田径、篮球、排球、足球、乒乓球等体育联赛。与教育局联合组队参加省中小学生联赛的田径、篮球、排球、足球、羽毛球、乒乓球等项目比赛。加强传统校建设，完成2013—2016年度市级体育传统校命名，派队参加全国传统校联赛。配合省体育局等开展青少年体育俱乐部督导检查工作，按时完成各俱乐部的检查认定上报工作。做好国家级青少年俱乐部创建工作，德化县浔中中心小学、安溪县沼涛实验小学获批国家级青少年体育俱乐部。

【闽南文化节南少林武术系列活动】 2013世界闽南文化节南少林武术系列活动于6月16—18日在泉州市举行，包括国际南少林武术邀请赛、国际南少林五祖拳联谊总会成立24周年庆典大会、海峡两岸狮阵武术大汇演等3个内容，共有17个国家和地区的海外代表团375人参加。

文物博物

概况

2013年，泉州市新增国保单位11处（晋江庵山沙丘遗址、安海龙山寺、西资岩石佛造像、南天寺石佛造像和摩崖石刻、南安五塔岩石塔、林氏民居、南安中宪第、清水岩寺、李光地宅和祠、惠安青山宫、亭店杨氏民居）、省保单位20处、市保单位11处。截至2013年底，泉州市共有31处全国重点文物保护单位，85处省级文保单位，802处县（市）级以上文物保护单位。

考古调查

对泉州北峰—丰州组团滨江片区潘山地块进行文物调查，并向省文物局提出考古调查报告。协助市住建局基本完成市级文保单位顾珀墓的迁移保护工作；组织报送德化县级文物保护单位宴林口桥及迎仙宫迁移保护相关材料。组织对惠女水库引水工程沿线文物进行考古调查工作。协调完成中海油天然气德化支线文物调查前期准备工作。

文物保护管理

【推荐永宁老街申报第五届“中国十大历史文化名街”】 永宁老街位于石狮市永宁镇，长1000多米，宽度约4—5米，极具闽南特色，两侧保留明清时期风格的商铺、寺庙和古建筑，呈现中西合璧文化交融的特色。街区范围内有省级文物保护单位——永宁城隍庙，及永宁卫石刻、永宁慈航庙、董云阁烈士故居等市级文物保护单位。根据《国家文物局关于组织开展2013年度“中国历史文化名街”评选推介活动的通知》及《2013年度“中国历史文化名街”评选推介活动启示》要求，推荐永宁老街申报2013年度即第五届“中国十大历史文化名街”。8月，永宁老街举行授牌仪式。

【文物保护修缮工作】 完成泉州天后宫大殿维修工程验收工作。10月中旬，国家文物局组织专家组对天后宫大殿维修工程进行竣工验收。完成泉州府文庙泮宫门楼维修工程，完成大成殿维修工程项目立项、综合概算审核等工作，进入公开招标阶段。完成南安蔡氏古民居建筑群醉经堂、梳妆楼维修工程。

【老城区改造整治和片区改造整治工作】 参与西街片区，县后街北拓，古城南片区改造整治等工作，开展文物调查勘探，对片区里的文保单位，传统建筑，古街巷、街区等提出保护方案和保护建议。指导晋江五店市传统街区和草庵公园建设，五店市传统街区完成部分建筑修缮工作，打通两条主要通道，完成通道沿街店面维修。草庵公园完成龙泉书院主体建筑与厢房建设、公园主景区绿化提升等工作，草庵公园园林景观提升方案及施工图编制完成招标。

【全国重点文物保护单位的保护规划编制工作】 组织编制完成《洛阳桥保护规划》《伊斯兰教圣墓保护规划》等全国重点文物保护规划，于11月组织专家、相关部门对洛阳桥、圣墓保护规划进行初步评审。10月底，《泉州府文庙文物保护规划》经省政府公布实施。

【涉台文物保护工作】 泉州市共有涉台文物保护单位281处。文物类别以古建筑为主（包括宫、庙、祠堂、家庙等），其次为古墓葬，第三为近、现代建筑及史迹等。泉州市以《泉州市涉台文物保护方案》为指导，加强涉台文物保护工作。编制涉台文物保护规划、开展省级、国家级涉台文物修缮工作，做好涉台文物保护规划编制、维修方案设计及报批立项工作。

【海丝世遗申报】 泉州市“海丝”和“闽南红砖建筑”申遗于2012年10月入选中国世界文化遗产预备名单。2013年泉州市按照国家文物局的要求，配合省文物局做好“预备名单提交表格”（中、英文）的填报，做好泉州市入选项目的遗产保护、环境整治等工作，联系省文物局、国家文物局，关注世界文化遗产申报动态。

【对台交流合作】 以天后宫、府文庙、威远楼为平台，加强对台文化交流。2013年元宵节期间，在天后宫举办第七届泉•澎“乞龟”民俗文化活动，推动泉州市和澎湖的文化交流活动。天后宫共接待来自台湾地区的进香团70余个。接待金井下丙霞里宫1200人的进香团。泉州府文庙应邀赴台湾高雄市参加“2013年儒道经典之阅读与应用——儒道教化对青年品格素养之提升国际学术研讨会”，与台湾孔庙界保持学术交流等联谊活动。威远楼发挥中心城市文化窗口功能作用，参与协办、主办宣传活动和艺术展览活动达38次。元宵佳节期间，金门县县长带领参访团到威远楼参加“正金门文化馆”揭彩仪式。“正金门文化馆”以常态化对外公开展览。

博物馆（纪念馆）

2013年，泉州有文物系统博物馆、行业博物馆以及申请登记的民营博物馆和私人博物馆44家。其中，被国家文物局公布为国家一级博物馆的有中国闽台缘博物馆、泉州海外交通史博物馆2家，国家二级博物馆的有泉州市博物馆、晋江市博物馆、德化陶瓷博物馆等3家，国家三级博物馆有泉州华侨历史博物馆、安溪县博物馆等2家。

2013年，泉州市各级博物馆继续实行免费开放，将临时展览、讲座与巡回展相互结合，推动高档次联合展览、学术研究及交流，发挥“收藏、展示、研究、交流、教育”功能，提升博物馆的综合管理水平。年内，共举办各种临时展览72场。在举办展览的基础上，推出“移动博物馆进社区”巡回展览，拓宽服务社会文化生活的渠道。开展“5•18国际博物馆日”宣传活动，围绕“博物馆（记忆+创造力）=社会变革”活动主题，组织开展展览讲座、文物捐赠、文物鉴赏等内容丰富的主题宣传活动，初步规划建立泉州市博物馆微信公众号，及时推送视频导览、藏品数字信息及展览资讯，搭建博物馆与公众沟通与互动的平台。年内编撰《泉州文博》2期，市博物馆新增文物1064件。

筹备建立世界闽南文化展示中心。6月17日，世界闽南文化展示中心在泉州市博物馆开馆。世界闽南文化节期间，文化部部长蔡武，中华全国台湾同胞联谊会会长、台盟中央副主席汪毅夫等领导出席开馆仪式并给予肯定。该中心布展面积5500平方米，共展出2100多件文物、800余张照片，由主题馆、音乐戏曲展览馆、传统建筑展览馆、传统建筑石构件展示区组成。展示中心以声、光、电、屏等多媒体形式，讲述闽南人从历史走向未来的故事，展现闽南文化的深厚底蕴、敢为天下先的开拓进取精神。

组织开展2012年度博物馆（纪念馆）年检、备案及申报评估定级工作。全市申报年检的博物馆共有12家，其中属于文化文物部门管理的博物馆、纪念馆11家，行业管理的国有博物馆1家。经国家文物局核准、备案，所有参评博物馆年检结论确定为合格；做好第二批国家二级、三级博物馆的申报评估定级工作。组织各级各类所有制博物馆、纪念馆，对照评估定级标准，积极申报。经福建省博物馆评估委员会评定推荐，全国博物馆评估委员会组织专家备案复核，安溪县博物馆评定为国家三级博物馆。推荐门里博物馆申报设立民办博物馆。

组织开展泉州市第一次全国可移动文物普查工作，廓清文物家底和保存状况。按照全国电视电话会议精神和国务院《关于开展第一次全国可移动文物普查的通知》和《省政府转发国务院关于开展第一次全国可移动文物普查的通知》，下发《泉州市第一次全国可移动文物普查实施方案》，成立可移动文物普查领导小组，组织专业技术人员参加省文物局组织的全国第一次可移动文物普查骨干业务培训班。协调财政、国土、国资委、宗教、侨联、公安、海关、档案、住建局等有关部门，建立普查协调机制和经费保障机制；建设普查信息登录平台，健全普查标准规范，组建普查机构和普查队伍，组织开展普查人员培训，筹集经费、采购相关设备。出版普查工作手册，启动普查宣传。截至年底，共调查本行政区域范围内国有单位2807家，其中国家机关698家、事业单位1864家、国有企业263家。经统计，该次普查中查明收藏有可移动文物的国有单位共计44家，需要认定、采集数据、规范登记的可移动文物43483件。

继续开展泉州水下考古陆地调查第二阶段（台商投资区、惠安县）考古活动。野外实地走访台商投资区和惠安县沿海的部分乡镇，共发现古代沉船线索9处（疑点）；走访沿海古码头（古渡口）16处；发现古代、近代航海针路簿7本（其中2本为同一版本）；发现近代航海地图6张和航海使用查询国内各地海域潮汐时刻的“转轮”1个；调查研究沿海各村不同的海神信仰7尊等及安海出土陶瓷碎片。筹建“泉州水下考古保护与研究中心”实体单位。

中国闽台缘博物馆

【文物征集】 全年新增藏品378件，其中征购80件、接收捐赠56件、调拨242件。对新增文物进行定级，新定一级文物4件、二级文物6件、三级文物578件、一般文物679件。

【引进展览】 中国闽台缘博物馆联合两岸文博界，举办“守望家园——福建涉台文物保护成果展”“墨石经典——西安碑林博物馆名碑拓本展”“祖国疆域——钓鱼岛的历史与主权图片展”“海峡和风 翰墨传情——福建省美术馆馆藏台湾艺术家精品展”“俄罗斯列宾美术学院当代著名画家作品展”“台湾清平画会暨邱定夫教授师生联展”“禅师之美——唐山先生暨闽台画家佛教题材作品展”“海峡两岸纪念毛泽东同志诞辰120周年书画巡展”“第三届中国海西书画大展赛”“两岸青年书画家作品展”等临时展览23个32场次。

【输出展览】 中国闽台缘博物馆组织策划“闽台民俗文物暨碑铭展”“乡土风·两岸情——闽台民俗风情展”新疆吐鲁番、博尔塔拉蒙古自治州、昌吉回族自治州巡展，配合民族地区宣传台湾问题，扩展博物馆影响。中国闽台缘博物馆组织“祖国疆域——钓鱼岛的历史与主权”在安溪、惠安、晋江、石狮等地巡回展览，以丰富的中外史料，宣传普及钓鱼岛自古以来就是中国固有领土的历史事实。

【举办天工荟萃——闽台工艺美术大师系列作品联展】 中国闽台缘博物馆联合市委宣传部、市城镇集体工业联合社、市文联主办“天工荟萃——闽台工艺美术大师系列作品联展”，举办“天工荟萃——闽台工艺美术大师优秀作品联展郑国明专场”“天工荟萃——闽台工艺美术大师优秀作品联展徐才提专场”“天工荟萃——闽台工艺美术大师优秀作品联展郑君亮专场”，发挥两岸交流平台作用，联合闽台两地工艺大师，长期推展“天工荟萃——闽台工艺美术大师作品联展”。

【“5·18”国际博物馆日活动】 2013年“5·18”国际博物馆日的主题是“博物馆（记忆+创造力）=社会变革”。为契合主题，中国闽台缘博物馆联合福建闽越王城博物馆举办“王城记忆——闽越国历史文物展”，通过32幅看板、140余件文物，图文并茂重现被湮没的闽越王城历史。

【中国文化遗产保护年度杰出人物】 中国闽台缘博物馆推荐黄英哲参评由中国文物保护基金会主办的第六届“薪火相传——中国文化遗产保护年度杰出人物”。 经过初评、公示、网络、报纸投票、终评，黄英哲获“中国文化遗产保护年度杰出人物”称号。黄英哲是台湾嘉义人，日本爱知大学现代中国学部教授、博士生导师。因研究需要，收集、整理、保存许氏家属提供的大量许寿裳遗稿、手稿以及编译档案等相关资料。为更好地发挥这些资料的价值，黄英哲于2008年和2010年将珍藏多年的涉台珍贵史料“许寿裳日记手稿原件”和“台湾省编译馆档案原件”无偿捐赠给祖国大陆的中国闽台缘博物馆收藏。

泉州海外交通史博物馆

【“历史上中国的海疆与航海”学术研讨会】 中国海外交通史研究会与南京大学“中国南海研究协同创新中心”、泉州海外交通史博物馆于10月27—30日在泉州举办“历史上中国的海疆与航海”学术研讨会。有来自比利时及香港、澳门、北京、广东、广西、海南、河南、黑龙江、武汉、湖北、吉林、江苏、辽宁、宁夏、山东、陕西、上海、四川、浙江、福建等地的学者160多人，提交会议的论文有70多篇，内容涉及钓鱼岛、南海等专题的研究，以及中国与周边海洋国家的关系、海图与航海针路簿的研究、中国航海贸易史、闽南人与海洋文化等专题的研究与讨论。

【举办“诗情画意访古船特展”】 6月16日，泉州海外交通史博物馆与阳明海运文化基金会联合在泉州海外交通史博物馆举办“诗情画意访古船特展”。该次展览以台湾的创意为基础，邀请泉州著名书法家用中国毛笔书法演绎古典诗词，是一次海峡两岸博物馆合作的新尝试。

德化县陶瓷博物馆

【福建涉台文物保护成果联展】 1月至3月，德化县陶瓷博物馆举办涉台文物保护成果联展，通过图片与文字的形式展示涉台文物保护成果，共展出图片63幅。

【南海瓷缘——中国瓷都•德化名瓷展】 6—10月，德化县陶瓷博物馆与广东海上丝绸之路博物馆联合举办的“南海瓷缘——中国瓷都•德化名瓷展”在广东海上丝绸之路博物馆展出。该次展览共展出德化窑精品陶瓷239件（套）其中古陶瓷50件（套），德化当前省级以上大师作品118件，建白瓷、高白瓷及其他有代表性外销瓷71件。

【出版《德化窑精品图集》与《德化窑古陶瓷研究论文集》】 德化县陶瓷博物馆将“2011中国瓷都•德化窑学术研讨会”期间展出的171件德化窑古陶瓷塑精品以图片的形式结集出版《德化窑精品图集》；研讨会期间交流的39篇论文结集出版《德化窑古陶瓷研究论文集》。

【苏清河大师作品展】 6月，世界闽南文化节期间，德化县陶瓷博物馆举办“苏清河大师作品展”。该次展览共展出苏清河大师自上世纪70年代以来的陶瓷作品200多件。

【第一次全国可移动文物普查工作】 8月初和9月底，德化县陶瓷博物馆选派4名工作人员分别参观省、市组织的第一次全国可移动文物培训班，做好第一次全国可移动文物普查工作，并做好全县的可移动文物调查摸底工作。

【馆藏文物走进央视“寻宝”栏目】 9月，中央电视台寻宝栏目走进德化，德化县陶瓷博物馆精心挑选3件（套）有代表性的德化窑古陶瓷到节目现场进行录制。

晋江市博物馆

【概况】 2013年，晋江市博物馆以“晋江历史风景线展”“海天万里故园情——晋江华侨华人历史展”“晋台缘港澳情——晋江港澳台同胞展”三大固定展览为立足点，开展内容丰富的主题活动，全年共接待游客近8万人，其中各级政府团体52次，海外华人华侨团体23次，幼儿园、中小学生团体45次。文物保护工作推动文保单位晋级，筹备第一次全国可移动文物检查，投入文物安全生产大检查。

【15场专题展览】 1月，“贴得人间喜气来——晋江博物馆藏中国年画展”赴北京新文化运动纪念馆展出；举办“‘见证晋江’新闻摄影展”及“梦如生活——印尼华侨许金聪爷孙摄影绘画展”；2月，举办“守望家园——福建涉台文物保护成果展”；3月，“贴得人间喜气来——晋江博物馆藏中国年画展”赴黑龙江省博物馆展出；5月，举办“泉南旧事——摄影家陈世哲镜头下‘改革开放初期的晋江’摄影展”；6月，举办“祖国疆域——钓鱼岛的历史与主权”展览；8月，从中华世纪坛博物馆引进“世界华人与华人世界——19世纪西洋画刊版画精选展”；9月，举办“别样霓裳 先秦两汉服饰复原展”；10月，“大美晋江——晋江书画名家作品展”等；11月，从湖北廊坊博物馆引进“廊坊博物馆馆藏剪纸艺术展”，举办“根之魂——德南根书艺术作品展”；12月，举办“晋江书画院建院十周年——晋江书画名家展”。此外，推进“未成年人思想道德建设”，开展“送展览 进社区 进校园”活动，“品味经典 感受大师——中国新文学作家与作品展”先后于3月、5月、9月、10月赴梅岭万达广场、晋江一中、玉湖小学、英林中学、南侨中学展出，参观人数近5万人。

【对外宣传】 晋江市博物馆依托“5•18”国际博物馆日和“中国文化遗产日”两个重要的宣传平台，开展系列活动。5月，为庆祝第37个“5•18”国际博物馆日，围绕“博物馆(记忆+创造力)=社会变革”的主题，举办《泉南旧事——摄影家陈世哲镜头下“改革开放初期的晋江”摄影展》；邀请省文物鉴定组专家在馆内免费鉴宝，吸引省内外近百名收藏爱好者前来鉴宝；组织近30名文管员参加“走进晋江博物馆群”活动，先后参观晋江华侨史馆、泉州古代外销陶瓷博物馆、晋江城市展馆及五店市文物保护街区等。6月，为庆祝中国第8个“中国文化遗产日”，举办“祖国疆域——钓鱼岛的历史与主权”展览；举办2013年全市文物管理员安全生产与消防培训，提高文物管理员的文物安全意识及突发事件应急能力。晋江市博物馆以“我们的节日”为主题，举办内容丰富的庆祝活动，如中秋节与晋江市传统文化促进会等单位合办“别样霓裳 先秦两汉服饰复原展”。为丰富节日活动，开幕式上请泉州培元中学学生表演精彩的汉服T台秀、茶道，请闽筝传承人演奏闽筝，开展“汉服礼仪”讲座，举行传统的博饼活动。

【“晋江市第一次全国可移动文物普查”工作】 4月和6月，配合市政府办组织全市各乡镇、街道及相关单位收听收看第一次全国可移动文物普查电视电话会议和福建省第一次全国可移动文物普查电视电话会议，传达国家文物局、福建省文物局关于做好第一次全国可移动文物普查工作的各项通知及要求，做好开展晋江市第一次全国可移动文物普查的前期工作。9月，组织抽调泉州市第一次全国可移动文物普查小组4名成员参加泉州市文广新局关于举办泉州市第一次全国可移动文物普查培训班。10月，成立“晋江市第一次全国可移动文物普查领导小组。12月，举行晋江第一次全国可移动文物普查培训班，邀请专家为晋江普查组成员讲解普查要点。

【推动文保单位晋级】 1月，晋江石井书院、长顺建筑群、钱头状元第、石鼓庙乡约碑、陈清机宅、围头“八二三”炮战遗址、五店市建筑群等7处文保单位18个文物点被福建省人民政府列入第八批省级文物保护单位；5月，晋江庵山沙丘遗址、龙山寺、西资寺石佛造像、南天寺石佛造像和摩崖石刻等4处文保单位被国务院公布为第七批全国重点文物保护单位。晋江市共有省级文物保护单位13处24个文物点，全国重点文物保护单位9处13个文物点，全国重点文物保护单位数量名列泉州各县市区之首。10月，磁灶俞大猷历史文化区、围头“八•二三”炮战遗址、池店李五纪念馆同时被列入晋江市爱国主义教育基地。新晋文保单位的树碑工作陆续展开。其中，吴鲁故居被纳入第八批省级文物保护单位，得到各级领导及吴氏宗亲的关心与支持，10月2日在吴鲁故居举办福建省第八批省级文物保护单位“钱头状元第”揭碑仪式暨《吴鲁研究》出版座谈会活动。做好下属分馆的建设指导工作，晋江博物馆陈永栽家族纪念馆的设计方案通过市住建局评审，完成地质勘探；启动陈紫峰纪念馆的改版工作。

【开展文物安全生产大检查】 根据福建省文物局、泉州市文广新局统一布置，结合《晋江市文化体育新闻出版局关于深入开展消防安全大排查大整治活动工作方案》，晋江市博物馆按要求分3组，划分片区组织对泉州市9处国保、13处省保单位，房屋建筑类的市保文物单位，市博物馆、古陶瓷馆及下属纪念馆开展文物安全大检查和整治百日行动。

【做好文保单位修缮】 下半年，晋江市委常委林惠玲、晋江市政府副市长丁峰分别带队考察磁灶金交椅山古窑址、深沪庵山遗址、施琅宅祠、长顺古建筑群等重点文物保护单位，协调解决文物修缮保护等相关问题。抢险加固定和修复安海龙山寺清代牌坊裂痕的石柱和安平桥断裂的宋代桥板。庵山遗址保护规划和陈埭丁氏宗祠保护规划陆续启动，国家文物局分别为以上两个保护规划下拨经费53万元和70万元。

【推进草庵公园建设】 由晋江博物馆负责的草庵公园建设任务，完成龙泉书院主体建筑与厢房建设、公园主景区绿化提升等工作，草庵公园园林景观提升方案及施工图编制完成招标。策划举办系列传统文化习俗活动，9月举行“龙泉书院癸巳年祭孔典礼暨新生开笔礼”，11月举办“闽筝汉韵——闽筝传承晋江专场演奏会”及传统提线木偶戏表演；12月，举办“我们的节日——搓圆子过冬至活动”。

【参与城市建设】 晋江博物馆抽调7人次参与城市改造项目，其中2人参与紫帽片区动迁工作，4人参与紫帽片区改建工程、陈埭涵口改造片区、博览片区的历史风貌建筑调查，5人参与安平桥文化公园、五店市传统街区和草庵公园建设。

泉州学研究

（内容暂缺）

报刊图书

报纸

2013年，泉州市共有《泉州晚报》《东南早报》《晋江经济报》《石狮日报》《泉州广播电视报》《海峡都市报.闽南版》《泉州师院报》7家报纸。

泉州晚报社

【概况】 2013年，报社连任中国晚协副会长单位、中国地市报研究会副会长单位，并增补为中国晚协副秘书长单位。报社因广告经营、多元经营业绩突出，被授予“中国报业经营管理奖”，成为福建省唯一获此殊荣的地市党报。《泉州晚报》被国家新闻出版广电总局评为“全国百强报纸”，是地市级晚报唯一的一家。印务中心D380生产线被授予福建省“工人先锋号”称号。此外，报社还获评2010—2011年度福建省无偿献血先进单位、福建省广告协会2012年行业先进单位、福建省第十六届优秀广告作品评选组织奖，印务中心获评2012年度全省报纸质量评比精品奖，泉州晚报、泉州市第三实小董事会获评2013年闽台报业创新成果征文创新奖。

【形成舆论宣传强势】 报社把学习宣传贯彻落实中共十八大、十八届三中全会精神作为全年报道的主线，先后做好全国、省、市两会的宣传报道，抓好落实中央“八项规定”，省委省政府工作检查、市委市政府工作检查，第六次千企大会，“增强忧患意识 推动长远发展”大讨论活动，2013年世界闽南文化节，泉州当选中国首个“东亚文化之都”，建设“美丽乡村”，创建全国文明城市，建设全国卫生城市，“马上就办 服务发展”，走进吴一心、纪念陈其伟等重大主题的宣传报道。

【创新报道内容和传播手段】 2013年，东南早报的微博粉丝数突破10万。泉州晚报开设军事版、看天下等新版面，东南早报出版社区报、《泉州质量周报》。报社创新报道方式，与中国晚协合作邀请15家媒体到泉州采访闽南文化节活动，与中国地市报研究会合作邀请41家全国地市党报到石狮参加“东方米兰 质量石狮”活动。《香港泉州报》更换合作方，与香港《成报》合作，发行量达到50万份。

【开展“走转改”活动】 报社继续深入开展“走基层、转作风、改文风”活动，发动采编人员深入基层，深入一线，反映最基层群众的声音。继续做好“画家走基层”“总编接线”“政风行风直通车”“一线通”“温陵茶座”等活动，加强与读者的互动，帮助群众解决难题。

【为县域经济发展鼓与呼】 晚报与永春县开展“永春香道 千年流香”大型品牌推广活动，与中国地市报研究会、石狮市开展“东方米兰 质量石狮”大型品牌推广活动。配合做好泉州商品博览会暨第十六届海博会和第十五届鞋博会、南安石博会、惠安雕博会、安溪茶博会、德化陶瓷旅游文化节等的宣传报道。在10月举行的石狮品牌推广活动中，41家全国地市党报齐聚石狮，各媒体社长、总编、记者、编辑组成80多人的采风团。《佛山日报》《昆明日报》《闽东日报》

《连云港日报》《蚌埠日报》等30多家媒体解读石狮的建设成就。

晋江经济报

【推出特别策划报道】 4月3日，围绕晋江市委提出的“五城同创”发展思路，晋江经济报推出“创新驱动 打造智造名城”系列报道，对晋江打造智造名城中得一些好经验好做法进行报道。同日起，《理财周刊》特别推出针对晋江金改的“金改创新先导 晋江先行先试”系列报道，展示晋江金融机构的金改风采，追踪金改进程。

【全程实时报道两会进程】 2013年，晋江市两会于1月12—16日举行。《晋江经济报》开通《两会微直播》栏目，选定3名微主播，通过记者的视角，观察两会中的亮点。

【开辟评论栏目“江畔谭”】 1月22日，推出评论栏目“江畔谭”。读者就晋江的热点焦点、大小事件发表见解，为读者呈现一个晋江最本土的言论阵地。全年该栏目推出40篇评论。

【承办“2013年晋江金融理财节”】 8月30日，2013年晋江金融理财节在晋江万达广场举行首场启动仪式。该届金融理财节盛事由晋江市政府主办，中国人民银行晋江市支行、泉州银监分局晋江监管办事处、晋江经济报社承办，联合晋江市各银行、保险、证券、期货、小额贷款等众多金融机构，走基层、进社区、做展览、送服务。活动期间，晋江经济报出版普及金融知识的理财特刊，介绍基础性的理财常识。

【“向莆铁路爱心直通车”大型公益活动】 9月23日，借向莆铁路通车的契机，推出“‘晋江情·两地心’向莆铁路爱心直通车”大型公益活动。通过调动晋江广大爱心企业的力量，为中秋未能回家团圆的江西、湖北籍蓝领，捎回他们对家人的思念，带去晋江人民对留守老人和孩子的祝福和敬意。

【首批100个报架进驻公共场所】 12月10日，首批100个报架进驻公共场所项目亮相各银行、酒店、医院等场所的等候大厅，报架上摆放《晋江经济报》和《晋江商人》杂志。

【小记者站工作】 2013年，小记者站基本覆盖晋江市个乡镇街道。2013年共新建21所小记者站。其中安海镇共有17所小记者站，超过安海所有小学总数的一半，300人以上规模学校全部建站，小记者人数近千人，超过总团人数1/4。8月，小记者部组织30名小记者首次踏上台湾岛，为两岸交流做贡献。年底举办“聚龙小镇”杯第三届小记者文化艺术节，吸引5000多名中小学生参赛。

【晋江新闻网建设】 2013年，晋江新闻网推出各种形式的评选、征集、线下交流等活动。如“和谐家庭幸福有约”随手拍作品征集、公益验房团、“教你验房 教你装修”线下验房讲座、“网上鞋博会”企业家线下交流、市树市花推选等。晋江新闻网在新闻发布时效、微博直播及村级频道开发等方面进行探索。其中，微博方面，对晋江市党代会、两会等大型会议进行直播，也对谢国忠讲座、人民网网友走进晋江等一些活动进行直播；把晋江名人名企微博集体“搬上”晋江新闻网首页，即时呈现动态。第一个村级频道（大埔村）7月上线，新闻网的影响向基层延伸。

石狮日报社

【做好中共十八大精神以及中央重要决策的宣传报道】 2013年，石狮日报做好中共十八大精神以及中央重要决策的宣传报道，在要闻版开办“学习贯彻十八大精神·推动石狮新跨越/加大民生保障/推进社会管理创新/加快融入泉州环湾发展大局/大力建设生态文明”等系列报道，刊发各类报道150多篇，专版近10个。做好贯彻执行“中央八项规定”、深入开展党的群众路线教育实践活动、反对“四风”、大力惩治腐败等一系列党中央重要决策的宣传报道。在推进“中国梦”宣传报道上，开办《民营企业家与中国梦》《宝盖村居行——20个村居20个闪光点》等专栏；刊发“中国梦”公益宣传广告29次，共8.4个版。

【宣传“质量石狮、二次创业”发展战略】 开辟“大力推进‘质量石狮、二次创业’发展战略”“建设‘质量石狮’打造‘东方米兰’”等专栏，全年刊发“质量石狮、二次创业”相关报道及言论近百篇，专版8个；刊发“米兰计划”相关稿件200多篇和10多个专版专题；在经济新闻版开设《时尚广角》栏目。

【宣传好石狮全域城市化发展改革工作】 在7月省政府办公厅印发《石狮全域城市化发展改革试点方案的通知》后，开辟《石狮全域城市化改革》、《解读<石狮全域城市化发展改革试点方案>》等栏目以及组织专版，共刊发相关报道20多篇，专版1个。

【跟进报道省、泉州市以及石狮市“三级”重点项目的建设进展情况】 在一版开辟《全力以赴推进重点项目建设》等专栏，跟进重点项目建设进展情况的报道，共刊发报道、图片等230多篇（幅），专版3个。

【做好片区改造建设的宣传报道】 2013年，石狮市推进“钞坑片区”“城北片区”改造建设工作，铺开“永宁小城镇片区改造”“加曾寨片区改造”等片区改造建设工作，《石狮日报》开设《关注钞坑（城北、永宁小城镇、加曾寨）片区改造建设》栏目，刊发报道120多篇。

【助推石狮市争先创优活动】 配合石狮争创全国文明城市、全国卫生城市活动，开设《创建全国文明城市》《争创国家级卫生城市》《环卫考评在行动》《移风易俗树新风》《乡风文明》《公民道德建设》等多个栏目。

【配合做好“建设生态文明”的宣传报道】 在一版开辟《建设“质量石狮”建设“生态文明”》《争创省级生态市》《加快产业结构转型升级　积极转变经济增长方式》等栏目，全景扫描石狮生态文明工作，配合市政府通过“省级生态市”考评，反映石狮在产业结构调整和促进经济增长方式方面的举措和成效，共刊发稿件120多篇，专刊5个。

【做好大型经贸、文化会展活动的报道】 海博会和时装周的新闻发稿量创历史新高，达到179篇，包括4个海博会新闻专版、3个专题宣传版，编发海博会宣传特刊《质量石狮在征途》。在《台湾商报》刊发有关海博会的新闻报道28篇，1个专版。“第七届闽台对渡文化节暨蚶江海上泼水节”，编发11篇稿件和背景介绍。“世界闽南文化节”专派2位记者蹲点泉州采访报道，发稿20多篇。

【助推电商发展】 1月，开辟“石狮电商在行动”专栏；4月底，推出《电商论道》专栏，每周邀请一位优秀电商企业主和运营专家，讨论电商发展大计。2013年“石狮电商在行动”栏目刊发稿件30余篇，《电商论道》栏目刊发稿件28篇。

【服务金改】 先后刊发《石狮“金改”谋求六大突破》《石狮金改新突破：“回批地”房产可抵押贷款》等近50篇重头稿件。《金融周刊》推出“泉州金改，石狮先行”系列报道26期。开办《投融资信息频道》，每周二、周四分别用半个版面，为本埠中小企业及各类金融机构、投资人、中小企业、创业者牵线搭桥，为资金找项目、为项目找资金，为投融资双方搭建一个平台。

【加大人才政策宣传】 加大对党委政府及企业的招人、留人方面的举措进行宣传，刊发相关稿件100余篇。派出特派记者跟踪采访石狮企业赴外省招工情况。

【持续关注弱势群体】 2013年，石狮日报的“爱心新闻”仅关爱“白血病患儿小牛、王海滨、童小炜”等爱心系列新闻报道，募集的社会捐款总额就达200万元。通过《一封〈阿里家书〉牵动石狮西藏两地情》系列报道，为阿里巴嘎的群众和官兵募捐50多万元，打出两口爱心水井；对雅安地震的连续报道、对外来务工者弱势群体方面的报道；对石狮永恒阳光爱心馒头店运营遭遇资金困难的报道，引起中央级媒体的关注。

【履行新闻监督职能】 发挥“110联动”单位的职能作用，加强新闻监督，刊发大量的新闻稿件。开办“民意直通车”“12345便民服务”栏目，帮助解决与群众利益关联密切的问题；加大热线新闻的报道量，从每周总量一个整版，增加到每周总量两个整版。在关注QQ自杀群新闻事件中，报社记者暗访QQ自杀群，为公安网络侦查部门提供直接证据。

【做好“新型社区”建设的报道】 配合市、镇、村三级做好舆论氛围的营造，开辟《“新型社区”建设•镇办在行动》专栏，持续关注“新型社区”建设，刊发大量稿件。

【完成《石狮侨报》改版】 5月13日，《石狮侨报》改由石狮日报社主办，并改版发行。《石狮侨报》从改版至2013年年底共出版17期，平均每月两期。设置“本地侨讯”“家乡半月”“阮厝人”“海内外乡亲”“侨情纵览”“闽南故事”“闽台缘”等版面。

【办好文化副刊】 2013年，《石狮日报》的《闽南文化》《艺术空间》《旅游天下》《人在旅途》《光影生活》《小记者园地》《幽默茶座》几个文化副刊更上层楼。其中，《闽南文化》版开设《古厝情缘》《情系妈祖》《惠女阿芳》等具有闽南风格的栏目，采访跳出石狮，拓展至晋江、南安、永春等周边县市，每期都有一组与泉州本土画家蔡永辉合作的“惠安阿芳”漫画。《艺术空间》版常设的栏目有《焦点透视》《艺坛走笔》《艺术动态》《展览播报》《市场观察》等，报道国内外艺术品市场的资讯和动态，把关注重点放在本土书画市场的热点难点问题上。

【热心组织小记者活动】 2013年暑假，主办“游学宝岛”小记者台湾励志修学夏令营、“少年领袖”小记者西安素质锻炼夏令营、“心灵成长”小记者漳州特训营等三个夏令营活动，尤其是与《台湾商报》合作的“游学宝岛”夏令营，开创海峡两岸媒体合作举办夏令营的先河。石狮日报小记者团招收市实验小学等11所小学300多名小记者成员，利用周末开展各项活动14场。

【经营好“一品堂艺术馆”】 2013年，石狮日报“一品堂艺术馆”共举办16场展览活动。引进“华侨大学美术学院2013届绘画系国画•油画毕业创作作品展”。“华侨大学美术学院艺术展览中心”也于活动期间落户。策划大型美术创作活动——“2013年福建省青年美术家走进石狮•共绘美丽侨乡”采风活动。活动邀请到的几十位艺术家走进石狮最具代表性的景点进行实地写生。

【加强淘宝大学电商培训，助推石狮电商发展】 2013年，淘宝大学石狮站上升为淘宝大学泉州地区唯一指定合作培训机构。下半年起，陆续在晋江、安溪等地开设新的培训点，成立分支机构。全年开设50期各级专才班、特训营，参加培训总人数1500多人。开设专门的电商服务项目，在产品摄影、代理运营、运营策划等方面对外合作，探索多种经营的新途径。

【继续深入开展“走转改”活动】 落实“走转改”活动的要求，加强与基层的联系。常设走基层（亲历、调查、关注）系列专栏、蹲点日记、民情日记专栏，刊发相关稿件超过500篇，确保每周一、三、五、日均有一篇“民情日记”见报。做好《记者走基层》栏目，报纸镇村新闻版超70%的头条稿件都是来自最基层的新闻。5月，组织记者前往永春县考查民间文化，并在《石狮日报》发表系列稿件，推介永春纸织画、香艺、漆画等传统艺术。组织记者专题考察石狮古浮大山屿白鹭栖息岛，为石狮的生态环境保护呐喊。组织摄影记者和石狮摄影爱好者，举行“海上拍石狮”“美丽宝盖”专题摄影活动。

【石狮日报手机报APP客户端上线】 12月18日，石狮日报手机报APP客户端——“石狮日报”上线，打造石狮本地权威的新闻及生活资讯服务平台。

侨乡科技报

2013年，《侨乡科技报》全年编辑出版《侨乡科技报》50期，国内发行30万份，与菲律宾《商报》合作编印出版《侨乡科技报》专版52期，海外发行130多万份。《二次创业，赢在科技——泉州民企的科技创新路》获第26届（2012年度）全国科技报系统专栏类二等奖；《泉企研发工业机器人替代人工》和《科技新生活•2012》分获26届（2012年度）全国科技报系统科普类三等奖和版面类三等奖。7月上旬，举办泉州科技夏令营活动，《侨乡科技报》小记者团的小记者与市科技局系统干部职工子女共250多人走进泉州市科技馆，参观机器人创意嘉年华、机器人DIY体验活动、地震模拟平台、3D魔幻艺术展演、“食品与健康”展览等活动，分享国内外最前沿的3D艺术的魅力，提升青少年对科技互动参与的兴趣。

期刊

2013年，泉州市有华侨大学学报哲学社会科学版、华侨大学学报自然科学版、海交史研究、黎明职业大学学报、泉州师范学院学报、泉州文学、东方收藏7家期刊；泉州商报、泉州乡讯、侨乡科技报、华侨大学报、晋江乡讯、石狮侨报、南安商报、惠安乡讯、安溪报、桃源乡讯、梅山乡讯、泉南文化、闽南、收藏快报、晋江商人、海峡影艺、世界泉州人、瓷都德化、泉州企业家、郑成功研究20家侨刊乡讯；泉州通讯、泉州人大、泉州政协、泉州学林、泉州党史、泉州党校、泉州教育、泉州工人、黎明大学、泉州青年、清源、侨乡现代农业、惠安教育、泉州女性、福建炼化、惠安文化、安溪教育、安海、泉州工程造价管理、泉州建筑业、儿童发展研究、教研通讯、泉州法学、审判与法、星光、泉州文博、泉州月志27家连续性内部资料出版物。

泉州文学

《泉州文学》获得“福建省2013年期刊优秀封面”金奖。做好组稿和编辑工作。在坚持办好“特别推荐”“名家手笔”“小说天地”“散文荟萃”“散文诗苑”“诗歌在线”“文学评论”等常设栏目外，注重栏目策划，围绕泉州市委、市政府中心工作、重大节庆、重要活动等，做好组稿工作，开辟“山美水库采风小辑”“学习贯彻十八大精神泉港采风小辑”“泉州文艺志愿服务队走进台商投资区”“走进清源山　感悟清源山”“‘我为党旗争光辉’文艺采风小辑”“‘金色春美　人文双翰’文艺采风小辑”等专栏。推出“道德在线”专栏宣传推介“道德模范”先进事迹，刊登“讲文明树新风”、文明餐桌公益广告。联系作者读者。开辟“作家访谈”栏目，对泉州本土及外地泉州籍有代表性的作家进行访谈。组织《泉州文学》2012年度优秀作品奖的评选和表彰活动，评出在《泉州文学》2012年刊发的优秀作品10篇。召开泉州清源山采风暨泉州青年作家座谈会，策划女作家专号、青年作家作品专号，发现和培养本地区优秀青年作者。加强同台港澳和海外华文作家，特别是泉州籍华文作家的联系与交流。加强编辑队伍建设。调整《泉州文学》编委会，组织编辑人员参加继续教育培训。做好刊物发行工作。每月按时出版，交付邮局发行、新华书店零售，扩大免费赠阅范围。

图书馆

【概况】 全市共有市、区、县公共图书馆10所（丰泽、洛江、泉港尚未建馆），在2013年文化部开展的全国第五次公共图书馆评估定级工作中，泉州市图书馆、晋江市图书馆、石狮市图书馆、南安市图书馆、泉州市鲤城区图书馆、南安市李成智公众图书馆、永春县图书馆获“一级图书馆”称号，惠安县图书馆、德化县图书馆、安溪县图书馆获“二级图书馆”称号。泉州市图书馆建筑面积7310平方米，2013年完成38000多册图书的采访、编目、加工、入库工作。完成1300多种刊报的订购、登到、上架流通工作。接受社会及个人赠书1000册。全年投入150万元文献购置经费，完成采购加工任务。入藏电子图书67000种，购置容量2700万多篇论文的CNKI学术期刊库及10000集视频资料。截至12月，馆藏总量达760000册，电子图书共计24万种。全馆流通总人次25万，流通总册次52万，其中外借册次33万册次。续借12000人次。办理借阅证3400本。馆外流通点40个，开通泉州市图书馆泉州艺校分馆，流通图书8000册。泉州市图书馆等3个网站点击量累计120万次；泉州文献之窗•泉州数字图书馆累计10万次。开展摄制工作，摄录完成《湿地保护》《陈三五娘》等专题片10部。

【“三下乡”服务】 1月21日，由泉州市委宣传部、市委文明办、文广新局等单位主办泉州市2013年“三下乡”启动仪式暨春节慰问演出走进梅山镇，泉州市图书馆和来自市直单位的500多名专业工作者，为当地群众送去文化、科技、卫生等方面的服务和节目。泉州市图书馆组织馆员现场向农民赠送农业科技、实用技术和卫生健康类图书，远程数字图书馆阅读卡更是群众争先抢要的文化资源。泉州市图书馆向梅山镇捐赠500册图书等。

【泉州市图书馆举办“十八大精神解读”专题讲座】 1月10日，泉州市图书馆“温陵讲坛”配合市文广新系统党委，邀请省委党校党史教研部主任曹敏华教授到泉为市直文广新系统党员干部100多人作中共的十八大精神专题报告会。

【泉州市图书馆开展纪念第十八个世界读书日活动】 泉州市图书馆于4月21—23日期间主办、协办一系列活动。4月21日，泉州市图书馆“温陵讲坛”邀请到福建师范大学文学院博士生导师潘新和教授，为社会各界读者作题为《阅读漫谈——向大师请益，与大师对话》的讲座。4月22日，“人文刺桐•书香古城”首届读书文化周在六井孔音乐文化创意园拉开帷幕。4月23日，“中国梦•我的梦”纪念第十八届世界读书日活动在中山公园泉州书城广场举行。活动上，市委宣传部副部长许旭明为开元街道全民阅读志愿者队伍授旗，泉州市图书馆、泉州书城为开元街道泉山社区捐赠图书。

【省第五次公共图书馆评估定级工作专家评估组莅临泉州检查图书馆工作】 5月21—22日，福建省第五次公共图书馆评估定级工作专家评估组到泉州检查公共图书馆工作。评估组组长、福建省文化厅社文非遗处处长梁祥霖，副组长、福建省图书馆馆长郑智明副研究馆员率专家组成员一行9人检查指导泉州地区公共图书馆工作。21日，专家组复查泉州市图书馆，听取泉州市文广新局副局长林育毅关于泉州地区公共图书馆第5次评估定级工作汇报以及泉州市图书馆馆长许兆恺关于泉州市图书馆自评工作汇报。专家组现场考察泉州市图书馆的书库、阅览室等部门，检查各种业务档案资料并现场向读者发放调查表。

【永春县图书馆开展“庆六一”文化共享进校园活动】 5月30日，为迎接“六一”国际儿童节的到来，永春县图书馆同炉地小学联合，以“欢庆六一”“文化共享进校园”“送知识、送温暖”为主题，开展庆祝活动。永春县图书馆工作人员在文艺演出中，为炉地小学200余名学生送去节日的祝福和精美的文化大餐，并赠送期刊500余册和价值近2000元的文具用品。文艺演出后，图书馆工作人员组织学生在多功能教室观看“童心向党 快乐成长”爱国主义专题教育片、动画片等视频节目。

【泉州市图书馆视障阅览区投入使用，为特殊读者提供服务】 6月，泉州市图书馆利用专项资金开设“视障阅览区”为视障读者服务。视障阅览区开设在一楼中文借阅部，配置点显器、一键式智能阅读机、助视器、盲文刻印机、盲文读屏软件等，并购置500多种盲文读物及100种有声读物。

【泉州市图书馆“科技读书夏令营”暨“网络书香”数字阅读推广活动举行】 7月22—23日，泉州市图书馆和泉州三中主办的“科技读书夏令营”暨“网络书香”数字阅读推广活动在市图书馆举行。22日，50多名同学聆听泉州师院李裕红老师主讲的题为《湿地保护》演讲，并观看湿地保护专题视频片。23日，题为《如何利用现代图书馆》的讲座在市图多功能厅开讲，50多名同学参加，市图书馆馆长许兆恺主讲。演讲结束后，同学们集体在电子阅览室熟悉使用泉州市图书馆数字图书馆资源、省图资源及国图资源。市图还向同学们分发国图“网络书香”数字阅读书签、资源宣传折页及征文通知等宣传品。

【鲤城区图书馆“中国梦——中华民族复兴之路”图片展】 鲤城区文体旅游新闻出版局、鲤城区创意办主办，鲤城区图书馆承办的“中国梦——中华民族复兴之路”图片展于7月19—29日在泉州T淘园展出。该图片展包括“中华民族的昨天——雄关漫道真如铁”“人间正道是沧桑——走中国特色社会主义道路”“长风破浪会有时——共圆中国梦”三部分。

【“东亚文化之都——泉州”摄影佳作擂台赛作品在泉州市图书馆展出】 9月30日，由中国摄影报、泉州市图书馆、泉州市摄影家协会联合举办的“东亚文化之都——泉州”摄影佳作擂台赛作品展在泉州市图书馆举行。该次活动共征得泉州及周边的福州、三明、漳州等地影友共352幅摄影作品，由中国摄影报、泉州市摄影家协会组织评委，采用完全公开的方式反复进行遴选，共评出36幅获奖作品。该次作品展除展出36幅获奖作品外，还从每位参赛作者参赛作品中挑选一幅佳作展出。

【晋江市少年儿童图书馆开馆试运行】 10月31日，晋江市少年儿童图书馆试开馆。晋江市少年儿童图书馆位于青阳崇德路，是在原菲律宾华侨陈延奎、蔡琼霞伉俪捐建的晋江市图书馆旧馆（即陈延奎图书楼）的基础上进行装修改造而成的，面积达4000多平方米，藏书约5万册。馆舍按照国家一级少年儿童图书馆的标准进行建设，服务对象为0—16岁的少年儿童。设有总服务台、亲子悦读区、绘本悦读区、儿童活动区、动漫世界、儿童文献借阅区、室外休闲区、文献借阅区共八个服务区。

著作

【概况】 2013年，海内外泉州人新出版各类著作计93种。研究泉州的著作出版取得新成果，如《泉州非物质文化遗产大观》《回望泉州学》《故乡：从越南到泉州》等专著、文集的出版。文学类著作涌现，涵盖小说、散文、随笔、诗歌等文学体裁；其他著作还包括自然科学类、哲学、社会科学类、艺术类等方面。

【作品选介】

《闽南文化：闽南族群的精神家园》 林华东编著，2013年由厦门大学出版社出版。该书讲述闽南文化是中华文化的一个重要组成部分，同时又是中华文化中的一个极具鲜明特色的地域文化。闽南文化的形成及其发展，是经过漫长的历史演变与文化磨合，以及东南沿海地带独特的地理环境等多种因素逐渐造就的。中华文化的核心价值培育闽南文化，而深具地域特色的闽南文化又使得中华文化的整体性显得更加丰富多彩。当今，区域文化研究成为世界性的一个学术热点，从中华文化整体性的角度来考察区域文化，闽南文化的研究理应引起学术界的高度重视。

《古老神奇的永春纸织画》 林志恩、林伟欣编著，2013年由九州出版社出版。该书是研究永春纸织画的专著，由非物质文化遗产永春纸织画传承人林志恩编著。书中把寻幽探古、历史考证、制作技法、美学探讨、市场调查和心得体会等融为一体。书中的引文，尽量查找可靠的依据。通过对纸织画“过去、现在和将来”的记述，扣紧作者自己的感受体会，为抢救、挖掘和发扬民间传统纸织画工艺，防止再次濒危失传，把近五十年来学习与实践纸织画制作的经验介绍给读者。

《中国工艺美术大师卢思立：泉州木雕》 郑礼阔主编，2013年1月由江苏美术出版社出版。泉州木雕源于中原文化的雕梁画栋，是与闽南地区“皇宫起”仿宫殿式大型传统民居的建筑雕刻相辅相成而流传至今的民间艺术。泉州木偶头雕刻艺术更是独一无二，名闻遐迩。泉州木雕有中国绘画的意境和趣味，又融合闽南地区的风俗习惯，古朴淳厚，精致典雅，是南派雕刻艺术的典型代表。该书通过对卢思立大师本人、亲人、徒弟、友人的采访，了解大师的工作场景、工作用具、个人喜好等工作生活背景，挖掘大师的设计理念、传统技艺、本人绝活、工艺口诀，揭示工艺美术传统技艺的真谛。

表20　　**自然科学类著作**

书名	编著者	出版社
医学常识漫谈	戴建评编著	香港：海峡两岸文化协会
福建医药卫生百科全书	原寿基编著	厦门：鹭江出版社
英汉机电手册	王汉民主编	北京：华龄出版社
天然石典：九龙璧：华安玉	王天然编	福州：福建美术出版社
茶苑与健康	戴建评编著	香港：海峡两岸文化协会
闽南民居传统营造技艺	杨莽华等著	合肥：安徽科学技术出版社
闽南乌龙茶初制技术手册	泉州市全民科学素质领导小组办公室编	——
第三届泉州茶文化学术论文及文学创作评选作品汇编	泉州市茶文化研究会编	——

表21

哲学社会科学类著作

书名	编著者	出版社
城隍信仰研究：安溪城隍庙	刘家军，沈金来主编	北京：中国社会科学出版社
林家钟文史选集	福建省文史研究馆编	福州：南风出版社
禅话诗契	黄清源著	台北：中华闽南文化研究会
东南周末讲坛选粹4	本书编委会编	福州：海峡书局
居家养老照护指南	蔡成祖主编	香港：香港风雅图书出版有限公司
石狮华侨	李天锡著	北京：九州出版社
有此说法	洪泓著	北京：中国长安出版社
见证泉州师院十年蜕变	许旭生著	北京：九州出版社
少林永春拳入门——练头	韩广玖编著	广州：广东科技出版社
泉州市第五届社会科学优秀成果简介	泉州市社会科学优秀成果评奖办公室编	——
崇武文库.第一辑：崇武所城志卷	林凌鹤主编；崇武文库编纂委员会编	——
崇武文库.第一辑：黄吾野诗集卷	林凌鹤主编；崇武文库编纂委员会编	——
崇武文库.第一辑：海风报卷	林凌鹤主编；崇武文库编纂委员会编	——
崇武文库.第一辑：张泗滨·张渔蓬卷	林凌鹤主编；崇武文库编纂委员会编	——
崇武文库.第一辑：民间文学集成卷	林凌鹤主编；崇武文库编纂委员会编	——
机械科技活动55年	蒋侃等编著	——
学点繁体字	泉州培元中学语委办，泉州培元中学语文组编	——

表22

文学类著作

书名	编著者	出版社
新编声律启蒙	林开基编著	北京：九州出版社
诗风的踪影——香港诗人蔡丽双圣地之旅	谢安庆，谢菲编著	香港：妙韵出版社
啸云诗文抄	（清）林树梅撰；陈国强校注	厦门：厦门大学出版社
展翅奋飞	蔡曜阳著	香港：环球文化出版社
燃烧的凤凰木	徐国强著	香港：香港文学报社出版公司
清丽双臻词集	蔡丽双著	北京：中国文联出版社
王勇闪小诗	王勇著	香港：香港风雅图书出版有限公司
雪庐诗稿集外抄	梁披云著；梁仲虬主编；苏彦铭编校	香港：香港风雅图书出版有限公司
芦川居集.上	黄元佐著	北京：中国文联出版社
三生七年	黄秀惠著	北京：中国戏剧出版社
跋涉流泪谷	李志坚著	郑州：河南人民出版社
惊鸿一瞥	黄小芬著	香港：香港诗歌协会
诗桥	蔡丽双著	香港：环球文化出版社
像爱生活一样去爱	刘志峰著；林素玲译	菲律宾：菲律宾博览国际传播公司
远离戈多	郑简著	北京：九州出版社
畅所欲言	[民国]杨德生著	泉州：泉州市董杨宗亲联谊会
镇海楼拾遗	陈辉忠著	福州：海峡文艺出版社
卧人心旅	黄诚法著	北京：中国戏剧出版社
发现生命同心圆	林素玲著	菲律宾：菲律宾博览国际传播公司
岁月深处	林鼎安著	菲律宾：亚洲旭林出版社
教坛沧桑忆年华	李金川著	北京：中国文联出版社
朗园·千岛·神州	钟艺著	菲律宾：菲律宾庄茂荣基金会
萍踪飘逸	杨逸萍著	菲律宾：亚洲旭林出版社

续表22

书名	编著者	出版社
暮年看人生	贺彦豪著	北京：团结出版社
黄昏拾梦：苏照生小说散文集	苏照生著	——
老夫唱晚：苏照生诗词集	苏照生著	——
美丽乡村行——永春、晋江采风诗词选	王仁山主编；泉州诗词学会编	——

表23

艺术类著作

书名	编著者	出版社
中国工艺美术大师卢思立：泉州木雕	郑礼阔主编；吴挐云著	南京：江苏美术出版社
古老神奇的永春纸织画	林志恩，林伟欣编著	北京：九州出版社
泉州南音史略	云友编著	北京：华星出版社
泉港言弹与八角琴	泉港区北管音乐协会编	——

表24

文博方志类著作

书名	编著者	出版社
泉州年鉴：（2013）	泉州市地方志编纂委员会编	北京：方志出版社
晋江年鉴：（2012）	晋江市地方志编纂委员会编	北京：方志出版社
石狮年鉴：（2010）	石狮市地方志编纂委员会编	北京：方志出版社
泉州非物质文化遗产大观	林育毅，谢万智主编	北京：中国戏剧出版社
八闽文化综览	卢美松主编	福州：福建人民出版社
回望泉州学	泉州学研究所编著	北京：九州出版社
回眸：洪濑镇改革开放三十年见闻	杨文灿编著	香港：香港风雅图书出版有限公司
福建非物质文化遗产名录（二）	福建省文化厅主编	福州：福建美术出版社
闽南文化：闽南族群的精神家园	林华东著	厦门：厦门大学出版社
石狮文史散论	李天锡著	文华出版社
李光前纪念文集	李兆生，陈小钢主编	厦门：鹭江出版社
我与电影结缘	洪岫岭著	北京：九州出版社
大一统之歌：纪念施琅将军统一台湾三百三十周年	施性山主编	香港：华夏文艺出版社
吴鲁研究	何振良，陈金土主编	北京：九州出版社
故乡：从越南到泉州	李泰山著	北京：九州出版社
泉州六朝隋唐墓	范佳平，黄伟编著	北京：九州出版社
商代风俗	曾景春著	西安：西安交通大学出版社
走进泉州	（德国）恩勒特著；朱宇方译	上海：上海文化出版社
大道清源	黄环生主编	北京：九州出版社
将军山公园	陈茵，陈封溥主编	西安：西安地图出版社
漫画泉州	泉州市旅游局编	厦门：厦门大学出版社
榕村全书：全十册	李光地撰	福州：福建人民出版社
丰泽文史资料.第十三辑	中国人民政治协商会议泉州市丰泽区委员会编	——
围头“八二三”炮战纪事	洪群等著；政协晋江市委员会编	——

表25

经济类著作

书名	编著者	出版社
海峡西岸经济区转变经济发展方式研究	张向前著	北京：线装书局
福建省民营经济发展论坛文集	福建省社会科学界联合会，泉州市社会科学界联合会主编	厦门：厦门大学出版社
泉州民营企业发展概论	徐钢主编	北京：中国书籍出版社
中国梦·泉商情：泉州市工商联（总商会）60周年纪念册	许连捷主编；泉州市工商联合会（总商会）泉州商报编辑部编	北京：九州出版社
保险旅途随感	李毅文著	厦门：鹭江出版社

广播电视

综述

【概况】 2013年，全市有广播电台8座（县级7座），无线电视台1座，有线电视台8座（县级8座）。调频转播发射台9座，发射机总功率13.95千瓦，电视转播发射台、6座，电视发射机总功率22.95千瓦。全市广播综合覆盖率为98.23%，电视综合覆盖率为98.19%。全市广播电台全年播音83971.25小时，全年自制节目60632.02小时；电视台全年播出43813.49小时，全年自制节目5833.38小时。有线广播电视用户1181900万户，其中数字电视用户1127400户。全年广电收入79134.55万元，其中市直广电单位收入15726.79万元。

【广播电视精品创作】 2013年，泉州市广播电视节目形式推陈出新。一批精品节目，获得各类奖励。泉州广播电视台的《泉州财经报道》获中国新闻奖二等奖和中国广播影视大奖电视栏目提名奖，《百姓热线》获中国广播影视大奖广播栏目提名奖，《政风行风热线》栏目组被广电总局、共青团中央命名为“2011—2012年度广电系统全国青年文明号”，《刺桐花》获总局2012年度全国少儿精品和国产动画发展专项资金“优秀少儿电视栏目三等奖”，泉州人民广播电台的“基于网络的电台播出控制一体化系统”获总局科技创新“科技成果应用与技术革新三等奖”。石狮广播电视台的《檀香刑》获中国广播影视大奖广播长篇连播节目提名奖。南安广播电视台纪录片《心愿》和《灯》分别获第十四届全国电视外宣“彩桥”节目创优评析活动短片二等作品、“神州瞭望”栏目二等作品，“现场直播《郑成功收复台湾350周年纪念活动》”和“广播专题节目《圆愿》”分别获得全国对台港澳广播节目三等奖，论文《闽南话广播协作网“成功”缘牵两岸广播情》获全国对台港澳广播电视论文奖三等奖。在全省广电系统评奖中，泉州市有63件作品（论文）获奖，其中创新奖1件、一等奖13件、二等奖19件、三等奖30件。

【广播电视公共服务项目】 2013年，广播电视村村通工程通过省级验收；农村有线广播应急预警系统全市累计投入339.9万元，完成10个县级机房、137个广播室的安装建设及行政村联调工作；高山台站基础设施建设方面协调落实省级补助资金200万元。完成永春县天马山电视转播台、德化县九仙山广播电视转播台基础设施建设；农村电影放映2131工程全市投入493.92万元，完成全年农村电影放映24848场（其中商业片放映12636场），占年度放映任务100.62%，实现一村一月放映一场数字电影目标，与市财政局联合下发《泉州市2013年农村电影放映工程实施方案》《关于下达2013年农村电影放映工程市级补助资金的通知》，并下达市级补助78.72万元；县（市）城区影院建设工程全年全市电影票房总收入12000万元，同比增长47%，电影总票房首次突破亿元。全市新增泉州横店电影城、永春电影院、泉港万星国际影城、泉州华夏国际影城等4家数字影院，影厅18个，座位3848个。

【安全播出传输工作】 严格执行安全播出的一系列规章制度，严格执行24小时值班及零报告制度，落实各项应急措施，完成元旦、春节、“两会”、“十一”等安全播出重要保障期的24小时值班及零报告制度，均未发生安全播出事故。抓好境外卫星专项整治工作。组织完成全市8家卫星地面接收设施安装服务机构、32家境外卫星接收单位的年检。协调各地广电部门、文化市场综合执法机构联合开展卫星专项整治行动。全年出动人员2480人次，车辆690台次，捣毁、拆除违规接收“小耳朵”1030个。4月，组织开展卫星接收设施集中销毁活动，集中销毁卫星接收设施2000多个。开展广电设施保护宣传活动。5月，组织开展三电设施保护宣传月活动，全市播报相关新闻180条次，公益广告1105条次，设置8个咨询点，发放宣传资料3700余份。8月，组织开展《福建省广播电视设施保护条例》宣传周活动及“8•3”宣传日活动，悬挂宣传标语8条、播报相关新闻6次，公益广告200条次，播出LED标语108条(次)。

【广播电视对外交流合作】 2013年，全市广电媒体加强与中央、省级媒体联系，在中央和省级广电媒体的发稿量取得新突破。其中，在中央媒体播出331条次，省级媒体播出568条次。各广电媒体拓展外宣渠道，提高泉州市的知名度和美誉度。对台工作方面。泉州广播电视台加大与台湾媒体的合作，八档闽南语节目继续通过魅力中国IPTV进入台湾年代网络入台播出，《台湾好滋味》继续通过台南的有线电视公司在岛内落地播出。与台湾媒体合作开拍大型文化电视节目《刺桐花开》，展示泉台两地的民俗文化和经贸交流。闽南语频道精心创作两岸第一首歌颂关帝的原创闽南语歌曲《帝爷公》，进入台湾岛内800多座关帝庙以及500多家电台播放。对外宣传方面。泉州广播电视台在美国斯科拉电视台开设每周一期《中国泉州》栏目，共有42部外宣片约210分钟通过黄河电视台在海外播出。通过魅力中国IPTV向海外转播闽南语节目，并在菲律宾环宇电视台播出闽南语春晚节目。加入中央电视台纪录频道发起的“中国纪录片联盟”，配合CCTV9《舌尖上的中国》拍摄泉州传统美食。

【广播影视监管规范有序】 落实好广电总局、省广电局的工作要求，加强广播电视播出调控和管理。加强节目内容监管，组建泉州市广播电视节目评议队伍，并依托市广电监测中心加强广播电视播出调控和管理，2013年编发《泉州视听评议简报》23期，发现节目违规问题3起并督促责任单位进行整改，加强对全市广电媒体播出节目内容的监管和指导。加强网络视听传播服务机构管理，对3家持证互联网视听服务网站进行督促检查，组织网络视听服务网站参与互联网电视播出情况自查，杜绝违规参与互联网电视传播现象。

广播电视台

【概况】 3月全国“两会”期间，泉州广播电视台加强新闻协作，联系央视等媒体对泉州市主要领导进行专题采访，央视《新闻联播》播出市委书记黄少萍谈科学发展、《中国新闻》播出市长郑新聪谈海西建设专访，黄少萍还走进央广演播室就金改区等话题进行1小时的现场直播访谈。下半年，泉州广播电视台开展东亚文化之都报道，主动与央视对接，配合《海峡两岸》《文化之旅》等4个栏目报道东亚文化之都。组织大规模的异地采访“原乡泉州•走进浙南”，报道浙南地区闽南文化的传承。8月，《泉州财经报道》获中国新闻奖二等奖，并与上海第一财经建立战略联盟，共享信息，共同发展。11月，泉州广播电视台与汉雅星空签订长期合作协议，通过魅力中国IPTV向美国、欧洲、东南亚及中国台湾等地转播八档闽南语节目，并在菲律宾环宇电视台播出闽南语春节联欢晚会。

【节目播出】 电视财经新闻栏目《泉州财经报道》每天关注产经最新动态，解析产经最新风向，报道权威主流声音。与多家知名企业和各大金融企业结成战略合作关系，并办有泉商CEO俱乐部、CMBA总裁班、《泉商》杂志等品牌宣传平台，2013年获中国新闻奖二等奖。广播新闻栏目《政风行风热线》关注政风行风建设。2013年，栏目组获由国家广电总局、共青团中央联合授予的全国广电系统2011—2012年度“全国青年文明号”命名表彰，为福建省该年度唯一受表彰的广电系统单位。

【科学技术】 2013年，泉州广播电视台新建“10＋2”讯道大型高清电视转播车。系统配置常驻10个有线讯道及预留2个有线讯道的布线，设置慢动作区，预留两台6通道EVS慢动作机的布线。系统配置MVS-7000X切换台主机，可实现切换台3ME/4ME的灵活使用，具有国际化大型体育赛事和综艺节目的直播和转播制作能力。5月，泉州广播电视台《基于网络的电台播出控制一体化系统》项目获“国家新闻出版广电总局科技创新奖”科技成果应用与技术革新奖三等奖。该项目属于数字音频技术领域，目的是基于网络的电台播出控制一体化，系统从直播间、总控到传输环节的信号监管、设备监管、环境监管、录制、回放等功能有效地结合起来，实现制作、播出、传输的全数字化，控制网络化。其整体和全面的网络化架构设计，包含电台播出所涉及的所有环节，提高系统的可靠性，提升广播播出的质量与安全等级。

[教　育]

栏目编辑
刘楷彬

教育

综述

【概况】 2013—2014学年度，全市有高等学校19所，其中本科高校4所、独立本科学院1所、高职高专13所、成人高等学校1所。各类高校招生41968人。其中，全日制普通高校在校生118697人，成人高校在校生10789人；中等职业教育学校53所（含技工学校9所），招生33659人，在校生102600人；普通中学324所，招生126634万人，在校生363999人；小学1349所，招生120536人，在校生613753人；幼儿园1282所，招生129549人，在园幼儿339807人。全市各级各类学校教职工112372人，其中专任教师88656人；普通高等学校教职工9918人，其中专任教师6597人；中等职业教育学校（含技工学校）教职工4330人，其中专任教师3500人；普通中学教职工35736人，其中专任教师30219人；小学教职工31987人，其中专任教师30618人；幼儿园教职工25758人，其中专任教师14863人。

【提升基本公共教育服务水平】 推进义务教育均衡发展。全市实现义务教育初步均衡发展，鲤城、丰泽、洛江、泉港、泉州开发区、石狮、晋江7个区（市）的“义务教育发展基本均衡”工作通过国家评估认定。对12个县（市、区）的“两项督导”开展核查和数据采集。推进义务教育标准化学校创建。泉州五中城东新校区正式招生。保障进城务工人员子女平等接受教育工作走在全省、全国前列，外省籍学生一视同仁参加中考录取，226名外省籍在泉学生率先在全国实现异地高考。扩大普惠性学前教育资源。开展学前教育三年行动计划专项督导。推进普通高中多样化有特色发展。泉州五中、南安国光中学、安溪沼涛中学被省教育厅确定为省普通高中多样化发展改革实验备选学校。全市高考上本一线人数连续三年超过全省平均水平，2013年全市有39名考生被北大、清华录取。

【提升职业教育和高等教育社会服务水平】 创建国家级中等职业教育改革示范校3所（晋江职校、南安职校和安溪华侨职校）、首批全国职业院校民族文化传承与创新示范专业1个（德化职校工艺美术专业）、省级公共实训基地2个（晋江职业学校电子类专业、南安职业学校机械类专业）；确认首批5所中职学校的5个专业为市级技能型紧缺人才培养基地；培训国家级和省级专业骨干教师333名，中职“双师型”教师比例达48%。南安市参评国家级农村职业教育和成人教育示范县。组团参加全省职业院校技能大赛，取得较好成绩。市政府出台《关于进一步支持高校加快发展的实施意见》。泉州师院获批福建省硕士学位培育单位。泉州信息职业技术学院、泉州理工职业学院通过升本工作的省级考察评估。福建农林大学安溪茶学院落成，福州大学石油化工学院正式招生。泉州工程职业技术学院获批建校。16所高校与近300家年产值亿元以上企业建立校企战略合作关系。成立泉州市职业技术教育研究会。

【提升教育惠民水平】 继续解决进城务工人员随迁子女就学，争取到国家、省上有关城区中小学扩容建设资金1.282亿元。新、改、扩建79所公办幼儿园全部动工建设。争取校安工程补助资金7961万元。农村义务教育薄弱校改造工程建设基本完成。落实国家助学政策。全市约有8.42万人次中职学生享受免学费政策。出台更换非专用校车的市级补贴方案，解决长期以来困扰学校安全的校车许可证办理问题，全市更换156部非专用校车；全市中小学基本实现“校校通”，80%的中小学接入泉州市中小学远程教育平台和省教育信息化数据中心。截至11月底，全市争取省上资金4.2207亿元（不含政策性转移支付），较2012年增长60.75%。

【提升办学质量和校园和谐稳定水平】　德育工作有新成效。承担并完成创建全国文明城市先决条件的未成年人思想道德建设任务。开展“我的梦•泉州梦•中国梦”主题教育活动；加强中小学校园文化建设，建成基本覆盖全市的中小学生校外实践基地；举办首批心理健康教育实验学校心理教师培训，初步建立覆盖全市的市、县、校三级中小学心理健康教育网络；完善网络德育基地，打造网络德育平台。加强体卫艺工作。深化学生阳光体育运动，推动中小学生每天一小时校园体育活动的落实；全面推进南音进课堂，在全市中小学推广南少林五祖拳健身操，深化闽南文化进校园活动；举办市中小学生体育联赛田径比赛等体音美各项活动。深化教育对外合作交流。培元中学与法国埃罗省塞尔维亚中学签订友好协议。深化闽西南五市教育交流，主办厦漳泉太都市区同城化中学生合唱比赛、教科研论坛、中职学生技能联赛和教师联合培训活动。重视和支持语言文字、特殊教育、民办教育和终身教育。创建19所省级语言文字规范化示范校、4所省级规范汉字书写教育特色校；开展经典诵读和规范汉字书写比赛。举办硬笔书法师资培训班。安溪明德特教学校被确认为省特教标准化学校。市教育局、民政局和物价局制订实施《泉州市民办非学历教育培训机构设置管理暂行规定》。创建首批“福建省社区教育品牌”4个，全市各县（市、区）均成立社区学院，初步构建终身教育体系。维护校园安定稳定。推进“标准化建设三年行动”和“平安先行学校”创建；启动中小学安全发展学校创建活动。

学前教育

【概况】　2013年秋季，全市有独立幼儿园1282所，其中公办幼儿园178所、民办幼儿园849所、集体办282所；小学附设学前班（幼儿班）723个点。在园幼儿数33.98万人，其中外来工子女10.85万人，占在园幼儿总数的31.93%。学前三年入园率为97.06%，学前一年入园率为99.56%。幼儿教职工总数25758人，其中在编教职工3382人。

【学前教育三年行动计划全面完成】　2013年上半年，市政府教育督导室组织对全市11个县（市、区）和泉州经济开发区、泉州台商投资区的学前教育三年行动计划执行情况开展专项督导，学前教育三年行动计划确定的目标任务基本完成。9月，市政府教育督导室根据督导情况，下发《关于各县（市、区）加快学前教育发展三年行动计划执行情况专项督导的通报》。至年底，新建、改扩建公办幼儿园建设项目79个（其中新建49个、利用闲置校舍改建30个）全部动工建设。全市公办在编专任教师数增至2832人。做好省、市公办园收费标准调研工作，将市直幼儿园的月保教收费标准从300元/人调高到380元/人。

【推进学前教育内涵建设】　实施《3—6岁儿童学习与发展指南》分级全员培训。提高幼儿园内涵建设。全市4所幼儿园（晋江市青阳街道中心幼儿园、鲤城区剑影西湖幼儿园、永春县港永幼儿园、惠安县实验幼儿园）通过“省示范性幼儿园”评估验收，4所幼儿园（丰泽区大唐丰盛幼儿园、晋江市陈埭镇岸兜阿瑞幼儿园、石狮市机关幼儿园、德化县丁溪幼儿园）通过“泉州市示范幼儿园”的评估验收，2所原“泉州市优质幼儿园”通过“泉州市示范幼儿园”（安溪县实验幼儿园、惠安县实验幼儿园）的更名复查验收。全市有15所省示范性幼儿园面向全市开放观摩活动。4月25日，召开全市幼儿园片区教研工作会议，推广鲤城区片区联动的经验与做法。4月8日—5月8日，12所新创建的市示范园园长及拟创建省（市）示范幼儿园的园长参与第五期实践学习活动。5月9日，开展学前教育宣传月启动仪式。开展多形式专题研讨及帮带活动。在泉州幼师附幼、南安实验幼儿园、晋江实验幼儿园、惠安土寨中心幼儿园、德化县实验幼儿园、安溪县实验幼儿园开展6场片区教研活动；在刺桐幼儿园、丰泽第六中心幼儿园、幼师附幼、丰泽区实验幼儿园、鲤城第一幼儿园、鲤城第二幼儿园、市机关幼儿园等幼儿园开展8场次的园际教研活动。组织编印“闽南乡土特色教育活动案例”，于暑期交付出版社，即将编印出版。组织“教坛新秀”送教下乡活动，开展现场观摩与点评。5月27日，在晋江市龙湖镇衙口中心幼儿园举行“农村幼儿园如何因地制宜开展创造性游戏活动”专题研讨交流活动。6月13日，在安溪实验幼儿园举行“学前儿童早期阅读指导策略有效性实践研究”课题研讨活动。

【推进普惠性民办园的资源发展】2013年，泉州市申报低收费民办园325所，经各地物价局确认后共313所，按照全省统一标准，每所民办园补助3万元。12月底，省财政厅下达市扶持普惠性民办园建设省级补助资金共975万元，全部拨付到县级财政。

义务教育

【概况】　全市小学1349所，招生120536人，在校生613753人，适龄儿童入学率为100%，毕业率为99.33%，年巩固为率为98.47%。全市初中313所（其中初级中学194所、完中95所、十二年一贯制4所、九年一贯制20所），招生86464人，在校生230665人。鲤城、丰泽、洛江、泉港、开发区、石狮、晋江7个区（市）创建“义务教育发展基本均衡县（市、区）”通过国家认定，通过认定的数量居全省首位，占全省总数的1/3。

【依法保障外来工子女平等接受义务教育权利】 2013年秋季，全市义务教育阶段外来工子女达318374人，占全市义务教育阶段学生总量37.69%。小学外来工随迁子女24.4万人，占全市小学在校生总数的39.75%；小学一年级招收新生12.05万人，其中外来工随迁子女4.8万人，占一年级学生数的39.79%。初中外来务工随迁子女74374人，占全市初中在校生数的32.24%；初中一年级外来工随迁子女29474人，占本学年招生数的比率为34.08%。《保障教育权利　提供优质服务——泉州市依法保障外来工子女平等接受教育》一文被收入在《省教育改革发展典型案例汇编》中。11月，教育部义务教育基本均衡督导评估组对泉州市践行“平等、融入、成才”理念、“零门槛”保障进城务工人员随迁子女平等接受义务教育给予肯定。

【推进义务教育均衡发展】 开展义务教育标准化学校建设拉网式检查。于11月高水平通过教育部“义务教育发展基本均衡”督导评估。推动实现义务教育初步均衡的6个县（区、市）加大标准化学校建设力度。2013年，全市有215所小学被确认为标准化学校，1247所小学完成义务教育标准化学校建设，完成率92.44%，比2012年提高11.3个百分点。2013年，全市新增义务教育标准化初中校33所，初中校义务教育标准化完成率达到97.76%。1月，8所市直小学（幼儿园）与8所台商投资区小学（幼儿园）举行帮扶共建签约仪式。深化省示范小学、教学管理先进校等与一般小学的结对帮扶工作，发挥城区优质教育资源对农村学校的带动和辐射作用。全面实行义务教育小片区管理模式改革，实行“师资互派、资源共享、统一教学、捆绑考核”管理模式。全市12个县（市、区）划分有71个片区，各县（市、区）参与小片区管理的点多、面广。多个县（区、市）在师资互派方面有新突破：丰泽区全区教师互派交流比例达30%，交流中层学校领导15人；洛江区片区内师资定期互派和合理有序轮转制度得以落实，全区交流40名教师；安溪县在城区的三个片区，以电脑派位方式随机派位19位教师，人事关系随之转到所交流的学校，从根本上实现师资互派。12月，在泉港区召开全市小片区管理工作推进会。

【规范办学行为，提高教育教学质量】 督查学校开齐上足课程。制定开足开齐小学英语和信息技术课程工作实施方案，9月与相关县（区、市）教育局签订责任书。同时采用月报表形式，向省教育厅汇报进展情况。至12月，基本解决教师缺口问题，完成省级补助资金计算机及设备的招标、采购及安装调试工作，确保2014年春季开齐上足各门课程。规范学校办学行为。6月，迎接教育部义务教育学校规范办学行为暨“两项治理”专项督察。结合标准化学校评估验收工作，检查督促学校规范办学行为。提高学科教育质量。6月，对小学四至六年级语文、数学、英语、科学和品社等学科进行质量抽查，加强学科教学质量的监控。各学科教育质量显著提高。

【实施课程改革和素质教育】 加强对省级教育改革试点项目的指导，泉州师院附小、鲤城实验小学、安溪第三实验小学、安溪沼涛实验小学等试点单位，取得阶段性成果。12月，4所小学向省厅申报典型示范项目。5月，在泉州师院附小举办第十三届小学生六项技能素质比赛活动，展示泉州市小学素质教育的成果。

【推进全国小学生学籍管理系统建设工作】 3月29日，全国小学生学籍管理系统启动。12月，全市全面完成学生信息采集数据的录入、导入，信息审核、统计表上报及问题学籍、学籍异动的处理工作。

普通高中教育

【概况】 2013年秋季，全市普通高中110所（其中高级中学11所、完全中学95所、十二年一贯制4所），普通高中招生40170人，在校生133334人，毕业学生55949人；新增和晋级达标普通高中10所。全市现有省级达标高中88所，占普通高中总数的86.27%，其中省一级达标高中30所（含省示范性高中6所）、省二级达标高中29所、省三级达标高中29所。

【高考再创佳绩】 全市本一录取9490人，录取率为18.19%，高于全省本一录取率（16.37%）1.82个百分点；本二录取17557人，录取率为33.65%，高于全省本二录取率（32.30%）1.35个百分点。全市高考600分以上人数1043人，占全省（4001人）的26.07%。其中，文史类104人，占全省（251人）的41.43%；理工类939人，占全省（3750人）的25.04%。北大、清华在全市录取39人（北大19人、清华20人）。全市空军招收飞行员录取5名，占全省招收人数（15名）的三分之一。安溪沼涛中学在高考中以美术教育特色创出新天地，一考生以全省总分第二被清华大学美术系录取，全校美术类考生本科录取率为87.66%。

【外省籍考生首次在泉州参加高考】 2013年，有226名外省籍考生在泉州参加高考，泉州提前一年在全省率先实现异地高考。据不完全统计（已知190人中），有55人上本一分数线，本一上线率为28.95%；600分以上人数11人（理工类），最高分640分。

【中考中招工作】 全市初中学生三年巩固率为95.28%，中考全科及格率为67.23%，中考单科及格率为82.61%。普通高中继续实行统招、定向、择校、保送生、推荐生相结合的招生办法。市区优质高中招生名额定向分配比例为50%，各县（市、区）教育局定向生分配比例基本上达40%以上。2013年，全市普通高中计划招生3.8万人，实际招生40200人（上年42597人），同比减少5.63%。

【普通高中争创达标】 3月，泉港一中、惠南中学、安溪铭选中学3所中学经省教育厅发文确认为“省一级达标高中”。安溪八中、惠安嘉惠中学2所学校申报省一级达标高中通过泉州市资格审查确认。奕聪中学、泉州十一中、安溪沼涛中学、晋江首峰中学、泉港五中、晋江内坑中学、晋江陈埭民族中学7所学校申报省二级达标高中，以及晋江紫峰中学、泉州六中、安溪培文高中3所学校创省三级达标高中通过泉州市评估验收。

【普通高中探索多样化改革试点】 出台推进泉州市普通高中特色办学多样化发展的指导意见，成立指导组，要求各地各校结合实际，按照“普通学校培育优势项目，有项目特色的学校形成学校特色，学校特色明显的学校打造特色学校”的思路，各校制订“普通高中特色办学、多样化发展规划”。同时，泉州五中、南安国光中学、安溪沼涛中学被省教育厅选取作为省级改革实验学校。9月底，在晋江召开泉州市普通中学“特色办学·内涵发展”现场工作会，各县（市、区）进行经验交流并观摩晋江一中特色办学工作成效。

【加强教育教学管理】 加强高考复习指导工作。4月底，召开全市普通高中毕业班工作会议。各校在研究高考改革以及高考考试大纲、考试说明与近年高考试题的基础上，及时把握高考命题改革动态。抓好毕业班质量监测、反馈、指导。坚持做好新课程高中模块水平测试及分析反馈工作，组织参加高中毕业班省质检及首次省质检网上阅卷工作，组织两次高中毕业班市质检，做好省、市质检学科质量分析，优化高考复习备考策略。抓好省一级达标高中校面向全市开展公开教学周活动。2013年，全市有22所高中开设公开课736节，参加观摩的教师达3000余人次，发挥优质高中示范和辐射作用。

【制止节假日违规组织学生上课或集体补课行为】 组织30所一级达标高中（含6所示范性高中）和市直中小学（含民办学校）签订《承诺书》。各县（市、区）教育局与辖区内各中小学（含民办学校）签订承诺书。同时，要求各校承诺书通过校务公开栏、学校网站公开，接受学生、家长和社会的监督。

【部署推进全国学籍系统管理工作】 秋季开学后，全市及时完成学生信息采集数据的录入、导入，处理1.19万条问题学籍信息和2.03万条学籍异动信息，确保学籍管理工作规范、学生基本信息和学籍变动信息准确。

【推进青少年科技教育】 加强科技师资队伍建设。2013年，培训科技教育工作者375人，选送优秀科技教育工作者180人次参加国家、省级培训和观摩国家、省级大赛。同时，加强科技教育表彰奖励工作，激发科技教育工作者和学生的积极性，2013年对全市优秀科技项目、先进集体、先进个人奖励21.6万元。

【完成中心市区基础教育发展调研报告】 根据市委、市政府组织开展“增强忧患意识，推动长远发展”大讨论重点专题研讨活动的统一部署，自3月起，先后召开专题调研座谈会3场，走访27所幼儿园、23所小学和11所中学，收集到各县（市、区）教育局及市直中小学、幼儿园的调研情况27份、统计报表135份；并征求8个相关市直单位及3个所涉县（市、区）政府的意见，至6月底形成《培育均衡优质教育资源 提升教育公共服务水平——泉州中心市区基础教育发展调研报告》。

【教育改革试点取得典型经验】 加强对省级教育改革试点项目的指导、总结、提升，泉州一中、泉州五中、丰泽区教育局、南安市教师进修学校、晋江市罗山中学5个单位的改革试点项目申报转为省级示范项目，“实现普通高中多样化发展特色办学”“分层递进教学”等12个试点项目继续进行试点。

职业教育与成人教育

【概况】 2013年职业中专招生28684人，其中全日制学历教育20984人、非全日制学历教育7700人，基本完成省下达的招生任务。

【推进职业教育改革试点工作】 晋江市委、市政府以“八个注重”推进中等职业教育综合改革，晋江市职业教育综合改革试点典型案例通过《中国教育报》在全国推广。南安职校和安溪华侨职校被定为第三批国家级中等职业教育改革示范校的项目校。晋江职业学校被认定为省级电子类专业公共实训基地、南安职业学校认定为省级机械类专业公共实训基地。德化职校工艺美术专业创建首批全国职业院校民族文化传承与创新示范专业。南安市参评国家级农村职业教育和成人教育示范县。制定《泉州市中等职业学校特色课程建设基本标准》，评选一批市级特色课程。

【承办全省中职学校技能大赛】 2013年，全省中职学校技能大赛分别在泉州13个赛点举行。泉州市获全省团体总分第一名的最好成绩。泉州市选手在本次竞赛中，共有153位学生选手获中职学生组一、二、三等奖，有56位学生获代表省参加全国赛资格。泉州选手参加全国技能竞赛人数历年最多、成绩历年最好，52人参加国赛，获国赛2个一等奖、6个二等奖、15个三等奖、15个优秀奖。

高等教育

【概况】 全市有高等学校19所，其中本科4所、独立学院1所、高职高专13所、成人高校1所。另有福建农林大学安溪茶学院、福州大学石油化工学院获准招生。全市在校生约12.1万人，其中研究生2988人、本科生7.23万人、大专生4.57万人。拥有博士点21个，硕士点133个，博士后流动站3个。泉州医学高等专科学校为国家级示范性骨干高职院校，黎明职业大学、泉州信息职业技术学院为省级示范性高职院校。泉州工程职业技术学院于12月获省政府批准设立。

【推动高校可持续内涵式发展】 泉州师范学院获批福建省硕士学位培育单位。在全省2011年开始的教育改革试点工作中，黎明职业大学等7所高职院校承担5个领域24个教育改革试点项目，其中部分项目已取得较好的阶段性进展。实施“桐江学者计划”，报市政府审批同意华侨大学、仰恩大学、泉州师范学院、泉州医学高等专科学校、泉州幼儿师范高等专科学校5所高校的21个学科设置“桐江学者”特聘教授岗位。泉州师范学院、闽南理工学院、泉州医学高等专科学校、泉州幼儿师范高等专科学校、泉州工艺美术职业学院、泉州海洋职业学院、泉州轻工职业学院新校区建设基本完成；泉州信息职业技术学院、泉州理工职业学院新校区建设进展顺利；黎明职业大学、泉州华光职业学院扩建工程已启动。

【提高大学生综合素质】 注重全面发展，以赛促教、以赛促学，提升人才培养水平。黎明职业大学、泉州信息职业技术学院、泉州医学高等专科学校、福建电力职业技术学院、泉州理工职业学院、泉州幼儿师范高等专科学校6所高校承办2013年福建省高等职业院校技能大赛40个竞赛项目，全省69所院校近800支参赛队伍、2011名选手参赛。在2013年全国和福建省职业技能大赛（高职组）中，全市师生获国家级一等奖1项、二等奖10项、三等奖11项；省级一等奖16项、二等奖22项、三等奖64项。为丰富大学生课余文化生活，培养大学生的拼搏精神和进取意识，举办泉州市第五届大学生篮球联赛，全市12所高校参加。2013年，全市高校毕业生就业率达97%，应征入伍的高校大学生比例达39.3%。

【促进闽台两地高校合作】 全市高校与台湾有关机构、高校就科研学术交流、专业建设、师资培训、学生交流和课程研讨等方面签订初步协议，建立合作关系。2012—2013学年全市高校有200多名学生到台湾交流学习。

【推动校企合作工作】 全市高校与近300家年产值亿元以上企业建立校企战略合作关系，合作内容涉及教育教学、实习就业、科学研究、师资队伍建设等多个领域，并通过开展“订单式”培养、“顶岗实习”等多种模式的校企合作，为企业培养一大批高素质技能型人才。面向社会和企业开展职业技能培训、资格认证培训、继续教育等，2013年全市高职院校面向社会开展

表26　　**2013年泉州市普通高等学校基本情况表**

学校	毕业生数	招生数	在校生数	教职工	
				计	专任教师
华侨大学	5688	6532	24401	2390	1472
仰恩大学	3278	1417	7670	661	423
泉州师范学院	5211	5438	18078	1330	906
闽南理工学院	3022	4801	14394	1082	670
福建师范大学闽南科技学院	1713	2403	8365	745	465
黎明职业大学	2909	3295	9439	616	454
泉州医学高等专科学校	1813	2588	6498	483	368
泉州经贸职业技术学院	1600	1697	4364	287	262
泉州工艺美术职业学院	648	460	1127	182	134

续表26

泉州幼儿师范高等专科学校	360	1537	3582	281	177
福建电力职业技术学院	1377	769	2425	264	164
泉州纺织服装职业学院	904	340	1049	175	101
泉州理工职业学院	1671	1702	5216	402	310
泉州华光职业学院	1574	866	3242	230	141
泉州信息职业技术学院	1735	1902	5408	435	326
泉州海洋职业学院	439	526	1097	149	93
泉州轻工职业学院	720	1010	2342	206	131
合 计	33052	34005	117599	9830	6351

培训7万多人次。

华侨大学

【概况】 截至年底，华侨大学有29个学院，88个研究院、所、中心；有18个博士学位授权点；107个硕士学位授权点，18个硕士专业学位授权点；81个本科专业；5个博士后流动站；1个国家重点学科、40个省部级重点学科；3个教育部工程中心。拥有哲学、经济学、法学、教育学、文学、历史学、理学、工学、农学、医学、管理学、艺术学12个学科门类。学校占地面积226.8万平方米，建筑面积97.6万平方米，有各类图书资料360余万册。有教职员工2459人，其中专任教师1376人、正副教授597人；学校各类在校生3.4万多人，其中博士、硕士研究生4600人；有来自30多个国家和地区的华侨华人、港澳台和外国学生4000余人。

【教学工作】 加强教学基本建设。修订和完善《华侨大学本专科学分制学籍管理规定》等。开展专业建设。组织申报2013年本科新专业，完成六个本科新专业的申报工作，并组织完成社会学专业增设学士学位授予专业的申请工作；完成2013年全校各专业培养方案审核工作。组织开展华侨大学第二届青年教师“精彩一堂课”竞赛工作，评选出12位获奖教师和5个优秀组织奖。组织开展2013年教材建设立项资助活动，资助教材建设立项6项，资助金额14万元。加强与西安交通大学联合培养本科生的工作，选派12个专业的30名学生到西安交通大学短期学习。完成2013届优秀毕业设计（论文）的评选工作，95名学生获优秀毕业设计（论文）奖。开展各类优秀成绩学生评选工作，评选出2012—2013学年“华侨大学公共外语成绩优秀学生”49名和2012—2013学年“综合成绩优秀学生”99名。深化教学改革，开展本科教学工程建设。评选出2013年学校本科教改项目85项和2013年校精品视频公开课程建设立项项目15门。组织开展福建省第七届高等教育教学成果奖评选工作，同时评出华侨大学第七届高等教育教学成果奖57项。开展2013年福建省高等院校外语教学改革科研项目申报工作，评选出3个参评项目。开展高数竞赛工作，加强高等数学教育教学改革。开展大学生英语竞赛工作。加强学生创业创新教育。在福建省2012年大学生创新创业训练计划项目建设情况暨遴选2013年国家级大学生创新创业训练计划学校工作中，华侨大学获“2012年大学生创新创业训练计划项目建设情况”优秀等级，并获奖励增加10项“2013年省级大学生创新创业训练计划”申报项目。申报2013年国家大学生创新创业训练计划项目38项，福建省大学生创新创业训练计划项目60项；审批通过校级大学生创新创业训练计划项目60项；审核通过36个项目为2013年第一批资助学生参加“科技文化创新竞赛”项目。对2013年国家级和福建省大学生创新创业计划项目进行中期检查完成2012年国家级、省级和校级计划项目结题验收。同时，经校学生课外科技文化创新指导委员会集体评审，评选出90个项目为2013年秋季校级大学生创新创业训练资助项目；评选出17个项目为2013年第二批资助学生参加“科技文化创新竞赛”项目。组织学校创新创业计划项目负责人参加第六届全国大学生创新创业年会。机电学院学生陈建成等人完成的创新项目《基于分段堆积雕刻原理的树脂模快速制造工艺制造智能模具》，经国家级大学生创新创业训练计划工作会议的专家复选，最终入选100个展示项目之一。

【科研成果】 2013年，组织申报各类科研项目1456多项，获各类资助项目711项，科研项目经费达1亿500万元。新增国家社会科学基金项目14项，国家自然科学基金项目45项，国家软科学计划项目1项，高校博士学科点专项科研基金项目5项，教育部留学回国人员基金项目1项，福建省高校产学合作科技重大项目5项，福建省科技创新平台项目3项，福建省科技计划重点项目17项，福建省自然科学基金项目43项，福建省发展和改革委技术专项项目4项，福建省教育厅A类科技项目15项，国家卫生计生委共建科学研究基金等其他类别4项，地市级科研项目132

项，校级项目241项，企事业单位横向课题86项。2013年，全校获教育部第六届高等学校科学研究优秀成果奖（人文社会科学）三等奖1项，商务部全国商务发展研究成果奖优秀奖1项，2012年度教育部高等学校科学技术二等奖1项，福建省第十届优秀社会科学成果奖二等奖3项、三等奖16项，2012年度福建省科技进步奖二等奖1项，2012年度泉州市科技进步奖二等奖1项、三等奖1项，获福建省第十八届运盛青年科技奖2人，获第八届“6·18”海峡两岸职工创新成果展发明创新成果金奖4项。获厦门市第九次优秀社会科学成果奖一等奖1项、二等奖3项、三等奖6项，泉州市第五届优秀社会科学成果奖一等奖4项、二等奖9项、三等奖26项、佳作奖8项、荣誉奖14项。获首届泉州市文创科技创新奖1人。发表哲学社会科学类论文239篇，咨询报告53篇；出版著作20余部，其中由华侨大学具体负责的华侨华人蓝皮书——《华侨华人研究报告（2013）》入选2013年中国社科院创新工程学术出版项目。全年申请专利203项，其中发明专利121项、实用新型专利82项；获授权专利119项，其中发明专利27项、实用新型专利91项、外观设计专利1项。取得软件著作权备案登记3件。全年发表各类科技论文被三大检索收录509篇，被引用1443次。获2013年度国家科学技术学术著作资助1项。

【人才队伍建设】 截至12月底，全校教职工2459人，专任教师1376人。专任教师队伍中，有双聘院士4人；“国家杰出青年科学基金”获得者1人；国家“青年千人计划”入选者1人；入选“新世纪百千万人才工程”国家级人选2人，教育部“长江学者和创新团队发展计划”创新团队1个，教育部“新世纪优秀人才支持计划”入选者13人；入选福建省“百千万人才工程”人选17人，“福建省高等学校新世纪优秀人才支持计划”42人，“福建省高校杰出青年科研人才培育计划”27人；福建省“闽江学者”特聘教授12人，讲座教授10人；福建省优秀专家2人，福建省杰出科技人才1人，福建青年科技奖获得者7人；福建省海西产业人才高地创新团队领军人才1人；福建省引进高层次创业创新人才（“百人计划”）创新团队1个，创新人才3人；泉州市杰出人才奖获得者2人，泉州市“桐江学者”特聘教授6人；历年享受国务院政府特殊津贴专家50人。专任教师中有教授212人，占师资总数的15.41%；副教授385人，占师资总数的27.98%；中级职称及以下者共779人，占师资总数的56.61%。专任教师中取得博士学位的有669人，占师资队伍的48.62%；具有硕士学位的有492人，占师资队伍的35.76%；博士、硕士教师1161人，占师资队伍的84.38%。

泉州师范学院

【概况】 泉州师范学院下设14个二级学院，1个校企合作软件学院。全日制在校生18088人，其中校本部学生14478人。本科专业54个，涵盖文学、历史学、理学、工学、经济学、法学、管理学、教育学、艺术学九大学科门类。教职员工1129人，其中专任教师759人。专任教师中具有博士、硕士学位者占64%，高级职称者占42%，教授96人。2013年，泉州师范学院获批“福建省新增硕士学位授予培育单位”。“南音文化传承创新研究生教育基地”获批福建省研究生教育创新基地。以泉州师范学院为牵头单位建设的“南音文化传承与发展协同创新中心”被认定为首批省级2011协同创新中心。2013年，泉州师范学院与中国社会科学院合作建立“中国社会科学院文化研究中心闽南文化研究基地”、与《求是》杂志合作成立“中国经济研究中心”。“分子生物与药物化学福建省高校重点实验室”获评“福建省高校自然科学类优秀科研创新平台”，是全省一般本科院校唯一获此荣誉的重点实验室。泉州师范学院教师发展中心获批“福建省教师教学发展示范中心”，是全省高校首批8个省级教师教学发展中心之一，也是泉州市唯一的省级教师教学发展中心。

【人才培养】 录取研究生8名，本专科新生5838名，招生省份达到25个。继续在通信工程、广告学、音乐学、动画等专业实施闽台高校联合培养人才。本科生源总体保持稳中有升，提前批（师范类）和本二批（非师类）的投档分位居全省同类院校前列。2013届本专科毕业生5240名，3191名本科生获学士学位。做好毕业生就业工作，为2013届毕业生办理教师资格证1113本，举办7场大型招聘会、32场小型招聘会。开展大学生创业培训，3名毕业生获省高校毕业生创业资助16万元。2013届毕业生就业率达99.41%、签约率达34.06%。2013年，学生参加各类竞赛获省级以上奖项153项。其中，2013年全国数学建模竞赛获全国一等奖1队、二等奖1队；2013年全国大学生英语竞赛，2名同学获C、D两个级别“全国特等奖”，4名同学获C级“全国一等奖”。继续推进本科教学工程，获批一批国家级、省级项目。学校以优秀等级进入“国家级大学生创新创业训练计划学校”，获批20项大学生创新创业训练计划项目；“泉州师范学院—石狮市华宝海洋生物化工有限公司理科实践教育基地”获批地方高校国家级大学生校外实践教育基地。音乐学专业获批教育部高等学校本科专业综合改革试点项目；英语（师范）本科专业小班化教学改革模式入选教育部专业和课程改革示范项目。生物实验教学中心、音乐与舞蹈实验教学中心获批省级实验教学示范中心。与5所高职院校合办7个专业获批省级应用型本科人才培养试点项目。

【学科专业建设】 组织申报第二轮中央财政支持地方高校发展专项资金，2013年获批资助1000万元。新增3个本科专业。两个本科专业通过省学位办评审。

【科学研究】 加强各类平台基地建设，获批培育建设福建省重点实验室1个，培育建设福建省高校工程研究中心1个，立项建设福建省高校人文社科基地1个。“福建省大数据管理新技术与知识工程重点实验室”是学校首个福建省重点实验室，“特教师资培养与残疾人社会融合研究中心”是全省唯一开展特教研究的高校人文社科基地。获批资助科研项目和经费大幅提升，获批各级各类项目142项，其中国家级7项、省级85项；获批经费1070万元。办理184项科研项目的结项工作，其中国家社科基金项目1项、省级科研项目37项。选送“6·18”参展科研项目59项，展示2项，签约1项。申请发明专利11件，获批4件。资助“桐江学术丛书”10部。举办学术讲座107场，其中邀请校外专家36场、院士学术报告5场。

【师资队伍建设】 加强人才引进、培养和管理工作，招聘和录用教师21名。完成第二轮岗位设置与聘用工作。首次自主评聘专业技术职务，评聘教师、实验技术、教育管理研究等专业技术职务37人。出台《泉州师范学院中青年教师国外访学项目管理办法》，遴选资助首批10名中青年教师赴国外高等学校、研究机构访学研修。学校教师发展中心协办全省民办高校青年教师教育教学能力提升泉州培训班，举办第二期青年教师研习营。推荐优秀拔尖人才申报各类人才项目，吴启辉博士入选“闽江学者计划”“教育部新世纪优秀人才支持计划”。王珊教授入选享受国务院政府特殊津贴专家，林华东、王珊、黄科安、苏黎明4位教授被确认为第五批“泉州市优秀人才”，刘文波、古大勇2位博士入选2013年度“福建省高等学校新世纪优秀人才支持计划”，陈木生硕士入选2013年度“福建省高校杰出青年科研人才培育计划”。苏明强副教授入选教育部“国培计划（2013）”骨干教师高端研修项目，袁建军、吴文林、黄志宏3位教授入选福建省高校学科带头人海外研修计划，余燕忠、谢晓兰2位博士入选省委组织部优秀专业技术人员赴国外研修项目，许婉芳、罗仙仙2位博士入选福建省出国留学奖学金资助项目，12位中青年教师参加国内访问学者研修项目。

【社会服务】 制定《服务泉州经济社会发展行动计划》，整合资源，搭建服务社会平台。与省残联签订战略合作协议并举办海峡两岸特殊教育学术研讨会。与丰泽区政府签订《文化创意战略合作框架协议》。与市总工会成立泉州市劳动关系研究中心。泉州市高校思想政治理论课教学协作中心落户泉州师范学院。泉州市湿地学会依托泉州师范学院化学与生命科学学院成立，并由学校一名教授担任第一届会长。教育科学学院获批“福建省家庭教育试验研究基地”，成为福建省首批、泉州市2个家庭教育试验研究基地之一。陈守仁工商信息学院和泉州易达信息科技产学研团队开发“大调解信息平台”在晋江市实施。继续教育学院争取并拓展各类服务地方培训项目，全年培训人数达1万多人次。美术与设计学院教师作品获第五届中国国际旅游商品博览会铜奖，被2013年世界闽南文化节指定为纪念礼品。

【对外及对台交流合作】 推进国际交流合作，接待日本浦添市教育部等6个访问团。组织19个组团到国（境）外开展校际交流合作、参加学术会议。与美国俄勒冈大学建立合作关系，选派6名学生到美国参加国际教育实习项目。深化闽台高校交流合作，与台中科技大学、大叶大学、世新大学签订友好合作交流协议。12批教师到台湾高校访学、参加学术会议。97名学生到台湾高校交流学习、参加篮球友谊赛和实训，首批闽台合作3+1项目232名学生到台湾学习。20名台湾学者到校讲学，台北海洋技术学院海上实习团178名师生、台湾百名大学生八闽行夏令营110多名师生到校访问交流。推进汉语国际推广，选派第八批22名志愿者到菲律宾参加支教工作，首次选派2名学生到印尼支教。承办第三届菲律宾华裔青少年学中文夏令营活动。

仰恩大学

【概况】 仰恩大学现有6个学院、1个直属系、4个直属教研部，设有33个本科专业。学校占地面积121.76万平方米，生均占地158.74平方米。校舍建筑总面积达41.55万平方米，其中教学行政用房15.28万平方米，生均19.92平方米；实验室总面积1.20万平方米，生均1.56平方米；运动场地总面积16.70万平方米，生均21.78平方米；教学用计算机2902台，每百生均37.84台。图书馆馆舍面积29078平方米，有纸质图书130.86万余册，生均图书171册；电子图书5752.4GB，约80万册；年增图书3.1万册。各类教室、实验室、实训中心、体育场馆和教学辅助用房配备齐全，功能齐备。生源质量显著提升，文科最高分487分、最低分441分；理科最高分471分、最低分415分。

【深化教学改革】 提高人才培养质量，力求建立科学合理、注重实践能力、以企业需求为导向的课程体系。设立校级学科建设项目，专业综合改革试点6个，精品资源共享课13门，校企合作实践教学基地7个。注重创新教育，获省级大学生创新创业训练计划项目30项。加大校企合作力度，推进实践教学改革。与17个单位签订协议建立教学实习、实训基地。科学研究与教育教学研究取得进展。设立校级教育教学研究项目41项、科研培育计划项目43项。获省社科规划项目1项、省教育厅科研项目16项。评选校级优秀教学成果奖9项，其中，2项获省级优秀教学成果二等奖。公开发表论文50篇，其中SCI收录1篇、核心2篇。出版专著（教材）5部。获市级社会科学成果三等奖1项。以建设“三通两平台”为抓手，加强教学信息化建设。对语言听力实验室、多媒体教室、梯形大教室的设施设备进行更新换代，在各教学楼配备17间同步录制数字化教室，配备一体化触摸手写数字化讲台、可移动光学变焦视频会议摄像机、数字视频采集卡等。建设完成“仰恩大学在线学习平台”，师生通过该平台不仅可浏览和学习全世界的优秀课程资源，还可以使用、收看《互动直播课堂》栏目直播或点播网络课程。计算机与信息学院的“信号与系统基础课实验教学平台”被省教育厅列为省级实验教学平台建设点。人文学院新闻传媒实验室被批准为福建省“十二五”高等学校实验教学示范中心。与国内外知名大学交流与合作稳步推进。与厦门大学签订对口支援合作协议。与英国伦敦会计学院、美国布里奇波特大学，中州科技大学、云林科技大学等开展交流与合作。来自台湾大叶大学、台湾暨南国际大学等高校的台湾教授团，参与学校经济、管理、计算机科学与技术等18门课程教学，与教师进行科研学术交流，举办学术讲座。

【学生教育与管理】 重视思想政治理论队伍建设，组织思想政治理论教研部教师到南昌参观考察。开展心理健康月系列活动、文明宿舍评比活动、“高雅文化艺术进校园”活动及以“高举团旗跟党走，奋力实现中国梦”为主题的大学生暑期社会实践活动。重视诚信教育，被省诚信促进会授予“诚实守信示范单位”称号。学生社团活跃，开展各类活动200余场次。数十人在省级以上比赛获奖。安排各类专场招聘会30余场，大型校园招聘会2场，提供就业岗位13000多个。编制《仰恩大学2014届毕业生就业指导手册》，开展职业技能培训和鉴定工作。8个项目获福建省第二届大学生“创业之星”评选暨大学生创业扶持计划扶持。本年度毕业生3278人，初次就业率达98.2%。

【优化办学环境】 调整和优化组织机构，提高办学治校能力。推进以“体制改革和内涵建设为核心”的战略转型，实行校、院、系三级建制和校、院两级行政管理的体制。新评聘高级专业技术职务9人、中级31人、初级35人；新引进学科带头人3人，新聘专任教师26人，选派18名骨干教师赴“985”、“211”大学和台湾知名高校访学进修。办学经费得到保证，优先保证教学运行。吴庆星奖学金、林惠奖教金额度比往年提高1倍。

泉州黎明职业大学

【概况】 黎明职业大学占地620亩，建筑面积19万平方米，全日制在校生9400多人，继续教育学院成人学历教育在校生3612人。设有土木建筑工程、机电工程与自动化、信息与电子工程、纺织鞋服工程、材料与化学工程、经济管理、外语外贸与旅游、文化传播8个学院，共43个专业。教学仪器设备总值5500多万元，校外实训基地169个，校内各类实训（验）室90多个，实训基地31个，其中中央财政支持实训基地3个、省财政支持实训基地5个。拥有纸质图书78.2万册，电子图书3300GB。现有专任教师390人，其中高级职称教师123人、硕士以上学历（学位）教师253人，7名教师被评为省级教学名师，6名教师入选省高校首批专业带头人，1名入选福建省高校杰出青年培养计划，1名入选泉州市首届青年拔尖人才。

【合作办学】 与台湾10多所职业技术院校签订校际合作协议，建立闽台高职土建类师资培训基地，开展“校校企”联合培养人才，实施交换生计划。截至年底，选派赴台交流学习的师生近300人，培训高职院校土建类骨干教师228人。

【校企合作】 学校与安踏、恒安、中国移动、中国人寿、麦德龙、盼盼食品、九牧王、贵人鸟、格林、劲霸、卡丁、华浔、连天红等知名企业建立合作关系，签订校企合作协议的企业达226家，超过90%的专业在教学过程中有合作企业参与，与合作企业共同开发课程81门，共同开发教材35种。近三年，通过订单培养方式为合作企业输送人才1500余名，为企业培训员工14000人次以上，为合作企业技术服务收入达700余万。

【专业建设】 “高分子材料加工技术”和“室内设计技术”2个专业为国家级重点建设专业；“建筑工程技术”“应用电子技术（光电子）”“高分子材料加工技术”3个专业实训基地项目获中央财政支持；高分子材料加工技术、室内设计、生产过程自动化、应用电子技术、商务英语被评为福建省示范性专业；建筑工程技术、生产过程自动化技术、服装设计、物流管理4个专业为福建省示范性高职院校重点建设专业；建筑工程技术、建筑装饰工程技术、建筑设备工程技术3个专业被列入教育部、建设部“建设行业技能型紧缺人才培养培训工程”；参与教育部高职高专院校数字校园学习平台建设，酒店管理、金融、应用化工技术3个专业参与教育部高职高专教学资源库建设；土建施工、建筑设计和自动化类专业获福建省高职院校专业建设质量评价第一名；“实用化工材料福建省高校应用技术工程中心”成为全省高职院校第一个高校应用技术工程中心建设项目；拥有省级实训基地3个，省级生产地实训基地1个，省级教学团队4个，福建省教学改革综合试验项目4项，福建省“十二五”教育改革试点项目5项。获省级教学成果特等奖1项、一等奖2项、二等奖5项。

【科研成果】 2013年，获批校外立项课题71项，争取科研经费80.95万元，教职工在各类学术刊物上公开发表论文293篇，出版专著1部、工具书2部、取得专利3项，各类获奖13项。

【技能竞赛】 坚持把职业素质、职业能力的培养作为人才培养的重点，重视学生技能竞赛的开展，2013年学校获全省高职院校技能竞赛总分第一名。几年来，学校参加教育部门各类竞赛共获全国一等奖1项、二等奖17项、三等奖9项，福建省特等奖2项、一等奖72项、二等奖83项、三等奖100多项。

【招生与就业】 每年招收全日制学生3500多人，与8所中职学校对接招收3+2五年一贯制学生。继续教育学院成人学历教育2013年招生1100多人。与厦门市成人学历教育与厦门青年教育培训中心签订联合办学协议，开拓专升本渠道，为学生专升本服务。以构建企业专场、行业专场和校园综合专场招聘会三位一体招聘体系为基础，做实做细毕业生就业创业教育、管理与服务工作，获省公务员局创业培训16万元经费资助。设立创业孵化园，为学生创业提供培训场所。

泉州广播电视大学

（内容暂缺）

泉州医学高等专科学校

【概况】 泉州医学高等专科学校有洛江校区、旧实小校区、桃源山校区三个校区，占地面积494.2亩，建筑面积207991平方米。校内实训基地面积41434.49平方米，教学、科研仪器设备总值5015.21万元，馆藏图书43.95万册。拥有6所附属医院及分布在全省各地的教学实习医院、实习药企186家。建有7个专家工作站、13个教师工作室。设有临床医学系、护理系、药学系、检验预防系、基础医学部、社科公共部、成人教育部、实验实训中心、科研信息中心和图书馆10个教学系部、中心。设有临床医学、中医学、口腔医学、医学影像技术、护理、助产、药学、生物制药技术、医药营销、药品质量检测技术、康复治疗技术、公共卫生管理、医学检验技术、卫生检验与检疫技术、中药学15个专业。有全日制在校生7202人。成人教育设置临床医学、中医学、护理、药学、医学检验技术、医学影像技术、公共卫生管理、医药营销8个专业，在学函授学生3000多人。拥有1个教育部、卫生部“第一批卓越医生教育培养计划”项目试点，2个教育部、财政部“高等职业学校专业服务产业发展能力”项目，6个省级高职精品专业，6个福建省高等职业教育示范专业，13门省级高职精品课程，2个中央财政支持国家级实训基地，3个省财政支持高等职业教育实训基地，2个福建省高等职业教育生产性实训基地，2个省级教学改革综合试验项目，4个省级教育改革试点项目。

【师资队伍】 教职员工405人，专任教师263人。其中，副高以上职称81人，享受国务院特殊津贴专家1名，省级高校教学名师3名，国家级教学团队1个，省级优秀教学团队2个。“双师素质”教师占专业专任教师总数90%以上，兼职教师281人。深化校院企合作，共建13个教师工作室、7个专家工作站，遴选、聘请20位专家到站工作，推进校院（企）科研攻关和成果转化，实现互利双赢。

【专业建设】 医学检验技术专业、口腔医学专业“央财支持提升专业服务产业发展能力项目”通过教育部验收。护理、生物制药技术、临床医学、口腔医学、药学、医学检验技术6个专业被评为“福建省高等职业教育示范专业”，护理、生物制药技术2个专业实训基地被评为“福建省高等职业教育生产性实训基地”。“护理专业新技术新进展”项目被列为“2013年度高等职业学校专业骨干教师国家级培训项目”。完成国家高等职业教育护理专业教学资源库规划教材《护理导论》《母婴护理》《内科护理》主编工作及《老年护理》副主编工作。主编的《正常人体结构》《儿童护理》《护理礼仪》《临床生理基础》《医学机能实验教程》5部教材获“十二五”时期职业教育国家规划教材立项。

【教学管理】 开展教学质量管理年活动，召开教学质量专题研讨会。开展主题教学活动月，举办“微课”教学比赛。坚持从严治教，开展教学质量监控与评价工作。加大校系两级教学常规检查力度，完善校系二级教学质量监控体系，出台《泉州医学高等专科学校教学督导工作章程》《泉州医学高等专科学校教学管理委员会章程》，成立新一届泉州医学高等专科学校教学督导组，建立学校领导听课制度，确保课堂教学的质量和效果。完成21079人次的学生临床、社区见习和2304名大、中专实习生的实习教学活动安排。

【实验实训基地建设】 全年新增校外实习实训基地12个，完成泉州市母婴保健实训中心装修工程、现代护理实训中心3-5模拟病区改建装修，美国心脏协会（AHA）培训基地建设；"校中厂"GMP车间、生物发酵车间进入设备调试验收阶段；推进生物制药设备保养与维护中心的建设，与太平洋制药有限公司初步达成设备总值168.3万元的捐赠意向；初步完成静脉配置中心、生物制药技术软件开发工作室的建设方案和申报立项工作。

【科学研究】 23个市级及以上科研项目立项，获资助经费30.6万元。其中，原有的SPF级动物实验室扩建改造的项目，被市科技局列为2013年科技创新平台（实验室）重点建设项目，获资助经费20万元。教职医护员工共发表论文86篇，其中发表在核心刊物以上的21篇。

【办好成人教育】 完善职教集团网站，印发《集团简讯》2期，编辑出版《福建医药护理职业教育》杂志1期。与福建医科大学举办护理学、药学专业自考"本科与高职高专教育衔接考试试点"助学班。与福建中医药大学合作设成人本科办学点，开设业余专升本临床医学、中医学两个专业。新增3个教学点。全年完成5100多名乡村医生的规范化培训任务；组织1484人参加职业技能鉴定；增设食品检验工职业鉴定、育婴师、保健刮痧师3类鉴定工种，新增公共营养师省报考点。提升护工培训水平，全年完成13期513人的免费培训。在泉州市第一医院、福医大附属第二医院、解放军第180医院、泉州市中医院、医高专附属人民医院分设护工管理站，负责护工派遣与管理。

【加强闽台交流】 全年选派21名交换生、10名教师到台湾访学研修，继续举办暑期闽台合作夏令营；台湾大仁科技大学12名师生到校开展"原情甲意"时尚美甲秀，其中《高山族美甲》作品获2013年全国职业院校学生技能作品展洽会二等奖。

【学生工作】 厉行阳光招生政策，规范开展招生工作，科学制订并报送招生计划。与县（市）、区卫生主管部门签订委托培养协议书，面向福建西部地区联合培养本土化大专学历医学人才。面向全省高中应、往届毕业生和医药卫生类中职毕业生开展"高等职业学校单独招生"，护理、助产专业试行"大类招生"。开展第七届大学生德育思想政治教育研讨会，推进学生日常教育管理工作，加强大学生国防教育工作，成立征兵工作领导小组，共有在校生、毕业生20人入伍。做好大学生参加城镇居民基本医疗保险工作。坚持奖勤助贷制度，全年发放568.38万元奖学金，帮助387名学生申请助学贷款，设立194个校内外勤工助学岗位。学生在省级职业院校技能大赛获9个一等奖、7个二等奖、1个三等奖、3个优秀奖；国家级职业院校技能大赛获2个二等奖。毕业生就业率达99.12%，用人单位满意率达95%以上。

泉州幼儿师范高等专科学校

【概况】 泉州幼儿师范高等专科学校占地300亩，校舍建筑面积96696平方米；教学仪器设备总值1887.7万元；图书馆藏纸质图书30万册、电子图书20.4万册；幼儿园、小学实习实训基地75个。2013年，首次面向全国招生，招收新生1235人；与泉州师院合作办学，培养应用型本科人才，招收本科生50人；全日制在校生达3543人。现有教职员工265人，其中教授6人。在170位专任教师中，具有硕士学位教师82人，副高以上专任教师49人，双师素质教师120人。现有省级精品专业1个，省级教学团队3个，省级精品课程6门，省级示范专业2门，省级高等职业教育实训基地1个，省级高校教学名师2位。

【人才培养】 于2012年12月通过教育部人才培养工作评估，2013年5月完成评估回访各项任务。学前教育、艺术教育2个专业获教育部、财政部支持专业服务能力提升项目资助400万元，并通过验收。新申办的舞蹈教育和休闲服务与管理2个专业获教育部批准招生。毕业生就业评估优秀，毕业生就业率达97.83%，对口率达86.15%。专升本报考人数占7.85%，录取率达44.73%。

【科研工作】 以科研带动师资队伍建设，加强科研管理。教师完成各级各类科研课题25项，在CN及其他刊物上发表论文近110篇，论著及编写、参编教材15部，65项教科研成果获省、市级奖励。

【社会服务】 承办福建省南片区《3—6岁儿童学习与发展指南》培训，在泉州、厦门、漳州等地举办多次专题培训。继续承担福建省名师"送培下乡"任务和省、市级园长和骨干教师等各级各类培训项目。培训在职幼儿园园长、教师3543人，各类考级培训2152人。与厦门同安区教育局、漳州东山县教育局、三明永安市教育局等多地进行区域战略性合作，开展区域特色服务。

【对台及对外交流】 与台湾台中教育大学、中州科技大学互派师生，与台湾稻江科技暨管理学院研发课程，选派师生到金门交流学习，至德国、印尼交流学习和慰问演出，与台湾澎湖县师生举办音乐会，并到台中教育大学开设学术讲座。

泉州经贸职业技术学院

【概况】 泉州经贸职业技术学院现有两个校区，占地581亩，建筑面积11.73万平方米；馆藏图书60余万册；用于教学实训计算机1644台；设会计系、商务系、信息系、轻工系、经管系、公共基础部、继续教育部7个教学系（部）和1个分院，有财经、电子信息、纺织食品、交通运输、文化教育六大类21个专业。

【教学内涵建设】 重视加强内涵建设，强化“质量立校，以质取胜”的专业人才培养意识，优化专业人才培养方案，实施“校内理实一体化”“订单培养”“政校企合作”等专业人才培养途径，践行“工学结合、校企合作”的专业人才培养模式，提高人才培养质量。会计、国际商务专业作为教育部、财政部“支持高等职业学校提升专业服务能力”项目重点建设专业通过验收。开展课程教学改革，构建或调整具有“目标明确、主线清晰、覆盖恰当、功能适用、结构合适、操作可行”的课程体系。将职业资格证书和职业技能等级证书的实务考核内容融入实践教学之中。3月，学院成为福建省唯一当选全国财政职业教育教学指导委员会单位的高职院校。强化和改进实践教学，提高专业技能水平。科学安排实践教学，实验、实训的开出率达100%。加强实习实训基地建设。新建校内企业经营管理沙盘实验室1间，财务业务一体化实训室1间、财税一体化实训室1间、计算机实验室3间、国际商务流程实验室1间。加强与九牧王有限公司等20多家企业的校企战略合作关系，每个工科专业均与3家以上亿元企业建立了紧密型的合作关系，共建实习实训基地，开展实习实训等多方面的合作。开展技能竞赛，践行“以赛促教”“以赛促练”“以赛促提”。学生在全省英语口语、会计技能、服装设计、电子产品设计、报关技能等竞赛中获一等奖、二等奖、三等奖等好成绩。

【科研成果】 重视科研创新，拥有财务会计等9门省级精品课程，会计专业等1个省级精品专业，会计专业群主干课程教学团队等1个福建省教学团队。2013年，申报省市科研项目13项，其中教育厅人文课题A类2项、B类5项，教育厅科技课题A类1项、B类2项，市社科联课题3项，省教育厅思政课题3项。办理结题4项，其中省教育厅课题2项、市社科联课题2项。出版著作2部。在《投资研究》《中共党史研究》《税务研究》《中国教育报》等核心报纸杂志发表学术论文500多篇，提供“投资项目可行性研究”等教学服务90多项。与行业、企业共同开发课程10多门。

【队伍建设】 在编教职工287人，各类在校生4939人。拥有一支爱岗敬业、结构合理、具有较高教学水平、学术水平和富有进取精神的高素质教师队伍，其中高、中级职称教师占专任教师的70%以上，博士、硕士研究生学历教师占专任教师的60%以上，专业教师中双师素质教师占60%以上。

【校园文化】 重视校园文化建设，践行“明德、善学、强技、力行”校训，开展校园文化活动，营造“生动活泼、健康向上”的校园文化氛围。定期开展“院长下午茶”活动，受到师生的肯定和欢迎。开展首届微视频大赛、迎新晚会、“永远跟党走，实现中国梦”主题演讲比赛、校园十佳歌手大赛暨校园科技文化节等活动，举办第八届田径运动会，充实师生精神生活，提高学生身体素质。组织教职工参与文娱活动，获泉州市教育系统教工气排球比赛高校中学组二等奖，学院工会还获福建省教育系统“五一先锋岗”称号。

【服务社会】 为企业和社会提供业务培训、技能鉴定等服务。为泉州市相关企业提供会计、电子商务、物流管理、国际商务、市场营销等专业的职业技能或职业资格证书或专业技术职称等培训，提供技能鉴定。注重发挥专业人才优势，开展财会、项目管理、商务、金融、信息技术、服装设计、电子产品开发、图书管理、项目评估等方面的技术与咨询服务。参与企业营销问题的研究和营销方案的设计4项，为企业提供“项目可行性研究”“筹资策划”等技术服务17项，参与企业管理软件的设计、电子产品的研发5项。与市财政局、市公务员局合作，开办福建省会计从业资格考试常设考点和泉州市国家公务员考试等常设考点，提供相关服务，全年组织17208人次参加会计从业资格考试，组织公务员考试、泉州市事业单位招聘考试、全国护士执业资格考试、中国银行业从业资格考试以及二级建造师执业资格考试7场，计19728人次。

泉州工艺美术职业学院

（内容暂缺）

终身教育

【强化社区教育阵地建设】 2013年，泉州社区大学创建泉州社区教育手机网和《泉州终身教育报》，搭建大众传媒教育传播网络，宣传终身学习理念。开办摄影技能函授班，常年深入社区居民举办小型《刺桐花讲堂》12期，编撰《终身教育报》3期，发行8万份。泉州社区大学与市教育局、市总工会等6家单位举办闽南文化民俗知识竞赛。完成编撰《闽南文化知识（民俗）读本》上下册并印发8000套发放给市民，完成闽南文化《闽南童谣》《闽南故事》《泉州十八景》《泉州名小吃》等篇的编撰和宣传。2013年，泉州市《刺桐花讲堂》、南安市贵峰——中华第一诗村、鲤城区龙岭红色文化教育、梅山实验学院——蓉中村创意文化四个品牌获首批省社区优秀品牌。2013年，举办6期SYB创业培训，完成近200名小企业主的创业培训。

【发挥科研优势，提升社区教育发展水平】 泉州社区大学社区教育研究成果研究论文《发挥大众传媒拓展社区教育的优势和作用——以泉州社区大学的实践为例》被教育部收入《全国社区教育100特色案例》一书。出台《泉州社区大学社区教育志愿者培训工作暂行规定》。

【示范区、实验区建设成效显著】 2013年，鲤城区推荐选送的社区教育实验项目《闽南社区文化进校园》《建设社区教育网络课程资源的实验》被国家教育部确定为“全国社区教育实验项目”；《社区教育“一街道一品牌一特色”》被确定为省级社区教育实验项目；首届全国“百姓学习之星”评出104名，鲤城区推荐的3位居民全部入选；鲤城区推荐参评的《龙岭红色文化教育》获第一批“福建省社区教育品牌”。南安市“贵峰诗村”“蓉中村创意文化”被省终身教育促进委员会确认为第一批“福建省社区教育品牌”，电大梅山实验学院被国家开放大学、教育部社区教育研究中心授牌，获准承办i-创意实验室。

【创建社区教育三级网络体系】 全市各县（市、区）均成立社区学院，初步构建终身教育体系。其中，晋江社区学院在2013年批复设立19所镇、街道社区学校，拨付启动资金，实现镇、街道社区学校的全覆盖。各村居依托“农家书屋”，建设社区学校教学点。

民办教育

【概况】 全市民办高校10所，在校生48783人；民办中职11所，在校生11334人；民办中学20所，在校生36402人；民办小学25所，在校生21544人；民办幼儿园837所，在校生174137人；民办非学历教育培训机构116所，在校生18499人。

【规范发展民办教育】 执行年检制度，对全市700多所民办学校和100多所非学历教育培训机构进行检查和抽查。对年检合格的学校，采取多种形式向社会予以公布，引导家长选择合格的民办学校就读；对年检“不合格”的学校，要求学校限期整改，促进其规范办学。出台政策，引导民办非学历教育培训机构依法依规办学。与市民政局、物价局出台《泉州市民办非学历教育培训机构设置管理暂行规定》，要求各县（市、区）严格设置标准，依法审批办学，执行年检制度，建立日常监督检查机制，加强对民办培训机构的管理、服务与监督。

教育条件保障

【保障教育经费逐年增长】 2013年，全市公共财政预算教育拨款91.62亿元，同比增长10.32%。

【落实为民办实事项目】 实施中小学校舍安全工程建设。全市投入3.17亿元，重建、加固中小学校舍安全工程88个、面积20.3万平方米。全市消除危房面积19.82万平方米。组织公办幼儿园建设。全市投入4.4亿元新、改、扩建公办幼儿园79所，新增小学附属幼儿班342班。新增公办幼儿园学位额约2.5万个。组织城镇中小学扩容建设。全市投入3.5亿元，新、扩建城镇中小学项目34个，面积16.7万平方米。新增学额1.55万个。组织农村义务教育薄弱校改造。全市投入1.74亿元，改造农村义务教育薄弱学校项目129个，校舍面积11.58万平方米、围墙4.35万米、护坡4万立方米、运动场0.35万平方米。城东学园五中校区部分校舍于秋季开学前交付使用。

【落实国家助学政策】 落实高校国家助学金制度，全市高校全年享受国家助学金学生28334人次，金额4057万元。开展生源地信用助学贷款工作。实施国家助学金制度，全市约有1.79万名涉农专业和家庭经济困难中职学生享受每生每年1500元生活补助，合计补助金额2685万元。落实中等职业学校学生免除学费政策。全市约有8.42万人次中职学生享受免学费政策，金额约7709万元。落实城乡低保家庭普通高中学生助学金政策，全年支付城乡低保家庭普通高中学生助学金1490万元，资助学生达31.93万人次。减免学生学费。全年有1.79万人次家庭经济困难高中学生享受减免学杂费，减免金额达890万元。落实低保家庭幼儿园保教补助政策。全市有423人享受补助政策，补助资金42.3万元。

【加强教师队伍建设】 举办第六届校长读书班活动；完善8个名师工作室，加快实施名校长、名教师、名班主任培养工程，51名校长被确定为省骨干校长培养人选，开展第二届名班主任、教育世家评选；制定《关于中小学教学名师、学科教学带头人、骨干教师的管理办法（试行）》，对全市中小学教学名师、学科带头人、骨干教师实行动态管理；组织“特级教师讲学团”巡回讲学。各类教育师资学历水平和专业素质明显提升，农村紧缺学科基本配备到位，完善城乡中小学教师对口交流制度，区域内教师资源均衡配置取得明显成效。

[科　技]

栏目编辑
甘伟进　何佳媚

综述

2013年，泉州市培育认定首批316家科技小巨人企业，评选出十大最具成长力科技小巨人企业。深化推进科技创新“五清零、六提升”专项行动，培育壮大科技型企业群体。745家企业实现一项以上“清零”，201家企业实现五项“清零”，纳入“清零提升”的企业研发投入和技术成果转化资金、企业研发投入增长18%。新增省级重点实验室5家、市级以上行业技术中心和工程技术研究中心34家、企业研发机构75家。推动国家高新区建设发展，加快创新型产业集群建设步伐；创新探索建设新型科研机构，组织实施“137科技创新平台计划”，引进泉州市首个国家级科研院所——中国科学院海西研究院泉州装备制造研究所落地建设。创新科技金融融合模式，建成全省首个国家高新区科技金融服务中心，推动10多家企业与银行签订专利权质押贷款合同，授信贷款额度8840万元。深化科技管理服务体制机制改革，发展农业和民生科技，增强基层科技发展和服务能力；推进国家知识产权示范城市工作，提升知识产权创造、运用、保护和管理水平；实施产业创新转型“燎原计划”，全力助推民营企业“二次创业”， 科技创新各项工作取得较好成效。 全市新增国家火炬计划重点高新技术企业6家、高新技术企业53家、省级创新型企业39家。1项科技成果获国家科技进步奖，26项科技成果获省科技进步奖。泉州市再次荣膺全国科技进步先进市，数字微波通信创新型产业集群、科技创新服务体系、知识产权质押融资等被纳入国家级工作试点，国家农业科技园区、国家级科技特派员创业培训基地获批建设。培育科技小巨人、“泉州科技云”管理创新服务平台、制造业“数控一代”及自动化技术创新、实施产业创新转型“燎原计划”、新型科研机构建设、科技创新“五清零、六提升”专项行动、打造“阳光科技”等做法得到科技部、国家知识产权局、省科技厅的肯定。

科技计划项目

【概况】 2013年，泉州市共组织实施各级各类科技计划587项，获经费1.406818亿元。其中，58个项目入选国家科技计划，获得项目经费2965万元；126个项目入选省级科技计划，获得经费4896.25万元；下达403个市级科技计划，市本级财政科技计划项目经费6206.93万元。

【公开征集技术创新需求项目】 2013年，泉州市通过泉州晚报、侨乡科技报、科技信息网、泉州科技手机报等媒体，面向全社会公开征集技术创新需求项目，征集产业发展的技术需求和难题达600多项，并对技术需求项目进行整理、筛选、提炼、评估、分类，为泉州市实施民营企业转型升级专项行动提供项目源。利用与教育部科技发展中心合作实施“蓝火计划”的契机，通过教育部科技发展中心网站向50家国内重点高校发布对接信息，促进项目对接。

【组织市级科技计划项目申报评审】 印发《泉州市科技局关于公开征集泉州市产业技术需求和科技计划备选项目的通知》《泉州市科技局关于开展2013年泉州市科技计划项目立项评审、现场考察及产业技术需求评估工作的通知》，按照《2013年泉州市科技计划项目立项评审、现场考察及产业技术需求评估工作方案》要求，组织专家评审。落实泉州市民营企业转型升级专项扶持行动计划、产业集群发展专项扶持计划以及“双百工程”。根据市政府《关于2013年泉州市民营企业转型升级专项扶持资金专题会议纪要》要求，组织开展2012年民营企业转型升级专项扶持资金项目后评估工作。开展各级科技计划项目监督检查工作，做好科技项目全过程管理。

表27

2013年国家级科技项目（泉州部分）

序号	项目（课题）编号及名称	主要承担单位及技术负责人
国家创新基金		
1	小型化超宽频多功能天线	福建省泉州华鸿通讯有限公司
2	安全环保型高温导热油旋转接头的研发及应用	福建省闽旋科技股份有限公司
3	耐用型动力高容量镍氢电池	泉州劲鑫电子有限公司
4	太阳能恒温装置	泉州复大太阳能电子有限公司
5	振动式固液分离机	泉州市丰泽华兴建筑机械设备有限公司
6	新一代可透气薄膜生产线	泉州市丰泽区东方机械有限公司
7	生态菌床废水处理技术	福建省洋屿化工工贸有限公司
8	连续缠绕技术生产高流动性高强耐磨耐腐蚀玻璃纤维复合管材	泉州市路通管业科技有限公司
9	水性膨胀型饰面防火涂料	福建南烽防火科技有限公司
10	高端物流管理信息安全系统	福建省宏祥智能科技有限公司
11	新型高速织带机——拉链织带机及中心线机二合一成型技术	晋江市溢泰织造机械有限公司
12	液压锁紧柱式切石机	福建省晋江市和盛机械有限公司
13	易燃易爆物安全防护袋	晋江森达塑胶有限公司
14	裸眼3D LED显示屏产业化项目	福建泰德光电科技有限公司
15	天然有机抗菌纳米面料	石狮市金森纳米科技有限公司
16	利用工业固体废弃物生产生态型混凝土制品技术开发与应用	六蜂王（石狮）环保建材有限公司
17	新型高性能防油膜的研发与产业化	石狮市新光塑料包装有限公司
18	工业镀镍废水资源回用技术与设备	威洁（石狮）中水回用技术有限公司
19	基于移膜技术开发新型皮革面料及其产业化	华韩（泉州）新型面料开发有限公司
20	DL-450-B型多模式自控重力浇铸机	南安市德林机械制造有限公司
21	高密封性能、使用寿命长的碟式止回阀	福建嘉诺阀门有限公司
22	鼓轮式多工位数控车铣复合中心	福建南美机械有限公司
23	基于变频控制的高精度自动化MLL500-1A流量测试机	福建闽机机械科技有限公司
24	高效安全便捷型四轮驱动越野叉车	福建振宝机械有限公司
25	铅压铸板机高效节能生产技术及其设备产业化	泉州东山机械有限公司
26	长寿命高效节能非对称结构角向磨光机	福建惠安县坚固电机有限公司
27	智能化多功能型装箱包装设备	泉州市科盛包装机械有限公司
28	新型高效无毒橡胶塑解剂DBD清洁化生产项目	泉州市华实橡塑科技有限公司
29	新型乌龙茶茶叶加工全自动生产线	福建佳友机械有限公司
30	利用废豆渣提取可溶性大豆多糖	福建省泉州市味博食品有限公司
31	自动化、规模化、全天候生产乌龙茶加工技术的开发与应用	福建省安溪大坪绿色食品工程有限公司
32	新型智能化多功能蟹排机的研发	泉州市天发食品机械有限公司
33	HNF-300大吨位内燃平衡重叉车	福建华南重工机械制造有限公司
34	高抗污染管式复合纳滤膜及产业化应用	泉州索爱膜科技开发有限公司
35	具有维护提醒双膜超滤一体水龙头式的多功能直饮水处理器	泉州万利得节能科技有限公司
中小企业公共技术服务机构补助资金		
36	面向中小微企业质量咨询与技术成果推广服务平台	中检华纳（泉州）质量咨询有限公司
37	面向中小汽配企业的高精度检具设计与制作公共服务平台建设	福建省尚邑模具工业有限公司
38	闽台海洋生物技术推广服务平台	石狮市闽台信息科技有限公司

续表27

序号	项目（课题）编号及名称	主要承担单位及技术负责人
39	服饰商标印刷设计开发技术服务平台	石狮市星港塑胶包装有限公司
40	泉州市纺织服装检测技术服务平台	中纺协检验（泉州）技术服务有限公司
41	海西光电信息产业技术成果对接推广平台	泉州市光电信息产业促进中心
42	精品高档节能环保型陶瓷釉推广应用公共服务平台	泉州市陶瓷科学技术研究所
国家科技富民强县专项行动后续计划		
43	石狮生态渔业与特色深加工技术示范与推广	石狮市人民政府
国家农业科技成果转化资金项目		
44	南非中间鲍的引种驯化及其规模化人工育苗技术	石狮市水产育苗场
国家重点新产品计划		
45	γ-氨基丁酸	福建安溪茶叶生物科技有限公司
46	CK5263双柱数控立式车床	福建成功机床有限公司
国家火炬计划		
47	多芯组瓷介固定电容器	福建火炬电子科技股份有限公司
48	高活性琼脂糖系列产品产业化	福建省金燕海洋生物科技股份有限公司
49	消火栓箱自动生产线	福建省闽太消防水暖有限公司
50	重载荷（大口径）HDPE缠绕增强管	福建纳川管材科技股份有限公司
51	MK7950数控高精度立卧复合平面磨床	福建宏茂科技有限公司
52	集成智能微波逆变器光伏并网发电组件	文创太阳能（福建）科技有限公司
53	高效节能易拆装人字纹板式换热器	福建省泉州市江南冷却器厂
54	高速圆头电脑绣花机产业化	石狮市永信电脑设备制造有限公司
55	废聚酯塑料瓶片色纺涤纶丝产业化示范项目	福建百川资源再生科技有限公司
	创新型产业集群项目	
	泉州新一代微波通信产业集群	泉州高新技术产业开发区管理委员会
56	自组网数字专网通信系统的产业化	福建科立讯电子有限公司
57	TD-LTE室内覆盖系统的产业化	泉州泽仕通科技有限公司
58	多网络通信接入系统及模块的产业化	泉州迈韦通信技术有限公司

星火计划与重大产业带建设

【概述】 2013年，泉州市根据农业产业特色和发展重点，发布申报指南，广泛征集农业科技项目，筛选一批具有泉州市产业特色、优势的科技项目，推荐上报科技部和省科技厅，组织161个项目申报国家、省、市级农业领域科技计划。截至12月底，全市有129个项目入选国家、省、市级农业科技、星火计划，下达科技经费2723万元。其中，“石狮生态渔业与特色深加工技术示范与推广”项目被列入国家科技富民强县专项行动后续计划，获科技部经费105万元；石狮市水产育苗场承担“南非中间鲍的引种驯化及其规模化人工育苗技术”项目被列入国家农业科技成果转化资金项目，获国家科技经费60万元；福建八马茶业有限公司承担“乌龙茶连续化智能化精加工技术集成研究与应用”、福建省南安市华兴面粉有限公司承担“应用生物工程技术研发食品系列专用粉及产业化”等2个项目被列入福建省区域重大项目，获省级科技经费150万元；10个项目被列入福建省农业计划项目，获福建省科技经费840万元；9个项目被列入福建省星火计划重点项目，获福建省科技经费180万元；下达8个农业科技计划重大项目，下达市级科技经费325万元；下达65个农业科技计划重点项目，下达市级科技经费513万元；下达33个行业技术开发中心补助项目，下达市级科技经费550万元。

【加强农业科研工作，育成一批农作物新品种（系）】 市农科所选育出的花生新品种泉花551、甘薯新品种泉薯10号通过国家品种鉴定，樱桃番茄杂交一代新品种“金灿灿1号”、水稻不育系“桐A”（原名泉9A）、“祥A”（原名泉7A）通过福建省品种审定，泉薯17樱桃番茄新品种金灿灿1号通过现场考察评议；有5个新品种参加国家级区试，10个新品种参加省级区试，3个新品种参加生产试验，2个杂交稻新组合参加省级预试，2个不育系参加省级鉴定，7项科技成果参评省、市科技进步奖、神农科技奖。

【创建国家、省级农业科技园区】 泉州市组织高校和科研院所专家开展农业科技园区规划调研，广泛征求意见，完成“福建泉州国家农业科技园区总体规划”。9月5日，泉州市被科技部列入第五批国家农业科技园区建设单位。10月14日，科技部举办第五批国家科技园区规划培训会，部署新批国家农业科技园区规划建设工作，邀请国家农业科技园区专家组授课，部署各园区总体规划调整工作。根据科技部要求和专家组修改意见，泉州市重新征集各县（市、区）意见建议，组织对总体规划进行调整、修改、补充和完善，再次上报科技部备案。同时，根据《福建省科技厅关于申报省级农业科技园区的通知》要求，组织泉州台商投资区农业科技园区、永春县农业科技园区申报省级农业科技园区，完成总体规划，通过专家现场评估，获省科技厅批准，列入省级农业科技园区立项建设。

【落实《泉州市科技特派员工作实施方案》】 泉州市出台扶持农业小微企业、科技型农民专业合作社等配套政策，市科技开发中心被科技部批准列为福建泉州国家科技特派员创业培训基地，组织13个单位申报泉州市科技特派员示范基地，组织22个单位申报泉州市科技型农民专业合作社，下达2个科技特派员示范项目，下达市级科技经费20万元；开展行业技术开发中心评估工作，组织对已授牌的150家市级行业技术开发中心进行复评，受理70多个单位申报省、市级行业技术开发中心，下达33个行业技术开发中心补助项目，下达市级科技经费550万元；依托泉州市农业科学研究所，联合省内以及台湾高等院校，创立泉州市泉台果蔬产业技术创新战略联盟；依托福建省安溪铁观音集团承建的省级工程技术研究中心，联合中国农科院茶叶研究所、福建省农林大学、福建省农科院等高校、科研院所和台湾等境内外茶叶企业，申报组建国家茶叶质量安全工程技术研究中心。

【完善泉州市星火科技12396多媒体信息远程服务平台建设】 开展农村实用技术远程培训与咨询服务17期培训5.7万人次。摄制乌龙茶清洁化加工、泉州林下经济发展模式、芒果优新品种与高优栽培技术等3部农村科教片，制作图文并茂的种植业、畜牧业、林业、渔业多媒体课件17个，争取科技部农村中心“星火科技30分”视频节目20多小时，更新视频节目、图文信息4000多条，网络电视“星火科技”频道新增视频节目80多部，发布各类农村综合短信8万多条次，为农民群众解答农村实用技术问题200多个。

【强化海洋生物加工产业技术创新战略联盟】 泉州市组织海洋生物加工产业技术创新战略联盟相关承建单位，到浙江省舟山市、山东省青岛市参观学习，与大连海洋大学、中国海洋大学食品科学与工程学院、中国水产学院黄海水产研究所等高校、科研院所，进行海洋科技项目对接工作。泉州市海洋生物加工产业技术创新战略联盟、石狮市海星食品有限公司与大连海洋大学食品科学与工程学院签署合作框架协议，石狮市华宝海洋生物化工有限公司与中国水产科学研究院黄海水产研究所签署合作框架协议；组织泉州市泉美生物科技有限公司等10个单位参加第二届中国农业科技创新创业大赛，4家企业进入复赛。

科技服务

【强化科技服务体系建设，提升区域创新工作水平】 2013年，泉州市积极推进中科院海西研究院泉州装备制造研究所筹建工作。7月4日，在中国科学院、省政府召开的中科院海西研究院建设领导小组和工作组第十四次会议上，泉州市政府与中国科学院海西研究院签约，共建泉州首个国家级科研院所——中科院海西研究院装备制造研究所。中科院海西研究院泉州装备制造研究所正式落地建设，首期建设用地100亩。已完成研究所立项、法人注册，基本完成征地拆迁任务，无偿提供3000平方米过渡办公用房。编制完成研究所科技发展规划及《泉州市人民政府支持中国科学院海西研究院泉州装备制造研究所建设发展若干意见》。引导社会民营资本转为创新资本，推动民营骨干企业联合重点高校、科研院所按“实体办院、投管分离、市场化运营”等创新方式，围绕新一代数字通信技术、物联网、工业设计和高端装备制造等重点领域，扶持建设新型科研机构，首期投入扶持资金390万元，重点扶持微波技术研究院等6家新型科研机构建设发展。成立全省首个国家级联盟——数字微波通信产业技术创新战略联盟，新组建3家产业技术创新战略联盟，全市累计组建联盟27家。

【组织实施“137科技创新平台计划”】 征集确定137个科技创新平台作为市级重点项目建设，其中科技孵化器项目19个，企业研发中心项目64个，实验室项目17个，研究院所项目18个，检测中心项目8个，院士专家工作站、博士后工作站项目9个。持续建设项目105个，实行重点项目管理服务和动态监督，为产业、企业转型升级、创新发展提供高层次技术平台，已投入建设资金5.1亿元。

【建成海峡（泉州）技术转移中心】 以虚拟组合方式设立海峡（泉州）技术转移中心，实施泉州科技创新产品应用推广计划，建立科技创新技术产品推介发布机制，举办科技创新技术产品发布会，举办3期在线技术对接会，累计实现技术对接213次，产生意向128次，达成意向33次。2013年，全市技术合同交易成交金额新增5.5亿元，同比增长49.2倍。制定出台《关于加快科技企业孵化器建设与发展若干措施的通知》，重点支持建设和发展数字微波通信产业技术科技孵化器、育成基地科技孵化器等8个具有明确产业指向和区域特色的专业孵化器，推动3家孵化器获得省级孵化器称号，共获得省科技厅补助资金166.93万元。

科技成果与奖励

【做好科技成果评价工作】 组织申报2013年度泉州市科技奖工作。根据《泉州市科学技术奖励规定》和《泉州市人民政府关于泉州市政府企业创新奖评选管理的实施意见》，经项目申报、形式审查、公示、专家组评审及泉州市科学技术奖评审委员会审核，12月17日市政府第37次常务会议研究通过，决定授予科技重大贡献奖授奖1项、科技创业奖授奖3项、科技进步奖专家建议授奖55项、专利奖授奖27项。组织推荐申报2013年度福建省科技奖项目共44项，组织初审，合格项目39项，推荐到省奖励办。1月11日，泉州市（含驻泉单位）28项成果获2012年度福建省科学技术奖，其中科学技术进步奖一等奖1项，二等奖9项，三等奖12项，技术发明奖1项，专利奖三等奖5项。1月27日，泉州市政府通报表彰2012年度泉州市科学技术奖。其中科技创业奖3项，科技进步奖一等奖5项、二等奖17项、三等奖37项，专利奖25项。华侨大学等单位完成的“石材高效加工用金刚石磨粒工具关键技术及应用”项目获2013年度国家科技进步奖二等奖。泉州市政府通报表彰2013年度泉州市科学技术奖与泉州市政府企业创新奖。其中“福建百宏聚纤科技实业有限公司”科技重大贡献奖，授予“峰安皮业股份有限公司”等3家企业泉州市政府企业创新奖，授予“福建纳川管材科技股份有限公司”等3家企业科技创业奖，授予“生物酶脱墨再生浆生产拷贝纸”等55个项目科技进步奖，授予“透明高档陶瓷泥料及制备其陶瓷制品的工艺”等27个项目专利奖。泉州市（含驻泉单位）26项成果获2013年度福建省科学技术奖，其中科学技术进步奖一等奖1项，二等奖5项，三等奖14项，自然科学奖三等奖2项，技术发明奖三等奖4项。2013年，全市有44宗技术成果完成技术合同登记，技术开发合同登记38宗、技术服务合同登记4宗、技术转让合同登记2宗；技术交易额42679.03万元。完成科技成果评审登记93项，其中报送省科技厅成果登记31项。

表28

2013年度国家科学技术奖泉州市获奖名单

项目名称	主要完成单位	主要完成人
石材高效加工用金刚石磨粒工具关键技术及应用（国家科技进步奖二等奖）	华侨大学、福建万龙金刚石工具有限公司、泉州金山石材工具科技有限公司、泉州众志金刚石工具有限公司、福建省华隆机械有限公司	徐西鹏、黄　辉、李　远、郭　桦、许晓旺、梁志鹤、李小松、沈剑云、黄国钦、林天华

表29

2013年度福建省科学技术奖泉州市获奖名单

项目名称	主要完成单位	主要完成人
乌龙茶清洁化自动化精加工关键技术及产业化（省科技进步奖一等奖）	福建农林大学、福建安溪先锋茶叶机械有限公司、福建省建瓯市龙兴茶叶有限公司	金心怡、张敬强、郝志龙、孙云、陈济斌、陈寿松、于国锋、郭玉琼、吴光兴、李天习
即食食品质量安全控制技术及产业化（省科技进步奖二等奖）	福建省晋江福源食品有限公司、中国农业大学、浙江大学、天津科技大学、北京农业信息技术研究中心、吉林大学	陈　芳、张　英、胡小松、吴松青、王开义、方国臻、袁　媛
节能高效公路养护专用成套设备（省科技进步奖二等奖）	泉州市闽盛交通科技有限公司、三明市公路机械修造厂	赖杰民、刘跃进、刘祖希、高榕平、许爱民、许德海
环保、高涩感、耐磨型篮球用合成革的研制（省科技进步奖二等奖）	泉州万华世旺超纤有限责任公司	颜　俊、李　革、蔡鲁江、李少正、李　杰、李寿光、曲　岗
泉州湾河口湿地保护与修复技术（省科技进步奖二等奖）	惠安县林业科技推广站、江苏大学、福建农林大学、中国科学院地球化学研究所、福建省林业科学研究院	吴沿友、兰思仁、刘荣成、洪志猛、付为国、麦秋桂、刘继龙

续表29

项目名称	主要完成单位	主要完成人
自洁性透气膜用树脂研制及其应用（省科技进步奖二等奖）	福建恒安集团有限公司、福建恒安卫生材料有限公司	张富山、翁文伟、刘榕城、孙晓丽、罗梅芳、蔡增雄、李凯华
再生浆生产拷贝纸（省科技进步奖三等奖）	泉州华祥纸业有限公司	陈长兴、廖春祥、吴晓曦、陈守镇、甘木林
可移动式静止无功补偿器技术研究和示范（省科技进步奖三等奖）	福建省电力有限公司电力科学研究、中普瑞科技有限公司、福建省电力有限公司泉州电业局	林　韩、吴文宣、陈金祥、郑建辉、张明龙
一种新型静电复印纸的生产方法（省科技进步奖三等奖）	福建省晋江优兰发纸业有限公司	陈　彪、杨晓日、史静荣、甘木林
3万吨/年 1，4-二醇项目（省科技进步奖三等奖）	福建湄洲湾氯碱工业有限公司	姜文峰、周志军、刘建忠、高小超
福建红曲醋酿造新工艺研究（省科技进步奖三等奖）	福建师范大学、福建永春顺德堂食品有限公司、永春县永春老醋有限责任公司、福建省永春县岵山津源酱醋厂有限公司	黄祖新、陈由强、黄　镇、林育民、张晓强
LB1500+RLBZ(M)1000沥青厂拌热再生成套设备（省科技进步奖三等奖）	福建铁拓机械有限公司	苏原豊、高岱乐、揭文忠、刘万、豆　凯
利用铁矿尾渣生产低温多彩陶瓷（省科技进步奖三等奖）	福建省泉州龙鹏集团有限公司	苏建堆、苏康福、曾海波、洪泉泉、徐华龙
轮胎式叉装机（省科技进步奖三等奖）	福建晋工机械有限公司	邵远鹏、李小锋、胡　炜、张文中、李景灿
废弃陶瓷再生利用工业化新技术研发及应用（省科技进步奖三等奖）	福建省德化县宁昌陶瓷有限公司	苏友谊、苏自艺、苏友吉、曾宪春
深厚淤泥爆炸挤淤工程质量综合评价方法研究（省科技进步奖三等奖）	福建省交通建设质量安全监督局、华侨大学岩土工程研究所、福建可门港物流有限责任公司、中交第三航务工程局有限公司	程李凯、林同钦、王惠民、翁榕寿、林　泉
磺化隔膜、镍硫化物包覆技术应用在镍氢电池的生产工艺（省科技进步奖三等奖）	泉州劲鑫电子有限公司	陈端典
TD-SCDMA超声波热量表新技术的研发及应用（省科技进步奖三等奖）	泉州七洋机电有限公司	蒋韵坚
大豆新品种泉豆7号的选育与应用（省科技进步奖三等奖）	福建省泉州市农业科学研究所	林荣辉、吕美琴、庄卫东、刘灿洪、李明松
优化遮荫改善夏暑乌龙茶品质的机理及关键调控技术（省科技进步奖三等奖）	福建省农业科学院茶叶研究所、安溪县茶叶科学研究所、福建省春辉茶业有限公司	张文锦、张应根、李慧玲、尤志明、陈常颂
生物炼制关键酶的分子设计及生物催化（省自然科学奖三等奖）	华侨大学	方柏山、张光亚、陈宏文
光束整形与变换新技术（省自然科学奖三等奖）	华侨大学	蒲继雄、陈子阳、王　涛
两亲型改性木质素水煤浆添加剂及产业化（省技术发明奖三等奖）	福州大学、福建清源科技有限公司、石狮市清源精细化工有限公司	刘明华、郑福尔、刘以凡、林兆慧、苏千德
高效超规格环保大型自动化砌块成型机（省技术发明奖三等奖）	群峰智能机械股份公司	徐金山、林初仁

续表29

项目名称	主要完成单位	主要完成人
麻笋增值深加工关键技术（省技术发明奖三等奖）	福建农林大学、南安市乐峰印山林场	庞　杰、罗自生、吴先辉、温成荣、潘泽川
轮椅式免脱穿粪便自动清理机（省技术发明奖三等奖）	福建明明医疗辅助器具有限公司	黄春明、骆晓真、黄燕伟

表30　**2012年度福建省科学技术奖泉州市获奖名单补录**

项目名称	主要完成单位	主要完成人
高纯硅晶体制作技术（省技术发明奖三等奖）	南安市三晶阳光电力有限公司	郑智雄、南　毅、张伟娜
熔体直纺涤纶长丝纺丝工程模拟计算系统及工艺优化（省科技进步奖一等奖）	福建百宏聚纤科技实业有限公司、东华大学	裘大洪、王华平、叶敬平、王朝生、侯向东、叶明军、张玉梅、陈阿斌、刘雪峰、李建武
WSM951T16叉装车（省科技进步奖二等奖）	福建省威盛机械发展有限公司	肖自能、郭松生、叶庆林、姚小龙、喻雷平、戴永光、黄放石
液压智能控制技术在混凝土机械设备的应用研究及产业化（省科技进步奖二等奖）	华侨大学、福建南方路面机械有限公司、群峰机械制造有限公司	杨建红、黄宜坚、房怀英、张认成、黄文景、彭思明、林初仁
可再生活性炭功能陶瓷材料研发（省科技进步奖二等奖）	福州大学、福建省德化县宁昌陶瓷有限公司	于　岩、吴任平、赖寿莲、苏友谊、巫红平
三层共挤抗菌保鲜聚烯烃包装材料的研究开发（省科技进步奖二等奖）	福建师范大学、晋江市塘塑合成材料有限公司	张华集、陈　晓、张　雯、柯玉鹏、柯荣欣、杜　娟
800MHZ+400KHz列尾和列车安全预警综合系统（省科技进步奖二等奖）	泉州市铁通电子设备有限公司	洪清喜
福建柏优良种源和家系选择及培育技术研究（省科技进步奖二等奖）	福建省林业科学研究院、福建省南靖国有林场、福建省仙游溪口国有林场、福建省永春碧卿国有林场、福建省安溪白濑国有林场	郑仁华、肖祥希、杨宗武、赵青毅、黄秀美、郭福泰、苏顺德
植物油替代二甲苯的农药生产技术（省科技进步奖二等奖）	福建省农业科学院植物保护研究所、福建省农药检定所、福建省泉州德盛农药有限公司、农业部农药检定所	林　永、傅建炜、黄琼辉、邹华娇、颜禧凯、李建宇、林荣华
蚕丝、珍珠纤维水刺非织造关键技术及用即弃卫生产品应用（省科技进步奖二等奖）	福建恒安集团有限公司、东华大学	张富山、孙晓丽、向天夏、翁文伟、靳向煜
带蒂皮瓣修复组织缺损方法的改进研究（省科技进步奖二等奖）	中国人民解放军第一八〇医院	黄书润、李小毅、林玉丹、王　浩、梁素丽
用废旧聚丙烯塑料生产聚丙烯纤维的方法（省科技进步奖三等奖）	福建三宏再生资源科技有限公司	张振文、苏清阅、苏荣钦、沈来勇
轻质陶土板研制及产业化（省科技进步奖三等奖）	福建华泰集团有限公司	陈岚波、吴国伟、吴国良、詹席林、邝亮祥
复合消音金刚石圆锯片（省科技进步奖三等奖）	泉州众志金刚石工具有限公司	李　伟、李小松、林方森、许毓新、石金龙
防止海边污秽雾闪在线监测装置的研究（省科技进步奖三等奖）	福建省电力有限公司泉州电业局	吕金煌、许宇航、郭建钊、邢　威、姚青煌
输电线路无人等电位检修自动装置的研制（省科技进步奖三等奖）	福建省电力有限公司泉州电业局	吴志成、郭建钊、陈茂新、蔡晓游、陈永红
基于云计算技术的水利工程监管平台的研究（省科技进步奖三等奖）	泉州市水利局、福建四创软件有限公司	曾向明、郑楚飞、苏新程、许泽进、李振鹏

续表30

项目名称	主要完成单位	主要完成人
一种LED灯具热导管散热技术的研发及应用（省科技进步奖三等奖）	福建蓝蓝高科技发展有限公司	吴元芬
固体废弃物资源化技术在生态环保建材生产中的研发与应用（省科技进步奖三等奖）	六峰王（石狮）环保建材有限公司	董再发
基于自主开发废水处理装置的造纸废水回收技术（省科技进步奖三等奖）	福建优兰发集团实业有限公司	甘木林
水产品加工副产物的高值化开发与应用技术研究（省科技进步奖三等奖）	福建省水产研究所、厦门洋江食品有限公司、晋江市阿一波食品工贸有限公司	吴成业、许永安、刘智禹、李庐峰、王　茵
生物杀虫剂座壳孢菌新资源及其创新研究与应用（省科技进步奖三等奖）	福建农林大学、福建省林业科学研究院、泉州市森林病虫防治检疫站	邱君志、关　雄、何学友、宋飞飞、苏玉斌
甘薯淀粉型新品种泉薯84的选育与推广（省科技进步奖三等奖）	泉州市农业科学研究所	傅文泽、余成章、卢新建、叶志雄、苏　保

表31　2012年度福建省专利奖励获奖项目专利奖泉州市获奖名单补录

专利名称	专利号	专利权人	发明人（设计人）
狭缝式涂布模具及其制造方法（三等奖）	200710009230.4	泉州新日成热熔胶设备有限公司	黄向明、陈伯陵、吴炳基
一种阻尼装置（三等奖）	200710009545.9	石狮市鑫达工业有限公司	周　杰、彭治权
一种强力透气纤维鞋中底材料及制造方法（三等奖）	201010230325.0	福建鑫华股份有限公司	瞿北斗、曾鹏程、郭秉臣、蔡　剑、乔　娟
浓香型铁观音的生产方法（三等奖）	201010245727.8	福建八马茶业有限公司	王文礼
单孔单把碗盆龙头（JY00226）（三等奖）	201030507084.0	泉州中宇卫浴科技实业有限公司	韦　安

科技交流与合作

【加强对港科技交流合作】 4月22日至24日，香港生产力促进局智力资本发展部首席顾问刘竞明率领该局项目组一行5人到泉州进行前期调研，旨在进一步推动双方在重塑生产力中心、重点产业调研、企业转型升级一站通和闽港跨区域培训等方面展开具体合作与交流。4月25日，泉州市政府与香港生产力促进局在泉州举行跨区域科技合作推介会暨合作备忘录签订仪式。会上，签订《泉州市科技局与香港生产力促进局合作备忘录》《推进国家级科技公共服务平台项目合作意向书》。

【举办独联体国家电子信息项目推介会】 9月27日，举办白俄罗斯、俄罗斯、乌克兰等独联体国家电子信息项目推介会，推介54项符合泉州企业技术需求的项目，5家企业提出合作需求并达成合作意向。

【创新技术助推中小企业转型升级】 引进台湾精密机械中心等台湾诸多产业技术研发单位，以及台湾海洋大学等8所大学育成中心来泉设立联合办事处，开展创新技术推展工作，助推泉州中小企业转型升级。

【产学研对接暨“蓝火计划”推进大会】 6月20日，由教育部科技发展中心和泉州市政府主办，省科技厅作为支持单位，市科技局、市科技创新联合会承办的国家高新区、国家大学科技园泉州产学研对接暨“蓝火计划”推进大会在泉州举行。会上还举行“中国高校技术转移中心泉州中心”揭牌仪式和产学研项目合作对接签约仪式。此次产学项目对接大会收到科技成果1001项、专利技术176项，全市对接项目127个，投资金额13.99亿元，其中签订合同项目25个，投资金额6.85亿元。现场代表签约项目13个，合同金额5亿多元。

【“科技外交官代表团”到泉州市考察】 9月9日，由科技部合作司公使衔参赞阮湘平带队，来自中国驻德国、以色列、澳大利亚、新加坡等四国大使馆的科技参赞们组成的科技外交官代表团到泉州考察。在海西电子信息产业育成基地，科技外交官们参加信息与通讯产业工作座谈会，为泉州市对外科技合作出谋划策。

【全国纺织产业科技创新发展战略研究研讨会】 12月5—7日，由中国工程院环境与轻纺工程学部主办的全国纺织产业科技创新发展战略研究研讨会在泉州召开。来自政府、企业、高校等百余名代表，探讨泉州纺织产业的现状、科技创新经验和战略走向。

【电子信息技术合作】 12月20日，福建先创电子有限公司和普天信息技术研究院有限公司在丰泽区海西电子信息产业育成基地举行合作签约仪式。

【组织企业参加各类展会，推介对接项目】 2013年，泉州市组织企业参加各类展会、论坛6场，推荐各类项目66项。其中，参加福建“6·18”科技展团、“6·18”生物医药行业技术网上在线对接会、第七届海西科技论坛，向省科技厅推荐科技成果展览展示项目5项、技术需求项目22项，技术成果推介对接项目13项，生物医药对接项目4项；参加厦门“9·8”科技展团、科技外交官论坛，向省科技厅推荐信息与通讯项目成果5项，信息与通讯领域企业需求6项，科技合作项目2项，参会企业18家；参加深圳高交会，向省科技厅推荐科技成果展览展示项目5项、科技成果对接项目4项。

科学普及与宣传

【加大信息报送和科技宣传力度】 2013年，泉州市加大信息报送和科技宣传力度。全年报送信息182篇（条），录用105篇（条），2篇专报被省政府办公厅《政讯专刊》采用，其中1篇得到省领导批示肯定。在《泉州晚报》上刊发科技类新闻报道113篇（条），专版13个，获得泉州晚报社优秀合作伙伴；在泉州电视台播报科技新闻402条，制作二个专题宣传片，总时长750分钟。此外，还在新华网及《科技日报》《中国工业报》《福建日报》等省级以上媒体刊发科技宣传报道20多篇（条），进一步加大对科技重点工作和政策的宣传力度。2013年，编辑出版《侨乡科技报》50期，国内发行30万份，与菲律宾《商报》合作编印出版《侨乡科技报》专版52期，海外发行130多万份。《二次创业，赢在科技——泉州民企的科技创新路》获第26届（2012年度）全国科技报系统专栏类二等奖；《泉企研发工业机器人替代人工》和《科技新生活•2012》分获26届（2012年度）全国科技报系统科普类三等奖和版面类三等奖。编辑刊发《泉州科技》手机版37期。

【举办“泉州市科技·人才活动周”】 5月19—25日，泉州市科技·人才活动周在全市各地同时举行。科技周以“科技创新•美好生活”为主题。全市343个单位、5800名科技人员参加科技周活动，开展各类科技周活动256项，参与活动的群众达20多万人次。其中，举办科技报告会(讲座、研讨会)50场，参加人数1.3万人次；科技咨询会20场，参加人数1万人次；科技知识竞赛5场，参加人数4600人次；科技培训135期，受训人数2万人次；分送科普图书47600册，科技资料70500份。

科技拥军与扶贫

【科技拥军】 2013年，泉州市加强对科技拥军工作的组织领导，下发《泉州市科技局2013年科技拥军工作要点》，对全年科技拥军工作进行分解立项落实，并完善监督检查制度。依托《侨乡科技报》、泉州科技信息网等宣传阵地，开辟宣传专题、专栏，广泛宣传科技拥军政策法规，宣传全市科技拥军的新经验、新典型、新成果，营造爱国拥军的良好氛围。全年向部队官兵免费赠阅《侨乡科技报》等科技报纸杂志2000多份。

【科技拥军专家顾问团】 泉州市生产力促进中心作为省级科技拥军示范基地，充分发挥科技拥军专家顾问团和科技拥军人才培训基地的作用，积极开展各项科技拥军工作。多次组织专家深入部队开展服务，深入部队开展科技人才免费培训服务。通过发放科技拥军基地服务简介、提供咨询服务，参加部队座谈会等形式，了解各驻泉州部队需求。结合驻泉州部队拥军项目建设的特点，整合科技人才和技术资源，为驻泉州部队提供有效的技术支持和人才培养。选派电子信息工程师配合武警8714部队建设完善的营区数字监控系统；选派专业智能数字和网络技术专家，对接帮扶解放军180医院开展数字化图书馆等5个项目（课题）的研发；在驻军部队开展烹饪技术、电工等专业技术培训班5期200多人次；组织资深心理咨询师到部队普及心理科学知识，开展心理咨询活动。针对部队在军事装备技术革新与科研试验项目中遇到的通讯技术、光电技术、机电一体化、新材料装备及部队医院临床医学研究等技术方向的难题，加强统筹协调地方科研机构和高新技术企业的技术研发力量，协助把高新技术“嫁接”到部队军事领域中，与部队共同开发科技含量高、贴近实战的科研项目，推进驻地部队现代化建设。

【科技扶贫】 2013年，泉州市重视科技扶贫工作，落实帮扶项目、资金和政策，安排二批210万元科技帮扶资金，扶持洛江、泉港、晋江、南安、安溪、永春、德化等36个老区村、贫困村发展现代农业，建设社会主义新农村，引导和支持老区发展壮大优势特色农业，着力推进农业产业化，不断提高老区农民自身的“造血”功能。围绕老区村、贫困村的主导产业和现代农业发展需求，应用泉州市星火科技“12396”多媒体信息远程服务平台，组织泉州市农村科技专家顾问团（讲师团）成员，开展农村实用技术远程培训与咨询服务；组织各县（市、区）科技局和石狮市生产力促进中心、安溪茶业学校等国家、省、市级星火学校，围绕纺织服装、制鞋、陶瓷、石材石雕、食品及农产品加工等县域特色产业，开展纺织服装、包装印刷、水产养殖、广告装潢设计、服装CAD/CAM、平面设计、手工打版、会计实务、会计电算化、机械电子、制茶工艺、和工艺陶瓷和特种设备作业人员等农民工技能培训。做好永春县五里街镇高垅村帮扶工作，下达科技帮扶资金10万元；组织市农科所果蔬专家到永春县五里街镇高垅村举办农村技术培训班，深入田间地头现场技术指导，赠送农村科教片和实用技术小册子。结合科技下乡和泉州市科技人才活动周，到南安市梅山镇等地开展科技咨询服务，分发实用技术小册子1000多册。

知识产权

【**概述**】　2013年，全市专利申请量和授权量分别达18448件和13267件，同比增长36.46%和36.14%，年度专利数量继续位居福建省首位；其中发明专利申请量和授权量分别为1830件和399件，同比增长38.43%和18.40%，截至12月，全市万人发明专利拥有量达到1.58件，同比增长46.94%。有1项专利获第十五届中国专利优秀奖，2项专利获中国外观设计优秀奖；2项专利获福建省专利奖；49家首获发明专利授权的企业各获得2013年福建省发明专利清零奖励资金1万元。2013年，全市新增国家级知识产权示范企业1家、国家级知识产权优势企业9家、福建省知识产权优势培育企业6家及福建省知识产权普及教育试点中小学5家。

【**国家知识产权示范城市**】　2013年，泉州市扎实推进国家知识产权示范城市工作。实施《泉州市国家知识产权示范城市工作方案》，3月25日，泉州市政府办公室印发《2013年推进泉州市国家知识产权示范城市工作计划》，落实开展示范城市工作的年度目标和任务。晋江市被列入国家知识产权示范培育城市（县级市），南安市被列入国家知识产权试点城市（县级市）、鲤城区被列入国家知识产权强县工程试点县（区），泉州高新技术产业开发区所属的鲤城高新区、石狮高新区被列为国家知识产权试点园区。

【**知识产权创造和运用**】　2013年，泉州市注重提升知识产权创造和运用水平。5月15日，市政府办公室印发《关于加强战略性新兴产业知识产权工作的实施意见》。5月8日，市科技局、市财政局、市知识产权局修订出台《泉州市专利申请资助暂行规定》，重点资助发明专利。全年受理发明专利申请资助343件，发放资助资金82.18万元。奖励授权发明专利，发放奖励资金81.2万元；组织评选2013年度泉州市专利奖27项，其中金奖1项、银奖7项、优秀奖19项，发放奖金81万元。2013年，1项专利获第十五届中国专利优秀奖，2项专利获中国外观设计优秀奖；2项专利获福建省专利奖。6月，泉州市知识产权局联合厦门大学知识产权研究院、泉州市政府发展研究中心共同研究制定《泉州市专利事业中长期发展规划》（2013—2020年），12月26日，市政府办公室印发实施。2013年，泉州市结合科技创新“五清零”“六提升”专项行动，确定发明专利“清零”与“倍增”企业250家。5月14日，印发《2013年开展企业发明专利“清零”和“倍增”行动计划》，成立3个工作小组。全市组织市、县两级知识产权工作人员、专家支撑团队200多人（次）到企业开展帮扶服务。2013年，全市专利申请量和授权量分别达18448件和13267件，同比增长36.46%和36.14%，年度专利数量继续位居福建省首位。其中，发明专利申请量和授权量分别为1830件和399件，同比增长38.43%和18.40%，截至12月，全市万人发明专利拥有量达到1.58件，同比增长46.94%。有49家首获发明专利授权的企业各获得2013年福建省发明专利清零奖励资金1万元。根据国家知识产权局有关示范城市工作部署和要求，制定《2013年泉州市实施专利信息分析利用能力提升计划工作方案》。10月28—31日，举办专利信息分析利用实务培训班，邀请国家知识产权局专家为泉州企业工作人员授课。同时，推荐20家企业参与国家知识产权局开展的专利信息导航产业发展课题。开展企业知识产权托管和贯标工作，自《企业知识产权管理规范》（GB/T29490—2013）发布以来，已有10家企业开展贯标工作。市政府办公室印发《泉州市知识产权质押融资试点工作方案》。市知识产权工作领导小组办公室制定和印发《2013年推进泉州市知识产权质押融资工作计划》，落实年度知识产权质押融资的目标和任务，扎实推进知识产权质押融资试点工作。市财政局、市科技局和市知识产权局出台《泉州市企业专利权质押贷款贴息暂行规定》，对专利权质押贷款进行贴息。市知识产权局与泉州银行、泉州农商银行等签订知识产权质押融资战略合作协议，开展专利权质押融资需求企业征集工作，向相关银行推荐有专利权质押需求的企业2批54家。市知识产权局与市经贸委、科技局、人民银行泉州市中心支行开展泉州市中小微企业金融服务提升年专项行动，举办中小企业专利权质押融资培训班、企业知识产权质押融资专题研讨活动。全市有22家企业（占全省的59.5%）与银行签订专利权质押贷款协议，授信额度2.5690亿元（占全省的53%）。

【加强专利执法能力建设】 制定《泉州市专利行政执法能力提升工程实施方案》，建立健全专利行政执法工作长效机制，不断提升专利行政执法能力。经市委编办批复，在全省率先设立专利行政执法支队。市科技局、市知识产权局印发《关于建立专利行政执法“市带县”工作机制的通知》，加大专利行政执法工作力度，严厉打击专利违法行为。2013年，全市受理各类专利违法案件62件，其中侵权纠纷15件，假冒专利38件，其他专利案件9件，结案60件，中止处理1件。成立专利案件审理委员会，进一步规范专利行政执法行为；启动泉州市专利行政执法综合管理系统建设，依托该系统可以实现对专利违法案件受理、立案、调查取证、审理、结案、执行与公开等程序的电子化处理，提高执法办案质量和效率。

【开展打击侵权假冒工作】 集中开展鞋服类商品专项整治。3月，由公安部经侦局高峰政委带领的全国打击侵权假冒绩效现场考核组到泉州考核，对泉州市打击侵权假冒工作取得的成效给予肯定。2013年，全市行政执法部门立案查处各类侵权假冒案件1349件，涉案金额1403.456万元。

【专项执法和展会知识产权保护】 2013年，全市知识产权系统出动执法人员200多人（次），检查商品3100多件。在第十五届中国（晋江）国际鞋业博览会、第十六届海峡两岸纺织服装博览会期间，组织专利执法人员在展会现场设立知识产权服务台，及时妥善地处理2起展会专利侵权纠纷。

【知识产权保护协作】 市科技局、公安局、知识产权局、工商局、质监局、药监局、烟草专卖局7个部门签订打假维权战略合作机制备忘录，建立协作联络、信息共享、联合执法、案件移送协作、信息宣传发布等工作机制。同时，市科技局、知识产权局与泉州24个产业技术创新战略联盟签订知识产权保护合作协议，降低企业的维权成本，提高知识产权执法效率。

【完善知识产权公共服务平台建设】 发挥泉州市知识产权公共服务平台的作用，对泉州市知识产权信息网进行改版升级，推动福建省专利技术（泉州）展示交易中心及泉州市专利技术展示交易网有效运行，促进优秀专利技术与资本市场的对接，为公众和企业提供更加便捷的知识产权服务。

【完善知识产权维权援助与举报投诉服务体系建设】 运行“12330”知识产权维权援助与举报投诉服务平台，深化分中心和工作站建设，新增鲤城高新区和安溪2个分中心。2013年，全市知识产权维权援助中心通过电话、网络信件、来访等方式接收社会公众、知识产权权利人的维权援助与举报投诉咨询537人次，接收维权援助与举报投诉案件52件，其中维权援助案件28件，符合受援条件的11件；举报投诉案件24件，符合立案条件并移送举报投诉案件13件。开展重大项目与高层次人才维权援助服务工作，收到泉州市重大项目信息登记表8份，高层次人才信息登记表17份。完善泉州市知识产权志愿者队伍建设，组织知识产权志愿者为市民提供知识产权咨询服务，提高社会公众的知识产权意识。

【推动专利中介服务机构建设】 市知识产权局与科技局、财政局印发《关于促进专利中介服务业发展的工作意见》，加大对专利服务机构的资金支持力度，鼓励符合设置条件要求、信誉较好的省内外专利中介服务机构到泉州设立分支机构。完善专利代理机构信息月报制度，定期了解泉州市专利代理机构的业务开展情况，加强对专利代理机构的监管。截至年底，全市有专利代理机构6家，拥有专利代理人26名，从业人员近100名。

【开展知识产权宣传普及活动】 2013年，泉州市在“福建省知识产权日”“知识产权宣传周”“中国专利周”中，开展现场咨询和网络在线咨询活动、召开打假维权合作协议签字仪式暨知识产权白皮书发布会、开展知识产权进校园、进企业、发送知识产权宣传短消息、发放知识产权宣传资料。在泉州电视台、《泉州晚报》、《侨乡科技报》等新闻媒体上开设专栏或专题，刊登知识产权公益广告，宣传知识产权相关政策措施及泉州市建设国家知识产权示范城市取得的成效。2013年，全市利用手机短消息发送知识产权宣传信息15万条，播放电视公益广告9次，印制知识产权宣传环保购物袋1000个，印发宣传材料近1.5万份。

【组织知识产权专题培训活动】 7月，经省知识产权局批准，建立福建省知识产权远程教育平台泉州分站。2013年，全市开展各类知识产权培训23场，参加培训人数达到2400多人（次），有504人（次）通过福建省知识产权远程教育培训平台泉州分站学习知识产权实务课程。

[城乡建设]

栏目编辑
吴远鹏

城乡规划

城市规划编制

【泉州市组织两个慢道水线规划方案专题讨论】 1月18日，市城乡规划局召开晋江北江滨路景观提升规划专题会，讨论《泉州市慢道水线规划（笋江公园至洛阳古桥段）》和《泉州晋江沿线绿地工程景观设计方案——笋阳园区》两个规划方案。本次规划的笋江公园至洛阳古桥段慢道水线位于环湾核心区，东起黄龙大桥，沿江滨北路、丰海路一直延伸至洛阳桥，全长36.7千米。规划按照不同定位，将整个路段分为三个主题段落：刺桐印象——古城漫游慢道、泉州湾景——泉州湾滨水畅游慢道、湿地掠影——科普畅享慢道。规划的区域慢道服务系统由游览设施服务点和管理设施服务点两部分组成。根据《泉州晋江沿线绿地工程景观设计方案——笋阳园区》，占地59公顷的笋阳园区将规划打造成为兼具生态和商业功能的综合园区。笋阳园区位于笋江大桥和顺济新桥之间，背靠江滨北路的临江区域，是晋江沿线绿地总体布局“一江七园区”之一，拥有泉州老城区的腹地优势和大片龙眼树的自然资源。

【桃花山公园近期游览线路规划通过审查】 4月8日，《桃花山公园近期游览线路规划》通过泉州市城乡规划局组织召开的技术审查。根据规划，近期桃花山将结合泉州市的绿道建设要求，为游客提供6条不同的游览线路，串起36处特色景点。在注重生态保护、文化内涵挖掘的同时，还将同步配套餐饮、管理设施、公厕、停车场等配套设施。

【晋江滨江北路景观提升及绿道工程规划通过论证】 4月12日，市城乡规划局主持召开泉州市滨江北路景观提升及绿道工程规划技术论证会。晋江滨江北路景观整治提升工程是2013年的市重点工程，也是省、市“点线面”工程年度建设任务的重要组成部分。根据规划，将通过建设水线慢道、整合提升并串点成线沿线公园、滩涂清理和水面保洁、沿线“海丝”重要景观包装宣传等，使滨江北岸成为广大市民的休闲健身场所及游客到泉州必去的重要景点。泉州市水线绿道工程起于黄龙大桥，沿滨江北路、丰海路一直延伸至洛阳桥，是泉州市重要的城市绿道之一，2013年泉州市重点建设滨江北路（黄龙大桥至枪城段）绿道。本次规划按照沿线不同的文化要素、地块遗存、路堤形式及周边环境，将整个路段分为生态之美、文化之美、活力之美和古港之美四个主题段落，通过新建和改造相结合的方式建设总长约19.96千米绿道，并对沿线公园进行改造以提升公园人气和档次。

【滨海路市政道路及景观工程规划设计方案通过评审】 3月14日，滨海路市政道路及景观工程规划设计方案通过评审，4月23日，方案设计成果分别移交给惠安县、泉州台商投资区实验段指挥部。滨海路市政道路及景观工程起于后渚大桥东桥头、终于崇武，全长38千米，台商投资区段全长22.5千米，惠安崇武段全长15.5千米。其中，白沙湾试验段全长3.5千米，西沙湾试验段全长4.65千米。设计行车速度主路60千米/小时，辅路30千米/小时。道路横断面设计从后渚大桥东桥头到南北主干道，主路采用双向6车道，其余大部分主路采用双向4车道，工程总建安费估算为29.4亿元。道路全线共设置15个交叉口，其中立体交叉4处，平面互通交叉口11个，其余交叉口按右进右出控制。全线结合景点、功能区域分布和沿线用地在建、拟建项目情况设置各种服务设施、慢行系统和停车场，包括行人观光栈道、自行车游览系统、旅游观光巴士、水上巴士、沿线停车系统、行人过街系统等，并在沿线布设多处综合服务点、自行车租赁点，使游客能在几种慢行形式间快速便捷的自由转换。全线景观分为生态湿地保护区、时尚都市休闲区、康乐运动体验区、活力阳光沙滩区、缤纷海洋游憩区、古韵人文展示区六个功能分区，同时结合现状堤岸进行全线防洪设施改建，将防洪与旅游功能统一结合。项目功能定位为以旅游观光、慢行为主、世界一流滨海旅游休闲度假区。

【晋江市城市总体规划通过技术审查】 4月25—26日，福建省住房和城乡建设厅在晋江市主持召开《晋江市城市总体规划》技术审查会。规划成果原则予以通过。本轮规划提出构建“全市一城、一主两辅”的城镇空间结构，以促进晋江由单一的产业城市向“产城一体”的综合型城市进行转变。根据规划，晋江主城区将涵盖五大相对集聚的功能组团，并对接泉州，提升环泉州湾区域的高端商务金融功能，规划面积约288平方千米。两大辅城为：以安海—东石组合城市为核心的晋西辅城、以金井为中心的四镇组合城市的晋南辅城。鉴于晋江是省政府确定的城镇化试点城市之一，会议要求规划成果要按照新型城镇化发展需要，在规划定位、城镇化发展、城市规模、城市空间布局、城市综合交通、市政设施等方面进行补充和完善，进一步探讨晋江推进新型城镇化的发展路径，以城乡一体化的发展要求，保护镇、街、园区的发展活力，按照“发展中心村、控制一般村、保留特色村、萎缩空心村”的思路，推进城乡协调发展，并深入研究暂住人口的可能增长趋势以及对城市发展的要求，合理确定城市人口规模，并适当控制人均用地指标，提高已建设用地的利用率。

【石狮市绿道系统规划通过评审】 5月14日，石狮市绿道系统规划通过专家评审。根据规划，石狮将构筑“一环、三横三纵、多片分布”的绿道网络。规划在落实福建省省级1号绿道和泉州市市域1号、4号绿道的基础上，综合考虑城市生态本底、景观资源、人口、交通等资源要素，结合各组团片区的实际需求叠加分析，综合优化形成由“1条省级绿道、1条市域绿道、6条城市绿道、若干条社区绿道”组成的四级绿道网，线路总长239.8千米。根据绿道沿线自然条件和城市建设状况，石狮市绿道又分为海岸绿道、风景绿道、都市绿道和古城绿道四类。

【泉州市城市燃气规划获批】 5月27日，市政府作出批复。原则同意《泉州市城市燃气专项规划（2010—2030年）》，规划范围为2980平方千米；重点研究范围为中心城区，面积980平方千米；规划年限为2010—2030年。

【泉州市中心城区环境卫生专项规划获批】 6月28日，市政府作出批复，原则同意《泉州市中心城区环境卫生专项规划（2012—2030年）》。本次规划范围为2980平方千米，重点研究范围为中心城区，面积980平方千米，规划年限为2012—2030年。

【泉州市城市绿地规划（修编）获批】 8月1日，市政府作出批复，原则同意《泉州市城市绿地系统规划（修编）》，规划年限为2015年至2030年。本次规划修编的重点是中心城区。主要包括鲤城区、丰泽区、洛江区（万安街道、双阳街道、河市镇和马甲镇），泉州开发区，泉州台商投资区、晋江市的池店镇、紫帽镇、磁灶镇（部分）、西园街道（部分）、陈埭镇（部分）和西滨镇，石狮市的蚶江镇（部分）和祥芝镇，南安市的丰州镇和霞美镇（部分），惠安县的崇武镇、山霞镇和黄塘镇。规划绿化指标：2015年：绿化覆盖率达41%；人均公园绿地12平方米。

【安溪县开展县城总体规划修编】 4月，安溪县组织召开《安溪县城总体规划（2000—2020）实施评估报告》论证会。7月2日，市政府作出批复，同意安溪县开展城市总体规划修编工作。要求安溪县认真研究《泉州市城市总体规划（2008—2030）》等上位规划对安溪县城市发展和定位的要求，切实做好城市用地规模、人口规模、城市性质的研究和论证；认真做好与经济社会发展规划、土地利用总体规划及相关区域性规划的衔接；努力探索新型的城镇体系架构和城乡空间布局模式，科学编制出符合安溪县城镇化发展道路的城市总体规划。

【惠安县城市总体规划纲要通过评审】 9月25日，市城乡规划局组织召开《惠安县城市总体规划（2011—2030）》纲要评审会。本次规划是在2003年版惠安县城市总体规划和2011年版惠安县城镇协调发展规划的基础上，依据泉州市城市总体规划、泉州北翼新城发展规划和泉州台商投资区总体规划进行修编，将按泉州北翼新城的中心城区、综合型产业服务区进行城市定位。规划范围覆盖全县行政区域（不包括台商投资区），总面积约为520平方千米。规划县域城镇空间结构为“一心、两轴、三组团”，中心城区空间结构为“一心、两轴、两带、七片区”。在交通布局上，将强化沿海通道、支撑两湾新城发展；打通山海交通走廊，拓展内陆经济腹地；构建县域快速交通环路，联系山海各大发展区域，规划区内将形成“七纵五横”的干道路网。会议建议，在泉州国际机场周边应预留充足的发展备用地，规划应深入研究新建航空港对周边区域的带动和辐射效应。

【泉州空港新城概念性规划通过评审】 11月28日，《泉州空港新城概念性规划》通过由市城乡规划局组织召开的专家评审。该项规划是2013年深化城市建设管理年项目之一。规划依据《泉州新机场选址报告》，以“控制预留”为出发点，主要侧重于新机场周边地区产业结构、综合交通和用地布局等方面进行构思研究，为今后空港新城的建设做好前期核心要素的控制。本次规划范围为北至泉惠高速斗尾支线，东至大港湾海域，南至泉州湾海域，西至惠安县与泉州台商投资区交界处，总用地面积为9766.21公顷，其中泉州新机场用地为790公顷。与会专家和各相关部门代表对该规划的前瞻性和必要性作出肯定，并从空港新城的发展定位、空间结构、区域交通系统等方面提出规划修改完善的意见和建议。

【中心城区社区公共服务设施布局规划通过评审】 11月29日，市城乡规划局组织召开该规划项目评审会。该规划以政府购买公共服务，改革社会事业发展模式为背景，围绕建设“宜居幸福城”“和谐社区”目标，对社区具有公益性的医疗卫生设施、文化娱乐设施、体育设施、社会福利与保障设施、行政管理与社区服务设施、商业设施，进行配置标准、空间布局、运营模式和实施衔接等内容进行规划编制。

【泉州市中心区行人过街立体设施布局规划通过评审】 11月29日，《泉州市中心区行人过街立体设施布局规划》通过由市城乡规划局主持的专家评审。本次规划范围为：中心城区的中心组团、东海组团、北峰丰州组团、江南池店组团、城东片区、万安双阳片区、江滨商务区，面积为251平方千米。本次规划根据各片区控制性详细规划确定的城市道路、商业、文体等大型公共设施规划布局，以构造城市快速交通骨架网络和人性化的城市步行交通系统目的，结合现状步行交通密集的人流集散点及交通枢纽分布，进行不同层次的步行设施规划，以期实现“人车分流”，缓解地面交通压力。根据泉州市的实际情况及城市发展目标，近期建设39座处，近期建设费用预计为2.34亿元（不含管线迁移费）。

【泉州市城镇化近期发展规划通过评审】 11月20日，市城乡规划局组织对该规划项目的评审。从泉州“新型城镇化的先行先试区、海峡西岸城市群构建重要发力点与现代环湾都市示范区”战略定位出发，在深入分析泉州城镇化路径、特征与现状问题的基础上，从因地制宜、统筹协调、内涵提升、环境友好等角度出发，针对环湾、两翼、山区以及小城镇等市域各片区城镇化的不同特点，提出“推进环湾发展、提升城市整体竞争力”“打造两翼发展区，推动区域经济一体化”“完善基础设施，推动产城融合发展”“统筹村镇发展，加快美丽乡村建设”等差别化的发展策略，对行政区划、城镇管理、土地管理等方面进行制度创新探索。在此基础上，提出泉州城镇化建设整治建议和三年行动计划。

【紫帽山总体协调规划通过评审】 12月27日，紫帽山总体协调规划通过由市城乡规划局主持的专家评审。规划以保护紫帽山自然、人文生态环境为目的，明确紫帽山与城市及河流水系的视线廊道和生态廊道，协调紫帽山内部及周边发展建设，彰显山与城、山与水相依相融的景观画面，规划把紫帽山及周边区域建设成为生态环境优良、景观丰富、趣味性浓、综合效益显著、低碳发展，具有可持续发展机制的休闲养生基地的山体名胜公园。

【永春县城总体规划修编成果通过技术评审】 12月23—24日，市城乡规划局主持召开永春县城总体规划（暨纲要）技术评审会。会议认为，福建省城市规划设计研究院提交的规划成果资料收集翔实，思路清晰、布局合理，内容全面，符合国家相关规范要求，原则予以通过。与会专家针对规划提出的“海西特色侨乡、生态山水名城”城市性质，对规划人口规模、产业发展、功能布局以及道路、景观风貌、市政工程等方面提出深化、优化意见和建议。

【泉州市产业园区空间规划研究通过技术审查】 12月26日，市城乡规划局主持召开《泉州市产业园区空间规划研究》技术审查会。规划根据泉州市产业园区具有发展早、类型全、发展快等特点，结合中心城区工业园区解体和远郊大型产业基地建设的趋势，针对产业园区存在着个数多、规模小、布局分散、产城关系不紧密等问题，在泉州市城市总体规划“1+3”的城市空间结构的基础上，坚持产业园与城市发展相互协调的原则，提出“一湾两带三区”的产业园区空间布局结构。同时，强化产业园区工业用地管理，鼓励产业园区外制造业向园区内集中发展、共享配套，保护区内工业用地免受房地产市场冲击、避免产业空心化，并按照“巩固、整合、调整”的原则，对现状产业园区进行战略优化。

【泉州市“三规融合”前期规划研究成果通过技术审查】 12月26日，市城乡规划局主持召开《泉州市“三规融合”前期规划研究》技术审查会。此次规划研究是落实省委、省政府《关于积极推进城镇化发展的十二条措施》中“鼓励有条件的地区开展国民经济和社会发展规划、城市总体规划、土地利用总体规划三规融合试点”而开展，重点以泉州中心城区980平方千米规划区为研究范围。借鉴国内先进地区的成功案例和经验做法，分析不同模式的规划融合所需解决的规划技术标准和和目标、期限与范围不一致等问题，探索泉州的工作方式。会议提出，由于土地利用规划期限由国务院统一规定至2020年，具有很大的刚性，因此建议以2020年为期限。通过“三规融合”统一划定城市建设用地控制线、产业用地控制线、生态控制线、基本农田控制线，有效统筹城乡空间资源配置，优化建设用地规模的空间布局。其中，以建设用地控制线导城乡建设项目布局，以产业区块控制线作为产业项目选址区域，以生态控制线保障城市基本生态安全，以基本农田控制线落实耕地保护。

【泉州市中心城区单元编码体系规划通过评审】 规划成果于11月27日通过由市城乡规划局组织的评审。规划结合现状行政区划、已有规划及山水资源、生态廊道控制，对泉州市域、泉州市规划区2980平方千米范围的单元划分进行指引，对泉州市中心城区980平方千米范围进行分区单元和基本单元划分和编码，将中心城区作为统一整体进行考虑，划分为51个建设用地分区单元、424个建设用地基本单元与14个生态斑块单元。规划成果作为泉州市中心城区单元控规规范化编制与管理的技术支撑，为中心城区“一张图”管理奠定基础。单元控规编码的基础工作“泉州市数字城管部件普查及建库项目”获省住建厅“省级优秀城乡规划设计二等奖”和省测绘局“福建省测绘地理信息科技工程二等奖”。

【泉州市城市规划区旅游发展用地布局研究通过评审】 规划成果于12月1日通过由市城乡规划局组织的由专家、市直相关部门及相关县（市、区）规划主管部门代表参加的评审。规划通过梳理规划区旅游资源环境，根据规划区城市用地布局，研究城市建设用地内和周边用地具有发展旅游条件的旅游资源和用地空间，选择适合开发旅游项目的用地作为城市发展旅游事业的用地，策划旅游项目；根据有条件开发旅游的用地规模、环境特征和资源条件对其进行类型划分，明确旅游项目规模、产品特色和旅游项目定位，为旅游项目大招商招大商工作提供科学依据。

【泉州台商投资区百崎乡片区控制性详细规划通过评审】 12月13日，市城乡规划局组织召开《泉州台商投资区百崎乡片区控制性详细规划》专家评审会。本次规划意图通过保护修缮、改造新建，复兴百崎乡区域的民族特色商业文化价值，将其打造成为泉州这个历史文化名城的重要组成部分，同时作为台商投资区的一个重要的生活服务片区。

【后渚码头及周边区域概念规划设计通过评审】 12月19日，市城乡规划局组织召开《后渚码头及周边区域概念规划设计》专家评审会。规划以海丝文化的展示和复兴为出发点，辅以完善的旅游休闲配套服务设施，结合后渚港的更新与泉州市域慢道系统的引入，打造以海丝文化为主题的文化旅游区，形成展示泉州“东亚文化之都”海丝文化的新窗口，泉州文化休闲旅游的重要节点。规划总用地面积约82.0公顷，现状为集装箱码头用地与滩涂。

【普贤路两侧概念性城市设计通过评审】 12月16日，市城乡规划局组织对该规划成果进行评审。该规划区位于北峰组团东侧，总用地面积约为397.21公顷。片区整体定位为“当代城市文化标杆，绿色生活品质典范”，塑造“采菊东篱下，悠然见南山”的城市田园、品质慢生活区、现代文化走廊。规划充分利用临近高铁站和高速公路的交通优势以及临近清源山的景观优势，以文化艺术为领航功能，养生养老、旅游为主导功能，以品质居住及商业为支撑功能，打造产业与风景区、城市相融的魅力新区。

【泉州开展规划区内地形图修测工作】 3—10月，市城乡规划勘测大队开展泉州市规划区内586平方千米的地形图修测工作。该项目涵盖泉州市的鲤城、丰泽、洛江，晋江的磁灶、紫帽、池店、陈埭、西滨，南安的丰州、霞美，惠安的黄塘、洛阳、东园、百崎和张坂等区域。此次地形图修侧采用日常竣工图的整理和大面积变化地形的重测两种手段，通过新技术应用完成地形图修侧，原先地形图重测需要3000多万元的投入，现在只需花费140多万就可基本实现地形图更新，不到市场费用的5%，大大节约财政投入。

【泉州府文庙保护规划获批】 9月6日，《泉州府文庙保护规划》获省政府批准实施。2013年1月，国家文物局原则同意该规划，并提出修改意见。泉州府文庙成为继蔡氏古民居群之后，第二个保护规划获批的全国重点文物保护单位。泉州府文庙的文物保护范围为：东至明伦堂、育英门围墙，西至兰桥巷，南至泮宫内东西走向通道及育英门前红围墙，北至红墙。建设控制地带为：东至百源路，西至中山中路，南东段至八卦沟，西段至涂门街。保护区划总面积13.54公顷。根据规划，将分为近、中、远三期实施保护，拟搬迁保护范围内占用古建筑的现有单位以及建设控制地带内的多、高层建筑。泉州府文庙始建于唐开元末年，北宋太平兴国初移建今址，整体建筑由孔庙和府学两大建筑构成，并附以乡贤名宦诸祠。其规模宏大，气势宏伟，布局严整，是“海滨邹鲁”泉州的标志。2001年6月，泉州府文庙成为第五批全国重点文物保护单位。

村镇规划建设

【概况】

村镇土地与人口状况　2013年，泉州不在城市和县城统计范畴的建制镇有90个，建成区面积为433.52平方千米，建成区户籍人口1781785人，建成区暂住人口877684人。全市有26个乡，不在城市和县城统计范畴的有24个，建成区面积14.70平方公里，建成区户籍人口101296人，暂住人口3047人。全市乡镇有1859个行政村，9257个自然村，村庄现状用地面积 75870.28公顷，村庄户籍人口3416400人，暂住人口402000人。

村镇规划编制　全面推进“美丽乡村”建设，完成全市村庄规划全覆盖，推动全市593个村庄规划的报批工作，推进1999年前编制规划的村庄开展规划修编和规划提升，按照建设“美丽乡村”五年行动计划要求，组织编制全市村庄布局规划，引导村庄建设具有地域特色的“美丽乡村”。

【小城镇规划建设】

小城镇建设投资情况　全市不在城市和县城统计范畴的90个建制镇2013年建设投资803993万元，其中住宅345217万元，公共建筑85746万元，生产性建筑149400万元，市政公用设施223629万元（其中供水12598万元，燃气2386万元，道路桥梁114466万元，排水38782万元，污水处理18719万元，园林绿化27443万元，环境卫生17720万元，垃圾处理6331万元，其他10212万元）。24个乡（集镇）2013年年建设投资14948万元，其中住宅4974万元，公共建筑2102万元，生产性建筑1635万元，市政公用设施6237万元（其中供水836万元，燃气350万元，道路桥梁1713万元，排水405万元，园林绿化1185万元，环境卫生838万元，垃圾处理320万元，其他910万元）。

5个试点镇为集聚示范及强镇扩权示范镇　3月，晋江市金井镇、石狮市永宁镇、南安市水头镇、惠安县黄塘镇、安溪县湖头镇5个试点镇作为集聚示范及强镇扩权示范镇，探索赋予示范镇与县级基本一致的行政审批管理权限。

【新农村规划建设】

村庄建设投资情况　全市村庄2013年建设投资450687万元，其中住宅20569万元，公共建筑29939万元，生产性建筑103957万元，市政公用设施112211万元（其中供水13168万元，燃气2084万元，道路桥梁59863万元，排水7226万元，园林绿化10578万元，环境卫生13824万元，其他5263万元）。

泉州市村庄布点布局规划通过技术审查　11月19日，市城乡规划局主持召开《泉州市村庄布点布局规划》（2013—2030）技术审查会。本次规划范围为泉州市域行政辖区，总面积约11015平方千米，涉及市域范围内所有行政村。规划期限近期至2016年，远期至2030年。规划市域内共形成中心城市1个（泉州中心城区—晋江主城区—石狮主城区），即泉州市环湾核心区；中心城市辅城3个，即北翼新城（惠安—泉港）、南翼新城（安海、水头、石井、官桥、东石、内坑）、西翼南安辅城；市域次中心城市3个，即安溪县城、永春县城、德化县城；新市镇22个，新型农村社区145个，农村社区583个。规划以中远期的市域村庄布点布局规划为指导，对市域内村庄建设按环境整治型、保留改造型、集聚发展型、集中新建型、古村保护型五种类型进行分类引导。规划还确定17条近期建设的美丽乡村示范段，并提出市域村庄公共服务设施规划引导及村庄基础设施建设指引。

确定20个市级新农村建设试点示范村和20个市级扶贫开发重点村　新农村建设试点示范村继续实行市领导、市直机关单位挂钩联系制度，筹措捆绑扶持资金1000万元，每村安排50万元，对项目建设给予补助。通过示范带动，进一步落实“四化同步”和城乡一体化战略部署，推动全市新农村建设扎实开展。20个试点示范村分别是：晋江市磁灶镇苏垵村、英林镇高湖村、东石镇湖头村，南安市码头镇大庭村、金淘镇占石村、九都镇金奎村，惠安县东岭镇彭城村、山霞镇青山村，洛江区马甲镇前垵村、河市镇新告村，石狮市永宁镇郭坑村、锦尚镇杨厝村，永春县苏坑镇嵩溪村、五里街镇高垄村，安溪县城厢镇雅兴村、蓬莱镇彭格村，台商投资区洛阳镇梅岭村，德化县浔中镇石鼓村、上涌镇刘坑村，泉港区界山镇岭头村。20个扶贫开发重点村分别是：洛江区罗溪镇新东村，泉港区南埔镇凤翔村，南安市英都镇紫山村、向阳乡杏田村，安溪县蓬莱镇上东村、祥华乡美仑村、虎邱镇文美村、西坪镇后格村、桃舟乡吾培村、感德镇霞庭村，永春县石鼓镇东安村、一都镇吴殊村、下洋镇新坂村、苏坑镇光明村、坑仔口镇杏村村，德化县葛坑镇龙塔村、龙门滩镇霞山村、杨梅乡云溪村、国宝乡祥云村、春美乡双翰村。

【人居环境建设】

泉州村镇居住水平　全市建制镇年末实有住宅建筑面积7229.88万平方米，混合结构以上5757.45万平方米。人均住宅建筑面积40.58平方米。乡（集镇）年末实有住宅建筑面积387.34万平方米，其中混合结构以上284.13万平方米。人均住宅建筑面积38.24平方米。村庄年末实有住宅建筑面积14068.38万平方米，其中混合结构以上9695.07万平方米。人均住宅建筑面积41.18平方米。

村镇用水普及率　全市建制镇供水普及率为86.34%，年供水总量275752.91万立方米，其中生产用水量16547.82万立方米，生活用水量10015.29万立方米，用水人口229.61万人，人均日生活用水量119.50升(含暂住人口)。乡供水普及率为81.17%，年供水总量581.56万立方米，其中生产用水量211.62万立方米，生活用水量332.66万立方米，用水人口8.47万人，人均日生活用水量107.60升(含暂住人口)。村庄集中供水的行政村1144个，占全部村的比例为61.54%，年生活用水量9304.25万立方米，用水人口263.73万人，供水普及率为69.07%，人均日生活用水量为96.66升。

村镇环卫设施 全市建制镇环卫专用车辆设备1196辆，生活垃圾中转站152座，生活垃圾年清运量94.86万吨，生活垃圾年处理量87.05万吨，其中无害化处理量34.30万吨，生活垃圾处理率为91.77%，其中无害化处理率为36.16%。公共厕所1536座。乡环卫专用车辆设备134辆，生活垃圾中转站18座，生活垃圾年清运量3.878万吨，生活垃圾年处理量3.632万吨，生活垃圾处理率为93.66%。公共厕所89座。村庄对生活污水进行处理的行政村345个，占全部行政村比例为18.56%。对生活垃圾进行处理的行政村1257个，占全部行政村比例为67.62%。

新增2个省级村镇住宅小区建设试点 8月7日，省住建厅公布第十五批26个省级村镇住宅小区建设试点名单。泉州市安溪县龙门镇卿仔小区、永春县玉斗镇云台小区名列其中。

10个村庄被授予首批“泉州美丽乡村”称号 1月24日，泉州“美丽乡村”评选结果揭晓，石狮永宁镇前埔村、晋江磁灶镇大埔村、永春五里街镇大羽村、晋江深沪镇运伙村、永春下洋镇新村村、石狮永宁镇郭坑村、丰泽东海街道宝山社区、安溪城厢镇经岭村、洛江马甲镇梅岭村、惠安崇武镇潮乐村等10个村(社区)被授予首批“泉州美丽乡村”称号；南安眉山乡观山村、晋江金井镇围头村、南安康美镇兰田村、泉港界山镇东张村、泉州台商投资区洛阳镇前园村、洛江虹山乡虹山村、永春仙夹镇山后村、德化南埕镇南埕村、永春苏坑镇嵩山村、鲤城金龙街道龙岭社区等10个村(社区)被评为“泉州美丽乡村入围村”。

测绘

【概况】 2013年，完成市级基础测绘工作有：投入8万元用于编制《泉州市地图》，为促进市经济社会发展、辅助领导决策管理提供及时可靠的地图保障服务；投入32万元用于泉州市规划区中心城区三、四等水准测量，该项目通过公开招投标确定由福建省测绘院承担；投入8万元用于GPS控制点、水准点建库。根据《福建省测绘地理信息局关于开展“十二五”基础测绘规划中期评估的通知》要求，在各县(市、区)反馈的自评估材料基础上，完成泉州市“十二五”基础测绘专项规划中期评估工作。评估结果表明，至年底市、县两级财政共投入达6922万元，完成规划项目任务量70%以上，“十二五”基础测绘专项规划完成情况良好。加快县(市)基础测绘项目实施。泉港区投入450万元，组织完成施测1:1000地形图130平方千米、1:500地形图40平方千米，平面控制点22点，高程控制测量18千米；永春县投入400多万元用于“数字永春”的初期建设；晋江市投入1000多万元用于“数字晋江”建设；南安市投入90.4万元施测1:1000地形图20.4平方千米用于水头镇村庄地籍调查；德化县投入2.7万元完成浔中镇仙境村2.83平方千米1:500数字化地形图测制用于文化产业园区建设。数字县(市)地理空间框架建设试点工作取得进展。数字晋江、数字永春地理空间框架建设项目各专项设计书通过省测绘地理信息局组织的专家组评审。数字晋江完成软硬件部分(gis软件、局域网硬件、大屏拼接墙)和前期数据整合建库、地名地址生产和标准规范及软件体系专项设计评审，组织开展各类招标工作。数字永春初步完成城镇地籍系统建设，硬软件全部到位，进行一张图和平台建设。

【提升测绘保障服务能力】 按照规定汇交测绘成果的测绘项目有：泉港区航测数字化成图；汇交的成果目录包括技术设计书、航测数字化成图检查报告、1:1000 DOM检查报告、正射影像图制作工程工作报告、测绘成果质量检验报告各1份；汇交的成果副本包括1:500地形图713幅、1:1000地形图668幅(54北京坐标系成果和西安80坐标系成果各一套)。受理晋江市气象局因气象观测站迁址需要提交的关于永久性测量标志迁移的申请，并根据审批程序审核同意该测量控制点的迁移。加强测绘成果质量监管。协同省测绘产品质量监督检验站对泉港区321平方千米的测绘航空摄影、建成区40平方千米1:500及建成区外围130平方千米1:1000的比例尺数字化地形图测图项目成果进行检查验收，并对晋江市国土资源测绘队、泉州市汇高房产测绘有限公司两家测绘资质单位生产的测绘产品进行质量检查。

【保障测绘地理信息成果需求】 为泉州市城乡规划勘测大队、泉州市城乡规划信息中心、泉州市林业局、福建省国土资源勘测规划院、泉港区峰尾镇等多家政府机关及企事业单位提供所需基础测绘成果，共计提供测量控制点32点，节约财政资金约780万元；为泉州市北渠管理处、泉州市水利水电勘测设计院等单位向省测绘地理信息局申领基础地理信息数据及地形图办理基础测绘成果使用申请手续；为泉州市大地岩土地质有限公司、福建省泉州工程勘察院、泉州市古城建设测绘有限公司等17家企事业单位办理福建省连续运行卫星定位服务系统(FJCORS)入网审核、测绘成果使用单位登记等手续；为市领导和泉州市公安边防支队、鲤城区民政局等部门提供测绘工作用图72幅。

【推广地理空间框架建设成果应用】　数字泉州地理空间框架建设成果已广泛应用于泉州市公安警用、应急指挥、房产管理、国土管理及公众服务等领域。2013年以来，市国土资源局为泉州市旅游局、泉州市无线电管理局及泉州市国税局等单位提出对应其行业应用的系统建设及数据对接方案。泉州市城乡规划局、泉州市林业局、泉州市水利局、泉州市卫生局、泉州市消防支队、泉州市城市管理行政执法局等多家单位也与市国土资源局取得联系，就系统接入的可行性开展前期调研工作。市国土资源局还通过广播报刊、培训讲座、科技活动周等多种形式加大对项目建设成果的宣传推广，在全市范围内扩大影响，挖掘潜在用户。

重点工程

【铁路】　加快福厦铁路惠安站、湄洲湾南岸铁路支线项目建设，推进中化铁路专用线完成可行性研究审查等前期工作；推动长泉（吉永泉）铁路、秀涂港口铁路支线项目前期工作。

【轨道交通】　组织召开《泉州市城市轨道交通线网规划》《厦漳泉城际轨道交通线网规划》讨论会，推动《厦漳泉城际轨道交通线网规划》修编完善和《泉州市城市轨道交通线网规划》修编工作。

【高速公路】　全市在建高速公路里程212千米，建成通车南石高速、莆永高速双永段和仙永段3个项目135千米，通车总里程497千米；泉州湾跨海大桥主塔实现封顶；厦沙高速公路泉州段前期工作基本完成；厦泉漳城市联盟路泉州段完成工程可行性审查，进入初设阶段。

【普通公路】　建成福厦铁路晋江站快速疏解路等2个国省道项目39千米，新开工建设横九线晋江金井至深户东华、联四线安溪湖头镇环城段、路联四线安溪龙门过境段、联三线永春达埔楚安至新琼、联二线德化诗墩至土坂、纵四线德化城关至三班等一批项目，实施国道324线泉港段水泥路面重铺工程，扎实推进“镇镇有干线”项目建设。

【港口航道】　石狮锦尚3.5万吨级泊位建成投产；加快建设秀涂16号泊位，肖厝作业区5—6号泊位，方通石化码头仓储项目，石湖作业区5号、6号泊位，小岞作业区7号泊位，斗尾作业区7号泊位等一批项目；泉州湾航道二期工程完成前期工作并开工建设；加快推进石井作业区16—19号，肖厝作业区18A、18B、18C号，肖厝作业区7—10号泊位等项目前期工作。机场方面，继续推进泉州晋江机场改建工程；泉州大港湾机场完成选址报告。

【市政道路桥梁】　东海片区滩涂区域纬五路等十三条市政道路工程等项目建成通车；站前大道鲤城段、站前东西大道西延伸段、普贤路拓改及延伸工程、江滨南路南安段等在建重点项目进展顺利；晋江西部快速通道、石狮环湾大道至石湖大道段公路等项目完成可行性研究评审；有序推进金屿大桥、刺桐路经洛江至惠安西片区快速通道、城东至北峰快速通道、台商投资区百东大道等重大项目前期工作。

城市建设

2013年，泉州市“城市建设管理年”活动安排在建项目324个，总投资1870亿元，年度计划投资342.98亿元。至年底，完成投资350.93亿元，占年度计划投资的102.32%。安排城建战役项目596个，年度计划投资383.37亿元，其中市本级项目291个，年度计划投资164.79亿元。至年底，全市共完成投资816.7亿元，占年度投资比例的213.03%，完成投资额居全省第一；市本级完成投资376亿元，占年度投资计划的228.19%。市住建局负责的35个在建项目完成投资27.87亿元，占年度计划投资的108.26%，整体进展顺利。其中，24个项目完成投资比例达100%以上；有9个项目完工，包括田安大桥工程、迎宾馆7号楼、东海片区污水配套管网一期工程、东海大街天桥、府西路机关食堂、国道324线晋鲤段拓改建工程、东海片区滩涂区域等13条市政道路工程、云经一路、云纬二路等项目。市住建局负责的在建重点项目有19个，年度计划投资19.1亿元。共完成投资20.62亿元，占年度投资计划的103%。加强城建项目日常督促协调工作，加强业务指导、促进项目建设进度。协助指挥部抓好资金要素保障，多方筹措建设资金。针对建设资金紧张难题，会同市直各相关单位、各相关指挥部、项目业主单位多渠道、多模式积极争取建设资金。协调解决项目用地征收拆迁问题，协调相关项目指挥部与地方政府加强沟通联系，继续依托项目所在地政府，实行包干制，强力推进，确保项目顺利推进。开展每月一次市住建局负责实施项目进度情况及需协调解决问题的汇总工作，及时反馈给相关领导和有关部门，加强沟通协调，妥善帮助解决各种问题，确保各指挥部能按期保质完成建设任务。加大项目实施情况监督检查，按照目标任务，采取“对账单”方式，开展督促检查和跟踪落实工作。坚持项目建设月督查、月通报制度。协同纪检监察部门开展每月一次的项目督查工作，并对检查情况进行通报，确保市住建局负责项目年度工作任务的顺利完成。

村镇建设

【概况】 2013年，泉州市市村镇建设工作主要有：协调指导21个小城镇建设试点、17个省级村庄环境整治试点、高速（高铁）沿线整治、5个省级绿色乡镇创建、农村危旧房改造、9户以船为家渔民上岸安居工程和所有村庄的环境综合整治和规划建设管理提升等一系列工作。加大石狮市永宁镇、惠安县崇武镇作为2013年全国特色景观名镇名村示范候选单位的指导力度，继续跟踪湖头镇、崇武镇申报中国名镇名村工作进展情况，完善各项申报资料；争取中央农村危房改造任务和补助资金，推进农村危房改造及石结构房屋改造工作；继续深入开展中国传统村落补充调查，充分发掘有保护价值的传统村落，进一步完善全国传统村落管理信息资料，争取列入下一批中国传统村落名录；切实抓好泉港区9户以船为家渔民上岸安居工程；印制新农村住宅通用设计图作为推荐方案，分别向全市142个乡、镇、街道赠送其中的1330套合计7980册，为农民群众解决住宅设计经费的问题，为农村、农民的建房提供无偿服务。

【小城镇建设】 2013年，小城镇建设重点抓好项目推进、连片示范区建设及体制机制创新工作，21个省、市级试点镇共完成投资477.3亿元，完成年度计划的143.22%。其中6个省级试点镇完成投资316.4亿元，完成年度计划的156.07%，居全省第二。21个省市级试点镇工商税收较2012年均有较大幅度增长，其中有13个试点镇的增幅达20%以上。各试点镇农民增收同比2012年增幅达15%以上，人口同比2012年增幅达5%以上。各试点镇均形成连片示范区建设的工作方案，省级试点镇及磁灶镇、永宁镇集聚效应初显。泉港前黄镇的福州大学化工学院项目、晋江金井镇的福州大学晋江教科园项目、安溪龙门镇启动总投资达78亿元的惠普聚贤国际数字媒体产业基地项目、湖头镇的光电产业项目等有效带动片区发展。各试点镇基本完成1条以上主要街道的景观综合整治及1条3千米以上的绿道建设，8个试点镇污水处理厂建成投入使用，完成垃圾中转设备的配套建设。关闭小型石材加工企业300多家，整治镇区周边环境。率先在部分试点镇配备规划建设专业副镇长，成立正式的小城镇规划建设管理机构，配备专业人员。实行“一级政府一级财政”，加大对镇级财政投入。各县（市、区）政府主要领导每季度不少于一次到试点镇现场协调问题，基本保证土地出让收入和城镇建设维护费等各项规费的返还，以2009年为基数全额返还新增地方本级收入，并配套县级补助资金。

【村庄环境整治】 创建美丽乡村，推进村庄环境整治工作。制订实施方案，重点实施道路平整、排水排污、垃圾处理、村庄绿化、户厕改造等民生项目建设，加强对乱搭乱建、乱堆乱放、露天粪坑、破败房屋等环境治理。继续加大环境卫生综合整治力度，完善垃圾分类、收集、转运设施和生活污水处理，确保全市农村垃圾处理全域覆盖，村容村貌得到明显改观，居住环境得到明显改善。投入5100万元用于沈海高速福厦高铁沿线整治，主要以高大乔木为主，采用乔灌结合、花草并举的形式，沿线基本实现“三季有花、四季常绿”的优美生态景观效果。

【创建“绿色乡镇”】 2013年，泉州市共有5个“绿色乡镇”创建单位，全力推进创建工作，共完成投资2438万元，建成区绿化覆盖约28%，人均公园绿地面积达12.3平方米，新增公园11个，种植树木约70万株，呈现出乡镇绿量大幅度增加，绿化档次和水准明显提高，风景名胜区的基础建设步伐加快，文物古迹、古木名树得到进一步保护，景区安全等各项管理日趋规范，乡镇公园绿化事业快速健康发展的良好势头，5个“绿色乡镇”创建单位全部通过省级绿色乡镇的验收。

市政建设

【概况】 2013年，泉州市加快市政公用基础设施建设，促进城市园林绿化景观提升，推行市政设施精细化管理，强化城市管理综合考评，做好创卫复审迎检等工作。中心城区建成区绿地面积、绿化覆盖面积、公共绿地面积分别由2012年的6940公顷、7448公顷、1574公顷，增加到7446公顷、8011公顷、1667公顷，绿地率达39.5%，绿化覆盖率达42.5%，人均公共绿地达13.9平方米。

【中心绿地建设】

闽台缘与泉州博物馆之间绿地工程(二期) 该项目为泉州市2013年深化“城市建设管理年”活动实施项目，项目位于307省道边闽台缘博物馆与泉州博物馆之间。项目总用地面积42000平方米，2013年实施二期工程用地面积33170平方米。建设内容包括绿地建设、水池建设、地形塑造、回填种植土、广场、管理房及公厕等项目。该项目于5月开工建设，12月全面完工。项目在改造过程中，利用原有低凹地水塘进行理水，整理水体面积4000多平方米，并种植水生美人蕉、黄菖蒲、再力花、花叶芦竹等水生植物300多平方米。工程共计回填土方约8000立方米，种植榕树、鸡蛋花、蓝洋楹、美丽异木棉、秋枫、菩提、多头樟树、黄花风铃木等乔木1600多株，种植茶花、海枣、伞形黄榕等花灌木2000多株，种植灌木、地被及草皮约25000多平方米。

东海行政服务中心东南侧绿地　该项目为泉州市2013年进一步深化“城市建设管理年”活动实施项目之一。项目位于东海市行政中心东南侧停车场旁，建设面积约3955平方米，于7月5日进场施工，12月下旬全面完成项目建设。项目对休息桌凳、花围石、硬质铺装、置石、庭院灯的布局、形式、材质等细节进行精心设计和选型；精心设计选用美丽异木棉、鸡蛋花、秋枫、腊肠树、桂花等一批观花、观叶、观果及芳香树种，采用自然式配置方式，形成层次分明、四时有景、色香味俱全的园林绿化景观。

城东南环路绿化管理基地至垃圾转运站景观带建设工程　该项目为《泉州市2013年进一步深化“城市建设管理年”活动实施方案》续建项目。绿化景观带宽20米，长约240米，面积约4800平方米。项目于1月动工建设，4月底全面完成绿化建设工作。绿地结合垃圾转运站的绿化防护功能和道路景观功能，采取堆坡造型，采用行列式为主的绿化配置风格，乔灌草相搭配，注重绿化层次和花化彩化。利用道路排水边沟进行盖板，并浇筑彩色混凝土形成慢道，建成具有良好的视觉观赏效果绿化景观带。工程共回填土方5000多平方米，安装路沿石575米，浇筑彩色混凝土路面约500平方米，种植木棉、小叶榄仁、杜英、大花紫薇等乔木，种植尖叶木犀榄、黄心榕球、非洲茉莉球以及矮莆葵、彩叶朱蕉、银边山菅兰等花灌木。

【道路绿化建设】

综合大道绿化整治提升　综合大道全长3.35千米，绿地面积11.8万平方米。此次景观整治主要是将边分车带长势不良、景观效果较差的桂花更换为更适应东海片区土壤气候的植物品种。工程共种植千头木麻黄580株，并对美人蕉进行全面翻种，补植大叶榕、鸡冠刺桐、香樟等乔木及大量花灌木。

坪山路原公交临时停靠场站地块恢复绿化工程　该地块原为公交临时停靠场站，坪山路拓宽改造完成后，改变该地块使用功能，建设为绿地。项目总面积为850平方米，采取堆坡造型，设置步道并配置景石等，形成较好的绿化景观效果。共计种植乔木220多株、灌木球78株、地被及灌木230平方米，其余部分种植草坪。

【生态景观建设】

泉州（海西）植物园　2013年市重点城建实施项目。该项目选址于洛江区河市镇山边村，紧邻俞大猷公园，规划面积约5000亩，投资估算约15亿元。已完成核心区入口景观区400平方米广场、停车场的建设，250米人行道的铺设。完成入口景观区11000平方米的场地整理及16000立方米种植土的回填；种植大树近150株，开花小乔木500多株，花灌木10万多株，草皮6000多平方米。

刺桐大桥至迎宾馆道路绿化景观提升工程　包括宝洲路、云鹿路、泉秀东街三条市政道路绿地和刺桐大桥东西侧绿地、刺桐大桥和宝洲路交叉口东南角绿地、宝洲路和刺桐路交叉口东北角绿地、中芸洲街头绿地等分项工程。建设内容主要包括路缘石及绿化给水管道安装、种植土回填、苗木种植、护树架安装及养护等。主要完成工程量：整理绿地面积12848平方米，回填种植土8924立方米，安装护树架931套，景石布置15组，种植乔木1570株，种植灌木6529株，铺植马尼拉草1518平方米，完成606花岗岩路缘石、PE给水管道及N25取水阀安装等。

津淮街（刺桐路至坪山路路段）绿化景观提升工程　位于市中心，东起坪山路，西至刺桐路，道路里程750米。建设内容包括绿化带景观提升、局部路缘石改造等。主要完成工程量：配电箱基座饰面29平方米，安装路沿石498米；绿化给水安装DN50PE管道1201米、DN25管道45.5米、快速取水器65个；清理场地面积为2289平方米；种植苗木有：香樟33株、紫花造型三角梅75株、花叶造型三角梅54株、同安红三角梅105株、红叶石楠球111株、非洲茉莉球105株、红果籽球120株，地被2289平方米等。

宝洲街西段（刺桐路至泉州大桥头叉口段）绿化整治工程　该工程位于市中心，东起刺桐路，西至泉州大桥头叉口段，项目全长1335米，绿化面积2000多平方米，建设内容包括园建、绿化、给水等。主要完成工程量：绿化部分，整理绿化用地2424.5平方米，回填种植土1080.8立方米，栽植乔、灌木574株，栽植地被、花卉2671.4平方米；景观部分，人工拆除40厘米×15厘米旧路沿石及砼基座2552.1米，拆除护栏1914平方米，翻修查检井8座，安装路沿石2629.3米，安装300×300×900粗面606花岗岩（装饰墩）148座；绿化给水部分，过路破水泥路面247米，安装DN50镀锌钢管127.8米，安装DN65镀锌钢管132米，过公交站点破板材砖92.7米，安装给水管1470.9米，安装DN25 PE取水阀47套。

【公园建设】　9月，成立市公园管理中心，落实公园精细化管理的要求，开展园容园貌环境景观提升整治活动，加强公园各项管理工作，着力建设整洁、优美、舒适的游览环境，促进公园整体建设管理水平上台阶、上档次。

公园监控系统完善工程　该工程于6月5日开工，8月4日完工，项目为建设释雅山公园监控系统和对其余公园原有的监控系统进行维修完善，并通过远程监控系统将各个公园的监控系统联网组合起来。该项目的实施使各公园的安全性得到全面提高，同时也提高公园管理的效率。

西湖公园围墙外移工程　该工程位于西湖街，南益地块置换后，将西湖公园1000米原围墙外移至西湖公园用地红线，工程完工后，西湖公园西湖街段绿化景观更加完整。

东湖公园南围墙沿线至动物园后门断头路打通工程　主要完成临水木栈道320平方米、彩色混凝土路面810平方米、花架长廊90米和3.8米×3.8米防腐木亭子一座。进一步优化公园游览线路、美化公园景观。

东湖公园园区景观改造工程（北大门片区）　主要完成观水平台和亲水平台4座、新增格栅造景墙和格栅造景通道约163米、新建园路530平方米、石材地铺1260平方米和绿化景观提升7800平方米。完工后，进一步提升公园景观效果。

东湖公园园区景观改造和绿化补植　完成荷香舞台片区、百果园片区、棕林漫步片区景观改造及园区花化、彩化共补植乔木220棵，花灌木21000株，造型植物球1055株，地被约16万袋，草皮约2500平方米，更换使用时花约30万袋。

释雅山公园小战役项目　主要完成松关阁修缮和重新油漆、北大门的入口改造、园路铺装约600平方米，提升北大门片区的景观，新建保安岗亭和整修园路、路灯、座椅。

【城市花化彩化工程建设】

西湖街南侧人行道垂直绿化　西湖街是通往西湖公园南大门的交通要道，为美化街道南侧的西湖小区围墙而进行垂直绿化设计。紧临围墙砌筑长164米、宽0.8米的风炮石花坛，花坛内列植1.8米高的锥形火山榕形成绿色背景墙，前排密植开着红色花朵的虎刺梅，沿墙根种植爬山虎、炮仗花两种不同季相的爬藤植物，力图打造成一面四季皆绿、常年有花、层次丰富的艺术墙。

北环城河绿道垂直绿化　北环城河绿道临少林路一侧的石砌挡土墙长360米，为软化枯燥生硬的墙面，在挡墙顶部采用迎春花、炮仗花混合种植的形式进行绿化美化。迎春花柔软细长的枝条拱形下垂呈纷披状，鹅黄滴翠的小花迎春开放、摇曳多姿。三百多米长的炮仗花藤蔓交织缠绕，花开时节，将形成一处橙红娇艳、如火如荼的花的瀑布，呼应河道两旁的纤纤垂柳。

丰海路石质边坡垂直绿化　该处石质边坡长146米，最高处达12.9米，垂直绿化整治面积约1500平方米。运用生态袋堆叠技术修饰破损的岩面，并利用自然的凹地形成多层级的绿化平台，选择种植各类抗风耐贫瘠的开花及色叶树种，力求常年有花可赏。乔木有黄花风铃木、大腹木棉、美花红千层，灌木有扶桑、夹竹桃、三角梅、黑金刚、红花继木、金叶假连翘等，藤本有红花龙吐珠、蒜香藤、连理藤、锦屏藤、使君子、美丽桢桐等。坡面统一铺植马尼拉草并补播黑麦草、狗牙根草种，形成一面四季常绿的固坡草毯。丰富的开花及色叶树种创造出随着季节转换的植物景象与原生态的树林形成巧妙的配合，现代化的堆坡材料与技术和这些植物及自然的岩石地形相协调。

西湖公园花化彩化工程　项目主要包括公园南大门至中心岛南水榭沿线园区的花化彩化，共植木本开花树木375株，地被苗7600株，莳花4216盆。

【污水处理设施及管网配套建设】

江滨北路接北峰污水厂污水管改造　对片区污水最大限度收集至污水处理厂集中处理，市排水管理中心负责新建一条北峰污水处理厂进水主干管。项目总投资额为948.28万元，2013年完成年度投资350万元。工程于上年10月开工，采用顶管施工建设DN800钢筋砼管624米，2013年4月完工。该工程完善北峰片区的污水管网系统，有效控制污水排入北高渠和内沟河，提高污水接管率和污水的收集率。

中心市区津淮街等5条市政道路附属排污设施检查井精细化专项整治　对市区津淮街、泉秀街、东湖街、湖心街、温陵路等5条市政道路附属排污设施检查井专项整治，更换统一标识检查井盖及安装防护网项目。项目总投资200万元，2013年7月开工，11月完工。

浦西泵站设备更新改造　2013年对浦西泵站一台220千瓦立式泵、电动阀，止回阀及管线进行改造。项目总投资150万元，9月开工，12月完工。

石狮市环卫处地磅升级改造　根据《泉州市中心市区城市生活污水处理厂污泥委托焚烧处理协议》的约定，石狮市环卫处负责对污泥进行计量，2013年将最大称重量只有20吨的原地磅更换为60吨称重量的地磅。项目总投资40万元，9月开工，12月完工。

泉秀路（温陵路—晋江大桥）污水管积水点专项整治　对泉秀路(温陵路—晋江大桥）约11千米的排污设施清淤、CCTV检测评估及管线测绘。项目总投资150万元，7月开工，11月完工。

【风景名胜区建设】

完成清源山景区6个AAAAA整改项目的立项工作　按照10月12日市政府专题会议确定的6个AAAAA整改项目（编制灵山圣墓景区详规、完善灵山圣墓景区基础配套设施、景区标准化引导系统完善提升、景区电子门禁系统、水电系统改造、清泰岩前广场建设），实行统一立项，获市发改委批复，进入方案设计阶段。

完成清源山齐云路入口景观提升工程　项目对现有铁路桥进行表

面装饰，装饰为仿石门洞口，中间设置景石草花等，并设置清源山景区标志，两边设置休闲平台及展示栏，完善约500平方米的沥青路面；同时对两侧及沿线进行绿化改造提升，美化路口的景观。

完成清源山齐云路长约3.5千米的绿道景观工程　工程拟在清源山齐云路沿线设置步行道，全长约7千米，同时结合景观在慢道两侧设置休憩驿站，并增设清源山慢道标识系统和景观路灯等配套设施。2013年，完成天湖至狮头岩3.5千米木栈道部分的提升改造和标志系统的完善；余下新建约3.5千米步行道正进行施工图设计。

【市政设施建设】

泉州市区LED路灯改造工程　在市区温陵路、田安路、新华路、津淮街等31条道路实施LED路灯改造，共更换LED路灯7675盏，总功率108.72万瓦，项目总投资5116万元，工程于7月开工，12月完工。

泉州市内环路沥青罩面工程　项目位于泉州市城区，对坪山路（董埭路至宝洲路段）和东湖街（田安路至湖美酒店段）进行改造，长度分别为446.7米和636.0米，东湖街路段在泉州市区首次试验采用橡胶改性沥青进行施工，而坪山路路段则采用sam-13改性沥青进行施工，沥青路面摊铺面积约3.5万平方米，概算投资1248.67万元。10月21日施工单位开始进场施工，12月10日完工。

城市管理

2013年，泉州市各级执法局全面实施集中行政处罚权，推进城市管理执法工作走向制度化、规范化、科学化。市执法局加强对县（市、区）开展相对集中行政处罚权的宏观协调指导，惠安、安溪、永春、德化4个县完成集中行政处罚权的职能划归移交；完成数字化城市管理监督指挥中心建设，市、鲤城区、丰泽区、洛江区、开发区、泉港区、永春县完成“数字城管”平台建设，晋江市建立分管副市长召开专业处置城管问题的联席会议制度，运用网格化平台优势管理“问题井盖”先进经验被全省交流推广，德化县完成可行性报告、项目资金概算、指挥中心场地初步规划设计等工作；市执法局持续推进实施“基层基础规范化建设”，召开全市城管执法规范化建设推进会，推进基层中队规范化建设。持续组织开展全市违法建房整治，会同市公用事业管理局牵头建立清源山执法联席会议制度，组建城市“两违”督查组，全市发现制止违法建房14822宗（同比下降9.3%），面积211.34万平方米；拆除7995宗（同比上升57.6%），面积91.49万平方米，其中，中心市区共拆除违法建设1518宗，面积15.63万平方米。

交通建设

【概况】　2013年，泉州市公路局负责建设、养护、管理的全市国省干线及部分主要县乡道共计2121.87千米，实现年平均综合好路率为92.73%、年平均干线好路率为96.72%，年平均PQI值86.37。

【公路重点工程建设】　国道324线丰洛段（北迎宾大道）拓宽改造项目在9月26日全线开工建设，至年底完成部分路基填挖、挡土墙砌筑、箱涵浇灌及雨水管道、污水管道、自来水管道和电力线路迁移改造施工，完成建安投资1亿元。泉州大桥扩宽改造及接线工程前期工作完成，项目因资金问题尚未确定开工时间表。2013年第四季度，按扩宽改造设计方案完成对泉州大桥旧桥加固维修。

【专养公路改造建设】　公路提级改造：2013年，实施公路提级改造41.1千米，完成投资4.35亿元。其中，德化盖德至阳山二级公路改建工程长25.7千米，完成投资3.53亿元，占总投资的92%；永春乡道034线五里街至吾峰段改线工程长5千米，完成投资3920万元，占总投资的70%；永春县道345线改建工程全长28.792千米，完成玉柱至仙游交界8.6千米，完成工作量30%；晋江内坑旧国道324线扩宽改建工程1.8千米，完成建安投资1567万元。水泥路面重铺：实施水泥路面重铺25.47千米，投资1.47亿元。包括国道324线泉港段16.07千米路面改造工程，总投资1.17亿元，完成水泥砼路面和沥青砼AC-20下面层，完成投资0.95亿元，占总投资的81%；省道308线安溪尚卿至科阳9.4千米沥青改水泥砼路面改造工程，完成施工图设计文件。路面“白改黑”：2013年实施水泥路面“白改黑”53.69千米，投资4亿元。包括：完成省道206线安溪城关至龙门段“白改黑”工程，共实施12.58千米/264180平方米，完成投资11095.56万元；完成省道206线永春石鼓桃场至德峰环岛段“白改黑”工程，共实施6.3千米/189000平方米，完成投资7938万元；完成省道306线永春榜德工业区至城雕段“白改黑”工程，共实施3千米/90000平方米，完成投资3780万元；完成省道308线晋江段“白改黑”工程，共实施3.6千米/81000平方米，完成投资3402万元；省道308线南安四黄至城关段11.58千米“白改黑”工程，总投资13129.45万元，完成第二标段路面主体工程施工，完成投资5500万元；省道206线安溪魁斗至大岭西二环交叉口路段5.56千米“白改黑”工程完成路面基层及上面层，完成投资2700万元，占总投资的51%；完成省道206线安溪龙门中学门口至龙门溪坂村路段4.1千米“白改黑”工程，完成投资2583万元；省道307线安溪魁斗至金谷桥头路段6.97千米“白改黑”工程，完成4千米的路面基层及下面层，完成投资约3000万元，占总投资的48%。

【专养公路绿化建设】 完成专养公路绿色长廊建设240.91千米，整理场地244197平方米，种植乔木35134株、灌木231945株、地被114177平方米、草皮162643平方米、藤本60350株，总投资2217.83万元。专养公路绿化率达95.3%，其中干线绿化率达98.7%。

【公路桥梁隧道改造】 完成专养公路危病桥加固改造22座，完成投资3395万元。实施省道206线德化九仙山隧道、省道306线永春东关隧道的照明工程改造，完成投资277万元。

能源建设

2013年，泉州供电公司主动促进将电网发展规划纳入政府发展规划，推动各级政府主导开展片区电网设施布局规划。完成500千伏南安、惠安变电站选址工作。浦西（沉洲）、东海（桃花）输变电工程等重点、难点前期工作均取得进展。取得省发改委核准34个项目，完成全年计划113%，前期工作年度完成率109%。建设项目稳步推进。参与“四个一”工作协调机制，实施“1+7”管理，发挥县级公司整体优势，累计解决105处工程受阻难题。全年建设110个输变电工程，数量位列全省第二；投产45个工程，创历年最多。获得四面基建流动红旗，首次获得国网公司“流动红旗”。22项工程获得国网公司“优质工程”，15项工程获得省公司“达标投产”工程。新调度大楼完成地下二层和地上三层建设。农网改造升级工程高分通过省发改委验收。配网规划不断优化。启动县域配电网发展诊断分析，2013—2020年配电网滚动规划通过省公司审查。规划新建及改造配网线路10698.44千米、配变12751台。石狮公司开展全域城市化现代配电网规划试点，建成全省首个智能配电网示范村。安溪公司全省试点开展配网差异化规划工作。10个配网自动化DA环投入全自动运行。

水务建设

【概况】 2013年，泉州市自来水有限公司总收入约3.35亿元（其中主业收入1.2亿元），较上年增加8.71%，国有资产经营净利润500万元，同比增加利润29万元，纳税3650万元（其中主业部分989万元）；完成供水量12355万吨，售水量9100万吨，分别比2012年同期增长6.05%和9.17%，营业销售收入31810万元，同比增加11.8%；受理用水申请12400户；完成户表安装5622户，改造2385户；检定更换维修水表55335台；铺设供水管道125.6千米，其中DN100以上68.5千米，抢修维修管道4026处，其中DN80以上管道1521处；出厂水质综合合格率达100%；总公司（不含金浦供水有限公司）产销差率为24.16%，较2012年上升0.4个百分点。至2013年年底，拥有4个全资子公司，1个合作公司，2个合资公司，3座水厂，设计供水能力40万吨/日，供水服务区域人口约200万人，面积约160平方千米。

【城市供水设施建设】 2013年，投入资金约2300万元落实为民办实事项目——普贤路立交段DN800-1000给水工程、万虹公路拓改二期给水工程、圣茂街给水改造工程、旧城中村给水改造等4项工程，均已完工。加快市政供水管网建设，配合市城建重点项目安排，随市政道路拓改和建设，结合相关片区市政道路建设及区域需求情况，提前介入参与供水管道的建设，合理扩大供水区域，改善区域的投资和生活环境，完成南、北迎宾大道，台商投资区杏秀路、通港路（一期）、通港路（二期）、张青公路洛江片区、东西主干道、南北主干道以及东海片区和城东片区等区域的给水管道建设。解决群众反映的热难点问题，继续有计划地进行供水旧管网改造工作，完成东街菜巷和新峰社区及云谷社区山兜片区给水改造；针对群众反映的难点、重点及社会影响较大的投诉，完成洛江琯头社区、浔美社区、霞淮社区等的用水问题；落实台商区“为民办实事农村户表安装”工程，完成区域内张坂镇浮山村、玉山村居民和十六码头、北车等大型企业的户表改造，完成东西主干道等管道迁移和后蔡村、后见村管道建设。水厂（站）基础设施建设稳步推进。泉南三期项目2013年度完成投资额约1560万元，完成取水口改造工程及净水厂各项工作，等待进场施工；金鸡水厂项目完成净水厂区规划、取水口调整、和初步设计；北峰加压站土建工程完工，具备供水条件；洛江调度大楼项目完成地勘补孔施工、建筑外观设计修改、土地使用权证办理、施工图审查等工作。

【城市节水工作】 以开展“水平衡测试”和创建“节水型企业（单位）”为载体，提高用水户的节水管理水平，全年完成4家企业水平衡考评验收，部分企业节水效果达40%—50%。以网络、活动、培训等方式为平台，宣传节水工作，及时了解用户生产和用水情况，严格执行用水定额和差别水价。对所涉及的用水单位进行监控和节水指导，推进节水减排取得新成效。

信息化建设

【概况】 完善信息基础设施建设。至年底，宽带网络提速升级成绩显著，全市互联网出口总带宽达1060G，城区骨干光缆覆盖率达100%，光纤接入覆盖用户超过230万户，城市地区20M宽带覆盖率达到95%，农村宽带接入速率超过6M；无线城市发展初具规模，基本实现3G网络全城覆盖，主城区覆盖率达到100%，Wi-Fi热点AP数目7.36万个；泉州市被工信部列为全国16个TD-LTE试点城市之一，启动4G网络建设；有线数字电视广泛覆盖，广播电视网络到行政村的覆盖率为100%，数字电视整体转换率为95%，数字电视终端达到160万户；数据中心建设初具规模，电信、移动、联通等电信运营商已自建IDC，市行政中心启用政务机房一期及二期，加紧建设中国国际信息技术（福建）产业园灾备数据中心。

【公共管理服务信息化】 信息资源整合共享示范明显，数字泉州地理空间框架项目通过国家测绘地理信息局的验收，在应急管理、公安指挥、国土资源管理、房地产信息管理、地图服务等领域开展示范应用；政务公共服务不断增强，建成全程式网上审批平台、行政执法信息平台和综合电子监察系统；“中国泉州”政府门户网站初具规模，实现全市大部分政府网上资源的整合；城市运行与管理成效显著，数字城管、交通管理、环境监控、水资源管理、森林防火等信息平台建设不断推进；城市公共应急与安全深入推进，完成平安城市安全监控系统二期建设，覆盖大部分重点单位、重要部位、主要交通道口和治安复杂场所，初步建立基于GIS平台搭建的城市应急指挥系统。

【社会生产信息化】 “两化融合”稳步推进，开展“两化融合”示范企业创建活动，树立典型样板，推广示范做法，带动广大企业加快信息化建设；电子商务加速发展，中兴通讯电子商务项目、菜鸟智能物流骨干网络核心节点项目等一批重点项目落地，完善配套产业链条，实现电子商务资源有效整合，2013年全市电子商务交易额达1000亿元。软件产业快速发展，培育南威软件、甲骨文纺织服装发展云中心等知名企业，泉州软件园正式开园，北京东华软件股份有限公司、深圳力同亚太科技有限公司、上海锐德无线通信技术有限公司等多家软件公司进驻。

【社会生活信息化】 推进社会保障卡建设和应用，实现社保卡就诊“一卡通用”。社区信息化取得进展，全市所有414个社区居委会100%开通光纤宽带、100%开通社区服务总机、100%开通社区信息化平台；教育、文化、卫生领域信息化持续推进，启动泉州市居民健康信息系统和基层医疗卫生系统的建设，初步建成数字图书馆，基本建成“校校通”工程，学科资源网站和教务教学管理系统有效应用；农村信息化稳步拓展，培育自主知识产权的“世纪之村”数字化农村综合信息服务平台，并在全市2463个行政村全面推广应用，被中国扶贫开发协会誉为中国村络工程的“兰田模式”。生活领域信息化成效显著。

【信息化发展环境】 强化泉州市信息化工作领导小组的统筹领导作用，建立信息化专家委和专家库，设立全市信息化联席会议制度。标准法规机制逐步完善，建立财政投资的信息化建设项目的前置审核制度，逐步加强对信息系统工程建设市场的监督管理，有效加强信息化建设项目的管理与监督。加大信息化宣传力度，举办提高信息化推进能力培训班、CIO研修班。组织开展对台、对外交流，促进与各地的信息化合作。

社会生活

栏目编辑
吴远鹏

社会生活

综述

【概况】 2013年，城乡居民收入稳步提升，消费升级换代步伐加快。全年城镇居民人均可支配收入35430元，比上年增长9.8%；城镇居民人均消费支出21670元，比上年增长8.1%。城镇人均住房建筑面积45.95平方米。年末城镇每百户家庭拥有彩色电视机125台、洗衣机87台、电冰箱109台、空调器167台、家用电脑90台、汽车31辆、移动电话249部。农民人均纯收入13316元，比上年增长11.8%；农民人均生活消费支出9526元，比上年增长12.3%。农村人均住房居住面积54.52平方米。年末，农村百户家庭拥有彩色电视机125台、摩托车111辆、电冰箱97台、洗衣机66台、固定电话70部、移动电话255部。城乡居民家庭恩格尔系数（即居民家庭食品消费支出占家庭消费总支出的比重）分别为36.5%和42.5%，分别比上年下降1个和0.2个百分点。

【促进就业工作成效明显，社会保障事业全面发展】 全市城镇新增就业人员15.6万人，全年有2351名下岗人员实现再就业。年末城镇登记失业率为1.22%。全年培训农村劳动力5.63万人，转移就业6.26万人。全市年末参加养老保险人数484.7万人，比上年新增13.76万人。其中，参加企业养老保险人数113.6万人，比上年新增11.2万人，参加机关事业单位养老保险人数8.74万人，比上年减少0.12万人，参加城乡居民社会养老保险人数362.3万人，比上年新增2.66万人。年末离退休人员领取基本养老保险金人数8.36万人，全部实现养老金按时足额发放。年末全市参加失业保险人数60.7万人，领取失业保险金人数2728人；全市参加职工基本医疗保险人数101.58万人，新增8.94万人；参加工伤、生育保险人数分别为88.2万人和87.9万人。参加新型农村合作医疗人数560.98万人，参合率达99.93%；参加城镇居民基本医疗保险居民168.3万人。年末全市收养性单位有126个，床位数10967张，年末在院人数4640人；其中城镇老年福利机构19个，床位2344张。全市城镇社区服务设施数490处。城市有20954人、农村有106619人得到最低生活保障救助。全年销售社会福利彩票11.5亿元，筹集社会福利资金9229.17万元，直接吸收社会捐赠款994.6万元。

【坚持科教兴市，建设创新型城市】 强化自主创新，推进科技进步。2013年，新增省级高新技术企业53家，总数达213家；新增国家火炬计划重点高新技术企业6家，总数达24家；拥有国家级、省级、市级行业技术开发中心分别有10个、65个和150个；拥有省级、市级工程技术研究中心39个和111个；有1家企业列入国家创新型试点企业，有83家企业被评为福建省创新型企业。全年共实施国家、省、市各级各类科技计划项目587项，其中，国家级58项，省级126项，市级403项。有26项成果获省科学技术奖。全年专利申请18448件，授权13267件，累计专利授权数达54051件。全年共签订各类技术合同36项，合同金额5.55亿元。坚持教育优先发展，提升教育水平。全市拥有高等院校17所，其中本科高校4所，独立学院1所，高职高专12所。普通高校本专科在校生11.87万人；招生3.73万人，毕业生3.47万人。全市中等职业学校53所（含技工学校9所），普通高中110所。高中阶段在校生23.59万人，招生7.38万人。全市普通初中214所，初中在校生23.07万人，招生8.65万人。全市小学1349所，在校学生61.37万人，招生12.05万人。全市幼儿园1282所，在园幼儿33.98万人，招生12.95万人，学前三年入园率为97.06%。全市特殊教育学校11所，特殊教育在校生5001人。

【坚持以民为本，文化体育卫生事业繁荣发展】 2013年，全市共有各类艺术表演团体12个，群众艺术馆1个，文化馆11个，公共图书馆10个，图书馆藏书总量523.43万册，其中电子图书173.55万册，博物馆11个，乡镇文化站164个。文化系统专业艺术表演团体艺术演出1861场，观众145.66万人次。年末，全市有广播电台1座，调频广播发射台9座，广播节目11套，广播综合人口覆盖率为98.23%；电视台1座，电视转播发射台6座，电视节目12套，电视综合人口覆盖率为98.19%。全市有线电视用户118.19万户，有线广播电视网络干线总长14563千米。加强医疗服务体系建设，医疗卫生水平得到改善。2013年全市共有各类卫生机构（不含村卫生室）1057个，其中医院117个，卫生院126个，预防保健机构（含妇幼所、院）35个。年末，共有卫生技术人员32281人，其中医生12031人，护师、护士12067人。卫生机构实有病床28689张。农村有医疗点的村数占总村数的100%，乡村医生和卫生员5299人。

民政

【社区建设与服务】 泉州市共投入6.41亿元，开展46个城乡社区环境整治项目，其中城市社区15个，农村社区31个，改善社区综合环境。城市社区环境综合整治通过实现“六有五达标三完善”，打造设施完备、服务齐全、特色鲜明、环境优美、管理规范、温馨舒适的完整社区；农村社区以落实“七好”为工作要求，打造一批房屋美观、环境整洁、配套完善、自然生态的宜居新村，明显改善村庄景观面貌。

社区设施建设　建设36个社区服务站，其中福建省级社区综合服务站16个，泉州市级城乡社区服务站20个，初步解决一部分城市社区综合服务场所紧缺的问题。开展1897个村（居）便民服务代办点标准化建设工作，为群众开展“一站式”“一条龙”的便民服务。开展社区服务站“一站式”规范化示范点建设和“中国社区”标识推广工作，建设示范街道（乡镇）17个，示范社区（村）111个。

星级“智慧社区”创建　开展127个星级“智慧社区”创建工作，其中五星级星级“智慧社区”31个、四星级星级“智慧社区”64个、三星级星级“智慧社区”32个，涵盖“社区信息化基础设施”“社区信息化应用”“社区信息化环境和应用效果”三个方面，扩大社区信息化建设覆盖面。

社区工作队伍建设　组织915名社区工作者参加岗位培训，提升社区工作者业务能力和综合素质。经过报名、考核、体检、录用、公示等程序。招募20名高校毕业生服务于安溪、永春、德化城市社区，充实社区工作力量。泉州市已取得社会工作师资格证书的社会工作者606人，其中助理社会工作师408人，中级社会工作师198人。

先进县（市、区）、示范街道、示范社区创建　开展先进县（市、区）、示范街道、示范社区创建活动，其中2个市（区）（丰泽区和晋江市）被评为福建省社区建设先进县（市、区）、2个街道（鲤城区鲤中街道和晋江市青阳街道）被评为福建省社区建设示范街道，21个社区被评为福建省社区建设示范单位社区。推荐1个县级（晋江市）、1个街道（鲤城区鲤中街道）、2个社区（丰泽区丰泽社区和石狮市新湖社区）申报全国和谐社区建设示范单位。配合福建省民政厅开展全省“十佳”社区工作者评选，其中石狮市林丽娜获省“十佳社区工作者”称号，鲤城区蔡红英获省“十佳社区工作者”提名奖。

【社会组织管理】 严把新成立社会组织审批关，依法登记社会组织。贯彻落实《社会团体登记管理条例》《民办非企业登记管理暂行条例》《基金会管理条例》等法律、法规和上级文件，认真审查、严格把关，重点把好民间组织的章程、经费、负责人、政治、材料等五个关，按照行政许可法的要求，进一步规范民间组织的审批程序。泉州市共登记新成立社会组织659个。其中，社会团体457个，全市性社会团体39个；民办非企业单位199个，全市性民办非企业单位9个；基金会3个。加强社会组织登记窗口建设，不断提高服务水平。市民政局配合泉州市行政服务中心开展国家级行政服务标准化建设试点项目工作，推进行政审批制度改革，梳理、简化办理程序，重塑并联审批流程，完成窗口工作人员岗位工作标准、社会组织相关办理规程、细化登记办事指南和缩减审批流程及时限。完善社会组织管理工作，开展2013年度泉州市社会组织年检，全面了解社会组织活动及发展情况，规范社会组织活动，发挥服务经济服务社会的作用。培育发展和规范管理社会组织。11月，中共泉州市委、泉州市政府下发《泉州市关于进一步培育发展和规范管理社会组织的实施意见》，内容有：改革社会组织登记形式和范围，包括实行直接登记、提倡一业多会、扩大登记范围、采取双轨办法等；重点培育发展的对象行业协会商会、科技类、公益慈善类和社区服务类社会组织等四大类。全年市民政局共直接登记社会团体3家，民办非企业单位1家。开展行业协会行业自律与诚信建设活动，重点从健全自律规约、推进信息公开、开展诚信服务和加强规范化建设四个方面开展工作；开展民办非企业单位塑造品牌与服务社会活动，培育一批符合现代社会组织体制要求的组织完善、管理科学、诚信自律、品牌良好的民办非企业单位；民办非企业单位服务社会能力增强，公益性更加凸显，成为提供公益服务、满足人民群众多元化服务需求的主要力量。建立社会组织评估工作机制，开展全市性社会组织等级评估工作，组织评估委员会及复核委员会对150家参评的社会组织进行实地考察，并于年底完成考察。对泉州市社会组织的党组织覆盖情况进行摸底调查，掌握社会组织经营情况、出资人员身份、党员和职工人数、党群组织设置和党建情况，扩大社会组织党组织覆盖率。对泉州市42家工贸领域行业协会逐家进行实地考评，听取协会工作汇报并核实证明材料。经考评领导小组审计，确定等级，并向泉州市政府分管领导报告泉州市级行业协会考评结果，其中工作绩效优秀12家、达标28家、基本达标2家。规范民办非学历教育培训机构设置管理。市教育局、市民政局和市物价局联合制定《泉州市民办非学历教育培训机构设置管理暂行规定》，明确申办条件、收费管理、审批程序等。

【婚姻收养登记管理】 2013年，泉州市办理内地居民结婚登记80920对，涉港、澳、侨、台结婚登记318对；办理内地居民离婚登记9069对，涉港、澳、侨、台离婚登记71对；办理内地居民婚姻证件补领9097对，涉港、澳、侨、台婚姻证件补领188对；办理内地收养登记81件，涉港、澳、侨、台收养登记8件。落实《婚姻登记服务规范》福建地方标准，推进婚姻登记标准化建设。配合市行政服务中心国家级行政服务标准化建设试点项目，完成窗口工作人员岗位工作标准、婚姻登记及收养登记等相关办理规程，细化登记办事指南。加强婚姻收养登记队伍建设。婚姻收养登记制度健全，并向社会公开。登记设施设备齐全，实现网络在线登记。规范整理管理婚姻收养档案。应对2013年1月4日登记高峰，泉州市县两级民政局及时启动婚姻登记机关应急预案，婚姻登记机关采取加班，争取有关部门支持等措施，保证平稳有序地完成登记工作。设立泉州台商投资区婚姻登记和收养登记机关，并于2月20日开始运作。指导泉港区民政局报送国家AAA级婚姻登记机关等级评定的有关材料，已送省民政厅。

【儿童收养与儿童福利院】 泉州市办理内地收养登记81件，涉港、澳、侨、台收养登记8件。有儿童福利机构9家（含综合福利院儿童部），床位800张，在院抚养儿童584人。

【老年福利院与“五老”供养】 泉州市有各类老年福利机构140家（含福利院、福利中心、敬老院、老年公寓、日间照料室等），床位12000多张，入住3000多人。泉州市健在“五老”人员820人，全年发放“五老”生活补助金531.4万元。随着经济发展水平逐年提高，各县（市、区）定期补助标准全部高于福建省定标准。80周岁以上“五老”人员626人，每人发放高龄补贴500元，共31.3万元；特困“五老”人员263人，每人发放特困补助1000元，共26.3万元。落实医疗补助政策，“五老”人员全部免费纳入新型农村合作医疗，每人每年享受600元医疗补助，全年共49.35万元，住院“五老”人员医药费基本实现实报实销。开展两节慰问活动，泉州市本级安排30万元慰问金，加上县、乡配套，保证每个“五老”人员都能得到慰问。

【拥军优属与抚恤】 泉州市及所辖的鲤城区、丰泽区、洛江区、泉港区、晋江市、石狮市、南安市、惠安县、安溪县、永春县、德化县同时荣获省级双拥模范城（县）荣誉称号，再次实现“满堂红”目标。落实拥军惠军政策，继续推行“阳光安置”办法，对营级及其以下军转干部实行“公开职位、竞争上岗”，对师团级军转干部实行“功绩评分，依序择岗”，妥善做好军转干部安置工作。泉州市共接收军转干部123名，其中27名师团职干部全部安排在行政单位，营级以下军转干部有85%安置在党政机关和“参公”单位。举办19场“退役士兵和随军家属就业专场招聘会，先后组织422家企业进场招聘，提供各类岗位10570个，751名随军家属、退役士兵与用人单位达成就业意向。组织405名部队官兵参加电工、焊工、中式烹调师等职业资格培训和鉴定。市教育部门制定出台《泉州市军人子女教育实施办法》，优先安排501名军人子女进入各级各类优质学校就学。市交通部门开通驻泉73146部队至泉州动车站及180医院拥军专线，泉州市本级拥军专线达到5条，对乘坐公交车的部队官兵实行票价优惠。泉州市所有旅游、文物景点和公共文化场所坚持免费接待军人。深化司法拥军活动，军人军属合法权益得到较好维护，全年共解决军民纠纷13件，历史遗留问题2618个。泉州军分区政治部被南京军区政治部表彰为法律服务协作机制先进单位。组织开展零散烈士纪念设施普查工作，成立零散烈士纪念设施抢救保护工作领导小组，以南安市试点工作为抓手，以点带面，全面推进零散烈士纪念设施抢救保护工程。全市完成零散烈士纪念设施就地维修改造39个（包括工作过程中新发现的7个）；完成散葬烈士墓修缮整合556个（包括工作过程中新发现的117个），其中迁移、整合的102个，就地修缮的454个，完成年初工作任务。调整重点优抚对象抚恤补助标准，继续实行城乡重点优抚对象抚恤补助同一标准。对上级提高标准及下拨经费做到不冲抵，按时如数发给优抚对象，抚恤补助标准平均增长

8%。至2013年底，泉州市各类抚恤补助标准平均高出省定标准43%。及时下拨中央、福建省财政抚恤补助经费8066万元，泉州市财政配套资金749.6万元。落实义务兵家属优待金，优待金纳入财政预算，严格按标准按时发放。城镇义务兵家属户年均优待标准10083元，达到上年度城镇居民可支配收入的35.5%；农村义务兵家属户年均优待标准10083元，达到上年度农民人均收入的105%。对立功受奖的义务兵，各地均按规定增发优待金。全年发放义务兵家属优待金5666户、5395.82万元。全市为2156名义务兵增发立功受奖优待金250.7万元。落实农村籍退役人员老年生活补助政策，在全市开展农村籍60周岁以上退役人员调查摸底工作，发放调查摸底表格5000余份。全市符合条件的农村籍60周岁以上的退役士兵2332名，并上报省民政厅，确保各级配套经费能够按时发放。做好优抚评残评烈申报等日常工作，2013年度减少（去世、迁移）重点优抚对象32名（其中残疾军人3名、“三属”2名、在乡复员军人16名、红军失散人员2名，带病回乡退伍军人4名、参战退役人员5名），新增重点优抚对象120名（其中残疾军人51名、“三属”14名、带病回乡退伍军人12名、参战退役人员21名、部分烈士子女22名）。开展“关爱功臣”活动，采取纳入城乡低保和城镇职工医疗保险、挂钩帮扶、临时困难补助等多种措施，解决重点优抚对象“三难”问题。把符合条件的重点优抚对象优先纳入城乡居民最低生活保障，全市有325人享受双重保障。落实优抚对象医疗保障政策，实施重点优抚对象医疗补助“一站式”即时结算服务，及时下拨中央、省财政优抚对象医疗补助资金937万元，泉州市财政配套159万元；落实1—6级残疾军人医疗政策，为576名1—6级残疾军人报销医疗费289.6万元；及时发放重点优抚对象门诊医疗补助经费每人每年180元。元旦、春节和“八一”期间，走访慰问重点优抚对象活动3638人（户）、赠送慰问金242.5万元。

【复退军人安置】 泉州市接收2012年冬季退役士兵2795人，其中符合政府安排工作条件退役士兵73名（转业士官71人，荣立二等功2人），通过参加竞岗择业考试等方式，有39名安置到机关、事业单位，34名安置到国企单位，安置率达100%。开展适应退役士兵安置工作需求的技能培训和职业培训，泉州市有1376名退役士兵报名参加培训。

【赈灾与救济】 灾情发生后，各级民政部门及时启动应急预案，组织人员赶赴受灾地区查灾、核灾，全年下拨救灾资金805万元，帮助受灾群众解决实际困难。

【完善城乡医疗救助制度】 继续完善城乡医疗救助制度，推进城乡医疗救助“一站式”即时结算服务。全年筹集城乡医疗救助专项资金3857万元，救助城乡困难群众16.67万人，发放医疗救助资金4707万元。其中，由民政医疗救助资金资助城乡低保对象110671人参加城镇居民医疗保险和新型农村合作医疗保险，缴纳保费883.75万元；大病救助34466人次，发放救助金3624.34万元；门诊救助21521人次，发放救助金1348万元。全面推进医疗救助“一站式”即时结算服务体系建设。全市有洛江、泉港、晋江、石狮、南安、惠安、安溪、永春、德化、台商投资区等10个县（市、区）开通新农合医疗救助“一站式”即时结算服务并稳步运行。探索医疗救助与城镇居民医保的衔接，与泉州市医保中心、易联众电脑公司沟通并达成共识，推进鲤城、丰泽、南安、安溪、永春等县（市、区）城镇医疗救助“一站式”即时结算服务。

【福利彩票发行与资金管理】 2013年，泉州市有电脑福利彩票投注站985家，中福在线销售厅7家，即开型彩票刮刮乐销售点1100个。全年共发行福利彩票11.55亿元，同比增加1.84亿元，增幅为18.93%（其中电脑票发行8.27亿元，中福在线发行1.41亿元，即开型彩票刮刮乐发行1.87亿元）。上缴公益金3.35亿元（其中，中央级1.67亿元，省级7386万元，市、县两级9353万元），同比增加4769万元。

【地名与边界线管理】

行政区划工作 做好大泉州行政区划调整的前期基础工作、有关撤镇设街道和撤乡设镇等有关基础材料收集和调研工作；补充、完善和修编泉州市《政区大典》；协调鲤城区城西路拓改工程南1—4区有关社会事务管理事项。

地名管理工作 市民政局做好泉州市地名“二普”试点和地名“二普”工作。泉州市各县（市、区）、泉州经济技术开发区、泉州台商投资区共完成采集11类、59个子类信息，其中地名属性信息条目约152万条，采编属性信息约1563万字，普查地名数量53864条，其中陆地水系707条、陆地地形3887条、行政区域与行政区划类各175条、非行政区域类730条、群众自治组织类2473条、居民点类12597条、交通运输类7779条、水利电力通信类2969条、纪念地与旅游景点类7322条、建筑物类1386条、单位类7859条、地名标志类2995条、历史地名类1954条、地名标准化处理1031个。标绘1:50000纸质地图77幅，测量地名经纬度51739条，修改整饰国家地名数据库矢量地图，生成地名成果图表77份（幅）。泉州市全面完成地名“二普”试点和地名“二普”工作任务。做好泉州市政府驻地新址部分道路名称的命名工作。10月10日，丰泽区政府下发《泉州市丰泽区人民政府关于公布泉州市行政中心驻地部分道路名称的通知》向社会各界公开公布泉州市政府驻地新址11条道路名称的命名方案。泉州市各县（市、区）2013年共命名商住小区12个、17条；楼房（大厦）2个、3条；街路66条。运用泉州市地名“二普”成果，推动地名文化建设。市民政局下发《泉州市民政局关于运用地名“二普”成果推动地名文化建设的通知》。做好泉州市地名文化遗产（市、县（市、区）、乡（镇）、村千年以上古地名）情况调查、汇总和上报工作及省民政厅要求采编“地名故事”有关泉州市部分的布置、汇总和审校工作。

界线管理工作　全面完成设区市间县级界线1条：永泰—德化线（福州牵头），长度45.76千米；设区市内县级界线3条：鲤城—丰泽线（丰泽牵头）、丰泽—南安线（南安牵头）、洛江—泉港线（泉港牵头），长度31.05千米；乡（镇）级界线联检64条，700.11千米的行政区域界线联检任务。开展泉州市“平安边界”创建活动。市民政局下发《泉州市民政局关于组织做好平安边界共建协议签订工作的通知》，结合界线联检工作，做好平安边界建设活动。联检双方成立联检工作领导小组，签订平安边界共建协议书，建立平安边界预警机制。

【国防教育和双拥宣传】

强化国防教育活动　建立泉州市国防教育联席会议制度、军地合署办公制度，开展“国防教育日”和泉州市国防教育检查活动。组织泉州市军民广泛开展“共学党的十八大精神、共创双拥共建新业绩、共促军民融合新发展”宣传教育活动，进一步筑牢促进军地、军民深度融合发展的思想基础。建成泉州人防民防教育馆，开展第16次防空警报试鸣暨人员疏散演练；组织开展泉州市四套班子领导到部队过“军事日”、清明节祭扫烈士陵园，驻泉州部队军政主官过“经济日”、新生入学军训、第27期少年军校、第14届军民“心连心”活动；把国防教育列入市委党校主体班次培训内容，抓好党员干部、青少年学生、民兵预备役人员和广大群众的国防教育。

开展双拥宣传　结合福建省级双拥模范城（县）考评及纪念建军86周年，运用各种传媒广泛宣传泉州市双拥光荣传统和新时期军民团结奋斗的生动实践，中央电视台及《解放军报》《国防报》《中国双拥》等新闻媒体播发泉州市双拥新闻150多条（篇），泉州广播电视台、《泉州晚报》播发300多条（篇）。开展“翰墨颂盛世、情洒双拥城”——纪念延安双拥运动70周年活动，邀请糜振玉、徐承云、陈虹等10位退休将军、部长莅临泉州，举办“魅力泉州将军、部长行”书画展、现场书画笔会等活动，组织20篇文章参加全国双拥征文活动。配合全国双拥办、中国双拥杂志社在泉州开展双拥调研活动，举办“军民情谊深”电视访谈和“刺桐花映双拥路”“欢乐泉州走进军营”等丰富多彩的双拥文化宣传活动，推进双拥文化建设。在泉州工人文化宫设立双拥宣传园区，依托洛江俞大猷公园、晋江围头“八二三”炮战遗址建立双拥主题公园，加强双拥宣传阵地建设。泉州广播电视台帮助部队培训、培养通讯员队伍，建立完善军地新闻协作机制。

医疗卫生

【概况】　2013年，泉州市有医疗卫生机构4610家，其中：医院117家、社区卫生服务中心（站）150家，乡镇卫生院126家，社区卫生服务中心39个，疾控中心12家，妇幼保健院（所）12家，卫生监督所12家，急救中心及采供血机构各1家，门诊部92家，诊所467家，医务所（室）52家，村卫生所（室）3553家。全市床位数27289张，卫技人员30798人，每千人均床位数按户籍人口计3.91张，按常住人口计3.26张、每千人均卫技人员按户籍人口计4.41人，按常住人口计3.68人。全市医疗机构中三级综合医院7所，三级中医院（中医骨伤医院）3所，三级精神专科医院1所；二级综合医院23所；二级中医院5所；二级妇幼专科医院3所。全市共有各级各类民营医疗机构672所，其中：综合医院71所，二级以上8所，专科医院13所，共有床位4304张（其中100张床位以上有8家，200张床位以上2家）民营医疗机构床位占全市医疗机构总床位数的15.8%。全市民营医疗机构卫生技术人员5587人，其中执业（助理）医师数2298人，执业护士数2081人。2013年度，泉州市卫生局共受理审批各类卫生行政许可1084件，提前办结率达99.9%，按时办结率达100%，群众满意度达100%。做到无一差错，无一投诉，无一举报。完成13个项目行政审核审批服务标准化建设工作。深化闽台合作交流。4月，泉州医学高等专科学校联合台湾高校选派的教授赴四川、重庆等地，为作为国家示范性骨干高职院校对口支援的学校开展讲学交流；泉州医高专全年选派21名交换生、10名教师到台访学研修，继续举办暑期闽台合作夏令营；台湾大仁科技大学12名师生到泉州医高专开展“原情甲意”时尚美甲秀，其中《高山族美甲》作品获2013年全国职业院校学生技能作品展洽会二等奖。继续开展援藏援疆援外工作。2013年，选派泉州市光前医院梅忠礼（泌尿外科副主任医师）和泉州市第一医院张含（神经外科主治医师）挂职西藏林芝县工布江达县卫生服务中心副主任，服务期3年。泉州市第五批援疆中期轮转干部6人于12月完成一年半的卫生援疆任务，载誉回泉。是年，泉州市第一医院朱晋峰随省卫生厅组队在博茨瓦纳执行援外医疗任务。

【医药卫生体制改革】

公立医院改革 石狮市医院作为全省县级公立医院改革试点单位，改革以药补医机制，实行“药品零差率”，取消药品加成，公立医院补偿改为服务收费和财政补助两个渠道，2013年度石狮市本级财政投入1.8亿元，其中1.58亿元用于新医院建设，2267.5万元用于基础建设、大型医疗设备采购、药品零差率补助、退休人员补助等，落实政府办医职责。引入第三方考核机制，推行院长任期目标考核制，院长任期目标绩效考核工作、医疗质量评价、社会满意度和职工满意度测评等39类101项工作均全面委托第三方进行考核；建立医院绩效考核机制，下达年度医院综合目标，制定22项指标进行全方面考核，考核结果与工资挂钩的三级责任指标体系，促使改革目标的实现和落实；推进成立医疗服务联合体，建立慢性病防治单病种按人头总额预付费方式，推行全科医生签约医疗合同服务制，探索社会力量支持重点学科建设和设立专项基金等综合改革，取得显著的成效。落实便民惠民措施。完善出、入院一站式服务，19家二级及以上医院设立“医院服务中心”，实现集中一个窗口受理和办理，方便群众就医；加大医院惠民便民服务设施设备的投入，增加如自助存款缴费、自助预约、自助排队、自助打印报告单和票据等自助设备，推广“医疗自助服务”，借助医院内部的自助服务终端，实现多种途径挂号、分时段挂号、多种方式支付、预付费后结算等功能，缓解医院排队候诊烦恼。推行预约诊疗。改革收费挂号系统，二级以上医疗单位都设立导诊台，做好诊前咨询服务工作，全市二级及以上公立医院所有普通门诊和专家门诊号源全部开放预约，通过电话预约、媒体辅助预约、社区就诊预约等多种形式，开展分时段预约挂号工作，合理分流医院就诊高峰期；依托卫生部“12320”公共卫生公益电话，建立统一预约诊疗服务平台，是年，预约诊疗人次50余万，居全省所位。推广优质护理服务。在25家二级以上医院191个病区开展优质护理服务试点；三级甲等医院在全院推广，其余三级医院优质护理覆盖80%以上的病房，并在门（急）诊、手术室等部门开展优质护理服务；二级甲等医院优质护理覆盖50%以上的病房，落实责任制整体护理，加强以护理内涵建设为核心的优质护理服务。规范护工管理，制定并施行《泉州市医院陪护工管理办法（试行）》，成立护工服务管理中心，无偿培训护工，推行护工签约服务，签约护工200多人，护工服务和管理逐步规范。

提升新农合保障水平 继续加大宣传力度，提高农村居民参合积极性，全市新农合参合人数达到560.98万人，参合率达99.93%，超过省、市医改提出的“新农合参合率稳定在98%左右”目标。人均筹资水平提高到340—420元（石狮市达到420元，晋江市达到380元），各级政府补助标准提高到280—320元（石狮市达到320元，晋江市达到310元）。调整和优化补偿方案，住院补偿封顶线提高到10万—15万元，乡级、县级、县外住院补偿比例分别提高到90%—95%、80%—90%、55%—80%；普通门诊补偿比例提高到70%左右；扩大新农合药品目录，由2011年版的1156个增加到2013年版的1883个；在全市新农合县（市、区）全面推行普通门诊统筹工作。做好大病住院补充补偿和重大疾病保障，2013年度大病补充补偿受益人数达11629人，补偿金额8666万元，基金使用率达103%。继续完善提高儿童“两病”（儿童白血病和儿童先天性心脏病）保障水平，共有48人入伍儿童“两病”范围。将尿毒症、乳腺癌、宫颈癌、重性精神疾病、耐多药肺结核、艾滋病机会性感染等6类病种纳入新农合重大疾病医疗保障范围，实行定点救治、定额支付，补偿比例提高到70%—90%。2013年，全市共有61.87万人次获得住院补偿18.45亿元，分别同比增长10.52%、27.07%，次均补偿2982元，同比增长14.96%。全市县域内政策补偿比为87.34%，同比提高3.04个百分点。共有51.82万人次获得门诊特殊病种补偿17267万元，为2012年同期的3.7倍2.46倍；共有163.68万人次获得普通门诊补偿7182万元，为2012年同期的2.24倍、2.11倍。

实施国家基本药物制度 扩大基本药物制度实施范围，全市2059所行政村卫生所陆续配备基本药物并实施药品零差率，行政村覆盖率100%。组织国家基本药物临床应用指南和处方集全员培训，下发《泉州市2013年国家基本药物临床应用指南和处方集培训工作方案》，采用逐级培训、集中培训、视频培训等方式对市直医疗机构、各县（市、区）公立医疗机构和基层医疗单位进行2012年版《国家基本药物目录》和临床应用指南、处方集等进行全员培训，推动基本药物临床合理应用，规范医务人员用药行为，促进各单位优先使用、合理使用国家基本药物。

严格控制医疗费用增长 2013年从严暂定全市医疗机构医药费用控制指标，并通过对超控单位采取单列管理、通报批评等措施予以强化。至12月31日，全市列入“双控”的21家二级以上医院人均门诊费用控制指标达标率为100%，人均住院费用达标率为100%。

公共卫生服务 全面实施包括居民健康档案管理、健康教育、预防接种、儿童健康管理、孕产妇健康管理、老年人健康管理、高血压病患者健康管理、Ⅱ型糖尿病患者健康管理、重性精神疾病患者健康管理、传染病及突发公共卫生事件报告与处置、卫生监督协管、中医药健康管理服务12类基本公共卫生服务，拓展和深化服务内涵，提高项目服务质量。至年底，建立居民健康电子档案758.42万份，电子建档率为91.49%；

高血压健康管理人数51.68万人，糖尿病健康管理人数13.76万人；65岁以上老年人健康管理45.26万人；登记重性精神病患者2.6万人，规范管理2.1万人。进一步提高妇女儿童健康保健水平，2013年全市孕产妇系统管理率90.83%、孕产妇住院分娩率为100%、7岁以下儿童保健覆盖率为95.35%、3岁以下儿童系统管理率为92.36%。

加强基层医疗卫生基础设施建设　基层医疗卫生基础设施中央预算内投资4124万元，补助建设项目35个，补助建设面积59960平方米，建设项目包括石狮市医院、德化县中医院2家县级医院，晋江、石狮等4个县级急救中心，泉港区疾病预防控制体系，8所乡镇卫生院、20家村卫生室建设项目。省级加强床位建设的卫生惠民办实事项目有13个，总投资9320万元，其中省级补助4385万元，地方投资4935万元，2013年新增基层医疗机构床位277张。

深化泉州市居民健康信息系统建设　完成全市所有基层医疗机构接入及信息共享，全市164家基层医疗机构（包括127家卫生院和37家社区卫生服务中心）全部上线运行基层医疗机构信息系统软件，实现基层医疗机构居民健康信息共享和居民电子健康档案建档两大目标；完成市直医院PACS医学影像信息上传共享，泉州市第一医院、市中医院、光前医院、儿童医院、医高专附属人民医院和省属、高校、驻军医院（驻军第180医院、福建医大附属二院、福建医大附属一院闽南分院）等8家医院完成接口改造，并上传医学影像信息至区域PACS医学影像共享平台；开展医疗机构信息系统市级平台的优化和扩容，上半年完成医疗机构信息系统市级平台（“基卫平台”）优化工作；下半年运用虚拟化技术，完成基卫平台扩容改造，建成“云计算平台”；启动村卫生所信息系统建设前期工作，完成目标村卫生所的接入政务外网工作，完成石狮市102家村卫生所信息系统建设试点工作，开展基卫平台和医保中心平台对接前期工作，启动新农合信息系统平台扩容及妇幼卫生信息平台建设，启动民营医院接入试点（泉港同仁医院完成接入并上线运行）；加强居民健康信息上传的日常管理，采集居民各类健康信息，存储于市数据中心，供医生工作站调阅、共享，推动三级医院检验结果网上互认。至2013年年底，市数据中心采集、存储居民诊疗数据480.6万份、医学影像图像27.6万份，为居民建立电子健康档案885.4万份，并上传预防接种信息152.5万份至省级平台。

【卫生项目建设】　2013年，市委、市政府为民办实事项目、重点项目建设战役、民生工程战役项目、省级床位建设等19个卫生项目，年度计划投资40820万元，共完成投资42336万元，完成年度计划的104%。项目包括为民办实事的“改善农村就医条件，实施特殊群体健康关爱工程”、泉州市中医联合医院、泉州市儿童医院、福建省医科大学附属第二医院东海新院项目、省级床位建设项目等。

泉州市中医联合医院项目　项目位于鲤城区江南新区笋江路与池峰路路口东北侧，占地面积11.53公顷，建设规模1500张床位。项目按照三级甲等中医医院标准设计，日门（急）诊超过5000人次，建成后将成为闽东南一流、具有中医专科特色、集医疗救治、教学科研、预防保健为一体的三级甲等中医院。项目分两期建设，首期建设1000张床位，建筑面积11.2万平方米，建设内容包括门急诊医技楼、病房楼、高压养舱和能源中心，其中门诊医技楼为4层、病房楼为17层，概算投资约6亿元。项目建设于2011年7月1日奠基。2013年度计划投资2亿元，全年完成投资2.7亿元，完成年度计划投资135%。

福建省医科大学附属第二医院东海新院项目　东海院区项目用地面积142.6亩，按1000张病床规模建设，总投资4.67亿元，建筑面积约112940平方米，主要建设内容：门急诊部、医技科室、住院部、保障系统、行政管理，分两期建设。其中，一期项目建筑面积约73000平方米，工程造价2.99亿元，主要建设内容：门急诊医技楼、妇儿病房楼、核心病房楼地下室、锅炉洗衣房、高压氧舱及部分室外工程。2013年度完成投资约8600万元，迄今共投资3亿元，项目基本完工。

省级床位建设项目　2013年省级下达全市卫生床位建设项目共13个，其中：儿科床位建设项目6个，产科床位建设项目7个；计划新增床位507张（其中儿科327张、产科180张）。实际完成新增床位707张，比原计划超额完成200张。

泉州市儿童医院　市委《关于建设大厦调剂给市儿童医院使用的专题会议纪要》决定原市建设大厦内住建局等单位迁址东海市行政中心后，将建设大厦整体调剂给市儿童医院使用。项目总投资8000万元，争取省级增投2000万元，拟争取中央预算内投资1600万元。建成后将新增儿科床位350张。

【农村卫生】　改善农村就医条件，实施特殊群体健康关爱工程，组织全市23家二级以上医院的百名医生每季度到102个贫困、边远乡村开展义诊、巡诊；加强45家农村卫生院医疗设施建设，提高服务水平，计划投资900万元（其中市级配套607万元），完成投资1100万元；建设居民“健康自测小屋”5家，10月完工并投入使用。

加强卫生院升级改造建设　2013年，把“加强农村卫生院医疗设施建设”列为市委市政府为民办实事项目，补助907万元，加强45所乡镇卫生院环境改造和设施设备建设。

加强基层医疗卫生机构内涵建设　开展基层医疗卫生机构管理年活动，省卫生厅、市卫生局对全市基层单位医疗机构管理年活动进行评估验收，台商区东园中心卫生院、安溪县湖头医院、晋江市东石镇中心卫生院被评为省级管理年活动先进单位。

提升农村卫生服务 落实空白村卫生服务工作，市、县两级财政按1:1的比例投入300万元，为没有乡村医生的100个边远行政村配备100名医生，实行村医月薪制，每人每月补助2500元。

推进“四个一批”人才队伍建设 特岗一批：在安溪县、永春县和德化县三个县内实施特岗医师计划，遴选特岗医师12人服务基层；委培一批：继续委托福建医科大学面向泉州生源、定向泉州市基层医疗卫生机构招聘培养49名临床医学专业本科生，委托医高专面向乡镇卫生院定向招生培养39名临床大专生，毕业后充实到相对边远的乡镇卫生院；招聘一批：实施省“500项目”，为乡镇卫生院招聘培养62名临床本专科毕业生，其中本科生9名、“专升本”53名；延退一批：延退返聘县级以上中高级职称医师92人，其中有24名主任医师到乡镇卫生院传帮带（其中市本级9人）。

开展乡村医生签约服务 在洛江、泉港、台商、石狮、南安、永春等县（市、区）农村地区试点开展乡村医生签约服务，截至12月底，6个试点县（市、区）在65家乡镇卫生院开展试点工作，试点村卫生所数1229所，组建服务团队480个，已签约家庭220244户、签约87万人，其中签约重点人群20.18万人。

落实乡村医生基本公共卫生服务项目补助和岗位津贴 将基本公共卫生服务项目工作量的30%—40%安排给乡村医生承担，根据服务人口、绩效考核结果兑现基本公共卫生服务补助，落实乡村医生每年1200元岗位津贴的补助政策，2013年各县（市、区）承担并经考核圆满完成基本公共卫生任务的乡村医生年人均补助达到10000元左右。

落实村卫生所实施基本药物零差率销售改革补助 初步建立村卫生所实施药品零差率改革政府专项补助机制，安溪、永春、德化按人口人均6—8元的标准给予补助；洛江、泉港、台商区、惠安、南安、晋江、石狮按人口人均8—10元的标准给予补助，除上级财政补助外，不足部分由县级财政配套安排。

实施乡村医生培训工程 全市培训乡村医生5300多名，并组织合格考试。

【社区卫生】 全市建立社区卫生服务中心39家，社区卫生服务站179个，城市街道、县城镇社区卫生服务机构覆盖率达到100%，继续推行“社区医生进家庭”项目，组建278个社区卫生服务团队，深入社区开展高血压、糖尿病等慢病随访体检。2013年，全市所有社区卫生服务中心全面启动实施全科医生签约服务，全科医生服务团队共签约家庭12.37万户，签约45.03万人，其中签约重点人群（高血压、糖尿病、老年人、孕产妇、0—6岁儿童）15.33万人。社区医生为签约居民提供基本医疗、基本公共卫生、健康评估、健康咨询服务，并为有需要的签约居民提供上门访视、家庭病床等便民服务，提高社区卫生服务水平。

建设“健康自测小屋” 筹集下拨100万元专项补助经费，在鲤城、丰泽、洛江的5家社区卫生服务中心建设“健康自测小屋”；免费向城乡居民开放，让社区居民自行开展心肺功能、血压、血糖等健康指标的检测，检测数据上传到居民健康档案，实现疾病早发现、早诊断、早干预、早建档，引导居民“自我管理慢性病、重建健康新生活”。

开展创建全国和省级示范社区卫生服务中心活动 鲤城区浮桥街道社区卫生服务中心、丰泽区北峰街道社区卫生服务中心获得国家级示范社区卫生服务中心称号。鲤城江南、丰泽东海、晋江梅岭、南安溪美等4家社区卫生服务中心获得省级示范社区卫生服务中心称号。2013年10月市卫生局被国家卫生计生委基层卫生司评为“创建示范社区卫生服务中心活动优秀集体”。

【妇幼保健】 2013年，全市孕产妇死亡率为9.22/10万，婴儿死亡率为4.39‰，孕产妇住院分娩率为100%，三项指标均优于全省平均水平。

完善妇幼保健机构设置 泉港区妇幼保健院顺利通过二级甲等妇幼保健院评审，惠安县妇幼保健院完成新院搬迁工作，安溪县妇幼保健院病房综合楼于完工；泉州市妇幼保健院启动省政府为民办实事项目——旧建设大厦改建工程。

推进妇幼重大公共卫生服务项目 继续落实农村孕产妇住院分娩补助和免费增补叶酸预防新生儿神经管缺陷项目，2013年完成53472名农村孕产妇住院分娩的补助项目工作，任务完成率为113.29%；完成农村妇女孕前和孕早期增补叶酸61142人，任务完成率为125.81%。推进2013—2014年城乡已婚低保妇女常见妇女病免费检查工作，完成11831名城乡已婚低保妇女常见妇女病免费检查工作，任务完成率为71.70%。完成农村妇女宫颈癌检查25000人、乳腺癌检查4500人，宫颈癌和乳腺癌检查项目任务完成率均为100%。全市完成产前血清学筛查14726例，任务完成率为112.41%；完成产前超声筛查13545例，任务完成率为103.40%。

提高妇女儿童健康水平 推进妇幼卫生信息化建设，督促各级妇幼保健机构、综合医院、中医院和基层医疗卫生机构上线运行“易联众—基层医疗卫生信息系统”妇幼模块。加强全市高危孕妇、高危儿和流动人口的保健管理，2013年全市孕产妇系统管理率为90.83%、孕产妇住院分娩率为100%、7岁以下儿童保健覆盖率为95.35%、3岁以下儿童系统管理率为92.36%。

实施出生缺陷三级预防 加强婚前医学检查工作，优化服务流程，提高婚前医学检查工作质量，落实一级预防措施。2013年，全市婚前医学检查率为95.20%，婚检疾

病检出率为15.40%。依托免费产前筛查诊断项目的实施，加强产前筛查诊断网络建设，扩大产前筛查诊断的覆盖面。2013年，泉州市妇幼保健院共实施产前筛查38679例，产前诊断717例，确诊21-三体14例、18-三体5例、其他异常19例，均及时给予终止妊娠。提高新生儿疾病筛查率，规范新生儿筛查机构的筛查技术，完善新生儿疾病初筛、复查、确诊、治疗和随访制度，做到早发现、早治疗，落实三级预防措施。2013年，共收到筛查标本109480份，确诊甲低73例、苯丙酮尿症2例、G-6-PD 46例，均及时通知家长带患儿进行确诊和治疗。

巩固市新生儿救护网络和儿童医疗救治体系建设 市县两级儿童医疗救治分中心共收治患儿2785例，抢救成功率达90%；新生儿救护分中心新开展亚低温治疗缺血性脑病，共收治新生儿5160例，除泉州地区外，还涵盖仙游、莆田、大田、厦门等，全市儿童救治水平稳步提升。组织人员对石狮、晋江等7个县（市）的儿童医疗医疗救治工作督查，巩固全市市新生儿救护网络和儿童医疗救治体系建设。

加强母婴保健技术服务机构和人员监管 按照法律法规规定，组织对南安市、洛江区、鲤城区和安溪县的婚前保健机构及婚前保健服务人员进行考核、换证。组织开展泉州市第七期母婴保健技术服务人员资格认定理论考核工作，354人经考核合格予以颁发理论考试合格证书。依法规范出生医学证明、母婴保健技术服务执业许可证、母婴保健技术考核合格证书等法律证件的管理，协助公安部门核查出生医学证明。

继续开展“两非”专项治理 市、县两级卫生部门加大对医疗机构日常监督检查、投诉举报和转办督办案件的查处力度，全市卫生部门共出动执法人员5948人次，监督检查次数1942次，检查各类医疗机构2084家，发现涉及“两非”案件医疗机构7家，个人6名，立案查处13件，罚款总额24.5万元。其中，洛江区1件，罚款0.5万元，并移送计生部门；晋江市6件，罚款合计14万元；南安市2件，移送公安部门；安溪县2件，罚款合计6.34万元；惠安县2件，罚款合计4万元，吊销医疗机构执业许可证1家，吊销乡村医生执业证书1名。

【疾病预防与控制】 按发病日期统计，2013年全市共报告法定甲乙丙类传染病43224例，报告发病率为522.29/10万，其中甲类传染病1例，乙类传染病16852例，甲、乙类报告发病率为203.64/10万；丙类26371，报告发病率为318.65/10万。法定传染病报告质量综合率为100%，位居全省前列。

人感染H7N9禽流感防控 多次召开全市防控人感染H7N9禽流感工作专题会议，加强监测，制定《泉州市人感染禽流感应急预案》，成立专家组和卫生应急分队，开展诊疗技术培训，加强物资储备，强化正面健教引导，先后组织排除4例疑似病例，未报告确诊病例。

霍乱防控 9月，成功处置惠安县1例0139群霍乱弧菌阳性病例疫情，采取采样检测、预防服药、食品溯源、医疗救治等措施，实现“不发生暴发流行，力争不发生二代病例、不出现死亡病例”目标。全市设省级监测点2个，市级监测点7个。采集、检测霍乱外环境标本2373份，未发现阳性标本；肠道门诊腹泻病人登记数6185例，采检3108例，其中0139群霍乱弧菌阳性1份，其余均阴性。

手足口病防控 编制《发病情况分析》《手足口病监测与预警周报》等，分时段指出各地区防控工作重点。每周对网络报告疫情进行聚集性分析、指导疫情核实和处置，对网络报告的7例重症病例进行个案调查与处置，控制疫情发展。检测标本641份，检出肠道病毒核酸阳性378份，其中EV71型病毒核酸阳性87份， COX-A16型肠道病毒核酸阳性21份，其他肠道病毒核酸阳性270份。

结核病防控 每月编印《病人发现及治疗管理情况》和《转诊及追踪情况》，通报各地工作开展情况。全市新登记活动性肺结核病人4475例，其中新发涂阳病人2007例，复治涂阳181例，涂阴2287例，其余各项指标均较好地完成省厅下达的工作指标。共开展耐多药可疑者培养685例，培养阳性439例，药敏试验发现耐多药、广泛耐药病例分别为65例、6例，已纳入住院治疗39例，已出院纳入治疗管理39例。

艾滋病防控 相关初筛实验室共完成322399人次艾滋病抗体检测和数据上报工作，干预各类人群273670人次；按现住址统计，全市新报告艾滋病感染者/病人338例，报告死亡42例，全市新纳入治疗198例。

蚊媒传染病防控 报告输入性登革热疫情7起7例和输入性基孔肯雅热1起1例，及时指导开展疫情调查处置和蚊媒监测工作，进行疫情传播风险评估，8例蚊媒传染病均未发生二代病例。按照《福建省登革热监测方案》要求，对石狮市监测点送检的200份健康人群血清标本进行登革热病毒抗体检测，结果均呈阴性。

推进免疫规划工作 全市上报AFP病例52例，报告发病率为4.05/10万；报告麻疹37例、新生儿破伤风3例、百日咳2例，无白喉病例，继续维持无“脊灰”状态，免疫规划针对疾病五病发病率为0.51/10万；上报AEFI病例270例， 48小时内报告率、及时调查率等指标均达到监测要求。消除麻疹工作，确定23个市级重点督导乡镇并实行双月督导，先后2次开展以麻疹类疫苗为主的国家免疫规划疫苗查漏补种、强化活动，接种率分别为97.16%、96.5%；全市共报告麻疹疑似病例219例，报告排除发病率为2.34/10万，个案调查率、48小时完整调查率、散发

病例血清采集率均为100%。启动和推进急性乙肝监测项目工作，在南安、安溪、晋江3个乙肝监测试点项目县启动乙肝监测，共检测403份抗-HBcIgM 1:1000，发现并诊断急性乙肝病例66例， 完成15—49岁流动和本地育龄妇女乙肝血清学调查工作1862名，经过规范管理，3个试点县（市、区）急性乙肝发病率较2010—2012年同期下降70.54%。提高常规免疫工作质量，全市共为当年出生儿童建立预防接种电子卡130571张，为适龄儿童免费接种乙肝疫苗、脊髓灰质炎疫苗、含麻疹成分疫苗等11种免疫规划疫苗3118033针次，各种疫苗接种率均在95%以上。10月下旬，省卫生计生委免疫规划督导评估检查组对全市进行抽查复核，调查结果与全市建卡率为96.59%、建证率为99.82%、以县为单位9种疫苗19剂次接种率达95%以上的自查情况基本一致。

推进卫生监测　开展职业卫生和放射卫生工作，对1334家职业危害厂矿进行监测，覆盖率为81.6%，对749家职业危害企业进行车间空气检测，开展职业病危害作业工人体检36284人次；在全市141家省、市级预警企业中，已完成预警监测117家，预警监测覆盖率为83%；共对156家放射诊疗单位的199台医用X射线机进行检测，对594名放射卫生工作人员进行个人剂量监测，监测率达99.0%。开展饮用水卫生监测和学校卫生工作，抽检各类水样388份，其中出厂水、管网水、二次供水合格率分别为79.6%、94%、82.9%；监测公共场所空气卫生437点次，抽检宾馆酒店公共用品具500件，合格率分别为78.2%和93.6%。对市直属15所中、小学30399名学生进行健康监测。开展食品安全风险监测，食源性疾病主动监测哨点医院市儿童医院、市第一医院完成省级食品污染物监测任务，采检食品样品710份进行化学污染物监测，合格率为87.6%，采集样品302份进行食源性致病菌监测，合格率为90.4%；抽检餐饮业餐具2145份进行消毒情况监测，合格率为93.8%。

加强精神卫生工作　下发《关于进一步落实易肇事肇祸重性精神病人社会管理和救治服务的意见》，多部门联动，加强全市易肇事肇祸重性精神病人社会管理和救治服务工作。2013年，重性精神病人检出管理率为94.44%，规范管理率为82.49%。加强精神（心理）卫生知识的社会宣传力度，组织专家深入学校、社区、企事业单位等开展讲座。2013年，开设讲座126场次，听众19380人次。

统筹做好麻风病、地慢病和寄生虫病防治等工作　加强麻风病人的档案管理及随访工作，开展以麻风病为重点的皮肤病监测预警和控制工作，认真对照各项防病指标，开展防治工作。共发现病人5例，均得到及时、规范治疗，减少畸残的发生率。做好慢性非传染性疾病防控工作，指导丰泽区创建慢性非传染性疾病综合防控示范区，通过省级现场考评，获省级慢性非传染性疾病综合防控示范区称号。做好地方病防治工作，组织开展泉州市“十二五”地方病防治规划中期考核评估县级自查；加强碘盐监测点抽样检测，检测居民食用盐3300份，碘盐覆盖率为97.76%，碘盐合格率为98.23%；洛江、南安、永春、安溪等4个县（市、区）完成饮水型地方性氟中毒监测。做好血吸虫病防治工作，全市对6098名疟疾“三热”病人开展血检，结果均为阴性。组织对南安市血吸虫病区进行查螺，面积达8.7万平方米。

【卫生监督】

加强餐饮服务食品安全专项整治　组织对学校、幼托机构及机关企事业食堂开展2轮专项监督检查，出动卫生监督执法人员3352人次，检查各类食堂及校园周边餐饮单位5865户次，监督覆盖率达100%，责令整改832家，取缔学校周边无证经营餐饮单位221家。组织开展全市餐饮服务环节食品添加剂、食用油、酒类、肉类及肉制品、食品安全风险点、食品包装袋及一次性餐盒等专项整治工作。共出动卫生监督执法人员17973人次，检查各类餐饮单位32009户次，责令改正3222家次，立案查处88家次。按时完成餐饮卫生监督抽检任务，组织开展2013年餐饮服务食品安全监督抽检工作，全市共检测样品385份，合格357份，合格率为92.73%。开展百千万示范工程建设，全面推进餐饮单位监督量化分级管理，全市餐饮单位食品安全量化分级实施率已达91.3%。与市经贸委组成的联合评审组进行严格考核评审，确定鲤城区百源路等12条街区作为全市首批市级餐饮服务食品安全示范街区。

加强公共场所卫生监督　对全市704家新建、17家改建公共场所建设项目开展卫生审查工作，把好许可前的卫生硬件设施关，累计通过竣工验收683家。组织对67家游泳场所开展监督、检测，97%游泳场所持有有效卫生许可证经营，卫生设施运转正常，卫生管理规范。加强集中空调通风系统卫生监管，监督检查使用集中空调通风系统的公共场所102家，发出监督意见书37份，对发现存在着不规范清洗消毒、未制定预防空气传播性疾病的应急预案等问题督促限期整改。加强住宿、美发美容、沐浴等场所监管，督促经营单位严格规范清洗消毒保洁设施的运行，有效提高住宿、美发美容、沐浴等场所的卫生状况。全市共抽检住宿场所33家、美发美容场所51家、沐浴场所15家，卫生合格率分别为81.82%、82.55%、86.67%。

落实生活饮用水卫生监管　组织开展对集中式供水单位、二次供水单位和学校生活饮用水进行监督检查和水质快速检测，规范各单位卫生管理工作，每季度将收集的水质监测结果上报至“国家卫生监督信息系统”。全市共出动卫生监督员751人次，检查供水单位近千家，下发监督意见书117份。

加强传染病防治与消毒产品监督管理 全市检查各级各类医疗卫生单位4006家,其中二级以上医疗机构监督检查覆盖率100%。共监督检查消毒产品生产企业171家，责令限期整改40家。共出动卫生监督员345人次，检查持有工商营业执照餐饮具集中消毒单位45家，发出监督意见书37份，责令限期整改。

做好国家卫生城市复审迎检工作 按照《国家卫生城市标准》有关要求，加大卫生监督执法力度，拉网式排查城区“三小”经营单位，及时引导办证，提高办证率。市区两级共出动卫生监督执法人员15186人次，检查各区的“三小”单位5876户次，“三小”单位平均持证率为98.6%，中心市区“三小”单位的各项指标均达到迎接国家卫生城市复审的要求。

深化卫生监督稽查 以“开展道德领域突出问题专项教育和治理活动”及“廉政风险防控工作”为契机，开展全市卫生监督稽查和绩效考核，加强卫生监督廉政风险点排查，规范卫生行政许可和卫生监督执法行为，提高依法行政水平。泉州市在全省卫生监督稽查和绩效考核中取得第二名。

【医政管理】

加强医疗市场监管 制定下发《2013年泉州市打击非法行医和非法采供血重点监督检查实施方案》，继续落实无证行医“黑名单”公示制，严厉打击无证行医和非法采供血，2013年，全市共公布已取缔的无证行医黑名单415户，移送司法机关17户，均同时在泉州市卫生局和泉州卫生监督网进行公示；开展医疗美容服务专项检查，查处生活美容场所非法开展医疗美容活动，全市共检查生活美容场所391家，其中有12家生活美容场所因存在非法开展医疗美容活动被立案查处；加强医疗广告监管，开展医疗广告专项整治工作，全市共查处非法医疗广告53起；开展医疗机构临床用血的监督检查，杜绝医疗机构使用非正规渠道来源血液，委托市合理用血质量控制中心对全市21家医院的血液管理、输血科（血库）建设及合理用血三方面内容进行检查，未发现非法采供血行为，未发现医疗机构使用非正规渠道来源血液行为，对检查中发现存在安全隐患的2家医疗机构给予暂停供血、限期整改的处罚。

加强医疗安全监管 出台《泉州市医疗质量控制中心管理办法（试行）》，规范医疗质控中心的管理，促进质控中心的建设和发展。依托市急诊急救、护理、麻醉质控中心承担完成全市第二期PTC创伤急救培训班，并获得中国PTC优秀组织团队奖；市麻醉质控和放射质控分别在探索开展麻醉专业品管圈管理和区域影像PACS系统质控指导管理取得一定的成效；病案、院感、超声和合理用血质控中心分别开展的全市病历书写质量培训、消毒员培训和相关专业质控检查，促进全市医疗质量水平的提高，保障医疗质量安全。依托市护理质控中心对全市二级及以上的公立医院落实各项便民惠民措施的情况，进行专项督查，及时发现问题，及时整改落实。2013年，开展专项检查7次，举办培训班、讲座22场次。开展医院安全生产标准化建设，全市29家二级以上医疗机构达到“平安医院”建设标准。

落实医疗纠纷处置“五位一体”长效机制 完善医疗责任分担机制，全市192家医疗机构参加医疗责任保险和医疗责任保险基金托管，5家民营医院、2260个村卫生所和个体诊所参加医疗责任保险；落实医疗纠纷处置“五位一体”长效机制，维护医患双方的权益，缓解“大闹大赔”的状况，维护医院的正常工作秩序；建立联防联控机制，明确公安、司法、卫生、新闻媒体、民政、医疗机构等各有关职能部门在预防与处置医患纠纷中的职责，扼制“医闹”现象和一些打闹医疗机构恶性事件的发生，缓解医患对立局面，维护医患双方的合法权益，营造良好的医疗秩序。2013年，全市共受理纠纷调解申请297起，其中本年度232起，往年追溯65起，已调结215起。2013年，全市共受理组织医疗事故技术鉴定39起。

加强医疗质量管理 制定下发《关于进一步加强医疗安全的通知》，抽调临床和医院管理人员，组成督导检查组，对全市24家县级及县级以上综合医院和专科医院就医疗核心制度、医疗技术应用管理等方面，进行医疗安全质量督导检查，使全市医疗机构医疗质量与医疗安全意识进一步增强，提升医疗技术水平和医疗服务能力，保障全市医疗质量安全。与市质监局联合下发《关于进一步加强医疗卫生机构计量器具监督管理工作的通知》，联合开展计量仪器管理工作专项检查，推动全市医疗机构计量器具依法检定工作的规范开展，提高医疗卫生领域在用计量器具的受检率和检定合格率，保证医疗设备的质量安全，避免因计量器具失准给群众带来的身体伤害，保证医疗质量，确保医疗安全。

扶持发展社会资本办医 市政府出台《关于加快推进社会资本举办医疗机构的实施意见》，鼓励引导社会资本举办医疗机构，落实融资、土地、税收、补助、人才培养、技术准入等方面政策，按照“非禁即可”的原则，优先支持社会资本在医疗资源薄弱区域举办医疗机构，加快形成投资主体多元化、投资方式多样化的办医体制。加强对民办医院协作指导。制定《泉州市公立医院与民营医院对口协作指导意见》，采用选派公立医院具有管理专长的专业卫技人员或管理人员到非公医院挂职业务副院长；允许二级以上公立医院高级专业技术人员自愿延缓退休，到非公医院继续工作；发挥公立医院的学科优势做好对口帮扶；鼓励公立医

院符合条件医师到非公医疗机构多点执业；对口帮扶支持非公医疗机构争创等级，强化内涵建设。创新民办医院人才管理机制。非公医疗机构登记为事业单位，给予二甲以上民办医院一定比例的事业编制，用于解决高学历高职称和紧缺专业卫技人员的招聘与引进；允许公立、民办不同所有制卫技人员互相流动；选派公立医院具有管理专长的专业卫技人员或管理人员到非公医院挂职业务副院长进行帮扶，允许公立医院专家到民办医院多点执业，允许公立医院专家延长退休年龄到民办医院传帮带等举措，解决民办医院“两头大、中间小”、人才留不住、与公办医院人才交流渠道不通畅等人事政策壁垒，解决民办医院人才招聘和管理问题。2013年，全市有各级各类民营医疗机构672家，其中综合医院71家（其中二级以上8家），专科医院13家，民营医院床位4302张。在建较大规模的有泉州滨海医院（700张病床）、安溪祥和医院（320张病床）等2家医院，总投资近10亿元。在管理上与公立医院一视同仁，批准43家民营医院为医保定点医院、11家为新农合定点服务单位。推动医院等级评审，强化内涵建设，评审7家民营医院为“二级医院”。吸纳5家具有一定规模的民营医院成为泉州市“120急救指挥网络”，共同承担医疗卫生任务，构建多元化办医格局。

加强医疗废物集中收集处置 强化医院感染管理。进一步加强手术室、透析室、口腔科、产房、消毒供应室及注射室等重点部门的管理，杜绝感染事故；严格医疗废物集中处置，做好全市医疗废物集中规范处置工作、医疗卫生单位创卫工作及环保创模工作。泉州市医疗废物处置中心与全市4667家医疗卫生机构直接或间接签订医疗废物处置合同，收集网络覆盖全市所有各级各类医疗卫生机构，其中无偿为3000多家村卫生所等基层医疗机构收集处置医疗废物，共收集医疗废物2500多吨，实现集中处置率100%的工作目标。

【义务献血与血站管理】 推动建立以政府为主导、多部门合作、全社会参与的无偿献血长效机制；加大无偿献血科普教育和宣传力度，提高公民对无偿献血的认同感和参与意识。加强临床合理用血管理，开展临床合理用血评价，加强输血质量控制和监测，杜绝输血差错和事故发生。督促献血任务完成情况较差的县（市、区）积极开展无偿献血工作，确保临床用血。2013年，全市参与无偿献血52251人，献血量73618.25u，满足全市临床用血需求。

【卫生行风建设】

进行医院重点科室行风问卷调查 5—7月，市卫生局对5家市直属医院和16家县级医院内科、外科、妇产科、儿科和门诊部等144个重点科室开展行风问卷调查活动，调查样本为随机抽取每个科室出院病人病历共7820份，采用电话回访进行问卷调查，重点调查患者对重点科室的服务态度、技术水平、医疗收费、治理收受红包和回扣情况、就医流程和环境五个层面的满意度情况，对满意率较低的3家医院4个重点科室通报批评并实行单列管理，与评优评先、职称的评聘和职务的升降挂钩，敦促医院提高服务水平和服务质量。

开展民主评议行风活动 市卫生局作为公共服务类40个行业部门的代表，局领导及市第一医院领导参加市纠风办的政风行风建设“面对面”评议活动，围绕医疗服务问题，与行评代表、廉政监督员、专家学者、服务对象、群众代表现场对话交流。在最后进行的现场满意度测评中，卫生部门满意度领先，居受评单位首位。卫生行风工作在2013年全市民主评议政风行风公共服务类考评中排名第8位，比2012年前进15位。

抓好医务人员医德考评制度落实 全市196家公立医疗机构开展医德考评工作，共17905人参加医德考评医务人员，其中，优秀3696人，占20.64%；良好13451人，占75.12%；一般640人，占3.57%；较差11人，占0.06%，考核结果记入医生的医德档案，作为晋级晋职参考。

深化办事公开和院务公开制度 按照市公开办和省卫生厅统一部署，推进卫生系统办事公开标准化建设，制定《关于开展卫生系统办事公开标准化建设的通知》，要求各医疗卫生单位要按照《医疗卫生服务信息公开管理办法》的要求，进一步提升办事公开工作，重点做好网上公开。各医疗卫生单位积极拓展和丰富公开的内容，加强公开制度建设，加大公开载体建设，推进民主管理，制约权力运行。

规范药品集中采购工作 全面实行基本药物网上集中采购，全市193家公立医疗机构全部实行药品网上采购，实现基本药物采购交易资源共享、动态监管的“阳光采购”全覆盖。对全市医疗机构第七、八批药品网上集中采购工作执行情况实行月通报制度，进一步完善药品网上集中采购管理制度，规范药品采购行为。2013年度，第八批药品网上采购金额达163186.94万元，与第八批集中采购招标前价格相比，降幅达33.6%，让利患者约54830.81万元，有效减轻患者医药费用负担。

推进廉政风险防控工作 出台《泉州市直卫生系统廉政风险防控工作实施方案》，逐步建立廉政风险防控机制，市直卫生系统共查找廉政风险点495个，措施434项，泉州市第一医院、泉州市儿童医院被市廉防办确定为廉政风险防控工作先行单位。

【中医中药】 2013年，全市中医医院年门（急）诊诊疗人次226.53万，比2012年增长12.7%；出院人数10.34万，比2012年增长14.76%；业务总收入7.2亿元，比2012年增长

19.2%。各项指标均比2012年有较大增长，全市中医系统的医疗服务能力明显增强。各中医医院的病床使用率和病床周转率均比2012年提高，全市中医行业运转良好，呈现很好的发展态势。

加强中医基础设施建设　整合泉州市中医院、泉州市正骨医院及泉州市中医外科医院，组建泉州市中医联合医院，用地面积173亩，按1500张床位建设，一期按1000张床位规模建设，建筑面积11.2万平方米，预算投资6亿元。惠安县中医院迁建设项目，属整体搬迁，总用地面积40亩，一期建筑面积约2万平方米，项目总投资4500万元，已完成投资4400万元，进入扫尾阶段。

中医医疗服务体系不断完善　落实扶持促进中医药事业发展的意见，加强中医药服务体系建设，兑现市中医院医保、新农合报销（补偿）政策按二级医院标准执行。全面启动实施基层中医药服务能力提升工程，制定下发《泉州市基层中医药服务项目能力提升工程实施方案》，制定并和各地政府签订《泉州市基层中医药服务项目能力提升工程目标责任书》，基层中医药服务能力得到进一步提升。

中医医院管理进一步加强　做好中医医院等级创建工作，市中医院、市正骨医院通过三级甲等中医医院评审，成为全省拥有三级中医医院数量最多的地市，南安市中医院、永春县中医院、德化县中医院通过二级中医医院评审。加强中医重点专科建设，泉州市中医院针灸科被省卫计委推荐为2013—2014年国家级临床重点专科，市中医院骨伤科、肛肠科，市正骨医院小儿骨伤科获评省中医、中西医结合重点专科，晋江市医院荣获全国综合医院中医药工作示范单位，郭鹏琪、张永树、周来兴、许百轩被省卫生厅、公务员局、人力资源和社会保障厅确认为福建省名中医。加强海内外中医药学术交流，组织举办第11届东南亚中医药学术研讨会。

【爱国卫生运动】　2013年，泉州市完善卫生基础设施建设，对中心城区市场、垃圾收集、公厕、路面、排水排污等设施进行全面改造提升，绿化美化建设上新水平，城市规划和整体建设水平进一步提高；建立以区、街道、社区为核心的三级网络城市管理体系，建立中心城区环境卫生保洁长效管理机制，农贸市场管理逐步规范，市容市貌明显改观；深入开展群众性爱国卫生运动，城乡除“四害”、城乡环境整治及农村改水改厕、控烟工作取得新成效，健康教育深入人心，创卫巩固活动由政府推动型向社会推动型、群众自发型转变；“三小”行业整治成效明显，行业健康检查率、发证率、卫生合格率明显提高，城市管理水平和人居环境显著提升。

推进卫生创建工作　当年泉州市通过全国爱卫办组织的明察暗访，再次保持“国家卫生城市”这项荣誉。德化县重点实施市政基础设施、城区改造提升、绿化美化亮化等工程，实行“牵头单位+社区+多个协办单位”网格化管理和日常考评管理长效机制。县城功能设施日臻完善，人居环境水平大幅提升，县城面貌焕然一新，市民素质长足提高，城市品位明显提升，于12月被全国爱卫会命名为“2011—2013年度国家卫生县城”。石狮市和安溪县分别争创“国家卫生城市”“省级卫生县城”。结合“美丽乡村”建设，开展卫生村镇创建，完成对2013年度7个村镇的“省级卫生镇”复核验收、22个村的“省级卫生村”创建及4个村“省级卫生村”复核上报工作。全市国家级卫生城镇数、市县两级省级及以上卫生城镇通过比例及等级、省级卫生社区数等均居全省第一。对被命名为2012年度“省级卫生乡镇”（2个）、“省级卫生村”（28个）、“省级卫生社区”（3个）的村镇进行以奖代补奖励及通报表彰。

完成农村水改厕、环境监测年度项目工作　继续加大农村改厕力度，农村无害化卫生户厕普及率达91.71%，在2012年基础上提高2个百分点；加强对农村改厕工作经验总结提升，并在全市爱国卫生工作会上印发《农村改厕中利新德复合微生物处理池使用的体会》等经验交流材料，指导全市改厕工作。加强农村饮用水安全工程项目水质监测工作，组织全市2013年农村饮用水安全工程水质监测项目县（惠安、安溪、永春、德化县）按时完成枯水期和丰水期的水质监测及数据上报工作。完成枯水期、丰水期各170份水样的检测工作。农村环境监测项目2个项目县（南安市、惠安县）按时保质保量完成农村环境卫生监测工作。

科学防制，降低病媒生物危害　组织全市除“四害”工作。下发全市2013年工作方案和技术方案，指导各县市城乡除“四害”工作，加强对永春县灭鼠、灭蟑先进城区届满复查工作指导，该县通过“灭鼠先进城区”“灭蟑先进城区”验收。开展中心市区灭鼠、灭蚊两个单项达标届满复查工作。印发泉州市区2013年以灭鼠、灭蚊为重点除“四害”工作专案，开展两轮城区除“四害”集中投药，通过省爱卫办组织灭鼠、灭蚊单项达标届满复核，并被继续确认为“灭鼠先进城区”“灭蚊先进城区”。据不完全统计，市区两级共投入150多万元用于采购除“四害”药物，共布放鼠药30多吨、杀虫剂10多吨，新增灭鼠筒2.5万个。

推开展公共场所控烟工作　加强对公共场所控烟工作督导，印发张贴3万张禁烟标志、制作使用1500个劝阻吸烟劝导员红袖章。开展无烟医疗卫生单位创建工作，组织开展全市无烟医疗卫生系统创建工作督导、评估，抽查的市直及石狮市、永春县17个医疗卫生单位均达标。

泉州市爱国卫生工作成为全国典型　全国疾病预防控制与爱国卫生工作会议上介绍爱国卫生工作“泉州经验”——“泉州市爱国卫

生工作以卫生创建为抓手，立足实际，创新工作模式，把爱卫工作融入‘美丽乡村’建设和城乡一体化建设大格局，把主要工作指标纳入城镇化建设总体规划，不断完善爱国卫生管理长效机制，取得成效。”

【卫生应急】

做好人感染H7N9禽流感防控工作　加强领导，加强监测，落实防控措施，及时制定印发《泉州市人感染禽流感应急预案》，成立专家组和卫生应急分队，加强对外环境及高暴露人群等开展监测，加强诊疗技术培训，做好临床救治准备，市级指定市第一医院为人感染禽流感病人定点收治医院，病区设在市传染病医院。做好物资储备，加强信息沟通，强化正面健教引导，组织两轮督导检查，对督查发现的问题进行书面通报，限期整改，确保各项防控工作措施落实。防控期间，先后组织排除4例疑似病例，全市未发现确诊病例。

开展“卫生应急综合示范县（市）”创建工作　全市自2012年下半年启动该项工作以来，加强组织领导，做好对县（市）创建工作指导工作，协调解决存在问题和困难，推动创建工作按时序推进，并取得明显成效：晋江市通过国家级现场考核验收并被国家卫计委授予“国家卫生应急综合示范县（市、区）”称号，南安市通过省级考核验收并被省卫生厅授予“福建省省级卫生应急综合示范市”称号。

处置突发公共卫生事件　2013年以来，及时处置惠安县净峰镇1起霍乱病例（一般级别），举一反三，全面部署加强肠道门诊管理，组织专项督查，做好预案修订完善，加强健康教育，从源头把好“病从口入”关，使疫病不滋生蔓延。

开展公共卫生风险评估工作　以2013年世界闽南文化节活动医疗卫生保障工作为契机，探索开展公共卫生风险评估工作：制定《2013世界闽南文化节活动期间公共卫生风险评估工作方案的要求》，组织市级专家组做好传染病类突发事件、食品安全、饮用水安全、公共场所卫生、医疗保障等几个方面的风险评估工作；将评估报告反馈印发给有关医疗卫生单位，要求根据评估内容采取措施和对策，切实做好医疗卫生保障工作。

重大活动医疗卫生保障工作　市应急办先后承担包括2013年世界闽南文化节、第四届南安•国际凤山文化节、军区部队在泉州机动演习等近20次重大活动医疗卫生保障任务，做好各个重大活动的卫生保障方案，协调有关医疗卫生单位各司其职，派出卫生监督和医务人员进驻各接待酒店和活动、比赛场馆，有效有序落实各项卫生保障工作。

开展卫生应急能力综合评估工作　根据国家卫计委和省卫生厅的部署，在全市范围内开展卫生应急能力综合评估工作，从体系建设、应急队伍、装备储备、培训演练、宣教科研、监测预警、应急处置和善后评估等八个方面，全面了解全市各级卫生应急能力水平，明确下一步卫生应急工作着力点。

提高卫生应急专业队伍业务水平　全市组建1支由市第一医院20名中、高级职称人员组成的卫生应急队伍，作为省级紧急医学救援队伍。组织各县卫生局应急办主任和疾控中心人员近30人参加全省卫生应急能力评估培训班，提高基层卫生应急管理水平。

【干部保健】　2013年，做好市直困难企业和原中侨集团71名离休干部的医疗保健管理工作；会同市委老干部局组织500多名市直单位离休干部、地厅级退休干部和省部属驻泉单位离休干部，在市一院进行健康体检。对行动不便的老干部，组织医务人员上门体检。所有体检结果都送达老干部并归档电脑管理。根据市委、市政府的统一部署，做好来泉中央领导、省部级领导和重要来宾的医疗卫生保障工作，包括省委、省政府组织的拉练检查、第五届海峡论坛两岸金融合作论坛、毛里求斯副总统到泉州访问、全国工业和信息化系统科技工作座谈会等医疗卫生保障工作。

【卫生人才队伍建设】

实施百千万卫生人才工程，加大专业人员招聘工作　通过春秋两季招考大专本科毕业生、公开招聘研究生、直接考核卫生部属10所医学院校优秀本科生等各种渠道增加专业人才数量；对招聘岗位与报名人数不足1为3的，经商人事部门予以开考；制定紧缺急需人才引进指导目录，对紧缺急需的人才可以采取直接考核录用方式聘用。2013年，全市医疗卫生单位（含福医大附二院）共招聘2440人（其中本科783人，硕士161人，博士3人），其中市直单位招聘478人（其中本科253人，硕士79人，博士1人）。

继续实施基层卫生人才四个一批工程　“招聘一批”，招聘乡镇卫生院临床医师62人，其中本科生9人，专升本53人；“委培一批”，委托福建医科大学、福建中医药大学定向为全市乡镇卫生院培养49名泉州生源的临床医学专业本科生；“延退一批”，全市延退返聘92名中高级职称医师到基层发挥“传帮带”作用；“特岗一批”，招聘选派16名特岗执业医师服务基层。

改善农村高学历卫技人员待遇　在实施绩效工资的基础上，对所有基层医疗卫生单位全日制本科普通高等院校毕业及以上学历（不含在职学历）卫技人员每人每月补助1000元，对乙类、丙类乡镇卫生院全日制大专普通高等院校学历（不含在职学历）卫技人员每人每月补助500元。2013年，下达市级基层医疗机构卫技人员专项补助经费155.9万元。

提高市直公立医院低年资医师待遇　从2013年起，对市直医院2008年至2013年招聘的低年资医师给予研究生2000元/月•人，紧缺专业本科生1000元/月•人的岗位津贴。2013

年，下拨财政专项经费488.7万元。

做好职称评审与资格考试工作 通过卫技人员正高级职称评审42人、副高级职称评审191人，参加全国卫生技术人员初中级职称考试4136人，参加全国执业护士资格考试2304人，参加执业（助理）医师资格考试2023人，卫技人员整体素质进一步提高。

【卫生宣传与健康教育】

多渠道开展卫生宣传工作 结合各种卫生主题宣传日、宣传周，共举办健康教育大型宣传咨询活动19场，共发放宣传单49000份、宣传海报370张、宣传小册1100份、宣传品750份，制作灯谜600条，有近9400名群众参与现场宣传咨询活动。围绕公众关注人感染H7N9禽流感问题及时进行相关健康知识的宣传，在泉州晚报《健康》版刊发科普文章51篇，在泉州电视台《今晚播报》栏目播放科普短片和卫生新闻102条，引导群众积极、主动预防各种疾病，及时、合理接受诊疗。

加强学习提高健教业务水平 举办泉州市健康教育培训班，特邀美国国家预防信息网/达尼亚国际研究中心高级评价专家郑保义博士，讲授美国开展健康教育项目评价工作情况及实用方法，培训班于11月14—15日在泉州市区举办，与会人员有各县（市、区）疾控中心、医院、街道社区卫生服务中心等健康教育专（兼）职人员112人参加，提高全市专（兼）职健康教育专业人员相关的理论水平和专业技能。

开展人感染H7N9禽流感预防知识宣传教育工作 指导和支持基层开展人感染H7N9禽流感预防知识普及工作。编印、下发各县（区、市）《做好日常预防，远离人感染H7N9禽流感》健康教育墙报1万张、小折页6万张。泉州晚报《健康》版刊发3篇文章，在新闻媒体开展广泛的宣传工作，做好大众人群的健康教育，提高大众认知水平。

开展迎接国家卫生城市复审健康教育督查 在拟定和征求各区疾控中心修改意见的基础上出台《2013年迎接国家卫生城市复审健康教育项目工作暨督导方案》，确保有序推进各项工作。开展社区健康教育督查指导，分4个小组深入鲤城区、丰泽区、洛江区、泉港区、经济开发区各个社区，开展健康教育督查指导，落实社区健康教育迎检工作。6月21日，召开“迎接国家卫生城市复审健康教育项目培训会”，为各区卫生局、市直及省级、驻泉医疗卫生单位、各区疾控中心、社区卫生服务中心及民营医院分管领导和健教工作人员进行培训。编制《夏季常见肠道传染病的预防》《个人讲卫生，居家保健康》《健康行为，幸福生活》和《除四害，齐动手，保健康》等4期健康教育墙报12万张，下发给各区卫生局、市直相关单位，推进基层健康教育工作的开展。

【医学教研】

加大卫生科研扶持力度 2013年度全市医疗卫生系统共获得市科技进步奖13项，其中一等奖1项、二等奖2项、三等奖10项，位居列全市行业前列。组织完成申报市卫生局科研资助54项目的评审工作，拨出15.9万元资助经费择优对其中的50个科研课题进行资助。做好省、市科研课题的申报推荐工作，全年推荐107项科研课题，其中推荐申报省卫生厅青年科研课题19项，省卫生厅、教育厅联合攻关计划项目5项，省中医药科研课题11项，省卫生厅面向农村推广适宜技术7项，市科技计划项目65个，推荐申报省卫生系统中青年骨干人才培养项目15项，申请经费163万元，推荐申报国内访问学者13名。

提高继续医学教育水平 做好全市住院医师规范化培训基地建设工作，市一院11个基地、南安市医院和安溪县医院新增3个基地通过省卫生厅组织考核评审验收工作，全市规培容量增至412人，2013年新招规培人员169名，在院培训人数364人。公布下发全市继续医学教育项目计划，列入2013年市级继续医学教育项目计划的有84项，全市性学术会议27场。

泉州医学高等专科学校提升专业内涵建设 开展教学质量管理年活动，召开教学质量专题研讨会。开展主题教学活动月，举办“微课”教学比赛。坚持从严治教，开展教学质量监控与评价工作。加大校系两级教学常规检查力度，完善校系二级教学质量监控体系，出台《泉州医学高等专科学校教学督导工作章程》《泉州医学高等专科学校教学管理委员会章程》，成立新一届泉州医学高等专科学校教学督导组，建立学校领导听课制度，确保课堂教学的质量和效果。医学检验技术专业、口腔医学专业“央财支持提升专业服务产业发展能力项目”通过教育部验收。护理、生物制药技术、临床医学、口腔医学、药学、医学检验技术等6个专业被评为“福建省高等职业教育示范专业”，护理、生物制药技术2个专业实训基地被评为“福建省高等职业教育生产性实训基地”。“护理专业新技术新进展”项目被列为“2013年度高等职业学校专业骨干教师国家级培训项目”。

劳动和社会保障

【概况】 2013年，泉州市实施就业优先战略和积极就业政策取得新成效，全市城镇新增就业15.6万人，下岗失业人员再就业2351人，农村劳动力转移就业6.26万人。城镇登记失业率为1.22%，继续保持全省设区市最低水平。促进以创业带动就业。“五险统征”机制进一步健全，职工“五险”实现较快扩面，全市参加职工基本养老、医疗、失业、工伤和生育保险的人数分别增至122.75万人、101.58万人、60.7万人、88.2万人和87.9万人，比上年增加37万多人次。解决3890名县以上无力参保集体企业退休人员、445名未参保高龄职工的老年生活保障问题。原参加职工住院医疗保险的174家企事业单位13508名职工转为参加城镇职工基本医疗保险，实现厦、漳、泉医疗保险服务管理同城化，居民医保实行大病保险制度。

【养老保险】 完善养老保险制度。提高企业退休人员养老保险待遇，2013年全市79018名企业退休人员参与年度待遇调整，月人均增加293.78元，调整后月人均养老金水平达到1800.43元。建立养老托底保障措施，解决3890名县以上无力参保县及以上集体企业退休人员、445名未参保高龄职工的老年生活保障问题。机关事业单位养老保险以“经办达标、信息化建设”为重点，推进业务经办的统一规范和信息系统建设。城乡居民养老保险全面推进，全市已有362.35万人参保（约占全省总参保人数的1/4），参保率达98.41%，缴费率达95.21%（续缴以来每年均位居全省首位），5个县（市、区、台商区）建立待遇领取人员丧葬补助制度。全市有70.96万名老年城乡居民按月足额领取养老金，全年累计发放养老金6.13亿元。泉州市实施城乡居民社会养老保险一体化工作被作为中组部2013年度全国党员干部现代远程教育专题教材。

【失业保险】 全市失业保险金领取人数2728人，发放失业保险金1261.55万元。为1177名领取失业保险金人员发放临时食品价格补贴7.67万元；为1955名领取失业保险金人员缴纳职工基本医疗保险费用212.35万元，确保失业人员及时享受职工医保待遇。

【医疗保险】 调整职工医保退休缴费年限不足补缴、中断缴费补缴政策。职工医保、居民医保最高支付限额分别提高到10万元、7万元。完成职工医保第五轮商业医疗保险和城镇居民大病保险公开招标，参保职工和居民在患病报销达到政策规定的封顶线之后，均可享受最高赔付20万元的大病保险惠民政策。建立居民医保门诊统筹制度，居民医保报销比例调整到三级医院55%、二级医院65%、一级医院90%。城镇职工和城镇居民医保政策范围内报销比例分别达到81.75%和73.09%。将原参加职工住院医疗保险的174家企事业单位13508名职工转为参加城镇职工基本医疗保险，建立个人账户，待遇水平进一步提高。厦、漳、泉医疗保险服务管理同城化，取消在厦门和漳州就医个人需自付可报销医保统筹基金支付部分8%的规定。2013年，全市新增制作社保卡54.51万张，已完成社会保障卡制作649.51万张。

【工伤保险】 企业工伤保险人数84.71万人，机关事业单位工伤费用统筹参保人数3.49万人。全面实施工伤保险市级统筹，做好工伤保险待遇发放工作。2013年，作出工伤认定2913件，办理劳动能力鉴定1212件。全市享受工伤保险待遇2122人，其中享受伤残待遇1774人，因工死亡56人，供养亲属292人。全市共有72家企业的1548名“老工伤”人员纳入工伤保险统筹管理，累计支出“老工伤”待遇311.02万元。

【生育保险】 企业生育保险参保人数73.87万人，机关事业单位生育费用统筹参保人数14.07万人。全面实施生育保险市级统筹，全市享受生育保险待遇15169人次，支出生育保险基金6006.39万元。

【保险基金发放与管理】 组织开展城乡居民社会养老保险基金和城镇居民基本医疗保险基金专项检查；实施社保基金监管软件预警可疑信息的核查工作，提升基金监管工作质量。健全养老金领取资格认证信息资源共享服务机制，加大被冒领养老金的追讨力度。2013年，全市共追讨399人次，追回冒领养老金234.06万元。

【住房公积金】 2013年，泉州市住房公积金管理中心新增归集职工9.59万人、44.31亿元，归集余额118.63亿元；批准44.64万人次提取住房公积金30.23亿元，新增发放个人住房贷款9868户、33.18亿元，完成年度计划的124.40%；实现业务收入4.98亿元、增值收益2.15亿元，同比增长17.49%。支持保障性住房建设，上缴城市廉租住房建设补充资金9482.51万元，同比增长44.06%。累计向71278户职工发放住房公积金贷款158.66亿元，支持职工购建房851.09万平方米。继续开展住房公积金贷款贴息，为符合公积金贷款贴息条件的1户低收入职工家庭发放贴息资金5000元。

【最低生活保障】 泉州市各地严格按照《福建省实施〈农村五保供养工作条例〉办法》和泉州市民政局、泉州市财政局、泉州市物价局、国家统计局泉州调查队《关于提高城乡居民最低生活保障标准的通知》要求，全面调整提高城乡低保标准和农村五保供养标准。调整后，泉州市城乡低保标准最高的为480元，城市低保标准最低为370元、农村低保标准最低为220元；农村五保标准最高为650元、最低为410元。全市共有城乡低保对象134133人（其中城市低保对象20971人、农村低保对象106633人、农村五保对象6529人）。全年共发放城乡低保金2.8亿元，城市低保对象和农村低保对象月人均补差分别是259元、135元，农村五保对象月人均补助是528元，同比分别增加9.3%、3.8%、10%。

【就业服务】 促进就业工作目标责任制全面落实。全市城镇新增就业15.6万人，下岗失业人员再就业2351人，其中就业困难对象886人，分别完成年度任务的104%、106.86%、110.75%。城镇登记失业率为1.22%，低于控制指标0.78个百分点，继续保持全省设区市最低水平。农村劳动力转移就业6.26万人，完成年度任务的104.33%。推进创业促进就业工作。

【职业培训】 全市技术学校9所，其中公办4所（泉州市高级技工学校为国家级重点技工学校），民办5所，年均培养技校全日制学生1500人以上。全市职业技能培训学校（中心）82所，其中市级23所。全市建立市高级技校（汽车维修专业）、安溪技校（茶业加工专业）和省佳美集团公司（陶瓷加工专业）等3个省级产业技工培养基地；1个国家级技能大师工作室（福建七匹狼服装设计技能大师工作室）和30个省级技能大师工作室。实施"送培训进企业"活动，组织开展89家企业1万名职工参加紧缺技术工种免费技能培训。组织97家企业14513名企业员工参加直补企业培训鉴定，组织106期2806名有创业意愿的人员参加免费创业培训。

【职业资格与技能考评】 全市职业技能鉴定站75所，涉及234个职业（工种）的技能鉴定，其中具备开展高级工、技师和高级技师的鉴定站分别为34所、8所。2013年，以抓质量、增数量、夯基础为工作重点，在加强质量管理、提高队伍素质、信息化建设、题库开发、高技能人才培养等五个方面工作取得新进展，成效明显。全年全市组织参加职业技能鉴定5.9万人次，其中高级工7041人，技师、高级技师1247人，高技能人才培训培养工作位居全省前列。

【劳动权利维护】 加大劳动关系调整力度，以小微企业为重点，全面实施劳动合同制度，全市各类企业职工劳动合同签订率达96.3%；开展规范劳务派遣专项行动，做好新修订劳动合同法的宣传培训和贯彻实施工作。加强劳动争议调解仲裁，全市处理劳动争议案件7972件，其中立案方式受理2169件，劳动争议案件结案率为95.82%。启动企业重大集体性劳动争议协调处理机制，推进799家大中型企业建立劳动争议调解组织。加强劳动保障监察执法，健全完善防范和解决企业工资拖欠问题的工作机制，确保劳动者不因企业欠薪而蒙受损失。全市共检查用人单位6921户，追发劳动者工资11474万元。向公安机关移送拒不支付劳动报酬案件48件。通报2013年度13家严重违法企业，并通过新闻媒体曝光。

【工资监管和指导】 2013年，最低工资标准提高到执行1170元、1050元两档，分别提高11.43%、12.9%；公布2013年泉州市人力资源市场360个工种工资指导价位、企业人工成本信息、企业工资增长指导线。组织466家企业开展企业薪酬试调查，在晋江市13家制鞋业、石狮市12家服装业企业继续开展人工成本信息监测点工作。全市共审批实行不定时工时制企业45家，综合计算工时企业45家。

民族与宗教

2013年，市政府印发《泉州市贯彻落实少数民族事业"十二五"规划实施意见》。全市48个民族村（社区）中，有13个民族村（社区）列入市、县（市、区）、乡（镇）三级美丽乡村，其中石狮市郭坑回族村被列入全市十大美丽乡村之一。泉港区涂岭镇小坝蒙古族村、石狮市永宁镇郭坑回族村、安溪县官桥镇善坛畲族村和永春县东关镇南美回族村等4个民族村被确定为少数民族特色村寨。48个民族村（社区）基本建有卫生室和文化室，3所民族中学、2所中学民族班和21所民族小学办学条件得到改善，资助20名少数民族贫困大学生；在安溪县善坛畲族村、泉港区民族中学、晋江市陈埭民族中学、台商投资区百奇民族中学等4个单位建立射弩、陀螺、蹴球等少数民族传统体育项目基地，安溪县善坛畲族村射弩项目被列入省级基地。全年市宗教界捐赠慈善公益事业的善款达到1400余万元，主要用于助学、扶贫、义诊、助残等。特别是9月16—22日，全市宗教界开展第二个"宗教慈善周"活动，共筹集900多万元，开元寺捐资200万元成立普贤教育基金会，全市宗教界助学620多万元。宗教界对外交流较为活跃，举办南安凤山文化节、安溪城隍文化节、清水祖师文化节，提升泉州宗教文化的影响力。

老龄事业

【概况】 至年底，泉州全市共有老年人口83.9万，约占户籍人口的11.85%。80岁以上高龄老人达12.34万人。百岁以上老人265人（2012年6月底统计数据为303人，创历史新高。其中男性28人，女性275人）。每位百岁老人每月可享受市本级高龄营养补贴50元，县（市、区）每人每月补贴200—250元不等。中共泉州市委、市政府把实施150个社区居家养老服务站提升工程建设、老年人权益进一步得到有效维护。各级老龄办2013年共为老年人办理福建省老年人优待证3.8万本，累计数达31万本。全市开展首届"敬老文明号"创建活动。市老龄办发布《泉州市2012年度老年人口与老龄事业发展统计公报》。市老龄委成员单位进行调整，由原先的27家增加到32家，新增市人大内司委、市统计局、市外办、国税局、地税局5家为泉州市老龄委成员单位。年中，全省开展老龄事业发展“十二五”时期中期评估。35项评估指标中，泉州有31项达到“十二五”末的目标值，有些指标大幅超过省“十二五”目标值或在全省走前列。全市全年共发放高龄补贴金3200多万元，惠及近4.5万名高龄老人。企业退休人员月人均养老金水平调整幅度历年最大，由1512.24元增至1800.43元；城乡低保标准从220元到480元不等，人均低保补差水平居全省前列；五保供养标准从410元到650元不等，全部达到不低于当地农村居民家庭上年度人均生活消费支出70%的标准。全市共建立39个社区卫生服务中心，179个社区卫生服务站。65岁以上老年人中有54.75万人建立健康档案。全市二级以上的医疗机构增加老年医疗服务项目，设立老年人优先窗口，实行优先挂号、优先就诊、优先检查、优先取药。基层老龄工作取得新突破。晋江市印发《<关于进一步加强村（社区）老年协会建设的意见>实施细则》，对老年协会的规范管理、经费扶持补助、奖励机制等方面做出详细规定，推动基层老年协会的规范化建设。台商投资区出台《中共泉州市委台商投资区工作委员会 泉州台商投资区管理委员会关于2013年老龄工作的十条意见》，健全新区老年工作体制机制、强化人员资金配置、创新老年工作社会管理理念。德化县成立“关爱老人幸福基金”，募集资金1710万元及省级以上陶瓷工艺美术大师陶艺作品56件。

【社区居家养老服务】 2013年，市及县（市、区）两级共投入600万元，重点实施150个社区居家养老服务站提升工程建设，并纳入泉州市委、市政府为民办实事项目。市民政局与市老龄办召开泉州市加快推进社会养老服务体系建设工作会议，对居家养老服务工作进行再督促、再推动。市老龄办、福建医科大学附属第二医院、市老年学学会共同组织编写《老年人居家养老照护指南》，印制出版3000本，分发到各居家养老服务站，为老年人及其照护者提供基本保健知识及相关照护技巧。全年全市共增加日间照料室140间，提升率达73.7%；增加日间照料床位数349张，提升率达76.5%；签订服务协议机构2342家，比提升前增加953家；享受居家养老政府购买服务老人数共1158人，提升率达62.6%；惠及老年人数56705人，比提升前增加53.12%。老年人对居家养老服务工作的知晓率、满意率不断提高。

【帮扶特困失能老人】 2013年，泉州在全省率先为1800名特困且重度失能的老人提供政府购买服务并纳入为民办实事项目，共投入648万元。市老龄办出台《为特困失能老人提供政府购买服务的实施方案（暂行）》，对服务对象范围、工作措施、经费来源及管理等事项作出明确规定。各县（市、区）采用服务券或服务登记卡形式，通过中介组织、服务协议单位、居家养老服务站、老年协会或邻居（亲友），因地制宜地开展服务。全年全市共有近5000人为特困老人提供服务，服务项目涵盖医疗保健、家政保洁、代购代缴、配餐送餐、家居维修、精神慰藉等方面。其中，部分县市（区）特困失能老人还享受到临时困难补助、阳光护理费等其他补贴。重阳节及春节期间，泉州市物价局先后将一次性价格补贴资金192万元用于慰问全市特困失能老人。特困失能老人生存状况日益引发全社会重视。

【高龄老人生活补贴制度扩大覆盖面】 在全覆盖的基础上，泉州持续推动高龄老人生活补贴制度覆盖面扩大。其中，泉港区、石狮市、晋江市、泉州台商投资区等4个县（市、区）高龄补贴制度覆盖面扩大到80周岁以上老人。5个县（市、区、台商区）提高当地城居保和新农保基础养老金标准，4个县（区）提高当地被征地人员养老保障金标准。全市全年共发放高龄补贴金3200多万元，惠及近4.5万名高龄老人。

【创建首届“敬老文明号”】 2013年，泉州全面开展“敬老文明号”创建活动，成立创建活动领导小组及其办公室，建立17个涉老优待职能部门参加的创建活动联系会议制度。各涉老优待职能部门发挥行业优势，培育服务特色，共同参与创建，并通过严格管理标准、提升“马上就办”服务效能、拓宽舆论宣传平台、加强督促检查等，推动活动持续深化。全市共涌现出5家全国敬老文明号、8家省级敬老文明号和60家市级敬老文明号。

【举办“首届关爱老年人大型公益活动”】 以“志愿泉州”为主题，活动时间为2013年10月至2014年1月，内容包括“寻找最美助老志愿者”，组织空巢、失能老人开展“东亚文化之都游”，百名志愿者与百名老人结对开展志愿服务活动、走访慰问50名高龄和困难老人等，号召和动员社会各界自觉自愿为老年人提供志愿服务。

【迎接省老龄事业发展“十二五”规划检查组督查评估】 全市各县（市、区）于年中开展老龄事业发展“十二五”规划中期评估工作，出台“十二五”规划中期评估报告。8月14日，省“十二五”规划检查组赴泉州督查评估。检查组一行实地查看晋江市磁灶镇下灶村居家养老服务站、大埔村敬老院、晋江市老年活动中心和泉州市江南老年颐乐园等地，听取相关汇报。在35项评估指标中，泉州有31项达到“十二五”末的目标值，高龄老人补贴制度覆盖率、老年人设施人均用地、老年志愿者占比、老年教育参与率、最低生活保障标准年均增长率、新农合政策范围内的报销比例、基本养老服务补贴覆盖率等指标大幅超过省“十二五”时期目标值或在全省走前列。

【改善基层老年活动设施】 泉州继续将“百村百座农村老年体育活动中心建设”纳入为民办实事项目，2013年市、县、乡三级共投入1600万元扶持20个村（社区）老年体育活动中心建设。市财政局与市老龄办再次划拨30万元专项资金，扶持基层老年活动设施建设。通过政府引导性的投入，带动基层老年活动设施建设的热情，全市一年来共筹建老年活动中心101个。

【开展社会养老服务体系建设调研】 结合“增强忧患意识 推动长远发展”大讨论活动，市老龄办紧扣“泉州市社会养老服务体系建设”的课题开展研讨，选择4个社区发放调查问卷200份，详细了解泉州老年人对社会养老服务体系建设的看法和要求，形成《泉州市社会养老服务体系建设的思考与对策》上报市政府和省老龄办，并获全省老龄课题调研报告二等奖。

【宣传老龄事业】 7月1日，新修订的《中华人民共和国老年人权益保障法》（以下简称新《老年法》）正式实施。泉州各级涉老部门累计印制新《老年人权益保障法》宣传手册3.3万本，相继联合开展争创“敬老文明号”暨宣传贯彻新《老年人权益保障法》活动，市老龄办与海峡都市报社联合开展新《老年人权益保障法》知识竞赛，历时半个多月，吸引近千名热心读者参与。9月2日，市老龄办发布《泉州市2012年度老年人口与老龄事业发展统计公报》，内容包括老龄人口基本信息和老龄事业发展状况，涵盖老有所养、老有所医、老有所学、老有所乐、老有所为等方方面面，这是泉州首次向社会发布老龄事业发展状况，为全社会更全面了解老龄事业发展状况提供依据。由市老龄办主办，环球慈善杂志社承办，《侨乡夕阳红》一书于 10月结集出版。书中收录泉州12个县（市、区）先进老年协会、先进老年人活动室及老有所为先进个人的典型事迹。重阳节前后，《侨乡夕阳红》一书相继发放到各基层老年组织，为基层开展老龄工作提供参考。

【退休干部】 2013年，严格执行退休制度。全面调查摸底，建立当年度达到退休年龄的干部、职工信息库；执行政策不打折扣，对达到退休年龄未办理退休手续的干部、职工，采取电话和书面的办法，及时催办，督促有关单位及时申报达龄退休干部、职工材料，确保达龄干部、职工按时办理退休手续；开展达龄干部清查活动，要求市直各单位进行自查自报，如漏报或隐瞒不报的，采取停批工资基金，改发退休费、全市通报等办法，督促单位及时办理达龄人员的退休手续。2013年，共计办理市直机关事业单位工作人员退休审批手续228人（不含党群、教育系统和事业单位工勤人员）。

落实退休人员的各项待遇 始终把落实退休人员“两项待遇”作为退管工作的重中之重来抓，离退休人员的各项生活待遇得到较好落实。向市直各有关单位发出通知，规范退休办理程序，制作相关表格，要求提前一年查档报送达龄干部职工名册；及时办理符合条件的延退、延聘人员手续；落实祝寿人员名单、《福建老年报》赠阅变动情况表、泉州市银色人才求职登记表等，更好地开展退休人员服务活动。与市财政局协商，提高退休干部活动经费和慰问经费。

开展“送温暖，解忧难”活动 元旦春节期间，市领导带队慰问困难退休专家学者，及时把党和政府的关怀送到退休干部、职工心中。组织慰问市直机关事业单位特困人员220人；慰问干部、职工遗属170人；慰问住院人员50人，发放各种慰问金36万元。

组织开展各项活动，丰富退休干部生活 至2013年年底，市机关事业单位现有退休人员44741人，市直现有退休人员8700多人。为丰富退休人员的生活，市公务员局会同市涉老组织开展一系列活动。重阳节期间，为175名届满80岁、90岁、100岁的退休人员举办祝寿活动，同时给每个寿星发放300元慰问金和生日蛋糕；组织150多名市直机关事业单位退休人员参观山美水库库区建设、南安康美镇雪峰寺，让退休老同志感受泉州市经济社会发展所取得的成就；与市老科协联合举办“泉州市老科协2013年祝寿会”；会同有关部门做好庆祝“老年节”系列活动。

做好离退休人员来信来访工作 答复离退休人员来信35件，接待来访离退休人员180多人次。耐心认真听取来访人员的诉求，全力帮助解决反映的问题，细致的做好解疑释惑和情绪疏导工作。严格依法按政策办事，对法律法规和政策有明确规定的，协调督促责任单位依法按政策解决到位。对来访人员诉求按政策不能解决的，尽力做好解释工作取得他们的理解和支持，不突破法律法规和政策规定。

【退休职工】 2013年，全市共有企业离退休人员83585人，比2012年增加4647人，同比增长5.89%，全年发放养老金17.56亿元，社会化发放率100%。连续第八年调整企业退休人员待遇，调整幅度系历年最大，调整后全市企业退休（职）人员人均养老金水平增至1800.43元。累计代发1051名企业退休军转干部中央、省专项生活补贴1009.92万元。组织开展企业退休人员文体活动，倡导健康文明的老年人体育活动及生活方式，丰富企业退休人员的晚年生活，进一步提高企业退休人员的生活质量。结合业务经办管理职能，在全市社保经办机构组织开展以“贯彻老年法•造福老年人”为主题的“敬老月”活动。

【关心下一代工作】 2013年，泉州市各级关工委注重青少年社会主义核心价值体系教育。坚持以社会主义核心价值体系教育为主线，以“老少共筑中国梦”为主题，组织报告团深入基层开展巡回报告，采取“编、讲、读、观、唱、赛、宣”等方法，通过寓教于读、寓教于学、寓教于乐、寓教于行等多样化形式，不断为青少年思想道德教育注入新活力、增强吸引力、扩大影响力。中共十八大召开后，各级关工委通过开展宣讲报告、知识竞赛、图片展等活动，教育引导青少年用中共十八大精神凝聚共识，培育爱国情怀，坚定跟党走的信念。总书记习近平深刻阐述中国梦以后，市关工委会同市委老干部局、市委文明办在全市广大老干部中以“大手牵小手、老少手牵手”的形式，广泛开展老少共筑中国梦系列活动，教育引导青少年从小确立远大志向，坚定理想信念，自觉把个人的理想和追求与民族的命运、人民的意愿紧密结合，把报效祖国、奉献社会、服务人民作为毕生追求，以实际行动托起民族复兴的伟大梦想。各级关工委还把主题教育同革命传统、爱国主义、理想信念和民族精神教育，同弘扬优秀国学文化教育，同“关爱明天•普法先行”青少年法制宣传教育有机结合起来。2013年，市关工委继续会同市司法局、综治办、教育局、团市委在全市开展第二届“关爱明天•普法先行”——青少年普法教育活动，重点抓好模拟法庭、法律知识竞赛、现身说法警示教育、法制教育征文演讲比赛、法制文艺演出、心理关爱服务、预防青少年违法犯罪研讨等七项活动。

构筑“三结合”教育网络 全市各级关工委继续参与学校、家庭和社会教育，为构建“三结合”教育网络尽力尽责，收到较好成效。通过选派老干部担任校外辅导员、师德师风督导员和采取结对帮扶等形式，配合教育行政部门和各级各类学校，参与青年教师的师德师风教育和中小学生思想品德、日常行为规范养成教育，开展“文明礼仪伴我成长”主题教育，培养学生从小养成有理想、守纪律、讲文明、懂礼貌的行为习惯。市、县两级关工委配合妇联、教育局和学校创办家长学校、爷爷奶奶学校，举办家教讲座和咨询活动，积极参与家庭教育和青少年身心健康教育。市关工委家教指导委连续6年会同市妇联、教育局、计生协会等部门，组织省市专家学者举办百场家教讲座和咨询活动，在全市开展“争当合格家长、培养合格人才”家教宣传实践活动；协助开设家教网络课堂，传播家校联系、亲子沟通和儿童心理健康、卫生保健等知识。县（市、区）关工委会同县妇联、教育局等部门开展家教讲座、家教理论研讨和优秀家教论文评选表彰活动常态化。多数县（市、区）关工委还会同计生协会开展“生育关怀——青春健康教育进校园”活动，传播青春期生理健康知识。教育部门关工委和基层关工委以老年节为契机，组织青少年开展内容丰富、形式多样的敬老爱老和感恩孝道教育；配合学校开展“孝文化进校园”活动，引导学生积极向上，弘扬中华民族优良传统。抓好第二批20个“青少年社会教育活动中心”的建设。2012—2013年，建成并投入使用的有58个，其中由市级扶持的示范点40个。在建设和使用管理中建、管、用并重，注重发挥“活动中心”的社会教育功能。2013年暑假期间，市关工委联合泉州师院、黎大、幼高专、医高专4所高校，组织150多位大学生志愿者与“活动中心”挂钩，开展“大手牵小手，共绘中国梦”暑期社会实践活动。市直机关关工委组织市直单位与“活动中心”建立挂钩联系和帮扶制度。58个“活动中心”运作良好，成为老少乐于参与、社会广泛认同的“老少同乐园”，促进学校教育、家庭教育和社会教育的有机结合。

关爱特殊群体，促进社会和谐 全市各级关工委以“五失”青少年为重点对象，针对这一特殊群体成长中的热点难点问题，探索创新关爱帮扶工作，促进社会和谐与公平正义。创新帮教工作模式，为失足青少年创造更多改过自新的机会。各级关工委探索“建立关工委协助政法机关帮教失足青少年工作机制”，先后创新 “十种模式”，即“关、法配合”帮教；“关、检联手”帮教；“关、司协作”帮教；“关、检、企联合”帮教；“关、法、企联合”帮教；“关、检、社区联动”帮教；“关、检、司、企联动”帮教；“关、所共建”帮教；走进高墙开展“心理疏导、矫正”关爱活动；聘任“合适成年人”参加法院审理案件。这些创新做法，既可以有效避免涉罪未成年人因户籍差异导致同案不同处理的问题，又可以避免失足未成年人判实刑进监狱而受到交叉感染，有利于促进涉罪未成年人自觉改造、重新做人。中国关工委主任顾秀莲、最高法院院长周强、最高检察院检察长曹建明分别对晋江市关工委配合法院、检察院联手民营企业建立帮教基地的做法给予充分肯定，并作出重要批示，要求认真总结经验，进一步探索共同建立失足未成年人帮教基地的形式和做法。继续广泛发动捐资助学，帮助贫困学子完成学业。各级关工委和“五老”充分利用自己的人脉资源优势，广泛发动港澳台同胞、海外侨胞、企业家及社会各界捐资助学。2013年，全市共募集4580多万元，资助大中小学贫困生4万多人次。许多曾受资助的大学生毕业参加工作后，纷纷加入扶贫济困献爱心行列。关爱留守流动儿童和残障儿童等，促进社会公平正义。市关工委会同市老促会，“六一”前夕，慰问鲤城区金龙社区龙岭第三中心小学和台商投资区张坂镇前见村延寿小学师生，分别送去奖教奖学金4万元和价值5000元的图书。各县

（市、区）和市直机关关工委也联合有关部门，通过开展多种形式的关爱、慰问和结对帮扶活动3250多场次，帮助青少年弱势、特殊群体解决实际困难1.72万多人次，为外来工子女、留守儿童、残障儿童、孤儿、服刑人员子女、贫困家庭子女等送温暖、献爱心，促进社会和谐稳定。

深化“基层工作年”活动 2013年是中国关工委开展为期三年“基层工作年”活动的收官之年，全市基层关工委全面建设得到进一步加强。9月，市关工委荣获“全国创建五好基层关工委优秀组织奖”。开展督查活动。在市两办和市关工委组织三个督查组分赴11个县（市、区）进行督查后，市关工委进一步推动薄弱环节的改进与落实，迎接省委省政府督查组的专项督查。各级党政领导更加重视、有关部门更加支持、基层基础进一步强化、各项保障进一步落实。全市所有乡（镇、街道）关工委活动经费均纳入财政预算或实报实销，乡（镇、街道）和除安溪、永春、德化三个山区县外的村（社区）关工委主持日常工作的老同志均得到100元到500元的适当补贴。

深化基层创“五好”活动 各级关工委在开展“百万大手牵小手”关爱活动中，坚持以创“五好”为抓手，狠抓“十大工程”的落实，促使创“五好”活动不断深化。2013年年底，全市共评出“五好”单位1220个，占基层关工委总数的29.4%。加大民营企业关工委组建工作力度。推动各县（市、区）抓好试点并积极推进，联合市委组织部、市总工会、团市委、市工商联成立泉州市民营企业关工委组建工作指导小组，制定并下发《关于加强民营企业关工委组建工作的意见》，提出三年工作规划，加强指导与协调，在石狮召开泉州市民营企业关工委建设工作推进会，总结推广石狮的好做法、好经验，组织到部分县（市、区）进行调研和推动，并召开企业组建关工委工作座谈会，进行汇报交流和再动员、再部署。全市民营企业关工委组建工作取得重大进展，2013年新组建民企关工委400多家。加大关心下一代宣传工作力度。2013年，市关工委编发《工作简报》30期，《大手牵小手》小报6期。暑假期间，省电视台少儿频道连续9期专题报道泉州市“百万大手牵小手”关爱活动情况。9月底，市关工委承办全省关工委通讯员培训班，泉州市各县（市、区）关工委大部分专干接受业务培训，提高宣传报道业务水平。不少县（市、区）关工委参照市关工委的做法，组建通讯员队伍，建立信息宣传工作表彰激励机制，加大宣传工作力度，营造浓厚的舆论氛围。

【老年教育及文娱活动】 2013年，泉州老年大学坚持正确办学方向，以争创省一级示范校为重点，狠抓校园环境、教学管理、理论研究、对外文化交流等工作，全面提高教学质量。全年共开办46门课程，114个教学班，学员2701人，4700人次。学校先后被省老年大学协会评为福建省首批一级示范校、全省老年教育宣传工作先进单位等。至2013年年底，全市共有各级老年大学（学校）2456所，比前年增加91所；市、县、乡三级建校率稳定在100%，村级建校率为92%，比前年增加3.2个百分点；在校学员总数为240202人，比前年增加13984人，全市老年人入学人数占全市老年人总数的30%。全市2456所老年大学（学校）开通2075个远程教育收视点。

思想政治教育 先后邀请市委党校、市委讲师团教授等到校解读中共十八大和十八届三中全会的精神，组织学员观看《十八大后的经济展望》《加快推进以改善民生为重点的社会建设》《坚定不移地走中国特色社会主义道路》等电教片，会后还组织各时政班参观、讨论，撰写学习心得。发动市直离退休处级干部来校学习，不断扩大时政班系的规模。2013年，时政系增设时政四班，时政系学员达到近200人。全年共完成28课时教学任务，组织课外活动10余次。全年共举办专题时政报告、讲座10次，邀请市政府原副市长付朝阳、市安全局领导、市公安局领导，市委党校、市委讲师团教师等来校作有关泉州市金改、国家安全、社会治安等专题报告或讲座，不断提升时政课的质量和水平。探索办好老干部“党课讲坛”，泉州老年大学远程教育报告厅坚持每月向市直、驻泉省部属单位老干支部开放，精心挑选泉州市和全国老年远程教育平台的优秀课件播放，成为市直各离退休党支部学习教育的新课堂。

开展“八闽夕阳红、共筑中国梦”主题活动 召开“八闽夕阳红、共筑中国梦”研讨会，部署全市开展“宣传中国梦，共筑中国梦”活动的总体方案，要求全市各校积极引导广大老年学员融入中国梦，宣传中国梦，助推中国梦，把自己在老年大学（学校）的所学、所思、所悟向周围群众广为宣传，把自己对实现中国梦的认识和理解，融入参与社会创新管理，促进社会和谐的具体实践中，融入文明城市，美丽乡村建设中，为实现中国梦贡献自己的智慧和能量。

省市示范校创建 成立创建省一级示范校领导小组，制定详细的创建方案和具体措施，注重抓好时政教育、特色精品课程、校园文化和专业学会建设，不断创新教学手段，编写教材，强化师资队伍，搭建平台展示学员学习成果，第二、第三课堂丰富多彩，理论研究工作成果突出，总成绩名列全省第一。

开展市一级老年大学（学校）示范校评审 3月，在永春、德化举办市级乡镇（街道）老年学校示范校培训班，对10多年来创建示范校工作经验全面进行总结。5月，在南安市老年大学召开全市老年教育教学观摩经验交流，对如何提高教学质量进行研讨。11月，市老教委组

成2个评审组，对申报市一级示范校的石狮老年大学和十所乡镇（街道）老年学校进行评审。经评审组实地考察，综合评审出石狮市老年大学和鲤城区临江老年学校等十所乡镇（街道）老年学校为市一级示范校。

老年教育理论研究和教学实践探索 加强老年教育理论研究工作，市老年教育理论研究会在泉州师院建设研究基地，聘请一批高校的专家学者参与泉州市老年教育理论研究工作，提高研究水平和层次。发动老师、工作人员参与教学研究，总结教学经验、开展教学经验交流，鼓励教师撰写论文，出版《泉州老年大学教学经验文集》和《老年教育实践与探索》两本论文集。副校长庄晏成应邀参加 “第92届国际老年大学协会理事会议暨老年大学创新发展国际会议”；副校长柳小燕应邀参加在台湾举办的第二届海峡两岸老年教育论坛，并在会上作《老年教育与老年人的心理幸福感》发言。教务处撰写的《精心制定课程标准促进教学质量提高》被省老年大学推荐为全省唯一一篇参加中国老年大学协会教学成果交流会交流材料，并收入汇报。

老年教育宣传工作 开展老年教育宣传工作，召开全市通联会议培训宣传业务骨干，成立全市老年教育宣传报道通联站，加强宣传队伍建设，办好市老年大学校刊、简报、网站等，搭建老年教育信息宣传平台；主动与《中国老年教育杂志》《福建老年报》和市里主流媒体建立经常性的联系与合作；配合省电视台《金秋》栏目组开展“老年教育八闽行”专题报道；在老年节期间与市里主流媒体、涉老部门合作，开展老年教育宣传月的活动。全年报道泉州市老年教育信息达80篇以上。《福建老年报》连续6次开辟大版面、省电视台教育频道分6个专题12次报道泉州市老年教育工作。

校园文化建设及对外交流 继续开展“以文强校，以学促为”主题年活动，把校园文化建设列入工作重点，坚持开展老年大学文化惠民走基层活动。投入15万多元，对一楼大堂进行改造，安装大屏幕LED和醒目校牌，对所有教室进行美化；向全校师生员工征集校标、校训、校歌，形成“校园优美、文标清晰、载体齐全、活动丰富”的良好文化氛围。5月16日，泉州老年大学合唱团参加在台湾苗栗县举办的首届“两岸相拥•欢歌共享”中老年合唱节，获金奖。9月23日，市老教委联合市委宣传部、文明办，教育局、文广新局，在金山市老干部活动中心举办“同心共筑中国梦”——泉州市第六届老年文化艺术节启动仪式暨第九届泉州市合唱节老年大学专场合唱比赛，共有10支县（市、区）老年大学代表队参赛，泉州、晋江、石狮、安溪老年大学获金奖。泉州老年大学时装舞蹈团参加“泉州市道德模范故事汇基层巡演”，先后赴晋江、石狮、洛江、泉港、鲤城、丰泽等地演出，参加“欢乐泉州走进军营”庆祝中国人民解放军建军86周年文艺演出。继续采用“请进来，走出去”相结合的办法，以艺术团为主角，开展对港澳台及对外文化交流活动。一是成为联络中共港、澳、台和东南亚泉州籍乡亲的新途径。6月，“2013年世界闽南文化节——第十届泉州国际南音大会唱”隆重开唱，泉州老年大学作为其中一个主要分场，共有来自马来西亚、印尼、新加坡、越南、菲律宾及中国港、澳、台等地的40多个南音社近400名南音弦友前来会唱交流。二是成为深化对外文化交流合作的重要推手。10月30日—11月2日，泉州老年大学南音社一行17人在庄晏成副校长带领下，应邀参加在印尼雅加达举办的第二届世界南音联谊会大会唱。此次出访交流彰显“东亚文化之都”魅力。11月8—15日，应台湾老人社会大学、台北文化交流中心等单位邀请，学校又组织35位名老艺人赴台进行为期8天的访问交流，展现“东亚文化之都”魅力，加深两岸同胞情谊。

老年远程教育 泉州老年大学依托市委组织部“农村（社区）党员干部现代远程教育”网络系统，开通全市老年远程教育。开设“老年课堂”“时政论坛”“文艺欣赏”三个栏目。老年远程教育的广泛普及，成为全市老年大学加快信息化发展步伐、全面提升教学质量的有益补充。重点开发具有地方特色，符合基层实际需要的乡土教材和课件（以闽南话授课），共开发时政、中医保健、西医保健、家教、南音、广场舞、音乐等7门课程。视频教材的制作依托泉州老年大学强大的师资力量，聘请苏稼夫等十多位优秀教师，仅2012年就制作60小时的视频教材。在2013年全国老年远程教育优秀教材、课件评选中，全国共评出33个优秀教材，泉州老年大学开发制作的《穴位按摩治疗常见病》《广场舞》被评为优秀教材；全国共评出特色教材23个，泉州老年大学开发的《南音》《中草药》等7个被评为特色教材，两项共占全国获奖总数的16%，是全国获奖最多的一所老年大学。

慈善事业

【概况】 市慈善总会多渠道募集慈善资金，增强慈善救助的实力，募集到位善款12791.83万元，有4位企业家自愿到泉州市慈善总会追加善款，认捐签约8450万元。全年投入善款10837.67万元，在全市11个县（市、区）、台商投资区开展“慈善助困、慈善助学、慈善助医、慈善助残、慈善公益”五大品牌的慈善活动。

【慈善助困】 投入69.82万元，资助307户低保户安居房建设装修，春节前夕开展春节慰问活动，走访慰问11个县（市、区）、台商投资区共252户困难家庭，并慰问贫困母亲、贫困孤儿，资助永春县长坑村饮水工程项目、惠安县后吴村修路项目。

【**慈善助学**】 投入190.18万元，资助10所农村中小学体育设施项目，资助483名2013年应届贫困大学生上大学；资助泉州市老年学校的远程教育。

【**慈善助医**】 投入60.541万元，资助261名患有癌症、白血症、尿毒症的低保病人，发放250张慈善门诊卡，资助鲤城、丰泽、洛江区长期患病特困对象享受免费门诊，与泉南协会合作下乡义诊送药。

【**慈善助残**】 投入100万元，资助250名贫困白内障患者施行复明手术，资助50名特困肢残者装配假肢，资助40名特困聋儿配戴助听器。

【**慈善公益**】 投入10417.13万元，资助泉州市江南老年颐乐园建设，资助教育、医疗、环保等慈善公益项目。4月20日，四川芦山发生地震。泉州市慈善总会通过泉州晚报公布赈灾捐款账号和捐款咨询电话，对募集到的赈灾捐款进行专项财务管理，接收社会各界赈灾捐款34.83万元，按规定全部汇往灾区。市慈善总会与香港泉州慈善促进总会、香港福建希望工程基金会合作。香港泉州慈善促进总会捐助40万元，与泉州市慈善总会继续共同开展慈善门诊、慈善复明、慈善助行、慈善助听等慈善资助项目；香港福建希望工程基金会通过市慈善总会投入善款1377.381万元，资助全国贫困地区41所希望小学。

对外及港澳台交流合作

【**国际交流活动**】 1月4日，印度驻华大使苏杰生拜会市领导，参观海交馆、老君岩、锦绣庄民间艺术园、开元寺、石笋公园、清净寺及关帝庙。

1月21—24日，日本浦添市教育长津波清率团访问泉州，与泉州师范学院、市武术协会座谈、交流，参观海交馆、开元寺、老君岩、南少林寺、锦绣庄民俗文化园等，并到永春县考察白鹤拳与空手道的渊源。

2月21—23日，日本财团理事长尾形武寿访问泉州，到石狮市、南安市与赴日研修的社区人员座谈，到安溪考察茶企，并参观开元寺、老君岩、海外交通史博物馆、蔡氏古民居等景点。

2月26—28日，日本浦添市企业家代表团到泉州访问、调研，与市发改委、外经贸局、外办等座谈，参观泉州五矿集团、内外石材、开元寺、海交馆等。

3月13日，由匈牙利驻上海总领事馆商务领事米哈依·盖吉尔率领的匈牙利商务代表团在南安举办“中国品牌产品贸易中心”推介活动，并与市外经贸局、贸促会座谈，就加强合作及组织泉州企业赴该中心参展、引导企业长期入驻该中心的细节问题进行商谈。

3月15日，英国驻广州总领事馆总领事摩根率领英国投资贸易代表团拜会市领导，了解泉州市作为全国第三个“金融综合改革试验区”的经贸投资机遇，在金融专业服务及职业教育等领域寻求合作项目。与市外经贸局、金融办、贸促会、人民银行（外管局）、银监局、教育局、人力资源与社会保障局及黎明职业大学等5所院校进行座谈，分别就“英国机构如何为泉企提供金融专业服务”及“泉州职业教育发展与中英合作”等主题展开探讨。

3月15—16日，福建省国际友城联络员研修班访问泉州，参观市区景点及匹克体育用品有限公司。

4月7—9日，诺泉友协代表团访问泉州，参观市区景点和崇武石雕博览园。

4月9日，市长郑新聪会见福建联合石化副董事长、埃克森美孚中国石化董事长戴伯乐和福建联合石化董事、沙特阿美化工业务副总裁朱戴米等。

4月26—27日，应首都银行集团董事长郑少坚邀请，菲律宾众议长费里西亚诺·贝尔蒙特、中国驻菲律宾特命全权大使马克卿等访问泉州，参加首都银行泉州分行开业庆典。

5月3—7日，法国埃罗省代表团（工作团）访问泉州，到安溪参观茶企，洽谈茶酒合作事宜，参观市区景点、嘉信进出口贸易有限公司、东艺雕刻有限公司等，并与培元中学探讨校际交流事宜。

5月28—29日，歌德学院（中国）项目负责人、课程专家杨沛德博士到泉州推广“歌德课堂”项目。

6月7日，加拿大驻广州总领事艾伟敦与市发改委、外经贸局领导座谈，了解泉州市公共交通发展情况、城市轨道交通的规划、港口规模以及泉州市与加拿大的经贸交流合作情况。

6月13—17日，法国埃罗省副省长亨利·卡巴内访问泉州，参加2013年世界闽南文化节活动，并赴培元中学、安溪、德化等地考察，探讨有关合作交流事宜。

6月14—19日，土耳其梅尔辛伊尼赛市副市长穆罕默德·泽基·伊赛和海努拉赫·尤瑟苏伊率政府代表团及土耳其文化旅游部国立民族舞蹈团访问泉州，参加2013年世界闽南文化节活动。土耳其艺术家为泉州市观众献上2场精彩的土耳其舞蹈表演，庆祝中国土耳其文化年。

6月17—20日，德国莱法州州长国际事务全权代表、《走近泉州》作者恩勒特教授访问泉州，出席《走近泉州》中文版首发式，并做客泉州广播电视台，参加《名城群英会》访谈录制。

6月20日，由泰国驻华大使伟文·丘氏君率领的东盟北京委员会代表团拜会市领导，参观海交馆、安踏（中国）公司。

7月31日，澳大利亚驻广州总领

事陈紫霞访问泉州，为外长卡尔访问泉州作前期准备工作。

8月1日，应外交部邀请，澳大利亚外交部部长鲍勃·卡尔率团访问泉州，参观清净寺、海交馆。

8月4—15日，德国诺伊施塔特市副市长马克·魏格尔率领青少年代表团访问泉州，与泉州市中学生开展“1+1”住家式交流。

8月21日，泉州市外事侨务办、石狮市侨台外事局和印度驻广州总领馆在石狮联合举办“印度纺织业投资说明会”，印度驻广州总领事高志远向泉州的纺织服装企业推介印度布兰迪克服装城经济特区。

8月27—28日，歌德学院（中国）项目负责人、课程专家杨沛德博士到泉州与泉州七中、泉州实验中学签订开设“歌德课堂”协议。

9月6日，泰国东北四府政府和企业代表团访问泉州，参观英良五号仓库、九牧王（中国）有限公司、泉州海交馆、开元寺等。

10月17—19日，德国莱法州职业教育代表团访问泉州，参观泉州信息学院、黎明大学、开元寺、老君岩等，并举办职业教育培训。

10月19—20日，德国莱法州—福建友好促进会主席鲍里斯伯爵夫妇访问泉州，参观开元寺、海交馆、清源山等。

10月23—24日，匈牙利亚洲中心总裁鲁道夫·瑞德率代表团代表团访问泉州，举办“匈牙利亚洲中心信息发布会”。

10月28—30日，日本浦添市市长松本哲治率领政府、议会、文化代表团访问泉州，参加泉州•浦添缔结友好城市25周年纪念活动。

10月28—31日，日本浦添市“琉球空手道起源探索”调查团到泉州访问，与泉州市武术协会、永春县白鹤拳武馆、泉州师院、南少林寺、剑影武术学校、海交馆等机构开展武术交流和学术研讨。

10月28日—11月2日，日本浦添市汉语言进修班代表团访问泉州，在泉州师院、锦绣庄、泉州酒店进行研修学习。

11月10日，毛里求斯副总统莫妮克•奥桑•贝勒波在中国前驻毛里求斯大使王富元等的陪同下访问泉州，参观海交馆、清净寺、考察石狮华宝明祥食品有限公司。

11月18—20日，韩国光州广域市投资雇佣局长洪进太率团到泉州访问，考察开元寺、天后宫、老君岩、泉州博物馆、锦绣庄、木偶剧团等，并与“东亚文化之都—泉州”组委会座谈，商洽2014年交流活动事宜。

11月24—25日，赤道几内亚青年外交官研修班访问泉州，参观开元寺、锦绣庄民间艺术园等。

12月5—10日，菲律宾驻厦门总领事付昕伟访问泉州、晋江，参观海交馆、老君岩、开元寺、晋江黎刹广场、SM国际广场及五店市传统街区。

12月7—9日，世界贸易中心协会主席加齐•阿布纳尔在副省长郑晓松的陪同下，访问泉州，考察泉港石化园区、中化惠安园区、匹克、卡嘟嘟等企业和泉州世贸中心项目，参加泉州市招商推介座谈会。

12月10—11日，缅甸联邦巩固与发展党副主席泰乌（正部级）在中联部一局局长沈蓓莉陪同下访问泉州，参观开元寺，考察九牧王公司。

12月13日，美国驻广州总领事郭瑾女士拜会市领导，与泉州市企业家、华大学生分别就投资美国、中美经贸、文化、环保、农业、留学等进行交流。

12月23—26日，韩国东亚文化之都促进委员会事务局长金源锡率团到泉州考察文化旅游设施，商讨文化之都开幕式活动项目。

12月25—26日，柬埔寨奉辛比克党干部考察团在中联部正局级参赞居黎东陪同下访问泉州，参观开元寺，考察匹克集团。

【与港澳交流活动】 4月2—3日，香港福建希望工程基金会访问团在全国政协委员、基金会执行董事、香港安溪同乡会会长白水清带领下，到安溪县参观访问。其间，访问团为祥华乡东坑小学、蓝田乡进德小学、西坪镇宝潭小学及大坪乡福美小学落成剪彩，并向每所小学捐资35万港币。安溪县政府分别向捐资人或捐资人代表钟宝珊、林英达、白水清等人赠送“大爱兴学、善举流芳”牌匾。

6月26—29日，香港特区政府高级公务员清华大学第86期国家事务研习班学员到泉州参访。其间，参访团参加由市外侨办组织的座谈会。参访团还到晋江参观七匹狼体育用品有限公司、灵源药业有限公司；到惠安县考察崇武镇潮乐村、东岭镇彭城村，体验泉州市产业发展和美丽乡村建设；参观中国闽台缘博物馆、锦绣庄民间艺术园等。

8月19日，由名誉团长施世筑、团长李钦圣带领的香港福建同乡会青年团福建省交流访问团到石狮参观访问。

【对台交流活动】 2013年，泉州市推动实施泉台双向交流项目114项、3993人次，其中，赴台交流97项、558人次，接待来泉台胞13.6万人。完成第五届海峡论坛主（承、协）办的泉州活动项目，包括“2013年世界闽南文化节”、台湾特色庙会、闽台“同名村 心连心”联谊活动周等。市台办全力争取中国国民党副主席林丰正、海协会会长陈德铭出席泉州“2013年世界闽南文化节”。共有700名来自台湾12个县市的嘉宾参加系列活动。泉州市有11个小型民间团组、5个乡镇对接团组被列入福建省2013年度第一批小型民间团组和乡镇对接团组项目计划，交流内容涵盖民间信仰、民间工艺、传统武术、乡镇对接、宗亲联谊等方面。第四届南安•国际凤山文化旅游节、泉州百个家族移民台湾族谱展、第六届国际城隍文化学术研讨会暨世界城隍联谊会、首届海峡两岸民间谱牒文化交流大会、海峡两岸交流基地赴台图片展共5个项目被列入国台办年度重点交流项目。发挥泉州“五缘”优势，利用民间信仰、宗亲宗教等交流渠道，做好台湾中南部民众和知名人士工作，推进对口联络县的交流交往工作。做好金门史上最大进香团——金门宗教文化交流团到泉州通淮关帝庙进香拜谒的相关保障工作。举办第二届城隍文化节，台湾彰化县鹿港镇与石狮市蚶江镇签订双向交流合作协议。晋江围头村被福建省批为2013年闽台乡村旅游试验基地。泉州广播电视台、金门县政府联合主办第10届泉州中秋博饼状元电视大奖赛。组织泉州部分进士后裔参加科举制度在台湾暨台籍进士后人座谈会。邀请20家台湾茶叶、旅游公司近100名台商参加安溪茶博会。邀请台湾14个宗亲会220多名宗亲参加在泉州举办的全球董杨宗亲会第十七届恳亲大会。全市各高职院校共派交换生18批202人次赴台学习交流。举办2011年、2012年赴台学习学历生回访座谈会，举办“晋江—金门红十字青少年夏令营”。组织华大台生开展中秋茶话会、2013年新生泉州一日游活动。泉州博物馆举办“2013年两岸闽南文化生活产品试验营”，泉州社科联举办“两岸高职教育课程开发论坛”，晋江举办“海峡杯”工业设计大赛。

市台联协助台湾朝龙宫牵手“小武当”　3月19日，泉州市台联协助台湾云林县朝龙宫主委陈文雄寻找到台湾700多家“玄天上帝”宫庙主庭——泉州真武庙，与真武庙的黄孝明等进行交流，希望两地信众能进行交流联谊，携手将玄帝文化发扬光大。

泉台同名村乡亲参加海峡论坛“同名村•心连心”联谊活动　6月15—18日，由省台办、省台联等主办，厦漳泉三地台联协办的第五届海峡论坛•闽台“同名村　心连心”联谊活动在厦门、泉州等地举行。来自台湾新北、台南、彰化、嘉义、基隆、高雄、花莲、新竹、南投等13个市县的60多位乡亲和厦漳泉对应的同名村团组畅叙乡情，共谋发展。联谊活动周暨海峡两岸名家书画交流展开幕仪式上，泉州晋江、南安、惠安等地8个村代表参与签署深化文化传承、推动互惠互利的友好交流合作意向。17日，来自海峡两岸的同名村乡亲代表在惠安大岞村进行恳亲活动，并参观村落、祖庙，与当地乡亲们谈心交流。

台湾“中华文化教育交流协会”参加闽南文化节　第五届海峡论坛•闽南文化节期间，台湾的“中华文化教育交流协会”名誉会长巫倩怡、会长陈景榕等应邀到泉州参加活动。“中华文化教育交流协会”自成立以来，一直致力于两岸教育、文化的交流，曾促成华侨大学与台湾多所大学结成姐妹校，为两岸青年学子的交流做出贡献。

在泉台籍大学生参加“2013年海峡西岸台胞青年夏令营”　7月7—10日，市台联选派5名台籍大学生参加2013年台胞青年千人夏令营暨海峡西岸台胞青年夏令营福建段活动。

泉州台籍进士后人赴台参访　9月17日，由北京台湾会馆与台南成功大学人文社会科学中心举办的“科举制度在台湾”系列活动在台南市揭幕。施祖钧（施之东后人）、黄荣国（黄登瀛后人）、黄（陈）世辉（陈浚芝后人）等泉州台籍进士后人在泉州台联的协助下应邀参加活动。9月18日，“海峡两岸台湾进士后人座谈会”在台南祀典兴济宫的“官厅”举行，共有17位进士后人参加，其祖上包括黄登瀛、许南英、施之东、陈浚芝、汪春源、曾维桢、施士洁、丘逢甲等十位进士。其中，大陆方面的7位进士后人与泉州均有着千丝万缕的联系，如全国台联会长汪毅夫的曾祖父汪春源进士祖籍为泉州南安，并曾拜晋江西岑（今属石狮市）的台南府进士施士洁门下。

泉州台联举办“牵手泉州•台湾新生同乐汇”系列活动　9月18日，市台联与华侨大学学生处开展“牵手泉州•台湾新生同乐汇”系列活动，组织华大2013级台生参观闽台缘博物馆、清源山等地。

【侨务活动】　2012年12月25日—2013年1月10日，南安市国光中学在校艺术馆举办“一代风范李光前”大型图片展览，纪念享誉世界的杰出华人企业家、慈善家、教育家、著名爱国侨领李光前诞辰120周年暨李光前创办国光中学70周年。

1月14日，马来西亚惠安泉港联合会总会长邱财加、第七届世界惠安泉港同乡联谊会大会主席谢国培到泉州访问，介绍将于2月28日至3月2日在马来西亚槟城举办的第七届世界惠安泉港同乡联谊会筹备情况，并邀请家乡政府组团出席。

4月3日，市委书记黄少萍、市长郑新聪、省侨办主任杨辉与菲律宾首都银行集团董事长郑少坚、菲律宾龙威集团主席陈祖昌座谈，畅叙乡情，洽谈合作，共话发展。

4月11日，2013年菲律宾华裔青少年“中国寻根之旅”夏令营福建南安营暨南安市第一期菲律宾华裔青少年华文教育夏令营活动在南安鹏峰中学艺术馆举行开营仪式。省侨务办文宣处副调研员罗威等参加活动。

4月13日，马来西亚著名实业家李深静携其子李耀昇到泉州考察访问，市领导黄少萍、郑新聪、翁祖根、陈荣洲会见李深静。其间，市长郑新聪及市外经局、外事侨务办、泉州台商投资区主要领导陪同李深静考察秀涂金融商务区、秀涂码头、百崎湖东片区、白沙片区等投资项目。

4月17—21日，马来西亚安溪会馆联合会青年团理事到泉州交流访问。其间，客人参观开元寺、闽台缘博物馆、清水岩，走访团市委和团安溪县委，进行面对面交流。

4月21—22日，菲华联谊总会“闽侨精英福建行”华裔青少年代表团到泉州参观考察。其间，客人参观南少林武术学校、闽台缘博物馆以及洛江区侨资企业。

4月26—27日，中国侨联副主席王永乐、中国侨商联合会会长许荣茂率侨商联合考察团到泉州考察访问。

5月10日，以马来西亚福建社团联合总会署理总会长郑江水为团长的马来西亚福建社团联合总会探亲访问团到泉州参访。其间，客人与市外侨办负责人进行交流座谈，并拜访永春县外事侨务办及安溪县外事侨务办负责人，参观开元寺、闽台缘博物馆。

5月31日，“文化中国—2013海外华文媒体福建行”访问团到泉州参观访问。访问团由来自16个国家和地区的26家海外华文媒体的负责人及骨干编辑记者组成。其间，客人采访泉州市侨资企业阳光国际集团，参观开元寺、闽台缘博物馆和洛阳桥。

6月17日，世界泉州同乡恳亲大会暨泉州市海外交流协会成立大会在泉州影剧院举行。在此前的6月16日，首届泉州市海外交流协会暨第二届世界泉州青年联谊会会员代表大会召开，会议通过《泉州市海外交流协会章程》，选举产生首届海外交流协会理事会和第二届世界青年联谊会理监事会成员。市政府副市长陈荣洲当选首届海外交流协会会长，特步（中国）有限公司总裁丁水波、新加坡南安会馆常务主席陈奕福、美国福建海外联谊会会长杨文田分别当选第二届世界青年联谊会会长、理事长和监事长。

7月4日，由国侨办、省侨办和南安市外侨办联合主办的2013年南安市缅甸华裔青少年华文教育夏令营活动在鹏峰中学闭营。此次夏令营于6月19日开营，共有40名来自缅甸的华裔青少年参加。

7月10日，2013年南安市青少年“海外之旅”—菲律宾文化教育交流活动启动仪式在南安一中举行。在菲律宾菲华南安公会的支持以及南安一中、鹏峰中学的参与下，由南安市35名青少年组成的菲律宾文化教育交流团于7月11日到菲律宾开展活动，活动持续到7月22日。

8月13日，菲律宾晋江同乡总会在理事长黄金盾的带领下回乡访问，考察滨江组团安置小区溜霞社区小区。

10月18—20日，由晋江市委、市政府和菲律宾晋江同乡总会主办的2013年“中国晋江经贸文化展暨晋江经济文化论坛——企业成长之路”在马尼拉世贸中心举办。来自晋江本地和海外的300多家知名企业亮相展会。

10月18—25日，纪念李光前120周年诞辰系列活动在泉州华侨历史博物馆举行。活动包括“纪念李光前先生120周年诞辰图片展”“《李光前纪念文集》首发式”，以及由新加坡国立大学历史系黄坚立副教授带来的“名言‘华侨为革命之母’之考证与演变讲座”等。

10月19日，省政府副省长郑晓松在南安会见新加坡侨亲、李氏基金会主席李成智。

10月25日，第十七届全球董杨童宗亲恳亲大会在泉州举行，来自海内外，500多名董杨童宗亲齐聚董杨大宗祠，庆祝泉州全球董杨大宗祠落成十周年暨泉州董杨联谊总会成立八十年庆典。

11月9日，泰国华侨协会主席余声清在全国政协委员、全国台联原副会长史林茂、全国台联联络部副部长生锡雷、福建省台联副会长梁志强的陪同下到泉州参访。其间，客人参观中国闽台缘博物馆、开元寺等。

11月20日，来自菲律宾、新加坡、印尼等国以及澳门、台湾、泉州、厦门、漳州、广东等地的50多个南音社团、近800名华侨华人，聚集晋江，庆贺东石南音社成立三十周年暨同澳门结谊五周年、“五社”联谊十八周年，庆典活动包括祭祀乐神郎君、器乐合奏、整弦踩街等。

12月10日，来自新加坡、缅甸、南非等国和台湾地区的100多名华裔青少年欢聚泉州南少林国际学校，拉开“2013年海外华裔及港澳台地区青少年‘中国寻根之旅’冬令营—相聚泉州营”活动的序幕。

12月22日，2013年海外华裔及港澳台地区青少年“中国寻根之旅”冬令营——福建南安营开营，活动持续10天，主要开展华文教育、寻根谒祖、参观考察、联络联谊等活动。

12月23日，来自澳大利亚、新西兰、泰国、印尼、菲律宾等国家的129名华裔青少年欢聚泉州音乐厅，拉开2013年海外华裔青少年“中国寻根之旅”武术冬令营泉州营的序幕。开营式上，营员们和泉州南少林国际学校表演精彩的文艺、武术节目。

【省内外交流活动】 2013年，推动厦漳泉同城化项目建设。三市共同征集同城化第一、二批项目，涵盖三市基础设施、公共服务、产业发展等方面共57个项目，已经完成或进展良好。比如：交通设施方面，厦漳泉城市联盟线厦门境内全线贯通，漳州先导段开工建设，泉州段前期工作顺利推进；城际轨道交通R1和R3线、翔安与南安沿海大通道连接等项目前期工作都在有序开展产业发展方面，安溪的中国国际信息技术(福建)产业园、厦门火炬园泉州合作项目（永春）等项目都在加快建设中。公共服务方面，三市初步实现医疗卫生、教育、文体、旅游等领域资源的协作共享，就业与社会保障、城市管理、生态保护等领域服务的协同管理。联合举办教师教学、合唱、排球等职业技能大赛；共同开展教学研讨、科研论坛等各类活动；成功举办首届两岸龙舟赛；厦漳泉医保卡同城结算体系建设，泉州市于6月1日起按项目要求实现厦漳泉社保卡同城结算，参保病人无需办理异地报备或转外就医手续，实时刷卡结算。实施同城化后，泉州市参保病人到厦门购药984人次，门诊15078人次，住院3292人次。到漳州购药633人次，门诊160人次，住院39人次；信息平台方面，实施三市通信统一资费标准项目，成立厦漳泉升位并网工作领导小组，厦漳泉通信一体化方案提交省政府审议，电话号码升位并网项目建议书上报国家工信部；厦门GPS平台在泉州公交车辆全面上线运行，实现厦门E通卡在漳州市区，泉州的安溪、南安和晋江等地互联互通。推进厦漳泉区域气象中心前期合作项目、消防力量统筹联动等其他公共服务项目。

泉州乡亲

【香港乡亲】 4月7日，市委书记黄少萍会见前来参加泉州师院陈守仁工商信息学院建院十周年活动的香港泉州慈善促进总会会长陈守仁。会见时，陈守仁基金会向泉州师院教育基金会捐赠一百万元。此外，陈守仁基金会还向泉州市慈善总会捐赠两百万元，向泉州市关工委捐赠一百万元，向泉州一中捐赠一百万元。

4月22日，市长郑新聪会见捐资慈善事业的旅港乡贤姚志胜。中央政府驻港联络办台湾事务部部长唐怡源，市领导翁祖根、陈荣洲、周真平等参加会见。会见后，姚志胜与泉州市慈善总会会长薛祖亮签订8000万元慈善捐款协议，其中2000万元用于泉州幼高专附属东海湾实验幼儿园建设，该园为市属公办全日制幼儿园，规划规模15个班。至此，姚志胜捐赠泉州市的慈善基金已达1亿元。

6月15日，香港泉州温陵侨商联合会向鲤城区开智小学捐赠10万元，用于购置教学设备。

【台湾乡亲】 1月24—25日，中国国民党云林县党部第六区书记郭侑谚率妻儿及龚氏家族成员到泉州参访，参拜石狮永宁沙堤村龚氏宗祠。

3月30日至4月7日，台北市晋江同乡会理事长陈介山率团返乡祭祖。

4月3日，金门县政界人士杨应雄协同金门县董氏宗亲会到泉州参访，商讨晋江市池店镇茂厝村董氏祖墓保护事宜。

6月15—22日，泉州晋江籍乡亲——台湾无党团结联盟主席林炳坤、台北市晋江同乡会理事长陈介山和台北市永春同乡会荣誉理事长陈银枝率团应邀参加泉州举办的2013年世界闽南文化节等活动。

9月11—14日，台北市晋江同乡会理事长陈介山，高雄市泉州晋江同乡会理事长蔡仲谋和高雄市闽南同乡会理事长陈国鑫率团参加第二届永宁古卫城暨城隍文化节活动。

11月8日，泉州晋江籍乡亲——台湾无党团结联盟主席林炳坤率澎湖农林经贸交流团到泉州参拜天后宫。

【世界各地乡亲】 1月19日，旅菲永和古厝同乡会举行庆祝成立六十周年暨六十一连六十二届职员和第二届妇女组及青年组就职典礼，陈典慷蝉联新届理事长，侨领陈祖昌宗长为大会主讲。

1月15日，旅菲晋江龙泉同乡会庆祝成立十二周年暨第七届职员就职典礼举行，郑和平任新届理事长。

3月3—9日，澳大利亚惠安（泉港、台商投资区）同乡总会会长庄志刚访问泉州，参观市区景点并到惠安、泉港、台商投资区考察。

3月21日，世界晋江同乡总会第八届董事会第二次会议在印尼巴厘岛召开。出席会议的有来自菲律宾、新加坡、马来西亚、印尼、泰国、加拿大、澳大利亚等国家和中国香港、澳门、台湾地区的晋江同乡会代表。会议讨论通过澳大利亚晋江同乡会及泰国晋江同乡会加入“世界晋江同乡总会”的申请，一致通过马来西亚晋江社团联合会作为世界晋江同乡总会第九届轮值会长团体。

5月5日，旅菲晋江东石镇联乡会成立16周年纪念暨第九届职员就职典礼、旅菲晋江侨声中学校友会成立7周年暨第四届理事会就职典礼在马尼拉举行。晋江市侨联、东石镇政府、镇侨联和侨声中学校友组成的家乡庆贺团以及港澳庆贺团近200人到菲律宾参加典礼。

10月20日，菲律宾晋江同乡总会成立二十周年暨第十一届理事会、第六届青年组职员就职庆典在菲律宾马尼拉举行，来自世界各地的近千名晋江乡亲欢聚一堂，共襄盛举。

[县（市、区）]

栏目编辑
刘楷彬

县（市、区）

鲤城区

【区情概况】 鲤城区面积53.74平方千米，下辖开元、鲤中、海滨、临江、江南、浮桥、金龙、常泰8个街道和79个社区居委会。拥有一个国家级的泉州高新技术产业园区（江南园）。总人口37.9万人，人口出生率为8.6‰、自然增长率为2.1‰、性别比为104.31。现有旅居海外华侨、华人及港澳台同胞约33万人。

【经济发展】 全年实现生产总值213.99亿元，同比增长10.6%。公共财政总收入21亿元，同比增长1.9%；公共财政预算收入11.51亿元，同比增长7.1%。全社会固定资产投资88.99亿元，同比增长15.2%。合同利用外资11806万美元，同比增长94.2%；实际利用外资报表口径完成14209万美元，同比增长0.1%；按验资口径完成9688万美元，同比增长4.1%。实现社会消费品零售额227.29亿元，同比增长17.5%。市区居民人均可支配收入3.8万元，同比增长8%。

工业　规模以上工业产值287.22亿元，同比增长14.3%，其中69家产值超亿元企业产值229.92亿元，占全区规模以上工业产值80.1%。三大支柱产业完成产值249.47亿元，同比增长12.4%。其中，电子信息业完成产值66.58亿元，同比增长21%；纺织鞋服、机械汽配产值分别为150.41亿元、32.48亿元，分别同比增长8.1%、16.4%。

科技创新　以各项综合指标全市第一、全省第二的成绩再次获“全国科技进步先进区”称号；入选国家知识产权强县工程试点区；微波通信技术创新战略联盟在全省率先升格为国家级创新联盟；列入省科技重大项目立项2个、占全市一半，市首批新型科研机构研究院4家、占全市2/3；新增博士后工作站2家；博士后工作站和院士工作站数量均居全市第一；新增省级创新型企业12家、高新技术企业3家，培育市级科技小巨人22家。36个重点技改项目已投产23个。

第三产业　在高新区成立全市首个以民间金融为主体的科技金融服务中心，入驻19家金融和类金融机构、13家中介投资服务机构；成立泉州市首家民间资本管理公司和科技银行。“源和1916”申报国家级创意园，T淘园等6个项目被列入市级文化产业示范基地。策划生成侨乡自驾游中心项目，紫帽山农业观光生态园一期工程已完工；全年旅游总收入36.94亿元，同比增长12%。建成全省最大小商品批发市场万祥商城；幸福网店商城创办全国首家天猫商城供销平台试点，网商创业园实现销售额34亿元。滨江总部经济区11个地块全部动建。

【城市建设与管理】

项目建设　15个项目通过市用地联席会、8个项目通过市地价会研究，5宗土地推出“招拍挂”；112个“五大战役”项目和105个“城市建设管理年”项目分别完成投资43亿元、29亿元，均提前超额完成年度计划。出台安置房建设总体实施方案，启动延陵安置小区等9个安置区项目、总投资近20亿元，已竣工2个；同时统筹调配、盘活闲置房源。会同市规划局修编《江南池店组团市政工程规划》；成立江南新区市政基础设施建设领导小组，分期分批实施26个城市排水排污管网、市政道路设施项目，已启动15个、完成投资3亿元。

“四城”联创　在全省城市文明程度指数测评中位列全国提名资格城市第一名；投入3000多万元用于薄弱环节、重点部位整治，通过创建国家卫生城市复评；国家生态区创建获省级生态区命名、已向国家环保部申报验收，建成2个省级生态街道并通过国家级生态街道审核，建成1个省级生态社区和5个市级生态社区；投入8300万元建设首批26个“美丽社区”试点社区，完成建设项目218个，龙岭、伍堡等社区被确定为全市先进典型。

数字城管　区级数字化城管指挥中心建成投用，覆盖老城区8平方千米、13个工作网格；江南新区已有30平方千米数字化城管完成行政区域确权及外业部件普查工作。组织拆除违建734宗、5.58万平方米。

【社会事业】

民生工作　完成40个为民办实事项目，其中市级项目15个、区级项目25个。新增就业1.5万人，城镇登记失业率控制在0.85%以内；获评省级“充分就业社区”7个，劳动监察网格化通过省级考核验收。最低生活保障标准提高到每人每月420元，城镇居民基础养老金提高到90元，被征地人员养老保障金提高到100元，城镇居民基本医疗保险补助标准提高到280元。按时完成泉州市下达的579套保障性住房建设任务。

教育事业　通过全国“义务教育发展基本均衡区”督导评估；获评全省教育工作先进区；校安工程项目全部完成危房改造任务，江南学园第二实验幼儿园已建成。

文化事业　打造“刺桐文化广场”群艺平台，建成10个省级激情广场群众文化示范点和3个省级城市社区多功能运动场；区图书馆再获“国家一级馆”。杨阿苗古民居被列为第七批全国重点文物保护单位；5个项目被列为第七批市文物保护单位。

卫生计生　“家庭医生签约服务”全面开展，居民健康档案建档率等指标名列全市前列，基本公共卫生服务均等化水平不断提升，浮桥街道、江南街道社区卫生服务中心分别获评“全国示范性社区卫生服务中心”和“省级示范社区卫生服务中心”。2013年度计生工作综合考评成绩全市第二，自然增长率、政策符合率、出生性别比等指标排名全市第一，满分通过市对区年度现场考核。

稳定工作　开展平安创建活动，综治“三率”保持领先，位居全市社会管理综合治理考评第4名（中心城区排名第一）。创建“安全发展城区”，安全生产4项主要指标呈两位数下降，全区所有街道均为省级安全社区。

【政风建设】　“三公”经费同比大幅下降，其中出国经费下降47%、接待费下降72%、公务用车运行经费下降9%。完成“十二五”规划中期评估，全年办理人大代表建议99件、政协委员提案146件。推进国家级行政服务标准化试点工作，窗口即办率再提高10个百分点。获评全国法治县（市、区）创建活动先进单位，依法行政绩效考评名列全市前茅。强化审计监督，审计核减工程价款6105万元。执行廉政风险防控和制度廉洁性评估，全年党纪政纪处分17人次。

【成立泉州高新区科技金融服务中心】　2012年年底，鲤城区启动筹建以民间资本为主的“泉州高新区科技金融服务中心”，基本职能是搭建金融机构与企业之间高效便捷的交流对接平台，形成线上、线下相结合的服务模式，服务实体经济发展。2013年7月12日，中心在福建省内第一个自行设计、开发的政府科技金融信息网络平台上线，至年底已注册成员单位1200多家，其中金融和类金融机构120家、增值服务机构32家。9月27日，中心挂牌运营，运营面积11000平方米，入驻华兴集团泉州金融服务中心、福建海峡银行科技支行、金钥匙（中国）融资租赁公司等各类金融、类金融机构、中介服务机构和办事处36家，其中已有24家挂牌营业；联合建设银行、泉州银行举办2场银企对接活动，吸引50多家企业参与，帮助7家企业对接资金2.3亿元，促成5家企业达成“新三板”挂牌合作意向，2家企业签约产权质押贷款。

丰泽区

【区情概况】　丰泽区面积126.5平方千米，下辖8个街道、74个社区，总人口54.28万人。包含泉州中心城市规划中的北峰、东海、城东组团及中心组团部分，系泉州市中心城市核心区。

【经济发展】　全年实现生产总值413.35亿元，同比增长11.5%。工业总产值418.01亿元，同比增长17.2%，其中规模以上工业产值354.51亿元，同比增长18.7%。公共财政总收入31.21亿元，同比增长12.9%，其中公共财政预算收入21.02亿元，同比增长13.7%。全社会固定资产投资190.71亿元，增长23.1%。社会消费品零售额176.10亿元，同比增长15.0%。居民人均可支配收入37823元，同比增长8.0%。

工业　高新技术产业较快增长，25家省级高新技术企业实现规模以上产值53.15亿元，同比增长13.4%；海西电子信息产业育成基地新增6条数字对讲机生产线，年产能达100万台（套）；泉州软件园一期启动区引进35家企业，综合楼建成投入使用。传统产业稳中趋优，纺织服装、包袋制鞋、工艺品制造业实现规模以上产值120.9亿元，同比增长11.7%。品牌战略取得新进展，新增上市企业1家、中国驰名商标5个、省名牌产品（著名商标）16个、市知名商标15个，9家企业入选2013年度省重点上市后备企业，2家企业被确定为市“两化”融合示范企业。

第三产业　实现增加值245.8亿元，同比增长11.2%，占GDP比重提升1.0个百分点，获批“省级服务业综合改革试点”。商贸业繁荣活跃，新增75家限额以上企业，34家零售额超5000万元的企业实现零售额88.7亿元，同比增长20.2%。文化创意产业聚集发展，新增国家级工业设计中心1家、省级文化产业示范基地1家、市级文化产业示范企业1家、区级文化产业示范企业6家，领SHOW天地创艺乐园承办第十三届华语电影传媒大奖颁奖典礼，获批全省首个“国家级广告产业试点园区”。总部楼宇经济长足发展，引进企业总部21家，东海、城东片区5家企业动工建设，新增纳税超1000万元楼宇5幢、超5000万元楼宇2幢。“金改区”建设初显成效，成立全市首家民间借贷交易登记、中小企业票据服务公司，设立全市首家社区银行，获批筹建准金融机构11家，帮助企业融资37亿元。旅游业稳步发展，南少林寺片区旅游综合体、桃花山公园等项目扎实推进，新增AAAAA级旅行社1家、AAAA级旅行社2家。现代物流业持续发展，新增AAA级物流企业1家。发展载体进一步拓展，31个第三产业重点项目完成投资63.38亿元。

经贸　开展“招商大会战”活动，加强“三维”对接，组织12个项目参加“9·8”投洽会、侨洽会、市第三届民营企业产业项目洽谈会等项目对接活动，总投资99.2亿元。实现招商引资50亿元；新批外资项目16个，总投资2.26亿美元；新批注册资金5000万元以上企业7家，注册资金总额5.72亿元。支持企业创新营销手段，开拓国内外市场，组织申报市级电子商务示范企业6家，组织120多家企业参加82场国内外重点展销活动，出口超千万美元企业达35家。

【城乡建设】

基础设施　推进“五大战役”，124个重点建设战役项目完成投资118.4亿元，完成年度计划的104.4%；27个新增长区域发展战役项目完成投资62.8亿元，完成年度计划的109%；106个城市建设战役项目完成投资113.8亿元，完成年度计划的106%；25个“三旧”改造战役项目完成投资47.6亿元，完成年度计划的102%；10个民生工程战役项目完成投资1.12亿元，完成年度计划的103%。完成49个省市级重点项目分解下达的任务，依法征收土地1560亩，拆迁各类房屋6万平方米，保障华大片区改造、市福利中心、观音山公园等省市级重点项目顺利实施。加快城市公共设施建设，完成26条道路防坠网安装、5条道路积水改造、2条道路内涝整治、7条道路路灯亮化、50处垂直绿化点和46座公厕升级改造工程。

城市管理　健全市容市貌考评、网格化管理等长效机制，建成区级数字化城市管理指挥中心，开展占道经营、城市“牛皮癣”、立面景观等专项整治和志愿文明劝导、清洁家园行动，落实卫生全日保洁制度并投入1452万元用于增加环卫工人工资等待遇，市容环境整洁有序。加大“两违”制止查处力度，拆除“两违”建筑583宗6.6万平方米。

生态环境　落实区长环保目标责任书，强化重点流域、近海水域环境综合整治，加强北渠饮用水源保护工作，完成8个内沟河截污管改造项目建设，保障群众生产生活用水安全。加强水土保持和造林绿化，新增造林面积2000亩。推进“美丽社区”建设，宝山社区获评泉州首批十佳“美丽乡村”。加强节能减排工作，组织实施市级节能与循环经济项目3个，完成市级下达的年度任务。

【社会事业】

教育发展　投入财政资金3.8亿元，实施城东中学教学综合楼、机关幼儿园等一批教育重点项目建设，新增公办幼儿园2所、市级示范幼儿园1所，全区义务教育标准化学校创建率达100%，在全市率先实现校园“班班通”全覆盖，办学条件和容量得到改善和扩展；实施“名师、名校、名校长”工程和“3+1”活动，推进“书香校园”建设，教育教学质量明显提升，高考本科上线人数同比增长12%，中考连续8年位居全市榜首，在“义务教育发展基本均衡区”国家级评估认定中位居全市第一。

社会保障　加强就业创业服务，落实扩大就业各项政策，最低工资标准由每月1050元上调为1170元，培训各类劳动者2.6万人次，引导外来务工人员有序就业12.3万人次，新增城镇就业人数13800人，城镇登记失业率为0.83%。加大社会保险扩面提标力度，“五险”参保人数达48.6万人次，城镇居民医疗保险、养老保险参保人数达15.9万人次，其中城镇居民养老保险参保率达99.6%，企业离退休人员月平均养老金由1448元提高到1740元，人均月失业保险金由787.5元提高到877.5元，被征地人员养老保障金由每人每月90元提高到120元，城镇居民医保补助标准由每人每年240元提高到280元。提高社区工作者待遇，统一办理“五险”。保障困难群众基本生活，低保金由每人每月380元提高到420元，重度残疾人生活困难补助金由每人每月50元提高到100元，给予90岁以上老年人每人每月100元高龄生活补贴、失能老人每人每月300元生活补贴，发放低保、慈善等各类救助金1571万元；新建棚户区改造安置房1426套，发放廉租房补贴21.9万元。

文明创建　推进核心价值、未成年人品德养成、志愿服务拓展、基层基础创建工程，开展全民健身、体育竞技、文化娱乐等活动，建成11所城市学校少年宫、4个青少年社会教育活动中心、10个社区志愿服务站、3个社区文化活动中心示范点、3个文化信息共享工程点，通过创建全国文明城市公共文明指数测评。

卫生计生　完成正骨医院病房大楼主体建设，建成10个免费开放的“健康自测小屋”，新增全国示范社区卫生服务中心1个。实施城镇居民基本医保门诊费用统筹，推进社区医生签约服务。落实疾病预防控制，获评“省级慢性病综合防控示范区”，通过“省级灭鼠灭蚊先进城区”复查。加强“双查”、打击“两非”等人口计生基础性工作，实施“生育文明·幸福家庭”促进计划，推进流动人口公共服务均等化。全区人口出生率为10.5‰，政策符合率91.99%，出生性别比为109.39，在全市年度计生工作考评中获第一名。

社会环境　开展社会治安重点整治，强化治安网格化巡逻防控，打击和遏制各类违法犯罪活动。加强社会管理创新，全面推行居住证制度，实施社区矫正“九化”模式，启动全国第四批少数民族流动人口服务管理体系建设试点城市工作。开展领导干部定期接访群众活动，及时排查化解信访隐患和矛盾纠纷。加强防灾减灾等应急管理，应对各类突发事件和自然灾害。创建“安全发展城区”，争创“国家平安渔业县（区）”，推进安全生产标准化建设，开展道路交通安全综合整治“三年行动”、安全生产大检查暨重点整治“百日行动”等专项整治，安全生产继续保持平稳态势，实现“一升四降三确保”目标。

【获“全国科技进步先进区”五连冠】　加快实施科教兴区战略，优先发展高新技术产业，加强科技进步和自主创新，出台《丰泽区关于进一步鼓励企业自主创新的若干意见》《丰泽区关于深化科技体制改革加快创新体系建设的实施意见》等政策措施，通过完善科技扶持政策、优化科技发展环境、合理配置科技资源、加大科技投入，提高企业技术创新能力，增强经济发展内在动力，自主创新能力稳步增强，组织实施科技项目79个、重大技术改造项目15个，“6·18”对接项目63个，新增博士后科研工作站1家、省级科技企业孵化器1家、新型科研机构1家、创新型企业4家、专利授权594件，培育“科技小巨人”企业25家、科技型企业79家。新增产业技术创新战略联盟2个，省级创新型企业4家，省级创新型试点企业12家，省级高新技术企业13家，市级知识产权试点单位10家。11月，第五次获“全国科技进步先进城区”称号。

【获“全国平安铁路示范区”称号】　把铁路护路联防工作摆上重要议事日程，严格落实责任，层层签订责任书。加大爱路、护路宣传教育力度，加强沿线重点部位的治安防范，适时开展铁路治安重点整治工作，打击非法收赃违法犯罪活动。对新建、改建的铁路施工建设进行社会稳定风险评估，从源头上预防和减少涉路矛盾纠纷，开展涉路矛盾纠纷排查调处工作。强化重点人员的管控，坚持专群结合，建立“巡线、守护、联防”相结合的线路巡防管控工作模式，完善路地双方联系沟通、信息预警、应急处置的路地一体应急方案。4月，获“全国平安铁路示范区”称号。

洛江区

【区情概况】　洛江区面积381.74平方千米，辖万安、双阳两个街道办事处，河市、马甲、罗溪三个镇和虹山乡，下辖19个社区居委会和67个行政村，是著名侨乡和港澳台同胞的主要祖籍地。

【经济发展】　全年实现地区生产总值123.78亿元，同比增长13%。公共财政总收入13.63亿元，同比增长13.5%，其中公共财政预算收入8.61亿元，同比增长22.3%。工业总产值286.17亿元，同比增长18.7%，其中规模以上工业产值265.23亿元，同比增长19.5%。实现农业总产值7.11亿元，完成粮食总产量2.77万吨。实现农民人均纯收入11545元，同比增长11.5%。全社会固定资产投资61.47元，同比增长20.4%。社会消费品零售总额19.88亿元，同比增长19.3%。完成出口商品总值4.93亿美元，同比增长12.4%；实际利用外资4510万美元，同比增长10%。

工业　服务和推进民营企业“二次创业”，实现工业增加值82.05亿元，同比增长14.8%。开展工业经济和信息化工作等九个专项行动，扶持企业健康发展，实现外贸出口4.78亿美元，同比增长8.8%。持续建好工业载体，启动河市西片区一期机械园基础设施建设；华大科技创业园完成“三通一平”，部分入园企业动工建设；五金机电产业园完成生活配套工程建设。新投建企业26家、投产16家，新建工业厂房28万平方米。实现全国科技进步先进区六连冠，实施省、市重点技改项目31项，3项省“百项千亿”重点技改项目竣工。申报市级以上科技项目37项，申请专利252件；获批国家火炬计划企业2家，新增省级创新型企业2家，市级管理创新示范企业6家；培育“科技小巨人”企业20家；通过贯标认证企业4家，获国家地理标志证明商标认定1件、知（著、驰）名商标认定19件、省名牌产品认定3件、省级新产品认定2件，新增场外、境外上市企业3家。

第三产业　实施第三产业项目42个，第三产业增加值同比增长9.7%，商贸物流业发展态势良好，大润发等大商超良性运营，宏益·奥特莱斯项目动工建设；引进一批汽车销售项目。引导一批高品质小区建设，南山墅、三盛四季公园等房地产项目进展良好，新开工房地产62万平方米、竣工50万平方米；实现销售39.18万平方米，销售额26.97亿元。一批生态旅游项目进展顺利，泉州植物园完成核心区土地征用和入口景观区建设；仙公山风景区配套设施进一步完善，获批国家4A级旅游景区。楼宇经济发展潜力初显，洛江小总部经济区进入征地阶段，动工建设万安中心区商务楼，大华企业总部启动建设。金融业加快发展，光大银行、中信银行成功进驻，中国银行增设万安支行，建设银行增设双阳支行，新组建典当行1家，获批金融服务公司、洛商民间资本管理公司各1家。

农业　加快农业产业化步伐，获批市级以上农业龙头企业18家，申报省、市农业发展项目12个，通过无公害农产品基地认证2家。新增特色农业基地800亩，林下种养企业达15家、面积660亩。农业基础设施更为完善，投资700万元除险加固小型水库5座、山围塘10座；省级重点水利工程项目八峰水库开工建设。

【城乡建设】

城市建设　深化“城市建设管理年”活动，91个项目完成投资34.3亿元，一批重点城市基础设施项目进展良好，城区面貌持续改观。城区空间进一步拓展。提升洛江区发展战略规划，抓好中心城区路网规划整合、重点地段城市设计规划提升，抓紧市政、交通、景观等专项规划编制。做好万安、双阳片区的商贸业集聚区布点规划，完善公共设施配套建设规划。加快实施旧城改造、“城中村”改造和片区开发，滨江大道四期安置小区完成建设，加快建设阳江、后埭片区安置小区。推进“退二进三”，完成万安、双阳片区工业用地收储2宗、公开挂牌出让2宗、动工建设1宗。做好国道324线丰洛段拓改工作，完成房屋征迁6.01万平方米，占总任务的90.2%；完成投资1.5亿元。完成万虹市政道路拓改二期4.4千米，全长15.2千米的洛江区西环路动工建设。铺设供水管道4.3千米、雨污管网6千米，建成天然气管道26.22千米，做好西气东输洛江段工程征迁和北渠洛江段改造。配合完成田边220千伏变电站、87千米10千伏电力线路建设和23个变台区改造。新增和调整优化3路公交车。岩山公园启动配套设施建设。城区管理进一步加强。加大制止“两违”力度，查处违建行为607起、拆除2.98万平方米。深化“点线面”环境综合整治，完成福厦高铁沿线洛江段整治。完成中心区道路绿化改造提升5.64千米、路灯改造建设9千米，实施中心绿地50处和立体绿化建设2500平方米。推进数字城管平台建设，强化市容市貌整治和城区卫生考评，通过“创卫创城”复审和初评。

小城镇建设　持续促进小城镇改革发展。马甲市级小城镇建设41个项目完成投资6.89亿元，占年度投资计划的120%，21个项目已竣工。河市镇加快建设旧镇区改造安置房，动工建设新镇区安置房，洛阳江流域河市段综合整治工程开工。罗溪镇沈海复线高速公路安置小区、自来水供水工程等项目进展顺利。虹山乡完成潆溪溪堤整治和观瀑景区1.5千米道路整修。

乡村建设　投入1700多万元实施美丽乡村建设，打造5个区级美丽乡村示范村，建设南塘—梅岭、俞大猷公园—田格里拉两条美丽乡村游线路。鼓励农民装修“裸房”144幢，拆除闲置、废弃和危旧房135幢，完成危房改造251户。提级改造农村公路21千米，实施8个村饮水安全工程。投入补助资金400多万元，建立和落实“一清一保一机制”，严格卫生考评，农村环境状况明显改善。

【社会事业】　推进教育强区建设，创建“义务教育发展基本均衡区”通过教育部评估认定，泉州第十一中学、奕聪中学实现省二级达标；落实义务教育“两免一补”经费921.3万元，更新33部国标校车；投入4500万元实施中小学校舍和配套设施建设，务工人员随迁子女100%在公办学校就读；泉州实验小学洛江校区、福建经贸学校等项目动工建设。完成区医院病房大楼主体建设，成立泉州医高专附属人民医院洛江分院；完善基本药物制度，有效防控以甲型H7N9为重点的传染疾病。完成区职工活动中心、14个村（社区）文化活动示范点、26家职工书屋建设及20家农家书屋改造提升，建成2个省级社区多功能运动场所和10个村级灯光篮球场；完成非物质文化遗产陈列馆实物征集、布馆和第六次全国体育场地普查试点工作。获“省级双拥模范城”三连冠。适应征兵时间提前等新要求，顺利完成征兵任务，兵员素质进一步提高。

【人民生活】　新增城镇就业7533人，转移农村劳动力2026人。42项为民办实事项目顺利完成，“五险”扩面参保率均超额完成任务，新农合参合率为99.8%，增加政府配套资金680万元；城乡居民社会养老保险参保续缴率为96.1%，基础养老金待遇每人每月提高至65元。发放被征地人员养老保障补助金343.43万元；发放退休干部职工住房补贴269万元。投入2546万元加快703套保障性住房建设，投入67万元开展自然灾害公众责任保险和农房保险，实施造福惠民安居工程88户。发放城乡低保金和临时生活补助金1039万元、各类优抚安置费410万元、贫困残疾人补助金203万元；开展慈善救助1450人次，发放善款351万元，成立马甲镇慈善会。帮扶7个不适应村、经济欠发达村和少数民族村，落实帮扶资金344万元。

【生态保护】　国家生态区建设通过环保部技术评估，通过省级生态市现场验收。申报和实施市级节能循环经济项目6个，抓好重点流域（含近海水域）水环境污染综合整治，开展小流域“赛水质”活动，推进主要污染物减排工作。造林绿化10036亩，封山育林1.2万亩，综合治理水土流失4980亩、补充耕地700亩。开展批而未用土地专项检查和城镇低效用地再开发试点工作，落实卫片执法检查任务，严格土地批后监管，促进土地节约集约利用。

泉港区

【区情概况】　泉港区面积441.4平方千米，其中陆域面积321平方千米、海域面积119.6平方千米（其中潮间带以上滩涂面积47.68平方千米）。辖南埔、界山、后龙、峰尾、前黄、涂岭6个镇及1个山腰街道办事处、1个国营盐场，下辖96个行政村和4个居委会。总人口39.25万人，以汉族为主，兼有回族、畲族、蒙古族等少数民族。是著名的侨乡和台胞祖籍地之一，共有旅居海内外华侨、华人和港澳台同胞37万多人。

【经济发展】 全年实现生产总值297.8亿元，同比增长4.5%。公共财政总收入74.2亿元，同比增长8.6%；公共财政预算收入11.8亿元，同比增长15.5%。完成工业总产值1055亿元，规模以上工业产值1045亿元，实现工业增加值183.2亿元；实现石化产值680亿元，完成工业投资73亿元，同比增长25.2%；纺织鞋服、食品饮料等传统产业实现出口商品交货总值（不含联合石化公司）55.1亿元，同比增长12.1%。自营出口额7300万美元，同比增长12%。101个第三产业重点项目完成投资39.2亿元，实现三产增加值77.3亿元，同比增长7%。实现港口货物吞吐量3155万吨、海关关税再次突破100亿元大关。实现社会消费品零售额52.5亿元，同比增长13%。房地产投资额和商品房销售面积均增长50%以上。初步建成青年网商创业园。企业技改力度加大，完成技改投资40亿元，新增产值81.2亿元。开展省级石化新材料高新区创建工作，推进省级科技孵化基地建设，新获国家创新基金项目3个、火炬计划3个，新增省级科技型企业28家，授权专利400件，2家企业被评为市级“两化”融合示范企业。144个重点项目完成投资88.8亿元，其中，领亿新材料、恒河二期等38个项目开工建设，福海二期、氯碱PBT等25个项目建成投产，新增产值20.9亿元。完成全社会固定资产投资140亿元，同比增长30.7%。南山片区基础设施、公用配套、防洪排涝和物流基地“四大类”项目建设全面启动，完成投资10.5亿元。开展石化招商“百日会战”活动，举办泉港石化工业区招商推介会，签约项目20个，总投资308亿元，预计新增产值572.7亿元、税收31.1亿元。出台招商引资奖励规定，新引进13个民企和5个侨资项目，总投资124.5亿元。实际利用外资（历史可比口径）27424万美元，同比增长32.3%。争取财政体制上解返还等政策支持，仅地方公共财政收入增量上解返还和成品油价格改革税费逐月清算两项政策，每年就保存本级财力约2亿元。鼓励向上争取资金，争取上级各类专项补助资金3.65亿元，落实地方政府债券资金3.13亿元，石化工业区二期债券报批、水利水务公司组建等工作顺利推进；加强政银企对接，27家中小企业获16.7亿元授信，实现小微企业信贷投放“两个不低于”，支持企业土地融资11.4亿元。

【城乡建设】 深化“城市建设管理年”活动，83个城建项目、8个“点线面”项目分别完成投资48.15亿元、1.2亿元。启动城区主干道景观设计，完成4个片区控规及户外广告、市政工程、绿道系统等专规编制。龙山片区改造、7条道路和总部经济区建设全面推进，峰尾滨海新区启动建设，文化中心建成，万星影城、会议中心投入使用，南山中路综合整治全面完成。启用“数字城管”，强化卫生考评、市容管控和市政维护，建立城区主干道广告使用权经营机制；出台加快推进城镇化发展实施意见，全区城镇化率达44%。新增道路亮化79.6千米，铺设雨污管道10.8千米，湄丰水厂二期扩建、尾水排海管道修复更新等工程全面完成。前欧新区、前黄镇区、界山新城等小城镇项目规划建设序时推进，界山客运站、红星体育公园等一批项目建成或投入使用。创建省级生态区，7个镇（街）全部通过国家级生态镇省级评估，81个行政村获市级生态村命名。加快实施城市生态园林建设，续建锦绣公园、植物园等项目，建成沈海高速泉港段森林生态景观通道，完成绿化造林10557亩。开展细微颗粒物（PM2.5）自动监测，编制完成水资源开发利用规划和锦川小区防洪排涝等规划，重点流域整治及泗洲水库周边水源地保护工程顺利推进。出台海洋经济发展规划，远洋捕捞取得新突破，新增2艘400千瓦钢质渔船；惠屿岛整治修复与保护项目完工，诚峰一级渔港项目获农业部批复。双溪水库建设、前烧水库除险加固等20个水利工程扎实推进，获全省冬春修水利建设先进单位。农业“五万工程”规模效应初显，建成1个省级农民创业示范基地，引进2家设施农业龙头企业，11家企业获市级农业产业化重点龙头企业称号。农业“五新”技术有效推广，新增省级新兴产业龙头企业1家、市级科技特派员示范基地1个。落实农业帮扶项目74个，对接专项信贷7430万元。“美丽乡村”建设特色纷呈，23个示范村181个项目完成投资8361万元。完成乡级土地利用总体规划修编、33个村庄规划和中小河流整治规划编制。落实卫生保洁“一清一保一机制”，3个村被评为省级卫生村（居）。农村土地流转加快，新增规模流转2268亩。个人建房管理逐步规范，制止“两违”657宗7.6万平方米。实施农村公路上衔下延项目20千米，农村公路提级改造、安保工程和危病桥改造、生态坟墓建设等年度任务全面完成。坚持就业优先，转移农村劳动力7528人，实现农民人均纯收入13481元，同比增长11%。推进社会保险提标扩面，新农合参合率为99.8%、新农保参保率为98.9%；医保、新农保、城乡低保、基本养老金等标准实现新提高，发放养老、优抚、慈善、低保等资金8100万元。重视老龄工作，扩大高龄补贴发放范围，80周岁以上老人全部受惠，建成3个居家养老服务站，区社会福利中心、中心敬老院主体工程完工。实施“农村饮水安全工程”，新惠及群众1.13万人。强化食品质量安全监管，建成全省首个县级肉品质量安全信息可追溯系统。加强粮食储备轮换，市场价稳货足。

【社会事业】　投入8608万元，全面完成16项27件为民办实事项目。加快“教育强区”创建步伐，完成义务教育标准化学校建设和省校安工程任务，泉港一中、五中分别获省一级、二级达标，第二实小通过省级素质教育先进校评估验收，第二实幼建成招生；实施“名师名校长培养工程”，深化“小片区”管理和课堂教学改革实验，中考及格率、优秀率明显提高，本科上线率连续六年保持上升势头。深化医药卫生体制改革，泉港医院、仁爱医院分别晋升“二甲、二乙”，设立省级针灸临床实践基地，泉港医院病房大楼附属楼、泉港第三医院投入使用；举办第11届中国泉州—东南亚中医药学术研讨会，实施药品零差率销售和村卫生所基本药物制度，在全国首推全县域“先看病、后付费”诊疗服务模式。开展生育关怀服务活动，人口计生服务水平不断提升，年度综合考评成绩大幅跃升。开编泉港区志、月志。文化旅游发展“156”计划全面启动。建成14个文体示范点、篮球场亮化工程点及9个乡村休闲公园，实现全区文体网点、综合服务中心全覆盖。举办锦绣广场、峰尾古城文化节、涂岭猪脚美食文化节和海国文明研讨会等特色活动，新增省市文保单位和非遗名录13个，小坝蒙古族村列入全国少数民族特色村寨；举办首届新加坡华裔青少年“寻根谒祖”泉港冬令营活动。治安网格化防控体系完善健全，依法有力打击各类犯罪活动，全年刑事案件下降39.9%、破案率同比上升15.8%。开展区领导大接访，落实领导包案、专线轮值等制度，畅通信访渠道，全年接访群众103起317人次、化解89起。推进“六五”普法，人民调解、法律援助、安置帮教和社区矫正等工作扎实有效。安全生产总体平稳，各类事故四项指数全面下降，山腰、峰尾、普安被评为省级安全社（园）区。突发公共事件有效预防、妥善处置。“铁腕”治污力度加大，实施省市重点节能、循环经济项目13个，主要污染物排放量控制在市下达指标范围内。

【中国长寿之乡】　9月24日，“中国长寿之乡——泉港”授牌仪式举行，泉港成为福建省第二个、泉州市首个获“中国长寿之乡”的区（县、市）。“中国长寿之乡”评审标准共15个指标，包括经济发展、医疗卫生、社会保障、大气质量等，其中必达指标有3项。根据统计，泉港区百岁寿星达39人。在第六次全国人口普查中，泉港人均预期寿命77.76岁，高出全国水平2.93岁；80岁以上老人达8186人，占总人口的2.13%。扎实开展为老服务工作，加快建设区中心敬老院、综合社会福利中心和镇级敬老院，并建成社区服务站19个。在全市率先实行高龄老人补贴制度，推广65周岁以上老年人免费体检，该项工作已覆盖全区80%的65周岁以上城乡居民。

石狮市

【市情概况】　石狮市陆地面积157.2平方千米，海滩面积20.6平方千米，海岸线长67.6千米，海域面积968.5平方千米。下辖7个镇2个街道。

【经济发展】　全年完成生产总值570.9亿元，同比增长12.5%。公共财政总收入57.4亿元，同比增长13.5%，其中公共财政预算收入35.8亿元，同比增长16.6%。社会消费品零售额287.7亿元，同比增长14.8%。实际利用外资（历史可比口径）4.3亿美元，同比增长15.4%。出口商品总值206857万美元(12月份海关口径)，同比增长25.2%。进口商品总额36830万美元，同比增长44.5%。城镇居民人均可支配收入40002元，增长9.8%。银行存款余额（含本外币）654.4亿元，同比增长22.7%；银行贷款余额（含本外币）493.6亿元，同比增长21.4%，存贷比率由年初的76.2%下降到75.4%；城乡居民储蓄存款余额（含本外币）356.2亿元，同比增长12.5%。经济综合实力位居全国中小城市科学发展百强第21位，比2012年上升2位。全域城市化发展改革方案获省政府批准实施，成为全省首个试点。连续16年获“全国科技进步先进市”称号，高新区跻身国家知识产权试点园区。

工业　规模以上工业增加值266.6亿元，同比增长14.7%。销售产值768.7亿元，同比增长14.0%，产销率为97.5%，其中纺织服装业完成销售产值394.1亿元，同比增长14.2%，占规模以上工业销售产值51.3%。制定出台推进产业集群集聚发展、电子商务、企业改制上市、促进染整企业兼并重组、集聚纺织服饰创意设计人才等政策措施，兑现惠企奖励资金3亿元。安排191套住房奖励企业中高层管理人员和教育卫生人才，与13家国内著名纺织服装院校开展政校企合作对接，保障企业用工和人才需求。对接“三维”项目22个、总投资473亿元，实施技改项目97个，完成投资45亿元。新增卡宾、富贵鸟等3家上市企业，255家企业开展增资扩股，新增注册资本30亿元，全年产值超亿元企业达144家。

第三产业　增加值211.0亿元，增长11.8%，增幅居泉州市前列。入选全国首批信息消费试点城市。服装城新增入驻636家商户、1000多个时尚品牌；海西（石狮）电子商务园一期建成投入使用，入驻近300家电商企业；甲骨文纺织服装创新发展云投入运营，入驻100多家企业；石狮辅料市场意向入驻500多个国内外辅料品牌；国际轻纺城市场主体结构、星·期·yi服饰创意博览园基本完工。第16届海博会实现成交额115亿元，同比增长11.6%。“金改”创新取得显著成效，成立民生银行海洋产业金融中心，开发建行“善融商务”、小微企业“助保贷”、泉州银行“无间贷”等金融产品，创新集体建设用地抵押贷款、产业园区“批发贷”等金融模式，分别与厦门大学、中科招商集团建立金融战略合作关系。全市港口货物吞吐量2585.8万吨，同比下降3.3%；全市港口集装箱吞吐量113.4万标箱，下降8.7%。

农业　总产值38.7亿元，同比增长0.8%。水产品产量382953吨，同比增长1.1%。农民人均纯收入17952元，同比增长11.9%。新认证省级海洋产业龙头企业3家、泉州市级重点龙头企业12家，获农业部批准远洋渔船网具指标15个；新增农民专业合作社31家，推广种植（养殖）新品种7个。编制完成海洋产业发展规划，海洋生物科技园获评国家级农业高新技术园区，16个省级海洋经济重大项目完成投资33.2亿元。

【城乡建设】　城市建成区面积扩大到35.3平方千米，城镇化率为75.9%，居全省县级市首位。片区改造全速推进，钞坑片区半年多时间完成征迁任务，世茂城市综合体项目快速落地建设，建成展示区、样板区，城市新地标初具雏形；镇中路二期中骏商城、长福泰禾城市广场、城东幸福新城、梧园片区等项目进展顺利，安置房建设加速推进。永宁、蚶江小城镇建设超额完成年度投资任务。交通质量不断提升，完成中心城区“白改黑”工程40.6千米。福辉路建成通车，蚶江大道、宝盖山拥军路、石龙路基本完工，跨海大桥、环湾大道、濠江北路加快推进。启用公交IC卡，新增公交车65部，新建公共停车场3个、停车泊位1819个。引水二期工程建成通水，全市日供水能力达64万吨。城东110千伏输变电工程竣工投产。公共文明指数测评连续两年保持全省县市第一，获“省级生态市”命名。“点线面”综合整治项目持续推进，景观提升成效凸显，完成门户廊道、市政道路、滨海岸线、口袋公园等工程，推进“借地绿化”、公园“拆墙透绿”，整个城市面貌焕然一新。整治水系环境，实施治理项目26个，与晋江市联手推进跨境流域水环境污染治理，取得阶段性成效。启动新型染整产业循环发展园建设，推进清洁能源替代导热油炉改造工程。新型社区“五清四化三提升”取得良好成效，前埔、郭坑入选泉州市首批十大“美丽乡村”。

【社会事业】　城镇居民家庭平均每百户拥有移动电话292部、家用电脑114台、家用汽车26辆。城乡居民低保标准提高到户月人均480元，居全省县级市第一，发放低保金1781.8万元，1980户4768人受益；城乡居民社会养老保险续保率为99.3%，居全省第一。城镇新增就业1.85万人，农村劳动力转移就业3550人。出台沿海五镇石结构及危险房屋改造实施意见，完成450宗危房翻建审批；建成2690套保障性住房。投入2.7亿元，实施60个校安工程和薄弱校改扩建项目。升办第六实验小学、蚶江中心幼儿园，完成第二实验幼儿园改扩建，凤里中学搬入新校区。高考本科上线率65.4%，高于省、泉州市平均水平。通过国家义务教育发展基本均衡市督导评估。1.9万人在石狮接受高等职业教育，改善全市人才结构。举办闽台对渡文化节暨蚶江海上泼水节、永宁古卫城暨城隍文化节、第三届全市工人运动会，承办国际龙狮争霸赛、全国象棋锦标赛、海峡两岸马拉松比赛等赛事，城市美誉度进一步提升。获全国民族传统推广优秀奖、全民健身先进单位称号，永宁老街入选第五届“中国十大历史文化名街”，石狮市图书馆再次获评国家一级图书馆，石狮市博物馆被授予“泉州市第一届社会科学普及基地”称号。公立医院改革试点经验得到卫生部医改办推广，继续推行药品零差率销售，减轻患者药品费用1886万元。投入1940万元，免费提供基本公共卫生服务11类41项。新农合财政人均补助330元，保持全省最高，28万人次报销医药费用1.2亿元。市医院新院主体工程封顶。计生工作通过国家计生优质服务先进市检查验收，年度综合考评位居泉州市第三名。群众对社会治安满意率为94.8%，创历史新高。安全生产事故四项指数全面下降。建立市、镇（街道）、村（社区）三级和谐社会促进会，推进镇（街道）网格化服务管理、流动人口居住证发放等工作。渣土车整治经验获得上级肯定和推广。全省首辆101米登高平台消防车投入使用。举办世界石狮同乡联谊会第二届理监事就职典礼，首次评选6位荣誉市民，成立石狮市台胞联谊会、台北市石狮同乡总会、北京石狮商会，海内外联谊更加密切，全市侨捐公益历年累计达14亿元。国防动员和民兵预备役工作有力推进，获省级双拥模范城七连冠。开展志愿者服务行动32万人次，在泉州市率先成立老龄服务志愿者协会。市残疾人服务中心启用。完成高清电视播出系统改造。钞坑村举行迄今为止最大规模骨灰集体海葬。启动行政服务中心标准化建设，当场办结率为81%，位居泉州市前列。建成全省首个县级便民服务中心，开通“12345”热线和网站，设立社会服务大厅，为群众提供一站式服务。

晋江市

【市情概况】　晋江市陆域面积649平方千米，海岸线长121千米，户籍人口107万，常住人口200万，侨胞和台港澳同胞达300万。县域经济基本竞争力位居全国第5，经济综合实力连续20年居于福建县级之首。拥有纺织服装、制鞋、食品饮料、建材陶瓷、纸制品、装备制造、新材料7个产值超百亿产业集群，其中制鞋、纺织服装产值分别超过800亿元、600亿元。拥有中国名牌产品24项、中国驰名商标103枚、中国出口名牌2项、出口免验企业1家，上市公司43家。拥有国家一类航空口岸、2个国家级对外开放口岸。

【经济发展】　全年实现生产总值1363.94亿元，同比增长11.6%。公共财政总收入182.79亿元，同比增长13.5%，其中本级收入97.01亿元，同比增长19.45%。全社会固定资产投资632亿元，同比增长22%。面对市场低迷、产业调整压力，及时梳理完善新一轮经济发展政策，兑现帮扶资金7.95亿元，帮助企业拓展市场，规模以上企业库存率为4.2%左右，处在合理区间；帮助企业破解发展难题，保障用地、用林、用工。新增上市公司2家，产值超亿元企业达到600家，4家企业进入中国制造业500强。实施项目带动，策划推进“深化项目落实年”655个项目，超额完成投资计划。跟踪51个重大招商项目，引进超50亿元项目1个、超30亿元项目3个，9个重大招商项目落地开工。新增企业营销中心27家，回归税源5亿元。推进改革试点，确立农业转移人口城镇化主题，加快新型城镇化试点。陈埭镇行政管理体制改革和金井、磁灶、东石等小城镇综合改革试点稳步推进。实施服务业综合改革“138”工程。落实金改“20条”，新增企业贷款92.3亿元，新设立准金融机构15家，近20亿元民间资本进入准金融领域，金融创新先导示范效应逐步释放。产业竞争力持续提升。三次产业比例为1.3:67.3:31.4。以结构调整加快产业转型。实施“5541”现代产业发展规划，工业增加值、第三产业增加值分别同比增长11.5%、11.6%。制鞋、纺织服装业加快调整升级，摆脱同质化发展困境；食品饮料、纸制品业产值增长20%以上。5个新兴产业规模进一步做大，5家企业成为省级战略性新兴骨干企业，2家成为省“两化”融合示范企业。三产跃升势头强劲，投资同比增长35%，比工业投资高28个百分点；税收同比增长55%，占新增财税70%。超亿元限上批发零售企业增加到34家。陆地港、海峡石化产品交易中心营销规模扩大，国际鞋纺城、现代物流园、普洛斯物流园等项目进度加快。第15届鞋博会达成交易额再创新高。以创新驱动加快产业转型。113个技改项目完成投资60亿元。新增国家级高新技术企业1家、省级7家。企业专利申请量、授权量分别达到5610件、3732件，分别同比增长82%、110%。举办“海峡杯”工业设计大赛，新增国家级工业设计中心1家、省级3家。“三创园”、洪山文创园成功引进69家创意研发、检验检测机构，哈工大机器人研究所、中纺院、中国皮革研究院等6家“国字号”机构入驻晋江。新认定优秀人才295名，博士后人才达到69名，人才集聚效应逐步显现。成立电子商务协会，设立鞋都电商中心、文创园电商专区，70%以上规模企业建立网上销售平台，线上交易额超380亿元。以外向拉动加快产业转型。实际利用外资（历史口径）11.29亿美元，同比增长5.1%。自营出口62.5亿美元，同比增长46.1%。出口加工区保税物流进出口额同比增长114.4%。新兴市场拓展力度加大，东盟、非洲、拉美等市场出口额大幅增长。以载体拓展加快产业转型。经济开发区127个基础配套项目完成投资6.06亿元，24个工业项目投产，食品、光电信息、海洋生物科技、时尚服饰等新拓园加快推进，规划面积拓展到203平方千米。陈埭、安海、内坑、英林等13个品牌工业园加快建设。滨海新区填海工程进入施工设计阶段。

【城乡建设】　城市功能品质持续提升。183个“城市建设管理年”项目完成投资264.1亿元，拆迁房屋351万平方米，征地3.36万亩。完成新一轮城市总规修编，编制海岸带保护利用、综合交通等专项规划，中心市区控规覆盖率达65%，村庄规划实现全覆盖。按照“一主两辅”布局，加快组团片区建设，城市面貌越来越美、功能越来越完善。中心市区滨江、城北、池店南、梅岭、青阳、磁灶等组团（片区）45个重点城建项目完成投资48.7亿元。世茂、百信、宝龙等现代小区相继建成。立足完善城市功能，启动“五大片区”战略性征迁，紫帽、梅庭片区基本完成改造征迁。“五个系列”资源整合全面推进，“一山一水”生态慢行系统完成28千米示范段建设，和平路、福兴路等道路功能和立面景观大幅提升，中心市区集聚辐射带动力明显增强。晋西辅城区安海、内坑、东石等组团53个项目完成投资28.2亿元，安平桥生态公园基本建成，安海海东鸿塔片区、东石金世片区、内坑旧街改造加快推进。晋南辅城区金井、英林、龙湖、深沪等组团（镇域）59个项目完成投资8.8亿元，福州大学晋江校区落户金井，英林英伍路立面整治、龙湖衙口景区、深沪狮峰商住区建设进度加快，两个辅城区建设格局全面拉开。46个安置房项目完成投资60亿元，21个项目陆续投入使用，2.2万人幸福回迁。53个交通市政道路项目完成投资20.2亿元，打通4条城市主干道、9条市政道路，新增公路里程36千米。建成3座110千伏输变电站，输变电容量增加到343万千伏安。开展全省城市综合管理试点，理顺户外广告、绿化管护等工作机制，严厉制止“两违”，渣土车管理经验在全省推广，城市建设管理更加精细高效。美丽乡村建设持续提升。完成农林牧渔业总产值35.6亿元，同比增长2.5%。城乡居民人均收入分别同比增长11%、12.5%。新增全国种粮大户2名、流转耕地5000亩。胡萝卜种植基地成为省级农民创业示范基地。晋江紫菜获“全省十大渔业品牌”称号。实施“领头雁”示范培育工程，出台壮大村集体经济专项政策，促成32个村结对帮带，对接项目43个。市财政投入1226万元补助196个薄弱村，所有村（社区）村财全部超过20万元。完成5座水库、5.3千米海堤除险加固，引水第二通道加快推进。培育10个市级示范村，磁灶大埔村入选全国“美丽乡村”创建试点。

【民生保障】 民生保障水平持续提升。完善7个民生体系，民生支出43.64亿元，占本级支出66.34%。全力为群众办实事，19件为民实事全部完成。实施“春风计划·四帮四扶”，帮助201户困难家庭解决最急迫的就业、就学、就医、居住等困难，实现脱贫解困。落实免费就业培训政策，城镇新增就业2.06万人，农村劳动力转移就业8560人。启动石结构及危房改造五年计划。深化公交改革，公交服务明显提升。保障公共服务公平普惠。兑现公办高中和中职学校免学费6400万元，3.32万名学生受益。首批156名外省学子在晋江市参加异地高考。高考本一批上线率再创新高。全市15所公办高中全部实现省达标。118个学校改（扩）建项目完成投资4.5亿元，养正中学迁建完成二期主体建设，开办8所公办小学、幼儿园。通过“义务教育发展基本均衡县”国家认定。深化医药卫生体制改革，与高端医疗资源对接取得新成效。加快整合提升医疗卫生资源，市医院迁建全面提速，4个镇级卫生单位完成迁（扩）建，新增病床位200张。获“国家卫生应急综合示范市”称号。社会福利中心部分主体工程封顶，新建30个居家养老服务站、15个村级老年活动中心。优化人口计生服务，继续保持低生育水平。新增国家级文物保护单位4处。五店市传统街区基本完成保留建筑修缮，戏剧中心、文化中心相继建成，世纪大道文化走廊初具规模。沙排、自行车、CBA等全国性赛事有效扩大城市影响力。加强社会管理创新。创建安全发展城市，安全生产事故起数同比下降9.7%。全市162个村（社区）推行网格化管理，被评为全省和谐社区建设示范城市。完善市镇村三级治安巡防联动体系，严厉打击“两抢一盗”，群众对社会治安满意率明显提高，获“全国平安建设先进市”称号。深化居住证制度，外来人口市民待遇增加到28项。慈善总会支出善款1.9亿元，爱心救助覆盖面越来越广。

南安市

【市情概况】 南安市面积2036平方千米，海域面积61.6平方千米，海岸线长32.8千米。辖23个乡镇、3个街道办事处、2个省级经济开发区，人口154万，海外侨胞和港澳台同胞350多万。2013年，综合实力位居全国县域经济与县域基本竞争力百强第46位、中小城市综合实力百强第34位、最具投资潜力百强第23位、最具竞争力百强第31位、福布斯中国大陆最佳县级城市第14位，蝉联“全国科技进步先进市”，成为“国家知识产权试点市”“全国生态文明建设试点市”，实现“省级双拥模范城”七连冠。

【经济发展】 全年完成生产总值709.98亿元，同比增长12.7%。规模以上工业产值1285.72亿元，同比增长17.0%。公共财政总收入71.36亿元，同比增长17.0%；公共财政预算收入39.82亿元，同比增长15.8%。社会消费品零售总额260.20亿元，同比增长15.3%。城镇居民人均可支配收入30276元，同比增长10.0%；农民人均纯收入13806元，同比增长12.1%。

项目带动 全市465个“五大战役”项目完成投资335亿元，带动完成全社会固定资产投资350.4亿元，同比增长22%。深化“回归创业”工程，推进项目“三维”对接，民企产业项目洽谈会对接10个项目，计划总投资195.5亿元；“6·18”项目成果交易会对接85个项目，计划总投资17亿元；“9·8”洽谈会对接5个项目，计划总投资4.1亿美元；首届全省侨商对接会对接12个项目，计划总投资10.53亿美元。新批33个外商投资项目，实现利用外资历史可比口径41009万美元，同比增长13.6%。

产业提级 启动石材、水暖厨卫、机械装备三个千亿产业集群发展规划编制，获批筹建全国水暖卫浴知名品牌示范区，“五金制品（水暖厨卫）·福建南安经济开发区”被确定为第四批“国家新型工业化产业示范基地”，滨江基地成为省级小微企业创业基地。实施15个节能技改项目，完成58家建陶企业LNG清洁能源替代，更新公共交通清洁能源车辆201部，淘汰造纸、印染落后产能12.85万吨、3000万米，单位工业增加值能耗下降10.4个百分点。完成污水处理设施投入1.87亿元，新增2家省级资源综合利用企业，海西再生资源产业园区获评国家“城市矿产”示范基地。27个现代服务业项目完成投资35.5亿元，第三产业增加值同比增长9.9%。新增2个国家AAA级景区，年接待游客425万人次，旅游总收入突破38亿元，入选“最美中国榜”旅游目的地城市。

品牌创建 培育“科技小巨人”企业80家，新增7家国家高新

企业、7家省创新型企业、5家泉州市级以上“两化”深度融合示范企业、3个企业技术中心，1家企业获中国创业创新大赛一等奖。专利权质押融资实现零的突破，万人发明专利拥有量达2件，1个产品获巴黎国际发明展览会金奖。首发《中国天然大理石白皮书（2013）》，制修订标准10项，5家企业获评南安市首届市长质量奖。举办中国水暖卫浴工业设计创新大赛，2家企业入选“中国500最具价值品牌榜”，新增2枚中国驰名商标，5家企业在境内外场外交易市场挂牌，上市后备企业滚动发展到61家。设立中国生产力学院（泉州）石材分院、清华大学研究生社会实践试点基地和首个村级教授工作站，引进博士后等高层次人才580多名。

对外经贸　外贸出口持续增长，自营出口商品总额12.9亿美元，同比增长32.8%。举办第九届中国（南安）泵阀水暖交易会、第八届海西电子产品展示会、第六届海峡两岸农产品采购订货会和第十四届石博会，分别签订购销合同金额46.8亿元、23.63亿元、7.07亿元和84.8亿元，分别同比增长18%、26%、9.95%和9.5%。

【三农工作】　落实强农惠农资金20亿元。投入3.5亿元完成1065个美丽乡村“六大工程”项目，形成产业转型美丽蝶变类、规划指导整治提升类、生态发展绿色推动类、养老保障和谐促进类、古厝保护传承发扬类、文化引领人文构建类、信息引导素质提高类、壮大村财持续推进类8类“美丽乡村”创建类型，新增2个全国“美丽乡村”试点村，官桥漳州寮入选中国传统村落。创建2个万亩早稻高产示范片，新增2家场外交易市场挂牌农业企业、1家省级现代农业（花卉）建设企业、81家农林专业合作社、5个休闲农业示范点，“世纪之村”获评全国农业农村信息化示范基地，康美“凤梨穗”龙眼入选“大陆十大名优农产品”，蓬华镇成为省级休闲农业示范镇。推进8个重点帮扶村扶贫开发工作，落实帮扶资金1076.8万元，被列入原中央苏区振兴发展规划范围。

【城乡建设】　入选全省首批县级城市总规编制试点。78个城建项目完成投资104.5亿元，221个小城镇试点改革建设项目完成投资116.3亿元，水头镇蝉联省级试点小城镇综合考评一等奖。南石高速建成通车，新增高速公路通车里程42.1千米。加快北部区域发展，实施62个“南北对接、协同发展”项目。福建海西光伏发电站实现并网发电，新增输变电容量110兆伏安。新增14个国家级生态乡镇（街道）、8个省级生态村。

【社会事业】　基本完成“校安工程”，新、改（扩）建8所公办幼儿园，更换60部非专用校车。基层医疗机构实现100%药物零差率销售，居民健康电子建档率达94.5%，城镇居民医保报销率、新农合住院实际补偿率分别达55%和51%。新增23个文化示范村（基地）、3个国家级文保单位，高甲戏艺术传承保护中心注册成立，市图书馆、李成智图书馆通过国家一级馆复评，市档案馆晋升国家一级馆。实现全运会金牌零的突破，市体校再次获评国家高水平体育后备人才基地。实施38个社会管理创新项目，构建“大调解”工作体系，群众社会治安满意率达94.7%，成为省级“平安先行市”。

【民生保障】　完成12件42项为民办实事项目，公共财政民生投入24.1亿元，占财政支出的65.7%。城镇新增就业1.94万人，农村劳动力免费培训1.04万人、转移8600人，获批全省首个全国农村实用人才培训基地。落实城乡低保和五保供养提标、“五老”人员定补自然增长、困难群众免收基本殡葬服务费，调整提高养老、医疗、工伤、生育保险政策享受水平，儿童福利院、救助站投用，基本建成残疾人“福乐家园”，城乡居民社保续保率达91.4%，新增4家乡镇敬老院，实现社区养老服务站全覆盖。改造300户农村危房，基本建成4231套保障性住房、484套各类安居工程。举办第六届世青会暨慈善城市公益活动，侨捐资金连续20年超亿元，2位乡贤入围2013年胡润慈善榜。

惠安县

【县情概况】　惠安县陆域面积（不含泉州台商投资区，下同）481.2平方千米，海域面积1725平方千米。属亚热带海洋性季风气候，常年平均气温19.7℃。辖12个镇、218个村（社区），人口76.87万人。

【经济发展】　全年实现生产总值440.87亿元，同比增长11.7%。公共财政总收入35.09亿元，同比增长12.3%，其中公共财政预算收入21.61亿元，同比增长12.6%。城镇居民人均可支配收入29570元，农民人均纯收入13730元，分别同比增长9.1%和11.6%。综合实力上升至全国中小城市百强县第36位，获“2013年度中国最具区域带动力中小城市百强县”“2013年度中国最具投资潜力中小城市百强县”称号。

工业　实施国家可持续发展实验区规划，出台稳定工业增长、扶持中小微企业发展等7项政策措施，落实企业帮扶资金2.89亿元，56家企业完成技改投资12.4亿元，新增省级高新技术企业2家、中国驰名商标1枚。完成工业增加值225.44亿元，同比增长14.4%。工业项目投产19个、投建22个，累计在建34个，完成工业投资200.08亿元，同比增长25%。石雕石材、食品饮料、鞋服箱包、五金机械等传统产业产值568亿元，同比增长16.8%。举办第二届中国（惠安）国际雕刻艺术品博览会，实现贸易合同金额12.1亿元。创建雕艺大师工作室29个。雕艺文创园获全国雕刻艺术领域首个“中国雕刻艺术传承基地”称号。建筑企业完成施工产值361.8亿元，同比增长17.5%，回乡缴纳所得税2.8亿元，同比增长11%，新增施工总承包一级资质企业2家。新增自营出口企业8家，实现外贸出口6.4亿美元。

项目建设　打好“五大战役”，集中力量建设392个战役项目，完成全社会固定资产投资287.01亿元，增长25%。112个在建重点项目开工建设96个，完成投资201.3亿元。中化1200万吨炼油项目试车投料，完成投资382.6亿元，形成石化产业链龙头；14个石化中下游项目加快推进，完成投资10亿元，已投产2个，新增产值4亿元。福厦高铁惠安站及连接线、县城至惠东快速通道等11个重点交通项目完成投资10.13亿元。外走马埭围垦工程海域使用通过国家海洋局验收。

农业　落实各项强农惠农政策，实现农业总产值40.77亿元，完成粮食产量8.25万吨。新增土地流转面积6074亩。建成省级农民创业示范基地，新建钢架蔬菜大棚1050亩、果蔬保鲜冷库6250平方米，新增市级龙头企业7家、农业“三品”认证产品5个。完成台湾农民创业园总体规划，开展对台农业合作项目15个，引进台湾农业“五新”技术30项。实施海堤和小（二）型水库除险加固等水利项目35个，完成投资2.65亿元，被列入全国第五批小型农田水利建设重点县。新增钢质渔船26艘，水产品产量23.5万吨。

第三产业　深化“第三产业发展年”活动。中闽百汇商业广场等29个服务业重点项目完成31.2亿元。建筑业总部大厦竣工落成，达利商业综合体正式运。完成社会消费品零售总额127.95亿元，同比增长9.6%。创建全市首个“省级旅游品牌县”，全年接待境内外游客349.3万人次，同比增长15.9%，实现旅游收入33.7亿元，同比增长15.8%。

【城乡建设】　完成城市总体规划扩大修编纲要，中心城区规划范围拓展至55平方千米。禹洲城市综合体等27个重点城建项目完成投资33.32亿元，嘉惠、黄塘和螺城洞口等片区开发建设全面启动，100万平方米安置房及配套设施建设加快推进。加快实施绿化、美化、亮化提升工程，投入1.98亿元推进“点线面”整治项目6个，新增县城区公共绿地2.85万平方米。小城镇建设实施重点项目76个，完成投资34.1亿元，城镇化率达57%。全面实施“美丽乡村”建设五年行动计划，制定出台生态村创建等12项政策措施，45个创建村583个项目完成投资1.8亿元。

【环境保护】　省级生态县通过考核验收。投入1.8亿元加快县城污水处理厂二期、崇山和惠西污水处理厂及配套管网、生活垃圾焚烧发电厂二期等项目建设，全县污水集中处理率88%、城镇生活垃圾无害化处理率100%。投入1.02亿元完成林辋溪、黄塘溪、蔗潭溪等溪流20.75千米河道综合整治。抓好崇武山霞海岸带资源环境保护，青山湾、西沙湾沙滩修复工程有序推进。投入4500万元全面实施重点林业生态工程，造林绿化1.28万亩，修复被破坏山体植被1540亩，治理水土流失1.1万亩。实施省市重点节能、循环经济项目5个，淘汰落后产能4.25万吨，万元GDP能耗同比下降3.3%，主要污染物排放量控制在市下达指标范围内。

【社会事业】　县财政民生支出17.24亿元，完成48项为民办实事项目。投入7271万元新改扩建公办幼儿园7所、扩容建设小学3所，7个省级校安工程完成投资8901万元，新增中小学标准化学校42所。推进文化惠民工程，首届“薯花文艺奖”奖励120位艺术家196件文艺精品。设计完成城市品牌形象标识。药品零差率销售实现镇、村全覆盖，县中医院完成主体工程，德诚医院正式运营，新增卫技人员678人、病床370张。城乡低保持续提标扩面，居民保续保率为95.7%，新农合参合率为99.99%。转移农村富余劳动力6508人，新增城镇就业1.29万人，城镇登记失业率为1.15%。保障性住房基本建成668套，“造福工程”改造危房304户。人口出生率为15.69‰，政策符合率为88.2%，低生育水平保持稳定。

安溪县

【县情概况】　安溪县面积3057.28平方千米，人口115万，辖24个乡镇、466个村（居）。是著名侨乡和台胞的主要祖籍地，现有旅外侨、台港澳同胞400多万人，其中台湾安溪籍乡亲248万人，占台湾地区总人口的11.7%。

【经济发展】　全年实现生产总值381.22亿元，同比增长12.1%。公共财政总收入31.53亿元，公共财政预算收入19.62亿元，分别同比增长18.0%、21.8%。全社会固定资产投资190.37亿元，同比增长28.3%。实际使用外资（验资口径）8433万美元，同比增长5.3%。农民人均纯收入12135元，城乡居民人均可支配收入19829元，分别同比增长12.6%、10.5%。工业用电量20.66亿千瓦时，同比增长11.35%。其中，公共财政总收入和工业用电量两大指标增幅均居全市第一。位列“全国综合实力百强县”第75位、“全国最具投资潜力中小城市百强县”第38位。

【项目建设】 实施重点项目206个，总投资831.44亿元，完成年度投资165亿元，日均投资4500多万元。莆永高速安溪段建成通车。中国国际信息技术（福建）产业园数据灾备中心完成主体工程并开始设备安装。福建泉州（湖头）光电产业园入驻企业16家，6家企业投产。实施泰兴激光科技等55家企业的技改扩建项目。完成县总部经济区暨金融行政服务中心建设，并入驻企业总部36家、金融（保险）机构9家。新增2家高新技术企业，2个科技项目获“863”计划入库。安溪家居工艺文化产业园列为全市6个重点文化产业园之一。泉州白濑水利枢纽工程被国务院列入全国大型水库建设C类项目。

【茶业发展】 创建“国家级有机产品认证示范区”“国家级出口食品农产品（茶叶）质量安全示范区”通过认定，承建国家农业科技园、省级农民创业园。与中国工程院陈宗懋院士合作成立全省首个茶叶院士工作站。新增茶业合作社286家，退茶1981亩，流转茶园2.7万亩，培训茶农3.3万人（次）。组织32家企业实施现代茶业发展项目。“安溪铁观音·美丽中国行”到5个城市开展品牌营销。举办第四届中国茶都安溪国际茶业博览会暨2013泉州茶文化旅游节、“安溪铁观音财富大会”、“安溪铁观音·茶聚正能量”等活动。完成茶歌《飘香》MV和微电影拍摄。1家茶企在香港上市，5家茶企在天交所等场外市场挂牌交易。茶叶传统市场占有率为17.28%、电子商务市场占有率为21.3%，均居全国第一位，涉茶总产值增至115亿元，连续5年位居全国重点产茶县第一位。

【城镇建设】 中心城区道路“白改黑”工程向南翼新城、湖头新城延伸，总里程近60千米；基本完成金安高速安溪出口拓宽工程，建成岩岭隧道并通车；城西拦河闸下闸蓄水，建设完成城区茶文化长廊（一期）、涝港城市文化广场室外工程、河滨北路城市慢道系统提升工程等系列城市配套设施，延伸大龙湖两侧夜景工程至城东茶业新城和德苑工贸园；新增城市慢道系统8千米、绿地57万平方米、休闲广场11.5万平方米。南翼新城实施环北路（二期）、环东路、龙门滨水绿道、官桥河滨休闲大道等项目，污水处理厂投入使用。湖头新城开工建设环城路（一期），完成文贞桥、新华都商场、污水处理厂等项目建设，启动建设迎宾公园。

【环境优化】 完成城乡垃圾清收运转体系建设，引导19家企业与14个县级示范村结对共建，湖头“三安幸福小镇”入选全国美丽乡村。完成造林绿化7.7万亩，治理水土流失13.25万亩，官桥—龙门花岗岩矿山地质环境治理一期建设工程通过评估审核。实施减排治理项目33个、重点流域综合整治项目49个。完成6个乡镇25个村的农村环境连片整治，建成27座乡镇污水集中处理站。全县已建成国家级生态乡镇20个，省级生态乡镇2个，市级生态村360个，建成省级新农村示范村108个，省级“家园清洁行动”示范村332个，省级、市级绿色学校27个，市、县级绿色社区43个，创建国家生态县通过环保部技术评估，创建省级“优秀旅游县”通过验收。

【民生事业】 全面完成205个校安工程项目，新（改、扩）建中心幼儿园17所，新增学位3110个。完成26所中小学扩容和县直第八小学、第十三小学建设，新增学位8100个，所有高中校实现达标晋级。新建县医院综合大楼、妇幼保健院门诊综合楼等10多个项目，新增病床位590张，新招聘培养医务人员160多名，卫生医疗服务条件不断改善。建成离退休老干部活动中心、4所乡镇敬老院。完成造福工程危房改造800户、棚户区改造200户、安居工程140户，建成保障性住房814套。职工“五险”人数增至19.2万人次，新农合、城乡居民养老保险参保率分别提高至99.93%、94%。

【莆永高速建成通车】 莆永高速即福建莆田至永定高速公路，是海西高速公路网的重要组成部分。12月31日，泉州段通车，莆永高速全线通车。泉州段总里程99.77千米，经过安溪金谷、湖头、白濑、湖上、剑斗、感德、福田7个乡镇，安溪境内设置5个互通立交和1个服务区。通车后，内安溪乡镇至中心城区距离缩短，内安溪北部交通环境进一步改善。

永春县

【县情概况】 永春县面积1468平方千米，辖18个镇、4个乡、236个行政村（社区），总人口57.6万人，其中乡村人口45.1万人。是著名侨乡。永春籍华侨华裔、港澳台胞达120万人，遍布47个国家和地区。

【经济发展】 全年实现生产总值262.16亿元，同比增长12.3%。工业增加134.15亿元，同比增长15.5%。农业总产值21.24亿元，同比增长4.4%。公共财政总收入17.81亿元，同比增长14.5%；公共财政预算收入12.22亿元，同比增长21.6%。全社会固定资产投资73.83亿元，同比增长29.0%。社会消费品零售总额72.56亿元，同比增长15.4%。城镇居民人均可支配收入21282元，同比增长9.8%；农民人均纯收入11121

元，同比增长11.8%。

农业　全年支农支出同比增长18.5%，粮食产量13.26万吨。建成全省首家现代农业装备展示厅，五里街现代农业示范区成为全省农业科技园区和现代农业的展示窗口，湖洋现代农业示范区创新农业企业化和精致农业运作模式，介福德福生态农业养殖基地被列入省级农民创业示范基地。成立全市首家农村土地流转专业合作社、美丽乡村旅游专业合作社，19家农民专业合作社被列入全省农民专业合作社名录。与华中农业大学合作研发并推广种植芦柑无病毒苗木1050亩。完成旧村复垦1062亩。建成山地水利蓄水池131座，除险加固水库7座，治理水土流失6.87万亩，完成河道治理40千米，解决1.6万人的饮水安全问题，获“全国规模化节水灌溉增效示范县”称号。

工业　落实促进工业增长等优惠政策，兑现各类扶持资金1.32亿元，房产税、土地使用税“即征即奖”工作走在全市前列，“二次创业”再掀高潮。33个工业技改、25个工业新建项目分别新增产值14.8亿元和9亿元。轻纺鞋服产业产值140亿元，同比增长20%，主导地位更加凸显；新能源新材料产业产值83.6亿元，接近百亿元产值大关；生物医药、食品饮料、香产业产值分别同比增长15.5%、20%和35%，产业支撑作用增强。

第三产业　深化“第三产业发展年”活动，41个重点项目完成投资44.7亿元，是上年的1.6倍。制定旅游“五个统一”机制，举行《桃花》特种邮票首发仪式，全县接待游客人数、旅游总收入分别增长19.7%和20%，获“亚洲金旅奖•大中华区最佳绿色生态旅游名县”称号。新增货运车辆697部，回迁外挂车辆142部，客货运总周转量分别同比增长8%和13%。建成省市无公害副食品基地15个、商业网点便利店10家。

五大战役　实施“五大战役”活动项目258个，总投资388.29亿元，年度计划投资138.16亿元。其中，在建项目253个，总投资378.50亿元，年度计划投资133.97亿元；预备项目5个，总投资9.79亿元，年度计划投资4.19亿元。在建项目全年完成投资138.49亿元，占年度投资计划103.38%，完成或超额完成年度投资计划项目194个，占76.68%；完成投资超投资计划120%的项目64个，占25.30%；完成投资超亿元项目31个，占12.25%；已建成投产投用或部分投产投用的项目146个，占57.71%。

【城乡建设】　全线铺开桃溪流域综合治理，101个项目完成投资9亿元，实现年度目标的110.6%，8个重点河段和城区景观贯通工程亮点纷呈，“桃溪治理模式”进一步发挥示范带动作用，《人民日报》作了专题报道。创建美丽乡村精品村5个，北溪村被评为“2013年中国最有魅力休闲乡村”，高垅村入选全国“美丽乡村”，被确定为“全国农村综合改革美丽乡村标准化试点县”和“全省一事一议财政奖补美丽乡村建设试点县”。城乡环境整治、“两违”防控等工作取得实效。

【生态优势】　全面完成县长环保目标责任书，创建国家级生态乡镇19个、省级生态村35个，重点流域水环境综合整治考核居全市前列，小流域“赛水质”工作成为全市典型。新铺城区污水管道13.5千米，建成农村生活污水高效分散处理示范工程35个。改建垃圾中转站11座，县城垃圾处理率达100%。完成造林绿化6.56万亩。获“国家生态县”“全国绿化模范县”“省级园林县城”“省级森林县城”等称号，被确定为全省第一批“全国生态文明建设试点示范区”，彰显生态宜居魅力。

【民生保障】　民生支出项目资金15.3亿元，比上年增加2.04亿元。43件县级实事项目全面完成，实现投资9.67亿元，是上年的1.1倍；233件乡镇级实事项目基本完成，兑现承诺，取信于民。殡仪馆即将投用，保障性住房、10个村级老年活动中心完成年度建设任务，建成永春福乐家园和3所乡镇敬老院，实现所有社区居家养老服务站全覆盖。新增慈善基金3亿元，募集慈善资金2470万元，发放救助款2646万元。城镇新增就业8100人，培训各类劳动者1.5万人次，城镇登记失业率控制在1.2%以内。城乡居民养老保险参保率为99.1%，新农合参合率为99.9%。造福工程危房改造惠及2879人，实施地质灾害隐患点安置41户和计生二女户、低保户、贫困残疾人等安居工程132户，建成应急避难场所9处。添置节能环保公交车16辆，新开通城区公交路线4条。

【社会事业】　学习宣传林俊德院士精神，深化群众性精神文明创建活动，通过全省公共文明指数测评。实施“名师工程”，完成永春一中初中部复办、永春联合中学设立和桃溪小学升格等工作，建成乡镇公办幼儿园9所、义务教育标准化学校36所和扩容城区学校12所，通过省、市政府对永春县教育工作“两项督导”评估考核和市政府“学前教育三年行动计划”专项督导评估。交响诗剧《乡愁》获第十三届中国戏剧节优秀展演剧目奖，县图书馆晋升为国家一级馆，新增市级非物质文化遗产名录1项，新建特色文化村6个，完成永春白鹤拳电影《擎天画卷》拍摄，中国业余篮球公开赛基地落地永春，获全国群众体育先进单位称号。县医院新建、卫生监督大楼和3所乡镇卫生院提级工程进展顺利，县医院与福建医科大学附属泉州一院建立协作关系，公共卫生服务基本实现均等化。全县人口出生率为15.6‰，政策符合率为85.98%。实施老区村跨越发展工程，被纳入《赣闽粤原中央苏区振兴发展规划》范围。

【美丽乡村建设】 制定出台《关于提升推进美丽乡村建设的工作意见》及10份配套文件，全面铺开美丽乡村建设，打造全国山区地区美丽乡村的样板。10个县级示范村完成投资9527万元，实现年度目标的190%。实施“八个一”的机制措施：一个目标考评体系。建立“合格村、示范村、精品村”三个创建等级，以桃溪流域、高速公路、省道沿线和旅游景点、乡镇镇区周边的乡村为创建重点，年底统一组织考评。一套卫生管理办法。完善环境卫生检查考评制度，按每人每年30元配套卫生治理经费，推动全县环境卫生保洁常态化管理。实施农村生活污水高效分散处理，城区生活垃圾无害化处理率达100%。一份产业发展规划。实施特色产业发展规划，推进优质芦柑、无公害茶叶、蔬菜、食用菌、名优果、花卉苗木、中草药等优势产业和休闲农业快速发展，培育“一村一品”“一乡一业”块状集结的乡村产业集群。一批专业合作组织。把专业合作组织建设作为美丽乡村产业发展和农民增收的有效途径，全县农民专业合作社达到210家，带动农户4.2万户。一个便民服务网络。整合村务专职工作者、农村“七大员”等人员，推进横向到边、纵向到底的便民服务网络建设，提升公共服务水平。一批文体娱乐项目。整合村级设施等公共资源，实施农家书屋建设、公益性群众文化活动、群众体育运动、特色文化展示等美丽乡村文体娱乐四个工程。一套社会管理机制。推进社会管理网格化，按300—500户将美丽乡村划分成若干网格，为每个网格规范配备专职网格员、网格协管员，依托和对接“智慧社区”建立综合信息平台。一套保障服务措施。聘请规划设计单位按照基础、区位、特色等进行分年度分类型规划，培育“一村一业、一村一韵、一村一景”主题鲜明的美丽乡村。开展“金佛手—美丽乡村贷”活动，增强美丽乡村发展和农民增收的后劲。

德化县

【县情概况】 德化县面积2232平方千米，人口32.2万，以汉族为主，少数民族22个，辖18个乡镇、204个行政村（社区）。建成区18平方千米，人口20.46万，城市化水平达72.3%，城区集中了全县大于2/3的劳动力、经济总量、税收和93.5%的中小学生。现有陶瓷企业1400多家，从业人员10多万人，年产值突破150亿元，是中国最大的陶瓷工艺品生产和出口基地。

【经济发展】 全年实现生产总值154.73亿元，同比增长12.6%。公共财政总收入14.01亿元，同比增长10.6%，其中公共财政预算收入9.07亿元，同比增长19.9%。城镇居民人均可支配收入21815元、农民人均纯收入10281元，分别同比增长8.9%、11.5%。

农业　实现农业总产值、特色农业产值18.46亿元、5.24亿元，分别同比增长2.7%、12.5%；支农投入3.01亿元，同比增长32.5%。成为全省首个获准开展统筹城乡发展试点县份，出台林业产业发展实施意见，推进以林权换收益、以收益换限价房购买指标的林权“两换”改革试点，林下经济示范基地建设、森林分类经营、生物防火林带建设获得省林业厅批准开展试点，流转森林资源5.1万亩。实施美丽德化建设工程，整合涉农资金2956万元，创建9个“美丽乡村”、2个“美丽社区”，支持11个省市级新农村示范村、扶贫开发重点村建设，启动实施7500套安居工程建设；国宝乡佛岭村入选全国“美丽乡村”创建试点、南埕村获评全市十佳“美丽乡村”，全县“美丽乡村”环境卫生考评保持全市前列。创建上涌镇省级农民创业示范基地，获评省市级农民专业合作社示范社11家、市级龙头企业7家，戴云生态合作社、农伯情合作社分别被列入农业部、省级规范化建设项目，英山村获评全国“一村一品”示范村。美湖大樟树入选“福建十大树王”，樟树和十八学士茶花分别被确定为“县树”和“县花”。

工业　实施产业转型升级工程，开展企业技改和循环化改造、外贸转型升级项目184个，鼓励企业“退城进园”、集群发展，落实上级稳增长政策，出台综改区、金改区、“1+X”等配套政策，兑付涉企资金1.35亿元、结构性减税5980万元，兑现土地税房产税“即征即奖”7000万元，减免行政事业性收费1663万元，提供企业贷款40.5亿元。新增高新技术企业、国家知识产权优势企业、全省十强文化企业各1家，制定陶瓷类国家和省级标准3项。新办工业企业313家达2934家。实现工业总产值、规模以上工业产值分别为219.03亿元、175.24亿元，分别同比增长19.1%、21.1%；其中全年陶瓷业、规模以上矿业、规模以上电力业产值分别为150.12亿元、26.12亿元、6.45亿元，分别同比增长20.7%、7.7%、6.8%；全县工业纳税6.9亿元，其中陶瓷纳税3.4亿元，同比增长25.6%。

第三产业　泉州农商银行德化支行、鑫汇丰小额贷款公司开业运营。成立戴云旅游开发公司，建成顺美陶瓷文化生活馆，云龙谷被列入省休闲农业示范点，国宝乡获评省休闲农业示范乡镇。接待游客突破260万人次，旅游总收入14亿元，均同比增长30%以上。实现第三产业增加值、社会消费品零售总额52.75

亿元、38.04亿元，分别同比增长9.5%、9.7%；三产纳税3.95亿元，同比增长36.2%，其中房地产纳税2.86亿元，同比增长50.9%。

内外经贸 建设电子商务创业园，陶瓷电子商务销售额突破8亿元，引领陶瓷企业有力拓展市场；外贸出口企业有为应对欧盟反倾销调查，参与应诉的49家陶瓷企业均享受最终裁决17.9%的加权平均税率；新增进出口经营权企业28家总数达255家，新设陶瓷产品营销中心7家。全社会出口交货值106.2亿元，同比增长19%，其中自营出口商品总值2.13亿美元，同比增长5.3%。

项目带动 完成全社会固定资产投资68.8亿元，同比增长25.2%。完成工业投资22.9亿元，同比增长14.3%，其中工业技改投资14.3亿元，完成年度投资计划的129.6%。124个“五大战役”重点项目动工建设114个，完成投资47.1亿元，同比增长25.6%。引进项目42个，协议总投资96.05亿元，实际到资8.48亿元，其中引进超亿元项目10个、“回归工程”项目14个；实际利用外资（历史可比口径）605万美元，增长10%。

品牌建设 成立全省首个县级版权协会，获得全省首个版权就地办理省级权限，最高法院授予德化县部分知识产权民事纠纷案件管辖权。实施县级以上科技项目84个，新增国务院特殊津贴人才1人、高级工艺美术师9人、高级技师92人、马德里国际商标1件、省市级商标15件、注册商标310件、版权登记8000件、授权专利640件，获评“省知识产权强县”。出台《德化黑鸡地理标志产品保护管理规定》，大铭生姜、苏洋西红柿通过无公害农产品认证，2个茶叶产品通过QS认证，新增省级名牌农产品2个、省市级商标8个、农业专利15项，获评各类省级农产品奖项12个。建成全国首个“出口陶瓷质量安全示范区”。陶瓷产业园区被确定为省新型工业化产业示范基地。

【城乡建设】 实施宜居城市提升工程，制定征地拆迁流程工作手册，城区征地2241亩、拆除房屋16万平方米，改造乡镇立面17万多平方米。省道盖阳线基本建成通车，新改建市政道路9.5千米、沿溪休闲道4.5千米，城区建成区扩大5.4平方千米达18平方千米。实施浐溪流域清水工程，污水处理厂二期正式运行，水电气配套设施不断改善，城区污水处理率、垃圾无害化处理率分别达88.8%、100%。完成城乡绿化5.2万亩，城区新增绿地40万平方米，绿地率为39.5%，亮化率为97.5%。启动建设“智慧城市”，率先在全省完成4G建设任务，城区公交实现到站信息实时查询，城区学校公交覆盖面达90%。创建国家级生态乡镇17个、省市级生态村82个。获评“国家级生态县”“国家水土保持生态文明县”“省级森林县城”，被列为“全国生态文明建设试点地区”“坡耕地水土流失综合治理项目县”。

【社会事业】 实施民生优先改善工程，建立县关爱老年人幸福基金，新农合人均筹资额、政府补助标准分别提高到340元、280元，参合率达99.96%；政策范围内住院补偿比为75.3%；社会保障支出达1.57亿元，发放各类救助款2300多万元。居家养老服务站实现城市社区全覆盖，敬老院基本实现乡镇全覆盖。举办第十届运动会。建立城乡学校“片区化”管理和城区校长、教师校际交流机制，义务教育标准化学校全部建成，“两项督导”通过省级评估。县老年大学被确定为“全国老年远程教育实验区”、省一级示范校。城市安全信息系统基本建成，社会治安满意率连续5年居全市首位、连续2次进入全省前十位。被列为“全省县乡医疗卫生服务管理一体化试点县”、食品安全示范县创建单位。县城公共文明指数测评居全省首位。获评“千年古县”“国家卫生县城”“省级双拥模范县”。

【参加第18届澳门国际贸易投资展览会】 10月17—20日，应邀参加第18届澳门国际贸易投资展览会（MIF），在威尼斯人酒店会展中心布设中国瓷都·德化馆，并举行首届中国瓷都·德化推介会，德化馆设标准展位52个、432平方米，近万件德化陶瓷作品参展。澳门特别行政区行政长官崔世安、中央驻澳门联络办副主任仇红、外交部驻澳门特派员公署副特派员蔡思平等100多名（次）领导嘉宾到馆参观或参加推介会。此次参展赢得东帝汶、安哥拉等葡语国家参展商及各界人士的关注和赞誉，《澳门日报》香港《文汇报》香港《大公报》以及澳亚卫视、澳广卫视等20多家媒体竞相报道，有效推介和打响“德化瓷都”品牌，与葡语国家和中国澳门各界加强沟通联系，推动内外经贸交流合作。全县参展企业获取意向订单2000多万元。

泉州经济技术开发区

【经济社会概况】 全年实现生产总值112.27亿元，同比增长11.5%。实现公共财政总收入16.12亿元，同比增长11.02%，其中公共财政预算收入6.2亿元。实际利用外资（验资口径）3000万美元，同比增长27.8%。出口商品总值（海关口径）6.8亿美元，同比增长29.3%。全社会固定资产投资（含房地产）10亿元，同比增长 11.11%。

【存量提升工程】 立足于开发区土地空间受限的实际情况，为确保开发区经济社会保持平稳较快发展，着力盘活清濛园区存量空间，组织实施存量提升工程，把全区划分为8个片区，通过领导挂钩、责任包干的方式，完成对清濛园区近300家企业的走访和摸底调查，较全面了解掌握全区企业现有资源、经营情况、产值税收及存在困难等，为推动转型提质奠定基础。收集企业存在的困难和问题近200个，企业意见建议40条；现场解决问题近50件，为企业提供建议100多条，移交到职能部门解决的30件，并有针对性地对企业开展个性帮扶。

【“金改”工作】 强化平台建设。加快泉州股权投融资服务中心和海交泉州中心两个“金改”平台建设，集聚市场要素资源。已引进各类创业投资、股权投资及管理机构、中介服务机构30多家；已有72家企业在海交泉州中心挂牌，85户合格投资者开户，挂牌企业实现融资3.5亿元。加强金融服务。组织召开银企融资对接会，银企对接签约金额达3亿元。国信证券泉州营业部开业运营。引导支持1家企业发起设立票据服务公司试点。推进资本运作。优化企业上市服务，举办4场专题讲座，兑现企业改制上市奖励资金497.8万元。确定上市后备企业13家，其中，2家企业确定于2014年1月在香港上市，2家企业报福建证监会辅导备案，1家企业在中国证监会待审核，其他企业也都加快推动上市进程。做好与国家新三板扩容对接和区域股权交易市场挂牌工作，3家企业启动新三板挂牌股改，10家企业在海交泉州中心挂牌。

【科技创新】 加大科技投入。全区财政科技支出1100.35万元，同比增长800.75万元，兑现落实各类扶持奖励资金近2500万元，为企业发展创造良好的政策环境。推动技改创新。实施企业技改项目13个，推动65家企业参与科技创新“五清零、六提升”专项行动，重点培育“科技小巨人”企业25家。全区新增高新技术企业4家、科技型企业20家；新增省级工程技术研究中心1家、市级行业技术中心2家；新增国家创新基金项目3项、国家重点新产品1项；新增市科技进步三等奖2项、专利优秀奖1项。推进知识产权工作。全区已获专利授权206件，每万人专利拥有量达14.9件。

【项目带动】 开展“百日攻坚”行动。根据年初制定的目标任务，确定主要经济指标落实、城市建设、金改工作等13个“百日攻坚”行动重点项目，优化整合力量，倒计时安排项目进度表，全力攻坚克难，取得预期成效。其中，国民生产总值和财政收入基本完成年度目标任务，实际利用外资、出口商品总值两项指标在10月提前完成；技改项目完成总投资3.56亿元，超额完成；金改工作成效显著，海交泉州中心挂牌企业增至72家，实现融资3.5亿元；狮子山商务园等重点项目取得一定进展；公办幼儿园建设等项目稳步推进。推进“五大战役”。制定《2013年投资支撑项目安排表》等项目推进方案，明确项目建设相关责任单位及挂钩领导。分专题组织召开7场重点项目建设工作落实会，强化项目协调推进。实施重点建设项目86个，其中省级在建重点项目2个、市级在建重点项目6个，完成投资24.9亿元。其中，6个市级在建重点项目完成投资50486万元，“新增长区域发展战役”完成投资65208万元。全年跟踪服务15个项目的招投标工作，实现项目零投诉，完成审批事项41项。第十一届“6·18”实现对接项目63个，上报技术需求15个，1个企业项目上台签约、1家企业成果入馆参展，全面完成市政府下达的各项任务。

【社会事业】 通过教育部义务教育发展基本均衡区的评估验收，成为全省首批通过验收的县（市、区）之一；完成实验学校综合楼建设，引进1家民办幼儿园和1所培训学校。加大文化产业扶持力度，出台《进一步推动泉州开发区文化产业发展的若干措施》，组织参加第六届厦门海峡两岸文化博览交易会。卢思立艺术馆获得泉州市第三批文化产业示范基地称号。举办迎新春游园、首届文化活动周等系列文体活动，吸引近30000人次群众职工参与。加强10家医疗机构监管，协调中医院配足配齐社区卫生服务中心医疗技术力量，提高医疗服务水平，推进居民医疗健康档案信息化建设，建档29360份，公共卫生服务有效强化。建立困难群众临时救助机制，设立民政专项资金，保障困难群众基本生活。推进职工医疗互动活动，发动2.4万名干部职工参加第七期医疗互助活动，归集互助金85.1万元，261名患病职工获补助70.2万元。深化和完善和谐劳动关系园区和企业的创建工作，多渠道多形式加强法律法规宣传，发挥三方机制指导作用，推动企业劳动争议调解组织制度建设，加强劳动争议预防和调解体系建设，建立建筑领域农民工工资支付保证金制度，设立企业欠薪应急保障金100万元，处理劳资纠纷案件208起，劳动仲裁立案20件。

泉州台商投资区

【经济发展】 全年实现生产总值179亿元，同比增长12%。全社会固定资产投资117.6亿元，同比增长31.2%。公共财政总收入11.63亿元，同比增长16.14%；公共预算财政收入6.61亿元，同比增长24%。社会消费品零售总额43.35亿元，同比增长13.7%。实际利用外资（历史可比口径）2.35亿美元，同比增长34.3%；实际利用外资（验资口径）4825万美元，同比增长17.8%；新批外商投资企业7家，完成合同外资9334万美元；进出口商品总值达3.56亿美元，同比增长15.5%，其中出口商品总值3.13亿美元，同比增长20.4%。组织实施153个“五大战役”项目，完成投资111.3亿元，完成年度计划110%。

工业　全区规模以上工业企业236家，实现产值382.5亿元，同比增长13.4%；规模以上工业增加值108.45亿元，同比增长14.5%。落实“民营企业转型升级扶持行动计划”，制定出台扶持民营企业“二次创业”、产业集群发展、科技体制改革等一系列政策措施，出台鼓励就业十项措施，对重点民营企业实施“一企一策”，扶持民营企业“二次创业”。区本级兑现补助和奖励企业技改、科技创新、企业参展、创建品牌、税收增收、发展航运等资金2100多万元；落实兑现省、市政府关于房产税、土地使用税“即征即奖”政策5600多万元。玖龙纸业、北车基地、晋亿物流等项目投产。规划建设绿色智能交通产业园、力达机电产业园、晋亿物流园等，确定30家区级产业集群龙头企业，加快培育高端装备制造产业集群、光电信息产业集群、现代物流产业集群等。

科技创新　加快高新区主园区发展，完善机构编制，提升主园区发展规划。中国科学院海西研究院装备制造研究所、省特种设备检验研究院泉州分院和泉州台商投资区产业孵化基地签约。实施品牌质量战略，新增省著名商标6个、省名牌产品2个。推动企业技术改造，15个项目列入省、市工业技改项目库。20多家企业聘请国内外管理咨询机构进行管理辅导。推动正大集团、力达机电、文松彩印等企业改制上市。

新兴产业　在建服务业项目11个，其中晋亿物流、庄佳物流、金冠酒店、福隆花园房地产等5个项目竣工。加快发展海洋经济，完成海洋经济产业园区总体发展规划和海洋产业发展规划编制。发展雕艺文化，完成雕艺文化园概念规划编制。

招商引资　出台鼓励台资企业入驻等政策，全年组织6轮赴台招商，并多次到北京、上海、重庆、江苏、广东等地开展招商推介。参与省、市组织的民企对接会、“9·8”贸易投洽会等各项招商活动，全年签约项目20个，投资总额233.87亿元，引进菜鸟智能骨干物流网络、德润电子、普洛斯物流、世茂、良机等项目，其中台资项目6个，总投资额19.8亿元；在谈项目47个，总投资额超700亿元。

项目建设　全区被列入省、市在建重点项目35个，完成投资62.9亿元，完成年度计划122%。锦厝安置小区、管委会公租房、标准厂房、圣莎拉酒店、湖东片区市民广场及城市公园等50个项目开工；东兴豪园三期、舒华体育用品、泰丰鞋业、张青公路拓改项目等21个项目实现建成（部分建成）投产。

【城市建设】

城市规划　完成蓝色经济培育区、临港物流园区、金融商务区、古镇风貌区、百崎乡、张坂生活片区的控制性详规编制工作和世茂蓝色海湾、圣莎拉商城、滨海路等37个项目的规划建筑方案设计审查与报批工作，良机、普洛斯、德润等39个招商项目和区卫生综合大楼等12个民生项目完成用地论证与选址。

基础设施建设　杏秀路拓改工程基本完成，南北主干道一期全线贯通；金屿大桥、百崎大桥征地拆迁工作同步推进；东西主干道、通港公路、张青公路等拓改工程及惠南引水工程等项目加快推进，市政管线同步下地累计达86千米。溪庄、凤浦、锦厝、玉坂等安置房小区和管委会公租房项目完成投资4.45亿元，后港、秀涂、下宫等11个安置房项目前期工作有序开展。杏田片区、东园工业片区、张坂工业片区的“七通一平”和百崎湖整治及防洪排涝等市政工程建设顺利推进。2.5万吨污水处理厂、8万吨级尾水排海工程已竣工。

城市建设　49个城建项目完成投资51.87亿元。启动百崎湖东片区、秀涂片区两个城市生活配套区建设，加快片区内各种业态交叉建设。金屿大桥等项目配套安置区设计方案评审已完成；海湾国际、金融超市、马来西亚IOI、贝壳酒店、中熙城市综合体、圆山饭店及台湾城、海西文化艺术走廊等11个项目抓紧方案设计工作；区级实验小学、幼儿园等项目即将动工。

【社会事业】　推进基础教育、医疗卫生、文化体育、安置小区等民生项目建设，投资3.4亿元完成10件39项为民办实事项目。实施“教育强区”规划，通过省“义务教育初步均衡区”评估和教育“两项督导”，完成首设考区考点的高考组考工作。新农合、新农保标准较大提高，基本实现全覆盖。开展以“垃圾革命”为抓手的“美丽乡村”建设五年行动，实施城乡绿化一体化“四绿”工程和村村亮化工程。计生工作全年考评位居全市第四，代表泉州市接受省级年度考核名列全省第三。环境卫生考评5次位居全市第一。医疗卫生事业取得长足进步，禽流感等传染病防控工作取得阶段性成效。加大社会管理创新，加强平安创建，强化矛盾纠纷化解，推进治安防控建设、警务信息化建设，全面推行“一村一警”警务工作。狠抓安全生产、环境保护，整治非法采矿。

金门县（待统一）

【县情概况】 据金门县政府主计室统计，金门县总面积153.056平方千米（含代管之乌坵2.6平方千米，不含大小嶝、角屿）。全县在籍人口120037人，其中男60562人，女59475人，总计35374户，15岁以上受教育数97219人。金门地区公教人员1557人。全年到金门观光旅游人数达126.5万人次。可耕地面积6487.09公顷，主要农作物为高粱、小麦、芋头、甘薯和花生及部分蔬果栽培，高粱、小麦由政府保价收购，供酿造高粱酒之用。渔业发展以近海渔捞及浅养殖为主，内陆养殖为辅。设有畜产试验所、动植物防疫所以及梅花鹿野放场附设休闲游乐设施。现有森林总面积5141.98公顷，占全岛陆地面积的34.35%，森林蓄积材达58.38万立方米。

【海协会副会长王在希访问金门】 2月28日，海峡两岸关系协会副会长王在希带领海协会新闻媒体交流团访问金门，首度到金门的王在希对于金门从过去两岸敏感地带，蜕变转化成为今日两岸交流的重镇甚感欣慰，并期许两岸自此偃兵息武，让金门成为远离烽火的和平之岛。

【金门县健康城市项目办公室成立】 5月27日，金门县健康城市项目办公室成立，宣告推动健康城市与高龄友善城市之决心。金门县宣示2015年申请加入世界卫生组织西太平洋区国际健康城市联盟(AFHC)会员，将本县推向国际舞台，让世界看到金门的健康、友善。

【福建省委副书记于伟国访问金门】 6月27日，福建省委副书记于伟国访问金门，受到金门县政界人士李沃士、金酒总经理吴秋穆等人的欢迎。于伟国针对当前两岸供水、开放福建陆客二日游的表示，供水课题虽然没有时间表，但越快越好。过去福建曾向马祖进行船运供水，但这不是解决水资源问题的长久方法。两会既然已达成共识，通过技术方面的处理后，会尽快具体落实相关课题，预备多种方案与方式向金门供水。同时，透过双方的认证，确保供水的水源及水质，让金门民众放心、满意。福建当地针对陆客政策进行适当的宣传，简化相关申请手续，便利福建旅客到访金门。

【陆客二日游正式实施】 3月19日，金门县政界人士李沃士带领观光处等相关单位主管，到厦门、北京向相关单位争取到厦门暂住人口赴金一日游延伸为两日游之政策，获得大陆方面的正面支持，并于海峡论坛期间宣布此项开放政策，7月16日正式实施。

【两岸合作交流促进金门产业发展座谈会】 8月3日，海峡两岸关系协会副会长郑立中带领中共中央台办经贸合作交流团到金门参加两岸合作交流促进金门产业发展座谈会，会议由“中华金门产业发展协会”理事长杨应雄主持，金门县政界人士李沃士、王再生和“海基会”副秘书长马绍章，以及相关单位人员与会。座谈会讨论加速金门自大陆引水之工程兴建、促进金门观光旅游、金嶝大桥及农渔工商等产业发展等议题，两岸人士展开热烈讨论及意见交换。针对金门县在座谈会中提出的六项提案，产业界提出的三项提案，郑立中表示，将全力协助解决，期待未来进一步简化陆客来台手续，让更多人流进入金门，协助金门繁荣发展。

【金门再居幸福城市之首】 11月12日，台湾竞争力论坛公布“2013年台湾幸福大调查”结果，金门县再度在22个县市中蝉联“最幸福城市”冠军。

[荣誉·人物]

栏目编辑
刘志家

地方荣誉

表32

泉州市荣誉称号

荣誉称号	授予机关	时间
城市网络形象排行榜“十佳城市奖(地级市)”	新华网	6月
全省重点流域水环境整治考核第一	环保厅	7月
东亚文化之都	文化部	8月
福建省双拥模范城（县）	省委、省政府、省军区	8月
二级物流园区布局城市	国家发改委	10月
2013年全国县（市）科技进步考核科技进步先进市	科技部	11月
新能源汽车推广区域	财政部、科技部、工信部、发改委	11月

表33

各县（市、区）荣誉称号名表

县（市、区）	荣誉称号	授予机关
鲤城区	2013年全国县（市）科技进步考核科技进步先进县（市）	科技部
鲤城区	2013年国家知识产权强县工程试点县（区）	国家知识产权局
鲤城区	全国法治县(市、区)创建活动先进单位	全国普法办
鲤城区	双拥模范城（县）	省委、省政府、省军区
鲤城区	2011年度教育工作先进区	省政府
鲤城区	省级生态县（市、区）	环保厅
鲤城区	福建省无偿献血先进县（市、区）	卫生厅、省红十字会、省军区后勤部
丰泽区	2013年全国县（市）科技进步考核科技进步先进县（市、区）	科技部
丰泽区	全省社区建设先进县（市、区）	民政厅
丰泽区	福建省无偿献血先进县（市、区）	卫生厅、省红十字会、省军区后勤部

续表33

县（市、区）	荣誉称号	授予机关
洛江区	2013年全国县（市）科技进步考核科技进步先进县（市、区）	科技部
洛江区	双拥模范城（县）	省委、省政府、省军区
泉港区	2013年全国县（市）科技进步考核科技进步先进县（市、区）	科技部
泉港区	全国科技进步先进区	科技部
泉港区	中国长寿之乡	中国老年学学会
泉港区	义务教育发展基本均衡区	国务院教育督导委员会
泉港区	双拥模范城（县）	省委、省政府、省军区
泉港区	平安先行县（市、区）	省综治委
晋江市	2013年全国县（市）科技进步考核科技进步先进县（市、区）	科技部
晋江市	福建省森林城市	省绿化委员会、省林业厅
晋江市	全省社区建设先进县（市、区）	民政厅
晋江市	福建省无偿献血先进县（市、区）	卫生厅、省红十字会、省军区后勤部
石狮市	2013年全国县（市）科技进步考核科技进步先进县（市、区）	科技部
石狮市	双拥模范城（县）	省委、省政府、省军区
石狮市	福建省无偿献血先进县（市、区）	卫生厅、省红十字会、省军区后勤部
南安市	2013年全国县（市）科技进步考核科技进步先进县（市、区）	科技部
南安市	2009—2012年度全国群众体育先进单位	国家体育总局
安溪县	2013年全国县（市）科技进步考核科技进步先进县（市、区）	科技部
永春县	全国绿化模范县	全国绿化委员会
永春县	国家级生态县	环保部
永春县	2009—2012年度全国群众体育先进单位	国家体育总局
永春县	全国农村综合改革美丽乡村建设标准化试点县	国家标准化管理委员会、财政部
永春县	省级园林城市	住建厅
永春县	福建省无偿献血先进县（市、区）	卫生厅、省红十字会、省军区后勤部
永春县	双拥模范县	省委、省政府、省军区
永春县	福建省2009—2012年度平安先进县	省委、省政府
永春县	福建省森林县城	省绿化委员会、省林业厅
永春县	省级园林县城	省住建厅
永春县	全省一事一议财政奖补美丽乡村建设试点县	省财政厅
永春县	2013年全省教育督导责任区试点县	省教育厅
永春县	2010—2012年度省级法治县（市、区）创建活动先进单位	省依法治省办
德化县	千年古县	民政部
德化县	国家卫生县城	全国爱卫办
德化县	国家级生态县	环保部
德化县	国家水土保持生态文明县	水利部
德化县	省级双拥模范县	省委、省政府、省军分区
德化县	省知识产权强县	省知识产权局
德化县	省级森林县城	省绿化委员会、省林业厅
德化县	省级出口陶瓷质量安全示范区	福建出入境检验检疫局

先进单位

表34

获国家级表彰先进单位名表

单位名称	荣誉称号	授予机关
泉州市人大常委会	全国维护妇女儿童权益先进集体	全国妇联
泉州市妇女儿童活动中心	全国巾帼文明岗	全国妇联
泉州出入境检验检疫局检务处产地证科	全国巾帼文明岗	全国妇联
丰泽区人民法院立案庭	全国巾帼文明岗	全国妇联
泉港区会计集中核算中心	全国巾帼文明岗	全国妇联
安溪太华林场	全国农村妇女岗位建功先进集体	全国妇联
泉州市人力资源和社会保障局	全国妇女小额担保财政贴息贷款工作先进集体	全国妇联
泉州市妇联	全国维权工作先进集体	全国妇联
鲤城区妇联	“预防拐卖项目”国际合作优秀奖	全国妇联、国际劳工组织
泉港石化工业区	中国化工园区20强	中国石油和化学工业联合会化工园区工作委员会
鲤城区图书馆	国家一级图书馆	文化部
永春县图书馆	国家一级图书馆	文化部
鲤城区开元街道西湖社区	2013年度“全国综合减灾示范社区”	国家减灾委、民政部
鲤城区海滨街道新门社区	2013年度“全国综合减灾示范社区”	国家减灾委、民政部
晋江市池店镇赤塘村社区	2013年度“全国综合减灾示范社区”	国家减灾委、民政部
泉州第五中学工会	全国模范职工之家	全国总工会
泉州市烟草专卖局工会	全国模范职工之家	全国总工会
泉州市总工会机关工会	全国模范职工之家	全国总工会
鲤城区人民检察院机关工会	全国模范职工之家	全国总工会
福建优兰发集团实业有限公司工会	全国模范职工之家	全国总工会
石狮市华联服装配件企业有限公司工会	全国模范职工之家	全国总工会
辉煌水暖集团有限公司工会	全国模范职工之家	全国总工会
福建欧美龙体育用品有限公司工会	全国模范职工之家	全国总工会
洛江区地方税务局万安管理分局工会小组	全国模范职工小家	全国总工会
晋江市电力有限责任公司工会深沪供电所分会	全国模范职工小家	全国总工会
石狮市电力有限责任公司山兜运维站工会	全国模范职工小家	全国总工会
泉州市公路局德化分局赤水公路站工会	全国模范职工小家	全国总工会
泉州市水利水电勘测设计院工会小组	全国模范职工小家	全国总工会
福建先创电子有限公司生产中心工会	全国模范职工小家	全国总工会
惠安中新纪华幼儿园工会	全国模范职工小家	全国总工会
泉州亚泰制药有限公司科研攻关工会	全国模范职工小家	全国总工会
泉州市住建局驻市行政服务中心窗口	全国五一巾帼标兵岗	全国总工会
泉州市公路局德化分局城关公路站	全国五一巾帼标兵岗	全国总工会
中国电信晋江分公司	全国五一劳动奖状	全国总工会
泉州明新华侨中学	全国消防安全教育示范学校	公安部、教育部
鲤城区浮桥街道社区卫生服务中心	全国示范社区卫生服务中心	国家卫计委
丰泽区北峰街道社区卫生服务中心	全国示范社区卫生服务中心	国家卫计委
泉州市贸促会	2010—2012年度全国贸促工作先进单位	中国贸促会
泉州市贸促会	2013年度全国贸促会系统法律工作创新集体	中国贸促会
永春县电力调度中心工地	国家优质工程——“中国建设工程鲁班奖”	中国建筑业协会

续表34

单位名称	荣誉称号	授予机关
泉州市农科所	中国农学会园区分会先进单位	中国农学会
台盟泉州市委会	2013年参政议政先进单位	台盟中央
泉州检验检疫局	全国口岸核心能力建设先进单位	质检总局
永春县岵山镇北溪村	2013年中国最有魅力休闲乡村	农业部
晋江市磁灶镇大埔村	全国“美丽乡村”创建试点乡村	农业部
南安市码头镇大庭村	全国“美丽乡村”创建试点乡村	农业部
南安市康美镇兰田村	全国“美丽乡村”创建试点乡村	农业部
安溪县湖头镇山都村	全国“美丽乡村”创建试点乡村	农业部
永春县五里街镇高垅村	全国“美丽乡村”创建试点乡村	农业部
德化县国宝乡佛岭村	全国“美丽乡村”创建试点乡村	农业部
永春县呈祥乡佛手研究会	全国“基层科普行动计划”先进单位	中国科协、财政部
南安市官桥镇漳州寮村	第二批中国传统村落	住建部、文化部、财政部
永春县岵山镇铺上村	第二批中国传统村落	住建部、文化部、财政部
永春县岵山镇铺下村	第二批中国传统村落	住建部、文化部、财政部
永春县岵山镇塘溪村	第二批中国传统村落	住建部、文化部、财政部
永春县国土资源局	全国土地市场动态监测与监管工作先进单位	国土资源部办公厅
永春县东关镇南美回族村	国家民委少数民族特色村寨保护项目	国家民委
泉州市审计局	全国政府性债务审计先进公务员集体嘉奖	国家审计署
泉州市科协	2013年全国科普日活动优秀组织单位	中国科协
丰泽区丰泽街道社区卫生服务中心	2012年度全国示范社区卫生服务中心	卫生部
洛江区双阳街道社区卫生服务中心	2012年度全国示范社区卫生服务中心	卫生部
泉州市侨联	全国侨联系统先进集体	人社部、全国侨联
泉州市烟草专卖局稽查支队	全国卷烟打假先进集体	国家烟草专卖局、公安部
泉州市体育局	2009—2012年度全国群众体育先进单位	国家体育总局
泉州市老体协	2009—2012年度全国群众体育先进单位	国家体育总局
泉州市体育运动学校	2009—2012年度全国群众体育先进单位	国家体育总局
鲤城区鲤中街道清正社区	2009—2012年度全国群众体育先进单位	国家体育总局
石狮市龟湖公园	2009—2012年度全国群众体育先进单位	国家体育总局
南安市体育学校	2009—2012年度全国群众体育先进单位	国家体育总局
鲤城区高新区	国家知识产权试点园区	国家知识产权局
安溪县农业与茶果局	全国农业先进集体	农业部
永宁老街	第五届“中国十大历史文化名街”	文化部、国家文物局
南安市水头镇	全国农村基层团建示范乡镇	团中央
泉州市工商联	全国工商联系统先进集体	人社部、全国工商联

表35 **获省委、省政府表彰的先进单位名表**

单位名称	荣誉称号	授予机关
鲤城区江南街道	爱国拥军模范单位	省委、省政府、省军区
泉港区民政局	爱国拥军模范单位	省委、省政府、省军区
南安市教育局	爱国拥军模范单位	省委、省政府、省军区
台商区社会管理局	爱国拥军模范单位	省委、省政府、省军区
泉州现代家具企业有限公司	爱国拥军模范单位	省委、省政府、省军区
石狮市侨联物流有限责任公司	爱国拥军模范单位	省委、省政府、省军区
晋江亿仁鞋业有限公司	爱国拥军模范单位	省委、省政府、省军区

续表35

单位名称	荣誉称号	授予机关
惠安县供电有限责任公司	爱国拥军模范单位	省委、省政府、省军区
石狮市烟草专卖局	福建省第十二届（2012—2014年度）文明单位	省委、省政府
永春县烟草专卖局	福建省第十二届（2012—2014年度）文明单位	省委、省政府
兴业银行石狮支行	福建省第十二届（2012—2014年度）文明单位	省委、省政府
中国电信石狮分公司	福建省第十二届（2012—2014年度）文明单位	省委、省政府
永春县人民政府征兵办公室	福建省征兵工作先进单位	省政府
莆田至永定高速公路泉州段	2013年度福建省重点建设项目优胜奖	省政府
泉州环城路南安张坑至石井段	2013年度福建省重点建设项目优胜奖	省政府
田安大桥	2013年度福建省重点建设项目优胜奖	省政府

表36 **获省厅（局）表彰的先进单位名表**

单位名称	荣誉称号	授予机关
泉州海事局团委	2012年度“福建省五四红旗团委”	团省委
泉州师范学院团委	2012年度“福建省五四红旗团委”	团省委
闽南理工学院团委	2012年度“福建省五四红旗团委”	团省委
福建优兰发集团实业有限公司团委	2012年度“福建省五四红旗团委”	团省委
南安市电力有限责任公司团委	2012年度“福建省五四红旗团委”	团省委
鲤城区临江街道溪亭社区团支部	2012年度“福建省五四红旗团（总）支部”	团省委
丰泽区城东中学高三年（1）班团支部	2012年度“福建省五四红旗团（总）支部”	团省委
泉州第十一中学高二年（7）班团支部	2012年度“福建省五四红旗团（总）支部”	团省委
泉港区烟草专卖局团支部	2012年度“福建省五四红旗团（总）支部”	团省委
建设银行石狮分行团总支	2012年度“福建省五四红旗团（总）支部”	团省委
晋江市检察院团支部	2012年度“福建省五四红旗团（总）支部”	团省委
南安市洪濑镇心愿志愿者服务队团支部	2012年度“福建省五四红旗团（总）支部”	团省委
安溪供电公司生产团支部	2012年度“福建省五四红旗团（总）支部”	团省委
德化县人民检察院团支部	2012年度“福建省五四红旗团（总）支部”	团省委
台商区双喜制衣有限公司团总支	2012年度“福建省五四红旗团（总）支部”	团省委
泉州经济技术开发区三宏化纤公司团支部	2012年度“福建省五四红旗团（总）支部”	团省委
福建省高速公路有限责任公司泉州管理分公司永春片区团支部	2012年度“福建省五四红旗团（总）支部”	团省委
泉州医高专护理系团总支	2012年度“福建省五四红旗团（总）支部”	团省委
永春县人民检察院团支部	2012年度“福建省五四红旗团（总）支部”	团省委
鲤城区江南街道	福建省安全社区	省安委会
鲤城区浮桥街道	福建省安全社区	省安委会
鲤城区金龙街道	福建省安全社区	省安委会
鲤城区常泰街道	福建省安全社区	省安委会
鲤城区开元街道	福建省安全社区	省安委会
鲤城区鲤中街道	福建省安全社区	省安委会
鲤城区海滨街道	福建省安全社区	省安委会
泉港区山腰街道	福建省安全社区	省安委会
泉港区峰尾镇	福建省安全社区	省安委会
泉州市医疗纠纷人民调解委员会	全省优秀人民调解委员会	司法厅
鲤城区开元街道人民调解委员会	全省优秀人民调解委员会	司法厅
丰泽区丰泽街道霞淮社区人民调解委员会	全省优秀人民调解委员会	司法厅
石狮市宝盖镇人民调解委员会	全省优秀人民调解委员会	司法厅

续表36

单位名称	荣誉称号	授予机关
晋江市矛盾纠纷多元人民调解委员会	全省优秀人民调解委员会	司法厅
南安市美林街道人民调解委员会	全省优秀人民调解委员会	司法厅
安溪县湖头镇人民调解委员会	全省优秀人民调解委员会	司法厅
鲤城泉南花卉专业合作社	2012年省级农民专业合作社示范社	农业厅、财政厅
泉港区东张农民蔬菜专业合作社	2012年省级农民专业合作社示范社	农业厅、财政厅
石狮市顺盛水产养殖专业合作社	2012年省级农民专业合作社示范社	农业厅、财政厅
南安市码头宇泰食用菌专业合作社	2012年省级农民专业合作社示范社	农业厅、财政厅
南安市石井昌盛紫菜专业合作社	2012年省级农民专业合作社示范社	农业厅、财政厅
永春县横口乡馥峰茶叶专业合作社	2012年省级农民专业合作社示范社	农业厅、财政厅
安溪县山格淮山专业合作社	2012年省级农民专业合作社示范社	农业厅、财政厅
安溪县双凤站旗茶叶专业合作社	2012年省级农民专业合作社示范社	农业厅、财政厅
安溪县西坪德峰茶叶专业合作社	2012年省级农民专业合作社示范社	农业厅、财政厅
德化县绿园农业综合专业合作社	2012年省级农民专业合作社示范社	农业厅、财政厅
德化流芳淡水鱼养殖专业合作社	2012年省级农民专业合作社示范社	农业厅、财政厅
鲤城区浮桥街道社区卫生服务中心	2012年度省级示范社区卫生服务中心	卫生厅
丰泽区北峰街道社区卫生服务中心	2012年度省级示范社区卫生服务中心	卫生厅
泉州市卫生局	全省新型农村合作医疗工作先进集体	卫生厅
泉港区卫生局	全省新型农村合作医疗工作先进集体	卫生厅
晋江市卫生局	全省新型农村合作医疗工作先进集体	卫生厅
永春县卫生局	全省新型农村合作医疗工作先进集体	卫生厅
鲤城区鲤中街道	全省社区建设示范街道	民政厅
晋江市青阳街道	全省社区建设示范街道	民政厅
鲤城区鲤中街道和平社区	全省社区建设示范社区	民政厅
鲤城区临江街道伍堡社区	全省社区建设示范社区	民政厅
鲤城区海滨街道新门社区	全省社区建设示范社区	民政厅
鲤城区开元街道东升社区	全省社区建设示范社区	民政厅
丰泽区东海街道宝山社区	全省社区建设示范社区	民政厅
丰泽区丰泽街道丰泽社区	全省社区建设示范社区	民政厅
丰泽区东湖街道东凤社区	全省社区建设示范社区	民政厅
丰泽区泉秀街道灯洲社区	全省社区建设示范社区	民政厅
洛江区万安街道万福社区	全省社区建设示范社区	民政厅
泉港区山腰街道锦祥社区	全省社区建设示范社区	民政厅
石狮市湖滨街道新湖社区	全省社区建设示范社区	民政厅
石狮市凤里街道华南社区	全省社区建设示范社区	民政厅
石狮市湖滨街道玉湖社区	全省社区建设示范社区	民政厅
晋江市梅岭街道竹树下社区	全省社区建设示范社区	民政厅
晋江市罗山街道华泰社区	全省社区建设示范社区	民政厅
晋江市梅岭街道梅庭社区	全省社区建设示范社区	民政厅
南安市柳城街道金街社区	全省社区建设示范社区	民政厅
南安市溪美街道彭美社区	全省社区建设示范社区	民政厅
惠安县螺城镇东南社区	全省社区建设示范社区	民政厅
永春县五里街镇儒林社区	全省社区建设示范社区	民政厅
德化县龙浔镇兴南社区	全省社区建设示范社区	民政厅
石狮石光华侨联合中学	福建省中小学实施素质教育工作先进学校	教育厅
泉港第二实验小学	福建省中小学实施素质教育工作先进学校	教育厅

续表36

单位名称	荣誉称号	授予机关
晋江中和中心小学	福建省中小学实施素质教育工作先进学校	教育厅
泉州市委宣传部	2012年度全省调研工作先进单位	省委宣传部
泉州七中	福建省级语言文字规范化示范校	教育厅、省语言文字工作委员会
泉州市西隅中心小学	福建省级语言文字规范化示范校	教育厅、省语言文字工作委员会
德化县陶瓷文化产业创业基地	福建省省级小微企业创业基地	省经贸委、财政厅
南安市滨江机械装备制造基地	福建省省级小微企业创业基地	省经贸委、财政厅
源和1916创意产业园	福建省省级小微企业创业基地	省经贸委、财政厅
中山路骑楼建筑群	第一批城市优秀近现代建筑	住建厅、文化厅
黄宗汉故居	第一批城市优秀近现代建筑	住建厅、文化厅
省医科大学附属第二医院库房（惠世医院主楼）	第一批城市优秀近现代建筑	住建厅、文化厅
螺珠巷住宅	第一批城市优秀近现代建筑	住建厅、文化厅
陈光纯故居	第一批城市优秀近现代建筑	住建厅、文化厅
培元中学安礼逊图书楼	第一批城市优秀近现代建筑	住建厅、文化厅
西街425号住宅	第一批城市优秀近现代建筑	住建厅、文化厅
青龙巷李妙森故居	第一批城市优秀近现代建筑	住建厅、文化厅
钟楼	第一批城市优秀近现代建筑	住建厅、文化厅
王宫奇园	第一批城市优秀近现代建筑	住建厅、文化厅
江南树兜蒋氏华侨家族民居群	第一批城市优秀近现代建筑	住建厅、文化厅
陈碧峰故居	第一批城市优秀近现代建筑	住建厅、文化厅
王顺兴信局旧址	第一批城市优秀近现代建筑	住建厅、文化厅
西街宋宅（洲紫新筑）	第一批城市优秀近现代建筑	住建厅、文化厅
江南亭店杨阿苗故居	第一批城市优秀近现代建筑	住建厅、文化厅
江南斗南陈氏华侨家族民居群（陈正宗民居群）	第一批城市优秀近现代建筑	住建厅、文化厅
泉州市东宝花苑	第二批保障性住房“和谐人居”示范试点小区	住建厅
晋江市紫帽镇	2013年省级绿色乡镇	住建厅
南安市码头镇	2013年省级绿色乡镇	住建厅
安溪县尚卿乡	2013年省级绿色乡镇	住建厅
永春县岵山镇	2013年省级绿色乡镇	住建厅
德化县春美乡	2013年省级绿色乡镇	住建厅
鲤城区海滨街道金山社区	全省先进妇女之家示范社区	省妇联
石狮市永宁镇郭坑村	全省先进妇女之家示范村	省妇联
鲤城区浮桥街道坂头社区妇女之家	第二批福建省先进妇女之家示范点	省妇联
泉州海天材料科技股份有限公司妇女之家	第二批福建省先进妇女之家示范点	省妇联
洛江区检察院“妇女之家”	第二批福建省先进妇女之家示范点	省妇联
泉州悦华酒店有限公司	福建省巾帼文明岗	省妇联
鲤城区江南街道东浦社区	福建省“平安家庭”创建活动先进社区（村）	省“平安家庭”创建活动领导小组
鲤城区临江街道伍堡社区	福建省“平安家庭”创建活动先进社区（村）	省“平安家庭”创建活动领导小组
泉州海事局海巡执法支队	福建省“工人先锋号”	省总工会
丰泽区地税局计划财务股	福建省“工人先锋号”	省总工会
南安市地税局水头分局	福建省“工人先锋号”	省总工会
泉州市审计局	福建省模范职工之家	省总工会
永春县地方税务局工会	福建省模范职工之家	省总工会
泉州市延陵小学工会小组	福建省模范职工之家	省总工会

续表36

单位名称	荣誉称号	授予机关
泉港区峰尾镇关工委	全省“五好”基层关工委	省关工委
鲤城区临江街道伍堡社区关工委	全省“五好”基层关工委	省关工委
中国电信泉港区分公司后龙营业厅	2012年度“福建省青年文明号”	省创建青年文明号活动组委会
泉州市通政中心小学	福建省科技教育基地学校	教育厅、科技厅、省科协
南安市水利局	2012年全省抗洪抢险救灾先进集体	省防汛办
泉州市直宣传系统关工委	福建省关心下一代工作先进集体	省委组织部、省委老干部局、省公务员局、省委文明办、省关工委
鲤城区海滨街道关工委	福建省关心下一代工作先进集体	省委组织部、省委老干部局、省公务员局、省委文明办、省关工委
晋江市地税局深沪分局	福建省“青年文明号”	团省委
泉州市科协	福建省2013年度学会发展创新奖	省科协
泉州市科协	第十三届福建省青少年科技教育工作先进集体	省科协、教育厅、省体育局、团省委、省妇联
泉州市科协	第十三届“福建省青少年科技教育突出贡献奖”	省科协、教育厅、省科技厅
台商区洛阳镇关工委	福建省关心下一代工作第六次“双先”表彰先进集体	省委组织部、老干局、公务员局、文明关工委
泉州市文广新局	福建省农家书屋工程建设突出贡献单位	省新闻出版局

先进个人

表37 获国家部委表彰的先进个人名表

姓名	工作单位	荣誉称号	授予机关
黄少萍	中共泉州市委	2013年全国县（市）科技进步考核先进个人	科技部
郑新聪	泉州市人民政府	2013年全国县（市）科技进步考核先进个人	科技部
林伯前	泉州市人民政府	2013年全国县（市）科技进步考核先进个人	科技部
颜志煌	泉州市科学技术局	2013年全国县（市）科技进步考核先进个人	科技部
苏庆赐	中共鲤城区委	2013年全国县（市）科技进步考核先进个人	科技部
黄阳春	鲤城区人民政府	2013年全国县（市）科技进步考核先进个人	科技部
吕华元	鲤城区科技局	2013年全国县（市）科技进步考核先进个人	科技部
夏启容	鲤城区科技局	2013年全国县（市）科技进步考核先进个人	科技部
林万明	中共丰泽区委	2013年全国县（市）科技进步考核先进个人	科技部
许文贵	丰泽区人民政府	2013年全国县（市）科技进步考核先进个人	科技部
郑向东	丰泽区科技局	2013年全国县（市）科技进步考核先进个人	科技部
吴建龙	丰泽区科技局	2013年全国县（市）科技进步考核先进个人	科技部
郑　灵	中共洛江区委	2013年全国县（市）科技进步考核先进个人	科技部
洪飞跃	洛江区人民政府	2013年全国县（市）科技进步考核先进个人	科技部
蔡永生	洛江区人民政府	2013年全国县（市）科技进步考核先进个人	科技部
吴子平	洛江区科技局	2013年全国县（市）科技进步考核先进个人	科技部
洪自强	中共泉港区委	2013年全国县（市）科技进步考核先进个人	科技部
吴礼源	泉港区人民政府	2013年全国县（市）科技进步考核先进个人	科技部
庄向阳	泉港区科技局	2013年全国县（市）科技进步考核先进个人	科技部

续表37

姓名	工作单位	荣誉称号	授予机关
连聪明	泉港区科技局	2013年全国县（市）科技进步考核先进个人	科技部
张永宁	中共石狮市委	2013年全国县（市）科技进步考核先进个人	科技部
张贻山	石狮市人民政府	2013年全国县（市）科技进步考核先进个人	科技部
林晓晖	石狮市科技局	2013年全国县（市）科技进步考核先进个人	科技部
谢冬棉	石狮市科技局	2013年全国县（市）科技进步考核先进个人	科技部
陈荣法	中共晋江市委	2013年全国县（市）科技进步考核先进个人	科技部
刘文儒	晋江市人民政府	2013年全国县（市）科技进步考核先进个人	科技部
黄敬前	晋江市人民政府	2013年全国县（市）科技进步考核先进个人	科技部
许天苔	晋江市科技与信息化局	2013年全国县（市）科技进步考核先进个人	科技部
黄南康	中共南安市委	2013年全国县（市）科技进步考核先进个人	科技部
王春金	南安市人民政府	2013年全国县（市）科技进步考核先进个人	科技部
洪其升	南安市科技局	2013年全国县（市）科技进步考核先进个人	科技部
梁月清	南安市科技局	2013年全国县（市）科技进步考核先进个人	科技部
朱团能	中共安溪县委	2013年全国县（市）科技进步考核先进个人	科技部
高向荣	安溪县人民政府	2013年全国县（市）科技进步考核先进个人	科技部
高周过	安溪县科技局	2013年全国县（市）科技进步考核先进个人	科技部
谢伟良	安溪县科学技术局	2013年全国县（市）科技进步考核先进个人	科技部
郑寒凝	泉州市委组织部	全国组织系统“优秀网宣员”	中组部
黄丽玲	福建泉州跃茂皮塑有限公司	全国巾帼建功标兵	全国妇联
潘苑琴	惠安县紫山官溪三山综合农场	全国农村科技致富女能手	全国妇联
张月霞	晋江市磁灶儒南养鸡场	全国农村科技致富女能手	全国妇联
洪桂凡	泉州市财政局社保科	全国妇女小额担保财政贴息贷款工作先进个人	全国妇联
黄珊珊	鲤城区女企业家联谊会	中国预防拐卖项目杰出贡献奖	全国妇联、国际劳工组织
张锦山	惠安县总工会	全国优秀工会工作者	全国总工会
马清华	泉州市教育工会	全国优秀工会工作者	全国总工会
吴进坚	泉州市公路局永春分局工会	全国优秀工会工作者	全国总工会
林思略	泉州市凯鹰电源电器有限公司工会	全国优秀工会工作者	全国总工会
王尚柏	福建百宏聚纤科技实业有限公司工会	全国优秀工会工作者	全国总工会
黄衍解	泉州市燃气有限公司工会	全国优秀工会工作者	全国总工会
黄返青	中国农业银行泉州洛江支行工会	全国优秀工会积极分子	全国总工会
林　琳	南安市电力有限责任公司工会	全国优秀工会积极分子	全国总工会
李红芸	安溪县教育工会女工委	全国优秀工会积极分子	全国总工会
林　娜	台商区税务分局	全国优秀工会积极分子	全国总工会
戴约翰	福建烟草机械有限公司	全国优秀工会积极分子	全国总工会
林伟娥	泉州福海粮油工业有限公司工会	全国优秀工会积极分子	全国总工会
徐跃阳	泉州龙鹏集团有限公司工会	全国优秀工会积极分子	全国总工会
蔡永潮	中国电信泉州分公司	全国“五一劳动奖章”	全国总工会
胡志南	泉港法院	荣誉天平奖章	最高人民法院
邱生云	泉港法院	荣誉天平奖章	最高人民法院
颜志煌	泉州市科学技术局	全国科技管理系统先进工作者	人社部、科技部
张加纯	峰尾镇郭厝村	全国归侨侨眷先进个人	全国侨联、国务院侨办
杜晓东	鲤城区侨联	全国侨联系统先进个人	全国侨联、国务院侨办

续表37

姓名	工作单位	荣誉称号	授予机关
王燕燕	鲤城区鲤中街道侨联	全国归侨侨眷先进个人	全国侨联、国务院侨办
苏丽玲	永春县侨联	全国归侨侨眷先进个人	中国侨联、国务院侨办
叶沧江	永春县达埔镇侨联	全国归侨侨眷先进个人	中国侨联、国务院侨办
宋晓芬	泉州市侨联	全国归侨侨眷先进个人	中国侨联、国务院侨办
曾小龙	泉港法院	全国法院司法警察体能达标活动先进个人	最高人民法院
连降红	泉港区峰尾镇计生办	从事人口和计划生育工作满十五年贡献奖	国家人口和计生委
潘明兴	南埔镇计生办	从事人口和计划生育工作满十五年个人先进	国家人口和计生委
陆智新	泉州市环境保护局	全国核技术利用辐射安全大检查活动先进工作者	环保部
陈德产	鲤城区行政执法局	全国住房城乡建设系统先进工作者	人社部、住建部
刘超峰	泉州市贸促会	2013年度全国贸促会法律工作先进个人	中国贸促会
王卫红	市住建局 副局长	“十一五”建筑节能与科技创新先进工作者。	住建部
王宗平	泉州市物价局	全国收费统计工作先进个人	国家发改委
吴秋玉	泉州市农业局	全国农业先进个人	农业部
郑　洪	泉州市农业局	全国粮食生产先进工作者	农业部
孙永胜	中国电信泉州分公司	2013年度全国“安康杯”竞赛安全文化宣传工作“先进个人”	全国“安康杯”竞赛组委会
粘建一	中国电信泉州分公司	2013年度全国“安康杯”竞赛安全文化宣传工作“先进个人”	全国“安康杯”竞赛组委会
吴明霓	泉州检验检疫局	2012年度质检政务信息工作先进个人	质检总局
蔡　颖	泉州检验检疫局	2011—2012年度全国质检系统青年岗位能手	质检总局 共青团中央
尤俊杰	东关镇北硿华侨农场	全国华侨农场建功立业模范人物	国务院侨办
洪玲兰	原县实验小学	全国孝亲敬老之星	全国敬老爱老助老主题教育活动组委会
肖朝照	泉州市地税局办税服务厅	全国税务系统先进工作者	国家税务总局
吴佳和	南安市文化体育新闻出版局	全国体育系统先进个人	人社部、国家体育总局
叶宾宾	泉州市气象局气象台	全国气象工作先进工作者	人社部、中国气象局
王庆福	晋江市国税局	全国税务系统先进工作者	人社部、国家税务总局
付建国	泉州市地震局	全国地震系统先进工作者	人社部、中国地震局
徐才华	德化县气象局	2012年全国质量优秀测报员	中国气象局
郑长发	德化县气象局	2012年全国质量优秀测报员	中国气象局
郭鹏琪	泉州市中医院	第二届国医大师	第二届“国医大师”评选表彰工作领导小组办公室
张永树	泉州市中医院	第二届国医大师	第二届“国医大师”评选表彰工作领导小组办公室
毛碧华	德化龙浔镇丁墘村	全国孝老爱亲提名奖	

表38

省级劳模和先进工作者名表

姓名	单位	姓名	单位
陈文良	文创太阳能（福建）科技有限公司	雷浩洪	福建三安钢铁有限公司炼钢厂
赖瑞辉	鲤城区人口计生局	郑振艺	安溪县供电有限责任公司城关供电所
简爱红	中闽百汇购物有限公司	陈焕林	安溪县公安局刑侦大队
游建友	福建南威软件股份有限公司	柯希雁	安溪县蓬莱镇蓬溪村
杨婷婷	丰泽社区居委会	林根木	安溪县官桥镇仁峰村
李志鹏	福建匹克集团有限公司集团	陈振江	安溪县福田乡丰田村
俞仁武	洛江区疾病控制中心	王喜庆	永春县邮政局
李小平	信和新材料股份有限公司工会	王继勇	泉州美岭水泥有限公司
林连国	洛江马甲镇梅岭村委会	吕秋燕	永春县总工会
王菊蓉	泉州市邮政报刊发行局泉港分局	郭金国	永春县仙夹镇山后村
连伙法	泉州市泉港区前黄镇凤阳村	陈志翰	福建省佳美集团公司
李小文	鑫盛达控股集团有限责任公司	赖礼同	德化县博古陶瓷研究所
罗明升	石狮市鑫键服饰有限公司	徐志刚	德化第一中学
邱国泉	石狮市交警大队二中队	刘志军	德化县三班镇龙阙村委会
林宏楠	福诚（中国）有限公司	余树芳	泰亚鞋业股份有限公司
郭自力	石狮市永宁镇郭坑村	陈海伟	福建三星电气股份有限公司
赖小养	晋江市电力有限责任公司	黄志双	泉州开发区工委会
罗龙祥	福建七匹狼集团有限公司	方福林	台商区城市建设发展有限公司
张　昌	安踏（中国）有限公司	吴志锋	台商区管委会国土规划建设局
蔡彩虹	晋江市青少年宫	黄丽玲	泉州跃茂皮塑有限公司
苏大少	福建恒昌机械工贸有限公司	杨发新	福建炼油化工有限公司
熊小平	晋工机械有限公司	陈国华	华侨大学
张谋独	晋江市磁灶镇东山村	童欲晓	泉州市地方税务局
陈立成	晋江市西滨镇跃进村	郑志勇	中华人民共和国泉州海事局政务中心
施丽蓉	晋江市龙湖耀狮客车出租公司	陈　曦	泉州市环保局
吴文楚	晋江市英林镇东埔村委会	施达明	泉州沙格港务有限公司
许小燕	南安市第一建设有限公司	庄丽娜	泉州第三中学
黄华春	福建省南安市第五建设有限公司	王礼瓶	泉州市水利局
王晓峰	南安市电力公司	郑朝晖	泉州检验检疫局
洪新河	南安市体育中心	王建南	泉州中级人民法院
尤泽泉	南安市发展和改革局	刘素玉	泉州市市政公用事业管理局
戴嘉庆	南安顺昌鞋业有限公司	黄志强	泉州师范学院附属小学
林红珠	南安市向阳乡坑头村委会	李白燕	泉州南音乐团
陈法来	南安市洪梅镇洪梅村	彭流枝	泉州市建设建材工会
戴孙团	泉州宝盛养殖有限公司	林泽涯	泉州市第三医院
黄怡进	惠安县地方税务局	康清洁	泉州市公路局永春分局玉斗公路站
刘国文	泉州豪翔石业有限公司	洪建农	泉州市西北洋滞洪排涝工程管理处
骆敏荣	惠安县公安局	陈文海	泉州市华远电讯有限公司
邱志祥	福建省闽南建筑工程有限公司	许清芬	泉州银行丰泽支行
潘菀琴	惠安县紫山官溪三山综合农场	黄永超	泉州广播电视台(集团)
陈长征	福建纬璇织造有限公司	陈一宇	福建省第五建筑工程公司

表39

获省委、省政府表彰的先进个人名表

姓名	工作单位	荣誉称号	授予机关
洪亚清	泉州市委组织部	爱国拥军模范	省委、省政府、省军区
黄绪明	福建和诚鞋业有限公司	爱国拥军模范	省委、省政府、省军区
翁永练	安溪县民政局	爱国拥军模范	省委、省政府、省军区
林观生	永春县桃城镇化龙社区	爱国拥军模范	省委、省政府、省军区
温素霞	德化县亿加艺品有限公司	爱国拥军模范	省委、省政府、省军区
郑绍荣	泉州开发区党工委办公室	爱国拥军模范	省委、省政府、省军区
刘彩洪	石狮蚶江边防派出所	拥政爱民模范	省委、省政府、省军区
王　瑜	中国人民解放军第180医院	拥政爱民模范	省委、省政府、省军区
赖瑞辉	鲤城区计生局	福建省先进工作者	省委、省政府
郑朝晖	泉州检验检疫局	福建省先进工作者	省委、省政府
童欲晓	泉州市地税局	福建省先进工作者	省委、省政府
黄怡进	惠安县地税局	福建省先进工作者	省委、省政府
郑志勇	泉州海事局	福建省先进工作者	省委、省政府
朱黎川	福建纳川科技股份有限公司	全省优秀党务工作者	省委
黄俊杰	泉州市交通运输委员会	2012年度福建省重点建设项目建设功臣	省政府
潘新雅	泉州市交通运输委员会	2013年度福建省重点建设项目建设功臣	省政府
叶舒扬	泉州市发改委	2013年度省重点建设项目建设功臣	省政府
郑开苏	泉州天宇化纤织造实业有限公司	闽商建设海西突出贡献奖	省政府
柯文新	晋江市华宇织造有限公司	闽商建设海西突出贡献奖	省政府
许景南	福建匹克集团有限公司	闽商建设海西突出贡献奖	省政府
洪泉益	泉州市铁通电子设备有限公司	闽商建设海西突出贡献奖	省政府
洪德钦	福建福泉集团有限公司	闽商建设海西突出贡献奖	省政府
许远南	福建信泰机械有限公司	闽商建设海西突出贡献奖	省政府
柯少纯	冠科（福建）电子科技实业有限公司	闽商建设海西突出贡献奖	省政府
丁鹏鹏	喜得狼控股有限公司	闽商建设海西突出贡献奖	省政府
黄天火	福建省闽发铝业股份有限公司	闽商建设海西突出贡献奖	省政府
林天福	贵人鸟股份有限公司	闽商建设海西突出贡献奖	省政府
李明福	协力（福建）集团有限公司	闽商建设海西突出贡献奖	省政府
吴志强	泉州紫帽山农业综合开发有限责任公司	闽商建设海西突出贡献奖	省政府
黄家遵	晋江腾达陶瓷有限公司	闽商建设海西突出贡献奖	省政府
施能坑	福建浔兴拉链科技股份有限公司	闽商建设海西突出贡献奖	省政府
蔡文革	石狮市裕通集团有限公司	闽商建设海西突出贡献奖	省政府
丁和木	安踏中国有限公司	闽商建设海西突出贡献奖	省政府
许连捷	福建恒安集团有限公司	闽商建设海西突出贡献奖	省政府
王建业	辉煌水暖集团有限公司	闽商建设海西突出贡献奖	省政府
刘龙滨	泉州恒昂工贸有限公司	闽商建设海西突出贡献奖	省政府
陈忠实	福建欧美龙集团	闽商建设海西突出贡献奖	省政府
郭东泽	泉州安盛船务有限公司	闽商建设海西突出贡献奖	省政府
吴志雄	南威软件股份有限公司	闽商建设海西突出贡献奖	省政府
吴火炉	福建亲亲投资有限公司	闽商建设海西突出贡献奖	省政府
洪肇设	福建柒牌集团有限公司	闽商建设海西突出贡献奖	省政府
林孝发	九牧厨卫股份有限公司	闽商建设海西突出贡献奖	省政府
柯吉熊	福建优兰发集团实业有限公司	闽商建设海西突出贡献奖	省政府
许景期	闽南理工学院	闽商建设海西突出贡献奖	省政府

续表39

姓名	工作单位	荣誉称号	授予机关
何文安	泉州明恒纺织有限公司	闽商建设海西突出贡献奖	省政府
吴家贺	福建恒利纸业有限公司	闽商建设海西突出贡献奖	省政府
丁伍号	三六一度（中国）有限公司	闽商建设海西突出贡献奖	省政府
洪天排	晋江市锦福化纤聚合有限公司	闽商建设海西突出贡献奖	省政府
林聪颖	九牧王股份有限公司	闽商建设海西突出贡献奖	省政府
丁宗寅	斯兰集团有限公司	闽商建设海西突出贡献奖	省政府
丁水波	特步（中国）有限公司	闽商建设海西突出贡献奖	省政府
蔡吉林	中宇建材集团有限公司	闽商建设海西突出贡献奖	省政府
周永伟	福建七匹狼集团有限公司	闽商建设海西突出贡献奖	省政府

表40 获省厅（局）表彰的先进个人名表

姓名	工作单位	荣誉称号	授予机关
黄晓虹	晋江市妇幼保健院	福建省三八红旗手标兵	省妇联、省公务员局、省人力资源开发办公室
苏琪玮	鲤城区委机要局	福建省三八红旗手	省妇联、省公务员局、省人力资源开发办公室
陈继红	丰泽区经济贸易局	福建省三八红旗手	省妇联、省公务员局、省人力资源开发办公室
连海燕	洛江区财政局会计核算中心	福建省三八红旗手	省妇联、省公务员局、省人力资源开发办公室
李美好	石狮市人民法院	福建省三八红旗手	省妇联、省公务员局、省人力资源开发办公室
林宝珠	石狮市地方税务局	福建省三八红旗手	省妇联、省公务员局、省人力资源开发办公室
林曙燕	石狮市教育局	福建省三八红旗手	省妇联、省公务员局、省人力资源开发办公室
吴雅芳	晋江市人民检察院	福建省三八红旗手	省妇联、省公务员局、省人力资源开发办公室
黄明霞	晋江市委老干部局	福建省三八红旗手	省妇联、省公务员局、省人力资源开发办公室
黄毅娉	南安市水电站库区移民开发局	福建省三八红旗手	省妇联、省公务员局、省人力资源开发办公室
黄琼华	南安市洪梅镇	福建省三八红旗手	省妇联、省公务员局、省人力资源开发办公室
杨世红	南安市妇联	福建省三八红旗手	省妇联、省公务员局、省人力资源开发办公室
孙黎昕	安溪县委宣传部	福建省三八红旗手	省妇联、省公务员局、省人力资源开发办公室
高雪冬	安溪佳胜针织服装有限公司	福建省三八红旗手	省妇联、省公务员局、省人力资源开发办公室
林月婷	永春县锦斗镇计生服务所	福建省三八红旗手	省妇联、省公务员局、省人力资源开发办公室
林金雪	德化县美湖乡	福建省三八红旗手	省妇联、省公务员局、省人力资源开发办公室
黄瑞娥	泉州市公务员局	福建省三八红旗手	省妇联、省公务员局、省人力资源开发办公室
庄婷婷	泉州市旅游局	福建省三八红旗手	省妇联、省公务员局、省人力资源开发办公室
陈鹭鹭	泉州市人民检察院	福建省三八红旗手	省妇联、省公务员局、省人力资源开发办公室
尹红涛	泉州劳动教养所	福建省三八红旗手	省妇联、省公务员局、省人力资源开发办公室
林　蓉	泉州市华榕实业有限公司	福建省三八红旗手	省妇联、省公务员局、省人力资源开发办公室
苏丽红	泉州巨龙锅炉工业有限公司	福建省三八红旗手	省妇联、省公务员局、省人力资源开发办公室

续表40

姓名	工作单位	荣誉称号	授予机关
陈龙玉	中国石油天然气股份有限公司石狮中心站撬站加油站	福建省三八红旗手	省妇联、省公务员局、省人力资源开发办公室
张秋霞	惠安霞飞石雕工艺有限公司	福建省三八红旗手	省妇联、省公务员局、省人力资源开发办公室
丁为华	泉州市妇联	福建省巾帼建功标兵	省妇联
陈雪阳	惠安县检察院侦监科	福建省优秀巾帼志愿者	省妇联
郭昭亮	泉港区后龙镇	第二次全国地名普查试点工作先进个人	省全国地名普查试点领导小组
陈良如	泉港区民政局	第二次全国地名普查试点工作先进个人	省全国地名普查试点领导小组
杨灿煌家庭	鲤城区金龙街道古店社区	福建省“平安家庭”示范户	省“平安家庭”创建活动领导小组
朱永红家庭	鲤城区鲤中街道西郊社区	福建省“平安家庭”示范户	省“平安家庭”创建活动领导小组
吴淑贤家庭	鲤城区海滨街道新门社区	福建省“平安家庭”示范户	省“平安家庭”创建活动领导小组
周骏声	泉州武陵农业综合开发有限公司（丰泽区）	2013年福建省“基层科普行动计划”先进个人	省科协、财政厅
林连国	泉州市万木春花卉农民专业合作社（洛江区）	2013年福建省“基层科普行动计划”先进个人	省科协、财政厅
潘菀琴	惠安县紫山官溪三山综合农场	2013年福建省“基层科普行动计划”先进个人	省科协、财政厅
刘金龙	安溪县举源专业茶叶合作社	2013年福建省“基层科普行动计划”先进个人	省科协、财政厅
王瑜虹	泉州市物价局	2012年度全省价格系统政务信息先进工作者	省物价局
庄玉双	中国电信泉州分公司	2012年福建省“巾帼建功标兵”	省人社厅、省总工会、省通信管理局、团省委、省妇联、中国电信福建分公司
赖雄阳	福建陶瓷产业园区管理委员会	福建省重点项目建设先进工作者	省发改委、省重点项目办、人社厅、省公务员局、省总工会
方春发	泉州晋江机场股份有限公司	福建省重点项目建设先进工作者	省发改委、省重点项目办、人社厅、省公务员局、省总工会
李荣任	泉州经济技术开发区官桥园区开发建设有限公司	福建省重点项目建设先进工作者	省发改委、省重点项目办、人社厅、省公务员局、省总工会
郭赐福	永春达盛篾香城管理有限公司	福建省重点项目建设先进工作者	省发改委、省重点项目办、人社厅、省公务员局、省总工会
胡祥辉	丰泽区华大片区改造建设指挥部	福建省重点项目建设先进工作者	省发改委、省重点项目办、人社厅、省公务员局、省总工会
赖雄阳	德化陶瓷产业园区管理委员会	福建省重点项目建设先进工作者	省发改委、省重点项目办、人社厅、省公务员局、省总工会
林晓晖	石狮市科学技术局	福建省重点项目建设先进工作者	省发改委、省重点项目办、人社厅、省公务员局、省总工会
洪华生	南安市发展和改革局重点办	福建省重点项目建设先进工作者	省发改委、省重点项目办、人社厅、省公务员局、省总工会
吴永志	鲤城区交通局	福建省重点项目建设先进工作者	省发改委、省重点项目办、人社厅、省公务员局、省总工会
苏志炜	泉州市晋江流域防洪工程建设有限公司	福建省重点项目建设先进工作者	省发改委、省重点项目办、人社厅、省公务员局、省总工会

续表40

姓名	工作单位	荣誉称号	授予机关
陈芝明	泉州市人民政府办公室	福建省重点项目建设先进工作者	省发改委、省重点项目办、人社厅、省公务员局、省总工会
王保育	泉州市公安局治安大队	福建省重点项目建设先进工作者	省发改委、省重点项目办、人社厅、省公务员局、省总工会
陈堆全	泉州市林业局审核审批科	福建省重点项目建设先进工作者	省发改委、省重点项目办、人社厅、省公务员局、省总工会
张　璐	泉州市发展和改革委员会重点办	福建省重点项目建设先进工作者	省发改委、省重点项目办、人社厅、省公务员局、省总工会
高培榕	石狮市重点项目建设办公室	福建省重点项目建设先进工作者	省发改委、省重点项目办、人社厅、省公务员局、省总工会
吴思福	安溪县发展和改革局重点办	福建省重点项目建设先进工作者	省发改委、省重点项目办、人社厅、省公务员局、省总工会
郑宝珠	泉州市体育中心	全省自强模范	全省自强模范和全省残联系统先进工作者评选表彰领导小组办公室
杨丽婉	福建省体工大队	全省自强模范	全省自强模范和全省残联系统先进工作者评选表彰领导小组办公室
施金龙	晋江长顺水洪有限公司	全省自强模范	全省自强模范和全省残联系统先进工作者评选表彰领导小组办公室
何志文	惠安县医院辋川镇残联	全省自强模范	全省自强模范和全省残联系统先进工作者评选表彰领导小组办公室
徐福坤	德化非凡陶瓷有限公司	全省自强模范	全省自强模范和全省残联系统先进工作者评选表彰领导小组办公室
黄长春	泉州市残联	全省残联系统先进工作者	全省自强模范和全省残联系统先进工作者评选表彰领导小组办公室
张劲松	洛江区残联	全省残联系统先进工作者	全省自强模范和全省残联系统先进工作者评选表彰领导小组办公室
陈海虎	泉港区残联办公室	全省残联系统先进工作者	全省自强模范和全省残联系统先进工作者评选表彰领导小组办公室
林少浩	南安市残疾人就业中心	全省残联系统先进工作者	全省自强模范和全省残联系统先进工作者评选表彰领导小组办公室
马云珠	鲤城区金龙街道人民调解委员会	全省优秀人民调解员	司法厅
吴德兴	丰泽区泉秀街道人民调解委员会	全省优秀人民调解员	司法厅
苏红星	洛江区交通事故人民调解委员会	全省优秀人民调解员	司法厅
陈景兴	泉港区交通事故人民调解委员会	全省优秀人民调解员	司法厅
徐灵友	石狮市凤里街道人民调解委员会	全省优秀人民调解员	司法厅
潘秀明	南安市诗山镇人民调解委员会	全省优秀人民调解员	司法厅
李晚枝	惠安县东岭镇人民调解委员会	全省优秀人民调解员	司法厅
林丽娜	石狮市湖滨街道玉湖社区	福建省十佳社区工作者	省委组织部、省委宣传部、省民政厅
康玉兰	惠安县小乍学区南西小学	福建省“最美乡村教师”	省教工委、教育厅
柯东红	晋江市安海镇可慕小学	福建省“最美乡村教师”提名奖	省教工委、教育厅
康贤宾	永春县玉斗镇凤溪小学	福建省“最美乡村教师”提名奖	省教工委、教育厅

续表40

姓名	工作单位	荣誉称号	授予机关
叶舒扬	泉州船舶工业有限公司	福建省五一劳动奖章	省总工会
李圣阳	石狮国际轻纺城领导小组办公室	福建省五一劳动奖章	省总工会
张　强	中化泉州石化有限公司	福建省五一劳动奖章	省总工会
叶舒扬	泉州市发改委	福建省五一劳动奖章	省总工会
倪琼霞	泉州市邮政局	福建省五一巾帼标兵	省总工会
林跃辉	洛江区马甲镇西头村	福建省优秀农家书屋管理员	省新闻出版局
寇德堡	德化县盖德镇下寮村	福建省优秀农家书屋管理员	省新闻出版局
周蓥坦	永春县桃城镇桃溪社区	福建省优秀农家书屋管理员	省新闻出版局
刘永忠	安溪县城厢镇涝港村	福建省优秀农家书屋管理员	省新闻出版局
李文卫	安溪县湖头镇湖头二村	福建省优秀农家书屋管理员	省新闻出版局
江成宗	惠安县辋川镇下江村	福建省优秀农家书屋管理员	省新闻出版局
詹斌文	惠安县崇武镇潮乐村	福建省优秀农家书屋管理员	省新闻出版局
吴天真	南安市码头镇诗南村	福建省优秀农家书屋管理员	省新闻出版局
施少波	石狮市凤里街道龙华社区	福建省优秀农家书屋管理员	省新闻出版局
陈灏波	晋江市深沪镇运伙村	福建省优秀农家书屋管理员	省新闻出版局
庄梅玲	台商区东园镇灵溪村	福建省优秀农家书屋管理员	省新闻出版局
章纪辉	泉港区涂岭镇涂岭村	福建省优秀农家书屋管理员	省新闻出版局
雷秀婷	泉州市文广新局	福建省农家书屋工程建设先进个人	省新闻出版局
温令城	永春县岵山镇	福建省农家书屋工程建设先进个人	省新闻出版局
陈蕙蓉	惠安县文化体育新闻出版局	福建省农家书屋工程建设先进个人	省新闻出版局

表41

获市委、市政府表彰的先进个人名表

姓名	工作单位	荣誉称号	授予机关
赖新民	泉州师范学院	2013年度“泉州市教育世家”	市政府
陈舒文	泉州幼儿师范高等专科学校	2013年度“泉州市教育世家”	市政府
陈婧宇	泉州一中	2013年度“泉州市教育世家”	市政府
张惠真	泉州七中	2013年度“泉州市教育世家”	市政府
吴炳川	泉州市双阳中学	2013年度“泉州市教育世家”	市政府
柯碧华	洛江区万安中心小学	2013年度“泉州市教育世家”	市政府
杜文淦	洛江区马甲中心小学	2013年度“泉州市教育世家”	市政府
刘金联	泉港区第二中学	2013年度“泉州市教育世家”	市政府
陈晏进	泉港区涂岭中心小学	2013年度“泉州市教育世家”	市政府
许山谷	台商区洛阳镇上田小学	2013年度“泉州市教育世家”	市政府
陈锦彬	台商区东园镇锦村小学	2013年度“泉州市教育世家”	市政府
王志云	台商区东园镇凤浦小学	2013年度“泉州市教育世家”	市政府
王春凤	台商区百崎中心小学	2013年度“泉州市教育世家”	市政府
刘彤彤	石狮市实验小学	2013年度“泉州市教育世家”	市政府
洪秀莲	石狮市鸿山镇福民中心小学	2013年度“泉州市教育世家”	市政府
吴华贺	石狮市锦峰实验学校	2013年度“泉州市教育世家”	市政府
钟海澄	晋江市教育局	2013年度“泉州市教育世家”	市政府
郑扬祺	晋江市教师进修学校	2013年度“泉州市教育世家”	市政府
许孙才	晋江市教师进修学校	2013年度“泉州市教育世家”	市政府
陈月凉	晋江市深沪中学	2013年度“泉州市教育世家”	市政府
陈英伟	晋江市灵水中学	2013年度“泉州市教育世家”	市政府
唐华芳	晋江市灵水中学	2013年度“泉州市教育世家”	市政府

续表41

姓名	工作单位	荣誉称号	授予机关
陈德筠	晋江市南岳中学	2013年度“泉州市教育世家”	市政府
王光显	晋江市丰光中学	2013年度“泉州市教育世家”	市政府
周彩繁	晋江市东石中心小学	2013年度“泉州市教育世家”	市政府
张秀勉	晋江市东石镇洋宅小学	2013年度“泉州市教育世家”	市政府
王忠福	晋江市永和镇教委办	2013年度“泉州市教育世家”	市政府
陈国霖	晋江市永和镇益群小学	2013年度“泉州市教育世家”	市政府
陈国泰	晋江市深沪中心小学	2013年度“泉州市教育世家”	市政府
王文礼	南安市实验中学	2013年度“泉州市教育世家”	市政府
林建国	南安市实验中学	2013年度“泉州市教育世家”	市政府
黄振瑜	南安市第二中学	2013年度“泉州市教育世家”	市政府
王良机	南安市红星职业中专学校	2013年度“泉州市教育世家”	市政府
骆佩霞	惠安县螺城中学	2013年度“泉州市教育世家”	市政府
张奕雄	惠安县峰港中学	2013年度“泉州市教育世家”	市政府
张秋娥	惠安县崇武中心小学	2013年度“泉州市教育世家”	市政府
张炳樵	惠安县净峰延寿实验小学	2013年度“泉州市教育世家”	市政府
何水玉	三明市永安市第十一中学（该户主退休回惠安原籍定居，第二代其长女何丽兰在惠安高级中学任教，第三代其外孙女何凡凡在惠安小岞中心小学任教）	2013年度“泉州市教育世家”	市政府
廖火土	安溪县官桥中心学校	2013年度“泉州市教育世家”	市政府
陈连茹	永春县第一中学	2013年度“泉州市教育世家”	市政府
赵玉燕	永春县崇贤中学	2013年度“泉州市教育世家”	市政府
林俊峰	永春美岭中学	2013年度“泉州市教育世家”	市政府
林瑞生	永春县蓬壶中心小学	2013年度“泉州市教育世家”	市政府
林建文	三明市大田县城关小学（该户主退休回德化原籍定居，第二代其子林向阳在德化三中任教，第三代其孙子林济铭在德化职业技术学校任教）	2013年度“泉州市教育世家”	市政府
洪贻团	泉州市委宣传部	参加中央“4·20”专案后续工作嘉奖	市委、市政府
张雪萍	泉州市信访局	参加中央“4·20”专案后续工作嘉奖	市委、市政府

表42 见义勇为先进分子名表

姓名	单位	荣誉称号	授予机关
林智锋	晋江市陈埭镇	福建省见义勇为模范	省见义勇为人员奖励和保护工作委员会
梁思香	洛江区马甲镇梅岭村	福建省见义勇为模范	省见义勇为人员奖励和保护工作委员会
刘利广（为救落水儿童不幸牺牲）	河南省清丰县高堡乡范村	福建省见义勇为先进个人一等奖	省见义勇为人员奖励和保护工作委员会
柯彬彬	晋江市罗山街道	福建省见义勇为先进个人二等奖	省见义勇为人员奖励和保护工作委员会
林培山	泉州市委宣传部	福建省见义勇为先进个人二等奖	省见义勇为人员奖励和保护工作委员会
林　海	莆田市仙游县大济镇后林村	泉州市见义勇为模范	市政府
陈其仁	泉州市搬运公司	泉州市见义勇为模范	市政府
史涵宇	泉州市城东中学	泉州市见义勇为模范	市政府
胡邦坚	福建宏毅集团保安部	泉州市见义勇为模范	市政府
吴　桥	晋江市爱尔兰音乐酒吧	泉州市见义勇为模范	市政府
柯　能	漳州市市政工程公司	泉州市见义勇为模范	市政府

续表42

姓名	单位	荣誉称号	授予机关
吴文明	致公党南安市委	泉州市见义勇为模范	市政府
蔡良限	石狮市祥芝镇顶后斗美村	泉州市见义勇为模范群体	市政府
蔡风波	石狮市祥芝镇祠堂口		

赛事获奖

体育类

表43

国际比赛获奖名表

姓名	比赛名称	项目	时间	地点	名次
陈海威	击剑世界杯	花剑团体	1月26日	法国巴黎	第五名
陈冰冰	击剑世界杯	花剑团体	1月26日	法国巴黎	第八名
刘咏诗	击剑世界杯	花剑团体	1月26日	法国巴黎	第八名
蔡苑廷	亚洲青少年击剑锦标赛	花剑少年个人	3月1日	泰国曼谷	第一名
		花剑少年团体			第一名
		花剑青年个人			第三名
		花剑青年团体			第一名
郑伟霖	2013年亚洲田径大奖赛第一站	4×100米	5月4日	泰国曼谷	第一名
郑伟霖	2013年亚洲田径大奖赛第二站	4×100米	5月8日	泰国曼谷	第二名
郑伟霖	2013年亚洲田径大奖赛第三站	4×100米	5月12日	泰国曼谷	第一名
林超攀	2013年世界体操锦标赛	双杠	10月6日	比利时	第一名
陈情缘	第二届亚洲青年运动会	花剑个人	8月16—23日	中国江苏	第一名
杨淑婷	第二届亚洲青年运动会	撑竿跳高	8月16—23日	中国江苏	第二名
施嘉洛	亚洲U23击剑锦标赛	花剑个人	9月	科威特	第一名
		花剑团体			第一名
陈海威	亚洲U23击剑锦标赛	花剑团体	9月	科威特	第一名
刘咏诗	亚洲U23击剑锦标赛	花剑团体	9月	科威特	第一名
陈冰冰	亚洲U23击剑锦标赛	花剑团体	9月	科威特	第一名
		花剑个人			第三名
林超攀	第44届世界体操锦标赛	体操 双杠	9月30日	比利时	第一名

表44

全国以上比赛前八名名表

姓名	比赛名称	项目	时间	地点	名次
李思琪	2013年全国少年儿童跳水冠军赛女子儿童乙组B组5米台	5米台	1月	广东东莞	第一名
李思琪	2013年全国少年儿童跳水冠军赛女子儿童乙组B组1米台	1米台	1月	广东东莞	第二名
李思琪	2013年全国少年儿童跳水冠军赛女子儿童乙组B组跳台双人	2米台	1月	广东东莞	第三名
林锦耀	2013年全国少儿跳水分区	三米板	1月	广东东莞	第一名
林锦耀	2013年全国少儿跳水分区	双人五米台	1月	广东东莞	第一名
林锦耀	2013年全国少儿跳水分区	五米台	1月	广东东莞	第二名
林锦耀	2013年全国少儿跳水分区	一米板	1月	广东东莞	第六名
施巧雯	全国室内田径锦标赛	撑竿跳高	3月6—7日	江苏南京	第四名

续表44

姓名	比赛名称	项目	时间	地点	名次
陈海威	全国击剑冠军赛	花剑个人	3月8—16日	云南	第三名
		花剑团体			第二名
施嘉洛	全国击剑冠军赛	花剑个人	3月8—16日	云南	第三名
		花剑团体			第二名
陈伟全	全国击剑冠军赛	花剑个人	3月8—16日	云南	第五名
		花剑团体			第三名
李秉炜	全国击剑冠军赛	花剑个人	3月8—16日	云南	第七名
		花剑团体			第二名
何飞龙	全国击剑冠军赛	花剑团体	3月8—16日	云南	第三名
张艺军	全国击剑冠军赛	重剑个人	3月8—16日	云南	第八名
刘咏诗	全国击剑冠军赛	花剑个人	3月8—16日	云南	第六名
		花剑团体			第二名
方慧敏	全国击剑冠军赛	花剑团体	3月8—16日	云南	第二名
施巧雯	全国室内跳跃公开赛	撑竿跳高	3月15日	福建福州	第一名
陈清槐	全国室内跳跃公开赛	撑竿跳高	3月15日	福建福州	第二名
林秀娟	全国室内跳跃公开赛	撑竿跳高	3月15日	福建福州	第二名
张逸帆	全国室内跳跃公开赛	撑竿跳高	3月15日	福建福州	第三名
陈　婷	全国室内跳跃公开赛	撑竿跳高	3月15日	福建福州	第四名
付冰玲	全国室内跳跃公开赛	三级跳远	3月23日	福建福州	第二名
徐建平	全国室内跳跃公开赛	跳远	3月23日	福建福州	第四名
林春峰	全国田径大奖赛第一站	男子4×100米接力决赛	3月23日	广东肇庆	第七名
苏剑艺	2013年全国皮划艇激流回旋冬季冠军赛	男子单人皮艇	4月6日	四川米易	第三名
吴雪婷	2013年全国田径青年锦标赛	400栏	4月6日	浙江嘉兴	第一名
张逸帆	全国少年田径锦标赛	撑竿跳高	4月12—14日	山东	第二名
杨淑婷	全国少年田径锦标赛	撑竿跳高	4月12—14日	山东	第三名
洪海鑫	全国少年田径锦标赛	撑竿跳高	4月12—14日	山东	第四名
吴培思	全国少年田径锦标赛	撑竿跳高	4月12—14日	山东	第五名
施嘉洛	全国击剑冠军赛	花剑个人	4月15—24日	福建福州	第一名
		花剑团体			第二名
李秉炜	全国击剑冠军赛	花剑个人	4月15—24日	福建福州	第二名
		花剑团体			第二名
陈海威	全国击剑冠军赛	花剑团体	4月15—24日	福建福州	第二名
方慧敏	全国击剑冠军赛	花剑个人	4月15—24日	福建福州	第三名
		花剑团体			第一名
刘咏诗	全国击剑冠军赛	花剑团体	4月15—24日	福建福州	第一名
陈冰冰	全国击剑冠军赛	花剑团体	4月15—24日	福建福州	第五名
林伟红	全国击剑冠军赛	重剑团体	4月15—24日	福建福州	第八名
施冰冰	全国击剑冠军赛	重剑团体	4月15—24日	福建福州	第八名
郑伟霖	全国田径大奖赛（1）	4×100	4月27—28日	广东肇庆	第一名
陈美丽	全国田径大奖赛（1）	400H	4月27—28日	广东肇庆	第五名
陈美丽	全国田径大奖赛（1）	4×400	4月27—28日	广东肇庆	第五名
陈美丽	全国田径大奖赛（1）	400H	5月11—12日	山东济南	第二名
陈美丽	全国田径大奖赛（1）	4×400	5月11—12日	山东济南	第四名
陈美丽	全国田径锦标赛暨全运会预赛	400H	5月11—12日	山东济南	第四名
林超攀	2013年全国体操锦标赛暨全运会预赛	单杠	5月12日	辽宁大连	第三名

续表44

姓名	比赛名称	项目	时间	地点	名次
林超攀	2013年全国体操锦标赛暨全运会预赛	全能	5月12日	辽宁大连	第二名
叶泳涛	2013年第十二届全运会皮划艇激流回旋预赛	双人划艇	5月17—20日	贵州	第二名
林春锋	2013年全国田径锦标赛暨全运会预选赛	4×100米	5月29日—6月1日	江苏苏州	第三名
吴雪婷	2013年全国田径锦标赛暨全运会预选赛	4×400米	5月29日—6月1日	江苏苏州	第六名
郑伟霖	全国田径锦标赛暨全运会预赛	4×100	5月29日—6月1日	江苏苏州	第二名
陈美丽	全国田径锦标赛暨全运会预赛	4×400	5月29日—6月1日	江苏苏州	第六名
刘咏诗	亚洲击剑锦标赛	花剑个人	5月	上海	第二名
		花剑团体			第二名
施嘉洛	亚洲击剑锦标赛	花剑团体	5月	上海	第三名
陈海威	亚洲击剑锦标赛	花剑团体	5月	上海	第三名
郑伟霖	全国田径冠军赛暨大奖赛总决赛	4×100	6月15—16日	辽宁沈阳	第二名
陈美丽	全国田径冠军赛暨大奖赛总决赛	400H	6月15—16日	辽宁沈阳	第四名
陈美丽	全国田径冠军赛暨大奖赛总决赛	4×400	6月15—16日	辽宁沈阳	第六名
丁雅莹	2013年全国跳水锦标赛	个人全能	6月21—27日	上海	第三名
庄国栋	2013年射箭奥林匹克锦标赛	团体	6月23—29日	浙江德清	第一名
戴伟斌	2013年射箭奥林匹克锦标赛	团体	6月23—29日	浙江德清	第一名
陈志铭	全国少年击剑锦标赛	花剑团体	7月14—28日	上海	第一名
陈诗琳	全国少年击剑锦标赛	花剑团体	7月14—28日	上海	第二名
		花剑个人			第六名
李来发	全国少年击剑锦标赛	花剑团体	7月14—28日	上海	第三名
		花剑个人			第三名
龚鑫森	全国少年击剑锦标赛	花剑团体	7月14—28日	上海	第三名
汪　鑫	全国少年击剑锦标赛	花剑团体	7月14—28日	上海	第四名
		花剑个人			第七名
王恭兴	全国少年击剑锦标赛	花剑团体	7月14—28日	上海	第四名
陈滨强	全国少年击剑锦标赛	花剑团体	7月14—28日	上海	第四名
陈情缘	全国少年击剑锦标赛	花剑团体	7月14—28日	上海	第一名
		花剑个人			第一名
黄啊丽	全国少年击剑锦标赛	花剑团体	7月14—28日	上海	第一名
		花剑个人			第三名
董雯雯	全国少年击剑锦标赛	花剑团体	7月14—28日	上海	第一名
程欣萍	2013年全国男女（13—16岁）组举重分龄赛	抓举	7月24—28日	浙江宁波	第一名
程欣萍	2013年全国男女（13—16岁）组举重分龄赛	挺举	7月24—28日	浙江宁波	第一名
程欣萍	2013年全国男女（13—16岁）组举重分龄赛	总成绩	7月24—28日	浙江宁波	第一名
杨承东	2013年全国男女（13—16岁）组举重分龄赛	挺举	7月24—28日	浙江宁波	第一名
杨承东	2013年全国男女（13—16岁）组举重分龄赛	总成绩	7月24—28日	浙江宁波	第一名
章超彬	2013年全国男女（13—16岁）组举重分龄赛	抓举	7月24—28日	浙江宁波	第二名
章超彬	2013年全国男女（13—16岁）组举重分龄赛	总成绩	7月24—28日	浙江宁波	第二名

续表44

姓名	比赛名称	项目	时间	地点	名次
詹龙凤	2013年全国男女（13—16岁）组举重分龄赛	抓举	7月24—28日	浙江宁波	第三名
陈香珠	2013年全国男女（13—16岁）组举重分龄赛	抓举	7月24—28日	浙江宁波	第三名
陈香珠	2013年全国男女（13—16岁）组举重分龄赛	总成绩	7月24—28日	浙江宁波	第三名
刘能平	2013年全国男女（13—16岁）组举重分龄赛	挺举	7月24—28日	浙江宁波	第三名
詹龙凤	2013年全国男女（13—16岁）组举重分龄赛	挺举	7月24—28日	浙江宁波	第四名
詹龙凤	2013年全国男女（13—16岁）组举重分龄赛	总成绩	7月24—28日	浙江宁波	第四名
刘能平	2013年全国男女（13—16岁）组举重分龄赛	抓举	7月24—28日	浙江宁波	第四名
刘能平	2013年全国男女（13—16岁）组举重分龄赛	总成绩	7月24—28日	浙江宁波	第四名
章超彬	2013年全国男女（13—16岁）组举重分龄赛	挺举	7月24—28日	浙江宁波	第四名
陈香珠	2013年全国男女（13—16岁）组举重分龄赛	挺举	7月24—28日	浙江宁波	第五名
杨承东	2013年全国男女（13—16岁）组举重分龄赛	抓举	7月24—28日	浙江宁波	第五名
林纪萍	全国跆拳道少年锦标赛	跆拳道49公斤	7月24—27日	浙江	第一名
林鸿腾	全国跆拳道少年锦标赛	跆拳道42公斤	7月24—27日	浙江	第三名
郑哲明	全国跆拳道少年锦标赛	跆拳道63公斤	7月24—27日	浙江	第三名
江巧桦	全国跆拳道少年锦标赛	跆拳道42公斤	7月24—27日	浙江	第五名
罗剑斌	全国跆拳道少年锦标赛	跆拳道55公斤	7月25—30日	浙江	第二名
林彩婷	全国跆拳道少年锦标赛	跆拳道44公斤	7月25—30日	浙江	第三名
李光霖	全国跆拳道少年锦标赛	跆拳道45公斤	7月25—30日	浙江	第五名
蓝世美	全国跆拳道少年锦标赛	跆拳道42公斤	7月25—30日	浙江	第五名
许鸿彬	全国儿童击剑锦标赛	花剑团体	8月10—20日	广东	第二名
张伟松	全国儿童击剑锦标赛	花剑团体	8月10—20日	广东	第七名
李宇杰	全国儿童击剑锦标赛	花剑团体	8月10—20日	广东	第七名
张贻圣	全国儿童击剑锦标赛	花剑团体	8月10—20日	广东	第七名
施集涵	全国儿童击剑锦标赛	花剑团体	8月10—20日	广东	第七名
林晓湄	全国儿童击剑锦标赛	花剑个人	8月10—20日	广东	第八名
		花剑团体			第二名
王英璎	全国儿童击剑锦标赛	花剑团体	8月10—20日	广东	第二名
陈翠艳	全国儿童击剑锦标赛	花剑团体	8月10—20日	广东	第四名
朱亚玲	全国儿童击剑锦标赛	花剑团体	8月10—20日	广东	第四名
吴佳蔚	全国儿童击剑锦标赛	花剑团体	8月10—20日	广东	第四名
谢止平	2013年第十二届全运会	OP队赛	8月30日	辽宁	第七名
郑伟强	2013年第十二届全运会	OP队赛	8月30日	辽宁	第七名
谢荔梅	第十二届全运会	三级跳远	9月1—11日	辽宁	第一名
方慧敏	第十二届全运会	花剑个人	9月1—11日	辽宁	第二名
		花剑团体			第四名
刘咏诗	第十二届全运会	花剑团体	9月1—11日	辽宁	第四名
罗丽芬	第十二届全运会	4×100米	9月1—11日	辽宁	第五名
陈 婷	第十二届全运会	4×100米	9月1—11日	辽宁	第五名
施冰冰	第十二届全运会	重剑团体	9月1—11日	辽宁	第五名
施嘉洛	第十二届全运会	花剑个人	9月1—11日	辽宁	第五名
		花剑团体			第七名

续表44

姓名	比赛名称	项目	时间	地点	名次
郑伟霖	第十二届全运会	4×100米	9月1—11日	辽宁	第六名
吴佳佳	第十二届全运会	4×400米	9月1—11日	辽宁	第七名
姜 龙	第十二届全运会	4×400米	9月1—11日	辽宁	第七名
林春锋	第十二届全运会	4×400米	9月1—11日	辽宁	第七名
陈特弘	第十二届全运会	4×400米	9月1—11日	辽宁	第七名
陈美丽	第十二届全运会	4×400米	9月1—11日	辽宁	第七名
吴雪婷	第十二届全运会	4×400米	9月1—11日	辽宁	第七名
陈冰冰	第十二届全运会	花剑团体	9月1—11日	辽宁	第七名
李秉炜	第十二届全运会	花剑团体	9月1—11日	辽宁	第七名
陈海威	第十二届全运会	花剑团体	9月1—11日	辽宁	第七名
谢亚财	2013年第十二届全运会	男子团体决赛	9月1—12日	辽宁	第三名
杨 松	2013年第十二届全运会	蹦床男子团体决赛	9月2日	辽宁	第一名
戴杰香 曾足婷	2013年第十二届全运会	女子轻量级2000米四人双桨决赛B	9月2日	辽宁	第五名
蔡伟锋	2013年第十二届全运会	体操男子团体	9月3日	辽宁	第三名
王向党	2013年第十二届全运会	2000米四人单桨无舵手决赛	9月3日	辽宁	第四名
陈芳佳	2013年第十二届全运会	男子单人划艇决赛	9月3日	辽宁	第六名
曾雅丝	2013年第十二届全运会	女子团体奥林匹克淘汰赛	9月3日	辽宁	第七名
苏剑艺	2013年第十二届全运会	激流回旋男子单人皮艇决赛	9月3日	辽宁	第八名
庄国栋 戴伟斌	2013年第十二届全运会	男子团体奥林匹克赛决赛	9月4日	辽宁	第三名
叶泳涛	2013年第十二届全运会	激流回旋男子双人划艇决赛	9月4日	辽宁	第七名
戴伟斌	2013年第十二届全运会	个人奥林匹克赛淘汰赛	9月6日	辽宁	第一名
苏达金	2013年第十二届全运会	77公斤级	9月9日	辽宁	第二名
徐海涛	2013年第十二届全运会	男子1000米双人皮艇	9月9日	辽宁	第二名
李发彬	2013年第十二届全运会	56公斤级	9月9日	辽宁	第六名
黄少坤	2013年第十二届全运会	男子1000米单人划艇	9月9日	辽宁	第七名
黄培泳	2013年第十二届全运会	69公斤级	9月9日	辽宁	第八名
谢凯梅	2013年第十二届全运会	女子500米四人皮艇	9月9日	辽宁	第八名
徐海涛	2013年第十二届全运会	男子1000米四人皮艇	9月10日	辽宁	第三名
黄少坤	2013年第十二届全运会	男子1000米双人划艇	9月10日	辽宁	第六名
谢荔梅	2013年第十二届全运会	女子三级跳远决赛	9月11日	辽宁	第一名
郑伟霖	2013年第十二届全运会	男子4×100米接力决赛	9月11日	辽宁	第六名
陈特弘	2013年第十二届全运会	男子4×100米接力决赛	9月11日	辽宁	第六名
林春峰	2013年第十二届全运会	男子4×100米接力决赛	9月11日	辽宁	第六名
吴佳佳	2013年第十二届全运会	女子4×400米接力决赛	9月11日	辽宁	第七名
吴雪婷	2013年第十二届全运会	女子4×400米接力决赛	9月11日	辽宁	第七名
陈美丽	2013年第十二届全运会	女子4×400米接力决赛	9月11日	辽宁	第七名
赖穹穹	2013年第十二届全运会	女子团体奥林匹克淘汰赛	9月13日	辽宁	第七名
朱思玲	2013年“高飞杯”全国蹦床青少年锦标赛	丙组单跳团体	9月22—28日	山东济南	第一名
陈冰冰	第六届东亚运动会	花剑个人	9月22日	天津	第一名
		花剑团体			第一名
刘咏诗	第六届东亚运动会	花剑个人	9月22日	天津	第二名
		花剑团体			第一名
施嘉洛	第六届东亚运动会	花剑个人	9月22日	天津	第一名
		花剑团体			第二名
陈海威	第六届东亚运动会	花剑团体	9月22日	天津	第二名

表45 省级比赛第一名名表

姓名	比赛名称	比赛项目	时间	地点
陈宝春	福建省青少年击剑锦标赛	花剑团体	7月5—9日	莆田
林伟红	福建省青少年击剑锦标赛	重剑个人 重剑团体	7月5—9日	莆田
汪 鑫	福建省青少年击剑锦标赛	花剑团体	7月5—9日	莆田
陈志铭	福建省青少年击剑锦标赛	花剑团体	7月5—9日	莆田
王恭兴	福建省青少年击剑锦标赛	花剑团体	7月5—9日	莆田
苏峥辉	福建省青少年击剑锦标赛	花剑个人 花剑团体	7月5—9日	莆田
黄啊丽	福建省青少年击剑锦标赛	花剑团体	7月5—9日	莆田
林绮雯	福建省青少年击剑锦标赛	重剑团体	7月5—9日	莆田
李招娣	福建省青少年击剑锦标赛	花剑团体	7月5—9日	莆田
陈诗琳	福建省青少年击剑锦标赛	花剑个人	7月5—9日	莆田
杨静雯	福建省青少年击剑锦标赛	重剑个人	7月5—9日	莆田
张伟松	福建省青少年击剑锦标赛	花剑团体	7月5—9日	莆田
陈滨强	福建省青少年击剑锦标赛	花剑团体	7月5—9日	莆田
施集涵	福建省青少年击剑锦标赛	花剑团体	7月5—9日	莆田
董雯雯	福建省青少年击剑锦标赛	重剑团体	7月5—9日	莆田
郑雪云	福建省青少年击剑锦标赛	重剑团体	7月5—9日	莆田
许鸿彬	福建省青少年击剑锦标赛	花剑团体	7月5—9日	莆田
庄峰坤	福建省青少年田径锦标赛	110米栏	7月11—14日	莆田
陈建炜	福建省青少年田径锦标赛	跳远	7月11—14日	莆田
郑文英	福建省青少年田径锦标赛	4×400米	7月11—14日	莆田
张晓妮	福建省青少年田径锦标赛	100米栏	7月11—14日	莆田
苏家发	福建省青少年田径锦标赛	400米栏	7月11—14日	莆田
吴重生	福建省青少年田径锦标赛	撑竿跳高	7月11—14日	莆田
王煌壕	福建省青少年田径锦标赛	铅球	7月11—14日	莆田
谢万燕	福建省青少年田径锦标赛	铅球 标枪	7月11—14日	莆田
王明杰	福建省青少年田径锦标赛	铁饼	7月11—14日	莆田
陈俊洪	福建省青少年田径锦标赛	400米 4×400米	7月11—14日	莆田
朱婉青	福建省青少年田径锦标赛	4×400米	7月11—14日	莆田
朱文荣	福建省青少年田径锦标赛	4×400米	7月11—14日	莆田
陈嘉乐	福建省青少年田径锦标赛	100米	7月11—14日	莆田
董汀汀	福建省青少年田径锦标赛	400米栏	7月11—14日	莆田
吕鸿玲	福建省青少年田径锦标赛	4×400米	7月11—14日	莆田
庄志雄	福建省青少年田径锦标赛	400米栏 4×400米	7月11—14日	莆田
卓冰洁	福建省青少年田径锦标赛	400米	7月11—14日	莆田
吴重生	福建省青少年田径锦标赛	14岁组撑竿跳高	7月11—14日	莆田
郑培娇	福建省青少年田径锦标赛	三级跳远	7月11—14日	莆田
朱文荣	福建省青少年田径锦标赛	4×100米	7月11—14日	莆田
陈俊洪	福建省青少年田径锦标赛	14岁组 400米 4×100米	7月11—14日	莆田
郑文英	福建省青少年田径锦标赛	4×400米	7月11—14日	莆田

续表45

姓名	比赛名称	比赛项目	时间	地点
庄志雄	福建省青少年田径锦标赛	15岁 400米栏	7月11—14日	莆田
		4×400米		
朱婉清	福建省青少年田径锦标赛	4×400米	7月11—14日	莆田
吕鸿玲	福建省青少年田径锦标赛	4×400米	7月11—14日	莆田
黄秀丽	福建省青少年田径锦标赛	15岁组 撑竿跳高	7月11—14日	莆田
施世炎	福建省青少年田径锦标赛	19岁组 100米栏	7月11—14日	莆田
林良文	福建省青少年射箭锦标赛	丙组40米双轮	7月15—18日	宁德
李志彬	福建省青少年射击锦标赛	移动靶标准速30+30	7月15—18日	宁德
白雅新	福建省青少年射击锦标赛	移动靶标准速20+20	7月15—18日	宁德
刘俊文	福建省青少年乙组篮球锦标赛	省少年乙组篮球赛	7月15—19日	泉州
王炯桓	福建省少年武术散打锦标赛	60公斤	7月18—20日	龙岩
高子龙	福建省少年武术散打锦标赛	75公斤	7月18—20日	龙岩
林　斌	福建省少年武术散打锦标赛	48公斤	7月18—20日	龙岩
康桂明	福建省少年武术散打锦标赛	56公斤	7月18—20日	龙岩
柯国强	福建省少年武术散打锦标赛	60公斤	7月18—20日	龙岩
林志强	福建省少年武术散打锦标赛	52公斤	7月18—20日	龙岩
林一凡	福建省青少年游泳锦标赛	混合泳接力	7月20—23日	云霄
		女子200米混合接力		
林锦耀	福建省青少年跳水锦标赛	男子甲组五米台	7月20—23日	厦门
		男子甲组一米板		
王榕榕	福建省少年儿童游泳锦标赛	50米自由泳	7月20—23日	漳州
		100米自由泳		
		200米混合泳		
林晓萍	福建省少年儿童游泳锦标赛	50米蝶泳	7月20—23日	漳州
		100米蝶泳		
		100米蛙泳		
许世湘	福建省少年儿童游泳锦标赛	50米蝶泳	7月20—23日	漳州
		100米蝶泳		
		蝶泳全能		
李凯茵	福建省少年儿童游泳锦标赛	50米蝶泳	7月20—23日	漳州
		100米蝶泳		
		蝶泳全能		
		200米混合泳		
许冰心	福建省少年儿童游泳锦标赛	50米蛙泳	7月20—23日	漳州
		100米蝶泳		
陈　洁	福建省少年儿童游泳锦标赛	800米自由泳	7月20—23日	漳州
		200米自由泳		
		长距离全能		
张欣怡	福建省少年儿童游泳锦标赛	100米蛙泳	7月20—23日	漳州
		50米蛙泳		
		蛙泳全能		
陈丽婷	福建省少年儿童游泳锦标赛	4×50米混合泳接力	7月20—23日	漳州
		100米蛙泳		
		蛙泳全能		
林欣妍	福建省少年儿童游泳锦标赛	4×50米混合泳接力	7月20—23日	漳州

续表45

姓名	比赛名称	比赛项目	时间	地点
蔡清洁	福建省青少年摔跤锦标赛	摔跤（55公斤）	7月23—25日	宁德
黄境鸿	福建省青少年摔跤锦标赛	摔跤（46公斤）	7月23—25日	宁德
王义鸿	福建省青少年摔跤锦标赛	摔跤（55公斤）	7月23—25日	宁德
林巧梅	福建省青少年摔跤锦标赛	摔跤（51公斤）	7月23—25日	宁德
郭明仁	福建省青少年摔跤锦标赛	摔跤（55公斤）	7月23—25日	宁德
林名峰	福建省青少年武术套路锦标赛	地市甲组 南拳	7月25—28日	连城
		地市甲组 棍术		
庄昔霖	福建省青少年武术套路锦标赛	地市甲组 刀术	7月25—28日	连城
李宏毅	福建省青少年武术套路锦标赛	地市甲组 长拳	7月25—28日	连城
		地市甲组 枪术		
张乐伟	福建省青少年武术套路锦标赛	地市甲组 八极拳	7月25—28日	连城
陈　杰	福建省青少年武术套路锦标赛	地市甲组 鹿角双拐	7月25—28日	连城
刘冬妹	福建省青少年武术套路锦标赛	地市甲组 剑术	7月25—28日	连城
张伟杰	福建省青少年武术套路锦标赛	地市乙组 长拳	7月25—28日	连城
林梓楷	福建省青少年武术套路锦标赛	地市丙组 棍术	7月25—28日	连城
黄锋贤	福建省青少年皮划艇锦标赛	乙组：跑步3000米	8月1—4日	云霄
		乙组：单人划艇1000米		
		乙组：全能		
高炳朝	福建省青少年皮划艇锦标赛	乙组：3000米跑步	8月1—4日	云霄
蔡礼贤	福建省青少年柔道锦标赛	66公斤以下	8月2—4日	福州
林志重	福建省青少年柔道锦标赛	66公斤以上	8月2—4日	福州
曾琳玲	福建省青少年柔道锦标赛	63公斤以下	8月2—4日	福州
颜丽萍	福建省青少年柔道锦标赛	44公斤以下	8月2—4日	福州
王安棋	福建省青少年柔道锦标赛	57公斤以上	8月2—4日	福州
陈向群	福建省少年儿童网球锦标赛	双打	8月2—6日	泉州
肖佳怡	福建省少年儿童网球锦标赛	双打	8月2—6日	泉州
张佳莉	福建省少年儿童网球锦标赛	双打	8月2—6日	泉州
杨湘湘	福建省少年儿童网球锦标赛	双打	8月2—6日	泉州
黄毅勇	福建省少年儿童网球锦标赛	双打	8月2—6日	泉州
柯超荣	福建省少年儿童网球锦标赛	双打	8月2—6日	泉州
张晓珍	福建省少年儿童网球锦标赛	单打	8月2—6日	泉州
彭志军	福建省少年儿童网球锦标赛	单打	8月2—6日	泉州
陈彩榕	福建省少年儿童网球锦标赛	单打	8月2—6日	泉州
黄煌坚	福建省青少年男子举重锦标赛	男丙40公斤级 抓举	8月19—22日	南平
		男丙40公斤级 挺举		
		男丙40公斤级 总成绩		
肖世杰	福建省青少年男子举重锦标赛	男丙52公斤级 抓举	8月19—22日	南平
		男丙52公斤级 挺举		
		男丙52公斤级 总成绩		
刘能平	福建省青少年男子举重锦标赛	男丙52+公斤级 挺举	8月19—22日	南平
		男丙52+公斤级 总成绩		
杨承东	福建省青少年男子举重锦标赛	男丙44公斤级 挺举	8月19—22日	南平
吴坤地	福建省青少年帆船翻版锦标赛	长距离	9月23—29日	福鼎
杨文冠	福建省青少年帆船翻版锦标赛	队赛	9月23—29日	福鼎
		场地赛		
廖峰杰	福建省青少年帆船翻版锦标赛	队赛	9月23—29日	福鼎

续表45

姓名	比赛名称	比赛项目	时间	地点
蔡雅婷	福建省青少年帆船帆版锦标赛	队赛 场地赛	9月23—29日	福鼎
王思莹	福建省青少年帆船帆版锦标赛	队赛	9月23—29日	福鼎
陈永超	福建省青少年帆船帆版锦标赛	队赛	9月23—29日	福鼎
郑伟强	福建省青少年帆船帆版锦标赛	队赛 场地赛	9月23—29日	福鼎
许伯成	福建省青少年帆船帆版锦标赛	队赛	9月23—29日	福鼎
苏　涓	福建省青少年帆船帆版锦标赛	队赛 场地赛	9月23—29日	福鼎
郑佳怡	福建省青少年帆船帆版锦标赛	队赛	9月23—29日	福鼎
黄明钰	福建省青少年帆船帆版锦标赛	队赛	9月23—29日	福鼎
陈思蓉	福建省青少年帆船帆版锦标赛	乙组：长距离赛	9月23—29日	福鼎
黄伯春	福建省青少年帆船帆版锦标赛	甲组：长距离赛	9月23—29日	福鼎

教育类

表46

姓名	单位	赛事名称	奖项
洪进亮	南安职业中专学校	2013年全国职业技能大赛中职组（数控铣加工技术）	一等奖
林艺阳	安溪茶业职业技术学校	2013年全国职业技能大赛中职组（手工青茶）	一等奖
陈远行	晋江职业中专学校	2013年全国职业技能大赛中职组（网络布线）	二等奖
占建兵	晋江职业中专学校	2013年全国职业技能大赛中职组（网络布线）	二等奖
朱鸿裕	晋江职业中专学校	2013年全国职业技能大赛中职组（网络布线）	二等奖
甘建刚	晋江职业中专学校	2013年全国职业技能大赛中职组（电气安装与维修）	二等奖
黄炳延	晋江职业中专学校	2013年全国职业技能大赛中职组（电气安装与维修）	二等奖
黄伟鹏	南安职业中专学校	2013年全国职业技能大赛中职组（模具制造技术）	二等奖
洪志颖	南安职业中专学校	2013年全国职业技能大赛中职组（模具制造技术）	二等奖
叶宝兴	南安市红星职业中专学校	2013年全国职业技能大赛中职组（面点）	二等奖
花泽鑫	南安市红星职业中专学校	2013年全国职业技能大赛中职组（面点）	二等奖
许世雄	晋江职业中专学校	2013年全国职业技能大赛中职组（会计电算化）	三等奖
林冬林	晋江市晋兴职业中专学校	2013年全国职业技能大赛中职组（动漫）	三等奖
林海斌	晋江职业中专学校	2013年全国职业技能大赛中职组（网络搭建及应用）	三等奖
翁明钻	晋江职业中专学校	2013年全国职业技能大赛中职组（网络搭建及应用）	三等奖
蔡清澈	晋江职业中专学校	2013年全国职业技能大赛中职组（单片机控制装置安装与调试）	三等奖
王正派	晋江职业中专学校	2013年全国职业技能大赛中职组（机电一体化设备组装与调试）	三等奖
吴辉逸	晋江职业中专学校	2013年全国职业技能大赛中职组（机电一体化设备组装与调试）	三等奖
辛少坚	惠安职业中专学校	2013年全国职业技能大赛中职组（制冷与空调设备组装与调试）	三等奖
陈伟兴	晋江职业中专学校	2013年全国职业技能大赛中职组（车身修复）	三等奖
叶　丹	晋江华侨职业中专学校	2013年全国职业技能大赛中职组（车身涂装）	三等奖
吴聪劲	南安市红星职业中专学校	2013年全国职业技能大赛中职组（热菜）	三等奖
李炳福	南安市红星职业中专学校	2013年全国职业技能大赛中职组（冷拼与雕刻）	三等奖
张　波	晋江市晋兴职业中专学校	2013年全国职业技能大赛中职组（冷拼与雕刻）	三等奖

续表46

姓名	单位	赛事名称	奖项
朱佑华	晋江华侨职业中专学校	2013年全国职业技能大赛中职组（客房中式铺床）	三等奖
康庆滨	惠安开成职业中专学校	2013年全国职业技能大赛中职组（建筑装饰技能）	三等奖
张永军	晋江职业中专学校	2013年全国职业技能大赛中职组（楼宇智能化系统安装与调试）	三等奖
吴杨生	晋江职业中专学校	2013年全国职业技能大赛中职组（楼宇智能化系统安装与调试）	三等奖
李洪彬	黎明职业大学	2013年全国职业院校技能大赛高职组（LTE组网与维护）	二等奖
吴淑君	黎明职业大学	2013年全国职业院校技能大赛高职组（LTE组网与维护）	二等奖
施　海	黎明职业大学	2013年全国职业院校技能大赛高职组（LTE组网与维护）	二等奖
张小勤	黎明职业大学	2013年全国职业院校技能大赛高职组（LTE组网与维护）	二等奖
陈　洵	泉州信息职业技术学院	2013年全国职业院校技能大赛高职组（计算机网络应用）	二等奖
黄城彬	泉州信息职业技术学院	2013年全国职业院校技能大赛高职组（计算机网络应用）	二等奖
叶辉煌	泉州信息职业技术学院	2013年全国职业院校技能大赛高职组（计算机网络应用）	二等奖
李绍峰	泉州信息职业技术学院	2013年全国职业院校技能大赛高职组（移动互联技术应用）	二等奖
刘德财	泉州信息职业技术学院	2013年全国职业院校技能大赛高职组（移动互联技术应用）	二等奖
江美文	泉州信息职业技术学院	2013年全国职业院校技能大赛高职组（移动互联技术应用）	二等奖
苏鑫鑫	泉州信息职业技术学院	2013年全国职业院校技能大赛高职组（数控机床装配、调试与维修）	二等奖
张科柏	泉州信息职业技术学院	2013年全国职业院校技能大赛高职组（数控机床装配、调试与维修）	二等奖
陈家深	泉州信息职业技术学院	2013年全国职业院校技能大赛高职组（数控机床装配、调试与维修）	二等奖
黄增强	泉州信息职业技术学院	2013年全国职业院校技能大赛高职组（移动互联网应用软件开发）	三等奖
林洪杰	泉州信息职业技术学院	2013年全国职业院校技能大赛高职组（移动互联网应用软件开发）	三等奖
许仕永	泉州信息职业技术学院	2013年全国职业院校技能大赛高职组（移动互联网应用软件开发）	三等奖
王　峰	泉州信息职业技术学院	2013年全国职业院校技能大赛高职组（电子产品设计及制作）	三等奖
林诗发	泉州信息职业技术学院	2013年全国职业院校技能大赛高职组（电子产品设计及制作）	三等奖
袁　慧	泉州信息职业技术学院	2013年全国职业院校技能大赛高职组（电子产品设计及制作）	三等奖
曾宝健	泉州信息职业技术学院	2013年全国职业院校技能大赛高职组（工业产品造型设计与快速成型）	三等奖
杨振泉	泉州信息职业技术学院	2013年全国职业院校技能大赛高职组（工业产品造型设计与快速成型）	三等奖
詹　朔	泉州信息职业技术学院	2013年全国职业院校技能大赛高职组（工业产品造型设计与快速成型）	三等奖

文艺类

表47

作者	单位	赛事名称	获奖作品	获奖名次
王志安	泉州市书法协会	第二届“翁同龢书法奖”	——	优秀作品奖（最高奖）
曾锦溪	泉州市书法协会	第二届“翁同龢书法奖”	——	优秀作品奖（最高奖）
龚子猛	泉州市书法协会	首届中华“妈祖杯”全国书法篆刻大展	——	优秀奖（最高奖）
王伟阳	泉州市书法协会	首届中华“妈祖杯”全国书法篆刻大展	——	优秀奖（最高奖）
陈超勇	泉州市书法协会	首届中华“妈祖杯”全国书法篆刻大展	——	优秀奖（最高奖）
龚子猛	泉州市书法协会	全国首届书法临帖作品展	——	优秀奖（最高奖）
曾锦溪	泉州市书法协会	全国首届书法临帖作品展	——	优秀奖（最高奖）
张宝凤	泉州市书法协会	全国首届书法临帖作品展	——	优秀奖（最高奖）

续表47

作者	单位	赛事名称	获奖作品	获奖名次
张聪明	泉州市书法协会	全国第三届草书作品展	——	优秀作品奖（最高奖）
王建强	泉州市书法协会	全国第四届扇面书法艺术展	——	优秀作品奖（最高奖）
王志安	泉州市书法协会	全国第四届扇面书法艺术展	——	优秀作品奖（最高奖）
吴文育	泉州市书法协会	全国第四届扇面书法艺术展	——	优秀作品奖（最高奖）
肖朝晖	泉州市书法协会	全国第四届扇面书法艺术展	——	优秀作品奖（最高奖）
曾锦溪	泉州市书法协会	首届“沙孟海杯”全国书法篆刻作品展	——	优秀奖（最高奖）
王志安	泉州市书法协会	首届“沙孟海杯”全国书法篆刻作品展	——	优秀奖（最高奖）
张聪明	泉州市书法协会	首届“沙孟海杯”全国书法篆刻作品展	——	优秀奖（最高奖）
曾锦溪	泉州市书法协会	首届“孙过庭奖”全国行草书大展	——	优秀作品奖（最高奖）
张聪明	泉州市书法协会	首届“孙过庭奖”全国行草书大展	——	优秀作品奖（最高奖）
陈超勇	泉州市书法协会	纪念毛泽东同志诞辰120周年全国书法展	——	优秀作品奖（最高奖）
张聪明	泉州市书法协会	纪念毛泽东同志诞辰120周年全国书法展	——	优秀作品奖（最高奖）
侯丹怡	泉州市书法协会	纪念毛泽东同志诞辰120周年全国书法展	——	优秀作品奖（最高奖）
辛美丽、	泉州市民间工艺美术家协会	中国(开封)首届民间工艺美术展	《龙门佛影》影雕	金奖
苏情平	泉州市民间工艺美术家协会	中国(开封)首届民间工艺美术展	漆线雕《金龙吉祥》	金奖
王经民	泉州市民间工艺美术家协会	中国(开封)首届民间工艺美术展银奖	汉白玉雕《吉祥如意》	银奖
刘国文	泉州市民间工艺美术家协会	中国(开封)首届民间工艺美术展银奖	汉白玉雕《手之韵》	银奖
郑燕萍	泉州市民间工艺美术家协会	中国(开封)首届民间工艺美术展银奖	木雕《群仙会》	银奖
陈拥军	泉州市民间工艺美术家协会	中国(开封)首届民间工艺美术展银奖	木雕《众法之门》	银奖
苏先平	泉州市民间工艺美术家协会	中国(开封)首届民间工艺美术展银奖	瓷雕《飞天神韵》	银奖
苏宇崴	泉州市民间工艺美术家协会	中国(开封)首届民间工艺美术展银奖	刻纸《龙飞凤舞》	银奖
李惠清	泉州市民间工艺美术家协会	中国(开封)首届民间工艺美术展银奖	石雕《母子情》(石壶)	银奖
翁国新 李惠清	泉州市民间工艺美术家协会	中国(开封)首届民间工艺美术展银奖	玉雕《十二金钗》	银奖
陈明良	泉州市民间工艺美术家协会	第十一届中国民间文艺山花奖	《志在书中》	山花奖·民间工艺美术奖
王晓君	泉州幼儿师范高等专科学校学前教育系	第四届“金芦笙”中国民族器乐大赛	拉弦类B组	铜奖
王晓君	泉州幼儿师范高等专科学校学前教育系	第九届中国音乐金钟奖	二胡比赛复赛	入围奖

续表47

作者	单位	赛事名称	获奖作品	获奖名次
陈向群 郭白薇 于世敏	泉州幼儿师范高等专科学校学前教育系	“魅力校园”第八届全国校园文艺汇演暨第十三届全国校园春节联欢晚会节目征集活动	编导闽南民间舞蹈《唆罗连》	一等奖
——	鲤城区实验小学	全国第四届中小学生艺术展演活动艺术表演类	声乐节目《铃儿响叮铛变奏曲》、《我们要阳光》	小学甲组一等奖
——	鲤城区与福建教育电视台	第十八届中国教育电视奖（专题类）	纪录片《刺桐石刻》	一等奖
——	鲤城区与福建教育电视台	“云南广电杯”第三届全国历史题材广播电视节目（电视专题类）	纪录片《刺桐石刻》	二等奖
——	泉州幼儿师范高等专科学校学前教育系	第八届全国校园文艺汇演暨第十三届全国校园春节联欢晚会节目征集活动	闽南民间舞蹈《唆罗连》获“魅力校园”	一等奖
——	泉州木偶剧团	第十四届文华奖	全国曲艺木偶戏及皮影戏扶持（节）目《赵氏孤儿》	优秀剧目奖
——	泉州南音乐团	第十届中国艺术节	全国民族器乐民间乐种组合展演比赛	优秀演奏奖（最高奖）
——	泉州市高甲戏	中国戏剧奖·小戏小品奖比赛	小戏《送水饭》	优秀剧目奖
——	泉州歌舞剧团	第十三届中国戏剧会演	交响诗剧《乡愁》	优秀展演剧目奖

新闻类

表48

参加全国新闻作品评比获奖名表

作者	编辑	单位	赛事名称	获奖作品	获奖名次
廖培煌 杨佳彬 李凯龙 吴志明 陈小阳	屈人文 林跃平	泉州晚报社	赵超构新闻奖	《渔船沉没8人落水 湄洲湾海上生死营救》	一等奖
吴拏云 陈士奇 谢伟端 庄建平	王金沛 黄雯靓	泉州晚报社	赵超构新闻奖	《航标》（专栏）	一等奖
廖培煌	林耀平 林跃平	泉州晚报社	赵超构新闻奖	《泉州网民对干露露说不》	二等奖
陈智勇	黄　帆 郭雪琴	泉州晚报社	赵超构新闻奖	《“蔡国强西湖艺术创作”系列报道》	二等奖
林耀平		泉州晚报社	赵超构新闻奖	《落实科学发展观 坚持不懈“走转改”》（论文）	二等奖
——	林耀平 黄海明 林志党	泉州晚报社	赵超构新闻奖	2012年10月24日1版《要闻》（版面）	二等奖
许雅玲 黄　枫	彭耕耘 黄真理	泉州晚报社	赵超构新闻奖	《因为爱 百年禁锢一朝破除》	三等奖
张九强	庄黎虹	泉州晚报社	赵超构新闻奖	《寻亲路苦 团聚更酸》	三等奖
张九强	庄黎虹	泉州晚报社	全国晚报优秀新闻照片	《寻亲路苦 团聚更酸》	银奖

人物

先模人物

杨景队 1964年3月出生，安溪感德人，福建省安溪荣德矿业有限公司总经理，福建省第十一、十二届人大代表，泉州市第十三、十四、十五届人大代表，安溪县人大常委会常委，是安溪县改革开放30周年来风云人物的典型代表之一。近5年来，公司集团纳税20多亿元。在福建、江西等地建有采矿选矿厂十五家，选矿厂产品销售量、质量均居福建省内同行之首。同时，参与推动被誉为泉州“三峡”的潘田村整体移民工作，获省、市、县劳动模范称号。带头研究攻克硫含量超标技术难关，通过改进球磨设备，多道加工，使原来被废弃的劣矿、尾矿等资源得以充分利用，为钢铁厂提供一流的原材料。热心公益、乐善好施。为教育、卫生、交通、各级慈善会捐资累计上亿元，被授予省委、省政府首届“八闽慈善奖”。

吴珊红 1964年4月出生，丰泽区泉秀街道华丰社区党委书记。20多年投身社区工作，从社区整合初期的“农改超”改造街区面貌，到自主筹办社区幼儿园情系来泉务工人员子女，再到推进居家养老服务示范建设。其领导下的社区党委始终以便民利民为宗旨：社区老人每年免费体检一次，为社区老年人过生日、送蛋糕；对到泉州务工子女入园入托实行优惠政策；引导发展电信服务、家政服务、物业管理，为社区居民创造“五分钟生活圈”。获省优秀居委会主任、省劳动模范、省“三八”红旗手。其事迹被推荐至省、市作典型报道，中央电视台《半边天》栏目制作专题片。

蔡永潮 1966年2月出生，中国电信股份有限公司晋江分公司总经理。作为晋江电信的主要经营管理者，带领晋江电信发挥综合信息服务的优势，融入晋江经济和社会信息化发展，2011年与晋江市政府签订“智慧晋江”信息化战略合作协议，2012年与晋江市所有乡镇签订“智慧乡镇”信息化战略合作协议，助推晋江信息化建设。由其牵头与晋江科技信息化局联合建立的晋江市中小企业信息化平台已经投入运作，将为晋江13000多家中小企业提供客户、业务、员工、事务相关的企业管理信息系统应用。在其带领下，晋江电信作为全省最大的县级电信分公司一直保持极强的竞争力，企业经营收入和市场份额不断提升，经营收入占全省总量超6%、天翼移动用户数和宽带用户数总量均位居全省县市首位。

林桂敏 28岁，福建石狮人，中共党员，2005年4月至今在中国移动通信石狮分公司工作。2009年4月，林桂敏的母亲被泉州市第一医院确诊为右足后跟恶性黑色素肿瘤晚期。林桂敏扛起照顾母亲的重任，开始漫长艰辛的求医之路。母亲的病情已经恶化，不得不实施右腿扩大切除及淋巴结清扫手术，术后失去自理能力。巨额手术费用使原本幸福的小家庭不堪重负。为节省费用她主动说服父亲先返回石狮，意味着她必须一个人照顾好母亲。为照顾母亲，林桂敏不得不一再推迟自己的婚事。2013年林桂敏入选“中国好人榜”。

逝世人物

吴一心 1963年6月出生，中共党员，原任惠安县公安局党委委员、副局长、交警大队大队长。2012年12月30日，吴一心因长期超负荷工作，积劳成疾，突发心肌梗塞，牺牲在工作岗位上，年仅49岁。被福建省公安厅追授为“省优秀人民警察”。

陈其伟 1957年4月出生，泉港区涂岭镇黄田村人，1987年1月起担任黄田村党支部书记。2013年7月7日，因积劳成疾，猝逝于工作一线。担任村党支部书记26年中，他全心全意为村谋发展，使黄田村由市级重点帮扶村，发展成为市级社会主义新农村建设示范村和省级文明村，村党支部被评为全国先进基层党组织，其本人被称为“大山深处领路人”，获全国、省、市劳动模范和省、市“优秀共产党员”。

马煜 中国共产党党员、泉州市委党校原副校长、党委书记、享受地厅级待遇离休干部。系山东省平原县人，1948年10月参加革命工作，1953年2月加入中国共产党。2013年7月2日因病逝世。

张敬尊 惠安县人，1970年4月参加工作，1979年6月加入中国共产党。中共泉州医学高等专科学校委员会原书记。2013年1月5日因病逝世。

李插花 南安市人，1948年12月参加革命工作，同年同月加入中国共产党，原晋江地区妇联副主任、离休干部。2013年2月12日因病逝世。

刘清源 惠安县人，1949年5月参加革命工作，中国农工党党员、惠安县政协原副主席、享受地厅级待遇离休干部。2013年5月29日因病逝世。

李少园 鲤城区人，1937年5月出生，晋江永宁人。长期在福建师范大学从事中文、古典诗词、古典文学的教学和研究工作，担任泉州市李贽研究会会长，退休后致力于李贽等泉州历史文化名人研究，2011年，他点校的李贽《焚书·续焚书》作为《泉州文库》第一批图书出版。2013年6月1日因病逝世。

《泉州年鉴》参编单位名单

市委办
市人大办
市政府办
市政协办
市纪委办（监察局）
市委组织部
市委宣传部
市委统战部
市委政法委
市委教育工委
市委台工办
市委编委办
市委市直机关工委
市委农工办
市委老干局
市委文明办
市委政研室
市委保密局
市综治办
市委党史研究室
市档案局
市委党校
市委讲师团
市信访局
市政府法制办
市人防办
市支前办
市接待办
市发改委
市经贸委
市安监局
市教育局
市科技局
市民族与宗教事务局
市公安局
市民政局
市老龄办
市司法局
市财政局
市国资委
市金融工作局
市公务员局
市人力资源和社会保障局
市国土资源局
市住房和城乡建设局
市市政公用事业局
市行政执法局
市城乡规划局
市交通委
市水利局
市水土办
市农业局
市海洋与渔业局
市林业局
市森林公安局
市外经贸局
市文广新局
市卫生局
市体育局
市计生委
市审计局
市统计局
市环保局
市物价局
市旅游局
市粮食局
市外事侨务办
市信息化局
市口岸办
市海防办
市政府驻北京联络处
市政府驻上海联络处
市政府驻深圳办事处
市政府驻福州办事处
市政府驻厦门办事处
市政府驻成都办事处
市发展研究中心
市行政服务中心
市住房公积金管理中心
市地震局
市城镇集体工业联合社
市港口管理局
市供销社
市交警支队
市防汛办
市中级法院
市检察院
泉州军分区
武警泉州市支队
省公安边防总队海警二支队
市公安边防支队
市公安消防支队
泉州边检站
肖厝边检站
民革泉州市委会
民盟泉州市委会
民建泉州市委会
民进泉州市委会
农工党泉州市委会
致公党泉州市委会
九三学社泉州市委会
台盟泉州市委会
市工商联（总商会）
市总工会
团市委
市妇联
市侨联
市台联
市科协
市文联
市社科联
市残联
市金联
市计生协会
市贸促会
市慈善总会
市关工委

中国闽台缘博物馆
国家统计局泉州调查队
市国税局
市地税局
市工商局
市质监局
市药监局
泉州海关
泉州出入境检验检疫局
泉州海事局
泉州气象局
泉州邮政管理局
泉州烟草公司
泉州电业局
泉州水文局
泉州盐务局
泉州监狱
泉州司法强制隔离戒毒所
泉州无线电管理局
泉州出口加工区
泉州广播电视台
泉州晚报社
石狮日报社
晋江经济报社
华侨大学
仰恩大学
泉州师院
黎明职业大学
泉州经贸职业技术学院
泉州医学高等专科学校
泉州幼儿师范高等专科学校
人民银行泉州市中心支行
泉州银监局
工商银行泉州市分行
建设银行泉州市分行
中国银行泉州市分行
兴业银行泉州分行
泉州银行
市保险行业协会
晋江机场
铁路公司
中国移动泉州分公司
中国电信泉州分公司
泉州邮政公司
市煤炭公司
市自来水公司
市公交公司
市老促会
市老年大学
市图书馆
泉州博物馆
海外交通史博物馆
晋江博物馆
德化陶瓷博物馆
市消协
鲤城区
丰泽区
洛江区
泉港区
石狮市
晋江市
南安市
惠安县
安溪县
永春县
德化县
泉州开发区
泉州台商投资区

拼 音 检 索

K

L

N

P

Q

R

S

T

W

X

Y

Z